领导关怀

2008年7月17日，国家税务总局局长肖捷（左二）听取自治区地税局领导工作汇报，右一为国家税务总局办公室主任李林军

2008年10月22日，国家税务总局副局长钱冠林（中）到广西调研

2008年12月12日，国家税务总局副局长王力（前排右三）在广西首府南宁调研

2008年12月24日，国家税务总局副局长宋兰（中）在广西调研

2008年11月3日，国家税务总局纪检组长冯惠敏（中）在广西调研期间召开座谈会，听取广西国税局、地税局工作汇报

2008年9月10日，自治区主席马飚（左一）在自治区地税局视察工作

2008年12月31日，自治区常务副主席李金早（右二）到自治区地税局视察工作

领导风采

自治区地税局党组书记苏道俨（中）（任职至2008年6月）到广西首府地方税务服务中心检查指导工作

自治区地税局局长、党组副书记卢献匾（左一）（任职至2008年6月）慰问基层干部职工

2008年7月31日，自治区地税局局长关礼（中）（2008年6月起任职）深入防城港市企业调研

2008年7月28日至8月1日，自治区地税局局长关礼到南宁、钦州、柳州、桂林调研，图为关局长（右二）向柳州市地税局直属税务分局工作人员了解办税流程

2008年2月15日，自治区地税局副局长吴殿禄（左二）在基层检查指导工作

2008年11月13日，自治区地税局副局长蒙启华（右二）深入北部湾企业调研

2008年2月20日，自治区地税局副局长李早春（左二）在贺州市地税局调研

2008年8月12～15日，全区地税系统上半年纪检监察工作会议在梧州召开，自治区地税局纪检组长郑文临（左一）为先进工作者颁奖

2008年1月15日，自治区地税局总会计师李伟（中）到基层慰问离退休税务干部

2008年2月14日，自治区地税局副巡视员肖西安（左二）深入企业调研

重要会议

2007年12月28~29日，全区地税工作会议在南宁召开

2008年2月27日，全区地税系统开展继续解放思想大讨论活动暨党风廉政建设工作会议在南宁召开

2008年3月21日，自治区地税局党组中心组学习暨继续解放思想推进广西北部湾经济区建设研讨会在南宁召开

2008年4月3日，自治区地税局举行继续解放思想大讨论活动推进会

2008年5月23日，全区地税系统召开转变干部作风加强机关行政效能建设总结视频会议

2008年8月5日，全区地税工作座谈会在南宁召开

2008年10月10日，自治区地税局举办深入学习实践科学发展观活动专题讲座

党风廉政建设

2008年2月27日，自治区地税局党组书记苏道俨（左一）（任职至2008年6月）与局内各单位负责人签订2008年党风廉政建设责任状

2008年8月12日，全区地税系统上半年纪检监察工作会议在梧州召开

精神文明建设

2008年3月5日，自治区地税局选派节目参加广西区直机关举办的庆"三八"文艺晚会

2008年3月6日，自治区地税局参加"广西妇女迎奥运健身走"活动

在钦州市开展“共建地税青年林”活动

2008年5月23日，自治区地税局举行机关党员缴纳抗震救灾“特殊党费”仪式

2008年6月6日，自治区地税局组团参加广西区直机关第五届运动会并取得优异成绩

2008年6月26日，第二届广西青年文明号艺术节举办健美操比赛，图为自治区地税局代表队在表演

税收管理与服务

2008年3月4日，自治区地税局开展继续解放思想大讨论活动走进北部湾，图为在北海召开的全区地税征管工作座谈会

2008年3月4日，广西平安人寿保险公司员工到自治区地税局直属税务分局进行个人所得税集体纳税申报

2008年3月6日，“自治区地税局与公安厅联合打击涉税违法犯罪联络处”正式挂牌成立

2008年3月26日，自治区地税局举办年所得12万元以上个人所得税自行纳税申报工作会议

2008年7月30日，自治区地税局举办公开大接访活动

2008年12月26日，自治区地税局赴广西人民广播电台参加“行风政风”直播活动

自治区地方税务局稽查局

自治区地方税务局副局长李早春（左二）与自治区地方税务局稽查局领导班子合影

2008年，自治区地税稽查部门在国家税务总局稽查局和各级局党组的正确领导下，在有关部门的密切配合和支持下，紧紧围绕全区地税工作大局，按照提高依法治税能力和税源监控能力的总要求，大力查处涉税违法案件，深入开展税收专项检查，强化稽查管理，认真落实重点工作项目，牢牢把握税收征管的最后一道防线，不断加大稽查力度，严厉打击各种税收违法行为，加强制度建设，强化系统管理，各项工作都取得明显的成效。

全区地税稽查部门2008年共检查纳税户2504户，发现有问题1670户；查补税款36493万元，加收滞纳金、罚款5836万元，处罚率13%；入库税款及滞纳金、罚款共36525万元，入库率达到86.3%。全区立案查处税收违法案件1132起，查处超过百万元以上税款的案件48起，查补税款14566万元。其中，查处500万元以上特大案件4起，查补税款2703万元。全区共受理税收违法举报案件478起，已查处278起，移送公安机关查处的6起，查补税款（含滞纳金、罚款）共计2022.6万元。

自治区地税局稽查局在2008年还根据公安部、国家税务总局《关于开展打击制售假发票和非法代开发票专项整治的通知》要求，将制售假发票、非法代开发票等发票违法行为比较突出的地区作为区域税收专项整治的重点。全区各级

召开2008年全区地税系统专项稽查工作汇报会

向领导汇报工作

地税稽查部门与公安部门等相关部门密切配合，共查获非法出售假发票案件22起，非法代开发票案件1起；区地税部门单独查获非法出售假发票案及非法代开发票案件合计12起；捣毁非法出售假发票犯罪窝点4个，打掉团伙1个，抓获犯罪嫌疑人10名，缴获各类假发票146463份，最大可开金额346553.03万元，假印章223枚，查补税款49.35万元，滞纳金2.19万元，罚款80.56万元，没收违法所得0.04万元。通过查办各类涉税违法案件，有力打击和震慑了涉税违法犯罪分子的嚣张气焰，为规范社会税收秩序，提高税务威慑力作出了突出的贡献。

会同公安部门清点缴获的假发票

联合自治区公安厅经侦部门召开案件讨论会

案件讨论会议

南宁市地方税务局

国家税务总局副局长王力（右二）到南宁市地方税务局调研

2008年，南宁市地税局紧紧围绕自治区地税局的工作思路和南宁市委、市政府的工作大局，以科学发展观为指导，以开展继续解放思想大讨论活动为契机，以依法治税为主线，以打造服务型地税机关为主要内容，以精神文明创建为载体，以创新为抓手，全力做好“落实政策、促进发展，依靠科技、优化服务，强化征管、增加收入，健全制度、带好队伍”四篇文章，共克时艰，迎难而上，锐意进取，全面完成了各项地税工作任务。全年共组织各项地税收入68.02亿元，首次突破60亿元大关，同比增收14.78亿元，增长27.76%，圆满地完成了区局和市政府下达的年度必保收入任务，收入规模、增收水平均创历史最高水平。征收防洪保安费、文化事业建设费、地方教育费附加和代收工会经费、残疾人就业保障基金等各项收入2.79亿元，同比增收0.88亿元，增长46.81%，为南宁市经济社会发展提供了强大的财力保证。

2008年，南宁市地税局共有机关科室（中心）14个、4个直属机构（3个稽查局和1个税务服务中心）、城区局6个、开发区局5个、县局6个，41个税务所（税务分局）。负责南宁市计11.73万户纳税人的地方税收征管工作。南宁市地方税务局管辖的纳税户占全区地税系统的28%；2008年南宁地税收入为68.02亿元，占全区地税收入将近四分之一，达23.21%；人员比例占全区地税系统的12%。也就是说，南宁市地税局以占全区地税系统12%的税务人员管理着全区28%的纳税户和23.21%的税源。

自治区主席马飚（左二）到南宁市地税局视察工作

自治区党委常委、南宁市市委书记车荣福（左一）到南宁市地税局指导工作

荣获南宁市十佳创新单位

自治区地税局局长关礼（右三）到南宁市地税局调研

南宁市地税局以文明行业创建评选活动为契机，大力推进地税文化建设，深化创建内容，创新创建形式，落实创建措施，使创建工作常创常新，涌现出一大批先进单位和先进个人。2008年，在南宁市开展“创新年”活动系列评选表彰活动中，被授予“十佳创新单位”荣誉称号，同时，还荣获“十大创新成果”、“创新年”活动先进集体和先进个人等荣誉称号。2007年、2008年连续两年被评为“南宁市窗口服务行业创城达标竞赛活动十佳单位”。2008年，被授予全国精神文明建设工作先进单位，干部人事档案工作被中共中央组织部授予一级单位荣誉称号。同时，作为参加自治区第三批文明行业创建活动唯一的市级单位，创建活动顺利通过自治区文明办、自治区纠风办的综合考评。

税收宣传月新闻发布会

柳州市地方税务局

召开车船税代收代缴工作会议

2008年是柳州市地税局的"教育年"。在自治区地税局、中共柳州市委、市政府的正确领导下，柳州市地税局以组织收入为中心，坚持依法治税，实施严征细管，规范税收秩序，优化纳税服务，深化队伍建设，大力推进管理创新、制度创新、机制创新，进一步解放思想，抢抓机遇，锐意进取，战胜各种困难和考验，促进了柳州地税事业又好又快发展。

2008年，柳州市地税局的主要工作可以概括为：一个新高、三个推进、四个突破、四个规范。

一个新高，即组织收入工作再创新高。全年组织收入累计完成区局口径427583万元，同比增收90115万元，增长26.7%；市政府口径403701万元，同比增收85911万元，增长27%。同时，完成代征工会经费6996万元，同比增收1139万元，增长19.4%；完成代征残疾人就业保障基金2564万元，同比增收587万元，增长29.3%，均创历史新高。

三个推进，即推进了队伍建设、推进了纳税服务、推进了地税文化建设。通过开展继续解放思想大讨论，取得了三个明显的成效。一是大力组织开展培训、考试，进一步提高了队伍素质；二是以争先创优为载体推进队伍建设，全系统共获得"全国青年文明号"、"三八红旗集体"等市级以上荣誉23项；三是全面开展标准化办税服务厅建设，大力推广"十八项便民服务措施"，配合柳州市"二次创业"搞好服务工作，将5000多本《柳州市二次创业地方税税收优惠政策汇编》和5万多份《车船税问答》免费分送给纳税人；四是先后组织了迎春文艺晚会、职工运动会、"三八"廉政杯插花比赛、"品位·魅力"迎奥运着装风貌大赛等活动，共为灾区捐款20余万元，献血130000毫升，树立了良好的社会形象。

四个突破，即单项税种管理取得突破、信息化建设取得新突破、干部队伍教育实现突破、事关民生重大问题实现突破。一是土地增值税清算模式在柳州试点实施，得到了自治区地税局的充分肯定，共清算了44个项目，净补税款1000多万元；二是全系统全部实现了财税库行联网，全年共签约联网纳税户10804户，征收税款28.34亿元，占总征收额的72%，节约用票43万份，顺利实现了网上申报；三是自筹资金260万元为编外人员和助征员解决了保险问题；四是为市局人员

开展税收规范执法培训活动

包括退休和编外人员解决了津补贴差额问题；五是先后推出了“感恩教育”、“五心教育”（关心、爱心、暖心、贴心、戒心），实行了“家访制度”、“谈话制度”等，并将中层干部送到清华大学培训，把一般干部送到总局培训，把股（所）长送到长沙税务培训中心培训。

四个规范，即进一步规范了税收执法、进一步规范了税收秩序、进一步规范了税收征管、进一步规范了党风廉政建设。严厉查处各种涉税违法案件，共查补入库税款1.03亿元。集中开展打击制售假发票、非法代开发票专项整治行动，捣毁了一批代开假发票窝点，抓获违法人员3名。全市共有9个集贸市场实行税收征管改革，征收率达100%。全年共代征二手房交易税款2145户次，征收税款1650万元。运用TRAS管理平台进一步规范了重点税源的管理。全年重点税源企业累计入库304500万元，占本年税收入库总量的71.6%。加强了惩防体系建设，初步建立了廉政预警机制，并发布了2期预警信息报告；强化廉政监督，全系统聘请社会廉政监督员130名、设立作风效能举报箱24个，监督举报电话36个，召

举办信息采写培训

桂林市地方税务局

国家税务总局副局长宋兰（中）到桂林市地税局基层单位秀峰区地税局检查指导工作

2008年，桂林市地方税务局在桂林市委、市政府和自治区地方税务局的正确领导下，坚持以组织收入为中心，以加强税收征管为载体，迎难而上、求真务实、开拓创新，各项工作取得了丰硕成果。一是强化税源管理，大力堵漏挖潜，税费收入保持平稳较快增长。全年共组织各项收入380038万元，比上年同期增加52255万元，增长15.94%。二是实施科学化、精细化、规范化管理，征管质量和效率显著提升，税收执法行为日趋规范。抓好城镇土地使用税、耕地占用税、车船税“三个条例”的贯彻落实，全年分别入库城镇土地使用税13023万元、车船税3176万元、耕地占用税16835万元，同比增长164.8%、113.58%和231%；组织开展土地增值税清算，全年入库土地增值税28087万元，同比增长89.66%；建立土地税收财政、国土部门协调配合征管机制，强化土地税收征管，全年征收入库土地税收57945万元，同比增长193.73%；制定和落实《桂林市地方税务局重点税源监控管理实施办法》，推广使用各类征管软件，加强重点税源管理；深入开展税收执法检查和执法监察，规范税收执法行为；制定和实施《桂林市地税稽查工作考核暂行办法》，大力整顿和规范税收秩序，全年共查补入库税款、滞纳金和罚款6500万元，同比增长30%。三是充分发挥税收职能作用，全力打造服务型机关，服务经济、服务纳税人水平进一步提高。一方面，立足全局，主动服务地方经济发展。充分发挥税收职能作用，依法用足、用好各项

自治区地税局党组书记、局长关礼（右二）到桂林市地税局基层单位叠彩区地税局检查指导工作

开展领导干部大接访活动

2008年，桂林市地税局紧紧围绕税收中心工作，坚持以人为本，认真落实科学发展观，分级分类地组织开展了各项业务培训

推行“银税通”缴税业务，实现缴税电子化，提升纳税服务水平

加强干部队伍管理，在全系统开展城区单位空编人员岗位选调考试

税收优惠政策，全年依法减免地方各税3.5亿元。另一方面，提质提速，倾心服务纳税人。大力推行财税库行联网缴税，积极开通POS机缴税业务，实现纳税申报、税款缴纳和汇缴入库电子化。四是加强素质建设和作风建设，干部队伍凝聚力、战斗力进一步增强。深入开展作风效能建设、继续解放思想大讨论和学习实践科学发展观活动，被评为全区地税系统作风效能建设先进单位；有计划、有重点、分层次地组织开展了各类学习培训活动，提升干部队伍素质；将廉政文化建设、地税文化建设和基层规范化管理相结合，全面加强党风廉政建设。深入组织开展精神文明创建活动，全年全系统各单位共获处级（含处级）以上荣誉175项次，个人获厅级（含厅级）以上荣誉38人次；积极组织开展了全市地税系统2008年迎新春“和谐地税杯”文艺汇演、“喜迎奥运杯”职工运动会等一系列文体活动。以交纳“特殊党费”、“特殊团费”、“特殊会费”等形式向南方冰冻灾区、四川地震灾区等地进行了捐款，大力支持新农村建设等，全面树立桂林地税新形象。

桂林市地税系统2008年迎新春“和谐地税杯”文艺汇演

2008年桂林市地税系统“喜迎奥运杯”职工运动会

组织干部参加北京奥运会火炬在桂林市的传递护卫活动

2008年11月22日，全国税收收入规划核算工作会议在桂林市召开

税收征管

强化信息管税，提高税收征管水平，图为市局领导到基层单位检查信息化建设工作

灵川县地税局税务人员深入房地产企业了解企业经营情况

大力实施税收科学化、精细化、专业化管理，税收征管水平进一步提升。

夯实征管基础：将发票管理纳入广西地税信息系统进行管理，建立信息安全管理体系；联合国税制定出台纳税信用A级企业激励措施，对全市纳税企业进行了纳税信用等级重新认定；联合公安、工商、国税等部门对全市二手车交易市场进行了整顿和规范。

抓好新实施或调整税收政策的贯彻落实：抓好新《中华人民共和国企业所得税法》及城镇土地使用税、车船税、耕地占用税“三个条例”的贯彻落实，全年入库企业所得税55,640万元、城镇土地使用税13,023万元、车船税3176万元，同比分别增长7.4%、164.8%和113.58%；入库耕地占用税16835万元。

加强重点税源监控：成立了重点税源监控工作领导小组，制定出台《重点税源监控管理实施办法》；完善税收业务报表集中上报，推

小小税法宣传员

采取积极有效措施，大力加强组织收入工作，图为桂林市地税局组织召开税收收入攻坚工作会议

广使用重点税源系统；实行重大项目税收项目管理、重点税源"扁平化"管理和自治区局、市局、县（城区）局、分局（所）四级管理。

规范行业税收和单税种管理：全面组织开展土地增值税清算，全年入库土地增值税28087万元，同比增长89.66%；与财政、国土部门在土地流转环节建立协调配合机制，推进房地产税收"一体化"管理，全年入库土地税收57945万元，同比增长193.73%；加强对小税种的管理，全年7个地方小税种（烟叶税、耕地占用税除外）入库税收85344万元，同比增长46.92%；大力推进社会综合治税，形成征管合力。

开通银税通缴税业务，实现税务纳税申报、缴纳、汇缴、入库电子化。

围绕"税收·发展·民生"和"诚信经商，和谐共赢"宣传主题，组织开展形式多样、内容丰富的宣传月活动。

税收征途

阳朔县表彰纳税大户

七星（高新）区地税局税务人员深入企业了解企业生产经营情况

兴安县地税局以多种形式组织开展第十七个全国税收宣传月活动，图为该局的税收宣传会客厅

税收执法与服务

开展纳税检查

认真组织开展重大税务案件审理和税务行政复议，全年共审理重大税务案件5起，涉税金额2600余万元；依法受理税务行政复议2起。开展行政执法案件自查，按要求做好执法案件移送。召开全市地税法制工作会议，对近五年的法制工作进行了总结。以税收执法权、税务行政管理权、税收执法质量为主要内容，组织开展税收执法检查、税收执法监察和税收执法质量考核。深入开展整顿和规范税收秩序，全年共查补入库收入6500万元。全面落实各项税收优惠政策，全年共依法减免税收3.5亿元。以开展作风效能建设、继续解放思想大讨论活动和开展学习实践科学发展观活动为契机，以纳税人合理化需要为导向，全面加强纳税服务工作，实现纳税服务广度和深度质的突破，全面提升纳税服务水平。

全州县地税局税务人员到生产一线开展纳税检查

叠彩区地税局充分利用办税服务厅开展税法宣传，图为税务人员在办税服务厅发放宣传资料

热情、高效地为纳税人办理相关涉税事项

开展税收执法检查和监察

开展“政风行风”热线活动，接受纳税人咨询和投诉

税收政策宣传进小区

税收宣传志愿者

干部队伍建设

桂林市地税局深入组织开展转变干部作风加强机关行政效能建设活动，图为桂林市地税系统转变干部作风加强机关行政效能建设活动总结会

深入组织开展作风效能建设、继续解放思想大讨论和学习实践科学发展观活动，全面加强系统内思想政治工作和干部队伍建设。以提高执政能力为着力点，加强各级领导班子建设。结合工作实际，有计划、有重点、分层次地开展了各类学习培训活动，提升干部队伍素质。建立和完善岗位绩效考核管理办法、税收收入与税务经费划拨挂钩考核办法等制度，优化干部管理激励机制。下放城区单位股（所）长部分管理权限，推动基层干部管理科学化。收缩农村和边远基层分局（所）力量，以考试加推荐形式从县局选调了25名同志充实到城区单位工作，优化征管力量配置。突出做好廉政文化建设、地税文化建设和基层规范化管理，全面加强党风廉政建设。抓好党青工妇群团工作，充分发挥群团组织的栋梁纽带作用。针对津补贴规范后干部的工作积极性问题，积极组织开展干部管理专项研讨，探索和实践各种行之有效的管理办法。

桂林市地税局积极组织开展岗位大练兵活动，提高干部职工业务技能，图为稽查岗位大练兵业务考试现场

积极组织干部职工开展各种健身活动，图为桂林市地税系统“喜迎奥运杯”职工运动会气排球比赛现场

高度重视妇女权益保障工作，图为妇女委员会换界选举大会

荔浦县地税局大力加强干部职工敬业精神和党风廉政教育，提高队伍综合素质

开展“以赛促学”和“以试促学”活动，提高队伍素质

切实关心机关干部职工生活，图为桂林市地税局领导在检查基层单位机关食堂建设

象山区地税局举行爱国歌曲大家唱活动

精神文明建设

桂林市地税局第一时间组织干部职工向四川汶川地震灾区捐款

坚持以创建“文明单位”、“青年文明号”、“巾帼文明示范岗”等先进典型为载体，深入开展文明创建活动，全年全系统各单位共获处级（含处级）以上荣誉175项次，个人获厅级（含厅级）以上荣誉38人次。其中，龙胜县地税局泗水税务分局荣获全国“巾帼文明示范岗”称号；叠彩区地税局计征股被自治区总工会评为“广西五一劳动奖”和“广西五一巾帼奖”；全州县地税局团委获第十批“广西五四红旗团委创建单位”及“桂林市五四红旗团委”荣誉称号，全州县地税局被自治区地税局推荐为“全国文明单位”候选单位；临桂县地税局党组书记、局长唐亚林同志被自治区地税局推荐为“中国十大优秀税务工作者”候选人；一大批单位和个人受到市、县（区）级表彰。

2008年6月13日，平乐县遭遇百年不遇的特大洪灾，图为平乐县地税局组织干部开展抗灾自救

叠彩区地税局计征股荣获“广西五一劳动奖”和“广西五一巾帼奖”

灵川县地税局“巾帼文明岗”开展助学捐赠活动

2008年4月，龙胜县地方税务局泗水分局荣获全国“巾帼文明岗”荣誉称号

荔浦县地税局以实际行动开展支援新农村建设

兴安县地税局兴安分局办税服务厅获桂林市“巾帼文明示范岗”、“桂林五一女职工标兵岗”荣誉称号

贵港市地方税务局

自治区地税局党组书记、局长关礼（中）到贵港市地税局调研

2008年，贵港市地税局在自治区地税局和贵港市委、市政府的正确领导下，坚持以邓小平理论、“三个代表”重要思想为指导，认真践行科学发展观，克服严重的自然灾害和国际金融危机所带来的税源不足、减收因素增多等多方面不利因素的影响，着眼大局，把握形势，紧跟发展要求，以组织收入为中心，进一步推进依法治税，切实加强税源监控管理，全面优化纳税服务，充分发挥税收职能作用，推动了全市地税事业的又好又快发展。全年共组织各项收入100780.9万元，比上年增收20210.7万元，增长25.08%。其中，税收收入93486.8万元，增收19305.1万元,增长26.02%；教育费附加3631.1万元，增长12.94%；文化事业建设费116.1万元，增长19.32%；防洪保安费941.2万元，增长18.82%；地方教育费附加1231.1万元，增长17.81%；工会经费1140.6万元，增长12.01%；残疾人就业保障基金208.6万元，增长66.48%；其他收入25.4万元。地税收入首次突破了10亿元大关，圆满地完成了自治区地税局和市政府下达的年度收入任务，有力地增强了地方财政实力，为贵港市经济社会发展提供了强大的财力保证。

2008年，贵港市地税局内设8个职能科室，辖5个职能局，共有派出机构52个，其中税务所37个，税务

自治区地税局副局长吴殿禄（中排左五）到贵港市地税局慰问基层干部职工

贵港市地税局局长朱伟明(左三)深入华电集团贵港分公司开展税源调研

分局15个，全市地税系统在编干部职工500人，税务助征员183人，管理纳税业户21522户。

2008年，贵港市地税局继续开展以创建“文明单位”、“先进单位”、“青年文明号”、“巾帼文明示范岗”和争当“优秀税务工作者”为主要形式的争先创优活动，文明创建成果显著：贵港市地税局荣获“贵港市档案工作”集体三等功，贵港市地税局团委被授予贵港市“五四红旗团委”光荣称号，平南县地税局城区办税大厅荣获“全国巾帼文明岗”称号，港北区地税局城北分局办税服务厅荣获“广西五一劳动奖状”、“广西五一巾帼奖先进集体”荣誉称号；桂平市地税局廖科荣获“广西五一劳动奖章”，贵港市地税局李良荣获“广西优秀共青团员”称号，港北区地税局黄冬梅荣获自治区“三八红旗手”称号，覃塘区地税局唐山被贵港市委授予贵港市勤政廉政先进个人荣誉称号并记个人三等功一次。

桂平市地税局局长廖科同志获“广西五一劳动奖章”

贵港市市长唐成良到贵港市地税局指导税收旺征工作

玉林市地方税务局

自治区地税局局长关礼（左二）到玉林市地税局指导工作

2008年，玉林市地税系统以邓小平理论和“三个代表”重要思想为指导，深入开展继续解放思想大讨论活动，全面贯彻落实科学发展观，以组织收入为中心，加强税收征管，优化纳税服务，提高管理效能，加强教育培训，各项工作成效显著。

一是地方税收总量创历史新高。全年组织各项地税收入17.88亿元，同比增收3.24亿元，增长22.12%。其中，组织自治区级收入17.23亿元，同比增收3.2亿元，增长22.78%；组织市级收入16.39亿元，同比增收3.07亿元，增长23.06%。

二是重点税源管理水平提高。全市纳入自治区地税局重点监控范围的企业283户，全年共实现地税收入3.8亿元，同比增收0.77亿元，增长25.4%，占全年地税总收入的21.25%。

玉林市地税局领导深入基层开展公开大接访活动（左一为玉林市地税局局长陶成春）

自治区地税局吴殿禄副局长(中)与玉林市地税局领导班子成员合影

三是小税种增长强劲。全年组织财产行为各税收入合计4.11亿元，同比增长65.28%，对地税收入增长的贡献率达到51.79%。其中，资源税、印花税、土地增值税、车船税等地方小税种收入分别增长23.24%、65.68%、50.46%、37.37%，增幅均高于地税总收入增幅；2008年开始由地税部门征收的耕地占用税收入1.14亿元，对地税收入增长的贡献率达到36%。

四是整顿和规范地方税收秩序成效显著。全年全市专项检查纳税业户239户，发现有问题业户128户，查补地方税费2414.39万元，罚款109.64万元，加收滞纳金38.24万元。

五是办公条件进一步改善。2008年4月18日，玉林市地税局综合办公楼落成，市地税局、市直属税务分局、市地税稽查局三个单位进驻办公，这是玉林市地税事业发展中的一个重要里程碑，为玉林市地税事业的新发展创造了良好的办公条件。

玉林市委常委、常务副市长刘子福（右）与玉林市地税局局长陶成春（左）为新办公楼揭牌

解放思想服务企业发展税企座谈会

组织市局机关干部职工到北流市罗政村党风廉政教育基地参观学习

玉林市地税局参加玉林市干部职工健身跑活动人员合影

百色市地方税务局

2008年3月10日，召开全市地税系统党风廉政建设工作会议

2008年3月18日，全市地税系统“扁平化”管理模式试点工作总结会在凌云县召开

2008年，百色市地税局深入开展继续解放思想大讨论和学习实践科学发展观活动，以组织收入为中心，建立目标管理责任制和领导干部、科室与各基层单位的工作联系制度，大力推进依法治税，实施科学化、精细化、规范化管理，不断提高征管质量与效率，全年共组织各项收入（自治区地税局口径收入）172053万元，同比增收33108万元，增长23.8%。

加强税种和行业管理。加强所得税管理，顺利实现新旧企业所得税法的平稳过渡，超额完成区局下达的年所得12万元以上个人所得税自行纳税申报任务。全面推广“扁平化”管理模式，干部职工的业务水平、工作效率、服务质量得到进一步提高，工作制度进一步规范和完善，实现了人力资源的最优配置。开展征管质量“四率”网上考核工作，提高综合申报率。加强税种管理，有效解决了耕地占用税管理存在的成交价格难以核实，价格明显偏低，利用假赠与合理避税等问题。采取人工审核财务资料和工程造价软件测算工程量相结合的方法对房地产开发企业土地增值税进行清算，清缴百色市恒升房地产开发公司等房地产企业应纳税款360多万元。加强行业管理，进一步规范了交通运输行业专业化管理。加强跨区域税收管理，通过采取提前介入对外来施工企业实施全程监控，共组织跨区域重点工程项目税款入库6567万元。加大解决因征管范围不明晰、交叉管理而出现的重复征管或者漏征漏管问题的力度，建筑安装行业的税收征管质量进一步提高。

2008年4月1日，举办新企业所得税法培训班

2008年6月8日，参加迎奥运圣火在百色的传递活动

加强减免税管理。加强执行税收减免政策的管理，引导企业正确利用国家税收优惠政策为生产经营服务。2008年，共审核审批减免税107户,金额达21880万元。

加强税法宣传。围绕“税收·发展·民生”的主题，在百色市逸夫小学建立了“百色市青少年税收教育基地”；承办了由广西桥牌协会主办的以“税收·发展·民生”为主题的“百色地税杯”广西桥牌赛；与媒体合作举办税收有奖征文比赛；与广西华银铝业有限公司共同举办迎奥运“华银杯”税收宣传羽毛球邀请赛等。

加强税务稽查。集中力量对房地产、烟草、金融、保险、建筑、有色金属、饮食等行业实施重点检查，全年共检查纳税户402户，查补税款入库7695.15万元。与市公安局联合成立了“打击涉税违法犯罪联络办公室”，共同开展整治不法分子非法制售假发票和非法代开发票活动，共检查纳税户382户，查补税款及罚款5.41万元。

加强党风廉政建设。2008年，百色市地税局按照“突出一条主线，抓住三个重点，整体推进各项工作”的工作思路，结合实际，认真落实党风廉政建设责任制，通过层层签订党风廉政建设责任书，召开党风廉政建设工作汇报会、专题讨论会，撰写心得体会，开展以“解放思想、廉洁从税”为主题的廉政教育宣传月活动等形式，开展案件剖析，查找风险点，党风廉政建设工作取得了良好的成效。

加强教育培训。采取“走出去”的方法，组织部分干部职工到长春税务学院进行领导科学、学习型组织、团队建设、税务文化建设等知识培训。采取集中培训或视频培训等方式，举办广西地税信息系统、重点税源管理、人事管理等软件的应用培训，全年共举办各类理论、业务学习培训班115期，参加学习培训人数5000多人次。

2008年10月18日，组织党员干部到扶持点五村乡桥马村开展帮扶活动

2008年10月22日，组织干部职工到革命传统基地开展教育活动

2008年10月21日，组织市局党员干部到平果铝型材厂开展学习实践科学发展观活动

2008年10月28日，百色市学习实践活动指导检查组到百色市地税局召开第一次观摩会

2008年11月24日，联合百色市公安局经侦支队开展制售假发票专项检查

第十二届世界夏季特殊奥林匹克运动会游泳四枚金牌得主龙嫚与百色八一希望小学学生在一起

问题以及党性党风党纪方面群众反映强烈的突出问题，查找真正制约地税科学发展的根源。

争先创优效果显著。2008年，西林县地税局被自治区文明办、自治区爱卫办评为“自治区文明卫生单位”；那坡县地税局荣获自治区城乡清洁工程创建活动“文明卫生庭院”称号；市局工会妇委会荣获市级“三八红旗集体”称号；市局直属税务分局办税服务厅、德保县地税局县城关分局办税服务厅荣获市级“巾帼文明示范岗”。市局职工龙嫚同志荣获2003～2006年“全国残疾人体育工作先进个人”，第十一届“广西青年五四奖章标兵”、自治区“三八红旗手”、百色市“十大杰出青年”和“三八红旗手”。

加强队伍建设。以机关党委统一组织、各党支部分别活动等方式组织开展继续解放思想大讨论活动和学习实践科学发展观活动，组织党员干部分别到挂点联系非公有制企业——平果铝型材厂开展“服务非公经济、破难题、促发展”主题教育活动。到新农村建设对口帮扶联系点田阳县五村乡桥马村开展“察民情、识市情、动真情”主题教育活动，投入资金扶持该村搞蘑菇生产，修建小学基础设施、公路、蓄水池，为特困户赠送慰问品，向学校赠送电脑等，解决该村吃水难、行路难等问题。组织党员到百色起义纪念馆等基地开展“继传统、强信念、谋发展”和“坚持廉政勤政 促进科学发展”主题教育活动。开展比学习、比作风、比服务、比业绩，献计策，争创优秀党支部的“四比一献一争创”活动和向扶贫联系点问计、向专家学者问计、向上级和发达地区问计、向干部职工问计、向纳税人问计等“五个问计”活动。加强领导班子建设，广泛征求群众意见，认真查找局领导班子及个人在贯彻落实科学发展观方面存在的突出

向帮扶的五村小学赠送电脑

经常开展群众性文体活动

在百色市逸夫小学设立青少年税收教育基地，图为2008年3月31日举行揭牌仪式

梧州市地方税务局

团结、务实、创新的领导班子

积极开展读书思廉活动

2008年，梧州市地税局紧紧围绕自治区地税局的工作思路和梧州市委、市政府的工作大局，实施“强素质、细管理、严执法、树形象”工作措施，上下同心，干事创业，齐头并进，实现了发展加快、成绩喜人的新局面。

提前完成调整后年度地税收入任务。梧州市地税局严格依法治税，坚持组织收入原则，全体干部职工精神奋发，倍加努力工作，工作重点明确，各项征管措施落实有力，对税源底数摸得清，收得上。提前12日完成区局调整后确保任务12.2亿元的100.14%，同比增收31216万元，增长34.32%，地税收入规模首次突破12亿元大关，全年组织收入12.38亿元，收入总量、增长幅度均创历史最高水平。

强化税源监控，注重管理的质量。进一步加强重点税源监控，出台了《重点税源管理实施办法》，重点税源管理员由2007年的41人增加到2008年的52人，列入市局监控的重点税源户由834户增至1082户，其中列入自治区地税局监控的重点税源户由192户增至305户。

全面开展“六清理”情况。清理税收规范性文件77件；清理欠税879万元；清理漏征漏管户890户，入库税款68万元；清理小税种和零散税源入库税款7229万元；清理园区企业41户、清理园区内工程项目30个，查补入库税款1613万元；清理在建重大工程项目149个，查补入库税款497万元；清理催缴总分机构所得税174万元。

旺征稽查工作成效显著。2008年，全市地税稽查部门检查纳税户160户，查补税款1965万元，罚款52万元，入库税款、罚款和滞纳金2574万元；其中旺征期间共检查企业53户，查补入库税款1236万元。

精神文明建设取得突破性进展。争创活动蓬勃开展，藤县地方税务局、藤州税务分局等6个单位，继续被自治区地税局和共青团广西区委认定为“广西青年文明号”；市局、岑溪市、藤县和长洲区地税局被梧州市委、市政府评为“2006年至2007年度梧州市文明单位”，两人被评为“文明建设先进个人”；市局机关大院被自治区精神文明建设委员会办公室、自治区爱国卫生运动委员会办公室联合评为“文明卫生庭院”。文明创建工作获得了较大丰收。

自治区文明办、爱国卫生运动委员会授予市局“文明卫生庭院”称号

号角吹响：全市地税系统思想大解放推动梧州大发展学习讨论动员大会

文体活动丰富多彩

蓬勃发展的
广西瑞通运输集团有限公司

广西瑞通运输集团董事长、总裁，广西瑞通运输集团有限公司董事长，广西来宾中兴汽车运输有限责任公司董事长，广西运兴高速客运有限责任公司董事长黄坚，2001～2008年，连续八年被评为“广西优秀企业家”；2006年，被评为“中国优秀民营企业家”

广西瑞通运输集团有限公司，前身为有50多年历史的国有广西柳州汽车总站、广西柳州汽车运输总公司。2002年11月18日企业改制后，更名为广西柳州汽车运输有限责任公司，注册资金为1551.1万元。2005年3月17日，通过增资扩股，注册资金增至3198.7万元，更名为广西柳州瑞通运输集团有限责任公司。2006年10月12日，更名为广西瑞通运输集团有限公司。

奋战的6年，也是收获的6年。与2002年比较，公司资产总额、车辆数、营收增长、利润增长等主要经济指标获得了2～6倍的增长。

今天的瑞通公司，是柳州市规模最大的综合性道路运输企业，是国家道路运输客运一级企业。经营班车客运为主，兼营货运、商贸、宾馆、旅游、汽车修理、机动车驾驶培训、房地产开发等。集团公司有分公司18个，独资或控股子公司10个，参股公司4个。公司注册资金3198.7万元，资产总额8.5亿元，员工2900多人。

公司目前拥有营运车辆1500多辆。管辖柳州汽车客运服务站、柳州莲花汽车站两个一级汽车站和柳州市、来宾市12个县（市）汽车总站。班线覆盖广西绝大部分县、市，到达周边省份及福建、浙江、上海、海南、重庆等省、市。

近年来，公司先后获得“中国道路运输百强企业”、“中国服务业500强”、“广西企业50强”（第28位）、“广西优秀企业”、“广西和谐劳动关系优秀企业”、“广西壮族自治区先进基层党组织”、

广西瑞通运输集团有限公司第三届董事会成员：

左起：董事、副总经理韦戊杰，副董事长、副总经理刘远宁，副董事长、党委书记亓树生，董事长黄坚，董事彭济川，董事、总经理李波，董事覃国钧

国家交通运输部副部长高宏峰（前排左二）在公司董事长黄坚（前排左三）、总经理李波（前排左一）的陪同下检查柳州莲花客运站的春运工作

自治区副主席、公安厅党委书记、厅长梁胜利（前排右）在公司董事长黄坚（前排左）的陪同下检查公司平安客运创建工作开展情况

“广西壮族自治区文明单位”、“中国优秀民营企业”、“中国优秀诚信企业”等一系列荣誉称号。

经历50多年风风雨雨的瑞通航母已经启航，正乘风破浪朝着胜利的彼岸奋勇前进!

广西四大汽车主枢纽客运站之一，也是柳州市目前占地面积最大、设计客运量最多、管理智能化程度最高、客运功能设施最好、环境最为优美的国家一级汽车客运站——柳州莲花客运站

三星级涉外旅游饭店的瑞通大酒店，硬件设施先进齐全，多功能大、中、小型多媒体投影会议室、电脑e房、中央空调再配上优质的服务，更加彰显了现代化酒店的魅力。酒店注意引导顾客提高环保意识，从而节约了资源、减少了污染，获得了“自治区AAA级绿色环保酒店”称号。2005～2008年，连续四年被授予“柳州市优秀旅游饭店”称号。2007年至今，该酒店为越南“胡志明足迹之旅”跨国旅游线路柳州市唯一一家定点接待酒店

随着企业规模的扩大，公司的车辆总数也在不断增加，至今已拥有营运车辆1216辆（含中兴汽运公司、运兴高速客运公司、方兴公交公司），其中营运客车1073辆，出租车210辆，货车32辆，进一步增强了在运输市场上的竞争力

北海市地方税务局

2008年4月28日，北海市地税局局长包基智（右二）荣获全国“五一”劳动奖章和证书

2008年，北海市地税局以科学发展观为统领，全面落实“深化改革、强化管理、优化服务、细化岗责”的工作方针，改革创新求发展，凝心聚力促和谐，夯基固本强管理。

税收经济和谐发展。大力组织税收收入，不折不扣落实各项税收政策。全市组织入库各项收入12.37亿元，同比增收3.12亿元，增长33.74%，税收增幅与增量均创历史新高；认真落实各项税收优惠政策，依法减免税款1.16亿元。

依法治税取得新进展。制定出台《北海市地方税务局规范税务行政处罚自由裁量权执行标准》，解决了基层征管单位行使行政处罚标准参差不齐的问题；进一步加强和落实税收执法责任制；加大涉税案件查处力度，全年查补税款入库2590万元。

税收管理展现新亮点。对建筑业税收逐步构建起了“以项目管理为中心，以信息化为支撑，部门配合、动态监控，科学预警”的管理新模式；以“房地产行业税源管理系统”为依托，对房地产业税收管理形成了“开发商—开发项目—房源—税源—税收”的精细化管理模式；大力推进社会综合治税工作，有效提高税收征管质效。

队伍建设增添新活力。全面加强教育培训，着力打造一支高素质、专业化的地税干部队伍。年内举办各类培训班67期，培训对象3260人次。构建惩治和预防腐败体系，加强反腐倡廉宣传教育，推进地税廉政文化建设，强化“两权”监督。荣获2008年全区地税系统反腐倡廉宣传教育工作优等奖。

2008年6月26日，北海市地税局与北海市公安局联合成立打击涉税违法犯罪联络室

地税形象得到新提升。2008年,直属税务分局计划征收服务股被授予全国“青年文明号”荣誉称号，市局团委被自治区团委授予“红旗团委”的光荣称号，市局机关党委被评为“北海市直机关先进基层党组织”，市局妇工委被评为“北海市先进妇女组织”；1人荣获“全国五一劳动奖章”，3人获得区级“先进个人”奖项。

2008年7月30日，北海市地税局举办“广西北部湾经济区发展规划”知识竞答比赛，图为市局领导与获奖单位合影

钦州市地方税务局

钦州市市委书记汤世保（右三）到钦州市地税局检查指导工作

2008年，钦州市地方税务局深入学习实践科学发展观，以解放思想大讨论为动力，按照中央、自治区和市委、政府的一系列重大决策部署，围绕“一中心两规范三强化四提高”的工作思路，完善和创新各项制度，全面加强税收管理，组织收入工作取得了新突破；深入推进科学化、精细化管理，税收征管水平得到全面提高；以开展继续解放思想大讨论活动和深入学习实践科学发展观活动为契机，加强纳税服务，干部职工纳税服务意识显著增强，纳税服务水平全面提升，社会各界和广大纳税人满意度进一步提高；大力加强政务公开工作，加强执法监督，机关作风建设进一步改进；大力加强廉政建设，夯实廉政防线，廉政建设进一步深化；加强干部队伍建设，积极开展文明创建活动，文明创建硕果累累，干部队伍素质显著提高，在全社会树立了良好的地税机关形象。全年全市地税系统组织各项收入11.88亿元，同比增收4.62亿元，增长63.7%，实现了历史性跨越，以实际行动为钦州经济发展作出了积极的贡献。在全区地税系统绩效考评和组织收入目标考核评比中，钦州市地方税务局分别获得了全区地税系统2008年度“绩效考评先进单位”以及“地税收入目标考评先进单位”。

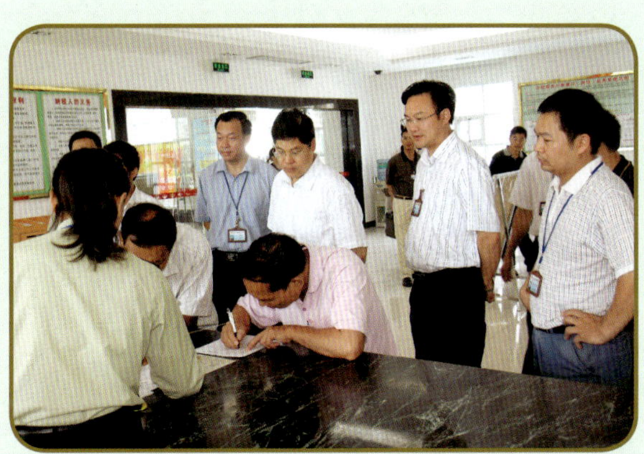

自治区地税局局长关礼（右三）到钦州市地税局办税服务厅检查指导工作

2008年9月23日，钦州市国际税收研究会正式成立，标志着该市的国际税收研究事业进入一个新阶段

河池市地方税务局

2008年8月18日，自治区地税局党组书记、局长关礼（左二）到河池市地税局直属税务分局检查指导工作，对该局实施专业化管理，构建税收分析、纳税评估、税源监控和税务稽查“四位一体”互动机制所取得的成绩给予充分肯定

机构成立15年来，河池市地税局在自治区地税局和河池市委、市政府的正确领导下，坚持以邓小平理论和“三个代表”重要思想为指导，认真贯彻落实科学发展观，全面实施科学化、专业化、精细化管理，积极推进依法治税，大力加强干部队伍建设，形成了“不等不靠、不甘落后、争创一流、无私奉献”的河池地税精神，实现了“一个高速增长”和“八个第一”。“一个高速增长”即实现组织收入以年平均23.59%高速增长。“八个第一”即成为全区地税系统第一个实现信息化建设达标、第一个实现信息数据集中市局处理、第一个实现网上办税服务、第一个实现与当地所有金融部门合作为全市纳税人提供电子缴税服务、第一个推行税源专业化管理、第一个推行“扁平化”管理、第一个推行星级办税服务、第一个推行社会综合治税的单位。各项工作得到了自治区地税局和河池市委、市政府的高度好评及社会各界的充分肯定，为河池经济社会发展作出了应有的贡献。

加强信息化建设成果的拓展应用，全面推广多元化纳税申报方式，图为河池市地税局党组书记、局长黎刚敏（右一）向纳税人介绍自助缴税系统

组织收入大幅提升。2008年共组织收入14.15亿元，同比增长15.89%，实现了收入高速增长，收入质量稳步提高。

税源管理日益科学。积极稳妥推进税收征管改革，初步构建以信息化手段为支撑，以税收分析、纳税评估、税源监控、税务稽查“四位一体”的税源管理联动机制为重点，以社会综合治税网络为保障，实施科学化、专业化、精细化税收管理和多元化纳税申报的地税征管工作新格局，形成了“信息管税”的雏形。

2008年12月31日，河池市市委书记蓝天立（中）、市长谢志刚（左一）到河池市地税局检查税收收入入库工作，对该局超额完成年度收入任务表示祝贺

信息化建设大步迈进。全面推广应用“广西地税信息系统”和“公文处理系统”，率先搭建电子政务平台，开发应用网上办税系统，实现市局数据大集中，实现了全辖区、全业务财税库行横向联网，双定户税款批扣缴税及金城江城区范围内申报纳税“同城通缴”。

纳税服务不断优化。以纳税人的合理需求为导向，积极构建以制度为链条，实现信息化、办税服务厅、“12366”热线、地税网站、税源管理5大平台有机联动的“1+5”模式。推行“一窗式”服务和星级办税服务，打造服务品牌，优化纳税服务，不断提升纳税服务质量和水平。

队伍建设全面加强。认真开展作风效能建设、解放思想大讨论、学习实践科学发展观等活动，创建“先进领导班子”，实行干部轮岗和竞争上岗，选派优秀年轻干部到基层任职，加强党群组织建设和地税文化建设。切实加强廉政教育，强化对重点环节、重点岗位的监督管理，实施电子监察、网络监控，推进党风廉政建设和反腐败工作。

精神文明建设成果丰硕。大力开展争先创优活动，以创建“文明单位”、“巾帼文明岗”、“青年文明号”等为载体，深入推进文明创建工作，涌现出一大批先进单位和个人。截至2008年，河池市地税系统获得地厅级以上的荣誉称号和奖项超过500个。

贺州市地方税务局

2008年，贺州市地方税务局在市委、市政府和区地税局的正确领导下，坚持以“三个代表”重要思想为指导，全面贯彻落实科学发展观，紧紧围绕组织收入这一中心工作，大力推进依法治税，强化科学管理，加强干部队伍和党风廉政建设，各项工作取得了新的成效。

地税收入稳步增长。全年共组织各项地税收入50784万元，同比增收8909万元，增长21.3%。另代收工会经费679万元，同比增长21.7%；代收残疾人就业保障金158万元，同比增长11.3%。

2008年10月23～24日，自治区地税局局长关礼到贺州调研。图为关礼局长（左三）在市委常委、常务副市长潘志金（右一）和市局局长徐燕鸣（左二）的陪同下到桂东电子科技有限责任公司考察

创新手段不断创新。从10月份起在全区率先对房地产税收实行以“先税后证”为抓手，以信息共享为依托，以优化服务为宗旨，“一窗式”征收的一体化征收管理模式；试行了按炸药使用量核定征收石灰石和大理石资源税模式，由公安部门在销售炸药环节代征，全年共入库资源税1500万元，同比增长50%。

2008年4月10日，贺州市公安局、贺州市地方税务局打击涉税违法犯罪联络室成立揭牌仪式在市地税局稽查局会议室举行。图为揭牌仪式现场

2008年8月15日，开展领导干部公开接访活动。图为市局党组书记、局长徐燕鸣（中）在大接访活动中认真倾听纳税人的诉求，并作细致详尽的解释

依法治税工作扎实推进。加强税务稽查，组织开展了多项税收专项检查。全年共检查纳税户100多户，查补税款2000多万元，同比增长294%。扎实抓好税收执法检查和“五五”普法工作，对市局直属机构、各县（区）地税局、城区一线征收单位的执法检查面达100%。贯彻落实各项税收优惠政策，全年共减免地方各税2100万元。

2008年4月11日，贺州市地方税务局团支部、妇委会组织40多名青年、妇女干部到八步区鹅塘镇开展以“植奥运青年林　树和谐地税风”为主题的义务植树活动。图为参加义务植树活动的青年、妇女干部合影

干部队伍素质明显提高。积极开展争先创优活动，钟山县局钟山税务分局办税服务厅获广西“三八红旗集体”称号；八步区局办税服务厅获广西“五一巾帼标兵岗”称号;深入开展思想政治工作“十个一”工程，开展了“贺州地税精神”征集活动；完成了市局新一届工青妇组织机构的换届选举工作；举办了“庆五一、迎奥运”气排球赛等一系列丰富多彩的文体活动。

防城港市地方税务局

防城港市地税局领导班子全体成员

2008年，防城港市地税局在自治区地税局和市委、市政府的正确领导下，认真贯彻落实十七大、全国税务工作会议和全区地税工作会议精神，坚持以科学发展观为统领，按照“带好队，收好税，立目标，创一流”的工作要求，紧抓北部湾大开放大开发历史机遇，以组织收入为中心，不断强化科学化、精细化管理，改进和完善税收征管方式，依法治税，从严治队，团结奋进，共克时艰，各项工作得到有效落实，队伍建设、效能建设、作风建设取得新的进步，取得了业务建设和精神文明建设“满堂红”：全年共组织入库地方税收8.04亿元，同比增收2.6亿元，增长45.2%，收入总量首次突破15亿元，基本实现两年翻番（2006年4.06亿元），完成超收任务居全区地税系统15个征收单位之首，收入总量和增幅创下历史新高，荣获自治区地税局组织收入工作先进单位和2008年度绩效考评先进单位一等奖。全系统29个基层单位创建各类先进集体22个，其中自治区级“文明单位”1个，市级“文明单位”4个，市级“巾帼文明示范岗”2个，自治区级“青年文明号集体”10个，自治区级“文明卫生庭院”2个，自治区级“巾帼文明示范岗”2个，国家级“巾帼文明示范岗”1个。

2008年7月31日，自治区地税局党组书记、局长关礼同志（前排中）到防城港市地税局调研

2008年4月29日，举行广西地税系统“12366”纳税服务热线走进北部湾启动仪式，图为自治区地税局副局长吴殿禄（右二）、防城港市地税局局长吴润元（右一）以及市政府领导同时按下“12366”启动按钮

崇左市地方税务局

2008年，崇左市地税局深入学习实践科学发展观，认真贯彻执行自治区地税局和市委、市政府的决策部署，全力克服国际金融危机、糖锰税收减收等不利因素影响，依法治税，从严治队，强化管理，优质服务，圆满地完成各项地税工作任务。

组织收入创新高，地税收入持续快速增长。2008年共组织税收收入89506万元，同比增收22002万元，增长32.6%，完成自治区地税局下达考核目标任务和奋斗目标任务的103.7%和100.2%，税收收入创崇左建市以来最好成绩。在抓好组织收入的同时，认真落实各项税收优惠政策，2008年共依法减免税收约16100万元，培植了新的税源，在经济发展中实现了减税不减收。

2008年10月，自治区地税局局长关礼（左二）在崇左市地税局局长蔡伟（左一）的陪同下，到崇左市地税局新办公大楼建设工地指导工作

2008年4月1日，崇左市地税局、国税局、团委等单位联合举办以“税收知识百家宴”为主题的税收集中宣传日活动，努力营造良好的税收发展环境

税收管理水平显著提高。重点税源监控成效大，纳入地方税重点税源监控的企业194户，共缴纳一般预算收入40605万元，同比增收7504万元，增长22.7%，占一般预算收入比重的45.4%。机构扁平化管理试点顺利进行并取得成效。针对房地产行业发展迅速的状况，依托信息化建设，崇左市地税局大力推行房地产行业税收一体化管理，把房地产税源的管理纳入整个信息管理中，取得了明显效果。2008年，房地产业营业税、销售不动产营业税分别收入6567万元和5375万元，分别同比增长32.5%和57.6%；房地产业企业所得税收入327万元，同比增长165.9%。

“七一”期间，崇左市市委书记崔智友（左二），市委常委、秘书长李明凤（右一）在市地税局局长蔡伟（右二）的陪同下，深入到地税基层看望退休老党员

精神文明跃上新台阶。2008年，崇左市地税局坚持“两手抓两手硬”方针，以争创市级文明单位为载体，将文明创建工作延伸到税收征管、办税服务等各个层面，从优化服务质量，提高工作效率入手，大力开展争先创优活动，取得了良好的成绩。市地税局被推荐参评市级文明单位，有1个基层单位荣获自治区文明卫生单位，有两名同志入选第四届广西杰出（优秀）青年卫士。崇左市地税局同时以人为本，强化培训，全面提高地税干部的整体素质。2008年，共举办税收基础知识、计算机技能等培训班13期，培训人员1200人次，教育培训与历年相比，具有规模最大、人员最多、课时最长、系统性最强的特点。努力建立起一支思想好、作风硬、纪律严、业务精的地税干部队伍。

认真做好抗洪救灾，推进和谐地税。受2008年第十四号强台风“黑格比”的影响，全市地税系统遭受严重的洪涝灾害。崇左市地税局成立工作组分赴灾区开展抗洪救灾工作，积极采取措施做好灾后重建工作，把因灾损失降到最低限度，较快地恢复了正常的工作、生活。同时积极支持四川汶川地区抗震救灾，全市地税累计为地震灾区捐款14万多元，在社会上树立起了良好的地税形象。

2008年5月12日，四川省汶川县发生里氏8.0级地震，崇左市地税系统广大干部职工纷纷向地震灾区伸出援助之手。图为蔡伟局长在捐款仪式上捐款

柳州市地方税务局直属税务分局

柳州市地方税务局直属税务分局担负着全市1612户国有大中型企业的地方税收征管任务。现有人员59人，其中党员34名，中级以上职称人员23人。内设5个股：综合股、政策法规股、税源管理一股、税源管理二股、计划征收服务股。负责征收营业税、企业所得税、个人所得税、资源税、城镇土地使用税、土地增

税务人员下企业调研

值税、城市房地产税、房产税、车船税、印花税、城市维护建设税、教育费附加、文化事业建设费、防洪保安资金、残疾人就业保障基金及工会经费等16个税（费）种。2008年各项收入达到18.5亿元。

分局自1994年9月独立运作以来，在上级局的正

公车上积极宣传税法

确领导下，以党的十七大精神和“三个代表”重要思想为指导，坚持以聚财为国、执法为民为宗旨，认真贯彻落实国家各项税收政策法规，始终本着“创一流分局、带一流队伍”的宗旨，弘扬“爱我地税、艰苦创业、团结奋进”的地税精神，紧紧围绕组织税收收入这个中心工作，求真务实、与时俱进、改革创新、开拓进取，在组织收入、依法治税、征管改革、科技兴税、纳税服务、争先创优和队伍建设等方面取得了

积极开展廉政主题教育活动

长足的进步，两个文明建设硕果累累。先后荣获全国“税务系统先进基层单位”、全国“巾帼文明示范岗”、区级“青年文明号”、区级“爱国卫生单位”、全区地税系统集体二等功、自治区税务局税收宣传月活动优秀创新项目、柳州市“文明单位”、柳州市“青年文明号”、柳州市“军警民共建先进单位”、柳州市“巾帼建功示范岗”、柳州市“流通行业优质服务先进单位”、柳州市“会计基础达标单位”、柳州市“先进基层党组织”、中共市直属机关工作委员会“‘五好’党支部”、柳州市直机关“先进团支部”等荣誉称号，有5人次获国家级奖励，有38人次分别获区级先进个人奖励和市局级三等功奖励，为柳州市和自治区两个文明建设作出了贡献。

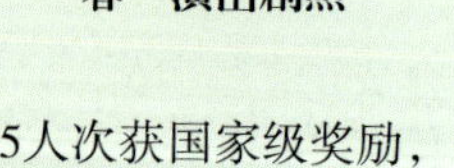

参加“地税之春”演出剧照

在“十一五”期间，分局确立以科学发展观统筹全局，突出科学、和谐、发展，围绕“收入、政策、管理、服务、和谐”五大主题，按照“服务于经济发展、服务于纳税人、服务于全社会”的工作理念，提升内部管理，规范纳税秩序，提高征管质量，全面构建和谐地税，树立“公正、廉洁、文明、高效”的地税形象，为柳州经济发展和社会稳定再添新功。

玉林市地方税务局直属税务分局

玉林市地方税务局直属税务分局前身为玉林地区地方税务局直属征收分局，于1995年4月正式挂牌成立，1996年9月正式运行，1997年8月随玉林撤地改市后，改名为玉林市地方税务局直属征收分局，2002年4月份地税系统进行机构改革，更名为玉林市地方税务局直属征收管理局，2005年机构微调，更名为玉林市地方税务局直属税务分局，2008年4月搬入新办公大楼，办公环境焕然一新。

玉林市地税局直属税务分局领导班子

分局现设有职能股室6个：综合股、政策法规股、计划征收服务股、税源一股、税源二股和建安组。目前，有在职人员61人，其中公务员43人（含借调10人），助征员16人（含返聘1人），其他人员2人。中共党员24人，占总人数的39.34%，大专以上学历的干部职工53人，占总人数的86.89%，是一支朝气蓬勃，在政治上、业务上、作风上具有较高素质的队伍。

玉林市地税局直属税务分局党支部书记、局长龚福文

玉林市地税局直属税务分局旺征工作会议

玉林市地税局直属税务分局领导下企业调研

玉林市地方税务局直属税务分局以文明单位创建为载体，把创建文明单位当作推动地税工作快速发展的动力，坚持“两个文明”一起抓的工作方针，广泛开展争先创优活动，先后荣获了2005年全区地税系统信息工作“先进单位”一等奖、2005年全区地方税务系统记集体二等功奖励、2005年全国税务系统“先进集体”、2006年玉林市“五一巾帼标兵岗”、2007年首届广西“青年文明号”百佳集体、2008年度玉林市地税系统绩效考评优秀奖、2008年广西“五一巾帼标兵岗”、2006～2008年度全区“代收工会经费先进单位”。

玉林市玉州区地方税务局

玉州区地税局领导班子成员

自治区地税局局长关礼（右一）到玉州区地税局调研

开展“七一”党员服务日活动

2008年，在面对国际金融危机影响、税收任务大幅度增长、现实税源不足且政策性减收因素较多、组织收入工作困难和压力巨大的严峻形势下，玉林市玉州区地方税务局领导班子团结和带领全体干部职工，围绕年初确定的各项工作目标，以组织收入为中心，强化税收征管，深化依法治税，加强队伍建设，优化税收服务，全局的各项工作完成了预期的目标，取得了良好的成绩。

组织收入再创新高，为经济发展作出积极贡献。2008年，玉州区地税局共组织地方税收收入35478万元（不含防洪费、文化费、地方教育费附加），同比增收8716万元，增长32.6%，完成自治区年度考核任务33840万元的104.84%。其中，玉州区级地税收入为35225万元，同比增收8647万元，增长32.54%，完成玉林市政府年度税收收入考核任务34780万元的101.28%，为地方经济发展作出了积极贡献。

学习实践科学发展观征求意见会现场

狠抓重点，多种措施并举，房地产税收征管成效显著。针对辖区内房地产开发企业发展迅猛、房产经营火爆的状况，玉州区地税局狠抓房地产开发企业税收征管，积极创新征管机制，构建房地产税收精细化管理体系，监控的84户房地产企业共入库营业税、房产税、土地增值税等共5083.19万元，其中查补32户房地产企业共入库税款及罚款1656.35万元。

落实税收优惠政策，打造良好税收环境。落实下岗失业人员再就业以及福利企业税收优惠政策，有效地缓解了下岗失业人员和地方残疾人就业难的问题，为维护社会稳定作出积极的贡献。2008年，该局共为15户企业减免地方各税1214.56万元；共审批享受税收优惠政策的下岗职工437户，减免税金额89万元。

狠抓教育培训，地税队伍建设呈现新气象。狠抓地税队伍建设，加强领导班子建设，提高全系统领导干部行政能力和驾驭工作能力；加大教育培训力度，学习培训内容涵盖了各种类型的法律知识、税务稽查、征收管理、新征管软件应用等培训，2008年，全局共举办各种税收业务培训班2期；组织干部职工参加《行政机关公务员处分条例》知识、普法等多项公共考试，进一步提高了干部职工的业务水平与整体素质。

玉林市福绵区地方税务局

2008年是收入形势最为复杂多变的一年，面对前所未有的严峻形势，玉林市福绵区地税局始终坚持以组织收入为中心，认真落实税收政策，切实加强税收管理，不断优化纳税服务，扎实推进干部队伍建设。各项工作都取得了新的进步。

税收收入持续稳定增长。2008年，共组织地方各项收入5958万元，比去年同期增收1473万元，增长33%。其中组织区局考核口径收入5878万元，同比增收1464万元，增长33%；组织市政府考核口径收入5714万元，同比增收1411万元，增长33%。

加强税法宣传，营造良好的增收法治环境

召开税企座谈会，共建和谐税企关系

税收管理水平不断提高。一是加强重点行业的税收管理，建筑安装、服装水洗、交通运输等重点行业税收分别增长6.4%、19.2%、49.2%。二是加强日常检查，大力整顿税收秩序，全年共检查业户27户，查补税款75万元。三是加强税种管理，小税种实现大增长。其中房产税、土地使用税、印花税、车船税分别增长47.6%、500%、266.7%、650%。四是强化户籍管理，加强发票管理，夯实税收征管基础。

依法治税工作扎实推进。全面开展税收执法检查和执法监察，认真贯彻实施新企业所得税法，加大税收政策宣传落实力度，认真组织开展税收专项检查。

与国税局联合举办预防职务犯罪知识讲座

组织开展“大练兵、大比武”税收业务知识考试

干部队伍建设全面加强。加强教育培训，不断提高理论和业务水平；加强思想作风建设，树立地税良好形象；加强党建工作，发挥党员先锋模范作用；深入开展文明单位创建活动，2008年荣获市级“文明单位”称号。

兴业县地方税务局

2008年，兴业县地税局围绕组织税收收入中心工作，挖掘税源潜力，强化税费征管，优化纳税服务，服务县域经济发展，共组织各项地方税收收入9488万元，同比增收2100万元，增长28%，按县政府考核口径统计，共组织各项地方税收收入8752万元，同比增收1902万元，增长28%，税费收入实现稳定增长。

兴业县地税局领导深入基层了解税收情况

税收征管。2008年，兴业县地税局结合实际采取措施强化征管。一是严格贯彻落实《个体工商户税收定期定额征收管理办法》，二是重点做好土地使用税和耕地占用税的征收管理工作，三是加强运输车辆税收代征工作，四是加强欠税管理，五是加强业户登记管理。这些措施的实施有力地保障了地方税收的稳定增长。

税务稽查。2008年，通过开展税务稽查和辅导，纳税人自查补报共25户，有问题户数4户，查补各项地方税费、滞纳金及罚款共计143.9万元，入库率100%。开展税务稽查工作坚持“举必接、查必果、奖励兑现、取信于民”的原则，做到“群众举报案受理及时，举报案、上级交办案、转办案查处及时，举报奖励兑现及时，税款追收入库及时”。对每宗案件都实施跟踪管理，及时催办督办，促进了案情取得突破，有力地打击了偷、抗税的违法犯罪活动，维护了正常的税收秩序。

深入基层调研，图为到玉林市荧石矿厂了解企业生产情况

落实税收优惠政策。2008年积极贯彻落实税收优惠政策，支持地方特色企业，促进地方经济发展。全年为2户养殖企业减免企业所得税4930万元；为9户企业减免房产税20.9万元，城镇土地使用税51.6万元；2户残疾人纳税户享受减免税优惠；1户纳税户获得税前扣除财产损失13.2万元。

兴业县地税局领导向玉林市地税局领导汇报工作

税法宣传。2008年，兴业县地税局紧紧围绕“税收　发展　民生”的税收宣传主题，精心策划，积极组织，求真务实地开展税法宣传的各项活动，向民众多方面、多层次宣传税收法律法规知识，增强了公民依法诚信纳税意识，推动了地税工作深入开展。

精神文明建设。2008年，全体地税人员发挥先锋模范作用，用实际行动支援灾区抗震救灾工作，自发为地震灾区捐款19511元，帮助灾区人民早日度过难关。2008年获得县级“党风廉政建设和反腐败‘一把手’工程先进单位”、“纪检监察工作先进单位”、“基层纪检监察目标管理工作二等奖”、“工会工作先进集体”，区级“自治区文明卫生庭院”等荣誉。

兴业县地税局局长朱伟忠（左四）深入企业进行调研

兴业县地税局工作人员深入企业征求意见

陆川县地方税务局

陆川县地税局领导深入企业调查了解税源

2008年，陆川县地税系统在自治区、玉林市地方税务局和陆川县委政府的正确领导下，全面学习贯彻党的十七大精神，深入贯彻落实科学发展观，坚持聚财为国、执法为民的工作宗旨，大力组织税收收入，着力优化纳税服务，严格规范税收执法，全面强化税收管理，各项工作取得了新的成效。

地方税收收入大幅度增长。2008年，全县地税系统共组织各项收入13371.25万元，同比增收2760.15万元，增长26.01%，超额完成了市政府下达的年度税收考核任务，无论是税收收入规模还是税收增量均创历史新高，为陆川地方经济发展提供了强有力的财力支持。

陆川县地税局与陆川县检察院举行共同预防职务犯罪联合签字仪式

税收征管水平不断提高。组织开展税源普查，完善了县、乡两级税源数据库。加强重点税源监控管理，监控重点税源企业246户，监控率达100%。加强户籍管理，对辖区内个体工商户开展“地毯式”清理，全年清理漏征漏管户256户，查补税款、滞纳金37万元。大力实施房地产业税收“一体化”管理措施，全县房地产税收收入实现历史最好水平。规范保险机构代收代缴车船税工作，促使各保险机构正确履行义务，实现了车船税征收的成倍增长。抓好耕地占用税政策的落实，与财政、国土部门协作建立了耕地资源涉税信息共享机制以及耕地占用税的代征代缴机制。稳步推进财税库行横向联网工作，上线联网业户不断增加，初步实现了财税库行联网新的征收模式。全面升级发票软件，实现“联网税控”，发票管理工作取得成果。

依法治税能力全面加强。持续深入开展税收执法检查，加强重大税务案件审理和稽查案件复查工作，进一步规范了稽查行为。严格执行行政许可、行政复议等规定，切实保护纳税人的合法权益，全年实现了零复议。加大税务稽查工作力度，认真组织开展税收专项、专案检查工作，全年查补税款、滞纳金、罚款3410万元，促进税收秩序进一步好转。继续加强税收优惠政策的贯彻落实，全年减免税款1335万元。

税收征纳关系更加和谐。服务手段不断创新，服务内容更加丰富，2008年未收到一起纳税人服务投诉案件，受到了上级部门的高度肯定。

干部队伍建设切实加强。继续加强领导班子建设，落实民主集中制、党组议事规则和决策程序。进一步加大干部教育培训力度，全年举办了税收业务短期培训班5期，参训人员260人次，使干部职工的业务技能得到显著提高。加强党建和思想政治工作，以实际行动为抗震救灾、新农村建设等作出了积极贡献。积极推进地税文化建设，深入开展精神文明创建活动，县局机关在连续7年保持区级文明单位的基础上，2008年，先后被授予“爱国卫生先进单位”、“自治区文明卫生单位”称号。

党风廉政建设深入开展。全面落实党风廉政建设责任制，层层签订党风廉政建设责任状，形成严密监督的工作机制。深入开展了以机关倡廉、家庭助廉、读书思廉、网络宣廉、示范带廉为主要形式的主题教育活动，实现了廉政教育的经常性和多样性。建立健全了预警机制工作方案，加强对“两权”的监督制约，在全县所有征收单位全部实行办税公开，主动接受社会监督。

深入开展继续解放思想大讨论活动取得实效。自2008年3月份开始，全系统用3个多月的时间，通过活动动员、学习讨论、征求意见、广泛调研、找准问题、完善整改等环节和步骤，高标准、严要求，扎扎实实地开展了继续解放思想大讨论活动，进一步促使全局上下牢固树立了“立党为公，执政为民”的思想意识，提高了地税干部职工的政治理论素质，着力解决了干部职工思想观念和工作作风等方面存在的突出问题，为推动地税事业发展起到了良好的促进作用。

玉林市地税局总会计师蒙木荣（中）在陆川县局同志的陪同下深入企业开展送政策送服务活动

德保县地方税务局

黄佳局长（右二）在房地产企业调研

2008年，德保县地税局以“三个代表”重要思想为指导，紧紧围绕中心工作，加强税收征管，坚持依法治税，超额完成了税收任务。2008年，组织各税收入1.70亿元，比2007年增收5650万元，增长49.78%，完成年度任务1.59亿元的106.92%。税收收入继续保持强劲增长，收入总量再创历史新高。在完成好组织收入任务的同时，努力开展文明单位创建活动，积极推进各项文明建设，取得了显著成效，被自治区精神文明建设委员会授予第十二批“自治区级文明单位”。同时，认真抓好党组织建设，努力开展争先创优活动。局党支部2008年度被德保县委评为“先进基层党组织”，连续第5 年获此殊荣，被评为“2006～2008年度代收工会经费工作先进单位”称号。

税务人员深入纳税户开展调查

开展税收宣传月活动

大新县地方税务局

组织收入。2008年大新县地方税务局共组织入库地方税收13934万元，其中，区级收入13307万元，同比增收2799万元，增长26.6%，完成年收入任务的104.61%；县级收入12819万元，同比增收2702万元，增长26.7%，完成县委、县政府下达奋斗目标任务1.28亿的100.15%。另外，大新县地方税务局全年共组织征收入库地方教育费附加222万元，防洪保安费100万元，文化事业建设费5万元，工会经费236万元，残疾人就业保障基金64万元。

税收征管。自2008年9月1日起，大新县地方税务局在全县地税系统实施力量重组，强化重点税源管理改革。在加大科技投入的同时，将年纳税5万元以上的80多户纳税单位、企业税收管理员统一划归县城所在地的桃城税务分局管理，相对调整雷平等其他三个税务分局的征管力量及部分征管职责。改革后，人员相对集中，征管力量得到加强，一些征管难点得到了突破，重点税源业户税收同比增收1171万元，占全年税收收入的71%。

国际金融危机对涉锰行业冲击巨大，大新县地税局积极应对严峻税收形势。图为党组书记、局长农仁辉（右一）率队深入外销重点企业新锰集团开展调研活动

文明创建硕果累累，桃城税务分局隆元媛同志入选中国文明网"我推荐、我评议身边好人"推荐活动10月"诚实守信好人"榜。图为隆元媛参加由中央文明办主办、在广西电视台隆重举行的颁奖仪式

团结奋进的领导班子：农仁辉（中）、张世奎（左二）、罗嘉民（右二）、张伟平（右一）、赵奇宏（左一）

队伍建设。大新县地方税务局深化行之有效的工作日志、职工谈话、教育培训"三位一体"队伍管理机制，同时，扎实开展文明创建活动，年初举办由全系统干部职工及家属、学校师生、纳税人代表等350多人参加的"2008年迎新春联欢晚会"，促进了社会各界对地税的了解，进一步和谐了征纳关系。大新县地方税务局荣获"大新县2008年上级驻县单位目标管理（绩效）工作先进集体"一等奖、崇左市地税系统2008年工作目标管理责任制考核第一名及先进单位。

积极开展结对帮扶、灾后重建工作。图为党组书记、局长农仁辉（左二）率队深入挂点村屯，给受强台风"黑格比"影响的洪涝灾区民房倒房重建的帮扶对象送去捐款

党风廉政。大新县地方税务局成立党总支，加强了地税党建的垂直管理工作；聘请县纪委常委等8位同志为地税特邀监察员，聘期5年。5月12日，四川省汶川县发生大地震，大新县地方税务局单位、个人抗震救灾捐款13191.50元，全体党员集中交纳"特殊党费"6020元。12月份，大新县地方税务局印制3000份行风测评及执法情况调查表，向全县纳税人发送，进行调查，具体包括"谁接受您的宴请和外出考察、参观活动"等8项调查内容，得到纳税人的广泛好评，并提出了诚恳的意见和建议。

博白县地方税务局

自治区地税局局长关礼（左一）到博白县工业园区调研

2008年，博白县地税收入15858万元，同比增长22.71%，高于GDP增长9.91个百分点，圆满完成各项收入目标任务，各项工作也取得了显著成绩。

税收征管。抓好重点税源管理工作，全县地税系统纳入自治区地税局重点监控范围的企业283户，重点纳税业户入库税款70303万元，占全县地税收入的40.8%；加强发票管理工作，在全县范围内开展货运发票漏采集发票调查工作，对漏采集货运代开发票进行了调查核对，有效规范了货物运输发票的采集与管理；抓好交通运输行业税收管理，由县政府主持召开地税、稽征、交警部门联席会议，明确稽征、交警部门协助地税部门开展交通运输行业税收检查，并在各自职责内落实代征代缴工作；抓好教育费附加、防洪保安费、文化事业建设费的征管工作。

依法治税。通过各种媒体对新企业所得税法实施进行了广泛宣传，对全县50名企业所得税管理人员和企业财务会计人员进行所得税知识培训，做好2007年度企业所得税汇算清缴工作；抓好年所得12万元以上个人的双向纳税申报工作，抓好个人所得税费用扣除标准由1600元提高到2000元政策的落实，对有关企业、部门单位代扣代缴个人所得税情况开展专项检查；加强城镇土地使用税政策落实情况的监督检查；继续开展“阳光稽查”工程，通过查前辅导或是纳税约谈，促使企业自查补报，全年共查补税款150.75万元，罚款0.9万元。

签订党风廉政建设责任状

税收服务。开展形式多样的税法宣传活动，举办了“解放思想　服务企业发展”税企座谈会，为企业出谋献策，度过全球金融危机。依法用足用好减免税政策，积极主动服务地方经济发展。不折不扣落实好政策性减免税工作，对符合税收减免税条件并申请减免税的业户进行了审核报批或确认，共减免地方税81.2万元。

队伍建设。继续加强领导班子建设和领导干部建设，提高全县地税领导干部行政能力和驾驭工作能力。加强政治业务学习，提高队伍素质，共举办各类培训班18期，培训人员200多人（次）。通过完善公务员登记、广泛开展评先评优活动、组织开展春节慰问活动、开展创建“青年文明号”集体活动、为四川地震灾区奉献爱心捐款和缴纳“特殊党费”，积极构建和谐地税机制，增强地税干部职工的荣誉感和归属感。

关礼局长（后排左一）在博白县地税局了解重点税源项目情况

党风廉政建设。抓好党风廉政建设责任制的落实，层层签订了党风廉政建设责任状。加大“两权”监督力度，积极构建预警机制。抓好信访工作，对有关群众举报信件进行了调查核实和正确处理。开展“解放思想与科学发展”大讨论调查问卷活动，广泛征求群众意见，查找出工作中存在的问题，针对问题落实措施解决。规范政务，优化服务，为地税工作的开展提供强有力的保障。

容县地方税务局

地税收入保持了持续稳定增长势头。2008年，容县地税系统全面贯彻落实科学发展观，围绕中心，服务大局，团结协作，克服困难，顽强拼搏，开拓进取，努力工作，取得了显著成绩，全年完成了地税收入14425万元，同比增收2711万元，增长23.14 %，地税收入保持了稳定增长势头，三年平均增长幅度在24.94%。

开展公开大接访活动，接受纳税人咨询

召开2008年工作会议

强化税源管理，规范依法治税。突出抓好年缴纳地税30万元以上重点税源企业的管理；夯实征管基础，加强户籍管理和发票管理，加强建筑安装、重大项目工程、房地产行业等税源监控；强化部门协作，加强对各小税种的征管；积极改进稽查方式，通过查前动员、查前约谈、自查自核等多管齐下的方式对有征收潜力、有税可补的行业和企业进行重点检查，全年共检查纳税户34户，查补税款128.54万元，加收滞纳金0.98万元，处以罚款1.72万元，有力打击了涉税违法行为。

业务股室到容县信用社举办税法知识讲座

发挥税收职能作用，服务地方经济发展。贯彻落实新企业所得税法及其实施条例、国家提高工资薪金所得费用扣除标准惠民政策；积极做好城镇土地使用税纳税定额标准调整工作和土地增值税清算工作；认真做好新修订的耕地占用税暂行条例的贯彻执行，顺利完成了耕地占用税征管的接收工作。认真贯彻落实各项税收优惠政策，全年落实95户纳税人享受各项税收优惠政策,共减免税收 1060.3万元。

提高干部素质，队伍建设取得新成效。切实加强和改进思想政治工作。加大干部教育培训力度，年内举办了各种业务知识培训班、专题培训班等。加强组织建设，支持新农村建设，积极做好挂钩联系点的帮扶工作。广泛开展扶贫帮困献爱心活动，组织干部职工踊跃向地震灾区、低温冰冻灾区和贫困大学生等捐款17661.6元、捐衣88件、捐棉被4套。深入开展精神文明创建活动，加强党风廉政建设，认真抓好重点环节、重点岗位的监督管理。

开展税法宣传月活动

博采众长 科学管理 蓬勃发展

来宾冶炼厂是广西华锡集团股份有限公司下属生产企业，位于广西中部来宾市兴宾区。全厂占地面积256.4万平方米，建筑面积约30万平方米，现有员工2496人，各类专业技术人员404人，各类工程师118人，各类高级工程师7人；现有固定资产9.75亿元，年产值21亿元，利税2.08亿元。

来宾冶炼厂有锡冶炼、铟冶炼和锌冶炼三大生产系统，锡系统建于20世纪80年代末，并于1996年通过ISO9002:1994标准认证，铟系统于1998年建成，锌系统建于1999年。三大系统于2002年8月通过GB/T19001:2000 idt ISO9001:2000标准的审核认证。来宾冶炼厂主要产品有锡锭、铟锭、锌锭、硫酸等。

来宾冶炼厂始终坚持企业生产经营以质量为基准，坚持走质量规模效益的发展道路，推行全面质量管理并通过验收，质量技术经济指标不断提高，产品质量得到商检部门认可，各级监督部门对我厂产品质量抽查合格率历年都是100%。2003年9月，通过按ISO/IEC17025:1999《测试和校准实验室能力的通用要求》标准建立的质量体系的认可审核；2003年10月，通过广西出入境检验检疫局严格考核，获批准为广西出口商品分类检验管理一类企业，成为广西第八家出口商品分类检验管理一类企业；在2004年国际认证联盟（IQNet）论坛上，被授予管理优秀奖；设备管理获“广西特级企业”称号。

来宾冶炼厂在消化吸收国内外先进技术和管理经验的基础上，博采众长，融会贯通，依据科技进步和科学管理来推动企业的发展，已建立健全与生产发展相适应的具有特色的质量管理体系，体系运行更加有效，并不断向纵深方向发展，使来宾冶炼厂产品信誉更加卓著，质量更加稳定。

来宾冶炼厂奉行重合同、守信誉原则，愿在平等互利的基础上与海内外公司、企业和个人发展经济、技术贸易关系。

“金海”牌锌锭

祥浩集团

1999年12月，祥浩会计师事务所由创建于1987年的广西审计师事务所依法脱钩改制设立。经过十年的发展，形成了以祥浩会计师事务所有限责任公司、祥浩工程造价咨询有限责任公司、天健正信会计师事务所有限公司广西分所、中联资产评估有限公司广西分公司、广西祥浩资产评估有限责任公司、广西祥浩投资管理咨询有限责任公司、广西祥浩土地评估有限责任公司、广西祥浩税务师事务所有限责任公司、广西祥浩房地产评估有限责任公司等为成员的紧密型联合统一体。

祥浩现有执业资质：证券、期货业务审计资格，证券、期货业务资产评估资格；探矿权、采矿权、森林资源评估资格；工程造价咨询甲级资格；全国土地估价资格；二级房地产评估资格；司法鉴定资格；税务业务资格。业务范围包括：审计、评估（含地产、房产、森林、矿业、无形资产等评估）、工程造价审核、司法鉴定、投资管理咨询、税务筹划咨询、财务会计顾问服务等。

目前祥浩在南宁、柳州、梧州、桂林、玉林、北海、钦州、防城港、贺州、北京共10个城市设立了机构，拥有360多名员工，其中注册会计师132人，注册造价工程师21人，注册资产评估师52人，土地估价师21人，房地产估价师14人，注册税务师28人。

多年来，祥浩一直秉承“以质量求信誉，以信誉求发展”的经营宗旨及“以人为本，诚信、敬业、感恩”的价值理念，积极发展成为大型、高效、优质的专业服务机构，为社会经济发展贡献一份力量。同时祥浩也关心每一位员工的成长和发展，营造优雅的内部环境，保持轻松的人际关系，为各类人才施展才华、成就事业搭建广阔的平台。

祥浩南宁总部办公室

祥浩两支队伍进入广西注会行业气排球决赛合影

祥浩成立十周年文艺汇演，图为演出舞蹈《碧波孔雀》

祥浩集团网址：www.xhcpa.net

祥浩总部联系地址：广西南宁市金湖路59号地王国际商会中心32层

联系电话：0771-5535521 5536038

电子邮箱：tzzx@gxxhcpa.com

各分支机构联系电话：

北京市：010-62166551 62166311

柳州市：0772-2825185 2801778

桂林市：0773-2853645 2801262

梧州市：0774-3824197 3831188

玉林市：0775-2675188 2676508

北海市：0779-3075545 3075541

钦州市：0777-2860560 2860565

防城港市：0770-2882677 2881948

贺州市：0774-5128877

南宁市税务服务中心

广西首府地方税务服务中心（南宁市地方税务局税务服务中心）于2005年8月正式挂牌成立，是专职纳税服务机构。该中心依照“税前促进税法遵从，税中提高办税效率，税后保护合法权益”工作理念，组织协调纳税服务工作开展，有效提升征管质量与效率，切实维护纳税人合法权益，营造融洽的征纳氛围，树立了地方税务部门良好的形象。

广西地税“12366”纳税服务通过人工接听、自动语音等方式向全区纳税人提供税务咨询、服务投诉、涉税举报、意见建议等服务

南宁市税务服务中心与电信合作研发的“ETS——多元化电子税务服务体系”将“12366”、网站咨询管理、短信平台运用进行整合，累计向全区纳税人提供电子化涉税服务236.7万余次，解决涉税疑难问题26.27万余次，荣获“2007年南宁市创新年活动十佳创新成果奖”。2008年4月，自治区人民政府马飚主席视察了该中心，对中心的各项创新工作措施给予了肯定。

广西地税“12366”纳税服务热线在受理来电以及上门咨询工作中严格落实“首问负责”制度

玉林市地方税务局稽查局

文玉局长（左一）到玉柴集团调研，赠送税收政策书籍

从2002年成立一级稽查开始至今，玉林市地税局稽查局大力整顿税收秩序，坚持稽查工作服务税收收入大局，坚持依法治税、依法稽查，不断促进税收执法规范化，同时大力拓展税务稽查服务，推出了一系列稽查服务规范。以“诚信、创新、务实、廉洁”的稽查执法形象得到了广大纳税人和社会各界的广泛认可。近年来，面对国际金融危机的严重冲击和国家结构性减税政策的影响，玉林市地税局稽查局深入学习实践科学发展观，紧密结合“保增长、保民生、保稳定、保持发展良好势头”的目标要求，紧紧围绕税收中心工作，缜密分析税务稽查工作新形势，认真贯彻落实上级局各项决策部署，发扬顽强拼搏、真抓实干的优良作风，圆满完成了年度各目标任务，在查补收入、税收专项检查、打击发票违法犯罪、涉税违法案件查处、队伍建设、廉政建设等各方面取得了显著成绩。

历年来玉林市地税局稽查局共获得各类荣誉称号21个，其中，党支部书记、局长文玉同志因工作成绩突出，荣获“广西十佳优秀女地税工作者”、“第二届广西优秀青年卫士”、第五届“广西十大女杰”提名奖、“广西三八红旗手”、“中国十大杰出女税务工作者”通报表彰奖、“全国三八红旗手”等光荣称号，成为玉林市地税系统多个先进集体和先进个人的杰出代表。从2003年到2008年，全市地税稽查部门累计检查4419户，查补税款1.86亿元。其中2008年全市地税稽查收入总额6441.58万元，入库总额5777.27万元；全市稽查收入入库总额占全市地税收入总额的3.23%。2008年玉林市地税局稽查局对保险行业开展税收专项检查发现涉税问题并妥善解决，得到区稽查局的肯定，并向全区稽查部门通报作为案例参考。

稽查局领导班子讨论业务工作

贵港市港北区地方税务局

贵港市港北区地方税务局自2006年正式挂牌成立以来，始终坚持以“聚财为国、执法为民”为工作宗旨，坚持依法治税，优化纳税服务，规范税收管理，加强队伍建设，推进反腐倡廉，为促进港北经济又好又快发展作出积极贡献。组织税收收入从2006年的19382万元，到2008年的27230万元，3年间增长了7848万元，连年超额完成税收任务。同时，精神文明建设也取得可喜成绩，先后被评为“贵港市文明单位”、“先进党总支部”、“工会工作先进单位”、“转变干部作风加强机关行政效能建设先进集体”。办税服务厅先后被授予市级、自治区级“青年文明号”、市级“巾帼文明示范岗”、“全国女职工建功立业标兵岗”荣誉称号。

贵港市港北区地税局积极开展“百名税官下企业送政策送服务活动”，切实送政策上门，为经济把脉，帮企业解忧，给企业鼓劲，税企联手应对危机，共谋科学发展之策。图为陆光天局长（中）深入企业一线倾听企业代表心声

贵港市港北区地税局积极开展扶贫帮困和“献爱心”活动，据不完全统计，2006年至2008年共捐款6万多元，赠送物品价值3万多元，图为局领导干部为边远贫困山区小学建立“爱心书屋”，赠送图书780册

藤县地方税务局

实地调查耕地占用税

2008年，藤县地税局共组织税收收入18046万元，同比增收7815万元，增长76.52%，完成年度收入任务16000万元的112.61%。

加强重点税源管理。2008年443户重点户贡献税款6743万元，同比增收1527万元，增长29.26%；102个重点工程建设项目入库税收2789万元（不含耕地占用税），增收769万元，增长38.07%。

耕地占用税征管取得突破。2008年入库耕地占用税6925万元，其中长洲水利枢纽工程入库耕地占用税5952万元。

扎实开展深入学习实践科学发展观活动。作为试点单位，藤县地税局当好先行者，争创样板点，着眼“五个着力”明方向，抓好“八个创新”下药方，实现“五个保障”强能力。

文明创建活动结硕果。2008年藤县地税局被评为梧州市2006～2007年度“文明单位”，5个基层分局有3个分局继续保留自治区级“青年文明号”，1个分局获市级“文明窗口单位”。

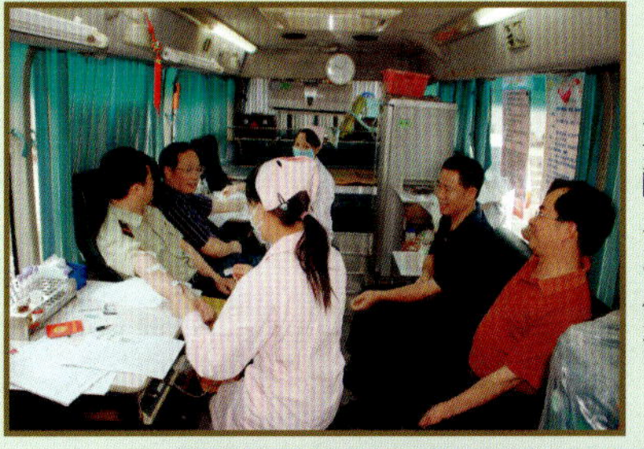

义务献血展风采

藤州分局办税厅新貌

梧州市长洲区地方税务局

建筑、房地产专业化管理小组在研究分析税收数据

2008年，梧州市长洲区地税局通过采取“六抓”措施，进一步推进依法治税，强化队伍素质，实现了税收收入高速增长。

抓收入、促增长。2008年梧州市长洲区地税局共组织各项税收收入18490万元，同比增收5334万元，增长40.5%。

抓管理、重质量。对房地产、建筑业的专业化管理走出了一条集“规范管理、定人管理、分类管理、项目管理、综合管理”于一体的新路子。

抓服务、严执法。加强税法宣传，开展“关注民生，促进发展”房地产税收政策法规宣传系列活动；认真落实税收优惠政策，审批各类减免税额143万元。

抓队伍、强素质。开展“学习型组织”创建活动，开展以机关倡廉、家庭助廉、读书思廉、网络宣廉、示范带廉为重点的廉政文化进机关活动。

抓落实、树形象。着力塑造文明的长洲地税形象，长洲区地税局被评为梧州市“文明单位”，潘常青被评为“文明建设工作先进个人”。

文明创建获殊荣

税收宣传寓教于乐

苍梧县地方税务局

苍梧县地税局落实三项举措加强税收管理：一是加强税收分析和预测，对企业申报资料严格把关，动态分析经济政策和企业政策对税源的影响，及时掌握税收收入变化情况。二是建立高素质税源监控干部队伍，加强税源监控岗位培训，有针对性地开展税源监控培训，提高业务素质。三是加强税源动态监控，制定绩效要求，管理员定期到纳税业户生产经营场所实地了解情况，及时掌握纳税业户的生产经营情况、申报纳税情况及税收收入增减变化情况，并建立动态档案，努力做到明业户、保税源，防止税款流失。2008年苍梧县地税局共征收入库地方税收收入13000万元，比2007年9898万元增收3102万元，增长31.34%，首破亿元大关。

荣获全市地税系统气排球比赛男子冠军

消防安全知识培训

龙州县地方税务局

龙州县地方税务局坚持聚财为国、执法为民的税收工作宗旨，全面落实科学发展观，以“建一流班子，带一流队伍，树一流形象，创一流业绩”为目标，紧紧抓住组织收入为中心，认真抓好税收工作落实，对纳入扁平化管理的41户年纳税10万元以上的企业实行专业化管理；推广多元化申报、电话纳税提醒服务、返乡农民工绿色通道等服务方式，税收收入快速增长。2008年共组织收入10050万元，同比增收2308万元，增长29.81%，取得四个“最”：收入质量为建局以来最好，与稳定快速增长的经济同步；增长率为近年来最高，高于全区、全市平均增长率，达到29%；完成任务进度最快，快于全区增长进度；组织收入规模最大，首次突破亿元大关。为促进龙州县科学发展、和谐发展、跨越发展，全面建设小康社会作出巨大的贡献。

崇左市地税局局长蔡伟（中）到龙州税务分局服务大厅进行调研，龙州税务分局连续4年荣获自治区“青年文明号”，荣获崇左市政务服务工作“先进窗口单位”

崇左市地税局领导干部到龙州基层单位开展接访和下访工作，解决群众反映强烈的热点和难点问题

天等县地方税务局

天等县地方税务局成立于1994年9月，内设6个职能股室，1个直属机构，4个派出机构，现有干部职工59人，大专以上学历47人，党员43人。2008年，在上级局和县委、县政府的正确领导下，天等县地税局以邓小平理论和“三个代表”重要思想为指导，深入贯彻落实科学发展观，以组织收入为中心，坚持依法治税，规范税收管理，优化纳税服务，强化廉政建设，提高队伍素质，确保地税收入持续稳定增长。全年共组织各项收入5792万元，同比增收861万元，增长17.46%，连续14年超额完成税收任务，为促进天等经济建设和社会全面进步作出了积极的贡献。

天等县地税局以加强重点税源管理为基础，强化税收征管，推进管理科学化。图为文济标副局长（中）和农勤锋纪检组长（右一）深入该县重点纳税户俊杰糖厂了解企业生产经营情况

天等县地税局注重作风建设，增强服务理念，着力打造和谐治税环境。图为黄日升局长（右二）和李国建副局长（左一）深入企业了解金融危机对企业生产经营影响情况，与企业共克时艰

岑溪市地方税务局

2008年，岑溪市地税局全年组织税收收入17710万元，同比增收3652万元，增长25.98%，超额完成上级局和岑溪市政府分配的目标任务。岑溪市地税局在组织收入工作中，一是向管理要税收，重点税源和重点工程税收占同期全局总收入的64.1%。二是向政策要税收，全年土地使用税、车船税入库、耕地占用税都获得较大增长。三是向创新要税收，以“最低指导价”引导纳税人进行二手房地产交易纳税申报，取得较好成绩。四是向稽查要税收，查补入库税款239万元，滞纳金和罚款共36.6万元；依法将2件涉税案件移送到公安机关查处。在队伍建设中，以保安全、强素质、树形象为目标，实行征收税款每日登记解缴制、“双定”分行业集体评定公示，打造“廉政书画艺术长廊”。

文明建设收硕果

支援灾区献爱心

上思县地方税务局

上思县委书记覃开宏（左一）、县长李疆（左三）深入企业开展调研，上思县地税局局长黄天宁（右一）陪同调研

自治区地税局副局长蒙启华（右一）在防城港市地税局局长吴润元（左一）的陪同下到上思县地税局开展2008年度新春慰问

2008年，在防城港市地税局和上思县委、县政府的正确领导下，上思县地税局认真贯彻落实十七大精神，以科学发展观为统领，按照年初制定的“实施六化管理，突出六项工作，实现四个提高”的工作思路，牢牢把握税收工作主题，积极推进依法治税工作，切实加强党风廉政建设和精神文明建设，圆满完成了各项工作任务。2008年共组织各项收入8022万元，同比增收611万元，增长8.24%。其中，自治区级考核口径收入7667万元，完成市局下达税收任务7560万元的101.4%；县级考核口径收入7396万元，完成县人民政府下达任务7200万元的102.7%，为全县财政收入任务的完成作出了积极贡献。2008年，上思县地税局获得了自治区级“文明庭院”、防城港市“文明卫生单位”荣誉称号，先后被确定为县级、市级机关党建示范点，上思县地税局党支部被评为“优秀基层党组织”。

上思县地税局组织税务干部深入企业开展纳税辅导

上思县地税局邀请社会各界举行“税收　发展　民生　北部湾”座谈会，广泛征求意见和建议

防城港市防城区地方税务局

税收宣传下瑶乡

深入学习科学发展观

优化纳税服务，努力打造清廉高效的地税队伍，提前超额完成了各级税收工作目标任务，各项地税事业取得了新的发展。2008年，防城区地税局共组织各项收入14081万元，同比增收5305万元，增长60.4%，税收收入首次突破亿元大关。下属8个基层征收单位也都全面完成了年度收入目标任务，全局组织收入工作呈现出良好的发展势头。

防城区地方税务局现有内设机构6个，直属机构1个，派出机构8个，截至2008年12月，全局在编人数65人，其中行政编制62人，事业编制3人。

2008年，防城区地税局在上级地税局和当地党委、政府的正确领导下，全面贯彻落实各级地税工作会议精神，以开展解放思想大讨论活动为契机，用科学发展观统领全局工作，抢抓北部湾经济区开放开发的新机遇，努力进取，开拓创新，进一步增强政治意识和全局观念，以“带好队、收好税”为目标，坚持以组织收入为中心，严格依法治税，强化征收管理，

防城区地税局荣誉榜

防城港市港口区地方税务局

港口区地税局由1994年地税组建之初的防城港市地方税务局港口区局历经几次机构微调发展而来，于2006年1月26日正式挂牌设立。现局内设机构有：办公室、人事教育监察股、计划征收服务股、政策法规股、税源管理一股，下辖港区税务分局（管辖港口区城区、公车镇）、企沙税务分局和光坡税务所（目前并入企沙税务分局合署办公）。防城港市港口区地方税务局2008年在编干部41人。港口区地税局担负市本级及港口区级的税收收入任务，辖区现设有港区办税服务厅和企沙办税服务厅，负责征收辖区内72户重点企业、1079户一般企业、2546户个体工商户和286个建筑安装工程项目的各项地方税收及附加。多年以来，在上级局和当地党委、政府的正确领导下，以组织收入为中心，强化依法治税，狠抓干部队伍建设，建设廉洁高效的团队，开拓进取，提高效能，连年完成市地税局和港口区政府下达的年度收入任务，地税收入规模日益扩大，为防城港市地方经济社会发展提供了可靠的财力支撑。2008年组织收入45723万元，同比增收14321万元，增长45.6%，完成年度任务的106.5%。防城港市港口区地方税务局坚持“两手抓、两手都要硬”的方针，狠抓精神文明建设，连续多年获全区地税系统“税收宣传月活动先进单位”、“全市地税系统先进单位”等荣誉称号，2003年被防城港市委、政府授予“文明单位”称号，在扶贫、社会治安综合治理、党建等工作中多次获港口区委、政府表彰。

防城港市港口区地方税务局全体职工照片

深入中电公司了解企业经营生产情况

柳州机车车辆厂

柳州机车车辆厂党委书记崔文兴

柳州机车车辆厂厂长姚祝琪

柳州机车车辆厂是国有大型一类企业，中国铁道机车车辆修理的重要基地，广西机械行业重点骨干企业。

工厂位于美丽的山水工业城市柳州市西郊，成立于1965年，现有职工人数4500余人，其中各类专业技术人员900多人，厂区占地150多万平方米，拥有固定资产3亿多元，各类设备2900余台（套）。拥有22千米的厂管铁路线。具有较强的锻造、机械、铆焊、冷冲、电镀、木材加工生产能力。具备多种型号铁路电力机车、内燃机车、客车、货车、液化气罐车、酸碱罐车检修及其配件制造技术手段。通过了ISO9001、ISO14001、OHSAS18001三项管理体系认证。

经过40多年的创业发展，工厂由一个亏损企业变为每年上交国家利税4000多万元的纳税大户；2008年工厂主营产品年销售收入达9.1亿元；2003年以来名列广西企业50强、100强和中国大型工业企业1500强；连续多年获广西优秀企业称号；1994年10月获自治区“文明单位”称号并保持至今。

柳州市瑞务印刷厂

朝气蓬勃、年轻有为、勇于开拓的彭义举厂长

柳州市瑞务印刷厂原为柳州市地方税务局印刷厂，成立于2000年4月，现位于柳州市阳和工业新区翠湖路17号，占地3000多平方米，两栋三层宽敞明亮的自有厂房约6000多平方米。

柳州市瑞务印刷厂通过了世标ISO9001：2008质量体系认证，荣获国家质检总局颁发的《全国工业产品生产许可证》（证书号为：XK19-003-00093），柳州市第一家获保密局颁发的《国家秘密载体复制许可证》企业。生产的产品多次被新闻出版总署评为出版物印刷优质产品，并成为中国防伪协会会员、中国防伪协会行业协会会员。

从成立之初到现在，经过10年的成长，柳州市瑞务印刷厂已由单一的发票和书刊印刷，发展到现在的彩色印刷、商标包装印刷，两条多达十一色的电脑单据印刷生产线以及卷式单据、卷式热敏纸的制做、印刷。目前购置的太阳商用轮转印刷机，是柳州市第一套也是唯一拥有电脑单据喷墨、条形码、刮奖印刷的生产线设备。同时拥有四色高档印刷机、出片机、不干胶印刷机，能满足印刷市场多元化发展的要求。

“金宝”牌（左列）、“太阳”牌（右列）商用表格轮转印刷机。以上印刷机可承印双面多达11色电脑票据及彩色不干胶业务

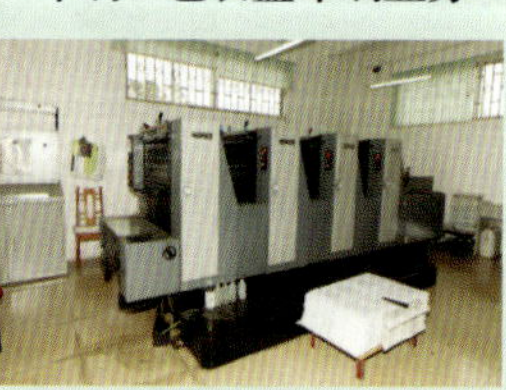

“冠华”牌四色胶印机，可承印高档彩色印刷、包装盒印刷业务

《广西地税年鉴》编委会 编写

广西教育出版社

《广西地税年鉴》编辑委员会名单

主　任：关　礼

副主任：吴殿禄　蒙启华　李早春　郑文临
李　伟　赵汉臣　肖西安

委　员：（按姓氏笔画顺序排列）
王庆华　王晓华　韦　艺　韦兴文　韦春灵
朱伟明　刘正奇　刘贵平　农　华　苏忠怀
李国英　李秋有　吴润元　吴献君　汪星明
沈东革　陆　敏　陆远万　陈仁英　林寿争
罗彩娥　周　丹　周秋容　唐小明　唐运球
唐启壮　陶　伟　黄冠平　梁玉涛　梁　光
谢定耿　蔡　伟　裴朝伟　廖风良　黎刚敏
黎海君

编辑出版工作人员

总 编 辑：汪星明

副总编辑：洪训昌　江　燕　高丽峰

编辑人员：吴启球　张小琼　马炳寿　王浪花
苏　畅　黄舒爽　欧敏钊

彩页编辑人员：王浪花

编 辑 说 明

《广西地税年鉴》是由广西壮族自治区地方税务局负责编辑出版的广西地方税务大型文献资料，国内外公开发行。

本年鉴的宗旨是：本着重事实、重数据和全面、系统、准确的编史要求，全面、系统地记述上一年度广西地方税务工作的基本情况，刊载广西地方税收的法规、政策、信息资料和统计数据以及地方税务部门的工作情况，为广西经济社会发展服务，为广大读者服务。《广西地税年鉴·2009》记录和反映了2008年度广西地方税务工作发展情况和取得的各项成就，共分八编。

第一编：重要文献。主要收集广西壮族自治区地方税务局工作报告以及广西壮族自治区地方税务局领导的重要讲话。

第二编：广西地方税务工作。本编由广西壮族自治区地方税务局各单位供稿，综述全年各项税务工作开展的基本情况。内容包括：广西地方税务工作综述、税收法制建设、流转税管理、所得税管理、财产行为税管理、税收征管、税收计划和统计、财务管理、人事管理、教育培训、思想政治工作等。

第三编：各市地方税收工作概述。本编主要由各市地方税务局和广西壮族自治区地方税务局直属税务分局供稿，按照广西地方行政区划的统一规定编列。主要内容包括：经济概况、税收概况、各项工作、队伍建设等。

第四编：税收法规选编。本编选编了2008年度发布的主要法规、政策文件资料。

第五编：机构与人员。本编由广西壮族自治区地方税务局人事处和各市地方税务局供稿。主要内容包括：广西壮族自治区地方税务局厅级干部、机关及直属单位处级干部、各市地方税务局处级干部名单，各市地方税务局内设机构、直属机构负责人名单，各县（市、区）地方税务局领导班子成员名单。以上机构、人员情况及领导名单的统计时间均截至2008年12月31日。

第六编：税收统计。本编由广西壮族自治区地方税务局计划统计处供稿。主要内容包括：2008年全区各级税务机构组织收入分地区、分税种、分企业类型情况及征管和稽查的综合资料。

第七编：大事记。本编主要选录了2008年自治区地方税务系统的主要事件或典型事件。由广西壮族自治区地方税务局办公室、各市地方税务局供稿。

第八编：附录。本编主要内容包括：2008年自治区地方税务系统荣获国家级荣誉称号、自治区级荣誉称号的单位和个人名单。

本期年鉴在编辑出版过程中得到各方面的大力支持，广西教育出版社的编辑人员为本书的编校工作付出了辛勤的劳动，在此表示衷心地感谢！同时，为提高本书质量，殷切希望广大读者提出改进意见。

目 录

第一编 重要文献

第二编 广西地方税务工作

第三编　各市地方税收工作概述

第四编　税收法规选编

所得税类

征管类

税务稽查类

执法监督类

计统类

财务管理类

人事教育监察类

第五编　机构与人员

第六编　税收统计

第七编　大事记

第八编　附录

第一编
重要文献

自治区主席马飚在自治区地方税务局考察调研时的讲话

（2008年9月10日）

今天，我和金早副主席、跃飞秘书长专程来看望大家。

地税部门是重要的经济管理职能部门，承担着为国聚财，运用税收政策调控经济、调节分配的重要任务。近年来，自治区地方税务局在区党委、政府的领导下，领导班子建设进一步加强，税收法制进一步完善，地税征管改革顺利推进，税收服务不断改善，地税收入稳步快速增长，各方面工作都取得了很大的成绩。地税收入是地方财政的主要来源，这些年自治区政府能够集中财力办了一些大事，这与地税部门大力组织财政收入的努力是分不开的。地税税源零星分散，征管难度大，为完成收入任务很多同志加班加点，经常放弃休假，同志们非常辛苦。在此，我代表自治区党委、政府对地税部门所作出的重要贡献表示衷心的感谢，向辛勤努力工作的全区地税干部职工表示亲切的慰问！

当前，我区进入新的发展阶段，开放开发的程度越来越高，经济发展潜力很大、形势很好，一些重大项目建设有了重大的突破。如钦州千万吨炼油厂今年将竣工投产；负责筹备防城港钢铁基地项目的广西钢铁集团已挂牌成立，防城港千万吨钢铁项目有望在今年底开工，这是广西北部湾经济区发展规划布局的大手笔，也是带动上下游产业集群化发展的特大型钢铁联合项目，将会促进造船、汽车、机械制造等产业的发展。我区第一个核电项目防城港红沙核电项目即将开工建设，此项目投资达700亿元以上。在中央及中央各部委的支持下，我区基础设施建设也步入快速发展时期，仅交通基础设施建设今后五年的投资就达3000亿元以上。举这些例子，主要是说明我区发展的形势是喜人的，我区面临着大发展的良好机遇。同时，我们也要清醒地认识到，当前面临的困难、问题、挑战也是多年来少有的。一方面，美国次贷危机引发全球经济增长放缓等一系列问题；另一方面，从紧的宏观调控政策和成本上升压力使国内投资增速逐步回落；先后发生的雨雪冰冻、四川汶川特大地震等自然灾害也给经济运行增加了一些不确定因素。宏观经济内外环境的变化已对我区经济运行产生了影响，如为地方税收作出较大贡献的房地产业投资放缓，成交量、交易额下降等。在复杂的经济形势下，我们既要以客观科学的态度面对困难，更要以极大的勇气挑战困难，以积极的创新精神克服困难，抓住千载难逢的机遇把广西的发展推上一个新的台阶。

广西地税系统面临的形势和全国、全区是一样的，经济的发展带来了地方税源的增长，但经济上不确定因素的增多也增加税收征管的难度，给地方税收的增长带来了影响。地税工作面临着新的挑战，完成任务的压力大，但一定要坚持收入目标不动摇。各级地税班子要加强学习，提高领导水平和行政管理能力，增强把握大局、解决问题的本领；要加强税收征管，全面强化地方税源特别是重点税源的管理；要加强税收分析，善于判断税收趋势，提高税源的掌控能力；要加强部门之间的沟通协作，提高社会综合治税水平；要加强税收法制宣传，营造良好的外部环境；要加强纳税服务工作，构建和谐的征纳关系。

特别强调的是，希望同志们加强对地方税源建设问题的研究，把这项工作作为今后一项重点工作来抓。要用好税收政策，为地方税源的培育做好服务；同时要积极向各级党委、政府提出加强地方税源建设的建议，为党委、政府决策服务，为发展地方经济服务。

各级党委、政府要大力支持地税部门做好工作。特别是地税信息化建设方面，地税部门在投入不足的情况下依靠自身的艰苦努力取得了一定的成绩，自治区政府要在建设资金上给予更大的支持，以加快地税系统的信息化建设步伐，提高税收征管的质量和效率，提高税务管理的信息化含量和现代化程度。

总之，希望全区各级地税机关认真贯彻落实全区上半年工作会议的精神，采取有力措施，确保全年收入任务的完成，为我区经济社会科学发展、加快发展、跨越发展打下良好的基础。

认真学习贯彻十七大精神　加强纪检监察队伍建设
扎实完成反腐倡廉建设各项工作任务

——自治区纪委副书记尹彤在全区地税系统党风廉政建设工作会议上的讲话

（2008 年 2 月 27 日）

同志们：

很高兴参加全区地税系统党风廉政建设工作会议。

过去一年，在自治区地方税务局党组、纪检组和各位同志的共同努力下，全区地税系统按照中央纪委七次全会、自治区纪委二次全会和全国税务系统党风廉政建设工作会议的部署，结合广西地税系统党风廉政建设工作的实际，确立了“抓住主线、突出重点、整体推进”的工作思路，狠抓工作的落实，在构建惩防体系，落实党风廉政责任制，对领导班子和领导干部的教育、监督、管理，构建“三级教育”工作机制，以重点环节监督管理为切入点开展“两权”监督制约，查办案件和信访处理，加强纪检监察干部队伍建设等七个方面的工作，取得了明显的成效，为全区地税系统 2007 年取得完成税收入库 232.1 亿元、比上年增长 25%的显著成绩作出了积极贡献，为促进地税事业持续、健康、优质、高速发展提供了纪律保障。我对大家付出的辛勤劳动表示由衷的敬佩。

关于当前和今后一个时期全区地税系统反腐倡廉建设的主要工作任务，郑文临同志受局党组委托已经作了全面部署，讲得很具体、很全面，这个工作部署完全体现了中央纪委十七届二次全会、自治区纪委九届四次全会和全国税务系统党风廉政建设工作会议的要求。党组苏道俨书记就全区地税系统如何贯彻中央纪委十七届二次全会、自治区纪委九届四次全会和全国税务系统党风廉政建设工作会议的精神，学习贯彻胡锦涛总书记在中央纪委十七届二次全会、郭声琨书记在自治区纪委九届四次全会上的重要讲话精神，进一步加强全区地税系统反腐倡廉建设，作了很好的讲话，强调各级地税机关党组和领导班子要处理好党风廉政建设与税收中心工作的关系，认真履行“一岗双责”，落实国家税务总局提出的“三个贯穿于”工作方针，真正将党风廉政建设贯穿于税收工作大局当中，贯穿于税收政策法规的制定、税收管理机制体制建设和改革的总体过程之中，贯穿于税收执法权和行政管理权运行的全过程之中。两位领导的报告和讲话都讲得很好，体现了党中央、中央纪委、自治区党委、纪委的工作部署，我完全赞同。希望大家认真学习领会，结合各自的实际，狠抓落实。

下面，我就学习贯彻党的十七大精神，做好纪检监察工作，讲三点意见。

一、切实抓好学习贯彻党的十七大精神这项首要工作

深入学习贯彻党的十七大精神，是当前和今后一个时期全党、全国的首要政治任务。中央要求：学习贯彻党的十七大精神，要紧密联系本地区、本部门的工作实际，紧密联系广大党员的思想实际，坚持学以致用、用以促学，切实做到武装头脑、指导实践、推动工作。各级纪委（纪检组）要按照中央和自治区党委的要求，切实把学习贯彻党的十七大精神作为首要政治任务抓紧抓好，真正把思想统一到党的十七大精神上来，把力量凝聚到党的十七

大确立的各项工作任务上来。

学习党的十七大精神，要从三个方面去把握：

（一）学习贯彻十七大精神，要系统、深入，掌握精髓，增强高举旗帜的坚定性。

党的十七大把改革开放近 30 年来党的理论创新和实践发展的伟大成果集中起来，科学阐述了中国特色社会主义道路的基本内涵，明确提出了中国特色社会主义理论体系的科学概念，并把两者综合起来，创造性地提出了中国特色社会主义的伟大旗帜。鲜明地回答了新时期党和国家的指导思想、发展道路、共同理想等一系列根本问题，为发展中国特色社会主义指明了前进方向。党的十七大从社会主义初级阶段基本国情和当前我国发展的阶段性特征出发，系统阐述了科学发展观的时代背景、重大意义、科学内涵、精神实质和根本要求，明确把科学发展观作为我国经济社会发展的重要指导方针，作为发展中国特色社会主义必须坚持和贯彻的重大战略思想。高举中国特色社会主义伟大旗帜，深入贯彻落实科学发展观，是党的十七大主题的主要内容，也是十七大精神的精髓，对党和国家的各项工作具有重要的指导意义，对我们做好新形势下的纪检监察工作具有根本指导意义。我们一定要认真学习、深刻领会、自觉实践，更加坚定不移地坚持中国特色社会主义道路和中国特色社会主义理论体系。要认真学习运用党的三代领导集体关于反腐倡廉的重要思想和以胡锦涛同志为总书记的党中央反腐倡廉重要论述指导反腐倡廉工作，始终保持纪检监察工作的正确政治方向。

（二）学习贯彻十七大精神，要放宽视野，了解全局，增强服务大局的自觉性。

党的十七大适应国内外形势的新变化，从中国特色社会主义事业的总体部署出发，提出了实现全面建设小康社会新的更高要求，并对经济、政治、文化和社会建设以及国防军队建设等工作作了全面部署。这些要求和部署，体现了党的工作大局，我们一定要深刻理解，全面把握中央的决策部署，把反腐倡廉工作放在更广的领域、更高的层次上来谋划和安排，紧紧围绕党和国家的中心工作，切实加强对落实科学发展观等中央重大决策部署的贯彻执行情况的监督检查，及时发现和解决影响改革发展的党风政风方面的突出问题，优化地方发展环境，促进经济社会又好又快发展。发展党内民主，加强党内监督，完善对权力的监督制约机制，加强对党员干部的思想道德教育，深入开展面向全党全社会的廉政文化建设，形成拒腐防变的教育长效机制，坚决纠正损害群众利益的不正之风，严肃查处违纪违法案件，切实维护群众的根本利益，保障公平、正义，促进社会和谐。

（三）学习贯彻十七大精神，要明确要求，履行职责，增强做好纪检监察工作的主动性。

党的十七大对以改革创新精神全面推进党的建设新的伟大工程作出了全面部署，明确提出了党的建设“五个重点”的总体要求和“六个着力”的重大任务。“五个重点”的总体要求就是：必须把党的执政能力建设和先进性建设作为主线，坚持党要管党、从严治党，贯彻为民、务实、清廉的要求，以坚定理想信念为重点加强思想建设，以造就高素质党员、干部队伍为重点加强组织建设，以保持党同人民群众的血肉联系为重点加强作风建设，以健全民主集中制为重点加强制度建设，以完善惩治和预防腐败体系为重点加强反腐倡廉建设，使党始终成为立党为公、执政为民，求真务实、改革创新，艰苦奋斗、清正廉洁，富有活力、团结和谐的马克思主义执政党。“六个着力”的重大任务就是：深入学习贯彻中国特色社会主义理论体系，着力用马克思主义中国化的最新成果武装全党；继续加强党的执政能力建设，着力建设高素质的领导班子；积极推进党内民主建设，着力增强党的团结统一；不断深化干部人事制度改革，着力造就高素质干部队伍和人才队伍；全面巩固和发展先进性教育活动成果，着力加强基层党的建设；切实改进党的作风，着力加强反腐倡廉建设。其中创造性地提出了“反腐倡廉建设”的重要概念，并将反腐倡廉建设与党的思想建设、组织建设、作风建设和制度建设并列为党的建设的重要组成部分。这是对党的建设规律认识的深化，进一步丰富了党的建设的内涵，拓展了党的建设的领域，明确了党的建设的重点。我们一定要认真学习贯彻，进一步明确今后一个时期反腐倡廉建设的目标和任务，以更加坚定的信心、更加积极的态度、更加有力的措施，推动党风廉政建设和反腐败斗争不断深入发展。

二、认真落实当前和今后一个时期反腐倡廉的主要任务

党的十七大创造性地提出了“反腐倡廉建设”的重要概念，围绕加强反腐倡廉建设提出了一系列新思想、新观点、新要求、新举措，强调要坚持标本兼治、综合治理、惩防并举、注重预防的方针，扎实推进惩治和预防腐败体系建设，在坚决惩治腐

败的同时，更加注重治本，更加注重预防，更加注重制度建设，拓展从源头上防治腐败工作领域。我们要深入学习贯彻党的十七大、中央纪委十七届二次全会和自治区纪委九届四次全会的部署，今年要重点抓好“五个一批”的工作：

（一）坚决查处一批腐败案件。

查办案件是纪检监察机关的基本职责，也是防治腐败的重要手段。一是要重点查处发生在领导机关和领导干部中的腐败案件，严肃处理官商勾结、权钱交易、权色交易的行为；二是要继续深入开展治理商业贿赂的专项工作，严肃查办重点领域和重点方面的商业贿赂案件；三是要加强和改进查办案件工作，严格依纪依法办案，提高查办案件的质量和水平。

（二）严厉整治一批严重损害群众利益的不正之风。

维护人民群众的根本利益，是反腐倡廉建设的出发点和落脚点，也是检验反腐倡廉建设成效的根本标准。纠风工作和整治损害群众利益的不正之风，一是要深入开展专项治理，配合有关部门重点解决市场价格、生态环境保护、食品药品质量、安全生产、征地拆迁以及社保基金、住房公积金、扶贫救灾专项资金监管等方面存在的问题，对过去已经开展的治理教育乱收费等工作要继续巩固，力争取得阶段性成果；二是要建立健全防治不正之风的长效机制，坚持标本兼治、纠建并举、常抓不懈，既要解决苗头性、倾向性问题，防止蔓延成风，又要健全和完善维护群众利益的制度体系。

（三）重点解决一批领导干部违反廉洁自律规定的突出问题。

抓好领导干部的廉洁自律，是预防和减少腐败的基础性工作。要针对当前领导干部廉洁从政方面存在的突出问题，重点查处领导干部违法违规收受干股、参与赌博、买卖股票、多占和超标准建设住房、经商办企业、干预市场交易活动、拉票竞选、公款出国（境）旅游、超标准配备小汽车等方面的行为。

（四）制定出台一批反腐倡廉制度规定。

制度带有根本性、全局性、稳定性和长期性。要与完善社会主义市场经济体制的进程相适应，从制度上更好地发挥市场在资源配置中的基础性作用，把制度建设贯穿于反腐倡廉工作的各个环节，逐步健全拒腐防变教育的长效机制、反腐倡廉的制度体系、权力运行的监控机制，提高反腐倡廉的科学化、规范化、制度化水平。

（五）推进一批改革措施。

深化改革，是从源头上防治腐败的根本途径。纪检监察要配合有关部门深入推进干部人事制度、行政审批、财政体制、金融体制、投资体制、司法体制、工程建设项目招投标等方面体制机制改革，做到用制度管权、管事、管人，最大限度地减少以权谋私、权钱交易，堵塞体制机制的漏洞。

三、切实加强纪检监察干部队伍自身建设

深入推进党风廉政建设，关键是建设一支高素质的纪检监察干部队伍。在长期的工作实践中，广大纪检监察干部认真履行职责，兢兢业业工作，出色完成了任务，得到了党和人民的信赖。但是也要看到，按新形势、新任务的要求，我们这支队伍还存在一些不相适应的地方，必须切实加强纪检监察干部队伍建设，不断提高整体素质和工作水平。

加强纪检监察干部队伍自身建设，我们要努力做到：一要政治坚定、党性坚强。有坚定的理想信念，牢记宗旨、严守纪律，始终不渝高举中国特色社会主义伟大旗帜，坚定不移地坚持中国特色社会主义道路和中国特色社会主义理论体系，坚决同消极腐败现象作斗争，坚决维护人民群众的根本利益，同以胡锦涛同志为总书记的党中央保持高度一致。

二要加强学习，提高本领。要认真学习马克思列宁主义、毛泽东思想、中国特色社会主义理论体系，认真学习党的路线、方针、政策以及纪检监察工作的业务知识，要熟悉和运用好有关政策法规，通过理论学习和实践锻炼，不断增强理论水平和业务能力，特别是要提高依法依纪办案的能力、有效预防腐败的能力和组织协调反腐败工作的能力。

三要恪尽职守，不辱使命。要继承和发扬纪检监察战线的优良传统，增强政治责任感和历史使命感，坚持原则，敢于碰硬，刚正不阿，切实维护党的纪律的严肃性，维护党的队伍的先进性和纯洁性。

四要与时俱进，开拓创新。要积极地适应国情、区情的发展变化，认真总结改革开放以来特别是党的十六大以来反腐倡廉的成功经验，借鉴古今中外反腐倡廉的有益做法，及时掌握反腐倡廉的新形势、新情况、新动态，努力探索反腐倡廉建设的新思路、新对策、新措施。

五要求真务实，艰苦奋斗。要脚踏实地，埋头

苦干，扎扎实实地推进各项工作，坚决克服形式主义和官僚主义，深入基层，深入群众，倾听群众的呼声，反映群众的诉求，解决群众反映强烈的突出问题，要做到察实情、讲实话、办实事，实事求是地看待人和事，坚持勤俭节约，带头反对铺张浪费，抵制拜金主义、享乐主义和奢靡之风。

六要严于律己，清正廉洁。“打铁还得自身硬”，要增强自律意识和表率意识，带头遵守党的纪律和国家法律法规，自觉地接受组织和群众的监督，严格要求配偶、子女和身边工作人员，时刻警惕权力、金钱和美色的诱惑，始终保持清正廉洁的政治本色，在反腐倡廉工作中发挥示范表率作用。

要通过切实加强我们自身的建设，使广大纪检监察干部真正做到对党和国家无限忠诚，对腐败分子和消极腐败现象坚决斗争，对广大干部和群众关心爱护，对自己和亲戚严格要求，真正成为党的忠诚卫士、群众的贴心人，树立纪检监察干部可亲、可信、可敬的良好形象。

当前，全区上下都在认真学习、贯彻落实胡锦涛总书记考察我区抗冻救灾工作时的重要讲话，学习自治区党委郭声琨书记致全区领导干部的新春寄语的指示精神，奋发有为、锐意进取，解放思想、真抓实干，推动全区抗冻救灾和灾后恢复重建工作的全面开展。希望大家按照自治区地方税务局党组的统一部署，开展继续思想解放大讨论，切实抓好当前和全年的税收工作，努力保持地方税收收入的平稳、较快增长的良好势头。

深入贯彻十七大精神
全面推进我区地税系统反腐倡廉建设

——苏道俨党组书记在全区地税系统党风廉政建设工作会议上的讲话

（2008 年 2 月 27 日）

同志们：

这次全区地税系统党风廉政建设工作会议，是继全区地税工作会议之后自治区地方税务局党组召开的一次重要会议。刚才，郑文临纪检组长代表纪检组作了工作报告，总结了全系统 2007 年党风廉政建设和反腐败工作情况，部署了 2008 年的工作任务，我完全同意。下面，我就全区地税系统贯彻中央纪委十七届二次全会精神、自治区纪委九届四次全会、全国税务系统党风廉政建设工作会议精神，进一步加强我区地税系统反腐倡廉建设，谈几点意见。

一、认清形势，领会精神，把握现状，提高对反腐倡廉建设重要性的认识

（一）十七大、中纪委十七届二次全会对反腐倡廉建设提出的新要求。

党的十七大是在我国改革发展关键阶段召开的一次十分重要的大会。认真学习贯彻十七大精神，对于推动今后我区地税系统反腐倡廉建设，具有十分重要的意义。胡锦涛总书记在十七大报告中指出：中国共产党的性质和宗旨，决定了党同各种消极腐败现象是水火不相容的。坚决惩治和有效预防腐败，关系人心向背和党的生死存亡，是党必须始终抓好的重大政治任务。要充分认识反腐败斗争的长期性、复杂性、艰巨性，把反腐倡廉建设放在更加突出的位置，旗帜鲜明地反对腐败。十七大报告创造性地提出“反腐倡廉建设”的概念，并且把它同党的思想建设、组织建设、作风建设和制度建设并列起来，确定为党建的基本任务，进一步凸显了我们党把反腐倡廉建设放在更加突出位置的要求。

2008 年 1 月 15 日，胡锦涛总书记在中央纪委十七届二次全会上作了重要讲话。总书记指出：当前和今后一个时期，加强反腐倡廉建设，必须全面

贯彻党的十七大精神，高举中国特色社会主义伟大旗帜，坚持以邓小平理论和“三个代表”重要思想为指导，深入贯彻落实科学发展观，坚持标本兼治、综合治理、惩防并举、注重预防的方针，以完善惩治和预防腐败体系为重点，强化权力制约和监督，深化改革和创新体制，拓展从源头上防治腐败工作领域，努力形成拒腐防变教育长效机制、反腐倡廉制度体系、权力运行监控机制，切实提高反腐倡廉建设成效，为全面建设小康社会提供有力政治保证。总书记的讲话明确了当前和今后一个时期加强反腐倡廉建设的指导思想、基本要求、工作原则和主要任务。中纪委贺国强书记在全会上提出2008年反腐倡廉建设7项重点工作，要求大家要以更加坚定的信心、更加积极的态度、更加有力的措施，努力开创党风廉政建设和反腐败斗争的新局面。

（二）2008年全国税务系统党风廉政建设工作会议和自治区纪委九届四次会议提出的反腐倡廉建设任务。

2008年1月29日，在全国税务系统党风廉政建设工作会议上，国家税务总局党组书记、局长肖捷同志强调，各级税务机关要紧密结合税务系统实际，不断提高对加强税务系统反腐倡廉建设重要性的认识，要突出重点，进一步健全和完善税务系统惩防体系，重点做好六个方面的工作：一是大力加强思想道德建设和反腐倡廉教育；二是进一步推进反腐倡廉制度建设；三是切实抓好案件查处和纠正损害纳税人利益不正之风工作；四是深入推进廉政建设和勤政建设；五是强化对权力运行的监督制约；六是严格遵守政治纪律。

2008年2月1日，自治区党委郭声琨书记在自治区纪委九届四次会议上强调，全区各级各部门要认真学习领会和贯彻落实中央纪委十七届二次全会精神，认清形势，深刻理解做好我区反腐倡廉建设的重要性和紧迫性。明确当前和今后一个时期的主要任务：一要着力于思想道德建设，促进廉政勤政；二要着力于执政为民，维护群众利益；三要着力于查办大案要案，坚决惩治腐败分子；四要着力于强化监督制约，确保权力正确行使；五要着力于深化改革和创新制度，努力从源头上防治腐败。

我们一定要深入学习领会中央、自治区、总局领导的重要讲话精神，紧密结合地税工作实际，认真贯彻落实。

（三）近年来我区地税系统党风廉政建设工作取得的成效和存在的问题。

近年来，在自治区地方税务局党组的直接领导下，全区地税系统围绕地税中心工作，不断加大党风廉政建设和反腐败工作力度，实现党风廉政建设和地税事业齐头并进的局面。这几年，尤其是去年以来，我区地税系统反腐倡廉建设取得了前所未有的成效，积累了许多宝贵的经验，刚才郑文临组长在报告中已作了系统总结。这些成效和经验的取得，有上级领导的指导，离不开各级地方税务局党组的领导，离不开各职能部门的配合，离不开广大干部群众的大力支持，更离不开各级地税纪检监察干部的努力工作，在此，我代表自治区地方税务局党组向同志们特别是对地税纪检监察战线的同志们表示感谢并致以亲切的慰问！

在看到成绩的同时，还应该看到我们在工作中已经暴露出来的一些突出问题：一是仍有部分领导和同志对反腐倡廉建设的重要性认识不到位，不能正确处理好党风廉政建设工作和税收中心工作的关系。二是反腐倡廉教育工作开展不平衡，少数地税工作人员受拜金主义、享乐主义和极端个人主义影响，法纪观念淡薄。特别是去年实行“阳光工资”后，一些干部思想出现波动，更增加了教育的难度，地税系统的同志们应对此有正确理解。三是违纪违法案件仍时有发生。2003～2007年，全系统共发生各类案件共76起，平均每年超过15起。去年发生了13起案件，虽然涉及刑事责任追究的案件有所下降，但形势仍不容乐观。四是个别单位日常管理软弱涣散，执行制度不到位，部门监督管理存在很大漏洞。去年，梧州市万秀区地方税务局发生了干部截留挪用税款40万元并卷款潜逃的案件，令人痛心。五是城区地方税务局纪检监察工作还要进一步加强，困扰纪检监察工作的一些体制和机制因素仍然存在，一定程度影响制约了纪检监察职能作用的发挥。

因此，我们必须时刻保持清醒的头脑，充分认识反腐败斗争的长期性、复杂性、艰巨性，把反腐倡廉建设贯穿到思想教育、税收管理的各项工作中，进一步增强反腐倡廉建设的自觉性和坚定性。

二、以构建惩防体系为重点，全面推进地税系统反腐倡廉建设

当前和今后一个时期，我区地税系统加强反腐倡廉建设的指导思想是：全面贯彻党的十七大精神，高举中国特色社会主义伟大旗帜，深入贯彻落实科学发展观，坚持标本兼治、综合治理、惩防并

举、注重预防的方针，以完善惩治和预防腐败体系建设为重点，加强廉政教育，完善制度机制，强化"两权"监督，大力查处违纪违法案件，加强行风建设，切实提高反腐倡廉建设成效，确保我区地税事业又好又快发展。按照以上总体要求，着力抓好以下方面工作：

（一）突出加强思想道德建设和反腐倡廉教育，促进廉政勤政。

大量事实告诉我们，腐败行为的发生，首先是思想道德出了问题。在我区地税系统近年来查处的案件中，涉案人员平时不注意理论学习，思想道德滑坡是主要原因。加强反腐倡廉建设，必须要把加强思想道德建设特别是拒腐防变教育作为第一道防线。各级地税机关要深入开展理想信念、思想道德、廉洁从政、艰苦奋斗、法制纪律教育，要把学习和遵守党章作为重要教育内容，健全保持共产党员先进性长效机制，巩固和发展先进性教育活动成果。要继续完善区局、市局、县（城区）局"三级教育"工作机制，注意改进教育的方式方法，力求实效，不断增强教育的针对性和吸引力。要进一步推进廉政文化进地税，充分调动广大干部职工参与廉政文化建设的积极性，使广大干部职工从中既受到教育，又提高素质、陶冶情操，在全系统中营造以廉为荣、以贪为耻的氛围。

廉政和勤政，两者相辅相成，既是对干部的基本要求，也是反腐倡廉建设要达到的目标之一。要通过思想道德建设和廉政宣传教育，教育和引导我区地税系统广大党员干部认真遵守廉洁自律的有关规定，筑牢拒腐防变的思想防线。同时着力提高全系统广大党员干部依法行政、依法办事、依法治税的能力和水平，提高为纳税人服务的能力和水平。要在去年工作成绩的基础上，继续深入推进转变干部作风、加强机关行政效能建设，巩固活动取得的成效，使我们的党员干部始终做到既廉政又勤政。

（二）深化改革，完善制度，加大从源头上防治腐败的力度。

制度不健全、不完善、不落实，是滋生腐败的重要原因。要通过深化改革加强制度建设，努力解决导致腐败滋生的深层次问题。一是要将廉政建设和反腐败的要求作为制度建设的重要原则和内容。要通过深化改革，进一步健全地税机关的各项工作程序和规则。要从重点领域和关键环节入手，建立健全科学民主依法决策的制度和机制，提高决策的科学化和民主化水平。要完善税收征管体制，健全岗责体系。推进行政审批制度改革，进一步清理、减少和规范审批项目，防止利用行政审批权谋取私利。深化人事制度改革、财务制度改革，强化基本建设管理和政府采购管理。坚持用制度管权、用制度管人、用制度管事，从根本上消除不守制度、滥用权力的问题。二是要深入查找制度建设中的薄弱环节，增强制度建设的完整性和系统性。要按照构建我区地税系统惩防体系的要求，充实和完善相关制度，将制度建设贯穿于反腐倡廉建设的各个环节。要进一步完善责任制的考核内容和形式，提高领导干部，特别是基层领导干部的责任意识。进一步完善加强对领导班子和领导干部、重点环节、重点岗位监督管理的制度，构筑全方位、多层次的监督制约机制。建立严格的问责制，解决不履行职责、责任追究标准不一和落实不到位的问题。三是要加强制度落实情况的监督检查，严格执行制度。建立健全日常检查、督查、督办机制，严肃查处不落实制度、执行制度不到位、违反制度的行为，切实提高制度执行力。

（三）强化"两权"监督管理，确保权力正确行使。

我区地税系统有1万多干部，具有人员分布点多、面广、工作环节多的特点，由于税收执法权的行使，大多数地税人员手中多多少少都握有权力，如果不进行有效的监督，就很容易出问题。针对我们的业务特点，监督管理应重点把握三个方面：一是要加强对领导班子和领导干部的监督管理。全系统各级领导班子和领导干部首先要自觉增强接受监督的意识，严格贯彻执行《中国共产党党内监督条例（试行）》、国家税务总局党组制定的《关于加强领导班子和领导干部监督管理的实施办法》、自治区地方税务局党组制定的《广西地税系统领导班子和领导干部监督管理办法（试行）》和关于廉洁自律的各项规定，把自己的思想、行为和决策自觉置于干部群众监督之下，做到率先垂范。二是加强对重点环节的监督管理。要在去年工作成绩的基础上，深入推进对"两权"运行中容易发生问题的重点环节的监督管理工作。各职能部门要强化责任，加强日常监管，构筑好监督管理工作的第一道防线。各级纪检监察部门要督促各职能部门落实责任，定期开展执法监察，组织各职能部门制定加强监督管理的办法，健全和完善内控机制。三是要加强对基层单位重点税收岗位人员的监督管理。税款征收、开具发票、税务稽查等基层一线执法岗位人员，职位不高，但权力不小，近几年的不少案件都发生在这些岗位上，应当引起我们足够的重视，我们将加强对这些岗位人员的监督管理。

（四）加大案件查处力度，纠正损害国家、群众和纳税人利益的突出问题。

我区地税系统每年仍有一些违纪违法案件发生。比如近年来发生在靖西县地方税务局的领导干部带头以税谋私案件，梧州市万秀区地方税务局干部截留、挪用税款案件危害严重，影响恶劣，必须坚决查处，绝不姑息，绝不手软。只有坚决惩治腐败分子，维护党纪政纪的严肃性，才能增强教育的说服力、制度的约束力和监督的威慑力。要突出查处案件的重点，严肃查处发生在领导机关和领导干部中滥用权力、贪污受贿、以权谋私等案件。严肃查处税务干部违反税法擅自减免税、收过头税，徇私舞弊不征、少征税款，以及挪用、截留、转引税款等问题。要严格依法依纪查办案件，坚持以事实为依据，以党纪政纪为准绳，不断提高办案工作的质量和水平。要注重发挥查办案件的治本功能，严格执行案例剖析通报制度，加强对违法违纪案件的总结、分析，提出解决问题的有效办法。

维护广大纳税人的合法利益，是坚持聚财为国、执法为民的必然要求，也是作为检验我区地税系统反腐倡廉建设成效的重要标准。要以解决纳税人反映的突出问题为重点，坚决纠正“吃、拿、卡、要、报”等损害纳税人利益的不正之风，发现一起，查处一起。要积极参加当地政府组织的民主评议政风行风活动，自觉接受监督。要充分发挥特邀监察员的作用，认真听取他们的意见、建议。要认真贯彻执行《信访条例》，及时排查化解由于损害纳税人利益而引起的各种矛盾纠纷，切实把问题解决在基层、消除在萌芽状态。对发生严重损害国家利益、群众利益和纳税人利益行为的单位，要追究有关人员特别是领导干部的责任，有失职、渎职甚至腐败行为的要依法惩处。

（五）严守政治纪律，确保政令畅通。

党的纪律是党的各级组织和全体党员干部必须遵守的行为准则。遵守党的纪律，首先要严格遵守党的政治纪律。中央、自治区、国家税务总局领导在讲话中都对严守政治纪律的问题提出了明确要求。这里，我也特别强调一下政治纪律的问题。全系统各级党组织和全体党员都要自觉遵守党的政治纪律，坚持党的基本路线，坚决维护党的集中统一，始终和党中央保持一致，坚决维护中央权威，切实保证政令畅通，决不允许在群众中散布违背党的理论和路线方针政策的言论，决不允许公开发表同中央的决定相违背的意见，决不允许对中央的决策部署阳奉阴违，搞上有政策、下有对策，决不允许以任何形式泄露党和国家秘密，决不允许参与各种非法组织和非法活动。全系统各级党组织要加强对党员干部遵守政治纪律的教育和监督检查，加大执行纪律力度，确保中央、自治区、国家税务总局以及自治区地方税务局党组的政令畅通。

三、加强领导，履行职责，落实反腐倡廉建设工作任务

加强反腐倡廉建设，是全党的一项重要政治任务。全系统各级地税机关必须切实加强领导，明确责任，强化队伍建设，确保反腐倡廉各项任务落到实处。

（一）加强领导，强化管理，各级党组要狠抓反腐倡廉建设。

坚持党的领导，是加强反腐倡廉建设的根本政治保证。各级党组是我区地税系统反腐倡廉建设的责任主体，要切实增强使命感和责任感，担负起全面领导反腐倡廉建设的政治责任，不断推进我区地税系统的反腐倡廉建设。各级党组要处理好党风廉政建设与税收中心工作的关系，要把党风廉政建设工作列入议事日程来抓好落实，深入推进反腐倡廉建设，认真落实国家税务总局提出的“三个贯穿于”的工作方针，真正将党风廉政建设贯穿于税收工作大局之中，贯穿于税收政策法规的制定、税收管理体制机制建设和改革的总体设计过程之中，贯穿于税收管理权和税收执法权运行的全过程之中，与税收中心任务统一部署、统一安排、统一检查、统一考核。

以上的要求虽然很明确，但从这两年责任制检查结果来看，各地对落实这一方针的重视程度却不一样，执行效果也有很大差别，必须引起各级党组对反腐倡廉建设的高度重视。必须加大工作力度，进一步完善责任制考核，在对案件的管理上，今后各市局党组凡在职责范围发生进入司法程序，涉及人员被判刑的违纪违法案件，在年终进行责任制考核中将一律只考核不予评级。

（二）认清责任，履行职责，领导干部要身先士卒做表率。

领导干部是我区地税事业的骨干，领导干部是否正确履行职责，直接关系到我区反腐倡廉事业的成败。领导干部首先要明确自身所肩负的反腐倡廉工作职责。“带好队、收好税”是对地税系统领导干部的基本要求，带好队排在第一位。领导干部不

抓党风廉政建设工作是不称职，也是失职。税收任务完不成，可能还有客观的因素在里面。队伍带不好出了问题，领导干部难辞其咎。目前，我们还有一些领导干部对反腐倡廉建设缺乏正确理解，认为反腐倡廉仅仅是纪检监察部门的事，认为反腐倡廉有制度规定，谁违法违纪是其个人的事，这两种理解都是错误的。领导干部要清醒认识：不管是哪一级或分管什么业务都必须担负起党风廉政建设的责任，切实担负起“一岗双责”的职责；否则监管不到位要被追究领导责任，造成重大损失要被司法机关追究渎职罪。

各级地税机关党组书记或主要行政领导是本单位反腐倡廉建设的第一责任人，对管辖范围内的反腐倡廉建设负总责，这是非常明确的。我在这里特别强调一下，党组书记或主要行政领导要切实履行好反腐倡廉建设第一责任人的政治责任，必须做到“四个亲自”，即重要工作亲自部署、重大问题亲自过问、重点环节亲自协调、重要案件亲自督办。

纪检组长作为专职人员，首先要履行好协助党组组织开展反腐倡廉建设的责任。目前个别新任纪检组长进入角色较慢，工作打不开局面。去年我们专门下发了文件，要求纪检组长原则上不分管纪检监察以外的其他工作，但现在仍有个别纪检组长分管的工作太多，以致影响了自己的本职工作，这一定要处理好。

（三）依法监察，狠抓培训，切实加强纪检监察队伍建设。

各级党组和领导班子要加强对纪检监察工作的领导，大力支持纪检监察干部开展工作。第一，各级党组和领导班子对纪检监察部门的职责要有正确的认识，处理好两者的关系。纪检监察部门与机关其他内设部门不同，纪检监察部门的主要职责是分别由《中国共产党章程》、《中华人民共和国行政监察法》明确规定的。纪检监察部门与所在单位党组和领导班子之间是监督者与被监督者的关系，各级党组和领导班子必须摆正自己的位置，主动接受纪检监察部门的监督。原则上纪检监察部门不宜过多承担不属于其职责范围内的工作，上级纪检监察部门要加大监督检查的力度，对不符合规定片面扩大纪检监察职能的做法，要坚决纠正。其次，各级党组和领导班子要经常听取纪检监察部门的工作汇报，一定要半年听取一次专题汇报，支持纪检监察部门依法行使职权，积极为他们排忧解难，为他们履行职责创造有利条件。第三，要加强纪检监察力量。这次责任制检查中仍发现有少数县纪检组长空缺，要尽快配齐。还要考虑加强城区局的纪检监察力量，应明确专门兼职人员抓好日常工作，探索在城区局设立纪检组的可行性和必要性。第四，要继续加大培训力度，不断提高纪检监察人员的素质。要一如既往地重视、关心、爱护纪检监察干部，对优秀的纪检监察干部，在提拔使用中要优先考虑，为他们的成长和工作创造条件。

同时，各级地税纪检监察干部自身要不断加强学习，努力提高政治素质和业务素质，提升敢于监督和善于监督的能力。要积极主动协助党组和领导班子搞好反腐倡廉建设，当好党组和领导班子的参谋和助手，履行好《中国共产党章程》和法律所赋予的职责，为做好税收中心工作，充分发挥保驾护航作用。

（四）把握大局，紧跟形势，贯彻好胡总书记的重要讲话精神。

2008 年 1 月中旬以来，我区部分地区出现新中国成立以来罕见的低温和雨雪冰冻灾害，持续时间长，给受灾地区群众生产生活秩序造成了严重的影响。我区的灾情受到党中央的高度关注，春节期间，胡锦涛总书记专程到我区考察抗灾救灾工作，并作了重要讲话，对我们进一步打好打赢抗灾救灾这场硬仗，做好我区今年和今后一个时期各项工作，推动我区经济社会又好又快发展指明了方向。

全系统一定要按照自治区党委、政府的部署，把学习贯彻胡锦涛总书记的重要讲话作为当前和今后一个时期的政治任务来抓，以胡总书记的重要讲话为指导和强大动力，夺取我区抗灾救灾、灾后重建和恢复生产的全面胜利。全系统各级领导干部要结合工作实际，按照胡总书记的重要讲话精神和自治区党委、政府的部署要求，深入一线，及时了解灾情对税收任务的影响，积极推进抗灾救灾工作。在抓好抗灾救灾、灾后重建和恢复生产工作的同时，切实抓好当前和今年的税收中心工作，努力保持地方税收收入平稳较快增长的良好势头。要按照“目标不变、任务不减”的要求，全力做好今年第一季度的税收收入工作，努力实现一季度税收收入开门红，为实现全年地税工作目标奠定坚实的基础。

同志们，加强我区地税系统反腐倡廉建设任重道远。让我们紧密地团结在以胡锦涛同志为总书记的党中央周围，振奋精神、开拓进取，认真贯彻中央、自治区、国家税务总局的有关会议精神，不断取得我区地税系统党风廉政建设和反腐败工作新成效，推动地税事业又好又快发展，为全面夺取抗灾救灾和灾后重建工作胜利，建设富裕文明和谐新广西作出新的更大贡献，以优异业绩为自治区成立50周年大庆献礼！

做好“早、实、准”三篇文章 推动继续解放思想大讨论活动深入开展

——卢献匾局长在全区继续解放思想大讨论领导干部大会上的发言

（2008年3月28日）

尊敬的郭声琨书记、马飚主席，各位领导、同志们：

我受苏道俨书记委托，代表我区地税系统作简要汇报。汇报的题目是：做好“早、实、准”三篇文章，推动继续解放思想大讨论活动深入开展。

开展继续解放思想大讨论活动是贯彻落实党的十七大精神和胡锦涛总书记有关重要讲话精神的重大举措，是推进广西经济社会又好又快发展的当务之急。自治区地方税务局高度重视大讨论活动，把大讨论活动作为全系统当前的头等政治大事来抓，认真努力做好“早、实、准”三篇文章，使全系统大讨论活动取得了阶段性成果。

一、领导重视，做好“早”字文章，形成解放思想、思进求新、奋发图强、争创佳绩的良好氛围

自治区地方税务局做到早研究、早部署，认识统一，组织健全。自治区党委下发《关于开展继续解放思想大讨论活动的通知》后，自治区地方税务局党组立即组织召开局党组扩大会议，认真传达学习。我们认真学习领会胡锦涛总书记在广西考察工作时的重要讲话精神和郭声琨书记、马飚主席的有关讲话精神，按照自治区活动领导小组的统一要求，精心研究部署了全系统的大讨论活动。自治区地方税务局成立了以局党组书记、局长为组长的大讨论领导小组和办公室，制定下发了实施方案。3月5日前，全区各级地税机关都成立了以班子“一把手”为组长，其他成员为副组长，分管领导具体负责的大讨论活动领导小组，共抽调200多名政治觉悟高、业务素质精、工作能力强的同志作为各级领导小组办公室的专职工作人员，安排落实经费，确保大讨论活动顺利开展。

自治区地方税务局还做到早动员、早行动，措施有力，覆盖面广。2月27日，自治区地方税务局以视频会议形式召开全系统动员大会，各级地税机关的干部职工都参加了会议。自治区地方税务局党组书记苏道俨同志作了学习动员报告。之后，各级地税机关都及时根据上级要求和当地党委、政府的要求层层召开各自的大讨论动员会，而且普遍邀请离退休干部、社会监察员、纳税人代表列席会议，不断扩大学习动员的覆盖面。自治区地方税务局及时把十七大报告、胡锦涛总书记视察广西时的讲话、自治区党委关于开展大讨论活动的通知方案、郭声琨书记和马飚主席的若干讲话（包括郭声琨书记的五篇新春寄语、马飚主席在北部湾经济区获批新闻发布会上的讲话）、广西北部湾经济区发展规划等资料汇编成册，共印12000本，及时发放到全系统，让每一位干部职工学有资料。切实做到让胡总书记的关怀和教导，中央和区党委的号召和要求，郭书记、马主席的指示和期望都深深铭印在广大地税干部职工心中，并化为明灯，化为动力。

自治区地方税务局还特别注意早汇报、早宣传，督查认真，交流广泛。为保证大讨论活动扎实深入开展，我们经常不断地积极主动地向自治区大讨论活动领导小组及其办公室请示汇报，得到了许多有效的指导和支持。局领导都亲自带队，深入基层开展专题调研和督查，查找和纠正存在的问题，严防形式主义，确保活动扎实有效开展。自治区地方税务局注意对大讨论活动中的先进典型和经验及时进行总结交流、宣传报道，以点促面，全面展示大讨论活动给地税工作带来的新思路、新举措、新进展、新成效。自治区地方税务局先后向自治区大

讨论领导小组报送信息材料18篇（条），自编简报8期，依靠广西电视台、广西日报、新华网、广西电台等主流媒体的支持，发表相关稿件50余篇次，在全系统营造大讨论的浓厚氛围。

二、转变作风，做好“实”字文章，形成领导带头、人人参与、群策群力，为了解决问题促进发展而共同解放思想的生动局面

自治区地方税务局不仅宏观理解开展大讨论活动的重要意义和积极作用，而且着重帮助广大干部职工搞清楚地税系统还应该在哪些具体方面需要继续解放思想，怎样才算解放了思想，怎样确定解放思想的衡量标准，怎样鼓励和善待思想解放者，怎样鞭策思想不解放者。为此，自治区地方税务局各级领导一方面加强学习，加强辅导，一方面深入基层，结合实际工作广泛研讨，征求意见，激活思想，扩宽言路，凝聚广大干部职工的智慧。至今自治区地方税务局已先后围绕单个税种管理、纳税服务、依法治税、人事管理、税收优惠、税收服务北部湾经济区建设等工作项目开展务实研讨，在解决实际问题中回答上述问题，操作性强，效果很好，推动了工作。

通过全系统的学习讨论、调研分析，自治区地方税务局明确了全系统应继续解放思想的四个重点方面。一是要增强服务大局意识，克服仅以“税眼”看世界、仅见树木不见森林的局限性，切实解决好地税体制、地税政策、地税征管、地税服务等方面存在的突出矛盾。二是要增强危机忧患意识，克服盲目乐观思想，切实解决如何充分发挥税收职能作用，促进经济社会又好又快发展方面存在的突出问题。三是要增强开放合作意识，切实解决好地税在促进扩大对外开放、区域经济合作发展、承接产业转移等方面存在的突出问题。四是要增强科学发展意识，克服片面发展观念，切实解决好地税在促进工业化、城镇化建设方面存在的突出问题。自治区地方税务局要求全系统都来努力共同解决这些问题。各级地税机关现在都围绕这些问题开展大讨论，力图解决。

自治区地方税务局强调：“开展继续解放思想大讨论活动必须与税务中心工作紧密结合，每个地税干部职工都必须以岗位工作为平台来谈解放思想，要使两者相辅相成、相互关联、相互映衬、共同发展，继续解放思想大讨论的效果必须要通过税收工作成果体现出来。”这不仅是自治区地方税务局领导班子的要求，也是全体地税干部职工的共同认识和实际行动。截至3月20日，全区地税系统通过继续解放思想，改进作风，扎实工作，共组织地方税收61.97亿元，同比增长33.6%，增收15.59亿元，又创广西地税收入历史新高，为广西经济社会发展提供了更多的财力支持。事实证明，继续解放思想大讨论活动是必要的，只要抓得实，对实际工作是大有促进的。

三、敢破敢立，做好“准”字文章，呈现出敢谋发展、善谋发展、共谋发展的积极态势

当前，全系统正在上下联动，把准切入点，明确突破目标，积极研究，大胆探索，努力构建有利于促进广西经济社会科学发展，尤其是推动北部湾经济区开放开发的地税新格局，努力完成全年各项地税工作任务。

一是深化和推进地税管理体制机制改革，努力建设服务型地税机关，促进广西经济社会大发展。主要是利用获得国家税务总局关于改革地税管理体制机制专题研究课题的机会，对税务管理的流程进行优化和再造，该改的改，该简的简，该并的并，使业务流程更为简便，更为科学，更为合理；有针对性的优化职能、调整机构和力量重组，使征管力量的分配与工作量及税源管理的要求相匹配，提高税务管理的效能；进一步优化税务窗口服务，落实“把方便让给纳税人”的原则，加强办税服务厅建设，落实效能建设“三项制度”，彻底根治一些方面存在的推诿扯皮、效率不高、责任不清、奖惩不力的现象，解决纳税人排长队等问题；在各方面支持配合下加快信息化建设，努力实现区内税务信息最大程度的共享，尽快缩小我系统的管理信息化程度与国内发达地区的差距。

二是进一步充分发挥税收优惠政策的杠杆作用，促进广西尤其是推进北部湾经济区开放开发。要坚持依法治税基本原则，全面落实现有的税收优惠政策，把准优惠政策的内涵和实质，精心周密筹划优惠政策贯彻方案，用足用活优惠政策。要研究争取更多的优惠政策，尤其是进一步比对当前北部湾经济区与上海浦东新区、天津滨海新区及成渝等其他综合改革试验区、民族自治地区税收优惠政策的差异，然后按权限主动与有关部门合作向自治区人民政府呈报实施税收优惠政策方案，积极争取国

家对广西、对北部湾经济区的税收支持，形成我区更大的政策优势，特别是吸引更多的海内外客商关注、了解、参与北部湾经济区的开发与建设。

三是积极研究东盟国家的税收政策和相应的对策，助力北部湾经济区在中国—东盟自由贸易区建设中发挥更大的作用。继续开展好东盟分国别税收研究。对东盟国家的税收制度、税收环境、税收优惠政策、税制改革发展方向等方面进行全面、系统、深入的研究，为促进广西与东盟国家的经济合作，加快广西经济发展服务。

回顾前一段工作，我系统虽然取得了一定的成绩，但离各级党委、政府的要求和群众的期望还有很大的差距。在今后的工作中，我们将按党委、政府的要求和这次会议精神，开展更高层次、更深程度、更广范围的学习、研讨，并尽快把学习及研讨的成果转化为具体的工作方案、工作措施，转化为生产力，充分发挥税收职能作用，全力推进广西经济社会又好又快发展。

认清新形势　明确新目标
努力完成2008年各项工作任务

——关礼局长在全区地税工作座谈会上的讲话

（2008年8月6日）

同志们：

这次全区地税工作座谈会的主题很明确，就是贯彻会议精神、落实政策、强化征管、完成任务。主要任务是学习贯彻全国税务系统企业所得税管理与反避税工作会议、全区上半年工作会议精神，总结上半年工作和近年来的征管工作、企业所得税管理工作，部署下半年工作，动员全区广大地税干部职工进一步认清形势，明确目标，团结拼搏，扎实工作，努力完成组织收入任务，奋力开创地税工作新局面，向自治区成立50周年献礼，为建设富裕文明和谐新广西作出新贡献。

昨天上午，蒙启华副局长就贯彻全国税务系统企业所得税管理与反避税工作会议精神作了讲话，李早春副局长对征管工作作了总结与部署，请各单位会后认真组织学习贯彻，切实把两位领导的讲话精神学习好、贯彻好、落实好。昨天下午大家就有关工作分组进行了座谈，今天上午有4个单位介绍了征管工作经验，同志们提出了当前地税事业发展中面临的亟待解决的一些困难和问题，也提出了很多很好很有针对性的意见和建议。对各种问题和建议，有的希望各单位积极探索研究解决；有的可从各单位介绍的经验中学习借鉴；涉及全局的问题，自治区地方税务局党组将另外安排时间研究。下面，我讲三方面内容。

一、上半年工作情况

今年以来，全区地税系统继续认真贯彻落实党的十七大精神，积极贯彻自治区党委、政府和国家税务总局的各项决策部署，努力克服雨雪冰冻灾害等不利因素的影响，坚持一手抓税收征管，一手抓队伍建设，各项工作都取得了可喜的成绩。

（一）全区地税收入稳步快速增长。

上半年全系统共组织地税收入142.97亿元（按自治区人民政府任务考核口径，下同），同比增收31.22亿元，增长27.9%，高于同期GDP增长速度14.9个百分点。至7月底，全系统共组织收入165.3亿元，增收34.4亿元，增长26.3%。按282亿元的原年度任务计算，上半年完成了50.7%，实现了“时间过半、任务过半”的目标。全区有9个征收单位实现“双过半”目标，其中钦州市地方税务局完成58.6%、崇左市地方税务局完成58.6%、北海市地方税务局完成58.1%、梧州市地方税务局完成57.3%、来宾市地方税务局完成54.5%、贵港市地方税务局完成54.3%、玉林市地方税务局完成53.7%、防城港市地方税务局完成53.3%、柳州市地方税务局完成50.9%。没能实现“双过半”目标的单位有6个，分别是河池市地方税务局完成49.7%、南宁市地方税务局完成48.5%、百色市地方税务局完成48.3%、贺州市地方税务局完成47.7%、自治区地方税务局直属税务分局完成47.6%、桂林市地方税务局完成46.8%。上半年，广西北部湾经济区地税收入增长势头强劲，钦州市地方税务局同比增长56.9%，是全区收入增幅最高、收入进度最快的单位；北海市地方税务局同比增长37.3%；南宁市地方税务局同比增长33%；防城港市地方税务局同比增长31%。

（二）各项税收政策得到顺利实施。

各级地税机关坚持依法治税，充分发挥了税收政策的导向、促进和支持作用。一是认真贯彻新企业所得税法及其实施条例并取得明显成效，上半年全区企业所得税收入保持了平稳增长。二是认真贯彻落实国家惠民政策，及时按规定调整提高个人所得税起征点，切实减轻纳税人负担。三是认真做好耕地占用税暂行条例的贯彻执行，耕地占用税的征收管理逐步走上正轨，上半年实现收入3.41亿元。四是认真落实并用好用足用活各项税收优惠政策，支持地方经济发展。五是认真落实国家房地产宏观调控政策，积极做好城镇土地使用税纳税定额标准调整工作和土地增值税清算工作。六是认真落实雨雪冰冻灾害及抗震救灾税收政策，为救灾、减灾和灾后恢复重建工作提供了税收政策支持。七是认真进行调查研究，及时向自治区人民政府提出了关于在广西北部湾经济区实行更宽泛地方税收优惠政策的一揽子建议。

（三）税收执法和服务水平明显提高。

为了规范执法行为，我们一是制定完善了《税收执法质量考核实施方案》、《税务行政当场处罚试行办法》和《税务行政处罚听证程序若干问题的处理意见》，促进了依法行政，规范了执法行为，提高了执法水平。二是整顿和规范税收秩序，深入开展税收专项检查、打击制售假发票和非法代开发票专项整治工作，严厉查办涉税违法案件。上半年共检查纳税户1006户，发现有问题569户，查补税款1.19亿元，移送案件2件；侦破5起假发票案件，查获收缴假地税发票达12900多本，面值达36亿多元，涉及税款约2.52亿元。三是积极构建税警协作工作机制，全区各市税警联络办公室基本建立并正常运行。四是认真落实效能建设首问负责制、限时办结制和责任追究制，加强办税服务厅建设，优化各级政务服务中心地税窗口服务，实行审批事项集中办理，切实方便纳税人。五是不断完善和拓展以“12366”纳税服务热线为核心的电子税务服务体系，开展“12366”纳税服务热线走进北部湾系列活动，税收服务质量不断优化。六是扎实开展税收宣传月活动，纳税人依法诚信纳税意识不断增强。

（四）以税源监控为重点的管理基础工作明显加强。

一是加强户籍管理，与工商、国税部门开展工商登记信息的交换与共享工作，上半年清理漏征漏管户5366户。二是加强发票管理，启用涉农免税专用发票，加强货物运输业自开票纳税人管理，规范了我区建筑行业分包工程业务代开发票和营业税的征收。三是加强与国税部门在联合办证、代征城建税和教育费附加等方面的协作，与物价部门协作推进应税物价格鉴证工作。四是积极做好2007年度内资企业所得税汇算清缴工作和年所得12万元以上个人所得税自行纳税申报工作，确保了所得税的及时足额入库。五是积极探索构建纳税评估指标体系，因地制宜开展纳税评估。六是积极推进信息化建设，新的网络申报系统研究和试运行取得进展，地税互联网站建设不断推进。广西财税库行横向联网系统加快推广，截至6月底，全区有66292户企业签约使用联网系统缴税，占企业纳税户数的60%，入库税款80.2亿元，占同期全区地税收入的56.1%。七是积极抓好重点税源“扁平化”管理，巩固和扩大重点税源监控范围，税源监控能力进一步加强。上半年，全区有5778户企业纳入重点税源企业进行监控，仅占企业户数的1.02%；重点税源税收管理员454人，仅占在编干部职工人数的5%；而重点税源户入库税款83.59亿元，占同期全区地税收入的58.5%，同比增长35.1%。

（五）干部思想观念和综合素质进一步转变和提升。

一是在巩固转变干部作风、提高机关行政效能建设活动成果的基础上，今年3月开始在全系统深入开展了继续解放思想大讨论活动，共收集到办事效率、办事程序、服务基层、服务纳税人、加强内部管理5个方面共25条意见和建议，找出了全系统需要破解的难题。通过解放思想转变了干部队伍的思想观念，促进了问题的解决，推动了事业的发展。二是加强各级领导班子建设，优化和改善班子结构，加强对领导干部的教育、监督和管理。三是制订干部教育培训计划，分级分类开展教育培训，先后举办了稽查人员基础业务等一系列培训讲座。四是广泛开展精神文明创建活动，上半年全系统有

6个青年集体被新认定为2007年度全国青年文明号集体，6个单位继续被认定为全国青年文明号集体，2个集体荣获“全国三八红旗集体”，3个集体荣获全国“巾帼文明岗”荣誉称号。五是党团群活动蓬勃开展，广大地税党员干部踊跃为雨雪冰冻、汶川大地震、暴雨洪涝等灾区人民捐款捐物。

（六）反腐倡廉建设稳步推进。

一是认真学习贯彻中共中央《建立健全惩治和预防腐败体系2008～2012年工作规划》，初步构建符合广西地税实际的教育、制度、监督并重的惩治和预防腐败体系框架，全面建立预警机制，拓展了从源头上预防腐败的领域。二是积极推进廉政文化建设，以机关倡廉、家庭助廉、读书思廉、网络宣廉、示范带廉等五项活动为主要形式，有重点、全方位、多层次地开展廉政文化建设活动。组织编辑《廉政文化在广西地税》图文画册、光盘以及《典型案例剖析警示教育》书籍。实行廉政教育的多元化，邀请清华大学李虹教授为全系统干部职工作“公务员压力管理与心态调适”知识视频讲座。三是推进税收重点环节和重点岗位监督，研究拟订《广西地税系统重点环节监督管理办法》，构筑全方位监督制约机制。四是认真贯彻实施《政府信息公开条例》，制定出台信息公开指南和目录，着力构建阳光地税。五是抓好信访处理和案件查办工作，维护地税系统良好的政风行风。今年3月，自治区地方税务局纪检组、监察室再次荣获自治区纪委授予的“全区反腐倡廉宣传教育工作先进集体”称号。

总的来说，今年上半年全系统完成各项任务的情况是良好的，但仍存在一些困难和问题：一是税源基础脆弱，增长后劲不足。二是税收科学化、精细化管理程度不高，管理基础仍比较薄弱，征管改革有待进一步深化。三是信息化建设进展较慢，征管手段落后。四是税务机构设置、人力资源配备需要进一步优化，干部队伍的专业技能和业务水平还满足不了新形势下税收工作需要。五是新形势下特别是规范津贴补贴后，加强和改进思想政治工作和机关作风建设的新思路、新方法需要进一步探索。六是干部违法违纪行为仍时有发生等。对此，我们要高度重视，采取有效措施，切实加以解决。

二、认清新形势，明确新目标，采取有力措施，努力完成2008年各项工作任务

（一）关于当前税收工作面临的新形势。

近年来，为了防止经济发展过快过热，防止通货膨胀，保持经济发展的良好势头，国家先后实施了一系列的宏观调控政策。作为地税干部特别是各级领导干部，必须学会分析、判断经济税收形势，准确把握这轮宏观调控的主旨和重点，观察分析它对整个经济社会的影响程度，了解和认识外部环境变化对地税工作带来的挑战。只有准确分析、判断形势，才能提出符合实际的工作思路和措施，才能更好地为党委、政府决策服务。

1. 正确判断当前国内外经济新形势，增强做好宏观调控下地税工作的使命感和紧迫感。

从国际看，世界经济增长明显放缓，金融市场动荡，特别是美国次贷危机给全球经济包括我国的经济带来了较大冲击。在较长时期，世界经济一直呈现高增长和低通胀的良好态势，而现在却由于美国次贷危机导致了全球经济增长出现减速，不确定因素增多，未来美国经济增长减速以及更加动荡的金融市场将继续影响全球经济。

从国内看，上半年国民经济继续朝着宏观调控的预期方向发展，总体保持了平稳较快运行的态势，但经济运行中的矛盾和问题仍比较突出。国家统计局公布的上半年数据表明，国民经济保持了平稳较快增长，上半年国内生产总值130619亿元，按可比价格计算，同比增长10.4%，比上年同期回落1.8个百分点。总体上看，当前经济运行中的突出矛盾和问题主要是价格过快上涨的压力仍然较大，农业稳定发展和农民增收的制约因素依然较多，工业运行面临的困难加大，项目开工和融资难度增加，节能减排任务艰巨，经济发展形势不容乐观。

针对当前的经济形势，中央召开了一系列会议进行分析研究。6月13日，胡锦涛总书记和温家宝总理在省区市和中央部门主要负责同志会议上发表重要讲话，对经济工作及地震灾后恢复重建作了部署。7月25日，中共中央政治局召开会议，指出做好经济工作，对于夺取抗震救灾全面胜利、办好北京奥运会、纪念改革开放30周年都具有十分重要的意义。对当前的经济形势，中央的战略判断是：机遇前所未有，挑战也前所未有，机遇大于挑战。中央确定下半年经济工作的目标是：要继续保持经济平稳较快增长、努力推动经济社会又好又快发展，继续把抑制物价过快上涨摆在突出位置、努力把物价涨幅控制在合理的区间内。为了实现这个目标，必须稳定政策，保持政策的连续性和稳定性；必须适时微调，把握好宏观调控的重点、节奏、力度；必须坚持区别对待、有保有压，灵活而

准确地解决问题。

从广西看，上半年全区经济保持平稳较快增长态势，继续朝着好的方向发展，但经济运行存在的矛盾和问题同样比较突出。初步核算，上半年全区生产总值3018.37亿元，按可比价格计算，增长13.0%，增幅比上年同期回落2.1个百分点。当前广西经济运行中的突出矛盾和问题是物价上涨过高过快，投资增速回落，煤电油运瓶颈制约问题突出，企业融资难度加大，农业稳定发展和农民增收的制约因素较多，节能降耗形势严峻，经济发展不确定因素增多等。

7月27日结束的全区上半年工作会议，从全局和战略的高度，对当前我区经济形势进行了深入分析，提出了加快我区发展的战略目标和科学发展的三年计划，并对下半年的各项经济工作进行了全面部署。会议认为，当前我区发展正处于一个关键时期，既有难得的发展机遇，又面临复杂多变的国内外形势。从有利条件来看，经济全球化加快发展，国际国内产业转移步伐加快，这为我区承接产业转移、推动产业振兴、优化产业结构开辟了广阔前景。区域经济一体化加速推进，给我区开放合作提供了更为广阔的舞台。我国正处于大有可为的重要战略机遇期，为我区经济稳定增长提供了良好的国内环境。党中央、国务院高度重视广西发展，国家深入实施西部大开发战略，北部湾经济区开放开发上升为国家战略，为加快形成新的经济增长区域创造了千载难逢的重大机遇。自治区成立50年来，特别是改革开放30年来，我区综合实力显著增强，积累了加快发展的物质基础。但在看到有利条件的同时，也要充分看到面临的严峻挑战：国际经济形势变化使我区的发展面临更大风险和更多不确定因素，周边国家经济走势对我区发展的影响不容忽视，国家宏观经济政策走向对我区发展具有直接影响。此外，兄弟省区市竞相加快发展，也使我区面临的竞争更加激烈。上半年我区GDP增幅排名全国第14位，比2007年跌落8位。内蒙古、山西、江西、陕西、吉林、云南、天津、重庆等省区市原来GDP规模小于或接近广西，但由于其上半年GDP增幅大，这些地区的GDP总量很快就会超越广西。而这些地区的人口都大大小于广西，人均GDP早就遥遥领先于广西。可见，形势逼人，不进则退，慢进也是退。

会议指出，自治区党委站在新的历史起点上，提出了加快我区发展的战略目标：抓住机遇，发挥优势，积极融入多区域合作，努力把广西建设成为国际区域经济合作新高地、中国沿海经济发展新一极，加快建设富裕文明和谐新广西步伐，与全国同步实现全面建设小康社会目标，不断开创科学发展、加快发展、跨越发展的新局面。会议强调，实现这个战略目标，今后三年要全面实施科学发展三年计划，其中全区生产总值年均增长14%以上，按2005年价格计算，到2010年达到8000亿元左右，人均生产总值达到16000元以上，比2000年翻1.5番以上；综合经济效益进一步提高，财政收入年均增长18%左右。会议提出，要推动我区科学发展，必须紧紧扭住事关发展全局的关键环节：一是要坚持解放思想不停顿，为改革发展提供新动力；二是要坚定不移地走新型工业化和城镇化道路，加快构建具有广西特色的现代产业新体系；三是要以广西北部湾经济区开放开发为龙头，尽快形成区域协调发展新格局；四是要加强交通能源建设，加快形成发展新优势；五是要深化改革开放，不断注入发展新活力；六是要坚持以人为本，开创社会和谐稳定新局面。

全区上半年工作会议的召开对于动员全区各族人民做好下半年的经济工作，圆满完成全年各项目标任务具有非常重要的意义。我们一定要认真学习、深刻领会全区上半年工作会议精神，把思想和行动统一到自治区党委、政府对广西经济形势的分析判断上来，始终坚持把发展作为建设富裕文明和谐新广西的第一要务，紧紧围绕我区发展的战略目标和科学发展的三年计划，充分发挥税收职能作用，促进广西经济社会又好又快发展。

2. 客观分析当前组织收入工作新形势，增强完成自治区党委、政府调整后的收入任务的决心和信心。

在全区上半年工作会议上，自治区党委、政府审时度势，把握大局，及时提出了确保全年财政收入增长26%，财政收入达886亿元的新目标。这次全区的财政收入任务调整的幅度比较大，由原来的15%调整为26%。作这样调整的原因，一是广西财政收入增长幅度与GDP增长幅度不相称。上半年广西GDP增长13%，高于全国平均增幅2.6个百分点，而财政收入仅增长20.9%，低于全国平均增幅12.4个百分点。二是广西财政收入增幅在全国排名靠后，上半年增幅居全国倒数第三。三是广西经济发展形势较好，处于历史最好的发展时期，GDP增幅也不小，财政收入增长应该有较大的潜力。地税收入目标的调整目前还没最后确定，但调整后的增长幅度估计为30%左右，不会小于

28%，同志们对此要做好充分的思想准备。之所以要求同志们按这一增幅做好准备，因为无论按哪种方法测算，地税收入增幅都应达到28%以上。一是按地税收入的规律测算，上半年收入一般占全年收入的48%，下半年占52%，如此测算全年收入为297.8亿元，增长28.3%。同时上半年地税收入增长27.9%，下半年增幅不应小于上半年。二是按近年地税收入占财政收入的比例测算，2003年至2007年地税收入占财政收入的比例为33.4%，则今年的地税收入应为296亿元，增幅为27.6%。三是按地税收入与GDP弹性系数测算，2003年至2007年弹性系数平均值为1.4，若2008年广西GDP增幅为13.5%（不变价），则地税收入增幅应为18.9%（不变价），加上物价涨幅10.7个百分点，地税收入应增长29.6%。即使弹性系数按最低值1.2计算，地税收入增幅也应达27.5%。四是按税收政策调整因素测算，今年车船税、土地使用税、耕地占用税适用税额调整，耕地占用税划转地税机关征收，财政厅测算可增加地税收入9亿元左右，增长3.87%。即使地税收入今年保持去年25%的增幅，加上政策因素增收也应增长28.87%。因此，自治区地方税务局党组提出，今年地税收入目标为：确保增收28%，完成收入297亿元；力争增收30%，收入突破300亿元。

客观分析，我们的组织收入工作确实面临着种种不利因素。除了收入增长幅度大，还有以下困难：一是受国家宏观调控政策的影响，通货膨胀压力的存在，经济增长速度将会减慢，下半年全区固定资产投资增长速度将会放慢，特别是房地产投资出现明显回落，相关行业的营业税将大幅度减收。二是物价全面上涨直接影响部分企业的利润水平。由于生产价格持续在高位运行，特别是能源原材料涨价压力不减，将使企业面临购销价格“高进低出”、生产成本增大、盈利空间缩小的突出问题，必将影响部分企业的盈利能力，预计下半年企业所得税增速将回落。三是新办企业的企业所得税由国税部门征管，地税系统所管的企业所得税纳税户增长潜力为零；同时企业所得税税率的下调也将会导致一定的减收。四是地税税源基础脆弱，税源零星分散，一次性税源比较多。五是雨雪冰冻、洪涝等自然灾害造成的损失较大，一定程度上影响了地税收入。六是税收优惠政策减免的力度大、数额增加，下半年西部大开发等优惠政策继续执行，个人所得税、营业税起征点提高等，各种政策性减收因素依然不少。由此可见，下半年任务是繁重而艰巨的，完成任务的压力和困难是前所未有的。

在认清不利因素的同时，我们也应看到有利因素：一是随着国家西部大开发战略深入实施，泛珠三角区域合作扎实推进，中国—东盟自由贸易区建设进程加快，广西北部湾经济区迅速发展，下半年广西的经济仍将保持平稳较快增长，全社会固定资产投资总量和社会消费品零售总额继续增加以及物价的上涨，会有效拉动地方税收的稳定增长。二是税收政策的调整、征管范围的扩大、公务员津贴补贴的规范等因素将促进地税收入的增长。三是税务稽查力度不断增强，税控装置推广使用，税源管理能力不断提高，税收服务水平不断提升，税收执法环境不断好转，广大纳税人依法诚信纳税意识不断增强。四是各级党委、政府及社会各界都比以往更加重视、支持、配合地税工作。五是我们拥有一支政治素质高、业务能力强、勇于迎接挑战、善于克服困难的地税队伍。六是上半年地税收入稳定快速增长为全年任务的完成奠定了良好基础。

分析有利因素及不利因素的目的，就是要克服悲观畏难情绪，充分发挥有利因素带来的积极作用，采取针对性措施解决不利因素带来的困难；就是要进一步认清和把握我区经济税收形势，增强和坚定我们完成自治区党委、政府下达的新任务的信心和决心。

3. 深刻领会国家税务总局领导对我区地税工作提出的新要求，增强干事创业的务实精神和创新意识。

7月17日，自治区地方税务局班子到国家税务总局向国家税务总局领导汇报了近年来广西地税工作的基本情况，今后广西地税工作的思路、目标、措施以及需要国家税务总局帮助解决的困难和问题。国家税务总局对广西此次汇报非常重视，肖捷局长，钱冠林、王力、宋兰副局长和冯惠敏纪检组长听取汇报后，充分肯定了广西地方税务局近年来取得的成绩，认为自治区地方税务局工作思路符合国家税务总局的要求，目标措施切实可行，并对我区地税工作提出了新要求：一是要坚持依法行政，依法治税，认真贯彻落实税收政策法规，积极采取有效措施，大力组织税收收入，充分发挥税收职能作用，促进经济社会又好又快发展。二是要优化纳税服务，努力构建和谐的征纳关系。税收工作接触广泛，税务人员在纳税人面前的一言一行，都代表着党和政府的形象，税务部门肩负着密切党和人民群众关系的重要任务。税务部门既要抓好税收征管，又要优化纳税服务，为纳税人提供专业化、个性化的服务，让纳税人满意。三是加快税收信息化建设，使征管与科技紧密结合，不断提高征管效率。对广西地税工作，国家税务总局将在业务上加强指导，在资金上尽力支持。四是加强国税局、地方税务局之间的协调配合，尽可能建立相互协调、配合有力的工作机制。重点在税务登记、纳税评估、税收服务、税源调查等方面加强协调配合，以减少成本，方便纳税人。五是税制改革要按中央统一部署，循序渐进。在地方经济发展过程中，要严格税收管理权限，防止超越税收管理权限制定税收政策。税务部门负有向地方党委和政府宣传、解释税收政策的责任，如果发现违反税收管理权限的现象，要坚决制止，并逐级报告国家税务总局。六是要大力加强税务干部队伍建设，把税务机关建设成坚强有力、责任心强、公正廉洁、文明和谐的执法机关。广大税务干部要努力学习，增长才干，增长本领，更好地为经济社会发展服务。

国家税务总局领导的重要指示精神，为我们进一步做好新形势下的税收工作指明了方向，使我们深受鼓舞，同时也倍感责任重大、使命光荣。全系统各级地税机关要认真学习贯彻国家税务总局领导的指示精神，把国家税务总局领导的殷切希望和要求转化为强大动力，以务实创新的精神开创地税工作的新局面。

（二）关于下半年的工作任务。

1. 继续深入学习贯彻党的十七大精神，扎实开展深入学习实践科学发展观活动。

各级地税机关要把继续深入学习贯彻党的十七大精神作为当前和今后一个时期的首要政治任务，着力用科学发展观武装干部头脑、指导税收实践、推动工作开展。只有牢固树立和认真实践科学发展观，才能正确认识和妥善处理地税事业发展过程中的各种问题，实现地税事业又好又快发展。根据党的十七大作出的战略部署和党中央的决定，从今年3月开始，深入学习实践科学发展观活动在有关地区、部门和单位进行试点，试点工作取得成功后将由上而下全面推开。自治区地方税务局要做好有关准备工作，待自治区党委部署后，扎实有效地开展深入学习实践科学发展观活动。

深入学习贯彻党的十七大精神，扎实开展科学发展观学习实践活动，关键是要做到统筹兼顾，要与下半年的各项中心工作结合起来。下半年喜事多、大事多、重大活动多，工作任务重。因此，完成好今年的收入任务，维护和服务改革、发展、稳定大局责任特别重大，任务特别艰巨。我们必须树立忧患意识、责任意识、大局意识，振奋精神、团结协作、扎实工作。

2. 坚持组织收入原则，努力完成全年收入任务，为促进广西经济社会又好又快发展提供强大的财力保障。

（1）统一思想认识，增强完成收入任务的信心和决心。自治区党委、政府调整财政收入目标的决策，是建立在对全区经济社会发展科学分析和对国际国内形势准确把握基础上的，体现了速度与效益、数量与质量的统一；是建设富裕文明和谐新广西、加快广西北部湾经济区建设步伐、实现广西全面协调可持续发展的重大举措。全系统广大干部职工要坚决拥护这一正确决策，把收入新目标牢记在心上，把上级的要求落实到实际行动上，把我们对区党委、政府决策的拥护和支持体现在工作的成果上。希望各单位树立大局意识和全区一盘棋的思想，努力为全区地税收入任务的完成多作贡献。经济增长快、项目开工多，税源相对充裕的地区要努力多收超收，自觉地多承担任务；经济增长慢，税源相对不足的地区也要在依法治税的前提下，充分挖掘潜力，多“捡芝麻”，尽量缩小缺口，尽量不拖全区后腿。我相信，只要全系统上下抓住我区经济继续保持平稳较快运行的机遇，紧紧依靠各级党委、政府的正确领导，总结经验，凝聚力量，克服困难，加强征管，就一定能够圆满完成任务！

（2）正确把握组织收入原则，提高征管质量。各级地税机关要认真落实“依法征税、应收尽收、坚决不收过头税、坚决防止和制止越权减免税”的组织收入原则。这一原则在任何时候都不能改变，收入形势越严峻，越要强调和坚持组织收入的原则，既要严禁有税不收、留有一手、人为减征缓征，又要防止为了完成任务而不顾政策搞违规操作，收过头税、寅吃卯粮，要确保税收收入的真实可靠性。

（3）加强税收分析预测，提高决策的准确性。要坚持月、季、年分析预测制度，加强对影响税收的经济因素、政策因素、征管因素的分析，努力提高税收分析质量，科学判断税收增长趋势，及时发现税收征管中存在的问题，及时采取有效措施，根据工业化、城镇化程度和税源分布的变化调整征管力量部署，提高征管工作的针对性和有效性。各级地税机关要加强与有关部门的沟通协调，及时将税源分析预测情况和收入预测向当地党委、政府汇报，向财政、发改等部门通报，使其掌握当地经济税源情况，争取支持和帮助，同时为党委、政府的科学决策提供参考。

（4）切实加强组织领导，明确收入目标责任。要坚持把组织收入工作作为地税部门的中心任务，进一步落实组织收入工作责任制，确保组织收入工作领导到位，责任到位。各级地税机关都要实行领导分片包干，处（科）室建立联系点的挂钩办法。领导要深入征管一线了解税源情况，帮助解决组织收入工作中遇到的困难和问题，及时采取切实有效措施，确保组织收入工作顺利开展。同时要完善组织收入工作的考核办法，既要考核数量，更要考核质量，把收入任务完成的好坏与政府财税目标奖励挂起钩来，做到责任明确、奖罚分明。

3. 实施科学化、专业化、精细化管理，加强税收管理基础工作，不断提高税收征管的质量和效率。

科学化、精细化管理是国家税务总局前几年提出的税收管理的重要理念。在全国税务系统企业所得税管理和反避税工作会议上，国家税务总局提出企业所得税管理工作应在坚持科学化、精细化管理的前提下，全面推行专业化管理。科学化、专业化和精细化三者之间是相互联系、相辅相成的，三者有机结合，才能发挥管理的最大效能。科学化强调探索和掌握管理的规律，是加强管理的基础和前提；专业化强调根据不同情况实施有针对性的管理；精细化强调管理要精确、细致和深入。自治区地方税务局在全区地税工作会议上提出，专业化是实现科学化、精细化的重要途径，要依托信息化，实施专业化，实现科学化、精细化。这次会议我们又提出在税收管理员属地管理的基础上实施专业化管理，把科学化、专业化、精细化有机地结合。因此，科学化、专业化、精细化管理不仅适用于企业所得税的管理，而且应该贯穿于税收征管的全过程。

（1）夯实税收征管基础，完善各项管理制度。国家税收政策的落实、税务部门职能的发挥，最后都要通过税收征管来实现。而税收征管能否顺利开展，征管质量能否得到真正提高，关键是征管的基础有没有打牢。各级地税机关一定要认真贯彻李副局长代表班子的讲话精神，高度重视户籍、发票、征管档案、委托代征的管理以及纳税评估、推广税控装置等基础性工作，务必以扎实的作风逐项修改、完善、规范基础管理制度，力戒漂浮作风和形式主义，真正把征管基础夯实。

（2）加强税种管理，提升专业化管理水平。一是认真落实企业所得税管理与反避税工作会议精神。会议明确了企业所得税管理的指导思想、主要目标和总体要求，特别是在科学化、精细化管理的基础上，提出专业化管理的新要求；并在原来企业所得税“核实税基、完善汇缴、强化评估、分类管理”的基础上，增加了“优化服务”和“防范避税”的新要求，实现了税收管理理念的与时俱进。各级地税机关要从完善管理制度、加强协调配合、搞好人才队伍和信息化保障等方面更好地贯彻落实会议精神，推动企业所得税管理与反避税工作不断迈上新的台阶。具体的贯彻措施蒙副局长已代表班子作了部署，请同志们认真抓好落实。二是积极推进营业税分行业管理，推行建筑业、房地产业营业税项目管理办法，强化货物运输业、餐饮娱乐业等行业营业税的征管。三是按照一体化管理的要求，加强房地产相关税种的管理。四是深入调研，采取有效措施解决委托代征代收代缴工作中遇到的问题，做好个人所得税、城建税、教育费附加、交通运输营业税的委托代征和车船税的代收代缴工作。五是做好工会经费和残疾人就业保障基金的代收工作，认真清理核实应缴费情况，加强征收管理，努力提高征缴率。

（3）完善重点税源“扁平化”管理制度，加强重点纳税大户监控。实践证明，我区重点税源管理的成果是显著的，下半年要继续抓好重点税源监控的“扁平化”管理和税收报表集中编报工作。与此同时，要努力解决“扁平化”管理与报表集中编报工作存在的工作量大、与层级管理衔接不好的问题，真正实现通过实施“扁平化”管理提高工作效能的目标。要利用“扁平化”管理的信息，切实加强对重点税源、重点行业、重点纳税户的征管，减少税收流失。

（4）加大信息化建设力度，提高信息化管理水平。一是要不断提高税收管理信息化程度，完善现有的软件，组织新软件的开发，为各项工作的开展提供信息化技术支撑。二是建好地税网站，抓紧完善“广西地税远程申报系统”，依托互联网搭建税务机关与纳税人之间的数据交换平台，提升纳税服务的信息化水平。三是加快信息化基础设施建设。下半年要组织实施我局数据处理中心机房工程和数据处理中心后备发电系统工程，在尽量降低成本的基础上，保证两项工程高质量完成，满足金税三期工程的需要。同时，将视频会议和培训系统扩展到县，进一步完善视频会议和培训系统的功能，提高其稳定性。对信息化基础建设及其他基层基础设施建设的经费筹集问题，要解放思想，拓宽思路，通过以存量换增量、盘活闲置资产的办法解决。财务处要按项目把信息化建设、基层设施建设的经费需求与闲置资产的处置意见形成文件向财政厅报告，争取回拨政策；各市、县（市、区）局对闲置房地产要进行清查、登记造册，提出分类处置意见汇总上报，同时对资产进行冻结，严加看管，防止流失，等候自治区地方税务局统一处理。四是加强安全工作，确保信息与网络的安全。五是在做好日常开发与维护工作的同时，要对如何实施金税三期工程、努力提高我区地税系统信息化程度进行认真的研究，采取有效的措施，尽快缩小与先进省区的差距。

（5）改进纳税服务手段和方式，构建和谐征纳关系。各级地税机关要强化纳税服务意识，通过"12366"热线、地税网站、基层单位等多渠道动态收集纳税人对税务机关税收征管、行政执法、涉税服务等方面的意见与建议，研究纳税人对税务部门建设服务型机关、提升纳税服务工作水平的需求，促进地税机关转变职能，优化征管流程，优化税收管理全过程中的纳税服务手段和方式，促进纳税人合理、合法需求得以实现，构建和谐的征纳关系。要强化政务信息公开工作，简化公开程序，为纳税人提供客观、全面、及时的政务公开服务，借助纳税人的监督提升行政管理水平和服务质量。要进一步加强税收法规政策宣传工作，提升税前服务水平。要建立全新的税务人员文明服务规范体系及地税系统的标识体系，树立地税机关良好形象。

4. 加强税收法制建设，大力推进依法治税，充分发挥税收调控经济的职能。

（1）全面贯彻落实各项税收政策，促进经济社会又好又快发展。不折不扣地执行各项税收政策，这是确保税收调控经济职能得到充分发挥的前提。下半年在落实税收政策方面要抓好几个重点：一是各项新政策的落实。今年以来新实施或调整的政策有企业所得税、耕地占用税、车船税、土地使用税以及灾区恢复重建税收政策等，各级地税机关要进一步加大宣传学习贯彻力度，促进政策的全面落实。二是各项优惠政策的落实。当前要特别重视税收优惠政策在广西北部湾经济区的贯彻落实，要充分发挥税收优惠政策支持广西北部湾经济区加快发展的作用。同时要注重发挥税收优惠在改善民生、促进公平正义、构建社会和谐方面的重要作用。三是加强调查研究，努力解决政策执行中遇到的各种问题，积极提出促进我区经济社会发展的税收政策建议。为促进广西北部湾经济区加快发展，自治区地方税务局提出了一系列的税收政策建议，下一步要密切关注各项建议被采纳的情况，认真做好政策的落实及修改完善等后续工作。四是加强对税收政策贯彻落实情况的督查，确保各项税收政策落实到位。

（2）强化税收法制建设，推进依法治税。深入推进税收行政执法责任制，将税收执法活动全面纳入监控；继续加强税收规范性文件管理工作，做好税收法规政策文件的清理工作，从源头上提高依法治税水平，下半年重点是做好企业所得税相关政策文件的清理；做好行政审批制度改革配套工作，继续清理行政审批项目；组织修订和重新下发《税务行政处罚简易程序规则》和《税务行政处罚听证规则》；修订和完善税收法制工作制度。

（3）加强税收执法监督，维护税法的严肃性。要认真开展税收执法检查和执法监察工作，精心实施《2008年全区地税系统税收执法质量考核实施方案》，不断拓宽税收执法检查的深度和广度，进一步规范税收执法行为，提高全区地税机关执法水平；要加强行政复议、行政诉讼工作的监督和指导，办好复议和诉讼案件，树立地税机关公正执法形象；要严格执行重大税务案件审理办法，降低执法风险。

（4）加大税务稽查力度，从严打击涉税违法行为。按照国家税务总局的统一部署，结合我区的实际情况，继续深入开展税收专项检查，高质量完成专项检查任务，做到以查促管、以查促收；继续开展打击制售假发票和非法代开发票专项整治工作，全力清理欠税，发挥税警协作工作机制的作用，严厉查办涉税违法案件，大力整顿税收秩序。

5. 加强机关制度建设，完善内部各项管理，提高队伍管理水平。

（1）适应形势要求，制定完善各项制度。制定一套科学的、严谨的、规范的制度，用制度管权、按制度管事、靠制度管人，是维持机关工作正常、有序、有效运转的基本保障，是提高队伍管理水平的必然要求。地税系统成立十多年来，在制度建设、制度创新上取得了显著成绩，有力地推动了地税事业的健康发展。但我们也必须看到，制度不健全、不完善，以及制度缺乏应有的权威性、可操作性，以致制度流于形式等现象仍然存在；同时，随着《中华人民共和国公务员法》的实施，财政部门预算、政府采购等管理体制的改革，广西加快开放开发的新形势对机关效能和干部作风提出更高的要求，必须对现行制度进行修订、完善、创新。因此，加强制度建设成为当前一项艰巨而迫切的任务。下半年，各单位、各部门要统一行动起来，按照转变职能、理顺关系、优化结构、提高效能，形成权责一致、分工合理、决策科学、执行顺畅、监督有力的行政管理体制要求，在本单位、本部门的权限内对原有的制度逐一进行认真的疏理，该废止的就行文废止，该修订的就做出修订计划，尽快组织修订。根据形势要求需要制定新制度的，就要抓紧调研，尽快出台。

(2) 从实际出发，提高制度的实效性。加强制度建设的原则是讲求实效，不能搞形式主义。每一项制度的出台都必须经过认真的调查、深入的研究，广泛征求各方面的意见，做到切合实际，具有针对性和可操作性，努力避免出现歧义或漏洞，同时要集体研究决定。制度成熟一项出台一项，对于还不够成熟的，或者没有实际意义的制度，一律暂缓出台或不出台。

(3) 加强督促检查，确保制度贯彻执行。制度出台后，首先要抓好学习，将制度汇编成册并定期更新，让每一位管理相对人都能够全面地了解制度的内容；其次是各级领导干部要以身作则，带头执行制度；再次是做好制度落实情况的督促检查，办公室及有关职能部门要加大对贯彻执行制度情况的督查工作力度，对于执行落实制度不力的要严肃批评，对由于执行制度不力给工作造成损失的要追究责任。

6. 建立健全惩治和预防腐败体系，稳步推进反腐倡廉建设。

中央于今年6月印发了《建立健全惩治和预防腐败体系2008～2012年工作规划》，《规划》是今后五年推进惩治和预防腐败体系建设的指导性文件，自治区党委、国家税务总局即将出台《贯彻落实〈建立健全惩治和预防腐败体系2008～2012年工作规划〉实施办法》。我区各级地税机关要把落实《规划》以及《实施办法》作为全面贯彻十七大精神、加强反腐倡廉建设的重要任务，列入议事日程，紧密结合我系统的实际，分解明确任务，抓好贯彻落实。下半年具体要做好以下工作：

(1) 加大反腐倡廉宣传教育力度，推进廉政文化建设。要认真组织各市地方税务局总结交流开展反腐倡廉宣传教育工作，对各市局2007年度反腐倡廉宣传教育工作进行考评；要在全系统开展“坚持廉政勤政，促进科学发展”主题教育活动，积极参加自治区纪委纪念恢复和重建党的纪检机关30周年有关征文、研讨活动；要加快完成《廉政文化在广西地税》图文画册、光盘和《广西地税典型案例剖析警示教育》书籍的编辑工作，将成果报送国家税务总局，组织参加全国税务系统廉政文化成果展览；要继续组织好读书思廉活动，对全系统两年来开展读书思廉活动的成果进行评比。

(2) 抓好重点环节和重点岗位的监督，铲除腐败产生的根源。要对各市地方税务局、自治区地方税务局有关部门两年来开展重点环节监督管理工作进行检查考评、总结，在此基础上形成《广西地税系统重点环节监督管理办法》。

(3) 严格责任制检查考评，完善相关制度和办法。要继续开展年度党风廉政责任制检查考评，并对税务公开、政务公开和特邀监察员等行风建设制度落实情况进行专项检查，促进全系统进一步树立良好的政风行风。

(4) 加强信访工作，继续做好案件的查办督办。重点开展治理商业贿赂等专项治理工作，严肃查处税务干部各种权钱交易、以权谋私、接受或介绍商业贿赂的行为。我刚到地税工作一个月就收到针对领导的举报信、告状信，这是很不好的现象，这种现象起码说明两个问题：一是说明有的领导干部为政不廉，缺乏民主作风，不重视群众反映的问题；二是说明有的干部不把心思放在工作上，整天捕风捉影、道听途说，个人目的达不到就乱告状，分散领导精力，破坏安定团结的大好局面。无论哪种情况，对地税事业的危害都是严重的，必须引起各级领导和纪检部门的高度重视。

三、切实加强领导班子建设，以崭新的精神面貌迎接新的挑战，奋力开创地税工作新局面

这次会议是我到地方税务局后的第一次全区性的工作会议，自治区地方税务局机关各单位、市县区地方税务局主要领导都来了，借此机会就加强班子建设和队伍建设，开创地税工作新局面提几点要求，与同志们共勉。

经过十多年的奋斗，广西地税的发展已迈上了新的台阶，现在又踏上了新的征程。新征程既面临新的机遇，也面临新的挑战，需要全体地税干部职工特别是各级领导班子解放思想，锐意进取，顽强拼搏，以崭新的精神风貌和创新的精神迎接新挑战，奋力开创地税工作的新局面。

(一) 开创地税工作新局面要求各级领导班子加强团结。

懂团结是大智慧，会团结是大本事，真团结是

大境界。团结是领导班子的生命，是一个重大的政治问题。郭声琨书记对班子团结的意义有精辟的论述：领导班子只有搞好团结，才能出凝聚力、出战斗力，讲话有人听、做事有权威；才能出智慧、出成绩，什么压力都可以化解，什么难题都可以解决；才能出干部、出人才，有健康成长的沃土，有成就事业的舞台。搞好团结，最重要的是按制度办事，严格执行民主集中制的各项规定，凡是重大决策、重大项目、重要人事任免和大额度资金使用，都要充分发扬民主，广泛听取意见，多沟通、多商量，集体讨论决定，绝不能搞"一言堂"，一个人说了算。大家在一个班子、一个单位共事是一种缘分，要珍惜难得的机会，建立深厚的友谊，促进事业的发展和干部的成长。俗话说，家和万事兴。一个系统，一个单位也是这样，只有班子团结、干群齐心才能战胜困难，取得胜利，才能人才辈出。否则，就会一盘散沙，离心离德，干不成事，甚至因不团结被采取组织措施、两败俱伤。因此，各级地税机关班子成员要充分认识团结的重要意义，自觉维护班子团结，互相理解、互相支持，形成强大的领导合力，这样才能解决当前地税工作中存在的各种问题，团结一致开创地税工作新局面。

（二）开创地税工作新局面要求各级班子增强工作责任心。

责任心从根本上来讲，主要体现在对人对事的认真上。毛泽东同志曾经说过，世界上怕就怕"认真"二字，共产党就最讲认真。认真，是一种修养；认真，是一种境界；认真，是一种智慧；认真，是通往成功的阶梯。只有认真，才能全身心地投入工作，无论干什么事，都能坚持高标准，讲究高质量，追求高效益。缺乏责任心，缺乏认真的态度，心思和精力不用在工作上，即使能力再强、水平再高，也不可能把工作干好。我们系统有少数干部，有的甚至还是原处科级领导干部，工作没一点责任心，不遵守规章制度，不认真履行岗位职责，整天无所事事，八点上班九点到，没到下班就溜号；一年220多天工作时间，有个别干部没什么特殊情况却请假达90多天。这怎么对得起党和组织的培养、怎么对得起所享受的工资津贴？各级地税机关班子成员和广大干部职工要充分认识身上肩负着带队与收税的重大责任，树立强烈的责任意识，有了强烈的责任意识，才会出使命感、出高标准、出严要求、出好成效。

（三）开创地税工作新局面要求各级班子勇于创新进取。

创新进取是积极、奋发、向上的人生态度，是开启成功之门的钥匙。创新进取就是要敢为人先，敢于冒尖。它表现为一种主动的精神，一种领先的精神，一种开拓的精神。我们不能拘泥于传统的思维，不能止步于已有的成绩，不能满足于现状、小富即安，不能束缚于现成的经验，必须树立忧患意识、危机意识，做到与时俱进、加快发展，在不断创新进取中把事业持续地推向前进。地税系统自组建以来，以组织收入为中心的各项工作取得了长足的发展和进步，其中一条重要的原因就是不断创新进取。地税事业要实现整体跨越发展，迫切需要地税干部特别是各级班子始终保持敢于创新、勇于进取的精神。

（四）开创地税工作新局面要求各级班子善于学习。

学习是前进的基础、事业的基石。事有所成，必是学有所成。领导班子要在加强自身学习的同时，组织好队伍的学习培训。不仅要学习税收业务知识，还要学习政治理论知识、财政经济知识、行政管理知识、现代科技知识，甚至文学知识、历史知识等，通过学习提高素质、扩大视野、开阔思维，从而能够站在更高的层次思考税收工作，增强应对形势变化和发现问题、分析问题、解决问题的能力，避免工作实践中的本位及短期行为，从而促进地税事业的健康发展。

（五）开创地税工作新局面要求各级班子克服物质利益至上的思想。

最近横县地方税务局干部韦斯敬同志撰写了《物质利益至上思想阻碍地税事业健康发展》一文，文章所揭示的现象具有一定的针对性和代表性。各级领导班子对物质利益至上的倾向要高度重视，认真思考，加强教育。要通过组织学习、宣传政策、算账对比使大家知道，规范津贴补贴不是提高津贴补贴，而是实行"限高、稳中、托低"。统一津贴补贴发放的标准、渠道、办法和资金来源，目的是建立科学合理、规范的津贴补贴制度。它对于规范分配秩序、加强廉政建设、转变政府职能、维护社会公平正义都具有重要的意义。广大地税干部职工要正确看待改革中的个人得失，主动服从改革发展大局，维护社会稳定。要使大家知道我们是受党教育培养多年，获得过许多荣誉，代表国家掌管权力的税务工作者，要有远大的理想，有崇高的追求，有强烈的事业心和责任心，不能为钱活着，沦为金钱的奴隶。不能以收入多少来决定工作热情的大小，收入多就多干，收入少就少干甚至不干。要使大家知道规范津贴补贴是国家的大政策，是铁的纪律，不能违反，不能突破，不能变通。违反津贴补贴政策首先要免掉单位一把手、分管财务的领导、财务部门负责人职务，然后再按组织程序处理。要使大家知道依法征税是税务干部的天职，是税务干部分内的事，应得的报酬国家已通过工资和津贴补贴给予发放。税收增收超收主要是靠税收政策，靠党委政府领导，靠纳税人创造的财富，我们没有任何理由向组织、向人民伸手多要报酬。要使大家知道同城不同待遇的问题不只是广西存在，中直机关干部的待遇也少于北京市的干部，其他省直机关干部的待遇同样少于省会城市干部的待遇；同城不同待遇的问题不只是地税部门存在，工商、国土、药监、质监、交警、劳教部门也是执行区直非驻邕单位津补贴标准。各级班子一定要克服物质利益至上的思想。要让干部职工思想通，首先领导思想要通，然后才能有针对性地去做思想工作。对待遇问题有疑问、有意见可以通过正常渠道反映汇报，自治区地方税务局领导会在政策范围内，在合情合理的情况下为同志们解决困难、争取应有的待遇，但绝不允许把待遇问题作为消极怠工的理由。

同志们，下半年的工作任务特别是组织收入任务艰巨而光荣。我坚信，只要各级地税机关切实增强政治意识、大局意识、责任意识，坚决贯彻落实自治区党委、政府以及国家税务总局的决策部署，坚持一手抓队伍建设，一手抓税收征管，我们一定能够圆满完成全年的各项税收任务，为开创地税工作新局面、为促进广西经济社会又好又快发展再立新功！

以科学发展观为统领
努力开创地税工作新局面

——关礼局长在自治区地方税务局局机关深入学习实践科学发展观活动动员大会上的讲话

（2008年10月7日）

同志们：

在全党开展深入学习实践科学发展观活动是党的十七大作出的重大战略部署。根据自治区党委的安排部署，自治区地方税务局作为第一批开展活动的单位，并派出以周卓新主任为组长的检查指导组到自治区地方税务局指导，充分体现了自治区党委、政府对地方税务局的重视和关心。今天，经自治区深入学习实践科学发展观活动领导小组办公室同意，我们召开自治区地方税务局机关开展深入学习实践科学发展观活动（以下简称“学习实践活动”）动员部署大会，主要任务是：认真学习领会《中共中央关于在全党开展深入学习实践科学发展观活动的意见》和自治区党委郭声琨书记在全区深入学习实践科学发展观活动动员大会暨第一批活动单位主要负责人专题研讨班上发表的重要讲话精神，对局机关开展深入学习实践科学发展观活动进行动员和部署。下面，我代表自治区地方税务局党组就如何开展学习实践活动讲四点意见。

一、深刻认识开展学习实践活动的重大意义，自觉把思想和行动统一到党中央和自治区党委的决策部署上来

根据《中共中央关于在全党开展深入学习实践科学发展观活动的意见》，从2008年9月开始，用一年半左右的时间，在全党分三批开展深入学习实践科学发展观活动。第一批学习实践活动的时间从现在开始，到2009年2月底基本结束。自治区党委对学习实践活动高度重视。9月12日，自治区党委书记郭声琨同志在全区领导班子思想政治建设座谈会上强调：各级领导班子要按照中央的部署和要求，认真组织开展深入学习实践科学发展观活

动，深刻理解和全面把握科学发展观的重大意义、科学内涵、精神实质、根本要求，提高贯彻落实科学发展观的自觉性和坚定性。9 月 26 日，郭书记在全区开展深入学习实践科学发展观活动动员大会暨第一批活动单位负责人专题研讨班上作了重要讲话，对学习活动进行了总动员、总部署。局内各处室、各单位的广大党员干部务必充分认识开展学习实践活动的重大意义，迅速把思想和行动统一到中央和自治区党委的部署要求上来。

（一）开展学习实践活动，是用马克思主义中国化最新成果武装广大党员干部头脑的迫切需要。

科学发展观是我们党坚持以邓小平理论和“三个代表”重要思想为指导，在准确把握世界发展趋势、认真总结我国发展经验、深入分析我国发展阶段性特征的基础上提出的重大战略思想，是对马克思列宁主义、毛泽东思想、邓小平理论和“三个代表”重要思想的继承和发展，是对经济社会发展一般规律认识的深化，是马克思主义关于发展的世界观和方法论的集中体现，是推进社会主义经济建设、政治建设、文化建设、社会建设全面发展必须长期坚持的指导方针。科学发展观作为与时俱进的马克思主义发展观，着眼于把握发展规律、创新发展理念、转变发展方式、破解发展难题，在发展道路、发展模式、发展战略、发展动力、发展目的和发展要求等方面提出了一系列新的思想观点。我们务必要通过开展学习实践活动，使全体党员干部准确把握科学发展观的重大意义、科学内涵、精神实质和根本要求，切实增强贯彻落实科学发展观的自觉性和坚定性，努力用科学发展观武装头脑、指导实践、推动工作。

（二）开展学习实践活动，是推进地税工作又好又快发展的迫切需要。

地税部门肩负着组织财政收入、调控经济发展、调节收入分配的重要职能。近几年来，在自治区党委、政府和国家税务总局的正确领导下，全区地税系统干部职工以科学发展观为统领，解放思想、开拓进取、扎实工作，取得了显著成绩。但是，我们也应该清醒地认识到，地税工作在快速发展的同时，距离科学发展观的要求还有较大的差距，一些重要的理论和现实问题需按照科学发展观的标准重新进行审视，一些干部的思想和工作没有真正转到科学发展上来，一些影响科学发展的矛盾和问题没有得到很好的解决，实践科学发展的体制、机制尚未完全建立。例如：长期以来我们更多地重视税收为国聚财的功能，而忽视了税收政策在促进经济发展、调节收入分配方面的作用，税收政策在促进产业转移、资源综合开发利用、能源节约、环境保护等方面仍然存在执行不到位或擅自扩大变通的问题。为此，今年 9 月 10 日，自治区人民政府马飚主席到自治区地方税务局视察工作的时候一再提出，要求地税部门要高度重视税源建设，要注重支持经济的发展，要高度关注民生，促进社会和谐。从税收自身的发展来看，长期以来困扰我们的“依法治税”和“按任务征税”的矛盾、税收任务的增长和税源不足的矛盾、税收制度和税收政策不够科学完善、税收征管范围交叉、重复检查、环节过多、税收征管效率和质量不高、税收服务水平和信息化建设有待进一步加强等问题仍然需要进一步采取措施予以解决。面对新形势、新任务，我们必须更加自觉地贯彻落实科学发展观，以学习实践活动为重要契机，变压力为动力，着力提高解决问题的能力和水平，解决地税工作中影响和制约科学发展的突出问题，努力把科学发展观的要求转化为推进地税工作大发展的思路和举措。

（三）开展学习实践活动，是加强领导班子和党员队伍建设的迫切需要。

建设一支在科学发展观指导下，善于领导科学发展、有效服务科学发展的高素质地税领导班子和党员干部队伍，是新形势下一项重大而现实的任务。开展学习实践活动，有利于从思想、工作、作风等方面整体推进干部队伍建设，有利于提高领导班子和局机关的工作水平和服务效能。近几年来，我们通过开展保持共产党员先进性教育活动、转变干部作风加强机关行政效能建设活动、继续解放思想大讨论活动，党员队伍的思想状况、精神面貌有了显著改观，干部作风明显好转，机关工作效率明显提高。但是，我们也应该清醒看到，局机关还不同程度地存在着思想不解放、创新意识不强、业务水平不高、工作视野不宽、因循守旧、经验主义的现象；少数党员的党性意识薄弱，对自己要求不高，进取心不强，没有体现出共产党员的先进性，没有起到模范带头作用，甚至落后于群众；少数党员精神状态不佳，满足于现状、不思进取，思想保守、不愿意改革创新，利益作怪、不想改革创新，胆小怕事、不敢改革创新，业务不熟、不懂改革创新；少数党员个人利益至上，工作讲条件、提要求，患得患失、斤斤计较，贪图个人享乐，讲奉献少、讲索取多，缺乏艰苦奋斗、无私奉献的精神；少数党员纪律意识薄弱、工作散漫、作风漂浮，上班迟到早退，甚至极个别还无故旷工，开会精力不

集中，下乡走马观花，不解决实际问题，有的自己不干活，还挖苦、讽刺积极努力工作的同志；少数党员领导干部责任意识不强、作风不扎实、调研不深入、工作不落实、指挥不到位、工作缺乏主动性和创造性；少数党员领导干部家长制作风严重，缺乏民主意识，搞“一言堂”，不善于与同志沟通协调，不注意调动干部职工的积极性，不善于团结同志；还有极个别党员干部为政不廉，以税谋私，损害了地税干部队伍形象等。因此，要通过学习实践活动解决思想、工作和作风中存在的问题，不断提高全局党员干部的整体素质，努力造就一支政治坚定、作风优良、学识丰富、业务熟练，能自觉实践科学理论、服务科学发展的高素质党员干部队伍。

总之，我们要充分认识开展这次学习实践活动的重要性，以认真负责的态度、改革创新的精神、求真务实的作风，把思想和行动高度统一到党中央、自治区党委的要求上来，切实把这次活动作为一项重大的政治任务抓紧抓好，抓出成效。

二、准确把握学习实践活动的总体要求，努力搞好各项工作

自治区地方税务局党组根据自治区党委的统一部署，高度重视学习实践活动。9月26日全区开展深入学习实践活动动员大会暨第一批活动单位负责人专题研讨会召开以后，自治区地方税务局党组立即行动，于9月27日召开专题会议，传达、学习会议精神和郭声琨书记等领导的讲话精神，并对全局开展学习实践活动进行研究和部署，成立了自治区地方税务局学习实践活动领导小组及其办公室，并着手制订学习实践活动实施方案。这个方案是自治区地方税务局党组根据自治区党委的基本要求，结合广西地税工作实际，在反复研究、广泛征求意见的基础上提出来的。局内各处室、各单位、全体党员干部要认真学习贯彻，准确把握要点，不折不扣地抓好落实。

（一）明确学习实践活动的指导思想。

根据自治区党委的要求，结合我区地税实际，自治区地方税务局党组确定学习实践活动的指导思想是：全面贯彻党的十七大精神，高举中国特色社会主义伟大旗帜，以邓小平理论和“三个代表”重要思想为指导，以“推动科学发展，发挥地税职能，服务广西经济”为主题，以全面推动实施新时期广西地税科学发展三年计划为载体，以党员干部受教育、科学发展上水平、人民群众得实惠为总要求，组织广大党员干部深入贯彻落实科学发展观，进一步解放思想，实事求是，改革创新，着力转变不适应、不符合科学发展观的思想观念，着力解决影响和制约地税科学发展以及本部门、本单位群众反映强烈的突出问题，着力发挥税收职能作用，促进广西经济发展，做大地税收入蛋糕，着力提高做好地税工作、推动科学发展、促进社会和谐的能力，着力构建有利于地税科学发展的体制机制，全面推进地税事业又好又快发展。

（二）明确学习实践活动的主要原则。

开展学习实践活动，覆盖面广，政策性强，标准和要求高，全体党员干部必须大力弘扬求真务实精神，牢牢把握四项主要原则。

一是坚持解放思想。要以改革创新为动力，用科学发展观统一思想，用新时期广西地税工作思路统一行动，进一步更新发展观念、转变发展思路、破解发展难题、完善发展体制机制，使思想认识更加符合实事求是的思想路线，使政策措施更加符合科学发展的基本要求，使思路行动更加符合地税工作的实际需要。

二是突出实践特色。要紧密结合地税部门和局内各处室、各单位职能，明确学习实践活动的载体，选准实践活动的切入点，把开展学习实践活动与贯彻党的十七大精神结合起来，与推动实施广西地税科学发展三年计划结合起来，与加强组织收入、落实税收政策、强化税收管理、优化纳税服务、助力北部湾经济区建设等各项工作结合起来，与加强党的建设、领导班子建设、干部队伍建设、解决党员干部党性党风党纪方面存在的突出问题结合起来，在学习中推动实践，在实践中深化学习，确保学习实践活动取得新的成效。

三是贯彻群众路线。坚持开门搞活动，充分发扬民主，吸收群众全程参与，增加学习实践活动的透明度，虚心向群众学习，自觉接受群众监督。坚持广纳贤言，采取多种形式，认真听取群众的意见和建议，努力解决广大地税干部职工和纳税人反映最集中、要求最迫切的实际问题。把群众满意不满意作为衡量学习实践活动成效的重要依据，把解决实际问题作为检验学习实践活动成果的重要标准。

四是正面教育为主。尊重党员干部的主体地位，充分发挥党员的自觉性和能动性。树立先进典型，学习先进典型，宣传先进典型，引导党员干部对照科学发展观要求，认真查找问题，分析原因，开展批评与自我批评，不断自我完善，自我提高，提出改进措施，明确努力方向。

（三）明确目标要求。

这次学习实践活动，要按照以上指导思想和主要原则扎实开展，确保实现四个方面的目标要求。

一是切实提高思想认识，努力凝聚全局力量。要通过学习实践活动，加深对科学发展观的理解，增强贯彻落实科学发展观的自觉性和坚定性，始终坚持用科学发展观指导和统领地税工作。进一步创新思维方式、工作思路和工作方法，真正把认识统一到科学发展观上来，把力量凝聚到促进收入的增长、服务广西经济上来。

二是采取切实有效措施，认真解决突出问题。努力解决影响和制约我区地税科学发展的突出问题，解决机关党员干部党性党风党纪方面群众反映强烈的突出问题。按照自治区地方税务局党组关于实施新时期地税科学发展三年计划的部署，进一步明确局内各处室、各单位工作思路，完善具体措施。在解决问题中，要把好实效关。目前能够解决的问题，要不等不靠，立即着手解决；对于条件不成熟、一时解决不了的问题，要积极创造条件，逐步解决；对于涉及面广、依靠单方面力量难以解决的问题，要加强协作，合力攻坚，共同解决；对于需要向上级部门请示汇报才能解决的问题，要积极反映，配合解决。

三是着力创新体制机制。自治区党委要求各部门开展学习实践科学发展观活动要在干部思想统一、班子明确思路的基础上，形成有利于科学发展的新机制，这是学习实践活动的重要目标。按照自治区党委的决策部署，结合地税工作的实际，自治区地方税务局党组提出要切实创新八个方面的工作体制、运行机制和管理机制。也就是切实用足用活政策，支持经济发展，做好地税蛋糕；切实依靠科技手段，加强税源监控，减少收入流失；切实结合广西实际，稳妥推进改革，完善税制体系；切实加强税法普及，规范税收执法，推进依法治税；切实强化基础管理，完善征管方式，提高征管水平；切实加快平台建设，开发系统软件，实现信息共享；切实加强政务协作，优化纳税服务，构建和谐地税；切实健全内部制度，整顿机关作风，提高队伍素质。局内各处室、各单位要紧紧围绕推进这些改革创新动脑筋、想办法，确保改革取得预期成效。同时，要进一步理顺局内各单位的职能划分，完善各单位规章制度。本着缺什么建什么、什么薄弱加强什么的原则，抓紧建立既符合科学发展观要求，又符合地税实际，既能管当前，又能管长远的制度体系。

四是促进地税科学发展。坚持用科学的理念、科学的思路和科学的措施研究、指导和推动地税工作，立足地税实际，务求工作实效。把科学发展观的要求转化为推进地税科学发展的坚强意志，谋划地税科学发展的正确思路，领导地税科学发展的实际能力，促进地税科学发展的政策措施，增强党性原则和提高思想境界的自觉行动。在全局形成一心一意抓工作，扎扎实实干事业的新局面。

三、严格程序、注重实效，扎实开展学习实践活动

这次学习实践活动，自治区党委作了统一部署，自治区地方税务局党组专门制定了活动实施方案，活动主要分学习调研、分析检查、整改落实三个阶段进行。全局党员干部，要坚决克服搞形式主义、走过场的思想和做法，不折不扣地开展好学习实践活动。坚持深化学习与深入实践相结合，坚持高标准做好规定动作和创造性设计自选动作相结合，坚持立足当前和着眼长远相结合，坚持发扬党内民主和走好群众路线相结合。抓住这次学习实践活动的有利时机，理清思路、突出重点，有针对性地解决好思想、作风和工作中存在的实际问题，力争在活动中受教育、在活动中见成效、在活动中得提高。

（一）认真抓好学习调研。

学习调研是这次活动进一步提高认识、统一思想、实践探索、掌握情况的重要阶段。机关党员干部要在认真学习、扎实调研、深入讨论上下工夫，既要积极主动搞好个人自学，又要积极参加机关集中学习；既要完成规定学习内容，又要拓展学习范畴。要带着思想学、带着问题学、结合工作实际学，要不断创新学习方式方法，并根据工作特点，对一些有特色、有针对性的主题开展调研和讨论。除完成规定的学习时间和内容外，每个同志都要交一篇800字以上的学习心得体会。

（二）认真开展分析检查。

分析检查是不断地改进、更好地提高的有效途径。要围绕对科学发展观的理解力、执行力、操作力和创造力等方面，结合实际加以分析，针对我们地税工作中的实际情况、现实问题，针对影响和制约我区地税工作的思想上、体制上、作风上的问题，认真查找，深入分析产生的原因，总结经验教训，提出解决问题的思路、举措和办法。分析检查要分层次、多层面、多渠道进行，自治区地方税务

局党组和各支部要召开专题民主生活会、党组扩大会、支部扩大会、组织生活会，还要采取适当方式组织开展群众参与评议，让干部职工、基层单位、纳税人等代表帮助剖析。领导班子成员要带头形成分析检查材料，其他党员干部要结合自己的思想和工作实际，进行分析检查，分析检查时要注意相互沟通思想，交换看法，提高分析质量，做到分析透彻，总结全面。

（三）认真解决问题、完善制度。

要下大力气抓好整改工作，及时制定整改方案，尽快解决分析检查中存在的突出问题，注重把学习实践活动的成果上升为促进地税科学发展的政策、制度。局领导班子、各处室、各单位要就班子的分析检查报告进行专题研究，进一步开阔视野、明晰思路，明确所要解决的问题和措施，规定时限和责任，制定整改方案。党员干部要针对梳理出来的问题制定整改措施。

四、加强领导，精心组织，确保学习实践活动取得显著成效

（一）建立机构，落实责任。

经自治区地方税务局党组研究，成立自治区地方税务局深入学习实践科学发展观活动领导小组，由我担任组长，吴殿禄副局长、蒙启华副局长、李早春副局长、郑文临纪检组长、李伟总会计师、肖西安副巡视员为副组长，梁玉涛、黄冠平、陆夫民、吴献君同志为成员；领导小组下设办公室，负责日常工作。吴殿禄、李伟同志兼任办公室主任，梁玉涛同志兼任常务副主任，黄冠平、陆夫民、吴献君同志兼任办公室副主任。杨其敏、陈志遐、蒋钢、莫仕庆、郑东、温晶晶等6位同志为工作人员。领导小组成员要充分发挥带头作用，带头搞好学习，带头开展调研，带头解决问题，做好活动的表率。要形成一把手负总责，一级抓一级，一级带一级，层层抓落实的工作格局。领导小组要安排好各阶段、各环节的工作，形成活动时间安排表。领导小组办公室要及时了解情况，听取汇报，督查工作的进展情况。今天动员大会之后，各处室、各单位要立即行动起来，结合各自实际，研究制订具体的活动计划，切实做到认识到位、组织到位、措施到位、工作到位。

（二）加强宣传，树立典型。

自治区地方税务局内各处室、各单位要及时将开展活动的情况，以信息、总结等方式报送局领导小组办公室，局领导小组办公室要及时向上级上报自治区地方税务局开展学习实践活动的情况，反映活动取得的成效。要通过网站、宣传栏、简报等载体开展多种形式的宣传活动，充分运用各种媒体，及时宣传自治区地方税务局在推进科学发展观学习实践活动中的先进典型。特别是要集中宣传推进地税工作科学发展的好的做法和举措，总结经验，推广典型，引导学习实践活动健康发展。

（三）加强督查，务求实效。

自治区地方税务局领导班子成员分别以各自的工作分工以及所在支部为工作联系点，要经常深入联系点调研指导和督促检查，及时帮助解决实际问题，力争通过以点带面，推动活动的顺利开展。同时，自治区地方税务局领导小组办公室要加强对各单位开展学习实践活动的督促检查，确保自治区地方税务局学习实践活动不走过场，取得实实在在的效果。

（四）统筹兼顾，妥善安排。

今年是我们全面贯彻落实党的十七大精神的第一年，也是改革开放30周年、自治区成立50周年，地税各方面工作任务很艰巨。我们要坚持统筹兼顾的科学方法，正确处理完成业务工作与学习实践活动的关系，做到主题活动和业务工作“两手抓、两不误、两促进”，以学习促发展、以活动促工作。把开展活动作为推动各项工作的重要动力，作为提升科学发展水平的重要机遇，进一步激发广大党员干部的积极性、主动性和创造性，努力完成全年各项工作任务。

同志们，开展深入学习实践科学发展观活动意义深远，责任重大。全体干部职工一定要统一思想，提高认识，以高度的政治责任感、良好的精神状态和开拓进取、求真务实的作风，积极投入到这次学习实践活动中来，以科学发展观为统领，努力开创地税工作新局面！

坚定信心 扎实工作
努力完成全年组织收入任务
——关礼局长在全区地税系统组织收入攻坚工作会上的讲话
(2008年12月3日)

同志们:

在税收旺征工作进入最后冲刺阶段的关键时候,我们召开这次组织收入攻坚会非常必要、非常及时,这对完成全年收入任务,促进我区经济平稳较快增长将起到积极的作用。这次会议的主题是:统一思想,明确目标,扎实工作,奋战30天,努力完成全年收入任务。刚才,梧州、北海、防城港三个市地方税务局分别介绍了旺征工作经验并提出了年内30天攻坚阶段的具体措施,贺州、玉林、百色、河池、桂林等五个市地方税务局也分别就收入进度偏慢的原因进行了分析,对如何努力完成任务表明了态度,表明了信心和决心,同时也提出了最后30天的攻坚措施。下面,我就前一阶段开展税收旺征工作的情况进行简要回顾,并对最后30天的组织收入攻坚工作讲几点意见。

一、1~11月全区地税收入完成情况

截至2008年11月底,全区地税系统组织一般预算收入(按自治区人民政府任务考核口径,下同)257.7亿元,比上年同期增收49.4亿元,同比增长23.8%,完成年初任务(282亿元)的91.4%;完成奋斗目标(306亿元)的84.2%,收入增速下滑的势头得到初步扭转,并逐步有所回升。

从总体上看,今年1~11月全区地税收入完成情况是好的,特别是在遭受了频繁严重的自然灾害和严峻的国际国内经济形势的影响下,地税收入仍然实现了较高的增长。综观地税收入完成情况,有以下几个主要特点:一是全区地税收入增长与经济增长基本相适应。由于受国际金融危机的影响,今年我区经济增长呈现了高开低走的态势,与之相适应,从7月份开始,我区地税收入增幅也逐月回落,由6月底的27.9%回落到7月底的26.3%,8月底回落到24.4%,9月底回落到23.5%。进入旺征以后,由于强化了征管,收入增速有所回升,10月底回升24.3%,11月底回升23.8%。地税收入增长与GDP增长的弹性系数也由一季度的1.4降到二季度的1.1,三季度再降到0.9。二是主体税种增幅明显回落。受整体经济增长放缓和税收政策性减收因素影响,主体税种营业税、个人所得税、企业所得税、城市维护建设税收入增幅回落明显,1~11月以上四个税种收入同比分别增长18.3%、10.5%、12.3%、20.7%,增幅较上年同期分别回落11.6、25.9、1.2和2.9个百分点。三是地方税小税种增长强劲,成为我区地税收入增长的主要动力。受近年来国家大幅调高部分税种单位税额以及加强税收征管等因素影响,1~11月财产行为各税收入合计47.1亿元,同比增长75.4%。其中,耕地占用税收入7.8亿元,超过去年全年征收入库的3.9亿元水平;车船税、土地使用税收入增幅均实现翻番,分别增长134%、123.5%。

二、旺征工作的简要回顾

为完成全年收入任务目标,从今年9月开始,我区各级地税机关认真贯彻落实全区财税工作座谈会、全区财税工作会议和全区地税工作座谈会精神,迅速行动起来,调动一切积极因素,采取一切有力措施,集中时间精力,切实把组织收入工作抓紧、抓细、抓实、抓好,促进了税收旺征工作的有力、有序、有效地开展,并取得了阶段性成效。

(一)旺征工作的主要措施。

1.领导重视、行动迅速,层层进行鼓劲动员,

进一步统一思想认识。

自治区地方税务局于9月2日和10月14日相继召开了两次座谈会，及时贯彻落实全区财税工作座谈会和全区财税工作会议精神，对旺征工作进行动员部署。会后各级地税机关及时召开税收旺征工作动员大会，鼓舞士气，振奋精神，增强完成收入任务的信心和决心，把思想认识统一到自治区党委、政府的决策部署上来。在此基础上层层制定税收旺征工作方案，提前进入税收旺征工作。自治区地方税务局在全区财税工作座谈会结束后就第一时间向全系统发出了抓好下半年组织收入工作的通知，提前吹响了旺征工作的号角，提出了加强税收征管、确保收入任务完成的多项举措。各级地税机关也都相继成立了以局长为组长的旺征工作领导小组，确保了税收旺征工作领导到位、责任到位、人员到位、措施到位、落实到位，形成了一把手负总责，副职领导分头抓，全系统上下共同抓的旺征工作格局。

2. 加强领导、落实责任，层层建立收入目标考核责任制，制定具体奖惩办法。

一是全区各级地税机关都实行了收入目标任务一把手负责制，切实加强对组织收入工作的领导。在旺征工作中，各级地税机关的一把手都能亲自部署，亲自深入一线、靠前指挥，亲自到征管第一线检查指导旺征工作，亲自督促检查任务完成情况，亲自协调处理各方面的关系，促进了旺征工作的顺利开展。二是层层建立目标责任制，及时将收入任务分解落实到各单位、项目和个人。自治区地方税务局根据自治区政府分配地税系统306亿元奋斗目标，结合各市政府调整的地税收入任务，进行了分解下达，各市也将调整后的收入目标任务层层分解落实到各基层征收单位。南宁市地方税务局制定了《2008年组织收入目标责任管理实施方案》，将全市旺征工作分解为26个具体的工作项目，并在市地方税务局旺征办公室下成立专门的项目推进情况督办小组，对各业务科室和各基层征收单位26个项目的推进情况进行督办，形成具体督办意见定期通报。三是建立实行面向基层的领导干部挂点与处（科）室挂钩的工作联系点制度，并将收入任务完成情况与各单位的年终考核、评先评优及干部职工的奖罚、职务晋升挂钩，做到责任明确、奖罚分明。桂林市地方税务局实行组织收入与经费挂钩考核办法、税务稽查工作考核办法，将收入任务完成情况与税务经费、工作绩效、干部选拔调动等工作挂钩。南宁市地方税务局建立组织收入工作奖励机制，设立税收收入完成进度奖、组织收入工作项目完成质量奖和特殊贡献奖三大奖项。通过设定奖励系数，拉大收入完成进度好、工作项目完成质量高的单位与收入完成进度慢、工作项目完成质量低的单位的奖励差距，有力地推动了旺征工作的深入开展。

3. 定期分析，把握主动，层层召开税源分析会，及时掌握税源变动情况。

自治区地方税务局在10月9日和11月7日先后召开了税收分析会，对如何深挖税源，强化征管，促进应收尽收进行了全面的分析研究，并对组织收入的最后关键阶段进行了再部署。各级基层地税部门也多次召开税源分析会，对组织收入工作进行部署，全方位、全天候、多角度营造旺征工作氛围。同时加强收入预测分析报告，对收入实行每旬一排名一通报制度，随时分析掌握收入进展的情况、税源变动情况，及时解决征管中遇到的问题。梧州市地方税务局采用“四全、四向、四比、四清”的办法（“四全”即全面真实摸清税源，全力以赴组织收入，全神贯注抓管理，全心全意服务发展；“四向”即向政策、向管理、向稽查、向创新要税收；“四比”即与宏观经济数据和经济管理部门统计数据相比，与同行业同类型产业企业指标相比，与国税财政部门征收数据相比，与企业上年度同期相比；“四清”即清理税源、清理欠税、清理委托代征税款、清理代扣代缴税款），充分利用各种信息资料强化税源分析，提高征收管理的针对性和有效性。柳州市地方税务局、钦州市地方税务局实行收入旬报制度，从10月份起，又实行每5日报送一次收入进度，每旬一次收入分析的措施，切实加强收入报告和税源分析，随时掌握收入进度情况，并从11月份起编发收入进度简报，向全市通报各单位收入进度，督促各单位全力以赴抓好收入工作。

4. 突出重点，强化措施，层层制定收入弥补预案，努力挖掘增收潜力。

一是重点出击，抓好重点地区、重点行业、重点项目、重点企业和重点税种的税源分析和监控。在加强自治区地方税务局30万元以上重点税源企业“扁平化”管理的基础上，各级地税机关根据当地实际情况采取领导直接联系重点企业、重点项目等办法，切实加大对本级重点税源的监控力度。如自治区地方税务局直属税务分局提出了“突出重点、兼顾一般、以小补大”的征管工作措施，在计征科、税源管理科、稽查科之间建立“相互监督、相互支持、相互理解、相互促进”的高效协调运转机制，对企业应征税款存在的深层次问题进行认真的分析、调查、评估、监控，充分挖掘潜在税源；梧州市地方税务局出台《重点税源管理实施办法》，对年纳税5万元以上的1082户纳税人列为市地方税务局重点税源企业进行监控，并落实具体责任人，同时将294个重点建设项目编制成《梧州市2008年重点建设项目调查表》，落实30名税收管理员负责重点监控；防城港市地方税务局实行重点税源领导联系点办法，将全市年纳税额100万元以上的重点税源企业及计划投资额1亿元以上的重大工程项目直接纳入市地方税务局领导监控范围，而各县（市、区）地方税务局的局长、分局长直接管理重点税源大户，强化重点监控，提高征管效率。

二是主动出击，突出加大税务稽查力度，以查促收。自治区地方税务局在四季度统一部署开展了重点稽查检查工作，从自治区地方税务局到各市地方税务局都成立了税收稽查重点检查工作领导小组，明确了稽查检查工作重点，把主要精力和力量转移到对房地产行业和重点税源企业的检查上来。目前自治区地方税务局稽查局、各市地方税务局都积极改进工作方式，有针对性地开展稽查工作，及时制定了重点稽查方案，组成了若干个重点稽查小组，采取纳税评估、查前动员、查前约谈、自查自核等多管齐下的方式方法，重点对有征收潜力、有税可补的行业和企业进行检查，想方设法以查促收。据统计，仅11月10日至27日，全区地税稽查部门就检查纳税户193户，查补金额9009万元，入库金额8214万元。

三是全面出击，突出加大税收清理力度，挖掘一切增收潜力。各级地税机关根据自治区地方税务局的统一要求，深入开展了“六清理”工作。来宾市地方税务局认真建立欠税档案，实行欠税公告，落实欠税人报告制度，大力清缴欠税。共公告欠税企业75户，公告后纳税人主动缴纳欠税5户，主动缴纳欠税金额67.4万元。贵港市地方税务局层层成立追欠工作领导小组，具体负责对本辖区（职责）范围内的追缴欠税工作。北海市地方税务局要求建筑项目税收专项检查清理要以县（城区）地方税务局为单位，对去年以来投资额在500万元以上的新开工和续建的市政基础设施项目、工业投资项目、房地产开发项目、文教体育旅游水利工程等项目进行一次清理检查。据初步统计，9月份以来全系统开展“六清理”工作共清理出税款46851.47万元，其中清理欠税入库12482.75万元；清理漏征漏管户6980户，入库税款2065.89万元；清理小税种和零散税源入库税款9566.23万元；清理各类园区和在建重大工程项目税款21276.76万元。

5. 强化纪律，严格考勤，层层进行旺征督查和考核，不断加大征管力度。

一是自治区地方税务局在11月份开展了收入专项督查工作，组成了以自治区地方税务局领导为组长的七个收入工作督查组，分别到各市、县（市、区）地方税务局检查督促收入工作，指导各基层征收单位采取切实有效的措施加大征管力度，挖掘增收潜力。二是强调坚持组织收入原则，加强收入质量的检查，坚决制止寅吃卯粮、收过头税、虚收虚征和制止有税不收、留有余地、人为调控收入的现象，确保收入增长的质量。三是严明工作纪律，组织动员全系统干部职工全力以赴投入征收工作。自治区地方税务局在旺征工作一开始就实行“三停止三报告”制度，要求各级地税机关超常规工作，夜以继日、加班加点，确保征管工作落实到位。百色市地方税务局领导班子成员不分节假日，实行“5+2”、“白加黑”的全天候工作，分别深入12个县（区）地方税务局和部分重点分局（税务所）指导开展旺征工作。四是制定严格的组织收入奖惩制度。最近，自治区地方税务局正在制定全系统的收入目标考核办法，待修改后将下发各市地方税务局执行。南宁市地方税务局出台了《基层领导班子考核评比暂行办法》与《工作人员考核办法（试行）》，加强对基层单位领导班子和个人的考核评比。同时严格工作惩戒，对组织收入工作差的单位领导班子将进行诫勉谈话，进行必要的组织处理；对措施不到位、落实不力、缺乏监管导致完成任务差的领导予以免职。

6. 加强汇报，密切配合，层层加强领导，深化部门之间的合作。

一是各级地税机关及时将收入进度、税源分析、政策落实、征管措施向各级党委、政府的领导和有关部门汇报，争取各级党委、政府和有关部门领导的支持，确保了旺征工作的顺利进行。9月10日，自治区马飚主席和李金早常务副主席到自治区地方税务局进行视察调研，对全区地税工作和当前的组织收入工作提出了要求。各市、县（市、区）党政领导也在旺征工作期间纷纷深入各级地税机关进行视察调研，检查指导当前的组织收入工作，极大地鼓舞了广大地税干部职工的斗志。二是建立协税护税责任制，形成齐抓共管的合力。各级地税机关不断强化政务协作，主动加强与财政、国税、发改、国土、房产等经济管理部门的沟通与协调，定期召开经济税收联席会议，研究和解决征管过程中遇到的困难和问题，扎实推进协税护税各项工作。河池市地方税务局提请市政府成立了以常务副市长为组长的社会综合治税领导小组，提请市政府下发了《河池市人民政府关于做好提供涉税信息工作的通知》，要求29个相关部门按规定的时间和内容向税务机关提供相关涉税信息，并在11月11日召开了全市综合治税工作会议，扎实推进了社会综合治税。三是积极与自治区财政厅、审计厅、国税局等多部门联合在全区范围内协作开展2008年财政收入征缴情况专项检查，并于10月31日联合召开了全区财政收入征缴情况专项检查动员暨检查人员培训会议，进一步加强税收和政府非税收入的收缴管理，堵塞征管漏洞，挖掘增收潜力。

（二）旺征工作取得阶段性成效。

1. 收入稳定增长，进度逐步加快。

10月份，全区地税系统共组织一般预算收入28.2亿元，同比增收6.6亿元，增长30.4%，高于1～9月累计增幅6.7个百分点，高于同期全国地税收入增幅22.6个百分点，税收增幅仅次于1月、3月，为今年以来增幅第三高的月份。1～11月全区地税收入累计增长23.8%，高于同期全区财政收入增幅（16.8%）7个百分点，高于同期全区国税收入增幅（15.8%）8个百分点。

2. 重点税源管查协调，组织收入主动权明显增强。

各级地税机关在旺征工作中突出重点，牢牢抓住组织收入工作的主动权，突出加强重点税源管理，不断扩大重点税源监控范围，促进了重点税源税收的稳定增长。1～10月全区5778户重点税源企业入库税款138.2亿元，占同期全区地税收入的59.2%，同比增收22.6亿元，占全部地税收入增收额的50%。

3. 旺征措施落实有力，挖潜增收取得明显成效。

在旺征工作中，各级地税机关相继采取了一系列旺征工作措施，充分挖掘一切增收潜力，有效地促进了收入增长。特别是对小税种和零散税源开展拉网式清理，对土地增值税、耕地占用税、车船税和城镇土地使用税等有增收潜力的税种加大征收管理力度，取得了显著成效。仅9～11月，全区城镇土地使用税、土地增值税、车船税分别入库31164万元、46346万元、4727万元，同比分别增长345.5%、64.9%、94.1%。

4. 税收征管水平不断提高，税源管理能力明显提升。

各级征收机关在旺征工作中为挖掘征管潜力，积极创新各种征管手段和模式，促进了征管水平的不断提升，特别是对耕地占用税、土地增值税的专项清理，重点工程项目的税源管理，车船税的代征代扣办法的落实等，成效比较突出。同时全区地税系统各单位通过开展“六清理”工作，取得了比较明显的效果，在增加收入的同时也提高了税源管理水平。

5. 政务协作取得了新进展，齐抓共管的合力明显增强。

从自治区党委、政府领导到各市、县（市、区）党委、政府领导对地税工作的重视和支持明显加强，各有关部门对地税部门的支持力度加大，配合更加积极，效果也更加突出。车船税代扣补查、房地产税征收一体化、拍卖物收入扣税等协作机制进一步形成。

（三）旺征工作面临的困难和问题。

1. 经济增长减缓对收入影响在逐步加大，完成任务的难度越来越大。

受世界金融危机的冲击，我区的经济增速逐步下滑，以致今年以来我区地税收入呈现逐季回落的态势，其中前二季度地税收入累计增幅较一季度回落2.2个百分点，前三季度累计增幅较前二季度回落4.5个百分点。随着当前国际金融危机的不断扩散和蔓延，对我国经济发展的影响将更加明显，经济增长将进一步减缓，组织收入的形势也将更加严峻，完成全年收入目标任务的难度在不断地加大。

2. 完成任务比例偏低，收入任务缺口较大。

截至11月底，全区地税系统一般预算收入仅完成奋斗目标（306亿元）的84.2%，慢于时间进度7.5个百分点。距奋斗目标仍差49亿元，月收入任务相当于过去2个月的任务，难度相当大。

3. 重点税源企业实现税收情况不理想，影响税收收入的增长。

1～10月全区5778户重点税源企业入库税款同比增长19.6%，低于同期全区地税收入增幅4.7个百分点。而1～10月全区纳税百强企业共缴纳地税收入为33.8亿元，同比增收2.65亿元，增长8.5%，慢于同期全区地税收入增幅15.8个百分点。纳税百强企业缴纳地税收入呈现逐月下降的趋势，从1月的34%下降到10月的8.5%。

4. 主体税种收入增速趋缓态势明显，对地税收入增长的拉动作用减缓。

受经济增长减缓和政策性减收因素的影响，主体税种营业税、个人所得税、企业所得税和城市维护建设税增幅较上年明显回落。以上四个税种收入合计占全区地税收入比重的77.8%，较上年同期比重回落5.2个百分点；对地税收入增长的贡献率为55.7%，贡献率较上年同期回落26.6个百分点。

5. 各征收单位收入增长不平衡，完成任务进度差距大。

一是从各征收单位的收入增长情况看，截至11月底，累计收入增幅高于全区平均水平23.8%的有7个征收单位，其中增幅最高的是钦州市地方税务局，同比增长53.9%；累计收入增幅低于全区平均水平的有8个征收单位，其中增幅最低的是河池市地方税务局，同比仅增长9%。二是从各征收单位完成收入进度看，截至11月底，没有一个征收单位完成奋斗目标收入进度达到时间进度要求(91.7%)。其中收入进度排在前四名的是防城港市地方税务局、梧州市地方税务局、自治区地方税务局直属税务分局和崇左市地方税务局，完成奋斗目标任务分别为91%、90.3%、90.2%、88.8%；收入进度排名后四位的征收单位是桂林市、河池市、百色市、玉林市地方税务局，完成奋斗目标任务分别为76.5%、78.1%、79.1%、79.2%。三是从各征收单位某些税种征管来看，收入增幅极低，甚至出现了负增长，如来宾市地方税务局的土地使用税仅增27%，百色、河池市地方税务局的土地增值税均为负增长37%，贺州市地方税务局的耕地占用税仅完成37万元，与适用税额的提高，土地的征用交易情况极不相称。

6. 一些单位的征管措施不到位，旺征效果不明显。

一是一些单位的领导对组织收入工作重视不够，抓得不紧，工作思路不清晰，措施重点不突出，缺乏力度，落实不到位，收入进度明显滞后。二是部分单位没有建立收入目标责任制，没有实行组织收入奖罚制度，任务不落实、责任不明确、奖罚不分明，缺乏调动干部组织收入积极性、主动性的措施和办法，队伍的战斗力和凝聚力不足。三是有些单位对税源情况掌握不明、底数不清，税源调查排查工作开展不全面、不细致、不到位。四是一些单位挖掘税收增收潜力、弥补任务缺口的办法不多，力度不大，往往是企业申报多少就收多少，部分单位没有及时部署开展“六清理”工作，有的单位虽然布置开展了但没有真正跟踪落实，取得的效果也不明显，个别单位甚至对历年耕地占用税的清理该由地税部门负责还产生怀疑。五是一些市县稽查力度不够，行动过于迟缓。据自治区稽查局提供的情况表明，柳州市有5个县11月10日到27日查补金额为零，桂林市有3个县为零，来宾市有5个县市为零，河池市有3个县市为零，百色市有5个县为零。六是部分单位深入基层开展收入督查的力度不够，只是走马观花，开个会听汇报了事，根本就没有主动深入一线、深入企业进行跟踪督查。七是一些单位向当地党委、政府的领导沟通汇报力度不够，与各有关部门的协调配合不够，没有形成齐抓共管的合力。

三、最后30天组织收入攻坚的措施意见

受我区经济总体形势下滑的影响，近期自治区党委、政府根据经济形势的变化，初步确定拟将全区财政收入目标任务由886亿元调整为850亿元，调减36亿元。自治区地方税务局按照实事求是的原则和党委、政府及财政厅的初步意见，根据税源分析排查、各督查组了解掌握的情况、各市税收预测情况、财政收入任务调整情况等，对各征收单位的必保任务进行了明确，全区的确保地税收入任务为295亿元以上。按此口径计算，12月份全区务必要组织地税收入37.3亿元以上，比去年同期多收13.4亿元，增长56.5%；比今年前11个月月均多收13.9亿元，增长59.4%。最后一个月收入规模为地税系统成立以来最大，收入增幅为近五年来同期最高（2003～2007年各年12月份同比增长率分别为－27.7%、22.1%、30.3%、15.2%、4.6%），收入任务非常繁重。为此，各级地税机关在最后30天必须紧紧抓好以下攻坚措施：

（一）进一步认清当前形势，坚定完成任务的信心。

为抵御国际经济形势对我国的不利影响，应对复杂多变的局势，党中央、国务院实施了积极的财政政策和适度宽松的货币政策，并出台了扩大内需、促进增长的十项措施，提出了“出手要快，出拳要重，措施要准，工作要实”的总体要求，为此，自治区党委、政府结合广西的实际，认真落实中央的各项政策和措施，一方面千方百计增加城乡居民收入，减轻城乡居民社会负担，刺激居民消费欲望；另一方面加快了项目的审批，加大了项目资金投入，资金到位加快，项目开竣工增多，这对完成全年地税收入任务是极好的机遇。但一些单位的领导对当前的形势认识不清，把握不准，只看到不

利的一面，没有看到有利的一面，完成任务缺乏信心，思想上、工作上出现了一些松懈，存在完成多少算多少的消极观望态度。因此，各单位务必要进一步做好干部的思想教育工作，调动好干部组织收入的积极性、主动性和创造性，既要看到挑战和困难，不能盲目乐观，又要看到机遇和希望，不能消极悲观。要深刻认识到，完成今年收入任务不仅是实现“十一五”规划，迎接自治区50周年大庆和纪念改革开放30周年的需要，也是贯彻落实科学发展观，战胜金融危机，促进我区经济稳定发展的需要，不仅具有重要的经济意义和政治意义，而且具有深远的历史意义。要坚定完成收入任务的信心不改、决心不动、措施不变，不到最后一刻决不放弃。

（二）进一步落实收入目标责任制，继续加大收入督查和考核力度。

一是要进一步明确收入目标，分解任务。根据各市政府调整的任务数，结合近期督查组与各市排查预测情况，综合各方面因素，自治区地方税务局确定了各征收单位今年收入必保数。自治区地方税务局党组认为这一任务的调整是实事求是的，是基本切合各地实际的，是大体平衡的，是在收入形势严峻的情况下，为了完成全区地税系统的整体收入任务而不得已的办法，完不成这一任务，我们不好向自治区党委、政府交代，不好向全区5000多万各族人民交代。希望各征收单位从讲政治、顾大局、分忧愁的角度出发，主动、愉快地接受，并层层分解，强化措施，加大力度，务必完成，不要给自治区地方税务局党组讲价钱、添压力、加困难、添忧愁。同时，还要继续强调明确，10月份下达的奋斗目标不变，有潜力、有条件的单位要努力完成或超额完成。二是各级领导要继续加强对组织收入工作的领导，实行一把手负责制，亲自靠前指挥，亲自深入一线协调处理各方面的关系，及时掌握收入变动情况，及时调整工作措施。三是继续开展好收入督查工作，各级收入督查组要分头深入各征收单位指导和协调解决组织收入难题，对各地旺征工作开展情况进行督查。同时要寓服务于督查之中，切实转变作风，创新方式，提高水平，为基层做好服务。四是要做细做实税收分析预测工作，提高分析的质量和水平。从12月份起，每日要报送一次收入进度，每5日进行一次收入分析，并倒计时计算收入任务的差距，随时掌握收入进度情况。五是要加强组织收入工作目标责任考核，严格执行组织收入奖惩制度，对完成和超额完成自治区地方税务局下达的必保任务数、旺征工作出色、计分靠前的单位和领导进行表彰记功；对组织收入不力、措施不到位的领导进行通报批评。

（三）进一步强调组织收入原则，切实维护税收法律的严肃性和地税形象。

进度快的单位要站在全区的高度，牢固树立全区一盘棋的思想，能快的就不能慢，不能留一手，不能有税不收，不能人为调控减缓收入，能超收的要尽量多超收；进度慢的单位要千方百计挖掘增收潜力，最大限度地缩小任务缺口，把进度赶上来，不拖全区后腿。各级地税机关要切实把好组织税收收入的质量关，既要依法征收，依率计征，应收尽收，又要实事求是，绝不能收过头税，寅吃卯粮，搞“空转虚收”，更不能人为地转税引税，争税抢税，买税卖税，破坏税收秩序和经济秩序。

（四）进一步深挖细查税源，努力做到应收尽收。

要继续认真开展好税收“六清理”工作，特别是抓好耕地占用税、补发津补贴收入个人所得税、新旧欠税的清理清查；抓好近期开竣工项目的税收清理，将应收的税款及时足额征收入库，做到深挖税源、应收尽收，弥补税源的不足。

（五）进一步调整充实征管力量，突破重点关键环节。

一是重点加强大工程大项目等重点税源的分析和管理，对已经完成的工程量，税款已经实现，但由于资金困难的要加大协调力度，采取超常规的措施，确保收入及时足额入库。二是采取各种有效措施，切实加强各税种的征收管理。特别是加强重点工程项目、各类园区耕地占用税的征收清理；抓好企业所得税的预缴工作，对未进行企业所得税汇算清缴的企业进行补清、补查。三是继续集中力量开展好重点稽查，做到及时检查、及时结案，对稽查查补的税款要及时征收入库，提高稽查补税款入库率。四是加大清欠工作力度，进一步采取在媒体上曝光、税收保全和强制执行等多种手段加大清缴欠税力度，杜绝新欠，压减陈欠。

（六）进一步争取党政领导的支持，加大旺征攻坚力度。

上级收入督查组到下级督查时，要主动邀请当地政府领导一起分析排查税源，明确收入目标，共同制定进一步加强征管的措施。同级地税部门要多向党委、政府请示汇报收入情况，争取党委、政府领导的支持，特别是一些一次性的收入在很大程度上需要依靠当地政府领导的支持才能取得好的效果。因此，要通过争取领导的重视支持，建立四家班子收入联系制度，依靠党政领导克难攻坚。

（七）进一步规范税收执法，提高依法行政水平。

在最后的组织收入攻坚战中，尤其需要注意讲究科学的方式方法，既要加大征收力度，做到依法办事、程序合法、手续齐全、证据完备，又不能激发矛盾，影响社会稳定大局。对事实清楚、依据充分、定性准确、手续齐全的税款要及时足额征收入库；对把握不准、与纳税人有分歧、入库难度大的税款要加强调研，积极协调，及时汇报，讲求方式，分步进行，妥善处理。

同志们，最后一个月组织收入工作时间非常紧迫，任务非常繁重，压力非常巨大，但自治区地方税务局党组坚信，只要全区各级地税机关认真贯彻落实自治区党委、政府以及国家税务总局的决策部署，振奋精神、再接再厉、迎难而上，锐意进取、奋力冲刺、扎实工作，就一定能够完成全年的收入任务，为开创地税工作科学发展新局面、为促进广西经济社会又好又快发展作出新的贡献！

结合实际　突出特点
推进继续解放思想大讨论活动扎实深入开展

——吴殿禄副局长在自治区地方税务局继续解放思想大讨论活动推进会上的讲话

（2008 年 4 月 3 日）

同志们：

这次会议是在全区上下深入开展继续解放思想大讨论活动，为促进广西经济科学发展、快速发展而努力奋斗的形势下召开的。会议的主要任务是，总结自治区地方税务局开展继续解放思想大讨论活动第一阶段工作，传达学习落实郭声琨书记在 3 月 28 日自治区继续解放思想大讨论领导干部大会上的讲话精神，部署第二阶段任务，推进自治区地方税务局大讨论活动在更广范围、更深程度、更高层次上扎实有效开展。因苏书记随自治区领导出访，受苏道俨书记和自治区地方税务局党组委托，我讲三方面意见。

一、第一阶段的工作情况

在继续解放思想大讨论活动第一阶段中，自治区地方税务局高度重视，把大讨论活动作为全系统当前的头等政治大事来抓，加强领导，精心谋划，周密安排，扎实推进，取得了明显成效，达到了预期目标，在全区地税系统营造了解放思想、思进求新、奋发图强、争创佳绩的良好氛围，形成了领导带头、人人参与、群策群力的生动局面，呈现出敢谋发展、善谋发展、共谋发展的积极态势。

（一）领导重视，快速推进，营造解放思想、思进求新、奋发图强、争创佳绩的良好氛围。

一是早研究、早部署，认识统一，组织健全。自治区党委下发《关于开展继续解放思想大讨论活动的通知》后，自治区地方税务局党组立即组织召开局党组扩大会议，认真传达学习。我们认真学习领会胡锦涛总书记在广西考察工作时的重要讲话精神和郭声琨书记、马飚主席的有关讲话精神，按照自治区活动领导小组的统一要求，精心研究部署了全系统的大讨论活动。自治区地方税务局成立了以局党组书记、局长为组长的大讨论领导小组和办公室，制定下发了实施方案。3 月 5 日前，全区各级地税机关都成立了以班子“一把手”为组长，其他成员为副组长，分管领导具体负责的大讨论活动领导小组，共抽调 200 多名政治觉悟高、业务素质精、工作能力强的同志作为各级领导小组办公室的专职工作人员，安排落实经费，确保大讨论活动顺利开展。

二是早动员、早行动，措施有力，覆盖面广。

2月27日，自治区地方税务局以视频会议形式召开全系统动员大会，自治区地方税务局党组书记苏道俨同志作了学习动员报告。之后，各级地税机关都及时根据上级要求和当地党委、政府的要求层层召开各自的大讨论动员会，而且普遍邀请离退休干部、社会监察员、纳税人代表列席会议，不断扩大学习动员的覆盖面。自治区地方税务局还及时把十七大报告、胡锦涛总书记视察广西时的重要讲话、自治区党委关于开展大讨论活动的通知方案、郭声琨书记和马飚主席的若干讲话（包括郭声琨书记的五篇新春寄语、马飚主席北部湾经济区获批新闻发布会讲话）、广西北部湾经济区发展规划等资料汇编成册，共印12000本，及时发放到全系统，让每一位干部职工学有资料。切实做到让胡总书记的关怀和教导、中央和区党委的号召和要求、郭书记和马主席的指示和期望都深深铭印在广大地税干部职工心中，并化为明灯，化为动力。

三是早汇报、早宣传，督查认真，交流广泛。为保证大讨论活动扎实深入开展，自治区地方税务局经常积极主动向自治区大讨论活动领导小组及其办公室请示汇报，得到了许多有效的指导和支持。局领导都亲自带队，深入基层开展专题调研和督查，查找和纠正存在的问题，严防形式主义，确保活动扎实有效开展。对大讨论活动中的先进典型和经验及时进行总结交流、宣传报道，以点促面，全面展示大讨论活动给地税工作带来的新思路、新举措、新进展、新成效。自治区地方税务局先后向自治区大讨论活动领导小组报送信息材料18篇条，自编简报9期，依靠广西电视台、广西日报、新华网、广西电台等主流媒体的支持，发表相关稿件50余篇次，在全系统营造大讨论的浓厚氛围。

（二）求真务实，深入开展，形成领导带头、人人参与、群策群力、为了解决问题促进发展而共同解放思想的生动局面。

1. 领导带头，深入基层开展辅导调研。

自治区地方税务局不仅宏观理解开展大讨论活动的重要意义、积极作用，而且着重帮助广大干部职工搞清楚我们还应该在哪些具体方面需要继续解放思想，怎样才算解放了思想，怎样确定解放思想的衡量标准，怎样鼓励和善待思想解放者，怎样鞭策思想不解放者。为此，自治区地方税务局各级领导一方面加强学习，加强辅导；另一方面深入基层，结合实际工作广泛研讨，征求意见，激活思想，扩宽言路，凝聚广大干部职工的智慧。至今自治区地方税务局已先后围绕单个税种管理、纳税服务、依法治税、人事管理、税收优惠、税收服务北部湾经济区建设等工作项目开展务实研讨，在解决实际问题中回答上述问题，操作性强，效果很好，推动了工作。

2. 实事求是，找出大讨论的工作重点。

通过全系统的学习讨论、调研分析，自治区地方税务局明确了全系统应继续解放思想的四个重点方面。一是要增强服务大局意识，克服仅以“税眼”看世界，仅见树木不见森林的局限性，切实解决好地税体制、地税政策、地税征管、地税服务等方面存在的突出矛盾。二是要增强危机忧患意识，克服盲目乐观思想，切实解决如何充分发挥税收职能作用，促进经济社会又好又快发展方面存在的突出问题。三是要增强开放合作意识，切实解决好地税在促进扩大对外开放、区域经济合作发展、承接产业转移等方面存在的突出问题。四是要增强科学发展意识，克服片面发展观念，切实解决好地税在促进工业化、城镇化建设方面存在的突出问题。自治区地方税务局要求全系统都来努力，共同解决这些问题。各级地税机关紧紧围绕这些问题开展大讨论，力图找到解决问题的新路和办法。

3. 狠抓落实，确保活动和工作“两不误、两促进”。

自治区地方税务局强调：“开展继续解放思想大讨论活动必须与税务中心工作紧密结合，每个地税干部职工都必须以岗位工作为平台来谈解放思想，要使两者相辅相成、相互关联、相互映衬、共同发展，继续解放思想大讨论的效果必须要通过税收工作成果体现出来。”这不仅是自治区地方税务局领导班子的要求，也是全体地税干部职工的共同认识和实际行动。截至3月20日，全区地税系统通过继续解放思想，改进作风，扎实工作，共组织地方税收61.97亿元，同比增长33.6%，增收15.59亿元，又创广西地税收入历史新高，为广西经济社会发展提供了更多的财力支持。

（三）大胆探索，敢破敢立，呈现出敢谋发展、善谋发展、共谋发展的积极态势。

在大讨论活动中，全局上下联动，把准切入点，明确突破目标，大胆探索，积极研究。3月21日自治区地方税务局在南宁召开了党组中心组学习暨继续解放思想推进广西北部湾经济区建设研讨会。这是继2月28～29日在防城港市召开部分纳税人座谈会，广泛征求纳税人对地税工作的意见和建议，3月4～5日在北海市召开全区地税征管工作座谈会，对税收征管工作进行再认识和重新定位，3月10日召开局办公会，按照继续解放思想大讨论活动要求重新确定全年各项重点工作项目之后召开的又一次重要会议。参加会议人员除区局领导及局机关有关单位负责人外，扩大到各市局有关领导，并专门邀请北部湾经济区管委会副主任杨跃峥、自治区大讨论办公室林国勇同志到会指导和共同学习研讨。会议紧密联系地税工作实际，围绕如何转变观念，开拓创新，抢抓机遇，真抓实干，充分发挥税收职能作用，助推北部湾经济区开发建设这一主题展开热烈讨论，征集到研讨文章和材料25篇（份），对构建有利于促进广西经济社会科学发展，尤其是推动北部湾经济区开放开发的地税新格局进行了卓有成效的研究和探索。

一是深化和推进地税管理体制机制改革，努力建设服务型地税机关，促进广西经济社会大发展。主要是利用获得国家税务总局关于改革地税管理体制机制专题研究课题的机会，对税务管理的流程进行优化和再造，该改的改，该简的简，该并的并，使业务流程更为简便，更为科学，更为合理；有针对性的优化职能、调整机构和力量重组，使征管力量的分配与工作量及税源管理的要求相匹配，提高税务管理的效能；进一步优化税务窗口服务，落实“把方便让给纳税人”的原则，加强办税服务厅建设，落实效能建设“三项制度”，彻底根治一些方面存在的推诿扯皮、效率不高、责任不清、奖惩不力的现象，解决纳税人排长队等问题。在各方面支持配合下加快信息化建设，努力实现区内税务信息最大程度的共享，尽快缩小我系统的管理信息化程度与国内发达地区的差距。

二是进一步充分发挥税收优惠政策的杠杆作用，促进广西尤其是推进北部湾经济区开放开发。坚持依法治税基本原则，全面落实现有的税收优惠政策，把准优惠政策的内涵和实质，精心周密筹划优惠政策贯彻方案，用足用活优惠政策。研究争取更多的优惠政策，尤其是进一步比对当前北部湾经济区与上海浦东新区、天津滨海新区及成渝等其他综合改革试验区、民族自治地区税收优惠政策的差异，然后按权限主动与有关部门合作，向自治区人民政府呈报实施税收优惠政策方案，积极争取国家对广西、对北部湾经济区的税收支持，形成我区更大的政策优势，特别是吸引更多的海内外客商关注、了解、参与北部湾经济区的开发与建设。

三是积极研究东盟国家的税收政策和相应的对策，助推北部湾经济区在中国—东盟自由贸易区建设中发挥更大的作用。继续开展好东盟分国别税收研究。对东盟国家的税收制度、税收环境、税收优惠政策、税制改革发展方向等方面进行全面、系统、深入的研究，为促进广西与东盟国家的经济合作，加快广西经济发展服务。

回顾第一阶段工作，自治区地方税务局做了一些实实在在的工作，取得了一定的成绩。在肯定成绩的同时，我们必须清醒地看到，在大讨论活动中，个别部门、少数同志还存在认识不到位、思想迟疑、行动缓慢等薄弱环节。对这些问题，我们在今后的工作中一定要高度重视，采取切实有效措施，认真加以解决，确保大讨论活动取得实实在在的效果。

二、认真学习贯彻落实郭声琨书记在全区继续解放思想大讨论活动领导干部大会的讲话精神

3月27～28日，全区继续解放思想大讨论领导干部大会在北海召开。自治区党委书记、自治区人大常委会主任郭声琨在会上作了重要讲话，全面总结了第一阶段我区开展继续解放思想大讨论活动的成功做法和主要特点，指出了存在的问题，并对大讨论活动第二阶段的工作作出了安排部署，提出了明确要求。郭书记的重要讲话立意高远，内涵丰富，寓意深刻，具有很强的针对性和指导性，对我们认真总结、积极运用第一阶段的成功经验，进一步推动大讨论活动在更高程度、更高层次、更广范围内扎实深入开展，以思想大解放带动事业大发展，具有十分重要的指导意义。我们一定要认真学习，深刻领会，全面贯彻落实。

郭声琨书记指出：要在深化认识、形成特色上着力推进大讨论活动。首先，要深化对继续解放思想重要性的认识。广西上下尤其是各级领导干部，一定要进一步深刻认识继续解放思想的重大现实意义和历史意义，不断增强继续解放思想的自觉性和坚定性，以高度的责任感和使命感，大力推进继续解放思想大讨论活动。其次，要深化对继续解放思想长期性的认识。要树立正确的思想解放观，既要持之以恒，又要突出重点，找准当前最现实、最可能、最紧迫的问题加以解决，力争收到明显效果。再次，要深化对继续解放思想特殊性的认识。在大讨论活动中，不能搞“一刀切”，生搬硬套上级精神、其他地方和部门的做法，必须紧密联系本地本部门的思想实际和工作实际，找准各自的着力点，充分发挥主观能动性，因地制宜，分类指导，提出

有针对性的具体要求，采取有针对性的具体措施，真正解决本地本部门存在的思想问题和实际问题。

要在重点领域、关键环节上着力推进大讨论活动。一要冲破阻碍科学发展的思维定势。要冲破单纯依靠行政手段解决问题的习惯，形成尊重市场规律、依法办事的理念；要冲破求稳怕错、墨守成规的习惯，形成敢想敢干、开拓创新的理念；要冲破等、靠、依赖的习惯，形成艰苦奋斗、自力更生的理念；要冲破唯书唯上的习惯，形成实事求是、与时俱进的理念。二要打破阻碍科学发展的利益格局。各级各部门和领导干部要坚决做到个人利益服从集体利益、局部利益服从整体利益，为改革创新、加快发展扫清障碍。三要克服阻碍科学发展的思想作风。思想作风的好坏关系到事业的成败，必须在克服影响发展的思想作风上下大工夫、下狠工夫、下真工夫，坚持讲实话、出实招、办实事、求实效，把所有的心思用在干事创业上，把一切精力投入到改革发展中。四要消除阻碍科学发展的环境氛围。要破除故步自封、因循守旧的观念，鼓励探索，支持创新，容许失误，宽容失败，努力营造敢想敢干的氛围和环境。

要在创新方法、丰富载体上着力推进大讨论活动。一要领导干部带头。各级领导干部要充分认识肩负的责任，思想要重视，态度要坚决，行动要自觉，为干部群众树立榜样。二要深入调查研究。各级各部门也要根据实际情况，梳理影响本地区本部门科学发展、加快发展的突出问题，由主要负责同志牵头开展专题调研活动，推动大讨论活动向纵深发展。三要学习先进经验。要学习先进地区解放思想、推动发展的好经验、好做法，紧密结合自己的实际，做到取他人之长，补自己之短。四要动员群众参与。在大讨论活动中，要积极为群众参与创造条件，特别要畅通渠道，广开言路，广泛征求社会各界的意见和建议，进一步扩大大讨论活动的覆盖面，形成全民解放思想、思进求新、奋发图强的良好局面。五要创新活动载体。对自治区党委的部署要求，各地各部门要认真贯彻落实，不折不扣地做好"规定动作"，同时要结合本地本部门的实际，积极探索创新大讨论活动的载体，推出行之有效的"自选动作"，为广大干部群众搭建解放思想、改革创新的平台，推动大讨论活动有声有色地开展。

要在结合实际、务求实效上着力推进大讨论活动。当前要特别注意做到以下几个结合：一是要把大讨论活动与推动发展结合起来，通过大讨论活动，牢固树立科学发展、加快发展的观念，坚持"好"字优先、好中求快、能多快就搞多快。二是要把大讨论活动与加快广西北部湾经济区开放开发结合起来，通过大讨论活动，用新的理念来谋划北部湾经济区开放开发，用新的措施来推动北部湾经济区开放开发，用新体制机制来保障北部湾经济区开放开发，举广西之力把北部湾经济区搞好。三是要把大讨论活动与深化开放合作结合起来，通过大讨论活动，促进广西各级干部认真学习开放合作知识，增强开放合作的素质和本领，提高开放合作的能力和水平。四是要把大讨论活动与推进改革创新结合起来，通过大讨论活动，破除旧观念、旧框框的束缚，树立勇于变革、大胆创新的意识，以创新求进步，以创新促发展。五是要把大讨论活动与促进社会和谐结合起来，通过大讨论活动，牢固树立以人为本的执政理念，始终坚持把群众利益放在首位，着力解决好人民群众最关心、最直接、最现实的利益问题，实现好、维护好、发展好人民群众的根本利益，努力促进社会和谐。六是要把大讨论活动与加强干部和人才队伍建设结合起来，努力营造有利于人才辈出的良好局面，为建设富裕文明和谐新广西提供强有力的智力支持和人才支撑。

三、第二阶段工作任务

开展继续解放思想大讨论活动，一定要高举中国特色社会主义伟大旗帜，坚持以邓小平理论和"三个代表"重要思想为指导，紧紧围绕深入学习、宣传、贯彻党的十七大精神和胡锦涛总书记在广西考察工作时的重要讲话以及郭声琨书记、马飚主席有关开展大讨论活动的指示精神，坚持以解放思想为先导，以科学发展观为统领，以全区各级地税机关领导干部为重点，以学习讨论和调查研究为主要形式，着力克服落后的税收思想障碍和税收体制机制障碍，着力解决好税收促进、服务于经济发展大局的问题，继续解放思想，大胆突破，以思想大解放带动地税事业大发展。

做好大讨论第二阶段工作，一定要坚持紧扣主题、把握导向，抓住重点、带动全面，做到统筹协调、科学安排、确保成效。要把学习、讨论、研究工作与深入学习党的十七大精神和胡锦涛总书记在广西考察工作时的重要讲话精神结合起来，与深入贯彻落实科学发展观结合起来，与加强党的建设结合起来，增强解放思想的针对性，充分发挥好税收的职能作用，着力探索促进广西科学发展、加快发展的新思路、新途径、新举措。

开展讨论调研，必须立足区情，紧密联系自治区地方税务局广大干部群众的思想实际，着力在破除影响科学发展、加快发展的陈旧观念和传统习惯上下工夫，在完善体制机制上下工夫，在解决干部工作作风的突出问题上下工夫，切实解决不想解放思想、不敢解放思想、不会解放思想的问题，在解放思想中统一思想、凝聚力量，为推动广西科学发展、加快发展注入强大动力。

（一）讨论调研阶段的主要任务。

立足税收服务于广西改革开放大局、服务于经济社会发展大局，尤其是服务于北部湾经济区开放开发的迫切要求，通过围绕以改革创新实现科学发展、加快发展开展调查研究和讨论交流，为科学决策奠定基础。

（二）讨论调研阶段的工作思路。

以地税助推广西北部湾经济区开放开发为主线，通过继续深入学习，开展调查研究，组织专题大讨论等形式和方法，找出当前地税工作中存在的差距和问题，进行梳理、分析和论证，形成具体意见。在大讨论活动第二阶段，自治区地方税务局将主要抓好以下三个方面的工作：一是与广西北部湾经济区建设规划管理委员会办公室开展联合调研，找出找准运用地方税务服务支持北部湾经济区开放开发的新思路、新举措、新路子，形成文字材料报送自治区党委、政府，为领导的科学决策提供参考。二是围绕北部湾经济区开放开发中税收热点、难点、焦点问题展开讨论和研究，向中央和国家税务总局及国务院相关部委提交意见和建议，争取税收政策支持。三是积极努力解决本系统本部门内存在的与北部湾经济区开放开发不相适应的种种问题，制定出台加强和改进税收管理、税务服务，充分发挥税收优惠政策的杠杆作用，促进北部湾经济区的发展，营造北部湾经济区良好的税收环境的办法和措施。

（三）讨论调研的方式方法。

一是要“沉下去”，通过深入基层、深入一线开展调查研究，把握广西区情，了解本地区、本部门、本单位的实际情况和存在的主要问题。二是要“走出去”，通过召开座谈会广泛征求干部群众、纳税人的意见和建议，到发达省、市先进单位部门学习考察，总结干部群众在实践中产生的好经验、好办法，在凝聚群众智慧中解放思想。三是要“请进来”，邀请上级部门领导、财税领域的专家学者来地税讲学，参与我们的重点讨论研究，不断提高全系统的调研水平。最终在深入调研的基础上，围绕急需解决的主要问题，开展集中专题大讨论，通过广泛讨论认真查找差距和不足，提出对策和建议，进行分析、梳理、论证，形成决策意见，为下一阶段工作打牢基础。

（四）讨论调研阶段的工作要求。

第一，要认真学习、深刻领会、全面贯彻郭声琨书记在全区大讨论活动领导干部大会的讲话精神。各部门、各单位一定要把传达学习郭声琨书记的讲话精神摆在重要位置，组织干部职工深入学习郭声琨书记的重要讲话，按照自治区党委的要求，深刻认识广西面临的难得机遇和前所未有的挑战，深刻认识中央对广西工作的新要求，深刻认识广大人民群众的新期待，把精神迅速传达到广大党员干部群众中去，把思想和行动统一到自治区党委的决策部署上来，进一步统一思想，提高认识，不断增强继续解放思想的自觉性和坚定性。

第二，要严格按照“四新”的要求和自治区党委的部署，扎实抓好讨论调研工作。各部门以及各级领导干部，一定要认真学习贯彻胡锦涛等中央领导同志的重要讲话精神，坚持以胡锦涛总书记的重要讲话精神为指导，紧紧围绕改进税收工作、服务广西经济社会科学发展、加快发展这个主题，紧密结合地税工作实际，有针对性地制定各部门讨论调研阶段的工作方案和具体措施，通过深入调查研究和讨论交流，找准影响发展的税收思想障碍和税收体制机制障碍，深入剖析不想解放思想、不敢解放思想、不会解放思想的原因，提出破解科学发展、加快发展难题的新思路、新办法、新举措，做到有的放矢，避免出偏差、走过场，确保大讨论活动取得实实在在的效果。

第三，要坚持“两手抓”，两不误、两促进。各部门、各单位要把开展继续解放思想大讨论活动与做好当前各项地税工作紧密结合起来，切实做到统筹协调、科学安排，以大讨论活动推动税收工作的开展，用实实在在的工作成果体现大讨论活动的成效，真正做到“两手抓、两手硬”，两不误、两促进。

同志们，从现在开始我局继续解放思想大讨论活动总体上转入讨论调研阶段。前一段，大家做了大量的卓有成效的工作，以旺盛的精力、饱满的精神状态，深入贯彻落实自治区的部署和要求，再接再厉，开拓创新，认真做好讨论调研阶段的各项工作，以新一轮的思想大解放推动地税事业进步，用实实在在的税收业绩促进广西经济社会又好又快发展。

实施科学化、专业化、精细化管理 全面提高所得税管理水平

——蒙启华副局长在全区地税工作座谈会上的讲话

（2008 年 8 月 5 日）

同志们：

为了传达好、贯彻好全国税务系统所得税管理和反避税工作会议精神，总结今年以来贯彻实施新企业所得税法的情况，研究部署新形势下加强所得税管理和反避税工作，进一步提高税收管理水平，根据会议的安排，我受自治区地方税务局党组委托就如何加强所得税管理讲三点意见，供大家讨论。

一、全国税务系统企业所得税管理与反避税工作会议的主要精神

以贯彻实施新企业所得税法为契机，全面加强企业所得税管理与反避税工作，是充分发挥企业所得税调节职能作用，确保新企业所得税法落实到位的基本要求，是防范避税，维护国家税收权益的重要手段。为此，国家税务总局于 2008 年 7 月 9 日至 10 日在江苏省南京市专门召开了全国税务系统企业所得税管理与反避税工作会议。国家税务总局领导高度重视这次会议，肖捷局长，钱冠林、解学智、王力副局长，冯惠敏纪检组长和董树奎总经济师及董志林党组成员出席了会议。在会上，王力副局长代表总局党组向大会作了题为《全面推行科学化、专业化、精细化管理，切实提高企业所得税管理与反避税工作水平》的工作报告，明确了新时期企业所得税管理和反避税工作的指导思想、主要目标和总体要求。

新形势下企业所得税管理的指导思想是：以科学发展观为统领，坚持依法治税，全面推行企业所得税科学化、专业化、精细化管理，切实提升企业所得税管理和反避税水平，充分发挥企业所得税组织收入、调控经济和调节收入分配以及保障国家税收权益的职能作用。

根据上述指导思想，当前和今后一段时期企业所得税管理要实现的主要目标是：全面贯彻实施《中华人民共和国企业所得税法》及其实施条例，有效落实企业所得税各项政策，进一步完善企业所得税管理与反避税的制度手段，随着经济发展和社会进步，逐步提高企业所得税征收率和税法遵从度。

为适应新形势，落实新时期加强企业所得税管理的指导思想和主要目标，国家税务总局提出了“分类管理，优化服务，核实税基，完善汇缴，强化评估，防范避税”企业所得税管理“二十四字”的总体要求。

上述指导思想、主要目标和总体要求，是国家税务总局在认真总结近些年企业所得税管理的实践和经验的基础上，经过肖捷局长、解学智和王力副局长等领导，先后率领总局相关司局赴十几个省市调研、深入基层反复研究提出来的，是新时期加强企业所得税管理与反避税工作的总体思路，我们必须深刻领会，准确把握其内在涵义。在指导思想中，国家税务总局进一步提出了专业化管理的理念，强调根据纳税人的特点，实施有针对性的管理，这是在实施科学化、精细化管理的基础上，总结企业所得税管理规律和特点上的重要升华，也是企业所得税管理与时俱进的重要体现。在总体要求中，国家税务总局在以往“核实税基，完善汇缴，强化评估，分类管理”十六字的要求基础上，按照新时期税收工作的现实需要，增加了“优化服务，防范避税”的内容，并对前后顺序进行了调整。把“分类管理”放在了首位，突出了企业所得税专业化管理的重要地位；增加了“优化服务”，表明了优化服务在加强企业所得税管理中的重要作用；补充了“防范避税”，强调了在经济全球化背景下，

强化企业所得税反避税工作、维护国家税收权益的重要意义。我区各级地税机关要认真学习，结合工作实际深入贯彻落实。

二、今年上半年全区地税系统所得税工作

今年以来，在各级党委政府的关心重视、社会各界的支持配合下，全系统按照总局对税务工作的总体要求和自治区地方税务局年初工作部署，坚持依法治税，规范税收管理，优化纳税服务，推进制度创新，加强队伍建设，充分发挥所得税在组织收入、调控经济、调节分配等方面的职能作用，有力地促进全区经济社会的发展。

（一）所得税收入稳步增长。

上半年虽然存在政策性减收、企业经济效益下滑等不利因素，但所得税收入仍保持了稳步增长态势。1～6月，全区地税系统共组织企业所得税收入188423万元，比上年同期增长15.3%，同比增收25036万元，完成年度收入计划的55.7%；个人所得税收入248411万元，比上年同期增长26.9%，同比增收52614万元，完成收入计划的50.7%。所得税收入占全区地税税收收入的比重为31.73%。

（二）新企业所得税法顺利实施。

新企业所得税法从2008年1月1日正式实施以来，全区各级地税机关按照自治区地方税务局制定的新税法实施方案，大力开展宣传培训，贯彻各项过渡政策，落实配套管理制度，做到政策、管理、征收各环节有机衔接，确保新税法在我区平稳运行、顺利实施。

1. 加强领导，提供组织保障。

自治区地方税务局和各级地税机关均成立了贯彻落实新企业所得税法工作领导小组，为新企业所得税法的顺利贯彻实施提供组织保障。

2. 宣传辅导培训工作到位。

各级税务机关全方位、多渠道、大规模地开展了新的企业所得税法宣传辅导培训工作。区局及时将总局印制的宣传册和学习光盘等资料发放给各市地方税务局，各级地税机关充分利用电视、广播、报纸、杂志、网络等外部媒体介质和办税服务厅、“12366”纳税服务热线等宣传新税法，在网站开设新税法专栏，发布新企业所得税法及其实施条例释义、新旧法条文对比、最新法规政策等内容。自治区地方税务局在积极做好培训工作的同时，还邀请了国家税务总局所得税管理司的领导给全区地税干部讲解新企业所得税法及其实施条例的精神实质，各地也举办了不同类型、不同对象和不同规模的培训班，使基层税务人员和纳税人尽快熟悉和掌握新税法及其实施条例，实现了纳税人遵从、政府支持、社会理解的工作目标。

3. 落实配套政策，新老税制平稳过渡。

新税法实施后，为保证新老税制的平稳过渡，国家税务总局陆续出台了一系列配套政策和制度，就过渡性优惠政策、高新技术企业认定、总分支机构汇总纳税、房地产开发企业和小型微利企业预缴等税收管理办法进行了明确。自治区地方税务局与有关部门及时制定了相应管理办法，各级地税机关结合当地实际，细化落实意见，认真贯彻执行，并按照新税法的要求，对原有政策进行清理，停止执行不符合新税法精神的相关政策和管理制度。同时，根据国家税务总局要求建立了新法跟踪问效机制，及时掌握各地新税法贯彻实施情况，对基层税务机关和纳税人对新税法反映的问题，及时向国家税务总局报告，请示有关问题的处理意见，确保新老税制平稳过渡。

（三）充分发挥所得税优惠政策的调节作用，促进广西北部湾经济区的发展。

1. 全区地税系统全面落实现有的所得税优惠政策，把准税收优惠政策的内涵和实质，用好、用足、用活各项税收优惠政策，促进地方经济又好又快发展。据不完全统计，全区地税系统在2007年度企业所得税汇算清缴期间，共审核审批减免960户企业，减免企业所得税款192120万元，户均减免税款达到200万元，减免企业所得税款占2007年度入库企业所得税307248万元的62.53%。审批294户企业27114万元财产损失，在2007年度企业所得税前扣除。核准35户企业用2007年度新增企业所得税5792万元抵免其技术改造项目投资额。

2. 为助推广西北部湾经济区发展，自治区地方税务局召开了支持北部湾经济区开放开发税收对策研讨会，会后成立了政策宣传组、政策建议组、政策争取组、征管服务组和国际税收研究组5个工作组，专门开展支持广西北部湾经济区发展有关税收对策的研究。其中政策建议组、政策争取组的工作由所得税处负责。政策建议组负责研究建议我区权限范围内的税收优惠政策，该组通过对广西北部湾经济区内“4+2”城市的税收优惠政策及执行情况进行实地考察，通过走访相关部门、纳税人，召

开基层税务干部座谈会等方式开展调研，广泛收集了区内外、各阶层的意见和建议。在认真调查研究的基础上，根据《研究制定广西北部湾经济区支持政策有关问题的会议纪要》要求，自治区地方税务局向自治区人民政府建议：按照自治区的权限，对广西北部湾经济区内的纳税人给予享受更为宽泛的税收优惠政策，并提出了4项具体的税收优惠政策的建议，其中有2项是关于企业所得税的。

政策争取组则负责研究向国家争取给予北部湾经济区域发展更大的税收优惠政策。该组对天津滨海新区、上海浦东新区和苏州工业园区的税收优惠政策及执行情况进行实地考察，收集了国家给予经济特区和上海浦东新区、天津滨海新区、苏州工业园区的税收优惠政策，听取了有关部门的经验介绍，在此基础上，利用自治区地方税务局前段时间对东盟国家税收优惠政策的研究成果，结合我区实际情况，提出向国务院争取给予支持北部湾经济区开放开发的税收优惠政策的建议。

（四）企业所得税汇算清缴工作质量稳步提高。

按照“明确主体，规范程序，优化服务，提高质量”的汇缴工作要求，各级地税机关加强纳税辅导、优化报税流程、严格申报审核、及时办理审批，圆满地完成了2007年度企业所得税汇算清缴工作。据不完全统计，全区地税系统共举办纳税人培训班280次，培训纳税人16605人次，举办各类税收宣传活动235次，参加人员14644人次。通过加强税法宣传，提供优质服务，纳税人自行调整增加应纳税所得额459526万元，自行调整减少应纳税所得额315370万元；自行调整增加应纳所得税额100789万元，自行调整减少应纳所得税额85844万元；自行调整减少亏损总额131566万元，纳税人自行纳税申报的质量明显提高。

（五）继续抓好个人所得税自行纳税申报工作。

自治区地方税务局在总结去年首次开展年所得12万元以上纳税人自行纳税申报工作经验的基础上，继续完善对自行纳税申报工作的组织领导、政策宣传、申报受理等各项工作。在国家税务总局和自治区地方税务局的正确指导下，在全体地税干部的共同努力和社会各界及纳税人的大力支持下，我区2008年个人所得税自行纳税申报工作取得了圆满成功，提前3天完成国家税务总局下达的申报任务。截至2008年3月31日，全区共有15572名纳税人进行自行纳税申报，比国家税务总局下达12800人的计划数超出了22%。

上半年，全区地税系统所得税工作取得了较好的进展和成效，是来之不易的，凝聚了全区地税干部特别是所得税和反避税工作战线同志们的心血和汗水。在此，我代表自治区地方税务局党组向大家表示衷心的感谢！

在充分肯定取得成绩的同时，我们应当清醒地看到，我们的工作还存在着许多不足和面临着较大的困难和压力。不足之处主要表现在：一是思想认识不到位。一些单位对所得税应有的地位和作用仍然认识不足，对所得税管理工作重视不够。二是管理力量配置不合理，一线管理力量仍很缺乏，从事所得税工作的管理人员素质和管理水平有待提高。三是执法刚性亟待加强。少数单位、人员法制意识淡薄，把政策的不明确性理解为执法的随意性，对政策理解不透，程序执行不严。四是管理基础仍显薄弱。企业所得税管理还存在着家底不明、流程不优、职责不清、申报不实、数据不真等问题，离精细化管理的要求还有较大的差距。五是信息化水平不高。大量的信息采集、台账管理、纳税评估还是以人工为主，信息采集质量不高，数据的利用效率亟待提高。面临的困难和压力主要是：今年国际、国内经济发展存在着一些不确定因素，国家进一步加大宏观调控的力度，实施从紧的货币政策，房地产市场受到一定影响，抑制投资过热，经济增长过快的势头将有所放缓；加上企业所得税两法合并和个人所得税提高扣除标准等一些政策性减收因素；同时，我区今年遭受了历史罕见的低温雨雪冰冻灾害和严重洪涝灾害，也严重影响了企业的经济效益。为此，对地税所得税收入增长产生了一定的影响。据国家税务总局税收月报快报统计资料，今年上半年，全国企业所得税同比增长40.3%，其中，国税部门同比增长45.3%，地税部门同比增长27.7%，我区同期增长15.3%，低于全国平均水平，排名倒数第五位，位居西部十一个省（区）的第十位；全国个人所得税同比增长27.3%，其中，国税部门储蓄利息同比下降28.9%，地税部门同比增长38.4%，我区同期增长26.9%，低于全国平均水平，排名倒数第六位，位居西部十一个省（区）的第十位。与兄弟省区市相比，我们存在着较大的差距，各地应该好好查找原因。在最近召开的全区上半年工作会议上，自治区党委、政府对全区全年的经济指标做了调整，全年的财政收入由年初要求增长15%调整到增长26%，财政收入规模达886亿元以上。这对地税部门组织收入提出了更高的要求，而我们上半年税收收入增长了28.2%，所得税收入（即两个所得税）同比只增长了

21.63%，可见我们的压力之大，下半年组织收入任务形势相当严峻。因此，我们既要充分看到我区经济发展带来的有利条件和所得税管理工作取得的成绩，增强信心，鼓舞斗志，又要看到税收工作中存在的问题和面临的困难，始终保持清醒的头脑，把困难和问题估计得更充分一些，把措施和方案考虑得更周全一些，积极主动地做好工作，采取切实可行的措施，确保完成2008年度全年所得税收入任务，并通过长期不懈地努力，争取在今后的几年内保持较好的增长水平。

三、对下一步强化所得税管理的意见

随着新企业所得税法的贯彻实施，所得税管理工作面临新的机遇和挑战，我们要紧紧抓住机遇，迎接挑战，回顾、总结、分析在执行所得税政策中存在的问题，根据新形势的要求和我们的管理现状，立足国家税务总局的指导思想，围绕国家税务总局的工作目标，转变观念，调整工作思路，加强所得税管理，不断提高所得税管理水平。我区所得税管理工作的指导思想是：以科学发展观为统领，坚持依法治税，全面推进所得税科学化、专业化和精细化管理，面向广西北部湾经济区开放开发和中国—东盟自由贸易区发展，切实提升所得税管理水平，优化纳税服务，充分发挥所得税组织收入、调控经济、调节分配的职能作用。

（一）充分认识新时期加强所得税管理工作的重要性和紧迫性。

随着中国—东盟自由贸易区发展和广西北部湾经济区开发开放，各种优势叠加，我区经济发展正处于一个关键时期，既有难得的发展机遇，又面临复杂多变的国内外形势。新的形势、新的机遇、新的历史使命对税收工作提出了新的更高要求和任务。由于所得税具有组织收入、调控经济、调节收入分配和保障税收权益的职能作用，因此，各级地税机关必须进一步提高对加强所得税管理工作重要性和紧迫性的认识。

一是保证新税法全面贯彻落实的要求。新企业所得税法已于2008年1月1日起正式实施，新税法统一了税率和优惠政策，公平了税负，营造了良好的公平竞争环境，新税法按照“产业优惠为主，区域优惠为辅”的原则，重新设计优惠体系，更好地体现国家产业政策，发挥税收经济杠杆作用，增加了特别纳税调整的规定，为实施反避税、维护国家税收权益提供了有力和完备的法律支持。新税法这些立法精神，必须通过切实改进和加强企业所得税管理才能得到全面落实。

二是发挥所得税组织收入职能作用的要求。所得税作为我国税制结构中的主体税种，筹集财政资金的功能十分突出。上半年我区的所得税收入已占全部税收收入的三分之一，随着我区综合实力的显著增强，积累了经济快速发展的物质基础，两个所得税筹集财政资金的功能将会更加突出。但由于企业所得税政策复杂、涉及环节多、计算繁琐，个人所得税政策与征管脱节，收入隐蔽、零散，加大了两个所得税的征管难度，为此，各地应更加重视和加强所得税管理，进一步提升所得税管理水平，确保所得税职能作用得到更好发挥。

三是深化税种管理，提高税收整体征管水平的要求。企业所得税管理事项涵盖企业生产经营全过程，与企业的会计核算紧密相关，既涉及收入又涉及扣除，还涉及境外所得的界定、抵免等事项，管理难度相对较大。同时，企业所得税与其他税种又有较强的关联度，大部分税种都是企业所得税的扣除项目，如营业税、城建税、教育费附加、房产税、土地使用税和土地增值税等，为此，通过加强企业所得税管理，从而达到深化其他地方税种管理的目的，全面提高整体税收管理质量和水平。

（二）扎实有效地做好我区所得税管理工作。

按照新时期国家税务总局加强企业所得税管理与反避税工作的总体思路，我区各级地税部门要进一步树立强化管理的理念，正确把握和落实企业所得税管理“二十四字”的总体要求，切实加强组织领导和部门协调配合，充分发挥基层的能动性和创造性，积极工作，勇于探索，富有创造性地开展我区地税系统所得税管理与反避税工作。

1.切实转变管理理念。

税政与管理是所得税工作的两个方面，税政是管理的基础，管理是实现税政目标的手段，两者不可偏废。由于省以下税务机关没有税收政策制定权，所以各地应将主要精力放在强化管理上，要深刻认识到管理是所得税管理部门的分内事，认识到强化管理的重要性，在认真贯彻落实所得税政策的同时，要将主要精力和心思放在强化管理上。

2.建立健全所得税管理制度。

我们要在落实好国家税务总局制定的各项管理制度的基础上，结合我区实际，逐步建立健全所得税各项管理制度和管理机制。

一是健全涉税审批制度。逐步建立减免税、财产损失等审批制度，明确审批程序，规范审批流程，做到实体合法、程序规范、文书完备；要进一步合理划分审批权限，明确省、市、县（区）三级税务管理职责。

二是健全涉税备案制度。规范各类税前扣除、折旧摊销、亏损弥补等递延税项备案制度，做到政策明确、事实清楚、数据准确、资料完整。对跨年度收入、亏损弥补、折旧摊销、长期待摊费用等具有时间延续性项目，实行电子台账管理，并加强事后跟踪监督。

三是健全行业管理制度。探索制定建筑安装、事业单位、房地产企业等行业所得税管理办法；制定法人税制下跨省、市、县经营汇总纳税企业所得税管理办法；制定分行业详细的核定征收工作规程，按照公平、公正、公开的原则，准确测算，确定应税所得率，从高从严核定应税所得率和应纳税额；制定关联交易、资本弱化、受控外国公司等防范避税的实施办法。

四是健全非居民税收管理机制。建立非居民管理与情报交换相互配合和支持的机制，加强与非居民税源相关的政府主管部门合作，主动寻找非居民税源。

五是健全居民企业境外投资税收服务与管理机制。构建境外投资税收服务平台，落实境外投资税收政策，建立境外所得申报和税收抵免程序，完善税收协定和情报交换执行机制。

六是健全监督制约机制。研究制定适合所得税管理特点的监督制约机制，加强执法检查和执法监察，加大涉税审批、备案、税款核定等事项的政务公开力度，实现内部制约和外部监督有机结合，规范、合理使用自由裁量权，促进依法治税，防范执法风险。

3. 加强征收管理。

要以核实税基为核心，从户籍管理、税源管理、纳税申报、税款征收等方面加强企业所得税征收管理工作。

一是要重新核实户籍。我先通报几组数据：2007年全区税务登记户数56.5万户，其中个体户44.3万户，内资企业户数10.2万户；不同时期各地上报2007年企业所得税管户数先后有3个数字：28322户、23180户、19170户，这些数据都来自基层，到底以那个数为主，我真拿不准。根据自治区地方税务局有关部门的最新统计数据，2007年全区地税系统汇算清缴企业19170户，国税系统汇算清缴企业45753户，这意味着10.2万户企业中有37077户企业是不太明确的。所以，通报这些数据，是希望引起大家重视，我们该不该了解一下、过问一下、核实一下，对这些差异给一个说法，否则我们真的不知道去哪儿了。这些年，我们的企业所得税管户一直不清，是统计口径问题？还是疏忽管理问题？还是漏征漏管问题？为此，各地应在新企业所得税法实行法人所得税制的框架下，重新调查核实纳税人税务登记事项的真实性，要与工商、国税开展户籍比对工作，对本地区的企业所得税户籍情况进行一次彻底清查是非常必要的。

二是要强化税源监控。首先，完善税源监控管理。通过税收管理员巡查巡管，及时掌握纳税人新设、合并、分立、破产等信息，了解纳税人生产经营、财务核算和纳税变化情况，切实做好居民企业和非居民企业界定、外出经营、新增税源、注销清算等税源基础管理工作。其次，加强涉税信息采集。以核实税基为目的，有针对性地加强企业经营信息、财务信息、第三方信息、关联交易信息等数据采集，为后续收入、扣除项目等税收分析管理打好基础。第三，强化收入分析监控。建立以信息化为依托，以日常收入分析为基础，以重点税源企业为重点的所得税收入监控机制，对异常变化及时采取措施，牢牢把握组织收入的主动权。

三是要重视预缴管理。企业所得税实行月（季）度预缴，年终汇算清缴，这是企业所得税征收管理的基本特点。预缴管理是日常管理的重中之重。各地要加强催报催缴工作，保证预缴申报的准确率，做到税款均衡入库，对逾期申报和逾期未申报的要依法严肃处理。要利用流转税、所得税收入配比、预缴收入变动率等指标，积极开展预缴评估，促使企业规范、准确进行预缴申报。

四是要抓好汇算清缴。汇算清缴是企业所得税管理的关键环节，要在明确企业为汇算清缴主体的前提下，进一步强化税务部门的监督职能作用，重点抓好三个环节：事前宣传辅导，事中审核控制，事后评估稽查，巩固汇算清缴成果。

4. 深化分类管理。

分类管理是企业所得税管理的基本方法，重点是针对不同行业、不同规模、不同类型企业的不同事项，科学进行分类，合理配置征管力量，采取不同的管理方法和措施，提高管理效能。崇左市地方税务局尝试过对企业所得税纳税户实行分类管理，取得了一定成效。

首先，要严格按照自治区地方税务局重点税源“扁平化”管理的要求，对企业所得税和高收入者的个人所得税实行重点管理。区、市、县（市）三级地方税务局对重点税源实行分级监控，共同管理。上级税务机关运用税收分析、纳税评估、税务稽查、反避税等手段，加大对重点税源的控管力度；主管税务机关加强对重点税源的税务登记、政策辅导、申报征收、发票核发等日常管理。对大型工矿企业，可以试行驻厂管理模式，对企业的生产经营特点、货物流、资金流等进行全面监控；对大型企业集团可以考虑打破地域界限，探索集中管理模式；对房地产、建筑、交通运输等行业，可研究采取专业管理模式，强化专业化管理。今年上半年，全区 5778 户重点税源企业共缴纳企业所得税 116438 万元，占全区同期企业所得税总额的 61.8%；缴纳个人所得税 126211 万元，占全区同期个人所得税总额的 50.8%。意味着重点管好这 5778 户重点税源企业，就等于管住了半数以上的所得税收入。

其次，对特殊行业要实行特殊管理。按照国家税务总局《跨地区经营汇总纳税企业所得税征收管理办法》的要求，切实加强对跨地区经营企业的监管。应摸清本地区跨省、跨市经营总分支机构的底数，建立户籍档案资料实行专人管理，对分支机构的收入总额、工资总额、资产总额分别登记，对总机构与分支机构的税款分配进行审核确认；有重点、分行业地开展对汇总纳税企业的纳税评估和税务稽查，不断总结管理经验，提高管理的针对性。

第三，对薄弱行业要实行专项治理。要持续抓好房地产、餐饮、娱乐等营业税纳税人，长亏不倒企业，跳跃式盈亏企业的专项治理；对事业单位、社会团体和民办非企业单位，要重点加强非营利组织资格认定、税务登记和纳税申报管理，防止出现管理漏洞。通过专项治理，不断总结行业管理规律，完善行业管理制度，达到“治理一个行业，堵塞一个行业漏洞，规范一个行业管理”的目标。

5. 加强减免税款的跟踪管理。

税收优惠是税收政策的一种形式，是政府在某一时期为了实现特定的社会或经济目标，通过税收法律或行政法规规定，对部分特定的纳税人或征税对象给予减轻或免除税收负担的一种措施，是政府调控经济的重要手段，是对纳税人的有效扶持。为此，各地应加强对减免税款的跟踪管理，建立减免税企业的台账管理，掌握减免税款的情况，督促企业合理使用减免税款，应将减免的税款全部用于企业生产发展上，充分发挥税收优惠的经济效益和社会效益。同时，要定期对纳税人减免税情况进行检查，发现纳税人因情况变化不符合减免税条件的，应立即停止给予减免税。

6. 加大对高收入者个人所得税的后续管理。

我区 2008 年个人所得税自行纳税申报工作虽然有了一定的进步，但与总局的工作要求还有一定的差距，为了维护税法的公平、公正，推动我区个人所得税自行纳税申报工作的制度化和规范化，各地应结合本地自行纳税申报情况，有目的地开展年所得 12 万元以上个人所得税自行纳税申报的专项检查，对查出不自觉履行纳税申报的个人除依法惩处外，还要在新闻媒体上予以曝光，达到以查促管的目的。

（三）优化纳税服务，拓宽服务渠道。

优化服务是企业所得税管理的基本要求。我们要牢固树立征纳双方法律地位平等的理念、纳税人正当需求应予满足的理念，不断强化服务意识。按照建设服务型政府的要求，在服务中加强管理，在管理中提高服务，努力营造公平竞争的税收环境。应针对所得税管理的特点，区别不同企业和不同涉税环节，有针对性地加大税收政策的宣传、辅导、培训力度，体现特色服务；加强纳税服务网站的建设，及时为纳税人提供政策咨询服务；进一步简化办税程序，减少审批层次，兼并申报资料，避免涉税信息重复采集，减轻纳税人办税负担；进一步提高行政效率，落实限时办结制和责任追究制。要不断创新服务方式，改进服务手段，突出服务重点，降低企业纳税成本，不断提高纳税人税法遵从度，构建和谐的征纳关系。

（四）切实加强领导，提供组织保障。

各级税务机关要统一思想，加强领导，精心组织，狠抓落实。“一把手”要高度重视和亲自抓好组织领导，认真探索所得税管理工作规律，创新符合本地实际的管理措施和办法。分管领导要切实负起具体领导责任，认真及时协调解决所得税管理工作中遇到的问题，将各项管理措施和办法组织落实到位。各级在抓好业务建设的同时，要高度重视提高所得税管理干部队伍的政治素质和廉政意识，强化对权力的监督制约。要把全面加强所得税管理摆上重要议事日程，纳入工作责任目标考核范围。基层税务机关要将上级税务机关部署的所得税管理和各个税种管理的任务，统一于基层征管之中，合理配置管理资源，认真抓好落实。内部各职能部门要加强协调配合，形成加强所得税管理的合力。要推进国地税联动、与外部门间配合机制建设，加大稽查和打击偷逃所得税力度。充分发挥中介机构在加强所得税管理方面的积极作用，加强对中介机构的监督和管理，注重借助中介机构等社会力量提高所得税管理水平。

（五）加大所得税管理系统推广力度，提高信息化应用水平。

一是加快符合企业所得税管理需要的专项应用功能建设，完善综合征管信息系统，强化企业所得税税源监控、审核审批、减免税台账管理、收入预测分析、统计查询等模块的功能，对企业所得税实行全面的信息化管理；二是要稳步推进个人所得税代扣代缴系统的推广应用工作，进一步完善个人所得税基础管理工作，切实提高个人所得税管理和纳税服务水平；三是各地要加强征管信息系统数据录入的后续监督审核的管理。

（六）加强所得税队伍的自身建设。

人是做好各项工作的决定性因素。所得税管理工作要求较高，管理人员素质直接影响工作水平。各级税务机关要切实加强所得税管理人才队伍建设，提供人才队伍保障。一是要合理配置人力资源。要配备足够数量的具有专业素质的所得税专职管理人员，并将熟悉会计核算知识的税务人员、所得税管理能手充实到所得税管理岗位。二是要分层级、多途径培养实用型专业人才。加大培训力度，创新培训方式，按照“下管一级，分级培训”、“形式多样，注重实效”、“内外并举，重在训内”的原则，抓好所得税管理专业人才的培养，不断提高所得税管理人员的专业化管理能力。三是要保持人才队伍的活力和稳定。推进区、市、县（市）三级所得税管理人才库的建立，关心所得税管理人才的思想、工作和生活，激发干部队伍活力，并保持队伍的相对稳定。

同志们，贯彻落实新企业所得税法，全面加强企业所得税管理与落实个人所得税管理“四一三”工作要求，意义重大，任重道远。让我们在党的十七大精神指引下，全面贯彻落实科学发展观，与时俱进，开拓进取，全面推进所得税科学化、专业化和精细化管理，努力开创我区所得税管理工作新局面，为推动税收事业发展和区党委提出要全面实施“科学发展三年计划”，推动全区科学发展、加快发展、跨越发展作出新的更大贡献！

总结经验　完善管理
推动广西地税征管工作又好又快发展

——李早春副局长在全区地税工作座谈会上的讲话

（2008年8月5日）

同志们：

自治区地方税务局党组对开好全区地税工作座谈会非常重视，并安排在这次会议上专题研究和部署税收征管工作。今年年初，自治区地方税务局在北海市就召开了部分市征管业务骨干和自治区地方税务局各业务处室主要领导参加的征管工作座谈会。会议充分讨论了我区近年来征管工作中存在的问题和困难，并提出了很好的建议和解决征管问题的方案，也为这次会议研究征管工作做了前期的准备。这次会议，主要就是全面总结近年来全区地税征管工作，分析当前税收征管工作面临的形势和任务，明确当前和今后一个时期的征管思路和工作重点，解决目前基层地税征管工作存在的突出的热点与难点问题。这对于全面提高我区地税系统税收征管水平，规范执法，优化服务，具有推动作用。下面，我受关局长委托，代表自治区地方税务局班子，就地税征管工作讲三个方面的意见。

一、近年来全区地税征管工作的回顾

近年来，全区各级地税部门按照国家税务总局、自治区地方税务局对税收征管工作的总体要求和部署，紧密结合实际，勇于探索，积极实践，不断加强税收征管基础工作，大力实施科学化、精细化管理，取得了可喜的成效。

（一）征管基础工作成效明显。

征管配套制度不断完善。全区各级地税机关根据新税收征管法及其实施细则的规定，积极按照国家税务总局和自治区地方税务局的要求，坚持以科学发展观和税收经济观来指导税收征管工作，并结合全区征管实际，逐步完善征管配套制度和办法。如自治区地方税务局在各地充分调研的基础上，制定了办税服务厅岗位职责体系和征管岗位职责体系，统一了办税服务厅与税源管理部门的岗位设置，明确了工作职责、流程及业务环节间的衔接，构建了我区较完整的税收征管岗位职责体系；完善了地方税收委托代征管理办法，加强对零散税收的控管；完善税收管理员制度，制定了税收管理员制度实施办法及工作质量考核办法，提高了税源管理的能力。各地在此基础上，进一步细化落实，如南宁市的《户籍管理办法》、《发票管理规程》，柳州市、贺州市的《档案分类管理办法》、《纳税服务制度》，桂林市的《税控机推广管理办法》、《重点税源管理办法》，北海市的《岗责体系》，百色市、河池市的《片管员制度》，贵港市的《货物运输业税收管理办法》，玉林市的《服装加工行业税收管理办法》，崇左市的《建筑行业税收管理办法》，防城港市的《房地产交易税收管理办法》，来宾市的《联合办证制度》，梧州市、钦州市、桂林市的《纳税信用等级评定办法》，等等。

征管流程不断优化。健全个体工商户简易申报、简并征期以及地方税综合申报制度，推广地方税综合纳税申报表，简化了纳税申报环节和程序；统一和规范税收征管法律文书，将基本的征管执法文书由原来的95种优化简并为83种；规范发票管理，简化发票的代开、领购和查验手续；进一步清理税收征管行政审批事项，下放行政审批权限，提高了办税效率。

征管基础不断夯实。各级地税部门认真按照自治区地方税务局的统一部署，大力推进征管基础建设。一是依托信息化，规范户籍管理。通过应用“广西地税信息系统”，以信息化手段规范户籍资料数据的采集和录入，实现信息共享，充分发挥了户籍信息应有的基础性作用；开展与工商、国税部门登记信息的交换工作，2006年至2007年，全区地税系统共核对工商、国税部门企业登记信息9.67万户，个体工商户登记信息55.22万户，清理漏征漏管户25412户，查补税款、罚款和滞纳金850多万元，全区户籍管理工作得到进一步规范和加强。二是开展换发税务登记证工作，2006年度全区共换发税务登记证458801户，通过与国税机关联合办证为纳税人节约成本90.34万元。三是加强对欠税的控管，全面落实欠税公告制度，规范欠税管理。通过加强宣传，积极采取约谈、公告、强制执行等多种方式，加大清欠力度。据统计，全区2005年至2007年共公告欠税户3283户，公告欠税额4.4亿元，公告后缴纳欠税7792万元，占公告欠税总额的17.52%，取得了较好成效。四是加强发票管理。清理和简并发票种类，将原9类64种旧版统一发票修订为10类46种新版统一发票；严格对定点发票印刷厂的监管；大力开展发票打假工作，2005年至2007年共收缴违规发票114167份，查补税款2156万元，罚款214万元，拘留违法人员36人，判刑5人；组织开展对地税机关内部的发票检查工作，防范内部发票违法行为；积极稳妥地做好推广应用税控收款机各项准备工作。

（二）重点税源监控机制初步建立。

近年来，全区地税系统依托“广西地税信息系统”和重点税源监控管理软件，初步建立强化重点税源管理的办法和措施，对重点税源实行分级管理，上下联动，有效地加强了重点税源的监管。

重点税源实施“扁平化”管理。从2007年开始，全区地税系统推行了重点税源“扁平化”管理，这一管理模式在全国税务系统中属首创。即依托计算机网络技术和新征管信息系统，组建一支精干的重点税源税收管理员队伍，负责对重点税源企业相关数据信息进行收集和直接上报，重点税源管理员直接对自治区地方税务局负责，大幅减少管理层次和数据的失真，然后自上而下地组织数据信息的分析利用工作。改变了过去数据信息的层层审核上报模式，初步实现了数据信息收集上报和分析利用的“扁平化”管理，促进了重点税源管理效率、质量和执法水平的明显提高。实行“扁平化”管理模式后，2007年重点监控户数为4655户，占纳税户总户数不到1%；重点税源管理员460名，占全区干部职工人数的3.9%；2007年全区重点税源入库地税收入133.4亿元，占全区地税收入的57.5%。

创新税源管理模式，推行税源专业化管理。部分市地方税务局在自治区地方税务局重点税源“扁平化”管理的基础上，根据本地实际情况，创新税源管理模式，有针对性地加强税源管理。如河池市建立了市局、县局、分局三级税源监控体系，因地制宜确定各层级重点税源监控对象，实行分级监控；根据税收的来源，将纳税人分为企事业单位、个体工商户、建筑安装、交通运输等若干类，由专门机构实行专业化管理。北海市针对当地房地产行业和建筑行业税收征管的特点，开发和应用“房地产交易税收管理系统”和“建筑项目税收管理系统”，实现了对房地产交易过户税收的高效审核、房地产项目开发及纳税情况的有效监控，促进了房地产税收“一体化”管理和建筑项目的属地管理。柳州市对集贸市场税收征管工作进行改革，开发了“集贸市场税收管理系统”，有效解决了集贸市场税款征收难的问题。

积极开展纳税评估试点工作。2007 年以来，全区各级地税机关充分利用信息系统现有的征管数据，在一些重点税源行业和企业探索开展纳税评估工作，如南宁市地方税务局通过运用数据对比分析的方法对纳税人和扣缴义务人纳税申报（包括减免缓抵退税申请）情况的真实性做出定性和定量的判断，对不同地区、行业税负水平及纳税人纳税情况进行横向和纵向比较，并根据评估结果查找薄弱环节，采取进一步措施堵塞征管漏洞。2007 年，该局对建筑行业、房地产企业等 163 户重点税源企业实施纳税评估，评估后企业主动申报入库税款 2007.64 万元，有 1 户企业移交稽查部门查处，纳税评估工作取得了初步的成效。

（三）征管信息化取得新进展。

根据全区地税的实际和业务需求，自治区地方税务局不断组织拓展和完善“广西地税信息系统”的功能，确保“广西地税信息系统”基本能满足全区地税日常征管工作的需要。通过组织开展信息化达标活动，2005 年完成了在全区 14 个市的推广，实现了全区征管软件的统一。2006 年，实现了全区 14 个市征管数据的市级集中处理。2007 年，完善升级了信息系统的发票管理模块，将发票印制计划和审批、领、用、存纳入信息化管理。成功开发“广西地税信息系统”与财税库行系统的接口，并在全区各市、县推广应用，进一步提高税收工作效率。2007 年，在市地方税务局集中处理的基础上，通过复制和抽取实现了各市地方税务局征管数据的省级集中，初步建立了自治区地方税务局的征管信息平台；在全区范围内全面应用“货物运输发票税控系统”，进一步强化货运业税收征收管理；开发和完成了代收工会经费管理模块嵌入“广西地税信息系统”的工作，实现了全区代收工会经费数据的省级集中，解决了管税与代收费管理容易脱节的问题。

（四）纳税服务不断优化。

近年来，全区各级地税部门积极探索网上办税、银税一体化、财税库行横向联网、简易申报、简并征期等提高征纳双方办税效率的多元化纳税申报方式。一是将地方税的 8 种纳税申报表简并为统一的《地方税综合纳税申报表》，简化了纳税申报程序，方便了纳税人。二是大胆探索网上办税等多种申报方式，促进了纳税人办税难、排长队问题的有效解决，如河池市地方税务局实行的网上报税。三是积极尝试推行“12366”纳税服务热线，把税法、税收政策、税收咨询和纳税服务等通过电话热线传播给广大纳税人，如广西首府地方税务服务中心向社会公开推行了“12366”纳税服务热线，受到了社会各界的普遍好评。四是坚持文明办税“八公开”，推行首问负责制、限时办结制、责任追究制等制度，增添便民措施，完善办税厅的服务功能，增加办税透明度，为纳税人提供了方便、快捷、公平的纳税服务，在行风评议中获得好评，树立了地税的良好形象。

（五）政府部门间政务协作稳步推进。

以实施房地产税收“一体化”管理为工作平台，深化了与建设、房管、规划、公安、国土资源等部门的协作配合。以维护和更新“企业基本名录库”为载体，加强与统计、工商、编制委员会、国税等部门的数据共享，自治区地方税务局 2005 年、2006 年、2007 年连续 3 年被评为“维护和更新企业基本名录库工作先进单位”。以贯彻《车船税暂行条例》、《土地使用税暂行条例》、《烟叶税暂行条例》为契机，进一步密切与自治区政府法制办、国土资源厅、财政厅、保监会、烟草管理局等部门的联系。开展代收工会经费和残疾人就业保障基金工作。2006 年，全区地税机关共代收工会经费 2.17 亿元，代收残疾人就业保障基金 0.58 亿元；2007 年，共代收工会经费 2.15 亿元，代收残疾人就业保障基金 0.64 亿元。“两费”收入比委托地税代收前大幅增长，地税部门以实际行动支持工会和残疾人事业的发展壮大。各级地税机关紧密结合实际，积极实践，因地制宜地加强政务协作，取得较好的成效，如贺州市地方税务局与乡镇政府、公安、法院、交通、商务、建设、林业、水电、房产、农机等有关部门和重点工程项目指挥部加强地方税收委托代征管理，大大促进了在交通运输、建筑安装、房地产开发、矿产资源、不动产销售和拍卖、土地转让、有形和无形商品销售等行业和环节方面的源泉控管。

同志们，全区地税征管工作取得的成绩，是各级领导高度重视、内部各工作部门积极配合和基层征管一线的广大税务人员共同努力的结果。在此，我谨代表自治区地方税务局班子向你们并通过你们向全体地税征管人员表示衷心的感谢！

在充分肯定成绩的同时，我们应清醒地认识到全区当前征管工作还面临着一些困难和存在一些不足。主要表现在：一是全区地税系统的征管机构设置、人力布局与税源规模大小的匹配不够科学、不够优化；二是征管制度有待进一步完善，现有的一些管理制度操作性不强；三是税收管理基础工作仍存在不少薄弱环节，税源管理的质量和效率还有待进一步提高；四是征管工作制度考核监督落实不到位，缺乏有效的工作通报、跟踪检查和责任追究制度；五是信息化建设投入不足，信息化建设进展较慢，征管手段仍比较落后；六是协税护税工作尚需进一步加强；七是纳税服务方式、内容和手段需进一步完善等。这些问题必须引起我们高度重视，必须认真分析研究，并加以解决。

二、统一思想、抓住机遇、正视问题，全面推动全区地税征管工作又好又快向前发展

过去的几年，是广西地税征管工作快速发展的几年，为地税事业的持续健康发展奠定了良好基础。随着中国—东盟自由贸易区和泛“珠三角”经济合作区建设、广西北部湾经济区发展规划实施的稳步推进，我区经济和各项社会事业正处于全面又好又快发展的重要历史阶段。这在客观上对我区地税机关加强地方税收征收管理，提高征管工作的质量和水平、优化纳税服务、改善投资环境和提高区域竞争力，提出了新的、更高的要求。机遇与挑战并存，机遇大于挑战，面临机遇与挑战，我们必须抓住机遇乘势而上。

根据国家税务总局的部署，结合我区征管工作实际，当前和今后一段时期广西地税征管工作总体思路是：以邓小平理论为指导，坚持科学发展观，坚持依法治税，围绕构建“数字地税”、“和谐地税”的目标，以征管信息化建设为基础，以规范执法为手段，以强化税源监控和优化纳税服务为重点，以贯彻落实税法为目的，推动广西地税征管事业又好又快发展。根据这一工作思路，全区各级地税部门在今后一段时期，应努力做好以下几方面工作：

（一）切实加强对税收征管工作的领导。

税收征管工作是省以下税务机关全部工作的重点，是促进税收收入增长，推进各项税收管理工作的基础。在新形势下，当前税收工作所面临的众多问题大多都是因征管工作不到位、不落实而造成的，因此，各级领导要高度重视税收征管工作，要在机构设置、人员安排、机制健全、制度落实等问题上给予高度的关注和支持，全面促进税收征管工作的稳步推进，确保各项税收工作的有效开展。

（二）强化征管基础性工作，进一步夯实征管基础。

一要进一步加强户籍管理，规范户籍数据的采集标准，强化对户籍基础数据的监控，确保基础数据质量。自治区地方税务局要在全区征管数据大集中的基础上，加强对户籍基础数据的监控分析，督促各地加强户籍基础信息管理，确保数据的真实性和完整性，做到“户清数准，心中有底”。各地要充分利用各种信息，严格做好开户、变更、停复业、注销、外出经营报验登记管理工作，注重实地巡查，了解纳税户增加变化情况；定期与工商、质检、统计等部门交换户籍信息；完善国税局和地方税务局在户籍管理上的协调配合机制，实现户籍信息共享；及时归纳、整理和分析户籍管理的各类信息，建立健全户籍管理档案，防止出现户籍管理盲点，使户籍管理措施落到实处，为后期的纳税评估、税源管理等工作奠定基础。

二要进一步加强税款征收管理，强化“以票管税”，在“管住票”上做文章。针对近年来“制假售假”、“真票虚开”等不断出现的问题，全面强化发票管理，在“打击假票”、“管好真票”上做好文章。

在打击“假票”上，要坚持定期联合公安部门开展打击“假票”专项整治工作，建立打假长效机制；积极探索开发发票真伪查询系统，让消费者通过短信、语音电话、网络等方式对发票真伪进行查询，有效实现对纳税人使用发票的社会监督。不断加大稽查力度，严厉查处“买假用假”，管住假发票的买方市场。

在管住“真票”上，首先，对地税普通发票要采取更有效的防伪措施，增强发票的防伪水平；其次，加强地税普通发票印制、收、发、存管理和管理制度执行情况检查，规范发票内部管理制度并监督落实到位；第三，开展有奖发票活动等形式多样的宣传，提高消费者索取真票、纳税人使用真票的意识，规范和完善发票举报奖励制度；第四，建立

普通发票信息比对数据库，加强“票税比对”，减少税收流失。

三要继续加强征管档案管理工作，提高档案利用效率。各地要在严格执行全区征管档案管理制度基础上，从方便管理和为基层税收管理员减负的角度出发，做好征管档案归集、整理和归档工作，确保征管档案资料齐全完整，提高征管档案在税收征管的利用效率，为提高征管工作质量提供坚实基础。

四要继续加强政务协作，采取多形式的税收征管方式，健全社会的协税护税网络和机制。各地可因地制宜开展委托代征工作，妥善解决当前车船税、交通运输营业税等代征的问题，加强与建设、规划、房产、土地、公安、交警、检察、法院、银行和保险等部门的联系，建立和谐良好的协作关系，共同促进税收征管工作的有效开展。

五要规范征管执法文书的使用，加强征管环节的税收执法力度。自治区地方税务局相关业务部门要按照《税收征管法》及其实施细则规定进一步优化、简并现行征管执法文书的内容、格式，加强对税收征管执法文书使用情况的监督、检查和考核，确保执法质量。各地要严格按照国家税务总局、自治区地方税务局规定，规范使用征管执法文书使用，加强征管环节的执法工作，提高执法质量，切实规避执法风险。

（三）以纳税评估为突破口，强化重点税源监控，提高全区地税税源管理的能力和水平。

1. 积极探索税源专业化管理，找准税源管理方向。

在属地管理的基础上实施税源专业化管理，是税务机关在人少事多的情况下，适应市场经济和企业发展变化的要求，实施科学化、精细化管理的有效方法。税源专业化管理的方式要因地制宜，除重点税源“扁平化”管理以外，自治区地方税务局将在总结各地开展税源专业化管理经验和做法的基础上进行成效评估，推广行之有效的税源专业化管理方式。各地要在自治区地方税务局指导下，根据纳税人规模、行业、企业存续时间、经营特点和信用等级等税源信息加以分类，实施科学合理的专业化管理。同时，要注意加强对纳税人管理难度和税务机关管理能力的对应性研究，按照纳税人的经营规模、经营地域、经营方式以及信用等级等因素，准确区分纳税人的管理难度，确定和落实相应的税务机构和人员进行管理，找出符合本地区管理需要的专业化管理模式，促进税源管理质量显著提高。

2. 研究完善纳税评估工作程序和评估指标，进一步强化重点税源管理。

以纳税评估为突破口：一是在总结部分市县区开展重点行业、重点税源纳税评估经验的基础上，进一步规范全区地税系统纳税评估的工作范围、工作流程、职责分工、文书使用、档案管理和工作考评，明确各步骤的工作要求和方法，提高纳税评估的工作质量。二是以开展典型评估和行业评估试点为突破，通过剖析纳税评估个案和总结行业评估规律，以我区房地产、建安、制糖、冶炼、机械、电力等重点税源行业为重点，结合各单项税种的分析指标，逐步建立起全区重点税源行业的评估指标体系、预警值和典型案例资料库；研究开发纳税评估计算机软件，制定纳税评估操作程序或数学模型，将全区纳税评估工作全面深入推进。三是依托征管信息系统、重点税源系统建设，整合与税源监控、纳税评估相关的数据信息，加强数据信息的采集管理，提高税源基础数据真实度，为建立科学、精细的纳税评估数据指标提供基础和来源依据。自治区地方税务局将结合纳税评估试点工作，通过分析现行“广西地税信息系统”和“重点税源监控管理系统”的数据信息特点，找出适合评估使用的数据指标，并向全区进行发布使用。各地要充分利用好发布的数据指标开展纳税评估，并结合本地实际，找出评估指标的优缺点，反馈上报自治区地方税务局进行调整和完善，以不断完善评估指标体系。四是要处理好综合评估与分税种评估的关系，在实施纳税评估时，要理顺综合管理部门与税种管理部门之间的评估职责、分工关系，建立协调机制，确保纳税评估工作的有效开展。五是建立纳税评估创新激励机制，促进纳税评估工作质量的提高。自治区地方税务局要通过开展纳税评估优秀案例的评选等活动，交流评估经验和做法，总结评估成果，以推进纳税评估工作开展，全面促进全区纳税评估水平的整体提高。各地要因地制宜，积极探索，创造性地开展纳税评估工作，以带动本地纳税评估工作水平的提高，促进税源管理工作上新台阶。

3. 加快税控收款机的推广应用工作，为税源监控提供有效管理手段。

推广应用税控收款机是管好税基、管住税源、加强以票管税的有效手段之一，全区上下要统一认识，全力开展好这项工作。自治区地方税务局将根据国家税务总局和自治区人民政府的部署，按照分工，切实做好税控收款机供应商和选型的招标工作；做好推广应用税控收款机的宣传、辅导、解释和引导工作；稳步做好税控收款机推广应用试点工作，妥善处理目前在用的非国标税控收款机的改造；建立健全有奖发票制度，辅以“发票查询”和“发票举报奖励”制度，充分调动广大消费者依法主动索取发票的积极性，督促纳税人依法开具发票，如实记录经营数据；研究制定推广应用税控收款机的相关配套措施；抓紧研发“税控收款机管理系统”与“广西地税信息系统”的接口软件，实现信息共享，强化申报审核，实行票表比对，提升发票管理水平，加强税源监控；充分利用从税控收款机收集到的信息数据，开展评估分析。

（四）坚持以创建服务型地税机关、构建新型和谐征纳关系为目标，在建设法治、公平、文明、高效纳税服务体系等方面取得新突破。

1. 增强科学系统的纳税服务意识，树立全面服务、规范执法的新型服务理念。

全区各级地税机关要进一步更新观念，提高对纳税服务的认识，实现服务意识由“管理本位”向“服务本位”的根本性转变，要将纳税服务意识贯穿于纳税服务、税源管理等各项业务工作的全过程，贯穿于税收法律、法规、政策及业务流程制定和实施的全过程，将纳税服务作为税收征管工作的基础和主流内容，依托信息化，努力构建优质服务、高效管理与严格执法有机结合的现代税收管理服务新格局。

2. 改进和完善纳税服务工作，加快建设法治、公平、文明、高效的服务体系，为纳税人提供更高效便捷的服务。

一是按照“突出重点、关注热点、攻克难点”的原则，将提高行政效能与规范执法有机地结合起来，精简优化并完善全区税收征管业务流程。围绕对内有利于提高效率、强化制约，对外有利于方便纳税人、加强税源监控的目标，在合法的前提下，将征管业务流程精简、优化和完善分为两个层面进行：

第一个层面是优化和完善办税服务流程，把纳税人到税务机关办理的各种涉税事项，由办税服务厅集中受理，优化纳税人办税服务流程。为提高业务流程的便利性和可操作性，应采取三个方面的措施进一步优化和完善办税服务流程：一是精简办税环节，重点精简法律没有明确规定、无实际意义的审批环节，精简重复调查的环节；二是合理调整业务流程顺序，在法律法规的框架内合理改变流程顺序，优化流程运行路径，改部分事前审批为事后复核监督，改部分事前调查为事后调查；三是归并环节、优化流程。

第二个层面是优化和完善税源管理流程，将税务机关对纳税人的各种管理活动，由税源管理部门统一实施，形成税源管理流程，要按照注重数据分析、追踪异常信息、整合执法活动、提高管理效率、强化过程控制、细化管理责任的要求，取消无效的、重复的流程和环节。

二是继续推行电子申报、邮寄申报等多元化申报方式和电子缴税、财税库行联网缴税等多渠道纳税方式，拓展办税渠道，确保纳税人低成本、高效率地完成税务登记、纳税申报、发票领购等涉税事项。今后2～3年，重点在推行网上申报、客户端电子申报、完善财税库行联网缴税系统、整合征管数据资源几个方面有所突破：第一，在积极完善和推广网上报税系统的同时，试点和推行自治区地方税务局自行开发的“纳税人互联网客户端申报系统”，同时建立和完善网上申报的相关管理制度、操作流程和规范，以减轻办税服务厅的办税压力，解决排长队问题，提升我区纳税服务的质量和水平。第二，进一步完善扩充财税库行联网功能，使所有征收方式的税款都能顺利通过财税库行联网系统缴纳入库。第三，通过“科技加管理”手段，整合利用广西地税网站和“广西地税信息系统”，提高“12366”纳税服务热线与新广西地税网站、“广西地税信息系统”的数据信息共享度，在实现数据共享基础上，有选择地在广西地税网站增加纳税人办理税务登记、纳税申报、发票领购等涉税事项申请的办税业务内容，丰富纳税人的办税渠道和方式。如广西地税网站可通过调用“广西地税信息系统”数据，由消费者自行操作完成发票真伪查询及鉴定；又如“12366”纳税服务热线话务员在解答纳税人提问时，可以告知纳税人如何在广西地税网站上获取相关详细信息，为纳税人及时与税务机关沟通提供便利。再如，可通过广西地税网站主动向纳税人宣传税收法律法规，实现定期与纳税人在网上进行征纳问题交流和互动，定期发布各类政策及管理规定，使征纳关系更加和谐、融洽。

三是建立和健全纳税服务制度，完善纳税服务管理模式，将纳税服务工作向税收征管各环节延伸，全面加强税前、税中服务，积极落实税后救济。研究制定和完善办税服务厅工作制度、网站纳税服务功能管理维护制度、上门服务制度、“12366”和短信服务制度等，将限时办结、一次性告知、首问责任、领导值班、预约服务、一站式服务等作为系统的工作要求加以落实，逐步形成规范的纳税服务制度体系，提高办税服务厅的服务质量与水平。充分利用“12366”热线、短信、网站等信息采集及发送平台，实施申报提醒、缴税提醒、涉税办理事务时限提醒、税务违章提醒等服务，指导纳税人及时办理税务事项、纠正违章行为，提高纳税遵从度，从而提高税收执法水平和征管效率。

（五）以实施金税工程（三期）为目标，逐步实现全区征管业务的规范统一。

征管信息化建设是一项复杂的系统工程，需要较大的资金投入，需要遵循信息化建设的客观规律，需要内部各部门的密切配合。全区地税信息化发展的基本思路：一是要积极做好金税工程（三期）实施的相关准备工作，确保向实施金税工程（三期）的顺利过渡。二是在金税工程（三期）推行前的过渡期内，继续加大“广西地税信息系统”的完善和推广应用力度，使之最大限度地满足现实工作需要。按照这一思路，近2～3年，全区征管信息化建设的主要任务是：

一要继续加大“广西地税信息系统”的完善和推广应用力度，以地级市集中为基础，逐步推进征管数据的自治区局集中处理工作。同时，狠抓规范性操作和数据质量管理，培养数据质量意识，这既是现实工作的需要，也是金税工程（三期）推行的基础性准备。

二要以税款征收和日常税源管理为重点，对“广西地税信息系统”需要完善的操作提出具体的业务需求，促进“广西地税信息系统”的功能不断拓展与完善。

三要结合日常征管工作的需要，开发相应的管理软件配合管理工作的开展。如开发“纳税人互联网客户端申报系统”，进一步完善网上报税、纳税申报方式；借鉴“工会经费管理征收管理系统”的开发经验，开发“残疾人就业保障基金征收管理系统”，实现地税和残疾人联合会数据共享；开发纳税人涉税资料采集与报送平台，使涉税资料的采集和报送实现电子化，减轻纳税人和基层税务机关资料采集和报送工作的负担；在已实现纳税人户籍和部分征收数据省级集中处理的基础上，进一步将发票管理等数据抽取到区局集中处理，开发数据分析利用功能模块，逐步建立全区地税系统的决策分析平台，充分发挥重点税源监控在税收管理工作中的作用。

（六）以推进税收管理员工作质量考核为重点，提高各级领导干部及其他税收管理员的税源管理水平。

一是在现有考核制度基础上，将征管质量考核与税收管理员、重点税源管理工作质量考核相结合，制定简便、易操作的考核标准，强化税源管理水平和税收管理员管理水平的考核和激励机制。

二是推行领导干部联系管户制度，并与税源管理工作质量考核相结合，促进领导干部充分了解、熟悉纳税人生产经营的状况，增进领导干部对税收管理员的理解，加大领导干部对税源管理工作的指导力度，强化地税机关领导干部与纳税人的沟通与联系，进一步提高纳税遵从度。

（七）组织开展征管机构设置及人员配置情况调研，研究提出征管机构设置和人员配置方案。

一是结合税源专业化管理工作的探索，开展适应专业化管理需要的征管机构设置、人员配置调研，从有利于专业化管理需要出发，提出征管机构设置、人员配置的设想。

二是从规范执法、高效执法的需求出发，对县、城区局内设机构的设置进行调研，论证解决县、城区局税源管理机构、征管机构、计划征收服务机构等执法主体地位的可行性。

（八）进一步明晰征管部门的职责范围，理顺征管部门与税种管理部门的分工协作关系。

一是进一步明确征管部门的职责范围，将征管部门职能分成综合征收管理、纳税服务、信息化规划管理三大部分，突出纳税服务和信息化规划管理职能。

二是在分清征管部门与税种管理部门职责的基础上，形成分工明确、相互协作、形成合力的工作机制。

三、统筹安排，强化措施，着力抓好2008年各项征管工作任务的落实

（一）积极推进征管信息化建设。

一是继续拓展“广西地税信息系统”的功能，使之更好地满足加强征管工作需要；二是依托“广西地税信息系统”，以地级市征管数据处理集中为基础，推进征管数据的全区集中处理工作；三是整合完善各地开发的成熟实用的税收管理信息系统，及时组织推广到全区各地使用；四是进一步完善财税库行联网系统的功能，实现各种征收方式征收的税款都能通过财税库行联网系统缴入国库。

（二）进一步优化征管制度和流程。

自治区地方税务局各有关部门要对当前基层税收征管中存在的涉及税务登记、纳税申报征收、普通发票管理、征管信息化管理等七类25个热点难

点问题进行认真研究，重点梳理和优化税务登记、发票管理、纳税申报、税款征收、日常征管等征管工作流程，减并相关工作程序和要求纳税人重复提供的资料。把制度和流程的优化与完善“广西地税信息系统”紧密结合起来，规范基层对征管数据的采集、管理和利用，确保数据真实、及时、准确和完整。县以上地税部门要充分利用信息化建设成果，尽量从各种信息系统中调取信息数据，减轻基层报送资料的工作量，让税收管理员集中时间和精力强化税收管理。

（三）进一步夯实征管基础。

抓好各项税收征管制度的落实。各地要牢固树立依法征管观念，认真贯彻落实税收征管法及其实施细则，以及上级税务机关制定的相关征管制度办法。对贯彻落实中发现的问题，要及时研究解决，或向上级反映。各地要努力健全征管制度、完善征管措施，确保征管制度、措施的执行有力，落实到位。

加强普通发票管理工作。一要实施全区地税普通发票第三次换版，进一步增强发票防伪功能，提升发票管理的科技含量。二要加强对发票的印、领、用、存、售等各个环节的监控管理，确保各项发票管理制度落实到位。三要开展发票使用环节检查，严厉打击发票制假、售假等违法行为。四要及时推进税控收款机推广工作，按照国家税务总局和自治区人民政府的工作部署，协助政府抓紧完成税控收款机的选型招标工作；做好在广西推广税控收款机的宣传、解释和引导工作，研究开展“税控收款机管理系统”与“广西地税信息系统”数据接口的开发工作，实现“税控收款机管理系统”与“广西地税信息系统”的数据共享，促进和加强“以票控税”。

稳步推进纳税评估工作。在总结南宁市及其他地市开展重点行业纳税评估的基础上，进一步规范全区地税系统纳税评估的工作范围、工作流程、文书使用、档案管理和工作考评等方面的工作。要重点抓好对房地产开发行业的纳税评估，建立和完善符合我区地税实际的房地产开发行业纳税评估指标体系和预警值。各部门要高度重视此项工作，明确职责，合理分工，稳步实施。

（四）不断规范服务行为，提高服务质量。

一是进一步健全办税服务厅管理制度，密切办税服务厅与税源管理、稽查等部门工作的衔接配合，提高办税服务厅人员素质，提高办税质量和效率；二是进一步推进政务公开，及时向社会公开与纳税人办税密切相关的税收政策规定、审批程序和办事流程，增强税收执法的透明度和公正性；三是加强税法宣传辅导，充分利用“12366”纳税服务热线、税务网站等资源，开展形式多样的税法宣传，提高纳税遵从度。

同志们，形势在发展，时代在前进，地税征管工作任重而道远。各级地税部门要全面落实好这次全区会议精神，求真务实，团结拼搏，锐意进取，抓基础、促规范、求发展，不断提高税收征管质量和效率，为促进广西地税事业全面、持续、快速发展作出新的贡献。

明确思路　扎实工作
深入开展全区地税系统反腐倡廉建设

——郑文临纪检组长在全区地税系统党风廉政建设工作会议上的报告

（2008 年 2 月 27 日）

同志们：

在当前认真学习深入贯彻党的十七大精神的大好形势下，全区地税系统党风廉政建设工作会议召开了。会前，自治区地方税务局党组召开会议，专门听取 2007 年党风廉政建设和反腐败工作汇报，研究明确 2008 年工作任务。受自治区地方税务局党组的委托，我向大家报告工作。

这次会议的主要任务是：认真学习贯彻中纪委十七届二次全会、自治区纪委九届四次全会、全国税务系统党风廉政建设工作会议精神，总结2007年全区地税系统党风廉政建设和反腐败工作，明确当前和今后一个时期的工作思路，部署2008年工作任务。

一、2007年主要工作情况

2007年全区地税系统党风廉政建设工作会议确立了“抓住主线，突出重点，整体推进”的工作思路。按照这个思路，一年来，党风廉政建设和反腐败工作取得了新的成效。主要是：

（一）构建惩防体系工作扎实推进。

我们坚持以建立健全惩防体系为主线，扎实推进工作。一是将各市地方税务局上报的惩防体系实施方案及相关制度文件编印成《广西地税惩防体系六个机制试点工作材料》一书，指导全区惩防体系工作的开展；二是将惩防体系的研究列入科研课题，对整个体系构建有了一个总构思；三是继续抓好六个机制的试点工作，南宁市地方税务局预警机制自试点工作开展以来，共定期发布《预警信息分析评估》和《预警情况发布》5期，不定期发布预警信息2期，为廉政预警教育提供了成功经验，并为2008年在全区推开打下基础。教育机制试点重在建立健全“三级教育”工作机制和推进廉政文化，责任机制试点向完善责任和家庭助廉方面拓展，监督机制向重点环节和完善制度方面深化，整个工作按《建立健全广西地税系统惩治和预防腐败体系的实施意见》稳步推进。

（二）党风廉政建设责任制得到进一步落实。

2007年党风廉政建设责任制在全区地税系统得到认真贯彻落实的基础上有了进一步加强。一是继续完善工作格局，将签订责任状范围扩大到自治区地方税务局机关各处室和直属机构，桂林市地方税务局还将签订责任状延伸到家庭；二是要求各级党组“每年中要听取一次下级领导班子和机关各部门党风廉政建设工作汇报”得到落实；三是对试行的《自治区地方税务局党风廉政建设责任制考核办法》进行了补充修改；四是在年终考评和平时的检查督促中，各级领导和基层执法人员责任意识得到明显加强。

（三）领导班子和领导干部的教育监督管理更加到位。

结合转变干部作风和机关行政效能建设，对各级地税领导班子和领导干部的监督管理更加深入、更加到位。一是举办了三期共160人的处级干部廉政培训班，由自治区地方税务局领导上廉政党课，平时，还分别与市局“一把手”、新任纪检组长及一些县局长开展廉政谈话；二是自治区地方税务局党组下发了《广西地税系统领导班子和领导干部监督管理办法（试行）》，强化了监督管理工作；三是自治区地方税务局对离任的16位处级干部进行了经济责任审计，柳州、梧州、来宾、贵港、百色、防城港等市地方税务局也组织了对科级领导干部的经济责任审计；四是年终组织开展对市、县地方税务局领导班子民主集中制落实情况进行专项检查。

（四）以构建“三级教育”工作机制为抓手，全系统廉政文化建设精彩纷呈。

自治区地方税务局在荣获“2006年度全区反腐倡廉宣传教育工作先进集体”的基础上，2007年更进一步加大了宣传教育工作的力度。一是下发《自治区地方税务局关于加强全区地税系统反腐倡廉教育，建立健全“三级教育”工作机制的通知》，明确了建立健全廉政教育的长效工作机制；二是结合上半年工作会召开“廉政文化进地税”推进会，并下发了《自治区地方税务局关于加强全区地税系统廉政文化建设的意见》和《自治区地方税务局关于印发“读书思廉”教育活动实施方案的通知》，以在全系统开展“读书思廉”活动为载体，更进一步推进全区地税系统廉政文化建设；三是拓展党风廉政教育载体，在地税内网上设立党风廉政专栏，通过视频举办全系统党风廉政教育讲座，邀请中纪委法规室专家讲授《行政机关公务员处分条例》；四是在全系统贯彻落实自治区纪委以“十个一”为主要内容的“树新风正气促廉洁从政”主题教育活动，积极参加全区举办的“领导干部的好作风”演讲比赛。

在自治区地方税务局的工作推动下，各级地税机关组织开展形式多样、富有特色的宣传教育活动，形成了具有地税特色的廉政文化。如南宁市、贵港市、防城港市地方税务局开展廉文荐读活动，桂林市、钦州市地方税务局开展家庭助廉活动，柳州市地方税务局积极协助国家税务总局拍摄廉政宣传警示教育片，梧州市地方税务局开展“一县一品”特色教育活动，百色市地方税务局开展廉政教育宣传周活动，玉林市地方税务局组织干部职工撰写廉政警言警句，崇左市、来宾市地方税务局举办廉政文化书画展。通过以开展廉政知识竞赛、书法、征文、板报等各种形式的活动，在全区地税系统形成了廉政文化氛围。

（五）以加强对重点环节监督管理为切入点，“两权”监督制约更加有效。

我们坚持“有权力的地方就要有监督”这个理念，逐年加大了对“两权”监督检查的力度。年初，下发了《广西地税系统2007年加强对重点环节监督管理工作方案》和《自治区地方税务局办公室关于加强对重点环节监督管理有关工作的通知》，明确要求自治区地方税务局业务处室和各市地方税务局，结合日常业务管理，抓好2个重点环节作为全年监督管理的重点。10月，下发了《自治区地方税务局关于开展2007年税收执法检查和执法监察重点抽查工作的通知》，抽调24名业务骨干组成2个工作组，对柳州、梧州市地税税款征收、入库，税收票证和地税普通发票的使用及缴销等10多个重点环节的监督管理情况开展重点抽查。各市地方税务局高度重视，自治区地方税务局业务处室为强化监督的手段，还应用软件，探索利用科技手段加强对易出问题重点环节的监督管理办法。

同时，结合机关效能建设开展各种专项治理，树政风行风活动。一是组织开展党政机关办公楼等楼堂馆所建设项目清理工作，共清理建设项目32个；二是认真学习《规定》，开展权钱交易治理工作，下发《自治区地方税务局党组关于贯彻落实〈中共中央纪委关于严格禁止利用职务上的便利谋取不正当利益的若干规定〉的通知》，坚决纠正《规定》所禁止的行为；三是设立举报电话、投诉信箱，积极受理效能建设方面投诉，推进电子监察工作，将税务行政审批事项纳入电子监察系统；四是继续开展商业贿赂治理工作，并将《2007年全区治理商业贿赂工作要点》印发全系统；五是召开特邀监察员座谈会，广泛收集社会各界对地税部门及工作人员在税收执法、效能建设方面的意见和建议，拓宽社会监督渠道。

（六）严肃查办案件，认真处理来信来访。

2007年以来，我区地税系统查处各类违纪违法案件13件，其中涉及进入司法处理的3件，被判刑人员2人。信访件数量比2006年明显下降，自治区本级共受理群众信访125件（重复件30件），已转办、督办65件，办结率100%。在信访处理中，各级纪检监察干部加大了信访核实力度，针对信访件多的县（城区）地方税务局，自治区地方税务局纪检监察部门领导深入基层，调查解决问题，曾到南丹、灵川地方税务局等地核实群众反映的举报问题。同时，各市地方税务局对信访处理和案件查处也越来越重视，均能及时处理和调查回复，将问题解决在萌芽状态。

（七）纪检监察队伍建设得到进一步加强。

在队伍的建设上，着重于政治思想和业务能力的提高，促使日常纪检监察工作朝着规范化、制度化、科学化方向前进。一是自治区地方税务局党组对14个市地方税务局配齐了纪检组长。二是组织举办学习班3期，全区县（城区）地方税务局以上纪检监察干部培训班，市地方税务局新任纪检组长、监察室主任到中纪委北戴河培训中心学习班，组织纪检监察人员学习党的十七大研讨班。三是建立健全4个日常工作制度：实行各市地方税务局纪检组长半年和年终汇报工作制度，实行上级纪检监察干部与下级纪检监察干部谈话制度，实行上级纪检监察机关对下级纪检监察机关业务指导制度，实行年度资料汇编成册业务制度。

在总结工作的同时，我们也要清醒地看到存在的问题：一是极少数领导干部特别是基层领导干部对反腐倡廉建设的认识还不高；二是一些业务干部在认识上还存在误区，对自己管辖的业务范围没有树立“管理就是监督”的理念，致使一些制度执行不到位，出现漏洞，发生案件；三是反腐倡廉教育的针对性不强，建立区、市、县“三级教育机制”还需进一步完善，特别是面临津补贴统一规范后出现的一些思想问题，更增加了教育的难度；四是少数纪检监察干部仍然存在思想水平不高、作风不实、能力有待提高的问题，等等。针对这些问题，我们要引起高度重视，并加以克服。

二、当前和今后一个时期全区地税系统反腐倡廉建设的工作思路

党的十七大在科学回答了党在改革发展关键阶段一系列重大问题中，特别强调了反腐倡廉的突出地位。我们必须把思想统一到中央和自治区党委对反腐倡廉建设的总体要求和工作重点上来，围绕自治区地方税务局党组确定的税收中心工作，牢固树立反腐倡廉新理念，以开拓创新精神和奋发有为的精神状态，按照“突出一条主线，抓住三个重点，整体推进各项工作”的思路来开展工作，以实现全区地税工作会议上提出的不出问题、少出问题、不出大问题，确保全区地税队伍和所征税款安全入库的工作目标，切实为全区地税事业持续健康发展提供政治保障。

（一）突出构建惩防体系这条主线，强化各级领导干部责任，不断推进反腐倡廉建设。

胡锦涛总书记在中央纪委十七届二次全会上提出，以完善惩治和预防腐败体系为重点，加强反腐倡廉建设，努力形成拒腐防变教育长效机制、反腐倡廉制度体系、权力运行监控机制，已经明确把推进惩治和预防腐败体系建设作为一项重大战略部署来抓。自2005年中央印发《建立健全教育、制度、监督并重的惩治和预防腐败体系实施纲要》以来，我们制定下发了《广西地税系统建立健全教育、制度、监督并重的惩治和预防腐败体系的实施意见》，开展了工作试点。三年来，我们强化各级地税机关领导责任，以建立健全惩防体系为工作主线，不断推进党风廉政建设和反腐败工作，已经取得了较好的经验和明显的成效。下一步我们还将完成《广西地税系统惩防体系2008～2012年工作规划》，进一步落实工作任务，在2010年前，初步建立起具有广西地税特色的教育、制度、监督并重的惩治和预防腐败体系的基本框架；再经过一段时间的努力，建立起具有地税系统特点的拒腐防变教育的长效机制、反腐倡廉的制度体系、权力运行的监控机制，形成惩治和预防腐败体系。因此，当前和今后一个时期，各级地税机关领导一定要以高度的政治责任感，重视构建具有广西地税特色的惩治和预防腐败体系工作，继续按照这条主线来推进各项工作，切实不断取得反腐倡廉建设的新成效。

（二）抓住反腐倡廉教育这个基础，建立健全区、市、县“三级教育”工作机制，筑牢全体地税人员思想道德和党纪国法两道防线。

反腐倡廉教育是基础性工作，带有普遍性和长期性，需要深入持久地坚持下去。为了解决长期以来反腐倡廉教育针对性不强和有效性不明显的问题，我们提出了建立健全区、市、县地方税务局“三级教育”工作机制，就是以领导干部、基层执法人员为重点，面向全体税务人员开展反腐倡廉教育，明确区、市、县（城区）地方税务局三级地税机关的教育职责，即自治区地方税务局着重于宏观引导、主旨宣传、主题教育活动等，各市地方税务局着重于组织协调、具体落实、推进工作等，各县（城区）地方税务局着重于日常教育、重点教育、廉政文化建设等。在继续以理想信念、党纪法规、职业道德、典型教育、警示教育为主要教育内容和形式中，创新教育形式、丰富教育内容、落实教育计划、抓住教育关键环节，使全体地税人员在长期受教育的环境和氛围中，筑牢思想道德和党纪国法两道防线，建立起地税系统反腐倡廉教育的长效机制。

（三）抓住“两权”监督制约这个重点，构筑税收管理、内外监督、专门监管的全方位监督制约机制，把腐败现象减少到最低限度。

加强对“两权”的监督制约，必须抓住正确行使权力这个关键，要规范行使职权，要关口前移，要在监督上下工夫。对“两权”监督制约，特别是对税收执法权的监督制约，要结合税收制度、征管体制和税收管理等体制机制来开展，这既是我们税务部门在权力监督方面的特色，也是我们自身必须解决的问题。如何做到敢于监督、善于监督、有效监督，经过近三年的探索，有了一定的思路：就是建立一个机制、打造两个平台、明确三个重点、采取四项措施。建立一个机制，就是要建立起税收管理、内外监督、专门监管的监督制约工作机制，即税收业务部门作为首要监督层次，必须树立管理就是监督的理念；调动地税机关内外监督主体作为网络监督层次，以充分发挥法律监督、社会监督、群众监督等监督力量的作用；纪检监察部门作为最后监督防线，是行使专门监督职能的部门。打造两个监督平台，就是要完善面对纳税人的税务公开，完善面对干部职工的政务公开，抓好特邀监察员、行风评议、“12366”税务服务等方面建设，让权力在阳光下运行。明确三个监督重点，就是以领导干部和领导班子、10个重点环节、基层税收管理重点岗位为监督的重点，找准监督的着力点。采取四项措施，就是通过规范用权、科技监控、日常检查、责任追究等措施，把对“两权”的监督制约落到实处，使腐败现象的发生不断减少，直至为零。

（四）抓住信访处理和案件查办这个关键，坚决纠正行业不正之风和严惩腐败分子，以保持反腐败工作的力度。

惩治和预防是反腐倡廉建设的两个方面，加大预防腐败的工作力度，绝不是要放松惩治腐败的工作。惩治有力，才能增强教育的说服力、制度的约束力和监督的威慑力。信访处理和案件查办是纪检监察工作的两项重要职能，我们必须围绕税收中心工作，高度重视信访处理和案件查办，特别是针对热点、难点问题，结合政风行风建设，要保持这两项工作的力度。信访处理要做到收访登记、呈报阅批、调查回复“三及时”；查办案件要做到惩处与保护相结合，发现线索及时报告，处理问题迅速坚决，移送司法依法依纪，整改教育深入到位。在今后相当长的一段时期，我们要加大对案件的管理力度，督促各级地税机关和领导干部及时发现问题、处理问题，将一切有损地税政风行风建设的现象和有可能发生的案件消除在萌芽状态。

（五）强化队伍建设，善于总结提高，善于开拓创新，不断提升反腐倡廉建设整体水平。

事业成败，关键在人。为使全区地税系统反腐倡廉建设扎实有效开展，我们必须适应新形势的需要，努力建设一支政治坚强、公正清廉、纪律严明、业务精通、作风优良的纪检监察干部队伍。纪检监察干部身处反腐倡廉第一线，面临着腐蚀与反腐蚀的严峻考验，要坚持把思想政治建设放在首位，围绕提高纪检监察工作能力，全面加强纪检监察干部队伍建设。按照党的十七大提出的要求，各级地税纪检监察干部要努力成为加强学习的模范、真抓实干的模范、严格自律的模范。要注意加强税收业务和纪检监察业务学习，成为既精通纪检监察业务又熟悉税收业务的行家。要认真履行《中国共产党党章》赋予的职责，真抓实干，成为既想干事又能干成事的出色专家。要严格要求自己，清正廉洁，树立纪检监察干部可亲、可信、可敬的形象。要善于把反腐倡廉建设纳入税收大局之中，把上级精神同本机关实际相结合，创造性地开展工作，探索新问题，取得新经验，获得新成效，不断提升全系统反腐倡廉建设的整体工作水平。

三、2008年主要工作任务

2008年各级地税机关要全面贯彻落实党的十七大精神，高举中国特色社会主义伟大旗帜，以邓小平理论和“三个代表”重要思想为指导，认真贯彻落实科学发展观，按照中纪委十七届二次全会的部署和自治区纪委九届四次全会、全国税务系统党风廉政建设工作会议的要求，服务于广西经济建设大局，围绕税收中心工作，按照已确立的当前和今后一个时期“突出一条主线，抓住三个重点，整体推进各项工作”的工作思路，以奋发有为的精神状态，以更加扎实的工作作风，推进反腐倡廉建设深入开展，为全区地税系统事业持续健康发展提供坚强的政治保障。

（一）认真学习和贯彻落实党的十七大和中纪委十七届二次全会精神，加强对涉税重大决策部署贯彻执行情况的监督检查，维护党的政治纪律。

认真学习和贯彻党的十七大精神和胡锦涛总书记在中纪委十七届二次全会上的重要讲话精神，是当前和今后一个时期的重要政治任务。在学习中，要结合本地税机关实际，认真贯彻落实自治区党委、国家税务总局在反腐倡廉建设中的工作部署，增强维护党的政治纪律和维护以胡锦涛同志为总书记的党中央权威的自觉性。一是加强党员干部政治纪律教育，增强大局意识、责任意识，结合本职工作增强政治敏税性，自觉落实党和政府在税收方面的方针政策，为经济建设服务；二是认真贯彻落实科学发展观，结合中央和自治区加强宏观调控、调整经济结构、转变经济增长方式等重大政策措施的贯彻落实，在地税部门开展对税收执法、税收政策落实、效能建设的监督检查，不断增强全体地税人员依法治税意识；三是自觉执行中央和自治区有关党风廉政建设方面的规定和办法，落实规范津补贴工作、严格控制修建楼堂馆所、纠正超标配备使用小汽车、坚决制止公款出国（境）旅游、按规定进行公务接待等，以优良的党风促政风带民风。

（二）深化反腐倡廉教育，大力推进廉政文化建设，营造全体地税人员廉洁从政的良好氛围。

抓好廉政文化建设，旨在加大预防腐败力度，让党员干部在廉洁从政的工作氛围和社会环境中做到自重、自省、自警、自励，这样，我们的党风廉政建设和反腐败斗争就有了深厚的群众基础和良好的社会氛围。2007年，结合贯彻自治区党委、政府《关于加强廉政文化建设的意见》，自治区地方税务局下发了《自治区地方税务局关于加强全区地税系统廉政文化建设的意见》和《自治区地方税务局关于印发“读书思廉”教育活动实施方案的通知》，各级地税机关开展的廉政文化活动在当地起到了带头和引导作用，得到了自治区纪委领导的充分肯定。最近，国家税务总局也将下发《关于加强税务文化建设的指导意见》。结合廉政文化建设的新要求和新任务，我们在2007年取得经验的基础上，2008年要进一步加大工作力度，以机关倡廉、家庭助廉、读书思廉、网络宣廉、示范带廉五项活动为主要形式，有重点、全方位、多层次地开展廉政文化建设活动。一是以县、市、城区地方税务局为基本单位，广泛开展各种廉政文化建设活动，要求各市局要重点抓好1～2个基本单位的廉政文化建设，以典型带动全市系统廉政文化建设；二是自治区地方税务局通过总结多年来全区系统廉政文化建设的成功经验，策划编辑《廉政文化在地税》图文画册和光盘，总结工作，彰显成果，提升整个地税系统廉政文化水平；三是落实2007～2008年“读书思廉”活动开展的各项工作要求，并进行总结评比；四是各市地方税务局必须要高度重视廉政文化建设，善于组织协调开展各种形式的活动，特别是要总结具有自己特色的经验和做法，不断发扬光大，形成具有地税特色的廉政文化。

（三）以继续推进税收重点环节监督为抓手，深入开展“两权”监督制约，促进权力正确行使。

在2007年，我们对“两权”行使过程中最容易发生违纪违法行为的关键部位，归结为10个重点环节进行监督，并下发了工作方案，经过一年的工作取得了很好的成效。为了继续贯彻落实对“两权”的监督制约，一方面，我们还要以继续实施重点环节监督为抓手，开展“两权”监督制约，不断取得经验，并通过调研和专题研究，在年内出台《广西地税系统重点环节监督管理办法》，形成制度性文件；另一方面，开展对基层税收管理重点岗位加强监督管理的试点工作，要求各个市地方税务局选取一个县（市）和一个城区的征收机构，确定三个税收管理重点岗位作为监督管理的试点，探索对易发生问题的岗位加强日常监督管理；再一方面，要加大预防腐败工作力度，要在全区系统开展预警机制建立工作，就是要求各市地方税务局借鉴南宁市地方税务局预警机制试点工作取得成功经验的基础上，启动这项工作，拓展从税收工作源头上预防腐败的领域。

同时，要认真落实党内监督制度，严格执行述职述廉、诫勉谈话、函询和党员领导干部报告个人有关事项等制度，接受自治区开展对党内监督条例实施情况的专项检查；要加强对领导干部特别是主要领导干部的监督，认真落实《广西地税系统领导班子和领导干部监督管理办法（试行）》，接受国家税务总局的工作检查；要积极开展执法监察，做好国家税务总局《税收执法管理信息系统》的推广；要发挥行政监察作用，完善电子监察系统，巩固效能建设成果。此外，要配合开展好巡视工作。

（四）强化带队责任，严格执行从政规定，促进领导干部和基层执法人员不断增强廉洁自律的自觉性。

各级地税机关党风廉政建设第一责任人，要切实做到当一方领导保一方平安，要教育引导干部职工树立正确的世界观、人生观和价值观，要深入开展理想信念、党风党纪、廉洁从政和艰苦奋斗教育，牢记党的宗旨，忠诚党的事业，努力做到为民、务实、清廉。要严格执行领导干部和税务人员廉洁从政的若干规定，认真贯彻落实《关于严格禁止利用职务上的便利谋取不正当利益的若干规定》，以及中纪委十七届二次全会提出的针对领导干部廉洁从政方面的突出问题，重点抓好的五项工作：(1）深入治理领导干部违反规定收送现金、有价证券、支付凭证和收受干股，以及以赌博和交易等形式收受财物、利用婚丧嫁娶等事宜收钱敛财等问题。(2）规范党政领导干部证券投资行为，严禁党员干部利用职务上的便利获取内幕信息进行股票交易。(3）清理纠正领导干部在住房上以权谋私的问题，严禁超标准建房、多占住房、违规购买经济适用房，坚决处理违规违法收受房屋的问题。(4）纠正和查处领导干部放任、纵容配偶、子女和身边工作人员利用其职权和职务影响经商办企业等问题。(5）治理领导干部违规插手招标投标、土地出让、产权交易、政府采购等市场交易活动谋取私利的问题。同时，要严肃组织人事工作纪律，严格执行党政领导干部选拔任用工作的有关规定等。

（五）保持信访处理和查办案件工作力度，开展专项治理，树立地税系统良好的政风行风。

加强信访举报工作。认真落实《信访条例》和《中国共产党纪律检查机关控告申诉工作条例》，按照分级负责和“谁主管、谁负责”的原则，切实做到“事事有着落，件件有回音”；要就信访举报中的典型案件进行重点排查分析，对其中纯属诬陷的举报予以澄清，消除影响，保护干部；对群众反映属实的问题，依纪依法严肃处理；对群众的合理诉求，按有关规定予以妥善解决。

加大查办案件工作力度。注重从信访举报中发现案件线索。要以查办发生在领导机关和领导干部中的案件为重点，严厉查办官商勾结、权钱交易、权色交易和严重侵害纳税人利益的案件。严肃查办违规招标、虚假招标的案件，违反组织人事纪律的案件，税务人员滥用职权、失职渎职、徇私舞弊造成国家税款损失的案件。

积极开展治理商业贿赂等专项治理工作，认真做好自查自纠、检查评估和问题整改，严肃查处税务干部以权谋私、接受或介绍商业贿赂的行为。开展对税务公开、政务公开和特邀监察员等行风建设制度落实情况的专项检查，促进全系统进一步树立好政风行风。

（六）切实加强队伍建设，不断推进纪检监察工作规范化、制度化、科学化。

在新形势下，纪检监察干部要深入学习贯彻党的十七大和中纪委十七届二次全会精神，始终把思想政治建设放在首位，坚定理想信念，忠实履行职责，努力做党的忠诚卫士和群众的贴心人。继续加强队伍建设：一是加强能力建设，将县以上纪检干部选派到中纪委培训中心短期学习，开阔眼界，提高理论和业务素质；二是研究问题，创新工作，对在我们地税系统反映出来的热点问题进行专题调研，拿出专题报告供党组决策参考；三是规范纪检监察工作，进行业务培训，开展廉政档案建设、业务检查，巩固已经明确的工作制度，加强硬件建设，提升纪检监察工作的科学化水平。

同志们，思路已经清楚，任务已经明确，关键是要抓好落实。让我们在自治区纪委、自治区地方税务局党组的直接领导下，始终以奋发有为的精神状态、扎实有效的工作作风、切合实际的工作措施，积极做好2008年反腐倡廉工作，为全区地税事业又好又快发展作出应有的贡献，以优异的成绩迎接自治区成立五十周年大庆！

结合地税实际 继续解放思想 促进广西经济社会大发展

——李伟总会计师在全区继续解放思想大讨论活动领导小组办公室主任会议上的发言

（2008年3月7日）

各位领导、同志们：

受自治区地方税务局党组书记苏道俨同志和局长卢献匾同志的委托，我向各位领导汇报自治区地方税务局继续解放思想大讨论活动开展以来的工作情况，请大家批评指正。

一、领导重视

自治区党委召开继续解放思想大讨论务虚会和下发《自治区党委关于开展继续解放思想大讨论活动的通知》后，自治区地方税务局领导班子高度重视，立即组织了局领导班子成员学习《通知》精神和继续解放思想大讨论务虚会精神，同时，成立了以党组书记苏道俨同志、局长卢献匾同志为组长，党组其他成员和副巡视员为副组长，局内18个单位主要负责人为成员的领导小组及其办公室。办公室下设综合协调组、材料组、宣传组等3个专门工作组，成员由原来的作风效能办工作的13位同志兼任，具体负责开展继续解放思想大讨论活动的日常工作。

二、及时组织动员学习

为了切实解决好全区地税系统广大干部职工对继续解放思想大讨论活动的认识问题，充分认识到继续解放思想大讨论活动的重要性和必要性，明确活动的目的要求，切实把思想统一到自治区党委的战略部署上来，我们主要做了以下工作：一是2月27日，以视频会议的形式召开了全区地税系统开展继续解放思想大讨论活动动员大会。全区地税系统一万多名干部职工现场参加或收看收听了会议实况。自治区地方税务局党组书记苏道俨同志作动员报告。截至3月5日，全系统各级地税机关都成立了开展继续解放思想大讨论活动领导机构和办事机构，召开了动员大会。二是制定下发了《自治区地方税务局开展继续解放思想大讨论活动实施方案》，明确了活动的指导思想、主要任务、方法步骤、时间安排和要求。三是组织编写了《开展继续解放思想大讨论活动学习资料汇编》12000册，全系统每个干部职工人手一册，3月3日已发到了干部职工手中。资料汇编内容包括：党的十七大报告和胡锦涛总书记在广西考察工作时的重要讲话精神，自治区党委书记郭声琨同志给领导干部的“新春寄语”系列和在自治区党委继续解放思想大讨论务虚会上的讲话，《2008年政府工作报告》，马飚主席在《广西北部湾经济区发展规划》新闻发布会上的讲话，《广西北部湾经济区发展规划》，自治区党委有关继续解放思想大讨论活动文件以及2008全区地税工作报告等。四是下发了学习安排通知，要求自学与集中学习相结合，并要求结合各自的工作实际，找出存在的问题，就如何围绕进一步解放思想，促进税收工作，服务于广西大发展写一篇研究论文。五是明确强调做到开展继续解放思想大讨论活动与税收工作两不误，两促进，以开展继续解放思想大讨论务虚的活动推进实实在在的税收工作，以税收工作的成绩来检验开展继续解放思想大讨论活动的效果。

三、立足工作实际，找准切入点，开展学习研讨

思想大解放的目的是促进大发展。具体到税收工作就是如何更好地更充分地发挥税收的职能作用，服务和促进广西的大发展。

（一）立足于思想大解放，明确当前地税工作要解决的主要问题和任务。

自治区地方税务局明确了全区地税系统在开展继续解放思想大讨论活动中要解决的主要任务有：一是要克服因收税而税收、因任务而税收等因循守旧的观念，强化改革创新意识，强化税收服务于改革开放大局、服务于经济社会发展大局的意识，着力解决影响经济社会发展的地方税收体制机制问题，切实解决好地方税收体制、地方税收政策、地方税收征收管理、地方税收服务等方面存在的突出矛盾。二是要克服自满保守思想，增强危机忧患意识，充分发挥好税收的职能作用，推动经济社会又好又快发展，切实解决好地方税收在加快发展责任感、紧迫感方面，工作作风、效能建设方面和完善政策、用好用活用足政策方面存在的突出问题。三是要克服狭隘封闭观念，增强开放合作意识，提高税收管理水平，促进开放型经济发展，切实解决好地方税收在扩大合作开放、区域经济发展、承接产业转移等方面存在的突出问题。四是要克服片面发展观念，树立科学发展意识，增强可持续发展能力，切实解决好地方税收在促进工业化城镇化建设、区域协调发展方面和在科学发展、持续发展、统筹兼顾、以人为本、生态文明、社会和谐等方面存在的突出问题。

（二）立足于地税工作实际，找到继续解放思想大讨论的切入点。

召开纳税人座谈讨论会。2月28～29日，自治区地方税务局以全区开展土地增值税清算工作为契机，在北部湾开发的前沿阵地防城港市召开了纳税人座谈讨论会，邀请广西洪海明珠税务师事务所、瑞林事务所等中介机构和部分纳税人代表参加，广泛征求纳税人对地税工作的意见和建议，围绕解决存在的主要问题深入开展讨论，认真查找差距和不足。

召开全区地税征管工作座谈会。3月4～5日，自治区地方税务局在北海市召开了全区地税征管工作座谈会，以继续解放思想为动力，在总结近年来地方税收征管工作取得成绩的基础上，重点查找税收征管工作存在的不足和问题，对全区地税工作进行重新认识和定位，找出前进的方向。

筹备召开地方税收助推北部湾经济区发展研讨会。抓住《广西北部湾经济区发展规划》获国家批准实施的契机，自治区地方税务局计划安排在3月中旬召开地方税收助推北部湾经济区发展研讨会，邀请有关专家共同出谋划策，研究促进北部湾经济区发展的工作对策，助推北部湾开放开发。自治区地方税务局已于3月4日发出了研讨会通知，布置落实研讨课题，并将研讨的课题任务落实到具体单位，责任到人。研讨会重点围绕《广西北部湾经济区发展规划》开展四个专题的研讨：一是深入开展继续解放思想大讨论活动，解决本系统内存在的与北部湾经济区开放开发不相适应的种种问题。二是充分发挥税收优惠政策的杠杆作用，促进北部湾经济区的发展。三是优化征管体制机制，全面提升税务服务质量，营造北部湾经济区良好的税收环境。四是积极研究东盟国家的税收政策和相应的对策，为北部湾经济区发展服务。

当前，自治区地方税务局坚持把开展继续解放思想大讨论活动作为全区地税工作的重要任务和头等大事来抓，高度重视，精心组织，周密安排，稳步推进，取得了初步成效。下一步，我们将按照自治区继续解放思想大讨论活动领导小组的部署和要求，扎扎实实地做好各个阶段的工作，充分发挥好地方税收的职能作用，为广西的经济社会发展，更好地服务于民生作出新的更大的贡献！

第二编
广西地方税务工作

广西地方税务工作综述

经济概况

2008年，广西国内生产总值（GDP）达到7171.58亿元，按可比口径计算，增长12.8%，实现2002年以来连续7年保持两位数增长。分产业看，第一产业增加值1453.90亿元，增长5.1%；第二产业增加值3037.74亿元，增长17.4%，其中工业增加值2627.39亿元，增长18.6%；第三产业增加值2679.94亿元，增长11.7%。三次产业结构为20.3∶42.3∶37.4，其中工业为36.6%，比上年提高1.5个百分点。三次产业对经济增长的贡献率分别为7.7%、55.7%、36.6%，其中工业为50.7%。规模以上工业增加值1976.42亿元，增长22.6%。其中，轻工业增加值589.35亿元，增长22.0%；重工业增加值1387.06亿元，增长22.8%。食品、有色金属、石化、冶金、汽车、机械和电力等七大支柱产业增加值合计达到1581.8亿元，增长22.4%。规模以上工业增长的贡献率达到79.9%，比上年提高2.1个百分点。全社会固定资产投资总额3778.1亿元，比上年增长27.2%。投资总额年增量突破800亿元，达到808.02亿元，创历史新高。其中，城镇投资3347.63亿元，增长27.4%；农村投资430.47亿元，增长25.5%。全区社会消费品零售总额2338.45亿元，增长23.2%，为1996年以来最高增速。从城乡看，城市零售额1383.63亿元，增长22.9%；农村零售额954.82亿元，增长23.7%，农村消费增速快于城市。从行业看，批发零售业零售额2021.85亿元，增长23.3%；住宿餐饮业零售额279.94亿元，增长22.7%，均保持快速增长。从所有制看，国有经济零售额124.07亿元，增长13.8%；集体经济零售额72.27亿元，增长15.6%；个体经济零售额1506.06亿元，增长24.2%；私营经济零售额230.03亿元，增长22.0%；港澳台投资经济零售额23.67亿元，增长198.4%；股份制经济零售额303.59亿元，增长30.4%，非公有制经济零售额增速快于国有经济。从旅游业情况看，年入境旅游人数201.02万人次，下降2.03%；国际旅游（外汇）收入6.02亿美元，增长9.3%。

2008年，广西财政收入843.56亿元，比上年增加140亿元，增长19.8%。其中一般预算收入518.68亿元，增长23.8%。一般预算支出1287.07亿元，增长30.5%。城镇居民人均可支配收入14146元，比上年增长16.0%，扣除价格因素，实际增长7.8%。从收入来源看，城镇居民人均工薪收入10321元，增长13.7%；农民人均收入1283元，增长13.7%；居民消费价格先涨后落，1月涨幅为9.4%，2～6月涨幅分别为12.2%、10.7%、11.2%、10.4%、10%，7～12月涨幅回落10%以下，分别为7.9%、6.4%、5.8%、5.5%、3.4%、1.4%。全区进出口总额132.84亿美元，比上年增长43.2%，增幅为1993年以来最高水平。其中，出口总额73.51亿美元，增长43.8%；进口总额59.33亿美元，增长42.5%。从贸易方式看，一般贸易进出口总额92.56亿美元，增长42.3%；边境小额贸易总额20.14亿美元，增长33.9%；进料加工贸易总额9.96亿美元，增长47.3%。广西与东盟双边贸易额39.88亿美元，增长37.1%，占全区进出口总额的30%。其中，对东盟出口额27.18亿美元，增长56.8%；自东盟进口额12.69亿美元，增长8%。全区外商直接投资额9.71亿美元，增长42.0%；区外境内投资实际到位资金1400亿元以上，增长30.5%以上。

2008年，广西北部湾经济区（南宁、北海、钦州、防城港四市）国内生产总值2219.7亿元，增长15.5%，比全区高2.7个百分点，对全区GDP增长的贡献率达到35.8%；财政收入272.38亿元，增长28.8%，比全区高9个百分点，对全区财政收入增长的贡献率达到43.7%；全社会固定资产投资总额1288.71亿元，增长33.6%，比全区高6.4个百分点，对全区投资增长的贡献率达到40.1%；进出口总额60.61亿美元，增长48.4%，比全区高5.2个百分点，对全区进出口增长的贡献率达到49.4%。

税收收入概况

【税收计划执行情况】 2008年，广西地税系统组织的各项收入（按自治区人民政府任务考核口径，下同）293.1亿元，同比增收60.9亿元，增长26.2%，完成年初计划（282亿元）的103.9%，实现了平稳较快增长。广西地税税收收入增幅比全国地税税收收入平均水平高4.8个百分点。

【税收特点】 一是地税收入增长与经济增长基本保持同步。2008年，广西区经济遭遇严重的自然灾害和国际金融危机的影响，经济总体呈现高开低走的增长态势。据统计，1～4季度各季度累计，全区生产总值按可比价分别增长11.3%、14.7%、13.2%、12.3%。与此相适应，广西地税收入从7月份开始增幅逐月回落，由6月底的27.9%回落到7月底的26.3%，9月底回落到23.5%，到第四季度组织收入旺征阶段，地税收入增速有所加快，第四季度地税收入增长33.1%，高于上年同季增幅13.2个百分点。2008年广西地税宏观税负为3.9%，较2007年比重提高0.1个百分点。广西地税税收收入与生产总值的现价弹性系数为1.3，税收增长略快于经济增长。二是经济结构不断优化，工业主导经济发展的格局基本形成，第二、第三产业税收实现较高增长。全区生产总值三次产业结构由2007年的20.9∶40.7∶38.4调整为2008年的20.3∶42.3∶37.4，第二产业增加值比重提高了1.6个百分点。反映到税收上，2008年，全区第二产业实现地税税收96.8亿元，收入同比增长19.4%，占全部税收比重的36%；第三产业实现地税税收171.5亿元，收入同比增长21.7%，占全部税收比重的63.7%。三是非公有制经济加快发展促进了相关税收高增长。2008年，非公有制经济中私营企业、涉外企业实现税收收入13.1亿元和17.2亿元，同比分别增长26.5%和28.5%。公有制经济中国有企业、集体企业实现税收比重下降。其中，国有企业实现税收收入46.1亿元，比重由2007年的17.3%下降到2008年的16.4%；集体企业实现税收收入12.6亿元，比重由2007年的4.8%下降到2008年的4.5%。四是主体税种增幅普遍较低，地方小税种增长强劲。受经济增长减缓和政策性调整的减收因素影响，主体税种营业税、个人所得税、企业所得税和城市维护建设税增幅偏低，2008年收入同比分别增长18.3%、10.6%、15.5%、17.7%，其中，营业税、个人所得税和城市维护建设税收入增幅较2007年分别回落8.9、25.3和4.6个百分点。受国家大幅调高部分税种单位税额以及加强税收征管等因素影响，地方小税种增长强劲，成为广西地税收入增长的主要拉动力。2008年，财产行为各税收入合计58.7亿元，同比增长92.6%。其中，耕地占用税收入12.9亿元，比2007年的3.9亿元增长230.7%；车船税、土地使用税收入增幅均实现翻番，分别增长122.4%、118.2%。五是大部分征收单位税收完成情况良好。2008年，列入自治区地方税务局考核的14个地级市和自治区地方税务局直属税务分局15个征收单位中有11个征收单位完成年初税收计划，分别是防城港市地方税务局完成121.8%、钦州市地方税务局完成119.7%、北海市地方税务局完成118%、梧州市地方税务局完成114.6%、崇左市地方税务局完成110.6%、柳州市地方税务局完成109%、来宾市地方税务局完成107.5%、贵港市地方税务局完成103.3%、玉林市地方税务局完成103.3%、南宁市地方税务局完成100.7%、河池市地方税务局完成100.3%；有7个征收单位税收增幅高于全区平均水平，分别是南宁市、柳州市、梧州市、北海市、防城港市、钦州市、崇左市地方税务局，收入同比分别增长27.7%、26.7%、31.7%、33.3%、45.2%、63.7%、32.6%。其中，北部湾经济区南宁、北海、钦州、防城港四市实现地税收入合计100.2亿元，占全区地税收入比重的34%，对税收增长的贡献率达到41.1%。

【税源分析】 2008年是组织收入工作面临巨大压力的一年。受全球金融危机及遭遇历史罕见的雨雪冰冻灾害影响，下半年开始广西工业生产增幅回落，企业效益下滑，投资增速放缓，税收增长缓慢的压力日益凸显。广西经济增速逐渐减缓的运行态势集中反映在税收上增速放缓。全区规模以上工业增加值和工业企业利润增速大幅度减缓。从主体税种来看，国民经济增速减缓的运行态势导致营业税和企业所得税等主体税种增速放缓。2008年营业税收入121.9亿元，同比增收18.8亿元，增长18.3%，增幅低于2007年8.9个百分点。个人所得税收入44亿元，同比增长10.6%，较2007年增幅下降25.3个百分点。企业所得税收入35.4亿元，同比增长15.5%，增幅高于2007年5个百分点，但低于同期全区地税收入平均增幅水平10.7个百分点。城市维护建设税收入同比增长17.7%，增幅较2007年回落4.6个百分点。从主要行业来看，第二产业中建筑业、制造业实现地税税收增幅均高于2007年增幅水平，同比分别增长24.3%、24.4%，较2007年增幅分别提高2.9、8.8个百分点；第三产业中金融保险业实现地税税收同比增长34.8%，较2007年增幅提高1.7个百分点；房地产业实现地税税收同比增长24.9%，较2007年增幅回落14.8个百分点。从自治区地方税务局监控年缴纳地税收入30万元以上纳税户的重点行业税收分析情况来看，2008年，广西地税系统纳入自治区局监控的重点税源企业共5778户，共缴纳地税一般预算收入167.4亿元，同比增收26.2亿元，增长18.6%，慢于同期全区地税一般预算收入增幅7.6个百分点，占全区地税一般预算收入比重的57.1%。从纳税百强企业纳税情况来看，2008年，纳税百强企业（指2007年缴纳地税一般预算收入排在前100名的企业，下同）共缴纳地税一般预算收入40.7亿元，同比增长3.2%，慢于同期全区地税一般预算收入增幅23个百分点。广西北部湾经济区经济和税收均呈现高增长。广西北部湾经济区（南、北、钦、防4市）国内生产总值2219.7亿元，增长15.5%，比全区高2.7个百分点，对全区GDP增长的贡献率达到35.8%。反映到税收上，全区15个征收单位中，北部湾经济区各市地税收入增速居前，其中，钦州市地方税务局实现地税收入增长63.7%，排第1位；防城港市地方税务局实现地税收入增长45.2%，排第2位；北海市地方税务局实现地税收入增长33.3%，排第3位；南宁市地方税务局实现地税收入增长27.7%，排第6位。北部湾经济区工业增加值合计507.58亿元，同比增长31.5%，增幅高于全区平均水平5个百分点。北部湾经济区全社会固定资产投资总额1288.71亿元，增长33.6%，比全区高6.4个百分点，对全区投资增长的贡献率达到40.1%。反映到税收上，北海、防城港、钦州市地方税务局建筑业营业税收入同比分别增长65.4%、49.8%、117%，均高于全区平均水平。

各项税收工作

【税收法制建设】一是社会综合治税工作不断推进。为进一步加强地方税源控管，2008年，广西壮族自治区地方税务局代自治区人民政府起草了《关于实行社会综合治税加强地方税源控管的若干意见》，已上报自治区政府研究下发；河池市地方税务局、南宁市地方税务局等已提请市政府下发文件，要求相关部门按规定的时间和内容向税务机关提供相关涉税信息，有效推进了社会综合治税；积极参与自治区财政厅、审计厅等多部门协作开展的2008年财政收入征缴情况专项检查，进一步加强税收和政府非税收入的收缴管理，堵塞征管漏洞，挖掘增收潜力；与区国税局共同研究国地税联合办证，国税代征城建税、教育费附加等工作协作问题，经过双方的努力，已对此两项工作初步达成共识；加强同物价部门的联系，组织召开了全区地税、物价系统了解贯彻《应税物价格鉴证管理办法》视频会议，对全区开展价格鉴证工作进行了统一布置，推进了应税物价格鉴证工作；与交通等部门开展交通车辆整治协作，规范货物运输行业的管理；参加自治区政府组织的第二次经济普查工作，负责协调和落实经营性纳税企业和个体工商户名录等事项；协助自治区统计局做好基本单位名录库更新与维护工作，通过加强政务协作，进一步优化了广西区综合治税环境。二是加强税法宣传。围绕“税收·发展·民生”和“诚信经商，和谐共赢”宣传主题，举办讲座、上门辅导、召开座谈会、邀请企业负责人到地税部门提诉求、谈愿景等形式，鼓励纳税人以税收政策为导向，改善经营管理，配合开展产业结构调整。认真开展税收宣传月活动，社会公众的纳税意识和纳税人的纳税遵从度进一步提高。

【税收征管】一是对重点税源实行“扁平化”管理，取得显著成效。截至2008年年底，全区地税机关负责征管的各类税务登记户共604731户，比2003年期末数的507068户增加了97663户。根据国家税务总局对重点税源监控管理工作要求，对年缴纳营业税100万元以上企业列入重点税源监控范围。2008年监控户数有968户，缴纳地税收入合计为66.8亿元，占全年地税税收收入的比重为22.8%。2006年起，广西地税系统将年缴纳地税收入30万元以上企业纳入重点税源监控范围，实行“扁平化”管理，取得显著成效。2008年，广西地税系统纳入区局监控的重点税源企业共5778户，共缴地税一般预算收入167.4亿元，占全区地税一般预算收入的57.1%。纳税百强企业共缴纳地税一般预算收入40.7亿元，占全区地税一般预算收入的13.9%。从重点税源企业税收规模看，2004年，缴纳地税收入1亿元以上的企业仅有2户，到2008年，缴纳地税收入1亿元以上（含1亿元）的企业有7户，分别是广西中烟工业公司、中国铝业股份有限公司广西分公司、柳州钢铁股份有限公司、广西卷烟总厂柳州分厂、中国工商银行广西分行营业部、广西柳州钢铁（集团）公司、中房集团南宁房地产开发公司合计缴纳税款占重点税源企业总税收的6.3%；缴纳税款5000万~1亿元的企业有17户，缴纳税款占6.7%；缴纳税款1000万~5000万元的企业有276户，户数占4.8%，缴纳税款占31.4%；缴纳税款500万~1000万元的企业有411户，户数占7.1%，缴纳税款占17.1%；缴纳税款100万~500万元的企业共2060户，户数占35.7%，缴纳税款占27%；缴纳税款30万~100万元的企业共2118户，户数占36.7%，缴纳税款占7.6%。二是税收征管基础进一步夯实，征管制度进一步完善。对国务院规定取消的5类税收行政审批项目后续管理中涉及的工作程序、文书、前后台的衔接和工作职责进行规范；明确广西区建筑行业分包工程业务代开发票和营业税的征收办法，解决长期困扰基层的难题；推动落实领导干部参与纳税户管理制度；建立货物运输业发票占用纠错工作流程。通过不断完善征管制度，广西区征管规范化程度进一步提高。三是加强各税种管理工作。高度重视企业所得税改革和个人所得税改革带来的减收因素，加大组织收入工作力度，努力将税制改革减收的影响降低到最低程度，确保所得税收入稳步增长。加强车船税代收代缴管理工作。针对部分保险机构没有依法履行代收代缴义务，造成了税款流失的行为，及时向国家税务总局汇报和反映情况，同时加强与保监局的沟通和协调，共同研究解决存在的突出问题。下发了《自治区地方税务局关于进一步加强车船税代收代缴工作的通知》，要求各级地税机关规范管理，严格执法，对不依法履行代收代缴义务的保险机构依法进行处罚，车船税征收水平得到质的提高。积极做好耕地占用税征管衔接工作，全面开展耕地占用税税源情况调查摸底工作。通过收集资料及实地勘验的办法，对已获国土资源部门批准占用的耕地的完税情况以及已经报批的占用项目情况进行全面摸底调查。积极加强与财政部门、国土部门的协调与沟通，采取提前介入、跟踪监控、建立税源登记台账等措施，加强耕地占用税的后台管理。深入基层进行税收政策讲解，做好纳税辅导工作。加强对以前年度欠缴的耕地占用税进行清缴，堵塞耕地占用税税款流失。做好代征代扣工作，严格做到“先税后证”，实施源泉控管。强化城镇土地使用税的管理。各地在落实按照城镇土地使用税新的税额标准征收、征收范围扩大到外资企业的规定的同时，开展了广泛深入的宣传，对土地使用税税源进行了全面清理，部分地区还进行了土地面积的实地测量，以进一步摸清家底，明确税源，强化管理，有效堵塞漏洞。认真清算土地增值税。按照国家税务总局要求，各级税务机关及时制定了土地增值税清算工作方案并积极实施。全区清算工作成效显著，纳税人主动申报缴纳税款喜人，税收收入增势迅猛。做好资源税的管理工作。加强对重点企业、重点项目的资源税管理，同时，各地也充分发挥主观能动性，采取灵活的办法控管资源税，如根据用电量、炸药消耗量核定税额等，有效加强了资源税的管理。

【税收优惠政策执行】一是积极运用税收优惠政策，助推地方经济加速发展。全面落实现有的税收优惠政策，把准税收优惠政策的内涵和实质，精心周密筹划贯彻税收优惠政策方案，用好用足用活各项税收优惠政策，支持地方经济发展。据不完全统计，2008年，广西地税系统共审核审批1056户企业减免2007年度企业所得税税款总额256192万元，户均减免税款达到243万元，减免企业所得税款总额占2007年度入库企业所得税总额307248万元的83.38%；审批294户企业27114万元财产损失在2007年度企业所得税前扣除；核准35户企业用2007年度新增企业所得税5792万元抵免其技术改造项目投资额。给缴纳房产税、城市房地产税和土地使用税确有困难的企业减免了税款共2886万元。认真落实雨雪冰冻灾害及抗震救灾税收政策，为救灾、减灾和灾后恢复重建工作提供了税收政策支持。二是为助推广西北部湾经济区发展，广西区地方税务局成立了政策宣传组、政策建议组、政策争取组、征管服务组和国际税收研究组5个工作组，专门开展税收对策的研究，及时向自治区人民政府提出了关于在广西北部湾经济区实行更宽泛地方税收优惠政策的一揽子建议。此外，自治区地方税务局还立足本局职能，积极为自治区人民政府争取国家出台促进广西经济社会发展、促进广西北部湾经济区开放开发优惠政策建言献策。

【税务稽查】一是加大税务稽查力度，以查促收、以查补收。从自治区地方税务局到各市地方税务局都成立了税收稽查重点检查工作领导小组，明确了稽查检查工作重点，把主要精力和力量转移到对房地产行业和重点税源企业的检查上来。自治区地方税务局稽查局抽调各市稽查骨干人员组成重点检查小组，对重点税源企业进行重点抽查。同时各市地方税务局积极改进工作方式，有针对性地开展稽查工作，及时制定了重点稽查方案，采取纳税评估、约谈、查前动员、自查自核等多管齐下的方式方法，重点对有征收潜力、有税可补的行业和企业进行检查，想方设法以查补收、以查促收。二是加大税收清理力度，挖掘增收潜力。针对全区实际情况，提出了税收“六清理”的任务和目标，各级地税机关根据自治区地方税务局的统一要求深入开展了“六清理”工作：严格清理不规范税收优惠政策情况，对缓征、减征、免征到期的及时恢复征收；充分使用行政的、经济的、法律的、舆论的手段，认真清理陈欠，严格控制新欠，维护税法的严肃性。严格执行欠税公告制度，对有纳税能力而故意拖欠的企业，在媒体上进行曝光，并采取必要的税收保全措施、强制执行措施以及收缴发票或停止发售发票等征管措施，促进欠税的清缴。积极清理漏征漏管户，减少税收的跑冒滴漏。各级地税机关对征管薄弱环节和征管有潜力的税种和行业开展了专项整治和清理，对各专业市场、楼宇经济、餐饮娱乐、随征税费的税收则采取有力措施进行拉网式清查，在突出重点的同时不留“死角”。大力清理各小税种和零散税源，努力挖掘增收潜力。清理各类园区和在建重大工程项目税收。在促进税收收入进度的同时，也进一步夯实了征管基础工作。三是强化纪律，严格考核，加大收入督查和考核力度。自治区地方税务局在2008年11月份开展了组织税收收入专项督查工作，组成了以自治区地方税务局领导为组长的七个收入工作督查组，并先后及时深入到各市、县（市、区）地方税务局检查督促收入征管工作，指导各市、县地方税务局采取切实有效的措施加大征管力度，挖掘征收的潜力。同时，严明工作纪律，组织动员全系统干部职工全力以赴投入征收工作。各单位严格实行“三停止三报告”的规定，做到夜以继日、加班加点，实施目标管理，严格考核，超常规地开展工作，确保征管工作质量到位。

队伍建设

【班子建设与人才选拔】坚持不懈地抓好各级领导班子政治理论学习，按照“及时补充，增强力量；优化结构，合理配备；保持稳定，适当交流”的原则调整和补充配备各级班子，不断提高各级领导班子的执政能力和把握大局水平，2008年共提拔处级领导干部10人。进一步加强与各级党委、政府的组织、人事等有关部门的沟通联系，积极向各级党委政府推荐优秀人才，通过组织推荐、公开选拔、互派挂职锻炼等形式，进一步拓宽选人用人视野，推荐优秀人才到各级党委政府部门工作。加强后备干部培养，积极推荐10名优秀人员参加广西北部湾经济区紧缺外向型人才的培养。

【教育培训】一是重点抓好处、科级领导干部更新知识培训。为适应新时期税收工作的需要，更新知识、开阔视野，提升全区地税系统处、科级领导干部的理论水平和工作能力，举办了3期共360人次处、科级领导干部更新知识培训班，培训内容重点为党的十七大精神、新时期政治经济形势、领导科学、电子商务、新企业所得税法和地方税征管、法规、政策业务等新科学、新技术、新知识、新政策，增强了领导工作的科学性、创造性、实效性。二是组织安排20名处级干部和30多名业务骨干参加总局“财税金融知识培训班”、“税收相关法律知识培训班”等专题培训研讨班，促使参训人员更新观念、开阔视野、获取知识，不断提升理论水平、领导管理和组织实施本职业务工作的能力，进而更好地适应新时期税收工作形势、任务发展的需要。三是举办“全区地税系统稽查人员基础业务培训班”，培训各级稽查人员120人次，切实帮助稽查人员解决实际工作中的难题。

【作风效能建设】一是加强廉政文化教育。以机关倡廉、家庭助廉、读书思廉、网络宣廉、示范带廉等五项活动为主要形式，有重点、全方位、多层次地开展廉政文化建设活动，组织编辑《廉政文化在广西地税》画册（光盘）以及《典型案例剖析警示教育》书籍，彰显全区地税系统反腐倡廉建设成果，区地方税务局纪检组、监察室连续两年荣获“全区反腐倡廉宣传教育工作先进集体”称号。钦州市地方税务局、贺州市地方税务局、玉林市地方税务局、防城港市地方税务局、贵港市地方税务局等单位以板报、网络等媒介设立读书思廉专栏、廉政书架，进行专题展示、廉文荐读、论文评比，出版专刊读本，实行廉政教育的多元化。二是开展“查找风险点，自我警醒”加强廉政风险防范活动。梧州市地方税务局针对“两权”薄弱环节完善了《现金税款管理办法》等规章制度，加强责任追究力度。三是抓好信访处理和案件查办工作，维护地税系统良好的政风行风。加强信访举报工作，加大信访核实力度，着力解决越级信访、重复信访的问题；落实督办制度，做到“事事有着落，件件有回音”；加大查办案件和专项治理工作力度。开展了治理税务人员收受或介绍商业贿赂以权谋私、城市住房工作行政监察、清理“小灵通”与单位办公电话捆绑使用等专项治理工作，全系统清理出168部“小灵通”与单位办公电话捆绑使用；加强对减免税、税前费用扣除等审批以及政府采购的监督；推进电子监察工作。加强政务公开工作，积极参与“政风行风热线”直播节目，贵港市地方税务局获该市“阳光热线十佳上线单位”。北海市地方税务局坚持部分公开向全面公开延伸、事后公开向全程公开延伸、静态公开向动态公开延伸、单向公开向互动公开延伸等政务公开“四个延伸”。四是逐步健全制度，内部行政管理日益规范。机关政务服务工作进一步加强，充分发挥了参谋助手作用，不断提高办文办会质量、强化督查督办、加强安全保密，保证了机关正常运转和各项工作的有效推进。财务管理制度进一步完善，规范了财务收支行为；规范了工资津贴的发放；严格执行部门预算制度，加强了部门预算管理；严格执行政府采购的一系列制度和办法，规范物品采购，杜绝了违规采购办公用品的行为。组织开展全区地税系统闲置房地产调查，摸清了全区地税系统闲置房地产状况，为下一步加强全区地税系统房地产管理、盘活资产、提高资产使用效益提供了决策依据。机关后勤工作稳步推进，各项管理日趋规范，服务水平不断提高，节约型机关建设扎实有效，保障能力进一步增强。五是加大经费投入向基层的倾斜力度，2008年总共安排了救灾经费385万元用于帮助系统内受冰雪灾害、洪涝灾害、台风袭击的受灾单位灾后重建，为基层做好税收工作提供保障。

【精神文明建设】2008年，全系统开展了全国文明单位和全国精神文明建设工作先进单位等文明创建活动。其主要内容有：“中国（广西地税系统）十大优秀税务工作者”、“第四届广西杰出（优秀）青年卫士”推荐及宣传活动，庆祝三八妇女节、五一劳动节、五四青年节等群团活动。共有6个青年集体被新认定为2007年度“全国青年文明号”，6个单位继续被认定为“全国青年文明号集体”，2个集体荣获“全国三八红旗集体”，3个集体荣获全国“巾帼文明岗”荣誉称号，精神文明建设工作迈上了新的台阶。

【党风廉政建设】一是稳步构建惩防体系，反腐倡廉建设深入开展。稳步推进预警机制建设，以南宁市为试点单位，继续深化预警机制建设，研究预警机制运行系统平台与税务征管、电子政务管理系统平台的整合。目前已基本形成以市地方税务局为预警中心、市以下各级地税机关作为预警信息来源渠道的预警机制框架，各市地方税务局在此框架下完善预警信息采集、评估、发布、反馈、追踪等环节，视情况定期或不定期发布预警信息。初步构建了符合广西地税实际的惩治和预防腐败体系框架。二是扎实开展深入学习实践科学发展观活动和继续解放思想大讨论活动。按照自治区党委的统一部署和要求，2008年上半年，全区地税系统开展了继续解放思想大讨论活动；下半年，自治区地方税务局机关又作为第一批学习实践科学发展观活动单位，深入扎实开展了学习实践活动。通过深入开展继续解放思想和学习实践科学发展观活动，全面梳理了影响和制约广西地税科学发展的突出问题以及党员干部党性、党风、党纪方面群众反映强烈的突出问题，深刻分析了主客观原因，认真研究了改进措施，地税工作的发展思路更加清晰。自治区地方税务局经过深入调查研究，广泛征求意见，制订了广西地税科学发展三年计划，提出了创新广西地税工作的总体思路，即落实政策，促进发展；依靠科技，优化服务；强化征管，增加收入；健全制度，带好队伍。明确了广西地税科学发展的近期目标、要坚持的基本原则和实现广西地税科学发展的主要措施。这些工作新思路、新举措，必将有力地推动新时期广西地税事业的科学发展、和谐发展。

【纳税服务】完善服务体系，纳税服务水平进一步提升。在着力抓好“一条热线”（“12366”热线）、办好“一个窗口”（办税服务厅）、完善“一个网站”的同时，不断推出新的服务形式，丰富纳税服务内容。举办以“服务北部湾建设新广西”为主题的广西地税“12366”纳税服务热线走进北部湾系列活动。各地结合当地实际，推行了多种纳税服务方式，提高了纳税服务水平。指导和监督基层地税机关落实各项服务承诺，严格贯彻纳税服务实施办法、纳税服务承诺以及首问负责制、限时办结制、责任追究制度，大力推行全程服务、预约服务、提醒服务，努力探索纳税服务的标准化、制度化、规范化。加强服务资源整合，优化办税流程，完善岗责体系，纳税服务的整体效能不断提高。积极推进和布置全区地税系统统一使用办税服务厅纳税标志的工作，加深了社会对地税系统的感观认识。

（王浪花）

税收法制建设

综 述

2008年，广西地方税收政策法规部门坚持以邓小平理论和“三个代表”重要思想为指导，认真贯彻党的十七大精神，牢固树立科学发展观，围绕税收中心工作，以依法行政为主线，规范执法，完善税收法制制度，强化监督，优化服务，着力推进依法治税能力建设，顺利完成了年度各项工作任务。

各项工作

【税收法制工作】1. 加强税收规范性文件管理，提升制度建设质量。

一是认真贯彻执行《税收规范性文件制定管理办法》，从源头上加强税收法制的监督。2008年共办理答复自治区党委、政府、人大以及区直有关部门送交征求意见的规范性文件183件，对其中多数文件提出了修改意见和建议，确保文件合法、规范，切实维护税法的权威性和统一性。同时，审查会签本局税收规范性文件115件，上报国家税务总局备查备案文件18件，审查各市上报备案文件7件。税收规范性文件审核会签和备查备案制度的有效实施，确保了税务抽象行政行为的合法性和有效性，从源头上预防和减少了税收违法行为的发生。

二是坚持税法公告制度。每月编辑出版1期《地方税文件汇编》，全年印数共36万册，将国家和自治区出台的税法和政策措施及时、准确地传递给全区地税人员和纳税大户的管理人员、财务人员。此外，还编印《2007年地方税收法规汇编》（上、下册）10000套，供全区地税人员学习和使用。

三是及时清理地方税收优惠政策。为确保《中华人民共和国企业所得税法》及其实施条例的贯彻实施，积极推进广西北部湾经济区的开放开发，由法规处牵头，会同流转税处、所得税处、财产行为税处，对现行的地方税收优惠政策进行了一次全面清理，提出了处理意见和建议，同时将清理结果在广西地税网站予以公布，确保税收执法依据公开、透明，合法有效。在此基础上，编印《地方税收优惠政策汇编》10000册、制作《地方税收法规大全》光盘20000张，赠送给各级党政领导、相关部门、纳税人、全区地税人员学习使用，扩大了税收宣传的广度和深度。

四是修改和完善税收法制工作制度。在调查研究并充分征求基层税务机关执法人员意见的基础上，法规处组织专门力量反复修改，几易其稿，制定下发了《税务行政处罚简易程序规则》、《税务行政处罚听证规则》等工作制度，进一步规范了我区的税务行政处罚工作，有效地维护了税务行政处罚相对人的合法权益。

2. 加强法制培训，提高业务素质和工作能力。

为规范税收执法，减少和防范税收执法风险，2008年5月14日，举办了一期全区地税系统税收法制业务视频培训班，邀请自治区检察院反贪局局长、高级检察官叶建辉到自治区地方税务局授课，就地税系统如何防范涉税渎职犯罪问题作了专题讲座。此外，法规处领导还多次到河池、梧州、玉林、来宾、防城港、柳州等地授课。讲授的内容包括：税收执法风险的含义、种类和表现，造成风险的成因分析，有效应对风险的措施等。讲授中注重理论联系实际，学以致用，通过讲授、案例分析等方式，从法治理念、执法依据、执法程序以及证据运用等方面进行了深入浅出的辅导。通过培训，增长了基层税收执法人员的法律知识，牢固树立了防范执法风险的意识，提高了依法行政的能力和水平。

【税收优惠政策执行】一是税收政策执行情况反馈机制运行顺畅。为做好税收政策实施效果的分析和评估工作，根据国家税务总局的部署和要求，广西县级地税机关普遍成立了工作领导小组及日常工作机构，建立了“税收政策执行情况简报”等三项报告制度，明确了政策反馈的具体内容和方式。一些重要的政策建议得到了国家税务总局的重视和采纳。如根据广西地税部门反馈的扣缴义务人应扣未扣税款的法律责任，国家税务总局下发的税收规范性文件与税收征管法规定不一致等问题，引起了国家税务总局的高度重视，并明确表示要进行相应修改。税收政策执行情况反馈机制的建立，为国家改革税收制度、完善税收政策提供了合理建议。

二是认真贯彻落实下岗失业人员、残疾人等群体就业和再就业税收优惠。据统计，2008年广西共有449户企业享受了再就业税收优惠政策，吸纳下岗失业人员4535人，有1402户个体户享受了再就业税收优惠政策，共减免企业所得税1655万元，减免营业税4543万元、城建税402万元、教育费附加251万元、个人所得税2048万元，免征税务登记证工本费330298元，有力地支持了就业与再就业工作，维护了社会稳定，促进了和谐社会建设。

三是大力宣传贯彻新税法及其税收政策措施。认真贯彻新企业所得税法及其实施条例、耕地占用税条例。紧紧围绕鼓励资源能源节约、环境保护、关注民生、促进经济社会又好又快发展等工作要求，开展西部大开发、民族区域自治、北部湾经济区开放开发、非公经济、承接东部产业转移、高新技术开发、节能减排、涉农税收优惠政策（如新农村建设、农业龙头企业、农民工）、教育攻坚、城镇化和工业化建设以及扩大内需促进经济增长等方面的政策调研。起草了《关于改进地方税收管理，减轻纳税人负担，促进经济增长有关问题的通知》等有关文件。积极建言献策，助推广西北部湾经济区的开发开放，努力为构建富裕、和谐、文明新广西服务。此外，还协助做好车船税、城镇土地使用税、耕地占用税的政策调整以及营业税及其实施细则的修改调研工作，积极推进税制改革。

【税收规范性文件清理】根据《广西壮族自治区人民政府关于开展规范性文件清理工作的通知》（桂政发〔2009〕34号）和《广西壮族自治区法制办公室关于印发〈规范性文件清理工作指南〉的通知》（桂法制字〔2009〕14号）要求，认真组织开展规范性文件清理工作。共清理的涉及地方税收的政府规范性文件57件，其中，拟停止执行的规范性文件23件，拟确认失效的规范性文件3件，拟修改的规范性文件10件，拟确认为继续有效的规范性文件21件。

【税务行政审批】一是深化税务行政审批制度改革，税务行政审批得到进一步规范。加强对实施限时服务等三项制度的督促检查；修订下发了实施税务行政审批的配套制度；针对原有制度规定条文比较繁琐、基层不好掌握的问题，调整删减了一些条文，增强了可操作性；重新调整了相关文书和附报资料的规定，简化了工作程序，对可能造成管理漏洞的附报资料予以充实，确保了行政审批的高效。

二是税务行政审批工作步入信息化、规范化轨道。为了实现依托信息化促进和加强全区地税系统的行政审批管理工作，2008年5月11日至9月30日，法规处与计算机信息管理中心一起，在积极调研、广泛收集各方面意见的基础上，组织技术人员和业务人员共同研发了“广西地税行政审批大集中信息系统”（简称“系统”）。2008年11月起，自治区地方税务局在自治区政务中心地税窗口、崇左市地税系统开展“系统”试运行工作，为下一步在全区地税系统推广运用奠定基础。“系统”的运行，弥补了全区地税系统行政审批信息化管理的空白。按照数据省级集中模式自主研发的“系统”，与“广西地税信息系统”实现数据共享。实现全区地税系统行政审批事项的动态管理，包括查询、统计、监督等。加强和规范全区地税系统行政审批管理工作，为各级领导决策提供科学依据，有利于进一步规范税收征管，推进依法治税，更好地服务于广大纳税人。

三是政务中心地税窗口各项工作顺利开展，成效明显。据统计，截至2008年12月30日，地税窗口共向纳税人提供税收咨询服务3856人次，受理行政审批事项190件（其中地税窗口直接受理86件，各市县地方税务局移送受理104件），全部为承诺件。其中行政许可8件，占受理事项总数的4.2%，非行政许可182件，占受理事项总数的95.8%。受理企业所得税减免85件，房产税减免58件，土地使用税减免37件，指定企业印制发票的审批8件，延期缴纳税款1件，耕地占用税减免1件。已办结行政审批事项171件，未办结19件，未有超时办结情况。地税窗口的工作，得到了广大纳税人、社会各界及政务中心管理办公室的一致好评。

【税收执法检查】一是认真落实2007年税收执法检查发现问题的整改措施。自治区地方税务局共梳理通报各市自查发现和重点检查发现的税收政策执行等五个方面的问题，要求相关单位严格整改，并把整改结果作为2008年重点检查的内容之一。各地严格按照自治区地方税务局要求落实处理决定书，整改及时到位，成效较好。

二是认真开展2008年税收执法检查和执法监察。为确保执法检查的顺利进行，自治区地方税务局成立了税收执法检查和执法监察工作领导小组，早筹划、早行动、早安排，先后下发了《自治区地方税务局转发国家税务总局关于开展2008年税收执法检查和执法监察工作的通知》（桂地税发〔2008〕109号）、《自治区地方税务局办公室关于开展2008年税收执法检查　执法监察和税收执法质量考评工作的通知》（桂地税办发〔2008〕83号）、《自治区地方税务局办公室关于开展2008年税收执法检查　执法监察和税收执法质量考评工作的补充通知》（桂地税办发〔2008〕90号）等文件，全面部署全区地税系统开展税收执法检查和执法监察工作。

三是创新检查方式，拓展检查范围。10月14～25日，自治区地方税务局从全区抽调99名业务骨干，组成14个工作组，每个工作组由1名地级市局副局长任组长，对全区14个地级市地方税务局税收执法和行政管理情况进行重点检查。这次共检查118个单位，检查面达80%。在检查中，首次采取执法质量考核记分评比，先由各地按照自治区地方税务局制定的《税收执法质量考核评分表》进行自评，再由自治区地方税务局检查组进行考核评分。评分的方法是：从《税收执法质量考核评分表》考核路径中选出若干户进行考核，用其正确百分比乘考核“标准分”，得出“自评分”和“考核分”；某一考核项目或其子项目当期没有发生的，该项目或其子项目评为0分，同时把其考核标准分从总标准分100分中扣除得出“总参考分”，然后将其他项目总“自评分”和“考核分”除以“总参考分”乘100得出最后总的“自评分”和“考核分”；每一个考核项目及其子项目的分值最高可评为其标准分，没有加分；最低可评为零分。检查内容包括税收执法、税务管理、税款征收、票证管理、税务登记、优惠政策落实、税务稽查、政府采购、经营管理、后勤管理、干部提拔与调动等方面。从检查情况看，全区14个地级市地方税务局执法质量考评分数均达到优秀，最低分为92.3分，最高分为97.65分。这说明全区地税系统的税收执法状况逐年好转，行风和党风廉政建设卓有成效。但是，检查中也发现了不少问题，反映出税收执法还存在一些问题和偏差，如执法不规范、程序违法、执法力度偏软、监督不力等。

【重大案件审理】 完善重大案件审理制度，不断强化内控机制。重大案件审理是对税收执法权在稽查环节进行有效监督的一项重要制度。为此，广西地税法规部门高度重视此项工作，不断创新思路和手段，规范重大税务案件审理工作，充分发挥案件审理对税务稽查过程的监督和促进作用。2008年，全区地税系统审理的重大税务案件210起，维持检查机构初审意见185起，发回复查19起，改变检查部门拟处理意见6起。其中，自治区地方税务局直接审理了稽查局提交的查补中国银行广西分行个人所得税等税务案件。经过审理，发现和纠正了提审报告中事实不清、适用法律法规不正确、处罚不当等问题，进一步规范了税收执法行为，减少了执法偏差，有效地防范了执法风险，消除了行政争议的隐患和漏洞。

【税收执法责任制】 税收执法责任制试点工作不断推进。2003年以来，自治区地方税务局先后在柳州市、梧州市、宜州市开展税收执法责任制试点，崇左、来宾、百色、贵港等市也积极推行税收执法责任制试点或示范工作。各试点单位参照国家税务总局印发的范本，借鉴外省地税部门的做法，先后制定了《税收执法责任制岗位职责和工作规程》、《税收执法责任制评议考核办法》、《税收执法责任制过错追究办法》等制度。通过推行执法责任制，试点单位的执法理念得到了转变，执法水平有了明显提高，征管质量和服务质量明显改善，队伍建设得到进一步加强，树立了良好的地税形象。但是，在推行执法责任制贯彻中，也面临不少问题和阻力，主要是：思想认识存在偏差；岗责不清，责权利不明；考评手段落后，缺乏奖惩机制等。为此，面对新形势和新任务，为了巩固和完善税收执法责任制，把试点推向全区，处领导多次深入到河池、柳州等地调研，帮助试点单位总结经验，分析存在问题，完善制度，在运用信息化考核手段上进行一些探索和尝试。如柳州市地方税务局将执法责任考核与年度目标管理考核相结合，建立以信息化为支撑的“人机结合”考评方式方法。崇左市地方税务局为实现严格考评和解决责任追究难的问题，合理确定责任追究标准，实现了责任制追究的量化管理。

【税收执法资格考试】 精心组织税收执法资格考试。为全面提升税务执法人员的素质，确保税收执法的质量和水平，按照国家税务总局的要求和部署，法规处与监察室等部门通力协作，精心组织，严密部署税收执法资格考试。2007年11月，全系统1305名地税干部参加国家税务总局举办的税收执法资格考试，取得良好的成绩，参加考试人员的及格率达99.69%，平均分为82.54分。在做好上年税收执法资格考试总结和办证等收尾工作的基础上，2008年广西又牵头组织了一次税收执法资格考试，参考人员26人全部通过了考试，消除了执法人员的后顾之忧，确保我区地方税收执法人员的执法资格合法有效，避免了无谓的纷争，从源头上对税收执法活动进行严格把关。

【税务行政复议】做好复议应诉工作，充分发挥行政救济功效。近年来，随着纳税人法律意识的提高和维权意识的增强，广西地税系统行政复议和行政诉讼案件不断增多。为此，广西紧紧围绕自治区地方税务局中心工作，加大对复议应诉工作的指导力度，严格公正执法，牢固树立执法为民观念和责任意识，努力提高工作质量，切实为基层税务机关服务、为纳税人服务。一年来，法规处领导多次深入河池、柳州、梧州、贺州等地，及时指导办理广西中金矿业有限公司、广西盐业公司、贺州益业公交公司、柳州庄承房地产公司、协和房地产公司、桂林强盛房地产公司、宜州金龙房地产公司等税收案件和巴马黄炎昭行政诉讼案件。2008年广西各级地税机关共收到行政复议申请21起，其中，依法不予受理6起，纳税人撤回申请11起，作出变更处理1件，维持3起。共发生行政诉讼案件2起，其中，经复议后诉讼的案件1起，未经复议诉讼的案件1起，已应诉1起，目前该案件已撤诉。这些案件表现出了以下特点：从申请人的构成情况看，大部分是法人或其他组织，运用法律手段解决争议的能力较强；从被申请人的构成和案发地情况看，县级地方税务局和稽查局是主体，市地方税务局承担的行政复议工作任务较重，且案件地区分布极不平衡；从申请复议事项方面看，征税行为和税务行政处罚行为占绝大多数，相关执法行为面临的执法风险也较大；从案件办理过程看，案件出现复杂化倾向，案件审理工作任务明显加重。同时，各地在办案过程中也暴露出人员配备不齐和干部素质不高，对复议申请存有排斥、恐惧等认识误区，办案能力欠缺等问题。为此，自治区地方税务局下文要求：切实提高认识，调整充实复议机构人员；强化学习培训，提高法律意识和业务水平；依法办理案件，确保行政复议案件审理质量；认真执行规定，做好行政复议相关资料报送工作。

【其他工作】1. 加强政治理论学习，以科学发展观统领税收法制工作。

一是认真学习党的十七大报告和十七届三中全会精神。法规处人员通过集中学习、个人自学和讨论，深刻领会和把握党的十七大报告和十七届三中全会精神实质，自觉地将思想和行动统一到党中央的部署和决策上来，增强贯彻落实党的路线、方针、政策的自觉性和主动性。

二是开展继续解放思想大讨论活动。2008年2月份以来，按照自治区地方税务局党组的统一部署和安排，法规处紧紧结合税收法制工作实际，运用学习讨论、调查研究和分析检查等多种形式，积极开展继续解放思想大讨论活动。通过继续解放思想大讨论活动，进一步克服了因循守旧的观念，创新了工作思路，破解了一些税收法制工作中的难题。

三是积极开展学习实践科学发展观活动。2008年10月7日，自治区地方税务局召开“开展深入学习实践科学发展观活动动员大会”以来，法规处按照自治区地方税务局的总体安排，认真抓好每一个阶段的学习实践活动。先后3次集中学习胡锦涛总书记和党委领导关于学习实践活动的讲话精神，认真制定本部门的活动方案，做好读书笔记，撰写心得体会。在活动中，自始至终突出实践特色，围绕地税部门如何更好地贯彻落实科学发展观，做大做强税收这篇文章，提出一些有价值的意见和建议。法规处领导多次深入桂林、北海、钦州、防城港、贵港、百色、河池等地开展调查研究，倾听纳税人和社会各界对地税部门的意见和建议，帮助基层税务机关解决税收执法过程中遇到的实际问题。

2. 做好税法宣传和服务。

为了方便党政机关和广大纳税人了解税收政策，自治区地方税务局编印了《地方税收优惠政策文件汇编》（上、下册）共50万字，1.2万册，赠送给各级党政机关和纳税人查阅。每月还定期出版一期《地方税收法制文件汇编》，印数3万册，全年印量36万册，赠送基层地税人员和纳税人使用。

3. 转变作风，深入基层，加强调查研究。

为贯彻落实科学发展观，建立和谐征纳关系，了解基层税务机关的工作水准与状况，掌握纳税人关注的热点难点税收问题，一年来，通过专题调研、办案、接访、到广播电台做节目等方式，先后66人次共156天，深入桂林、柳州、北海、钦州、防城港、玉林、贵港、百色、河池等市县，督促检查组织收入和税收执法，指导基层税务机关处理重大税务案件审理、税务行政复议、行政诉讼案件，帮助基层税务机关解决执法过程中遇到的实际问题，对纳税人关注的一些热点难点问题及时给予了解答。通过调查研究，扩大了税法宣传的途径和覆盖面，提高纳税遵从度和工作效率，及时了解税收政策措施的贯彻落实情况，为税收政策决策、措施制定提供依据和参考。

在调查研究的基础上，法规处先后组织撰写了《关于贯彻落实〈全面推进依法行政实施纲要〉的调研报告》、《关于实施西部大开发优惠政策有关情况的报告》、《推进经济体制改革工作情况》、《关于税收征管法清理意见》、《重大税务案件审理专项调研报告》等调研报告10多篇，完成了《落实税收优惠政策，促进广西经济社会发展》、《中国与东盟税收比较及协调研究》和《推行税收执法责任制，加强地税系统内部执法监督研究》等自治区地方税务局调研课题3篇。

此外，加强与挂钩单位柳州市地方税务局的联系和沟通，切实抓好组织收入工作。根据自治区地方税务局关于建立工作联系制度的要求，从9月份开始，法规处坚持每月派员一次到挂钩单位柳州市地方税务局各征收单位，督促检查做好组织地方税收收入工作。截至2008年12月30日，柳州市地方税务局组织各项税收入库42.74亿元，完成自治区地方税务局下达的42.6亿元收入任务的100.1%。

4. 加强党风廉政建设，增强凝聚力和战斗力。

一是加强全处党员干部政治纪律教育。深入贯彻中央纪委十七届二次全会、自治区纪委四次全会精神，认真学习《以胡锦涛同志为总书记的党中央反腐倡廉重要论述》、《党的十七大反腐倡廉精神学习辅导》、《党的十七大反腐倡廉精神学习问答》、《新时期领导干部反腐倡廉教程》、《新时期领导干部反腐倡廉教育50例》等材料，增强干部拒腐防变意识。

二是积极参加廉政文化建设，在“读书思廉”教育活动中，每位干部读一本书，撰写一篇心得体会。

三是认真贯彻落实《关于严格禁止利用职务上的便利谋取不正当利益的若干规定》，不违反规定收送现金、有价证券等财物，确保全处干部廉洁从政。

（陈仁英　黄荣国　陈均宝　黄安庄）

流转税管理

综　述

2008年，流转税处在自治区地方税务局党组的正确领导下，以邓小平理论和“三个代表”重要思想为指导，认真学习贯彻党的十七大、十七届三中全会、自治区十一届人大二次会议精神，深入学习实践科学发展观，开展解放思想大讨论，进一步解放思想，锐意进取，坚持聚财为国、执法为民的工作宗旨，坚持依法治税，加强税源监控，优化纳税服务，提高队伍素质，创新科学管理，勤政廉政，按照工作计划和部署，积极开展各项工作。

各项工作

【税收收入】2008年，全区共组织营业税、城市维护建设税、教育费附加、文化事业建设费、防洪保安费、地方教育费附加（简称“六税费”）收入162.17亿元，比上年增收24.79亿元，增长18.04%，占全区地方税收收入293.1亿元的55.33%。其中，营业税收入为121.95亿元，比上年增收18.83亿元，增长18.3%，占“六税费”收入的75.2%；城市维护建设税收入为21.82亿元，比上年增收3.28亿元，增长17.7%，占“六税费”收入的13.5%；教育费附加收入为10.97亿元，比上年增收1.62亿元，增长17.3%，占“六税费”收入的6.8%；文化事业建设费收入为0.72亿元，比上年增收0.07亿元，增长11.0%，占“六税费”收入的0.4%；防洪保安费收入为2.65亿元，比上年增收0.42亿元，增长18.9%，占“六税费”收入的1.6%；地方教育费附加收入为4.06亿元，比上年增收0.58亿元，增长16.7%，占“六税费”收入的2.5%。地方流转税收入继续保持高效增长，较好地完成了聚财为国、执法为民的工作任务，为广西地方经济又好又快发展提供了财力保障。

【税种管理】1. 解放思想，全面落实科学发展观。

按照自治区地方税务局机关党委的统一部署，开展政治理论学习，认真贯彻落实改进干部作风的各项措施，提高工作效率。一是认真学习领会“解放思想、贯彻落实科学发展观”有关文件精神，做到思想上统一认识，工作上积极主动，充分发挥各自的主观能动性，提高工作效率。二是认真全面查找问题，结合实际工作，查找工作中做得不够或研究不深的问题，明确今后工作的具体整改方向。三是紧紧围绕全局工作重心开展工作。紧紧围绕自治区党委、政府和自治区地方税务局确定的目标任务，突出组织收入这个中心，干实事，谋实效，进一步提升工作质效，积极抓好税收分析和重点税源监控工作，提高税源监控能力。

2. 规范税收执法，落实税收政策。

(1) 完成了《地方流转税法规汇编》的校对和发行工作。通过努力，完成了《地方流转税法规汇编》一书的印制、发放工作，保证了基层人员业务学习和工作的需要。

(2) 全面深入地参与新的营业税条例的研究制定工作。

①积极参与新的营业税暂行条例及实施细则的调研工作，撰写调研报告，向国家税务总局及时提出了营业税暂行条例及实施细则的修改意见和建议。提出了包括增加出租境内土地和不动产行为作为境内应税行为，取消征求意见稿中关于关联企业交易进行营业税调整的规定等重要建议，通过政府文件上报国务院，并得到了采纳。

②圆满承办全国营业税暂行条例修订工作会议。全国流转税处长在为期两天的会议中充分总结14年的经验教训，提出了改进完善营业税的意见和建议。这次会议全国各省市同行都很满意，也得到了财政部、国家税务总局的充分肯定。

③根据财政部、国家税务总局的要求，根据新的营业税暂行条例及实施细则的精神，组织力量对涉及营业税的文件进行研究，提出清理意见报送财政部、国家税务总局，并得到肯定。

④完善扶持林浆纸一体化产业和农业产业化发展的税收政策，通过向上级部门积极争取，研究出台了涉农免税具体项目的文件，对公司加农户经营中的代种代养收入和农民植树相关劳务行为，明确了免征营业税政策。

3. 加强税收分析和单项税种管理。

(1) 为更好学习实践科学发展观，鼓励和支持非公有制经济发展，以人为本，扶持弱势群体，扩大内需，促进经济平稳健康发展。通过调查研究，完成了营业税起征点调整问题的调研工作，撰写了《关于提高广西营业税起征点的评估报告》论文并获全区地税系统科研论文一等奖；与自治区财政厅、自治区国税局联合下发《关于重新调整增值税营业税起征点的通知》，决定从2009年1月1日起，按期纳税的营业税起征点统一调整为月营业额3000元，按次纳税的营业税起征点为每次（日）营业额100元。

(2) 为确保中央和自治区关于扩大内需，促进经济增长的政策措施贯彻落实到位，进一步减轻企业和个人的税收负担，促进广西经济的持续稳定增长，积极开展营业税政策的调查研究工作。

(3) 为贯彻落实国家拉动内需政策措施，积极应对国际、国内的经济形势，进一步促进我区房地产市场平稳健康发展，结合广西房地产税收征管工作现状，积极调查研究，对房地产二手房交易、房屋出租的行为征收营业税问题提出了合理的征管办法。

(4) 积极开展“两税”（增值税、消费税）信息和城市维护建设税、教育费附加的比对工作，派人员参加了国家税务总局举办的培训班学习，和计算机信息中心一起组织举办了全区地税系统“两税”信息软件安装和使用培训班。

【税政调研】 1. 开展调查研究，解决流转税工作热点、难点问题。

(1) 指导河池市开展不动产建筑房地产税收项目管理试点工作。按照国家税务总局的布置和要求，确定河池市地方税务局作为广西不动产建筑业营业税项目管理试点单位，对相关技术单位开发的不动产建筑业营业税项目管理软件进行操作使用试点。试点期间，与有关处室多次派人员到河池指导试点工作，帮助解决业务问题。

(2) 及时研究并解决基层单位提出的有关业务问题，有些问题的解决为全国其他地方提供了借鉴。例如：转让温室气体排放指标、合资企业再投资企业是否免征城市维护建设税和教育费附加、设备安装企业分包工程的发票开具以及分包工程代开发票、无形资产转让征收营业税等问题。

(3) 通过深入基层调查了解，帮助基层解决了合山电厂资产转让、南宁大桥总分包劳务、玉林市场开发中心补偿收入、广西高速公路管理局置换资产等有关征收营业税的问题。

(4) 与自治区建设厅劳保办对建筑安装工程劳动保险费征收营业税的有关问题进行调研，提出营业税税收征管工作意见和建议；联合自治区邮政管理局就有关邮政快递业务征收营业税问题进行研究。

(5) 加强与联系单位南宁市地方税务局的工作联系，深入基层，听取意见和建议，帮助基层解决营业税征管问题，指导、协调、督查开展税收征收工作。

2. 开展科研工作，提高科研能力。

（1）完成了国家税务总局布置的试点物流企业、货物运输企业基本情况的调查和冰冻灾害对营业税影响及政策建议的报告，完成了国家税务总局货物和劳务税司营业税处布置的课题调研工作，参加了在上海、哈尔滨市召开的座谈会，提交了《关于涉农营业税有关政策问题探讨》的课题论文。

（2）积极参与促进广西北部湾经济区开放开发的税收政策调研，继续参与天生桥水电站税收分配课题、交通运输行业税收管理、社会综合治税课题的调研工作。

（3）积极开展广西地税反避税工作，派人员参加了国家税务总局组织的培训班学习，组织部分人员编撰《营业税反避税理论、法规、经验与案例》一书，并有针对性地给基层地税部门下发了相关的反避税案例。

【其他工作】一是认真做好公文的处理工作；二是加强内部档案管理；三是提高办事效率，认真解答基层地税部门和纳税人提出的有关营业税政策的问题；四是积极完成领导交办的工作任务。

（黄瑞贵）

所得税管理

综　述

2008年，在自治区地方税务局党组的正确领导下，全区地税系统所得税管理部门认真贯彻党的十七大、十七届三中全会和中央、自治区经济工作会议精神，按照国家税务总局提出的推行所得税科学化、专业化、精细化管理要求，全面学习实践科学发展观，认真学习贯彻实施新企业所得税法，加强和改进所得税管理，严格税收执法，优化纳税服务，扎实做好工作，充分发挥所得税组织收入、调节经济、调节收入分配的作用。

各项工作

【所得税收入】在组织所得税收入中，始终坚持“依法征收，应收尽收，坚决不收过头税，坚决防止和制止越权减免税”的组织收入原则，高度重视企业所得税改革和个人所得税改革带来的减收因素，加大组织收入工作力度，努力将税制改革减收的影响降到最低程度，确保所得税收入稳步增长。同时，根据国家税务总局的要求，建立了所得税收入定期分析的工作制度，通过加强所得税收入分析工作，使全区所得税管理部门及时了解和掌握所得税税源分布及变化情况，为强化所得税税源管理和夯实税基，提高所得税征管质量和效率提供重要依据。为了确保完成全年所得税收入任务，在第四季度提出了六项具体工作措施：

一是坚持“依法治税，应收尽收，坚决不收过头税，坚决防止和制止越权减免税”的组织收入原则，努力挖掘税收政策潜在的税源，采取切实可行的组织收入措施，力争确保完成2008年度所得税收入任务。二是进一步加强企业所得税预缴的管理。即对纳税人2007年度应纳税所得额超过30万元（含30万元）的，原则上采取按月预缴企业所得税的办法。三是强化管理，加大税收稽查力度。将未开展2007年度企业所得税汇算清缴工作的纳税人列入2008年度旺征工作期间需重点检查的企业对象。四是做好总分支机构企业所得税征管工作。五是加强对重点税源户和重点行业企业的个人所得税检查工作，以及对年所得12万元以上个人自行纳税申报专项检查工作。六是加强部门之间的协调配合，提高工作实效。

据统计，2008年全区地税系统共组织企业所得税收入354839万元，比上年同期增长15%，同比增收47540万元；个人所得税收入440495万元，比上年同期增长10.63%，同比增收42313万元。

【税收政策落实情况】1. 全面贯彻实施新企业所得税法及其实施条例，扎实做好贯彻执行工作。

从2008年1月1日起，中国正式实施新企业所得税法及其实施条例。为了确保新企业所得税法的顺利实施，认真做好新、老税法的政策和征管衔接工作，及时跟踪掌握各地贯彻落实新税法的工作进展情况，解决新税法贯彻落实中存在的问题，扎实做好各项工作：一是积极向自治区人民政府报告，争取自治区党委、政府的支持；二是成立领导小组；三是召开贯彻实施新企业所得税法专门会议，部署有关工作；四是制定贯彻实施新企业所得税法工作方案；五是及时将国家税务总局印制的《中华人民共和国企业所得税法》及《中华人民共和国企业所得税法实施条例》小册子和录制的学习光盘等宣传培训资料发放给各市地方税务局，由各市地方税务局作为宣传、学习材料无偿提供给纳税人，让纳税人充分了解应该如何适用新税法，提高纳税人对新税法的遵从度；六是认真做好贯彻实施新企业所得税法跟踪问效工作机制；七是开展形式多样的宣传工作，宣传新税法。

2. 全面落实现有的所得税优惠政策，充分发挥所得税优惠政策的调节作用。

所得税管理部门把准税收优惠政策的内涵和实质，精心周密筹划贯彻税收优惠政策方案，用好、用足、用活各项税收优惠政策，支持企业，促进地方经济又好又快发展。据不完全统计，全区地税系统共审核审批 1056 户企业减免 2007 年度企业所得税，减免企业所得税款 256192 万元，户均减免税款达到 243 万元，减免企业所得税款占 2007 年度入库企业所得税 307248 万元的 83.38%。其中，根据国家和自治区有关西部大开发税收优惠政策，审核审批 776 户企业享受国家鼓励类税收优惠政策减按 15%税率缴纳企业所得税，减征税款 194731 万元，占全年减免企业所得税款的 76.01%；审批涉农企业免征企业所得税 79 户，免征税款 14373 万元，占全年减免企业所得税款的 5.61%；审批劳服企业减免企业所得税 4 户，减免税款 79 万元，占全年减免企业所得税款的 0.03%；审批资源综合利用企业减免企业所得税 12 户，减免税款 8509 万元，占全年减免企业所得税款的 3.32%；审批软件企业减免企业所得税 2 户，减免税款 12 万元，占全年减免企业所得税款的 0.01%；审批其他企业减免企业所得税 183 户，减免税款 38488 万元，占全年减免企业所得税款的 15.02%。审批 294 户企业 27114 万元财产损失在 2007 年度企业所得税前扣除。核准 35 户企业用 2007 年度新增企业所得税 5792 万元抵免其技术改造项目投资额。

3. 认真贯彻落实"5·12"地震灾害捐赠所得税政策。

"5·12"地震灾害牵动着全国人民的心，单位和个人纷纷慷慨解囊踊跃捐款、捐物支援灾区。为了鼓励捐赠行为，财政部和国家税务总局先后下发了《财政部 国家税务总局关于认真落实抗震救灾及灾后重建税收政策问题的通知》（财税〔2008〕62 号）、《国家税务总局关于个人向地震灾区捐赠有关个人所得税征管问题的通知》（国税发〔2008〕55 号）、《国家税务总局关于中国共产党党员交纳抗震救灾"特殊党费"在个人所得税前扣除问题的通知》（国税发〔2008〕60 号）和《财政部 海关总署 国家税务总局关于支持汶川地震灾后恢复重建有关税收政策问题的通知》（财税〔2008〕104 号），明确捐赠的有关税收政策，并要求各地税务机关加大宣传力度。在接到上级文件后，广西壮族自治区地方税务局及时通过"12366"税收服务平台、电视、广播、报纸、新闻网站等多种渠道大力宣传有关政策，并抓好政策的解释和落实工作。

4. 积极研究并出台有关政策，促进经济发展。

所得税处在《关于进一步明确涉农劳务税收问题的通知》（桂地税发〔2008〕99 号）文件中明确了涉农收入免征个人所得税的规定；在《关于改进房地产业税收管理的通知》（桂地税发〔2008〕164 号）文件中，增加了对个人所得税采取综合征收率的规定，大大降低了个人在房产交易、房产出租的税负；在《关于改进地方税收管理 减轻纳税人负担 促进经济增长有关问题的通知》（桂地税发〔2008〕177 号）文件中，加大了对微利企业、中小企业的企业所得税的扶持力度。

【所得税征收管理】1. 认真做好 2007 年度内资企业所得税汇算清缴工作，确保汇缴收入足额入库。

企业所得税汇算清缴是企业所得税征收管理工作的重要组成部分，既是纳税人履行纳税义务的体现，也是对税务机关企业所得税征管工作的检验。2007 年度是执行原内资企业所得税制度的最后一年，为了确保 2007 年度内资企业所得税汇算清缴工作质量，广西紧紧围绕国家税务总局关于"明确主体、规范程序、优化服务、提高质量"的汇算清缴工作思路，要求各级税务机关在 2007 年度汇算清缴工作中，应贯彻依法治税原则，认真做好汇算清缴工作中新、旧税制的衔接工作，按照企业所得税审批权限及时受理、审批符合政策规定的 2007 年度企业所得税各种审核审批事项。根据"核实税基"的要求，严格执行原企业所得税制，特别要重点审核企业有无违反权责发生制原则、有意减少 2007 年收入、增大成本和费用等情况，防止企业违反税法规定人为调节 2007 年度应纳税所得额，从而少缴企业所得税。据统计，截至 2008 年 5 月底，全区地税系统所管企业自行汇算清缴入库企业所得税 31055 万元，同比增加 6644 万元，增长 27.22%。

2. 继续抓好个人所得税自行纳税申报工作。

年所得 12 万元以上个人自行纳税申报工作作

为一项长期开展的工作，已成为广西区地税正常工作的一部分。自治区地方税务局在总结去年首次开展年所得12万元以上纳税人自行纳税申报工作经验的基础上，继续完善对自行纳税申报工作的组织领导、政策宣传、申报受理等各项工作。在组织领导方面，各级地税机关成立的贯彻落实《个人所得税自行纳税申报办法》领导小组，对基层单位工作的开展情况进行全程指导和监督，同时根据国家税务总局要求明确了包括宣传、受理、档案管理、跟踪反馈机制等一系列具体工作要求。在自行纳税申报工作的后期，各级地税机关的一把手亲自挂帅，所有班子成员各自督促所分管征收单位开展申报受理工作，进一步强化工作力度，使自行纳税申报工作再掀高潮，最终超额完成国家税务总局下达的申报任务。在政策宣传方面，个人所得税自行纳税申报的宣传工作从2007年第四季度开始，持续至申报期结束，各级地税机关运用各种方式，发放有关宣传资料，努力使个人所得税自行申报政策做到家喻户晓。据统计，全区地税共发放税收宣传资料60360份，“12366”服务热线受理咨询1125次，税务网站接受咨询3643次，办税服务厅受理咨询14684次，举办培训辅导班169次，上门开展纳税申报服务3271次。在申报受理方面，各级地税部门转变工作方式，主动服务纳税人，提高自行纳税申报服务质量。如根据纳税人对去年自行纳税申报工作的一些意见，鉴于年所得12万元以上个人进行纳税申报怕曝光、申报信息怕泄漏的特殊性，2008年全区各级地税机关除采取大厅申报、邮寄申报等共性的申报受理方式外，各基层主管税务机关还较多地采取到重点纳税企业去、到纳税人中去直接受理申报的个性化服务，针对单位集中代理申报和个人自行申报采用不同的受理方式，深受纳税人欢迎。

在国家税务总局和自治区地方税务局领导的正确指导下，在全体地税干部的共同努力和社会各界包括纳税人的大力支持下，广西区2008年个人所得税自行纳税申报工作取得了圆满成功，提前三天完成国家税务总局下达的申报任务。截至2008年3月31日，全区共有15572名纳税人进行自行纳税申报，涉及年所得额475211.18万元，应纳税额77674.57万元，已扣税额76900.20万元，抵扣税额23.71万元，减免税额85.36万元，补缴税额706.83万元，退税额41.54万元。其中，应补缴税款人数有863人，应补缴税款数额最大的项目为工资、薪金所得，补缴税额211.32万元。

3. 抓好个人所得税代扣代缴系统推广应用管理工作。

个人所得税管理系统于2007年7月起在广西区170户2006年扣缴个人所得税150万元以上的单位中开始应用，这是广西区个人所得税管理的重大突破，是实现个人所得税“四一三”管理工作，实现个人所得税科学化、精细化管理的必要手段。根据所得税处2008年工作计划，全区将进一步扩大系统的应用范围。为了确保推广工作的顺利进行，在总结经验和问题、完善后续服务的基础上，决定在2008年底前完成对2007年缴纳地税收入30万元以上的重点税源户的个人所得税代扣代缴系统培训工作；同时，要求在2010年底以前全面完成对所有法人单位扣缴义务人的系统推广工作。至2008年年底，全区已培训扣缴义务人2972户。

4. 开展年所得12万元以上个人所得税自行纳税申报专项检查工作。

根据国家税务总局的工作部署，自治区地方税务局已在全区范围内开展年所得12万元以上个人所得税自行纳税申报专项检查工作，检查重点是保险公司、基金公司、证券公司、中介机构（重点是律师事务所、会计师事务所、税务师事务所）、专业培训机构（如外语、职称、专业资格、专业技能、基础教育等辅导培训）等行业。此举不仅能够进一步规范个人所得税代扣代缴工作，而且有利于加强对高收入者的管理工作，促进纳税人依法履行自行纳税申报义务，同时也为明年年所得12万元以上个人所得税自行纳税申报工作打下良好的基础。

5. 加强部门协作及上下沟通，形成合力，信息共享，共同做好所得税工作。

由于所得税工作政策性强，涉及面广，为此，在实际工作中，注意加强部门间、上下级间的协调与配合，做到相互理解、相互配合、相互支持。一是注意加强与各税种管理部门、法规、征管、计统和稽查部门的政务协作，做好税收政策研究、提出政策修改意见和所得税收入分析工作，形成工作合力；二是注意加强与财政和国税部门的政务协作，建立工作联系制度，及时做好税收文件的转发工作；三是注意加强与农业厅、经委、科技厅等行业主管部门的政务协作，做好有关税收优惠政策的贯彻执行工作。

【业务培训】2008年是新企业所得税法实施的第一年，根据新企业所得税法全面培训的要求，创新培训方式，开展送培训到基层、到企业的活动，

切实提高全区地税干部素质和依法治税能力，为提高纳税人自觉遵从税法提供了保证。一是采取请进来的做法，邀请国家税务总局所得税管理司的领导给全区地税干部讲解新企业所得税法及其实施条例的精神实质，确保全系统准确把握新法的各项条款内容。二是为了提高培训质量，各地在举办培训之前，开展了新企业所得税法知识的摸底测试，全区上下形成了逢训必考的局面。三是先后派员到南宁市、梧州市、柳州市、防城港市、河池市、来宾市、桂林市、崇左市、玉林市和柳钢集团、湘桂糖业集团、供销联社、玉柴集团开展送培训到基层和纳税人中去的活动。培训重点内容是讲解新企业所得税法及其实施条例，使地税干部的业务素质和依法行政能力得到了进一步的提高，使纳税人对税收政策的领会和理解得到了进一步的加强。四是及时编印《新企业所得税法宣传资料》1万本，供基层税务干部和纳税人学习使用。据不完全统计，2008年上半年，全区各级地税部门培训税务干部21次，共计2659人；举办纳税人新企业所得税法学习培训班34次，培训企业负责人和财务人员3361人。

【税收调查研究】1. 开展助推广西北部湾经济区发展的各项税收优惠政策的调研。

所得税处牵头负责提出了广西支持北部湾经济区开放开发税务工作方案，并成立了政策宣传组、政策建议组、政策争取组、征管服务组和国际税收研究组5个工作组，专门开展税收对策的研究，其中，政策建议组和政策争取组由所得税处直接负责。政策建议组负责研究在广西的权限范围内提出助推北部湾经济区发展的政策建议。最终形成了向自治区人民政府提交的《自治区地方税务局关于在广西北部湾经济区实行更宽泛地方税收优惠政策建议的函》(桂地税函〔2008〕171号)，提出了对广西北部湾经济区内享受西部大开发税收优惠政策及高新技术企业实行减按15%税率征收企业所得税的企业，自2008年1月1日起至2010年12月31日止免征属于地方分享的40%部分企业所得税，即减按9%征收企业所得税等四项政策建议。

2. 开展新税法框架下如何加强企业所得税管理的调研。

按照国家税务总局提出的今后一段时间企业所得税管理工作的总体要求，借贯彻落实新企业所得税法之机，找准企业所得税管理工作的薄弱环节，研究如何采取有针对性的措施，理清在新税法的框架下进一步加强企业所得税管理的基本思路。2008年1月，布置南宁、柳州、桂林、北海、百色、崇左六市从如何加强日常管理、如何加强政策管理、如何加强反避税管理、如何加强稽查管理、如何加强信息化管理、如何加强纳税服务管理、如何加强执法监督管理、如何加强机构管理八个方面开展了新税法框架下如何加强企业所得税管理的调研。经过深入细致地调研，认真剖析广西区企业所得税管理中的不足之处和存在问题，积极向国家税务总局提出加强企业所得税管理的意见和建议。

3. 开展企业所得税年度纳税申报表的调研。

新企业所得税法及其实施条例已于2008年1月1日起正式实施，所得税处参与了研究和修订新企业所得税年度纳税申报表工作，并组织基层税务机关和纳税人进行研究，提出书面修改材料供国家税务总局参考。在新企业所得税年度纳税申报表表样和填报说明基本定稿后，根据国家税务总局的要求，指定4户商业企业和2户中介机构试填新企业所得税年度纳税申报表，确保了新企业所得税年度纳税申报表更方便纳税人填报，更符合企业所得税管理的要求。

4. 开展企业所得税征管范围的调研。

2008年9月，根据国家税务总局提出的企业所得税征管范围划分调整大方案和小方案的工作要求，依据2005年至2007年广西区国、地方税务局企业所得税管户的基本情况，分别按照大调整方案和小调整方案进行测算，从有利于促进地税可持续发展的角度，提出了自治区地方税务局关于企业所得税征管范围按小调整方案进行调整的意见。国家税务总局已下文要求按小调整方案重新划分企业所得税征管范围。

5. 开展2008年度企业所得税管户情况调查。

针对广西区企业所得税管户不清的实际情况，为了切实加强企业所得税征收管理，于2008年第三季度开展了一次较为全面的企业所得税纳税户籍调查清理工作。据统计，截至2008年6月30日，全区的企业户数为117465户，比2007年底全区的企业户数112231户增加5234户。地税部门管户39578户，占总户数的33.7%；国税部门管户77883户，占总户数的66.3%。其中，地税管户的正常户为24515户，占管户的61.94%；非正常户14402户，占管户的36.39%；跨省分支机构340户，占管户的0.86%；跨市分支机构321户，占管户的0.81%。通过调查，全面掌握了全区地税系统的企业所得税管户情况，夯实了企业所得税管理基础工作。

6. 开展2001～2007年度企业所得税减免税情

况调查。

为了全面掌握广西区企业所得税优惠政策贯彻执行情况，于2008年9月开展了全区地税系统2001～2007年度企业所得税减免税情况调查工作。经调查，这些年，全区地税系统立足于现行分税制体制下的民族自治地方政府税收减免权限，把准税收优惠政策的内涵和实质，精心周密筹划贯彻税收优惠政策方案，用好、用足、用活各项税收优惠政策，支持企业，促进地方经济又好又快发展。据不完全统计，全区地税系统2001～2007年度共审核审批6528户企业减免企业所得税，减免企业所得税款895436万元，户均减免税款137万元。其中，审批审核3866户企业享受西部大开发企业所得税优惠政策，减免税款682504万元，占减免企业所得税款的76.22%；审批涉农企业免征企业所得税283户，免征税款34310万元，占减免企业所得税款的3.83%；审批劳服企业减免企业所得税170户，减免税款13292万元，占减免企业所得税款的1.48%；审批资源综合利用企业减免企业所得税75户，减免税款17632万元，占减免企业所得税款的1.97%；审批软件企业减免企业所得税16户，减免税款536万元，占减免企业所得税款的0.06%；审批其他企业减免企业所得税2118户，减免税款147163万元，占减免企业所得税款的16.43%。减免税款由2001年占地税税收收入的2.04%提高到2007年的11.50%；由2001年占应缴企业所得税收入的5.85%提高到2007年的45.47%。充分发挥了企业所得税优惠政策的经济和社会效应。

7. 开展劳务报酬所得个人所得税管理问题的调研。

为了更好地解决劳务报酬所得个人所得税税政和管理工作中存在的问题，根据基层税务机关和纳税人反映在执行劳务报酬所得代开票时遇到的实际问题，经与征管处研究，提出了两个解决方案，供基层税务机关研究讨论。在充分听取基层的意见和建议后，将进一步完善广西区劳务报酬所得个人所得税管理问题，切实解决不利于基层征管和不方便纳税人申报纳税的问题，达到税收政策与征管的相互协调。

8. 开展中国移动公司广西分公司个人所得税款分配问题的调研。

针对中国移动公司广西分公司实行高度集中的薪酬管理制度，并集中在南宁交纳个人所得税的情况，所得税处认真开展调研，在现行法律政策框架下，按照事权与财权相匹配的原则，经与南宁市地方税务局、中国移动公司广西分公司沟通和协商，最终在政策框架下圆满解决了个人所得税款的分配问题。

（农 健）

财产行为税管理

综 述

2008年，财产行为税处以科学发展观为统领，紧紧围绕自治区地方税务局党组与国家税务总局财产和行为税司的工作部署，以组织收入为中心，大力推进依法治税，积极进取，扎实工作，切实加强财产行为各税的科学化、精细化、专业化管理，较好地完成了各项工作任务。

各项工作

【税收收入】2008年财产行为各税入库58.7亿元，同比增收28.3亿元，增长92.98%，完成年初任务39.98亿元的146.92%，完成调整后任务55亿元的106.79%，完成奋斗目标任务56.05亿元的104.79%。

【落实政策】一是落实硅藻土、珍珠岩、磷矿石、玉石等矿产品的资源税税额调整政策。为发挥资源税的调节作用，促进资源的合理开发利用，财政部、国家税务总局决定从2008年10月1日起，调整硅藻土、珍珠岩、磷矿石、玉石等矿产品的资源税税额，硅藻土、玉石调整为每吨20元，磷矿石调整为每吨15元，膨润土、沸石、珍珠岩调整为每吨10元。主动与自治区财政厅法规税政处进行了有效沟通，及时联合转发该政策。

二是落实城镇土地使用税单位税额提高及征收范围扩大政策。2007年1月1日起执行的新修订的《中华人民共和国城镇土地使用税暂行条例》对城镇土地使用税的单位税额标准进行了大幅提高，征收范围扩大到外资企业，在广西区的实施办法也做了明确的补充规定。对未上报税额调整方案给自治区人民政府的市，一方面积极与当地地税机关联系，督促其加强调研和汇报，尽快上报；另一方面，和自治区人民政府相关秘书处保持密切联系，加快办文进度。对自治区人民政府已批复的市，加大对地税机关相关业务科的业务指导，敦促各市严格按照新的税额标准、执行时间开展征收工作。

三是落实车船税有关政策。财政部、国家税务总局在2008年2月下文对车船税代收代缴手续费有关问题做了明确规定，国家税务总局在5月对不在车辆登记地购买保险代收代缴车船税问题、所有权或管理权发生变更的车船征收车船税问题、微型客车的标准问题等做了具体规定，和财政厅相关处也在第一时间内进行了转发传达。

四是落实土地增值税清算政策。国家税务总局在2007年做出了在全国范围内开展土地增值税清算的部署，在2007年转发了相关文件，在2008年将认真检查监督各地不折不扣落实清算政策作为本处的重要议事日程来抓。

五是落实加油站罩棚涉及的房产税政策。2008年9月，财政部、国家税务总局明确对加油站罩棚不征收房产税，和财政厅有关处及时转发了此文，同时按照上级精神，对“以前各地已做税收处理的，不进行调整”。

六是落实耕地占用税政策。自治区人民政府决定，从2008年1月1日起，广西区的耕地占用税不再由财政部门征收，改由地方税务机关征收；对于有关财政农税征管机构的职能转换问题，自治区人民政府将另行研究确定。向自治区地方税务局党组汇报这一政策变动，自治区地方税务局随即对全区部署了耕地占用税的征收管理工作。

【税种管理】1. 车船税管理。在全区加强了与车船管理部门的合作，开展车船信息交流、协助把关，加强与保险机构的配合，共同做好机动车车船税代收代缴工作，基本实现应税车辆“税险同步”的目标。各地加强对保险机构代收代缴工作的监督管理，建立行之有效的自查和检查制度，逐步规范机动车车船税代收代缴工作。来宾、桂林、北海、河池、贵港等地加大部门协作力度，加强监管，严格执法，整顿和规范了车船税管理秩序。我区的车船税征收水平得到质的提高，2008年征收车船税1.9433亿元，同比增收10697万元，增幅达122.4%。

2. 耕地占用税管理。广西区耕地占用税征管职能明确后，按照自治区地方税务局党组指示精神，围绕“做好预征工作，确保税款颗粒归仓”的要求，采取了一系列针对性措施：一是积极争取地方政府的支持，将耕地占用税的纳税环节纳入农用地转用审批程序；二是实行同级国土部门批准占地、同级征收机关征收的征管方式，对不及时、不足额缴纳耕地占用税的，国土部门严格执行不得发放建设用地批准书的规定；三是加强对历年欠税、非法占地应缴纳耕地占用税的管理，堵塞税收漏洞。2008年，广西区耕地占用税入库12.9亿元，全面超过财政部门2007年征收3.9亿元的水平。

3. 强化城镇土地使用税管理。2008年主要做好单位税额调整、征收范围扩大和税源清查工作。具体而言，全区14个市及大部分的县的单位税额已按照新条例的规定进行了调高，新条例得到有效贯彻落实；对外资企业的征收工作全面开展，逐步纳入规范化管理轨道；税源信息经过收集、整理，逐步得到完善，部分地方与国土部门间建立起常态的数据交换和共享机制，定期获取国土部门所掌握的最新土地调查资料；税源清查工作按部就班进行，部分地方对私自扩大占地面积、用地不办证、免税面积不详等情况的纳税人进行实地测量，重点准确核实纳税人的应税土地面积，从而堵塞征管漏洞，防止税收流失。

4. 强化土地增值税管理。全区深化了土地增值税清算工作，提高清算工作质量，规范征收管理，将清算工作逐步纳入日常化、规范化和制度化的轨道。各地根据本地区不同类型的房地产项目，设计更加接近项目实际税负水平的预征率；在落实预征和全面清算的基础上，规范清算规程。南宁、柳州、防城港、桂林等市高度重视，认真组织，周密安排，狠抓落实，清算工作成效显著。南宁市反映，通过清查工作的开展，1～9月，企业自行申报缴纳土地增值税8400多万元，清算审核增加补税840万元，已入库4286万元。从全区收入情况来看，在下半年房地产市场走下坡路的情况下，2008年度土地增值税入库15.77亿元，同比增收5.25亿元。

5. 做好资源税的管理工作。财产行为税处有针对性指导各地加强对重点企业、重点项目的资源税管理，同时，各地也充分发挥主观能动性，加强征管手段，从源头进行控管，如采取了“以炸药管税”等有效的管理办法。

6. 强化其他税种的管理。印花税管理上，进一步强调核定征收；房产税和城市房地产税管理上，进一步突出综合治税；烟叶税管理上，狠抓收购环节税收管理。

【税源管理】全区各地加强了部门协作配合，结合本地实际，运用多种税源控管手段，摸清税源底数，最大限度地获取真实、完整的税源信息。一是地方税税源监控平台的推广，丰富了监控手段；二是房地产税收一体化管理的推进，有效堵塞了税收漏洞；三是根据自治区地方税务局重点税源监控工作要求，对年纳税 30 万元以上的重点税源户，有针对性的加强财产行为税税源的跟踪管理。按照税源专业化管理的思路，全区财产行为税税源基本形成“重点税源实施精细化管理，一般税源实施标准化管理，零散税源实施社会化管理”的格局。

【跨区域工程项目税收管理】做好跨区域工程项目税收管理工作。财产行为税处对跨地区工程项目税收管理继续实施专人负责，加强与周边省地税部门的协作和配合，进一步密切自治区地方税务局与各基层地税机关的沟通，对铁路、公路、高压线路等跨地区项目实行保姆式管理。2008 年，共组织跨地区工程项目税收收入 5800 多万元。

【税收调研】1. 做好耕地占用税的立法调研工作。自治区人民政府明确征管职能后，2008 年 1 月，财产行为税处组成三个工作组分赴全区各市进行耕地占用税征管工作调研。调研主要通过召开座谈会的形式进行，参加人员包括财政部门负责耕地占用税政策业务及具体征收的一线人员，以及各市地方税务局分管领导、税政科长以及各县市区地方税务局税政股长相关人员。在座谈会上，财政部门的同志对广西区以前年度耕地占用税的征管情况进行了通报，基层地税部门介绍了近期调研的情况，财税部门的同志还对会上提出的问题进行了研讨。据不完全统计，在调研期间，共召开 16 个专题座谈会，参加人员约 200 人，收集到意见和建议 39 条，为拟定广西区办法提供了第一手基础素材。初稿完成后，为使广西区办法更加规范、严谨，可操作性更强，财产行为税处多次到财政和国土资源部门取经学习，并多次征求系统内的意见，反复修改，五易其稿，形成送审稿上报自治区人民政府。

2. 完成了广西华银铝业有限公司、广西信发铝业有限责任公司的资源税净矿与原矿折算比例的调研工作。广西华银铝业有限公司、广西信发铝业有限责任公司对地税机关资源税净矿与原矿折算比例存在异议，财产行为税处安排人员深入企业矿山、实验场所进行了实地调研，在有关部门的帮助下，对折算比例进行了进一步明确，保证了主管税务机关资源税征收管理工作的正常开展。

3. 完成了促进北部湾经济区开放开发和广西区经济发展的政策调研。结合广西北部湾经济区发展规划，经过广泛征询意见，深入收集数据，充分论证政策，财产行为税处提出了促进北部湾经济区开放开发的两条建议：一是经批准开山填海整治的土地和改造的废弃土地，从使用的月份起免征城镇土地使用税 5 年，第 6 年至第 10 年减半征收；二是对在北部湾经济区内石油化工、造纸、冶金、轻工食品、高技术、海洋等工业企业，以及物流业、金融业、信息服务业、会展业、旅游业等服务业企业，从 2008 年 1 月 1 日起至 2010 年 12 月 31 日止，免征自用土地的城镇土地使用税和自用房产的房产税或城市房地产税。从 2011 年 1 月 1 日起至 2015 年 12 月 31 日止，减半征收自用土地的城镇土地使用税和自用房产的房产税或城市房地产税。

4. 完成了国家税务总局下达的资源税税目税负调研、车船税征管情况调研任务。

【队伍建设】一是认真做好学习工作。结合继续解放思想大讨论和深入学习实践科学发展观活动的开展，财产行为税处按照规定动作，求真务实，一丝不苟开展活动，确保动作不走形、不变调，并力争有所创新；以深入开展活动为动力，统筹兼顾，提高地方税种管理水平，确保活动和旺征工作两不误、两促进、双丰收。在学习上，一方面在本处多次召开会议集中学习有关领导的讲话和文件精神，大家围绕一切从有利于工作开展、有利于强化地方税种管理和从有利于提高依法治税的目的出发，各抒己见，畅所欲言，解剖自我，触及灵魂，从而统一了思想，提高了认识，增强了政治敏锐性，自觉投身活动热潮；另一方面，每一位干部还结合自身岗位特点，对工作进行了总结和反思，提出了建设性的意见和建议，并撰写了读书笔记和心得体会，有的同志还写成了调查报告或科研论文。

二是进一步理顺关系，明确工作分工。按照“职责明确、合理分工、人尽其才、团结协作、规范高效”的原则，为确保财产行为各税全年收入任务的完成，进一步明确职责分工，提高工作效率，增强团队的凝聚力、向心力和战斗力，财产行为税处对处内人员职责重新进行了分工调整，对各项工作特别是税收管理上进行了细分，极大促进了组织收入工作的开展。

（黎　奕）

税收征管

综　述

2008年，广西各级地税征管部门坚持科学发展观，以邓小平理论和“三个代表”重要思想为指导，以深入开展学习实践科学发展观活动为契机，积极建立、健全与完善税收征管制度，加快推进征收管理信息化建设，进一步规范征收管理执法行为，强化税源监控和优化纳税服务，取得了较好的工作成效，进一步降低了税收征管成本，融洽了征纳关系。

各项工作

【征管制度建设】收集完善“广西地税信息系统”的意见与建议，整合出对税收征管行政审批、税务登记、统计查询、发票管理等方面的5大类共50多项改进完善的业务需求；对国务院规定取消的5类税收行政审批项目后续管理中涉及的工作程序、文书、前后台的衔接和工作职责进行规范；制定大额现金缴税限时段办理、定时现金缴税内部对账制度等五项措施，进一步减少办税服务厅收取现金税款，规避和减少征纳双方安全隐患，优化纳税服务；明确全区建筑行业分包工程业务代开发票和营业税的征收办法，解决长期困扰基层的征管难题；对《地方税（费）综合申报表》等14种税收征管执法文书进行了重新修订，统一归集和整理149种常用征管文书样式及使用说明印发给基层，并明确了各级地税机关印制税收执法文书的管理权限。

【税务登记管理】加强税务登记管理，做好税务登记证件及税收征管文书的政府采购招标、印制工作；税收征管数据省级大集中工作取得积极进展，2008年3月实现了税务登记、申报缴税等数据的省级集中；组织完成了全区地税系统682496户纳税人（含临时户与登记户）行业小类信息代码的采集与转换工作，提高征管数据的质量与精确度。

【地税发票管理】加强地税普通发票管理，促进以票控税。启用涉农免税专用发票，规范和明确涉农免税劳务代开统一发票的开具范围，促进涉农企业与个人的经营发展；明确建筑行业分包工程业务代开发票的流程和条件，解决了分包工程业务代开发票的问题；明确纳税人委托代理人申请代开发票的相关手续问题；明确个人纳税人出租、转让房屋申请代开发票适用不同税率或综合征收率的相关手续问题；对未办证纳税人开具发票等问题做出进一步规范；建立货物运输业发票占用纠错工作流程；加强对定点发票印刷企业的监管和发票防伪品的检查；对定点发票印刷企业实行政府招标；将发票的印、领、用、存、售等各个环节纳入“广西地税信息系统”管理，实现区、市、县、所四级发票的集约化管理；开展发票使用环节的重点检查，联合税务稽查部门、公安机关开展打击发票制假、售假等违法行为，维护好税收秩序。

【重点税源管理】加强纳税人户籍管理，大力清理漏征漏管户，落实欠税公告制度，加强对欠税的控管，通过约谈、公告、强制执行等多种方式清缴欠税3650万元。严格货物运输业税收征管，强化自开票纳税人资格认定和年审工作，充分运用货物运输业发票税控系统加强对货运业税收的日常管理与税源监控，全年共征收货运业税收6.45亿元，比上年同期增收1.9亿元，增长41.7%。依托“广西地税征管信息系统”和重点税源监控管理软件，对全区年缴纳地方各税在30万元以上的4665户纳税户进行重点税源监控，加强重点税源的数据采集、审核和分析工作，为有效开展纳税评估和各级领导科学决策提供可靠的基础。积极开展纳税评估试点。以分行业纳税评估试点为主抓手，与重点税源“扁平化”、专业化管理相结合，依托信息化手段，摸索行业生产经营的特点、规律，构建以分行业为主的纳税评估分析体系，探索建立相关纳税评估工作制度，组建纳税评估队伍，推进纳税评估工作的不断深化和长效运行。一年来，共完成1080户企业的纳税评估工作，评出入库税款18075.66万元，加收滞纳金185.02万元，罚款0.05万元，有效堵塞了税收漏洞，实现了税款增收。纳税评估工作取得初步成效，重点税源分析、监控能力有了进一步提高。开展税收征管经验交流，及时总结全区各地有实效的、创新的税源专业化管理模式和方法，向全区推广效果较好的专业化管理方法，加强对税源专业化管理的指导工作。

【纳税服务】深入推广财税库行联网系统，将正常申报的企业纳税人全部纳入财税库行联网系统缴税，提高税款划缴效能；推动研发纳税人端远程电子申报系统，打破时间与空间的限制，简化了办税程序与手续，有效降低了征纳双方的管理成本；统一全区地税系统基层办税服务厅的纳税标志，提高地税机关形象；指导和监督各级地税机关严格贯彻纳税服务实施办法和纳税服务承诺以及首问负责制、限时办结制和责任追究制，进一步统一和规范了纳税服务工作方式、标准与时限；推进政务公开，及时向社会公开与纳税人办税密切相关的税收政策规定、审批程序和办事流程，增强税收执法的透明度和公正性；充分利用“12366”纳税服务热线、税务网站等资源，开展形式多样的税法宣传，提高纳税遵从度。

【推广应用税控收款机】进一步推进推广应用税控收款机的工作进程：一是根据工作实际，报请自治区人民政府调整广西税控收款机推广应用领导小组的成员名单；二是组织工作组对全国推广应用税控收款机先进地区的相关工作情况开展调研，并结合全区实际提出相关的工作意见与建议，为全区地税系统做好推广应用税控收款机工作提供决策参考依据；三是制定了广西地税应用税控收款机试点工作总体方案，并提请自治区人民政府同意和协调解决启动税控收款机试点工作的有关事项，为开展试点工作打下基础；四是积极做好税控收款机选型招标的前期准备工作。

【推进社会综合治税】部门协作得到进一步加强。与自治区统计局加强协作，认真开展广西第二次经济普查工作；加强与国税部门协作，在纳税人信息共享、国税部门代征部分城建税和教育费附加等工作方面达成共识，相关工作取得突破性进展；与物价部门一同在全区地税系统推进应税物价格鉴证工作；与交通管理、公安机关等部门开展交通车辆“大吨小标”整治工作，规范货物运输行业的管理。通过加强政务协作，进一步优化了全区综合治税环境。

【代收工会经费和残疾人就业保障基金】实施重点税源与重点费源同步监控的“扁平化”管理，抓住重点费源，保证了代收工会经费收入的大幅度增长。据统计，按工会部门提供的数据，2008 年应缴费户数 13070 户，实际申报 6423 户，申报比例 49.14%，实际缴费 6278 户，收缴比例达 48.3%；2008 年共代收工会经费 37581 万元，与 2007 年同比增收 4776.08 万元，增长了 14.56%，征收总额创历史新高。依托信息化，提升代收工作信息化支撑能力。充分利用地税部门计算机业务和技术的优势，研制开发“广西地税信息系统”的残疾人就业保障基金代收管理模块，提高代收工作的效能，进一步方便缴费人缴费；并与区总工会联合组成开发工作小组，在较短的时间内研制开发了“地税代收工会经费管理系统”，实现了全区代收工会经费的省级集中，实现了同步管税和代收费，大大减少了手工操作，减轻了基层的负担，提高了费源管理的监控能力及监督考核、服务社会、代收费工作的质量和效率。各级地税机关根据当地的实际，结合税收征管的模式，积极探索和创新代收工作方式。如推广“网上申报”“自助缴税（费）机”“POS 机刷卡缴费”等，提高代收工作效率。

【调研工作】加强对全区地税征管工作难点、热点问题的调查研究，组成两个课题组通过深入调研分析，撰写出两篇科研课题论文《以人为本，统筹兼顾，协调推进，积极构建服务型地税机关》和《关于完善广西地税系统多元化纳税申报方式的思考》，分别荣获 2008 年度全区地税系统优秀科研成果一等奖和三等奖。

（谢　静）

税收计划、会计、统计

综　述

2008年，按照自治区地方税务局党组的安排部署，计统部门认真落实好各项工作计划，针对计统工作中的各类问题，统筹兼顾，围绕组织收入工作，落实科学发展观，着重抓好重点税源监控管理和报表集中编报，协调各业务部门，充分运用各类数据，努力做好税收分析工作。

各项工作

【税收计划、会计、统计】1. 税收计划工作。一是在2008年初开展全区地税系统年度税收计划落实情况调查。要求各级地税部门积极主动向当地党委、政府汇报税源基本情况，力争地税收入任务与税源相适应，并及时将各级人大、政府下达的税收计划及时上报。在上半年全区经济工作会议召开后，及时主动地与各地地税部门联系，全面掌握各地政府下达地税部门收入任务情况。二是及时分配下达2008年初282亿元全区税收收入任务，并督促各征收单位做好分解落实。为抓早抓紧组织收入工作，及时分配下达各季度税收计划并抓好落实。下半年，根据自治区人民政府预分配地税系统306亿元奋斗目标任务，积极落实好局领导的指示，结合各市政府调整的地税收入目标任务，并依据近三年各征收单位实现地税收入的增长情况、占全区地税收入比重情况、2008年前三季度税收完成情况以及各市经济税源潜力等因素，综合分解各征收单位的收入目标任务。三是督促各地加强与当地党委、政府等有关部门联系与汇报工作，及时将税源变化及税收预测情况向当地党委、政府汇报，争取实现税收任务与税源基本一致，确保完成全年地税收入任务。四是抓好组织收入旺征工作。定期召开各业务部门税收分析会议，综合各部门信息资源全面开展税收分析工作。并改变往年一贯从12月1日起报送五日报的制度，2008年10月15日起全区实行税收收入五日一报制度，12月1日起实行税收收入日报制度，并按旬进行税收收入进度和分析的通报。

2. 会计统计基础工作。

(1) 开展税款过渡户清理工作。根据《国家税务总局关于开展税款过渡户清理工作的通知》(国税函〔2008〕363号)要求，从2008年5月9～31日进行了税款过渡户清理，通过建立领导小组，开展自查及抽查工作，全区共自查出税款过渡户297户。自治区地方税务局成立四个检查工作组分别对南宁市、桂林市、柳州市、玉林市地方税务局共计20个基层征收单位进行了检查，将检查结果总结上报国家税务总局。

(2) 提高税收会计统计工作质量。一是修订2008年税收会计统计报表制度，根据国家税务总局的要求，及时修订明确和下发2008年税收会计统计报表制度要求。二是开展2007年度税收会计报表的年报会审工作，抽调各市税收会计报表编制人员采取交叉检查的方式，及时发现和解决会计统计报表编制中遇到的各种问题。三是明确耕地占用税有关会计统计核算问题。

【税收分析】1. 加强税源分析及收入预测工作。年初做好冰冻灾害造成税收减收影响因素分析；各季度末做好全区地税收入分析；第四季度着重做好全年税源分析及收入预测；加强对重点企业、重点行业、重点工程项目、重点税种等税源分析。

2. 开展重点税源专题分析工作。一是利用2007年全区重点税源企业年报数据，根据广西地税系统2007年重点税源企业税收情况，分析重点税源企业税收的发展变化及特点，撰写《2007年广西地税重点税源税收实证分析》，对如何促进重点税源税收持续增长提出对策和建议。二是通过对2007年全区税收调查资料的实证分析，撰写《广西房地产税源与税负分析》，以期展示我区各市房地产业税负的详尽情况，为税收与经济工作提供相应参考。三是将2007年11月全区地税系统重点税源监控管理工作研讨会收到论文80多篇结集成册，出版《重点税源监控实践与思考》一书，促进科研成果的转化，以拓展和深化税源监控管理成果，进一步提高税源监控成效，全面推动税源监控管理工作。

【重点税源监控】1. 按照国家税务总局的有关要求，结合我区重点税源实际，继续对上年缴纳地税收入达到30万元的企业实行监控。将2007年缴纳地税收入达到30万元的纳税人和2007年已纳入重点税源监控范围的企业进行统计，将5778户企业列入重点税源监控，比2007年增加1123户。要求各地市各自按照管理的企业名单调整税收管理员管户，全区重点税源税收管理员从2007年的429人增加至2008年的450人。下发2008年重点税源监控报表制度，明确符合我区实际情况的报表编报的各项要求。

2. 整合部门信息资源，开展税收分析指标体系的研发和应用工作。2008年4月下旬，计统处牵头组织，抽调区局业务部门、各市业务骨干到桂林市开展重点税源分析指标体系的研发工作。由各业务处提出分析需求方案，由研发人员讨论并在TRAS系统中定义各类报表和公式。5月，召开全区重点税源数据分析应用视频会议，由计统处、流转税处、所得税处、财产行为税处的有关人员在会上讲解相关税种的重点税源数据分析指标以及安装使用。将重点税源分析指标下发并要求各级地税机关充分应用重点税源分析指标，开展重点税源数据分析和应用。分析指标包括：财务类分析指标、各税种分析指标、分行业税负指标、预警类分析指标，合计489个分析指标和58张分析表，为充分利用重点税源数据开展税收分析提供了条件。同时举办重点税源监控分析师资培训班，抽调各市业务骨干参加培训，提高全区重点税源管理人员业务水平。

3. 通过交叉会审的方式提高报表编报质量。抽调人员集中审核重点税源数据，在会审的基础上制定重点税源数据审核工作程序，形成工作制度下发各地，规范数据审核过程。并定期对重点税源数据存在问题进行全区通报，督促各地抓好基础数据质量。

【报表集中编报】有效推进税收报表集中编报工作。一是对2007年税收计统部门各类报表质量进行全区通报。全区报表整体质量均在良好以上，及时性和准确率情况好于2006年。二是完成各类业务报表的收集、汇总、上报，包括企业所得税汇算清缴、征管质量考核、重大项目管理、稽查报表汇总、税收优惠政策统计等。三是深化税收报表集中编报软件的应用，维护报表集中编报软件的正常运行，并对报表集中编报工作情况进行了调研，为下步报表集中编报优化工作流程做好前期准备。

【税收资料调查】从2008年起，全区税收资料调查工作由计统处牵头负责。根据国家税务总局有关税收资料调查工作的要求，计统处及时组织各市地方税务局负责税收资料调查统计工作人员和部分税政人员开展了业务培训工作，以点带面进行基层计统、税收管理员的培训以及报表交叉互审工作，顺利完成税收资料调查数据的上报和总结分析工作。10月，与各税政部门及税科所开展税收资料调查分析课题评选，将优秀课题制作成册，用于指导今后的税收工作。2007年全区地方税务机关共调查企业5844户，占全区2007年度纳税总户数的10.33%。经过对各市地方税务局调查工作的组织领导、调查范围、数据质量、资料应用、数据分析质量等因素进行综合考评，评出2007年度全区地税税收资料调查工作先进单位8个、先进个人8人。

【财税库行横向联网】2008年，自治区地方税务局加强与财政、国库、国税及各商业银行的合作，着力推进财税库行横向联网系统在全区地税系统的推广和应用，取得了良好的社会效益和经济效益，实现了“两个减负”的目的。一是实现税收征管自动化、征收解缴一体化、收入对账电子化、国库收付业务电子化、票据交换无纸化，减轻了税务机关工作负担。通过联网征解税款，减轻了基层税务机关计统部门的工作量，将工作人员从繁重的手工核销《税收缴款书》中解放出来，实现电子核销税收电子票证。同时减少了《税收缴款书》的填用量，有利于降低征收成本，2008年全区税收缴款书填开量比2007年减少了70万份。据统计，2008年全区地税系统有9.3万户纳税人使用联网系统征解税款，累计征解税款171亿元，占全区地税收入的58%。二是方便纳税人，有效减轻纳税人负担。参与联网系统报税的纳税人再也不需要在税务机关和银行之间“两头跑”，在地税机关就可办理纳税申报一账户划缴税款一领取完税凭证等缴税手续。

（万纾宇）

财务管理

综 述

2008年，全区地税系统财务管理工作紧紧围绕全区地税工作中心，通过积极开展继续解放思想大讨论活动和学习实践科学发展观活动，树立正确理财观念，着重抓好政府采购管理，强化财务监督，严格执行项目预算，厉行节约，为全区地税各项工作顺利开展提供了资金保障。

各项工作

【部门预算】2008年，全区地税系统各项收支包括自治区本级财政拨款、税务登记证及发票工本费、当地财政补助收入等全面纳入了部门预算编制。除确保基本支出外，视财力状况，对项目支出按照轻重缓急排序，确保地税事业发展项目资金需要，重点安排了税收征管业务费、代征代扣手续费、信息系统建设经费等27个预算项目支出。

【政府采购】2008年继续加强政府采购工作管理，全年累计组织申报参加自治区本级政府采购金额约1.4亿元。

1. 全系统发票、税票以及普通印刷品印刷实行了政府采购定点印刷。各级地税机关发票、税票以及普通印刷服务必须实行政府采购，必须按照政府采购招标中标厂家实行定点印刷，进一步规范了全区地税系统印刷业务管理。通过政府采购定点印刷，降低了发票、税票印刷成本。

2. 组织完成了2008年全区地税系统公务车辆定点保险服务公司选定工作。根据自治区财政厅关于区直单位2008年度公务车辆定点保险的要求，对全区地税系统公务车辆保险进行了统一和规范，解决了全区地税系统长期存在的各单位公务车辆保险不统一、保险服务待遇差异大等问题。

3. 举办全区地税系统政府采购业务培训班。为规范全区地税系统采购货物、工程和服务行为，增强单位领导政府采购意识，提高政府采购管理人员业务技能，在4月举办了一期全区地税系统政府采购业务视频培训班。培训对象为全区地税系统各级地方税务局领导、单位政府采购工作组成员、财务人员、其他涉及采购业务的部门负责人及业务主办人员，参训人员约800人。培训内容主要为政府采购相关法律政策、政府采购具体操作程序和方法。

4. 开展政府采购执行情况专项检查。根据自治区有关要求组织布置各级地税机关开展政府采购专项检查工作，组织人员认真学习政府采购相关法规制度，积极开展政府采购执行情况自查自纠工作。各级地方税务局均按照要求开展自查自纠工作并积极进行整改。

【税务新式制服制作和统一换装】根据国家税务总局新式税务制服制作和换装规定，财务管理处精心组织安排好服装采购资金预算2380万元，拟订政府采购计划，经自治区财政厅审批，委托政府采购代理机构完成了夏服、春秋服、冬服、防寒服面料供应厂家和服装制作厂家的招标采购工作。下发了《自治区地方税务局办公室关于税务制服换装工作的通知》（桂地税办发〔2008〕65号），从2008年8月1日起，全区地税系统统一换装，统一穿着新式税务制服。

【非税收入收支彻底脱钩】根据自治区财政厅对非税收入收支实行彻底脱钩改革要求，地税系统税务登记和发票管理经费列入部门预算安排。税务登记和发票管理经费列入部门预算安排，彻底解决长期以来地税部门因税务登记和发票管理经费财政返还滞后，长期拖欠印刷厂巨额印刷费问题，确保发票得到及时的印制和供应。

【压减公用经费预算开支】根据《自治区党委 自治区人民政府关于厉行节约全力支援灾区抗灾救灾的通知》（桂发〔2008〕13号）精神，财务管理处认真做好全系统厉行节约全力支援灾区抗灾救灾，压减公用经费预算开支工作。全区各级地方税务局按照2008年公用经费年度预算额度压减10%公用经费开支支援灾区建设。

【行政成本调查】根据自治区财政厅《关于开展行政成本调研工作的通知》（桂财行〔2008〕40号）精神，财务管理处完成了全系统行政成本调研工作并及时将调研报告报送了自治区财政厅。通过开展行政成本调查和成本因素分析，促进各级地方税务局进一步规范财务管理、节约开支、提高资金使用效益。

【公务车辆编制管理调查】根据自治区财政厅《关于开展小汽车定编管理情况调研的函》（桂财预函〔2008〕231号）要求，财务管理处认真组织布置各级地方税务局开展小汽车定编管理情况调查工作。调查情况反映，全系统现有编制内车辆总量上不能满足开展各项税收征管工作需要。各单位编制内车辆数量不平衡，大批量进入故障多发期和报废期，迫切需要更新购置新车。

针对地税部门实际情况，向自治区财政厅提出了地税部门车辆编制管理建议。一是应充分考虑执法部门（如公检法、工商、税务等）实际业务需要，合理配备公务车辆。二是地税部门车辆配备应以人员数量结合机构设置和业务管理等情况综合考虑配备。三是解决由于历史原因自行转让残旧车辆，无法办理编制注销和资产核销问题。四是解决地税部门车辆批量报废及更新购置经费和定编问题。

【闲置房地产调查】调查结果反映：一是全区地税系统闲置房地产数量较大；二是闲置资产分布广，大多数市、县局有闲置房地产，大多数分布在偏僻、经济不发达乡镇；三是房地产闲置原因主要是机构撤并（收缩）；四是多数单位要求处置转让闲置房地产。通过调查，基本摸清了全区地税系统闲置房地产状况，为下一步加强全区地税系统房地产管理，盘活资产，提高资产使用效益提供了决策依据。

（杨　锋）

人事管理

综　述

2008年，全区地税系统人事部门在自治区地方税务局党组的正确领导下，以邓小平理论和“三个代表”重要思想为指导，继续解放思想，深入学习实践科学发展观，根据《中华人民共和国公务员法》、《党政领导干部选拔任用工作条例》的要求和全区组织工作会议的精神，突出加强各级领导班子和干部队伍的建设，紧紧围绕组织收入中心，服务税收工作大局，为全面完成全区地税工作会议提出的各项工作任务提供可靠的组织保障。

各项工作

【领导班子建设】一是加强各级地税机关领导干部选拔配备工作。结合自治区地方税务局局内各单位以及各市、县（市、区）地方税务局班子建设状况，按照“及时补充，增强力量；优化结构，合理配备；保持稳定，适当交流”的原则，认真分析研究、制订方案，经自治区地方税务局党组会议研究决定，组织开展干部选拔补充配备工作。2008年共提拔处级领导干部10人，其中正处级领导干部3人，副处级领导干部7人，妇女干部4人；调整和补充配备自治区地方税务局直属税务分局中层领导、部分县（市、区）地方税务局和设区市地方税务局直属机构一把手以及设区市地方税务局人事、监察部门负责人，涉及科级领导干部25人，其中提拔任用9人，交流换岗7人，试用期满正式任用9人。组织对2007年提拔使用的39名处级领导干部试用期满的考核工作。

二是深入开展整治用人不正之风工作，进一步提高选人用人公信度。根据中共中央组织部、自治区党委组织部关于深入开展整治用人不正之风工作的部署，4月份，及时将中共中央纪律检查委员会、中共中央组织部《关于印发〈深入整治用人不正之风　进一步提高选人用人公信度的意见〉的通知》（中组发〔2008〕12号）转发各地贯彻落实；同时，研究制定深入整治用人不正之风工作的具体规划和措施，精心组织，严格督促，确保整治工作扎实开展。根据自治区党委组织部的要求，从8月份起，对近3年来全区地税系统干部选拔任用工作情况进行全面检查。重点检查贯彻执行《党政领导干部选拔任用工作条例》、《公开选拔党政领导干部工作暂行规定》情况和按职数配备干部情况。经检查，2005年11月至2008年年底，全区地税系统共提拔任用处级干部70人，其中处级领导干部51人，处级非领导干部19人，均严格按照规定程序进行。

三是加强横向交流，积极向各级党委、政府推荐优秀人才。进一步加强与各级党委、政府的组织、人事等有关部门的沟通联系，通过组织推荐、公开选拔、互派挂职锻炼等形式，进一步拓宽选人用人视野，推荐地税系统优秀人才到各级党委、政府部门工作。2008年4月，自治区党委面向全国、全区公开选拔领导人才，选拔48名自治区直属机关、广西北部湾经济区相关6市的厅、处级领导干部和国有企业经营管理人才。人事处精心组织，周密安排，积极动员符合条件的同志报名参与竞选。全区地税系统共有6人报名参加选拔，其中有2位同志进入考核；贺州市地方税务局1名干部在参加该市副处级领导干部公开选拔中，顺利通过考试、考核，走上了领导岗位。继续加强与柳州、贵港、河池等市联系，积极推荐优秀人才到各级党委、政府部门挂职，进行多部门、多岗位锻炼。

四是加强高学历、外向型人才培养。2008年3月份，自治区人事厅启动实施广西北部湾经济区紧缺外向型人才培养计划，重点培养一批熟悉国际规则，具备跨文化沟通能力、国际交流与合作能力的高层次人才。人事处以此为契机，加强本系统高学历、外向型人才的培养工作，及时将有关情况及人员选报条件印发各单位，鼓励、动员符合条件人员报名。经自治区地方税务局党组审定，将高丽峰、杨兴生等10名同志列入广西北部湾经济区紧缺外向型人才培养计划。

五是加强各级领导班子思想政治建设。认真学习贯彻全区领导班子思想政治建设座谈会、全国税务系统领导班子思想政治建设会议精神，结合开展深入学习实践科学发展观活动，把自治区、国家税务总局有关领导的讲话精神列入学习培训的重要内容，进一步加强学习；着重联系当前税收工作，认真总结近年来领导班子思想政治建设成绩，努力查找存在的困难和问题，提出了进一步加强领导班子思想政治建设的新思路、新举措。

【队伍建设】一是加强助征员管理。针对新劳动法实施后助征员队伍出现的新情况、新问题，人事处及时加强调查研究，提出解决问题的意见和建议，向自治区地方税务局党组汇报，并由自治区地方税务局党组向自治区党委、政府专题反映；同时，加强与自治区财政、编制、人事等部门的沟通、协调，研究具体实施办法。积极探索并建立健全《广西地税系统编外聘用人员管理办法》，规范助征员的用工管理。建立了助征员用工档案，为劳动合同的正常运行提供条件。统一助征员劳动合同样本，规范了合同内容。积极向自治区领导和有关部门反映我区助征员的现实情况，适当增加助征员补助标准。

二是稳妥解决柳州、北海市地方税务局编外人员的身份、待遇等问题。本着尊重客观事实，妥善解决历史遗留问题的原则，人事处先后行文向自治区编办、自治区人事厅及自治区有关领导反映，请求妥善解决柳州、北海市地方税务局54名编外人员的入编问题。

三是进一步规范自治区地方税务局机关临时聘用人员工资管理。10月份，人事处根据《中华人民共和国劳动法》及《广西壮族自治区人民政府印发广西机关事业单位工资制度改革有关实施意见的通知》（桂政发〔2006〕50号）精神，重新规范自治区地方税务局机关编外聘用人员工资标准。明确了聘用人员工资统一由人事部门进行分类管理。对现有聘用人员的月工资标准进行综合平衡，重新确定工资基数，使聘用人员的收入与其岗位职责、工作技能相关联，既体现不同岗位之间的差别，合理拉开差距，又注重相对公平。加强了新聘用人员的工资管理，建立了工资正常调整机制，使聘用人员的收入水平与社会经济、物价水平发展相协调。

四是积极研究解决借用人员管理问题。进一步加强对借用人员的管理，坚持以实际工作需要为主的原则，严格审批程序，加强监督管理，拟订出如何妥善解决长期借用人员政治、福利待遇的管理办法，调动好借调人员的工作积极性。

五是加强人事部门自身建设。5月下旬，人事处组织各市地方税务局人事教育科有关人员参加广西区干部培训中心举办的《中华人民共和国劳动合同法》、《劳动争议调解仲裁法》解读和操作实务培训班，进一步提高管理水平。积极响应国家税务总局人事司、四川省国税局发出的关于在全国税务系统各级人事部门中举办一次专项捐款活动，为灾区孩子修建一所学校的倡议，发动全区地税系统广大人事干部积极捐款，以实际行动表达爱心。

【机构编制管理】一是积极开展全区地税系统机构设置、优化职能配置和人员配备的调研。会同广西地方税收科学研究所开展了进一步调整我区地税系统机构设置、优化职能配置和人员配备的调研工作。通过召开座谈会、印发调查表、到基层税务单位现场查访等形式，深入开展调研，广泛征求基层意见和建议，初步形成了进一步调整我区地税系统机构设置、优化职能配置和人员配备的工作方案。

二是进一步理顺职能征管体制，推进两税职能划转。根据财政部、国家税务总局《关于征求耕地占用税和契税征管职能划转意见的函》（财办税〔2008〕13号）要求，人事处及时征求自治区地方税务局局内各有关单位意见，对2008年12月31日前将两税由财政部门划转到地方税务部门存在的困难、有关意见和建议进行汇总整理，及时报告财政部和国家税务总局，为今后划转工作的有效、有序开展提供了保障。

三是加强履行职能情况的调研评估。根据自治区机构编制委员会有关要求，从8月份起，人事处组织开展对各级地税机关履行职能情况的调研评估工作，认真总结经验，努力查找存在的问题，向自治区编办提出了进一步理顺部门职能、规范机构设置的意见和建议。

四是进一步规范全区各级地方税务局稽查机构设置。根据国家税务总局《关于规范国家税务局系统稽查机构设置明确职责分工的通知》（国税函〔2007〕910号）要求，为利于国税、地税机关相互协调配合开展工作，进一步强化税务稽查机构打击偷税、骗税违法行为，维护税收正常秩序，促进社会公平竞争的职能作用，根据自治区地方税务局党组的部署，人事处及时向自治区编委行文请求按照国家税务总局的规定，并参照其他省（市、区）地方税务局的做法，相应规范我区各级地方税务局稽查机构的设置。

五是做好贺州市平桂管理区地方税务局的筹建工作。根据自治区人民政府《关于同意设立平桂管理区等有关问题的批复》（桂政函〔2007〕57号）精神，相应做好平桂管理区地方税务机构的设置工作，及时指导贺州市地方税务局开展对划入管理区范围内的机构设置、人员编制和征管范围进行调整，并制定贺州市平桂管理区地方税务局（正科级）职能配置、内设机构和人员编制方案，报自治区编委审批后，及时组织实施，确保了平桂管理区地税收入和机构设置调整两不误，双促进。

【公务员法实施】一是完成自治区地方税务局机关和各市地方税务局处级干部2007年度考核。按照中共中央组织部、国家人事部的《公务员考核规定（试行）》，制定了《2007年机关工作人员年度考核实施方案》，报经局党组同意后，组织进行2007年度考核工作。通过民主推荐、考核小组评审、局党组审核、公示、报自治区人事厅备案确认等程序，评定优秀等次人员28人（其中处级干部13人、科级以下15人），称职110人（其中处级干部51人、科级以下59人），合格10人，不考核1人。同时，按照干部管理权限，组织对各市地方税务局处级干部进行2007年度考核工作，评定优秀等次24人，称职等次97人。此外，根据中共中央组织部、人事部《关于印发〈公务员奖励规定〉（试行）的通知》（中组发〔2008〕2号）精神，坚持精神奖励与物质奖励相结合、以精神奖励为主的原则，对欧炳新等52名2007年度考核评定为优秀等次的人员授予嘉奖奖励。

二是认真分析研究，加强沟通协调，进一步解决公务员登记遗留问题。自2007年全区地税系统绝大部分干部的公务员登记问题得到解决后，人事处继续加大力度，加强公务员登记的扫尾工作。对登记政策已明确但有关手续尚未办结的人员、按规定列入暂缓登记的人员以及2008年使用行政编制接收军队转业干部，根据公务员登记工作有关规定，继续抓好公务员登记工作。

三是加强公务员法配套政策规定贯彻落实情况的调研。配合自治区人事厅开展《行政机关公务员处分条例》、《公务员调任规定（试行）》、《公务员申诉规定（试行）》以及公务员辞职、辞退、回避等相关政策规定贯彻落实情况的调研，以此为契机，认真总结全区地税系统好的经验和做法，查找存在的问题，进一步改进工作。

【出国（境）管理】根据自治区纪律检查委员会等八部门《关于印发〈制止党政干部公款出国（境）旅游专项工作方案〉的通知》（桂纪发〔2008〕13号）精神，对近两年来自治区地方税务局领导及有关人员因公出国（境）考察、出访的情况进行了自查工作。2008年度，自治区地方税务局认真贯彻执行自治区党委、自治区人民政府关于厉行节约全力支援灾区抗灾救灾的一系列指示精神，年内不再组团进行出国（境）的考察、学习、培训活动。只审批了4名处级干部因公出国（境）事务，未发现有自行组织人员公款出国（境）旅游情况。

（莫仕庆）

教育培训

综　述

2008年，在自治区地方税务局党组的正确领导下，在局内各单位和各市地方税务局的支持配合下，广西地税教育部门以科学发展观为统领，认真贯彻执行《税务系统〈干部教育培训工作条例（试行）〉实施办法》（国税发〔2008〕3号）和《全国税务系统十一五干部教育培训规划》，紧紧围绕税收中心工作，实施人才兴税战略，积极探索以需求为导向的教育培训新格局，坚持质量优先，增强教育培训的针对性和实施性，努力构建大规模、多层次、高效益的教育培训工作格局。

各项工作

【各项培训情况】1. 任职培训。

2008年，全区地税系统共举办领导干部任职培训班15期，培训人数268人次。

2. 更新知识培训和专门业务培训。

（1）区局集中重点培训。一是委托广西经济管理干部学院举办了3期处科级领导干部更新知识培训班。培训的内容主要有党的十七大精神、新时期政治经济形势、领导科学、电子商务、新企业所得税法和地方税征管、法规、政策业务等新知识、新政策。培训中把加强学习同改进作风、推动工作结合起来，努力把学习的体会和成果转化为谋划工作的思路、促进工作的措施和领导工作的能力。每期培训分2个班，培训120人，3期共培训处、科级领导干部360人。二是精心举办稽查人员稽查业务师资培训班。2008年2～3月，在广西税校举办了2期“全区地税系统稽查人员稽查业务师资培训班”，培训稽查人员120人次。此次培训班以稽查人员的培训需求为导向，注重稽查工作的特点，以《全国税务系统稽查人员培训大纲》以及相关教材为主要内容，通过课堂讲授、案例分析、分组讨论的方式，帮助学员掌握税务稽查、会计核算、税收政策等知识和税务稽查操作规程，解决实际工作中的难题。

（2）各市地方税务局各种形式的培训。

2008年，全区地税系统共举办更新知识及专门业务培训276期，4056人次；举办办税服务厅人员、税收管理员、税务稽查人员、税收分析人员、反避税人员培训共104期，4327人次。

3. 组织参加上级培训。

2008年，先后安排20名处级干部和30多名业务骨干参加国家税务总局举办的“财税金融知识培训班”、“税收相关法律知识培训班”、“行政管理与领导科学研讨班”和“西部省区地税系统管理培训班”等多个专题培训研讨班，促使参训人员更新观念、开阔视野、获取知识，不断提升理论水平、领导管理和组织实施本职业务工作的能力，进而更好地适应新时期税收工作形势、任务发展的需要。

4. 组织参加各项考试。

一是组织开展公务员处分条例学习考试。制定下发了《广西地税系统〈行政机关公务员处分条例〉学习考试工作方案》，通过邀请自治区纪委领导作《处分条例》专题讲座，发放多媒体光盘开展集中学习和在岗自学，组织8768人参加考试，使全系统公务员进一步理解掌握条例的内容和实质，为条例在地税的顺利贯彻实施打下坚实的基础。二是组织参加全区公务员公共管理核心课程的培训、考试及补考工作，该课程8门科目全区地税系统所有公务员全部考试合格。三是组织参加“五五普法”考试并全部合格。

5. 学历教育。

2008年，继续抓好在读广西师范大学研究生班的管理工作，继续鼓励地税干部参加各类学历教育，加快培养地税系统高层次骨干人才。截至2008年年底，全区地税系统共有在职干部8792人，其中研究生以上学历112人，占全区在职干部的1.27%；本科以上学历4525人，占全区在职干部的51.46%；专科以上学历3511人，占全区在职干部的39.93%；中专及以下学历644人，占全区在职干部的7.32%。

6. 夯实教育基础。

一是认真做好教育培训工作的总结和上报工作，2008年4月以102.8分的高分顺利通过自治区党委检查组对我局2003～2007年度在职干部全员培训工作的考核验收。

二是积极推进教育培训信息化建设，按质按量完成了全国税务系统司处干部培训管理软件基础资料的收集、整理和录入工作。

【培训方式和手段】1. 利用社会资源进行培训。2008年，借助广西财经学院、广西经济管理干部学院、广西税务学校、广西干部培训中心等高等院校和培训中心的师资、设施等社会资源，开展各项干部教育培训。

2. 开展视频培训。充分利用视频培训系统，邀请区内外专家学者进行前沿知识等专题讲座、专题业务培训等，充分发挥视频培训系统的优势。

3. 推行岗位学习。给税务干部征订、制作、发放学习书籍、多媒体教学光盘等学习资料，为基层税务人员开展岗位学习提供更多的便利条件。

【教育培训经费保障】为使全区地税系统在职干部全员培训工作落到实处，在经费十分紧张的情况下，积极筹措培训经费。2008年，全区地税系统全员培训经费支出1665万元，人均培训经费支出1893元。

（蒋　钢）

思想政治工作

综　述

2008年，全区各级地税机关始终坚持以邓小平理论和“三个代表”重要思想为指导，贯彻落实科学发展观，按照新时期税收工作指导思想的要求，突出税务特点，诠释文明主旨，坚定不移地推进精神文明建设的扎实深入开展。

各项工作

【政治理论学习】专题开展学习贯彻十七大精神培训工作。制定下发《自治区地方税务局党组关于学习宣传贯彻党的十七大精神的通知》，明确做好十七大精神学习培训工作的任务、目标和方式方法，并通过及时召开学习动员会，重点抓好自治区地方税务局党组中心组专题学习培训活动，先后组织9名处级以上领导干部参加自治区党委组织和国家税务总局党校举办的十七大精神培训班，并以视频培训的方式安排全系统党员干部听取中国社会科学院常务副院长、研究员冷溶作学习党的十七大精神专题报告会，切实把学习贯彻十七大精神工作落到实处。

【思想政治工作指导】加强对全系统思想政治工作的指导。把深入开展思想政治工作作为全面加强全区地税系统作风建设、队伍建设和精神文明建设的一项重要内容和重要载体来抓，与地税业务工作一起研究、一起布置、一起落实、一起督查。及时转发《国家税务总局关于印发2008年党建和思想政治工作要点的通知》，结合全区地税系统实际，明确全年工作重点，提出贯彻落实措施。

【开展精神文明创建活动】1. 组织开展“十大优秀税务工作者”推荐宣传工作。制定下发《自治区地方税务局转发国家税务总局关于开展“中国十大优秀税务工作者”推荐宣传活动的通知》（桂地税发〔2008〕95号）和《自治区地方税务局关于开展广西地税系统十大优秀税务工作者推荐宣传活动的通知》（桂地税发〔2008〕104号），做好国家税务总局举办的“中国十大优秀税务工作者”评选推荐工作的同时，在全区地税系统评选“广西地税系统十大优秀税务工作者”，以此推动地税系统的精神文明建设，宣传近年来广西地方税收工作和税务干部队伍建设的新成就，展示广西地税工作者爱岗敬业、公正执法、优质服务、清正廉洁的新形象。

2. 积极争创全国文明单位和全国精神文明建设工作先进单位。2008年6月，按照《国家税务总局关于推荐全国文明单位和全国精神文明建设工作先进单位的通知》精神和要求，广西紧密结合地税实际，以评促创，注重实效，严格执行评选标准，严肃评选工作纪律，按规定程序做好推荐和申报工作。通过充分发动，精心组织，优中选优，推荐全州县地方税务局和南宁市地方税务局2个单位分别申报“全国文明单位”和“全国精神文明建设工作先进单位”。

3. 认真做好“第四届广西杰出（优秀）青年卫士”的推荐评选工作。2008年4月，在团区委的统一协调下，为进一步表彰和宣传在政法、行政执法和经济监督管理等部门中涌现出来的优秀青年，展现当代青年的精神风貌，激励广大青年干部投身社会主义法治国家的伟大事业，与自治区人民法院、公安厅、工商局等13个厅局联合组织开展“第四届广西杰出（优秀）青年卫士”评选活动。经积极组织推荐，南宁市地方税务局赵志忠等5名地税先进青年干部被推荐参评“第四届广西杰出（优秀）青年卫士”。

（蒋　钢）

党群组织建设

综　述

进一步加强和改进党群组织建设工作，充分发挥党组织的政治核心作用和工会、共青团等群团组织联系群众的桥梁和纽带作用，切实保障干部职工、青年、妇女的合法正当权益。努力实现党的工作与工会、共青团、妇女工作有机结合，做到党、工、青、妇组织资源共享、优势互补，工作上共同协商、密切配合、互相促进。

各项工作

2008年，自治区地方税务局机关党委在自治区地方税务局党组的正确领导下，在上级有关部门的指导下，坚持以邓小平理论和“三个代表”重要思想为指导，认真学习贯彻党的十七大精神，学习十七届二中全会、三中全会精神，学习胡锦涛总书记、吴邦国委员长、温家宝总理在广西考察工作时的重要讲话精神，学习全国“两会”精神、自治区第九次党代会精神和全区地税工作会议精神，协助自治区地方税务局党组在自治区地方税务局机关开展继续解放思想大讨论活动、深入学习实践科学发展观活动，结合组织税收收入这个中心工作的任务和特点，根据《中国共产党党和国家机关基层组织工作条例》及上级党委的各项要求，围绕建设高素质机关党员队伍目标，加强基层组织建设，积极开展创建学习型党组组织活动和党员的各项活动，认真抓好自治区地方税务局机关的党建工作。

【继续开展解放思想大讨论活动】自治区地方税务局认真贯彻落实《自治区党委关于开展继续解放思想大讨论活动的通知》（桂发〔2008〕3号）精神，把继续解放思想大讨论活动作为首要政治任务来抓，高度重视、周密安排，及时组织动员学习，深入开展调查研究，认真查找存在问题，及时组织召开自治区地方税务局党组中心组学习暨继续解放思想推进广西北部湾经济区建设研讨会和继续解放思想大讨论活动推进会，并将解放思想大讨论活动成果向政策和制度转化，确保大讨论活动取得实实在在的效果。全系统在大讨论活动的工作成绩得到自治区党委、政府的充分肯定，自治区地方税务局分别于3月7日在全区继续解放思想大讨论活动领导小组办公室主任会议和3月28日在全区继续解放思想大讨论领导干部大会上作了发言，做好“早、实、准”三篇文章，推动全系统继续解放思想大讨论活动深入开展。

【开展深入学习实践科学发展观活动】从2008年9月开始，自治区地方税务局开展深入学习实践科学发展观活动以来各项工作进展顺利、开局良好，取得了阶段性成果。一是结合实际选好主题载体。自治区地方税务局突出了“推动科学发展，发挥地税职能，服务广西经济”的活动主题，强调了“全面推动实施新时期广西地税科学发展三年计划”这一活动载体，从内容、形式、制度等各方面确保实习实践活动有的放矢、有章可循，用科学发展观统领税收工作。二是抓好学习强化理论武装。三是深入调研、找准突出问题。四是解放思想、凝聚发展共识。五是边学边改、促进地税各项工作。六是继续深化学习，夯实分析检查的思想基础。七是广开言路，为听民声、集民智拓宽渠道。开展“我为地税科学发展进一言、献一策”活动，请相关部门、纳税人、基层税务干部为地税事业又好又快发展出谋献策；召开专题民主生活会、征求意见座谈会，采取分层分类的方法，分别收集基层和机关、领导干部和普通干部的意见和建议；在深入基层单位、纳税企业调研和督查工作时，主动、有针对性地收集如何贯彻落实科学发展观以及如何更好地推动地方税收改革与发展的意见和建议。八是坚持从严要求，扎实开好专题民主生活会。九是突出解决问题，着力搞好分析检查报告。十是注重广泛的代表性，认真组织好群众评议。自治区地方税务局本次评议参评总人数253人，本局145人，占参评总人数的57.3%，其他人员108人，占参评总人数的42.7%。评议结果为："满意"232票，占参评票数的91.7%；"基本满意"21票，占参评票数的8.3%；没有"不满意"票。

【开展创建学习型党组织活动】自治区地方税务局机关党委按照《开展创建学习型党组织活动实施方案》的要求，组织局机关各党支部认真开展创建学习型党组织活动。围绕建设高素质机关党员队伍目标要求，认真组织开展政治、经济、文化、科技等前沿知识的学习，营造党员干部勤于学习、善于学习、乐于学习的良好氛围，树立全员学习、终身学习的理念。建立和完善学习规章制度和学习型党组织活动年度考核，形成各党支部、全体党员积极参与学习的组织体系和长效机制。机关党员的思想道德素质、政策理论水平、科学文化素质、行政执法水平、业务工作能力不断提升，领导机关的执政能力、服务能力和创新能力不断增强，为全面建设富裕和谐文明新广西提供精神动力和智力支持。一是抓好党组中心组的理论学习，进一步加强领导班子思想政治建设。二是大力加强支部学习制度建设。在2008年理论学习安排中，明确要求各支部理论学习要坚持和完善"五有"规定，即有学习制度，有学习计划，有学习笔记，有学习活动，有学习档案。要健全和完善学习制度，要切实落实学习计划，要定期检查学习笔记，要组织交流学习心得，要组织灵活多样的学习活动，要健全充实学习档案。三是扩宽党员干部的教育培训渠道。自治区地方税务局机关党委制订和下达了年度党员教育培训工作计划，2008年共安排4名党员参加区直党校处科级党员干部进修班、1名党员参加区直党校党务干部培训班、2名入党积极分子参加区直党校入党积极分子培训班。自治区地方税务局被自治区直属机关工委授予"2008年区直机关党员干部教育培训工作先进单位"荣誉称号。

【扎实推进机关党建工作】1. 开展中国共产党成立87周年纪念活动。

机关党委组织自治区地方税务局机关党员干部职工开展纪念建党87周年系列主题活动。一是开好一次组织生活学习讨论会，以支部为单位开展主题党日活动。二是组织党员干部开展"党员承诺"、"党员设岗定责"、为所在社区群众办实事、帮助困难党员、党员与困难群众结对帮扶等活动。三是以保持先进性本色、艰苦奋斗为主题，以支部为单位组织党员干部职工到南宁市内的革命传统教育基地开展接受革命传统教育和爱国主义教育活动。6月30日，参与组织召开纪念建党87周年座谈会，传达学习了全国税务系统党建和思想政治工作会议精神，回顾了党在87年来的光辉历程和丰功伟绩。开展慰问困难党员活动。出版纪念建党87周年专题板报。

2. 组织自治区地方税务局机关党员开展缴纳"特殊党费"、支援抗震救灾活动。

2008年5月23日，自治区地方税务局机关召开党员大会，及时传达学习中央组织部关于做好部分党员缴纳"特殊党费"用于支援抗震救灾工作的通知精神，并举行了党员缴纳抗震救灾"特殊党费"仪式，全局140多名党员共缴纳"特殊党费"67221.10元。发扬"一方有难、八方支援"的精神，尊重和鼓励党员通过交纳"特殊党费"的形式捐款，支援灾区，表达支援四川汶川地震灾区的心愿。

3. 开展群众性精神文明创建活动。

自治区地方税务局坚持以科学发展观为统领，以建设社会主义核心价值体系为根本，广泛开展群众性精神文明创建活动，社会主义精神文明建设取得巨大进展和显著成效。2008年，自治区地方税务局被自治区精神文明建设委员会授予第十二批"自治区文明单位"荣誉称号。

4. 开展2008年"民族团结月"活动。

为深入开展民族团结教育，为广西壮族自治区成立50周年大庆营造稳定、和谐的社会环境，根据自治区党委办公厅、自治区人民政府办公厅的要求，结合地税工作实际，自治区地方税务局于11月16日至12月16日开展了"民族团结月"系列活动。一是组队参加广西壮族自治区成立50周年庆祝大会、中央代表团向自治区赠送"民族团结宝鼎"仪式和第六次民族团结进步表彰大会。二是积极参加自治区第六次民族团结进步先进集体和先进个人评选工作，自治区地方税务局欧炳新同志荣获"自治区民族团结进步先进个人"称号。三是充分利用报纸、网络等宣传途径，大力宣传民族团结进步先进典型，努力营造人人争创民族团结先进的浓厚氛围，制作专题板报展出和参赛，制作电视专题报道在广西电视台播放。四是组织机关干部职工参观自治区成立50周年成就展、花卉园艺展暨中国—东盟插花花艺邀请展、广西民族博物馆等。

5. 开展军民共建等活动。

为隆重纪念中国人民解放军建军81周年，大力宣扬中国共产党和中国人民解放军走过的光辉历程，积极引导党员干部学习伟大的长征精神，进一步增强党性，坚定信念，永保共产党员先进性，自治区地方税务局开展了一系列的纪念活动。一是在春节和“八·一”建军节期间与空军指挥所95072部队举行座谈会等联谊活动，慰问帮助部队官兵，并举行足球友谊赛。二是组织自治区地方税务局机关军转干部、复退军人召开庆祝中国人民解放军建军81周年座谈会，激励他们发扬爱国主义和优良革命传统精神，为地方经济建设贡献新的力量。

6. 积极开展扶持县域经济、扶贫、支教和建设社会主义新农村活动。

2008年，自治区地方税务局根据自治区党委、自治区人民政府的统一部署，紧密结合深入学习实践科学发展观活动，进一步加大对定点县——西林县县域经济社会发展的指导和扶持力度，努力推进第二批“整村推进”定点帮扶对象——河池市金城江区东江镇木友村社会主义新农村建设，真心实意为群众办实事，取得了明显成效。一是领导重视。自治区地方税务局领导班子把扶持县域经济、定点扶贫、支教和建设社会主义新农村工作列入重要的议事日程，把它作为转变机关作风、提高行政效能、服务基层、深入学习实践科学发展观活动的一项重要举措抓紧抓实。主要领导多次深入帮扶村屯、学校进行调研、现场办公，及时解决帮扶点急需解决的问题。二是制定帮扶方案，制订《扶持木友村社会主义新农村建设工作计划》，提出新农村建设的工作目标、思路和具体工作设想，以坚持项目建设作为工作中心，明确工作目标和任务，确保了整个帮扶工作的落实。三是大力支持贫困村建设。2008年来自治区地方税务局先后投资100多万元，用于木友村社会主义新农村各项建设，为定点扶贫工作提供了充分的财力支持。其中，推进“户户通饮水思源工程”建设，解决群众人畜饮水难问题。先后投入资金40万元，用于雷洞屯、保洞屯等饮水工程建设，使该村1350名村民用上了干净卫生的自来水；投入30万元资金，为木友村小学建设一栋功能齐全、配套设施完备的教学楼，学生的学习环境将极大改善；根据木友村的自然环境特点，鼓励农民种植黄豆、甘蔗等经济作物，投入资金10000元，用于建设食用菌种植示范点，逐步形成优势产业；推动基层组织建设，支持两委换届选举工作，在2008年村两委换届选举工作中，专门下拨经费5000元，保障了选举工作的顺利开展。四是开展慰问活动，送上组织温暖。开展帮扶工作以来，自治区地方税务局组织了各项慰问活动。2008年春节前，自治区地方税务局机关和干部职工捐款14800元，捐助衣服、棉衣、毛衣、被褥、鞋子等一批，帮助部分贫困村民解决过冬御寒衣被，登门慰问特困户。2008年六一儿童节前，自治区地方税务局机关党委、工会、团工委、妇委会及工作队同志专门组织到木友村小学开展慰问活动，向木友小学捐赠书籍、文具、小电器、体育用品等一批，受到广大师生的欢迎。2008年中秋节前，自治区地方税务局工作队专门送月饼下乡慰问村干部。重阳节，还组织慰问该村孤寡老人和90岁以上的长寿老人，使老人感受到组织的关怀和温暖。在积极推进木友村社会主义新农村建设的同时，自治区地方税务局派驻木友村工作队员还积极帮助金城江区政府、金城江区地方税务局协调解决有关税收收入、落实扶持返乡农民工创业税收优惠政策等问题，充分调动了各方的工作积极性。五是开展宣传教育，宣传党的方针政策。自治区地方税务局工作队积极配合乡镇、村干部，紧紧围绕新农村建设，深入宣传中央和自治区党委、政府解决“三农”问题、扶持农业发展、增加农民收入的各种政策。我们在木友村村委会办公楼外墙，专门开辟了社会主义新农村建设文化宣传栏，用于宣传中央和自治区的农村政策、木友村实施“整村推进”规划和年度建设计划、村两委基层组织建设情况、自治区地方税务局定点帮扶工作等内容，充分调动广大村民参与新农村建设的积极性、主动性。因扶持县域经济工作、扶贫支教工作、社会主义新农村建设成效显著，自治区地方税务局被自治区党委、自治区人民政府授予“2008年度扶持县域科学发展优胜单位”荣誉称号；被自治区扶贫开发领导小组评为2007～2008年度“定点帮扶贫困村先进单位”。扶贫工作队员江燕、王辉同志被评为自治区2007～2008年度“定点帮扶贫困村先进个人”，自治区地方税务局和选派的新农村建设指导员江燕同志分别荣获2008年度自治区社会主义新农村建设先进后盾单位和优秀指导员荣誉称号。

【工会(老干办)】 1. 工会工作。

全区地税系统各级工会努力发挥工会的桥梁和纽带作用，依靠干部职工，服务干部职工，开拓创新，求真务实，工会工作迈上一个新台阶。

(1) 以人为本，进一步发挥了工会教育职能。以思想政治教育和争先创优活动为载体，加强干部职工思想政治工作。一是各级工会认真协助党组织抓好继续解放思想大讨论活动，引导干部职工深入思考解放思想的重大意义和着力点，使大家进一步认清国际国内和我区社会及经济的形势，理清工作思路。玉林市地方税务局工会积极配合党组织，认真组织干部职工学习领会胡锦涛总书记考察广西工作时的重要讲话精神、郭声琨书记新春寄语和广西北部湾经济区发展规划等文件，让大家结合工作实际，畅谈个人体会，树立创新理念。二是各级工会认真搞好党风廉政建设，协助纪检监察部门抓好廉政文化建设，组织干部职工开展读书活动、文艺活动、写心得体会文章和表演廉政文艺节目，使广大干部职工自觉筑起思想防线。崇左市地方税务局工会配合机关党支部开展多种形式的荣辱观学习教育活动，开辟学习园地，发放调查表，开展知识竞赛，以学习教育活动带动全市地税系统廉政文化建设。三是各级工会与共青团、妇委会共同搞好争先创优活动，把争先创优活动与税收工作紧密结合起来，认真收集、整理先进事迹，及时上报材料，涌现出一批先进人物。北海市地方税务局包基智同志荣获“全国五一劳动奖章”，黄国林同志荣获自治区总工会授予“全区工会帮扶工作先进个人”荣誉称号；柳州市地方税务局蔡超群同志获“柳州市劳动模范”称号。

（2）切实履行工会职责，维护干部职工合法权益。各级工会立足单位实际，努力维护干部职工合法权益，为干部职工创造良好的工作环境和生活环境，组织干部职工参与本单位的事务管理。一是对涉及干部职工的福利、评先评优等切身利益问题的研究和内部管理制度的制定及完善，广泛听取大家的意见和建议，并及时向本单位有关领导和有关部门反映，使意见和建议得到较好的落实。梧州市地方税务局工会派人到各基层单位进行调研，制定了职工重大疾病及住院补助管理办法，为干部职工住院减轻了负担。二是针对规范公务员津补贴后地税队伍的建设问题，各级工会积极开展合理化建议活动，表达了干部职工对做好新形势下地税工作的愿望和要求。南宁市地方税务局工会派人深入22个基层单位，采取座谈会等各种形式，倾听干部职工的意见和建议，对带有普遍性的干部职工关心的热点问题进行认真分析并形成调研报告，为局领导提供参考。三是积极组织干部职工到医院作体格检查，使一些同志的疾病得到及时发现、及时治疗。

（3）广泛开展文体活动，活跃了干部职工文化生活。工会活动是体现工会工作成效的主要载体。各级工会从本单位实际出发，广泛开展寓教于乐、健康有益的文体活动，较好地满足了干部职工的精神文化需要。一是以迎奥运为契机，丰富文体活动内容，激发干部职工参与活动的热情，使文体活动有声有色，效果好。各级工会不仅在春节、劳动节、国庆节等重大节日组织开展体育活动，还注重组织开展经常性的业余体育活动，干部职工利用业余时间定期或不定期地通过内部、横向和纵向联系进行友谊比赛。气排球、羽毛球成为干部职工喜爱的体育项目。还积极组队参加本地迎奥运的体育活动，自治区地方税务局机关气排球队等4个业余球队参加了区直第五届职工运动会。柳州市地方税务局男女篮球队参加本市职工篮球赛，获得女子第一名、男子第二名的好成绩。二是多数工会与共青团、妇委会具体组织了新春文艺晚会及其他文体活动，南宁、柳州、来宾市地方税务局的文艺晚会具有较高的艺术水平，受到观众的赞扬。

（4）送温暖献爱心，共建和谐社会。各级工会关心扶困救灾，关爱地税干部职工，广泛开展送温暖献爱心活动。一是积极响应党和政府的号召，组织干部职工踊跃向四川地震灾区捐款，个人捐款（不含特殊党费）115.58万元，还组织干部职工向雨雪冰冻灾区捐款捐物。二是组织干部职工向贫困农民和贫困学生捐赠款物，解决过冬问题和失学问题。三是坚持做到“两必访”，即对地税干部职工患病住院必访，对地税干部职工在生活上有较大困难时必访。四是根据部分干部职工的愿望和要求，较好地帮助他们解决了小孩入托入学问题。

2. 老干部工作。

截至2008年12月底，全区地税系统离退休人员总数为1189人，其中离休干部7人，退休干部1092人，退休工人90人。全系统老干部工作部门努力发挥老干部工作部门的职能作用，认真落实老干部的政治待遇和生活待遇，老干部管理工作有效开展。

（1）老干部工作管理制度进一步建立健全。老干部工作部门进一步完善老干部管理工作制度，不同程度地建立了老干部工作联系制度、通报制度和有关资料，如老干部花名册、走访慰问记录簿、老干部信访登记簿、老干部学习记录簿、老干部困难补助登记簿和健康档案等，使老干部工作制度化、规范化。老干部工作按照全年工作计划有序进行，把工作落到实处，每半年对工作进行总结；对上级布置的一些临时性工作，努力按要求完成；遇有特殊情况，随时研究，及时解决老干部工作中存在的问题。

(2) 老干部的政治待遇进一步落实。老干部工作部门注意落实老干部的政治待遇。一是组织好老干部的政治学习，坚持每季一次政治学习制度，使老同志了解国际国内社会和经济形势，了解地税工作情况；二是加强老干部支部建设，保证每一位党员都能够参加支部活动；三是对一些有特殊情况、不能参加政治学习的老同志做好有关服务工作，采取送资料上门和电话通报学习情况的办法进行学习交流；四是继续为老干部订阅学习资料，做到《老年知音》和《老年报》每人一份；五是召开老同志迎新春座谈会和党的生日座谈会，畅谈个人体会。

(3) 老干部的生活待遇进一步落实。老干部工作部门从实际出发，努力为老干部办好事、办实事，认真做好老干部生活服务工作，把党的关怀和组织的温暖送给老干部。在落实生活待遇工作中，一是走访慰问老干部，做到“三个必访”，即老干部生病住院时必访，重大节日必访，特殊困难时必访。平时对年老、体弱、生病住院的老干部，老干部工作人员主动到家里或医院进行慰问；对特困难的老干部尽可能给予适当补助。二是认真落实老干部的工资和福利待遇，对老干部在工资、津补贴和公费医疗等方面的疑问给予耐心解释。三是根据自身的经济条件，组织老干部到外地参观。四是老干部工作部门协助局领导，以在春节和重阳节举行座谈会、登门拜访和慰问的形式，把组织的关怀和温暖送给每一位老干部。

(4) 老干部的文体活动进一步广泛。老干部工作部门根据老干部的特点，采取灵活多样的形式，组织老同志开展丰富多彩、健康向上的文体活动。一是不断完善活动室建设，活动室摆有报纸、杂志，活动项目主要有扑克、麻将、象棋，有的活动室设有乒乓球桌、健身器等体育活动器材；二是围绕重大节日和重要纪念日开展活动，积极组织老干部参加本单位工会活动，深受老同志喜爱。

【团工委】

1. 青年思想政治教育。

团工委紧紧围绕构建和谐地税的工作大局，结合科学发展观实践活动和继续解放思想大讨论活动，深入开展了党的十七大、团的十六大学习教育、讨论和实践活动，迅速营造了浓厚的学习氛围。团工委副书记陆敏当选共青团的十六大代表，2008 年 6 月在北京参加盛会并和与会代表一起受到了胡锦涛等党和国家领导人的亲切会见。团工委迅速组织全系统召开视频大会传达学习共青团的十六大精神，认真学习胡锦涛、李长春、陆昊等同志的重要讲话精神。自治区地方税务局领导代表自治区地方税务局党组结合胡锦涛总书记等党和国家领导人对当代青年提出的要求，就地税系统青年如何贯彻落实共青团十六大精神，促进地税事业健康发展提出了要求。团工委组织参会人员观看共青团十六大开幕式的录像，以“新时期共青团的光荣职责”、“用社会主义核心价值体系教育引导青年”、“组织动员青年为全面建设小康社会作贡献”、“把服务青年工作提高到一个新水平”等内容为主题，召集 14 个市地方税务局团委书记在南宁举行座谈会，展开热烈的讨论，并对如何在广大地税青年中贯彻落实好共青团的十六大精神进行了详细部署。在层层传达学习中，广大地税团员青年努力做到在全面准确领会精神实质上下工夫，在融会贯通上下工夫，并立足自身岗位的实际，主动查摆问题，提出改进措施，使自己成为和谐地税的推进力量；每位团干部联系共青团的工作职责，努力做到与加强团干的自身建设相结合，与团员青年队伍建设相结合，与思想政治工作和精神文明建设相结合，进一步规范了各项制度和流程，推进团工作科学化、规范化、制度化，提高各项工作的质量和效率。

2. 服务税收。

紧紧围绕税收中心工作，团结带领广大团员青年在各工作岗位上再立新功。一是针对全区地税系统的团员青年主要分布在基层这一特点，着力加强基层团员青年的组织管理；二是创建学习型基层团组织，提高基层团员青年的思想文化素质；三是联系实际，学以致用，培养税收岗位能手；四是引入“赶、比、帮、超”的互助竞争机制，实现整体工作水平的提高。通过不懈地努力，团员青年在全系统组织开展的业务技能竞赛、征管能手竞赛、稽查能手竞赛等比赛中成绩名列前茅，在税收工作中屡创佳绩，并在各工作岗位上充分发挥先锋模范带头作用，为各项税收工作的完成作出了贡献。

3. 党建带团建。

坚持“党建带团建、团建抓创新”，加强全区地税系统共青团的基层组织建设，先后指导成立了河池市地方税务局团委、来宾市地方税务局团委、贺州市地方税务局团委、防城港市地方税务局团委等 4 个基层团组织，指导梧州市地方税务局团委进行了换届改选。充分利用“五四”、“七一”、国庆节等重大节日和 2008 北京奥运会、中国—东盟博览会等重要契机组织团员青年开展“永远跟党走”、“我与祖国共奋进”、“青春献礼 50 大庆”、“解放思想·青年先行”、“青春奉献北部湾”等主题教育活动。加强团干部、团员队伍建设，做好推优入党工作，向党组织输送“新鲜血液”；向党组织举荐优秀地税青年走上新的重要岗位。

4. 青年文明号。

结合地税工作特点，以完善办税服务厅环境建设、提高办税服务水平、提高税务人员综合素质等方面为重点，努力将各级青年文明号打造成展现地税系统团员青年良好形象的品牌工程。在各级领导的大力支持和帮助下，通过不懈地努力，青年文明号创建活动取得了丰硕成果，全区地税系统有6个单位被新认定为全国级青年文明号集体，6个单位继续被认定为全国级青年文明号集体，自治区级青年文明号集体138个，市级青年文明号集体98个，各级青年文明号遍布全系统各基层单位，成为全系统精神文明建设的重要组成部分，创建活动走在广西各行业系统的前列。

5. 争先创优。

注重发挥典型示范、先进引路的积极作用，认真抓好地税系统共青团的推优评先工作，取得新的成绩。北海市地方税务局团委被共青团广西区委授予“广西五四红旗团委”称号；来宾市地方税务局团支部、南宁市地方税务局税务服务中心团支部被授予“广西五四红旗团支部（总支）”称号；贵港市地方税务局团委、钦州市地方税务局团委、桂林全州地方税务局团委获“广西五四红旗团委创建单位”；五位同志获广西第四届“优秀青年卫士”殊荣；一位同志获“广西五四奖章”标兵殊荣，五位同志被授予“广西优秀共青团员”称号。

6. 地税青年文化建设。

自治区地方税务局团工委以提高地税青年人文素质和能力为目标，开展健康向上的各类文化活动，积极促进地税文化建设。在南宁举行的广西第二届青年文明号艺术节上，组织北海、来宾、桂林市地方税务局的几个全国青年文明号集体代表广西地税系统参加了舞蹈、健美操、演讲等比赛，选送的《潮涌北部湾》、《绿色爱尔兰》两个舞蹈均获得三等奖，健美操和演讲比赛获得优胜奖。自治区地方税务局团工委荣获优秀组织集体奖，陆敏、张健荣获优秀组织个人奖。

7. 团属品牌活动。

通过卓有成效的团属品牌活动倡导文明新风，团结青年、凝聚青年，进一步活跃地税青年群体。组织开展“学雷锋、树新风”青年志愿者活动，开展“城乡清洁工程”、“保护母亲河”、“共建绿色新广西”等公益活动，开展“送温暖到校园——慰问贫困学生”和“青春温暖进农村”活动；组织开展“奉献爱心　圆梦大学”活动，筹措捐款120896.1元，努力争取广西希望办拨付54000元对18名符合资助条件的地税困难家庭子弟进行了资助。自治区地方税务局团工委获得广西团区委“希望工程圆梦行动先进单位”的表彰。为拓宽纳税服务的工作思路和进一步做好地税系统共青团工作，在全系统开展共青团“金点子”征集、“我为广西地税发展进一言、献一策”活动。对桂北和桂西南地区遭遇的特大雪灾和四川汶川大地震灾害，团工委广泛开展“抗震救灾爱心捐款”、“缴纳赈灾特殊团费”等捐助活动。全系统青年文明号和广大团员青年捐献抗震救灾善款12万元。团工委认真配合做好支援灾区和维护稳定的各项工作，积极引导广大团员青年把爱国之情和对灾区人民的牵挂之心化为推动工作的动力，做好全年税收组织收入工作和其他各项工作，以实际行动支援灾区。全系统各级团组织开展以“迎奥运，展风采”为主要内容的健身操比赛，气排球、羽毛球友谊比赛等。积极组织“点燃激情，传递梦想”2008奥运火炬手推选工作。2名优秀共青团干部被推选为奥运火炬手在南宁市参加奥运火炬传递活动。

8. 团务培训。

团工委副书记陆敏被共青团中央选拔作为广西机关单位共青团干部代表赴日本进行友好交流和参加友好合作项目的培训。团工委还分别组织各地市地方税务局团组织负责人或青年优秀骨干到共青团中央北戴河培训基地参加第十期共青团理论学习骨干培训班暨共青团学习贯彻团十六大精神研讨班和第三十期全国基层团干部培训班，听取《基层团干部在新形势下如何开展好青年工作》等专题讲座。各级团组织积极参加青年干部培训班、加强党性锻炼培训班、青年干部如何投身广西北部湾“生力军工程”讲座、青年干部作风与青年干部成长研讨班、宏观经济学知识讲座等，各级团干进一步深化认识，提高对事关本地区本部门本单位科学发展的重大问题上的认识。

【妇委会】2008年，自治区地方税务局妇委会在自治区地方税务局党组的高度重视和正确领导下，在自治区妇联、区直妇工委、局机关党委的正确指导下，及在局机关其他部门的大力支持和协助下，与工会、团工委形成合力，紧紧围绕自治区地方税务局的中心工作，以“创造新业绩、树立新风向、争做时代新女性”为主题思想，有目的、有计划、有步骤地开展了多项有意义的活动和工作，为积极构建和谐地税、和谐机关、和谐庭院而努力。

1. 建立和完善工作机制。

全区地税系统各级党组十分关心和重视妇女工作，将妇女工作作为全局工作的重要组成部分，针对妇女工作的特点和在税收工作中应有的作用，积极采取措施，不断健全和完善妇女组织机构，确保妇女工作正常运转。一是建立健全组织；二是经费有保障；三是分工明确；四是工作机制完善。

2. 争先创优活动。

（1）深入开展"巾帼文明岗"和"三八红旗集体"创建活动。在全区地税系统内大力开展女干部职工爱岗敬业、勇于竞争、勇创一流的争先创优活动，激励更多的女干部职工立足本职岗位建功立业，并为进一步扩大建岗的覆盖面和赋予建岗活动新的内容，在全系统内继续开展争创"巾帼文明岗"、"三八红旗集体"、"巾帼建功标兵"和推进"千岗联百村"等活动。2008年，全区地税系统有宾阳县地方税务局芦圩税务分局办税服务大厅等2个集体荣获"全国三八红旗集体"荣誉称号，龙胜县地方税务局泗水分局等3个集体荣获"全国巾帼文明岗"称号，钟山县地方税务局钟山税务分局办税服务厅等3个集体荣获"广西三八红旗集体"荣誉称号，黄冬梅（贵港市港北区地方税务局）等4人荣获"广西三八红旗手"荣誉称号。

（2）开展"五好文明家庭"和"和谐家庭"的创建活动。积极在全区地税系统内开展"五好文明家庭"和"和谐家庭"创建活动，把"富裕家庭、廉洁家庭、节俭家庭、文化家庭、平安家庭"作为"和谐"创建的主要内容，不断丰富家庭文明建设的新内容，力求通过创建活动以使"家庭助廉"取得更好的成效，更有力地促进和谐地税的构建。3月，自治区区直机关妇工委表彰了第四届区直机关五好文明家庭及创建活动先进单位，自治区地方税务局荣获第四届区直机关"五好文明家庭"创建活动先进单位，黎刚敏家庭荣获"五好文明家庭标兵户"，唐运球等3个家庭被评为"学习型家庭"，汪星明等5个家庭被评为"五好文明家庭"。9～10月在自治区地方税务局机关开展了"五好文明户"评选和表彰活动。

（3）开展活动欢庆三八国际劳动妇女节。以组织开展庆祝三八节的活动为契机，向社会大力宣扬广西地税系统团结、友谊、和谐、拼搏、进取的良好精神风貌。3月6日，自治区地方税务局妇委会组织了60人的方块队伍，参加自治区妇联组织的"广西各界妇女节能减排迎奥运，八桂巾帼健身走"活动。3月5日，在自治区党委礼堂举办自治区区直机关庆祝三八国际劳动妇女节文艺晚会。由自治区地方税务局和南宁市地方税务局共同选送的京剧舞蹈《粉墨登场》和舞蹈《踏歌起舞》，以编排新颖、场面热烈、气势宏大获得评委和观众的一致好评；自治区地方税务局荣获优秀组织奖，参演节目荣获优秀节目奖。4月，自治区地方税务局女子气排球队取得了区直机关庆"三八"气排球比赛第七名的好成绩。

（4）开展"恒爱行动"等帮贫扶困的多种社会公益活动。自治区地方税务妇委会将关爱洒向社会，在自治区地方税务局机关和部分基层单位开展"春蕾"女童扶持、帮助贫困女大学生入学问题、扶贫捐赠等活动，以爱心和热情关爱革命老区、农村贫困女孩，使她们感到社会主义大家庭的温暖。2008年上半年，自治区地方税务局机关妇委会为四川地震灾区妇女儿童组织捐款8100元。在2007年12月至2008年2月开展的"恒爱行动"中，自治区地方税务妇委会动员广大妇女积极参与，为孤残儿童奉献自己最诚恳的真挚爱意，自治区地方税务局机关和南宁市地方税务局部分单位妇女共领取毛线20千克，编织了40多件爱心毛衣。1月，自治区地方税务局机关妇委会组织购买了价值约2000元的学习用具、书本，与区直妇工委等单位一起到崇左市江州区江州镇开展"关爱妇女健康、温暖孩子心灵"活动。自治区地方税务局妇委会与自治区地方税务局机关党委、工会一起前往自治区地方税务局新农村联系点河池市木有村进行了爱心捐助和节前慰问。

3. 加强妇女干部工作。

（1）加强与基层的联系，交流经验，拓宽工作思路。组织自治区地方税务局妇委会成员和自治区地方税务局机关部分女干部到各市地方税务局进行妇女工作调研，加强与基层联系，增进交流和友谊，拓宽妇女工作思路，了解基层妇女干部职工的所需所想，尽力为基层女干部职工解决实际困难。

（2）经常与自治区地方税务局机关女干部职工谈心，更好地做好服务工作。3月召开了自治区地方税务局机关全体女处级干部会议，简单地向大家汇报了妇委会近3年来的工作情况及今年的工作计划，并广泛听取了大家对妇委会工作的意见。会议上大家踊跃报名参加区直机关妇工委开展的内容丰富的"区直机关女处长联谊会"。

（3）积极开展有益于女干部职工身心健康的知

识讲座。为提高女干部职工的综合素质，知晓和遵守公务员着装和礼仪要求，展示出女性特有的风采，树立良好的行业风貌，自治区地方税务局机关妇委会将联合全区地税系统妇女组织，开展与日常工作、生活息息相关的女性健康活动。4月1日，自治区地方税务局机关妇委会拟在南宁市举行绕南湖健身走比赛、插花比赛和水果拼盘比赛。6月，成功地承办了“区直机关女处长联谊会成立大会”，并请自治区文联主席、原区党委副书记潘琦做了“提高女干部文化修养”专题报告。7月，请广西知名作家彭匈做了“怎样读书”的专题讲座。

（4）关心女干部职工的身体健康，为女干部职工做好事、实事。4～5月，与工会一起组织自治区地方税务局机关全体干部职工进行健康体检。6～8月，又组织干部职工进行预防乙肝疫苗注射。并及时慰问因病住院的女干部职工和孕产妇，帮助解决干部职工的家庭困难，开展多种形式的健身活动。

4. 计划生育工作。

（1）自治区地方税务局机关依照自治区计生工作总体部署和青秀区党委政府的具体要求，妇委会扎实抓好了自治区地方税务局机关的计划生育工作。没有发生违反计划生育条例的事件，当期放环率达到了计生管理部门的要求；及时完成各种报表的报送。2008年1月，在青秀区的计划生育工作会议上，自治区地方税务局计划生育工作又获一等奖，计划生育工作者唐小明同志荣获先进工作者称号。

（2）关爱干部职工子女，努力给青少年创造一个健康成长的良好生活环境。开展了主题为“读好书、增知识、写心得”的活动，鼓励小朋友们好好学习、积极向上，多读书、读好书。

（3）积极与相关学校、医院联系，争取解决好自治区地方税务局干部职工子女的就学、医疗统筹问题。2008年自治区地方税务局机关工会与妇委会积极加强与区直机关第三幼儿园、滨湖路小学、南宁市十四中埌东校区、广西医科大学第一附属医院及口腔医院的联系，较好地解决了自治区地方税务局已经达到年龄的子女的入托、入学、医疗统筹的问题。2008年共办理18岁以下的子女医疗统筹证约100本。

（梁玉涛、王庆华、唐小明、张　健）

税务纪检监察

综　述

2008年，自治区地税系统纪检监察部门在自治区纪委、自治区监察厅和自治区地方税务局党组的正确领导下，认真贯彻党的十七大和中央纪委十七届二次全会精神、自治区纪委四次全会精神、全国税务系统党风廉政建设工作会议精神，按照自治区地方税务局党组提出的“突出一条主线，抓住三个重点，整体推进各项工作”的思路，紧密结合中共中央《建立健全惩治和预防腐败体系2008～2012年工作规划》、自治区党委关于贯彻落实规划的《实施意见》、国家税务总局的《实施办法》及分工方案，推进党风廉政建设和反腐败工作，保障全区地税事业持续健康发展。

各项工作

【党风廉政建设责任制】2008年，自治区地方税务局切实结合地税工作实际，采取有力措施，严格落实党风廉政建设责任制有关要求。一是认真贯彻全国落实党风廉政建设责任制会议及胡锦涛总书记的批示精神，紧紧围绕责任分解、责任考核、责任追究三个关键环节，进一步强化各级地税机关、业务部门、领导班子以及领导干部“一岗双责”，妥善处理好抓税收业务工作与党风廉政建设的关系。二是层层签订党风廉政建设责任状，落实“各级党组每年中听取一次下级领导班子和机关各部门党风廉政建设工作汇报”的要求，各市地方税务局党组均定期听取所辖各县（市）、城区地方税务局和直属单位党风廉政建设汇报。三是继续完善党风廉政建设责任制相关制度和办法，年底结合税收绩效考核，共组织7个考核组对14个市局2008年落实责任制情况进行检查考核，确定各单位的考核等次并将结果向全系统通报。

【廉政教育】一是健全机制，加强反腐倡廉宣传教育的指导和考核。2008年继续在建立健全自治区、市、县（城区）地方税务局反腐倡廉“三级宣教”工作机制上下工夫，明确自治区、市、县（城区）地方税务局三级地税机关的宣传教育职责，形成以领导干部、基层执法人员为重点，面向全体税务人员开展反腐倡廉宣传教育的长效工作机制，从机制上确保反腐倡廉宣教活动的有效开展。自治区地方税务局将反腐倡廉宣传教育列为党风廉政建设责任制考核的重要内容，拟订了《加强反腐倡廉宣传教育工作管理考核办法》，组织对各市地方税务局反腐倡廉宣传教育工作进行了考评，评出了优秀单位7个并予以表彰。自治区地方税务局2008年度荣获自治区纪委反腐倡廉宣传教育工作先进集体。二是面向全体地税干部开展廉政教育。首先结合加强重点环节、重点岗位监督管理工作，强化岗位廉政教育。围绕税收执法和行政管理容易出现问题的重点环节及其工作岗位，加强权力观教育和廉政教育，查找漏洞，有针对性地采取措施，预防违纪违法问题的发生。其次以考促学，强化学习效果。组织全区地税系统1万多名公务员参加自治区统一组织的《行政机关公务员处分条例》考试。再次以案说法，开展警示教育。同时丰富廉政教育的内容，注重现代电教手段的运用，提高教育的感染力和说服力。如邀请清华大学李虹教授作“公务员压力管理与心态调适”知识视频讲座，引导干部职工正确调适心态。各地认真组织党员干部观看《科学发展观理论专题讲座》等警示教育片，共组织观看335场次，参加总人数9149人次。三是以点带面逐步推进廉政文化建设。继续贯彻中央纪委《关于加强廉政文化建设的指导意见》，以廉政文化为承载体，大力推动全区地税系统全方位、多层次、有重点地开展廉政文化建设。重点抓紧建设廉政文化示范点，发掘和培养廉政文化骨干人才，全面开展形式多样、富有特色的廉政文化活动，努力打造宣教营廉、书画示廉、读书思廉、文体养廉、家庭助廉、社会督廉等廉政文化品牌。总结推广“一局一品”的工作方式，即以县、市、城区地方税务局为基本单位，各市地方税务局重点抓好本市1～2个基本单位作为廉政文化建设示范点，实行精品战略，各示范点每年有重点地确定一个主题开展廉政文化建设活动，形成特色精品，对其他单位形成示范效应，实现以点带面，逐步全面推进。各级地税机关各展风采，创作推出了一批廉政文化成果精品，自治区地方税务局精选192幅反映近年来全区系统开展廉政文化建设情况的图片，编辑出版了《廉政文化在广西地税》画册。2008年12月，国家税务总局在北京举办《全国税务系统廉政文化建设成果展》，自治区地方税务局精选了书法、绘画、摄影、书刊、影视、音像等各类实物作品25件送展。

【领导干部廉洁自律】2008年，全区地税系统进一步强化监督管理各级领导班子和领导干部廉洁自律工作，确保各项权力正确行使。一是加强对各级党员领导干部的理想信念、思想道德、法制和党纪政纪条规教育，增强领导干部廉洁从政意识。严格执行“四大纪律、八项要求”及领导干部收入申报、礼品登记、个人重大事项报告等制度。年内全区地税系统共举办领导干部更新知识、新任领导干部廉洁从政等各类专题培训班52期，接受教育培训总人数426人。二是2008年初组织对各级领导班子落实2007年度党风廉政责任制和执行民主集中制的检查考评，根据检查考核的情况和平时掌握的情况，确定各单位的考核等次，并将考核的结果向全系统通报，指出了各单位在执行民主集中制方面存在的问题并督促整改。三是各级地税机关均组织开展了对领导班子成员的述廉评廉活动，将领导干部置于干部群众监督和评议之中。四是严格执行各市地方税务局主要领导、纪检组长定期与下属单位、部门负责人进行廉政谈话的制度，及时了解基层单位党风廉政建设开展情况，督促各级地税机关抓好反腐倡廉建设。

【“两权”监督】2008年以推进税收重点环节和基层重点岗位监督为抓手，“两权”监督制约扎实有效。一是继续推进税收两权重点环节监督管理。在总结2007年开展重点环节监督管理的六条重要经验基础上，提出2008年推进重点环节监督管理的三项目标、十个重点环节的监管任务、“四位一体”的监督体系以及各项具体工作要求，推动各市地方税务局、县区地方税务局各有关部门继续实施重点环节监督工作。二是开展基层税收重点岗位监督管理试点工作。通过对历年来地税系统内发生案件的统计分析，确定发现基层地税机关的征管、发票、稽查等税收管理重点岗位是腐败案件的“高发区”。从2008年一季度开始，组织开展对基层税收管理重点岗位加强监督管理的试点工作，要求各市地方税务局选取一个县（市）或一个城区的征收机构，确定三个税收管理重点岗位作为监督管理的试点，探索对易发生问题的岗位加强日常监督管理。三是加强税收执法监察和行政管理监察。监察与法规、征管、税政、稽查、计会部门组成联合工作组，在全区地税系统开展税收执法检查和执法监察工作，对减免税和缓缴税审批、税务稽查、税务行政复议、落实税收政策等税收执法权方面，基建、大宗物品采购、固定资产管理、干部选拔任用等行政管理权方面，以及推进税收“两权”重点环节监督管理工作，进行了专项检查和监察。自治区地方税务局监察室通过参加减免税和税前费用扣除等审批会议、政府采购工作组会议、重大税务案件审理会议等重要会议的形式，履行对“两权”的监督职责。

【内部审计】一是全区地税系统扎实抓好地税系统内部审计工作，严格执行领导干部任期经济责任审计的规定。在2007年组织对近几年来调整换岗或离任的16位处级领导干部进行离任审计的基础上，对其离任审计报告进行了认真审核，汇总归类审计发现的主要问题。经向自治区地方税务局党组汇报后，按照自治区地方税务局党组会议研究精神，拟定并下发了15位同志的离任审计意见。二是在原审计的基础上，会同财务处和原审计组人员，对个别同志的离任审计有关情况进行了进一步的审计核实，对原审计报告进行了补充和完善。三是按照广西内部审计师协会要求，收集整理全区地税系统具有内部审计岗位资格证人员的相关信息资料，为加强对地税系统内部审计人员的规范管理打下基础。

【行风建设和效能监察】2008年自治区地方税务局切实制定措施，抓好政风行风建设：坚持“管行业必须管行风”的原则，紧密结合转变干部作风、加强机关行政效能建设活动，围绕首问负责、限时办结、责任追究三项制度为核心，建立健全行风建设长效机制。深化行政审批事项改革，对全区地税系统的行政审批和行政许可项目进行清理和简并，将面向纳税人的24项审批事项交由政务服务中心审批大厅集中受理，并科学编制了办事指南和审批流程图，压缩审批时限，简化审批环节，从源头上减少行政审批环节发生腐败现象。推进电子监察工作，有效防止超期办结情况的发生。加强政务公开工作，会同办公室等部门共同做好《政府信息公开条例》施行工作，组建自治区地方税务局政府信息公开工作机构以加强组织领导，修订政务公开指南、目录等内容。牵头组织有关部门工作人员到广西人民广播电台参加了“政风行风热线”栏目第三轮、第四轮上线节目现场直播，现场接听并圆满答复了群众对地税系统政风行风热点问题的投诉、咨询和建议。自治区地方税务局纪检监察部门、巡视督查部门深入基层单位对行风建设情况开展监督检查和巡视督查，自上而下建立了特邀监察员制度，定期召开座谈会，听取特邀监察员及纳税人代表的意见、建议。设立举报电话、投诉信箱，积极受理行风建设方面的投诉。2008年，自治区地方税务局在全区33个作风效能建设重点考核的区直单位中名列前茅，被评为优秀等次。

【信访举报和违法违纪案件查处】一是处理群众信访举报。认真落实《信访条例》和《中国共产党纪律检查机关控告申诉工作条例》，按照分级负责和“谁主管、谁负责”的原则，着力解决越级信访、重复信访的问题；落实督办制度，切实做到“事事有着落，件件有回音”。加大信访核实力度，深入信访件多的县（城区）局，调查核实问题，并协调和指导有关部门予以处理。2008年全区地税系统共处理信访179件（其中重复件达57件），由自治区地方税务局处理77件，各市地方税务局处理102件。二是加大查办案件和专项治理工作力度。深入桂林市、北海市、百色市、柳州市等地指导涉嫌违纪违法案件的查办处理工作，全年全系统仅发生一起违纪案件，案件形势明显好转。开展了对行政执法机关移送涉嫌犯罪案件，治理税务人员收受或介绍商业贿赂以权谋私，退出现职、接近或达到退休年龄的党政领导干部在企业兼职任职，制止党政干部公款出国(境)旅游，城市住房工作行政监察，清理“小灵通”与单位办公电话捆绑使用等专项检查、治理工作，全系统清理出168部“小灵通”与单位办公电话捆绑使用。严肃组织纪律监督，确保2008年抗击雨雪冰冻灾害、汶川大地震救灾期间党和政府决策的贯彻落实。

【构建惩防体系】自治区地方税务局持续推进全区地税惩防体系构建，反腐倡廉预警机制建设稳步铺开。一是认真贯彻《工作规划》，落实工作责任。中共中央《建立健全惩治和预防腐败体系2008～2012年工作规划》（以下简称《工作规划》）颁布后，全系统认真学习《工作规划》、自治区党委关于贯彻落实《工作规划》的实施意见，结合国家税务总局党组《实施办法》及分工方案，对涉及我区地税系统的任务进行了研究，分解任务，起草了具体实施意见，进一步分解落实领导班子、业务部门和纪检监察部门推进党风廉政建设的责任。各地在构建惩防体系工作中结合实际开创特色活动，例如来宾市地方税务局开展“创建无违法违纪单位”活动，将教育、制度、监督、预警、惩治等内容有机融入创建活动中，使税收工作的管理和监督形成常规化；天峨县地方税务局组织开展“学习贯彻《工作规划》知识答题”活动，提高干部职工对贯彻实施《工作规划》重要意义的认识。二是预警机制建设全面铺开。全系统惩防体系建设继责任、教育、监督、制度等机制相继铺开建立后，自治区地方税务局部署全面建立预警机制。各市地方税务局与试点单位南宁市地方税务局采取光盘教学、资料交流、现场考察互动等形式进行了沟通交流。南宁市地方税务局继续深化预警机制建设，研究预警机制运行系统平台与税务征管、电子政务管理系统平台的整合。基本形成以市地方税务局为预警中心、市以下各级地税机关作为预警信息来源渠道的预警机制框架，各市地方税务局在此框架下完善预警信息采集评估、发布、反馈、追踪等环节，视情况定期或不定期发布预警信息。

【开展涉税重大决策监督检查工作】按照中央有关精神，结合贯彻落实自治区党委、纪委和国家税务总局反腐倡廉建设的工作部署，狠抓对涉税重大决策部署落实情况的监督检查，增强维护党的政治纪律和维护党中央权威的自觉性。一是加强党员干部政治纪律教育，增强大局观、责任意识，自觉落实党和政府在税收方面的方针政策，为经济建设服务。二是认真贯彻落实科学发展观，开展继续解放思想大讨论活动，在系统内开展对税收执法、税收政策落实、效能建设的监督检查，不断增强依法治税意识。三是自觉贯彻执行中央和自治区有关党风廉政建设方面的规定，对规范公务员津补贴、控制修建楼堂馆所、纠正超标配备使用小汽车、制止公款出国（境）旅游、公务接待等工作加强监督，以优良的党风促政风带民风。四是对地税系统贯彻落实进一步扩大内需促进经济增长重大决策部署加强监督检查，督促各级税务机关依法治税，防止违法违规组织税收收入；加强纳税服务，确保各项已经明确的重大改革措施和政策调整措施落实到位。

【实施绩效考核工作】组织实施绩效考核，完善地税事业科学发展评价体系：根据自治区党委、政府关于开展绩效考评工作、建立健全作风效能建设长效机制的要求，按照自治区地方税务局党组的决定，监察室负责牵头组织实施全区地税系统绩效考评工作。一是成立绩效考评工作机构。经过与人事、办公室等有关部门的反复协商，成立了自治区地方税务局绩效考评工作领导机构和工作机构，配备了专、兼职工作人员。二是与自治区绩效办及区直有关厅局加强沟通联系，了解自治区实施绩效考评工作的指导思想、工作方式和有关厅局开展绩效考评试点工作的情况，为自治区地方税务局实施相关工作提供有价值的参考信息。三是组织学习自治区绩效办印发的《机关绩效考评工作试点工作方案》、《机关绩效考评试点单位指标考核评分细则》等指导性文件，掌握开展绩效考评工作的方式方法。四是研究制定了全区地方税务系统2008年度绩效考评工作方案，将各市地方税务局完成税收收入任务、党的建设、干部队伍建设、精神文明建设和落实党风廉政建设责任制情况列入年度绩效考核范围，明确了考核程序，协调有关部门联合组织了7个考评工作组，分赴各市地方税务局开展绩效考核工作。

【纪检监察干部队伍建设】监察干部队伍建设得到加强，纪检监察工作“三化”水平不断提高。一是加强纪检监察业务培训。采取“走进来”（请专家学者来开办讲座）、“送出去”（派员到外地高等院校或税务系统学习培训）和自办培训（自备师资举办各类纪检监察业务培训班）等方式，加强对纪检监察干部的业务培训。2008年，自治区地方税务局选派了20名基层县地方税务局纪检组长、监察室主任到中纪委北京培训中心、自治区纪委及国家税务总局举办的业务培训班学习；特聘或自备师资，自办了预防职务犯罪、反腐倡廉宣传教育等培训班，培训纪检监察干部120人次。二是开展“岗位练兵”活动。以新编纪检监察业务教材为主要学习内容，提高业务水平。自治区地方税务局定期以计算机课件汇报交流、实地参观学习等形式，组织各地地税部门开展工作交流活动，使各地纪检监察干部能够相互借鉴工作经验，不断提高反腐倡廉宣教工作质量。三是开展专题调研，规范业务各项工作。2008年选定了税收“两权”重点环节监督管理、地税系统职能优化机构微调人员重组中如何健全城区地方税务局纪检监察机构和人员配备问题、建立广西地方税务系统反腐倡廉“三级宣教”工作机制等3个重点课题立项开展研究，形成专题报告等成果供领导决策参考。将2007年反腐倡廉重要文件汇编为《广西地方税务系统党风廉政建设工作材料》一书，方便工作使用。开展了领导干部廉政档案建设以及纪检监察业务检查，巩固落实各项已经明确的业务工作制度，加强硬件配备建设，提升纪检监察工作的规范化、制度化、科学化水平。

（冯传授）

政务服务

综　述

2008年，自治区地方税务局办公室在局党组的正确领导下，在局内各单位以及各市地方税务局的大力支持和密切配合下，紧紧围绕税收中心工作，以深入开展学习实践科学发展观活动为契机，牢固树立参与政务、搞好服务的思想，始终把想大事、谋大事、抓大事置于办公室工作的首位，突出重点，服务全局，狠抓落实，在综合文秘、会务管理、档案管理等方面加大工作力度，较好地发挥了办公室的职能作用。

各项工作

【综合文秘】一是做好综合文稿起草整理工作，发挥参谋助手作用。办公室文秘人员认真学习掌握上级有关精神和方针政策，深入调查研究，主动掌握第一手材料，准确把握领导意图，主动把握政策，密切关注各时期税收工作的重点、热点、难点，在文稿中将领导的决策具体化和思路清晰化，先后完成全区地税工作会议、全区地税工作座谈会、全区地税系统领导班子思想政治建设汇报材料等各类全区性、综合性会议材料，领导讲话以及呈报国家税务总局、自治区党委、自治区人民政府的专题报告和重要文稿的起草和整理工作，积极当好领导的参谋助手，较好地履行服务决策、传达政令、推动工作的职能。二是加强公文管理，提高办文质量和效率。办公室从发挥参谋助手和审核把关作用的高度出发，依托信息技术，规范公文处理，提高公文质量，努力推进办公自动化。加强公文处理规范化，认真执行公文处理办法及其实施细则，严格按照办文程序，规范办文管理，从文件收发、登记、文稿审核、文印到机要处理，均能按照办文规定和程序办理，做到文件收发及时、准确、安全。同时做好公文的审核工作，重点是要把好内容关、文字关、格式关，要注意做到“四必审”：文种必审、发文字号必审、主送和抄送单位必审、附件必审。2008年自治区地方税务局办公室共处理各种文电8575件。

【会务管理】办公室积极主动加强与机关后勤服务中心和计算机信息管理中心的联系沟通，认真做好各种会议组织工作，做到明确职责、分工协作、合理安排、周密准备，从而保证了各种会议的顺利进行。主要是会前做好各项会务准备，包括拟发会议通知、准备和印发会议材料、布置会场；会中认真做好各种会议的录音、录像、照相、记录、新闻报道工作以及后勤接待工作；会后做好领导讲话材料的整理及编发《工作简报》，确保会议精神的及时贯彻落实，促进各项工作的顺利开展。

【档案管理】一是积极做好2007年档案资料收集整理和归档工作。加强对自治区地方税务局机关各部门文件立卷、移交工作的指导，严格按照《全国税务机关档案管理办法》的规定，认真做好各类文书档案、会计档案、基建档案、声像档案等各类档案资料收集、整理工作，确保各项档案资料规范归档。共归档文件资料约3693件，其中文书档案2976件，照片档案219件，光盘70件，磁带5盒，实物档案57件，基建档案134件，会计档案22件，资料约210件。二是建立健全档案管理工作制度，制定下发了《机关文件材料归档范围和文书档案保管期限规定》、《广西地方税务局档案工作突发事件应急处置预案》，进一步规范档案归档管理，维护了档案工作秩序，确保了档案资源安全。三是做好档案资料保管、库房管理、档案资料查阅登记等工作。全年档案借阅人次共175人次，档案利用1016件（其中人工借阅889件，48人次；电子档案系统查阅127件）。四是加强基层档案管理工作的检查、指导和督促。组织人员深入南宁、桂林、防城港等市进行调研，加强全区45个城区地方税务局档案工作的督查和指导，并认真开展升级达标工作。其中，防城港市地方税务局档案室在2008年11月率先晋升为自治区特级档案室，这是广西税务系统第一家特级档案室。

【督查督办】一是紧紧围绕国家税务总局和自治区党委、政府的重大决策及工作部署，以及全区地税工作会议精神的贯彻落实、各时期工作重心及税收计划执行情况等，集中力量进行重点督查，促进上级重要精神和决策全面贯彻落实到位，推动全区地税工作的顺利开展。二是加强对有时限要求公文办理情况的督查工作。通过拟发友情温馨提示和电话催办的方式对有时限要求的文件和会办件进行督促查办，特别建立起新的公务短信平台，使公文系统数据与短信服务器数据成功对接，通过发送手机短信进行提醒督办。同时从上级或局领导指示急需办理的事项中抓督办，从加快突发性事件的处理上抓督办，实行急事急办，加快办理速度。三是加强对各级地税机关在政策执行过程中发现的问题、群众反映强烈的问题，以及影响到党的路线方针政策和党组重大决策、重要工作部署贯彻落实的问题等方面的督查工作，及时反馈给局领导，并深入调查了解情况、分析原因，督促各部门和有关单位及时采取得力措施，确保问题的解决。

【保密机要】一是积极通过组织干部职工参加保密知识竞赛、观看保密教育专题片、邀请自治区党委保密局专家上保密知识辅导课等形式多样的保密法制宣传教育，进一步增强了地税干部职工的保密意识和法制观念。二是认真贯彻中共中央机要局、自治区党委保密局关于加强保密工作的方针政策，严格按《国家秘密载体保密管理规定》操作，对秘密载体的制作、收发、传递、使用、保存、销毁严格按要求进行，对机要文件的管理做到收发有登记、件件有着落。严格控制密级文件、资料的复印，阅读密级文件严格控制在有限的范围之内，未发现有擅自扩大阅读和横传现象。按规定时间清退中共中央、自治区党委的2007年度的市地师级文件，确保无泄密事件的发生。对全局各处室需销毁的内部资料，集中送到自治区党委印刷厂销毁。一年来，共接收中共中央、国务院、自治区党委、自治区人民政府、国家税务总局、财政部的来文来电3500份。三是加强网络信息安全和保密工作，建立健全计算机网络管理和保密安全制度，严格遵守有关规定，做到“上网不涉密、涉密不上网”。

【议案提案答复】高度重视人大代表、政协委员的议案（建议）、提案的办理工作，把提高问题的解决率和代表、委员的满意率作为承办工作的根本要求，明确职责，认真研究解决议案（建议）和提案中提出的问题，在规定时限内办复完毕。全年共收到议案（建议）、提案6个，办结6个。

（莫观华）

税收宣传

综　述

2008年，全区地税系统紧紧围绕国家、自治区的重大部署，围绕税收中心工作，围绕“税收·发展·民生”的宣传主题，把税收宣传融入经济社会建设大局中，积极采取有力措施，切实加大税收信息宣传工作力度，拓宽信息宣传渠道，提高信息宣传质量，努力营造良好的税收环境，塑造地税良好的社会形象。

各项工作

【税收信息宣传】1. 政务信息宣传。

紧紧围绕自治区党委、政府的工作部署，围绕税收中心工作，抓住税收工作中的热点、难点、重点和焦点采编信息，切实加强对自治区党委、政府和国家税务总局信息部门的信息上报工作，并注重对情况反映信息的收集和上报，不断强化政务信息工作的服务职能和参谋助手作用，努力提高信息稿件采用的数量和质量。同时有针对性地加强基层政务信息工作的指导、督促，有效地提高了信息服务税收中心工作和服务领导决策的水平，促进了各项税收工作的正常开展。2008年，共编发《地方税务简报》75期，用稿1772条；《税收专报》335期；《情况反映》9期；全年被自治区党委、自治区人民政府和国家税务总局的信息部门分别采用65条、93条、51条。2008年，自治区地方税务局信息工作获自治区党委信息工作先进单位二等奖，获自治区人民政府信息工作单位二等奖；2名信息员分别荣获自治区党委、政府信息工作一等奖。

2. 税法宣传。

一是认真组织开展了以“税收·发展·民生”为主题的第十八个全国税收宣传月活动，活动内容不仅丰富多彩，而且有特色、有新意，对普及税法知识、提高公民依法诚信纳税意识、促进税收工作开展发挥了积极作用。据不完全统计，全区地税系统在税收宣传月活动期间共开展税收宣传咨询活动1250次，接受咨询人数75.3万人次；送税法进企业（社区、市场、农村、学校）3580次，参加人数2.5万人；举办税法知识竞赛63次，参加人数2000余人；接受活动现场咨询、热线电话咨询2万人次；举行纳税人座谈会250场，出席人数9656人次；播出电视公益广告538则，滚动播出900多次；悬挂宣传标语2565条；制作户外公益广告牌783个；税收宣传文艺演出84场，观看人数达82836人；举办税法讲座（培训）班185期，参加人数近1万人；举办各类领导干部辅导班153期，培训辅导干部4500余人次；印发各种资料90多万份，发送手机短信息宣传223857条。二是结合开展"作风建设年"和"纳税服务年"活动，在全系统统一扎实开展了"千名税官进企业送政策送服务活动"，通过实地调查、举办讲座、上门辅导、召开座谈会、发放问卷调查表、发放联系服务卡等多渠道、多形式拓宽和加强与纳税人的沟通和交流，积极为企业送政策送服务、办实事解难题，帮助企业应对危机、走出困境，受到了纳税人的广泛好评和充分肯定。据统计，这次千名税官进企业送政策送服务活动全系统共组织政策服务队283个，抽调干部1444人，走访企业3231户；发放调查问卷1041份，现场为纳税人解决答复问题2454个，征求企业提出的各类意见和建议500多条，为企业生产经营提出建议100多条。三是抓好日常税法宣传。加强与主流新闻媒体合作，在报刊、电视台、电台、互联网等媒体开设税收宣传专版、专栏，建立巩固税收宣传阵地，并从组织、经费上予以保障。此外，还收集了大量局领导到基层调研、各种会议以及基层一线征管工作资料和图片，进一步充实了广西地税系统电视资料库，对今后开展电视新闻宣传打下了较好的基础。

【"12366"纳税服务热线】2008年，广西地方税务局针对纳税人对纳税服务的需求迅速上升，而传统的前台服务、窗口服务等服务方式受时间、空间、地点等因素的限制无法充分满足纳税人对纳税服务的需求的现状，以纳税人需求为出发点，以"电子税务服务"为突破口，以"事事有回音，件件有落实"为服务宗旨，大力建设"12366"纳税服务热线，不断完善"12366"纳税服务热线功能，及时答复解决纳税人的涉税问题。全区14个市地方税务局已全部开通"12366"纳税服务热线，纳税人在全区范围内均可直接拨打"12366"，通过人工坐席、自动语音信箱、热点税收政策介绍等功能获取政策咨询、办税指南、涉税举报、服务投诉等多元化的全程纳税服务，极大地方便了纳税人咨询，取得了显著成效，受到社会各界的广泛关注。同时在全区推广和搭建统一的短信服务网络平台，为纳税人提供纳税申报、纳税提醒、办税通知等服务。据统计，"ETS"建成以来共向纳税人提供电子化涉税服务211.36万余次，解决涉税疑难问题23.21万余次。

【地税网站建设】一是建立健全网站管理各项制度。建立了自治区地方税务局互联网站管理办法和运行维护办法，进一步规范了包括栏目管理、内容维护、网站信息安全、网站绩效考核评比工作程序和工作规定，理顺了局内各单位在网站管理中的职责，把网站各栏目的更新维护工作分解落实到局内各单位，形成了网站日常维护管理的长效机制。二是组织完成广西地方税务局互联网站群开发建设。经过10个月的开发、部署、试运行和反复的修改完善，广西地方税务局互联网站群共16个站点于2008年10月全部正式上线运行，形成了以自治区地方税务局主站为主体，省级集中、信息共享、辐射地市地方税务局、分级负责、上下联动的税务网站群，实现了国家税务总局提出的省级税务机关互联网的管理模式和建设目标，对于促进政务公开、强化税法宣传、优化纳税服务起到良好的推动作用。自治区地方税务局主站自2008年5月正式对外运行到年底，共接受近20万人次访问和浏览。三是积极做好省级税务网站评估迎评各项工作。按照国家税务总局的评估体系对网站建设和管理进行自查，提出修改完善意见，并将完善任务分解落实到各处室；加大国家税务总局广西地税频道的更新维护力度，认真做好旧网站法规数据库的迁移，共录入规范性文件2400多条，补充录入各种稿件500多篇。四是不断完善广西地税网站功能，大力开展网上咨询、在线访谈、网送税法、网上调查等税企互动活动，建立起"听民意，话民生、解民忧"的新型征纳交流平台，使其日益成为深受纳税人和公众喜欢的办税场所、服务窗口和宣传阵地。五是建立网站管理工作机构，以向社会公开招聘的形式，招聘2名高素质的网站管理人员，为网站建设和管理提供组织人员保障。六是组织开展了网站系统软件应用培训，在8月份对各市地方税务局网站管理员进行了网站系统的应用培训，促进了各地进一步加强网站建设和管理，提高了管理水平和服务水平。

【其他工作】 1. 政府信息公开。

根据《中华人民共和国政府信息公开条例》及自治区人民政府、国家税务总局关于政府信息公开工作的有关部署和要求，自治区地方税务局办公室从5月份起，精心组织，周密部署，扎实推进政府信息公开工作。一是加强组织领导和部门配合。成立了李伟总会计师任组长，各处室主要负责人为成员的政府信息公开工作领导小组，并下设办公室；各级地税机关按照自治区地方税务局和当地政府的要求，也成立了相应的工作领导小组，负责推进、指导、协调、监督政府信息公开工作，做到系统上下级之间、内部各部门之间以及与政府其他部门之间协调配合，形成各方联动、整体推进的工作机制。二是加强学习和宣传。组织信息公开工作人员参加国家税务总局和自治区人民政府举办的各种培训学习活动，多渠道、多形式地开展政府信息公开宣传工作，为推进政府信息公开工作营造良好的舆论氛围。三是组织开展目录和指南编制工作。编制并下发了《广西壮族自治区地方税务局政府信息公开指南》和《广西壮族自治区地方税务局政府信息公开目录》，明确政府信息公开的内容、范围、时限和要求，申请获取政府信息的方式、步骤和流程。开展了往年度政府信息的清理工作，共收集和汇编包括单位概况、机构职能、联系方式、办税指南、基本法规等主动公开类政府信息目录及内容共396页，近40万字，并在广西地方税务局互联网站、广西政府网地税频道、国家税务总局广西地税频道免费提供给广大纳税人和社会公众查询和使用。四是坚持以政府网站为依托，建立多元化信息公开平台。广西地方税务局网站系统较好地实现了政府信息审核和发布的工作需要，网站群共16个站点均在网站首页的显要位置开设了政务信息公开栏目。据不完全统计，通过收集和审核把关，共在广西地方税务局网站、国家税务总局广西地税频道、广西政府门户网站发布了政府公开信息1650多篇。五是搞好制度建设，规范工作流程。建立了《自治区地方税务局政府信息公开暂行规定》、《主动公开政府信息暂行办法》、《依申请公开政府信息工作规则》等一系列管理办法和规定，从9个方面建立健全政府信息公开的工作机制、管理机制、保障机制和监督考核机制，确保了政府信息公开工作的正常开展。

2. 税务报刊征订。

2008年，税务报刊征订工作由机关后勤服务中心划归办公室管理。为确保报刊征订任务的完成，办公室一是认真组织，充分动员，及时召开全区地税报纸杂志发行会议，并将征订任务及时落实到各市地方税务局。二是加强税务报刊的内容、作用和意义的宣传，广泛发动纳税户征订税务报刊，并在发动征订过程中注意方式方法，不强行摊派，没有出现纳税人投诉举报现象。三是深入基层督促检查，督促、指导征订工作，掌握征订进度，鼓励先进、鞭策后进，确保了全年征订任务的超额完成。据统计，全区地税系统共征订《中国税务报》6205份，《中国税务》7756份，《税务研究》1781份，《涉外税务》624份，《中国税务年鉴》780份，《中国税收季度报告》554份。

（莫观华）

税务信息化管理

综　述

2008年，在自治区地方税务局党组的正确领导下，在各级地方税务机关的共同努力下，全区信息化建设工作以科学发展观为统领，紧紧围绕新时期税收工作重心，认真贯彻自治区地方税务局领导提出的“统一规划，分步实施，整合资源，突出重点，量力而行，注重实效”的信息化建设指导原则，信息化基础建设、硬件设备的配备和管理、应用系统的研发、完善和推广应用等各项信息化建设工作得到有效推进。

各项工作

【税务信息化建设】 一是全区地税的二、三、四级光纤互联广域网络对所有地税单位和派出机构的覆盖面达到100%。为了确保各地方税收应用系统在全区地税各基层单位的全面推广应用，2008年，在前期的广域网络建设的基础上，增设全区地税所有的基层单位、派出机构的四级网络 2M 光纤线路的互联，使全区地税的二、三、四级光纤互联广域网络对所有地税单位和派出机构的覆盖面达到 100%。二是实施自治区地方税务局的内外网络隔离工程，以满足国家税务总局和自治区政府相关管理部门对网络安全管理的要求。按照国家税务总局及自治区政府相关管理部门的网络安全和资料保密的工作要求，自治区地方税务局需按要求实现内外网隔离。自治区地方税务局信息管理中心经过系统的调查和周密的分析，参照其他省市地方税务局关于内外网隔离的实施办法，在自治区地方税务局新建立一个连接互联网的外部网络，原在用的局域网络为内部网络，并将原有的网络结构进行隔离改造。通过实施内外网隔离，内部网络的通畅性和依托内部网络运行的各个应用系统的数据安全性因此而得到较好的保障，满足了国家税务总局及自治区政府相关管理部门的网络安全的要求。

【税务信息化应用】2008 年，信息化建设部门根据各项税收工作的迫切需要，组织新软件的开发和现有软件的完善，不断拓展和深化信息系统的业务覆盖范围，为各项工作的开展提供信息化技术支撑。

一是信息化建设部门修改完善“广西地税信息系统”，满足税收征收管理业务变化需求和实际工作应用需求。为了满足税收征收管理业务变化的新需求，解决“广西地税信息系统”不适应征管工作要求及存在的问题，2008 年自治区地方税务局在全区地税集中调配技术力量，开展“广西地税信息系统”的修改和完善工作，在系统中增加了七项新功能，对财税库行联网扣税功能进行了五项修改完善，并就各地上报的问题对各个模块做出了十八处修改，取得的主要成效如下。修改完善后的“广西地税信息系统”具有以下七大项新功能：在“申报征收”模块的“门征开票”菜单中，增加了代开发票按相应税目的法定税率征收个人所得税的功能；在“申报征收”模块的“门征开票”菜单下新增了“门征发票统计”查询功能；针对政府收支分类科目的修订及业务需求，升级了数据库中的相关表并修改了相关程序的判定条件；在“户籍管理”模块增加了稽查检查户登记及查询功能；开发了“广西地税信息系统”的自动升级程序；在“户籍管理”模块增加了财税库行联网签约户查询功能；根据基层要求，在“发票管理”模块“查询统计”菜单中增加了“普通发票使用情况统计表”。

修改完善了财税库行联网扣税功能，为更多业务功能模块提供了财税库行系统支持。修改解决了纳税人申报未完税处理功能无法正常倒扣或正划税款入库的问题；增加了双定户自行申报的双定税款和代开发票税款使用财税库行系统倒扣或正划功能；增加了财税库行联网正划报文重发功能；增加了双定户银行批扣的财税库行联网倒扣功能；修改解决了倒扣会多次发送报文的问题。系统解决各地汇总上报的存在问题和部分个性化业务需求。

二是开发了“广西地税行政审批事项管理系统”，实现系统、科学的行政审批事项综合管理。2008 年以前全区地税系统行政审批事项管理还是处于手工操作管理的状态，为使全区地税系统行政审批事项在全区范围内以电子档案的方式得到统一规范的管理，能够满足快捷、准确地提供各行政审批事项的统计数据和明细信息工作需求，自治区地方税务局计算机信息管理中心与法规处联合立项，研发“广西地税行政审批事项管理系统”。该系统可实现通过分级、分类采集行政审批事项基础信息，创建全区统一的行政审批事项基础信息数据库，建立行政审批事项基础信息综合台账，实现自治区、市、县三级政务中心地税窗口对台账的分级综合管理，可实现在全区地税范围内实行系统、科学的行政审批事项综合管理。

三是自治区地方税务局与自治区残疾人联合会合作，研发了“广西地税残疾人就业保障基金代收管理信息系统”，并在全区各级地税单位和残疾人联合会推广应用。为了进一步加强和规范全区残疾人就业保障基金的代征工作，解决 2008 年以前全区残疾人就业保障基金征收管理工作仍停滞在半手工管理状态的问题，改善征收管理信息不通畅，自治区、市、县（区）相关信息资源不能共享，监控和管理能力不适应当前管理工作需要，机关工作效能和工作效率难以提高的现状，自治区地方税务局与自治区残联达成共识，合作开发了“广西地税残疾人就业保障基金代收管理信息系统”，并在全区地税范围内全面推广应用。该系统的应用使全区残疾人就业保障基金征收管理工作实现电子化管理，实现了残疾人就业保障基金征收管理工作“依托一个平台，实现两级统一，达到三个同步，实现四个提高”的管理目标；实现了广西区内各级地税单位和各级残联部门对需缴纳残疾人就业保障基金单位的监控管理和对保障基金缴纳情况信息资源的共享；达到快速、有效地做好缴纳保障基金单位情况的甄别、审查，对各类相关数据的查询、分析、统计，及政策的发布；满足各级地税机关、残联部门对残疾人就业保障基金的代征管理需要，为地税代收残疾人就业保障基金工作实现决策科学化、管理规范化、服务网络化、手段现代化提供信息化管理平台。

四是研发和试点推广“纳税人远程报税系统”，努力探索能为纳税人提供高效便捷的纳税服务的申报新方式。为缓解全区地税办税服务厅的工作压力，解决纳税高峰期办税服务厅拥挤、排长队问题，给纳税人提供高效便捷的纳税服务，计算机信息管理中心与计统处、征管处经过面向基层的系统需求调查，在此基础上探索信息化应用的科学解决方法，依靠系统内技术力量，自行开发了“广西地税远程申报系统”。并先后在自治区地方税务局直属征收分局、南宁市地方税务局、防城港市地方税务局、柳州市地方税务局开展试点应用，取得了为纳税人提供高效便捷纳税服务的初步成效。该系统以互联网为依托，与财税库行系统衔接，利用该系统纳税人可以在任何能够连上互联网的地点完成纳税申报和税款缴纳工作，是纳税人除网上报税外的又一种远程电子申报选择。系统的推广在一定程度上减轻了办税服务厅的工作压力，为应用“广西地税远程申报系统”的纳税人解决了排队申报纳税较为麻烦的问题，优化了纳税服务。

五是充分利用信息化手段，为两税比对工作提供保障性的支撑。为贯彻落实国家税务总局的部署，切实做好两税信息比对工作，计算机信息管理中心与流转税处配合，建立两税比对的软硬件基础，做好两税信息比对的系统平台搭建保障工作，即先搭建两税信息比对系统硬件平台、操作系统平台，继而开展两税信息比对软件安装、调试，再按业务需求编写两税信息比对系统与广西地税征管系统数据接口软件；开创性地利用技术手段将广西地税征管系统数据导入两税比对系统，以为基本完成2007年两税数据的比对工作做好数据方面的准备，确保两税比对工作的顺利完成。

六是组织开发与人民银行的数据交换接口，保证与人民银行数据交换工作的顺利推进。自治区地方税务局计算机信息管理中心根据自治区地方税务局与人民银行南宁中心支行的协商达成的进一步加强广西人民银行与广西地税部门间的商业银行客户的基本信息、结算账户信息、纳税人税务信息的共享工作的共同决定，按具体的业务需求组织开发与人民银行的数据交换接口程序，实现了让各市地方税务局按规定根据人民银行的业务要求，采取数据文件方式交换数据，将辖内纳税人税务信息交换到当地人民银行中心支行，保证地税部门与人民银行数据交换工作的顺利推进，加强全区人民银行与全区地税部门间的信息共享。该项数据交换工作的开展有利于商业银行向守法纳税人提供更加便利的信贷支持，降低商业银行信贷风险；有利于地税部门加强执法力度，提高纳税人违法行为的成本，扶持守法纳税人。

【税务信息化培训】2009年，根据各项信息建设工作开展的需要，信息化建设部门联合其他有关业务部门或相关单位，针对“广西地税信息系统”、“广西地税行政审批事项管理系统”、“广西地税残疾人就业保障基金代收管理信息系统”、“全区地税视频会议系统”、“网络版防病毒软件”、“企业所得税汇算清缴系统”等6个系统、网络管理和网络安全等方面，全年共组织了7次信息化专题培训，培训1100多人次，有针对性地系统提高了基层税务人员的信息化应用水平，为信息化应用在全区地税顺利开展打下了扎实的人员素质基础。

【其他工作】一是积极向自治区政府汇报全区地税的信息化建设情况和制定全区地税信息化工作三年建设规划，取得政府的支持。多年来，在自治区地方税务局党组的正确领导下，全区地税的信息化建设得到了快速的发展，取得了显著的成效，但受信息化建设资金投入不足、人才缺乏等因素的制约，全区地税信息化应用水平与全国绝大多数省（市）地税系统相比、与全区国税系统相比，仍处于非常落后的地位，远不能适应当前地税工作开展的需要。为了争取当地政府对地税信息化建设的支持，计算机信息管理中心在自治区地方税务局党组的统一部署下，在原有的基础上再度对全区信息化建设的情况作深入的调查和统计，将地税成立至今信息化建设投入情况、取得的成效、与其他省（市）地税的差距，尤其是与全区国税的差距、存在的问题等系统地、如实地向自治区政府汇报，为使全区地税信息化建设全面、协调、有序地开展，迅速改变信息化建设落后面貌，特制定一个切合地税系统信息化工作实情的包括规划遵循的原则、总体目标和主要任务、具体的工作计划和详细的经费预算等方面的三年建设规划呈报自治区政府。此项调查规划工作报告得到了自治区政府的重视，2008年年底自治区财政酌情加大对地税信息化建设的支持力度。

二是编审和报批《金税工程三期第一阶段广西地税建设项目》规划方案，推进金税工程三期在广西地税的开展实施。金税工程三期第一阶段为金税工程启动、开发和试点阶段，计划用两年左右的时间完成，为了做好这一阶段的信息化项目建设工作，根据国家税务总局对金税工程三期的总体部署和要求，自治区地方税务局在前期系统的调研和落实国家税务总局要求的标准和指导意见的基础上，编审金税工程三期第一阶段广西地税建设项目报告，并由国家发改委认可资质的专业机构审验后，报广西区发改委审批，以推进金税工程三期第一阶段广西地税建设项目的计划实施。

（唐运球、王其莉）

税收科研

综　述

2008年，自治区地方税务局全面贯彻落实党的十七大、全国税务工作会议及全区财税工作会议精神，深入学习实践科学发展观，在自治区党委、政府和国家税务总局的正确领导下，积极组织开展税收调研工作，加强内外协作，积极整合，利用社会资源，为地税科研工作服务，形成了一批具有一定理论水平和实践意义的科研成果，为进一步深化改革、加强管理、完善制度打下了良好基础，为领导决策发挥了积极的参谋作用，充分体现了税收科研对实际工作的指导作用。并在提高科研工作的针对性、实效性，促进科研成果的应用转化等方面，取得了明显成效。

各项工作

【科研计划制订】课题研究是税收科研工作的主线，2008年全区地税系统的课题选题计划，在各市地方税务局和自治区地方税务局各部门、各单位申报的基础上，经税科所审查和综合平衡，并经自治区地方税务局主要领导亲自审定修改，确定31个课题、57个中标单位。经广西国际税收研究会审核，确定了承担2009年国际税收研究会调研任务的11个课题组。课题计划的制订反映出广西地方税收工作的难点和热点问题，具备科学性、实用性、指导性，是2009年调研工作的重点。

【课题调研】2008年是组织收入工作面临巨大压力的一年。受全球金融危机及历史罕见的雨雪冰冻灾害影响，自治区下半年工业生产增幅开始回落，企业效益下滑，投资增速放缓，税收增长缓慢的压力日益凸显。面对前所未有的严峻形势，为确保全年组织收入目标的实现，由科研所牵头，会同流转税处、财产行为税处、所得税处、征管处、法规处等处室深入基层开展调研，加强收入分析预测，有针对性地调整工作措施。建立定期分析预测与专项分析预测相结合的收入分析预测机制，不断提高分析预测水平。2008年年初及年中对全年的收入形势作出分析预测，平时按月、按季进行分析预测，进入旺征后还按旬分析预测；根据政策的变化及税源的变化开展专项预测，如对雨雪冰冻灾害造成减收的分析预测，对耕地占用税、车船税、土地使用税政策变化的分析预测，对重点企业、重点行业、重点工程项目的分析预测；还有对在北部湾经济区实施更宽泛税收政策的分析预测等。高质量地完成调查报告，并代政府草拟有关意见稿。根据分析预测结果做好税源的跟踪监控工作，同时将税源变化及税收预测情况向党委、政府汇报，为党委、政府了解情况和科学决策提供依据。2008年，自治区地方税务局科研所继续加强对外交流与协作，借用“外力”，为自治区地税系统的税收科研工作服务，继续与高等院校、科研院所合作，开展课题研究。

【科研成果评优】组织开展了2007年全区地方税收科研成果评优活动。为了客观公正地评价科研成果，促进科研成果的转化，鼓励先进，我们组织进行了2007年全区地方税收科研成果评优活动。为增强评选的权威性，特邀请了广西社科界部分权威专家和系统内部分政策理论水平较高、调研经验丰富、写作能力较强的领导和科研骨干组成评审组，对2007年度全区地税系统课题论文和一般性调研文章进行了评审，评出课题论文一等奖25篇，二等奖40篇，三等奖62篇；一般性调研文章特等奖8篇，一等奖22篇，二等奖40篇，三等奖80篇，并对获奖文章作者予以通报表彰和奖励。

【科研成果】牢固树立精品意识，提高了刊物的编校质量，扩大刊物的容量和影响力。一是认真完成国家税务总局、中国税务学会、中国国际税收研究会的课题研究任务，积极选派人员参加相关研讨会。二是认真完成自治区地方税务局领导交办的机构人事调研和交通运输业税收专项调研等工作。通过加强横向联系和对外交流与合作，完成《税收理论与实践》有关章节的撰写和“广西北部湾经济区发展税收政策与经济特区、综合配套改革试验区税收政策比较研究”等课题的研究任务。三是组织完成了《广西地税系统2007年调研报告》（上、下册）、《2007年广西地税系统优秀科研论文集》（上、下册）两部书稿的编辑出版工作。认真完成了《中国税务年鉴》、《广西年鉴》的组稿工作和《广西通志·政府志》、《广西辉煌50年》、《广西改革大典》广西地税部分资料的修订工作。四是根据《2007年全区地方税收科研计划》要求，2008年税科所认真组织落实了对2007年全区地方税收科研成果的审核工作，确保了科研计划顺利完成。通过科研工作，进一步浓厚学风，改进党风、政风、行风，促进行政效能建设，提高干部队伍素质，推进地税事业又好又快发展。

【期刊编辑】认真做好《广西地税调研》的编辑工作。《广西地税调研》是一份探索广西地方税收工作新思路、反映税收实践中存在的问题、寻求解决问题的办法、交流工作经验的内部交流资料。在实际工作中，自治区地方税务局科研所牢固树立精品意识，严把质量关，紧紧围绕税收中心工作，坚持立足税收、服务于经济、服务于领导决策、服务于税收实践和纳税人的理念，努力扩大其容量和影响力，经过不懈地努力，《广西地税调研》的质量和档次得到全面的提升。2008年共编辑出版了12期《广西地税调研》，发表经济、税收和内部管理等各类科研论文300多篇，共计120多万字。

【其他工作】加强自治区地方税务局机关图书资料室的建设和管理工作。认真管好图书资料室，使其成为税务主题突出、资料齐全、利用广泛的多功能图书资料室，积极开展了以下几项工作：一是专人负责，按时开放；二是及时购进图书资料；三是与外省及时进行资料交换；四是完善图书资料的订购渠道，力争进一步扩充图书资料的信息容量。

（王浪花）

机关后勤服务

综　述

2008年，在自治区地方税务局党组的正确领导下，认真贯彻党的十七届三中全会和全区地税工作会议精神，积极开展继续解放思想大讨论和学习实践科学发展观活动，紧紧围绕税收工作中心，切实履行“管理、保障、服务”职责。在各部门的大力支持配合下，按照年初确定的工作目标，积极发挥主观能动性，认真抓好各项工作的落实，较好地完成了年度工作目标任务。认真抓好政治理论学习，不断用党的最新理论成果武装头脑，推进工作，努力提高机关后勤服务保障人员的政治意识、大局意识、责任意识、创新意识、服务意识和廉政意识。为机关的正常有序运转提供有力的后勤保障。

各项工作

【公务接待及会议服务】坚持“热情、周到、细致、节俭”的原则，认真接待好每一批区内外宾客。并注重特色宣传，大力宣传广西的经济、社会、民族风情及广西地税工作。为从总体上把握公务接待行为，制止奢侈浪费，严格执行接待标准。据统计，2008年共接待区内外客人340批6700人次，接待厅以上领导干部38人次。在食堂内部接待来宾、会议、培训78批次，总人数达1340人次。同时，配合有关处室完成会务保障18次，出色完成了8次全国性会议的后勤保障工作，多次受到国家税务总局的表扬和国家税务总局领导的肯定。在参与中国—东盟博览会、庆祝自治区成立50周年等重大会议和活动的接待工作中，出色完成会务用车、接待服务以及保障工作任务，受到了自治区有关部门和领导的好评。

【交通安全和车辆管理】规范公务车辆的管理、使用、调剂、维修、用油等工作，基本满足了领导和局内各单位的用车的需要。一是加强对司机人员的安全教育。以交通事故案例为材料，对全体司机人员进行安全教育，并要求其在工作中做到六个不准（不准带故障出车，不准酒后驾车，不开英雄车，不开赌气车，不疲劳驾车，不私自开车）。二是不断完善车辆管理办法，进一步提高车辆使用效率，降低车辆使用费用，积极协调，确保公务用车需求。三是在车辆的管理工作中，以“五个要求”（加强管理、统一调配、简化程序、方便使用、提高效率）为指导，以确保安全、优质服务为目标，全面贯彻“一个目标、两个确保、三个到位、四种意识、五个加强”工作方针，较好地完成了为领导、为机关、为基层服务的车辆保障任务。

同时，狠抓车辆管理制度的落实。严格执行车辆使用管理规定和局领导关于加强公务车辆使用管理的指示、要求。严格派车手续，合理调配车辆使用，做到用得合理、用得节约、用得安全，以发挥公务用车的最大效能。一是严格车辆维修和油料的使用管理，继续实行定点加油和车辆的维修制度以及车辆保险公开招标的制度，加大透明度。二是进一步落实了应急机动值班司机制度。为了方便机关干部职工紧急情况下的应急用车，服务中心建立24小时应急值班制度，紧急情况下，尤其是夜间，干部职工可直接调用应急值班司机出车。一年来，共出动长途车辆1260台次，安全行驶达1060000千米。

【公共机构节能】按照《公共机构节能条例》积极开展了机关节能减排工作，2008年4月，组织了全系统后勤中心相关人员21人参加了国家税务总局举办的节能减排培训班，受到了国家税务总局中心领导的肯定和表扬。同时，广泛开展节能宣传，强化节能意识，张贴“人离灯关”、“节约水电”等温馨提示，提醒机关干部职工节约能源。并严格控制空调机组运行时间和温度，电开水箱由专人负责定时开启，走廊灯采取间隔照明，合理控制大楼外墙景观灯，加强对用水用电管理，对机关大院管道和电路进行检查，发现泄漏及时修复，大大降低了用水用电量。

【物业管理】加强机关大院的管理，使机关大院保持安全、整洁、有序的环境。一是加强对门卫、保安和其他勤杂人员的管理教育，实行例会制度。对个别工作责任心不强、思想素质差的人员责成物业公司进行了及时调整。二是机关大院卫生实行定人、定点、定时保洁制度，并不定期进行卫生检查，确保了大楼安全、整洁、有序；积极开展卫生防疫工作，并做到及时消毒和清除卫生死角。三是组织开展消防安全检查，对办公楼、住宅楼、仓库、计算机房、档案资料室、食堂等重点部位的消防设施是否配备齐全、消防类安全责任制是否落实、消防通道是否畅通、办公楼各电器设备的电路是否合格规范等进行彻底检查。四是加强保安队伍的管理和技能训练，不断提高保安人员素质。五是严格执行门卫登记制度、院内巡查清场制度、安全生产责任制和综合治理责任制等制度，抓好安全生产检查，确保安全无事故。六是完善大院标志标牌，规范车辆停放。针对日益突出的机关大院停车难问题，积极发挥主观能动性，立足现状，挖掘潜力，对停车场车位进行布局调整，重新画线，部分向周边绿地扩展，增加了停车位30个，暂时缓解了停车难问题。七是抓好每季度卫生检查和绿化保洁监督管理工作，实行动态式保洁管理。八是主动配合城区政府、辖区公安部门和街道办、社区办等单位，积极协助工作，及时传递公安部门和有关部门的通报要求，做到随时了解当前社会治安状况，及时调整安全保卫管理工作的各项要求。与有关部门签订了《2008年度大院卫生协议书》、《2008年度建设平安单位目标管理责任书》、《2008年度社会治安综合治理目标管理责任书》、《2008年度禁毒工作责任书》、《2008年度门前三包责任书》等，并落实相关的责任和任务。自治区地方税务局被评为“2008年度综合治理先进单位”。

【机关食堂的管理】机关食堂服务工作是中心的一项重要服务工作，食堂工作搞得好坏，服务质量的高低，直接关系到机关广大干部职工的切身利益。2008年，采取积极有效措施加强对食堂的管理，提高服务保障水平。一是认真听取机关干部职工对食堂的意见，对部分同志提出的合理化建议，食堂基本上都采纳和改进。二是树立服务意识，增加饭菜花式品种，提高烹调技术，保证食品安全卫生。三是注意节约，降低成本，使机关干部职工吃到可口舒心的饭菜，不断提高干部职工对食堂工作的满意度，努力解决机关干部职工工作用餐问题。四是针对干部职工就餐难的问题，对食堂就餐情况进行了摸底调查，在广泛征求干部职工意见的基础上，提出了全局干部职工采用餐券就餐的方式解决用餐问题。目前，已完成了相关的准备和筹备工作，为从2009年1月1日实行使用餐券就餐做好了充分准备。据不完全统计，全年就餐人数达91250人次，平均每天就餐250多人次。

【办公用品采购和管理】加强对办公用品采购管理工作，对办公用品、用具采购本着勤俭节约的原则，加强对办公用品、用具的维修使用。进一步规范用品、用具采购、入库、验收、登记、发放的管理。充分利用原有旧品，对正在使用的设备用品、用具保持经常性的维修和保养，确保设备的使用率。同时，做好办公用品、用具的发放工作，给新调入和借调人员及时配备所需的办公用品、用具。

（单　涛）

巡视督查

综　述

2008年以自治区地方税务局党组提出的“高举中国特色社会主义伟大旗帜，以邓小平理论和‘三个代表’重要思想为指导，深入贯彻落实科学发展观，坚持聚财为国、执法为民的工作宗旨，进一步加强依法治税能力建设，提高队伍素质，提升管理水平，优化税务服务，促进地税和谐，为全面建设小康社会作出新的贡献”的总体要求为指针，充分发挥巡视督查工作在抓落实和为自治区地方税务局党组决策提供服务的职能作用，为实现自治区地方税务局党组年度工作目标、任务、要求提供保障，较好地完成了各项工作任务。

各项工作

【业务与廉政建设巡查】1. 协助纪检监察部门认真做好对全区地税系统党风廉政建设责任制情况的检查考评工作。

根据自治区地方税务局纪检监察室的统一部署，2008年1月份，协助纪检监察部门对全区各市地方税务局、部分县（市、区）地方税务局进行党风廉政建设责任制情况的检查考评工作。巡视办公室组织人员分赴贵港市、南宁市地方税务局进行党风廉政建设责任制情况的检查考评工作，并按要求采取了听取市局汇报，查看资料、民意测评等方法圆满地完成了工作任务。

2. 配合协助自治区地方税务局作风效能办公室对转变干部作风加强机关行政效能建设活动开展检查考评工作。

根据自治区地方税务局作风效能办公室的统一部署，2008年初配合、协助自治区地方税务局转变干部作风加强机关行政效能建设活动办公室，对钦州市、崇左市地税系统转变干部作风、加强机关行政效能建设活动进行考核。在考核中，主要采取了听取市局汇报、查看资料、实地抽查一个分局和一个县地方税务局的办税服务厅、检查市政务服务厅、召开纳税人代表座谈会、暗访、询问基层税务干部等形式，进行了全方位的考核。重点对在作风效能建设活动开展过程中理顺职能、清理行政审批项目和行政事业性收费项目、政务服务中心建设和运作、三项制度落实、建立健全行政效能监督机构、转变干部作风、整改方案落实、开展群众评议机关作风活动情况等八项内容进行了考核，并顺利完成了任务。

3. 参与自治区地方税务局工作联系制度，联系基层，为基层服务。

自治区地方税务局为了全面落实“三个代表”重要思想和党的十七大精神，坚持科学发展观，进一步改进和完善领导工作机制，切实转变工作作风，推进各项工作的落实，促进全区地税事业又好又快发展，建立了工作联系制度。巡视督查工作办公室根据自治区地方税务局的统一部署，负责联系自治区地方税务局直属税务分局。主要做到：①宣传贯彻党的路线、方针、政策，督促检查落实自治区和国家税务总局制定的各项政策措施，督促检查落实自治区地方税务局部署的各项工作任务。②督促检查税收任务完成情况及依法治税工作，实施税收科学化、专业化、精细化管理，强化税务稽查，开展税源的调查、分析和预测工作，掌握组织收入的动态，帮助解决组织收入工作中存在的困难和问题，确保联系单位完成组织收入任务。③指导和协助联系单位完成既定的工作目标，及时了解联系单位自身建设和工作中存在的主要困难和问题，广泛听取群众的意见和建议，及时向局党组报告。④指导和协助联系单位处理重大突发事件，维护社会稳定。⑤协助、指导联系单位加强党风廉政建设工作。

【理论学习】1. 以学习贯彻落实党的十七大精神为主线，以解放思想为主题，重点抓好解放思想、科学发展观等几个方面的专题学习。

不断提高思想认识和理论水平。通过学习，一是深刻领会高举中国特色社会主义伟大旗帜的重大意义，自觉把思想和行动统一到党的十七大精神上

来。二是结合地税系统实际，把学习党的十七大精神、十七届二中全会精神与解决思想问题、工作难题结合起来，与转变工作作风、理清工作思路、增强工作动力、提升工作效能结合起来。三是把学习贯彻党的十七大精神、十七届二中全会精神以及胡锦涛总书记在广西考察工作时的重要讲话精神贯穿在全年理论学习中，真正体现用党的理论武装头脑、指导实践、推动工作，不断提高思想认识和理论水平。

2. 积极参加继续解放思想大讨论，深入学习实践科学发展观活动。

在学习中，一是准确把握科学发展观的科学内涵、精神实质、根本要求。二是认真审视当前全区地税系统在贯彻落实科学发展观方面存在的困难和不足，结合地税系统实际，清除不符合科学发展观要求的思想观念和习惯做法，同时认真查摆本部门和个人存在的各种思想观念上的问题，做好自查自纠工作。通过学习，进一步明确方向、理清思路，增强了信心和决心。在学习中还认真做到自学与集中学习、讨论相结合的办法，以自学为主，做到理论学习有笔记，调查研究和解决问题结合起来，不断提高学习质量。通过学习，开阔了视野，提高了思想认识，并撰写了2篇学习心得体会文章。

【党风廉政建设】认真落实党风廉政责任制，与纪检监察部门签订了党风廉政责任状，明确职责，积极参加国家税务总局召开的党风廉政工作会议及观看反腐倡廉宣传教育片，从中吸取教训，树立良好风气。同时认真贯彻《中共中央纪委关于严格禁止利用职务上的便利谋取不正当利益的若干规定》，严格要求自己，遵纪守法，全年没有违法违纪行为发生。

（张永红）

税务稽查

综 述

2008年，广西地税稽查部门在国家税务总局稽查局和自治区地方税务局党组的正确领导下，在有关部门的密切配合和支持下，紧紧围绕全区地税工作大局，按照提高依法治税能力和税源监控能力的总要求，大力查处涉税违法案件，深入开展税收专项检查，强化稽查管理，认真落实重点工作项目，各项工作都取得明显的成效。

各项工作

【稽查查补收入】2008年，全区地税稽查部门牢牢把握税收征管的最后一道防线，不断加大稽查力度，严厉打击各种税收违法行为，加强制度建设，强化系统管理，各项工作取得了新的进步。2008年，广西地税系统稽查部门共检查纳税户2504户，发现有问题1670户；查补税款36493万元，加收滞纳金、罚款5836万元，处罚率13%；入库税款及滞纳金、罚款共36525万元，入库率达到86.3%，为全区地税系统完成税收任务，规范社会税收秩序，提高税务威慑力作出了突出的贡献。

【税务违法案件举报和查处】2008年，广西区立案查处税收违法案件1132件，查处超过百万元以上税款的案件48起，查补税款14566万元，其中，查处500～1000万元以下特大案件4件，查补税款2703万元。通过查办案件，有力打击和震慑了涉税违法犯罪分子的嚣张气焰。

一是2008年全区共受理税收违法举报案件478件，已查处278件，移送公安机关查处的6件，查补税款（含滞纳金、罚款）共计2022.6万元；二是举报中心热情、细致的工作，稽查部门的及时查处，有效地疏导了不少社会矛盾，减少了多头、重复举报现象；三是及时兑现举报奖金，鼓励了群众举报、护税的热情。

【整顿和规范税收秩序】主要采取税收专项检查、重点区域整治、打击税收违法犯罪专项治理行动的方式进行。

1. 打击制售假发票和非法代开发票专项整治工作开展情况。

根据公安部、国家税务总局《关于开展打击制售假发票和非法代开发票专项整治的通知》要求，将把利用“四小票”进行偷骗税以及制售假发票、非法代开发票等税收违法行为比较突出的地区作为

区域税收专项整治的重点。全区地税部门与全区公安部门、国税部门配合，共查获非法出售假发票案件22起，非法代开发票案件1起；区地税部门单独查获非法出售假发票案及非法代开发票案件合计12起；捣毁非法出售假发票犯罪窝点4个，打掉团伙1个，抓获犯罪嫌疑人10名，缴获各类假发票146463份，可开金额346553.03万元，假印章223枚，查补税款49.35万元，滞纳金2.19万元，罚款80.56万元，没收违法所得0.04万元。

破获的主要案件有：

（1）2008年4月，自治区地方税务局稽查局和南宁市地方税务局联合南宁市公安局共同破获一起发票售假案件——涉案人员漆某贩卖假发票案。已缴获2800本、15万份假发票（其中包含增值税票），假公章171枚（财务专用章、发票章），可开票金额合计34亿元，目前已认定出售22本假发票，现该案正处在进一步取证中。2008年4月9日，南宁市清辉映商贸有限公司开具假建安发票与假完税证案件，涉案金额约500万元，经专案组查实，定性为偷税案，查补税款19.45万元，滞纳金1.98万元，罚款58.9万元，直至年底该案件仍在侦办中。

（2）2008年4月29日，柳州市公安局经侦支队、柳州市国税局稽查局、柳州市地方税务局稽查局出动警力和税务稽查人员50多人，对全市范围内通过短信挂牌出售、代开发票的经营点和假发票的集散地进行检查，查处非法经营点或集散地17处，查获假冒发票专用章36枚、各类空白发票70余本以及空白的运输、住宿、货物销售等发票2000多份，发票面额达6000万元，协助公安机关抓获3名涉嫌制售假发票人员。

（3）2008年3月，玉林市地税稽查部门与当地公安经侦部门联合破获伪造、贩卖假发票案件，涉案发票金额达35万元，涉案人陶某已依法移送公安机关刑事拘留，年底前已被检察机关以涉嫌非法销售制造发票罪而批准逮捕。

（4）2008年，来宾市象州县地方税务局、当地公安局根据群众举报，当场抓获正在贩卖假发票的票贩子，共收缴假发票5本共600份，涉案金额合计为6.5万元，公安机关依法拘留票贩子1人，此案现已由公安机关查处。

2. 积极开展旺征工作，以查促管，以查促收。

自治区地方税务局稽查局在10月进入旺征期间，根据自治区地方税务局的统一部署开展旺征重点检查工作，并于10月15日召开全区稽查部门的旺征重点检查动员大会，自治区地方税务局李早春副局长到会并作了动员讲话。自10月15日开始直至12月31日旺征工作结束，广西区各级稽查局共约谈、检查1300多户企业，入库税款5亿多（其中包含清理以前年度欠税2000多万元）。

2008年10月31日，根据《广西壮族自治区人民政府办公厅关于开展2008年全区财政收入征缴情况专项检查的通知》（桂政办电〔2008〕199号）精神，自治区地方税务局稽查局又与自治区财政厅稽查局、自治区国税局稽查局联合开展税收与非税收入联合专项检查工作。全区地税稽查部门抽调各级稽查精英60余人，由自治区地方税务局稽查局领导亲自带队，组成14个联合检查工作组，分赴各市对全区范围内近500户企业进行专项检查。特别是针对广西地税重点管户中的建筑安装、房地产业、钢材市场的税收以及高收入行业的个人所得税进行重点抽查。截至2008年12月31日财政收入征缴情况专项检查工作结束，广西地税系统检查入库各项税款、滞纳金及罚款达2.6亿元，入库非税收入758.3万元，合计2.67亿元。广西各级地税稽查部门对此次财政专项检查高度重视，参与人员工作认真、任劳任怨、刻苦努力，克服各种困难出色地完成了任务，得到了自治区政府的好评，为广西完成财政收入任务作出了杰出的贡献。

3. 继续保持对涉税违法行为的高压态势，严厉查办涉税违法大案要案。

自治区地方税务局稽查局把坚持查处重大税收违法案件作为稽查工作重点，狠抓大案要案查处，加大案件处罚率，涉嫌犯罪的依法移送司法机关，进一步整顿了税收秩序，提高了税务稽查的威慑力。一是加强案件跟踪和督办管理，建立案件跟踪督办及查处进程信息传递的机制，加快办案进度，提高办案效率。自治区地方税务局要求全区各级稽查部门严格按照《广西壮族自治区地方税务局重大案件管埋办法》的要求，组织查办重大案件，并对各地上报的大案要案及时进行督办，确保重大涉税案件及时查处。二是积极配合其他部门开展行业、税种的清查行动。全区各级稽查部门根据自治区地方税务局统一布置，认真配合开展全区12万元以上个人所得税清查工作以及全区土地增值税清查工作，取得显著成效。三是加强典型案例的收集和整理分析工作，开展行业和税种涉税违法案件调研工作，分析偷税手段和发案趋势，及时研究对策和开展经验交流，提高稽查办案整体水平。2008年自治区地方税务局稽查局牵头完成了“自治区盐业公司、南宁桂盐科技公司案件”、自治区纪委督办案件“桂林市强盛房地产开发有限责任公司等4家企业案件”等重大案件，查补税款达千万元。自治区地方税务局还配合公安、检察、法院部门依法完成了柳州庄承房地产开发有限公司（以下简称庄承公司）偷税案件的补充调查和依法处理，目前该案已二审判决，判处该公司罚金3000万元，判处责任人陈某有期徒刑5年，罚金500万元。

【税收专项检查】根据《国家税务总局关于开展2008年税收专项检查工作的通知》（国税发〔2008〕9号），结合广西实际情况，自治区地方税务局印发了《自治区地方税务局关于开展2008年税收专项检查工作的通知》，对2008年的税收专项检查工作作出了部署，自治区地方税务局稽查局在自治区地方税务局的统一领导和统筹安排下，全区地税稽查部门共投入649人次，对平安保险、烟草企业、中国工商银行、房地产、建筑安装业等企业及非法制售假发票和非法代开发票专项整治工作进行了专项检查。2008年全区地税稽查部门专项检查工作共检查1220户，发现有问题661户，查补税款12753.2万元，加收滞纳金276.58万元、罚款1005.69万元，入库税款、滞纳金、罚款共11946.68万元。其中，检查房地产、建安企业409户，其中有问题企业189户，查补地方各税收入6181万元，已入库5278万元，入库率为85%。全区专项检查查补各税情况如下：营业税3702万元，企业所得税1733.76万元，个人所得税1272.13万元，其他各税6042.9万元。查补税款在千万元以上的有南宁市（查补入库5579万元）和玉林市（查补入库1101.5万元）。广西在平安保险、烟草等专项检查工作中，全区上下统一，反应快，反馈及时，总结全面，认真负责，得到国家税务总局稽查局的通报嘉奖。

【制度建设】为整合协同办案资源，维护税收征管秩序，发挥联手打击涉税违法活动，建立健全公安、税务机关工作协作新机制，自治区地方税务局稽查局会同区公安厅、区国税局建立了警税联席会议机制，下发了《广西壮族自治区公安、税务机关工作协作暂行规定》。为进一步探索联手打击涉税违法活动新机制，2008年3月6日，广西壮族自治区公安厅、地方税务局联合打击涉税违法犯罪联络处正式成立，并联合下发《自治区公安、地税系统关于成立打击涉税违法犯罪联络机构的通知》，对各地设立警税联合机构、工作内容和要求作了规定，明确了组织机构及工作职责。全区各市也随后建立税警联络办公室，并开始运行。

【其他工作】1. 业务培训。

2008年上半年，结合自治区地方税务局全年的稽查工作实际，制定了以查定训、以训促查的原则，采取分级分类培训的方式，自治区地方税务局针对专项检查工作举办了保险行业税务稽查业务培训班、稽查基础知识更新培训班，提高了稽查工作效率。4～11月，自治区地方税务局还多次组织区内稽查骨干参加国家税务总局举办的稽查业务师资培训班和其他业务培训班，为今后的全区稽查业务培训、培养师资人员。8月底至9月初，自治区地方税务局在全区范围内开展了“以考代训”全区稽查岗位大练兵活动，对全区地税系统稽查人员业务知识进行了一次全面的摸底和检验。自治区地方税务局领导对此次稽查岗位业务考试工作给予了高度的重视，要求要认真组织好这次业务考试，各市设立独立考场，广西全体稽查干部集中考试，不分职务，不限年龄，全员参考，考试历时3天，共5科试卷，全区地税系统1023名稽查人员参加了此次考试。

2. 稽查宣传。

2008年全区各级地税稽查部门不断加大宣传力度，取得了明显的成效。在《广西日报》、《南国早报》刊登自治区地方税务局稽查局负责人答读者问，并通过电台等媒体现场解答纳税人提问，达到了良好的宣传效果。围绕今年的税收专项检查等各方面工作，全区稽查部门在城乡广泛张贴专项检查通告，并通过广播、电视、报刊、互联网络等新闻媒体，以及文艺演出、手机短信、互联网站等多种方式发布信息，广泛宣传今年税收专项检查的重要意义，为专项检查工作营造了良好的社会氛围。

3. 稽查调研。

自治区地方税务局稽查局针对广西地税稽查资源优化整合、如何另辟蹊径提高稽查效能等问题，指派相关人员多次带队到各市开展调研活动，完成了2个区局重点课题、6篇相关论文，为领导决策提供了第一手资料。

4. 稽查工作会议。

2008年3月25日，以视频形式召开全区地税稽查工作会议。会议上自治区地方税务局李早春副局长作了《认真贯彻落实党的十七大精神　努力做好新形势下地税稽查工作》的讲话，对2007年全区地税稽查工作做了全面的总结，并对2008年的稽查工作提出了要求。4月份又分别在百色市、桂林市分区域召开稽查工作汇报会，自治区地方税务局李早春副局长参加了会议，并作出指示。通过此次汇报会自治区地方税务局基本掌握了年初布置的几项专项检查和整治工作的开展情况，了解了全区各级稽查部门存在的问题，并对今后稽查工作提出了具体的工作部署和要求。

（龙　泉）

直属税务分局

税收概况

【收入完成情况】2008年，自治区地方税务局直属税务分局共组织各项收入21008万元（自治区地方税务局考核任务数），完成年度税收收入任务的97.2%，比2007年增收38159万元，增长22.2%，其中，企业所得税收入22498万元、营业税收入109472万元、个人所得税收入40868万元、城市维护建设税收入11890万元、房产和城市房地产税收入6954万元、城镇土地使用税收入3185万元、土地增值税收入1897万元、印花税收入2730万元、车船税收入5113万元、资源税收入3万元、耕地占用税收入228万元、教育费附加收入5165万元。地方教育费附加、文化事业建设费、防洪保安费、工会经费、残疾人就业保障基金等其他收入（代收收入）9162万元；南宁市级收入138383万元。

【税收特点】在自治区地方税务局直属税务分局所管辖企业征收的营业税、企业所得税、个人所得税、城市维护建设税、城镇土地使用税、土地增值税、印花税、教育费附加等主要税种中，除企业所得税比去年下降5.3%外，其余税种都有一定幅度的增长。其中，营业税收入109472万元，增长17.7%；个人所得税40868元，增长35.7%；房产和城市房地产税收入6954万元，增长16.8%；城镇土地使用税收入3185万元，增长1.7倍；土地增值税收入1897万元，增长26.1%；车船税收入5113万元，增长5.9倍；城市维护建设税收入11890万元，增长26.3%；印花税收入2730万元，增长35.3%；教育费附加收入5165万元，增长25.4%。

【税源分析】纳税申报户保持相对稳定并略有增加。直属税务分局所管辖纳税企业2109户，其中2008年申报缴税为1310户。年纳地方各税在30万元以上的重点税源企业507户，占申报缴税户数的38.7%，缴纳税款205594万元，占直属税务分局年度税收总额的97.9%。其中，年纳税额在1000万元以上的有42户，500万～1000万元的企业有47户，100万～500万元的企业有209户，30万～100万元的企业有209户。按行业分：金融保险证券业122户、建安业69户、交通运输业16户、电力业5户、新闻出版业21户、房地产业18户、信息软件业7户、其他企业249户。纳税最多的企业是中国工商银行股份有限公司广西壮族自治区分行营业部，年纳税为17651万元。

2008年直属税务分局共代收各种收费9162万元，其中，工会经费2535万元，增收603万元，增长31%；残疾人就业保障基金813万元，增收141万元，增长21%；地方教育费附加1748万元，增收375万元，增长31.2%；防洪保安费1499万元，增收105万元，增长7.5%；文化事业建设费2562万元，同比减收108万元，下降4%；其他收入5万元。

各项工作

【税收征管】1.税务登记。

不断完善制度，建立健全户籍档案，定期开展纳税人户籍清理核查，随时掌握变动情况，有效地稳住常管户，消除漏管户。与南宁市国税、南宁市地税、工商部门以及银行、社会中介机构互动，建立社会化协税护税网络，强化了税收管理，确保税收稳定增长。

2.纳税申报。

纳税申报是税收征管的重要环节，直属税务分局结合学习实践科学发展观、转变干部作风，加强机关行政效能建设活动，注重提高企业纳税申报质量。一是积极采用OCR扫描自录入申报，利用高新技术提高纳税申报的科技含量，简化纳税手续，方便纳税人，提高办税效率。二是推广、运行网上申报系统，简化申报程序，提高工作效率，方便纳税人。三是建立分类管理监控机制，将直属税务分局管户划分为正常户和非正常户、重点税源监控户和非重点税源户，及时将申报数据录入“广西地税信息系统”数据库，便于掌握和监控。四是建立征收台账和欠税催报催缴台账，完善纳税申报内容分析制度，提高申报资料的综合利用率。五是采用电话（语音）、手机短信、互联网络等催报催缴方式，提高纳税申报率。六是严格按规定对超期申报缴纳的税款加收滞纳金。

【发票管理】一是对金融机构收付款凭证及跨地区大型企业，如公路、交通运输、电信等企业使用的发票实行统一管理。2008 年，直属税务分局已对印有抬头的银行、保险、交通运输、电信、服务等 16 个行业 23 种自印发票统一纳入了税务发票范畴，进行规范化管理。二是严格了用票单位申请印制发票的审核报批制度。对用票单位申请印制发票的情况，按照国家税务总局和自治区地方税务局的有关规定，经税收管理员审核后由直属税务分局落实专人负责核实办理，按程序报批。三是建立对用票单位发票使用情况的检查制度，定期派出人员对用票单位进行检查，实行有效监管。

【税源监控】2008 年，直属税务分局在实际工作中不断探索加强税源监控的办法和措施。一是加强重点税源监管。调整扩大重点税源监控企业范围，营业税调整为 100 万元以上，企业所得税调整为 10 万元以上。二是及时深入改组改制企业、房地产企业、医药行业、出版行业等进行调研，了解真实情况，采取相应措施解决问题，进一步稳定税源。三是深入企业开展税源调查，掌握实情，做好预测。四是认真做好每年度企业所得税汇算清缴工作，年个人应税收入达 12 万元以上的纳税人自行申报纳税工作。五是不断完善亏损弥补审批管理制度，加强对部分行业的企业收入和成本核算监督，使企业所得税税源得到有效控管。

【征管改革】继续深化税收征管改革，确保税收收入稳定增长。2008 年，直属税务分局按照国家税务总局提出的“以申报纳税和优化服务为基础，以计算机网络为依托，集中征收，重点稽查”的征管模式要求，实行科学化、精细化管理。一是协调内设机构内部关系，继续整合税源管理一科、税源管理二科、计划征收科、税政法规科以及稽查科功能的资源配置，协调工作关系，明确目标，分清责任，增强团结协作，提高行政效能。二是不断完善征税服务大厅的功能，优化税收服务。征收大厅共设置了纳税申报、税务登记、发票审批和咨询服务等 6 个窗口；设立领导值班岗位，实行领导值班制度；通过大屏幕显示器、公告栏、分局网站为纳税人宣传税法，提供税务信息；开通了网上办税和在大厅运行 3 台自主办税服务电脑，方便纳税人自行办税。三是积极推行税收管理员制度。直属税务分局严格贯彻实施《区地方税务局直属税务分局税收管理员工作制度》，税收管理员按照工作制度规定要求认真开展工作，责任人按月或按季收集、整理纳税人所有的纳税资料，录入“广西地税信息系统”数据库；建立掌握纳税人的纳税动态的管理机制，收到明显的效果。四是加强税务稽查工作管理，按选案、检查、审理、执行四环节设置业务规范和工作流程，使检查工作准确性提高，减少了盲目性和随意性。五是更新征管设备，不断完善税收征管局域网，运行了“税源监控管理信息系统”，“重大项目税源管理系统”，“网上报税办税系统”，“自动录入系统”，“语音催报、手机短信催报系统”等。

【税收质量管理】2008 年，直属税务分局把税收质量考核作为直属税务分局税收征管工作的最主要指标进行管理，加强税收征管基础工作是完成组织收入任务、做到“应收尽收，坚决不收过头税，坚决制止越权减免税”的前提条件，是税收工作考核的重点，重点考核考评是否依法征税、应收尽收。把征管过程和行为纳入信息系统和绩效评估的双重约束之中，进一步强化了税收征管。把登记率、申报率、入库率、欠税增减率、滞纳金加收率和处罚率等“六率”作为衡量征管工作水平的主要指标，纳入目标考核责任制。直属税务分局从提高税收征管的质量和效率着手，不断加强税收信息化、纳税服务化建设，有效地保证了税收管理质量的提高，为税收征管迈上新台阶打下坚实的基础。

【税收宣传】一年来，直属税务分局以一年一度的税收宣传月为契机，围绕“税收、发展、民生”主题，积极开展税收宣传活动，增强企业纳税意识，提高诚信纳税、依法纳税的自觉性。一是配合自治区地方税务局认真组织开展税收宣传月活动。在宣传月期间，直属税务分局采取发放资料、印制纳税指南和纳税手册、网上传送、大厅屏幕显示、宣传栏告示、发送手机短信等手段广泛宣传税法，使税法更加深入人心、深入企业、深入纳税人，增强了纳税人纳税意识，提高企业自觉申报纳税的自觉性。二是举办了 8 期重点税源监控培训班，共有企业财务人员 600 人参加学习培训。由于宣传工作到位，中国人寿保险股份有限公司广西分公司51名年应税个人所得12万元以上的营销人员集体到分局办税服务厅申报个人所得税。全年共有3598人到直属税务分局办理了自行申报纳税手续。

【税收服务】直属税务分局充分认识到经济促进税收、税收服务经济的特点，认真贯彻执行国家税收政策，利用税收政策为经济建设服务。认真落实各项税收优惠政策，为发展经济、壮大企业、维护社会稳定作出了积极的贡献。据统计，2008年1～12月，共办理减免企业所得税8户，减免税额323万元；办理企业财产损失税前扣除34户，审批税前扣除金额1994万元；审批总机构提取管理费3户，审批金额601万元；审批减免房产税18户，减免税额256万元；受理并按规定审批减免土地使用税23户，减免税款217万元；核实办理土地使用税减免退税15户，退税金额214万元。同时进一步优化了办税大厅服务和各项服务措施，设置专门的税收咨询服务窗口，完善税收法规信息体系，建立税务公告制，推广使用手机信息服务系统，在综合科设置税收咨询服务电话，及时解答和回复纳税人提出的问题。直属税务分局领导亲自带队深入企业调查研究，了解情况，征求意见，进一步密切税企间的关系，深受所管企业的普遍欢迎。

【税务检查】2008年，直属税务分局根据国家税务总局和自治区地方税务局关于实行税收执法责任制和税收执法权监督制度的有关规定，严格税收执法质量，提高执法水平，努力防范税收执法风险。税务稽查工作始终坚持以查促管、以查堵漏、以查促收的工作原则，采取日常检查、重点检查、专项检查相结合，先后对83户企业进行了日常检查和重点检查，查补税款和加收滞纳金2071万元，查退税款900多万元。

【税收信息化】1. 办公自动化。

直属税务分局使用了“广西地税信息系统”。在自治区地方税务局的大力支持下，直属税务分局36名干部配备、更新了部分电脑，保证了人手一台。直属税务分局调整了办公室，除征收大厅不变外，原来二楼的办公室调整到了三楼，相继自行配备了部分办公工具，改善了办公环境。直属税务分局实现了公文信息处理无纸化、自动化，提高了工作效率。直属税务分局十分重视微机基本操作技能的学习培训，使全体干部都能熟练掌握操作技能，为全面提高办公自动化水平打下了良好的基础。

2. 税收征管信息网络化。

根据自治区地方税务局的部署要求，直属税务分局以计算机网络为依托，大力推进税收征管信息化，逐步实现从“以票管税”向“信息管理”的转变。2008年，直属税务分局对2003年以前自行开发、使用的税收征管信息系统中的优势部分进行了保留，OCR扫描录入和税银一体化的征收方式仍然发挥重要作用，更新OCR扫描设备和录入软件，使之与“广西地税信息系统”对接，以实现信息共享。直属税务分局运行并推广应用了“广西地税信息系统”网上报税办税系统功能，实现了纳税人足不出户随时可以在网上办理涉税事务，节约了上门办税时间，提高了办税效率。直属税务分局在原有的网络上新增开发和推广使用了“电话（语音）和手机短信催报催缴信息系统”，通过网络将最新税收信息及每月企业纳税情况、税务登记证年检换证、汇算清缴等及时传递给企业，进一步密切与企业的联系，方便了企业办税事宜。直属税务分局在与自治区地方税务局办公信息共享的同时，内部也可实现企业征管资料共享，在税收征管、计会统、发票、票证、稽查、税政和税收分析等方面形成有机的信息互动模式。

队伍建设

【机构人员设置】2008年，直属税务分局共有干部37人，属于自治区地方税务局机关党委的第九支部，共有中共党员22人。直属税务分局内设六个科：计划征收科、综合科、税源管理一科、税源管理二科、税政法规科和稽查科。

【党风廉政建设】直属税务分局重视党风廉政建设工作，并贯穿于各项税收工作的全过程，使行风、税风得到加强。2008年，直属税务分局认真传达、贯彻全区地税系统党风廉政建设会议精神，直属税务分局蒋敦廉局长代表直属税务分局与自治区地方税务局签订年度党风廉政建设责任状，不断完善廉政制度，认真落实监督措施，坚持运用多种形式对干部进行党风廉政教育、警示教育、职业道德教育、人生观教育。坚持定期向企业发放征求意见表（卡），结合税务检查，搞税源调查工作，深入企业了解情况、征求意见，倾听纳税人意见，解决纳税人提出的热点、难点问题，形成相互支持的征纳关系。在征收大厅设置意见箱，向社会公布举报电话。认真贯彻自治区地方税务局政务公开实施方案，结合直属税务分局实际制定直属税务分局政务公开的实施方案，在税政、为纳税人服务等六个方面进行政务公开，通过多种形式广泛接受社会监督，进一步转变了税风，严格了税纪，在社会上树立地税的良好形象。

【作风效能建设】积极开展作风效能建设活动，通过下企业征询意见、发放问卷表、设立意见箱、开通投诉电话、召开座谈会等多种方式，广泛征求群众意见，查摆出直属税务分局在思想观念、工作作风、体制机制、管理方式等方面存在的16个问题。针对存在的问题，在深刻剖析原因、查找存在问题根源的基础上，制定了整改措施并认真进行整改。认真落实"首问负责制"、"限时办结制"、"责任追究制"三项制度，每个干部职工根据自己的岗位职责和效能建设的要求，做出了郑重承诺。为了方便纳税人，提高办事效率和服务质量，整合办税服务厅的功能，在办税服务厅增设了2个服务窗口，向纳税人免费发放办事指南、税收政策法律文件和资料，全面推行政务公开，公布办税工作流程图、审批流程图，压缩审批时限，简化审批环节，提高审批效率，实现办税大提速。进一步完善内部行政管理制度，创新管理机制，内部行政管理日益规范。加强公文、档案管理，规范文件传阅制度、严格请示汇报制度。通过干部职工的共同努力，完成了效能建设各个阶段的工作任务，干部职工的思想认识有了一个质的飞跃，纳税服务水平有了明显提高，办税效率大幅提升，工作质量有了明显提高，组织收入大幅增长，效能建设活动取得了明显成效。

【思想政治工作】一年来，直属税务分局始终坚持用马列主义、毛泽东思想、邓小平理论和"三个代表"重要思想武装干部的思想，用科学发展观指导工作实践，提高了直属税务分局干部的思想认识水平，增强了大局意识，调动了工作积极性。按照自治区地方税务局党组的统一部署和自治区地方税务局机关党委的计划安排，2008年，先后开展了"转变干部作风加强机关行政效能建设"的学习教育活动，深入学习贯彻党的十七大精神。在理论学习教育中，不断创新学习方法，坚持自学与集中辅导相结合、通读文件与专题讨论相结合，使理论教育做到内容、人员、时间、效果四落实。通过有力的思想政治教育工作，进一步增强直属税务分局干部的大局意识、勤政意识和服务意识，提高了直属税务分局干部的政治思想素质，调动了干部的积极性和创造性，促进各项工作有效开展。

【教育培训】直属税务分局认真抓好干部的业务学习培训工作，提高直属税务分局干部业务素质。一年来，直属税务分局按照自治区地方税务局的要求，针对直属税务分局的特点和实际，进一步加大了业务学习培训力度，认真制订学习培训计划，将基础业务、岗位业务和更新知识培训列为重点，讲求培训效果。直属税务分局坚持集中辅导培训、分散培训和个人自学三结合的方法加强业务学习培训。对普遍需要掌握的税收业务知识，采取了集中辅导培训的方法，举办了8个税收业务培训班；安排3名干部到广西师范大学就读研究生，提高直属税务分局干部知识水平，使直属税务分局干部的学历结构更趋于合理；各科采取例会、科务会学习讨论的方法，学习国家税务总局新出台的税收政策；对岗位工作需要掌握的技能，要求个人自觉学、认真钻、大家帮。通过学习培训，基础业务、岗位业务和更新知识业务培训得到有机的结合，直属税务分局干部的整体业务素质和实际运用能力有显著提高。

（梁怡锦）

注册税务师管理

综　述

截至2008年年底，经国家税务总局注册税务师管理中心批准依法成立的税务师事务所74个，其中有限责任所72个，合伙所2个。税务师事务所总的注册资金3322万元，运营总资金1600万元，资产总额41540万元，收入总额5211.56万元，利润总额258.83万元，委托人总户数2173户次。

税务师事务所从业人员1280人。其中，执业注册税务师524人，具有其他中介执业资格的从业人员136人，其他从业人员620人。

各项工作

【行业管理】根据《注册税务师管理暂行办法》的有关规定和国家税务总局《关于2007年度税务

师事务所及注册税务师年检工作的通知》（国税函〔2008〕117号）规定，广西注册税务师管理中心于2008年3月1日至5月31日对全区注册税务师及税务师事务所进行2007年度检查。年检合格税务师事务所75个、执业注册税务师532人；自行注销税务师事务所9个（已收回税务师事务所执业证）；限期整改（三个月）税务师事务所1个；未参加年检的事务所1个。年检结果于2008年6月份在广西有关报刊和广西国税、地税网站公告。2008年，广西注册税务师管理中心根据《注册税务师管理暂行办法》，对2份申请设立税务师事务所（广西永兴税务师事务所有限责任公司、广西中胜税务师事务所有限责任公司）和3份申请设立分所（广西瑞林税务师事务所有限责任公司柳州分公司、桂林分公司和广州永道税务师事务所有限责任公司南宁分公司）的材料进行了认真的审核，并报国家税务总局注册税务师管理中心审核批准。2008年，广西注册税务师管理中心根据《注册税务师管理暂行办法》，注销三个税务师事务所。

【注册税务师执业资格考试】2008年，全区报名参加注册税务师资格考试的人数为1400人。6月20～22日，全国注册税务师资格考试广西考区在南宁市第三职业高中进行，通过考试取得注册税务师资格54人。

【注册税务师协会】2008年11月26日，广西注册税务师第一次代表大会在南宁召开，会议通过了《广西注册税务师协会章程》，选举产生广西注册税务师协会第一届理事会理事、常务理事、秘书长、会长。2008年12月30日，经广西民政厅批准，广西注册税务师协会正式成立。易智炜任广西注册税务师协会第一届理事会会长兼秘书长，吕汉任副会长。

（黄维康）

广西国际税收研究会

综　述

2008年，广西国际税收研究会在中国国际税收研究会、自治区地方税务局和自治区国税局等有关部门的关心、支持和帮助下，坚持以邓小平理论和“三个代表”重要思想为指导，全面贯彻党的十七大精神，深入学习实践科学发展观活动，认真执行《广西国际税收研究会章程》，紧密结合形势，实事求是，紧紧把握工作方向，努力克服困难，积极开拓进取，牢牢把握经济全球化和区域经济一体化不断发展的趋势，紧紧围绕中国—东盟自由贸易区建设不断加快和广西北部湾经济区开放开发的背景，切实抓住国际税收研究“精品战略”这条主线，着力突出东盟分国别税收研究的重点，稳步开展工作。

各项工作

【学术研究】1. 发挥广西国际税收研究会的地缘优势，找准定位，突出国际税收的特点，抓住东盟分国别税收研究这条主线，继续做好东盟分国别税收研究重点，对东盟国家的税收制度、税收环境、税制改革方向进行系统、深入的研究。

一是按照既定目标，积极做好赴东盟国家开展分国别税收研究的前期各项准备工作。按照广西国际税收研究所确定的利用3～5年时间，对整个东盟国家税制完成分国别研究的规划，2008年研究会的工作重点是继续深入开展东盟分国别税收研究，推出一批研究成果，形成东盟税收研究小高地。2008年年初，研究会积极做好赴东盟国家新加坡、柬埔寨、菲律宾开展分国别税收研究的前期各项准备工作。制定了《广西国际税收研究会赴东盟国家开展国际税收研究工作方案》，明确了分国别税收研究的目的、内容、方式、时间安排、人员组成、经费预算、具体措施等，以确保整个实地访问研究工作的顺利进行和研究任务的圆满完成。做好访问小组研究人员的选定、政审、报批工作。从全广西国税、地税系统上报的130多人要求到东盟国家参加税收研究工作的人员当中，选定外语水平较高、税收研究能力较强的人员组成研究小组成员。积极与广西贸易促进会、广西民族大学外国语学院联系沟通，并根据广西贸易促进会的工作要求抓紧落实出访研究工作的细节和工作程序，制定出访研究的具体方案，积极联系办好出访前的各项手续，以确保东盟分国别税收研究的顺利推进。

二是落实东盟分国别税收研究小组工作责任制，确保各项研究任务的完成。各研究小组实行组长负责制，组长对研究小组人员进行合理分工。要求研究小组完成与派往国对口单位协商建立长期联系合作渠道、收集派往国税收资料、了解派往国税收环境等预定任务。要求每个研究小组要提交一篇派往国税制总述性论文，各成员每人均需提交一篇该国税收研究方面的论文。要求对收集的资料进行整理加工，并尽可能将外文资料翻译成中文，形成东盟分国别税收的独立研究成果。要求在研究成果汇编出版时承担书稿的初步编校工作。

三是完成了越南税收研究资料的整理和出版任务。2008年，广西国际税收研究会完成了越南研究小组收集回来的44万字越南税制资料进行了翻译、整理、校编工作。并将其中的越南税收法规（不含实施细则和管理文件）和部分越南税收研究成果编辑出版《东盟税制研究报告——越南篇》，约25万字，其中越南税收法规汇编约18万字，研究成果约7万字。

2. 坚持以课题研究为重点，积极开展好专项课题研究。

2008年广西国际税收研究会完成了中国国际税收研究会布置的税收课题研究工作任务。2008年度，广西国际税收研究承接的课题是“完善税源管理的国际借鉴研究”、“东盟国家税制改革趋势研究”、“节能减排税收政策的国际借鉴”三个课题，其中“完善税源管理的国际借鉴研究”是广西国际税收研究会与重庆市、辽宁省等国际研究会共同协作的研究重点课题，2008年10月，广西国际税收研究会已按时完成该课题两篇论文的调研写作任务，并于2008年10月13～16日参加了中国国际税收研究会在重庆市举办的“完善税源管理的国际借鉴研究结题会”，广西国际税收研究会参会的两篇课题论文均编入中国国际税收研究会主办、重庆市国际税收研究会承办的《“完善税源管理的国际借鉴研究结题会”课题结题研讨会论文集》。2008年广西国际税收研究会还抓住当前经济全球化和区域经济一体化不断发展的新趋势、泛北部湾合作区不断推进的背景和全球金融危机不断蔓延对中国出口企业的影响，围绕国际税收出现的热点和焦点问题，积极配合形势和大局，开展以课题为重点的专项研究：一是深入研究中越当前应对危机的税收对策问题；二是深入研究中国—东盟税收竞争与协调课题；三是开展了支持泛北部湾发展的税收政策课题研究。

3. 配合自治区地方税务局做好有关工作的调研写作任务。

一是配合自治区地方税务局分配的自治区政府下达的《广西辉煌50年》的写作工作。二是做好自治区人民政府地方志办公室广西通志地税志资料的写作任务。三是配合自治区地方税务局“关于对全广西交通运输税收问题调研”的调研工作和分配的写作任务。四是配合自治区地方税务局“关于地税三年科学发展规划”的布置的写作工作，自治区地方税务局“关于广西地方税源建设”调研工作和部分写作任务。五是配合自治区地方税务局落实税收政策助推北部湾经济区建设调研和部分写作任务。六是配合自治区地方税务局部分处室和单位做好一些税收课题的调研工作。这些工作经过研究会同志的共同努力，已经按要求完成任务。

【学术交流】1. 发挥社团组织特色，密切配合，和谐办会。

在开展工作过程中我们注重加强与自治区国税局之间的关系协调。另外，还加强与研究机构、社团组织、大专院校等方面的联系协作，并经常向自治区地方税务局、民政厅、社科联等部门沟通情况。

2. 通过拓展研究空间和寻找合作伙伴，不断扩大国际税收研究部门的社会影响，提高国际税收研究工作的质量和工作效率。

积极开拓渠道，与税务系统内外、国内外的各类单位和高等院校加强学术联系和合作。通过讲座、课题研究、学术交流、合作项目等多种形式，充分利用国内外、系统内外的各种资源，开展国际税收研究活动。特别是与越南国家税务局、河内市税务局就中国—越南，广西与越南税务研究机构建立长期、稳定、方便、及时的税收信息交流渠道进行了沟通商谈，初步确定了合作意向。

3. 做好《广西国际税收研究动态》的编辑工作，将其作为宣传推介广西国际税收研究会工作的重要阵地，加强宣传与交流。

到2008年12月共编发《广西国际税收研究动态》6期。《广西国际税收研究动态》的编发不仅及时传递了广西国际税收研究会工作的开展情况，而且也与各地进行了信息交流，起到了宣传、交流、共勉的作用。

4. 学术交流活动成效显著。

（1）访俄成果丰硕。受国家财政部和教育部科研机构的公派委托，广西国际税收研究会会长刘铭达教授以高级研究学者身份于2007年8月至2008年2月对俄罗斯进行了为期半年的考察访问，并取得了丰硕的成果：一是撰写了100余篇采访手记和工作日记；拍摄了2000余张资料相片；录制了300多分钟的录像资料。收集了较全面又具体的资料。二是帮助广西壮族自治区和俄罗斯彼得格勒州领导人互访和两省（区）州财政、经济合作交流建立了联系。三是为我国财政科学研究机构、广西财经学院等院校和俄罗斯的相应机构加强和扩大交流合作做了有成效的沟通工作。四是为进一步研究借鉴俄罗斯财税和社会保障改革与发展的经验打下了基础。

（2）2008年3～6月，刘铭达会长分别在自治区财政厅、自治区地方税务局、广西财经学院、广西大学商学院、财政部科学研究所研究生部等单位作了《中俄地方财税管理若干政策比较研究》的专题讲座，扩大了广西国际税收研究会的社会影响。

【组织建设】一是建立健全研究会的组织机构，为国际税收研究提供组织保证。为了尽快建立起广西的国际税收研究组织体系，按照研究会章程，加快在广西14个市建立国际税收研究分会工作，广西国际税收研究会紧紧抓住这项工作，从年初开始，分别对其中的柳州市、钦州市等重点市指导成立工作，2008年5月26日，柳州市国际税收研究会成立。2008年9月，钦州市国际税收研究会成立。至此，广西已有6个市成立了国际税收研究会。柳州市、钦州市国际税收研究会的成立，表明广西国际税收理论研究的队伍在不断壮大、力量在不断增强，标志着国际税收研究进入一个新的阶段，为广西国际税收理论研究活动的蓬勃发展，为大规模、多层次、系统化、规范化地组织和完成国际税收课题调研提供有力的组织保障。二是召开了在邕研究会常务理事会。2008年5月22日上午，广西国际税收研究会在南宁召开了在邕常务理事会，广西国际税收研究会部分在邕常务理事及秘书处有关工作人员20多人参加了会议，会议由刘铭达会长主持。广西国税局副局长、广西国际税收研究会副会长丁明强传达了中国国际税收研究会第四届会员代表大会会议精神；广西地方税务局副局长、广西国际税收研究会副会长蒙启华总结了2007年研究会工作，部署了2008年工作任务；与会的各位常务理事对研究会工作提出意见和建议；广西地方税务局副局长、广西国际税收研究会副会长吴殿禄代表自治区地方税务局领导班子作了会议总结，对研究会工作提出了希望和要求。三是建立健全研究会的管理制度。制定了《财务管理暂行办法》、《会员管理制度》和《工作人员管理办法》，为研究会的规范管理、效率提高奠定了基础。

（黄安庄）

第三编

各市地方税收工作概述

南宁市地方税务局

经济概况

南宁，简称“邕”，是广西壮族自治区的首府，广西的政治、经济、文化、科技、金融和信息中心。2008年，全市国内生产总值1316.21亿元，比上年增长14.5%，连续七年实现两位数增长；财政收入191.17亿元，比上年增长26.74%；全社会固定资产投资693.44亿元，比上年增长23.78%；全部工业总产值1050.62亿元，比上年增长26.55%；社会消费品零售总额631.68亿元，比上年增长22.51%；外贸出口15.86亿美元，比上年增长56.54%；外商实际投资2.52亿美元，比上年增长35.65%；区外境内实际到位资金202.59亿元，比上年增长29.84%；城镇新增就业岗位7.26万个，城镇登记失业率3.57%；城镇居民人均可支配收入14446元，增长19.95%；农民人均纯收入4001元，比上年增长15.58%；居民消费价格总水平比上年上涨8.4%；人口自然增长率8.46‰。

税收概况

【收入完成情况】2008年，南宁市地方税务系统共组织各项地税收入68.02亿元，同比增收14.77亿元，增长27.74%，继续保持快速增长势头。完成自治区地方税务局下达的年度必保收入任务67.88亿元的100.21%，超收1410万元。其中市政府考核收入67.48亿元，同比增收14.61亿元，增长27.63%，完成市政府下达的年度必保收入任务66.36亿元的101.68%，超收1.11亿元。另外组织防洪保安费、文化事业建设费、地方教育费附加和代收工会经费、残疾人就业保障基金等收入2.79亿元，同比增收0.88亿元，增长46.07%。

【收入特点】一是全市地税收入规模、增收水平均创历史新高，增长高于计划增长要求。2008年，全市地税收入达到68.02亿元，突破60亿元大关，比上年同期增收14.77亿元，收入规模及增收水平均创历史新高，增长达27.75%，略高于计划增长要求0.25个百分点。二是创新工作机制，加大税收征管力度，增收成效明显。2008年7月份以来，受国际金融危机影响，连续三个月出现收入与增长水平“双低”、任务缺口逐月增大的严峻形势，面对诸多不利因素，果断采取超常措施，创新工作机制，落实组织收入工作目标责任制，在提高征管水平的同时实现了地税收入最大化的目标，通过加强工作措施，增加收入6.69亿元，占全市地税增收总额的45.79%，拉动全市地税收入增长12.65个百分点。三是“小税种变大税收”工作成效明显。充分应用耕地占用税、土地使用税、土地增值税、房产税、印花税等税收政策调整的契机，变小税种为大税收取得了明显的成效。五个税种全年收入合计达到14.36亿元，比上年同期增收7.27亿元，增长高达102.54%，占全部地税增收总额的比重达到49.76%，拉动全市地税收入增长达13.75个百分点。四是各个级次税收收入增长水平不平衡，省级、市级税收收入增长迅猛，明显高于县（区）级税收收入增长水平。2008年，南宁市直接列入省级税收收入考核的金融业营业税收入5456万元，实现同比增收1673万元，增长高达44.22%。由于涉及政策性增收的税种收入均为市级收入，全市市级税收收入累计达到13.65亿元，比上年同期增收4.41万元，增长高达47.72%；而县（区）级税收收入合计仅达到53.82亿元，比上年同期增收10.20亿元，仅实现增长23.38%，与省级和市级税收收入比则分别低了20.84个百分点和24.34个百分点。

【税收分析】从各税种收入看，一是营业税及两个所得税三大主体税种收入、增收占比大幅下滑，拉动力明显减弱。2008年，全市营业税及所得税共实现收入45.72亿元，同比增收6.12亿元，增长15.47%，低于全市平均增长水平12.16个百分点。收入与增收占全市总收入与增收总额的比重分别为67.21%、42.14%，与2007年度比分别下降了7.08个百分点和35.60个百分点，主体税种对整个地方税收增长的拉动力明显减弱。其中，营业税收入29.39亿元，实现增收4.82亿元，仍然是全市地税最主要的增收来源，但与2007年比增收减少了1.06亿元，增长19.62%，同比回落了

11.83个百分点，低于平均增长水平8.03个百分点；企业所得税收入首次突破6亿元大关，达到6.63亿元，实现同比增收1.79亿元，增长36.98%；个人所得税收入9.70亿元，同比减收4496万元，下降了4.43%。二是耕地占用税、土地使用税等政策性影响明显的税种是地税收入保持快速增长的最直接拉动力量。2008年，除了两个所得税外，涉及土地、房产类的税种政策性调整影响最为明显，已经成为拉动全市地税收入快速增长的最大亮点。土地使用税、土地增值税、耕地占用税和房产税年度纳税总额达到13.28亿元，实现同比增收6.73亿元，增长高达102.75%，直接拉动全市地税收入增长12.73个百分点。其中，耕地占用税全年实现收入达3.05亿元，分别占全市地税总收入与增收总额的4.48%和20.89%；土地使用税收入1.67亿元，同比增收1.08亿元，收入及增收均首次突破亿元大关，增长高达183.05%；土地增值税实现收入5.81亿元，同比增收1.76亿元，增长43.46%；房产税实现收入2.75亿元，同比增收0.84亿元，增长43.98%。三是随征城建税及教育费附加收入增长缓慢。2008年，全市随征城建税及教育费附加实现收入70280万元，同比增收10965万元，增长18.49%，低于全市平均增长水平9.14个百分点。收入占比小幅下滑0.81个百分点，增收占比则下滑1.40个百分点。四是其他小税种收入实现大幅增长。除上述税种以外，印花税、资源税等其他小税种2008年度实现收入14496万元，同比增收6271万元，增长高达76.24%。其中印花税收入首次突破亿元大关，达到1.08亿元，同比增收5424万元，增长高达100.61%；资源税收入2507万元，同比增收737万元，增长41.64%。从各行业税收收入看：2008年按产业划分全市第三产业11个行业同比普遍实现较大增长，第二产业中制造业实现大幅增长，建筑业平稳增长，电力、燃气的生产和供应业出现大幅下滑。2008年全市地税第二产业共实现税收收入15.82亿元，实现同比增收1.66亿元，仅实现增长11.72%，第二产业税收收入占整个税收收入的比重仅达到24.05%，与2007年比下降了3.43个百分点。其中，采矿业实现收入4064万元，实现同比增收1008万元，增长32.98%；制造业实现收入5.42亿元，同比增收1.81亿元，增长50.06%；建筑业收入8.62亿元，同比增收1.82亿元，增长26.78%，继续保持平稳较快增长水平；电力、燃气的生产和供应业收入1.38亿元，同比减收2.07亿元，下降60.01%。2008年全市地税第三产业共实现税收收入49.94亿元，实现同比增收12.76亿元，增长34.32%，快于第二产业平均增长水平22.61个百分点。第三产业11个行业中增长高于30%的行业由高至低排序依次为：交通运输业收入3.99亿元，增收1.23亿元，增长44.46%；信息传输、计算机服务和软件业收入2.90亿元，同比增收0.88亿元，增长43.56%；房地产业收入21.10亿元，同比增收5.88亿元，增长38.63%；金融业收入0.55亿元，同比增收0.15亿元，增长37.50%。其他各行业也保持了平稳较快的增长势头，其中增长最低的卫生、社会保险和福利业也达到了25.76%的增长水平。从各类企业税收收入看：2008年，按企业类型分，内资企业仍是全市地方税收的最大的增收来源，但港澳台投资企业与外商投资企业税收收入增长水平明显高于内资企业，个体经营税收收入则仅实现小幅增长。全年全市内资企业实现地税收入合计55.18亿元，实现同比增收11.99亿元，增长27.76%，内资企业收入与增收分别占全市地方税收总收入与增收额的83.90%和83.21%。股份合作企业、联营企业和其他企业增长迅猛，分别实现同比增长112.16%、101.27%和61.71%；国有企业、股份公司和私营企业则保持平稳增长势头，分别实现同比增长27.36%、22.11%和29.33%；集体企业同比小幅增长4.27%。全年全市港澳台投资企业与外商投资企业税收收入分别实现同比增长93.27%和30.73%，明显高于内资企业。个体经营税收收入同比则仅实现小幅增长8.04%。

各项工作

【重点税源监控】2008年，全市列入区局“扁平化”管理重点税源企业1345户，与2007年比增加210户，全年实现收入44.75亿元，比上年同期增收6.12亿元，增长15.84%。重点税源企业收入与增收分别占全市地税总收入与增收总额的65.79%和41.44%。

【税收征管】一是实施26个重点工作项目管理成效明显。在9月份开始的税收旺征工作中，对在整体经济持续走低、建筑安装与房地产等重点支柱行业拉动乏力等不利因素影响下果断采取超常措施，建立组织收入任务目标责任制，将旺征工作分解为26个具体的工作项目，涵盖税收征收、管理、稽查和纳税服务各个环节，以41万字的项目责任书为载体，逐级分解任务，层层落实目标，实现考核机制与项目进度、完成情况切实挂钩。旺征阶段以来的组织收入工作在 26 个重点项目的推动下取得了明显的效果，全市 17 个征收单位有 13 个单位圆满完成了收入任务，税收收入占全区的比重由 9 月份的 22%提高到了 23.21%，增收则由 23%提高到 24.26%，收入增幅在全区的排名也由 9 月份的第 8 位上升到第 6 位。二是税收入库质量大幅提高。制定《税收入库质量考评管理办法》，从“考核期税收入库率”、“税收任务执行情况”和“税源掌控度”三个方面加大对各种税收数据和税收入库质量的考核，落实“四项制度”（收入进度定期通报制、项目负责制、分片对口挂钩联系制度、抽查评分和综合评议制），开发完善入库质量监控考核平台、数据质量监控系统。考核期税收入库率由执行入库质量考核前的平均 78%提高到 90%以上。其中第三季度全市考核期税收平均入库率超过了 90%，比考核前平均高出了近 20 个百分点。三是征收力度空前加强。超额完成年所得 12 万元以上纳税人自行纳税申报任务，申报数、增收额及增长率均居广西首位。全面贯彻实施新的《中华人民共和国企业所得税法》，加强总分机构汇总缴纳管理。重点强化单项税种管理，实现土地使用税、土地增值税、耕地占用税、印花税增收合计达到 6.43 亿元，占全市地税增收总额的 43.53%，土地使用税和印花税的征收首次突破了亿元，耕地占用税的接管、征收和清理工作取得重大突破。“变小税种为大税收”，有效填补了由于国家宏观调控及国际金融危机影响导致的南宁市地方主体税种行业及主体税种增速明显放缓而带来的税收缺口。四是税收“六清理”全面开花。全年开展清理不规范税收优惠政策、清理追缴欠税、清理漏征漏管户、清理各小税种和零散税源、清理在建重大工程项目、清理催缴总分机构所得税等“六清理”，入库税款合计 1.78 亿元，在增加收入的同时也提高了税源管理水平。

【税务稽查】以行业稽查为突破口，以“检查一个企业，规范一个行业”为目的，集中力量开展专项检查工作，累计查补入库 2.07 亿元，同比增长 36%，占自治区稽查收入的 25%，行业稽查取得了明显的效果。特别是进入旺征阶段以来，累计收入达到 1.57 亿元，占全年收入总数的 80.57%。成立打击涉税违法犯罪联络室，开展税警联合打击发票违法犯罪专项行动，破获了近年来南宁市乃至全区涉案金额最大的一起贩售假发票案件，促进了税收秩序的进一步好转。认真落实执法责任制，加大责任追究力度，组织开展税收执法检查、执法监察和税收质量考评，并在 2008 年自治区税收执法质量考评中取得了第一名的好成绩。

【税收执法】一是认真抓好税收规范性文件管理，夯实执法依据。把好税收政策监督关、出口关，认真做好税收规范性文件的起草、审查、会签、公布及备案备查等管理工作。2008 年共制定、审查、会签各类税收规范性文件 128 份，通过加强税收规范性文件管理工作，有效促进税收执法工作的规范化和系统化。二是积极与财政局协调沟通，与国土局密切合作，为各城区开展耕地占用税清查获取了宝贵的第一手资料。建立与法院的联动工作机制，协调解决拍卖、变卖过程中发生的地方税费征收问题，并就划扣被执行人所欠地方税费与法院达成一致意见。仅 2008 年在南宁市中级人民法院已拍卖成功待分配的税款就有近 7000 万元。

【纳税服务】认真落实相关税收优惠政策，2008 年共办理各项税收减免 2.7 亿元，办理退税达 4046 万元。开展纳税信用等级评定，共评定南宁市首批 A 级纳税人 160 户，有力推动了税收信用体系的建设。完善以 ETS 为主体的多元化电子税务服务体系的建设，共向纳税人提供咨询服务 80054 人次，同比增长 82.6%，发送涉税服务短信 10 万余条。召开 3 次税收政策通报会，对 19 项社会广泛关注的税收政策及征管措施进行新闻发布，广泛开展税法宣传，在各级媒体刊登稿件 335 篇，形成宣传的规模效应，进一步落实了社会公众的知情权。扎实推进“两个减负”，改进行政审批事项流程，完善移送制度，全年共有效处理行政审批事项 354 个。加强税收政策调整对经济影响的分析调研，上报政府和社会关注的政策调研报告 90 多篇。

【税法宣传】通过全方位启动、多渠道并举、深层次推进的工作方针，不断创新，讲求实效，开拓了税法宣传工作的新局面。一是通过媒体宣传，营造正确的舆论导向。据统计，2008 年累计召开媒体通报会 4 次。二是通过法规宣传，开展税前辅导。规范全市地税系统办税服务厅税收宣传资料的取阅发放要求，编印《南宁市地方税务局税收优惠政策办理指南》《南宁市地方税务局办事指南》及各税种政策法规宣传折页等宣传资料 15 万份（册）向广大纳税人发放；制作《南宁地税为您说税》电视片等形式多样的宣传资料，通过网站下载、在线播放、在办税服务厅等公开场合播放等方式对纳税人进行辅导宣传。三是通过地税网站信息技术优势，打造税收政策宣传辅导平台。将网站宣传与南宁市地方税务局的重点工作项目密切结合，在网站的建设过程中突出“服务纳税人”的主要功能，从纳税人的办税需求出发进行版面设计，使新版地税网站成为南宁市地方税务局为纳税人开展纳税服务的便利平台。四是通过创建“地税文化长廊”，树立地税机关形象。南宁“地税文化长廊”已接待含国家税务总局在内的各省市地方单位领导共计2100人次，较好地促进了地税文化建设工作的开展，树立了良好税务形象。五是做好第十七个税收宣传月的各项活动。据统计，税收宣传月期间，南宁市地方税务局统一印发税收宣传资料17.8万份；举办不同类型的学习班121个，参加学习的各类人员达6万多人次；举办税法知识讲座49次，参加人员达2.1万人次；投入经费62万元。今年税收宣传月期间各级媒体对南宁市地方税务局的报道达520余篇次，做到了“电视有图像、报纸有文字、电台有声音”，形成了规模效应。

【信息化建设】一是开发、整合和充分利用自主研发的应用系统。2008年南宁市地方税务局主要研发了入库质量监控考核系统，以解决税款入库数据不能实时掌握、各级税务部门统计口径不一、数据不准确的问题。入库质量监控考核系统可提供收入任务情况、各征收单位税收预测情况及税收入库质量考核结果的公布，既便利了各级税务机关领导干部查询，又提高了入库质量考核结果的透明度。二是全面推行远程网上申报系统。截至2008年12月31日，共有2700户纳税人开通了远程申报业务，申报税款约3700万元。远程申报系统功能齐全，易于操作，申报成功率较高，该系统的全面推行将可分流办税服务厅纳税期间很大的业务量，为纳税人提供便捷、高效的纳税服务。三是持续开展数据质量监控工作，开发和持续改进数据质量监控系统。该系统的开发完成可改变以往人工核查数据指标费时费力易出错的情况，可根据实际需要不断扩大监控的指标，实现监控结果在电子政务管理系统的实时发布，并将整改状态信息直接发送给每个税管员进行提醒。目前该系统已申请立项开发。通过对数据质量的持续严密监控和严格考核，使得基层一线人员一方面在数据录入时注意规范操作，另一方面对于信息中心发布的质量问题及时整改。无论从整改的数量和整改的及时性方面都较2007年有了很大提高，信息系统的数据质量得到提升。据统计，2008年共计发布数据质量整改通知31次，发布数据质量通报6次，从广西地税信息系统发现数据质量问题33033条，已按时间进度整改32372条，整改率达到98%。

队伍建设

【机构人员设置】全市地税系统机关内设14个科室、中心，下辖4个直属机构、6个城区局、5个开发区局、6个县局，41个税务所（农村税务分局）。现有在职职工1431人，其中干部1169人，工人64人，助征员198人（其中市区62人，县局136人）。研究生37人，占在职职工总数的2.59%，本科学历775人，占54.16%，大专学历439人，占30.68%，中专以下学历180人，占12.58%。年龄30岁以下195人，占在职职工总数的13.62%，31～35岁244人，占17.05%，36～40岁325人，占22.71%，41～45岁391人，占27.32%，46～50岁197人，占13.77%，51～54岁58人，占4.06%，55～59岁21人，占1.5%。

【领导班子建设】加强领导班子建设，选准用好干部，抓好干部选拔任用重点环节监督。一是制定《南宁市地方税务系统基层领导班子考核暂行办法》，重点对基层领导班子关于组织收入、履行职责、带好队伍和落实党风廉政责任制等方面的情况进行考核，提高基层班子的执行力。二是2008年4月，按干部提拔任用程序，开展机关后勤服务中心主任缺位选拔任用工作。三是及时办理试用期满干部转正考核工作。2008年3月、8月及10月分别对8名正科级领导干部，11名副科级领导干部进行试用期满转正考核。四是抓好干部选拔任用重点环节监督。按自治区地方税务局有关要求，制定重点环节监督工作实施方案，着重对各级地方税务机关干部选拔任用工作的程序和文件材料进行检查，及时整理上报有关材料。

【干部队伍建设】一是整合稽查队伍，提高战斗力。2008年以来，南宁市地方税务局把加强稽查干部轮岗力度作为进一步加快税务稽查队伍建设的重要举措抓紧抓好，于2月底开展了稽查岗位干部调整交流工作。此次岗位调整共交流人员52人，调整交流面达30%以上。通过轮岗交流，以交流促管理，以管理提素质，让更多干部在更有利于自己的环境中发挥能动性，在全市地方税务系统中形成了人尽其才、才尽其用、充满活力的激励竞争的用人机制。二是做好城区局间的人员调整，加强一线工作。2008年3月，根据各城区局税收工作需要，对市区内税务干部进行了合理配置，共有17人调整到任务较重的城区局，充实了征管一线的力量。三是健全干部管理制度，整顿机关工作作风。制定下发《南宁市地方税务局工作人员年度考核办法》。四是制定旺征奖惩措施，确保旺征工作顺利进行。年内制定下发《南宁市地方税务局2008年组织收入工作目标责任管理方案》，将税收收入任务完成情况作为考核的重要内容，考核结果作为领导班子和领导干部选拔、奖励的重要依据。

【思想政治工作】一是抓好党的十七大精神的学习宣传贯彻。认真贯彻市委、市政府和自治区地方税务局党组对学习宣传贯彻党的十七大精神的指示精神，紧紧围绕“学习贯彻党的十七大精神，促进南宁地税事业快速发展”主题开展学习宣传贯彻活动。二是实施“四心工程”加强思想政治工作。抓住“人心”这一核心问题，结合贯彻落实全区“三个一”沟通机制，“双百心连心”等活动的内容，突出抓好“凝聚人心、温暖人心、稳定人心、振奋人心”的“四心工程”。在规范津补贴之后，市局领导班子成员分5个组赴各基层开展调研座谈活动，发放思想状况调查问卷表1006份，及时了解干部职工的思想动态，着力优先解决影响基层单位正常工作和生活的迫切问题，多方式、多渠道改善职工住房，解决职工子女入托入学困难。三是用多种激励方法调动干部职工的积极性。通过目标责任制考核，用目标激励的方法将工作目标明确到各单位、各岗位，落实奖惩措施，促进干部职工树立信心，增强斗志。

【精神文明建设】以文明行业创建评选活动为契机，大力推进地方税务文化建设，深化创建内容，创新创建形式，落实创建措施，使创建工作常创常新，涌现出一大批先进单位和先进个人。全系统获得“全国青年文明号”1个、“全国三八红旗”集体1个、地厅级荣誉称号39项，其他各类奖项16项，个人荣获各级奖项76项次。先后被评为“南宁市窗口服务行业创城达标竞赛十佳单位”，并被授予流动红旗，获“南宁市组织工作创新成果一等奖”、“市直机关党建目标管理十佳单位”、“南宁市社会主义新农村建设试点工作先进帮扶单位”、“全市社会主义新农村建设指导员工作先进后盾单位”等荣誉称号。2007年、2008年连续被评为“南宁市窗口服务行业创城达标竞赛活动十佳单位”；2008年，被授予“全国精神文明建设工作先进单位”，干部人事档案工作被中组部授予“一级单位”荣誉称号，两位同志被推荐参加全国十大优秀税务工作者的评选。同时，作为参加自治区第三批文明行业创建活动唯一的市级单位，创建活动已通过自治区文明办、自治区纠风办的综合考评。

【党风廉政建设】一是加强对税收执法权和行政管理权的监督和管理，落实党风廉政建设责任制，制定税收重点岗位规范性工作流程和监督流程体系，有效保证重点环节权力的规范运行。推行“双定户”定额公开和税务稽查公开，积极打造“阳光地税”。开展丰富多彩的税务廉政文化建设活动，开辟“地税文化长廊”。党风廉政建设实现了可喜的“四个”转变，即实现由专业监督到部门监督的转变，由群众监督到社会监督的转变，由事后监督到事中监督、事前控制的转变，由被动监督到主动监督的转变。二是加强平时的检查督促和年终考评。针对近年来时有发生的不廉行为和执法不规范现象多发生在基层，且违规的主体均为基层的中层领导干部等问题，上半年组织开展对各县局、城（开发）区局、直属机构副股（分局）长以上的基层领导干部落实党风廉政建设责任制情况的督查，深入6个县局、2个城区局、63个基层单位（部门），听取基层领导干部落实党风廉政建设责任制情况的汇报，收集整理意见、建议18条，进一步拓宽了党风廉政建设的工作思路。2008年末，对各责任单位一年来开展党风廉政建设工作、落实重点工作项目情况进行重点检查和考评，全面掌握和评价各单位工作情况，并提出整改意见。通过加大督促检查的力度，各级领导和基层执法人员责任意识得到明显加强。三是在全局组织开展了丰富多彩的“廉政文化进税务”活动，构建浓厚的廉政文化教育氛围。2008年，南宁市地方税务局分别被自治区地方税务局、南宁市纪委授予“广西地税系统反腐倡廉宣传教育工作优胜奖”和“反腐倡廉宣传教育工作先进集体”荣誉称号。四是在预警机制试点工作取得成效的基础上，着力通过预警机制加强对税收执行权和行政管理权的监督和管理。全年召开预警信息分析评估会议6次，发布了预警信息6期。南宁市地方税务局预警机制工作在南宁市上半年纪检监察工作会议进行经验介绍交流。

【税务纪检监察】一是加强信访举报工作。认真落实《信访条例》和《中国共产党纪律检查机关控告申诉工作条例》，切实做到“事事有着落，件件有回音”，使信访举报和违纪违法案件明显下降。二是加大专项治理工作力度。深入开展治理商业贿赂、清理“小灵通”与单位办公电话捆绑使用、公款出国（境）旅游、退出现职或达到退休年龄的党员领导干部在企业兼职任职等专项治理工作，进一步做好自查自纠的检查评估和问题整改。三是加强领导干部作风建设，严格政治纪律、组织纪律、工作纪律和廉政纪律，坚决纠正有令不行、有禁不止的行为，营造团结和谐、风清气正的工作环境，以优良的党风促政风带民风。四是继续开展机关作风效能建设和效能监察。统一制定并规范全局的投诉处理规程；加强对减免税、税前费用扣除等审批以及政府采购的监督，推进电子监察工作，以科技手段提高行政效能监察效率。五是积极参加“政风行风热线”栏目上线活动，开展“市长热线谈税收”“‘12366’走进北部湾”等宣传活动，解决群众对地税系统政风行风热点问题的投诉，解答咨询和听取建议，搭起税务机关和纳税人之间沟通的桥梁。六是加强纪检监察干部队伍建设，努力推进纪检监察工作规范化、制度化、科学化。6月，组织全市系统内人教监察、办公室等部门工作人员共22人，举办党风廉政建设工作业务培训班，对南宁市地方税务局2008年《党风廉政建设责任状》的内容和要求、党组会议和局长办公会议的记录和纪要要求进行讲解和培训辅导，使各责任单位进一步明确了党风廉政建设责任制的要求，规范执行党风廉政建设责任制的工作规则。规范纪检监察工作，进行业务培训，开展廉政档案建设、业务检查，巩固工作制度，加强硬件建设，不断提升纪检监察工作的科学化水平。

【教育培训】一是加强专业知识培训力度，不断提高税务干部队伍综合素质。南宁市地方税务局结合各单位、各部门培训需求，草拟《南宁市地方税务局2008年教育培训计划》。并根据培训计划，及时督促各部门按照计划开展有关业务培训工作。二是突出抓好科级领导培训和骨干培训。2008年5月组织各单位近两年未参加稽查岗位培训的人员52人参加稽查人员岗位知识与技能培训；举办2期科级领导干部计算机知识更新培训班，全局副科级以上领导干部82人参加培训；8月，组织南宁市地方税务局处（科）级领导干部共33人参加三期全区地税系统知识更新培训班学习。三是加强人才小高地建设，积极做好推荐参加2009年度全国税务系统委培研究生学习的各项工作。四是组织全市地税系统公务员1154人，参加全区《行政机关公务员处分条例》考试。

其他工作

【创新年活动】在南宁市“创新年”系列评选表彰活动中，市局被授予“十佳创新单位”荣誉称号，同时，还荣获“创新年”活动先进集体和先进个人等嘉奖。税务服务中心的ETS多元化电子税务服务体系项目被评为南宁市“十大创新成果”。创造性地把领导班子考核评比办法与今年的组织收入工作考评相结合，增设“税收收入完成进度奖”、“组织收入工作项目完成质量奖”、“特殊贡献奖”，确保全局收入进度在旺征期间明显加快。以完善激励和约束机制为切入点，出台《基层领导班子考核评比办法》，对全面科学、客观公正地考核评价全系统各级领导班子作出了有益的尝试。在全区率先开展财务经费管理体制改革，实行“统一领导，垂直管理，资金统筹安排，会计集中核算”，提高资金使用效益，强化过程监控。在全局推行网格式专业化税源管理模式和分行业纳税评估，被作为先进经验在全区推广。自行研发“三维数字城市土地使用税信息系统”软件，保证土地使用税政策稳步实施。经济开发区地方税务局开展基层税收重点岗位监督管理试点工作的做法和经验得到自治区地方税务局的充分肯定。税收宣传电视剧《雨过山青青》和“泛北经济大发展，税法之歌同欢唱”歌王争霸赛活动，被评为自治区地方税务局税收宣传月创新项目。

【税收科研、信息工作】一方面，全系统注重将调研成果转化为实践成果，共撰写各类调研文章258篇，上报区局参加2008年度全区地税系统科研成果评比的5篇课题论文均获奖，占报送数的100%；报送的15篇一般性调研文章，有8篇获奖，占报送数的53%，科研再上新台阶。另一方面，进一步加大了信息工作力度，并按季下发信息报送热点，发布当期信息热点、重点，收集和反馈了大量的信息，为领导了解情况、科学决策、促进各项税收工作的开展起到了积极的作用。市局的信息工作分别获得2008年自治区地方税务局信息工作评比一等奖、市委信息工作评比二等奖、市政府信息工作评比三等奖。

【行政管理】南宁市地方税务局加强会计基础工作，通过规范化达标验收，并被列为达标工作先进典型。健全和完善《财务管理制度》、《政府采购管理办法》等财务管理制度，规范会计核算。实行固定资产“一物两卡”管理，有效地维护了资产的安全和完整。进一步加强接待管理和控制接待费用开支，在全系统内大力开展以节水、节电、节油、节约办公用品为主要内容的节能减排活动。继续推行“5S”目标化现场管理，建立应对突发性重大灾害紧急处置机制。继续完善自行设计研发的电子工作日志管理系统。

（李玉露　孙炳清）

柳州市地方税务局

经济概况

2008年，柳州市国内生产总值909.85亿元，同比增长13.2%；财政收入140.13亿元，同比增长20.41%；农、林、牧、渔业总产值143.21亿元，同比增长5.52%；全部工业总产值1750亿元，同比增长25.89%；全社会固定资产投资430.3亿元，同比增长42.48%；社会消费零售总额336.08亿元，同比增长22.62%；城镇居民可支配收入14473元，同比增长12.49%；农民人均纯收入3956元，同比增长13.11%。

2008年，柳州市国民经济运行呈现十大亮点：1. 工业经济实现"三个一百"突破。阳和工业新区、柳南区属工业和鹿寨县辖区各区工业总产值首次突破100亿元，分别为101.2亿元、103.3亿元、103.1亿元，同比分别增长了75.1%、89.53%和46.9%。

2. 规模以上工业企业规模取得新突破。2008年，全市产值超亿元的工业企业157家，净增41家。总产值超过300亿元的企业1家，过200亿元企业2家，过50亿元的企业5家。

3. 工业园区生产高速增长。工业园区完成工业总产值341.31亿元，同比增长48.73%。

4. 汽车产量突破70万辆。

5. 规模以上工业非公有制经济生产高速增长。完成工业总产值356.47亿元，同比增长53.2%，增长速度高于规模以上工业增速26.5个百分点。

6. 工业投资、技术改造投资继续高速增长。工业投资160亿元，同比增长36.45%，其中的技改投资138亿元，同比增长47.3%。

7. 农村投资27亿元，同比增长67.9%，显示农村投资增长强劲，新农村建设步伐加快。

8. 社会消费品零售总额突破300亿大关，达336.08亿元。

9. 农村消费品零售市场不断扩大。县及县以下消费品零售额67.52亿元，同比增长25.42%，比城市增幅高3.48个百分点。

10. 城乡居民收入与国民经济同步增长。在岗职工平均工资31164元，同比增长16.2%；城镇居民人均可支配收入14473元，同比增长12.49%；农民人均纯收入3956元，同比增长13.11%。

税收概况

【收入完成情况】2008年，由于受国际金融危机的影响，柳州市经济发展增幅出现逐月回落趋势，这给柳州市地方税务局的组织收入带来前所未有的压力，形势非常严峻。基层征收单位和机关部门密切配合，依法加强税收征管、强化税收稽查、狠抓税收政策落实、加强政务协作，严格执行"依法征税，应收尽收，坚决不收过头税，坚决防止和制止越权减免税"的组织收入原则，积极推行组织收入目标的科学动态管理。柳州市局与各基层征收单位签订组织收入目标责任状，并从8月份开始全力抓好全局的旺征工作，连续组织召开3次全局中层干部、2次全局干部职工大会，迅速传达、贯彻落实全区财税工作座谈会、全区财税工作会议和全区地方税务工作座谈会精神。截至12月31日，全局累计完成区局口径各项收入（不含地方水利基金、文化事业建设费、地方教育费附加、工会经费和残疾人就业保障基金）入库427584万元，同比增收90115万元，增长26.7%。全局累计完成市政府口径各项收入（不含金融保险营业税、地方水利建设基金、文化事业建设费、地方教育费附加、工会经费和残疾人就业保障基金）403701万元，同比增收85911万元，增长27%。完成代征工会经费6996万元，同比增收1139万元，增长19.4%；完成代征残疾人就业保障基金2564万元，同比增收587万元，增长29.69%，均创历史新高。

2008年居柳州地方税收前五位的税种收入情况如下：营业税2008年入库147453万元，比2007年增收21768万元，增长17.32%，其中金融保险业营业税2008年入库23882万元，比2007年增收4202万元，增长21.35%；企业所得税2008

年入库74138万元，比2007年增收12029万元，增长19.37%；个人所得税2008年入库62984万元，比2007年增收11868万元，增长23.22%；城市维护建设税2008年入库51541万元，比2007年增收11283万元，增长28.03%；教育费附加2008年入库23513万元，比2007年增收4926万元，增长26.50%。以上五个税种收入占柳州市地方税务局总收入的84.11%。

【收入特点】2008年，柳州市地方税务局各项收入主要呈现出以下几个特点：一是税收总收入、税收增量创新高。全局各项收入从2001年突破10亿元开始，2004年突破20亿元用了3年时间，到2007年突破30亿元用了3年时间，而2008年突破40亿元仅用一年时间，达42.76亿元，比2007年增长26.7%，比“十五”期间的2003年增收23.71亿元，增长242.67%，比1995年成立时翻了三番多。与此同时税收增量也创出新高，2008年税收增量为9亿元，为历史最高，从2005年至2008年的税收增量分别为2.6亿元、3.2亿元、6.1亿元和9亿元，税收增量的年增长率为51.3%。二是各税种收入普遍增长，“五税”继续保持主体地位。作为柳州市地方税务局主要税种的营业税、企业所得税、个人所得税、城市维护建设税和教育费附加共计入库达359629万元，占柳州市地方税务局总收入的84.11%，继续保持着税收收入主体地位。三是地税收入增速高于经济发展速度。2008年地方税收增幅达到26.70%，大大高于柳州市GDP13.2%的增幅。四是来源于第三产业的税收收入所占比重略有上升。2008年，来源于第二产业的税收收入为193268万元，比2007年增收35563万元，增长22.55%，占全局税收收入的比重为45.20%，比2007年下降了0.52个百分点；来源于第三产业的税收收入为232315万元，比2007年增收54139万元，增长30.38%，占全局税收收入的比重为54.33%，比2007年上升了0.54个百分点。

【税收分析】2008年，柳州市地方税收仍主要来源于制造业，房地产业，建筑业，金融业，交通运输、仓储及邮政业，租赁和商务服务业，这六大行业分别比2007年增收24622万元、19498万元、8449万元、8573万元、8646万元和6673万元，增长25.05%、36.77%、22.84%、33.47%、49.16%和36.01%。上述六大行业2008年累计入库税收收入326456万元，占全局税收收入的76.35%，比2007年增收76461万元，增长30.58%。其他行业税收与2007年相比增收在合适的范围。

2008年，柳州市地方税务局所有征收单位增收，市局各项税收收入增幅快于县局。纳入考核范围的13个单位全部实现税收收入的增长，除了阳和和融安外各征收单位收入增幅都在10%以上，其中3个征收单位增幅达30%以上；市局各项收入比2007年增收79952万元，增长29%，而各县局各项收入只增长16%。从各项收入增幅看，位列前5位的征收单位分别是：城中区地方税务局，增长45.1%；三江县地方税务局，增长40%；柳北区地方税务局，增长39.2%；直属税务分局，增长27.2%；柳南区地方税务局，增长26.7%。

柳州市地方税务局以强化科学化、精细化重点税源管理为突破口，按照“扁平化”管理的要求，把抓好重点税源企业的税源监控工作作为2008年组织收入工作的重点，对年纳税30万元以上的886户重点企业的12000多条涉税信息进行审核、评估、分析。并突出抓好重点行业、重点项目、潜力税种的征收工作，实行定时间、定项目、定部门、定责任、定人员的税源跟踪管理机制，采取了确定征管科负责全市重点项目的责任管理，确定耕地占用税征收额达到7000多万元的目标等税源管理措施。

各项工作

【税收管理】2008年，柳州市地方税务局认真清理漏征漏管户，继续推进集贸市场个体税收征管改革工作，柳南区地方税务局、柳北区地方税务局和鱼峰区地方税务局又对8个集贸市场实施了税收征管改革。加大与工商、国税部门信息比对和实地巡查力度。下发限期办理税务登记证通知书1000份，处罚逾期办证纳税人450次。进一步加强欠税公告管理工作。及时调整鹿寨县地方税务局、阳和工业新区地方税务局征管范围。做好“三代”管理工作，编写《柳州市地方税务局征管实用手册》。召开全市代征工会经费会议、市残联联合会议，加强代征工作管理，并认真做好发票管理及各类征管表格制定、发放工作。全年共印制发票76批次，共5769万份，其中企业冠名发票53批次，1433万份；共向下级单位发售发票110批次，共2862万本。受理区内外电话鉴定发票真伪700多户次，鉴定发票真伪10000多份。全年共印制各类征管表格30批次，共26万份；共向基层单位发放各类征管表格 250 批次，共计 50 万份，为基层单位做好征管后勤保障工作。柳州市地方税务局全面铺开财税库行横向联网建设，实施了对阳和工业区局和柳江、柳城、融安、融水、三江、鹿寨等 6 个县局共 7 个单位的财税库行计算机联网工程，确保 6 月 1 日财税库行联网系统在全局 13 个基层征收单位得到全面的推广应用。累计签约财税库行横向联网纳税户 11700 余户，占总查账征收户的 78%，征收税款 34.2 亿元。通过运用横向联网系统，成功实现了一票多税、税款实时划转。

【税务稽查】2008 年，柳州市地方税务局稽查部门坚持日常检查、专项检查和重点检查相结合，重点对房地产及建筑安装业、烟草行业、金融保险业、中介服务业及各类专业市场开展检查，严厉查处各种涉税违法案件，共检查税收违法案件 124 起，其中有问题户 83 户，结案户 80 户，立案户 47 户，查补总额 7500 万元，入库总额 7200 万元。同时，柳州市地方税务局集中开展打击制售假发票、非法代开假发票专项整治行动。重点对柳南、鱼峰、柳北片主要街道及张公岭货运市场制售、代开假发票窝点进行集中整治，共缴获各种公章 36 枚，建筑业、运输业、销售业等各类空白发票 70 本，散张发票 2000 多份，票面金额 6000 万元，抓获涉嫌人员 3 名，端掉制售和代开假发票窝点 20 个。柳州市地方税务局还与市公安局联合成立打击涉税犯罪联络室，制定《涉税违法案件移送处理工作流程》，开展税务行政执法机关移送涉嫌犯罪案件的自查工作，规范涉税案件移送，共移送偷税案件 8 宗，其中制售假发票案 4 宗。联合开展钢材市场专项检查，自查补税纳税人近 200 户，入库地方税款 360 多万元。

【纳税服务】相继在城区局和具备条件的县局全面开展标准化办税服务厅建设，制定《办税服务规范》，推行以首问责任制、限时办结制和责任追究制为核心的内部管理机制，推广柳北区地方税务局“十八项便民服务措施”，全局办税服务质量上新台阶。并切实做好“12345”政府热线、“12366”纳税服务热线的接收、督促、协调和登记工作，对外实行信息政务公开。并与国税局、财政局联合开展第十七个税收宣传月，通过成功举办宣传月启动晚会、小记者看税收、民族节日宣税收等形式，产生了较大的社会影响力。并编辑印制了《柳州市二次创业地方税税收优惠政策汇编》5000 册免费分送市委、市政府以及各部门、相关企事业单位、投资者和外来客商。在市级主要新闻媒体上开辟《新企业所得税法》、《车船税问答》等专栏，开通地税网站，组织召开了各类税收业务纳税人座谈会、培训班 836 人次。

【税法宣传】税收信息宣传及调研工作成效显著。共编发《地税简报》50 期，用稿 541 篇；工作简报 9 期，税收专报 109 篇；被市级报刊采用稿件 90 篇，同比增长 25%；市电视台、电台采用稿件 125 篇，同比增长 18%；被国家级媒体采用稿件 7 篇，同比增长 40%；自治区级媒体采用宣传用稿 24 篇，同比增长 20%；被自治区级采用信息 148 条，其中自治区党委采用 2 条，自治区人民政府采用 2 条，其中有 1 条信息稿件得到自治区党委郭声琨书记批示，同比增长 12%；被市委、市政府采用信息 136 条，同比增长 115.87%。全局有 6 篇调研课题中标 2008 年自治区地方税务系统重点课题，于 7 月底成立的柳州市国际税收研究会，是广西地方税务系统成立的第六家国际税收研究会，为柳州市开展国际税收的研究奠定了基础。

【税收优惠政策执行】加快落实税收优惠政策，助推地方经济加速发展。共审核办理企业所得税减免税 42 户，减免企业所得税 74645 万元（确认减免税 38 户，确认减免企业所得税 74236 万元，审批减免税 4 户，减免企业所得税 409 万元），其中西部政策减免 34 户，减免金额 66007 万元。扶持下岗失业人员再就业减免税款 2300 万元，扶持残疾人就业减免税款 520 万元，扶持随军家属、军队转业干部和退役士兵就业减免税款 383 万元，批准困难性土地使用税减免 112 户企业共 684 万元，房产税减免 105 户企业共 586 万元，公共交通车船税减免 45 万元。

【信息化建设】柳州市地方税务局引入多元化申报方式，依托信息化手段优化纳税服务。顺利开通上线运行广西地税远程申报系统，共有 685 户纳税人申请开通远程报税，通过远程报税系统组织入库税款 900 多万元。认真做好柳州市地方税务局自行开发的集贸市场税收管理软件的推广工作，在柳州市内的 13 个主要集贸市场推广应用了集贸市场税收管理软件，现纳入软件管理的集贸市场纳税户共有 4987 户。同时，成功启用个体双定户财税库行批量扣税，共有 209 户个体双定户选择使用财税库行联网系统来进行批量扣税，解缴入库的税款共计 371865.82 元。加快实施市局计算机中心机房技术改造方案，深化信息化基础建设。对计算机安全防病毒系统进行整体优化和技术版本升级，完成全局 998 台办公计算机病毒软件的技术升级，清理出不合规定连接互联网的 65 台，实行互联网计算机的物理隔离，为全局税收业务提供强有力的安全保障。

队伍建设

2008年，柳州市地方税务局按照“以人为本、规范管理、教育治队、构建和谐”的工作方针，突出抓好教育培训、队伍稳定、安全保障等行政管理工作。深入学习党的十七大和十七届三中全会精神、胡锦涛总书记在全党深入学习实践科学发展观活动动员大会暨省部级主要领导干部专题研讨班开班式上的讲话、温家宝总理在广西视察工作时的讲话、自治区和柳州市财税工作会议精神等内容，通过坚持党组中心组学习制度、集中学习、自己学习、理论研讨、撰写心得等方式，深刻领会其中的精神实质和核心思想。

【领导班子建设】柳州市地方税务局健全各级党组织，抓好党员干部队伍建设，以学习贯彻保持共产党员先进性四个长效机制为契机，抓好市局及各级基层领导班子建设，各级领导班子团结民主，分工协作，务实创新，凝聚力强，战斗力强，各项税收工作业绩突出。4月，对中层干部进行了调整和配备，全局共提拔6人，其中提拔中层正职2人，提拔中层副职4人，协助5个县局做好股长、所长的调整工作，进一步充实了基层领导班子，强化基层班子的领导和组织能力。组织广大党员干部观看《脊梁》、《大儒还乡》等教育专题片，开展了党的十七大精神和党章知识测验与竞赛活动。选派了各党支部的组织委员、纪检委员等20多人参加了4期党务干部培训班和4期干部学习讲坛，开展了新任科级领导干部廉洁从政教育，选送新任科级领导干部9人参加了三期廉政教育专题学习班。以“七一”建党纪念日为契机，开展以“坚持廉政勤政，促进科学发展”为主题的各项活动，组织开展继续解放思想大讨论活动成效明显。突出税收工作重点，开展法律法规学习。严格按照年初制订的学习计划，通过集中学习、案例评分、分组讨论等形式，系统学习了《中华人民共和国劳动合同法》、《中华人民共和国劳动争议调解仲裁法》、《中华人民共和国公务员法》、《行政机关公务员纪律处分条例》、《五五普法教材》等法律法规，举办了税收规范执法培训班、信息采写培训、新企业所得税法学习培训，参加各类视频培训15期，组织计会人员培训60多人。

【教育培训】柳州市地方税务局创新培训形式，抓好更新知识培训及学历教育。3月和7月，组织全市地税系统42名中层干部和56名股长、所长分别赴清华大学和湖南税务专科学校进行为期半个月的培训。积极开展读书活动，通过阅读《当代公务员心态健康讲座》等一批思想读物，各单位领导带头学习并积极撰写心得体会，共收到体会文章40多篇。有30多人参加在职本科以上学历教育，其中20多人参加了研究生学历教育，新拿到本科学历的有5人、研究生学历的有2人。以人为本，积极开展“五心”教育活动。规范津补贴政策实施后，为了抓好干部队伍的思想稳定工作，局领导班子进一步转变领导干部工作作风，坚持以关心群众疾苦为己任，坚持以人民群众的根本利益作为工作的出发点，以“感恩·进取·发展”为主题的巡回演讲活动为契机，积极开展“五心”教育活动，用关心、爱心、暖心、贴心、戒心教育感化干部职工。各级领导干部深入基层，开展家访，解决基层干部职工的实际困难，将组织的温暖传送给特困户。建立干部健康档案，每年为干部职工进行一次体检，为30多名没有享受过房改政策的干部分配市局的存量住房，营造了和谐宽松的环境。在市委、市政府及自治区地方税务局的关心支持下，局党组积极为编外人员、助征员解决了养老保险的购买问题，并且为在编人员增加了医疗保险。

【信访工作】柳州市地方税务局全面落实领导干部大接访和大下访活动，分别于7月14日、9月22～24日、11月17～21日3个阶段开展市局领导大接访和大下访活动，共接待信访人20人，信访案件20件。同时，协助自治区地方税务局郑文临纪检组长分别在市局和柳城县地方税务局开展领导干部大接访和大下访活动，共接待信访人78人次，部分解决了干部职工关注的规范津补贴、干部职务晋升、独生子女补助以及干部职工家庭困难等问题。柳州市地方税务局各单位、部门提前做好重大活动、重大事件及来信来访应急预案，落实安全责任机制，加强对纳税服务、队伍管理等各种不稳定因素的排查工作，积极化解征纳矛盾和排查内部安全隐患，加大办公楼、办税服务大厅、计会部门、票证库房、计算机房以及用电行车安全的巡查、检查力度，建立有专人负责的24小时值班制度，遇到重大突发事件第一时间上报，全局没有发生影响社会稳定和串联上访等重大突发事件，保持了干部队伍的稳定。

【精神文明建设】柳州市地方税务局继续扎实开展争先创优工作，大力引导和组织干部职工踊跃投身“三个文明”建设中，及时总结创建经验，巩固创建成果，提升创建层次，涌现出一批群众公认、具有典型示范作用的先进单位和先进个人。共有2个单位和8人次荣获市级以上荣誉称号，有30多个单位继续保持市级和区级的“青年文明号”和“巾帼建功先进单位”称号，城中区地方税务局荣获全国“三八红旗集体”，鹿寨县局雒容分局荣获“全国青年文明号”称号，柳州市柳南区地方税务局荣获柳州市妇女联合会“柳州市三八红旗集体”。蔡超群同志、黄炎同志被自治区推荐参加“全国税务系统2008年度先进个人”评选，谭筱玲同志荣获“柳州市人民政府2007年度全市招商引资先进工作者”称号，范林俊等三位同志荣获“全区地方税务系统作风效能建设先进个人”称号。

【工青妇组织活动】工青妇群众组织作用日益显现。局工会为市区599名干部职工办理一年的全区职工重大疾病互助参保手续，组织了一台迎春文艺晚会、三项组织竞赛、一个职工运动会，丰富了广大干部职工的文化体育生活。各级工青妇组织积极参与各项社会爱心活动，组织全局579人为南方冰冻灾害灾区捐款8665元，组织系统干部职工1073人为四川地震灾区捐款114461.40元。柳州市地方税务局“青年文明号”通过国家、区级、市级考核而被继续认定，妇委组织开展“三八”廉政杯插花比赛、“品位·魅力”迎奥运着装风貌大赛，根据政策补发2003年以来有关干部职工独生子女保健费，并荣获“柳州市城中区人口与计划生育目标管理责任制”一等奖。

【党风廉政建设】柳州市地方税务局提出“完善1个体系为重点，强化4个落实，把握18个环节，整体推进党风廉政建设和反腐败工作的开展”的纪检监察工作思路，印发《2008年党风廉政建设工作要点》。逐级、逐层签订党风廉政建设责任状，通过加强惩防体系建设，发2期预警信息报告，从建立健全惩治机制的试点工作单位向实施科学预警机制的单位转变。

在全系统内开展了“坚持勤政廉政，促进科学发展”主题教育活动。局党组书记、局长蔡超群同志亲自给316名党员干部上“坚持廉政勤政，促进科学发展”为主题的党课。三江县地方税务局在网上开设廉政宣传栏目，柳北区地方税务局在元旦、春节等重大假日发送廉政短信，搭建了廉政文化传播平台。并且，各基层单位开展“读书思廉”专题座谈、出版“读书思廉”墙报、编发《党风廉政信息简报》、开展廉政知识测试、开展“读书思廉”趣味知识抢答赛和“读书思廉”演讲比赛等活动，其中有7篇文章获自治区地方税务局“读书思廉”活动表彰。

【税务纪检监察】柳州市地方税务局推进税收重点环节和基层重点岗位监督管理工作，积极开展税收执法检查和执法监察专项检查，加强对税收重点环节的监督管理。从完善监督机制、开展岗前教育、实行预警提醒、推行税务公开、理顺各岗位工作流程、开展外部评议、运用信息化手段等方面加强有效的监督。在执行税收优惠政策情况方面，召开减免税会议12次，大宗物品采购招标会6次，印发《减免税审批专题会议》12期、《会议纪要》23期等。进一步抓好“两权”监督工作，将税收执法风险教育、税收执法规程、税收执法监管等融入日常的税收执法工作中，组织干部参加涉税渎职犯罪法制知识讲座、“五五普法”考试，认真开展税收执法检查和执法监察自查工作，对各单位的税收执法、规范性文件制定、减免税审批、重大案件审理、税务行政复议等各方面开展税收执法检查，增强执法检查和执法监察效果。

柳州市地方税务局印发了《柳州地方税务系统继续推进2008年重点环节监督管理方案》，选定城中区地方税务局和融安县地方税务局作为2008年基层税收重点岗位监督管理的试点单位。结合解放思想大讨论活动出台了《减免税及税前扣除审批管理流程》，规范审批程序，避免审批环节出现腐败问题。在行政管理上，建立和完善议事制度、接待制度、政府采购制度和减免税审批制度，执行民主集中制，对“三重一大”问题经集体研究讨论决定，减少执法随意性，有效预防职务犯罪。全系统聘请社会廉政监督员130名，设立作风效能举报箱24个，监督举报电话36个，召开行风监督员座谈会和纳税人代表座谈会36次，参与“机关作风与行风建设热线”午间之声节目8期，开展行风评议、开门纳谏等政务公开活动，各级领导班子成员自觉履行“一岗两责”。据统计，今年共76人进行了年终述职述廉，89人进行收入申报。对2名领导干部进行经济责任离任审计，对新提拔的2名干部出具廉政鉴定。此外，切实抓好纪检监察队伍建设，组织22名纪检监察干部到南宁市地方税务局学习考察预警机制，对各城区（县）局纪检监察干部共39人进行了培训。给鹿寨、三江、融水三县局新配3名纪检组长，配齐配强了纪检监察干部队伍，夯实基层纪检监察组织建设，使基层党风廉政建设工作真正做到有人抓，有人负责。

（孔州克）

桂林市地方税务局

经济概况

2008年，桂林市实现国内生产总值902.65亿元，比上年增长12.6%；财政收入85.6亿元，同比增长18%；全社会固定资产投资486.17亿元，同比增长20.6%；社会消费品零售总额277.46亿元，同比增长23.5%；万元生产总值能耗同比下降4%；二氧化硫、化学需氧量排放总量控制在自治区下达目标范围内；城镇居民人均可支配收入14529元，农民人均纯收入4416元，同比增长12.6%和13%；外贸进出口总额完成9.5亿美元，同比增长20%，其中出口总额6.5亿美元，同比增长22.8%；城镇登记失业率3.98%；人口自然增长率7‰；接待国内游客1626.93万人次，同比增长6.3%，旅游总收入100.26亿元，同比增长17.2%。年初严重的低温冰冻灾害，造成全市291.12万人受灾，占总人口的58.2%，直接经济损失达199.35亿元；6月的洪涝灾害，受灾人口179.67万人，直接经济损失23.14亿元。

税收概况

【收入完成情况】2008年，桂林市地方税务部门共组织各项收入380038万元，比上年增收52255万元，增长15.94%。其中，税收收入355310万元，同比增收50533万元，增长16.58%；代收教育费附加10347万元，同比增收748万元，增长7.79%；地方教育费附加5675万元，同比增收862万元，增长17.91%；文化事业建设费730万元，同比增收57万元，增长8.47%；防洪保安费2712万元，同比增收222万元，增长8.92%；工会经费4674万元，同比增收184万元，增长4.1%；残疾人就业保障基金856万元，同比增收26万元，增长3.13%。

【收入特点】一是全市地方税收收入保持稳定增长，增幅逐步回落，呈高开低走态势。二是主体税种（营业税、企业所得税、个人所得税，下同）收入增幅偏低，大部分小税种税收增势良好。营业税、企业所得税和个人所得税三大主体税种全年入库税收253059万元，比上年增收6420万元，增长2.6%，低于全市地税收入平均增幅13.98个百分点。三是主要行业税收增幅趋缓。制造业、建筑业、房地产业、旅游业、餐饮业、住宿业、交通运输业等全市地方税收主要行业全年实现税收204443万元，比上年增收16293万元，增长8.66%，低于全市地税收入平均增幅7.92个百分点，其中，房地产业实现税收7.48亿元，同比下降1.26%。四是零星分散税收增幅明显大于重点税源税收增幅和同期税收增幅。全年全市重点监控的600户重点税源企业共实现地方税收比上年增长5.07%，低于除此以外的小企业和个体工商户税收增幅35.38个百分点。五是各征收单位组织税收收入进度和增幅差距较大。全市18个具有同比性的征收单位中，有16个组织税收收入同比实现增收，其中增幅高于全市平均增幅的有12个；增幅最大的恭城县地方税务局同比增长29.64%；增幅最大的征收单位与增幅最小的征收单位增幅相差30.57个百分点。

【收入分析】一是桂林市经济增速下滑制约了全市地方税收增长。2008年，受严重自然灾害、国家宏观调控及全球金融风暴影响，桂林市经济增长放缓，固定资产投资增幅回落，企业效益下滑，全年全市GDP同比增长12.6%，固定资产投资同比增长20.6%，分别比上年回落2.5个百分点和34个百分点，导致全市地方税收增幅比上年回落1.92个百分点。二是严重自然灾害对桂林市部分行业税收造成较大影响。年初的雨雪冰冻灾害、四川汶川地震、年中的洪涝灾害等对桂林市的交通运输业、旅游业等行业造成较大影响，全年全市旅游人数同比仅增长6.3%。其中，海外旅客同比减少2.6%；铁路货运量同比减少10.3%，航空客运量同比减少6.7%。反映到税收上，全年全市交通运输业营业税同比下降10.6%；住宿、餐饮业营业税同比下降0.13%。三是政策性减收因素较多。企业所得税：新企业所得税法从2008年1月1日起实施，税率从原来的33%下调为25%，降幅为24.24%；小型微利企业税率下降为20%，降幅为39.39%。税前扣除范围进一步扩大，工资扣除从限额扣除改为据实扣除。税前新办企业改为由国税部门征管后，地税部门企业所得税管户进一步减少。个人所得税：从2008年3月1日起，工资薪金类个人所得税费用扣除标准由1600元提高至2000元。四是税收优惠政策范围扩大使地方税收减收明显。近年来，国家对企业的税收优惠政策逐年扩大，除国家鼓励类产业可享受15%的优惠税率外，部分行业如文化改制企业还可享受免税优惠。2008年全市地税共对152户符合国家西部大开发、高新技术、农口企业、转制企业减免税收3.2亿元，比2007年增加0.94亿元，增长41.6%。

各项工作

【重点税源监控】制定出台《桂林市地方税务局重点税源监控管理实施办法》。实施重大项目税收分析评估和项目管理。对纳入自治区地方税务局重点监控的731户纳税户实施“扁平化”管理，对桂林市区前600名纳税户实行重点监控。全面实行重点税源自治区（省）局、市局、县（城区）局、分局（税所）四级管理。完善税收业务报表集中上报工作，推广使用重点税源系统和财税库行联网系统，加强重点税源信息数据研究和比对分析，强化“信息管税”；组织开展重点税源监控管理考核和评估。

【税收征管】一是征管基础进一步夯实。积极组织开展税源调查，大力清理漏征漏管户；实行收入计划动态管理，强化税收分析；完善税收管理员制度，做好纳税户定额调整工作，加强对非正常户的管理，有选择地组织开展了纳税评估；将发票管理纳入广西地税信息系统，依托信息系统实现发票信息化管理；开展纳税信用等级评定，实施企业分类管理；规范二手车交易税收征管；推进社会综合治税；行业税收和小税种管理水平进一步提升。全面组织开展了土地增值税清算，全年共入库土地增值税28087万元，同比增长89.66%。建立土地税收财政、国土部门协调配合征管机制，强化土地税收管理，全年共征收土地税收（城镇土地使用税、耕地占用税、土地增值税）57945万元，同比增长193.73%。大力推广应用个人所得税征管软件，全面完善全员全额明细申报和高收入者个人收入档案管理，积极组织开展年收入12万元以上个人所得税申报，年所得12万元以上自行纳税申报人数达2166人，同比增长60.2%，补缴税款134万元。全年7个地方小税种（烟叶税、耕地占用税除外）共入库税收85344万元，同比增长46.92%。

【税务稽查】制定出台《桂林市地税稽查工作考核暂行办法》。与市公安部门联合成立了打击涉税违法犯罪联络室。按照自治区地方税务局的统一部署，组织开展装修装饰业、保险业、烟草业税收专项检查和制售假发票、非法代开发票专项整治。结合旺征工作的开展，组织对市区工业、房地产业、旅游业等行业进行了重点检查。抓好举报案件查处工作，大力整顿和规范税收秩序，全年共查补入库税款、滞纳金和罚款6500万元。

【税收执法】认真贯彻落实重大税务案件审理、税务行政复议等有关规定，全年共审理重大税务案件5起，涉税金额2600多万元，受理税务行政复议案件2起。积极组织开展了税收执法、税收票据、税款缴库专项检查和规范性文件清理，按要求做好案件移送。开展“五五普法”规划实施中期督导检查和验收，举办法制知识更新培训。

【纳税服务】以开展转变干部工作作风、提高机关行政效能建设活动和继续开展解放思想大讨论活动为契机，通过深入扎实的工作，促进干部工作作风的大转变、思想大解放，推动地税机关工作效率和工作质量的大提高。完善办税厅规范化管理，优化窗口设置；简并办税手续，优化流程；升级广西地税信息系统，大力推行财税库行联网和POS刷卡缴税，提高办税效率；打造“一站式”服务，开展窗口服务创建，拓展服务方式；推广应用税务短信平台，落实首问负责、限时办结、责任追究等制度，完善纳税服务方式；推出节假日预约服务等，积极探索个性化服务方式；以纳税人需求为导向，开展纳税人意见需求征求调查，有计划分步骤进行整改。与工商银行合作，开通“银税通”缴税业务，在全系统18个征收单位56个办税服务厅安装刷卡设备160套，自助缴税机20台，有效解决了办税服务厅现金税款收缴隐患，推进财税库行横向联网工作进程，丰富和发展了多元化申报和多渠道缴纳工作，实现纳税申报、缴纳、汇缴、入库电子化。

【税法宣传】围绕“税收·发展·民生”和“诚信经商，和谐共赢”宣传主题，全市地税系统组织开展了形式多样、内容丰富的宣传活动。桂林市地方税务局和阳朔县地方税务局被评为“全区地税系统2008年税收宣传月先进单位”，雁山区地方税务局组织开展的“开启漓江‘雁山地税号’流动税法宣传船”和灵川县地方税务局组织开展的“‘地税杯’体育趣味赛”宣传项目获全区地税系统税收宣传月活动优秀创新项目奖。加强与桂林市报刊、电视、电台等主流媒体的互动，建立起宣传联动机制，全年桂林市地税系统在市级主流媒体刊登或播放新闻40余篇，其中专版5期。修改完善《信息工作考核评比办法》，进一步强化信息工作，全年共编发税务信息简报70期，向自治区地方税务局和桂林市委、市政府报送信息稿件122篇，信息考核总分在全区地税系统各市局中排第二位。

【信息化建设】积极推广应用税务短信平台，充分发挥该平台服务功能。完成广西地税信息系统软件升级，提升系统应用效能。建立信息安全管理体系，提高应对信息突发事件的能力和水平。开展各类软件和计算机知识培训，提高全系统人员计算机操作和软件应用水平。

队伍建设

【机构人员设置】2008年，桂林市地方税务局机关共设9个科室：办公室、法规科、税政科、所得税科、稽查科、征收管理科、计划财务科、人事教育科、监察室。下设机关后勤服务中心一个直属事业单位，管理第一稽查局、第二稽查局、直属税务分局3个直属机构。对象山区、秀峰区、叠彩区、七星（高新）区、雁山区5个城区地方税务局和临桂县、灵川县、阳朔县、兴安县、全州县、灌阳县、资源县、龙胜县、永福县、荔浦县、平乐县、恭城县12个县地方税务局的税收工作进行监督和指导。2008年底，桂林市地税系统干部职工共有1216人，其中科级干部112人，处级干部11人；大专学历512人，占总人数的42.11%，本科学历575人，占总人数的47.27%，研究生以上学历44人，占总人数的3.62%；中国共产党党员864人，占总人数的71.05%。

【作风效能建设、继续解放思想大讨论和学习实践科学发展观活动】按照自治区地方税务局和桂林市委、市政府的要求和部署，围绕中心工作，着眼长效建设，严格步骤操作，全面组织开展作风效能建设、继续解放思想大讨论和学习实践科学发展观活动。按质按量完成各项“规定动作”，结合实际开展一系列有创意、有特点、有深度的“自选动作”，顺利完成作风效能建设和继续解放思想大讨论活动的检查、总结和评比工作。桂林市地方税务局被评为“全区地税系统作风效能建设先进单位”。

【领导班子建设】深入组织学习党的十七大和十七届三中全会精神。全面落实民主集中制。坚持业绩和能力导向，强化领导班子及领导干部考核评价，提高班子建设水平。对市局机关征管、税政等5个科室的主要负责人和2名副职进行了交流换岗，优化科室和县局领导班子力量；完善中心组学习制度，提高领导班子工作水平；广泛组织召开市、县局领导班子民主生活会，完善领导联系点制度，强化领导班子作风建设。

【干部队伍建设】针对津补贴规范后干部的工作积极性问题，组织开展干部管理专项研讨，探索和实践了各种行之有效的管理办法，桂林市地方税务局进一步改进和加强了思想政治工作。荔浦县地方税务局出台“一季一评、一季一赛、半年一考”管理办法等。建立和完善税收收入与税务经费划拨挂钩考核办法等管理制度，优化激励约束机制；下放城区单位股（所）长部分管理权限，推动了干部科学化管理；组织开展机构设置职能优化人员配备专项调研，适当收缩农村和边远基层分局（所）力量，以考试加推荐形式从县局选调了25名同志充实到城区单位工作，优化征管力量；完成对干部外语情况的调查登记工作；做好干部人事档案目标管理一级单位申报工作，推进干部人事档案规范化管理。

【精神文明建设】深入开展精神文明创建活动，全年全系统各单位共获处级（含处级）以上荣誉175项次，个人获厅级（含厅级）以上荣誉38人次。其中，龙胜县地方税务局泗水分局荣获全国“巾帼文明示范岗”称号；叠彩区地方税务局计征股荣获自治区总工会“广西五一劳动奖”和“广西五一巾帼奖”；全州县地方税务局团委获第十批“广西五四红旗团委创建单位”及“桂林市五四红旗团委”荣誉称号；全州县地方税务局被自治区地方税务局推荐为“全国文明单位”候选单位；临桂县地方税务局党组书记、局长唐亚林同志被自治区地方税务局推荐为“中国十大优秀税务工作者”候选人。

【党风廉政建设】按照“谁主管，谁负责”和“一岗两责”的原则，全面细化和落实党风廉政建设工作任务和目标，形成横向到边，纵向到底，一级抓一级，层层抓落实的党风廉政工作责任网络。认真组织学习各项廉政规章制度，深入开展“读书思廉”和廉政文化宣传活动。按照《税务系统领导班子和领导干部监督管理办法（试行）》，抓好领导干部民主生活会以及诫勉谈话、民主评议、述职述廉等制度的落实。制定出台《桂林市地方税务局加强基层税收重点岗位监督管理试点工作方案》，强化“两权”监督。以兴安县地方税务局、荔浦县地方税务局和雁山区地方税务局为试点单位，探索建立适合桂林地税的科学有效反腐倡廉预警机制。强化政务公开工作，制定出台信息公开指南和目录，细化政务公开内容，着力构建“阳光地税”；公布领导干部电子邮箱，畅通政风行风监督电话，开展政风行风热线互动。认真组织开展大接访和大下访活动，抓好信访和专项治理，严肃查办违法违纪案件等，全面加强行风政风建设，树立桂林地税新形象。

【教育培训】有计划、有重点、分层次地组织开展各类学习培训活动。重点组织开展学习党的十七大精神专题巡回讲座；选派35名处、科级领导干部参加自治区地方税务局组织的领导干部更新知识培训；邀请自治区地方税务局所得税处的领导讲课，对全市地税系统170多人进行新企业所得税法专项培训；选派14人参加全区地税系统稽查业务培训，1人参加全国地税系统教育培训、管理业务培训；组织全市地税系统1145名公务员参加了《行政机关公务员纪律处分条例》专题学习和考试；以视频方式对各征收单位“一把手”、分管财务领导、政府采购人员、财务人员共162人进行了政府采购业务培训。坚持传统培训与创新培训机制、培训方式相结合，增强培训效果。

（王　军）

梧州市地方税务局

经济概况

2008年梧州市实现国内生产总值400.12亿元，按可比口径计算，比2007年增长14.9%。分产业看，第一产业增加值66.45亿元，增长4.1%，对经济增长的贡献率为4.7%，拉动经济增长0.7个百分点；第二产业增加值215.50亿元，增长23.6%，对经济增长的贡献率为80.2%，拉动经济增长12个百分点；第三产业增加值118.17亿元，增长7.0%，对经济增长的贡献率为15.1%，拉动经济增长2.2个百分点。按常住人口计算，全市人均GDP达13115元。三个产业结构比例由2007年的18.7∶51.6∶29.7调整为16.6∶53.9∶29.5。

2008年梧州市经济结构图

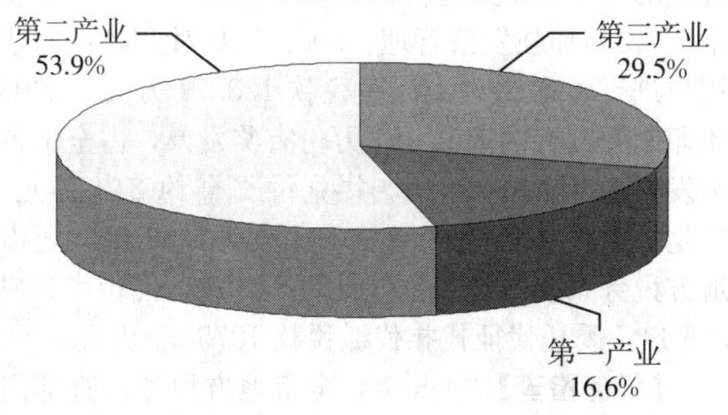

全年全市完成财政总收入32.42亿元（不含基金），比2007年增长19.9%。其中一般预算收入21.51亿元，同比增长18.8%。全市财政支出50.93亿元，同比增长17.1%。按常住人口计算，人均财政收入达1328元（按户籍人口计算为1207元）。财政收入占GDP的比重为11.2%，比2007年下降0.3个百分点。全年全社会固定资产投资198.3亿元，比2007年增长31.0%。其中城镇固定资产投资185.2亿元，比2007年增长29.5%。在重点项目建设投资中，全年长洲水利枢纽完成投资15.22亿元，洛湛铁路梧州段完成投资3.60亿元，南梧高速公路苍梧至岑溪段完成投资5.0亿元，桂梧高速公路马梧段完成投资10.58亿元；岑罗高速完成投资1.8亿元，旺村水利枢纽完成投资1.5亿元；林浆纸一体化建设一期工程完成投资1.38亿元，地质灾害治理完成投资1.19亿元。全年全部工业总产值582.3亿元，比2007年增长34.2%。其中，规模以上工业企业完成工业总产值384.4亿元，比2007年增长48.9%；全年全部工业增加值为191.0亿元，比2007年增长24.9%。其中，规模以上工业增加值为128.9亿元，比2007年增长35.9%。工业对经济增长的贡献率为74.2%，拉动GDP增长11.1个百分点。全年全社会建筑业实现增加值19.39亿元，比2007年增长

11.9%。全部房屋施工面积570.34万平方米，比2007年下降16.2%。全市实现社会消费品零售总额143.4亿元，比2007年增长24.0%。全市实际利用外资1.45亿美元，比2007年增长10.8%。外贸出口总额3.31亿美元，比2007年增长12.5%。全市城镇居民人均可支配收入13268元，比2007年增长16.8%。

税收概况

【收入完成情况】2008年全市地方税务系统累计组织各项收入123786万元（不含防洪保安费、文化事业建设费、地方教育费附加、工会经费及残疾人就业保障基金，下同），同比增收29886万元，增长31.83%，完成调整后年度任务122000万元的101.46%，超收1786万元，提前12天完成全年收入任务。

【收入特点】一是主体税种地位进一步加强，大部分税种增长较快。主体税种营业税、企业所得税、个人所得税同比分别增长18.7%、20%、13.2%，分别占本年度总收入的46%、11%和14%。增速较高的税种有车船使用税、城镇土地使用税、印花税，同比分别增长154.1%、263.5%、67.8%。二是第二产业税收贡献加大。分产业看，第一产业税收贡献比重为0；第二产业税收贡献49158万元，税收贡献比重由2007年的39.6%增长到44.4%；第三产业税收贡献61481万元，税收贡献比重由2007年的60.4%下降到55.6%。三是全市8个征收单位均提前超额完成全年确保任务，其中7个征收单位年征收税款超过亿元。四是收入增速明显加快，地税收入从1亿元到5亿元用了9年的时间，从5亿元增加到10亿元仅用了5年。2008年税收增长速度比2007年快11个百分点，创近五年来的新高。

【收入分析】一是经济因素。税收来源于经济，固定资产投资拉动地税收入增长作用明显，2008年全市固定资产投资累计完成198.3亿元，比2007年增长31.0%。受固定资产投资拉动，2008年建筑业和房地产业税收入库46651万元，占税收收入的42%，拉动地税收入增长9个百分点。2008年城镇居民人均可支配收入同比增长16.4%，推动了个人所得税收入的快速增长，个人所得税收入17414万元，同比增长13.2%。二是政策因素。一方面，土地使用税、车船使用税等税收新政策实施，两税种同比分别增长2.64倍、1.54倍，净增耕地占用税9017万元，拉动地税收入增长达15个百分点。另一方面，受国家房地产调控政策影响，销售不动产是唯一的营业税收入下滑的行业，销售不动产营业税2008年入库9861万元，同比减少2548万元，负增长20.53%。三是征管因素。全市地方税务系统大力实施标准化管理、数量化考核，强化重点税源监控，税收征管质量和效率不断提高，各税种2008年增长与经济税源基本协调：营业税入库57121万元，同比增收9012万元，增长18.73%。其中金融保险业、建筑安装业、租赁和商务服务业三个行业营业税增收额达9657万元。所得税收入保持平稳增长，企业所得税收入13248万元，同比增加2203万元，增长19.95%；个人所得税收入17414万元，同比增加2027万元，增长13.17%。小税种收入35995万元，同比增收16673万元，增长86.29%。小税种在全市税收收入中所占的比重由2007年的21%提高到29%，拉动全市地税收入增长18个百分点。

各项工作

【重点税源监控】进一步加强重点税源监控，出台了《重点税源管理实施办法》，重点税源管理员由2007年的41人增加到2008年的52人，列入市局监控的重点税源户由834户增至1082户，其中列入自治区地方税务局监控的重点税源户由192户增至305户。1082户重点税源户2008年贡献税收70523万元，占年度税收总收入的57%。同时，梧州市地方税务局还将294个重点建设项目编制成《梧州市2008年重点建设项目调查表》，落实30名税收管理员负责重点监控。

【税收征管】一是加强税务登记和纳税申报工作，组织开展了对个体工商户办理税务登记情况的清理检查，查出漏征漏管户899户，共查补税款70.7万元。2008年8月起，统一在梧州市政务服务中心设立国税、地税服务窗口，联合办理企业纳税人的税务登记，实行“一户一证”和“一证双章”。二是加强发票管理。2008年共对858户发票用户进行验票比对，补缴税款123.77万元。2008年印制并发行两期共691万份有奖发票，占全市各类发票总用量的20%，共兑付奖金约240万元。三是加大代征代扣代缴工作力度。2008年，全市地方税务系统落实委托代征户118户、代扣代缴户895户，委托代征代扣代缴税款18753.7万元。

【税务稽查】2008年，全市地方税务稽查部门检查纳税户160户，查补税款1965万元，罚款52万元，入库税款、罚款和滞纳金2574万元。其中旺征期间共检查企业53户，查补入库税款1236万元。

【税收执法】对苍梧县地方税务局等8个单位开展了2008年税收执法检查和执法监察工作。与市公安局联合成立打击涉税违法犯罪联络室，并联合开展发票打假行动，协助广州市公安部门查获一批假发票；根据群众举报，处理发票违规案件25宗。2008年，共清理税收规范性文件77件，确认现行有效的26件，全文废止或失效的48件，部分废止或失效的3件；清理欠税879.3万元；清理漏征漏管户890户，入库税款67.9万元；清理小税种和零散税源入库税款7229万元；清理园区企业41户、清理园区内工程项目30个，查补入库税款1613万元；清理在建重大工程项目149个，查补入库税款496.5万元；清理催缴总分机构所得税174.1万元。

【税法宣传】从2008年3月下旬开始，在全市范围内组织开展为期1个月的“百名税干服务百家百万元纳税人”活动，对2007年缴纳地方税超100万元的108家企业开展上门纳税宣传服务，该活动被评为全区地方税务系统2008年税收宣传月优秀创新项目。4月份，联合市财政局、国税局开展“税收·发展·民生”财税杯摄影比赛。2008年，共举办各类税法知识培训班6期，参加人数500多人次；开展税法咨询活动12次，接受咨询人数约1000人次；举办税法知识竞赛4次，印发各种税法宣传资料28000份。梧州市地方税务局被评为“全区地方税务系统2008年税收宣传月活动先进单位”。

【纳税服务】开展税法咨询宣传活动，参加梧州市电台“政风行风热线”，2008年共接待咨询近2000人次，为纳税人解决实际问题100多个。推行个性化服务，在雨雪冰冻灾害期间，对没有暖气的办税服务厅增加取暖设备，按照政策规定及时受理纳税人因灾减免申请和延期申报纳税手续。协调解决因房地产开发企业停业、注销而无法取得合法购房发票的购房户办理房屋产权证。简化办税流程和办税手续，精简企业财务会计报表报送和证件审验程序。加强纳税服务制度建设，出台《梧州市地方税务局办税服务厅规范化标准实施方案》，对办税服务厅的服务标识、窗口设置、工作事项、工作流程、完成时限、服务用语和各类服务设施进行规范统一。开展“十佳评选”活动，在全市地税系统开展了2008年“十佳税收管理员”、“十佳办税服务标兵”评选活动，并予以通报表彰。

【信息化建设】2008版广西地税信息系统得到全面应用，财税库行联网系统的推广工作扎实推进。2008年，全市2933户企业签约采用联网系统划缴税款，占独立核算的企业纳税人（不含双定征收户）总户数的74.7%，通过联网系统划缴的税款41639万元，占总收入的36.2%。建立汇总划缴税款的“三户合一扣税平台”，制定了自收现金税款管理办法和汇缴税款倒扣业务流程。从2008年8月1日起，在全市地税系统应用财税库行联网系统汇总解缴各征收单位收取的现金税款、POS机税款和银行划扣的个体双定户税款，实现了税务机关自收税款和个体双定批扣税款解缴入库的电子化，税收票证使用量减少80%。成功推广应用了电子政务管理系统，提高办公信息化水平；完成梧州市地方税务局网站改版工作；配合自治区地方税务局开通运行“12366”纳税服务热线。

【诚信企业选介】广西梧州中恒集团股份有限公司位于广西梧州市蝶山一路3号，注册资本为217447402元，经营范围主要是对医药、能源、基础设施、酒店、旅游业的投资与管理，房地产开发与经营投资。该公司系1993年4月1日经广西壮族自治区体制改革委员会批准，由梧州市城建综合开发公司、梧州市地产发展公司、梧州市建筑设计院作为发起人，采用定向募集方式设立的股份制试点企业。1993年12月14日，经广西壮族自治区体制改革委员会批复，更名为“广西梧州市中房股份有限公司”；1996年12月4日经广西壮族自治区体制改革委员会批复，更名为“广西梧州中恒集团股份有限公司”。2000年10月23日经中国证券监督管理委员会核准，该公司采用上网定价发行方式，成功向社会发行人民币普通股股票（A股）4500万股，于2000年11月30日在上海证券交易所上市流通。该公司自觉遵守税收法律、行政法规以及接受税务机关法律、行政法规管理，依法诚信纳税。2004年度被评定为梧州市纳税信用等级A级纳税单位。该公司在业务全面发展的同时，不断积极回报社会，2005年度入库各项税款4075万元，2006年入库各项税款3938万元，2007年入库各项税款5520万元，2008年入库各项税款7100万元。

队伍建设

【机构人员设置】2008年，梧州市地方税务局机关共设10个科室：办公室、人事教育科、监察室、法规科、征收管理科、计划财务科、所得税科、税政科、计算机信息管理中心、机关后勤服务中心。直属机构两个：直属税务分局、稽查局。下辖7个地方税务局：万秀区地方税务局（下辖旺甫税务所），蝶山区地方税务局（下辖夏郢税务所），长洲区地方税务局（下辖倒水税务所），岑溪市地方税务局（下设5个分局），苍梧县地方税务局（下设3个分局、1个税务所），藤县地方税务局（下设5个分局、1个税务所），蒙山县地方税务局（下设1个分局、1个税务所）。2008年年底，全市地税系统干部职工共有564人，其中大专学历190人，占总人数的33.45%；本科学历325人，占总人数的57.2%；中国共产党党员374人，占总人数的65.8%；共青团员28人，占总人数的4.93%。

【领导班子建设】编制了《2008～2010年梧州地方税务发展规划》，勾勒出中短期发展蓝图。民主监督能力提升，切实贯彻执行民主集中制原则。与地方党政领导、地方各部门关系更为密切；公开选拔任用5名副科级干部，充实各县（市）地方税务局的领导班子力量。

【干部队伍建设】结合税收工作实际，认真学习贯彻党的十七届三中全会精神。坚持以人为本，大力开展能力建设，促进税务干部队伍的全面发展。认真贯彻执行党政领导干部选拔任用工作条例，加强后备干部的培养和使用。积极推进地方税务文化建设，组织开展丰富多彩的群众性文体活动，丰富职工生活，增强队伍凝聚力。心系基层、服务基层，加大基层建设力度，强化基层基础设施建设，改善基层办公条件。

【思想政治工作】实行基层思想政治工作联系点制度，党组成员定期走访基层，畅通上下级沟通渠道。深入开展思想解放大讨论活动。迅速成立机构，出台工作方案，建章立制，并注重理论与实践相结合，干部职工撰写了梧州区域性加工制造基地专题调研、加强水运行业税收管理对策等调研报告26篇，编发《梧州地方税务继续解放思想大讨论活动征文选辑》。建立了"一把手"负总责、班子成员具体负责、人教监察部门协调的思想政治工作机制。

【精神文明建设】2008年度，梧州市地方税务局争先创优工作取得实质性的进展。梧州市地方税务局、蒙山县地方税务局机关大院荣获"自治区文明卫生庭院"称号；梧州市地方税务局、苍梧县地方税务局、藤县地方税务局荣获"梧州市文明行业"称号；梧州市地方税务局、长洲区地方税务局、岑溪市地方税务局、藤县地方税务局被评为"2006～2007年度梧州市文明单位"；市地方税务窗口被市政务服务中心评为"红旗窗口"；梧州市地方税务局被评为"全市财税工作先进单位"、"政风行风热线最佳上线单位"、"领导干部联系职工生活困难户工作先进单位"；长洲区地方税务局被评为"梧州市文明示范窗口单位"。

【党风廉政建设】建立预警机制工作制度，成立预警机制工作领导小组，搭建预警工作框架，初步建立起一个从上到下的网络组织。印发《关于进一步加强税收执法监察、预防涉税违法违纪等渎职行为发生的通知》，加强责任追究力度。修订完善《现金税款征收缴库情况登记制度》、《代征代扣税款手续费管理工作流程》等规章制度，加强重点岗位监督管理。开展警示教育活动，组织干部职工观看《一个县委书记的堕落轨迹》等21部反腐倡廉警示片1845人次。抓好廉政文化进机关活动，确定了岑溪市地方税务局、万秀区地方税务局作为党风廉政教育示范点。抓好重点岗位监督管理试点工作，选取苍梧县地方税务局、蝶山区地方税务局为试点单位，确定了现金税款征收、个体户"双定"、减免税等3个岗位为重点监督对象。开展"读书思廉"活动，进行了《高台驻足》、《人生五章》等廉政书籍读后感评比交流。开展专项教育，召开职工家属代表助廉座谈会5场次，职工家属代表180多人参加。梧州市地方税务局分别被自治区地方税务局和梧州市纪委评为"2007年度党风廉政教育先进单位"。

【税务纪检监察】强化"两权"监督制约机制，制定《加强重点环节监督管理工作方案》，加强对税款征收环节、税收票证、政府补充经费和规范津补贴的监督管理。加强执法监察，2008年共组织3次重点环节的监督检查，开展10次专项票证检查。加大查办案件力度，对万秀区地方税务局挪用税款案中的李剑文给予开除公职处分，对其他4名涉案相关责任人员给予行政处分。抓好纪检监察干部队伍建设，及时补缺了蒙山县地方税务局的纪检组长；组织纪检监察业务研讨活动，选派纪检监察人员参加上级局的培训；开展"做党的忠诚卫士、当群众贴心人"主题实践活动，促进了纪检监察部门自身建设。

【教育培训】实行年度培训项目管理制度和机关半月学习例会制度。2008年，梧州市地方税务局确定了重点税源调查分析、科级干部知识更新和文秘信息宣传等12项重点培训项目，投入培训经费190多万元，共举办了征收管理、反避税等各项培训共40多期，参训人员3000多人次。梧州市地方税务局在全市地方税务系统开展了2008年度“十佳创新项目”、“十佳税收管理员”、“十佳办税服务标兵”、“十佳稽查员”评选活动，表彰各类“十佳”人员。

（陈超进）

北海市地方税务局

经济概况

2008年，北海市完成国内生产总值313.88亿元，比上年增长16.9%。三次产业结构比例从上年的25.1∶39.0∶35.9调整为22.8∶43.0∶34.2；全社会固定资产投资200.3亿元，同比增长47.98%；财政收入27.03亿元（不含土地出让收入），同比增长26.79%；社会消费品零售总额80.11亿元，同比增长24.46%；金融机构新增贷款13.38亿元，同比增长10.57%；外贸进出口总额7.11亿美元，同比增长42.44%；实际利用外资8894万美元，同比增长24.2%；城镇居民人均可支配收入13989元，同比增长13.42%；农民人均纯收入4309元，同比增长12.06%；居民消费价格涨幅低于全区水平；城镇新增就业2.83万人，城镇登记失业率3.1%；接待国内游客694.97万人次，同比增长15.6%，实现国内旅游收入37.94亿元，同比增长28.7%；接待境外游客5.57万人次，旅游创汇1559万美元；房地产开发销售形势走稳，完成投资39.24亿元，同比增长62.18%，房产交易面积118万平方米，交易额23.3亿元；港口吞吐量956.3万吨，同比增长2.58%；北海机场运送旅客26.7万多人次，同比增长36.6%。

税收概况

【收入完成情况】2008年，北海市地方税务系统共组织各项收入123729万元，比上年增收31214万元，增长33.74%。按自治区地方税务局任务考核口径，累计组织各项收入119166万元，比上年增收29790万元，增长33.33%，完成自治区地方税务局下达年度确保任务的100.14%；按北海市政府任务考核口径，累计组织地方税收109983万元，比上年增收29045万元，增长35.89%，完成市政府调整后年计划的103.46%。共组织其他各项收入合计8601万元，其中，教育费附加4047万元，防洪保安费1271万元，工会经费1149万元，残疾人就业保障基金612万元，文化事业建设费147万元，地方教育费附加1384万元，其他收入18万元。

【收入特点】一是地方税务收入在较高平台上保持快速增长。全市地方税务收入在2007年突破8亿元、比上年增长28.78%的基础上，2008年继续呈现快速增长，首次突破10亿元关口，地方税收增幅达34.24%，比同期国税收入和财政收入增幅分别高出24和7个百分点。二是地方各税种均实现增收，部分税种收入增长较快。主体税种营业税收入同比增长34.01%。高于全市地方税务增幅水平的税种有企业所得税、车船税、土地增值税、印花税，收入同比分别增长95.63%、57.14%、51.56%、68.14%。其中，企业所得税、个人所得税、土地增值税均首次迈上亿元台阶。三是各基层征收单位组织收入全面实现快速增长。全市地方税务系统6个基层征收单位税收增长幅度均在25%以上，其中，铁山港区地方税务局和工业园区地方税务局税收增势强劲，同比分别增长125.40%、81.97%。直属税务分局、海城区地方税务局组织税收收入首破3亿元，银海区地方税务局、工业园区地方税务局组织税收收入首破1亿元。

各项工作

【重点税源监控】2008年纳入重点税源监控范围的年纳税额30万元以上企业有299户，比上年增加60户。北海市地方税务局成立重点税源监控

领导小组，加强对重点税源户的管理，强化重点税源数据的比对、审核和分析工作，每季度对增长超30%的或者减收的重点企业进行分析，了解企业的运营状况、掌握企业财务状况和提高税收预测能力，并将监控成果应用于税收征管和税收稽查。制定《北海市地方税务局重点税源管理工作实施方案》，对基层主管局和重点税源管理员的工作职责和考核指标进行明确，并将重点税源监控工作纳入企业税收管理员岗责制度进行月度考核。2008年，纳入重点税源监控的299户企业累计纳税5.28亿元，同比增收1.67亿元，增长46.26%。2008年，全市累计纳税前100名纳税大户共缴纳地方税收5.95亿元，同比增收2.68亿元，增长81.96%，占2008年地方税收的52%。

【税收征管】1. 推进社会综合治税。一是制定《北海市地方税务局协税护税工作制度》。二是与北海市公安局联合成立打击涉税违法犯罪工作联络室，增强打击涉税犯罪的执法手段和力量。三是委托北海市国土局在出让土地拍卖成交额中代扣耕地占用税，从源头上堵住新出让土地税款的流失。四是由建设部门提供项目开工信息、定期发布建筑造价和房产交易价格信息，对加强建筑业税收管理，正确执行普通住房、自用房产税收政策提供了有力的支持。五是北海市房地产交易中心、土地局坚持执行房地产交易先税后证制度，协助堵塞在房地产交易环节偷逃税的漏洞。六是由北海市运管站协助代征营运车辆定额税收，解决稽征部门停征后该块税款的漏管问题。七是专门向北海市政府行文，争取市政府支持解决市区私房出租业税收征管难题和推进社会综合治税工作。协税护税工作不断向纵深发展，建立良好的政务协作关系，促进地税执法环境的不断改善。

2. 组织开展"六清理"。一是组织清理不规范税收优惠政策专项行动。重点检查对减免到期企业和减免税条件发生变化企业是否及时恢复征税，检查享受减免税业户31户，没有发现有违规操作的行为。二是组织开展欠税清理专项行动。清理确认死欠、呆账税金2268万元，清理欠税入库821万元。三是开展漏征漏管户专项清理行动。共清理出漏征漏管户219户，补缴税款29万元。四是组织开展小税种和零散税源清理行动。年内在土地过户纳税审核环节共补征城镇土地使用税331.6万元，旺征期间对193户纳税人进行城镇土地使用税情况的评估与核查，共查补入库税款197.59万元；年内共征收入库耕地占用税1669万元；旺征期间清理追缴入库的土地增值税1391万元，核查补征车船税3.65万元、资源税2.68万元。五是组织开展对在建重大工程项目、各类园区缴税情况专项清理行动。以县（城区）局为单位，对2007年以来投资额在500万元以上的全市577个重点项目缴税情况逐一开展检查、稽核，清理建筑项目112个，清理出税收2976万元，补缴入库1629万元；对2007年以来动工开发的所有已竣工销售交付使用，正在销售和待销售房地产项目应缴和已缴税情况进行全面清理，清理51户，清理出税收1673万元，补缴入库942万元。六是组织开展催缴总分机构所得税专项检查行动。清理出属总分机构业户的有75户，其中正常管理业户有48户，其他为非正常户或注销户。

3. 强化建筑业和房地产行业税收管理。在建筑业税收管理方面，逐步构建起"以项目管理为中心，以信息化为支撑，部门配合，动态监控，科学预警"的建筑项目税收管理新模式。并辅之以出台《北海市建筑业企业所得税征收管理暂行办法》，明确建筑企业所得税征收方式管理、建筑业所得税预缴管理、汇算清缴管理、建筑企业所得税核定征收管理、外出经营活动税收管理和后续的监督管理，进一步规范和加强对建筑业企业所得税征收管理。此外还出台《外来施工企业税收管理暂行办法》，规范北海市外来施工企业税收管理。建立建筑工程项目电子征管台账，方便市局、城区局和管理员及时掌握建筑项目的开工、建设、竣工信息和预收款的纳税申报情况。严格建筑业发票管理，以票管税。在房地产行业税收管理方面，实行"以房地产交易管理系统为依托，房地产交易窗口统一受理，各主管基层局审核，集中征收开票，先税后证"的一体化管理模式，实现由"管户"向"管房"的转变，形成"开发商—开发项目—房源—税源—税收"的精细化管理模式，管理模式的改进和配套措施的落实，推动两个行业税收的大幅增长。

4. 不断深化两个所得税的管理。2008年，北海市地方税务局按照"管好税基，完善汇缴，强化评估，分类管理"的工作思路加强企业所得税管理。一是对企业所得税纳税户进行清理，进一步摸清企业所得税户籍情况。共清理企业6547户，其中有2187户企业所得税属地税部门征管，属地税部门征管企业中有1625户属正常户，487户属非正常户，跨省市分支机构有75户。二是按照"转移主体、明确责任、强化检查"的汇算清缴工作要求，组织开展企业所得税汇算清缴工作。企业自行申报调整应纳税所得额28586万元，调减所得额8283万元；调整所得税额2859万元，调减所得税额2687万元；调减亏损额4675万元。三是抓好企业所得税预缴管理。对房地产开发企业开发项目建设期间取得的营业收入一律按简便方法预征企业所得税；对建筑业纳税人也可按简便方法预缴企业所得税，通过以票控税来确保建筑企业按时预缴企业所得税。年内组织入库企业所得税14638万元，同比增收4980万元，增长51.56%。在个人所得税管理方面，完成年所得12万元以上个人自行申报个人所得税工作。受理自行申报的纳税人334人，申报人数较上年增加88人；申报年所得额7965万元，应纳税所得额6353万元，已扣缴税款1257万元。

5. 进一步夯实征管基础。在发票管理方面，组织开展对用票大户以票核税、票税比对工作，重点比对销售不动产发票、门票、装卸搬运发票、服务娱乐业发票、广告业专用发票和医疗卫生机构统一发票。共比对完成117户用票大户，补缴税款317万元。在档案管理方面，自筹资金投入11.2万元，完成对各基层主管局征管档案室的改造和安装工作。

【税务稽查】2008年，北海市地方税务局稽查工作实现从单户稽查向行业联查、专业深查转变。重点对房地产业、建筑安装业、餐饮业、娱乐业、证券业、中介服务业、金融保险业及重点税源企业进行专项检查，以查促管，以查促收。稽查部门共检查企业169户，查补税款入库2590万元。北海市地方税务局稽查部门联合北海市公安局经济犯罪侦查支队双拳出击，对北海市餐饮和娱乐业开展制售、使用假发票的专项整治行动，共出动执法人员42人次，车辆7台，抽查经营户30户，发现有发票违法行为的9户，缴获非法票据730份，涉案金额4.9万元，作出发票违法处罚决定7户，罚款2.3万元。加强涉税举报案件的管理，维护举报人利益。全年稽查部门共受理举报的涉税违法案件36起，已查结案件31起，查补税款279万元，入库税款180万元。年内对一实名举报人员兑现举报奖金3000元。

【税收执法】一是制定《北海市地方税务局规范税务行政处罚自由裁量权执行标准》，对《税收征收管理法》及其实施细则和《发票管理办法》中规定的7个种类80个违法违章行为涉及的税务行政处罚自由裁量权，依照违法违章的性质、情节、危害程度进行细化，在全市地方税务系统统一处罚的标准，解决基层征管单位行使行政处罚标准参差不一的问题，使逾期申报处罚、延期缴纳税款、加收滞纳金等过去普遍存在的执法力度不够，执法不规范的问题得到明显改善。二是开展税收执法质量考评、税收执法检查，及时发现问题，及时进行整改，促进有关单位采取措施，加强管理，规范执法。在2008年全区地方税务系统开展的税收执法质量考评中，北海市地方税务局考评成绩排名第三。三是落实税收优惠政策，促进地方经济发展。组织开展再就业税收政策执行情况检查，对2002年至2008年3月底再就业税收政策执行情况进行统计分析及评估，向自治区地方税务局提出再就业税收政策的后续管理的建议；积极参与自治区地方税务局的“落实税收政策助推北部湾经济区建设”课题的调研。认真落实高新企业、下岗再就业、灾后重建等税收优惠政策，全市地方税务系统共受理审核减免税1969户次，直接减免税款11613.45万元。

【纳税服务】一是进一步细化首问负责制、限时办结制、责任追究制，简化办税程序，明确岗位责任，规定办事时限，下放审批权力，提高办事效率。二是进一步健全纳税服务体系。推进和完善“一窗式管理、一站式办结”的纳税服务模式；完善纳税服务热线，认真受理“12366”纳税服务热线和纳税人电话咨询、投诉、举报。三是基层征收单位结合工作实际创新服务举措。如工业园区地方税务局推行纳税事项告知制度，将纳税事项的办理时限、处罚标准以书面形式提供给纳税人，维护纳税人的合法权益；海城区地方税务局开展优质服务竞赛活动，提高窗口服务质量；银海区地方税务局在办税厅安装POS机，纳税人不用税局、银行两头跑，既安全又方便；市局稽查局实行税收税纪反馈制度，提高执法透明度。四是加强政务公开工作力度，明确公开的内容、范围及职责，落实责任，层层负责，政务公开实现“四个延伸”：由部分公开向全面公开延伸、由事后公开向全程公开延伸、由静态公开向动态公开延伸、由单向公开向互动公开延伸。

【税法宣传】一是抓好日常税法宣传咨询。加强与主流新闻媒体合作，在北海电台开设《和谐地税》税收宣传专栏，在电视、报纸刊发各类税收通告和税收新闻，巩固税法宣传阵地。二是配合自治区地方税务局全方位地开展广西“12366”纳税服务热线的宣传推广工作，提高“12366”纳税服务热线在北海的知名度。三是注重发挥网络宣传作用，加紧建设北海地方税务网站，拓宽税收宣传渠道。四是围绕“税收·发展·民生”主题，精心组织第17个税收宣传月活动，如制作电视专题片《惠泽民生“话”税收》、开展税收优惠政策大宣讲、举办“地税杯”地方税收知识百题竞赛活动。城区局结合自身特点，开展“下岗再就业税收优惠宣传周”、“税企协作，共促北部湾经济区发展”税企恳谈会等活动，形成较大的税法宣传声势，收到良好的社会效果。

【信息化建设】2008年，北海市地方税务局坚持“完善、提高”指导思想，强抓信息化建设基础性管理工作。一是实行故障零登记制度，定期组织技术人员对机房设备及后备电源运行状况进行检查，及时排除故障和安全隐患，确保广西地税信息系统和公文处理系统正常运行。二是强化征管数据录入质量的监控。推行征管数据维护、修改审批制，严把数据审核关、录入关和复核关，建立征收数据每日备份制度，保证业务系统的正常稳定运行以及数据资料的准确真实。三是做好软件的开发及纵深应用工作。新开发征管档案管理软件；新增欠税管理和建筑项目管理两个模块；进一步做好广西地税报表管理系统、个人所得税代扣代缴系统、地方税税源监控平台、全国重点税源监控管理软件和广西地方税务固定资产管理软件等软件的纵深应用工作；继续做好货运发票税控系统、地税代收工会经费系统和残疾人就业保障基金征收系统等软件的技术支持工作。四是加强计算机硬件设备管理。2008年，北海市地方税务局投资22.8万元用于添置打印机、电脑等设备。目前全系统拥有计算机487台，服务器24台，交换机33台，打印机138台。维修及维护处理PC台式机80多台，服务器5台，其他设备60多台，确保工作的正常有序运转。

队伍建设

【机构人员设置】2008年，北海市地方税务局机关共设8个职能科（室），1个直属事业单位，2个直属机构，5个县（区）地方税务局。全市地方税务系统核定编制440人，实有在编干部职工401人，其中，研究生学历1人，本科学历185人，大专学历165人，中专及以下学历50人。

【领导班子建设】一是以加强和改进党组中心组学习为重点，扎实推进各级领导班子和领导干部的理论学习，先后组织学习郭声琨书记《新春寄语领导干部》等五篇文章、党的十七大精神等，举办《广西北部湾经济区发展规划》专题学习讨论会和科学发展观专题学习，做到“学以增智，学有成效”，领导干部的理论素养、领导水平、管理能力及处理复杂问题的能力进一步提高。在2008年的组织收入工作中，县、城区局领导班子的科学决策能力、驾驭全局能力和开拓创新能力得到充分展现，各单位均出色地完成市局下达的收入计划。二是加强对民主集中制制度执行情况的监督管理，进一步健全各级领导班子决策机制和议事规则，提高各级领导班子科学民主决策水平。三是深入开展整治用人不正之风工作。制定《北海市地方税务局干部选拔任用环节监督管理办法（试行）》，对干部选拔任用工作中的推荐、考察、讨论决定、任职等四个重要环节明确了要求，进一步规范干部选拔任用行为，严格督促，防止和纠正干部人事工作中的不正之风。

【干部队伍建设】一是坚持把选拔优秀干部、优化领导班子结构作为重点，加强各级领导班子建设。2008年，严格按照干部任免的规定程序，提拔任用领导干部9人，按期转正13人，交流轮岗18人次，免职5人。二是加强机关作风建设，干部队伍工作作风明显改进。重新制定《北海市地方税务局工作人员考勤管理办法》，进一步严肃工作纪律。整肃税风、税纪，定期通报纪律督查情况，对违反纪律的工作人员按制度扣发奖金并扣岗位责任制考核分数，全市地方税务干部工作作风明显改进。

【继续解放思想大讨论活动】按照北海市委、市政府和自治区地方税务局的统一部署，北海市地方税务局从2008年2月份开始组织开展继续解放思想大讨论活动。系统学习党的十七大报告，郭声琨书记《新春寄语领导干部》系列文章，上级党委、党组开展继续解放思想大讨论的指示及北部湾经济区发展规划等一系列文件，提高认识，转变观念，增强服务大局、服务发展意识。在大讨论活动中，北海市地方税务局紧密联系北海地方税务系统实际，开展一系列特色鲜明的主题实践活动：一是开展继续解放思想大讨论有奖征文活动，广泛倾听民意，集中民智，探寻解放思想的突破口；二是开展“我为地税进一言”千人征求意见活动，广泛征求纳税人和社会各界对地方税务工作的意见和建议，大胆揭露和查找阻碍地方税务发展的突出问题，为完善措施虚心纳谏，活动共征集意见及建议200多条，还及时对纳税人急需解决而又有条件整改的6个热点难点问题立即开展整改；三是组织开展促进北海房地产业和旅游业健康发展两个专题调研，为北海的发展献言献策；四是开展北部湾税收优惠政策大宣讲活动，分类编印税收优惠政策，对各类纳税人广泛开展纳税宣传辅导，促进征纳关系的改善。

【思想政治工作】进一步贯彻落实全国税务系统党建和思想政治工作会议精神，加强对地方税务干部的政治理论学习的安排部署，督促检查。以开展继续解放思想大讨论活动为契机，结合《广西北部湾经济区规划》的学习讨论，大力开展职业道德教育，在全系统形成爱岗敬业、公正执法、诚信服务、廉洁奉公的良好风气，促进干部在思想认识上有新飞跃，在工作作风上有新转变，在工作执行力上有新提高。以职工文体活动为载体，积极营造团结向上、和谐发展的文化氛围。开展生动活泼、形式多样的文体活动，组织“迎奥运　庆‘三八’”气排球赛，组织干部职工参加全市职工运动会，参加“广西青年文明号第二届文化艺术节”汇演并荣获“广西青年文明号文化艺术节”汇演三等奖。

【精神文明建设】2008年，北海市地方税务局围绕“讲职业道德、建诚信窗口、创文明行业”主题，结合北海市地方税务行业特点，以争先创优活动为载体，将精神文明创建工作引向纵深。制定《北海市地方税务局单位和个人争先创优工作奖励办法》，将争先创优工作与年度税收责任目标相挂钩，与部门评先评优相结合，强化争创意识和活动氛围。2008年，先后组织开展“全国五一劳动奖章”、“全国十大优秀税务工作者”、“优秀青年志愿服务集体”等先进个人、先进集体的评先推荐和申报工作，指导基层积极开展文明单位、“青年文明号”、“巾帼文明号”等各类创建活动，创建工作成果丰硕。直属税务分局计划征收服务股被团中央、国家税务总局授予全国“青年文明号”荣誉称号，市局团委被自治区团委授予“红旗团委”的光荣称号，市局机关党委被评为“北海市直机关先进基层党组织”，市局妇工委被评为“北海市先进妇女组织”，包基智同志荣获“全国五一劳动奖章”。此外还组织开展“情暖汶川捐款”等6次抗震赈灾爱心捐款活动，累计捐款14.9万元；开展“献爱心、送温暖”活动，共慰问困难党员、特困职工13人，联系点困难群众22人，慰问金额达11000元。认真落实新农村建设帮扶工作，多次组织党、团员干部到联系村合浦县李家水村开展慰问帮扶活动，向该村捐赠书籍，向贫困学子赠送学习用品，筹资20余万元援建该村自来水村村通“思源工程”建设。2008年1月，“思源工程”正式竣工，该村265户1371名村民喝上放心自来水，使该村委成为合浦县第一个实现自来水村村通的村委。

【党风廉政建设】2008年，北海市地方税务局坚持标本兼治、综合治理、惩防并举、注重预防的方针，抓住重点，强化监督，全面加强党风廉政建设。一是全面落实党风廉政建设责任制。在全系统内层层签订党风廉政建设责任状80多份，在全市地方税务系统形成党风廉政建设工作“一把手”负总责，分管领导各负其责的局面，把党风廉政建设工作贯彻到税收各项工作之中。二是强化廉政教育，实现以学促廉。建立健全反腐倡廉宣传教育三级工作机制，制订《2008年度党风廉政建设廉政教育学习计划》，把廉政教育作为干部年度教育培训的重要内容统筹安排、一并考核。组织开展“读书思廉”主题教育活动，学习《公务员行为规范读本》、《从政提醒——党员干部不能做的157件事》等书籍，开展“廉政勤政促发展、优化服务促发展”主题党课辅导，“廉州之廉”文化教育活动。通过撰写读书札记、心得体会等形式，对干部开展形势教育、理论教育、廉政教育和职业道德教育，让干部端正思想，树立正确的职业道德、廉洁自律意识和自觉规避执法风险意识，提高队伍的免疫力。各基层局组织干部职工200人次到北海监狱听服刑人员现身说法，增强自警自律意识。2008年，各党支部分别召开主题党课教育7次170多人次，组织观看廉政电教片3次300多人次，组织观看廉政教育影片3次200人次。2008年自治区地方税务局授予北海市地方税务局反腐倡廉宣传教育工作优等奖。

【税务纪检监察】按照构建惩防体系的要求，突出抓好各级领导干部、重点环节、重点岗位监督三个层面，全面落实“两权”监督机制。2008年，先后印发《继续推进重点环节监督管理工作实施意见》、《加强基层税收重点岗位监督管理试点工作实施方案》、《构建惩防体系预警机制工作方案（试行）》、《预警工作实施办法（试行）》，成立工作领导小组，明确重点环节、重点岗位监督和预警工作的内容、目标要求、监督措施，分解工作责任，按业务管辖权限，形成了由业务部门亲自抓，试点单位具体落实，纪检监察部门组织协调的工作机制。严格执纪执法，着重对税款征收入库、“两票”管理、税款核定、税务稽查和重大经费收支等方面开展重点监督。2008年，全市地方税务系统未发生重大违法违纪案件。积极开展督查工作，充分发挥巡视督查效能。成立巡视督查组，先后开展税收征管与执法、干部纪律和廉政纪律、政务公开、税收执行情况、解放思想整改情况、旺征工作督查等专项督查活动。2008年共开展7次专项督查，制发7期督查通报，对7个基层单位提出25条整改措施，并监督整改。

【教育培训】2008年，北海市地方税务局从强化教育培训着手，打造专业化的地方税务队伍。制订2008年度教育培训计划，明确培训内容、培训目的及要求、培训方式、培训对象、资源要求、承办单位及责任人。引入"逢训必考"理念，强化培训效果。出台《北海市地方税务局关于开展岗位业务知识技能培训和考试的通知》。采取集中培训、岗位自学、经验交流、岗位技能考试等形式，大力开展岗位业务技能知识培训，全面提升干部职工的业务素质和实际工作能力。年内举办稽查员岗位业务、重点税源业务、企业所得税业务、信息文秘写作等专项税收业务和行政业务培训共67期培训班，参训人数达3260多人次，基本实现人人受训的预期目标。先后3次组织稽查人员参加全区地方税务系统稽查岗位大练兵业务考试活动。此外，该局还组织开展《广西北部湾经济区发展规划》知识竞赛，购置价值近万元的政治理论、经济理论、税收理论和税收专业、政务管理以及科学文化等方面的图书资料，充实市局职工书屋，满足干部职工学习需要。

（蒋志霞）

防城港市地方税务局

经济概况

2008年，防城港市国内生产总值突破200亿元大关，达到212.18亿元，比上年增长20.1%，连续两年保持20%以上增速。其中，第一、第二、第三产业的增加值分别为36.09亿元、105.83亿元和70.26亿元，同比分别增长4.8%、23.7%、24.8%。三次产业结构比例由2007年的20.0∶47.1∶32.9调整为17.0∶49.9∶33.1，产业结构呈"一产降，二、三产升"的态势，得到进一步优化；人均生产总值25375元，比上年增长18.4%。全市及市辖区规模以上工业总产值双双突破200亿元大关，分别为277.18亿元、246.05亿元，同比增长达50.9%和54.4%。全市和市辖区规模以上工业企业数分别达到119和81家，其中全市新增规模以上工业企业20家，市辖区新增15家。虽然工业生产在产值上实现了新的飞跃，但受国际金融危机的影响，规模以上工业企业实际利润空间受到严重挤压，2008年全市及市辖区规模以上工业利润总额均为负值，分别是－0.57亿元和－0.89亿元，同比下降105.1%和109.6%。全市投资3000万元以上的重大项目72项，已开工66项，竣工20项。全社会固定资产投资完成146.05亿元，增长41.1%；引进区外境内资金43.94亿元，同比增长79.7%；外商直接投资额5095万美元。港口货物吞吐量完成5626万吨，同比增长11.3%，其中防城港完成3701万吨，同比增长22.1%；集装箱吞吐量完成22.57万TEU，同比增长30.4%。全市财政收入21.92亿元，同比增长39.1%，增速排全区第一位；财政一般预算内收入7.62亿元，同比增长55.6%。年末全市金融机构本外币存款余额173.82亿元，比年初增长37.7%；贷款余额83.42亿元，比年初增长29.4%。城镇居民人均可支配收入14364元，同比增长18.1%；农民人均纯收入4511元，同比增长19.0%；城镇新增就业人数15600人。社会消费品零售总额完成38.15亿元，同比增长23.7%。全市农林牧渔业总产值58.6亿元，同比增长5.1%。粮食总产量17.41万吨，同比增长0.2%。县域生产总值136亿元，同比增长17%，占全市生产总值的64%。

税收概况

【收入完成情况】2008年防城港市地方税务系统共组织各项收入8.62亿元，同比增收2.67亿元，增长45.0%。其中，税收收入8.10亿元，同比增收2.58亿元，增长46.7%；教育费附加收入2725万元，同比增收379万元，增长16.2%；文化事业费收入134万元，同比增收34万元，增长

34.0%；防洪保安费收入907万元，同比增收252万元，增长38.5%；地方教育费附加收入946万元，同比增收109万元，增长13.2%；工会经费收入316万元；残疾人就业保障基金171万元；其他收入（罚没收入）17万元。按自治区地方税务局统计口径，防城港市地方税务局组织各项收入8.38亿元，同比增收2.61亿元，增长45.2%，完成自治区地方税务局下达的全年奋斗目标任务的106.0%，完成追加任务的103.4%，既完成了确保目标任务也完成了奋斗目标任务，超收任务比例居全区15个征收单位首位。按市政府考核口径，防城港市地方税务局组织收入8.04亿元，同比增收2.51亿元，增长45.4%，完成市政府年初下达的年收入预期目标任务的121.9%，完成工作目标任务的108.4%。

各项工作

【税收征管】1.加强户籍管理。2008年年初将防城区地方税务局7个基层税所正式上线运行征管系统，全面实现了全市纳税人户籍的计算机信息化管理。加强上线后的户籍管理工作，各基层单位成立专门的户籍清理录入工作小组，对各基层单位的管户进行户籍信息的清查，准确掌握全市地方税务管户情况。据统计，截至2008年12月31日，全市共有纳税户16483户，其中2008年新开业纳税人2792户，清理录入漏管户1965户，补征税款25.4万元。另外，抓好纳税人行业分小类进行信息采集和补录工作，共录入新行业代码户数16597户。

2.加强重点税源管理。一是落实重点税源监控工作领导责任制，由市地方税务局领导直接监管年纳税额100万元以上重点税源企业和计划投资额1亿元以上的重大工程项目，各基层分局的分局长直接管重点税源，减小管理半径，提高管理的质效。二是及时将153户重点税源大户、122个重大工程项目确定纳入重点税源监控范围。三是严格选配业务骨干担任重点税源管理员，负责各自辖区的重点税源管理工作，减少监控的中间环节，确保了效率和质量。四是继续健全重点税源管理办法和措施，推行属地管理和分类管理相结合的税源管理模式，构建全方位、专业化的税源监控体系，明确职能职责，确保管理到位。五是制定和严格执行《防城港市地方税务局重点税源监控管理考核暂行办法》，解决税收管理员因责任心不强而疏于管理的问题。六是强化培训，提高管理员对重点税源的驾驭能力。重点进行税收管理员知识、税法知识、财务知识、重点税源监控管理软件（TRAS）等方面知识的培训，并通过考试，以考促学，效果明显。七是扎实开展税源调研和普查，充分利用新征管系统的上线运行，全市征管数据大集中的科技支撑，对重点企业的纳税申报进行实时监控，实现管理关口前移。八是加强与各有关部门的信息沟通和政务协作，及时掌握重点税源和重点工程项目的变动情况，掌握组织收入的主动权。据统计，2008年，全市重点税源企业缴纳地方税收收入为36000万元，占同期税收的43%，同比增长41%；全年纳入防城港市地方税务局重大税源项目监控范围的计划投资额在500万元以上的122个重大工程项目累计实现税收1亿元，占同期税收的12%，同比增长30.7%；重点税源和重大工程项目对全市地税收入的贡献率达55%。

3.抓好分行业税种管理。一是突出抓好小税种的征收管理。积极做好耕地占用税的移交接收工作，及时将耕地占用税纳入房地产税收“一体化”管理范围，建立耕地占用税“先税后证”的管理模式，从源头上控管税源。积极开展城镇土地使用税单位税额调整和土地使用税税源清查工作，完善税源数据库。强化车船税管理，对行政事业单位2007年、2008年的车船税开展催缴专项活动。着力开展耕地占用税、城镇土地使用税和土地增值税等“三税”清理工作，全年共清理非政府机构耕地占用税纳税人43户，入库税款590万元；完成21户房地产企业的土地增值税清算工作，补征税款689.7万元；共清查63户土地使用税纳税人，入库税款370万元，征管基础工作得到进一步夯实。据统计，2008年耕地占用税、土地增值税等9个小税种共入库税收20717万元，占总税收收入的24.7%，比2007年提高了14个百分点。其中，耕地占用税入库9560万元，比上年增收7497万元。小税种成为2008年防城港市地方税收收入的主要增收亮点。二是积极推进营业税分行业管理。推行建筑业、房地产业营业税项目管理办法。三是抓好房地产行业税收管理。按照“一体化”管理的要求，认真落实“以票控税、先税后证”管理目标，促进了房地产税收持续稳定增长。四是加强私人建房和私人房屋租赁的税收管理力度，强化征管。五是开展税负异常、税收征管薄弱的行业的专项整治工作。六是加强个体工商户“双定”管理。据统计，2008年对全市12098户“双定户”进行了重新核定，累计组织个体户工商税收7526万元，同比增长17%。七是抓好所得税管理，重点做好年收入12万元以上个人所得税的自行申报工作和高收入人群税收信息化管理工作。

4. 大力清理欠税。继续在全市实施纳税人欠税动态监控制度，实行按月分户统计上报欠税增减变动情况，加强对全市欠税清理工作的监督管理。加大清欠力度，严格执行欠税公告制度，清缴欠税，杜绝新欠。2008年，全市对36户纳税人的欠税情况进行了公告，欠税金额648.7万元。通过欠税公告、上门催缴、专项检查等方式累计清理欠税入库321.6万元。

5. 加强票证管理。一是加大对货运发票的监管力度，规范货物运输业代开发票的管理；二是加强日常税收票证管理力度，特别加大对税收票证领、用、存、核销和税款征收、缴库各个环节的监督检查力度。

6. 认真抓好代收“三费”工作，树立良好的地方税务形象。将代收工会经费、残疾人就业保障基金、地方教育费附加工作与税收工作一起布置、一起落实、一起检查，加强与委托代收单位的沟通和联系，促进代收工作的有效开展。据统计，2008年共代收工会经费316万元，同比增长14%；代收残疾人就业保障基金171万元，同比增长57%；代收地方教育费附加946万元，同比增长14%。

【税务稽查】集中开展房地产、建筑安装、烟草、金融保险和中介服务等行业税收专项检查以及打击制售假发票和非法代开发票行动，深入整顿和规范税收秩序；加强与国税、公安等部门的协调配合，建立健全警税协作长效机制，联合市公安局在全市开展了一次以服务业为重点的制售假发票和非法代开发票专项突击整治行动，共检查服务业纳税人23户，发现未按规定取得、使用发票的业户7户，查处出售假发票案件1起，查获假发票11本共1100份，捣毁窝点1个，抓获犯罪嫌疑人2人；加强纳税辅导，优化稽查服务，推行查前告知和稽查建议机制；做好行政执法机关移送涉嫌犯罪案件自查工作；加强稽查业务学习，提高办案水平。在2008年自治区地方税务局组织的稽查岗位大练兵业务考试中取得全区第四名的好成绩。截至2008年12月31日，累计清理检查企业55户，查补入库税款、滞纳金、罚款共计4464万元，同比增长109%，较好地促进了全市地方税务组织收入工作的开展。

【税收执法】一是认真落实做好税收政策执行情况反馈报告工作。组织开展对各项税收政策执行情况的调查研究，有针对性地对一些重要的税收政策执行情况展开监督检查，并将检查结果及时上报自治区地方税务局。二是大力推进税收执法责任制，认真开展税收执法检查、执法监察及税收执法质量考评工作，强化对税收执法权的监督制约。严格执行《中华人民共和国行政许可法》，深化税务行政审批制度改革。三是完善《重大税务案件审理办法》，加强对重大税务案件查办情况的监督。四是健全执法过错责任追究制度，有效加强对税收执法过错追究，进一步加大责任追究的力度和范围。五是做好行政复议、行政应诉案件统计工作。六是组织各地开展减免税政策清理检查，对本地区和本部门出台的、与现行国家统一的税收政策不相符合的文件进行清理作废。七是进一步抓好减免税的管理，督促各地做好减免税政策的宣传，及时受理纳税人的减免申请，迅速调查落实，依法审批。

【纳税服务】一是积极拓宽纳税申报方式，继续积极推广简易申报和简并征期，巩固和完善银税一体化申报方式，大力推行财税库行横向联网，推广应用网上申报。截至2008年12月31日，全市实行简并征期累计293户，银行扣税4230户，扣缴税款396万元；财税库行联网划缴税款1110户，划缴税款30201万元；网上申报52户，网上申报划款3923万元。二是继续抓好办税服务厅规范化建设，严格执行首问负责制、限时办结制、责任追究制等三项制度，实行“一站式”“一窗式”服务和“一次性告知”制度等。三是简化发票领购和查验程序，缩短纳税人办理发票领购事项的时间，缓解发票发售窗口排长队的压力。四是成立钢铁核电项目税收服务工作协调小组，从项目立项开始提前介入，为钢铁核电项目提供“无隙式”贴身税收服务。

【税法宣传】一是广泛深入开展以“依法诚信纳税，共建和谐社会”为主题的第17个税收宣传月活动。联合市国税局、市团委举办“税收助推北部湾经济发展万人签名”活动，印制含有税收宣传标语和纳税服务电话号码的塑料购物袋提供给超市，将税法送到千家万户。二是联合防城港市国税局、共青团防城港市委开展“税法宣传进京岛”活动及建团86周年“税务杯”有关北部湾经济区发展规划和税法知识竞赛等丰富多彩的宣传活动，提高广大公民依法诚信纳税意识，在全社会形成了良好的纳税氛围。被自治区地方税务局评为税收宣传月先进单位，其中该局组织的“‘哈节’搭台唱哈唱出税法——税法宣传进京岛”项目被评为自治区地方税务局税收宣传月创新项目。三是配合自治区地方税务局和广西首府南宁税务服务中心举办以“服务北部湾　建设新广西”为主题的广西地税“12366”纳税服务热线走进北部湾系列活动启动仪式。根据自治区地方税务局部署，制定活动宣传推广方案，明确活动内容、活动目标、组织机构及宣传推广工作等具体事项。扎实开展“12366”纳税服务热线宣传推广活动，通过散发宣传折页、卡片，张贴海报，利用报刊、电台、电视等多种渠道和形式进行宣传推广，效果明显。四是在2008年8月完成了防城港市地方税务信息网站网页的更新工作，在自治区地方税务局互联网站阶段性检查中获“好评”通报。五是根据市纠风办的要求做好《政风行风热线》上线工作，有效加强了与纳税人的沟通与交流。

【信息化建设】一是完成了防城区地方税务局7个税所的光纤联网，建成从税务总局到基层税所五级联网，广西地税信息系统、公文处理系统、视频会议系统已全面推广应用到包括中越边境垌中等边远税所在内的全市地税基层单位，基本实现信息化办公、开会、培训等。二是积极稳妥推行财税库行横向联网工作，节约纳税人办税成本，提高了税务部门工作效率。截至2008年底，全市已有新增财税库行联网户156户，同比增长16.3%；纳税人通过财税库行横向联网系统划缴税款同比增加2.33亿元，增长343%，划缴税款额占当期地税收入的比重由2007年的11.5%提高到2008年的35.1%，提高了23.6个百分点。三是全面推广重点税源管理系统，在系统内选调具有较高政策业务水平和计算机基础的人员担任重点税源管理员，按照“扁平化”和“精细化”管理的要求，对重点税源企业实施监控。四是着力推进网上报税工作。2008年9月份港口区地方税务局取得试点成功，成为全区地方税务系统继南宁市地方税务局之后，第一个运用自治区地方税务局自主设计开发的远程申报系统成功开通网上报税业务的市级地方税务局，得到自治区地方税务局领导的充分肯定。据统计，到2008年12月底，共有52户纳税人签订网上纳税申报协议，入库税款3923万元。五是积极做好新办公区信息化基础建设，顺利完成了广西地税信息系统（2008版）升级工作，广西地税信息系统、公文处理系统等系统软件的升级和日常维护工作。

队伍建设

【机构人员设置】2008年，防城港市地方税务局机关内设9个科室——办公室、人事教育科、监察室、计划财务科、征收管理科、法规科、税政科、所得税科、计算机信息管理中心；1个事业单位——机关后勤服务中心；管辖2个直属机构——税务服务中心、稽查局；下设4个县级局——防城区地方税务局、港口区地方税务局、上思县地方税务局、东兴市地方税务局。2008年底，全市地方税务系统在职在编干部职工247人，其中公务员238人，机关工人9人；大专以上学历职工比例为91%，45岁以下职工比例为82%。

【领导班子建设】2008年，防城港市地方税务局围绕“带好队、收好税”的总体目标，把提高领导水平和执政能力作为领导班子建设的核心内容来抓。一是加强思想建设，认真落实中心组学习制度，加强理论学习，用理论武装头脑、指导实践、推动工作，不断提高科学判断形势和依法行政的能力，把好方向，引领发展。二是加强组织建设，贯彻民主集中制，坚持集体议事决策，班子合理分工，“一把手”不分管人事、财务、基建，征管、稽查由不同副职分管。在日常工作中，市局班子确立了“公平、公正、民主、有效”的管理原则和“三个有利于”决策标准，把是否有利于地方税务事业健康发展、是否有利于地方税务干部素质提高、是否有利于地方税务部门形象树立作为决策的重要参考。三是加强作风建设，以民主生活会为抓手，促进班子团结。防城港市地方税务局班子成员坚持“政治带头，勤政带头，廉洁带头，学习带头”，团结协作，广开言路，发扬民主，关注基层，共同营造了“心齐、气顺、风正、劲足”的好局面。以科学发展观为指导，紧紧围绕加强执政能力建设，通过加强思想、组织、作风建设，不断提高驾驭全局、应对复杂局面的能力。

【干部队伍建设】一是加强干部任用管理，2008年共提拔任用9名科级领导干部和6名股所级领导干部，对3名科级领导干部和13名股所级领导干部进行了岗位轮换，对2名股所级干部进行了试用期满转正考察。二是狠抓教育培训，开展各类岗位技能培训和组织干部职工参加国家税务总局和区局的各项培训，采取联合高校办学、选送研究生班学习等方式推进学历教育，提高队伍素质，着眼可持续发展。目前，防城港市地方税务局干部职工大专以上学历比例已达到91%，其中本科比例为50%、研究生比例为3%。三是切实加强和改进思想政治工作，通过中心组带动、专家辅导、知识竞赛、形势教育等方式引导干部职工深入学习贯彻党的十七大精神，加强路线、方针、政策和形势教育。认真组织广大干部职工学习上级关于规范公务员津补贴的有关政策，帮助和引导干部职工认识规范公务员津补贴的目的和意义，正确看待个人利益得失，正确对待工作与待遇的关系，保持干部队伍的稳定。四是激励争先创优。做好"全国十大优秀税务工作者"、"广西地方税务系统十大优秀税务工作者"、"广西五一劳动奖章"、"防城港市三八红旗集体"、"五好文明家庭"、"防城港市直属机关先进基层党支部"、"优秀党务工作者"、"优秀党员"等评选工作。防城港市地方税务局局长吴润元获得"广西五一劳动奖章"荣誉称号；该局推荐的钟小武同志当选为2008年北京奥运会火炬手。

【思想政治工作】一是党组高度重视思想政治工作，在年初根据形势任务和年度工作特点，及时制订《防城港市地方税务局党组2008年理论学习计划》，明确全年思想政治理论学习的内容、方法、措施和重点。二是认真开展继续解放思想大讨论活动。根据自治区党委、市委和自治区地方税务局关于开展继续解放思想大讨论活动的统一部署和要求，做到早部署、早行动，坚持认识到位、组织到位、措施到位，督查宣传到位。通过大讨论活动，查找影响科学发展的各种障碍，打破因循守旧的观念，切实解决"敢解放思想、真解放思想和会解放思想"的问题，统一思想，凝聚力量，为推动防城港市科学发展、加快发展贡献力量。三是广泛开展以爱岗敬业、公正执法、诚信服务、廉洁奉公为基本内容的税务干部职业道德教育，教育干部职工干一行、爱一行、专一行、精一行。认真学习贯彻《公民道德建设实施纲要》，引导地方税务干部自觉遵守爱国守法、明礼诚信、团结友善、勤俭自强、敬业奉献的公民道德规范；加强法制纪律教育，认真学习贯彻《中华人民共和国公务员法》，贯彻落实《全面推进依法行政实施纲要》，增强依法征税、规范行政的意识；深入开展社会公德、职业道德、家庭美德三位一体的教育，教育干部职工既要严格执法又要文明服务，既要热爱工作又要关心社会，既要当好社会角色又要承担家庭责任，努力构建和谐地方税务机关、和谐征纳关系、和谐工作氛围。开展"坚持廉政勤政，促进科学发展"主题教育活动，促进党员干部尤其是领导干部廉洁从政，增强廉洁自律、拒腐防变和勤政为民意识，为党风廉政建设和反腐败工作深入开展创造良好的氛围；联合市纪委监察局开展"廉政文化进农村暨廉政文化建设"联谊主题实践活动；从正反两方面开展警示教育，组织广大干部职工观看《真水无香》、《公仆》等教育影片，以李剑文、谭伟华、高学敬涉税违法案件等为例进行警示教育；搭建活动载体，弘扬廉政文化。结合实际，开展网络宣廉、"读书思廉"、廉政屏保图片兴廉等各种寓教于乐、干部群众喜闻乐见的廉政文化活动，营造"以廉为荣、以贪为耻"的良好文化氛围。

【精神文明建设】2008年，防城港市地方税务局围绕推进依法治税、提高干部素质、提高管理服务水平，深入开展"文明单位"、"青年文明号"、"巾帼文明岗"等精神文明创建活动。一是积极开展申报自治区文明单位工作，并作为全年三项重点工作之一来抓，以此推动各项税收工作上新台阶。防城港市地方税务局专门成立文明创建活动领导小组，制定活动方案，明确文明创建活动的指导思想、创建目标、组织领导与保障措施等，在2008年顺利通过自治区文明委的考核、验收以及公示。二是积极争创"文明卫生庭院"。2008年防城港市地方税务局荣获市级"文明卫生庭院"称号。截至2008年底，防城港市地方税务系统29个基层单位中有80%荣获各类先进集体，其中，市"文明单位"5个、市级"巾帼文明示范岗"2个、自治区级"青年文明号集体"10个、自治区级"文明庭院"2个、自治区级"巾帼文明示范岗"2个、国家级"巾帼文明示范岗"1个。通过精神文明创建活动，极大地激励了全市地方税务系统干部职工想当先进、争当先进、保持先进、更创先进的意识，很好地引导了干部职工的思想，有力地促进了思想政治工作。

【党风廉政建设】防城港市地方税务局认真贯彻中央、自治区党委、市委和自治区地方税务局关于反腐倡廉的一系列工作部署，按照"突出一条主线，抓住三个重点，整体推进各项工作"的思路，从教育、制度、监督三个层面入手，坚持不懈地抓好党风廉政建设和反腐败的各项工作。

一是围绕主线，全面贯彻落实党风廉政建设责任制，层层签订党风廉政建设责任状，将党风廉政建设纳入年度工作目标，量化考评。在2007年全区地方税务系统党风廉政建设责任制考评中考评总分名列第二名，获得优秀等级。二是开展勤政廉政教育活动，增强干部职工廉洁自律意识。通过开展"坚持廉政勤政，促进科学发展"主题教育活动，组织广大干部职工观看《真水无香》、《公仆》等教育影片，开展网络宣廉、"读书思廉"、廉政屏保图片兴廉等廉政文化活动，在系统内营造了"以廉为荣、以贪为耻"的良好文化氛围。三是强化重点环节监督，有效防范腐败行为。以规范税收执法和内部行政管理行为为重点，强化对易发生违纪违法行为重点环节的监督管理，制定下发了普通发票、税收票证、干部选拔调动等监督管理工作方案，并在两个基层单位开展税收重点管理岗位监督试点。各县（市）、区地方税务局成立了由纪检监察和征收管理部门人员组成的税收征管质量督察工作组，不定期地对各项征管工作开展督察活动，编发督察通报，督促管理部门对存在问题限期整改；以税收执法监察为抓手，抓好"两权"重点环节和基层重点税收岗位监督管理。四是扎实推进预警机制创建。下发《防城港市地方税务局2008年干部选拔调动监督管理工作方案》、《2008年加强发票监督管理工作方案》、《2008年税收票证监督管理工作方案》，学习借鉴南宁市地方税务局预警机制建设先进经验，出台了《防城港市地方税务局建立健全预警机制工作方案》，通过联席工作会议、半年工作汇报会等方式排查风险；通过建立预警采集网络，拓宽信息来源渠道，从而多角度、多层面、多方位及时发现、收集和传递单位内部的日常管理、干部职工的思想动态、税收征管的廉政情况，及时察觉单位及干部职工的一些苗头性、倾向性问题和动向，由纪检监察部门及时评估预警信息，并进行分析研究，提出预警意见，适时公布预警信息，增强了反腐倡廉工作的针对性。全系统继续保持了无信访举报案件发生的良好态势，为税收工作的开展提供了良好的政治保障。

（刘才峰　杨怀芳　唐绍斌）

钦州市地方税务局

经济概况

2008年，钦州市实现国内生产总值（GDP）377.42亿元，比上年增长15.6%。其中，第一产业增加值107.87亿元，比上年增长3.4%；第二产业增加值150.52亿元，比上年增长20.1%，其中工业增加值133.04亿元，比上年增长19.1%；第三产业增加值119.04亿元，比上年增长22.8%。三次产业对经济增长的贡献率分别为6.9%、48.2%和44.9%，占GDP的比重分别为28.6%、39.9%和31.5%，第一产业所占比重比上年下降3.4个百分点，第二产业所占比重比上年上升2.4个百分点，第三产业所占比重比上年上升1个百分点，产业结构进一步优化。在工业和投资的强劲推动下，钦州市经济呈快速发展的好势头。钦州市人均（按常住人口计算）GDP11740元。财政收入32.01亿元，比上年增长35.9%，其中财政一般预算收入18.28亿元，同比增长40.1%。一般预算支出48.8亿元，同比增长50.77%。财政收入占GDP的比重为8.48%，人均财政收入888元。社会消费品零售总额254.57亿元，同比增长42.23%，盈亏相抵实现利润1.56亿元，同比下降85.1%。全市居民消费价格总水平同比上涨7.8%，比上年上升2.7个百分点。全社会固定资产完成投资248.91亿元，同比增长50%。城镇居民人均可支配收入14105.68元，同比增长16.99%；人均消费支出8035.66元，同比增长16.99%。新增就业人数1.65万人。

税收概况

【收入完成情况】2008年，钦州市地方税务系统共组织收入122929.60万元，比上年增收47672.00万元，增长63.35%。其中，税收收入114773.60万元，同比增收44708.30万元，增长63.81%，完成计划的100.69%；教育费附加3994.70万元，同比增长62.49%；文化事业建设费168.10万元，同比增长26.20%；防洪保安费1324.20万元，同比增长68.99%；地方教育费附加1217.00万元，同比增长75.44%；工会经费1052.10万元，同比增长15.65%；残疾人就业保障基金349.20万元，同比增长116.36%；其他收入50.70万元，负增长3.06%。

【收入特点】一是收入总量首次突破10亿元。二是增收净值突破4亿元。增收收入达4.62亿元，相当于2005年地方税收收入规模，超过2004年至2007年增收的总量。三是平均增长速度突破60%，连续12个月居全区地方税务系统首位。四是4个税种组织收入过亿元，分别是营业税5.65亿元、企业所得税1.07亿元、个人所得税1.13亿元、耕地占用税1.38亿元，其中企业所得税、个人所得税、耕地占用税三个税种是首次超亿元。这4个税种收入合计9.23亿元，占全市地方税收的77.50%，有力地拉动了地方税收收入的增长。五是政策性因素的调整带来小税种的大幅增长。2008年，钦州市共入库财产行为各税15201万元（不含耕地占用税），同比增收5218.8万元，增长52.28%。

【收入分析】一是钦州市经济迅速发展，为地方税收提供了坚实的税源基础。钦州市委、市政府紧紧抓住国家批准实施《广西北部湾经济区发展规划》和广西钦州保税港区批准设立等重大机遇，大力推进工业化、城镇化和农业现代化，经济社会发展成效显著，为地方税收的增长提供了税源基础。二是固定资产投资加快，带动建筑业税收大幅增长。钦州城镇固定资产投资在重大建设项目、招商引资的强劲拉动下呈稳步较快增长的态势，全社会固定资产投资完成248.91亿元，比上年增长50%，其中城镇固定资产投资203.49亿元，同比增长62.60%，工业投资112.17亿元。城镇固定资产投资增长带动了各行业税收的增长，其中税收收入增幅最大的是建筑业，收入24508万元，同比增收13212万元，增长116.90%，占营业税的比重比上一年增加了12个百分点。

各项工作

【重点税源监控】钦州市地方税务局将全市年缴纳地方税收10万元以上的企业列入重点税源监控范围。2008年列入市局监控范围的企业366户，其中，列入自治区地方税务局监控的188户，列入国家税务总局监控的企业49户。全市共有17307户纳税户，市局、自治区地方税务局、国家税务总局三级监控体系的重点税源户分别占纳税户数比重的2.11%、1.09%和0.28%。全市共有重点税源管理员41人，其中30万元以上重点税源管理员18人。建立健全重点税源大户监控体系，对重点纳税大户按经济性质和行业分类，落实了税收管理员，实施“扁平化”的实时监控，增强了税源监控的有效性。2008年纳税额30万元以上的重点税源大户缴纳税收3.8亿元，占同期地方税收收入的32%。

【税收征管】1.强化纳税人户籍管理。一是全面清理漏征漏管户，堵塞征管漏洞。2008年，全市共清理纳税户3606户，清理入库税款共802.48万元，并对52户不按规定办理税务登记的纳税人进行了处罚。二是强化户籍信息核对，提高税务登记率。进一步加强与国税、工商、金融等部门的协作，做好登记信息、税款征收、税收管理、税务稽查等信息的交换和比对核实，及时规范正常户和非正常户的管理，从源头上强化户籍管理，防止漏征漏管，提高了税务登记率。

2.狠抓税收征管质量。一是推行简易申报和简并征期。对账证不健全、税款较少的业户实行简易申报和简并征期的征收方式，对零申报、低申报、异常申报的业户，加强核查，防止虚假申报。二是全市地方税务系统银税一体化和财税库行联网扣缴税款步入正轨，2008年，全市签约业户共2662户，扣缴税款49500万元，占全市入库税款的42%。

3.深化发票管理。一是依托广西地税信息系统发票管理模块对全市发票印制、领销、保管、发票真伪查询和账务处理等方面进行管理。据统计，2008年全市审理通过发票印制批文64宗，印制各类普通发票21265000份，收取发票工本费305万元，接收回复外地来电、上门查询发票真伪250人次。二是规范运输业自开票纳税户管理。2008年，经地方税务部门认定的货运自开票纳税户11户，比上年增加了2户，申报缴纳税款924.77万元，同比增收334.89万元，增长56.77%。三是全面落实税务代开发票日台账管理制度，加强和规范全市地方税务系统税务代开发票的管理。四是完善发票管理制度。先后修订了《钦州市地方税务局发票岗位监督管理具体措施和办法》和《钦州市地方税务局发票专用章管理制度》，进一步明确发票管理人员的岗位职责和工作任务，增强了发票管理人员的工作积极性和责任感，加强了发票内外监督管理。五是开展专项发票检查。对货物运输业自开票纳税人和内部税务机关领用、开具、使用、保管票据情况开展深入检查，发现存在问题及时整改，保证了发票、税款及征收票据的安全和正确使用，加强了对重点环节的监督管理。

4.提高地方税源征管水平。一是加强重大项目监控管理。2008年全市重点工程项目监控的收入达到3.07亿元，比上年增长3倍多，占全市地税收入的26%。其中1000万吨炼油项目入库税收1.13亿元，金桂林浆纸项目入库税收746万元，燃煤电厂项目入库税收579万元，10万吨航道工程项目入库税收851万元，保税港区工程项目入库税收637万元。二是强化交通运输业税收征管。从健全体制、夯实基础、规范管理入手，强化交通运输业税收征管，2008年全市共组织交通运输业税收收入8172万元，比去年增收3395万元，增长71%。三是大力清理追缴欠税。2008年全市共清理追缴欠税1141.34万元。四是与国税局联合开展2006～2007年度纳税信用等级评定。全市参加评定的企业共1604户，其中评定为A级企业9户、B级企业1508户、C级企业52户、D级企业35户。五是理顺和规范市区地方税收征管范围。对市区与钦南区、钦北区地方税收征管范围进行了比较准确、科学的划分，进一步理顺和规范了市区地方税收征管范围。

5. 努力构建协税护税网络。一是积极探索委托代征代扣新途径。通过委托土地、建设、交通、稽征、保险等部门对应征税款进行代征代扣，形成社会与地方税务齐抓共管税收的局面。2008年全市地方税务系统委托代征代扣税款共入库12417.32万元，比去年增收4545.72万元，增长57.75%。二是在全市推广应税物价格鉴证管理办法。通过与财政局联合委托物价部门准确核定二手房交易计税价格，避免因评估价格偏低而导致税款流失现象的发生，有效规范了房地产税收征管秩序，促进地方税收的增长。三是加强“两费”代收工作。积极配合各级工会和残联做好代收工会经费和残疾人就业保障基金工作，保证“两费”的及时、足额入库。2008年，全市工会经费应缴纳税户279户，已缴纳税户222户，收缴比例达到80%，代收面比去年增加38个百分点；代收残疾人就业保障基金，全市应缴纳税户1520户，已缴纳税户910户，收缴比例达到60%，代收面比去年增加11个百分点。

【税务稽查】2008年共对180户纳税户进行了检查，查补税款3179万元，罚款265万元，入库税款及罚款2928万元。其中，开展税收专项检查，对房地产及建筑安装业、烟草行业、高收入行业个人所得税开展了专项检查，共检查各类纳税户20户，查补税款1394万元，罚款87万元，入库税款及罚款1240万元；对5户房地产企业以及转让不动产、无形资产的单位和个人进行了清算，清算出应缴土地增值税275万元；与市公安局、市国税局联合开展打击制售假发票和非法代开发票专项整治行动，共检查餐饮业21户、建筑安装企业16户，查处存在转借、重复使用发票等违法行为的纳税户5户，罚款0.8万元，收缴发票232份，其中假发票32份。

【税收执法】一是开展了税收执法检查和执法监察。对全市地方税务系统8个单位的执行税收政策、税收执法、税务稽查、税收计会统、税收征管和执法质量等情况分别进行了执法检查和执法监察，检查面达100%。对查出的问题在全市进行通报，责令限期整改，同时对查出问题的单位扣除相应年终考评分。二是加强了重大税务案件的审理工作。全市地方税务机关全年共审理重大税务案件2件，涉税金额600多万元，保证了重大税务案件处理的准确及时；对重大税务行政处罚案件进行了备案，规范了税务行政处罚行为。三是积极开展税务行政复议及应诉工作。全市受理税务行政复议案件1宗，由于申请人提出撤回复议申请，案件已终结。四是组织参加全国税务人员执法资格统一考试。全市地方税务机关共有3人参加考试，已全部顺利通过。五是规范税收规范性文件的制定和审查工作。认真按照规定对提交的税收规范性文件进行合法性审查，进一步规范税收规范性文件的制定，提高了制度建设的质量。

【纳税服务】一是加强办税服务厅建设，在全市24个办税服务厅统一制作安装使用了办税服务厅标识，统一规范设置服务窗口，并推出了“一站式服务”、“预约服务”、“延时服务”、“提醒服务”，大大方便了纳税人办理涉税事项。二是拓宽纳税服务模式，以电子税务服务为突破口，充分利用电子技术高效率、易传播等特点，推行网上申报、财税库行联网等多元化申报模式。同时建立钦州地方税务网站，逐步实现新闻发布、网上申报、法规查询、办税指南、网上释疑和投诉举报等的服务功能。三是简化办税程序和审批手续，为方便纳税人办事，借助钦州市政府政务服务平台，为纳税人提供全方位服务，将34个税务行政审批项目全部进驻市政务服务中心，提高了办税效率，实现行政审批提速50%。

【税法宣传】一是积极开展税收宣传月活动。紧紧围绕“税收·发展·民生”的主题，开展了钦州市税收宣传月启动仪式暨纳税企业代表税法宣讲会、“关注发展　情系民生”大型税收咨询活动、“风生水起北部湾”税收宣传文艺晚会等税收宣传活动。其中“风生水起北部湾”税收宣传文艺晚会被自治区地方税务局评为税收宣传月活动优秀创新项目，钦州市地方税务局被评为税收宣传月活动先进单位。二是抓好日常税收宣传。具体工作有：开展“心连心”纳税辅导活动，以税收服务小分队等形式深入各大工业园区和各大工程项目开展税收政策服务活动，宣传税收法律、法规、政策，辅导纳税人正确申报纳税等，加强了与纳税人面对面的交流，淡化征纳关系，增进税务机关与纳税人的联系。加大在当地媒体宣传新出台税收政策的宣传力度。坚持落实税收新闻宣传“三同步”，即需社会公众知悉涉及税收政策或税收管理内容的文件，与新闻宣传稿件同步酝酿、同步印发、同步宣传，密切跟踪税收政策的调整，及时准确地加强宣传，使公众及时了解相关税收信息，促进税收政策的落实。建立了钦州市地方税务局网站，加强网络宣传。在钦州市地方税务局网站开设了《税种介绍》、《办税指南》、《政策法规》、《涉税广角》等11个宣传栏目，建设了一个长期稳定的税收宣传“窗口”。三是抓好政务公开和政府信息公开工作。制定了《钦州市地方税务局政务公开实施方案》，在全市办税服务厅按统一的式样上墙公开相关政务内容；编制了《钦州市地方税务局政府信息公开指南和公开目录》，在本局的政府网站上设立了政务公开栏目和政府信息公开栏目，及时公开相关政府信息。

【信息化建设】一是开发了重点工程项目监控上报软件。该软件为税源管理员提供了直观的监控手段，减轻了税源管理人员的劳动强度，提高了工作效率。二是修订完善了相关的信息化制度。三是构架全市网络安全体系。四是严格数据管理和管理数据，税收征管质量稳步提升。编制完成征管数据测试程序，利用该程序对正在运行的广西地税信息系统内的征管数据进行全面的数据比对、分析，共筛选出652户存在问题的征管数据，使征管数据质量得到了很大的提高。

队伍建设

【机构人员设置】2008年，钦州市地方税务局机关共设8个科室：办公室、人事教育科、监察室、法规科、征收管理科、计划财务科、税政科、所得税科。下设2个直属事业单位——计算机中心、后勤服务中心；3个直属单位——直属第一税务分局、直属第二税务分局、稽查局。辖管5个县（区）地方税务局：灵山县地方税务局、浦北县地方税务局、钦南区地方税务局、钦北区地方税务局、钦州港经济开发区地方税务局。截至2008年底，全局干部职工共402人，其中处级干部9人，科级干部41人。大专学历181人，占总人数的45%；本科学历149人，占总人数的37%；研究生以上学历6人，占总人数的1.5%。中国共产党党员293人，占总人数的73%。

【领导班子建设】严格按照上级要求，配备各级领导班子，并把提高领导水平和执政能力作为各级领导班子建设的核心内容抓紧抓好。明确要把思想政治建设摆在全市地方税务系统各级领导班子建设的首位，加强理论学习，不断提高思想理论素养，牢固树立宗旨意识，加强廉政修养和道德修养，增强政治意识、大局意识和责任意识，在政治上、思想上、行动上与党中央保持高度一致。

【干部队伍建设】一是按干部管理权限，2008年共对4名副股（所、分局长）级干部进行考核、提拔任用，对4名股（所、分局长）级正职干部进行了交流。根据浦北县地方税务局建议免去了13名股（所、分局长）级干部的职务。二是对3名试用期满的正科级领导干部按自治区地方税务局要求进行了考核。对1名试用期满的正科级领导干部、7名副科级领导干部和3名股（所）级干部按《党政领导干部选拔任用工作条例》的要求进行了考核，并经局党组讨论同意后，按规定办理了正式任用手续。三是做好公务员年度考核各项工作，对评定为优秀等次的公务员给予嘉奖。

【思想政治工作】抓好领导班子思想政治建设和基层思想政治工作，落实思想政治工作责任制，确保不同层面的思想政治工作有人管、有人抓。坚持政治学习制度，科学安排，强化考核，确保基层政治学习的时间、人员、内容、效果“四落实”。联系实际开展经常性思想政治工作，定期分析干部思想动态，针对反映的思想问题及时开展思想交流和个性化说服教育工作。

【精神文明建设】2008年直属第一税务分局办税服务厅被评为全市“五一巾帼标兵岗”，灵山县地方税务局直属税务分局被国家税务总局、共青团中央联合授予了“全国青年文明号”称号，市局与武警钦州消防支队结成警民共建单位。截至2008年底，全市地方税务系统共有全国级文明称号集体6个，自治区级文明称号集体13个，市级文明称号集体24个，县级文明称号集体5个，文明荣誉覆盖率达71%。

【党风廉政建设】一是落实党风廉政建设责任制。年初，制定《党风廉政建设责任状》，层层签订落实到全市各级地方税务机关“一把手”身上，形成全方位、分级制的贯彻落实工作格局。同时，通过与领导干部家属签订《家庭助廉责任书》，聘请社会监察员等多项措施，促进党风廉政建设，筑牢反腐倡廉思想防线。年终，开展述廉评廉活动，对各级地方税务机关领导班子和领导成员进行考核评比，有效地保障了党风廉政建设责任制落到实处，促使各级地税机关领导干部思想作风、工作作风、生活作风有了明显的转变。二是加强领导干部廉洁自律工作。认真落实领导干部个人重大事项申报制度、收入申报制度，建立领导干部廉政档案，实行分级管理。认真落实领导干部廉政谈话制度，对全市科级以上领导干部28人进行了一次集体廉政谈话。认真落实领导干部述廉评廉制度、民主生活会制度、民主集中制制度等，有效地增强了领导干部纪律观念和廉政意识，促进勤政廉政，廉洁自律。三是抓好反腐倡廉宣传教育工作。以党员领导干部为重点，利用自主研发的钦州市地方税务局廉政法规网络考试系统进行廉政法规考试，同时结合工作实际开展“坚持勤政廉政，促进科学发展”主题教育活动、廉政文化建设活动、“读书思廉”教育活动和“家庭助廉”教育活动等，使全市地方税务系统的领导干部职工对廉政理论有了更深的认识和理解，工作责任心和工作作风得到了加强，为构建钦州市地方税务系统标本兼治、综合治理、惩防并举、注重预防的反腐倡廉体系奠定了坚实的基础。

【税务纪检监察】一是强化对行政管理权的监督、检查和对“三重一大”重要事项的决策监督。二是加强对税收执法权的监督。制定了《钦州市地方税务系统税收票证管理和税款报解操作规程》和《钦州市地方税务局税务代开发票日台账登记管理制度》，强化了对税款征收入库等环节的重点监督，规范了税款征收入库管理；制定下发《钦州市地方税务局加强基层税收重点岗位监督管理试点工作方案》，开展重点岗位监督管理试点工作；组织开展税收票证检查和发票专项检查，防止“以票谋税”、“以票谋私”违法违纪现象的发生。三是积极探索建立预警机制，研究制定了《钦州市地方税务局预警机制工作方案》和《钦州市地方税务局惩防体系预警机制实施办法》，努力构建惩治和预防腐败体系框架。四是认真查处违法违纪案件。2008年没有收到信访举报件，接到作风效能电话投诉一件，对投诉内容，钦州市地方税务局认真组织开展调查核实和处理。五是加强纪检监察队伍建设。组织纪检监察干部参加中纪委举办的纪检监察业务培训，向其他单位学习先进工作经验和方法，提高纪检监察工作水平。

【教育培训】一是制订全市地方税务系统教育培训计划。按照计划，2008年度自行举办14个类别23个项目共25期培训班，培训本系统税务人员约900人次，培训内容涵盖税收日常工作，党务知识及工、青、妇等知识。二是组织实施外出培训，提升领导能力。2008年4月20日至30日期间与辽宁税务高等专科学校采取联合办学的方式举办了一期“提升领导能力及更新知识培训班”，对系统内30名科、股、所级领导干部及2007年度工作表现突出、在文明创建工作方面取得较大成绩的人员进行了培训；于8月和9月分两批选派12名处、科级领导干部到广西经济管理干部学院参加自治区地方税务局组织的提升领导干部综合素质和工作能力的培训；组织本系统符合考级资格的5位工勤人员参加培训、考核，并顺利通过中、高级工的升级考核，其中，晋升为初级工2人，中级工2人，高级工1人。

（黄逸云）

贵港市地方税务局

经济概况

2008年，贵港市国内生产总值实现398.53亿元，比上年增长11.4%；财政收入完成29.07亿元，同比增长26.3%；全社会固定资产投资完成220亿元，同比增长41.1%。三次产业的比例为24.6：40.3：35.1，第二产业比重比上年提高1.5个百分点，工业化水平达35.7%，比上年提高1.7个百分点，工业的主导地位进一步显现。外贸进出口总额

1.65亿美元，同比增长44%；实际利用外资1.33亿美元，同比增长40%。港口货物吞吐量3112万吨，同比增长24.14%，成为全国十大内河港口之一。截至2008年底，全市总人口501.9万，城镇居民人均可支配收入12666元，同比增长18.2%；农民人均纯收入4049元，同比增长16.6%。

税收概况

【收入完成情况】2008年，贵港市地方税务局共组织各项收入100780.9万元，比上年增收20210.7万元，增长25.08%。其中，税收收入93486.8万元，增收19305.1万元，增长26.02%；教育费附加3631.1万元，同比增长12.94%；文化事业建设费116.1万元，同比增长19.32%；防洪保安费941.2万元，同比增长18.82%，地方教育费附加1231.1万元，同比增长17.81%；其他收入25.4万元；工会经费1140.6万元，同比增长12.01%；残疾人就业保障基金208.6万元，同比增长66.48%。

【收入特点】一是税收收入增幅高于GDP增幅。2008年贵港市地方税收收入增速比贵港市GDP增速快13.68个百分点。二是各月间增长幅度波动较大。2008年地方税收收入增长比上年加快5.22个百分点，但受各种因素影响各月间增长不平稳，最高月份比上年同期增长53.59%，最低月份比上年同期下降7.77%。三是主体税种增收良好，小税种增收强劲。营业税、企业所得税、个人所得税是地方税收的主要来源，三大税种入库税收占全部税收的72%，资源税等小税种共入库23236万元，比上年增长33.71%。四是金融业、建筑业等重点行业上缴税费实现较快增长。除采矿业、居民服务业、教育业和卫生业出现减收外，其余行业均实现了增收，其中金融业入库地方各项税费比上年增长32.53%。五是重点税源企业收入增幅偏低。贵港市地方税务局监控的275户重点纳税户共缴纳各项税费55466万元，增收5433万元，增长10.86%，但落后税收增幅14.22个百分点。六是各征收单位均实现了两位数以上的增长。2008年贵港市六个征收单位增收良好，增长最快的是港南区地方税务局，比上年增收2974万元，增长72.91%；完成任务最好的是覃塘区地方税务局，全年入库7952万元，增收2345万元，增长41.82%，完成自治区地方税务局年度考核任务的106.03%。

【收入分析】一是贵港市经济发展保持平稳增长，是地方税收增收的基础。2008年全市GDP增长11.4%，带动了地方税收的较快增长。二是金融危机引起的整体经济下行导致地方税收增收困难。三是受政策调整影响城镇土地使用税得到较快增长。根据国家政策规定，贵港市从9月份起按新的单位税额征收土地使用税，全年土地使用税实现了快速增长。四是贵港市地方税务局调动一切积极因素，加强税收征管，强化税收检查，抓紧、抓细、抓实、抓好组织收入工作，确保了税收的应收尽收。

各项工作

【重点税源监控】一是以“规范采集，加强分析，突出应用”为重点，推进税源管理的科学化、精细化。把年缴纳地方税收30万元以上的234户纳税户纳入了重点监控，建立健全重点税源监控体系，合理配备13名重点税源税收管理员专职负责。二是加强与重点税源企业的日常联系，随时了解企业动态信息，为组织大笔税款的及时入库提供保证。三是建立纳税预警机制，对纳税申报的真实性、准确性进行核实，积极督促欠税企业及时清缴欠税。四是采用重点税源调查与分析系统对重点税源企业的经济效益和税负情况进行横向、纵向比较，发现异常的及时采取应对措施。五是积极推进纳税评估工作，对纳税户履行纳税义务的情况进行日常检查，对纳税申报进行监控。六是健全并落实重点税源服务制度，提供规范有效的税收服务，协助解决企业生产发展中遇到的困难。

【税收征管】2008年贵港市地方税务局按照税收管理员制度和税收征管岗位职责体系的要求，狠抓征管基础工作的落实，确保各项征管工作的顺利开展。一是抓好税源户籍的管理。按照分片管理与分类管理相结合，重点业户专人管理与个体双定户分片管理相结合的管理模式进行管理，全市落实税收管理员296人，管理纳税业户21522户。二是加强税务登记管理。组织开展对漏征漏管纳税户的清理检查工作，全年全市共清理出漏管业户845户，补办税务登记证823户；继续抓好税务登记证换证工作，到2008年底税务登记证换证工作全部结束，全市地方税务系统共换发税务登记证16551户；认真落实下岗失业人员和高校毕业生从事个体经营活动免收税务登记证工本费的优惠政策，全年免收办证费户数1868户。三是加强对双定业户的税收管理。2008年底止全市共有双定业户14323户，因起征点提高，双定业户数比上年减少了5872户。四是强化发票管理。按照发票缴销和使用重点环节监督管理要求，加强对地方税务机关代开发票工作的监督管理，严格执行旧版、作废发票的清理销毁善后工作，严防发票违章行为发生。五是大力优化纳税申报。加强和完善集中征收制度，简并优化纳税申报表，统一实行使用综合纳税申报表，对个体户继续推行"简易申报、简并征期"的申报纳税方式，提高了申报效率，降低了征收成本。

【纳税服务】坚持以"服务经济、服务社会、服务纳税人"为原则，加强纳税服务工作，努力创建和谐税收环境，充分发挥了税收职能作用。一是通过多种渠道和方式开展纳税咨询活动。二是优化办税服务厅的纳税服务功能。2008年全市地方税务系统共有办税服务厅30个，其中城区8个，基层分局（所）22个。在城区8个办税服务厅全面推行了"一窗式"、"一站式"服务，实现了"一个窗口受理，内部协调运转，全程限时办结"，有力提高了办事效率。积极探讨办税服务新的模式，推行了银行划税申报缴纳，电话申报、邮寄申报、代理申报，刷卡缴税以及财税库行联网等多种申报纳税方式，极大方便了纳税人办税事宜。三是大力维护纳税人合法权益，努力提高纳税遵从度。建立纳税服务长效机制，坚持公开办税、限时办结、首问责任等制度。依法公平、公正、公开核定定期定额纳税人税负，严格民主评税管理，定期张榜公布定期定额纳税人税负、纳税情况和核准公告纳税人欠税情况。

【税务稽查】2008年，贵港市地方税务局以加强稽查系统化管理为重点，以整顿和规范税收秩序为主线，加大对重案要案和涉税举报案件的查处，严厉打击偷抗税犯罪行为。全年共对87户纳税企业开展税收检查，查补税、费（基金）、滞纳金、罚款3654万元，入库税款3481万元。一是建立完善"查前告知、提供辅导自查服务，查中提供宣传税法服务，查后依法处罚"的稽查模式，采取"自查＋约谈＋抽查"方式，以"查案统一、定案统一、处罚统一、执行统一、移送统一"的五统一为原则，组织开展了对烟草行业、保险业、房地产业、建筑安装业等行业的税收专项检查工作。二是整顿规范税收秩序，开展了对各类园区和在建重大工程项目的税收专项检查。三是加大查处涉税举报案件力度，共受理举报案件10起，查补入库税款437万元。四是做好案件协查工作，2008年共接到案件协助函49封，复函49封，协查率100％。

【税收执法】一是开展了税收执法检查。对税务登记、发票管理、纳税申报、税款征收、减免税审批、税务检查、重大税务案件审理和税收规范性文件的制定管理等进行了检查，对查出的问题进行了认真整改。二是开展再就业税收优惠政策执行情况总结工作，2000年至2008年，全市地方税务系统共收到再就业减免申请3812户次，受理同意减免3812户次，减免税额385.46万元。三是严格执行重大税务案件审理制度，加强对重大税务案件的监督。四是对2006年和2007年贵港市地方税务系统做出的具体行政行为进行了统计和上报，两年来贵港市地方税务系统共收到行政许可申请623件，决定许可622件，不予受理1件；作出行政处罚5086件，罚款175.21万元；行政强制扣缴税款18件、扣缴滞纳金681件。

【税法宣传】继续抓好日常税法宣传和税收宣传月的各项活动工作。4月1日，《贵港日报》刊登贵港市委书记赖德荣为税收宣传月活动的亲笔题词，宾能松常务副市长在《贵港日报》上登载了题为《税收促进发展，发展为了民生》的署名文章。税收宣传月期间，全市地方税务系统共召开30次税企座谈会；张贴税收宣传标语1886条，制作税收公益广告牌13个，印发各种资料5.6万份；开展税法咨询1335次，接受纳税人咨询11457人次；举办税法讲座14次，参加人数3387人；举办税收宣传专题文艺晚会5场，观看人数6000人次。

【信息化建设】2008年贵港市地方税务局集中人力、物力投入信息化建设，提高了税收工作的科技含量。一是建成了覆盖市、县、乡镇四级税务机关的网络，并且全部升级为2M光纤线路。二是升级了广西地税信息管理系统并在全市地方税务系统推广运行，实现了征管数据的市级集中，为过渡到自治区级集中打好了基础。三是在市、县和基层分局、税所全面推行使用办公自动化系统。四是在贵港市推广应用财税库行联网运行，通过数据交换和税票信息的电子化，实现了电子缴税、数据共享，极大地降低了纳税成本，为纳税人提供更为方便、快捷、安全的新型缴税方式。五是推广应用了广西地税报表管理系统、个人所得税管理系统等新软件，使税收工作的信息化程度不断提高，为提升征管水平、提高工作效能提供了必要的技术支撑。

队伍建设

【机构人员设置】2008年贵港市地方税务局机

关内设8个职能科室——办公室、法规宣传科、税政科、所得税科、征收管理科（含计算机信息管理中心）、计划财务科、人事教育科、监察室；1个直属事业单位——机关后勤服务中心；5个直属机构——稽查局、直属税务分局、港北区地方税务局、港南区地方税务局、覃塘区地方税务局；辖桂平市地方税务局、平南县地方税务局。贵港市地方税务系统共有派出机构52个，其中税务所37个，税务分局15个。2008年底全市地方税务系统在编干部职工500人，助征员183人，退休人员60人。

【领导班子建设】把思想政治建设摆在各级领导班子建设的首位，以抓好各级党组中心组的学习为龙头，坚持用“三个代表”重要思想武装头脑，以科学发展观指导地方税务工作实践。认真贯彻执行民主集中制，建立健全民主科学的决策机制。进一步健全党内生活制度，充分发挥民主生活会的作用。严格执行党内监督条例和纪律处分条例，认真落实好领导干部重大事项报告、廉政谈话、任期经济责任审计和离任审计等制度。

【干部队伍建设】完善和落实政治学习制度，以每周开展政治学习、举办专题讲座、上政治课等形式，加大对干部职工的思想政治教育力度。严格执行《党政领导干部选拔任用工作条例》，坚持正确的用人导向，深化干部制度改革，营造富有生机与活力的用人机制，推动干部能上能下，拓宽渠道促使德才兼备的优秀干部脱颖而出，干部队伍年龄、文化知识结构进一步改善，整体素质得到不断提高。年内完成了对8名基层税务所（分局）“一把手”的提拔任用，2名中层领导的转正考核和覃塘区地方税务局副局长（1名）职位缺位竞争上岗的有关工作。

【思想政治工作】贴近基层解决实际困难，充分发挥思想政治工作的保障作用。一是建立完善困难职工档案，每位困难职工均确定一名中层领导进行一对一联系和帮扶，除重大节日进行慰问之外，做到干部职工生病住院必访、生活困难必访。一年来，慰问特困户职工23人，发放慰问金23000元；慰问困难助征员6人，发放慰问金6000元；慰问退休人员55人，发放慰问金27500元；慰问遗属13人，发放慰问金2600元；慰问基层征收单位5个，发放慰问金44000元。二是组织干部职工进行身体健康检查，力保干部职工的身心健康。三是严格落实《机关事业单位工作人员带薪休假实施办法》，确保干部职工能按照国家规定的工休假分别轮休，切实维护了职工的休息休假权利。

【精神文明建设】2008年，贵港市地方税务局继续开展以创建“文明单位”、“青年文明号”、“巾帼文明示范岗”、“先进单位”，争当“优秀税务工作者”为主要形式的争先创优活动，文明创建成果显著：贵港市地方税务局荣获“贵港市档案工作”集体三等功，贵港市地方税务局团委被授予贵港市2007年度“五四红旗团委”光荣称号，平南县地方税务局城区办税大厅荣获“全国巾帼文明岗”称号，港北区地方税务局城北分局办税服务厅荣获“广西五一劳动奖章”、“广西五一巾帼奖先进集体”荣誉称号；桂平市地方税务局廖科荣获“广西五一劳动奖章”，贵港市地方税务局李良荣获“广西优秀共青团员”称号，港北区地方税务局黄冬梅荣获自治区“三八红旗手”称号，覃塘区地方税务局唐山被贵港市委授予“贵港市勤政廉政先进个人”荣誉称号并记个人三等功一次。

【党风廉政建设】一是全面落实党风廉政建设责任制。把年内要重点抓好的20项党风廉政建设重点工作以项目形式分解落实到基层单位，分别与各单位、各科（室、中心）签订《党风廉政建设责任状》17份，召开执行党风廉政建设工作情况汇报会，监督检查各单位党风廉政建设工作开展情况，年终开展了年度党风廉政建设责任制考评工作。二是认真贯彻全国、自治区、贵港市落实党风廉政建设责任制的精神，深入学习贯彻胡锦涛总书记、贺国强同志的重要讲话精神，贯彻落实好中共中央《建立健全惩治和预防腐败体系2008～2012年工作规划》、自治区党委《关于贯彻落实〈建立健全惩治和预防腐败体系2008～2012年工作规划〉的实施意见》和《全国税务系统贯彻落实中共中央〈建立健全惩治和预防腐败体系2008～2012年工作规划〉实施办法》。紧抓构建惩防体系这条主线，全面启动廉政预警工作，搭建预警机制的基本框架，明确17名预警信息联络员，组织做好预警信息的采集工作。三是抓住反腐倡廉教育这个基础，落实“三级教育”工作机制，大力推进地方税务廉政文化建设。制定了《贵港市地方税务局廉政文化建设活动方案》，制作“廉政监督卡”，以“机关倡廉、家庭助廉、读书思廉、网络宣廉、示范带廉”五项活动为主要形式，有重点、全方位、多层次地开展廉政文化建设活动。重点抓好了平南县地方税务局、港北区地方税务局廉政文化建设示范点的建设，港北地方税务局制作的《廉政文化建设手册》入选由国家税务总局举办的全国税务系统廉政文化建设成果活动展览。

【税务纪检监察】一是抓住“两权”监督制约这个重点，进一步推进税收重点环节监督。制定了《贵港市地方税务局2008年继续推进重点环节监督管理工作方案》和《贵港市地方税务局2008年税收票证和地方税务普通发票使用及缴销环节监督管理工作实施方案》；召开继续推进重点环节监督管理、重点岗位监督管理试点工作的专门业务会议，部署2008年继续推进重点环节监督管理的各项工作，组织开展税收重点环节监督管理工作情况专项检查；开展对基层税收管理重点岗位监督管理试点工作，指定港北区地方税务局对税款征收岗位、税款缴库岗位以及税收管理员岗位的监督管理工作进行试点，平南县地方税务局对税收票证和普通发票管理岗位，税务稽查岗位，税款征收、税款解库、税收管理员、税收票证和普通发票以及税务稽查等岗位负有直接监管责任的负责人岗位的监督管理工作进行试点。二是开展“读书思廉”教育活动。利用公文处理系统，出版了6期《廉文荐读》专刊，向干部职工推荐廉政文章、廉政警示格言、廉政故事。三是学习兄弟单位的先进经验。3月下旬，组织纪检监察干部到百色、河池、宜州、罗城、巴马、田东、德保等市（县）地方税务局学习考察廉政文化建设工作，推进了廉政文化建设在贵港地方税务系统的蓬勃开展。四是组织党员干部积极参与全市反腐倡廉理论研讨征文活动，贵港市地方税务局监察室撰写的《对构建地方税务系统廉政文化建设的思考》在贵港市反腐倡廉理论研讨征文活动中荣获二等奖。

【教育培训】认真贯彻落实中央关于加强干部教育培训工作的方针，积极推进人才兴税战略。组织干部职工认真学习党的十七大、十七届三中全会精神，深入开展继续解放思想大讨论活动。加大教育培训力度，按征管、稽查、财会、计算机等岗位量身定制培训计划，强化岗位培训，组织干部职工参加新企业所得税法、重点税源数据分析、个人所得税、车船税、科级领导干部更新知识等培训共计20批次，组织《行政机关公务员处分条例》、“五五普法”知识的学习和考试。通过培训、学习和考试，培养了干部职工浓厚的学风，促使干部职工的知识得到充实和及时更新。

（李均棣　蒙小嘉　苏伟山　刘军勇　李耀康　李　慧　覃世楼　林旭娟）

玉林市地方税务局

经济概况

2008年，玉林市实现国内生产总值（GDP）605.92亿元，比上年增长12.9%。其中，第一产业增加值150.53亿元，同比增长5.8%；第二产业增加值231.29亿元，同比增长15.2%；第三产业增加值224.1亿元，同比增长15.2%。三次产业结构比例为24.8∶38.2∶37.0。按常住人口计算，全市人均生产总值为10770元。全市财政收入47.75亿元，比上年增长17.4%。其中，一般预算收入25.57亿元，增长22.5%；一般预算支出71.59亿元，增长30.4%。2008年全市农林牧渔业总产值255.05亿元，同比增长17.43%。其中，农业总产值88.51亿元，同比增长7.18%；林业总产值6.75亿元，同比增长13.26%；牧业总产值138.14亿元，同比增长22.1%；渔业总产值7.88亿元，同比增长－20.32%。全年完成工业总产值651.78亿元，比上年增长22.1%，实现增加值202.68亿元，同比增长15.2%。其中，规模以上工业实现产值369.85亿元，同比增长23.3%，实现增加值114.51亿元，同比增长17.4%。盈亏相抵后实现利润总额19.92亿元，同比增长28.77%；实现利税32.03亿元，同比增长11.56%。全市规模以上工业企业经济效益综合指数为163.94。全社会固定资产投资290.69亿元，同比增长26.0%。其中，城镇固定资产投资完成额242.58亿元，同比增长28.3%；农村固定资产投资47.68亿元，同比增长16.4%。全年社会消费品零售总额219.51亿元，比上年增长23.52%，提高4.7个百分点。分城乡看，城市消费品零售额142.91亿元，比上年增长23.9%；县以下实现消费品零售额76.61亿元，比上年增长22.9%。全市非公有制经济零售额实现187.48亿元，占全市社会消费品零售总额的比重为85.4%。其中，个体经济零售额实现153.37亿元，占全市社会消费品零售额的比重为69.87%。城乡居民收入继续增加，人民生活水平稳步提高。全市城镇单位在岗职工年平均工资21312元，比上年增长12.21%。全市城镇居民人均可支配收入14156元，同比增长16.01%。农民人均纯收入4123元，比上年增加587元，增长16.6%。

税收概况

【收入完成情况】2008年，玉林市地方税务部门累计组织地方税各项收入172253万元，同比增收31958万元，增长22.78%，完成自治区地方税务局年初下达年度任务166800万元的103.27%；完成自治区地方税务局下达确保任务173000万元的99.57%；完成奋斗目标任务185000万元的93.11%。其中，税收收入166991万元，同比增收31357万元，增长23.12%；教育费附加收入5259万元，同比增收601万元，增长12.9%。1～12月份，全市地方税务部门共组织县市级收入163946万元，同比增收30723万元，增长23.06%，完成市政府确保任务162500万元的100.89%。此外，征收文化事业建设费213万元，防洪保安费1381万元，地方教育费附加1846万元，工会经费2852万元，残疾人就业保障基金292万元。

【收入特点】一是地方税收收入及其增收额创历史新高，增长幅度也是近年来最高。2008年，玉林市地方税收收入172253万元，首次突破17亿元，同比增收31958万元，增长22.78%，增收额首次突破3亿元，增幅也是2003年以来最高的一年。二是地税收入增长与经济增长基本相适应。2008年，玉林市地方税收收入增幅由1季度的42.45%回落到3季度的25.96%，这与全市经济发展呈现高开低走的态势相适应。三是主体税种收入对地方税收收入增长的拉动作用减缓。2008年，营业税、企业所得税、个人所得税3个主体税种收入分别为70414万元、10703万元、34873万元，这3个税种对税收收入增长的贡献率为20%、6%、18%，较2007年下降45个百分点。四是地方税小税种增长强劲，成为地税收入增长的主要动力。2008年，玉林市地方税务部门组织财产行为各税收入合计41138万元，同比增长65.28%，对税收收入增长的贡献率达到51.79%，其中，资源税、印花税、土地增值税、车船税等地方小税种收入增幅均高于税收总收入增幅；2008年开始由地方税务部门征收的耕地占用税收入11386万元，对地税收入增长的贡献率达到36%，成为有效拉动地税收入增长的重要原因。五是全年房地产业营业税增幅呈现下滑趋势。2008年上半年，玉林市房地产业税收一直呈现增长态势，但增长幅度逐月下滑。房地产业营业税在1月和2月份增幅均超过80%，从3月份开始，房地产业营业税累计收入增幅逐月下滑，到12月份，下滑到6.79%。六是收入增长速度虽高，但与全区平均增长率相比仍有差距。2008年玉林市地方税收收入增幅创历史新高，但相对全区26.2%的平均增长水平仍低了3.4个百分点，这说明玉林市地方税收入增长后劲在全区排位还比较落后。

【收入分析】增收方面：1. 经济增长是影响地税收入增长的主要因素。一是工业生产持续增长，是地方税增收的重要原因。二是规模企业利润增长是企业所得税和个人所得税收入增长的主要因素。三是房地产开发建设平稳较快发展，上半年商品房销售市场持续旺盛，带来了房地产业税收增收。四是城市基础设施明显改善，经济活力增强，为地方税收提供了稳固的税源。五是城乡居民可支配收入稳中有升，社会消费品零售总额稳步增长，为个人所得税收入增长提供了保障。六是由于固定资产投资及各行业生产经营持续稳定发展，银行贷款、保险业保费收入持续增加，为金融保险业营业税稳步增长提供了重要保障。

2. 政策性因素是影响地方税收收入的重要因素之一。一是由于新土地使用税条例的实施，提高了土地使用税单位税额，玉林市政府重新划定了土地等级，一、二等范围大幅度扩大。全市各级地方税务部门及时贯彻执行上述土地使用税政策，加强征管，土地使用税收入大幅度增长。二是从2008年1月份起，耕地占用税由地方税务部门征收。全市各级地方税务部门对此项工作给予了高度重视，及时部署有关征收和管理工作，做好与财政、国土管理等部门的协调工作，除征收今年的耕地占用税外，还追补以前年度漏征税款。

3. 地方税务部门进一步强化征管，是地方税增收的重要保障。一是全市各征收单位加强了对保险公司代收代缴车船税工作的监管，必要时采取强制措施，取得了良好成效。二是切实做好土地增值税预征工作，加强对企业事业单位转让、拍卖房地产的跟踪管理，同时加大对房地产行业土地增值税的清查力度。三是强化税务稽查，整顿和规范地方税收秩序，增加了地方税收收入。四是各级地方税务机关在组织收入的旺征阶段突出重点，牢牢抓住组织收入工作的主动权，突出加强重点税源管理，不断扩大重点税源监控范围，促进了重点税源税收的稳步增长。五是全市各级地方税务机关加强部门协作，多管齐下，加大清欠力度。六是加强对重大项目税收的监管，做好路桥建设工程项目税收入库工作。

减收方面：一是企业所得税减收。受原材料及燃料价格上涨等原因影响，企业利润减少带来了所得税收入的减收。二是营业税收入出现减收。由于房地产行业销售萎缩，从2008年7月份开始，房地产业营业税收入开始出现减收现象且减收幅度逐月加大。三是房地产业税收逐月减收。从2008年下半年开始，玉林房地产行业受到国内国际金融风暴的影响，新楼盘开盘销售不畅，全市房地产行业销售面积不断减少，地方税收逐月减收。四是金融业税收减收。受金融风暴影响，2008年证券市场交易额比上年大幅下降，同时由于国家下调证券交易手续费率，对金融业税收增长产生了较大的影响。

各项工作

【重点税源监控】2008年，玉林市地方税务局组织有关人员对全市地方税务系统重点税源企业的监控范围、采集信息的完整性和真实性、数据上报的及时性以及资料保管的系统性和完整性进行了自我评估，重新核实2008年重点税源监控企业名单，补报2007年已纳入重点税源监控范围但2008年未纳入重点税源监控范围的企业，以及新增2008年自治区地方税务局重点税源监控的企业，进一步核准已纳入2008年重点税源监控企业的代码。2008年，玉林市地方税务系统纳入自治区地方税务局重点税源监控范围的企业增加到283户，全市重点纳税业户地方税收收入37992万元，占地方税收总收入的21.25%。

【税收征管】2008年，玉林市各级地方税务部门大力规范使用货运发票税控系统，开展货运发票漏采集发票调查工作。按照“发票加双定”的征管模式，对高税率行业、建筑安装、销售不动产、广告业等纳税业户，定期或不定期检查其用票情况。并抓好普通发票批印工作，强化“以票管税”作用。全市各级地方税务部门注重抓好交通运输行业税收管理。6月中旬，通过市政府主持召开地方税务、稽征、交警部门联席会议，明确稽征、交警部门协助地方税务部门开展交通运输行业税收检查，抓好交通运输行业税收的控管工作。

【税务稽查】2008年，玉林市地方税务局整合全市地方税务稽查力量，对全市烟草、房地产、建筑安装、金融保险等行业开展税收专项检查。全市各级地方税务部门加强与公安、检察、法院、工商、财政等部门的密切配合，狠抓税收违法案件的查处，大力打击税收违法犯罪行为，共立案查处地方税收违法案119件，查补税款2818万元。全市各级稽查部门采取上门服务、电话催缴和欠税公示等措施清理欠税，共追缴欠税775万元。为了确保全年任务的完成，玉林市地方税务局组织开展了稽查旺征攻坚战，对全市房地产业、建筑业、供电和重点税源大户共68户进行了纳税约谈和重点检查，自查补报和查补税款入库2413万元。

【税收执法】2008年，玉林市地方税务局从地方税收政策服务地方经济发展的角度开展了工作调研，完成了《开展继续解放思想大讨论活动，着力解决税务人员执行税收优惠政策方面存在的思想问题》、《充分发挥税收优惠政策的杠杆作用促进广西北部湾经济区的发展》等专项课题的调研，为地方税收法制如何服务地方经济建设提供了理论参考。为了规范行政，在全市地方税务部门开展了规范性文件清理工作，共清理玉林市各级地方税务部门制定的税收规范性文件47份，其中确认继续有效的文件有8份，废止39份。2008年7月18日，市地方税务局组织对全市地方税务系统200多名中层以上领导干部以及部门业务骨干，就如何推进依法行政、规避税收执法风险等内容进行了培训。市地方税务局还组织开展了全市地方税务系统的税收执法检查，配合自治区地方税务局执法检查组开展税收执法检查和执法监察工作，根据执法检查反馈的存在问题及时进行整改。

【纳税服务】2008年，玉林市地方税务局以管理与服务为立足点，规范政务，优化服务，为地方税务工作的开展提供强有力的保障。一是继续落实“两个减负”，优化纳税服务。按照《国家税务总局关于清理简并纳税人报送涉税资料有关问题的通知》，进一步做好清理简并纳税人报送涉税资料工作，对各类报表、资料进行全面梳理，将清理工作落实到位。优化办税服务厅业务流程，加强办税服务厅服务规范和服务设施的建设，大力改善办税条件。二是组织开展纳税评估工作，营造良好的税收环境。全市各级地方税务部门通过各种渠道开展了全方位、多层次的纳税评估宣传，举办了培训班，严格评估程序和标准，明确评估范围、评估方式和评估期限。三是配合自治区地方税务局加强“12366”纳税热线服务，多渠道向全市地方税收纳税业户宣传“12366”纳税服务热线功能，扩大“12366”纳税服务热线的社会影响力和覆盖面。四是进一步加强网站建设，通过玉林市政府的政务网站和玉林市地方税务局网站，扩大和优化玉林地方税务服务功能，及时更新服务内容，提升纳税服务层次和水平。

【税法宣传】2008年4月是第17个全国税收宣传月，围绕“税收·发展·民生”宣传主题，玉林市地方税务局牵头在全市开展了税收宣传活动。市地方税务局摄制了以“风雨兼程铸辉煌，为国聚财谱新篇”为题的系列税收宣传专题片，在玉林市最繁华路段东门商业广场的最新科技广告媒体LED屏和玉林市电视台黄金时段播出，群众反映强烈；市地方税务局、市国家税务局、玉州区地方税务局、玉州区国家税务局联合举行了“解放思想服务企业发展”税企座谈会，进一步增强了税企双方的理解与沟通。据统计，在2008年税收宣传月活动中，全市共制作宣传标语405条、宣传板报67版、户外公益广告牌27块，印发各种资料92000份，在市级以上新闻媒体刊播新闻稿件115篇。

【信息化建设】2008年，玉林市地方税务局对新综合办公楼计算机网络设备搬迁和网络配置工作进行了总体部署，制定了搬迁方案，落实了搬迁责任，按计划有序地完成了搬迁工作，做好了新综合办公楼计算机网络配置工作，保证了市地方税务局新综合办公楼正式落成投入使用后各项地方税务工作的正常运行。在全市范围内落实了广西地税信息系统行业代码升级工作和货运发票税控系统6号补丁的升级工作。组织测试了广西地税远程申报系统，并投入使用，突破了纳税申报有纸化形式，初步实现了纳税申报电子化。

队伍建设

【机构人员设置】玉林市共有地方税务机构121个，其中税务局机关8个、内设机构50个、直属单位13个、事业单位1个、税务分局44个、税务所5个。职工总人数1383人（其中在编干部职工781人，助征员602人）。地方税务部门在册纳税人55694户，其中国有企业914户、集体企业1397户、股份合作企业26户、联营企业8户、有限责任公司2918户、股份有限公司100户、私营企业1183户、其他企业370户、港澳台商投资企业90户、外商投资企业71户、个体经营户48008户、其他纳税户609户。

【领导班子建设】2008年，玉林市各级地方税务部门继续加强领导班子建设。市地方税务局进一步强化对领导干部行政行为的监督，抓好领导干部法纪法规和廉政条规的学习，抓好领导班子和领导干部年度述职述廉工作；市地方税务局领导班子成员参加了自治区地方税务局举办的更新知识培训班。

【干部队伍建设】2008年，玉林市各级地方税务部门继续加强干部队伍建设。对市地方税务局计财科、市地方税务局直属税务分局、玉州区地方税务局、兴业县地方税务局和福绵管理区地方税务局的离任领导进行经济责任审计，提拔任用了5名40岁以下的副科级领导干部。组织开展了形式多样的学习培训工作，共举办公务员培训20期，培训人员1264人次。全市地方税务部门共有130人获得“优秀公务员”称号，市地方税务局机关共有94人获得了玉林市直机关“优秀党员”、“先进工作者”、“工会积极分子”的荣誉称号。

【思想政治工作】2008年，玉林市各级地方税务部门以开展继续解放思想大讨论活动为契机，不断加强思想政治工作力度。市地方税务局班子成员参加了自治区地方税务局举办的更新知识培训班，市地方税务局也组织干部职工开展形式多样的学习培训，举办公务员培训20期，培训人员1264人次。特别是针对实行“阳光工资”后部分人员出现的工作消极情绪，开展好干部队伍的思想教育。针对助征员思想波动情况，2008年5月各单位分别召开了助征员的会议，了解助征员当前的思想状态、工作表现、存在问题、家庭困难等情况，同时按照劳动法签订了合同，确保了助征员队伍的稳定。

【精神文明建设】2008年，为了充分增强干部职工的荣誉感，玉林市各级地方税务部门组织了全市地方税务系统优秀公务员等级评选工作，共有130人获得“优秀公务员”称号，市直机关及各部门单位开展了评先评优活动，市地方税务局机关共有94人获得了2007年“优秀党员”、“先进工作者”、“工会积极分子”的荣誉称号。市地方税务局健全了工、青、团、妇、老干部等内部机构，通过这些机构开展各种活动。2008年，通过工会、老干部管理机构等组织开展了春节慰问、干部职工体检等关爱活动；通过团工委、妇委会组织开展创建“青年文明号”集体、争当“青年岗位能手”、“巾帼文明岗位”和“三八红旗手”等争先创优活动，组织青年无偿献血、为贫困大学生捐款、开展“保护环境，喜迎大庆”等志愿者活动和“三八节”文体活动等。

【党风廉政建设】2008年，玉林市各级地方税务部门按照“突出主线、抓住重点、整体推进”的工作思路，深入开展反腐倡廉建设工作，市地方税务局与全市各级地方税务单位签订了党风廉政建设责任状，层层落实党风廉政建设责任；组织开展了“读书思廉”活动和廉政书画摄影比赛。

【税务纪检监察】2008年，玉林市地方税务局继续加大“两权”监督力度，积极构建预警机制。对市地方税务局6名领导班子成员开展了述廉评廉活动，干部职工对每位班子成员的满意率均达98%以上。按照招投标有关规定，对市地方税务局新综合办公楼办公家具招投标实行了政府采购。继续推进重点环节监督管理，确定了玉州区地方税务局和容县地方税务局为基层税收重点岗位监督管理的试点单位。进一步加强构建惩治和预防腐败体系建设，建立健全预警机制，制定了《玉林市地方税务局建立健全预警机制的工作方案》，组织召开了全市地方税务系统建立健全预警机制的动员大会，在全市地方税务系统全面启动了由预警信息采集、预警信息评估、预警信息发布、反馈追踪、责任追究等五大系统组成的预警机制的工作。抓好信访工作，按照“分级负责、归口管理”的原则，认真做好信访举报问题的核查工作，对有关群众举报信件进行了调查核实和正确处理。

【教育培训】2008年，玉林市各级地方税务部门开展继续解放思想大讨论活动，围绕“改进税收工作　服务地方经济　科学发展、加快发展”学习主题，创新开展了“领导讲学，群众评学”的“双学”活动，深入推进大讨论活动的开展；建立了玉林市地方税务局绩效评估体系，进一步健全人员的管理机制；实行干部横向、纵向、异地交流机制，交流使用干部达30多名，提拔5名副科级领导干部，努力改善人才交流相对滞后的问题；不断加强干部的培训力度，分期分批组织干部到高等院校接受再教育、赴外地先进经验单位去学习考察。

（陶成春　梁仲通　卜永佳　庞　克　杨世龙　温海波　陈春玲　龚　良　梁惠信）

贺州市地方税务局

经济概况

2008年贺州市实现国内生产总值254.3亿元，同比增长8%；财政收入15.99亿元，同比增长1.2%，其中税收增长20.2%，占财税收入比重达75%；全社会固定资产投资170.1亿元，同比增长27.3%；社会消费品零售总额58.4亿元，同比增长23.9%；外贸出口总额9319万美元，同比增长8.2%；城镇居民人均可支配收入12895元，同比增长14.5%；农民人均纯收入3498元，同比增长13.1%。目前，贺州市建立以电子、有色金属开采加工、林产、建材、电力、食品药品加工等为主的工业支柱已进一步壮大。2008年贺州市实现工业增加值105.4亿元，同比增长7.8%，其中规模以上工业实现增加值42.2亿元，同比增长5.2%。工业增加值占生产总值的比重达41.5%，对经济增长的贡献率达39.2%。同时，贺州以工业园区作为招商引资和发展工业的重要平台，正在加快建设旺高工业园区、信都工业园区和西湾（平桂）工业园区，这三个工业园区交通便利，土地价格、地方税收等政策优惠，基础设施良好，服务优质，是项目落户的理想之地。2008年贺州市新签外来投资项目715个，投资总额225.29亿元，同比增长17.83%。外来投资（含续建）项目到位资金124.82亿元，同比增长19.17%，其中外资实施项目到位资金3820万美元，同比增长63.53%。

税收概况

【收入完成情况】2008年，贺州市地方税务局共组织各项收入52792万元，比上年增收9341万元，增长21.5%。其中地方税收收入50784万元，同比增长21.3%，完成自治区地方税务局下达年度税收收入任务51000万元的99.6%。各项收入中，税收收入48614万元，同比增长21.7%；教育费附加2112万元，同比增长10.2%；文化事业建设费56万元，同比增长1.8%；防洪保安费408万元，同比增长13%；地方教育费附加707万元，同比增长53.7%；工会经费679万元，同比增长21.7%；残疾人就业保障基金158万元，同比增长11.3%；其他收入58万元，同比增长427.3%。

【收入特点】一是全年税收收入单月增幅差距较大，各月累计收入增幅均匀。2008年地方税收收入除2月受冰冻灾害天气影响，9月受金融危机影响，11月企业资金紧张申报缴税较迟导致税款留解，引起单月收入增幅下降外，其他各月均呈现稳步增长。全年税收收入单月增幅差距较大，6月份单月增幅71.1%，9月份单月增幅－14.4%，增幅相差85.5个百分点。2008年各月累计收入增幅分别为34.9%、13.7%、17.7%、22.5%、22.4%、32.5%、30.0%、29.0%、22.0%、21.7%、19.4%、21.3%。二是地方税收收入突破5亿元大关，收入规模创历史新高。贺州市地方税收收入从2亿元跨越到3亿元经过了4年的努力，从3亿元跨越到4亿元经过了2年的努力，从4亿元跨越到5亿元仅经过了1年的时间。三是营业税、企业所得税、个人所得税稳居主体地位。2008年，营业税收入22981万元，同比增长24%，占地税收入比重的45.25%；企业所得税收入4999万元，同比增长30.8%，占地税收入比重的9.84%；个人所得税收入6691万元，受政策因素税前扣除标准提高的影响，个人所得税与上年比只增长了2.6%，占地税收入比重的13.17%。以上三个税种总收入为34671万元，占地税收入比重的68.27%，体现了三大税种的主体地位。四是各税种收入全面增收，营业税、企业所得税、土地使用税是拉动税收增长的主要动力。2008年，各税种全面增收，同比增幅最高的是土地使用税，增长89.8%，增幅最小的是烟叶税，增长0.8%。营业税收入22981万元，同比增长24%，对贺州市地方税收收入增长的贡献率为49.85%；企业所得税收入4999万元，同比增长30.8%，对贺州市地方税收收入增长的贡献率为13.22%；土地使用税收入1632万元，同比增长89.8%，对贺州市地方税收收入增长的贡献率为8.67%。五是非公有制经济是地方税收收入来源的主要支柱。税收收入分企业类型看，非公有制经济2008年实现地方税收收入33872万元，同比增长22.32%，占贺州市地方税收收入的比重为70.66%，是地税收入来源的主要支柱。六是第二产业税收贡献突出。2008年，第二产业地方税收收入22768万元，同比增长37.7%，占贺州市地方税收收入的比重为47.49%，对地方税收收入增长的贡献率为77.04%。采矿业、制造业、建筑业实现较快增长，同比分别增长32.16%、24.52%和46.62%。七是六个征收单位税款全面增收，收入增幅差距大。最高的平桂管理区地方税务局（增长53.1%）和最低的昭平县地方税务局（增长9.4%）相差了43.7个百分点。

【税源分析】一是贺州市工业经济运行质量提高。制造业实现税收2737万元，同比增长24.52%；电力业实现税收4184万元，同比增长21.35%。二是项目工程投资拉动，金融机构各项贷款余额增长，促进了金融保险业营业税的增长，金融保险业实现税收4160万元，同比增长48.1%。三是社会消费活跃、人民生活水平的提高及物价上涨，推动了商业及服务业地方税收增长。全市居民消费价格总指数同比上升了8.6个百分点，商品零售价格指数同比上升8.6个百分点。2008年住宿餐饮业营业税、租赁和商务服务业营业税分别实现税收1332万元和1944万元，同比分别增长5.46%和1.46%。四是基本建设投资增加，项目工程进度加快，入库工程项目税收13747万元，同比增长46.6%，其中建筑业营业税收入10502万元，同比增长57.6%。五是加强税务稽查力度，企业所得税收入4999万元，同比增长30.8%。六是税收政策影响税收收入明显。增收方面：单位税额调高，2008年资源税入库1504万元，同比增长50%；车船税入库363万元，同比增长53.2%；土地使用税收入1632万元，同比增长89.8%；从2007年11月1日起，对转让土地使用权、商用房、别墅住宅按3%核定征收土地增值税，土地增值税2008年入库2056万元，同比增长19.3%。减收方面：执行西部大开发优惠政策，共审批减免49户企业，减免税款2357万元；受冰冻雨雪自然灾害及全球性金融危机等不确定因素的影响，房地产业税收收入5788万元，同比下降10.97%，房地产业营业税收入3258万元，同比下降19.5%。

各项工作

【重点税源监控】一是将2007年度缴纳地方税

收收入30万元以上的企业全部纳入2008年重点税源监控范围。年内共有重点税源企业99户，比2007年增加10户，其中达到国家税务总局监控标准的企业14户，比上年增加5户。99户重点纳税户分别由5个征收单位、14名税收管理员实行监控；99户重点纳税户共缴纳税收收入15815万元，比上年增加576万元，增长3.78%，占贺州市地方税收收入的31.14%。二是加强重点税源监控管理工作。明确各级管理人员的职责范围，优化税收管理员配置，将熟悉税收政策、懂财务管理、熟练掌握纳税评估的人才充实到重点税源岗位，以实现管理效益最大化。三是加强监控数据的分析利用，服务税收征管工作。通过对数据的分析利用、税源结构对比分析，掌握税源增长变化趋势，以达到掌握税源形成过程、防止税基侵蚀、服务税收征管工作目的；按照精细化、科学化管理的要求，将重点监控与日常工作相衔接，真正提高征管的质量和效率，发挥其应有的监督、分析、预测、决策作用。四是完善重点税源监控机制，促进税源监控绩效提高。完善税源管理考核奖罚机制，有效调动相关人员的积极性、主动性和责任心，提高重点税源监控能力，确保重点税源税收的及时、足额入库。五是加强培训，不断提高税收管理员的综合素质。贺州市地方税务局2008年举办了2期重点税源调查与分析系统培训班，培训人员35人。

【税收征管】一是大力推行税收管理员制度。进一步提高了工作效率，切实解决“疏于管理，淡化责任”的问题，落实欠税公告制度，加大清缴欠税力度，建立欠税档案，有效地减少了欠税的发生；进一步夯实税源基础，同时做好纳税户籍的信息采集与录入、代收工会经费软件在广西地方税务信息系统的嵌入和应用，不断提高税收征管水平和质量。二是进一步加强对发票和户籍的管理。发票管理方面，加强以票控税的力度，通过严格代开程序，加强发票代开人员的管理，明确岗位责任，做到票款分离，确保税款及时足额入库；进一步健全发票管理制度，强化发票内部管理，做好发票的印制、领购、缴销等工作；同时加强征管部门与稽查部门合作，联合打击发票制假售假，对发票实行不定期检查。2008年共检查了纳税户542户次，有问题的17户次，违法发票份数1027份，处罚17户，罚款金额4.5万元，涉税金额21.34万元。户籍管理方面，加强与工商、国家税务等部门的合作，加大巡查力度，定期清查漏征漏管户，办证率不断提高。2008年，贺州地方税务局的管户情况为：个体工商户14039户、企业2320户（市、县区两级）。其中国有企业372户、集体企业215户、私营企业632户、外资企业57户、有限责任公司523户、其他企业521户，办证率达99.74%。三是大力开展部门政务协作，继续深入开展委托代征工作。交通运输业方面：2008年，贺州市（不含三县）交通运输业地方税收入库798万元。资源税方面：在地方党委政府的协调下，从2008年5月开始，决定由公安部门在销售炸药环节代征大理石和石灰石资源税。截至12月底，八步区和平桂区公安部门代征入库大理石、石灰石资源税242.58万元。四是加强规范房地产业征管，扎实做好改革准备工作。由市政府牵头，财政、国税、地税、房管、国土和建规部门共同参与，开展了卓有成效的房地产税收一体化征管改革准备工作。经市政府批准，贺州市房地产税收一体化征收管理中心于2008年10月1日正式挂牌运行，截至12月底，该中心征收入库地方税费195.1万元。

【税务稽查】2008年，贺州市地方税务稽查部门以深入开展整顿和规范税收秩序为主线，以查处大案要案和专项检查为重点，切实规范稽查执法行为，强化稽查队伍建设，积极拓展稽查工作思路，加大稽查工作力度，整顿和规范税收秩序工作取得了较好效果。贺州市地方税务稽查部门共检查纳税户106户，查补税款总额2025.54万元，同比增加1511.92万元，增长294%，入库税款1507.1万元。充分发挥了稽查部门的职能优势作用，有效堵塞了税收征管漏洞。

【税收执法】一是认真抓好税收执法检查工作。2008年8月1日至9月20日，在贺州市地方税务系统联合开展2008年税收执法检查、税务执法监察和税收征管质量检查工作。检查以贺州市地方税务局直属机构、各县（区）地方税务局、城区一线征收单位为对象，检查面达100%，并对检查情况进行通报，要求责任单位对自身存在的问题进行彻底整改。二是规范审理程序，进一步提高重大税务案件审理质量与效率。进一步加强了对重大税务案件工作的协调指导，加强与送审单位的沟通和协调，认真履行初审职责，严把重大税务案件审理初审关，为进一步提高案件审理质量打下了基础。三是切实做好税务行政复议工作。2008年12月，纳税人张某向贺州市地方税务局申请行政复议，要求退还直属税务分局2005年征收的一笔税款。经审核，张某的复议期限已经届满，同时张某的申请要求没有法律依据，只是直属税务分局征收税款填开的完税证存在笔误。经过税务人员对申请人耐心讲解相关税收法律、法规知识后，申请人张某在贺州市地方税务局正式作出是否受理决定之前主动撤回申请，直属税务分局也对相应的完税证进行更正处理。四是继续跟踪调查有关税收政策的贯彻落实情况，切实按照自治区地方税务局要求，做好下岗再就业税收优惠各项数据的汇总分析工作。五是深入开展“五五普法”工作。2008年7月16日，自治区“五五普法”中期督导检查组到贺州市地方税务局开展“五五普法”中期督导检查工作，贺州市地方税务局顺利通过“五五普法”中期检查。六是做好税收法制业务知识培训。2008年6月、9月举办了两期业务培训班。培训内容涵盖税法学基础、税收征管法实务、税务行政处罚、税务行政复议、税务行政诉讼等方面的基础知识，并结合历年税收执法检查、税务执法监察发现的各种问题进行分析讲解。

【纳税服务】一是开展了地方税务机关征管效能建设调研活动，对地方税务系统现行涉税事项办理流程进行整合，在“一窗式”的基础上，科学合理地简化了办税流程，缩短了办理涉税事项的时限。二是实行“一站式”管理和一次性告知制度，凡纳税人需要到税务机关办理的各项涉税事宜，统一归并到办税服务厅。当纳税人提供的资料不全时，税务人员必须以《纳税事宜提示告知书》的形式一次性告知所缺少的所有资料。三是落实好文明办税“八公开”和“八项承诺”制度，编印了《贺州市地方税务系统办理日常涉税业务告知事项及温馨提示》，放置在办税服务场所供纳税人阅读，为纳税人办税提供了方便。四是加强检查和指导，对基层地方税务部门在纳税服务工作中存在的问题及时予以解决，进一步提升纳税服务质量。

【税法宣传】一是邀请贺州市市委常委、常务副市长潘志金于4月2日晚作税收宣传月电视讲话，正式拉开贺州市税收宣传月活动序幕。二是举办以“税收·发展·民生”为主题的摄影比赛，让社会各界更直观地了解税收与发展、民生的关系，进而更加理解和支持税收工作。三是组织税法宣传小分队开展送税法上门活动，编印现行税收优惠政策读本4000册发放给纳税人，受到了纳税人的广泛好评和肯定。四是与贺州市电视台联合推出以“税收·发展·民生”为主题的税收宣传系列节目，采取连续报道的形式，全面反映贺州市地方税务系统近年涌现出来的先进集体、先进个人的事迹，展示公正执法的地税形象；在《贺州日报》连载《税收政策问答》栏目、在贺州电台开辟《地税时空》节目，开展税收政策专题宣传，扩大了税收宣传的时间和空间。各县（区）地方税务局也结合实际，开展了各种形式的宣传活动。贺州市地方税务局开展的“《税收优惠政策选编》促税企和谐发展”活动还被自治区地方税务局评为2008年税收宣传月活动优秀创新项目。

【信息化建设】一是进一步完善基层网络建设。对现有四级网络进行改造，贺州市地方税务系统各乡镇分局已升级为采用2M光纤联网，提高了网络连接速度，增强了网络稳定性和可靠性；因地制宜，对钟山、富川、昭平三县局的办公楼原有网络综合布线重新评估，制定了三个县局办公楼网络综合布线方案并呈报自治区地方税务局审批；对平桂管理区地方税务局原西湾分局办公楼进行简易网络布线，确保平桂管理区地方税务局办公网络投入正常运转。二是做好各系统软件的推广应用及升级维护工作。对广西地税信息系统税款征收预算级次和上缴金库进行调整，并经过反复测试演练，确保平桂管理区地方税务局成立后税款入库级次和上缴金库正确无误；指导各征收单位深化推广应用财税库行联网系统，成功搭建起升级服务器，将广西地税信息系统升级到自动升级版；深入企业升级维护个人所得税扣缴系统，进一步加强个人所得税的监管力度；完成房地产一体化管理软件的设计指导工作，对房地产交易行为有关涉税信息进行控管，使税务征收机关和协税部门互相掌握房地产交易和税收征收管理信息；做好贺州市地方税务局互联网站前期准备工作及日常技术维护，为全市地方税务局互联网站的正常运转提供技术支持；做好广西地税信息系统和公文处理系统后台数据维护备份工作，处理日常工作中各系统软件出现的各种问题；在贺州市地方税务局机关计算机安装党风廉政建设宣传图片资料，让每位同志在打开电脑的同时能接受一次党风廉政教育，时刻保持清正廉洁的工作作风。三是创新深化信息化培训工作，全面提升全员信息化应用能力。推行计算机专业人员跟班培训机制，贺州市地方税务局调配贺州市基层计算机专业人员轮流到全市地方税务局计算机中心跟班培训，通过学习各种系统软件的日常应用与维护，现场跟随计算机信息管理中心人员学习解决各类软、硬件故障，培养了后备技术力量；通过分期、分批的方法针对贺州市地方税务局机关人员举办了两期课件制作培训班，针对平桂区地方税务局机关人员举办公文处理应用培训班，针对平桂区地方税务局各基层分局助征员举办开票应用强化培训班等。四是进一步加强信息安全管理工作。深入落实信息安全管理工作，及时升级防毒软件，定期查杀电脑病毒。对被病毒感染严重的计算机，实施隔离查杀病毒；对电脑病毒进行预告和防范，及时发布病毒预防通告，开展税务信息系统安全检查，确保计算机和网络安全、稳定。

队伍建设

【机构人员设置】贺州市地方税务局下辖钟山县地方税务局、昭平县地方税务局、富川县地方税务局、八步区地方税务局、平桂管理区地方税务局，共有35个基层分局（税务所）；全市地方税务局设内设机构8个，直属机构2个，直属事业单位1个。截至2008年底，全市地方税务系统共有干部职工451人，其中，干部379人、工人10人、助征员62人。

【领导班子建设】一是始终把学习作为加强班子建设的一项重要内容，以开展继续解放思想大讨论活动为契机，领导班子成员带头开展政治理论学习，坚持用党的十七大精神武装头脑、指导实践、推动工作。二是认真贯彻《党政领导干部选拔任用工作条例》，制定下发《贺州市地税系统科级领导干部、基层分局长（所长）选拔、任用、管理工作暂行办法（试行）》，努力建设一支德才兼备、实绩突出、群众公认、认真实践“三个代表”重要思想的高素质中层领导干部队伍，在全市地方税务系统中形成“想干事、能干事、干成事”的氛围。2008年，结合正科级领导干部缺位补充配备工作，进一步优化班子结构，共提拔任用县（区）局“一把手”3名，提拔内设机构正科级领导3名，提拔副科级领导5名。三是严格执行党组会议事制度、局长办公会议事制度和局务会议事制度等，确保班子决策的正确性、科学性，使整个班子真正做到思想上合心、工作上合力、行动上合拍。四是认真开好民主生活会，2008年11月28日召开党员领导干部民主生活会，通过广泛征求意见，开展谈心交心、批评与自我批评等活动，促进班子的团结和谐。

【干部队伍建设】一是按照《中华人民共和国公务员法》的要求，从德、能、勤、绩、廉等方面强化对干部年度考核工作。2008年度，贺州市地方税务系统评选优秀等次公务员68人，称职等次公务员311人，没有不称职等次人员。给予盛荣等68位同志嘉奖，在处级干部考核中，唐发江、陆浩平等2名处级干部被自治区地方税务局评为优秀等次。二是加强干部队伍的交流和跟班学习，不断加大干部的换岗交流力度，丰富他们多岗位的工作经验。三是加强税务文化建设，开展了提炼贺州地税精神活动，形成了“秉公执法、务实创新、和谐兴税、奉献贺州”的贺州地税精神。四是加强工青妇等组织建设，2008年5月选举成立了贺州市地方税务局共青团委员会和妇委会，2008年7月选举成立了局机关工会委员会，且首次设立专职人员负责工会和妇委会的工作，为各项群团工作的开展奠定了坚实的基础。

【思想政治工作】2008年，贺州市地方税务局按照新时期税收工作指导思想的要求，以构建共享和谐为目标，充分发挥思想政治工作的“教育引导、激励鼓舞、稳定助推、凝心聚力”的作用，积极抓好全系统思想政治工作。把学习贯彻党的十七大精神和“三个代表”重要思想作为首要的政治任务，紧密结合全面贯彻落实科学发展观的实践，以学理论、促工作为出发点，认真抓好各级地方税务党组中心组理论学习。抓好党员干部理论学习，深入学习贯彻党的十七大和十七届三中全会精神，积极开展党的十七大知识竞赛活动；学习胡锦涛同志考察广西工作时的重要讲话精神及自治区党委郭声琨书记、自治区组织部部长陈向群同志在全区思想政治工作座谈会上的讲话精神；围绕落实执法为民、聚财为国的工作宗旨，紧密联系大力推进思想政治工作“十个一”工程。大力开展优秀领导班子创建活动，全面贯彻民主集中制原则，认真开好领导干部民主生活会。成功举办了一期贺州市地方税务系统羽毛球比赛和“地税之春”文艺晚会。积极参加全区继续解放思想大讨论活动，进一步解放思想，开拓创新，不断提升各级领导班子和干部队伍的理论水平，夯实了顺利推进税收工作的思想基础。

【精神文明建设】围绕税收中心工作认真组织和引导广大地方税务干部广泛开展创“文明单位”、“青年文明号”和“巾帼文明示范岗”等精神文明创建活动，并取得了显著的成绩。2008年3月，钟山县地方税务局钟山税务分局办税服务大厅荣获“广西三八红旗集体”称号；4月，贺州市地方税务局荣获“文明卫生单位”称号；5月，八步区地方税务局办税服务大厅被授予“广西五一巾帼标兵岗”荣誉称号；7月，富川县地方税务局富阳税务分局被授予“全国巾帼文明示范岗”荣誉称号；7

月，钟山县地方税务局钟山税务分局继续被认定为“全国青年文明岗”；贺州市地方税务局稽查局黄安根同志被评为“广西青年岗位能手”。

【党风廉政建设】一是认真贯彻落实党风廉政责任制。贺州市地方税务局分别与各县（区）地方税务局和贺州市地方税务局二层机构及内设各部门签订了2008年度党风廉政建设责任书。各县（区）地方税务局也与所属单位签订党风廉政建设责任书，把责任层层分解落实。二是加强对县（区）局“一把手”的监督管理，开展廉政谈话活动，做好离任审计工作。贺州市地方税务局及部分县（区）局领导对下属单位负责人进行了廉政谈话，全市地方税务局谈话人数8人次，八步区地方税务局谈话人数8人次，钟山县地方税务局谈话人数6人次，富川县地方税务局谈话人数5人次。贺州市地方税务局还对4名新提任的中层领导干部进行了任职谈话，同时对八步区地方税务局原局长离任做好离任审计工作，加强廉政监督。三是严格落实廉洁自律制度，全市地方税务系统各级领导班子及成员严格执行《党风廉政建设责任制》及相关条规、领导干部廉洁自律的各项规定等。四是认真开展清理“小灵通”与单位办公电话捆绑使用工作，共清理出4部公款购置的“小灵通”。要求使用者将“小灵通”交回单位，取消号码，发生的话费按文件要求进行处理。五是印发了《贺州市地税系统2008年教育培训计划》和《贺州市地方税务局开展反腐倡廉教育工作实施方案》，把廉政宣传教育工作与干部业务培训、争先创优、“青年文明号”、“巾帼建功”融合在一起。六是开展形式多样的教育活动，推动廉政宣教工作扎实开展。2008年2月开始，贺州市地方税务局扎实有效地开展继续解放思想大讨论活动，共召开座谈会6次，参加座谈人员达110人次。通过广泛的调研，找准了存在的问题，形成相关调研文章。其中《贺州市石灰石资源税征管情况调研报告》、《贺州市交通运输企业地方税收征管情况调研报告》2篇调研文章的成果已运用到了实践上。在全市地方税务系统内开展了“坚持勤政廉政，促进科学发展”主题教育活动；大力开展“读书思廉”教育活动，选出5篇优秀心得体会上报自治区地方税务局，其中3篇获自治区地方税务局发表；开展以机关倡廉、家庭助廉、读书思廉、网络宣廉、示范带廉五项活动为主要形式的廉政文化建设活动。

【税务纪检监察】一是建立全市地方税务系统预警机制，继续做好重点岗位、重点环节监督工作。2008年发布预警信息2期共11条，有效增强了贺州市地方税务系统反腐倡廉建设的科学性和预见性；2008年3月24日，贺州市地方税务局召开重点岗位、重点环节监督工作会议，机关各职能部门负责人、直属机构负责人等15人参加；2008年5月下旬，贺州市地方税务局监察室对各县（区）重点环节、重点岗位监督管理工作进行了检查，对检查发现的问题提出了整改措施，确保工作落到实处；贺州市地方税务局还选定钟山县地方税务局和贺州市地方税务局直属税务分局为重点岗位监督管理试点单位，从试点工作开展情况看，成效显著。二是开展税务执法监察，防范执法风险。2008年8月18～29日，贺州市地方税务局开展了税收执法检查、税务执法监察和征管质量检查工作，分别对各县（区）局、贺州市地方税务局直属单位进行重点检查。经对各考核对象重点检查后，检查组及时向考评对象反馈检查情况，肯定好的做法，指出存在问题，分析存在问题的原因，并予以通报，以便及时整改。三是加强思想道德和党纪国法教育。贺州市地方税务局组织全系统干部参加《行政机关公务员处分条例》考试，应试人数386人，实际参考人员386人；2008年11月，全市地方税务局还组织机关科级以上党员干部学习党的十七大反腐倡廉精神知识考试；组织干部职工收看《公仆》、《真水无香》等事迹教育片，学习自治区地方税务局转发《梧州市地方税务局关于万秀区地方税务李剑文挪用税款案件的通报》、《贵港市地方税务局关于谭伟华、高子敬受贿案的通报》，筑牢税务人员拒腐防变的思想道德防线；举办预防职务犯罪警示教育讲座。如富川县地方税务局于2008年5月15日举办了一期预防职务犯罪警示教育讲座；钟山县地方税务局也于同日举办了以“反腐倡廉　教育是基础　廉洁从政是为官之本”为主题的党风廉政教育报告；2008年11月27日，贺州市地方税务局举办贺州市地方税务局2008年党风廉政暨预防职务犯罪知识讲座，邀请市检察院副检察长陈琴给机关干部上廉政教育课。四是畅通诉求渠道，认真开展信访举报工作。2008年贺州市地方税务局共收到自治区地方税务局来信转办案件2件，市局及时派出监察室人员对举报内容进行调查核实，并进行了妥善处理。五是认真做好纪检监察的日常工作。认真做好监察报表、档案工作；按照自治区地方税务局的要求，积极做好《广西地税系统廉政文化画册》、《广西地税系统违纪违法典型案例剖析警示教育》部分内容的编写工作；积极开展领导干部接访活动。

【教育培训】贺州市地方税务局党组针对全市地方税务系统干部职工业务素质的特点，重点对基层税务人员，特别是税收管理人员、税务稽查人员和计算机人员进行业务技能和应知应会的业务培训。据初步统计，2008 年共组织开展各类教育培训 23 期，举办专题讲座 1 次，受训人数达 500 多人次，有效地提高了税务人员的综合能力。在做好日常培训的同时，积极参与上级组织开展的各类培训班。组织（选派）2 名处级领导干部和 2 名业务骨干到湖南省长沙培训中心、辽宁省大连国税培训中心和江西省税务学校参加更新知识培训和业务知识培训；22 名科级以下干部参加自治区地方税务局举办的各类专门业务知识培训班。根据贺州市地方税务系统的教育培训工作实际及广西区党委组织部的统一要求做好培训登记工作，全市地方税务局统一购买了 400 本广西在职干部全员培训登记证书，分发到各县（区）地方税务局做好培训情况登记工作，尤其是对近两年来的教育培训情况没有登记的要补充登记，逐步加强对教育培训相关档案的管理，并把培训结果作为考核干部的重要依据，做到不培训不提拔。

（陆兴喜　叶远芬　魏宏宁　黄　燕）

来宾市地方税务局

经济概况

2008 年，来宾市全年完成国内生产总值（GDP）271.59 亿元，按可比价计算，同比增长 12.8%。其中，第一产业完成增加值 76.16 亿元，同比增长 5%；第二产业完成增加值 116.03 亿元，同比增长 15.8%；第三产业完成增加值 79.4 亿元，同比增长 16%。第一、第二、第三产业对经济增长的贡献率分别为 11%、54.2%和 34.8%。地区生产总值连续 6 年保持两位数增长率，年均增长 13.2%。全市围绕农业增效和农民增收目标，继续加大农业和农村经济结构调整力度，实现农业生产稳步发展。全年农、林、牧、渔业总产值实现 122.08 亿元，同比增长 5.3%，农、林、牧、渔业分别增长 3.9%、19.9%、6.8%和 1.3%。来宾市努力克服冰冻灾害，积极应对国际金融危机，实现工业生产平稳增长。全市完成工业增加值 102.41 亿元，同比增长 13%，工业对经济增长的贡献率达 40.5%。但由于受原材料价格大幅上涨等不利因素影响，经济效益总体水平呈回落态势。规模以上工业利润总额实现 3.04 亿元，同比下降 82.5%；工业经济效益综合指数 201.3，比去年回落 50.3 个百分点。全社会固定资产投资达 122.2 亿元，同比增长 34.7%，完成年初计划目标的 103.6%。来宾市有计划总投资超过 3000 万元以上的重大项目 123 个（不含房地产开发项目），同比增加 45 个；共完成投资 72.1 亿元，同比增长 41.4%；3000 万元以上项目投资占全社会固定资产投资的 57.0%，比上年提高 2.7 个百分点，拉动全社会固定资产投资增长 22.5 个百分点。全市全年社会消费品零售总额达 56.19 亿元，同比增长 24.0%，为 2002 年建市以来最高增速。其中国有经济实现消费品零售额 1.20 亿元，同比增长 7.4%；集体经济实现消费品零售额 0.92 亿元，同比增长 3.3%；以个体经济为主的非公有制经济消费品零售额增速快于国有经济，实现消费品零售额 54.07 亿元，同比增长 24.8%。来宾市财政收入实现 30.29 亿元，同比增长 16.2%，建市 6 年来，财政收入年均增长 19.8%。当年年末金融机构各项存款余额 210.73 亿元，比年初增长 21.1%，其中居民储蓄存款余额 99.26 亿元，同比增长 19.2%；金融机构各项贷款余额 111.47 亿元，同比增长 26.5%。全市外贸进出口总额 52268 万美元，同比增长 117.1%。其中进口 32068 万美元，同比增长 195.1%；出口 20201 万美元，同比增长 52.9%。全市全年实际利用外资 2650 万美元，同比增长 29.7%。全市全年农民人均纯收入实现 3767 元，同比增加 522 元，增长 16.1%。城镇居民人均可支配收入 14037 元，同比增长 16.1%。全市城镇新增就业人员 1.55 万人，同比增长 30%；城镇登记失业率为 3.59%，低于自治区控制数 5.9%。

税收概况

【收入完成情况】来宾市地方税务系统以组织收入为中心，不断强化税收征管，共组织各项收入 85260 万元（按自治区地方税务局考核口径，不含防洪保安费、文化事业建设费、地方教育费附加、工会经费、残疾人就业保障基金，下同），同比增收 16274 万元，增长 23.59%。完成自治区地方税务局下达年度收入任务 79300 万元的 107.52%，完成自治区地方税务局调整后年度确保收入任务 86600 万元的 98.45%（组织市、县级收入 81360 万元，同比增收 15241 万元，增长 23.05%，完成来宾市人民政府调整后的年度收入任务 80000 万元的 101.70%）。其中，税收收入 81105 万元，同比增收 16523 万元，增长 28.58%；教育费附加收入 4155 万元，同比减收 250 万元，下降 5.68%。

【收入特点】1. 从纳入考核的七个征收单位来看，所有征收单位都完成来宾市地方税务局下达的年度收入任务，金秀县地方税务局、武宣县地方税务局、象州县地方税务局、直属税务分局、合山市地方税务局、忻城县地方税务局、兴宾区地方税务局分别完成年度任务的 122.54%、116.00%、113.85%、107.77%、106.35%、103.93%、101.51%。金秀县地方税务局、武宣县地方税务局、象州县地方税务局、直属税务分局增幅高于来宾市局平均增幅，分别为 44.02%、43.61%、30.43%、30.09%。

2. 从经济类型看，除集体企业收入同比下降 3.68%外，国有企业、股份合作企业、股份公司、私营企业、涉外企业、其他企业收入分别为 14029 万元、405 万元、42476 万元、1321 万元、3375 万元、16597 万元，同比分别增长 22.89%、305.00%、32.24%、26.41%、15.74%、18.79%。非公有制经济收入 64174 万元，占全市地方税务系统组织税收收入 81105 万元的 79.12%，其中股份公司实现税收收入 42476 万元，占全市地方税务系统组织税收收入的“半壁江山”。

3. 分产业来看，第二产业实现税收收入 43106 万元，同比增收 7195 万元，增长 20.03%；第三产业实现税收收入 37999 万元，同比增收 9321 万元，增长 32.50%（剔除耕地占用税 1941 万元部分，同比增长 25.73%）。

4. 从各税种看，一是四大主体税种总收入 69349 万元，同比增收 12708 万元，增长 22.43%，占全市地方税务系统组织税收收入 81105 万元的 85.50%。其中，营业税收入 32259 万元，同比增收 6904 万元，增长 27.23%；企业所得税收入 17693 万元，同比增收 4797 万元，增长 37.11%；个人所得税收入 11749 万元，同比增收 1380 万元，增长 13.31%；城市维护建设税收入 7648 万元，同比减收 373 万元，下降 4.65%。二是非主体税种收入为 11756 万元，同比增收 3815 万元，增长 48.04%，占全市地方税务系统组织税收收入 81105 万元的 14.50%，对总体收入的增长作用不明显。除资源税同比减收下降 8.06%外，城镇土地使用税收入同比增收 408 万元，印花税收入同比增收 363 万元，土地增值税收入同比增收 706 万元，房产税收入同比增收 258 万元，车船税收入同比增收 295 万元，等等。

5. 地方税收收入在全区排名靠后。由于来宾市经济总量不大，规模小，全市地方税务系统仅组织各项收入 85260 万元，同比增收 16274 万元，增长 23.6%，在列入自治区地方税务局考核的 15 个征收单位中，来宾地方税收收入规模排名第 13 位，收入增幅排名第 10 位。

【税源分析】各项收入增收的主要因素：

1. 来宾市经济运行继续保持平稳态势。前 11 个月全市规模以上工业完成增加值 61.51 亿元，同比增长 9.1%，比上年同期回落 18.2 个百分点。与税收相关性较大的工业增加值、全社会固定资产投资额、社会消费品零售总额等各项主要经济指标总体保持增长，为税收收入的较快增长奠定了基础，主要税种增长与对应经济税源增长基本相适应。

(1) 来宾市三大支柱产业（制糖、冶炼、电力）前 11 个月累计完成工业增加值 49.40 亿元，同比增长 7.1%，拉动规模以上工业增长 5.9 个百分点。其中制糖业增长 23.5%，拉动工业增长 5.1 个百分点；铁合金业增长 30.4%，拉动工业增长 4.2 个百分点；电力业下降 7.3%，负拉动工业增长 3.4 个百分点。

一是制糖业虽受冰冻灾害影响，产糖率有所下降，但各企业都开足马力满负荷甚至超负荷生产，榨糖能力增加。来宾市 14 家制糖企业实现地方各税 11423 万元，同比增收 2579 万元，增长 29.17%。其中，申报缴纳企业所得税 8198 万元（有两家为外资企业，企业所得税由国家税务部门征收），同比增收 2586 万元，增长 46.07%，占来宾市地方税务系统组织企业所得税入库 17693 万元的 46.33%。

二是铁合金冶炼业市场价格走高，价涨量增，产品销售形势喜人，带动行业生产增长。该行业实现地方各税 7549 万元，同比增收 1594 万元，增长 26.75%。作为来宾市的龙头企业——广西八一铁合金（集团）有限责任公司缴纳地方各税 6254 万元。

(2) 受投资拉动的影响，来宾市前 11 个月完成全社会固定资产投资 105.09 亿元，同比增长 36.1%，带动了相关行业税收收入的增长，如建筑业实现税收收入 13748 万元，同比增收 3557 万元。

(3) 来宾市 2008 年累计实现社会消费品零售总额 50.91 亿元，同比增长 24.2%，其中住宿餐饮业实现零售额 8.24 亿元，相应的住宿餐饮业实现税收收入 1521 万元，同比增收 295 万元，增长 24.06%。

(4) 受金融企业中长期信贷投放保持增势的影响，金融业营业税收入增幅较大，全年实现金融业营业税收入 3306 万元，同比增收 1023 万元，增长 44.81%。

2. 政策性增收。由于城镇土地使用税税额提高和征收范围扩大，全年共组织城镇土地使用税 1848 万元，同比增收 408 万元，增长 28.33%。

3. 加强对重点行业、重点税源的监控工作。按照区局要求，将上一年度缴纳地方税收收入 30 万以上的 145 户企业全部纳入重点税源监控范围，挑选出 15 名素质较高的干部作为重点税源管理员，人均管户 10 户左右，按月编制重点税源监控报表，按季度召开税源分析会议，并形成分析报告，及时掌握税源的变化情况。2008 年共缴纳地方各税 45103 万元，占组织税收收入 81105 万元的 55.61%。

4. 加大企业所得税汇算清缴力度，企业所得税汇算清缴入库 5977 万元，同比增收 2577 万元，增长 75.79%。

5. 加大税务稽查力度，各级稽查局共检查纳税户 92 户，有问题 57 户，查补各项税款入库 1260 万元。

6. 加大清理欠税工作，清理欠税入库 400 万元。

7. 加大重点工程项目监控管理。当年监控的新、续建重大工程项目 65 项，缴纳地方税 3514 万元，占总收入 85260 万元的 4.12%。

8. 加强对个体工商户的税收征管工作，当年 19377 户个体工商户实现税收收入 9870 万元，同比增收 2339 万元，增长 31.05%。

9. 一次性收入对税收收入的影响。主要是中国国电集团合山发电厂提前收取厂房租金收入近 4.8 亿元，申报缴纳营业税 2167 万元，而去年同期该项税款只入库 336 万元，同比增收 1836 万元。

各项收入减收的主要因素：

1. 政策性减收 18334 万元。一是执行统一的内外资企业所得税税率减收企业所得税 1307 万元；二是部分企业享受西部大开发税收优惠政策造成企业所得税减收 12129 万元；三是批复报损的财产损失直接减收企业所得税 2511 万元；四是设备技术改造项目抵免造成企业所得税减收 1946 万元；五是个人所得税费用扣除标准提高，减收工薪个人所得税 441 万元。

2. 由于金融危机造成对实体经济的影响，冶炼、电力等三大支柱产业也受大宗商品期货价格下降的冲击，造成城市维护建设税同比减收 373 万元，下降 4.65%。

3. 一次性收入对组织税收收入的影响。

4. 受冰冻灾害和水灾等自然灾害的影响，电力业等地方各税同比减收 2904 万元。

各项工作

【重点税源监控】来宾市地方税务局年初制定了重点税源监控管理实施办法，提出了重点税源监控的具体内容、方法和标准，推出了领导干部挂点监管的新做法，同时对考核与监督也作出了具体的规定。平时科室人员经常深入基层与重点税源纳税户的管理员们直接交流沟通，了解情况，发现问题，加强指导。通过各种有效办法与措施，促进了重点税源监控水平的提高。2008 年，全市地方税务系统重点监控年纳税额 10 万元以上的纳税户共 350 户，占当年纳税总户数的 2.01%，年纳税总额为 55227 万元，占年度总收入的 68.09%；而 2007 年重点监控的纳税户只有 314 户，占当年纳税总户数的 1.42%，年度纳税总额只为 44284 万元，占年度总收入的 64.2%。

【税收征管】

1. 扩展思路，税收户籍管理得到进一步的加强。2008 年底，来宾市地方税务系统税务登记纳税户总数为 21798 户，其中内资企业 2382 户，港澳台投资企业 17 户，外资及外国企业 22 户，个体工商户 19377 户。当年全市纳税户比上年新增

3600户，入库各项地方税收1949.59万元，占1～12月份全市地方税收收入的2.4%。采取的主要措施有：一是加强与国税、工商等相关部门的配合，定期取得国税、工商部门的户籍、税款核定等数据信息和税源资料，并进行比对、分析、核查，加强户籍管理。二是结合广西地税信息系统升级、实行数据大集中的工作，认真做好纳税人开户、变更、停复业、注销、外出经营报验登记管理工作。三是建立“两册一会一报告”为主要内容的管理机制，将对纳税户的管户责任落实到税收管理员，加强对辖区管户的日常巡查和清理，大力减少漏征漏管户。

2. 全面、深入地落实税收管理员制度，重点税源管理效率、质量和执法水平有明显提高。一是通过完善制度，细化税收管理员的职责，将管户责任落实到人等措施，增强了各税收管理员的责任意识，税源分析、预测的能力有了提高。二是通过机构微调、人员重组，较好地处理了征收服务厅前台与税收管理员的工作连接、税收管理员与稽查员的配合关系，增强了征管合力。三是加强对30万元重点税源户的管理工作，各地均选择工作能力强、业务过硬、责任心强的管理员担任，以确保对税源监管到位，上报资料及时、准确。全市重点税源收入38258万元，同比增长27.3%，占全部入库税款的56.4%，

3. 创新税源管理模式，推行税源专业化管理。部分县（市、区）地方税务局根据本地的实际情况，创新税源管理模式，有针对性地加强税源管理。如兴宾区地方税务局建立了城区、乡镇二级税源监控体系，因地制宜确定各层级重点税源的监控对象，实行分级监控。同时，根据税收的来源，将纳税人企事业单位、个体工商户、房地产、建筑安装等分成若干类由专门税源管理部门实行专业化管理。

4. 发票管理得到进一步加强。一是进一步加强有奖发票的宣传和管理，全年共使用有奖发票3514175份，实现税收2464.6万元。二是认真做好货运税控发票系统的管理工作，全年共开具货运发票20796份，同比增加6916份，增长49.8%。其中自开票2468份、代开票18328份，开具发票总金额43715万元，征收税款2739万元。三是针对不开具发票、开具收据代替发票、开具假发票的行为加大了打击力度。

5. “一费一金”的代收工作平稳有序。2008年，来宾市地方税务系统共入库工会经费1546万元，同比增收640万元，增长70.64%；残疾人就业保障基金代收508万元，同比增收206万元，增长68.21%。一是加强建立地方税务部门同总工会、残疾联合会双方的工作联系制度，明确职责，搞好协作配合，建立了政策信息交流制度。二是加强部门配合，采取有效措施，加大对欠缴工会经费、残疾人就业保障基金的清欠力度。

【税务稽查】来宾市地方税务系统稽查部门加大稽查和专项检查力度，强化稽查能力，严厉打击各种涉税违法行为，以汇总缴税企业、大型餐饮业、房地产业、建筑安装业等行业为重点，集中优势力量开展税收专项检查，实现由普遍稽查向行业专项稽查、重点稽查的转变，提高稽查工作质量和效率。一年来，对35户企业进行了税收重点检查，查结19户，其中有涉税问题的10户，查补税款186.81万元、加收滞纳金4.12万、罚款8.36万元，税款、滞纳金和罚款入库率为100%。

【税收执法】一是进一步抓好《全面推进依法行政实施纲要》的贯彻落实，按照“合法行政、合理行政、程序正当、便民高效、诚实守信、权责统一”的要求，研究建立权责明确、行为规范、监督有效、保障有力的税收执法体系。二是强化税收执法监督，推进税收执法的规范化和法制化，重点研究如何改进税收执法责任制的考核手段和过错责任追究方式。加强规章和规范性文件的备查备案工作，做到有件必备、有备必审、有错必纠。三是建立税收执法风险预警机制，提高税务行政复议和应诉水平。

【纳税服务】来宾市地方税务各征收单位通过完善办税服务设施，落实相关服务制度，加强办税服务厅人员管理，不断丰富服务手段，拓展服务领域，解决了纳税人办税时间过长、纳税人办税难的问题。一是不断完善办税服务硬件设施。一年来，武宣县地方税务局、兴宾区地方税务局、合山市地方税务局等办税服务厅通过追加硬件设施，使办税服务厅更加宽敞、明亮，纳税排队机、电子公告屏幕、咨询服务台、纳税人休息区等设施一应俱全。二是各地完善办税服务厅各个岗位的岗位职责，根据实际需要，加强和补充了办税服务厅的人员，特别是针对纳税期业务量大、纳税人多的情况，安排和补充人员到前台工作，缓解前台的工作压力。三是认真落实首问责任制、限时办结制、纳税服务承诺制三项核心制度以及领导值班制、服务明星评选制、下班延时服务制、预约服务制、一次性告知制以及合理安

排申报期。四是认真落实自治区地方税务局下发的有关一系列简化办税手续的规定，抓好办税服务厅的人员培训工作，规范日常用语和文明礼貌，不断提高办税服务水平。

【税法宣传】来宾市地方税务局在税收宣传月活动中，紧紧围绕“税收·发展·民生”这一主题，重点宣传与公民生活密切相关的税收收入、税收政策、税收管理和纳税服务等有关内容，加强税收工作服务经济社会科学发展大局的宣传，加强税收法律、法规和政策的宣传，加强优化纳税服务的宣传，加强整顿和规范税收秩序的宣传，加强税务队伍建设和税务形象的宣传。通过在“桂中之声”广播电台开设《地税之声》栏目、山歌唱税法、税法宣传卡拉OK比赛、税法宣传广场文艺演出等手段，宣传税收的基本知识，提高纳税人税法遵从度。

【信息化建设】1. 做好广西地税信息系统的升级及培训工作。

(1) 行业代码的升级。按照自治区地方税务局要求，组织所属各县（市、区）地方税务局对全市2.3万多户纳税户的行业代码进行了升级。

(2) 广西地税信息系统的升级。按照自治区地方税务局要求，为广西地税信息系统搭建培训服务器、升级服务器，组织举办了本市地方税务系统广西地税信息系统升级培训班，共同设置系统升级后的部分业务流程、参数。指导各县（市、区）地方税务局进行系统升级设置，及时解决回复各个局在系统升级中出现的问题。在系统进行升级后，密切关注系统的运行情况，及时处理因为升级所带来的问题，耐心解答前台操作人员对系统升级所产生的疑问及不了解的地方。并搭建测试服务器，供操作人员对新系统的功能进行试操作，以熟悉相关流程，保证了新版广西地税信息系统的正常运行。

2. 完成了合山市地方税务局、忻城县地方税务局的综合布线验收工作。

多次到下属合山市地方税务局、忻城县地方税务局进行指导，使这两个下属单位圆满地完成了综合布线工作，并通过了自治区地方税务局的验收。

3. 切实抓好计算机信息系统安全和保密工作。

(1) 加强制度管理。

为确保工作有章可循，制定下发了《来宾市地方税务局计算机信息系统安全和保密管理办法》、《来宾市地方税务系统计算机网络物理隔离管理办法》，严格按规定确定网上信息使用权限，实现税务信息按管理权限在一定范围内有条件地共享。

(2) 抓好具体措施的落实。

为保证工作真正落到实处，由市局计算机信息管理中心负责对各个县（市、区、科室）计算机系统进行监控、管理，发现异常情况，查明原因，及时处理和报告。

为提高税务系统网络和信息安全保障水平，切实做好网络和信息安全保障工作。根据《自治区地方税务局办公室关于开展税务信息系统安全检查工作的通知》（桂地税办发〔2008〕56号）要求，在来宾市地方税务系统开展税务信息系统安全检查工作，目标是分析查找网络与信息系统面临的风险，评估网络与信息系统的安全状况，查找薄弱环节和安全隐患，限期整改，强化信息安全意识，规范信息安全管理，有针对性地进行整改，促进有关工作的落实，提高税务信息系统的安全保障能力，创造良好的网络环境。

规范了市局文件传输服务器即FTP服务器的使用，基本解决由内网应用软件系统增加、信息资源交换频繁而造成网络堵塞的现象，改变了过去由于权限不分而造成重要文件丢失的现象，保证了内网网络通畅及应用软件的安全。

4. 做好计算机安全与病毒防范工作。

一是对通讯服务器等设备的定期、不定期维护和检查，做好各种设备、软件的日常维护工作，定期对各个数据库进行备份，定期检查各种设备运行情况，及时升级杀毒软件，下载系统补丁，提供病毒预警。二是做好电脑设备、UPS设备的维护记录，发现问题及时处理汇报，使全局网络处于良好的运行状态。

5. 完成了本市地方税务系统计算机及附属设备的清理登记与资料归档。

主要是对近年来配发的各类设备进行了全面的摸底登记，通过登记造表、分类，以计算机主机为主建立了一机一档的档案管理制度，使各类设备使用有据可查。

队伍建设

【机构人员设置】2008年，来宾市地方税务局机关共设8个职能科室——办公室、人事教育科、计划财务科、监察室、征管科（计算机信息管理中心）、税政科、所得税科、政策法规科，1个直属事业单位——后勤服务中心，2个直属机构——直属税务分局、稽查局，下辖6个县（市、区）局——兴宾区地方税务局、合山市地方税务局、金秀县地方税务局、武宣县地方税务局、象州县地方税务局、忻城县地方税务局。截至2008年底，来宾市地方税务系统共有干部职工440人，其中处级干部7人，科级干部47人；大中专学历269人，本科以上学历154人；中国共产党党员268人。

【干部队伍建设】通过交流换岗、下派上挂，充实改善本局机关科室的领导力量，对各县（市、区）局和市局直属单位领导班子进行必要的交流、调整和充实，既提高了机关协调、指导地方税务工作的能力，又加强了各级领导班子建设，推动了干部队伍建设。同时，合理调整部分市局机关一般工作人员的岗位，优化队伍结构。一年来，根据工作需要，全市地方税务系统提拔副科级以上领导干部15人，交流换岗11人。此外，认真做好领导干部试用期满考核工作，严格按照《党政领导干部选拔任用工作条例》规定对试用期满领导干部进行考核，主要考核他们在试任职务期间的适应能力、履行职责及廉洁自律的情况，6名干部全部通过考核正式任用。

【精神文明建设】一年来，继续组织本系统认真开展"全国青年文明号"、"全国文明单位"、"巾帼文明示范岗"、"全国税务系统优秀工作者"等申报创建活动，巩固创建成果。其中，兴宾区地方税务局荣获"全国青年文明号"称号，金秀县地方税务局被评为自治区级文明单位。来宾市地方税务局也先后荣获来宾市"先进支教后援单位"、"来宾市2008年北京奥运会志愿者工作先进后援单位"等多种荣誉称号，并被来宾市直工委拟推荐为"来宾市第四批文明单位"。此外，全市地方税务系统部分单位、个人还分别获得了"广西五一劳动奖章"、"广西五四红旗团支部"、"来宾市优秀妇女干部"、"来宾市2008年北京奥运会优秀志愿者"等多种荣誉称号。

【党风廉政建设】1. 围绕主线，落实责任。

（1）层层签订责任状，明确责任。市局党组要求各单位"一把手"要亲自抓，分管领导要具体抓，班子其他成员结合分管的工作抓好责任范围内的党风廉政建设工作，实行"一岗两责"责任制，紧紧围绕责任分解、责任考核、责任追究三个关键环节，细化工作责任和目标要求，层层签订责任状，形成党组（班子）统一领导，党政齐抓共管，纪检监察组织协调，部门各负其责，群众积极支持和参与的工作格局。

（2）开展廉政谈话，增强领导干部廉洁从政意识。市局党组十分重视各级领导班子和领导干部的廉政谈话，班子各成员通过深入基层和约谈等形式，分别与分管部门和所联系县（市、区）局的领导，根据不同情况采取集体或个别约谈的方式进行廉政谈话，充分肯定其取得的成绩，同时指出其存在的问题，并结合反腐倡廉工作的新特点提出整改要求。所属各县（市、区）地方税务局也结合具体情况开展了廉政谈话。2008年，市局领导共开展廉政谈话16次，参与谈话总人数为81人次。其中对新提拔干部开展任职谈话7次，参与谈话15人；对换岗干部开展谈话10次，参与谈话11人。

2. 明确一个主题，开展两项活动。

市局除抓好自治区地方税务局统一部署开展的学习教育活动外，还结合地方税务系统的实际，开展了以"守法规、重品行、保平安、建和谐"为主题的"创建无违法违纪单位"和"创建平安和谐地方税务"两项活动，明确以平安和谐、无违法违纪案件发生为目标，抓好"四个坚持"，筑牢"四道防线"，即坚持以教育引导人，通过廉政文化建设，抓好思想教育，筑牢思想道德防线；坚持以制度规范人，完善制度措施，筑牢机制防线；坚持以监督约束人，强化监督管理，筑牢监管防线；坚持以查案警示人，加大惩治力度，筑牢震慑防线。

3. 加强三个层面的监督管理。

（1）加强对决策层的监督管理。班子的素质影响决策正误，决策的正误关系工作成败。在抓决策层监管方面，市局重点抓班子的民主集中制建设，加强对班子执行会议制度、重大事项决策程序和民主生活会制度等方面的情况进行监督检查。2008年3月，市局组织工作组对各县（市、区）地方税务局领导班子和市局机关各科室贯彻落实2007年党风廉政建设责任制情况和贯彻执行民主集中制情况进行考核和专项检查。通过考核检查，总结经验，发现亮点，了解存在的问题，通报和交流工作情况，明确工作努力方向。

（2）加强对管理层的监督管埋。市局主要从加强和完善制度建设、加强作风和效能建设着手加强对管理层即机关科室的监督管理，督促机关各部门认真贯彻执行税收法规政策，提高工作效能，建设文明、高效的地方税务机关。

（3）加强对基层征管一线的监督。按照自治区地方税务局《关于加强重点环节监督管理有关工作的通知》和《广西地税系统2007年对重点环节监督管理工作方案》要求，市局把对重点项目和重点岗位的监督管理放在基层征管一线。重点对执行税收票证和各类发票管理规定、税款征收、税款入库、税收“双定”和税务稽查等工作环节进行监督。在开展2008年税收执法检查和执法监察中，注意对各县（市、区）局执行税收票证和各类发票管理规定、税款入库规定和“双定”管理规定等工作的检查，对存在的问题，按有关规定限时整改，严肃追究有关人员的责任，确保征管一线工作正常开展、廉洁高效运转，促进基层队伍建设。

【税务纪检监察】1. 抓反腐倡廉宣传教育。进一步落实“三级教育”工作机制，突出反腐倡廉宣传教育内容和对象的针对性、广泛性。领导干部以加强理论学习、理想教育、党性教育、民主集中制和廉洁自律教育为主要内容，进一步塑造领导重视反腐倡廉的文化风尚。机关干部以作风建设和效能建设为主要内容，进一步浓厚转变作风、提高效能的文化氛围。基层执法人员以遵纪守法教育为主要内容，进一步强化遵纪守法就是廉洁的文化理念。来宾市地方税务系统开展了形式多样、内容丰富的宣教活动，共制作100多幅与反腐倡廉相关的字画悬挂在办公楼内；请自治区地方税务局郑组长、市检察院和市纪委的专家举办了反腐倡廉讲座；组织党员干部到劳改农场进行警示教育；开展“家庭助廉”活动；开“过廉洁年”座谈会；推荐读书书目，组织干部职工撰写廉政教育学习心得体会文章四百多篇；举办反腐倡廉漫画展、板报、演讲、球赛等。

2. 切实开展“两权”监督。来宾市地方税务局年初制定了《来宾市地方税务局2008年继续推进重点环节监督管理工作实施方案》和《来宾市地方税务局加强基层税收重点岗位监督管理试点工作方案》，确定执行税收优惠政策的监督管理和税收票证、地方税务普通发票的使用及缴销的监督管理两个重点环节为今年的重点监督环节，明确了监督重点、责任单位、涉及岗位、工作要求。在实施过程中，市局经过调研和分析提出了两个风险点：一是困难类减免税制度中的“自由裁量权”幅度大的问题还需要进一步实质性改善。二是减免税领导小组工作（运行）制度缺失。针对上述两个风险点，来宾市地方税务局向自治区地方税务局提出了完善建议，为今后有针对性地制定监督管理办法提供真实的第一手材料。

3. 加强税务执法监察。2008年，来宾市地方税务局组织工作组对各县（市、区）地方税务局和各直属单位2007年度财务收支进行检查和税收执法检查，对查出的问题进行了通报并要求限时整改。对一名离任的县局局长进行了离任审计。制定《来宾市地方税务系统特邀监察员工作暂行办法》，编写《来宾市地方税务系统特邀监察员工作手册》，进一步规范特邀监察员工作，发挥特邀监察员“体察民情、吸纳民意、大胆监督”的职能，得到了市纪委有关部门的肯定。

4. 开展预警机制工作。按照“六个早知道”（什么人用在什么岗位早知道、干部思想变化早知道、干部家庭变化早知道、干部工作情绪变化早知道、干部困难早知道、哪方面加强监管早知道）的思路做好预警制度建设准备工作。制定了《来宾市地方税务局建立健全预警机制试点工作方案》和《来宾市地方税务局预警机制实施办法》；公布了有的地方代征单位代征员存在跨月结报税款现象、有的地方对代征单位用现金支付手续费现象和有的单位税款入库时间跨度过大现象三项二级警情；要求警情所涉及的单位对涉及的问题要高度重视，针对预警信息，认真对照《广西壮族自治区地方税务系统税收票证管理办法》及《自治区地方税务局关于加强代征代扣手续费管理的通知》内容立即整改。

5. 加强信访工作。认真处理群众来信来访，及时办理重要举报和上级交办的案件。2008年全局共接到信访件3件，已全部办结，办结率为100%。

6. 结合转变干部作风，加强机关行政效能建设活动，开展党风廉政建设，创建地方税务部门良好形象。一是虚心听取党委、政府、人大、政协等领导机关、各职能部门的意见和建议，关注新闻媒体、网络论坛等方面的声音。二是机关干部，特别是领导干部要深入基层，亲自到一线去听取纳税人和群众的意见。三是采取走访征询、发放问卷表、设立意见箱、开通热线电话、召开座谈会等形式广开言路，开门纳谏。来宾市地方税务局以服务人民、奉献社会为根本要求，以内强素质、外树形象为主要目标，通过深入开展机关效能建设，大力开展各种精神文明创建活动，确保党风廉政责任制落到实处。全市地方税务系统先后涌现出一大批先进典型，象州县地方税务局被评为“全国税务系统文明单位”，合山市地方税务局被评为自治区“爱国拥军模范单位”、自治区“巾帼文明示范岗”，忻城县地方税务局、象州县地方税务局被自治区人事厅、自治区地方税务局授予全区地方税务系统集体记二等功，武宣县地方税务局直属税务分局被评为首届“广西百佳青年文明号集体”，来宾市地方税务局奚羡华局长被授予“来宾市巾帼建功标兵”称号，周祖军纪检组长、韦丽清同志荣立全区地方税务系统个人记二等功，韦丽清被评为“来宾市第一

届十大女杰”，黄良华同志被自治区党委政府和广西军区授予“爱国拥军模范”光荣称号，等等。

7. 扎实开展“树新风正气，促廉洁从政”主题教育活动。根据《自治区地方税务局党组关于印发贯彻落实树新风正气促廉洁从政主题教育活动工作方案的通知》（桂地税党组字〔2007〕58号）要求，来宾市地方税务局以党组牵头，在全市地方税务系统全面铺开了以“十个一”为载体的“树新风正气，促廉洁从政”主题教育活动。组织了一次领导干部工作作风专题学习，重点学习了胡锦涛同志在中纪委第七次全会上的重要讲话、中央纪委制作的理论专题片《加强领导干部作风建设，弘扬八个方面良好风气》和自治区纪委组织编写的《转变干部作风，加强机关行政效能建设警示教育读本》。举办了一期新任领导廉洁从政学习班。上了一堂以“加强作风建设，促进廉洁从政”为主题的党课。召开了一次民主生活会。树立宣传了一批先进典型。举行了一次“作风建设、廉洁从政”知识测试。组织观看了一组警示教育片，观看了新编历史剧《大儒还乡》、电视剧《一代廉吏于成龙》等。创建了一个廉政文化宣传及警示教育示范点。举办了一次以廉政建设为内容，以书法摄影为形式的书画比赛，激励全局干部职工弘扬清正、廉洁、高尚情操，树立无私奉献精神。

8. 将党风廉政建设工作贯穿于税收工作中，实现党风廉政建设和税收工作双赢。来宾市地方税务局在税收工作中要求各基层单位在税收征管工作中，既要确保税收任务完成，又要确保税收工作各环节在党风廉政建设责任范围内不出问题。各级地方税务部门把党风廉政建设工作和税收收入任务一同布置，一同检查，一同考核验收。通过税源分析预测和监控、改进税收计会统工作、整顿和规范税收秩序和对基层落实党风廉政建设责任制进行定期或不定期督查，最大限度地消除了税务违法隐患，通过加大征管力度、层层分解下达任务建立责任机制、实行风险抵押等一系列确保完成任务的措施的落实，全年各税收环节没有违反党风廉政建设责任制的违法行为发生，党风廉政建设工作和税收收入实现了“双赢”。2008年，全市地方税务系统共组织各项收入85261万元（按自治区地方税务局考核口径），同比增收16274万元，增长23.59%。组织市政府考核口径收入81360万元，完成年度任务80000万元的101.7%。

【教育培训】根据“缺什么补什么”、“学以致用”的原则，来宾市地方税务系统加大干部教育培训力度，通过组织开展各种政治理论学习和干部素质专题培训、讲座等活动，促进干部队伍建设。紧紧围绕税收中心工作，立足岗位工作，按照“工作争先、服务争先、业绩争先”和“学习优、作风优、素质优、成果优”的要求，制定岗位学习、技能竞赛方案，在全系统开展岗位技能考试，形成“比、学、赶、超”的浓厚学习氛围。组织符合申报中、高级职称的职工参加区劳动厅组织的工人技术等级考核工作。一年来，根据工作需要，先后举办了企业财务会计人员税收业务、税收资料调查软件等各级专门业务培训，培训达1800多人次，从而提高了干部职工在税收实际工作中的应用能力，提高了分析和解决问题的能力。

为提高干部职工学习岗位业务的积极性，弘扬爱岗敬业精神，促进岗位业务技能知识水平的提高，促进学习型地方税务队伍建设，7月份，来宾市地方税务局举行全市地方税务系统岗位技能考试。考试按岗位分为稽查能手考试、征管能手考试、综合管理岗位能手考试，共有121人参加了此次考试，涌现出了一批业务和综合素质水平较高的先进个人。来宾市地方税务局对忻城县地方税务局等3个单位进行表彰，并对52名干部进行奖励。

【诚信纳税企业选介】1. 诚信纳税企业名单：广西八一铁合金（集团）有限责任公司、来宾市烟草公司、广西方元电力股份有限公司来宾电厂、广西来宾东糖集团有限公司、广西电网公司来宾供电局、柳州华锡集团有限责任公司来宾冶炼厂、广西来宾希诺基发电运营维护有限责任公司等。

2. 诚信纳税企业事迹：以上纳税企业在抓好生产经营管理的同时，始终坚持依法纳税，企业法治观念得到了日益强化，明确了依法纳税是每个企业、公民应尽的责任和义务，增强了依法纳税观念。企业领导认真学习、宣传国家的税收法律，合法经营，照章守纪，按章按时依法纳税，不断规范自己的行为，形成了有效的依法纳税机制，目前依法纳税的积极性在这些企业内得到了进一步提高。

诚信是立身之本，更是企业财务人员最基本的职业道德和行为准则。对此，企业领导一直严格要求企业财务人员加强对税收法律、法规和专业知识的培训和学习，定期组织开展税收业务知识的交流讨论活动，按时、完整、准确地办理纳税申报，按期缴纳税款，不偷税逃税，无发票违章行为，积极参与税务知识学习和业务培训，积极支持税收事业，配合税务机关做好其他工作。

（余宗迁）

河池市地方税务局

经济概况

2008年，河池市全年实现国内生产总值367.31亿元，比上年增长13.01%，连续5年保持12%以上的增长速度。分产业看，第一产业增加值80.26亿元，同比增长3.78%；第二产业增加值166.45亿元，同比增长17.27%，其中工业增加值142.63亿元，同比增长21.19%；第三产业增加值120.60亿元，同比增长14.33%。第一、第二、第三产业增加值占生产总值的比重分别为21.85%、45.32%和32.83%。从各产业对经济增长的贡献情况看，第一、第二、第三产业对经济增长的贡献率分别为6.98%、54.71%和38.31%，其中工业对经济增长的贡献率达到53.29%。全年全市工业总产值突破300亿大关，达320.66亿元，工业增加值142.63亿元，分别比上年增长13.26%和21.19%，增速比上年分别回落21.48和6.14个百分点。全年全社会固定资产投资211.03亿元，比上年下降3.52%。全年全市实现社会消费品零售总额97.55亿元，比上年增长21.11%，增幅比上年提高4个百分点。全市财政收入突破40亿元大关，达40.23亿元，比上年增长17.23%。其中一般预算收入17.91亿元，比上年增长23.90%，增幅比上年提高14.23个百分点。全年全市城镇居民人均可支配收入12042元，比上年增长12.00%。全年全市进出口总额2.53亿美元，比上年增长0.41%，增幅比上年回落23.76个百分点。

税收概况

【收入完成情况】2008年是税收组织收入工作面临巨大压力的一年。由于受冰冻灾害、洪涝灾害、事故停产、固定资产投资减缓等因素影响，全市地方税收组织收入工作遇到了前所未有的困难。在严峻的形势下，全市各级地方税务机关坚定信心，迎难而上，统一行动，强化措施，落实责任，依法治税，努力实现应收尽收，全面完成全年收入任务。全市地方税务系统共组织各项收入141506万元，同比增收19406万元，增幅15.89%。按自治区地方税务局下达的收入计划口径统计，共组织各项收入134920万元，完成确保收入任务131000万元的102.99%，同比增收18498万元，增幅15.89%；组织市政府收入128585万元，同比增收17033万元，增长15.27%，完成年度任务125826万元的102.19%。另外，征收地方教育费附加2789万元、文化事业建设费112万元、防洪保安费1131万元，代征工会经费2056万元、残疾人就业保障基金498万元。

【收入特点】1. 税收政策的变动带动税收的增收。一是新的《中华人民共和国车船税暂行条例》执行，车船税同比增收786万元，增长138.62%。二是根据2007年7月份财政部、国家税务总局下达《关于调整铅锌矿石等税目资源税适用税额标准的通知》要求，全市铅锌矿资源税税额标准由2.5元/吨提高至13元/吨，资源税累计收入4505万元，同比增收453万元，增长11.18%。三是城镇土地使用税税额标准提高，土地使用税累计增收2481万元，同比增长112.98%。四是新的《耕地占用税暂行条例》规定，自2008年1月1日起，耕地占用税由地方税务部门征收，2008年度净增收入4267万元。

2. 金融保险业税收强势增长。截至9月底，全市金融机构各项贷款余额178.78亿元，比年初新增贷款28.06亿元，增长18.62%。2008年，金融保险业税收增量排五大行业首位，电力业税收受龙滩公司缴纳税收的增收驱动，增量占税收总增量的21.35%，排名第一。

3. 全面开展“六清理”工作。2008年下半年，针对任务重、缺口大、支柱产业税收收入增速放缓等的组织收入形势，各单位加大了“六清理”力度。即对税收优惠政策执行情况进行了检查清理，欠税的清理，漏征漏管户的清理，各小税种和零散税源的清理，土地增值税的清算，各类工业园区和在建重大工程项目缴税的清理，总分机构所得税的清理。共清理漏征漏管户726户，共清理欠税户

429户，清理欠税1645万元；清理园区企业89个，征收税款539.61万元；清理在建重大工程项目92个，入库税款3587.54万元；清理催缴总分机构所得税，预缴企业所得税76万元。

4. 积极构建和完善协税护税网络机制。加强政务协作，积极实施零散税源源泉控管，依法委托代征代扣税款，社会综合治税效果好。2008年，全市地方税务代征代扣税款19303万元，同比增收3353万元，增长21.02%。

【税收分析】一是单项税种、产业税收增收，营业税、耕地占用税增收占总增量的近5成。2008年，营业税、耕地占用税分别入库48556万元和4267万元，合计增量8852万元，占税收收入总增量17857万元的49.57%，成为拉动税收总收入增长的主要力量。四大主体税种中的企业所得税、个人所得税和城建税分别累计入库16850万元、29353万元和11222万元，合计增量4704万元，占税收收入总增量的26.34%，比重较上年回落27.26个百分点。二是第三产业税收收入增长拉力强劲。第三产业税收收入56943万元（产业税收统计不含耕地占用税，下同），同比增收9651万元，增长20.41%，有力地拉动了税收收入的增长。第二产业累计税收收入66410万元，增收3959万元，增长6.34%，仅占税收收入总增量的29.11%，较上年回落35.43个百分点，拉力明显减弱。其中，有色金属工业和建筑业同比分别增收770万元和1858万元，合计增量占税收总增量的19.32%，较上年回落64.09个百分点。

各项工作

【重点税源监控】一是改进重点税源管理。继续应用TRAS重点税源监控系统，结合广西地税信息系统健全市、县局、分局（税务所）三级重点税源监控体系，将637户企业列入重点税源监控范围。根据实际，加强改进基础数据采集、录入工作。认真落实税收管理员制度，强化税收管理员对重点税源管理的考核。在此基础上，抓好税源监控结果的应用，建立重点税源分析机制，不断提高分析预测水平，达到税源与税收得到真实的反映，促进了地方税收收入持续、稳定增长。同时，利用地税信息系统各项征管数据信息来掌握税源动态情况，纳税申报率稳步提高。二是建立税源管理岗责体系。建立以岗位职责为“点”，上下级之间对应关系为“线”，市局、县局、分局（所）行政管理为“面”的点、线、面相结合，面分级负责，业务部门工作分类专业管理，横向相互连接，纵向管理到底的岗责体系。市、县两级业务部门根据自身的工作职能，将管理工作合理分类，进一步明确岗位职责。细化“点”“线”“面”管理职能的分工。统筹兼顾抓好辖区内的税源管理，组织协调各部门、各岗位之间的工作衔接，抓好管辖范围内的税源管理工作。三是加强重点项目管理。2008年11月份以后，受益于中央新增1000亿元投资用于扩大内需促进经济增长的宏观调控，全市共争取到新增中央预算内投资5.64亿元。2008年，全市列入监控的工程项目共有384项，截至12月底，开工项目219项，占全部项目的57.03%，计划总投资969.9亿元，累计完成投资187.9亿元，累计实现地方税收收入14228万元。

【税收征管】一是完善征管制度。先后制定下发了《做好2008年税收征管工作的通知》、《关于进一步明确申报征收操作规范的通知》和《委托代征税款管理办法》，全面加强对日常的税收征管、税款征收、委托代征等项工作的规范和管理，征管规范化程度进一步提高。二是加强户籍管理。开展全市纳税人按行业分小类（细类）的补录工作，制定下发了进一步规范户籍资料采集工作文件，对全市地方税务系统的纳税人户籍基础资料的采集录入进行再次强调和规范。利用广西地税信息系统，加强与工商、国税部门的信息沟通，2008年全市地方税务系统与工商、国税部门共核对企业登记信息1018户，个体工商户登记信息10318户，清理漏征漏管户2770户，查补税款、罚款和滞纳金120.68万元。三是加强发票管理。制定《河池市地方税务局代开发票管理办法》和货运发票开票制度、流程管理，规范发票代开行为。加大对假发票的打击力度，采取措施对辖区范围内的饮食、娱乐行业进行检查。全市共查处违规使用发票、假发票1060份，涉税金额91350元，较好地清理整顿了全市的发票使用环境。四是积极与市国税局进行沟通，联合开展纳税评估和信用等级评定工作，建立了工作联系制度。五是完善行业税收管理办法。率先在全区地方税务系统成功试行不动产、建筑业营业税项目管理软件，对销售不动产和建筑业实行项目管理，以项目为主，向精细的、计算机管理模式转变，有效防止了建筑业税收流失。同时确定对企业、矿山、建安、交通运输、个体等五个大项八个小项的行业税收管理项目进行分工研究，为做好行业税收管理提供了理论依据。六是加强各税种的管理。一方面是加强所得税的管理。据统计，2008年全市地方税务系统共组织企业所得税收入16850万元，比上年同期增长14.04%，同比增收2075万元；个人所得税收入29353万元，比上年同期增长12.63%，同比增收3292万元。全市有637人进行了年所得12万元以上个人所得税自行申报，扣缴个人所得税2960.02万元，申报人数比2007年增加278人，增长77.43%，在全区排名前列。另一方面是积极做好耕地占用税征管衔接工作。全面开展耕地占用税税源情况调查摸底工作。加强对以前年度欠缴的耕地占用税进行清缴，做好代征代扣工作，严格做到“先税后证”，实施“源泉控管”。全年耕地占用税入库4267万元。第三方面是强化城镇土地使用税的管理。按照城镇土地使用税新的税额标准征收、征收范围扩大到外资企业的规定，加强与国土资源部门的沟通和联系，对土地使用税税源进行了全面清理。全市城镇土地使用税收入4677万元，同比增收2481万元，增长112.98%。

【税务稽查】一是在做好日常检查的同时，建立健全稽查协查制度，优化组合检查力量。从部分县（市）稽查局和金城江区地方税务局、市局直属税务分局、市局机关抽调20人，组成4个检查工作组，重点检查房地产、建筑安装企业和重点税源企业，将150户企业纳入检查范围。同时狠抓涉税案件的查处，提高案件的结案率和查补税款入库率。各县（市）局还积极改进工作方式，有针对性地开展稽查工作，及时制定了重点稽查方案，采取纳税评估、查前约谈、查前动员、自查自核等多管齐下的方式、方法，重点对有征收潜力、有税可补的行业和企业进行检查，想方设法以查补收、以查促收。至12月底止，全市地方税务稽查部门共检查393户，查补税款2746万元，入库税款2842万元。二是继续做好重大税务案件审理工作。全年共审理金城江成源冶炼厂涉税案、中国人民银行河池分行涉税案、广驰水泥厂涉税案、特种水泥厂涉税案四个重大件案，涉税金额473.81万元。

【税收执法】一是全面推行税收执法责任制。在宜州市地方税务局税收执法责任制试点成功的基础上，在全市地方税务系统全面推行税收执法责任制，制定下发了税收执法责任制岗位职责和工作规范，对25个岗位工作职责和工作规范作出了明确的要求，同时出台了《税收执法责任制考核评比实施办法》、《执法过错责任追究实施办法》，进一步提高税收执法水平，有力推进依法治税进程。二是组织开展税收执法检查和执法监察。在全市地方税务系统开展税收执法检查和执法监察工作，成立税收执法检查和执法监察工作领导小组，以自查、检查、整改三个环节的结合来抓好落实。经过检查和督促整改，全市地方税务系统执法水平上了新的台阶。三是积极推进行政审批及规范性文件审查工作。以办税服务中心为受理行政审批平台，加强行政审批工作，全年受理行政审批事项68件，得到了广大纳税人、社会各界的一致好评。加强规范性文件审查力度，从源头上遏制税收违法行为，全年共审查会签市人民政府和市直机关有关部门涉税规范性文件5份，确保涉税文件的规范性运行。四是建立完善税警协作机制。整合协同办案资源，建立健全公安、税务机关工作协作新机制，按照《广西壮族自治区公安税务机关工作协作暂行规定》和《自治区公安、地税系统关于成立打击涉税违法犯罪联络机构的通知》精神，会同市公安局、市国家税务局建立了警税联席会议机制和税警联络办公室。税收执法得到了进一步的强化和规范，促进了依法行政和依法治税。

【纳税服务】一是继续抓好星级办税厅和星级办税员的考核评定工作，重新修改完善《星级办税服务厅管理评定办法》和《星级办税员评定办法》。2008年全市共有市局办税服务中心等3个单位被评定为“四星级办税服务厅”，南丹县地方税务局城关分局办税服务厅等8个单位被评定为“三星级办税服务厅”，33人被评定为“三星级办税员”，27人被评定为“四星级办税员”。全市地方税务系统办税服务厅的纳税服务水平得到了进一步提升。二是推行多元化申报纳税服务。依托信息网络和金融服务网络，推行以“网上办税”、“个人自助缴税”、“划卡缴税”为代表的多元化申报纳税方式，探索“一窗式”服务，努力为纳税人提供全方位的、方便的、快捷的纳税服务，着力打造一流的纳税服务体系。2008年，全系统没有接到有关税收服务方面的投诉。三是用好税收优惠政策，助推地方经济发展。全面落实和用好、用足、用活各项税收优惠政策，支持地方经济发展。2008年，审批39户企业1530.28万元财产损失在2007年度企业所得税前扣除。审批再就业和二手房税收减免1396户次，审核困难企业房产税、土地使用税减免106户次，减免企业所得税款15333万元。同时，认真落实雨雪冰冻灾害及抗震救灾税收政策，为救灾、减灾和灾后恢复重建工作提供了税收政策支持。四是及时贯彻落实税收政策调整工作。积极抓好新企业所得税法及城镇土地使用税、车船税、耕地占用税“三个条例”的贯彻落实工作，落实资源税相关税目、税额的调整工作，确保了新企业所得税法及其实施细则和有关税种政策的全面贯彻实施，征管平稳过渡，有效发挥税收调节作用。

【税收宣传】在做好日常政策、法规、服务宣传工作的基础上，重点抓好税收宣传月活动。紧紧围绕“税收·发展·民生”和“诚信经商，和谐共赢”宣传主题，结合实际，因地制宜地开展税收宣传活动。一是结合继续解放思想大讨论，开展“三听三访五查”活动，由局领导带头，组织党员干部分组深入厂矿、企业、工业园区等，向纳税人宣传税收政策，征求纳税人对税收工作意见，为纳税人做好事、办实事，为他们排忧解难；二是邀请河池市发改委、河池工业园区管委会领导和南方有色冶炼有限责任公司等河池市龙头企业负责人走进地方税务机关，走上地方税务讲台，以“税收与发展”为主题作报告、讲形势、谈愿景、提需求，增强做好税收工作的信心和服务社会经济发展的主动性。三是举办“税收优惠政策促企业发展”大型黑板报比赛，邀请50个企业参赛，围绕“情系民生、关注税收”的主题，通过图文并茂、生动活泼的形式，展现税收服务社会经济发展大局、促进和谐河池建设取得的显著成效。四是推行手机短信宣传纳税服务。印制分发《纳税需求表》，针对辖区内纳税人不同的需要，因人而异、因需而定，通过移动通信信息机发送手机短信，为纳税人及时提供最新的税收知识和人性化的纳税服务。五是举办税收宣传山歌王演唱会，来自广西各地的16名山歌王现编现唱100余首山歌。通过开展一系列的宣传活动，进一步增强了公民依法诚信纳税意识，增强了促进发展和保民生的作用，营造了良好的税收法制环境，推动了各项税收工作的开展。

【信息化建设】一是全面推行财税库行横向联网。4月份与金城江城区14户个体委托划税户签订财税库行横向联网的《委托划转税款协议书》，并试运行，在全区首次成功实现使用财税库行横向联网系统倒扣方式完成对个体委托划税户的税款扣缴入库。与此同时，借助联网系统，创造性地拓展个体“双定户”通过联网系统批量划税，并在宜州市、罗城县取得试点成功的基础上，统筹规划、统一指导，有计划地组织开展个体“双定户”联网划税工作。到12月底，全市地方税务系统11个征收单位已有3680户企业实现电子缴库，13000户个体“双定户”实现联网划税，使全市财税库入库税款占当期入库税款的96%以上。二是升级完善河池网上办税系统。重新调整了71个功能，新增了25个功能，取消了29个功能，使网上办税系统更具先进性、前瞻性、扩充性、实用性及推广前景性。三是整合地方税务内部网站，搭建税企移动平台，加强对河池地方税务网站、移动政务平台的统一规划建设。相继完成机关移动政务平台的搭建和相关业务接口开发工作，实现全市地方税务系统通讯查询、会议会务通知、“双定户”查询、申报缴税情况提醒、发票真伪鉴定等业务。完善了河池地方税务内部网站，整合信息资源，实现网上管理，并通过更新网页、增加栏目、丰富内容，使之成为信息中心、学习园地、工作载体、交流平台。四是建立全市四级网络。2008年初，根据自治区地方税务局的工作部署和要求，全局统一规划、统筹安排、精心组织，对全市30个基层税务分局（所）和4个业务点四级网络进行改造升级，将原电话模式的ADSL点对点改造为2M光纤数据电路，解决基层因宽带不足，影响各项业务正常开展的问题，网络性能得到进一步提升。

队伍建设

【机构人员设置】2008年河池市地方税务局机关内设12个职能科室，增设了共青团河池市地方税务局委员会。下辖11个县（市、区）地方税务局，2个直属单位，64个基层税务所（分局）。全市地方税务系统共有在职干部职工885人（其中助征员109人）。在现有人员中，大学专科以上学历737人，占83.28%；党团员545人，占61.58%；离退休干部124人。

【领导班子建设】一是发挥党组中心组的阵地作用，党组成员坚持做到组织理论学习，引导干部坚定党的信念，激发奉献地方税务事业的热情，全年共组织干部职工学习了4个理论学习专题，增强党性修养、工作创造性和自觉性。二是加强班子成员的协作，局长抓整体，其他工作谁主管谁负责，一级抓一级，增强班子整体工作合力。三是加大领导干部的培养，拿出空缺的4个副科级领导干部职位进行公开竞争上岗，选派9名优秀年轻干部到基层任职，进一步激发干部活力，优化领导干部结构。四是组织开展领导干部接访活动，了解系统内部基层干部职工生活、工作中的问题以及纳税人对地方税务工作的意见和建议。接访活动共接待系统内代表20人，接访问题37个；接待纳税人代表5

人，反映问题7个。对所反映的问题，在现场都作了解答和说明。

【干部队伍建设】一是加强理论知识教育培训，积极组织理论学习，引导干部坚定党的信念，激发奉献地税事业的热情。二是多形式、多渠道地开展素质教育培训。做到基本法律经常学、新颁布的法律法规及时学、税收法规政策重点学、与日常税收工作密切相关的法律法规反复学。三是深化干部人事制度改革，促进人事交流，提高干部履职能力。

【思想政治工作】紧紧围绕开展继续解放思想大讨论和深入学习实践科学发展观活动，切实加强思想政治工作。按照自治区地方税务局、河池市委的统一部署和要求，河池市地方税务局采取各种措施深入开展继续解放思想大讨论活动，通过思想大解放，引领改革创新，破解地方税务发展难题，推动地方税务发展，促进社会和谐，取得了阶段性成效，得到了自治区地方税务局、河池市委的充分肯定，并在全市继续解放思想大讨论推进会上作典型交流。从9月份开始，根据形势发展的需要，积极开展深入学习实践科学发展观活动，明确要求干部职工要以科学发展观统领地方税务工作，认真查找和解决问题，坚持实事求是，勇于创新，推动全市地方税务事业又好又快发展。加强地方税务文化建设，继续努力提高《河池地税》办刊质量，进一步宣传河池地方税务，为提高干部职工写作能力提供平台。建立图书阅览室、党员活动室、体育活动场地，开展各种文体活动，丰富了干部职工的业余活动，活跃了单位的气氛，增强了干部职工的凝聚力和战斗力。

【精神文明建设】以创建“文明单位”、“青年文明号”、“巾帼文明岗”、“先进领导班子”、“爱国卫生先进单位”、“文明庭院”、“五好家庭”和“优秀税务工作者”等为载体，广泛开展争先创优活动，涌现出一批先进集体和先进个人。宜州市地方税务局庆远税务分局获全国“青年文明号”荣誉称号，有9个单位继续被认定为自治区“青年文明号”集体，市局办税服务中心被市委宣传部评为“文明办税厅”，市局被评为自治区“文明单位”。宜州市地方税务局庆远税务分局办税服务厅荣获“广西三八红旗集体”荣誉称号，南丹县地方税务局车河分局封若丹荣获“广西三八红旗手”荣誉称号，区直妇工委授予黎刚敏同志家庭为“五好文明家庭标兵户”荣誉称号，授予曾骥、覃凤霞同志家庭为“学习型家庭”荣誉称号。同时积极组织全市地方税务系统开展气排球循环比赛，加强交流沟通，营造积极向上的和谐氛围，精神文明建设再上新的台阶。大力开展评先评优活动，树立工作榜样。先后开展了“年度先进集体”、“先进领导班子”、“先进个人”和“十佳办税服务明星”等活动，起到了激励先进、鞭策后进的良好效果。全市地方税务系统共有13个单位、部门被评为“先进集体”，240人被评为“先进个人”，4个县（市）局班子被评为“先进班子”。完善党建工作制度，努力抓好党务工作，抓好党员干部教育，全年发展新党员10名，预备党员2名，培养入党积极分子4名。成立了共青团河池地方税务委员会，进一步健全了党团机构，为更好地开展党团组织活动提供了保障。积极参与公益献爱心，坚持不懈地投身于扶贫联系点、扶助贫困、捐资助学、贫困大学生“圆梦行动”、抗震救灾、抗冰冻灾害等公益事业中，力所能及地做好事、办实事，为贫困群体排忧解难。据统计，全局用于扶贫济困的钱物累计达120362.7元，其中为抗击雨雪冰冻灾害捐款3000元，汶川5·12地震灾区捐款46704.2元。

【党风廉政建设】一是认真落实党风廉政责任制。全市各级地方税务机关层层签订党风廉政责任状，明确职责，形成一级抓一级，层层抓落实的良好局面。二是抓好重点项目的监督管理，全力抓好自治区地方税务局分配的对税务稽查的监督管理和对代征代扣税款手续费的监督管理，努力实现监督制约工作的科学化、规范化和信息化。三是加强廉政文化教育，以机关倡廉、家庭助廉、读书思廉、网络宣廉、示范带廉等形式，有重点、全方位、多层次地开展廉政文化建设活动。在全系统进行“读书思廉”优秀心得体会文章评比，并向自治区地方税务局推荐了10篇文章，有2篇获奖。

【税务纪检监察】一是按照自治区地方税务局重点环节监督管理的三项目标、十个重点环节的监管任务、“四位一体”的监督体系以及各项具体要求，开展重点环节、重点岗位监督管理试点工作，采取措施对容易发生违纪违法行为的6个重点岗位、10个重点环节加大监督管理力度，开展“查找风险点，自我警醒”风险防范活动。二是抓好信访处理和案件查办工作。开展了治理税务人员收受或介绍商业贿赂以权谋私、城市住房工作行政监察、清理“小灵通”与单位办公电话捆绑使用等专项治理工作。三是加强对减免税、税前费用扣除等审批以及政府采购的监督；加强政务公开工作，将公开事项由部分公开向全面公开延伸、事后公开向全程公开延伸、静态公开向动态公开延伸、单向公开向互动公开延伸，全系统年内没有违法乱纪行为发生。宜州市地方税务局纪检监察室被国家税务总局授予“全国税务系统纪检监察先进集体”称号。

【教育培训】一是配合自治区地方税务局重点抓好在职副科级以上领导干部更新知识培训。选派了31人参加自治区地方税务局举办的处、科级领导干部更新知识培训班，29名科级干部参加市委宣传部举办的理论专题学习班，更新知识、开阔视野，提升全市地方税务系统在职副科级以上领导干部的理论水平和工作能力，增强了领导工作的科学性、创造性、实效性。二是组织安排2名业务骨干参加总局“财税金融知识培训班”、“税收相关法律知识培训班”专题培训研讨班，促使参训人员更新观念、开阔视野、获取知识，不断提升理论水平、领导管理和组织实施本职业务工作的能力，进而更好地适应新时期税收工作形势、任务发展的需要。三是选派100名稽查人员参加区局举办的全区地方税务系统稽查人员基础业务培训班，提高稽查人员的业务水平。四是多形式、多渠道地开展素质教育培训。认真实施年初制订的学习培训计划，有效利用现有的教育教学资源，开展培训活动。全年举办各类业务培训班25期，礼仪知识视频培训1期，受训人数达5716人次，使干部知识结构得到进一步完善。五是组织全市地方税务系统735名公务员参加全区《行政机关公务员处分条例》考试和全区“五五普法”考试。

（张　飙）

百色市地方税务局

经济概况

2008年，百色市全年国内生产总值（GDP）达到416.24亿元，比2007年增长13.4%。其中，第一产业增加值88.07亿元，同比增长3.2%；第二产业增加值217.61亿元，同比增长20.2%；第三产业增加值110.56亿元，同比增长9.7%。第一、第二、第三产业增加值占生产总值的比重分别为21.2%、52.3%和26.5%。三次产业对经济增长的贡献率分别为5.3%、74.2%和20.5%。按常住人口计算，全市人均生产总值达11517元，同比增长12.4%。全年全市财政收入55.10亿元，比2007年增长10.0%，其中一般预算收入29.46亿元，同比增长10.0%。各项税收收入15.94亿元，同比增长18.5%。一般预算支出87.63亿元，同比增长29.6%。全市全年居民消费价格同比上涨9.8%。从商品大类看，八大商品呈现“六涨两降”格局：家庭设备用品及服务类同比上涨4.3%，食品类同比上涨27.5%，居住类同比上涨5.8%，医疗保健及个人用品类同比上涨3.6%，烟酒及用品类同比上涨1.3%，交通和通信类同比上涨0.1%，衣着类同比下降7.3%，娱乐教育文化用品及服务类同比下降3.8%。全市主要农产品中，粮食同比下降0.04%，原料蔗同比增长15.24%，烟叶同比增长7.8%，肉类同比增长4.31%，蔬菜同比增长3.2%，农林牧渔总产值同比增长3.8%。全市全部工业增加值189.30亿元，比2007年增长22.3%，对经济增长的贡献率为72.9%。规模以上工业增加值142亿元，同比增长28.0%；产品销售率94.2%；工业新产品产值0.25亿元，同比下降89.9%；工业品出口交货值7.61亿元，同比增长11.6%。从主要行业看，黑色金属冶炼及压延加工业增加值13.05亿元，同比下降1.6%；电力、热力生产和供应业增加值20.53亿元，同比增长14.4%；有色金属冶炼及压延加工业增加值70.28亿元，同比增长47.0%；非金属矿物制品业增加值7.26亿元，同比增长38.1%；化学原料及化学制品制造业增加值2.57亿元，同比下降20.0%；农副食品加工业增加值11.12亿元，同比增长43.8%。从主要工业产品产量看，氧化铝251.26万吨，同比增长160.4%；电解铝48.14万吨，同比增长56.6%；铝材17.26万吨，同比增长52.9%；铁合金34.52万吨，同比增长3.6%；原煤251.53万吨，同比增长－17.1%；发电量8.01亿千瓦时，同比增长14.2%；水泥产量273.49万吨，同比增长15.4%；成品糖产量70.3万吨，同比增长44.0%；机制纸及纸板产量22.81

万吨，同比增长4.4%；原油加工量产量15.01万吨，同比下降34.4%。全年全市规模以上工业经济效益综合指数221.43，同比下降37.62个百分点；主营业务收入333.78亿元，同比增长28.7%；利税总额29.66亿元，同比下降34.2%；盈亏相抵后实现利润总额10.5亿元，同比下降61.2%。从全市各行业看，农副食品加工业实现利润－0.23亿元，其中制糖业利润－0.26亿元；有色金属冶炼及压延加工业实现利润7.70亿元，同比下降60.2%；电力行业实现利润－1.09亿元；煤炭开采和洗选业实现利润1.62亿元，同比增长619.0%；黑色金属冶炼及压延加工业实现利润1.40万元，同比增长－47.2%；水泥制造业实现利润－0.33万元；石油加工、炼焦及核燃料加工业实现利润0.01亿元，同比增长－95.2%；造纸及纸制品业实现利润－0.43亿元；化学原料及化学制品制造业实现利润0.12亿元，同比增长－55.1%。全年全社会建筑业实现增加值28.32亿元，比上年增长13.2%。全市具有资质等级的总承包和专业承包建筑业企业实现利润0.32亿元，同比下降27.3%；上缴税金0.54亿元，同比增长3.5%。全年全社会固定资产投资325.45亿元，比2007年增长10.8%。其中，城镇固定资产投资289.03亿元，同比增长11.0%。城镇固定资产投资中，从投资主体看，国有单位投资146.55亿元，同比增长2.6%；非国有单位投资142.48亿元，同比增长21.4%。从产业看，第一产业投资8.10亿元，同比下降18.9%；第二产业投资167.2亿元，同比增长22.2%，其中工业投资165.26亿元，同比增长21.3%；第三产业投资113.73亿元，同比增长0.2%。全市商品房竣工面积61.08万平方米，同比下降36.1%。商品房销售面积77.38万平方米，同比下降25.3%。商品房销售额13.24亿元，同比下降22.6%，其中住宅销售额12.18亿元，同比下降15.5%。房地产业增加值15.64亿元，同比增长11.3%。年内新建公路93.96千米，新增发电机组容量38.27万千瓦，新增电解铝生产能力16万吨，投资新增，生产能力增强。全年全市社会消费品零售总额81.49亿元，比2007年增长23.1%。分城乡看，城市消费品零售额17.29亿元，同比增长22.5%；县及县以下消费品零售额64.20亿元，同比增长23.2%。从商品主要类别看，在限额以上批发零售贸易业中，石油及制品类零售额11.39亿元，比2007年增长42.7%；家用电器和音像器材类零售额0.92亿元，同比增长37.3%；日用品类同比下降3.6%；家具类同比增长77.6%；汽车类销售同比增长38.2%。全年全市外贸进出口总额4.89亿美元，比2007年增长11.3%。其中，出口3.40亿美元，同比增长99.2%；进口1.49亿美元，同比下降44.5%。全市新签约招商引资项目203个；实施项目到位资金162.36亿元，比2007年增长20.3%。新批外资项目11个，合同外资额1.1亿美元，比2007年增长129%；实际利用外资额4425万美元，比2007年增长3.4倍。全市全年交通运输、仓储及邮政业增加值14.5亿元，比2007年增长10.5%。全年完成货物周转量31.46亿吨千米（不含铁路），同比增长18.3%；完成旅客周转量3.90亿人千米（不含铁路），同比增长14.4%。全年港口完成货物吞吐量11.96万吨，比2007年下降31.1%。年末民用汽车拥有量4.86万辆，比上年末下降22.1%。年末个体车拥有量3.09万辆，同比增长36.1%。全年完成邮电业务总量36.42亿元，比上年增长29.5%。其中，邮政业务总量0.92亿元，同比增长11.2%；电信业务总量35.50亿元，同比增长30.1%。年末固定及移动电话用户总数达到188.60万户，比上年末增加49万户。全市全年接待国内游客人数645.25万人次，同比增长14.9%；国内旅游总收入29.14亿元，同比增长24.3%。接待境外游客2.14万人次，比上年增长15.7%，其中，外国游客1.12万人次，同比下降3.5%；港澳游客0.32万人次，同比下降23.8%；台湾游客0.70万人次，同比增长1.6倍。国际旅游外汇收入603万美元，同比下降10.0%。全市金融业增加值6.92亿元，比2007年增长10.9%。年末全部金融机构存款余额304.67亿元，比年初增长23.1%；全部金融机构贷款余额255.13亿元，比年初增长18.7%。全市全年保险业累计实现保费收入5.98亿元，比2007年增长6.4%，其中，财产险业务保费收入2.28亿元，同比增长22.9%；寿险业务保费收入3.70亿元，同比增长81.3%。全市完成造林面积2.68万公顷。全市森林面积3243.8万公顷，森林覆盖率58.5%。活立木蓄积量6416万立方米。全市工业废水排放量4018万吨，同比下降13.7%；工业二氧化硫排放量10.23万吨，同比上升20.7%；工业烟尘排放量1.05万吨，同比下降70.9%。全市污水集中处理率8.1%。生活垃圾无害化处理率15.3%。城市燃气普及率69.7%。全市综合能源消费131.74万吨标准煤，比2007年增长14.3%；单位GDP能耗3.6313吨标准煤，同比增长0.8%。规模以上工业万元增加值综合能源消耗3.65吨标准煤，比上年上升4.6%。城市道路长度576千米，公共交通运营车辆513辆，人均公共绿地面积9.19平方米。

税收概况

【收入完成情况】2008年，百色市地方税务局共组织各项收入（自治区地方税务局口径收入）172053万元，比2007年增收33108万元，增长23.8%，完成自治区地方税务局调整后年度任务的97.9%。其中，自治区级金融保险业营业税收入9189万元，比2007年增收2983万元，增长48.1%；市、县级收入（市政府口径收入）162864万元，比2007年增收30125万元，增长22.7%，完成政府调整后年度考核收入任务的101.1%。

【收入特点】2008年，百色市地方税收收入保持快速的增长，比2007年增长23.82%，但县（区）间税收收入进度差距较大，在13个征收单位中，有7个征收单位圆满完成年度税收任务，还有6个征收单位因税源有限无法完成年度税收任务。靖西县、德保县、隆林县、凌云县、平果县、田林县、西林县、那坡县等8个征收单位收入增长高于全市平均增长水平，分别比2007年增长89.5%、51.78%、36.34%、36.25%、35%、34.6%、32.92%、31.32%。从各税收入情况看，营业税收入64425万元，同比增收8000万元，增长14.2%。其中，金融保险业营业税收入9189万元，同比增收2984万元，增长48.1%；建筑安装行业营业税同比增长10.8%；交通运输业营业税同比增长25.2%；电信业营业税收入同比增长24.2%。企业所得税收入12178万元，同比减收4476万元，下降26.9%。其中，百色银海铝业减收4484.9万元，田东南华糖业减收1372万元，田阳南华糖业减收108.2万元，百色甘化公司减收500万元，林逢煤矿减收188.6万元，百色华力化工减收170万元。但广西斯达特锰材料公司入库782.8万元，增收432.8万元；强强碳素厂入库619万元，增收252.1万元；二十三冶建设集团广西公司平果铝矿山工程项目经理部入库563万元，增收343.8万元。个人所得税收入22637万元，比2007年增收4090万元。其中，个人所得税的代征代扣和稽查查补收入比2007年增长22.1%，增幅较大的企业有信发铝电公司、平果强强碳素厂、百色皓海碳素公司，累计缴纳个人所得税分别为324万元、324.9万元和214.6万元，分别比2007年增收83.8%、737.2%和426.1%。资源税收入13875万元，比2007年增收5929万元，增长74.6%。其中，中国铝业广西分公司、德保华银铝业、平果铝业、田东登高水泥集团、信发铝电、那怀煤矿、德保铜矿等重点企业仍然是拉动资源税持续增长的主要原因。土地增值税收入4029万元，比2007年减收2524万元，下降38.5%。土地使用税收入5576万元，比2007年增收3106万元，增长125.7%，增长的原因主要是政策性调整，新规定提高计税价格所致。其中，平果铝业、华银铝业缴纳土地使用税分别比2007年增收1617万元、200万元。印花税收入2808万元，同比增收1669万元，增长146.5%。其中，中国铝业、平果铝业、田东石化总厂、银海铝业、信发铝电公司分别缴纳印花税226.6万元、158.7万元、156.5万元、139.2万元、112.3万元，分别比2007年增收86.1万元、158.3万元、146.6万元、41万元、106.1万元。耕地占用税收入14295万元，占各项收入增收总额的43.2%。

【税收分析】2008年，在全市税收收入总额中，耕地占用税收入14295万元，占各项收入增收总额的43.2%，成为地方税收增长的主要支撑点。其他各税同比增收18804万元，绝对增长13.5%，但增收额比2007年度减少0.92亿元。主要是由于南北高速路、华银铝业一期工程项目、百色银海铝业公司、制糖行业、土地增值税等重点税源减收所致。

1. 增收因素。资源税课税额提高和土地使用税适用税率的调整，增收2500万元；耕地占用税改由地税部门征收，收入14296万元，属不可比因素；平果氧化铝三期工程、靖西信发铝业工程、百隆高速路、田德铁路以及其他中小工程项目总增收4350万元；个体经营增幅为8%～9%；2007年度锰业企业汇算清缴增收800万元；随增值税征收的城建税和教育费附加收入增收约1600万元。

2. 减收因素。如重点企业百色银海铝业公司因受电价提高及原料涨价的影响，企业所得税收入约减收4500万元；田东石化、田东火电厂受原油、煤等原材料价格上涨的影响，利润比2007年大幅下降；因发电厂总机构大多不设在百色市，而供电公司供用电为大网回购，发电环节电费的升高，一定程度上影响着本地供电公司的利润额；糖价下跌造成制糖业税收大幅下降；房地产行业受银行紧缩银根的影响，投资额度大幅减少，投资资金不到位，整体减收1129万元；因那读矿难使得煤矿及相关行业停产进行安全整顿而减收1500万元左右；新的企业所得税法规定计税工资扣除额调整为据实扣除，企业所得税收入减少，仅汇能电力、华力化工两个企业同比减少200万元；个人所得税起征点提高，工资薪金个人所得税减收1500万元；部分重点工程项目陆续竣工，而计划开工的项目因资金投入不到位等原因未能如期动工，后续税源不足，仅南北高速路、华银铝业一期工程项目、田阳火电厂等共减收5030万元；2007年平果县财政局国有资产管理专户代扣入库3195万元，以及其他不可比减收因素的影响，土地增值税减收2524万元。

各项工作

【重点税源监控】2008年，百色市地方税务局结合自治区地方税务局关于重点税源管理的有关工作要求，从2007年度企业纳税户中筛选出30万元以上重点税源企业319户进行重点监控管理，并选配了26名重点税源管理员专门负责重点税源的管理工作，同时还配备了专用电脑，采取视频、互联网、电话等方式对重点税源管理员进行培训和指导，建立了以信息表、税收表、工业产品表、财务表、房地产表、情况说明为基础的319户重点税源企业数据信息库，以及Excel格式的辅助统计库，通过各税源管理员分别采集、录入和加工处理后，直接连接FTP上报自治区地方税务局。从当前的工作实践来看，目前全市重点税源监控管理已形成了以计财科为连心、征收分局为主体、税收管理员为基础、TRAS系统为操作核心、GXDS系统（广西地税信息系统）为数据依托的工作模式。据统计，2008年，百色市重点监控的319户企业缴纳地方税收收入为81325.77万元，比2007年增长16.85%，占当年各项收入的47.27%。

【税收征管】一是加强户籍管理。百色市地方税务局按照《税务登记管理办法》的要求，加强日常对业户的巡查工作，加强与国家税务局、工商局的协作，有效地提高了税务登记率。至2008年底，百色市地方税务局管理的地方税纳税户户数为35146户。其中，内资企业5311户，港澳台企业40户，外商投资企业41户，个体经营29575户，其他纳税户179户。内资企业中，国有企业1160户，集体企业848户，股份合作企业183户，联营企业21户，有限责任公司1693户，股份有限公司183户，私营企业1157户，其他企业216户。二是加强新企业所得税法的培训和指导。先后举办多期有税务人员、企业人员参加的新企业所得税法学习培训班，提高参加培训人员对新法的理解和执行程度。深入重点企业进行有针对性的指导，帮助企业解决税收业务上的问题，顺利实现新旧企业所得税法的平稳过渡。同时对新法的执行情况进行跟踪问效，为上级完善和补充配套政策提供依据。举办多期企业所得税汇算清缴学习培训班，培训企业272户，财务人员281人，完成企业所得税汇算清缴户数共计797户，应纳税额为9909万元。三是加强纳税信用等级评定管理工作。百色市地方税务局与国家税务部门联合成立纳税信用等级评定委员会，制定并下发了《纳税信用等级评定工作具体实施方案》，充分利用办税服务厅的公告宣传栏、电子显示屏等对评定工作进行宣传，向纳税人发放《纳税人纳税信用等级自评表》和《评分标准》各383份。目前，已完成251户A级拟评定工作。四是全面推广“扁平化”管理模式。2007年，百色市地方税务局在凌云县地方税务局试行“扁平化”税收征管模式。2008年3月18日，在凌云县召开了“扁平化”管理模式总结会，推广凌云县地方税务局试行“扁平化”管理模式成功经验，随后“扁平化”管理模式在凌云、那坡、乐业、隆林、西林等山区小县全面铺开。五是开展征管质量“四率”网上考核工作。制定《征管质量“四率”网上考核办法》并组织实施，各单位综合申报率均超过90%，全面完成综合申报率达85%的预期目标。六是加强税种管理。针对目前存在的成交价格难于核实，价格明显偏低，利用假赠与合理避税等问题，采取行之有效的措施解决耕地占用税入库难问题，组织耕地占用税入库14295万元。以百色市恒升房地产开发公司经营的金源、锦绣花园两个小区工程及百色市华建福莲苑小区工程作为试点，探索采取人工审核财务资料和工程造价软件测算工程量相结合的方法对房地产开发企业土地增值税进行清算，清算出上述几个企业应纳税款为360多万元，土地增值税清算工作取得重大突破。七是加强行业管理。加强对应税车船情况、税收征管、税款代征、发票管理等情况进行调研，对交通运输行业实行行业专业化管理，进一步规范交通运输行业管理。坚持“抓大、控中、定小”的原则，通过采取提前介入实施全程监控，对外来施工企业实行报验登记制度，严格按进度结算缴纳税款，加大对工程项目税款的催报催缴和检查力度等，共组织跨区域重点工程项目税款入库6567万元，重点工程项目管理效果显著。加大解决因征管范围不明晰、交叉管理而出现的重复征管或者漏征漏管问题的力度，建筑安装行业的税收征管质量进一步提高。

【税务稽查】2008年，百色市地方税务局稽查系统进一步加强稽查工作效能和依法治税的能力建设，充分发挥了税务稽查的职能作用，各项工作取得了明显的成效，全年共检查纳税户402户，查补税款入库7695.15万元。深入分析当地经济结构和企业生产经营状况，集中力量对重点户实施分级、分类检查，从房地产、烟草、金融保险、建筑、有色金属、饮食等行业中筛选出58户作为专项检查重点户。联合国家税务局对中国平安保险公司百色分公司2004～2006年度的纳税情况进行税收专项检查，查补各项税费2.22万元，并依法对该公司处以所偷税款一倍的罚款。

百色市地方税务局还与市公安局联合成立了打击涉税违法犯罪联络办公室，进一步完善了涉税案件移送司法程序和联合协作办案机制，并联合开展共同整治不法分子非法制售假发票和非法代开发票活动。据统计，全年参加发票检查的税务人员为318人、公安干警22人，检查纳税户382户，查补税款3.77万元，处罚20户，罚款1.64万元。

【税收执法】2008年，百色市地方税务局紧紧围绕税收中心工作，大力加强税收法制建设，严格税收执法与监督，税收执法水平进一步提高。加强执行税收减免政策的管理，改变以往只注重材料审核的做法，有针对性地到申请减免税的企业进行实地调查核实，确认企业申请减免税事项的真实性，引导企业正确利用国家税收优惠政策为生产经营服务。2008年，全市共审核审批减免税107户，金额达21880万元。做好税收法制服务工作，为市政府、市招商局等单位和外地投资商提供政策支持。开展税收政策执行情况反馈报告工作，为国家税收制度改革、完善税收政策提供合理化建议。开展税收执法检查、执法监察及执法质量考核工作，14个执法单位的考核平均得分为92.66分。同时，对检查中发现的违反税收法律、法规等问题进行通报，做出《税收执法检查处理决定书》，责成有关单位限期整改。

【税法宣传】2008年，百色市地方税务局围绕“税收·发展·民生”的主题，精心组织开展了形式多样、内容丰富的税收宣传活动。在百色市逸夫小学建立了“百色市青少年税收教育基地”；承办了由广西桥牌协会主办的以“税收·发展·民生”为主题的2008“百色地税杯”广西桥牌赛；与媒体合作举办税收有奖征文比赛；与广西华银铝业有限公司共同举办迎奥运“华银杯”税收宣传羽毛球邀请赛等。

【纳税服务】2008年，百色市地方税务局从夯实硬件入手，加强办税服务大厅等基础设施建设，统一了办税服务的标准、要求和工作流程。从强化软件着眼，大力推行“一站式”和首问负责制、限时办结制和责任追究制等，在市行政审批服务中心设立地方税务服务窗口，集中受理有关涉税事项，提高行政审批效率。以便于纳税人知情和监督为出发点，进一步扩大税收政务公开的内容和范围，不断增强征纳双方的信任感。加快信息化建设步伐，实现了财税库联网，简化了办税环节，提高了工作质量和效率。充分利用广播、电视等各类媒体以及开展纳税信用等级评定、问卷调查等活动，增强税收政策法规的宣传和执行效果。

【信息化建设】百色市地方税务局做好广西地税信息系统正常运行的技术支持工作，完成了2008版（Ver200805）的升级工作，在系统中新增了门征个人所得税按税率征收功能、跨省（跨市县）企业所得税分成征收功能、“双定户”银行批扣的财税库联网倒扣功能以及残疾人就业保障基金征收模块，进一步完善了财税库行联网完税功能等。同时新安装了一台升级服务器，实现在线自动升级。探索适应征管数据市级大集中条件下开展相关税收业务工作的模式，不断巩固数据市级集中的成果。采取集中培训和视频培训等方式，组织举办了广西地税信息系统应用培训、重点税源管理系统培训、税源调查软件培训、人事管理系统培训、土地增值税清算培训等计算机操作技能培训。做好公文处理系统等应用软件的推广应用及技术保障工作，将公文处理系统推广延伸到基层分局、税务所，确保“四级网”运行正常。做好FTP、内网腾讯通等软件的维护工作，保障资料的传输及信息沟通的顺畅。通过技术改造，对广西地税信息系统中的征管基础数据进行合理修改和调整，申报率准确性大大提高，征管质量有明显改善。

队伍建设

【机构人员设置】2008年，百色市地方税务局机关共设10个科室（中心）：办公室、法规宣传科、税政科、所得税科、征管科、计划财务科、人事教育科、监察室、计算机信息管理中心、机关后勤服务中心。设直属机构2个：直属税务分局、稽查局。另有党群组织3个：中共百色市地方税务局机关党委（下辖8个党支部）、共青团百色市地方税务局委员会（下辖13个团支部）、机关工会。下辖12个县（区）地方税务局：右江区地方税务局、田阳县地方税务局、田东县地方税务局、平果县地方税务局、德保县地方税务局、靖西县地方税务局、那坡县地方税务局、凌云县地方税务局、乐业县地方税务局、田林县地方税务局、隆林县地方税务局、西林县地方税务局。各县（区）地方税务局机关均设置办公室、征管股、税政股、计财股、人教股、监察室等6个股、室。2008年，百色市地方税务系统县（区）局共设11个直属机构，派出机构61个（其中乡镇税务分局33个，税务所28个）。2008年底，百色市地方税务系统在编干部共有761人。其中，科员级以下干部271人，科级干部481人，处级干部9人。中专以下学历68人，占总人数的8.9%；大学专科学历398人，占总人数的52.3%；大学本科学历295人，占总人数的38.8%。中共党员591人，占总人数的77.7%。

【领导班子建设】一是强化理论学习，促进各级领导班子的思想建设。把加强领导班子的思想建设作为重点工作来抓，不断强化政治理论学习，各级领导班子理论中心组理论学习得到正常化、制度化，做到定学习内容、定学习时间、定组织单位、定期检查，从机制上保证理论学习的有效性。结合继续解放思想大讨论活动和深入学习实践科学发展观活动，各级领导班子理论中心组联系实际学习党的十七大会议精神、科学发展观、党建理论、廉洁从政以及胡锦涛总书记等党和国家领导人在广西考察、调研时的讲话精神，并结合实际撰写1～2篇调研课题报告，以课题调研促进理论学习的深化和工作水平的提高。二是以开好民主生活会为重点，促进领导班子组织建设。以“坚持科学发展　构建团结和谐班子”为主题，认真召开班子专题民主生活会。通过发放征求意见函，广泛征求群众意见，认真查找各级领导班子及班子成员个人在贯彻落实科学发展观方面存在的突出问题以及党性党风党纪方面群众反映强烈的突出问题，深入开展批评与自我批评，明确努力方向，寻找真正制约地方税务科学发展的根源。各支部组织党员召开专题组织生活会，结合实际，分析查找自身差距和不足，明确努力方向。市局领导班子成员还深入各自工作联系点指导各县（区）地方税务局召开党员领导干部民主生活会。认真贯彻落实《党政领导干部选拔任用工作条例》，把好干部选拔任用的程序关、质量关，2008年共提拔任用科级干部12名，基层领导班子结构得到优化。三是强化民主集中制，促进领导班子作风建设。严格贯彻民主集中制原则，坚持重大事项事前有议、议而有决、决而有行、行而有果，确保了决策的民主化、科学化，领导成员之间形成了“讲团结不丧失原则，讲风格不争名夺利，讲谅解不计较恩怨，讲威信不搞个人说了算”的良好工作氛围。四是筑牢防腐拒变思想防线，促进领导班子廉政建设。及时召开党风廉政建设工作会议，结合实际认真落实党风廉政建设责任制，层层签订党风廉政建设责任状，在百色市地方税务系统形成一个强大的廉政监督网络。召开百色市地方税务系统党风廉政建设工作汇报会，对存在问题进行整改。通过召开专题讨论会、撰写心得体会等形式，深入开展以“解放思想，廉洁从税”为主题的廉政教育宣传月活动。制定《预警机制工作方案》和《重点岗位监督管理试点工作方案》，加强对税款征收、入库等重点环节、重点部位的监督管理。健全完善《票证汇缴检查管理办法》、《发票会审制度》等制度，严格执行税收票证“三审”制度，保证内部运行良好。

【干部队伍建设】2008年，百色市地方税务局不断完善学习制度，加大学习的考核检查力度。邀请各级领导以及专家、学者作专题辅导，有力地促进了理论与实践的统一。坚持“开门整改”，及时制定整改措施解决存在问题。广泛开展《公民道德建设实施纲要》、《公务员行为规范》和职业道德教育。

一是充分利用百色起义纪念馆等教育基地对干部开展革命传统教育活动。本着“按需施教、突出重点、讲究实效、分级分类培训”的原则和“长抓教育，短抓培训”的工作思路，制订并实施了教育培训工作计划，采取“走出去”的方式，与长春税务学院、山东大学经济学院等高校联合举办更新知识培训班共5期，共培训250人次。全市地方税务系统全年先后组织各类理论知识、税收业务知识等培训班共115期，培训人员达5000多人次，支出教育培训经费80余万元。二是层层签订《党风廉政建设责任书》。对党风廉政工作进行分解量化。贯彻落实《建立健全教育、制度、监督并重的惩治和预防腐败体系实施纲要》，逐步探索建立了监督预防体系，将纪检监察关口前移，并延伸渗透到税收执法和行政管理各个方面，增强了权力运行事前、事中的监督力度。三是加强工青妇工作。2008

年，百色市地方税务局继续按照自治区党委《关于加强新形势下党建带工建团建妇建工作的意见》的要求，不断加强对工青妇工作的领导，成立了气排球等15个工会活动小组，开展积极向上的文体活动。采取学习讨论、座谈交流等形式，认真组织广大青年学习讨论共青团十六大会议精神，开展“解放思想，青年先行”主题教育活动，引导广大团员青年在继续解放思想大讨论活动中奋勇争先，充分发挥青年在税收工作中的生力军作用。做好“青春温暖促和谐——服务青少年”活动，组织团员青年为遭受冰冻灾害和地震灾害的灾区捐款捐物达4万余元。组织广大团员青年以及“青年文明号”集体为贫困大学生捐款2万余元，解决贫困大学生上学的资金问题。

【思想政治工作】2008年，百色市地方税务局以开展继续解放思想大讨论和学习实践科学发展观活动为契机，联系实际强化干部教育工作，深入开展学习实践科学发展观活动，不断完善学习制度，提高学习标准和要求，加大学习的考核检查力度，保证学习效果。坚持开门整风、对存在问题及时整改。充分利用百色起义纪念馆等教育基地，广泛开展《公民道德建设实施纲要》等主题教育，加强百色市地方税务系统思想政治建设、业务素质建设、行业作风建设。一是组织开展继续解放思想大讨论活动。成立领导小组及其办公室，研究制定下发了百色市地方税务系统开展继续解放思想大讨论活动工作方案，明确职责，做到机构、人员到位。做好宣传发动工作，加强学习和辅导，邀请中共百色市委副书记吴宇雄为干部职工作专题辅导，加深广大党员和干部职工对开展继续解放思想大讨论活动意义的认识。局党组中心组成员带头学习和讨论，带头剖析存在问题，带头落实整改措施，将学习讨论的成果转化为指导工作的强大动力。把握活动重点，把大讨论活动与组织收入工作相结合，开展“继续解放思想大讨论”文章评比活动，推动大讨论活动向纵深发展。据统计，百色市地方税务系统召开各种形式的座谈会、研讨会等共35次，1000多名干部职工及纳税人参加了学习讨论。二是组织开展学习实践科学发展观活动。及时成立了学习实践活动领导小组及其办公室，结合地方税务实际研究和部署开展学习实践活动。同时抽调4位同志作为开展活动的专职人员，全程负责学习实践活动的日常工作。召开局机关学习实践活动动员大会，局党组书记、局长农华作了题为《深入学习实践科学发展观　促进百色地税事业科学发展》动员报告。活动以机关党委统一组织、各党支部分别活动等方式开展。邀请中共百色市委党校常务副校长、百色行政学院院长、教授黄启学前来为党员干部作专题辅导，加深党员干部对开展学习实践活动意义的认识。三是开展“四个主题”教育活动。即组织党员到挂点联系非公有制企业平果铝型材厂开展“服务非公经济、破难题、促发展”主题教育活动。组织党员到新农村建设对口帮扶联系点田阳县五村乡桥马村开展“察民情、识市情、动真情”主题教育活动。投入资金1.3万元，扶持该村搞蘑菇生产；修建小学基础设施；修建下巴屯至村部水泥公路，解决村民走路难的问题；修建两座容量为750立方米的蓄水池，解决了近100户320人饮水难问题；为特困户送去慰问品一批；向桥马村委和村小学赠送电脑6台，改变了村委、村小学没有电脑办公的历史。组织党员到百色起义纪念馆等革命传统教育基地开展“继传统、强信念、谋发展”主题教育活动。开展“坚持廉政勤政　促进科学发展”主题教育活动。启动激励机制，开展比学习、比作风、比服务、比业绩，献计策，争创优秀党支部的“四比一献一争创”活动。四是开展实践“问计”活动。组织开展“我为广西地税发展进一言、献一策”活动和开展向扶贫联系点问计、向专家学者问计、向上级和发达地区问计、向干部职工问计、向纳税人问计“五个问计”活动，共征集到金点子55条，各类意见和建议共113条。

【精神文明建设】继续落实“一把手”负责制，坚持民主集中制，职责上求分，目标上求合，思想上求新，作风上求实，把精神文明建设抓在手上，落实在具体工作中。研究制定和实施了《全市地税系统精神文明工作要点》，明确了精神文明建设工作的指导思想、基本原则、工作目标、主要任务、保证措施。以争创“文明单位”、“巾帼文明示范岗”等为载体，结合学习实践科学发展观活动，开展“推动科学发展，发挥地税职能，服务老区经济”等主题实践活动，极大地推动了百色市地方税务系统的精神文明建设。2008年，西林县地方税务局被自治区文明办、自治区爱卫办评为“自治区文明卫生单位”，那坡县地方税务局荣获自治区城乡清洁工程创建活动“文明卫生庭院”称号，市局工会妇委会荣获市级“三八红旗集体”称号，市局直属税务分局办税服务厅、德保县地方税务局县城关分局办税服务厅荣获市级“巾帼文明示范岗”。残疾职工龙嫚同志荣获2003～2006年“全国残疾人体育工作先进个人”、第十一届“广西青年五四奖章标兵”、自治区“三八红旗手”、百色市“十大杰出青年”和“三八红旗手”称号。为干部职工开展保健知识讲座，提供防病健康检查等。组织干部职工先后为汶川灾区等捐款共计 9.46 万元。

【党风廉政建设】按照“突出构建惩治和预防腐败体系建设这一条主线，抓住加强对领导班子和领导干部的监督管理；加强对重点环节和基层重点岗位的监督管理；狠抓信访工作，及时化解矛盾，严肃查处案件，做到惩处、教育、保护三结合的三个重点，整体推进各项工作”的工作思路，结合实际认真落实党风廉政建设责任制。及时召开百色市党风廉政建设工作会议，总结 2007 年党风廉政建设和反腐败工作，部署 2008 年党风廉政建设和反腐败工作任务。百色市地方税务局党组书记、局长代表局领导班子与各单位主要负责人签订了党风廉政建设责任状，干部职工也与家属签订了家庭廉政保证书，在百色市地方税务系统形成一个强大的廉政监督网络。召开党风廉政建设工作汇报会，认真听取各单位党风廉政建设工作汇报，并逐个进行点评，对存在问题提出了整改要求。通过召开专题讨论会、撰写心得体会等形式，联系地方税务系统实际深入学习贯彻十七届中纪委二次全会精神以及中央、国家税务总局关于党风廉政建设工作精神。据统计，百色市地方税务系统召开专题会议 15 次，参加人数 820 人次；制作板报 15 期，干部职工撰写学习心得体会 820 篇。深入开展以“解放思想、廉洁从税”为主题的廉政教育宣传月活动，采取座谈讨论、开展案件剖析、查找风险点、读书思廉等形式，开展一次学习教育讨论活动、每人写一篇学习体会文章、出一期学习板报、召开一次学习教育汇报交流会、开展一次廉政教育知识考试、组织一次警示教育活动等“六个一”宣传教育活动。制定和实施《预警机制工作方案》、《重点岗位监督管理试点工作方案》，加强对税款征收、入库等重点环节、重点部位的监督管理，稳步推进惩治和预防腐败体系建设。做好群众来信来访工作和坚决查处违法违纪案件。健全完善《票证汇缴检查管理办法》、《发票会审制度》等监督管理制度，积极推广运用票证汇缴检查软件、以票管税辅助管理模块，严格执行税收票证“三审”制度，保证内部运行良好。

【税务纪检监察】一是加强税收执法权的落实。继续抓好税款征收、入库环节的试点工作，对重点环节、重点岗位实行全方位、分层次的监督管理。继续推广运用票证汇缴检查软件、以票管税辅助管理模块，严格执行税收票证“三审”制度和发票、票证月会审制度，采取设置举报箱、公布举报电话、召开座谈会等形式营造一个畅通的内外部监督网络。开展税收重点环节监督管理自查工作，及时发现问题和解决问题。以右江区、平果县、田林县地方税务局作为重点岗位监督管理试点单位，明确税款征收、入库、税收管理员、税收票证和普通发票管理等岗位和人员为重点监督管理对象，制定了考核办法，对失职人员进行责任追究。开展税务执法检查、执法监察和执法质量考核，及时发现和整改存在问题。二是加强行政管理权的落实。严格执行“一把手”不分管人事、财务和基建，其他班子成员不同时分管征管与稽查，财务与基建、大宗物品采购，“三重一大”实行集体讨论，主要领导实行末位发言等制度。开展税务经费内部审计，进一步规范税务经费支出的工作程序。通过发放征求意见表和调查问卷等形式，广泛征求干部职工意见，认真开好党组民主生活会，做到“有则改之，无则加勉”，切实解决党组以及党组成员个人存在的与形势不相符的突出问题。落实“一岗两责”，对领导干部开展廉政谈话，认真听取基层单位落实党风廉政建设责任制等方面的情况汇报，指导基层单位开展党风廉政建设工作。加强政务公开工作，保障了广大干部职工的知情权，内部行政管理进一步规范。三是加强行风建设。认真贯彻落实《国家税务总局关于进一步推行办税公开的意见》，主动公开办税程序等 13 个方面的内容。加大对商业贿赂、党政干部因公出国（境）、“小灵通”与单位办公电话捆绑使用等专项清理工作力度。严格执行《中华人民共和国公务员法》以及公务接待、用车制度。召开特邀监察员座谈会，查找行业风险点。积极参与百色市行政效能电子监察系统建设，认真做好发票领购的审核、西部大开发税收政策审批等事项的监督工作，保护纳税人的合法权益。四是加强信访、案件的查办工作。加强信访工作，对群众来信来访进行深入排查并及时向信访者反馈查处情况，对被投诉者进行信访谈话。查办原右江分局违法违纪案件，对涉案者依据有关法律法规进行行政处理。五是加强宣传教育。紧紧围绕税收中心工作，始终坚持“以人为本，教育为主”的指导思想，按照税务系统反腐倡廉宣传教育、加强地方税务系统廉政文化建设以及构建三级教育机制的工作要求，坚持经常性教育与集中性教育相结合，开展形式多样的党性党风党纪教育和职业道德教育，建立廉政教育长效机制。结合继续解放思想大讨论活动，开展以“解放思想、廉洁从税”为主题的廉政教育宣传月活动。组织开展一次学习教育讨论活动、每个人撰写一篇学习体会文章、出一期学习板报、召开一次学习教育汇报交流会、开展一次廉政教育知识考试、组织一次警示教育活动的“六个一”活动。针对不同岗位特点，采取自己查、同志帮、纳税人提醒相结合的方法，组织开展廉政风险点查找工作。百色市地方税务系统共收集整理风险点55条，并制定或完善了有关制度。六是落实领导责任。结合地方税务工作实际，将党风廉政建设工作与“依法治税、从严治队”一起布置、一起检查、一起落实。制订党风廉政建设和反腐败工作计划，进一步明确、细化、量化党风廉政建设工作目标和任务。加强督查检查，做到苗头性问题提醒在前，倾向性问题防范在前，普遍性问题约束在前。从简化工作、责任明确、提高效率出发，制定实施了《百色市地方税务局预警机制实施办法》等6项制度。

【教育培训】本着“按需施教、突出重点、讲究实效、分级分类培训”的原则和“长抓教育，短抓培训”的工作思路，不断创新教育培训形式，联系实际制订并实施了教育培训工作计划。采取“走出去”的方法，组织250人到长春税务学院进行领导科学、学习型组织、团队建设、税务文化建设等知识培训，充实、更新和丰富干部的知识结构。采取集中培训或视频培训等方式，举办广西地税信息系统、重点税源管理、税源调查软件、人事管理、土地增值税清算等软件的应用培训，共举办各类理论、业务学习培训班115期，参加学习培训人数5000多人次。组织百色市地方税务系统公务员参加自治区地方税务局举办的《公务员压力管理和心态调适》等知识讲座。

（陈丽萍）

崇左市地方税务局

经济概况

2008年崇左市国内生产总值264.8亿元，比上一年增长11.8%；财政收入32.07亿元，同比增长19%；全社会固定资产投资128.49亿元，同比增长11.6%；社会消费品零售总额44.88亿元，同比增长22.3%；外贸进出口总额15.99亿美元，同比增长72.6%；城镇居民人均可支配收入12732元，同比增长15%；农民人均纯收入3754元，同比增长14.1%；全年出生人口数28013人，占控制数的82.39%，人口出生率为11.9‰，符合政策生育率为88.51%，比责任指标高出5.51个百分点；人口自然增长率为6.79‰，比控制指标低2.21个千分点。2008年崇左市地方税务系统管理纳税户共33342户，其中企业2880户，个体户30462户，国地税共管户18649户，地方税务直管户14693户。

税收概况

【收入情况】2008年，崇左市地方税务系统共组织税收收入89506万元，比2007年增收22002万元，增长32.6%，分别完成自治区地方税务局下达考核目标任务和奋斗目标任务的103.7%和100.2%；其中县市级税收收入86112万元，比2007年增收21133万元，增长32.5%，完成崇左市市政府下达考核目标任务83000万元的103.7%，完成奋斗目标任务86000万元的100.2%。代收教育费附加3369万元、文化事业建设费71万元、防洪保安费738万元、地方教育费附加1050万元、工会经费1333万元、残疾人就业保障基金303万元，分别比2007年增长18.0%、34.0%、34.4%、-42.9%、9.3%、-2.3%。

【收入特点】一是税收规模再创新高，地方税收收入增幅高于崇左GDP增幅20.8个百分点。二是地方税收由主体税种带动增长的格局发生了变化，非主体税种拉动一般预算收入增长明显。营业税、企业所得税、个人所得税三大主体税种收入合计60174万元，比2007年增收8210万元，增长15.8%，增幅比2007年下降了11.6个百分点，对地税一般预算收入拉动作用仅为12.6个百分点。8个非主体税种收入25903万元，比2007年增收13430万元，增长107.7%，增速比2007年高近

65个百分点，拉动地税一般预算收入近20个百分点。三是全市8个征收单位均实现增收，增幅均为二位数以上。一般预算收入超亿元的单位有5个，比2007年增加2个，且增长率均在26%以上，对崇左市地方税收收入增长起到主要作用。

【税收分析】一是崇左市国民经济稳步发展为税收增长提供良好的原动力，全市国内生产总值264.8亿元，同比增长11.8%，经济总量的增长拉动税收稳步增长。二是新兴城市基础建设、房产投资开发的旺盛，拉动营业税的大幅增长。2008年营业税收入32959万元，比2007年增收8156万元，增长32.9%。其中建筑业营业税收入12299万元，比2007年增收3858万元，增长45.7%；房地产业营业税收入6567万元，比2007年增收1612万元，增长32.5%。三是全球金融危机对地方税收收入尤其是企业所得税收入影响较大。2008年企业所得税收入14914万元，比2007年减收2627万元，下降15.0%。其中建筑业企业所得税收入2660万元，比2007年减收390万元，下降12.8%；制糖业企业所得税收入7485万元，比2007年减收3582万元，下降32.4%。四是由于边贸经济保持活跃和甘蔗产量的增加，为交通运输业营业税、印花税、个人所得税增长提供税源保障。2008年边贸地方税收收入2927万元，比2007年增长了77.5%，促进了税收总量增长。五是加强税务稽查，以查促收，以查促管，有力地促进收入的增长，崇左市地方税务系统共查补税款2407.8万元，入库税款1871万元。

各项工作

【重点税源监控】2008年，崇左市地方税收重点税源监控企业194户，共缴纳一般预算收入40605万元，比2007年增收7504万元，增长22.7%，占地税一般预算收入的比重为45.4%，比2007年同类指标下降了3.6个百分点。重点税源监控税收增长主要由房地产业及锰矿业增收带动。重点监控的房地产业一般预算收入7386万元，比2007年增收3706万元，增长100.7%；锰矿业收入3877万元，比2007年增收1871万元，增长93.3%。受制糖业景气指数下降的影响，企业转型引起的税款外移是重点税源税款比重下降的主因。2008年年纳税额超1000万元的有6户，比2007年增加2户，但缴纳税款只增收746万元，户均缴纳税款2208万元，比2007年少1290万元/户；年纳税额在500万～1000万元的有8户，缴纳税款5723万元；年纳税额在101万～500万元的有72户，缴纳税款15713万元；年纳税额100万元以下的有108户，缴纳税款5288万元。

【税收征管】

1. 开展“扁平化”管理试点，创新管理机制。为精简机构，减少管理层级，崇左市地方税务局在天等县、大新县、江州区地方税务局试行“扁平化”管理。依照“依法、精简、效能、统一”机构微调的原则，将城区分局和县局部分职能股室合并，推行“扁平化”管理后，县局机关将工作重心前移，压缩中间层次的管理人员，增加直接面向纳税人的征管人员。

2. 加强税收征管基础工作。一是以税务登记管理为抓手，认真清理漏征漏管户，2008年清理漏征漏管户1095户，追缴税款共285.5万元，加收滞纳金和罚款7.7万元。二是加大发票检查和打假力度，共对1336户发票户进行检查，对46户进行了处理，补征税款24.9万元，罚款6.2万元，规范了税收征管秩序。

3. 加强税收科学化、精细化管理，提高征管水平。一是抓好新企业所得税法实施，积极推行企业所得税分类管理，加大企业所得税征管力度。认真开展总分机构所得税清理催缴工作，崇左市累计排查出46户分支机构应在本市地方税务部门预缴所得税，申报入库企业所得税176万元。2008年，企业所得税收入14914万元，比2007年减收2627万元，减少15.0%。减收的主要原因是受今年国际机糖价格下降的影响，制糖业企业所得税收入出现较大幅度减收，比2007年减收3582万元，减少32.4%。二是加强个人所得税征管。以代扣代缴为抓手，抓好年所得12万元以上纳税人自行纳税申报工作，崇左市地方税务部门共受理年个人所得12万元以上的纳税人共354人自行申报纳税，比2007年增加144人，涉及年所得总额17890.4万元，应纳税所得额8052.5万元，比2007年增加2634.1万元，应纳税额1645.6万元，比2007年增加622.7万元。2008年，个人所得税收入12301万元，比2007年增收2681万元，增长27.9%。三是深入开展各小税种和零散税收清理，进一步加强小税种征管，小税种收入增长明显。2008年，清理各小税种和零散税源税收入库共3625.44万元。通过清理，促进了小税种收入的大幅度增长，2008年崇左市8个小税种收入合计25903万元，占同期组织收入的28.9%。四是认真开展清理追缴欠税工作，共清理欠税户25户，清缴税款167.0万元，加收滞纳金和罚款7.9万元。

4. 认真落实税收优惠政策，发挥税收职能作用。一是针对冰冻灾害天气给交通运输和群众生产生活造成的严重影响，崇左市地方税务局严格落实税收优惠政策，采取措施支持灾区灾后复产重建工作，明确了7条税收优惠政策应对冰冻灾害，同时认真落实各项税收优惠政策。2008年，崇左市地方税务系统认真落实各项税收优惠政策，共减免税收约16100万元，培植和涵养新的税源增长点。二是发挥税收职能作用，促进北部湾经济区发展。协助做好建立凭祥边境综合保税区的申报工作，与政府有关部门到发达地区实地考察，学习先进经验，积极向国家税务总局汇报工作情况，争取支持，同时为当地政府提供政策咨询，促进申报工作进程。深入开展调研工作，为当地党委、政府科学决策献言献策。2008年，把《崇左市经济税源建设研究》、《地方税收促进“一区两园”建设研究》、《加强和改进纳税服务研究》等作为重点调研课题，深入开展调查研究工作，为崇左市申报建立凭祥边境综合保税区、地方税务管理体制改革、优化纳税服务等方面做了大量的调研工作，为做好北部湾经济区建设提供决策服务。

【税务稽查】一是制订和落实日常税收检查计划。2008年，崇左市计划检查企事业单位139户，全市检查结案111户，共查补税款428万元，罚款163万元，处罚率达44%；全市检查应立案46户，已立案46户，立案率为100%。二是部署2008年税收专项检查工作。全市在专项检查中检查企业21户，共查补税款364万元。三是开展对各类园区和在建重大工程项目税收及重点税源清理。清理各类园区和在建重大工程项目12个，共查补税款168.7万元。四是开展重点税收稽查。采取稽查约谈方式，确保税收及时入库。共约谈企业31户，入库税款1101万元。2008年，崇左市地方税务系统检查企事业单位共163户，共查补税款2047.8万元，已入库1871万元。五是与市公安局共同成立崇左市公安局、地方税务局打击涉税违法犯罪联络室，共同打击涉税违法犯罪行为。

【税收执法】根据国家税务总局和自治区地方税务局关于开展2008年税收执法检查和执法监察工作的要求，崇左市地方税务局认真开展税收执法检查和执法监察工作。在各县（市、区）地方税务局开展自查的基础上，对各县（市、区）地方税务局开展执法检查和执法监察，对存在的问题进行整改，进一步规范了税收执法行为，促进地方税务机关依法治税和加强党风廉政建设。

【纳税服务】2008年，崇左市地方税务局继续深入开展作风效能建设活动，狠抓服务优化和工作效率的提高，纳税服务质量再上台阶。在自治区地方税务系统作风效能建设考核中获得优秀等次，被评为自治区地方税务系统作风效能建设先进单位，有3位同志被评为自治区地方税务系统作风效能建设先进个人。

【税法宣传】崇左市地方税务局加大税收宣传和纳税辅导力度。一是充分利用左江日报社、崇左电视台在崇左的影响力，做好税收宣传工作，同时加强与广西人民广播电台、广西经济杂志社的协作，扩大宣传面。二是举办纳税辅导培训班，开展送税法上门活动。据统计，崇左市地方税务系统共举办纳税辅导培训班23期，培训1350人次。三是深入开展2008年税收宣传月活动。紧紧围绕“税收·发展·民生”的主题，因地制宜，突出特色，积极开展税收宣传活动，取得了良好效果。崇左市地方税务局与国家税务局、团委联合开展的“税收知识百家宴”被评为自治区地方税务系统税收宣传月活动创新项目奖，崇左市地方税务局被评为自治区地方税务系统税收宣传月活动先进单位。

【信息化建设】针对房地产行业发展迅速的状况，崇左地方税务局依托信息化建设加大房地产业税源监控力度，大力推行房地产业税收一体化管理，依托广西地税信息系统、重点税源监控软件和房地产交易管理系统等软件，把房地产业税源的日常管理工作纳入整个信息化管理中，取得了明显效果。2008年，房地产业营业税、销售不动产营业税分别收入6567万元和5375万元，分别比2007年增长32.5%和57.6%；房地产业企业所得税收入327万元，比2007年增长165.9%。

队伍建设

【机构人员设置】2008年，崇左市地方税务系统共设立机构99个，其中局机关8个，局机关内设机构51个，直属机构8个，派出机构31个，事业单位1个，干部职工总数639人（含助征员）。

【领导班子建设】崇左市地方税务局加强各级地方税务领导班子建设，提高各级班子的“战斗力”。一是做好2007年提拔的15名科级领导干部试用期满正式任用的考核和任用工作，根据工作需要调整7名科级干部的工作岗位，进一步优化县

（市、区）局领导班子结构。二是做好各县（市、区）局领导班子和崇左市地方税务局科级领导干部的年度考核工作。进一步增强各级领导班子的工作责任感，有效促进了各项工作任务的顺利完成。

【干部队伍建设】一是深入开展主题实践教育，强化思想建设。以深入开展继续解放思想大讨论活动为契机，把“三个代表”重要思想、科学发展观、党章、十七大和十七届三中全会精神纳入了党员学习教育日程，并利用党课、纪念日活动和形势教育报告会等有利时机，对党员进行形势任务教育、革命传统教育和遵纪守法教育，使继续解放思想大讨论活动扎实推进，取得了明显成效，达到了预期目标。在崇左市地方税务系统营造了解放思想、思进求新、奋发图强、争创佳绩的良好氛围。二是加强基层组织建设，充分发挥其“战斗堡垒”作用。一方面，加强和改进基层党组织建设。严格落实“三会一课”制度、民主评议党员制度、民主生活会制度等各项党内生活制度，推进基层党组织规范化建设。另一方面，认真做好党员教育管理和发展工作。认真研究和改进党员教育管理的内容和方法，创新党员教育活动的载体，加大党员管理工作力度。

【思想政治工作】崇左市地方税务局把解决实际问题作为思想政治工作中的出发点和落脚点，把解决思想问题和解决干部职工的工作、生活困难结合起来，确保思想政治工作的针对性和实效性。一是加快崇左市地方税务局新办公楼建设，做好附属楼建设的前期准备工作，想方设法解决干部职工住房问题。2008年12月，崇左市地方税务局新办公楼土建项目基本完成，转入二次装修。同时，积极向自治区地方税务局和市委市政府汇报，争取资金和项目支持建设办公楼附属楼。针对局机关干部职工在崇左没有住房的问题，积极向市委市政府请示、汇报，请求支持和帮助，从宏观面上解决干部职工的住房问题。二是关心社会公益，做好抗洪救灾和灾后重建工作。受第十四号强台风“黑格比”的冲击，崇左市地方税务系统灾情严重。崇左市地方税务局成立工作组深入受灾地区察看灾情，并组织抗涝救灾工作，把因灾损失降到最低限度。灾后崇左市地方税务局领导班子分赴灾区慰问干部职工和家属，同时，积极采取措施做好灾后重建工作，较快地恢复正常的工作和生活。积极支持四川汶川地区抗震救灾，崇左市地方税务系统累计为地震灾区捐款14万多元。

【精神文明建设】崇左市地方税务局把创建市级文明单位作为精神文明建设活动的一个重要载体，将精神文明建设延伸到税收征管、办税服务等各个层面。以组织税收收入为中心，以加强队伍建设为根本，以优化办税服务为核心，以提升地方税务形象、创一流业绩为目的，从优化服务质量、提高工作效率入手，大力开展各类争先创优活动，全市地方税务系统精神文明创建蓬勃开展并取得实效。江州区地方税务局荣获“自治区文明卫生单位”，大新县地方税务局隆元媛同志入选中国文明网举办的“我推荐我评议：身边好人”2008年10月“好人榜”，凭祥市地方税务局黄强和大新县地方税务局陆龙月两位同志入选为第四届广西杰出（优秀）青年卫士候选人。

【党风廉政建设】进一步加强党风廉政建设工作，崇左市地方税务系统层层签订党风廉政建设责任状并狠抓落实。按照广西地方税务系统党风廉政建设“突出一条主线，抓住三个重点，整体推进各项工作”的工作思路，紧密结合开展继续解放思想大讨论活动，推进党风廉政建设和反腐败各项工作。突出构建惩防体系主线，修订完善了《崇左市地税系统党风廉政建设责任制考核办法》和《崇左市地税系统开展建立健全预警机制工作方案》，积极探索增强反腐败工作的预见性，防范和减少违法、违纪、违规行为的发生。

【税务纪检监察】一是加强反腐倡廉教育。完善以领导干部、基层执法人员为重点，面向全体税务人员的三级地方税务机关反腐倡廉的教育工作机制，筑牢全体地方税务人员思想道德和党纪国法两道防线。二是强化对税收执法权和行政管理权的“两权”监督制约机制。重点对领导班子和领导干部、重点环节、基层税收管理重点岗位开展监督，形成岗位人员监督、职能部门监督、领导干部监督和纪检监察监督四位一体的内部监督格局。三是加大惩治工作力度。围绕群众关心、关注的热点难点问题，加大信访处理和案件查办工作力度，营造为税清廉的良好环境。

【教育培训】2008年，崇左市地方税务局加大干部培训力度，教育培训工作体现出规模最大、人员最多、课时最长等特点，共举办了税收基础知识、稽查业务、计算机技能等培训班13期，培训人员1200人次，进一步提高干部队伍的综合素质。2008年9月选派15名计算机骨干到桂林电子科技大学参加为期半年的脱产学习，使全市地方税务系统计算机技术人才的整体素质得到提升。

（何　毅）

第四编

税收法规选编

综合类

自治区地方税务局转发国家税务总局关于下发2008年重点税源监控报表制度的通知

2008年1月9日　　桂地税发〔2008〕4号

各市、县（市、区）地方税务局，各市地方税务局直属机构，自治区地方税务局直属税务分局：

现将《国家税务总局关于下发2008年重点税源监控报表制度的通知》（国税函〔2007〕1273号）转发给你们。2008年重点税源监控报表制度新增了重点企业集团报表内容，制度分为独立纳税重点税源企业报表制度和重点企业集团报表制度。结合我区重点税源监控工作实际，提出以下工作要求，请一并遵照执行。

一、2008年独立纳税重点税源企业报表制度

（一）监控标准。

2008年自治区地税局独立纳税重点税源企业的监控标准为：

1. 2007年实际缴纳地税收入（指自治区人民政府考核口径，地税总收入不含防洪保安费、文化事业建设费、地方教育费附加、工会经费、残疾人就业保障基金）30万元以上（含30万元）的企业（从事生产经营的非个体私营、非一次性税源企业）。

2. 预计2008年缴纳的营业税达到100万元以上，或者缴纳企业所得税达到500万元以上的企业。

3. 房地产开发企业除按上述标准监控外，对项目投资额超过5000万元的，各地方税务局均要及时纳入重点税源监控范围，实行从立项至清算的全过程监控，并自缴纳税款的月份开始，按规定表式和要求向自治区地税局上报。

凡符合上述条件之一的，有关资料要逐月完整上报。

（二）报表体系及指标设置。

2008年独立纳税重点税源企业报表共包括1张基本表、2张月报表和3张季报表，分别是《基本信息表》、《税收月报表》、《工业产品月报表》、《财务季报表》、《房地产企业季报表》和《调查问卷季报表》。各报表的指标设置和填报说明详见国家税务总局文件及附件。

（三）具体监控要求。

1. 2008年重点税源监控工作延续2007年的工作制度，继续按照自治区地税局“扁平化”管理的要求，由各重点税源税收管理员上报重点税源监控报表，按月上报月度和季度报表。

2. 各市地税局按照2008年自治区地税局3项监控标准，确定2008年自治区地税局重点税源监控企业名单，于2008年1月31日前按照名单表样确定2008年重点税源监控企业和管理员名单（名单表样见附件1），上报至“计统处FTP：//重点税源/重点税源任务参数/2008年任务”目录。

3. 2008年独立纳税重点税源监控报表软件任务在“计统处FTP：//重点税源/重点税源任务参数/2008年任务”目录下载。

4. 为保证采集信息的完整性，达到国家税务总局监控标准的企业，上报的各项税收信息均应包含国税局和地税局征收的所有税种情况。

5. 各地可以根据当地实际扩大监控范围。所有监控企业均要在《基本信息表》的“监控级次”中将不同监控级次标注清楚。

（四）数据采集。

独立纳税重点税源监控数据来源于企业在纳税申报、财务核算以及生产经营过程中产生的原始信息，一般由企业通过电子方式或纸质载体向税务机关报送。为了减轻企业和基层税务机关负担，提高工作效率和数据质量，各级税务机关应积极采用电子方式采集数据。对广西地税信息系统中已有的数据，在确保数据口径、时期一致的前提下，税收管理员可以从系统中导出，不再要求企业填报。对上年同期数据也可以从相关系统中导出，但要通过适当方式请企业核对确认，对缺失的上年同期数据要予以补齐，确保数据的准确性和可比性。

（五）上报时间和地址。

2008年独立纳税重点税源企业报表上报时间，即报表所属期为1、2、4、5、7、8、10、11月份的，上报自治区地税局，截止时间为次月16日前，只上报《税收月报表》和《工业产品月报表》；报表所属期为3、6、9、12月份的，上报截止时间为季后20日前，月报表和季报表同时报送。由于需要报送和审核各地30万元以上重点税源企业名单，1、2月份自治区级重点税源企业数据于3月16日统一报送，但是在1月份属国家税务总局监控的重点税源企业数据要于2月16日前按时按质上报区局。《基本信息表》年初一次性填报，对部分年初没有数据的项目，可于数据取得的月份随同当期报表进行补报。以上报送截止时间逢节假日顺延。

2008年独立纳税重点税源企业报表通过广西地税局内网报送，地址为"计统处FTP：//重点税源/各地上报重点税源数据"目录，按地区按月份放入。

（六）关于2008年度独立纳税重点税源企业年报。

国家税务总局将对2008年12月独立纳税重点税源企业监控报表进行特别设置，企业在填报12月份报表时，仅需填当年和上年同期各项指标的年度累计数（或期末数），不需要再填报12月份当月数。各重点税源管理员在年初对企业布置重点税源监控报表时，要对填报12月份重点税源报表作出特别说明，并在报送12月份报表时对照地税信息系统进行认真核实。

二、2008年重点企业集团报表制度

为详细了解企业集团生产经营及税源、税收情况，自2008年起由国家税务总局直接对部分重点企业集团开展监控。

（一）监控范围。

2008年广西企业集团具体监控对象由国家税务总局确定如下：

详细名称	企业地址	联系电话（包括区号码）	登记注册类型	营业收入（万元）	行业
广西建工集团有限责任公司	广西南宁市兴宁区朝阳路49号	0771—2810325	国有独资公司	906382	房屋工程建筑
广西水利电力建设集团有限公司	广西南宁市高新区科园大道西二路1号	0771—5796500	国有独资公司	424654	水利和港口工程建筑
广西运德汽车运输集团有限公司	广西南宁市兴宁区友爱路4号	0771—2102228	其他有限责任公司	80557	公路旅客运输
广西恒大企业集团有限公司	广西南宁市秀厢大道53号北湖安居小区综合楼	0771—3931353	其他有限责任公司	13752	房地产开发经营
广西瑞通运输集团有限公司	广西柳州市柳南区文笔路3号	0772—3831068	其他有限责任公司	67213	公路旅客运输
防城港务集团有限公司	广西防城港市港口区友谊大道22号	0770—2892141	国有独资公司	70671	货运港口

（二）报表体系及统计范围。

2008年企业集团报表体系分2张报表，分别是《企业集团财务税收季报表》和《企业集团及成员企业（单位）税收年报表》。其中《企业集团财务税收季报表》主要反映企业集团整体的财务状况及主要税种的应缴、已缴情况，由企业集团汇总后按季填报；《企业集团及成员企业（单位）税收年报表》主要反映企业集团及各成员企业（单位）2007年、2006年各项税收的详细缴纳情况。《企业集团及成员企业（单位）税收年报表》中，企业集团的统计范围要包括所有在境内开展生产经营的成员企业（单位）。成员企业（单位）中缴纳增值税低于500万元、缴纳营业税低于100万元的成员企业（单位）要并入集团统计范围计算报表，但不必单独上报。

（三）数据采集及上报方式。

企业集团监控数据将采用网上直报方式由企业通过互联网直接将有关数据报送至国家税务总局。

各级税务机关可登录税务总局网站下载本地企业集团有关数据进行审核和应用。网上直报具体事项将另行通知。

企业集团主管税务机关负责对企业集团进行相关的布置、辅导、协调工作，并负责数据的审核、催报、通知纠错等工作。企业集团负责对成员企业（单位）数据的审核、汇总以及辅导、催报等工作。

（四）上报时间。

《企业集团财务税收季报表》上报时间分别为季后30日内，《企业集团及成员企业（单位）税收年报表》的上报时间为2008年5月31日前。

三、其他要求

（一）加强培训。各地要加强对重点税源管理员的业务知识，包括企业财务、重点税源数据应用、税收分析等方面的业务培训，千方百计采用各种方式，提高重点税源管理员整体综合素质。

（二）加强数据应用。数据应用是监控工作的最终目的，在保证数据及时性、准确性的基础上，各级税务机关要切实加大重点税源监控数据的利用，对税源发生变动的重点户，结合今年税收计划管理工作，各级计会部门要加强与税种管理部门和征管部门的合作，强化对各税种的分析和预测，做好各税种税收计划工作。为促进重点税源监控数据的分析利用，重点税源监控工作执行分析材料定期上报制度：各市地税局按季度上报各地重点税源综合分析报告或应用重点税源数据开展分析的专题材料；各税收管理员按季报送重点税源分析报告，对于自己管理的重点税源户截至本季度税收收入增长超过30%和出现下降的，要结合企业的生产经营情况和市场变化情况，分析写出具体变动的原因。报送地址：“计统处FTP：//重点税源/季度分析”目录。

附件1：2008年广西地税重点税源监控名单表样（略）

附件2：2008年独立纳税重点税源企业报表表式（略）

附件3：2008年独立纳税重点税源企业报表说明（略）

附件4：2008年重点企业集团报表表式（略）

附件5：2008年重点企业集团报表说明（略）

自治区地方税务局转发关于印发《2008年全国地方税工作要点》的通知

2008年2月19日　　桂地税发〔2008〕23号

各市、县（市、区）地方税务局，各市地方税务局直属机构，局内各单位：

现将《关于印发〈2008年全国地方税工作要点〉的函》（地便函〔2008〕4号）转发给你们。同时，结合我区实际提出如下要求，请一并贯彻执行。

一、2008年是地方税改革的关键年，各地要提高思想认识，强化组织领导，加大工作力度，落实工作措施，全力做好地方税改革的各项工作。

二、做好土地增值税清算工作。国家税务总局2007年部署的土地增值税清算工作，多数单位做到领导重视，措施有力，方法得当，清算工作卓有成效。但部分单位不够重视清算工作，举措不多，方法有限，清算工作明显滞后。各地要坚决贯彻国家税务总局与自治区地方税务局的工作要求，采取切实有效的措施，扎扎实实做好土地增值税的清算工作。

三、做好耕地占用税条例的贯彻落实工作。要加大宣传力度，制定适合当地实际的征管办法，切实把耕地占用税条例贯彻落实到位。此税种涉及部门多，征收管理难度大，各地要充分利用好系统内外各种资源，理清思路，迎难而上，积极稳妥做好工作。

四、要加强与财产保险公司、交警、国土部门的协作，继续完善车船税、城镇土地使用税税收管理办法，克服困难，做好车船税、城镇土地使用税的征收管理工作，确保税收收入及时足额入库。

关于印发《2008年全国地方税工作要点》的函

2008年1月29日　地便函〔2008〕4号

各省、自治区、直辖市和计划单列市地方税务局，西藏、宁夏自治区国家税务局：

为做好2008年的地方税工作，现将《2008全国地方税工作要点》印发给你们，请结合实际抓好贯彻落实工作。

2008年全国地方税工作要点

2008年地方税工作的总体要求是：全面贯彻党的十七大精神和中央经济工作会议精神，以邓小平理论和“三个代表”重要思想为指导，深入贯彻落实科学发展观，认真落实全国税收工作会议和全国地方税工作会议的部署和要求，积极推进税制改革，切实加强征收管理，努力推进地方税工作再上新台阶。

一、着力推进地方税制改革

（一）改革资源税制度。为节约和保护资源，促进资源节约型社会建设，要按照国务院原则批准的资源税改革方案，继续做好资源税条例及细则的修订工作。要把石油、天然气、煤炭资源税的计税方法由从量计征改为从价计征，并提高税率或税额，并赋予地方一定的管理权限。

（二）推进房地产税制改革。适当扩大房地产模拟评税试点范围，继续深化试点地区的模拟评税工作。会同财政部研究制定试点方案，研究模拟评税试点实转的可行性。总结推广部分地区将模拟评税技术用于二手房交易计税价格管理的经验。

（三）推进其他税种改革。开展研究开征环境税工作。推进统一房产税（城市房地产税）、城建税制度。研究取消固定资产投资方向调节税和筵席税等过时税种。积极推进其他税种改革工作，调整和完善地方税相关税收政策。

（四）贯彻耕地占用税条例。贯彻落实修订后的耕地占用税条例及细则。尽快制定本地区具体实施办法，合理确定本省及省内市（区、县）的适用税额；加强与国土管理部门的协作，摸清本地区耕地、土地占用情况；做好宣传培训工作；妥善处理好条例实施前占地的征税问题。

（五）继续贯彻车船税条例。落实机动车车船税代收代缴工作的各项规定，及时研究解决代收代缴工作中出现的问题。加强对保险公司代收代缴工作的政策辅导和监督管理，做好车辆代收信息传递工作。充分利用行政事业单位资产清查获得的车船信息资料，做好车船税新增税源的管理工作。按照车辆税收“一条龙”管理的要求，建立和完善车船税的税源数据库。

（六）继续贯彻城镇土地使用税条例。摸清外商投资企业占用土地情况。积极探索和尝试利用GPS等技术手段提高税源管理水平。继续做好税源数据库建设，加强数据比对分析工作。完善各项规章制度，细化工作流程，加强城镇土地使用税征收管理。

（七）调整和完善地方税政策。在管理权限的范围内，对现行地方税政策中存在的一些亟须解决的问题进行梳理，分清轻重缓急，在充分调研论证的基础上，按照成熟一个出台一个的原则，逐步加以明确。同时积极清理和研究修改一些明显不适应市场经济发展要求的税收政策。各地也要在管理权限范围内，结合本地区经济发展的实际情况，主动进行研究，积极提出建议，提请政府或有关上级部门在管理权限范围内作出规定。

二、改进和加强地方税征收管理

（八）推进房地产税收一体化管理。认真贯彻落实《房地产税收一体化管理业务规程》，结合本地实际，制定具体的管理流程和实施办法；按照规程要求采集、传递房地产相关信息，尽快实现信息集中；开展信息比对和纳税评估工作，加强房地产开发和保有环节各税种的管理；建立、健全部门协作机制，巩固交易环节税收"一窗式"征收成果。

（九）加强城建税管理。探索增值税、消费税两税信息接收、分解、下传、比对、分析的有效方法，研究制定操作规程。建立城建税基础信息数据库，加强两税信息比对差异的原因分析，查找征管漏洞，完善征管措施。与国税局加强协作，采取委托代征或设点征收的方式加强代开发票有关城建税的征收工作。创造条件开展城建税与相关营业税的比对分析。

（十）加强土地增值税管理。进一步规范土地增值税预征工作，根据房地产市场实际，区分不同类型的房地产项目，科学、合理地制定预征率；深入开展土地增值税清算工作，扫除清算工作盲点，研究制定具体的土地增值税清算管理办法，妥善处理历史遗留问题；研究规范和简化扣除项目标准，增强征管可操作性；研究制定中介机构介入清算工作的具体办法，加强对中介机构土地增值税清算鉴证业务的监督管理。

（十一）加强契税的征收管理。各地要进一步贯彻落实契税的"先税后证"制度。要主动与相关部门进行协商研究，拿出具体的措施，保证"先税后证"制度落到实处。有条件的地方要尽可能与国土、房管等部门实现网络连接。通过网络连接，实现部门间信息的实时传递与共享。

（十二）抓好其他税种管理。建立健全资源税数据库，形成动态的企业档案，绘制税源分布图，夯实资源税管理基础。探索印花税纳税评估办法，进一步规范核定征收工作，适时调整纳税定额，对适宜用委托代征方式的，积极协调有关部门实施委托代征。严格执行烟叶税政策，积极争取地方政府支持，形成综合治税格局，确保烟叶税应收尽收。

三、夯实地方税管理基础

（十三）建立健全地方税税源数据库。积极探索利用科技手段加强税源管理，结合税源普查、税源登记等工作，建立健全地方税税源数据库。加强同国土、公安、房管等部门联系，因地制宜地建立信息交换机制，全方位、多渠道采集税源信息，努力实现实时获取税源信息。

（十四）加强地方税税源监控工作。积极开展地方税收入分析和纳税评估工作。研究制定评估指标体系，及时掌握影响税收收入变化的因素，提出改进政策、加强征管的措施、办法。推进地方税税源监控体系建设，研究开发地方税税源监控分析子系统，在全国范围内初步推广地方税税源监控平台。

（十五）加强地方税信息化建设。把地方税信息化建设纳入"金税三期"工程通盘考虑，改变目前各地自行开发、系统不统一、发展不均衡的问题；加强与信息、征管等部门的协作、配合，形成工作合力；着力提高地方税干部掌握、运用信息化手段的能力和水平。

（十六）开展地方税执法检查工作。与法规部门密切配合，重点检查耕地占用税、土地增值税等征管情况，对越权减免、变通执法的典型案件要及时曝光，严肃处理。

（十七）统一和完善地方税申报表。会同有关司局开展调查，摸清情况，研究设计统一的地方税申报表，规范、完善申报项目。

四、加强干部队伍建设

（十八）开展政策调研和课题研究。围绕地方税改革和管理工作的重点、难点，深入基层开展政策调研和专项课题研究。积极争取有关部门支持，开展比较研究，借鉴其他国家地方税制建设经验。

（十九）抓好干部教育培训工作。开展学习贯彻党的十七大精神活动，深入贯彻落实科学发展观，提高地方税干部的政治素质；结合贯彻耕地占用税条例，开展车船税代收代缴，推进资源税、房地产税制改革等重点工作，开展形式多样的业务培训，提高地方税干部的业务技能。

自治区地方税务局转发国家税务总局关于统一使用办税服务厅标识有关问题的通知

2008年3月31日　　桂地税发〔2008〕48号

各市、县（市、区）地方税务局，各市地方税务局直属机构，自治区地方税务局直属税务分局：

现将《国家税务总局关于统一使用办税服务厅标识有关问题的通知》（国税发〔2008〕29号）转发给你们，并就制作安装办税服务厅标识有关问题明确如下，请一并执行。

一、关于制作安装问题

各地必须严格按照国家税务总局的要求制作安装办税服务厅标识，不得擅自改变标识的规格、标准。

二、关于制作安装费用问题

制作安装费用由各单位承担。

制作安装办税服务厅标识的详细资料可在“ftp//151.16.16.9/上报其他材料/办税服务厅标识”文件夹内下载使用。用户名和口令均为：zg—user。

联系人：自治区地税局征管处　梁树建

联系电话：0771—5538061　13878623739

国家税务总局关于统一使用办税服务厅标识有关问题的通知

2008年3月12日　　国税发〔2008〕29号

各省、自治区、直辖市和计划单列市国家税务局、地方税务局：

为方便纳税人办理涉税事项，优化纳税服务，统一和规范税务形象，税务总局决定全国税务系统统一开展推广应用办税服务厅标识工作。现将有关事项通知如下：

一、标识类别

办税服务厅标识是税务机关为引导和方便纳税人办理涉税事项，具有纳税服务理念和要求的视觉识别系统，可应用于户外和户内。本次税务总局统一推广应用的办税服务厅标识仅限于户外，其应用类型主要有：

（一）横向标识。办税服务厅原则上应选用横向标识。横向标识位于办税服务厅正门上方醒目位置。

（二）竖向标识。因客观原因确实无法应用横向标识的办税服务厅，可选用竖向标识。竖向标识位于办税服务厅正门侧方。

（三）立式标识。因客观原因确实无法应用横向标识的办税服务厅，经有关部门批准后，可选用于户外矗立的立式标识。

二、标识元素

办税服务厅标识由名称、图案、颜色等元素组成。

（一）名称。办税服务厅标识名称包括普通样式和少数民族样式两种类型。普通样式由中英文两种文字组成，少数民族样式由少数民族文字和中文两种文字组成。文字标准如下：

1. 中文。标准字为“办税服务厅”，字体为方正大黑简体。

2. 英文。标准字为“TAXPAYER SERVICE HALL”，字体为 TIMES NEW ROMAN。

3. 少数民族文字。限于少数民族地区使用。其标准字为“办税服务厅”的少数民族文字译文，字体由少数民族地区决定。

（二）图案。办税服务厅标识图案为税徽。

（三）颜色。

1. 底色。标识底色为古蓝色：PANTONE 2945 c。

2. 图案色。标识中，税徽的红色填充色为 PANTONE 1795 c，黄色填充色为 PANTONE YELLW c。

3. 文字色。标识名称文字色为 PANTONE 白色。

此外，标识中，图案、文字的位置相对固定。立式标识的正、背面标识元素保持一致。

办税服务厅标识样式图示见附件。

标识效果图及网格图，见税务总局 FTP/征收管理司/纳税服务处《办税服务厅标识效果图及网格图示》。

三、标识规格

为了提高集中采购效率，降低成本，经广泛征求意见，税务总局根据各省国税局、地税局报送的办税服务厅规格状况，提出了有关规格标准。各地可结合实际，根据规格标准选择套用；如规格标准不能满足实际需要，可据实提出个性化规格需求。标识规格标准如下：

（一）横向标识。包括 50×250、75×375、100×500、125×625、150×750（单位：宽 cm×长 cm）等 5 种规格。

（二）竖向标识。包括 160×40、200×50、240×60（单位：高 cm×宽 cm）等 3 种规格。

（三）立式标识。规格为 400×80（单位：高 cm×宽 cm）。

四、标识材质、制作工艺及要求

根据全国气候、温度、湿度等自然条件和实际状况，本着美观耐用、节约成本、便于维护的原则，办税服务厅标识材质选用铝合金底板；标识制作工艺为氟碳静电粉末喷图加丝印字制作，同时含有对龙骨结构和拼接方式的具体要求。

具体制作工艺标准：见税务总局 FTP/征收管理司/纳税服务处《办税服务厅标识制作工艺标准（含拼接）》和《办税服务厅标识结构图（含龙骨）》。

五、标识应用场所

标识应用应符合税务系统机构设置原则和有关规定。原则上，县以上税务机关办税服务厅应用标识。以下两种场所暂不应用标识：

（一）农村、乡镇的办税服务室或征收点。

（二）车辆购置税大厅。

六、标识推广应用工作安排

各直辖市、省会城市和计划单列市税务机关办税服务厅标识安装于 2008 年 4 月 1 日完成，其他地区税务机关办税服务厅标识安装于 2008 年 5 月 31 日完成。

（一）国家税务局系统。国家税务局系统标识推广应用工作由税务总局通过集中采购方式统一安排，投标人负责标识的制作、运输、安装、维护与服务等事项，经费由税务总局支付。有关事项安排如下：

1. 提供交付地址。各省国税局要加强与中标人（承建商）的沟通与合作，及时提供标识详细交付地址，以便准确送达。

2. 提供办税服务厅设施情况。在国家税务局系统办税服务厅标识项目集中采购过程中，鉴于各地安装条件不同，税务总局对标识安装作了原则性要求，未对标识安装具体方式作统一要求。税务总局 FTP/征收管理司/纳税服务处《办税服务厅标识安装施工结构图（参考）及说明》仅供参考，中标人（承建商）将根据办税服务厅的实际状况进行有关制作和安装。各地国税机关要积极配合中标人（承建商）的标识安装工作，向其提供有关办税服务厅的环境、设施（含墙体材料、承重力等因素）、所在地气候状况等情况，确保标识安装美观、牢固。

3. 验收。各地国税机关承担标识验收责任。验收包括安装前的初步验收和安装后的二次验收。

（1）初步验收。中标人（承建商）将标识运抵办税服务厅现场后，各地国税机关在标识安装前，审验其提供的货物及配件清单、合格证和质检报告等，并聘请专业监理单位对标识材质、外观（颜色、字体等）、规格（长、宽、厚等）、数量、配件等进行验收。验收时，标识材质及制作工艺等要参照国家标准或行业标准（见税务总局 FTP/征收管理司/纳税服务处《产品质量工艺技术标准》）等质量标准。

（2）二次验收。中标人（承建商）将标识安装完成后，各地国税机关须聘请专业监理单位对其安装位置、牢固程度、美观性等进行验收。验收合格后，标识使用部门所属税务机关须在验收单上加盖公章。

4. 其他事项。2008年5月31日后，各地国税机关因办税服务厅改建、搬迁、新增等原因而产生的新的应用需求，可向中标人（承建商）提出制作、安装需求，费用自理。

（二）地方税务局系统。地方税务局系统根据税务总局关于办税服务厅标识类别、标识元素（含色标样板）、标识材质、应用场所、工作安排和要求自行开展标识推广应用（含标识制作、运输、安装、维护、服务）工作，费用自理。标识制作工艺及要求和其他相关材料可供参考。地方税务局的跟标采购事宜，按照政府采购有关规定，自行办理。

本次全国税务系统办税服务厅户外标识推广应用完成后，各省国税局、地税局可结合实际，按照税务总局确定的全国办税服务厅户外标识的颜色、字体等元素的要求，逐步将其应用于办税服务厅内对纳税人开放的具有指引作用的各类服务设施，可分为服务设施系列标识、办税公开系列标识、服务形象系列标识和其他标识。

七、工作要求

（一）加强领导，明确职责。各地税务机关要充分认识推广应用办税服务厅标识的重要性，周密安排，精心组织，确保标识推广应用工作圆满完成。各级税务机关征管部门或纳税服务专门工作机构（指地方税务局系统已成立纳税服务专门工作机构）牵头负责标识推广应用工作，办公室、财务、集中采购中心、机关服务中心等部门要加强协作配合，共同把标识推广应用工作做好。

（二）坚持原则，统一规范。各地税务机关在推广应用办税服务厅标识时，应严格按照税务总局的统一安排和要求，本着公开、效率、节约的原则，积极稳妥地推进，不得擅自变更标识元素，坚决防止借标识推广应用之机大兴土建等不良现象。已有户外标识的地区，如原有户外标识与全国标识不符，必须在规定时限内更换为全国统一标识。标识宣传报道工作由税务总局统一安排。

（三）妥善安排，确保安全。中标人（承建商）安装标识时，各地应尽量避开申报征收期，以免给纳税人造成影响和不便。安装完成后，各地必须定期对标识安全状况进行检查，发现问题，要及时与中标人（承建商）取得联系，及时消除安全隐患。

全国税务系统推广应用办税服务厅标识工作结束后，税务总局将对各省国税局、地税局推广应用标识工作进行检查并通报有关情况。

附件

办税服务厅标识样式图示

一、横向标识样式图示

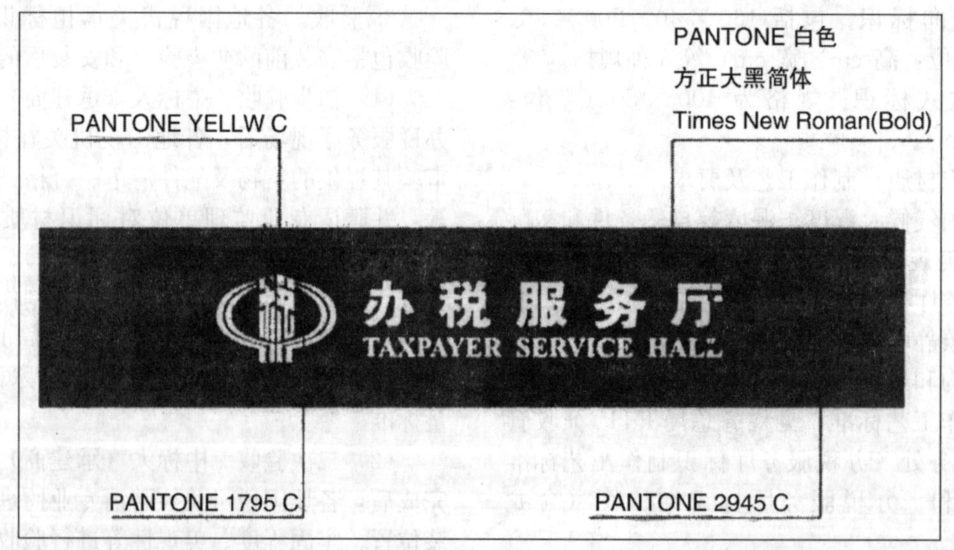

二、竖向标识样式图示

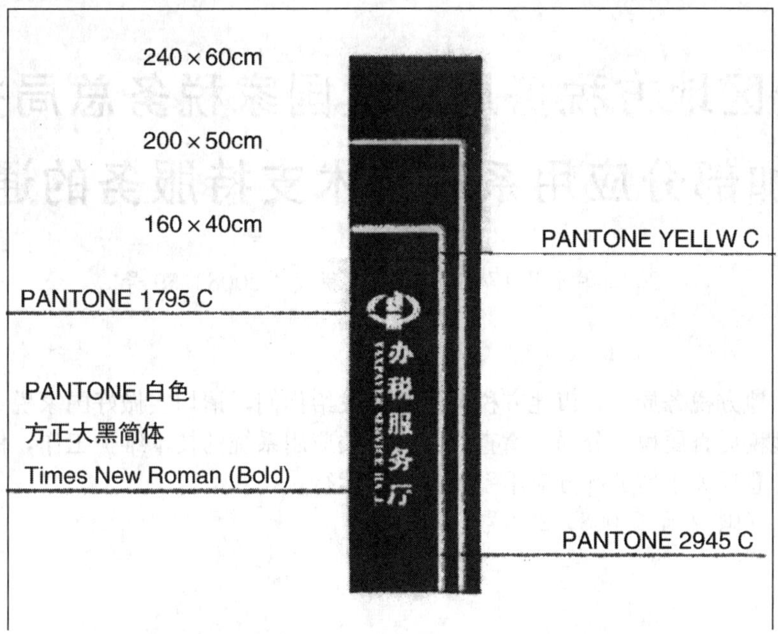

三、立式标识样式图示

自治区地方税务局转发国家税务总局关于增加部分应用系统技术支持服务的通知

2008年4月17日　　桂地税发〔2008〕59号

各市、县（市、区）地方税务局，各市地方税务局直属机构，自治区地税局直属税务分局、稽查局：

现将《国家税务总局关于增加部分应用系统技术支持服务的通知》（国税函〔2008〕283号）转发给你们，请切实做好国家税务总局统一推广的相关应用系统的技术维护工作，保证应用系统的正常运行。

附件

国家税务总局关于增加部分应用系统技术支持服务的通知

2008年3月28日　　国税函〔2008〕283号

各省、自治区、直辖市和计划单列市国家税务局、地方税务局：

根据应用系统的推行进展情况，自2008年4月1日起税务总局呼叫中心将开通税控收款机管理系统、地税征管系统（税务总局推荐版本）、税库银横向联网系统、计统报表及重点税源软件等技术支持服务。现将有关事项通知如下：

一、服务方式

税务总局呼叫中心技术支持电话：4008112366

税务总局金税工程运维网：http：//130.9.1.248

二、服务时间

正常工作日：8:00至12:00，13:00至17:00提供电话支持服务和网上问题解答。其他时间提供语音留言和网上问题提问服务，呼叫中心将在工作时间予以及时解答。

三、接入流程

（一）电话接入流程。

用户拨打4008112366电话后，按语音提示选择相应支持类别。语音提示流程请登录“税务总局金税工程运维网”下载。

（二）网站接入流程。

用户注册登录税务总局金税工程运维网后，进入“应用支持”栏目，点击“问题解答”，选择相应的应用系统进行提问。

自治区地方税务局关于印发广西地税“12366”纳税服务热线走进北部湾系列活动方案的通知

2008年5月19日　　桂地税发〔2008〕81号

南宁、北海、钦州、防城港、玉林、崇左市地方税务局，局内各单位：

为促进继续解放思想大讨论活动的深入开展，充分发挥地方税收服务广西北部湾经济区发展的职能作用，自治区地方税务局决定开展以“服务北部湾，建设新广西”为主题的广西地税“12366”纳税服务热线走进北部湾系列活动。现将活动方案印发给你们，请认真组织实施。

广西地税“12366”纳税服务热线走进北部湾系列活动方案

为扎实有效地开展继续解放思想大讨论活动，根据自治区政府马飚主席视察广西首府地方税务服务中心的指示精神和自治区地税局的工作部署，结合广西北部湾经济区发展规划，为使税收服务北部湾经济区发展的职能作用得到更好的体现，自治区地方税务局决定开展“服务北部湾，建设新广西”为主题的广西地税“12366”纳税服务热线走进北部湾系列活动，现制定活动方案如下：

一、活动内容

在北部湾经济区南宁、钦州、北海、防城港、玉林、崇左6市逐步推广使用以“12366”纳税服务热线为核心的电子税务服务体系。

二、活动目标

通过活动的开展，有效拓宽广西地税“12366”纳税服务热线的服务领域，提高服务质效，充分体现税收服务经济建设、服务社会发展、服务纳税人的现实意义，发挥自身优势，为促进北部湾经济区发展、建设文明富裕和谐新广西作出积极贡献。

三、组织机构

系列活动由自治区地税局办公室和征管处牵头，广西首府地方税务服务中心承担具体工作，南宁、钦州、北海、防城港、玉林、崇左市地税局配合开展。为切实加强领导，使活动扎实有序地推进，确保活动取得预期效果，成立活动领导小组。

组　长：李　伟

副组长：吴献君　蒋　楠　王　强

成　员：梁　玮　韦　肯　赵志忠　卢碧绿

领导小组下设活动办公室，负责各项系列活动的具体实施。办公室设在广西首府地方税务服务中心。

四、职责分工

由于此系列活动由自治区地税局、各有关单位共同组织，为确保活动顺利开展，现将各单位的工作职责明确如下。

（一）自治区地税局：负责整个活动的领导、组织和协调。

（二）首府地方税务服务中心：负责活动方案的拟订；负责各项活动的准备和具体实施开展；负责指导各推广单位的宣传工作；负责对各推广单位进行业务指导；负责对各类数据的收集分析汇总上报。

（三）活动推广的地市局：按照要求负责各项宣传推广活动的具体开展。

五、活动步骤

“12366”纳税服务热线走进北部湾系列活动将采用逐步推广的方式，按防城港、钦州、北海、崇左、玉林、南宁的顺序在各市逐一进行宣传推广，

各市具体推广时间由自治区地税局办公室通知。推广步骤和工作要求如下：

（一）启动仪式。

自治区地税局已于2008年4月29日在防城港市地税局举行了系列活动的启动仪式。

（二）推广宣传。

在进行推广时，将由税务服务中心统筹在当地开展为期2个月的集中性宣传；各推广单位在税务服务中心的指导下自行开展后续宣传。

1. 税务服务中心在广西地税网站首页醒目位置宣传试点单位开通“12366”纳税服务热线及使用方法。

2. 推广单位在本局50个纳税人经常拨打的固定电话号码上设置由广西首府地方税务服务中心统一制作的固定电话“12366”宣传彩铃。

3. 推广单位各办税服务厅及公开办公场所明显位置摆放由税务服务中心统一设置的X宣传展架、“12366”宣传折页，同时向前来办税服务厅办理业务的部分纳税人赠送“12366”宣传圆珠笔。

4. 推广单位在各办税服务厅和纳税人集中的地段分发宣传材料，在宾馆、饭店、酒楼、商场、集贸市场等人流量大的场所显眼位置粘贴“12366”宣传卡。

5. 推广单位充分利用电视、报纸、网络等新闻媒体对本地开通“12366”进行不同角度的报道。

（三）推广应用。

1. 对首府地方税务服务中心的工作要求。

（1）负责税务服务中心“12366”服务端操作系统的日常维护与管理。

（2）负责对推广单位进行业务指导及对远端坐席人员进行相关业务培训。

（3）根据推广单位提供的业务流程、规范及地区性文件接受纳税人提出税务咨询。为咨询人提供税收政策法规、办税指南、税收优惠等涉税事宜的咨询服务。

（4）负责推广单位纳税咨询、举报、投诉和建议的转办；负责对转办的“12366”业务事项进行催办、督办。

（5）负责对通过“12366”接收到的推广单位所在地纳税人的各类需求进行汇总分类分析，并以此为依据上报自治区地税局相关职能部门，为领导决策提供准确依据。

2. 对推广单位的工作要求。

（1）推广单位主要领导为推广工作的第一责任人，推广单位内各科级以上部门确定一名业务骨干为本部门“12366”远端坐席人员，负责处理各类“12366”业务事项。

（2）远端坐席工作人员和电话号码在推广前一周报税务服务中心备案，发生变更及时更新，以确保“12366”热线和远端坐席的联络畅通，远端坐席工作人员需保持相对稳定。

（3）远端坐席的工作内容是接收并处理税务服务中心转办当地纳税人通过电话、来访、来信、电子邮件等各种渠道提出的“12366”南宁坐席无法自行解决的涉及本地业务的纳税咨询、服务投诉、涉税举报等方面的业务事项，并将处理结果按要求及时反馈。

自治区地方税务局关于印发《广西壮族自治区地方税务局互联网站管理办法》的通知

2008年8月6日　桂地税发〔2008〕123号

各市地方税务局，局内各单位：

现将《广西壮族自治区地方税务局互联网站管理办法》印发给你们，请遵照执行。各地、各单位在执行过程中如遇问题，请及时反馈自治区地税局办公室。

广西壮族自治区地方税务局互联网站管理办法

第一章 总 则

第一条 广西壮族自治区地方税务局网站是广西地方税务局在互联网上设立的统一、规范的政府行业性门户网站。广西壮族自治区地方税务局门户网站域名为：http：//www.gxds.gov.cn，简称“广西地税局网站”。

第二条 广西地税局网站是广西地方税收管理信息化的重要组成部分，是税务部门推行政务公开的重要渠道、开展税法宣传的重要载体、服务纳税人的重要平台、展示税务部门形象的重要窗口。广西地税局网站建设的近期目标，是建设以自治区地税局主站为主体，辐射地市局，分级负责、上下联动，与税务系统现行管理体制相适应的税务网站群，不断强化功能、优化服务、规范管理，力争将广西地税局网站办成在广西及各市国家机关中位居前列的优秀政府网站。远期目标，是将网站建设成为社会公众、纳税人和税务干部提供全程、高效、便捷涉税服务的网上税务局。

第三条 广西地税局网站由自治区地税局网站（主站）、各市地税局网站（子站）组成。

第四条 广西地税局网站建设与管理遵循统筹规划、统一建设、分级管理、上下互补、资源共享、确保安全的原则。

第二章 组织机制

第五条 自治区地税局和各市地税局成立网站工作领导小组，由分管局领导及局内各单位负责人组成，负责研究、部署、协调网站建设与管理的重要事项。自治区地税局和各市地税局网站工作领导小组下设网站管理办公室，是网站日常工作机构，具体负责网站的建设、维护和管理，网站管理办公室设在办公室。

自治区地税局办公室、各市地税局办公室是网站的主管部门。局内各单位须明确1名栏目管理员，负责网站信息的提供和相关栏目的日常维护工作。各市地税局可参照自治区地税局做法抓好落实。

第六条 网站技术保障经费（包括网络带宽租用，网络、服务器等硬件设备和操作系统、数据库系统、中间件等软件的购置，应用软件的开发等经费）纳入信息化建设专项经费，按照信息化建设的立项、采购等有关规定加强管理。网站业务保障经费（包括网站改版、网站技术支持、栏目内容维护、信息发布、网站评估等经费）列入税收宣传专项经费。

第三章 栏目设置

第七条 网站栏目设置要实现政务公开、信息传播、网上办税的目标。一般应包含如下四类内容。

政务公开类：发布政府信息公开工作制度和规定，公开领导信息、机构设置、主要职能、计划总结、税收统计、政策法规、政府采购、重大项目、工作动态、税务行政许可、非许可行政审批等主动公开类政府信息，接受公众和纳税人政府信息公开申请。

税收宣传类：发布最新的税收法律法规和各种文件，报道涉税新闻，曝光涉税违法案件，宣传广西地税风采，促进征纳和谐，营造良好税收环境。

办税服务类：为纳税人提供办税指南、网上办税、在线查询和表格软件下载等各方面的服务。

征纳互动类：通过设置在线访谈、征求意见、投诉举报、局长意见箱、网上调查等栏目，加强税务机关与社会公众和纳税人的交流沟通。

第八条 各子站的架构与主站保持统一，但鼓励在网页设计上进行创新，突出各地的特点。

第九条 自治区地税局主站栏目设置、变更由网站主管部门做出方案，报网站工作领导小组批准实施。各子站栏目设置、变更由网站主管部门做出方案，报本级网站工作领导小组同意并经上级网站主管部门批准后实施。

第四章 运行维护

第十条 自治区地税局主站的日常维护工作由自治区地税局局内各单位和广西首府地方税务服务中心负责。

各市地税局子站日常维护工作由本局局内各单位负责。

第十一条 网站主管部门要制定出网站运行维

护管理规定，明确各单位的具体责任。

第五章　安全管理

第十二条　牢固树立网站安全意识，网站主管部门要建立健全网络、信息等安全组织领导机构和各项管理制度，并制定应急预案，确保一旦出现突发情况，网站能够在短时间内恢复正常。

第十三条　严格遵守国家有关保密法律、法规，严禁涉密信息上网。网上信息出现安全问题，除追究当事人责任外，还要追究提供信息的部门和单位负责人的责任。

第十四条　网站主管部门要加强网站发布内容的监管，严禁发布影响安定团结、歪曲事实、危害社会的信息。

第六章　附　则

第十五条　网站主管部门要加强对网站的检查监督工作，对各子站的建设情况和栏目维护情况进行评价，并在主站公布评价结果。

第十六条　违反本办法的，予以通报批评并责令改正；违反国家法律、法规的，将依法追究相应法律责任。

第十七条　为适应广西对外开放的需要，要创造条件逐步开通外文版广西地税局网站。

第十八条　各市地税局管辖下的税务机关，可根据需要在市地税局子站上建立各自的网页。网页建设管理办法由各市地税局自行制定。

第十九条　本办法由自治区地方税务局办公室负责解释。

第二十条　本办法自 2008 年 8 月 1 日起实施。

自治区地方税务局关于印发广西壮族自治区地方税务局税务信息工作考核评比办法的通知

2008 年 9 月 25 日　　桂地税发〔2008〕141 号

各市、县（市、区）地方税务局，各市地方税务局直属机构，局内各单位：

现将《广西壮族自治区地方税务局税务信息工作考核评比办法》印发给你们，请认真贯彻执行。

《自治区地方税务局关于印发广西壮族自治区地方税务系统税务信息及税收宣传工作考核评比办法的通知》（桂地税发〔2007〕63 号）同时作废。

广西壮族自治区地方税务局税务信息工作考核评比办法

为进一步加强我区地税系统税务信息工作，提高税务信息质量，更好地为领导决策服务，为地方税收工作服务，结合全区地税系统信息工作的实际，特制定本办法。

一、考核对象和考核指标

考核对象以各市、县（市、区）地税局、各市

地税局直属税务分局、稽查局、税务服务中心为单位，以自治区党委、自治区人民政府、国家税务总局、自治区地税局编辑的信息内刊为载体，规定量化考核指标。

各市地税局全年考核分值为250分，各县（市）地税局全年考核分值为80分，各市地税局下辖的各区地税局、直属税务分局、稽查局、税务服务中心全年考核分值为50分。

二、计分标准

（一）被自治区地税局《地方税务简报》采用的信息每篇计10分，简报专期每篇计30分，综合信息每篇计5分。

（二）被自治区地税局《税收专报》采用的每篇计20分，被自治区地税局《情况反映》和《广西地税时评》采用的每篇计30分。

（三）经自治区地税局《税收专报》上报，被自治区党委、自治区人民政府和国家税务总局采用的每篇加计30分；被中共中央、国务院信息内刊采用的每篇加计60分。

（四）被采用的信息得到自治区地税局有关领导批示的，每篇加计20分；得到自治区党委、自治区人民政府、国家税务总局有关领导批示的，每篇加计50分；得到中共中央和国务院有关领导批示的，每篇加计100分。

三、评比办法

每年由自治区地税局根据用稿情况，按累计总分从高到低排列名次，评出先进单位和先进个人给予通报表彰。总分相同，名次并列。

先进个人全年被采用的信息不少于3篇（按得分再除以作者人数计）。

漏报、瞒报、错报紧急和重大事件的单位以及提供信息材料严重失实的单位和个人，不得参加先进单位和先进个人的评奖。

对未完成考核指标的单位进行通报批评。

四、考评范围

先进单位和先进个人按4个不同范围分别评选前6名。即一是在自治区地税局局内各单位范围内评选；二是在市地税局范围内评选；三是在县（市）地税局范围内评选；四是在各市地税局下辖的各城区地税局、直属税务分局、稽查局、税务服务中心范围内评选。对取得特别突出成绩的单位和个人设特别奖。

五、稿费标准

（一）基本稿费：被自治区地税局《地方税务简报》采用的，信息每篇30元，简报专期每篇100元，综合信息每篇15元；被自治区地税局《税收专报》采用的，每篇60元；被自治区地税局《情况反映》和《广西地税时评》采用的，每篇100元。

自治区地税局办公室专职人员刊发在本局信息内刊的信息稿件不计稿费。

（二）追加稿费：信息被自治区党委、自治区人民政府和国家税务总局信息内刊采用的，每篇支付稿费200元；被中共中央和国务院信息内刊采用的，每篇支付稿费500元。

信息得到自治区地税局、自治区党委政府和国家税务总局、中共中央和国务院有关领导批示的，每篇分别另支付稿费100元、300元、1000元。

（三）稿费按季发放，由自治区地税局办公室负责。

上述稿费从信息宣传科研工作专项经费中列支。

六、本办法自2008年1月1日起执行。

自治区地方税务局关于进一步减少办税服务厅收取现金税款优化纳税服务的通知

2008年12月1日　　桂地税发〔2008〕169号

各市、县（市、区）地方税务局，各市地方税务局直属机构，自治区地方税务局直属税务分局、稽查局：

为尽可能减少纳税人携带现金办理税款缴纳带

来的安全隐患和风险，进一步引导纳税人通过银行转账方式缴纳税款，规避和减少办税服务厅收取现金税款引发的安全隐患和风险，努力以全区地税机关的模范行动，培育和营造尽可能使用非现金方式办理结算的社会风尚，优化纳税服务，现将有关事项通知如下：

一、根据《中华人民共和国现金管理暂行条例》（1988年9月8日国务院令第12号发布）第五条和《现金管理暂行条例实施细则》（银发〔1988〕288号）第六条、第七条的规定，单位（包括机关、团体、部队、企业、事业单位和其他单位）纳税人每次缴纳1000元以上（含1000元）税款的，应当通过银行转账方式进行；对单位纳税人的办税人员向办税服务厅前台操作人员提出以交纳现金方式缴纳1000元以上税款的，办税服务厅应不予受理，并向其办税人员耐心做好宣传解释工作，必要时出示不予受理的依据，引导其办税人员通过银行转账方式缴纳税款；但单位纳税人确有特殊情况（如临时、外来经营等）的，由办税服务厅前台操作人员报经办税服务厅值班领导同意，也可以受理其以现金方式缴纳1000元以上的税款。

二、我区各地地税机关要在完善个体工商户委托银行划转税款、财税库行横向联网扣划税款和稳步推行客户端远程申报、网上银行申报等多种税款申报划缴方式的基础上，积极创造条件，通过加强与人民银行和各商业银行的联系沟通、整合完善广西地税信息系统与金融部门相关软件的功能、实现彼此数据信息资源的共享和增值利用，尽可能地在设区的市的市区和县城城区范围内的办税服务厅增设POS机，并通过加大宣传力度和采取各种切实有效措施，大力倡导和鼓励纳税人使用POS机刷卡（银联卡）缴税（费），努力在减少办税服务厅收取现金税款的同时，切实提高纳税服务的质量和效率。

三、实行大额现金缴税限时段办理制度。在已增设和应用POS机的办税服务厅，对纳税人难以按照上述第一项规定或使用POS机刷卡等非现金方式完税，确需携带大额现金到办税服务厅完税的，应当在银行当天办理对公业务结束时间前的一个小时前到办税服务厅办理，以便确保地方税务机关能够在银行当天的对公业务办理时段内，顺利办结大额现金税款缴入国库手续；纳税人在银行当天办理对公业务结束时间前的一个小时后到办税服务厅办理大额现金缴税的，办税服务厅应不予受理；但纳税人确有特殊情况（如临时、外来经营等）的，由办税服务厅前台操作人员报经办税服务厅值班领导同意，也可以受理其以大额现金方式完税。全区地税系统大额现金缴税的起点数额标准为：一次性缴纳税款2000元。

四、实行定时现金缴税内部对账制度。全区地税机关的办税服务厅统一实行在每个工作日下午下班前半个小时进行现金缴税内部对账工作制度。即受理现金缴税的开票人员、经收现金税款人员、经办现金税款缴库人员和税收会计人员，应当通过操作广西地税信息系统相关功能、核对完税凭证开具、清点现金等，就广西地税信息系统中的相关数据与收取现金数额、完税凭证存根联的一致性进行审核比对，并共同确认审核比对结果，以便确保广西地税信息系统相关数据信息的准确、完整，及时明确相关人员的工作责任，并便于经收现金税款人员、受理现金缴税的开票人员向税收会计人员办理票款结报手续。在下午下班前半个小时开展现金缴税内部对账工作时段，办税服务厅不再受理纳税人的现金缴税申请。

五、对我区设在设区的市的市区和县城城区范围内的地税机关办税服务厅，自治区地方税务局直属税务分局办税服务厅可以根据本地实际情况，实行“朝九晚五”的上下班工作制度，即工作日的开始办税时间为上午九时，停止办税时间为下午五时，中午十二时至十三时为休息时间。

六、各单位应当积极采取有效措施，保障上述第一、第三、第四措施及时落实到位。上述第一、第三、第四、第五项措施的开始实施时间，由各市地方税务局、自治区地方税务局直属税务分局根据本地实际情况确定。各单位在开始实行上述各项措施之前，应当及时采取在办税服务厅张贴公告等适当方式向社会公告，并切实做好面向纳税人的宣传解释工作，以便广大纳税人知晓、配合和遵循；同时，各单位要切实理顺办税服务厅相关工作流程，避免因相关工作程序衔接不畅而出现顾此失彼的现象。

七、全区各地地税机关要高度重视现金税款在收取、存放、保管、运送、解缴等各环节的安全管理工作，要根据当地实际情况细化制定、完善并采取切实有效措施认真落实有关现金税款收缴的安全管理制度，建立现金税款收缴安全应急预案，确保应对和化解现金税款收缴管理过程中出现的各种风险和问题，切实保障现金税款收缴的安全。

八、各单位在贯彻落实本通知过程中有什么问题和建议，请及时报告自治区地方税务局。

自治区地方税务局关于组织开展2008年度绩效考评工作的通知

2008年12月8日　桂地税发〔2008〕172号

各市地方税务局、自治区地方税务局直属税务分局：

为做好2008年度绩效考评工作，根据《广西壮族自治区机关绩效考评办法（试行）》（桂办发〔2008〕14号）、公务员年度考核、自治区地方税务局党风廉政责任制考核的有关精神，经研究，自治区地税局决定组织考评工作组，对各单位完成2008年度税收收入任务情况，党的建设、干部队伍建设、精神文明建设情况，党风廉政责任制落实情况进行考评。现将有关事项通知如下：

一、考评内容

（一）各单位2008年度完成税收收入任务情况。具体内容按《自治区地方税务局税收收入目标管理责任制考核评比办法》确定。

（二）各单位党的建设、干部队伍建设、精神文明建设情况。具体内容包括开展理论学习情况、政治思想工作情况、领导班子及干部队伍建设情况、干部职工教育培训情况、工青妇活动开展情况、精神文明创建情况等。

（三）各单位2008年度党风廉政建设责任制落实情况。具体内容按各单位与自治区地税局签订的2008年度《党风廉政建设责任状》确定。

二、考评程序

（一）自查。各单位对照2008年工作进行自查，并提供以下材料交考评组：

1. 2008年度工作总结（包括党的建设、队伍建设、精神文明建设的内容）。

2. 2008年度税收收入完成情况自查报告。

3. 2008年度领导班子贯彻落实党风廉政建设责任制情况报告，按签订的《党风廉政建设责任状》考评的责任制落实情况自查报告。

4. 领导班子成员个人述职述廉报告。述职述廉的主要内容包括理论学习情况、主要工作任务完成情况、个人廉洁自律和落实“一岗双责”情况、存在不足等。

（二）召开干部职工大会。会议由考评组主持，参加会议人员为各单位机关全体干部职工、县（市、区）地税局和市地税局直属单位领导班子成员，并按以下顺序进行：

1. 自治区地税局带队领导讲话。

2. 单位领导班子成员个人述职述廉，每人发言时间不得超过12分钟。

3. 民主测评。发放测评表，由与会人员对领导班子及其成员进行评价（详见附件）。

（三）听取工作情况汇报。考评组召开会议听取单位领导班子及有关部门负责人自查情况汇报，向特邀监察员、纳税人代表、机关干部等了解情况。

（四）实地考察。考评组实地检查、核实被考评单位有关材料和学习、会议记录等。

（五）考评。考评组根据被考评单位自查、民主测评、听取汇报、实地考察的情况，对被考评单位的税收收入、责任制考评打分，并对被考评单位2008年工作做出一个综合评价，于考评结束时反馈被考评单位。

（六）确定考评结果。自治区地税局党组根据考评组的综合评价，结合被考评单位自查报告和平时检查情况进行研究，审定最终考评结果。考评结果将以文件形式在全区地税系统通报。

三、考评组织

自治区地税局将组成7个考评组，分赴各单位组织开展考评工作。

第一组：负责考评南宁市地税局、桂林市地税局。由关礼局长带队，李国英任组长，成员由业务、人事教育、纪检监察部门干部三人组成。

第二组：负责考评自治区地税局直属税务分局、钦州市地税局、百色市地税局。由吴殿禄巡视员带队，林寿争任组长，成员由业务、人事教育、纪检监察部门干部四人组成。

第三组：负责考评柳州市地税局、北海市地税局。由蒙启华副局长带队，苏忠怀任组长，成员由业务、人事教育、纪检监察部门干部三人组成。

第四组：负责考评梧州市地税局、贺州市地税局。由李早春副局长带队，梁玉涛任组长，成员由业务、人事教育、纪检监察部门干部三人组成。

第五组：负责考评防城港市地税局、河池市地税局。由郑文临纪检组长带队，吴献君任组长，成员由业务、人事教育、纪检监察部门干部三人组成。

第六组：负责考评贵港市地税局、玉林市地税局。由李伟总会计师带队，黄冠平任组长，成员由业务、人事教育、纪检监察部门干部三人组成。

第七组：负责考评来宾市地税局、崇左市地税局。由肖西安副巡视员带队，王生勇任组长，成员由业务、人事教育、纪检监察部门干部三人组成。

四、考评时间和要求

考评工作在2009年1月5日至20日之间进行，具体时间由各考评组掌握。各单位要按照要求提前准备好相关材料，并于2008年12月31日前完成自查工作和材料的准备，以备自治区地税局考评组检查考评。

附件：民主测评表

附件

民主测评表

对领导班子的评价		满意	基本满意	不满意	
对领导班子成员的评价		优秀	称职	基本称职	不称职
1					
2					
3					
4					
5					
6					
7					
8					
9					
10					
对领导班子或领导班子成员的意见或建议					

制表时间：2008年12月

自治区地方税务局关于组织开展 2008 年度机关各单位绩效考评工作的通知

2008 年 12 月 8 日　　桂地税发〔2008〕173 号

局内各单位：

为做好 2008 年度机关绩效考评工作，经研究，拟于 2009 年 1 月对机关各单位 2008 年度工作情况进行绩效考评。现将有关事项通知如下：

一、考评内容

（一）思想政治工作和队伍建设情况。

（二）各项主要业务工作任务完成情况。

（三）贯彻落实 2008 年度党风廉政建设责任制情况。具体内容包括领导干部廉洁自律情况、本单位干部职工遵纪守法情况、落实“一岗双责”情况，加强重点环节监督管理工作情况。

二、考评程序

由自治区地税局绩效办组织局机关各单位开展考评工作。

（一）以局内各单位为基本考评单位召开评议会，个人在本单位内进行述职述廉。同时，结合评议推荐除本单位主要负责人以外的工作人员为年度考核“优秀”等次人选，具体方案由人事处确定。

（二）考评时，各单位需报送以下材料：

1. 2008 年度工作总结和 2009 年工作计划。

2. 每个干部职工的年度考核登记表。

3. 每个处级领导干部落实党风廉政建设责任制报告。

（三）召开干部职工大会。参加会议人员为区局机关全体干部职工，并按以下顺序进行：

1. 局领导讲话。

2. 各单位主要负责人代表本单位在会上述职述廉。发言顺序抽签确定，每人发言时间不得超过 10 分钟。

3. 民主测评。发放测评表，由与会人员对各单位工作进行测评投票，并对年度考核被推荐为“优秀”等次的人选进行测评投票。

（四）考评。绩效办根据考评情况、民主测评的情况，对被考评单位提出考评等次意见。

（五）确定考评结果。自治区地税局党组根据绩效办的意见，审定最终考评结果。

三、考评时间和要求

对机关各单位进行考评的具体时间另行通知。各单位要在 2009 年 1 月 10 日前完成本单位评议工作，并上报有关材料。

自治区地方税务局关于印发 2008 年地税收入目标管理责任制考核评比办法的通知

2008 年 12 月 8 日　　桂地税发〔2008〕176 号

各市地方税务局，局内各单位：

为了贯彻落实自治区党委、政府和自治区地税局党组对地税工作的要求和指示精神，努力完成年度地税收入任务，现将《自治区地方税务局 2008 年地税收入目标管理责任制考核评比办法》印发给你们，请认真贯彻执行。

自治区地方税务局2008年地税收入目标管理责任制考核评比办法

为进一步加强和完善地税收入目标管理，落实地税收入目标管理责任制，在目标管理中引进激励机制，充分调动干部职工的工作积极性和创造性，提高办事效率和工作质量，确保年度地税收入目标任务的完成，制定本办法。

一、考核对象

各市地方税务局、自治区地方税务局直属税务分局。

二、考核内容

（一）自治区地税局、各市政府下达的地税收入任务完成情况；

（二）贯彻落实全区财税工作座谈会、全区财税工作会议和全区地税工作座谈会情况；

（三）税收收入任务的分解、落实情况，目标管理责任制的建立情况；

（四）重点税源的监控及收入征管情况；

（五）协税护税工作制度建立情况；

（六）发票管理及打假措施；

（七）开展“六清理”情况，即清理不规范税收优惠政策情况，清理追收欠税情况，清理漏征漏管户情况，清理各小税种和零散税源情况，清理各类园区和在建重大工程项目缴税情况，清理催缴总分机构所得税情况；

（八）旺征稽查工作开展情况；

（九）旺征工作纪律执行情况。

三、考核方式

各单位应根据《2008年各市地税收入目标管理责任制考核计分表》及相关标准考核，制订工作实施计划，明确职责，分工负责，落实自治区地税局地税收入目标管理责任制。地税收入目标管理考核实行年终考核，考核由自治区地税局成立考核领导小组组织实施，具体程序为各市自评，自治区地税局对口联系部门审核，自治区地税局绩效考核办公室评审，自治区地税局党组审批。

四、考核评分

《2008年各市地税收入目标管理责任制考核计分表》实行量化计算考核，年度目标基本分为100分，根据考核情况进行加分和扣分，年度累计总分。

（一）工作任务目标：60分。

（二）工作质量目标：40分。

对各单位的考核评分实行以目标完成程度确定基本分、获奖加分，工作失误、有差错扣分，加减分不超过该项目基本分。

公式：各单位考核评分＝基本分数＋获奖加分－考核扣分。

五、考核奖惩

考核评比奖励参照国家税务总局《税务系统公务员奖励实施细则（试行）》（国税发〔2008〕105号）和其他有关公务员奖励规定给予嘉奖和记功，考核评比结果将在全区地税系统进行通报。

附件：2008年各市地税收入目标管理责任制考核计分表

附件

2008年各市地税收入目标管理责任制考核计分表

序号		目标内容	打分量化内容	基础分	加分	扣分	得分	备注
1	工作目标任务	坚持组织收入原则，努力完成自治区局下达的年度收入任务，确保各项地税收入的质量。发生下列现象之一的，给予扣分：收过头税，寅吃卯粮，搞“空转虚收”，人为转税引税，争税抢税，买税卖税等破坏税收秩序的现象。	完成自治区局下达的确保任务数计50分，每短收1%的扣1分，每超收1%的加1分；完成各市政府10月份调整任务数的加3分，完成奋斗目标的加5分，每短收1%的扣1分，每超收1%的加1分。收入增幅达到全区地税收入增幅的计10分，每低1个百分点的扣0.5分，每超1个百分点的加0.5分。违反组织收入原则的，每发现一起扣10分。	60				
2	工作质量目标	认真贯彻落实全区财税工作座谈会、全区财税工作会议和全区地税工作座谈会精神，能够及时召开会议传达、有会议记录、有具体贯彻落实措施。	没有召开会议传达的，没有会议记录的，每缺1次扣1分；没有具体贯彻落实措施的每次扣0.5分。	5				
3		及时将自治区局下达的收入任务分解落实到基层单位，制定有旺征工作方案，并建立目标管理责任制。	没有制定税收旺征工作方案的扣1分；没有建立目标管理责任制的扣2分。	3				
4	工作质量目标	重点税源能够做到监控到位，确保税款及时足额入库。对收入增减变化较大的重点税源大户能够及时进行分析。	对比上年同期缴纳地方税增长超过30%或出现下降的重点税源不进行分析，每发现1户扣0.2分，扣完本项分数为止。	5				
5		积极督促代征代扣代收单位落实责任，建立协税护税工作联系制度，形成齐抓共管的合力。	代征代扣代收工作成效不明显，协税护税不力，视情况酌情扣分。工作成效明显的，酌情加分。	4				
6		严格执行发票管理制度，发票的报印、领购、开具、缴销等手续齐全。积极开展发票打假活动，有计划、有措施、有成效。	违反有关规定供应发票的，每发现1户扣0.1分；未按规定对发票领用存销进行管理的，每发现1户扣0.1分。没有发票打假活动方案计划的扣0.5分，打假成效较差的视情况酌情扣分。	5				
7	工作质量目标	（1）严格清理不规范税收优惠政策，对缓征、减征、免征到期的进行恢复征收。 （2）严格落实欠税管理的有关规定，采取有力措施清缴欠税。 （3）积极清理辖区内的漏征漏管户。 （4）大力清理各小税种和零散税源，对耕地占用税、资源税、车船税、土地使用税、土地增值税等税种开展拉网式清理。 （5）清理各类园区和在建重大工程项目税收。 （6）清理催缴总分机构企业所得税。	没有召开会议部署“六清”专项清理工作的，没有会议记录的扣5分；清理措施不力、成效较差的视情况酌情扣分。	10				
8		按税收检查计划实施检查，处罚率达10%以上，立案率达100%。	需完成检查计划90%以上，每少完成1%扣0.1分；处罚率每少1%扣0.1分；立案率每少1%扣0.1分。	5				
9		严格执行旺征工作纪律，实行“三停止三报告”制度。	不严格执行旺征工作纪律，不实行“三停止三报告”制度的，每发现1次扣0.1分。	3				
合计				100				

自治区地方税务局关于改进地方税收管理减轻纳税人负担　促进经济增长有关问题的通知

2008年12月24日　　桂地税发〔2008〕177号

各市地方税务局、局内各单位：

为确保中央和自治区有关扩大内需促进经济增长的政策措施的贯彻落实，进一步减轻企业和个人的税收负担和办税负担，促进广西经济的持续健康发展，现就有关问题通知如下：

一、采取积极有效措施，减轻税收负担，促进经济稳定增长

根据国家税法规定和税收管理权限，结合广西实际情况，采取以下宽松措施：

（一）调整营业税起征点。从2009年1月1日起，按期纳税的起征点统一调整为月营业额3000元，按次（日）纳税的起征点为每次（日）营业额100元，大力扶持我区个体工商户的发展。

（二）改进房地产税收管理办法。从2009年1月1日起，对房地产开发调低土地增值税的预征率，二手房交易、房屋出租等行业实行按税种分别征收或按综合征收率征收的办法，减轻房地产行业的税收负担，促进我区房地产市场平稳健康发展。

（三）加大减免税力度。为了激活房地产市场，减轻企业和个人的负担，各地要加大对房产税（城市房地产税）、城镇土地使用税的减免力度。

1. 下放减免税审批权限。从2009年1月1日起，实行由自治区地方税务局、市（设区的市）地方税务局分级审批办法。对符合减免税条件，年申请减免房产税、城市房地产税、城镇土地使用税金额分别在50万元（不含50万元）以下的，由市地方税务局审批；年申请减免房产税、城市房地产税、城镇土地使用税金额分别在50万元（含50万元）以上的，报自治区地方税务局审批。

2. 加大对企业的政策扶持力度。对经批准开山填海整治的土地和改造的废弃土地，从使用的月份起免征城镇土地使用税5年，第6至第10年减半征收城镇土地使用税；对在广西区内新办的企业，纳税确有困难的，经地方税务机关批准，给予免征自用土地的城镇土地使用税和自用房产的房产税或城市房地产税。

3. 积极核批灾情减免。对因历史、自然灾害等原因造成的经营困难，导致缴纳房产税、城市房地产税和城镇土地使用税确有困难的企业，由纳税人向主管地方税务机关提出减免税申请，经地方税务机关批准给予减免。

（四）加大企业所得税扶持力度。

1. 对微利企业，报经自治区人民政府批准，给予免征属于地方分享部分的企业所得税。

2. 对中小企业购置的固定资产，由于技术进步原因，需加速折旧的，可缩短折旧年限或者采取加速折旧的方法。

3. 对中小企业融资的利息支出，不超过按照金融企业同期同类贷款利率计算的数额部分，准予在企业所得税税前扣除。

4. 对中小企业从各级财政部门取得的各种专项拨款和补贴收入，不作为计税收入，不计征企业所得税。

（五）完善涉农免税票据使用管理。为了支持社会主义新农村建设，加快农村改革发展步伐，各级地税机关要认真贯彻实施自治区地方税务局《涉农免税票据使用管理办法》，改进对涉农免税票据的使用和管理，促进我区的“三农”建设。

二、强化服务意识，创新服务内容和方式，切实减轻纳税人办税负担

（一）强化税务服务理念。按照建设服务型政府的要求，牢固树立为纳税人服务的理念，并将其贯穿于执法活动的全过程，在执法中服务，在服务中执法，做到严格执法，热情服务。

（二）不断丰富税务服务内容和方式。加强纳税咨询辅导，推进办税公开，充分保障纳税人的知情权、参与权和监督权。积极开展税务服务援助，对老年人员、残疾人员、下岗人员等特殊群体提供个性化的税务服务。切实加强办税服务厅、税务网站、“12366”税务服务热线和首府税务服务中心的规范化建设。不断改进和完善“一窗式”、“一站式”服务以及全程服务、限时服务、延时服务、提醒服务、预约服务等服务方式。充分发挥社会中介组织在纳税服务方面的作用，促进税务代理行业健康发展。

（三）进一步减轻纳税人办税负担。加强与国税部门在开展联合办理税务登记、纳税信用等级评估、征管信息数据共享等方面的政务协作，降低办税成本。积极推行邮寄申报、电话申报、网络申报、银行网点申报、代理申报等多种申报方式，推行财税库行联网，为纳税人提供优质、低廉、高效、便捷的纳税服务。

三、坚持依法治税，大力营造公平、公正的税收环境

（一）深入贯彻落实国务院《全面推进依法行政实施纲要》，切实增强法治观念，坚持依法治税，规范税收执法行为，加强执法监督，大力整顿和规范税收秩序，自觉维护国家税法的严肃性、统一性和权威性。

（二）正确处理经济发展与组织收入的关系，坚持“依法征税，应收尽收，坚决不收过头税，坚决制止越权减免税”的组织收入原则，严格税收管理权限，规范减免税审批工作，不得越权擅自制定、解释税收政策，也不得越权批准减免税收、缓缴税款和豁免欠税。

（三）不折不扣地贯彻落实现行国家和自治区出台的各项税收优惠政策，充分发挥税收优惠政策促进社会经济和企业发展的作用。通过贯彻落实税收优惠政策，扶持企业发展，减轻企业负担，增加企业发展后劲，帮助企业摆脱困境、渡过难关，支持产业结构调整和产品的升级换代，形成良好的招商引资环境，积极促进我区对外开放和区域经济的平稳健康发展。

营业税类

自治区地方税务局　自治区邮政管理局关于邮政快递业务征收营业税有关问题的通知

2008年3月18日　桂地税发〔2008〕36号

各市、县（市、区）地方税务局，各市地方税务局直属机构，自治区地方税务局直属税务分局、稽查局，各市、县（市、区）邮政局，各快递企业：

根据《财政部　国家税务总局关于营业税若干政策问题的通知》（财税〔2003〕16号）第二条第二款的规定：单位和个人从事快递业务按“邮电通信业”税目征收营业税。为规范我区邮政快递业务营业税征收管理，现将我区从事邮政“快递业务”的单位和个人征收营业税问题明确如下：

一、我区从事邮政快递业务的范围包括速递、速运、快运、快件、特快专递等业务。

二、我区从事邮政快递业务经营的单位和个人，必须到自治区邮政管理局办理资格认证手续，经自治区邮政管理局确认为邮政快递业务，并取得自治区邮政管理局颁发的《经营快递业务认定书》。

三、对持有自治区邮政管理局颁发的《经营快递业务认定书》从事邮政快递业务的单位和个人，按规定办理税务登记，领取、使用“邮电通信业”发票，并按“邮电通信业”税目申报、缴纳营业税及其他税费。

四、本通知自下文之日起执行。

财政部　国家税务总局关于下发免征营业税的一年期以上返还性人身保险产品名单（第二十批）的通知

2008年6月30日　财税〔2008〕88号

各省、自治区、直辖市、计划单列市财政厅（局）、地方税务局，西藏、宁夏、青海省（自治区）国家税务局，新疆生产建设兵团财务局：

根据《财政部　国家税务总局关于对若干项目

免征营业税的通知》（〔94〕财税字第 002 号）和《财政部　国家税务总局关于人寿保险业务免征营业税若干问题的通知》（财税〔2001〕118 号）的有关规定，经审核，决定对有关保险公司开办的符合免税条件的保险产品取得的保费收入免征营业税，具体免税保险产品清单见附件。

附件：免征营业税的人身保险产品清单

附件

免征营业税的人身保险产品清单

一、安诚财产保险股份有限公司

1. 团体住院补充医疗保险
2. 团体疾病住院津贴保险
3. 团体重大疾病保险

二、长城人寿保险股份有限公司

1. 长城爱相依母婴疾病保险
2. 长城附加定期重大疾病保险
3. 长城附加保险费豁免定期寿险
4. 长城附加乐康住院收入保障保险

三、国泰人寿保险有限责任公司

1. 国泰金得利 B 款两全保险（万能型）
2. 国泰富贵 211 两全保险（分红型）
3. 国泰富贵双福两全保险（分红型）
4. 国泰康乃馨两全保险
5. 国泰美满人生 101 重大疾病保险
6. 国泰附加康乃馨妇婴疾病保险
7. 国泰开利年年年金保险（分红型）
8. 国泰附加珍爱女性定额给付医疗保险
9. 国泰附加团体女性生育费用补偿医疗保险

四、光大永明人寿保险有限公司

1. 光大永明金保来 A 投资连结保险
2. 光大永明长盛投资连结保险
3. 光大永明嘉泰两全保险
4. 光大永明金保利 A 两全保险（万能型）
5. 光大永明鸿盛投资连结保险
6. 光大永明团体收入保障保险

五、广电日生人寿保险有限公司

1. 广电日生附加豁免保险费定期寿险
2. 广电日生附加团体重大疾病保险（B）
3. 广电日生附加团体重大疾病保险（C）
4. 广电日生附加团体综合医疗保险
5. 广电日生金多利终身寿险（万能型）

六、海尔纽约人寿保险有限公司

1. 海尔纽约人寿生财智道投资连结保险
2. 海尔纽约人寿团体一年定期寿险
3. 海尔纽约人寿附加额外重大疾病保险 B 款
4. 海尔纽约人寿财溢人生终身寿险 B 款（万能型）
5. 海尔纽约人寿财智人生投资连结保险

七、海康人寿保险有限公司

1. 海康金如意投资连结保险
2. 海康团体年金保险
3. 海康安康无忧 B 款两全保险
4. 海康创富优选投资连结保险
5. 海康超满意两全保险（分红型）
6. 海康卓越理财两全保险（万能型）（B 款）
7. 海康高诊无忧两全保险
8. 海康附加高诊无忧防癌疾病保险
9. 海康金色华年养老年金保险（分红型）
10. 海康聚宝盆两全保险（万能型）

八、合众人寿保险股份有限公司

1. 合众附加健乐补充住院医疗保险
2. 合众附加康乐住院医疗保险
3. 合众附加吉祥人生提前给付重大疾病保险
4. 合众附加长青重大疾病保险 A 款
5. 合众附加长青重大疾病保险 B 款
6. 合众睿智人生终身寿险（万能型）
7. 合众附加睿智提前给付重大疾病保险
8. 合众精选投资连结保险 A 款
9. 合众精选投资连结保险 B 款

九、恒安标准人寿保险有限公司

1. 恒安标准浪漫金秋养老金累积式分红保险（C 款）
2. 恒安标准附加定期寿险（B 款）
3. 恒安标准附加提前给付重大疾病保险（I 款）
4. 恒安标准领创未来累积式分红保险（D 款）
5. 恒安标准天天向上大学教育金累积式分红保险（C 款）

6. 恒安标准附加提前给付重大疾病保险（F款）

7. 恒安标准附加提前给付重大疾病保险（G款）

8. 恒安标准附加提前给付重大疾病保险（H款）

9. 恒安标准附加住院医疗保险（C款）

10. 恒安标准附加住院医疗保险（D款）

11. 恒安标准欢笑满堂两全保险（B款）

12. 恒安标准幸亏有你终身重大疾病保险（B款）

13. 恒安标准团体重大疾病保险（B款）

14. 恒安标准附加管理式团体医疗保险

15. 恒安标准附加健康是福长期健康保险

16. 恒安标准健康是福终身寿险

十、恒康天安人寿保险有限公司

1. 恒康天安吉祥鸟定期重大疾病保险

2. 恒康天安附加安宁宝意外住院补贴医疗保险

3. 恒康天安附加吉祥疾病保险

4. 恒康天安吉祥两全保险（分红型）

5. 恒康天安万全理财（B）终身寿险（万能型）

6. 恒康天安附加安心宝（B）医疗保险

7. 恒康天安附加团体重大疾病保险（2007）

十一、华泰人寿保险股份有限公司

1. 华泰人寿社会医疗企业补充团体医疗保险

2. 华泰人寿住院津贴医疗保险

3. 华泰人寿附加额外给付重大疾病保险

4. 华泰人寿价值永恒两全保险（万能型）

十二、华夏人寿保险股份有限公司

1. 华夏附加长安意外伤害住院津贴医疗保险

2. 华夏附加意外医药补偿医疗保险

3. 华夏附加每日住院给付医疗保险

4. 华夏附加每日重症监护给付医疗保险

5. 华夏附加住院费用补偿医疗保险

6. 华夏附加手术费补偿医疗保险

7. 华夏团体重大疾病保险

8. 华夏特需医疗金团体医疗保险

9. 华夏企业补充团体医疗保险

10. 华夏意外团体住院津贴医疗保险

11. 华夏附加学生住院医疗保险

12. 华夏附加意外伤害团体医疗保险

13. 华夏附加学生意外伤害医疗保险

14. 华夏附加意外伤害医疗保险

15. 华夏同健重大疾病保险

16. 华夏同禧两全保险（分红型）

17. 华夏同福两全保险

18. 华夏安心无忧住院给付医疗保险

十三、金盛人寿保险有限公司

1. 金盛金生财智二代投资连结保险

2. 金盛全方位二代两全保险（分红型）

3. 金盛附加全方位二代投资连结保险

4. 金盛理财全方位二代两全保险（分红型）

5. 金盛附加理财全方位二代投资连结保险

十四、嘉禾人寿保险股份有限公司

1. 嘉禾玉麒麟两全保险（万能型）

2. 嘉禾附加安康住院手术费用医疗保险

3. 嘉禾附加安心住院费用医疗保险

十五、昆仑健康保险股份有限公司

1. 昆仑住院津贴医疗保险

2. 昆仑附加学生意外伤害团体医疗保险

3. 昆仑附加学生幼儿住院医疗保险

4. 昆仑附加学生幼儿意外伤害医疗保险

5. 昆仑附加学生住院团体医疗保险

6. 昆仑综合补充团体医疗保险

十六、联泰大都会人寿保险有限公司

1. 联泰大都会人寿保险有限公司附加悠悦人生住院补贴医疗保险（A款）

2. 联泰大都会人寿保险有限公司附加悠悦人生住院补贴医疗保险（B款）

3. 联泰大都会人寿保险有限公司附加意外住院补贴医疗保险

4. 联泰大都会人寿保险有限公司附加家庭意外住院补贴医疗保险

5. 联泰大都会人寿保险有限公司附加住院补贴医疗保险

6. 联泰大都会人寿保险有限公司附加永馨意外住院补贴医疗保险

7. 联泰大都会人寿保险有限公司附加安馨住院补贴医疗保险

8. 联泰大都会人寿保险有限公司和谐人生两全保险

9. 联泰大都会人寿保险有限公司相伴人生家庭收入保障两全保险

10. 联泰大都会人寿保险有限公司悠悦人生两全保险（C款）

11. 联泰大都会人寿保险有限公司悠悦人生两全保险（D款）

12. 联泰大都会人寿保险有限公司福寿年年终

身年金保险（分红型）

13. 联泰大都会人寿保险有限公司附加和谐人生防癌疾病保险

14. 联泰大都会人寿保险有限公司附加悠悦人生住院补贴医疗保险（C款）

15. 联泰大都会人寿保险有限公司附加悠悦人生住院补贴医疗保险（D款）

十七、美国友邦保险有限公司上海分公司

1. 友邦附加每日住院给付D款团体收入保障保险

2. 友邦附加手术费补偿D款团体医疗保险

3. 友邦金福D款十年年金保险（分红型）

4. 友邦金福D款二十年年金保险（分红型）

5. 友邦康爱十六年期两全保险

6. 友邦康爱二十年期两全保险

7. 友邦康爱六十五岁两全保险

8. 友邦附加康爱防癌十六年期疾病保险

9. 友邦附加康爱防癌二十年期疾病保险

10. 友邦附加康爱防癌六十五岁疾病保险

11. 友邦附加防癌豁免保险费疾病保险

12. 友邦附加住院前及出院后C款团体医疗保险

13. 友邦附加门诊急诊A2款团体医疗保险

14. 友邦附加门诊急诊B2款团体医疗保险

15. 友邦附加年免赔门诊急诊A2款团体医疗保险

16. 友邦附加年免赔门诊急诊B2款团体医疗保险

17. 友邦住院及手术B2款团体医疗保险

18. 友邦住院及手术C2款团体医疗保险

19. 友邦附加住院前及出院后B2款团体医疗保险

20. 友邦长安团体年金保险（万能型）

21. 友邦财富通B款投资连结保险

22. 友邦阳光保两全保险

23. 友邦附加阳光保防癌疾病保险

24. 友邦世纪康福终身寿险

25. 友邦附加世纪康福终身健康保险

26. 友邦附加世纪康福豁免保险费失能收入损失保险

27. 友邦康健宝贝重大疾病保险

28. 友邦附加康健宝贝重大疾病保险

29. 友邦康丽人生防癌疾病保险

30. 友邦长盛团体年金保险（万能型）

31. 友邦守卫人生两全保险

32. 友邦附加守卫人生重大疾病保险

33. 友邦阳光保Ⅱ两全保险

34. 友邦康爱Ⅱ十六年期两全保险

35. 友邦康爱Ⅱ二十年期两全保险

36. 友邦康爱Ⅱ六十五岁两全保险

37. 友邦附加阳光保Ⅱ防癌疾病保险

38. 友邦附加康爱Ⅱ防癌十六年期疾病保险

39. 友邦附加康爱Ⅱ防癌二十年期疾病保险

40. 友邦附加康爱Ⅱ防癌六十五岁疾病保险

41. 友邦附加防癌Ⅱ豁免保险费疾病保险

42. 友邦守护人生两全保险

43. 友邦附加守护人生重大疾病保险

44. 友邦康健顺心重大疾病保险

45. 友邦附加康健顺心重大疾病保险

46. 友邦附加康安卫士防癌疾病保险

47. 友邦附加住院前及出院后杂费团体医疗保险

48. 友邦附加境外紧急住院团体医疗保险

49. 友邦附加阳光儿童手术费补偿医疗保险

50. 友邦附加门诊急诊A款团体医疗保险

51. 友邦附加年免赔额门诊急诊A款团体医疗保险

52. 友邦附加门诊急诊B款团体医疗保险

53. 友邦附加年免赔额门诊急诊B款团体医疗保险

54. 友邦附加团体投资连结保险

55. 友邦附加职业病团体疾病保险

56. 友邦附加职业伤害每日给付团体收入保障保险

57. 友邦附加住院综合医疗保险

58. 友邦附加康乐豁免保险费定期寿险

59. 友邦聚富宝A款两全保险（分红型）

60. 友邦聚富宝B款两全保险（分红型）

61. 友邦附加永益意外医药补偿医疗保险

62. 友邦财富通A款投资连结保险

十八、美国友邦保险有限公司江苏分公司

1. 友邦附加每日住院给付D款团体收入保障保险

2. 友邦附加手术费补偿D款团体医疗保险

3. 友邦金福D款十年年金保险（分红型）

4. 友邦金福D款二十年年金保险（分红型）

5. 友邦康爱十六年期两全保险

6. 友邦康爱二十年期两全保险

7. 友邦康爱六十五岁两全保险

8. 友邦附加康爱防癌十六年期疾病保险

9. 友邦附加康爱防癌二十年期疾病保险
10. 友邦附加康爱防癌六十五岁疾病保险
11. 友邦附加防癌豁免保险费疾病保险
12. 友邦附加住院前及出院后 C 款团体医疗保险
13. 友邦附加门诊急诊 A2 款团体医疗保险
14. 友邦附加门诊急诊 B2 款团体医疗保险
15. 友邦附加年免赔门诊急诊 A2 款团体医疗保险
16. 友邦附加年免赔门诊急诊 B2 款团体医疗保险
17. 友邦住院及手术 B2 款团体医疗保险
18. 友邦住院及手术 C2 款团体医疗保险
19. 友邦附加住院前及出院后 B2 款团体医疗保险
20. 友邦长安团体年金保险（万能型）
21. 友邦财富通 B 款投资连结保险
22. 友邦阳光保两全保险
23. 友邦附加阳光保防癌疾病保险
24. 友邦世纪康福终身寿险
25. 友邦附加世纪康福终身健康保险
26. 友邦附加世纪康福豁免保险费失能收入损失保险
27. 友邦康健宝贝重大疾病保险
28. 友邦附加康健宝贝重大疾病保险
29. 友邦康丽人生防癌疾病保险
30. 友邦长盛团体年金保险（万能型）
31. 友邦守卫人生两全保险
32. 友邦附加守卫人生重大疾病保险
33. 友邦阳光保Ⅱ两全保险
34. 友邦康爱Ⅱ十六年期两全保险
35. 友邦康爱Ⅱ二十年期两全保险
36. 友邦康爱Ⅱ六十五岁两全保险
37. 友邦附加阳光保Ⅱ防癌疾病保险
38. 友邦附加康爱Ⅱ防癌十六年期疾病保险
39. 友邦附加康爱Ⅱ防癌二十年期疾病保险
40. 友邦附加康爱Ⅱ防癌六十五岁疾病保险
41. 友邦附加防癌Ⅱ豁免保险费疾病保险
42. 友邦守护人生两全保险
43. 友邦附加守护人生重大疾病保险
44. 友邦康健顺心重大疾病保险
45. 友邦附加康健顺心重大疾病保险
46. 友邦附加康安卫士防癌疾病保险
47. 友邦附加每日重病监护给付收入保障保险
48. 友邦附加加惠意外医药补偿医疗保险
49. 友邦附加加惠每日住院给付收入保障保险
50. 友邦附加加惠每日重病监护给付收入保障保险
51. 友邦附加加惠手术费补偿医疗保险
52. 友邦附加加惠住院费用补偿医疗保险
53. 友邦附加住院及手术医疗保险
54. 友邦附加意外住院给付收入保障保险
55. 友邦附加阳光儿童意外医药补偿医疗保险
56. 友邦附加安翔意外医药补偿医疗保险
57. 友邦附加安翔意外住院给付收入保障保险
58. 友邦附加家倍无忧意外医药补偿医疗保险
59. 友邦附加合家安意外医药补偿医疗保险
60. 友邦附加加惠意外住院给付收入保障保险
61. 友邦附加意外住院费用补偿医疗保险
62. 友邦附加意外医药补偿医疗保险
63. 友邦附加特别加惠意外医药补偿医疗保险
64. 友邦附加孝心意外重病监护收入保障保险
65. 友邦附加孝心意外住院费用补偿医疗保险
66. 友邦附加孝心意外住院给付收入保障保险
67. 友邦附加宝康意外医药补偿医疗保险
68. 友邦附加康福终身健康保险
69. 友邦附加玫瑰人生意外整形手术费补偿医疗保险
70. 友邦附加永利意外医药补偿医疗保险
71. 友邦附加住院前及出院后杂费团体医疗保险
72. 友邦附加境外紧急住院团体医疗保险
73. 友邦附加每日住院给付 A 款团体收入保障保险
74. 友邦附加意外住院给付 A 款团体收入保障保险
75. 友邦附加每日住院给付 B 款团体收入保障保险
76. 友邦附加意外住院给付 B 款团体收入保障保险
77. 友邦附加住院收入及手术 D 款团体健康保险
78. 友邦附加意外医药补偿 A 款团体医疗保险
79. 友邦附加意外医药补偿 B 款团体医疗保险
80. 友邦附加意外医药补偿 D 款团体医疗保险
81. 友邦附加境外紧急住院 B 款团体医疗保险
82. 友邦附加住院前及出院后杂费 B 款团体医疗保险
83. 友邦附加阳光儿童手术费补偿医疗保险
84. 友邦附加门诊急诊 A 款团体医疗保险

85. 友邦附加年免赔额门诊急诊 A 款团体医疗保险

86. 友邦附加门诊急诊 B 款团体医疗保险

87. 友邦附加年免赔额门诊急诊 B 款团体医疗保险

88. 友邦附加团体投资连结保险

89. 友邦附加职业病团体疾病保险

90. 友邦附加职业伤害每日给付团体收入保障保险

91. 友邦附加住院综合医疗保险

92. 友邦附加康乐豁免保险费定期寿险

93. 友邦聚富宝 A 款两全保险（分红型）

94. 友邦聚富宝 B 款两全保险（分红型）

95. 友邦附加永益意外医药补偿医疗保险

96. 友邦财富通 A 款投资连结保险

十九、美国友邦保险有限公司广东分公司

1. 友邦附加每日住院给付 D 款团体收入保障保险

2. 友邦附加手术费补偿 D 款团体医疗保险

3. 友邦金福 D 款十年年金保险（分红型）

4. 友邦金福 D 款二十年年金保险（分红型）

5. 友邦康爱十六年期两全保险

6. 友邦康爱二十年期两全保险

7. 友邦康爱六十五岁两全保险

8. 友邦附加康爱防癌十六年期疾病保险

9. 友邦附加康爱防癌二十年期疾病保险

10. 友邦附加康爱防癌六十五岁疾病保险

11. 友邦附加防癌豁免保险费疾病保险

12. 友邦附加住院前及出院后 C 款团体医疗保险

13. 友邦附加门诊急诊 A2 款团体医疗保险

14. 友邦附加门诊急诊 B2 款团体医疗保险

15. 友邦附加年免赔门诊急诊 A2 款团体医疗保险

16. 友邦附加年免赔门诊急诊 B2 款团体医疗保险

17. 友邦住院及手术 B2 款团体医疗保险

18. 友邦住院及手术 C2 款团体医疗保险

19. 友邦附加住院前及出院后 B2 款团体医疗保险

20. 友邦长安团体年金保险（万能型）

21. 友邦财富通 B 款投资连结保险

22. 友邦阳光保两全保险

23. 友邦附加阳光保防癌疾病保险

24. 友邦世纪康福终身寿险

25. 友邦附加世纪康福终身健康保险

26. 友邦附加世纪康福豁免保险费失能收入损失保险

27. 友邦康健宝贝重大疾病保险

28. 友邦附加康健宝贝重大疾病保险

29. 友邦康丽人生防癌疾病保险

30. 友邦长盛团体年金保险（万能型）

31. 友邦守卫人生两全保险

32. 友邦附加守卫人生重大疾病保险

33. 友邦阳光保Ⅱ两全保险

34. 友邦康爱Ⅱ十六年期两全保险

35. 友邦康爱Ⅱ二十年期两全保险

36. 友邦康爱Ⅱ六十五岁两全保险

37. 友邦附加阳光保Ⅱ防癌疾病保险

38. 友邦附加康爱Ⅱ防癌十六年期疾病保险

39. 友邦附加康爱Ⅱ防癌二十年期疾病保险

40. 友邦附加康爱Ⅱ防癌六十五岁疾病保险

41. 友邦附加防癌Ⅱ豁免保险费疾病保险

42. 友邦守护人生两全保险

43. 友邦附加守护人生重大疾病保险

44. 友邦康健顺心重大疾病保险

45. 友邦附加康健顺心重大疾病保险

46. 友邦附加康安卫士防癌疾病保险

47. 友邦附加安行天下意外医药补偿医疗保险

48. 友邦附加特别加惠住院费用补偿医疗保险

49. 友邦附加特别加惠每日住院给付收入保障保险

50. 友邦附加特别加惠每日重病监护给付收入保障保险

51. 友邦附加特别加惠手术费补偿医疗保险

52. 友邦附加特别加惠意外医药补偿医疗保险

53. 友邦附加孝心意外重病监护收入保障保险

54. 友邦附加孝心意外住院费用补偿医疗保险

55. 友邦附加孝心意外住院给付收入保障保险

56. 友邦附加宝康意外医药补偿医疗保险

57. 友邦附加康福终身健康保险

58. 友邦附加玫瑰人生意外整形手术费补偿医疗保险

59. 友邦附加住院前及出院后杂费团体医疗保险

60. 友邦附加境外紧急住院团体医疗保险

61. 友邦附加每日住院给付 A 款团体收入保障保险

62. 友邦附加意外住院给付 A 款团体收入保障保险

63. 友邦附加每日住院给付B款团体收入保障保险
64. 友邦附加意外住院给付B款团体收入保障保险
65. 友邦附加住院收入及手术D款团体健康保险
66. 友邦附加意外医药补偿A款团体医疗保险
67. 友邦附加意外医药补偿B款团体医疗保险
68. 友邦附加意外医药补偿D款团体医疗保险
69. 友邦附加境外紧急住院B款团体医疗保险
70. 友邦附加住院前及出院后杂费B款团体医疗保险
71. 友邦附加阳光儿童手术费补偿医疗保险
72. 友邦附加门诊急诊A款团体医疗保险
73. 友邦附加年免赔额门诊急诊A款团体医疗保险
74. 友邦附加门诊急诊B款团体医疗保险
75. 友邦附加年免赔额门诊急诊B款团体医疗保险
76. 友邦附加团体投资连结保险
77. 友邦儿童定期寿险豁免缴付保险费附加契约
78. 友邦附加住院综合医疗保险
79. 友邦附加康乐豁免保险费定期寿险
80. 友邦聚富宝A款两全保险（分红型）
81. 友邦聚富宝B款两全保险（分红型）
82. 友邦附加永益意外医药补偿医疗保险
83. 友邦财富通A款投资连结保险
84. 友邦附加职业病团体疾病保险
85. 友邦附加职业伤害每日给付团体收入保障保险

二十、美国友邦保险有限公司东莞支公司

1. 友邦附加每日住院给付D款团体收入保障保险
2. 友邦附加手术费补偿D款团体医疗保险
3. 友邦金福D款十年年金保险（分红型）
4. 友邦金福D款二十年年金保险（分红型）
5. 友邦康爱十六年期两全保险
6. 友邦康爱二十年期两全保险
7. 友邦康爱六十五岁两全保险
8. 友邦附加康爱防癌十六年期疾病保险
9. 友邦附加康爱防癌二十年期疾病保险
10. 友邦附加康爱防癌六十五岁疾病保险
11. 友邦附加防癌豁免保险费疾病保险
12. 友邦附加住院前及出院后C款团体医疗保险
13. 友邦附加门诊急诊A2款团体医疗保险
14. 友邦附加门诊急诊B2款团体医疗保险
15. 友邦附加年免赔门诊急诊A2款团体医疗保险
16. 友邦附加年免赔门诊急诊B2款团体医疗保险
17. 友邦住院及手术B2款团体医疗保险
18. 友邦住院及手术C2款团体医疗保险
19. 友邦附加住院前及出院后B2款团体医疗保险
20. 友邦长安团体年金保险（万能型）
21. 友邦财富通B款投资连结保险
22. 友邦阳光保两全保险
23. 友邦附加阳光保防癌疾病保险
24. 友邦世纪康福终身寿险
25. 友邦附加世纪康福终身健康保险
26. 友邦附加世纪康福豁免保险费失能收入损失保险
27. 友邦康健宝贝重大疾病保险
28. 友邦附加康健宝贝重大疾病保险
29. 友邦康丽人生防癌疾病保险
30. 友邦长盛团体年金保险（万能型）
31. 友邦守卫人生两全保险
32. 友邦附加守卫人生重大疾病保险
33. 友邦阳光保Ⅱ两全保险
34. 友邦康爱Ⅱ十六年期两全保险
35. 友邦康爱Ⅱ二十年期两全保险
36. 友邦康爱Ⅱ六十五岁两全保险
37. 友邦附加阳光保Ⅱ防癌疾病保险
38. 友邦附加康爱Ⅱ防癌十六年期疾病保险
39. 友邦附加康爱Ⅱ防癌二十年期疾病保险
40. 友邦附加康爱Ⅱ防癌六十五岁疾病保险
41. 友邦附加防癌Ⅱ豁免保险费疾病保险
42. 友邦守护人生两全保险
43. 友邦附加守护人生重大疾病保险
44. 友邦康健顺心重大疾病保险
45. 友邦附加康健顺心重大疾病保险
46. 友邦附加康安卫士防癌疾病保险
47. 友邦附加阳光儿童意外医药补偿医疗保险
48. 友邦附加特别加惠意外医药补偿医疗保险
49. 友邦附加孝心意外重病监护收入保障保险
50. 友邦附加孝心意外住院费用补偿医疗保险
51. 友邦附加孝心意外住院给付收入保障保险
52. 友邦附加宝康意外医药补偿医疗保险

53. 友邦附加康福终身健康保险

54. 友邦附加玫瑰人生意外整形手术费补偿医疗保险

55. 友邦附加永利意外医药补偿医疗保险

56. 友邦附加住院前及出院后杂费团体医疗保险

57. 友邦附加境外紧急住院团体医疗保险

58. 友邦附加每日住院给付 A 款团体收入保障保险

59. 友邦附加意外住院给付 A 款团体收入保障保险

60. 友邦附加每日住院给付 B 款团体收入保障保险

61. 友邦附加意外住院给付 B 款团体收入保障保险

62. 友邦附加住院收入及手术 D 款团体健康保险

63. 友邦附加意外医药补偿 A 款团体医疗保险

64. 友邦附加意外医药补偿 B 款团体医疗保险

65. 友邦附加意外医药补偿 D 款团体医疗保险

66. 友邦附加境外紧急住院 B 款团体医疗保险

67. 友邦附加住院前及出院后杂费 B 款团体医疗保险

68. 友邦附加阳光儿童手术费补偿医疗保险

69. 友邦附加门诊急诊 A 款团体医疗保险

70. 友邦附加年免赔额门诊急诊 A 款团体医疗保险

71. 友邦附加门诊急诊 B 款团体医疗保险

72. 友邦附加年免赔额门诊急诊 B 款团体医疗保险

73. 友邦附加团体投资连结保险

74. 友邦附加职业病团体疾病保险

75. 友邦附加职业伤害每日给付团体收入保障保险

76. 友邦附加住院综合医疗保险

77. 友邦附加康乐豁免保险费定期寿险

78. 友邦聚富宝 A 款两全保险（分红型）

79. 友邦聚富宝 B 款两全保险（分红型）

80. 友邦附加永益意外医药补偿医疗保险

81. 友邦财富通 A 款投资连结保险

二十一、美国友邦保险有限公司江门支公司

1. 友邦附加每日住院给付 D 款团体收入保障保险

2. 友邦附加手术费补偿 D 款团体医疗保险

3. 友邦金福 D 款十年年金保险（分红型）

4. 友邦金福 D 款二十年年金保险（分红型）

5. 友邦康爱十六年期两全保险

6. 友邦康爱二十年期两全保险

7. 友邦康爱六十五岁两全保险

8. 友邦附加康爱防癌十六年期疾病保险

9. 友邦附加康爱防癌二十年期疾病保险

10. 友邦附加康爱防癌六十五岁疾病保险

11. 友邦附加防癌豁免保险费疾病保险

12. 友邦附加住院前及出院后 C 款团体医疗保险

13. 友邦附加门诊急诊 A2 款团体医疗保险

14. 友邦附加门诊急诊 B2 款团体医疗保险

15. 友邦附加年免赔门诊急诊 A2 款团体医疗保险

16. 友邦附加年免赔门诊急诊 B2 款团体医疗保险

17. 友邦住院及手术 B2 款团体医疗保险

18. 友邦住院及手术 C2 款团体医疗保险

19. 友邦附加住院前及出院后 B2 款团体医疗保险

20. 友邦长安团体年金保险（万能型）

21. 友邦财富通 B 款投资连结保险

22. 友邦阳光保两全保险

23. 友邦附加阳光保防癌疾病保险

24. 友邦世纪康福终身寿险

25. 友邦附加世纪康福终身健康保险

26. 友邦附加世纪康福豁免保险费失能收入损失保险

27. 友邦康健宝贝重大疾病保险

28. 友邦附加康健宝贝重大疾病保险

29. 友邦康丽人生防癌疾病保险

30. 友邦长盛团体年金保险（万能型）

31. 友邦守卫人生两全保险

32. 友邦附加守卫人生重大疾病保险

33. 友邦阳光保Ⅱ两全保险

34. 友邦康爱Ⅱ十六年期两全保险

35. 友邦康爱Ⅱ二十年期两全保险

36. 友邦康爱Ⅱ六十五岁两全保险

37. 友邦附加阳光保Ⅱ防癌疾病保险

38. 友邦附加康爱Ⅱ防癌十六年期疾病保险

39. 友邦附加康爱Ⅱ防癌二十年期疾病保险

40. 友邦附加康爱Ⅱ防癌六十五岁疾病保险

41. 友邦附加防癌Ⅱ豁免保险费疾病保险

42. 友邦守护人生两全保险

43. 友邦附加守护人生重大疾病保险

44. 友邦康健顺心重大疾病保险
45. 友邦附加康健顺心重大疾病保险
46. 友邦附加康安卫士防癌疾病保险
47. 友邦附加阳光儿童意外医药补偿医疗保险
48. 友邦附加意外住院给付收入保障保险
49. 友邦附加安翔意外住院给付收入保障保险
50. 友邦附加安翔意外医药补偿医疗保险
51. 友邦附加意外住院费用补偿医疗保险
52. 友邦附加安行天下意外医药补偿医疗保险
53. 友邦附加加惠意外住院给付收入保障保险
54. 友邦附加安康保重大疾病保险
55. 友邦附加特别加惠住院费用补偿医疗保险
56. 友邦附加特别加惠每日住院给付收入保障保险
57. 友邦附加特别加惠每日重病监护给付收入保障保险
58. 友邦附加特别加惠手术费补偿医疗保险
59. 友邦附加特别加惠意外医药补偿医疗保险
60. 友邦附加孝心意外重病监护收入保障保险
61. 友邦附加孝心意外住院费用补偿医疗保险
62. 友邦附加孝心意外住院给付收入保障保险
63. 友邦附加宝康意外医药补偿医疗保险
64. 友邦附加康福终身健康保险
65. 友邦附加玫瑰人生意外整形手术费补偿医疗保险
66. 友邦附加永利意外医药补偿医疗保险
67. 友邦附加住院前及出院后杂费团体医疗保险
68. 友邦附加境外紧急住院团体医疗保险
69. 友邦附加每日住院给付A款团体收入保障保险
70. 友邦附加意外住院给付A款团体收入保障保险
71. 友邦附加每日住院给付B款团体收入保障保险
72. 友邦附加意外住院给付B款团体收入保障保险
73. 友邦附加住院收入及手术D款团体健康保险
74. 友邦附加意外医药补偿A款团体医疗保险
75. 友邦附加意外医药补偿B款团体医疗保险
76. 友邦附加意外医药补偿D款团体医疗保险
77. 友邦附加境外紧急住院B款团体医疗保险
78. 友邦附加住院前及出院后杂费B款团体医疗保险
79. 友邦附加阳光儿童手术费补偿医疗保险
80. 友邦附加门诊急诊A款团体医疗保险
81. 友邦附加年免赔额门诊急诊A款团体医疗保险
82. 友邦附加门诊急诊B款团体医疗保险
83. 友邦附加年免赔额门诊急诊B款团体医疗保险
84. 友邦附加团体投资连结保险
85. 友邦附加永益意外医药补偿医疗保险
86. 友邦附加康乐豁免保险费定期寿险
87. 友邦聚富宝A款两全保险（分红型）
88. 友邦聚富宝B款两全保险（分红型）
89. 友邦附加住院综合医疗保险
90. 友邦附加职业伤害每日给付团体收入保障保险
91. 友邦附加职业病团体疾病保险
92. 友邦财富通A款投资连结保险

二十二、美国友邦保险有限公司深圳分公司

1. 友邦附加每日住院给付D款团体收入保障保险
2. 友邦附加手术费补偿D款团体医疗保险
3. 友邦金福D款十年年金保险（分红型）
4. 友邦金福D款二十年年金保险（分红型）
5. 友邦康爱十六年期两全保险
6. 友邦康爱二十年期两全保险
7. 友邦康爱六十五岁两全保险
8. 友邦附加康爱防癌十六年期疾病保险
9. 友邦附加康爱防癌二十年期疾病保险
10. 友邦附加康爱防癌六十五岁疾病保险
11. 友邦附加防癌豁免保险费疾病保险
12. 友邦附加住院前及出院后C款团体医疗保险
13. 友邦附加门诊急诊A2款团体医疗保险
14. 友邦附加门诊急诊B2款团体医疗保险
15. 友邦附加年免赔门诊急诊A2款团体医疗保险
16. 友邦附加年免赔门诊急诊B2款团体医疗保险
17. 友邦住院及手术B2款团体医疗保险
18. 友邦住院及手术C2款团体医疗保险
19. 友邦附加住院前及出院后B2款团体医疗保险
20. 友邦长安团体年金保险（万能型）
21. 友邦财富通B款投资连结保险
22. 友邦阳光保两全保险
23. 友邦附加阳光保防癌疾病保险

24. 友邦世纪康福终身寿险

25. 友邦附加世纪康福终身健康保险

26. 友邦附加世纪康福豁免保险费失能收入损失保险

27. 友邦康健宝贝重大疾病保险

28. 友邦附加康健宝贝重大疾病保险

29. 友邦康丽人生防癌疾病保险

30. 友邦长盛团体年金保险（万能型）

31. 友邦守卫人生两全保险

32. 友邦附加守卫人生重大疾病保险

33. 友邦阳光保Ⅱ两全保险

34. 友邦康爱Ⅱ十六年期两全保险

35. 友邦康爱Ⅱ二十年期两全保险

36. 友邦康爱Ⅱ六十五岁两全保险

37. 友邦附加阳光保Ⅱ防癌疾病保险

38. 友邦附加康爱Ⅱ防癌十六年期疾病保险

39. 友邦附加康爱Ⅱ防癌二十年期疾病保险

40. 友邦附加康爱Ⅱ防癌六十五岁疾病保险

41. 友邦附加防癌Ⅱ豁免保险费疾病保险

42. 友邦守护人生两全保险

43. 友邦附加守护人生重大疾病保险

44. 友邦康健顺心重大疾病保险

45. 友邦附加康健顺心重大疾病保险

46. 友邦附加康安卫士防癌疾病保险

47. 友邦附加特别加惠意外医药补偿医疗保险

48. 友邦附加孝心意外重病监护收入保障保险

49. 友邦附加孝心意外住院费用补偿医疗保险

50. 友邦附加孝心意外住院给付收入保障保险

51. 友邦附加宝康意外医药补偿医疗保险

52. 友邦附加康福终身健康保险

53. 友邦附加玫瑰人生意外整形手术费补偿医疗保险

54. 友邦附加永利意外医药补偿医疗保险

55. 友邦附加住院前及出院后杂费团体医疗保险

56. 友邦附加境外紧急住院团体医疗保险

57. 友邦附加每日住院给付 A 款团体收入保障保险

58. 友邦附加意外住院给付 A 款团体收入保障保险

59. 友邦附加每日住院给付 B 款团体收入保障保险

60. 友邦附加意外住院给付 B 款团体收入保障保险

61. 友邦附加住院收入及手术 D 款团体健康保险

62. 友邦附加意外医药补偿 A 款团体医疗保险

63. 友邦附加意外医药补偿 B 款团体医疗保险

64. 友邦附加意外医药补偿 D 款团体医疗保险

65. 友邦附加境外紧急住院 B 款团体医疗保险

66. 友邦附加住院前及出院后杂费 B 款团体医疗保险

67. 友邦附加阳光儿童手术费补偿医疗保险

68. 友邦附加门诊急诊 A 款团体医疗保险

69. 友邦附加年免赔额门诊急诊 A 款团体医疗保险

70. 友邦附加门诊急诊 B 款团体医疗保险

71. 友邦附加年免赔额门诊急诊 B 款团体医疗保险

72. 友邦附加团体投资连结保险

73. 友邦附加职业病团体疾病保险

74. 友邦附加职业伤害每日给付团体收入保障保险

75. 友邦附加住院综合医疗保险

76. 友邦附加康乐豁免保险费定期寿险

77. 友邦聚富宝 A 款两全保险（分红型）

78. 友邦聚富宝 B 款两全保险（分红型）

79. 友邦附加永益意外医药补偿医疗保险

80. 友邦财富通 A 款投资连结保险

二十三、美国友邦保险有限公司北京分公司

1. 友邦附加每日住院给付 D 款团体收入保障保险

2. 友邦附加手术费补偿 D 款团体医疗保险

3. 友邦金福 D 款十年年金保险（分红型）

4. 友邦金福 D 款二十年年金保险（分红型）

5. 友邦康爱十六年期两全保险

6. 友邦康爱二十年期两全保险

7. 友邦康爱六十五岁两全保险

8. 友邦附加康爱防癌十六年期疾病保险

9. 友邦附加康爱防癌二十年期疾病保险

10. 友邦附加康爱防癌六十五岁疾病保险

11. 友邦附加防癌豁免保险费疾病保险

12. 友邦附加住院前及出院后 C 款团体医疗保险

13. 友邦附加门诊急诊 A2 款团体医疗保险

14. 友邦附加门诊急诊 B2 款团体医疗保险

15. 友邦附加年免赔门诊急诊 A2 款团体医疗保险

16. 友邦附加年免赔门诊急诊 B2 款团体医疗保险

17. 友邦住院及手术 B2 款团体医疗保险

18. 友邦住院及手术 C2 款团体医疗保险

19. 友邦附加住院前及出院后B2款团体医疗保险
20. 友邦长安团体年金保险（万能型）
21. 友邦财富通B款投资连结保险
22. 友邦阳光保两全保险
23. 友邦附加阳光保防癌疾病保险
24. 友邦世纪康福终身寿险
25. 友邦附加世纪康福终身健康保险
26. 友邦附加世纪康福豁免保险费失能收入损失保险
27. 友邦康健宝贝重大疾病保险
28. 友邦附加康健宝贝重大疾病保险
29. 友邦康丽人生防癌疾病保险
30. 友邦长盛团体年金保险（万能型）
31. 友邦守卫人生两全保险
32. 友邦附加守卫人生重大疾病保险
33. 友邦阳光保Ⅱ两全保险
34. 友邦康爱Ⅱ十六年期两全保险
35. 友邦康爱Ⅱ二十年期两全保险
36. 友邦康爱Ⅱ六十五岁两全保险
37. 友邦附加阳光保Ⅱ防癌疾病保险
38. 友邦附加康爱Ⅱ防癌十六年期疾病保险
39. 友邦附加康爱Ⅱ防癌二十年期疾病保险
40. 友邦附加康爱Ⅱ防癌六十五岁疾病保险
41. 友邦附加防癌Ⅱ豁免保险费疾病保险
42. 友邦守护人生两全保险
43. 友邦附加守护人生重大疾病保险
44. 友邦康健顺心重大疾病保险
45. 友邦附加康健顺心重大疾病保险
46. 友邦附加康安卫士防癌疾病保险
47. 友邦附加阳光儿童意外医药补偿医疗保险
48. 友邦附加加惠意外住院给付收入保障保险
49. 友邦智尊宝终身寿险（万能型）（A款）
50. 友邦智尊宝终身寿险（万能型）（B款）
51. 友邦附加特别加惠意外医药补偿医疗保险
52. 友邦附加孝心意外重病监护收入保障保险
53. 友邦附加孝心意外住院费用补偿医疗保险
54. 友邦附加孝心意外住院给付收入保障保险
55. 友邦附加宝康意外医药补偿医疗保险
56. 友邦附加康福终身健康保险
57. 友邦附加玫瑰人生意外整形手术费补偿医疗保险
58. 友邦附加永利意外医药补偿医疗保险
59. 友邦附加住院前及出院后杂费团体医疗保险
60. 友邦附加境外紧急住院团体医疗保险
61. 友邦附加每日住院给付A款团体收入保障保险
62. 友邦附加意外住院给付A款团体收入保障保险
63. 友邦附加每日住院给付B款团体收入保障保险
64. 友邦附加意外住院给付B款团体收入保障保险
65. 友邦附加住院收入及手术D款团体健康保险
66. 友邦附加意外医药补偿A款团体医疗保险
67. 友邦附加意外医药补偿B款团体医疗保险
68. 友邦附加意外医药补偿D款团体医疗保险
69. 友邦附加境外紧急住院B款团体医疗保险
70. 友邦附加住院前及出院后杂费B款团体医疗保险
71. 友邦附加阳光儿童手术费补偿医疗保险
72. 友邦附加门诊急诊A款团体医疗保险
73. 友邦附加年免赔额门诊急诊A款团体医疗保险
74. 友邦附加门诊急诊B款团体医疗保险
75. 友邦附加年免赔额门诊急诊B款团体医疗保险
76. 友邦附加团体投资连结保险
77. 友邦附加职业病团体疾病保险
78. 友邦附加职业伤害每日给付团体收入保障保险
79. 友邦附加住院综合医疗保险
80. 友邦附加康乐豁免保险费定期寿险
81. 友邦聚富宝A款两全保险（分红型）
82. 友邦聚富宝B款两全保险（分红型）
83. 友邦附加永益意外医药补偿医疗保险
84. 友邦财富通A款投资连结保险

二十四、平安健康保险股份有限公司

1. 平安附加意外牙科及保健医疗保险
2. 平安附加住院定额给付医疗保险

二十五、泰康人寿保险股份有限公司

1. 泰康放心理财经典版终身寿险（万能型）
2. 泰康放心理财财富版终身寿险（万能型）
3. 泰康附加健康人生定期重大疾病保险
4. 泰康附加少儿住院费用补偿型医疗保险
5. 泰康健康人生两全保险
6. 泰康附加提前给付型重大疾病保险
7. 泰康卓越财富（2007）终身寿险（万能型）

二十六、太平保险有限公司

1. 太平团体意外住院医疗保险

二十七、太平人寿保险有限公司
1. 太平环球团体医疗保险 2007
2. 太平安顺住院医疗保险（B 款）
3. 太平吉祥如意附加防癌长期健康保险 2007
4. 太平福寿连连两全保险（分红型）
5. 太平智胜投资连结保险 2007
6. 太平财富投资连结保险（C 款）
7. 太平盈盛两全保险 C 款（分红型）
8. 太平吉祥如意两全保险 2007
二十八、太平洋安泰人寿保险有限公司
1. 财富人生变额终身寿险（万能型）C 款
2. 财富人生变额终身寿险（万能型）D 款
3. 补充养老团体年金保险（万能型）B 款
4. 金利多两全保险（万能型）
二十九、天安保险股份有限公司
1. 团体意外伤害医疗保险
2. 天安康宁团体住院医疗保险
3. 学生住院医疗补助保险
4. 师生平安意外伤害医疗保险
5. 团体意外伤害住院医疗补助保险
6. 天安康平团体重大疾病保险
7. 安康宝意外骨折医疗补助保险
8. 安康宝意外烧伤医疗补助保险
9. 天安康宁团体健康管理保险
10. 学生平安意外伤害门急诊医疗保险
11. 航空人员飞行执照丧失保险
三十、信诚人寿保险有限公司
1. 信诚金智人生投资连结保险
2. 信诚金御双全投资连结保险 B 款
3. 信诚未来有数两全保险（分红型）
4. 信诚附加少儿长期重大疾病保险
5. 信诚智尚人生投资连结保险
6. 信诚智汇金生投资连结保险
7. 信诚金御双全投资连结保险
8. 信诚附加补充住院团体医疗保险
三十一、新华人寿保险股份有限公司
1. 至尊双利终身寿险（万能型）
2. 重大疾病保险
3. 乐家无忧 A 款失能收入损失保险
4. 乐家无忧 B 款失能收入损失保险
5. 征地养老团体年金保险（万能型）
6. 金包银一号两全保险（万能型）
7. 幸福年年 A 款两全保险（分红型）
8. 附加红双喜重大疾病保险
9. 新华创世之约投资连结保险

三十二、信泰人寿保险股份有限公司
1. 信泰宝利来两全保险（万能型）
2. 信泰智富宝终身寿险（万能型）A 款
3. 信泰智富宝终身寿险（万能型）B 款
4. 信泰金康防癌疾病保险
5. 信泰保险金转换年金保险
6. 信泰附加意外医疗保险
7. 信泰附加意外团体医疗保险
8. 信泰附加意外住院津贴团体医疗保险
9. 信泰金祥两全保险（分红型）
10. 信泰附加意外住院津贴医疗保险
11. 信泰住院费用补偿医疗保险（A 型）
12. 信泰住院费用补偿医疗保险（B 型）
13. 信泰住院津贴医疗保险
三十三、幸福人寿保险股份有限公司
1. 幸福理财宝两全保险（万能型）
2. 幸福附加团体住院费用补偿医疗保险（A 款）
3. 幸福附加团体门急诊费用补偿医疗保险（A 款）
4. 幸福团体重大疾病保险
5. 幸福团体一年定期人寿保险
6. 幸福团体补充医疗保险
7. 幸福附加团体住院津贴医疗保险
8. 幸福附加团体意外伤害医疗保险
9. 幸福理财宝两全保险（万能型 B 款）
10. 幸福附加提前给付重大疾病保险
11. 幸福万佳欢盈两全保险（万能型）
12. 幸福团体年金保险（万能型）
13. 幸福双喜盈门两全保险（分红型）
三十四、阳光人寿保险股份有限公司
1. 阳光人寿阳光如意两全保险 A 款（万能型）
2. 阳光人寿阳光如意两全保险 B 款（万能型）
3. 阳光人寿金色阳光 888 两全保险（分红型）
4. 阳光人寿阳光普照两全保险（分红型）
5. 阳光人寿附加阳光人生提前给付重大疾病保险
6. 阳光人寿附加豁免保险费重大疾病保险 A 款
7. 阳光人寿附加金色阳光 888 提前给付重大疾病保险
8. 阳光人寿附加阳光宝贝提前给付重大疾病保险
9. 阳光人寿拥抱阳光团体终身重大疾病保险
10. 阳光人寿阳光人生终身寿险（分红型）
11. 阳光人寿阳光宝贝终身寿险（分红型）
12. 阳光人寿沐浴阳光团体企业补充医疗保险

（A款）

13. 阳光人寿沐浴阳光团体企业补充医疗保险（B款）

14. 阳光人寿附加阳光关爱终身医疗保险

15. 阳光人寿光辉岁月团体养老年金保险（分红型）

三十五、永安财产保险股份有限公司

1. 团体住院医疗保险（2006版）

2. 永安住院津贴保险

3. 团体补充医疗保险（2007版）

三十六、英大泰和人寿保险股份有限公司

1. 英大元亨两全保险（万能型）

2. 英大元康定期重大疾病保险

3. 英大人寿附加定期寿险

4. 英大元盛两全保险（分红型）

5. 英大人寿补充团体医疗保险

6. 英大账户式团体医疗保险（B款）

7. 英大人寿附加意外伤害团体医疗保险

8. 英大元尊两全保险（分红型）

9. 英大元鑫两全保险（万能型）

10. 英大元祥两全保险（分红型）

11. 英大元顺终身寿险（分红型）

12. 英大人寿附加意外住院津贴医疗保险

13. 英大人寿附加意外伤害医疗保险

三十七、招商信诺人寿保险有限公司

1. 招商信诺创富投资连结保险

2. 招商信诺智富赢家投资连结保险（C款）

3. 招商信诺智富赢家投资连结保险（D款）

4. 招商信诺安顺意外住院收入保障保险

5. 招商信诺附加意外骨折医疗保险

6. 招商信诺附加重大烧烫伤医疗保险

7. 招商信诺意外住院收入保障保险A款

三十八、正德人寿保险股份有限公司

1. 正德幸福人生两全保险A款（分红型）

三十九、中保康联人寿保险有限公司

1. 中保康联附加团体意外伤害住院补贴医疗保险

四十、中德安联人寿保险有限公司

1. 安联安享丰年年金保险（分红型）

2. 安联团体年金保险（万能型）（2007）

3. 安联优越理财终身寿险（万能型）

4. 安联安盈世家投资连结保险

5. 安联投金世家投资连结保险

6. 安联汇金世家投资连结保险

7. 安联附加团体重大疾病保险

8. 安联附加短期重大疾病保险

四十一、中国人民健康保险股份有限公司

1. 健康人生个人护理保险（万能型，A款）

2. 医诊无忧日常看护个人护理保险（A款）

3. 附加医诊无忧社保补充个人医疗保险（A款）

4. 附加关爱专家豁免保费个人疾病保险

5. 守护专家特需医疗（推荐版）团体医疗保险

四十二、中国人民人寿保险股份有限公司

1. 人保寿险独生子女两全保险

2. 人保寿险鑫荣团体年金保险（万能型）

3. 人保寿险盛世精选投资连结保险

4. 人保寿险飞行员团体失能收入损失保险

四十三、中国人寿保险股份有限公司

1. 国寿附加绿舟意外费用补偿医疗保险

2. 国寿附加绿舟意外住院定额给付医疗保险

3. 国寿鸿康两全保险（分红型）

4. 国寿附加鸿康提前给付重大疾病保险

5. 国寿智力人生两全保险（分红型）

6. 国寿康优全球团体医疗保险（A型）

7. 国寿康优全球团体医疗保险（B型）

8. 国寿康馨长期护理保险

9. 康宁定期保险（2007修订版）

10. 康宁终身保险（2007修订版）

四十四、中华联合财产保险股份有限公司

1. 世纪安康高额个人医疗保险条款

2. 世纪安康团体补助医疗保险条款

3. 世纪安心个人医疗保险条款

4. 世纪安心团体医疗保险条款

5. 附加住院补贴医疗保险条款

6. 儿童计划免疫团体健康保险

7. 中华学生、幼儿平安人身意外伤害保险附加意外伤害医疗保险

8. 中华学生、幼儿平安人身意外伤害保险附加住院医疗保险

9. 中华团体女性安康保险条款

10. 中华城乡低保人员团体住院医疗保险条款

11. 中华城乡低保人员团体住院医疗保险附加民政部门优抚对象扩展条款

12. 中华团体重大疾病保险条款

四十五、中美大都会人寿保险有限公司

1. 附加合美人生防癌健康保险（A款）

2. 合美人生两全保险（A款）

3. 终身寿险（万能型，B款）

4. 财富优势投资连结保险

5. 钱程似锦投资连结保险

四十六、中新大东方人寿保险有限公司

1. 中新大东方附加建筑施工人员团体意外伤害医疗保险

2. 中新大东方团体一年定期寿险

3. 中新大东方团体住院津贴医疗保险

4. 中新大东方团体重大疾病保险

5. 中新大东方关爱女性疾病保险

6. 中新大东方附加团体意外伤害医疗保险

7. 中新大东方附加团体意外伤害住院津贴医疗保险

8. 中新大东方团体社保补充医疗保险 A 款

9. 中新大东方学生一年定期寿险

10. 中新大东方附加学生意外伤害医疗保险

11. 中新大东方附加学生住院医疗保险

12. 中新大东方终身寿险（万能型，A1 款）

13. 中新大东方终身寿险（万能型，B1 款）

四十七、中意人寿保险有限公司

1. 中意附加每周给付团体收入保障保险

2. 中意附加残疾保障团体收入保障保险

3. 中意创富如意理财两全保险（万能型）

4. 中意附加残废收入保障保险

5. 中意附加重大残废每月给付收入保障保险

6. 中意附加儿童残废津贴定期寿险

7. 中意吉祥如意两全保险 C 款（万能型）

8. 中意附加吉祥如意重大疾病保险 C 款

9. 中意附加年年创意重大疾病保险

10. 中意附加年年创意女性专项疾病保险

11. 中意附加年年创意定期寿险

12. 中意附加理财意外医药补偿医疗保险

13. 中意附加理财儿童意外医药补偿医疗保险

广西壮族自治区财政厅　广西壮族自治区国家税务局广西壮族自治区地方税务局关于重新调整增值税 营业税起征点的通知

2008 年 12 月 16 日　　桂财税〔2008〕95 号

各市、县（市、区）财政局、国家税务局、地方税务局，各市地方税务局直属机构，自治区地方税务局直属税务分局、稽查局：

为了更好实践科学发展观，贯彻落实国务院和自治区人民政府关于鼓励和支持非公有制经济发展，扩大内需，增加居民收入，促进经济平稳健康发展，决定自 2009 年 1 月 1 日起，重新调整全区增值税、营业税起征点，现就有关问题通知如下。

一、全区增值税、营业税起征点重新调整为：

（一）增值税。销售货物的起征点为月销售额 5000 元；销售应税劳务的起征点为月销售额 3000 元；按次纳税的起征点为每次（日）销售额 200 元。

（二）营业税。按期纳税的起征点统一调整为月营业额 3000 元，按次纳税的起征点为每次（日）营业额 100 元。

二、重新调整增值税、营业税起征点，政策性强、涉及面广、影响大、工作难度大，各级财税机关要高度重视，充分认识调整政策的重要意义，要从大局出发，顾全大局，确保调整政策落实到位；要加大政策宣传力度，广泛宣传，做到家喻户晓，增加政策执行透明度；进一步优化纳税服务，保证调整政策惠及纳税人，确保社会和谐稳定。

三、重新调整增值税、营业税起征点后，必然对全区国、地税部门组织税收收入和征收管理提出更高要求，各级国税、地税部门要强化政策执行的监督和检查，对未达起征点的纳税户实行动态管理，对达到起征点的纳税户要及时、足额征税，保证政策执行的严肃性。

四、本通知自 2009 年 1 月 1 日起执行。

地方税收类

自治区地方税务局 自治区财政厅 自治区国土资源厅关于转发国家税务总局 财政部 国土资源部关于进一步加强土地税收管理工作的通知

2008年2月3日　桂地税发〔2008〕20号

各市、县（市）地方税务局，自治区地方税务局直属税务分局、稽查局，各市、县（市）财政局，各市、县（市）国土资源局：

现将《国家税务总局 财政部 国土资源部关于进一步加强土地税收管理工作的通知》（国税发〔2008〕14号）转发给你们，并提出如下要求，希一并贯彻执行。

一、各地地方税务机关，应以此项工作为契机，做好我区耕地占用税的交接，耕地年度的核定、占用等信息采集工作；收集土地增值税清算涉及房地产开发的征用土地以及城镇土地使用税征收所涉及的土地资料，积极与财政、国土资源等部门建立密切互动的工作关系，共同做好土地税收的征收管理工作。

二、全区要抓紧正在开展的全国第二次土地大调查工作，查清家底，加快土地登记进度，扩大登记覆盖面，推进城镇地籍调查和变更登记工作，并且加快信息化建设，更大效益发挥资源数据作用。

国家税务总局 财政部 国土资源部关于进一步加强土地税收管理工作的通知

2008年1月23日　国税发〔2008〕14号

各省、自治区、直辖市和计划单列市地方税务局、财政厅（局）、国土资源厅（局），新疆生产建设兵团财务局、国土管理局：

《国家税务总局 财政部 国土资源部关于加强土地税收管理的通知》（国税发〔2005〕111号）下发以后，各级地税、财政和国土资源管理部门通过开展多种形式的信息共享和配合，提高了土地管理和土地税收征管工作的水平。为了进一步发挥部门协作与齐抓共管的优势，更好地贯彻落实《中华人民共和国城镇土地使用税暂行条例》、《中华人民共和国耕地占用税暂行条例》、《中华人民共和国契税暂行条例》和《中华人民共和国土地增值税暂行

条例》等税收法规，强化土地税收的征管力度，促进土地集约节约利用，现就有关问题通知如下：

一、开展土地占用情况和土地税收缴纳情况的清查工作

为了堵塞税收征管漏洞，防止税款流失，各级地税部门、负责征收契税等的财政部门（以下称财税部门）和国土资源部门要密切合作，共同组织开展对纳税人土地占用情况及土地税收缴纳情况的清查工作。

（一）各级财税部门要主动联系国土资源部门共同研究制定清查工作的组织和实施方案。各级国土资源部门要加快土地登记进度，扩大登记覆盖面，推进城镇地籍调查和变更登记工作。各级财税部门要根据当地实际情况，合理确定清查范围，将城乡结合部、占地面积大和用地情况不清楚的单位列为重点；对新纳入城镇土地使用税征税范围的外商投资企业和外国企业的占地情况要进行全面清查。财税部门要定期与国土资源部门联系并建立定期沟通的工作制度，对于已开展城镇地籍调查和变更登记且资料完整的地区，各级国土资源部门要及时将相关资料提供给同级财税部门，财税部门要充分利用这些资料，进行数据比对，确定纳税人申报纳税的土地面积与土地登记资料记载面积及实际占用的土地面积是否一致，以进一步核实税源。对于调查和登记资料不完整的地区，国土资源部门要组织开展地籍调查和变更登记工作。

各级国土资源部门要积极配合财税部门做好土地清查的技术、数据、资料等支持工作。各地要因地制宜选择清查方法，组织有资质的单位开展土地清查和地籍调查工作，并根据本地条件充分利用各种有效的科技手段。清查结果验收合格后，要及时应用到土地登记和城镇土地使用税的征管工作中。对清查中发现的纳税人实际占用土地面积与土地使用证登记面积或批准面积不一致的，财税部门按照实际占用面积征收城镇土地使用税和耕地占用税。

（二）各级财税部门要以贯彻国务院修订颁布的《中华人民共和国耕地占用税暂行条例》为契机，与各级国土资源部门联合对在籍建设用地耕地占用税缴纳情况进行一次摸底和清查。国土资源部门应根据财税部门的要求，提供在籍建设用地的档案及农用地转用审批文件。

二、继续加强部门间的信息交换与共享

各级财税和国土资源部门要在贯彻落实国税发〔2005〕111 号文件的基础之上，细化信息交换的内容，切实做好信息交换工作。

（一）各级财税和国土资源部门在开发税收征管和地籍管理系统工作中，要充分考虑信息共享工作的需要，按照国家统一的数据标准尽可能统一数据项目和数据口径，确保数据共享工作在信息化的基础上有效实施。在采集有关数据指标时，要尽可能根据双方的工作需要，一并采集相关内容。要因地制宜地通过各种形式开展信息交换和共享工作，真正实现准确及时的信息共享。

（二）各级国土资源部门应配合财税部门，根据土地税收征管的具体需求，将每宗土地的权利人名称、土地权属状况等土地登记信息提供给同级财税部门。国土资源部门提供的土地登记资料仅用于征税之目的，各级财税部门要按照有关规定予以保密。

国土资源部门应将建设用地批准文件（涉密的除外）及时抄送征收耕地占用税和城镇土地使用税的同级财税部门；在通知单位或个人办理供地手续时，应同时通知征收耕地占用税和城镇土地使用税的同级财税部门。

市、县国土资源部门要及时更新基准地价，保证当地基准地价的现势性，并定期将更新的基准地价等地价信息提供给财税部门，以满足土地税收征管的需要。各级财税部门要将国土资源部门提供的基准地价等地价信息数据充分应用到土地税收的征管工作中。

各省（区、市）国土资源部门和财税部门要密切配合，加强对评估中介机构及其评估人员涉税土地评估的管理。

（三）各级财税部门在日常的征收管理和税务稽查工作中，发现纳税人存在未办理用地手续或未办理土地登记手续、擅自改变土地用途等各项违法用地行为，应当及时将有关信息，包括用地单位名称、联系方式、具体用地情况等信息提供给相关的国土资源部门。

（四）对通过部门配合获取的信息资料，各地财税和国土资源部门要按照国税发〔2005〕111 号文件的要求，认真做好比对利用等后续管理工作。财税部门要把信息交换、清查工作与日常征收管理工作有机结合起来，制定土地涉税信息资料综合管理办法，建立土地税源档案，将通过各种渠道取得的纳税人应税土地信息进行整合并开展比对分析，做好税源数据库的建设和动态维护工作。

三、认真开展协同控管工作

各级财税部门与国土资源部门要加强沟通、协调，按照国税发〔2005〕111 号文件的要求，在日

常管理工作中，共同做好税源控管和税款征缴工作。

要继续严格执行“先税后证”的政策，没有财税部门发放的契税和土地增值税完税凭证或免税凭证，国土资源部门一律不得办理土地登记手续。为了方便纳税人，各级地方税务部门和国土资源部门要积极协商，创造条件，在土地登记、审批场所设立税收征收窗口，使纳税环节前移，从源头控制税源。

国土资源部门要严格按照《中华人民共和国耕地占用税暂行条例》的要求，在发放建设用地批准书之前，要求申请人提供耕地占用税完税或免税凭证，凡不能提供的，不予发放。在办理手续后，应将完税（或减免税）凭证的一联与有关资料一并归档备查。

国土资源部门在对用地情况进行检查和查处土地违法案件中，发现擅自转让（受让）土地使用权的，涉及未提供相关土地增值税和耕地占用税等完税凭证的，应将有关情况及时通知财税部门。

国土资源部门配合土地税收管理增加的支出，各地要按照国税发〔2005〕111号文件的有关精神予以落实。

各级财税部门和国土资源部门要按照党中央和国务院关于加强土地管理、切实保护耕地的要求，从大局出发，以高度的责任感和使命感，积极配合、主动协商，共同研究制定落实本通知各项要求的办法和工作措施，做好部门配合的组织和落实工作，并建立部门协作配合的长效机制。各省（区、市）财税部门和国土资源部门要及时取得联系，确定部门配合的具体负责单位和联系人，承担部门配合的落实工作；各地要在2008年3月31日前制定下发本地区贯彻落实本通知的具体办法，并报国家税务总局、财政部和国土资源部。

自治区地方税务局转发国家税务总局关于印发《土地增值税清算鉴证业务准则》的通知

2008年3月12日　　桂地税发〔2008〕34号

各市、县（市、区）地方税务局，各市地方税务局直属机构，自治区地方税务局直属税务分局、稽查局：

现将《国家税务总局关于印发〈土地增值税清算鉴证业务准则〉的通知》（国税发〔2007〕132号，以下简称《准则》）转发给你们，结合我区实际情况，就有关问题明确如下，请一并贯彻执行。

一、关于事务所的确认问题

严格按《准则》的要求认定税务师事务所，并严格执行《准则》的各项规定。

二、关于事务所的法律责任问题

税务师事务所在接受委托办理土地增值税清算业务时，应以有关法律、行政法规和规章为依据，依照独立、客观、公正的原则进行鉴证。

对接受委托的清算鉴证项目，应严格按照土地增值税清算的文件规定进行清算，依照《准则》的操作程序和规程进行审核鉴证，在充分调查研究、论证、审核和计算的基础上，于鉴证工作结束后一个月内如实出具《土地增值税清算税款鉴证报告》（以下简称《鉴证报告》），并对其承担法律责任。

对税务师事务所出具的《鉴证报告》，税务机关应当受理。

三、关于对事务所的监管问题

税务机关对税务师事务所出具的《鉴证报告》具有检查、审核和认定权。

国家税务总局关于印发《土地增值税清算鉴证业务准则》的通知

2007 年 12 月 29 日　国税发〔2007〕132 号

各省、自治区、直辖市和计划单列市国家税务局、地方税务局：

现将《土地增值税清算鉴证业务准则》印发给你们，请你们依此监督指导税务师事务所和注册税务师开展土地增值税清算鉴证业务，执行过程中如有问题，请及时上报税务总局（注册税务师管理中心）。

本准则自 2008 年 1 月 1 日起施行。

附件 1：涉税鉴证业务约定书（参考文本）

附件 2：土地增值税清算税款鉴证报告（参考文本）（适用于无保留意见的鉴证报告）

附件 3：土地增值税清算税款鉴证报告（参考文本）（适用于保留意见的鉴证报告）

附件 4：土地增值税清算税款鉴证报告（参考文本）（适用于无法表明意见的鉴证报告）

附件 5：土地增值税清算税款鉴证报告（参考文本）（适用于否定意见的鉴证报告）

附件 6：企业基本情况和土地增值税清算税款申报审核事项说明及有关附表

土地增值税清算鉴证业务准则

第一章　总　则

第一条　为了规范土地增值税清算鉴证业务，根据《中华人民共和国土地增值税暂行条例》及其实施细则和《国家税务总局关于房地产开发企业土地增值税清算管理有关问题的通知》（国税发〔2006〕187 号）以及《注册税务师管理暂行办法》及其他有关规定，制定本准则。

第二条　本准则所称土地增值税清算鉴证，是指税务师事务所接受委托对纳税人土地增值税清算税款申报的信息实施必要审核程序，提出鉴证结论或鉴证意见，并出具鉴证报告，增强税务机关对该项信息信任程度的一种鉴证业务。

第三条　纳入税务机关行政监管并通过年检的税务师事务所，均可从事土地增值税清算鉴证工作。

第四条　在接受委托前，税务师事务所应当初步了解业务环境。业务环境包括：业务约定事项、鉴证对象特征、使用的标准、预期使用者的需求、责任方及其环境的相关特征，以及可能对鉴证业务产生重大影响的事项、交易、条件和惯例及其他事项。

第五条　承接土地增值税清算鉴证业务，应当具备下列条件：

（一）接受委托的清算项目符合土地增值税的清算条件。

（二）税务师事务所符合独立性和专业胜任能力等相关专业知识和职业道德规范的要求。

（三）税务师事务所能够获取充分、适当、真实的证据以支持其结论并出具书面鉴证报告。

（四）与委托人协商签订涉税鉴证业务约定书（见附件 1）。

第六条　土地增值税清算鉴证的鉴证对象，是指与土地增值税纳税申报相关的会计资料和纳税资料等可以收集、识别和评价的证据及信息。具体包括：企业会计资料及会计处理、财务状况及财务报表、纳税资料及税务处理、有关文件及证明材料等。

第七条　税务师事务所运用职业判断对鉴证对象作出合理一致的评价或计量时，应当符合适当的标准。适当的评价标准应当具备相关性、完整性、可靠性、中立性和可理解性等特征。

第八条 税务师事务所从事土地增值税清算鉴证业务，应当以职业怀疑态度、有计划地实施必要的审核程序，获取与鉴证对象相关的充分、适当、真实的证据，并及时对制定的计划、实施的程序、获取的相关证据以及得出的结论作出记录。

在确定证据收集的性质、时间和范围时，应当体现重要性原则，评估鉴证业务风险以及可获取证据的数量和质量。

第九条 税务师事务所从事土地增值税清算鉴证业务，应当以法律、法规为依据，按照独立、客观、公正原则，在获取充分、适当、真实证据基础上，根据审核鉴证的具体情况，出具真实、合法的鉴证报告并承担相应的法律责任。

第十条 税务师事务所按照本准则的规定出具的鉴证报告，税务机关应当受理。

第十一条 税务师事务所执行土地增值税清算鉴证业务，应当遵守本准则。

第二章 一般规定

第十二条 税务师事务所应当要求委托人如实提供如下资料：

（一）土地增值税纳税（预缴）申报表及完税凭证。

（二）项目竣工决算报表和有关账簿。

（三）取得土地使用权所支付的地价款凭证、国有土地使用权出让或转让合同。

（四）银行贷款合同及贷款利息结算通知单。

（五）项目工程建设合同及其价款结算单。

（六）商品房购销合同统计表等与转让房地产的收入、成本和费用有关的其他证明资料。

（七）无偿移交给政府、公共事业单位用于非营利性社会公共事业的凭证。

（八）转让房地产项目成本费用、分期开发分摊依据。

（九）转让房地产有关税金的合法有效凭证。

（十）与土地增值税清算有关的其他证明资料。

第十三条 税务师事务所开展土地增值税清算鉴证业务时，应当对下列事项充分关注：

（一）明确清算项目及其范围。

（二）正确划分清算项目与非清算项目的收入和支出。

（三）正确划分清算项目中普通住宅与非普通住宅的收入和支出。

（四）正确划分不同时期的开发项目，对于分期开发的项目，以分期项目为单位清算。

（五）正确划分征税项目与免税项目，防止混淆两者的界限。

（六）明确清算项目的起止日期。

第十四条 纳税人能够准确核算清算项目收入总额或收入总额能够查实，但其成本费用支出不能准确核算的，税务师事务所应当按照本准则第三章的规定审核收入总额。

第十五条 纳税人能够准确核算成本费用支出或成本费用支出能够查实，但其收入总额不能准确核算的，税务师事务所应当先按照本准则第四章的规定审核扣除项目的金额。

第十六条 税务师事务所在审核鉴证过程中，有下列情形之一的，除符合本准则第十七条规定外，可以终止鉴证：

（一）依照法律、行政法规的规定应当设置但未设置账簿的。

（二）擅自销毁账簿或者拒不提供纳税资料的。

（三）虽设置账簿，但账目混乱或者成本资料、收入凭证、费用凭证残缺不全，难以确定转让收入或扣除项目金额的。

（四）符合土地增值税清算条件，未按照规定的期限办理清算手续，经税务机关责令限期清算，逾期仍不清算的。

（五）申报的计税依据明显偏低且无正当理由的。

（六）纳税人隐瞒房地产成交价格，其转让房地产成交价格低于房地产评估价格且无正当理由，经税务师事务所与委托人沟通，沟通无效的。

第十七条 纳税人虽有本准则第十六条所列情形，但如有下列委托人委托，税务师事务所仍然可以接受委托执行鉴证业务，但需与委托人签订涉税鉴证业务约定书：

（一）司法机关、税务机关或者其他国家机关。

（二）依法组成的清算组织。

（三）法律、行政法规规定的其他组织和个人。

第三章 清算项目收入的审核

第十八条 土地增值税清算项目收入审核的基本程序和方法包括：

（一）评价收入内部控制是否存在、有效且一贯遵守。

（二）获取或编制土地增值税清算项目收入明细表，复核加计正确，并与报表、总账、明细账及有关申报表等进行核对。

（三）了解纳税人与土地增值税清算项目相关

的合同、协议及执行情况。

（四）查明收入的确认原则、方法，注意会计制度与税收规定以及不同税种在收入确认上的差异。

（五）正确划分预售收入与销售收入，防止影响清算数据的准确性。

（六）必要时，利用专家的工作审核清算项目的收入总额。

第十九条　本准则所称清算项目的收入，是指转让国有土地使用权、地上的建筑物及其附着物（以下简称房地产）并取得的全部价款及有关的经济收益，包括货币收入、实物收入和其他收入。

第二十条　税务师事务所应当按照税法及有关规定审核纳税人是否准确划分征税收入与不征税收入，确认土地增值税的应税收入。

第二十一条　土地增值税以人民币为计算单位。转让房地产所取得的收入为外国货币的，以取得收入当天或当月1日国家公布的市场汇价折合成人民币，据以计算应纳土地增值税税额。

对于以分期收款形式取得的外币收入，应当按实际收款日或收款当月1日国家公布的市场汇价折合人民币。

第二十二条　有本准则第十六条第（六）款情形，但按本准则第十七条规定接受委托执行鉴证业务的，税务师事务所应当获取具有法定资质的专业评估机构确认的同类房地产评估价格，以确认转让房地产的收入。

第二十三条　纳税人将开发的房地产用于职工福利、奖励、对外投资、分配给股东或投资人、抵偿债务、换取其他单位和个人的非货币性资产等，发生所有权转移时应视同销售房地产，其视同销售收入按下列方法和顺序审核确认：

（一）按本企业当月销售的同类房地产的平均价格核定。

（二）按本企业在同一地区、同一年度销售的同类房地产的平均价格确认。

（三）参照当地当年、同类房地产的市场价格或评估价值确认。

第二十四条　收入实现时间的确定，按国家税务总局有关规定执行。

第二十五条　对纳税人按县级以上人民政府的规定在售房时代收的各项费用，应区分不同情形分别处理：

（一）代收费用计入房价向购买方一并收取的，应将代收费用作为转让房地产所取得的收入计税。实际支付的代收费用，在计算扣除项目金额时，可予以扣除，但不允许作为加计扣除的基数。

（二）代收费用在房价之外单独收取且未计入房地产价格的，不作为转让房地产的收入，在计算增值额时不允许扣除代收费用。

第二十六条　必要时，注册税务师应当运用截止性测试确认收入的真实性和准确性。审核的主要内容包括：

（一）审核企业按照项目设立的“预售收入备查簿”的相关内容，观察项目合同签订日期、交付使用日期、预售款确认收入日期、收入金额和成本费用的处理情况。

（二）确认销售退回、销售折扣与折让业务是否真实，内容是否完整，相关手续是否符合规定，折扣与折让的计算和会计处理是否正确。重点审查给予关联方的销售折扣与折让是否合理，是否有利用销售折扣和折让转利于关联方等情况。

（三）审核企业对于以土地使用权投资开发的项目，是否按规定进行税务处理。

（四）审核按揭款收入有无申报纳税，有无挂在往来账，如“其他应付款”，不作销售收入申报纳税的情形。

（五）审核纳税人以房换地，在房产移交使用时是否视同销售不动产申报缴纳税款。

（六）审核纳税人采用“还本”方式销售商品房和以房产补偿给拆迁户时，是否按规定申报纳税。

（七）审核纳税人在销售不动产过程中收取的价外费用，如天然气初装费、有线电视初装费等收益，是否按规定申报纳税。

（八）审核将房地产抵债转让给其他单位和个人或被法院拍卖的房产，是否按规定申报纳税。

（九）审核纳税人转让在建项目是否按规定申报纳税。

（十）审核以房地产或土地作价入股投资或联营从事房地产开发，或者房地产开发企业以其建造的商品房进行投资或联营，是否按规定申报纳税。

第四章　扣除项目的审核

第二十七条　税务师事务所应当审核纳税人申报的扣除项目是否符合土地增值税暂行条例实施细则第七条规定的范围。审核的内容具体包括：

（一）取得土地使用权所支付的金额。

（二）房地产开发成本，包括土地征用及拆迁补偿费、前期工程费、建筑安装工程费、基础设施

费、公共配套设施费、开发间接费用。

（三）房地产开发费用。

（四）与转让房地产有关的税金。

（五）国家规定的其他扣除项目。

第二十八条 扣除项目审核的基本程序和方法包括：

（一）评价与扣除项目核算相关的内部控制是否存在、有效且一贯遵守。

（二）获取或编制扣除项目明细表，并与明细账、总账及有关申报表核对是否一致。

（三）审核相关合同、协议和项目预（概）算资料，并了解其执行情况，审核成本、费用支出项目。

（四）审核扣除项目的记录、归集是否正确，是否取得合法、有效的凭证，会计及税务处理是否正确，确认扣除项目的金额是否准确。

（五）实地查看、询问调查和核实。剔除不属于清算项目所发生的开发成本和费用。

（六）必要时，利用专家审核扣除项目。

第二十九条 审核各项扣除项目分配或分摊的顺序和标准是否符合下列规定，并确认扣除项目的具体金额：

（一）扣除项目能够直接认定的，审核是否取得合法、有效的凭证。

（二）扣除项目不能够直接认定的，审核当期扣除项目分配标准和口径是否一致，是否按照规定合理分摊。

（三）审核并确认房地产开发土地面积、建筑面积和可售面积，是否与权属证、房产证、预售证、房屋测绘所测量数据、销售记录、销售合同、有关主管部门的文件等载明的面积数据相一致，并确定各项扣除项目分摊所使用的分配标准。

如果上述性质相同的三类面积所获取的各项证据发生冲突、不能相互印证时，税务师事务所应当追加审核程序，并按照外部证据比内部证据更可靠的原则，确认适当的面积。

（四）审核并确认扣除项目的具体金额时，应当考虑总成本、单位成本、可售面积、累计已售面积、累计已售分摊成本、未售分摊成本（存货）等因素。

第三十条 取得土地使用权支付金额的审核，应当包括下列内容：

（一）审核取得土地使用权支付的金额是否获取合法有效的凭证，口径是否一致。

（二）如果同一土地有多个开发项目，审核取得土地使用权支付金额的分配比例和具体金额的计算是否正确。

（三）审核取得土地使用权支付金额是否含有关联方的费用。

（四）审核有无将期间费用记入取得土地使用权支付金额的情形。

（五）审核有无预提的取得土地使用权支付金额。

（六）比较、分析相同地段、相同期间、相同档次项目，判断其取得土地使用权支付金额是否存在明显异常。

第三十一条 土地征用及拆迁补偿费的审核，应当包括下列内容：

（一）审核征地费用、拆迁费用等实际支出与概预算是否存在明显异常。

（二）审核支付给个人的拆迁补偿款所需的拆迁（回迁）合同和签收花名册，并与相关账目核对。

（三）审核纳税人在由政府或者他人承担已征用和拆迁好的土地上进行开发的相关扣除项目，是否按税收规定扣除。

第三十二条 前期工程费的审核，应当包括下列内容：

（一）审核前期工程费的各项实际支出与概预算是否存在明显异常。

（二）审核纳税人是否虚列前期工程费，土地开发费用是否按税收规定扣除。

第三十三条 建筑安装工程费的审核，应当包括下列内容：

（一）出包方式。重点审核完工决算成本与工程概预算成本是否存在明显异常。当二者差异较大时，应当追加下列审核程序，以获取充分、适当、真实的证据：

1. 从合同管理部门获取施工单位与开发商签订的施工合同，并与相关账目进行核对；

2. 实地查看项目工程情况，必要时，向建筑监理公司取证；

3. 审核纳税人是否存在利用关联方（尤其是各企业适用不同的征收方式、不同税率，不同时段享受税收优惠时）承包或分包工程，增加或减少建筑安装成本造价的情形。

（二）自营方式。重点审核施工所发生的人工费、材料费、机械使用费、其他直接费和管理费支出是否取得合法有效的凭证，是否按规定进行会计处理和税务处理。

第三十四条 基础设施费和公共配套设施费的审核，应当包括下列内容：

（一）审核各项基础设施费和公共配套设施费用是否取得合法有效的凭证。

（二）如果有多个开发项目，基础设施费和公共配套设施费用是否分项目核算，是否将应记入其他项目的费用记入了清算项目。

（三）审核各项基础设施费和公共配套设施费用是否含有其他企业的费用。

（四）审核各项基础设施费和公共配套设施费用是否含有以明显不合理的金额开具的各类凭证。

（五）审核是否将期间费用记入基础设施费和公共配套设施费用。

（六）审核有无预提的基础设施费和公共配套设施费用。

（七）获取项目概预算资料，比较、分析概预算费用与实际费用是否存在明显异常。

（八）审核基础设施费和公共配套设施应负担各项开发成本是否已经按规定分摊。

（九）各项基础设施费和公共配套设施费的分摊和扣除是否符合有关税收规定。

第三十五条 开发间接费用的审核，应当包括下列内容：

（一）审核各项开发间接费用是否取得合法有效凭证。

（二）如果有多个开发项目，开发间接费用是否分项目核算，是否将应记入其他项目的费用记入了清算项目。

（三）审核各项开发间接费用是否含有其他企业的费用。

（四）审核各项开发间接费用是否含有以明显不合理的金额开具的各类凭证。

（五）审核是否将期间费用记入开发间接费用。

（六）审核有无预提的开发间接费用。

（七）审核纳税人的预提费用及为管理和组织经营活动而发生的管理费用，是否在本项目中予以剔除。

（八）在计算加计扣除项目基数时，审核是否剔除了已计入开发成本的借款费用。

第三十六条 房地产开发费用的审核，应当包括下列内容：

（一）审核应据实列支的财务费用是否取得合法有效的凭证，除据实列支的财务费用外的房地产开发费用是否按规定比例计算扣除。

（二）利息支出的审核。企业开发项目的利息支出不能够提供金融机构证明的，审核其利息支出是否按税收规定的比例计算扣除；开发项目的利息支出能够提供金融机构证明的，应按下列方法进行审核：

1. 审核各项利息费用是否取得合法有效的凭证；

2. 如果有多个开发项目，利息费用是否分项目核算，是否将应记入其他项目的利息费用记入了清算项目；

3. 审核各项借款合同，判断其相应条款是否符合有关规定；

4. 审核利息费用是否超过按商业银行同类同期贷款利率计算的金额。

第三十七条 与转让房地产有关的税金审核，应当确认与转让房地产有关的税金及附加扣除的范围是否符合税收有关规定，计算的扣除金额是否正确。

对于不属于清算范围或者不属于转让房地产时发生的税金及附加，或者按照预售收入（不包括已经结转销售收入部分）计算并缴纳的税金及附加，不应作为清算的扣除项目。

第三十八条 国家规定的加计扣除项目的审核，应当包括下列内容：

（一）对取得土地（不论是生地还是熟地）使用权后，未进行任何形式的开发即转让的，审核是否按税收规定计算扣除项目金额，核实有无违反税收规定加计扣除的情形。

（二）对于取得土地使用权后，仅进行土地开发（如“三通一平”等），不建造房屋即转让土地使用权的，审核是否按税收规定计算扣除项目金额，是否按取得土地使用权时支付的地价款和开发土地的成本之和计算加计扣除。

（三）对于取得了房地产产权后，未进行任何实质性的改良或开发即再行转让的，审核是否按税收规定计算扣除项目金额，核实有无违反税收规定加计扣除的情形。

（四）对于县级以上人民政府要求房地产开发企业在售房时代收的各项费用，审核其代收费用是否计入房价并向购买方一并收取，核实有无将代收费用作为加计扣除的基数的情形。

第三十九条 对于纳税人成片受让土地使用权后，分期分批开发、转让房地产的，审核其扣除项目金额是否按主管税务机关确定的分摊方法计算分摊扣除。

第五章　应纳税额的审核

第四十条　税务师事务所应按照税法规定审核清算项目的收入总额、扣除项目的金额，并确认其增值额及适用税率，正确计算应缴税款。审核程序通常包括：

（一）审核清算项目的收入总额是否符合税收规定，计算是否正确。

（二）审核清算项目的扣除金额及其增值额是否符合税收规定，计算是否正确。

1. 如果企业有多个开发项目，审核收入与扣除项目金额是否属于同一项目；

2. 如果同一个项目既有普通住宅，又有非普通住宅，审核其收入额与扣除项目金额是否分开核算；

3. 对于同一清算项目，一段时间免税、一段时间征税的，应当特别关注收入的实现时间及其扣除项目的配比。

（三）审核增值额与扣除项目之比的计算是否正确，并确认土地增值税的适用税率。

（四）审核并确认清算项目当期土地增值税应纳税额及应补或应退税额。

第六章　鉴证报告的出具

第四十一条　本准则所称的鉴证报告，是指税务师事务所按照相关法律、法规、规章及其他有关规定，在实施必要的审核程序后，出具含有鉴证结论或鉴证意见的书面报告。

第四十二条　鉴证报告的基本内容应当包括：

（一）标题。鉴证报告的标题应当统一规范为“土地增值税清算税款鉴证报告”。

（二）收件人。鉴证报告的收件人是指注册税务师按照业务约定书的要求致送鉴证报告的对象，一般是指鉴证业务的委托人。鉴证报告应当载明收件人的全称。

（三）引言段。鉴证报告的引言段应当表明委托人和受托人的责任，说明对委托事项已进行鉴证审核以及审核的原则和依据等。

（四）审核过程及实施情况。鉴证报告的审核过程及实施情况应当披露以下内容：

1. 简要评述与土地增值税清算有关的内部控制及其有效性；

2. 简要评述与土地增值税清算有关的各项内部证据和外部证据的相关性和可靠性；

3. 简要陈述对委托单位提供的会计资料及纳税资料等进行审核、验证、计算和进行职业推断的情况。

（五）鉴证结论或鉴证意见。注册税务师应当根据鉴证情况，提出鉴证结论或鉴证意见，并确认出具鉴证报告的种类。

（六）鉴证报告的要素还应当包括：

1. 税务师事务所所长和注册税务师签名或盖章；

2. 载明税务师事务所的名称和地址，并加盖税务师事务所公章；

3. 注明报告日期；

4. 注明鉴证报告的使用人；

5. 附送与土地增值税清算税款鉴证相关的审核表及有关资料。

第四十三条　税务师事务所经过审核鉴证，应当根据鉴证情况，出具真实、合法的鉴证报告。鉴证报告分为以下四种：

（一）无保留意见的鉴证报告（见附件 2）。

（二）保留意见的鉴证报告（见附件 3）。

（三）无法表明意见的鉴证报告（见附件 4）。

（四）否定意见的鉴证报告（见附件 5）。

上述鉴证报告应当附有《企业基本情况和土地增值税清算税款申报审核事项说明及有关附表》（见附件 6）。

第四十四条　税务师事务所经过审核鉴证，确认涉税鉴证事项符合下列所有条件，应当出具无保留意见的鉴证报告：

（一）鉴证事项完全符合法定性标准，涉及的会计资料及纳税资料遵从了国家法律、法规及税收有关规定。

（二）注册税务师已经按本准则的规定实施了必要的审核程序，审核过程未受到限制。

（三）注册税务师获取了鉴证对象信息所需的充分、适当、真实的证据，完全可以确认土地增值税的具体纳税金额。

税务师事务所出具无保留意见的鉴证报告，可以作为办理土地增值税清算申报或审批事宜的依据。

第四十五条　税务师事务所经过审核鉴证，认为涉税鉴证事项总体上符合法定性标准，但还存在下列情形之一的，应当出具保留意见的鉴证报告：

（一）部分涉税事项因税收法律、法规及其具体政策规定或执行时间不够明确。

（二）经过咨询或询证，对鉴证事项所涉及的具体税收政策在理解上与税收执法人员存在分歧，需要提请税务机关裁定。

（三）部分涉税事项因审核范围受到限制，不能获取充分、适当、真实的证据，虽然影响较大，但不至于出具无法表明意见的鉴证报告。

税务师事务所应当对能够获取充分、适当、真实证据的部分涉税事项，确认其土地增值税的具体纳税金额，并对不能确认具体金额的保留事项予以说明，提请税务机关裁定。

税务师事务所出具的保留意见的鉴证报告，可以作为办理土地增值税清算申报或审批事宜的依据。

第四十六条　税务师事务所因审核范围受到限制，认为对企业土地增值税纳税申报可能产生的影响非常重大和广泛，以至于无法对土地增值税纳税申报发表意见，应当出具无法表明意见的鉴证报告。

税务师事务所出具的无法表明意见的鉴证报告，不能作为办理土地增值税清算申报或审批事宜的依据。

第四十七条　税务师事务所经过审核鉴证，发现涉税事项总体上没有遵从法定性标准，存在违反相关法律、法规或税收规定的情形，经与被审核单位的治理层、管理层沟通或磋商，在所有重大方面未能达成一致意见，不能真实、合法地反映鉴证结果的，应当出具否定意见的鉴证报告。

税务师事务所出具否定意见的鉴证报告，不能作为办理土地增值税清算申报或审批事宜的依据。

附件1

涉税鉴证业务约定书（参考文本）

编号：________

甲方（委托方）：

甲方税务登记号：

乙方（受托方）：

乙方税务师事务所执业证编号：

兹有甲方委托乙方提供土地增值税清算涉税鉴证业务，依据《中华人民共和国合同法》及有关规定，经双方协商，达成以下约定：

一、委托事项

（一）项目名称：

（二）具体内容及要求：

（三）完成时间：

二、甲方的责任与义务

（一）甲方的责任。

1. 根据《中华人民共和国税收征收管理法》及有关规定，甲方有责任保证会计资料及纳税资料的真实性和完整性。

2. 按照现行税收法律、法规和政策规定依法履行纳税义务是甲方的责任。这种责任还应当包括：（1）建立、完善并有效实施与会计核算、纳税申报相关的内部控制。（2）符合会计准则及有关规定。（3）严格按照税收规定进行纳税调整。

3. 甲方不得授意乙方人员实施违反国家法律、法规的行为。

4. 基于重要性原则、截止性测试的性质和审核过程中的其他固有限制，以及甲方内部控制的固有局限性，经乙方审核后仍然可能存在未被发现的风险，乙方出具的鉴证报告不能因此减轻甲方应当承担的法律责任。

（二）甲方的义务。

1. 按照乙方要求，及时提供完成委托事项所需的会计资料、纳税资料和其他有关资料，并保证所提供资料的真实性和完整性。

2. 确保乙方不受限制地接触任何与委托事项有关的记录、文件和所需的其他信息，并答复乙方工作人员对有关事项的询问。

3. 委托人为乙方工作人员提供必要的工作条件和协助，主要事项将由乙方于外勤工作开始前提供清单。

4. 委托人按本约定书的约定及时足额支付委托业务费用以及其他相关费用。未按规定时间支付委托费用的，应按约定金额________%的比例支付违约金。

三、乙方的责任和义务

（一）乙方的责任。

1. 乙方应严格按照现行税收相关法律、法规和政策规定以及《注册税务师管理暂行办法》及有关规定，本着独立、客观、公正的原则，对甲方提

供的有关资料进行审核鉴证。

2. 乙方应当制订合理计划和实施能够获取充分、适当、真实证据的审核程序，为甲方的委托事项提供合理保证。

3. 乙方有责任在鉴证报告中指明发现的甲方违反国家法律法规且未按乙方的建议进行调整的事项。

（二）乙方的义务。

1. 乙方应当按照约定时间完成委托事项，并出具真实、合法的鉴证报告。

2. 除下列情况外，乙方应当对执行业务过程中知悉的甲方信息予以保密：（1）取得甲方的授权；（2）根据法律法规的规定，为法律诉讼准备文件或提供证据；（3）监管机构对乙方进行行政处罚所实施的调查、听证、复议等程序。

3. 由于乙方过错导致甲方未按规定履行纳税义务的，乙方应当按照有关法律、法规及相关规定承担相应的法律责任。

4. 属于乙方原因未按约定时限完成委托事项并给甲方造成损失的，应当承担相应的赔偿责任。

四、约定事项的收费

（一）按照注册税务师行业收费的有关规定，完成本委托事项费用为人民币（大写）________元整（￥________）。

（二）上述费用自本约定书生效之日起________日内预付业务费用总额的________%；其余费用按________方式支付。

（三）由于无法预见的原因，导致从事本委托事项完成的实际时间较本约定书签订时预计的时间有明显的增加或减少时，甲、乙双方应通过协商，相应调整本约定书第四款第（一）项所述业务费用总额。

（四）由于无法预见的原因，导致乙方人员抵达甲方工作现场后，本约定书项目不再进行，甲方不得要求退还预付的业务费用；如上述情况发生于乙方人员完成现场审核工作之后，甲方应另行向乙方支付人民币________元的补偿费，该补偿费应于甲方收到乙方的收款通知之日起________日内支付。

（五）由于无法预见的原因，发生的与本次委托事项有关的其他费用（包括交通、食宿费等），由双方协商解决。

五、鉴证报告的出具和使用

（一）乙方应当按照国家发布的相关业务准则所规定的格式和类型，出具真实、合法的鉴证报告。

（二）乙方向甲方出具鉴证报告一式________份。

（三）甲方不得修改或删减乙方出具的鉴证报告；不得修改或删除重要的数据、重要的附件和所作的重要说明。

六、约定事项的变更

如果出现不可预见的情形，影响审核鉴证工作如期完成，或需要提前出具审核报告时，甲、乙双方均可要求变更约定事项，但应提前通知对方，并由双方协商解决。

七、约定事项的终止

（一）本约定书签订后，双方应当按约履行，不得无故终止。如遇法定情形或特殊原因提出终止的一方应提前通知另一方，并由双方协商解决。

（二）在终止业务约定的情况下，乙方有权就本约定书终止之日前对约定事项所付出的劳动收取合理的费用。

八、适用法律和争议解决

本约定书的所有方面均应适用中华人民共和国的法律进行解释并受其约束。与本约定书有关的任何纠纷或争议，双方均可选择如下一种解决方式：

（一）提交________进行仲裁；

（二）向有管辖权的人民法院提起诉讼。

九、本约定书的法律效力

（一）本约定书经双方法定代表人签字或盖章并加盖单位公章之日起生效，并在双方履行完成约定事项后终止。

（二）本约定书一式二份，甲、乙方各执一份，具有同等法律效力。

十、其他事项的约定

本约定书未尽事宜，经双方协商另行签订的补充协议，与本约定书具有同等法律效力。

甲方（委托人）：
（盖章）

乙方：
（盖章）

法人代表：（签名或盖章）

所长：（签名或盖章）

地址：
电话：
联系人：

地址：
电话：
联系人：

签约日期：

签约地点：

附件 2

土地增值税清算税款鉴证报告（参考文本）
（适用于无保留意见的鉴证报告）

编号：______

________公司：

我们接受委托，于××年××月××日至××年××月××日，对贵单位________（项目）土地增值税清算税款申报进行鉴证审核。贵单位的责任是：对所提供的与土地增值税清算税款相关的会计资料及证明材料的真实性、合法性和完整性负责。我们的责任是：按照国家法律法规及有关规定，对所鉴证的土地增值税纳税申报表及其有关资料的真实性和准确性，在进行职业判断和必要的审核程序的基础上，出具真实、合法的鉴证报告。

在审核过程中，我们本着独立、客观、公正的原则，依据《中华人民共和国土地增值税暂行条例》及其实施细则、有关政策规定，按照《土地增值税清算鉴证业务准则》的要求，实施了包括抽查会计记录等必要的审核程序。现将鉴证结果报告如下：

一、土地增值税清算税款申报的审核过程及主要实施情况

（主要披露以下内容）

（一）简要评述与土地增值税清算税款有关的内部控制及其有效性。

（二）简要评述与土地增值税清算税款有关的各项内部证据和外部证据的相关性和可靠性。

（三）简要陈述对纳税人提供的会计资料及纳税资料等进行审核、验证、计算和进行职业推断的情况。

二、鉴证结论

经对贵公司________（项目）土地增值税清算税款申报进行审核，我们确认：

1. 收入总额：________元。

2. 扣除项目金额：________元。

3. 增值额：________元。

4. 增值率（增值额与扣除金额之比）：____%。

5. 适用税率：________%。

6. 应缴土地增值税税额：________元。

7. 已缴土地增值税税额：________元。

8. 应补（退）缴土地增值税税额：________元。

清算事项的具体情况详见附件。

本鉴证报告仅供贵公司报送的主管税务机关受理土地增值税清算审批之用，不得作为其他用途。非法律、行政法规规定，鉴证报告的全部内容不得

提供给其他任何单位和个人。

税务师事务所所长（签名或盖章）：

中国注册税务师（签名或盖章）：

地址：

________税务师事务所（盖章）
年　　月　　日

附件：

1. 税务师事务所和注册税务师执业证书复印件。

2. 企业基本情况和土地增值税清算税款申报审核事项说明。

3. 土地增值税纳税申报鉴证主表及其明细项目审核表。具体包括：

（1）土地增值税清算税款鉴证主表；

（2）土地增值税清算税款鉴证（转让土地使用权）明细表；

（3）土地增值税清算税款鉴证（销售普通住宅）明细表；

（4）土地增值税清算税款鉴证（销售非普通住宅）明细表；

（5）与收入相关的面积审核调整明细表；

（6）转让土地使用权、房地产销售收入审核调整明细表；

（7）扣除项目及成本结转审核汇总表；

（8）与转让土地使用权、销售房地产有关税费审核调整明细表；

（9）土地增值税缴纳情况审核汇总表。

4. 土地增值税清算税款申报审核事项有关证明材料（复印件）。

附件3

土地增值税清算税款鉴证报告（参考文本）
（适用于保留意见的鉴证报告）

编号：______

________公司：

我们接受委托，于××年××月××日至××年××月××日，对贵单位________（项目）土地增值税清算税款申报进行鉴证审核。贵单位的责任是：对所提供的与土地增值税清算税款相关的会计资料及证明材料的真实性、合法性和完整性负责。我们的责任是：按照国家法律法规及有关规定，对所鉴证的土地增值税纳税申报表及其有关资料的真实性和准确性，在进行职业判断和必要的审核程序的基础上，出具真实、合法的鉴证报告。

在审核过程中，我们本着独立、客观、公正的原则，依据《中华人民共和国土地增值税暂行条例》及其实施细则、有关政策规定，按照《土地增值税清算鉴证业务准则》的要求，实施了包括抽查会计记录等必要的审核程序。现将鉴证结果报告如下：

一、土地增值税清算税款申报的审核过程及主要实施情况

（主要披露以下内容）

（一）简要评述与土地增值税清算税款有关的内部控制及其有效性。

（二）简要评述与土地增值税清算税款有关的各项内部证据和外部证据的相关性和可靠性。

（三）简要陈述对纳税人提供的会计资料及纳税资料等进行审核、验证、计算和进行职业推断的情况。

二、鉴证结论

经对贵公司________（项目）土地增值税清算税款申报进行审核，除××保留意见的事项因税收政策规定不够明确或证据不够充分等原因，尚不能确认其应纳土地增值税的具体金额外，我们确认：

1. 收入总额：________元。

2. 扣除项目金额：________元。

3. 增值额：________元。

4. 增值率（增值额与扣除金额之比）：____%。

5. 适用税率：________%。

6. 应缴土地增值税税额：________元。

7. 已缴土地增值税税额：________元。

8. 应补（退）缴土地增值税税额：________元。

清算事项的具体情况详见附件。

本鉴证报告仅供贵公司报送的主管税务机关受理土地增值税清算审批之用，不得作为其他用途。非法律、行政法规规定，鉴证报告的全部内容不得提供给其他任何单位和个人。

税务师事务所所长（签名或盖章）：

中国注册税务师（签名或盖章）：

地址：

________税务师事务所（盖章）

年　月　日

附件：

1. 税务师事务所和注册税务师执业证书复印件。

2. 企业基本情况和土地增值税清算税款申报审核事项说明。

3. 土地增值税纳税申报鉴证主表及其明细项目审核表。具体包括：

（1）土地增值税清算税款鉴证主表；

（2）土地增值税清算税款鉴证（转让土地使用权）明细表；

（3）土地增值税清算税款鉴证（销售普通住宅）明细表；

（4）土地增值税清算税款鉴证（销售非普通住宅）明细表；

（5）与收入相关的面积审核调整明细表；

（6）转让土地使用权、房地产销售收入审核调整明细表；

（7）扣除项目及成本结转审核汇总表；

（8）与转让土地使用权、销售房地产有关税费审核调整明细表；

（9）土地增值税缴纳情况审核汇总表。

4. 土地增值税清算税款申报审核事项有关证明材料（复印件）。

附件 4

土地增值税清算税款鉴证报告（参考文本）
（适用于无法表明意见的鉴证报告）

编号：________

________公司：

我们接受委托，于××年××月××日至××年××月××日，对贵单位________（项目）土地增值税清算税款申报进行鉴证审核。贵单位的责任是：对所提供的与土地增值税清算税款相关的会计资料及证明材料的真实性、合法性和完整性负责。我们的责任是：按照国家法律法规及有关规定，对所鉴证的土地增值税纳税申报表及其有关资料的真实性和准确性，在进行职业判断和必要的审核程序的基础上，出具真实、合法的鉴证报告。

在审核过程中，我们本着独立、客观、公正的原则，依据《中华人民共和国土地增值税暂行条例》及其实施细则、有关政策规定，按照《土地增值税清算鉴证业务准则》的要求，实施了包括抽查会计记录等必要的审核程序。现将鉴证结果报告如下：

一、土地增值税清算税款申报的审核过程及主要实施情况

（主要披露以下内容）

（一）简要评述与土地增值税清算税款有关的内部控制及其有效性。

（二）简要评述与土地增值税清算税款有关的各项内部证据和外部证据的相关性和可靠性。

（三）简要陈述对纳税人提供的会计资料及纳税资料等进行审核、验证、计算和进行职业推断的情况。

二、鉴证意见

经对贵公司________（项目）土地增值税清算

税款申报进行审核，因审核范围受到限制，我们认为，下列事项对确认土地增值税税额可能产生的影响非常重大和广泛，以至于无法对________（项目）土地增值税清算税款申报发表意见。

（一）××事项的审核情况。

（详细说明该审核事项对确认土地增值税额可能产生的非常重大而广泛的影响，并阐述对该事项无法表明意见的理据。下同。）

（二）××事项的审核情况。

（三）××事项的审核情况。

清算项目的具体情况详见附件。

本鉴证报告仅供贵公司报送的主管税务机关受理土地增值税清算审批之用，不得作为其他用途。非法律、行政法规规定，鉴证报告的全部内容不得提供给其他任何单位和个人。

税务师事务所所长（签名或盖章）：

中国注册税务师（签名或盖章）：

地址：

________税务师事务所（盖章）

年　月　日

附件：

1. 税务师事务所和注册税务师执业证书复印件。

2. 企业基本情况和土地增值税清算税款申报审核事项说明。

3. 土地增值税纳税申报鉴证主表及其明细项目审核表。具体包括：

（1）土地增值税清算税款鉴证主表；

（2）土地增值税清算税款鉴证（转让土地使用权）明细表；

（3）土地增值税清算税款鉴证（销售普通住宅）明细表；

（4）土地增值税清算税款鉴证（销售非普通住宅）明细表；

（5）与收入相关的面积审核调整明细表；

（6）转让土地使用权、房地产销售收入审核调整明细表；

（7）扣除项目及成本结转审核汇总表；

（8）与转让土地使用权、销售房地产有关税费审核调整明细表；

（9）土地增值税缴纳情况审核汇总表。

4. 土地增值税清算税款申报审核事项有关证明材料（复印件）。

附件5

土地增值税清算税款鉴证报告（参考文本）
（适用于否定意见的鉴证报告）

编号：______

________公司：

我们接受委托，于××年××月××日至××年××月××日，对贵单位________（项目）土地增值税清算税款申报进行鉴证审核。贵单位的责任是：对所提供的与土地增值税清算税款相关的会计资料及证明材料的真实性、合法性和完整性负责。我们的责任是：按照国家法律法规及有关规定，对所鉴证的土地增值税纳税申报表及其有关资料的真实性和准确性，在进行职业判断和必要的审核程序的基础上，出具真实、合法的鉴证报告。

在审核过程中，我们本着独立、客观、公正的原则，依据《中华人民共和国土地增值税暂行条例》及其实施细则、有关政策规定，按照《土地增值税清算鉴证业务准则》的要求，实施了包括抽查会计记录等必要的审核程序。现将鉴证结果报告如下：

一、土地增值税清算税款申报的审核过程及主要实施情况

（主要披露以下内容）

（一）简要评述与土地增值税清算税款有关的内部控制及其有效性。

（二）简要评述与土地增值税清算税款有关的各项内部证据和外部证据的相关性和可靠性。

（三）简要陈述对纳税人提供的会计资料及纳

税资料等进行审核、验证、计算和进行职业推断的情况。

二、鉴证意见

经审核，我们发现贵公司土地增值税清算税款申报存在违反相关法律、法规及税收规定的情形，经与贵公司磋商，在下列重大且原则的问题上未能达成一致意见。我们认为，贵公司________（项目）土地增值税清算税款申报不能真实、合法地反映企业该项目应纳土地增值税税额。

（一）××事项的审核情况。

（描述存在违反税收法律法规或有关规定的情形，并阐述经与委托人就该事项所有重大方面进行磋商不能达成一致、出具否定意见的理据。下同。）

（二）××事项的审核情况。

（三）××事项的审核情况。

清算项目的具体情况详见附件。

本鉴证报告仅供贵公司报送的主管税务机关受理土地增值税清算审批之用，不得作为其他用途。非法律、行政法规规定，鉴证报告的全部内容不得提供给其他任何单位和个人。

税务师事务所所长（签名或盖章）：

中国注册税务师（签名或盖章）：

地址：

________税务师事务所（盖章）

年　月　日

附件：

1. 税务师事务所和注册税务师执业证书复印件。

2. 企业基本情况和土地增值税清算税款申报审核事项说明。

3. 土地增值税纳税申报鉴证主表及其明细项目审核表。具体包括：

（1）土地增值税清算税款鉴证主表；

（2）土地增值税清算税款鉴证（转让土地使用权）明细表；

（3）土地增值税清算税款鉴证（销售普通住宅）明细表；

（4）土地增值税清算税款鉴证（销售非普通住宅）明细表；

（5）与收入相关的面积审核调整明细表；

（6）转让土地使用权、房地产销售收入审核调整明细表；

（7）扣除项目及成本结转审核汇总表；

（8）与转让土地使用权、销售房地产有关税费审核调整明细表；

（9）土地增值税缴纳情况审核汇总表。

4. 土地增值税清算税款审核事项有关证明材料（复印件）。

附件 6

企业基本情况和土地增值税清算税款申报审核事项说明及有关附表

一、基本情况

（一）企业基本情况。

1. 成立日期：

2. 税务登记证号：

（1）国税登记证号：

（2）地税登记证号：

3. 地址：

4. 法人代表：

5. 注册资本：

6. 投资总额：

7. 企业类型：

8. 经营范围：

9. 其他：

（二）项目基本情况。

1. 项目地址：

2. 项目概况：（列明开发项目类型、占地面积、取得相关批文的情况）

3. 项目建设规模：（列明总建筑面积、拆迁户回迁面积、公共配套面积、可售面积，并分别说明普通住宅、非普通住宅、其他开发项目的建设规模）

4. 项目销售情况：（列明取得预售许可证情

况，实际开始销售日期，截止清算基准日已售面积、未售面积，已售面积占可售面积比例等，并分别按普通住宅、非普通住宅、其他开发项目予以说明）

5. 项目设计情况：（说明设计方案是否由境外机构或境外人员提供，以及项目设计的其他情况）

二、主要会计政策和税收政策

1. 公司执行________会计准则或《××会计制度》及有关规定。

2. 公司会计核算方法：

3. 主要内部控制制度：

4. 土地增值税清算条件：

5. 开发产品完工的标准：

6. 成本费用的分配标准：

7. 开发产品销售收入确认的标准：

8. 开发产品视同销售确认收入的标准：

9. 与土地增值税清算项目相关的税收政策：

10. 其他政策：

三、土地增值税的审核情况

（一）土地增值税应税收入的审核。

截至××年××月××日止，贵公司自报本项目土地增值税应税收入　　元，经审核，核定土地增值税应税收入为　　元，比自报数调增/调减　　元，其中：

1. 销售普通标准住宅　　平方米，取得销售收入自报应税收入　　元；经审核，调增/调减收入　　元，核定收入　　元。

2. 销售其他项目（含非普通标准住宅　　平方米），取得销售收入自报应税收入　　元；经审核，调增/调减收入　　元，核定收入　　元。

3. 视同销售房地产收入：按本企业在同一地区、同一年度销售的同类房地产平均价格，或参照当地当年、同类房地产的市场价格、评估价值确定，自报应税收入　　元；经审核，调增/调减收入　　元，核定其他项目应税收入　　元。

（二）土地增值税扣除项目的审核。

截至××年××月××日止，贵公司自报本项目土地增值税应税扣除项目总额　　元；经审核，核定土地增值税扣除项目总额　　元，比自报数调增/调减　　元。其中：

1. 取得土地使用权所支付的金额。贵公司自报取得本项目的土地使用权支付金额为　　元；经审核，由于××原因，应调增/调减　　元，核定允许扣除的取得土地使用权所支付的金额为　　元。

2. 房地产开发成本。贵公司本项目自报房地产开发成本　　元；经审核，由于××原因，应调增/调减　　元，核定允许扣除的房地产开发成本为　　元。其中：

（1）贵公司自报土地征用及拆迁补偿　　元；经审核，由于××原因，应调增/调减　　元，核定允许扣除的土地征用及拆迁补偿为　　元。

（2）贵公司自报前期工程费　　元；经审核，由于××原因，应调增/调减　　元，核定允许扣除的前期工程费为　　元。

（3）贵公司自报建筑安装工程费　　元；经审核，由于××原因，应调增/调减　　元，核定允许扣除的建筑安装工程费为　　元。

（4）贵公司自报基础设施费　　元；经审核，由于××原因，应调增/调减　　元，核定允许扣除的基础设施费为　　元。

（5）贵公司自报公共配套设施费　　元；经审核，由于××原因，应调增/调减　　元，核定允许扣除的公共配套设施费为　　元。

（6）贵公司自报开发间接费　　元；经审核，由于××原因，应调增/调减　　元，核定允许扣除的开发间接费为　　元。

3. 房地产开发费用。

（1）本项目发生的财务费用中，借款利息支出能够全部提供金融机构票据证明的，应据实扣除，扣除金额为　　元。其房地产开发费用按取得土地使用权所支付金额　　元与开发成本　　元之和的5%扣除　　元。因此，贵公司此项目可扣除金额为　　元。

（2）本项目发生的财务费用中，借款利息支出未能全部提供金融机构票据的，其房地产开发费用按取得土地使用权所支付金额　　元与开发成本　　元之和的10%扣除　　元。因此，贵公司此项目可扣除金额为　　元。

4. 与转让房地产有关的税金。

贵公司自报转让房地产有关税金为　　元；经审核，应调增/调减　　元，调整后贵公司可扣除的转让房地产有关税金为　　元。其中：

（1）贵公司自报转让房地产有关营业税税金为　　元；经审核，应调增/调减　　元，调整后贵公司可扣除的转让房地产有关营业税税金为　　元。

（2）贵公司自报转让房地产有关城市维护建设税税金为　　元；经审核，应调增/调减　　元，调整后贵公司可扣除的转让房地产有关城市维护建

设税税金为　　元。

(3) 贵公司自报转让房地产有关教育费附加为　　元；经审核，应调增/调减　　元，调整后贵公司可扣除的转让房地产有关教育费附加为　　元。

5. 税收规定的其他扣除项目。

贵公司根据税收有关规定，允许按取得土地使用权所支付金额　　元与开发成本　　元之和的20%加计扣除。因此，贵公司其他扣除项目的金额为　　元。

(三) 增值额及增值率的审核。

贵公司自报转让房地产土地增值税的增值额为　　元；经审核，应缴土地增值税的增值额为　　元。其中：

(1) 普通住宅土地增值税的增值额为　　元，增值率为　　%（计算公式）。

(2) 非普通住宅土地增值税的增值额为　　元，增值率为　　%（计算公式）。

(四) 应缴土地增值税的审核。

贵公司自报转让房地产土地增值税税额为　　元；经审核，应缴土地增值税税额为　　元，已缴税额为　　元；应补（退）税额为　　元。其中：

1. 普通住宅应缴土地增值税税额为　　元；已缴税额为　　元，应补（退）税额为　　元。

2. 非普通住宅应缴土地增值税税额为　　元；已缴税额为　　元，应补（退）税额为　　元。

四、应当披露的其他事项

自治区地方税务局关于明确土地增值税清算若干政策问题的通知

2008年3月27日　　桂地税发〔2008〕44号

各市、县（市、区）地方税务局，各市地方税务局直属机构，自治区地方税务局直属税务分局、稽查局：

根据房地产开发企业土地增值税清算管理的有关规定，现对各地在进行土地增值税清算时所遇到的若干政策问题明确如下：

一、关于纳税人符合条件却不主动清算，税务机关应如何处理的问题

(一) 根据《国家税务总局关于房地产开发企业土地增值税清算管理有关问题的通知》（以下简称《清算通知》）（国税发〔2006〕187号）第二条和《自治区地方税务局转发国家税务总局关于房地产开发企业土地增值税清算管理有关问题的通知》（桂地税发〔2007〕88号）第一条，凡符合清算条件的纳税人均应进行清算；符合《清算通知》第二条第（二）款规定条件的，主管税务机关可要求纳税人进行清算。

(二) 纳税人不主动清算又符合国家税务总局《清算通知》第七条所列举五种情形之一的，主管税务机关应参照与其开发规模和收入利润水平相近的当地企业的土地增值税税负情况，按照不低于当地预征率的征收率核定征收。

二、关于普通住宅标准在政策上如何衔接的问题

(一) 普通住宅标准的确定：各市根据当地人民政府发布的普通住宅标准执行。

(二) 对各市政府公布普通住宅标准之前所采用的原标准在政策上的衔接，各地应根据《财政部国家税务总局关于土地增值税若干问题的通知》（财税〔2006〕21号）第一条的规定“在本文件发布之日前已向房地产所在地地方税务机关提出免税申请，并经税务机关按各省、自治区、直辖市人民政府原来确定的普通标准住宅的标准审核确定，免征土地增值税的普通标准住宅，不做追溯调整”。和第六条“本文自2006年3月2日起执行”的规定执行。

三、关于房地产开发项目同时涉及普通住宅、非普通住宅和其他用房的，应如何计算其增值额的问题

(一) 开发项目同时包含普通住宅与非普通住

宅以及其他用房的，应分别核算其增值额。

（二）上述项目在计算时，如其成本费用混合核算的，应以不同类型的用房，分别按建筑面积进行分摊。

四、关于房地产项目销售85%进行清算后再发生成本费用的，其成本如何确定的问题

对房地产项目销售尚未结束前已清算，其后继续发生收支并取得合法有效凭证成本和费用的，可在项目销售结束之后据实进行重新调整。不能提供合法有效凭证的，不予扣除。

五、关于当地政府要求房地产开发商建设道路、桥梁等公共设施所产生的成本费用，可否扣除的问题

房地产开发商按照当地政府要求建设的道路、桥梁等公共设施所产生的成本费用，凡属于房地产开发项目立项时所确定的各类设施投资，可据实扣除；与开发项目立项无关的，则不予扣除。

自治区地方税务局关于印发《自治区地方税务局2008年土地增值税清算工作方案》的通知

2008年4月2日　桂地税发〔2008〕50号

各市、县（市、区）地方税务局，各市地方税务局直属机构，自治区地方税务局直属税务分局、稽查局：

现将《自治区地方税务局2008年土地增值税清算工作方案》印发给你们，请认真贯彻执行。对工作中遇到的问题，请及时报告自治区地方税务局。

自治区地方税务局2008年土地增值税清算工作方案

为贯彻落实全国地方税工作会议精神，全面做好我区2008年度土地增值税清算工作，根据《中华人民共和国土地增值税暂行条例》、《国家税务总局关于房地产开发企业土地增值税管理有关问题的通知》（国税发〔2006〕187号）及《自治区地方税务局转发国家税务总局关于房地产开发企业土地增值税清算管理有关问题的通知》（桂地税发〔2007〕88号）的规定，结合我区实际，制定此工作方案。

一、工作目的

土地增值税是国家为了规范土地、房地产市场交易秩序，合理调节土地增值收益，维护国家权益，促进房地产行业健康发展而开征的税种。开展土地增值税清算，可以进一步强化税收征管、堵塞税收漏洞，全面贯彻落实国家宏观调控政策，充分发挥税收调节经济的职能。

二、组织领导

为切实加强领导，自治区地方税务局成立由分管税种管理工作的局领导为组长，由财产行为税处、法规处、流转税处、所得税处、征收管理处、稽查局负责人为成员的领导小组，负责清算工作的指导、组织、协调等事宜。各级地方税务局要相应成立领导小组，明确职责，密切合作，确保清算工作顺利进行。

三、实施步骤

为使土地增值税清算工作积极稳妥进行，拟定实施步骤如下：

（一）培训宣传阶段。（时间：2月底至3月10日）

1. 举办一期各市税政科长参加的清算工作政策研究座谈会，采用以会代训的形式开展业务培训。同时，要求各级地税机关结合实际，组织干部职工认真学习有关土地增值税清算的税收政策，准确把握有关文件精神，因地制宜组织各自的培训工作。

目的是让相关人员提高思想认识，熟悉税收政策，明确清算程序，掌握清算技巧，确保清算质量。

2. 各单位要向房地产开发企业做好政策宣传解释工作，通过新闻媒体、办税服务厅、税务网站等发布清算公告，发放宣传手册，告知纳税人清算的范围、时限、清算相关税收政策、工作流程以及未按规定清算的法律责任等内容，增强广大纳税人对土地增值税清算的理解和支持，保证清算工作顺利进行。

（二）企业自查阶段。（3月11日至5月15日）

主管税务机关在清算前要向清算对象发出《税务事项通知书》，由房地产开发企业利用2个月的时间，按照政策规定，对转让房地产所取得的收入、扣除项目以及已申报预缴土地增值税情况进行自行清算，并按照规定向主管税务机关提交清算土地增值税书面申请、土地增值税纳税申报表以及相关资料。倡导纳税人委托税务中介机构进行清算。主管税务机关要对纳税文报送的清算申请和清算资料进行审核，对资料不全或有误的，指导其补正，并在15个工作日内补齐；对项目齐全、填写规范的材料进行登记，制作回执文书。

（三）实施清算阶段。（5月16日至12月10日）

在接到纳税人提出的清算书面申请后，各级主管地税机关组织税政、稽查、征收、管理等相关人员对纳税人缴纳土地增值税情况实施清算。对纳税人提供的清算资料的真实性、合法性、准确性进行审核，并对审核结果出具审核报告。对纳税人委托税务中介机构审核鉴证的清算项目并出具《土地增值税清算税款鉴证报告》的，税务机关对符合要求的鉴证报告可予以采信。

对需补税的，由主管税务机关向纳税人下达《限期缴纳税款通知书》，要求纳税人在规定限期内缴纳应纳税款。经审核同意退税的，由主管税务机关按规定程序向纳税人退税。

（四）总结反馈阶段。（12月中下旬）

清算工作结束后，各市将清算工作开展情况形成书面总结于2008年12月15日前上报自治区地税局。自治区地税局将召开清算工作总结会，总结经验教训，表彰先进典型，形成书面报告上报国家税务总局。

四、工作要求

（一）统一思想，提高认识。

土地增值税清算工作量大、涉及面广、时间跨度长，各级地税机关必须深刻地认识到土地增值税清算工作的重要性、艰巨性和复杂性。各级领导要高度重视，要提供组织保证、人员保证和必要的资源保证，将清算工作列入岗位责任制考核内容，要明确部门分工，各司其职，各负其责，各尽其能，群策群力开展好清算工作。

（二）把握政策，依法行政。

在清算过程中，要坚持原则，把握清算程序的合法性、适用政策的准确性。清算采取边清算边入库的办法，滞纳金的计算按照征管法的规定执行；对在清算过程中发现纳税人有偷税嫌疑的，应转交稽查部门处理。

（三）讲究形式，注重效果。

清算工作涉及纳税人的切身利益，因此清算工作必须讲究工作方式、方法，做好耐心的宣传解释工作。要动之以情，晓之以理，争取纳税人的支持和理解。同时，要通过清算查找，发现征管工作的薄弱环节，及时反馈信息，以便于采取措施强化征管，堵塞税收征管漏洞。

（四）主动出击，加强协作。

清算的数据很多来源于房产管理、国土资源、建设等部门，要积极主动与有关部门联系，及时采集相关数据资料，认真分析研究，为清算工作提供重要的依据。

（五）开拓创新，巧用资源。

土地增值税清算工作业务性较强，各级税务机关可与符合鉴证准入条件的资质好、信誉佳、服务优的中介机构联系，完善清算取证工作，提高清算工作效率。

自治区地方税务局关于进一步加强车船税代收代缴工作的通知

2008年4月18日　　桂地税发〔2008〕60号

各市、县（市、区）地方税务局，各市地方税务局直属机构，自治区地方税务局直属税务分局、稽查局：

自2007年8月20日我区依照规定执行以保险机构代收代缴车船税的征收办法以来，各级地税机关相互配合，加强与保险、车管等部门的政务协作，积极认真地抓好车船税的征收管理工作，取得了明显的成效。今年一季度，全区征收车船税5523万元，同比增长139.9%。但是，在征收管理上还存在亟待解决的问题。为了维护国家税法的严肃性，督促代收代缴义务人履行职责，进一步强化车船税代收代缴管理工作，现就有关问题明确如下：

一、各级地税机关要加大车船税税收政策的宣传力度，特别要向负有代收代缴车船税义务的保险机构重申代收代缴车船税是《中华人民共和国车船税暂行条例》赋予保险机构的法定义务，切实督促保险机构在销售机动车交通事故责任强制保险的同时，严格履行车船税的代收代缴义务，不得以任何理由推诿代收代缴车船税的责任，更不能擅自做出违反车船税税收政策的行为。

二、各级地税机关要加强对已开出的机动车交通事故责任强制保险单据的检查，对保险机构应履行代收代缴车船税义务而未履行法定义务，从而导致未代收代缴的车船税，税务机关应依照《中华人民共和国税收征收管理法》第六十九条“扣缴义务人应扣未扣、应收而不收税款的，由税务机关向纳税人追缴税款，对扣缴义务人处应扣未扣、应收未收税款百分之五十以上三倍以下的罚款”进行处理。

三、各级地税机关对车船税的纳税人在2007年度应缴未缴和拒缴的税款，税务机关应采取各种措施，加强与公安车管、交通稽查等部门的沟通和协作，争取他们的支持，通过他们把关，组织税务人员进行检查、追缴税款，并按照《中华人民共和国税收征收管理法》的相关规定对纳税人进行处罚。

四、各级地税机关要加强与当地保险机构的沟通与协作，积极研究和解决发现的问题，对无法解决的疑难问题，应及时向自治区地税局反映。

自治区地方税务局关于印发自治区地方税务局房地产税收一体化管理暂行办法的通知

2008年5月12日　　桂地税发〔2008〕76号

各市、县（市、区）地方税务局，各市地方税务局直属机构，自治区地方税务局直属税务分局、稽查局：

现将《自治区地方税务局房地产税收一体化管理暂行办法》印发给你们，请依照执行。各地在执行过程中有何问题，请及时上报自治区地方税务局。

自治区地方税务局房地产税收一体化管理暂行办法

第一章 总 则

第一条 为了全面贯彻落实国家税务总局关于房地产税收一体化管理的工作要求，根据《中华人民共和国税收征收管理法》及其实施细则、《国家税务总局关于进一步加强房地产税收管理的通知》和其他相关法律法规、规范性文件的规定，结合我区具体情况，制定本办法。

第二条 本办法适用范围为我区土地使用权转让、房地产开发项目的立项开发、施工建设、房地产销售、房屋装饰装修、房地产出租、二手房买卖等环节产生并由地税机关征收管理的相关税费。包括：营业税、城市维护建设税、教育费附加、地方教育附加费及防洪保安费、资源税、企业所得税、个人所得税、土地增值税、城镇土地使用税、房产税、城市房地产税、印花税等，以上税费统称房地产税收。

第三条 房地产税收一体化管理，首先应建立在政府各职能部门之间管理的一体化，通过房地产管理相关信息（土地交易、使用权登记、城市规划、开工许可、销售许可、二手房交易等）的共享，实现网络监控、项目跟踪的综合管理。

具体管理上，是以先税后证（即先向地税机关缴纳相关税收，后办理产权证书）、以票管税为先导，以信息共享、数据比对为依托，以优化服务、方便纳税人为宗旨，通过部门配合、环节控制，实现房地产税收的有机衔接，进一步达到房地产交易各环节地方税收“一窗式”征收和专业化、信息化、规范化的管理。积极推行全区房地产税收采取“联网监控、项目跟踪、先税后证、以票管税”建立“一户式”储存信息库的征管方法，全面实行一体化管理。

第四条 各级税务机关应在地方党委、政府的领导下，切实加强与财政、国土、建设、规划、房产等职能部门的工作联系，建立部门之间信息共享传递制度，构建和完善监控网络和机制，保障房地产税收一体化管理的实施。

第五条 各县（区）税务机关应根据实际需要，建立房地产税收一体化管理小组，专门负责辖区内的房地产一体化的税收管理工作。

第二章 土地使用权转让环节管理

第六条 各级税务机关要与财政、国土部门及其土地储备、交易机构建立定期工作联系机制，主管征收机关按月采集土地转让相关税源信息（包括土地使用权转让方、中介方和承受方的名称、识别号码，土地坐落位置、交易面积、交易价格、土地评估价值、土地使用权原登记或受让时间、登记价值或受让支付价款，包括转让过程中税费征收环节、计算依据、缴纳时间等信息），录入土地信息数据库。土地使用权转让时税务机关应坚持“先税后证”的原则。

第七条 主管征收机关应加强对纳税人办证环节的监督，认真与土地权属登记部门核对征免税项目办证情况；市（县）税务局要定期与同级土地登记部门交换数据后再进行内部传递；切实与相关部门搞好工作衔接，确保“先税后证”落到实处。

第八条 主管税务机关应与办理产权登记手续的部门建立委托监管或代征关系，按季（或月）对纳税人办理产权登记手续和开具税务发票环节的完税情况进行比对复查。对纳税人超过法定纳税期限未缴或少缴的，要严格依法进行追缴。

第三章 房地产建设环节管理

第九条 各级税务机关要掌握辖区内房地产建安企业建设项目，及时采集建设项目工程相关税源信息，包括房地产开发项目名称、建设地点、施工单位、承包或分包（转包）情况、开工时间及工期、施工进度及预付工程款情况、竣工决算及税收清算情况等，录入建安企业信息数据库。

第十条 严格房地产开发项目施工企业的发票管理。建筑业发票，由办税服务窗口直接开具；建筑业收据，由税务机关监制。

对房地产开发项目工程竣工决算前支付工程款项时，主管税务机关应督促施工企业申请开具税务发票。

第四章 房地产开发销售环节管理

第十一条 各级税务机关要与同级房产、国土等部门和辖区内房地产开发企业、房地产交易（包

括拍卖）机构、中介机构搞好衔接，全面采集房产开发、转让、销售相关的产权登记和市场交易信息（包括开发企业发生的商品房开发成本、费用，商品房坐落地点、面积、价格，取得预售房许可证的时间、商品房预售和实际销售，收款方式、收款时间，产权登记方式、登记时间，产权人基本情况等；房地产二级市场交易中转让方、中介方和承受方的名称、纳税人识别号，房产坐落地点、面积、销售时间、成交价格、住房平均交易价格、住宅容积率，房产原登记或受让时间、登记价值或受让支付价款、契税完税信息等），录入房地产开发企业“一户式”信息数据库。

第十二条 主管征收机关应加强房地产开发项目的监控，及时掌握工程项目施工进度和价款结算情况，严格执行纳税申报管理办法。房地产开发企业售房取得的每次收入，均应按月向税务机关办理申报；对已竣工房地产开发项目或符合下列土地增值税清算条件之一的，自实行清算日起三个月内由主管税务机关或稽查部门办理项目税收检查和结算，并将相关检查决定、结算等法律文书传递到办税服务窗口，以便办理完税手续和开具相关税务发票。

（一）纳税人开发的房地产项目全部竣工、销售完毕能按照单位项目进行成本核算的；

（二）纳税人整体转让未竣工结算房地产开发项目的；

（三）直接转让土地使用权的；

（四）已转让的房地产建筑面积，占整个项目可售建筑面积的比例在85％以上，或该比例虽未超过85％，但剩余的可售建筑面积已经出租或自用的；

（五）对项目虽未办理结算，但取得销售（预售）许可证满三年仍未销售完毕的；

（六）主管税务机关认为有必要进行清算的。

各市税务部门可选定有资质的税务师事务所进行土地增值税的清算，并按照国家税务总局关于《土地增值税清算鉴证业务准则》办理。

第十三条 各级主管税务机关要以企业纳税人（包括企业有两个及两个以上开发项目或者分期开发同一项目的工程项目）作为单位，建立房产转让（销售）税收征管档案；征管档案除应全面反映商品房销售相关税源信息、征管信息外，还应反映商品房开发成本、费用以及房地产开发施工环节应纳地方税收的征管信息。主管税务机关应明确企业或项目税收管理责任人，适时监控各类房产转让（销售）、资金收付、票据使用、产权登记等情况。房地产企业销售商品房，应按规定缴纳营业税及其附加、土地增值税、企业所得税、防洪保安费等有关税费。房地产企业向购房者收取预收款项时，应开具税务部门统一印制的《销售不动产统一发票》。加强对房地产开发企业税务发票管理，实行统一的税务发票。对符合发票发放条件的，要严格执行发票发放审批程序和限量供给、验旧领新制度。

第五章 二手房交易

第十四条 加强对住房二级市场交易行为的税收监管，纳税人申请办理房地产登记、过户手续时，要提供完（免）税凭证，做到先税后证；如不提供者，房地产管理部门不得为其办理过户手续。房产交易环节应缴纳的税收，在经地方税务部门同意并开具有关证明和税务发票后，再由房地产部门办理产权手续。

第十五条 对住房二级市场的征管，应当划分普通与非普通住宅并分类进行管理。同时要严格审查原购房时间、建筑容积率、单套建筑面积、套内面积、实际成交价等信息。税务机关应加强与房地产管理部门的联系，逐步建立以销售方提供的销售发票、完税凭证或税务机关开具免税证明办理权属证书的“先税后证”管理方式。

第十六条 主管征收机关应按月对本辖区二手房交易征（免）税、开票、办证情况统计比对，及时堵塞征管漏洞。同时将有关比对信息上报到县（市）税务机关。

第十七条 各地税务机关应同时加强对无偿赠与不动产行为的管理。

第六章 房屋装饰装修管理

第十八条 在有条件的情况下，各级主管征收机关应对房地产保有环节的信息进行归类管理，并与房产部门、街道办事处、社区、物业管理部门搞好工作衔接，全面采集与房屋装饰装修有关的税源信息，包括装修方名称（姓名）、承包方名称（姓名）、坐落地点、装修面积及金额、装修方式（包工包料或包工不包料），装饰装修工程款结算方式等，录入房地产开发企业信息数据库。

第十九条 在实行房屋装饰装修管理时，要根据房屋装饰装修的税源信息，测算管辖区内装饰装修税源规模，并以小区或项目为单位建立税源档案。要逐步建立地税为主，房产配合，乡镇（街道办事处）、社区、物业公司协助的联合控管机制，实行征管过程监管。

第七章　房地产出租管理

第二十条　各级主管征收机关要逐步与房产、公安、街道办事处、居委会、物业管理等部门搞好工作衔接，建立全面采集房地产出租相关税源信息，包括出租房产地点、出租方名称（姓名）、承租方名称（姓名）、出租时间、租赁期限、月租金额、租金结算方式等，录入房地产出租信息数据库。

第二十一条　税务机关在强化房地产出租行业税务发票管理时，要根据所掌握的房地产出租人信息与出租人使用发票信息进行比对，分析形成差异的原因，严格依法处理不按规定开具和取得税务发票等违法行为。

第二十二条　对于税源分散、隐蔽、日常管理难以监控到位的房地产出租税收，地税机关可以依法委托有关部门（单位）征收管理。地税机关应与受托方签订书面委托代征协议书，并按月结算委托代征税款。同时，亦可由承租人代扣代缴出租人应缴纳的地方各税。

第八章　专业化、信息化管理

第二十三条　各地税务机关应进一步整合征管资源，适当调整现有征管机构管理范围，对税源规模大、分布相对集中且征管条件具备的中心城区（含县、市城区）房地产税收可实行专业化管理。县（市）税务机关要不断充实房地产税收征管力量，加强人员培训，改善征管条件。

第二十四条　首先应尽可能地利用现有岗位，明确各项专业化、信息化管理业务的职责。有条件的，可根据征管实际需要，设置房地产税收信息采集录入、税源管理、税款征收、纳税检查、办税服务、征管绩效评价等岗位，并严格界定岗位职责。

第二十五条　坚持分类采集录入和分级采集录入原则。

对涉及面广、信息量集中、信息来源渠道相对稳定的房地产税源信息，由主管地税机关设置税源管理岗位，集中采集和录入；对管辖区域范围内的日常征管信息，由税收管理员或征收人员分户采集和录入。

同时要努力实现以应税项目、纳税人、产权人为主线，涉及土地使用权转让、房地产开发、房产转让（销售）、房屋装饰装修、房地产出租等各应税项目和税源监控、信息比对、税款征收、绩效评价等各环节的信息兼容和信息共享。

第二十六条　房地产税收一体化管理的应用软件，由自治区地税局、建设厅、财政厅和国土资源厅统一联合开发，并入广西地税信息系统内，以保障全面提升房地产税收管理水平。通过软件应用，规范税源管理，细化工作流程，有效地监控征管。

第九章　办税服务

第二十七条　应以简化办税程序，优化纳税服务，方便纳税人办理为原则。各地应争取当地政府和有关部门支持，争取在办理房地产权属登记的场所开设房地产税收办税服务窗口，负责征收房地产转让的相关地方税收，并根据纳税人需要，代开相关的税务发票。为纳税人提供交易、缴税、开票、办证“一条龙”服务。各地应争取建立以当地人民政府牵头组织按季召开的房地产一体化税收管理联席会议，由税务、财政、国土、建设、规划、房产等职能部门汇报工作，通报情况，明确部门职责，研究解决落实房地产一体化管理中的各种问题，从制度上、行政上确保“先税后证”落到实处。

第二十八条　主管税务机关要广泛宣传房地产税收政策法规、办税程序，定期公布税收减免、行政处罚等涉税事项，努力实行公开化办税。

第二十九条　对涉及委托代征业务需支付手续费的，应依照有关规定执行。

第十章　责任追究

各级税务机关要借助信息化手段，加强对房地产税收征管各环节和全过程实时监控，明确岗位征管责任，强化考核监督，严格执法过错责任追究。

第十一章　附　则

第三十条　本办法自2008年6月1日起执行。

附件

房地产税收一体化管理流程图

流程图1：房地产税收一体化管理各环节信息传递流程图

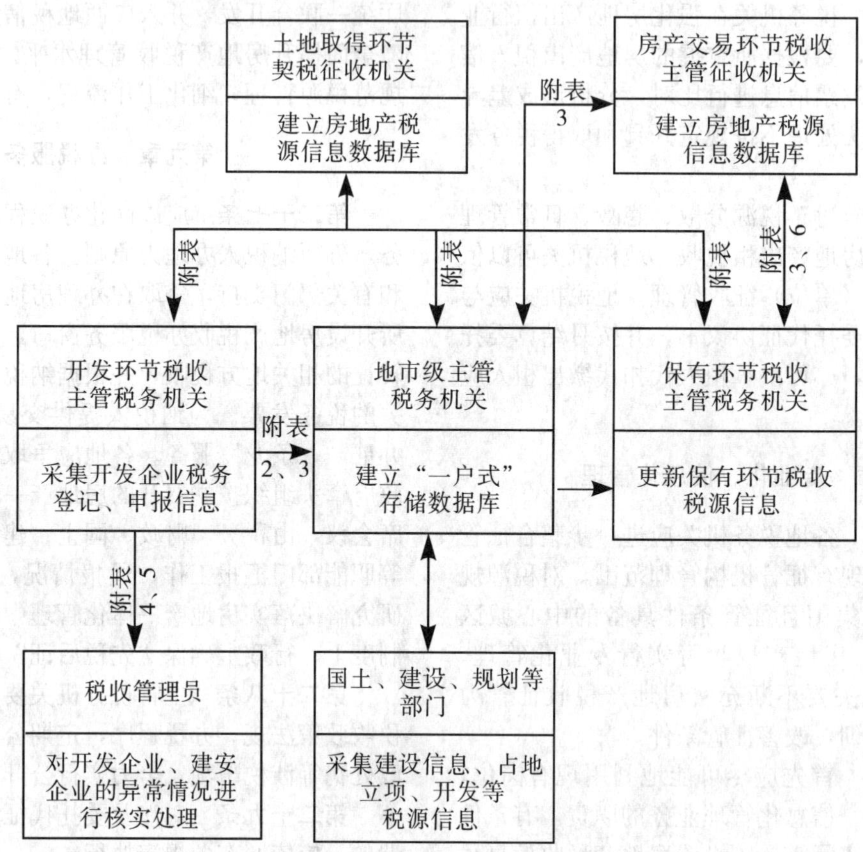

流程图 2：土地使用权取得环节税收一体化管理流程图

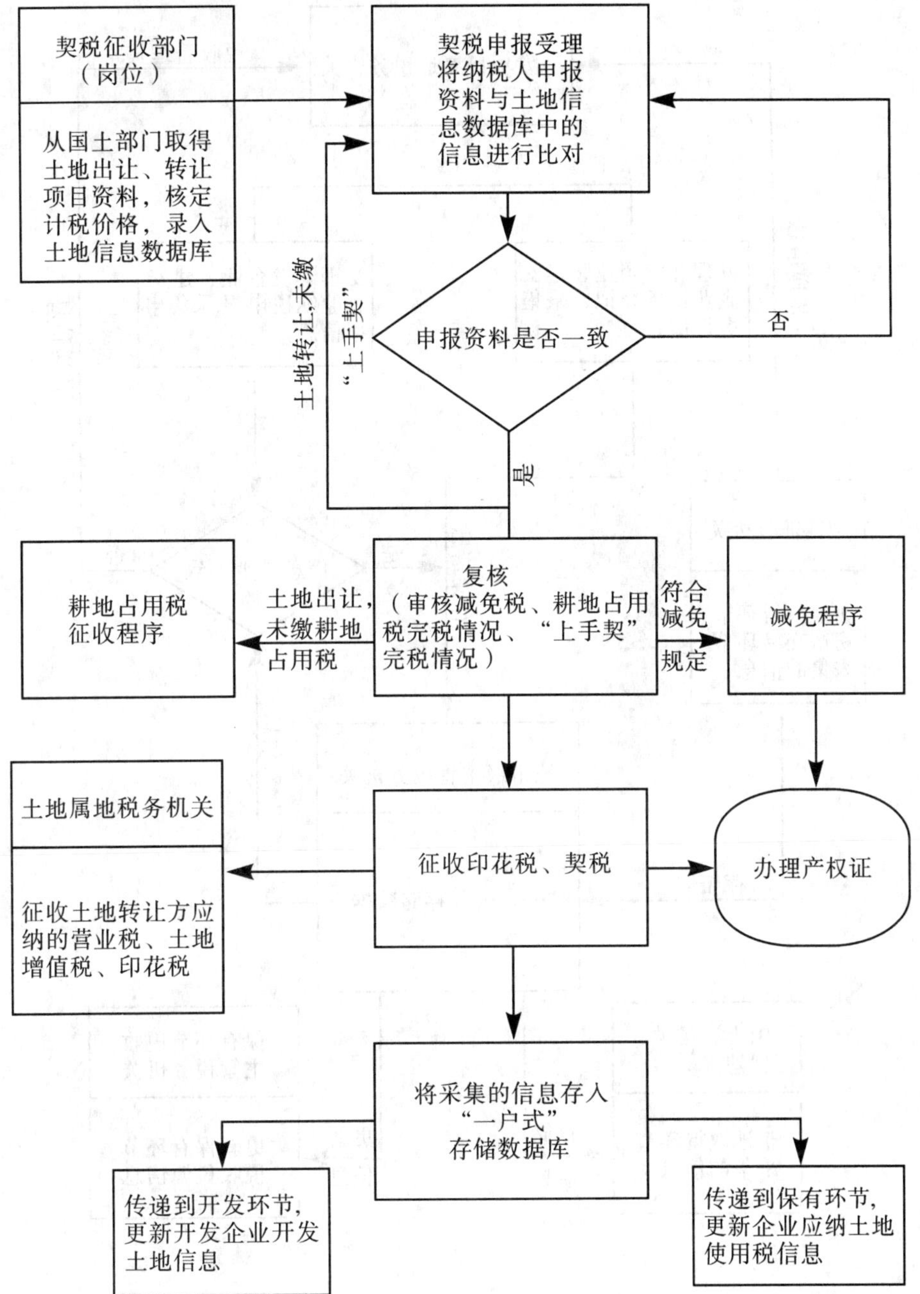

流程图3：房地产开发环节税收一体化管理流程图

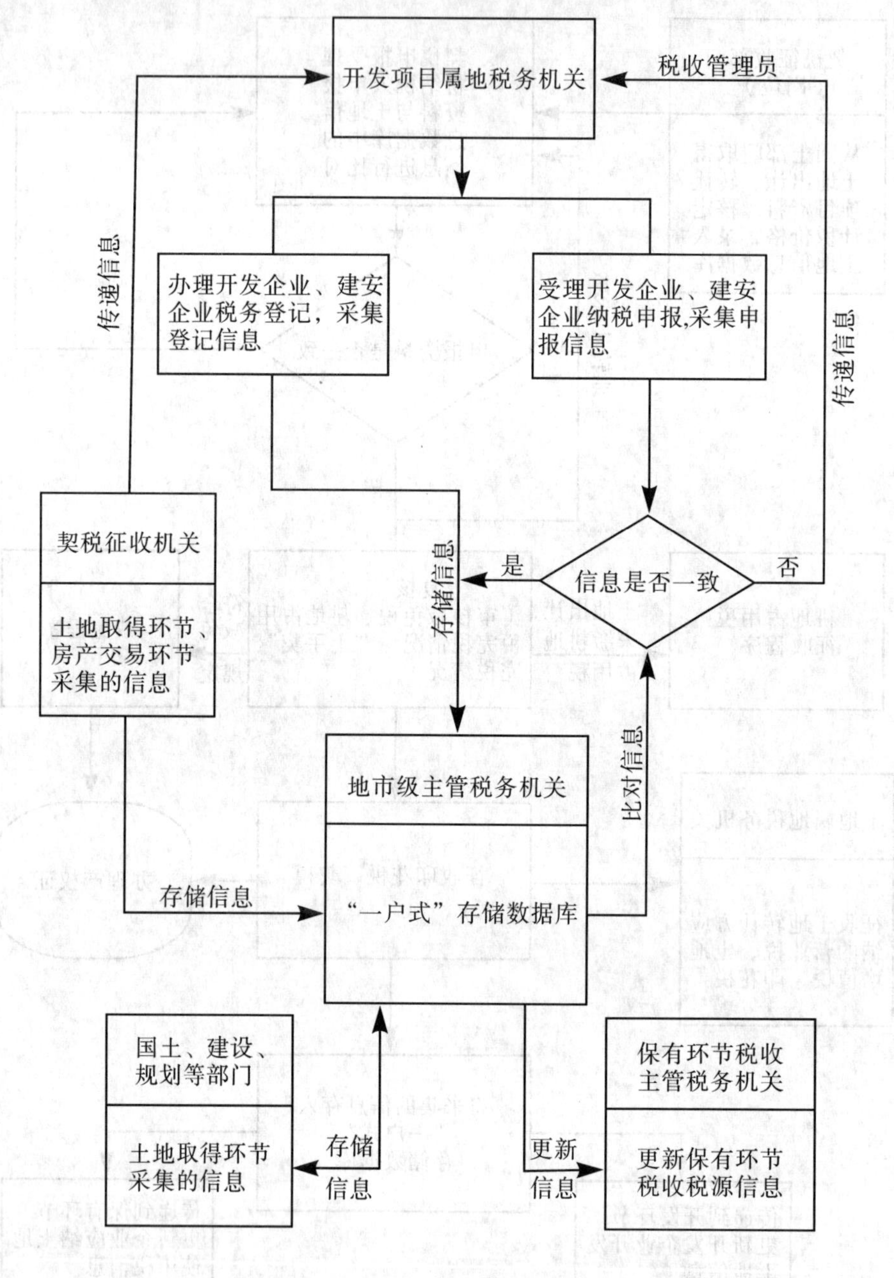

流程图 4：房产交易环节税收一体化管理流程图（增量房）

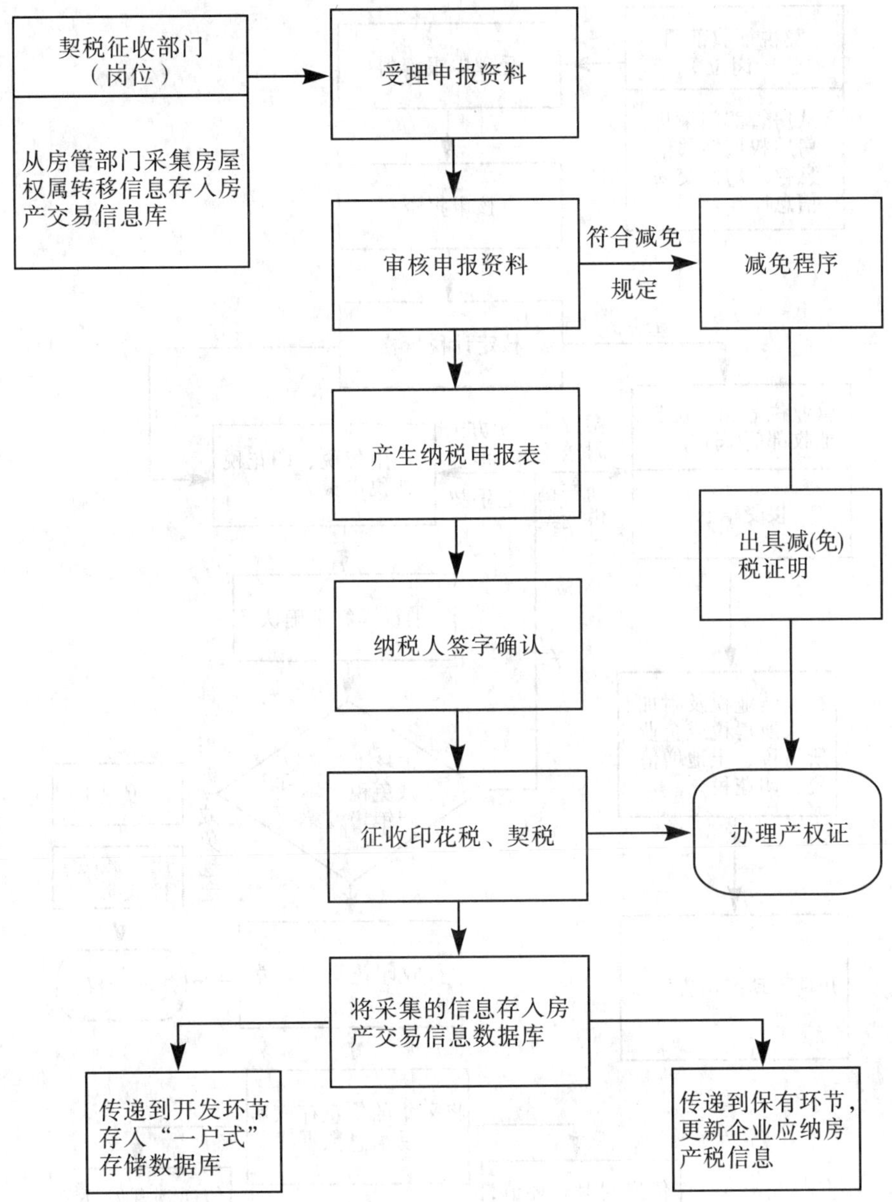

流程图5：房产交易环节税收一体化管理流程图（存量房）

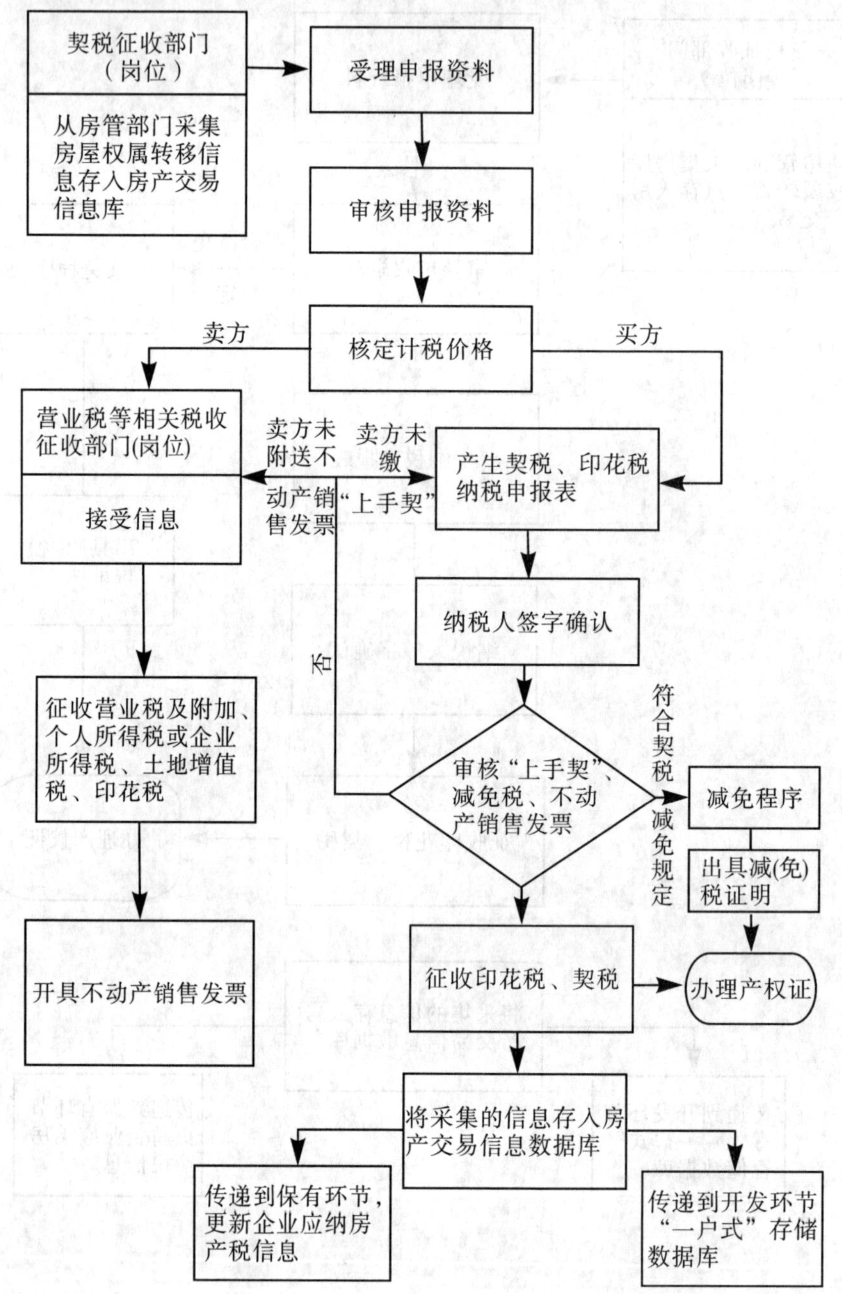

自治区地方税务局转发国家税务总局关于耕地占用税征收管理有关问题的通知

2008 年 5 月 30 日　　桂地税发〔2008〕93 号

各市、县（市、区）地方税务局，各市地方税务局直属机构，局内各单位：

现将《国家税务总局关于耕地占用税征收管理有关问题的通知》（国税发〔2007〕129 号）转发给你们，请认真贯彻执行。在我区的具体实施办法未出台之前，请各市积极与财政部门取得联系，了解原耕地占用税的征管情况，摸清欠税数额。对纳税人申请缴纳耕地占用税的，暂按各地原税额标准提高 4 倍进行预征。征收时开具自治区地方税务局印制的完税凭证，入库预算级次为县级金库。

国家税务总局关于耕地占用税征收管理有关问题的通知

2007 年 12 月 12 日　国税发〔2007〕129 号

各省、自治区、直辖市和计划单列市财政厅（局）、地方税务局：

为做好 2007 年 12 月 1 日国务院修订的《中华人民共和国耕地占用税暂行条例》的贯彻落实工作，进一步加强耕地占用税征收管理，现就有关问题通知如下：

一、关于纳税人的认定。耕地占用税纳税人应主要依据农用地转用审批文件认定。农用地转用审批文件中标明用地人的，用地人为纳税人；审批文件中未标明用地人的，应要求申请用地人举证实际用地人，实际用地人为纳税人；实际用地人尚未确定的，申请用地人为纳税人。占用耕地尚未经批准的，实际用地人为纳税人。

二、关于计税面积的核定。耕地占用税计税面积核定的主要依据是农用地转用审批文件，必要时应实地勘测。纳税人实际占地面积（含受托代占地面积）大于批准占地面积的，按实际占地面积计税；实际占地面积小于批准占地面积的，按批准占地面积计税。

三、关于涉税信息的取得和利用。省级征收机关应及时掌握农用地转用审批信息。省级征收机关应根据《中华人民共和国耕地占用税暂行条例》规定，加强与同级国土管理部门的协调沟通，及时获取农用地转用信息，督促各地做好税款的及时入库。

四、关于减免税的管理。各地要按照《国家税务总局关于印发〈耕地占用税、契税减免管理办法〉的通知》（国税发〔2004〕99 号），继续完善耕地占用税的减免税管理程序，落实减免税备案制度，并定期对减免税政策执行情况进行检查。

五、关于未经批准占地行为的征税问题。发现未经批准占用耕地的，应立即要求纳税人限期缴纳税款。各地要根据国家税务总局有关规定制定本地区耕地占用税举报案件的接报管理办法，明确接报责任人的工作职责和立案查处程序。接报占地面积在 30 亩（含 30 亩）以上的案件，应于初步核实后 7 日内向省级征收机关报告；接报占地面积在 1000 亩（含 1000 亩）以上的案件，应逐级上报至国家税务总局（地方税务司）。

六、关于举报奖励办法。各级征收机关要按照国家税务总局、财政部《检举纳税人税收违法行为奖励暂行办法》（国家税务总局　财政部令第18号）的规定，结合耕地主要集中于农村的特点，制定本地区检举占地未缴耕地占用税的具体奖励办法，细化奖励标准和奖金领取程序等事项；要广泛宣传举报奖励办法，特别是向农村居民宣传，鼓励举报行为。

七、关于追缴欠税问题。各级征收机关要组织力量，调查了解2007年以前耕地占用情况及耕地占用税征管情况。对于拖欠税款，应及时征收入库。要利用公告送达等多种送达手段，通知占地的纳税人限期申报。

自治区地方税务局关于土地增值税清算工作若干问题的通知

2008年6月3日　　桂地税发〔2008〕96号

各市、县（市、区）地方税务局，各市地方税务局直属机构，局内各单位：

近接部分单位反映，在土地增值税清算工作过程中陆续出现了一些问题，影响了土地增值税清算工作进程。经研究，现将有关问题进一步明确如下：

一、关于企业自查的期限问题

根据《自治区地方税务局关于印发〈自治区地方税务局2008年土地增值税清算工作方案〉的通知》（桂地税发〔2008〕50号）的要求，房地产开发企业自查阶段期限为2008年3月11日至5月15日。考虑企业所得税汇算清缴工作在5月底结束的实际情况，为便于工作，减轻企业负担，土地增值税清算工作企业自查阶段的期限延长至2008年6月30日止。实施清算阶段开始的日期顺延，其他期限保持不变。

二、关于普通住宅面积标准的执行口径问题

对今年开展清算的项目，统一按《自治区地方税务局　自治区财政厅　自治区建设厅转发〈国家税务总局　财政部　建设部关于加强房地产税收管理的通知〉》（桂地税发〔2005〕122号）规定，普通住宅的面积标准为单套建筑面积在144平方米以下（含144平方米）执行，之前已经清算了的不再进行调整。

三、关于核定征收率的确定问题

纳税人不主动清算但符合《国家税务总局关于房地产开发企业土地增值税清算管理有关问题的通知》（国税发〔2006〕187号）第七条所列举五种情形之一的，主管税务机关应参照与其开发规模和收入利润水平相近的当地企业的土地增值税税负情况，按照不低于预征率实行核定征收。

四、关于取得划拨土地的成本确定问题

对于纳税人取得的土地，在计算增值额的成本扣除时，因无合法有效票据，如何确定土地成本的扣除问题，经研究，关于纳税人取得土地使用权所支付的金额，按以下顺序确定：

（一）纳税人支付土地出让金的，以实际支付土地出让金为取得土地使用权所支付的金额；

（二）纳税人缴纳契税的，以土地缴纳契税时的计税依据为取得土地使用权所支付的金额。

五、关于清算项目划分类别及成本分摊计算问题

（一）项目同时涉及普通住宅、非普通住宅和其他用房的，应按照国家税务总局的规定，统一划分普通住宅、非普通住宅和商用房三大类别，分别核算其增值额；

（二）在计算上述混合核算的项目时，对其成本费用，应以普通住宅、非普通住宅和商用房三大类别，分别按建筑面积进行比例分摊。

自治区地方税务局关于进一步明确涉农劳务税收问题的通知

2008年6月11日　桂地税发〔2008〕99号

各市、县（市、区）地方税务局，各市地方税务局直属机构，自治区地方税务局直属税务分局、稽查局：

为进一步统一和规范涉农劳务税收政策，根据《中华人民共和国营业税暂行条例》第六条第（五）项、《中华人民共和国营业税暂行条例实施细则》第二十六条第（四）项、《财政部　国家税务总局关于对若干项目免征营业税的通知》〔（94）财税字第002号〕第三条、《国家税务总局关于农业土地出租征税问题的批复》（国税函〔1998〕82号）、《国家税务总局关于受托种植植物饲养动物征收流转税问题的通知》（国税发〔2007〕17号）、《国家税务总局关于林木销售和管护征收流转税问题的通知》（国税函〔2008〕212号）、《财政部　国家税务总局关于个人所得税若干政策问题的通知》（财税字〔1994〕020号）、《国家税务总局关于进一步落实税收优惠政策促进农民增加收入的通知》（国税发〔2004〕13号）规定，经自治区地税局研究，现对涉农劳务有关税收问题进一步明确如下：

一、下列涉农劳务收入免征营业税

（一）农业（含林、牧、渔业）机耕、排灌、病虫害防治、植保、技术培训，家禽、牲畜、水生动物的配种和疾病防治等劳务收入。其中机耕，包括耕耘、种植、收割、脱粒、植保等。

（二）公司（或合作社等其他经济组织，以下统称公司）提供种苗（幼苗）、饲料等给农户并负责回收产品，农户负责饲养，这种“公司＋农户”的经营方式中，农户饲养禽、畜取得的劳务收入。

（三）农户（农民）提供林木、甘蔗或其他农作物挖坑、施肥、植树、看护、养护、割脂、灭虫、砍伐、现场搬运等劳务收入。承包人雇请农民，提供前款劳务所取得的承包收入。

（四）单位将土地使用权转让给农业生产者用于农业生产的转让收入。

（五）单位或个人将土地（含林地）承包（出租）给他人用于农业生产的租金收入。

二、对于个体工商户或个人与单位签订承包合同，从事种植业、养殖业、饲养业、捕捞业取得的所得，属于“个体工商户生产经营所得”，免征个人所得税。因雇佣关系从事林木种植、养护的个人，其取得的收入应按工资、薪金所得或劳务报酬所得征收个人所得税。

三、纳税人取得以上项目收入需要开具发票的，应严格按《自治区地方税务局关于涉农免税项目专用发票使用问题的通知》（桂地税函〔2007〕592号）规定执行。

自治区地方税务局关于印发地方税税源监控管理平台试运行方案的通知

2008年10月17日　桂地税发〔2008〕151号

各市、县（市、区）地方税务局，局内各单位：

现将《自治区地方税务局地方税税源监控管理平台试运行方案》印发给你们，请认真执行。

自治区地方税务局地方税税源监控管理平台试运行方案

为完成国家税务总局分配给我局的地方税税源监控试点辅助工作任务，进一步了解和掌握我区税源变化规律及地方税收入规律，加强地方各税种的税源监控和管理工作，推进地方税税收制度的改革，逐步实现地方税管理手段信息化、管理措施精细化、管理方式多样化和管理力量社会化，提高地方税税源管理的科学化、精细化水平，我局决定在全区开展地方税税源监控管理平台（以下简称“平台”）试运行工作。根据部署，现阶段我区平台监控的税种仅包括房产税、城镇土地使用税和车船税，其他地方税税种的监控工作暂不开展。为做好平台的建设工作，确保平台在我区积极、稳妥运行，特制定此方案。

一、地方税税源监控管理平台运行的目的和意义

地方税税源监控工作作为地方税税源管理工作的基础和关键环节，是实现“十一五”时期地方税的工作目标，切实提高地方税科学化、精细化管理水平的重中之重。地方税税源监控管理平台作为税源监控工作的载体和手段，在税源监控工作中有着重要意义。

（一）地方税税源监控管理平台的运行，有利于税收政策的决策层全面掌握地方各税税源情况。一方面，可以掌握各税税源及税源构成；另一方面，在合理分析现行税收政策影响的基础上，可以为地方税制度改革和宏观经济决策、分析提供强大的信息支持。

（二）地方税税源监控管理平台的运行，可使各级税务部门较为详尽地掌握税源信息，税收计划的制订将进一步精细化，可以最大限度地接近真实税源，在一定程度上可以解决税收工作游离于执法行为与经济行为之间的尴尬局面，真正做到应收尽收。

（三）地方税税源监控管理平台的运行，能帮助财税部门正确估计收入规模，为各级政府制定年度财政预算提供准确和重要的参考依据，做到量入而出。

（四）地方税税源监控管理平台的运行，通过收入完成情况与税源情况的详细比对，可以量化评价税收征管质量。主要而言，是通过有关数据模型的执行，对地方税税种在不同年度的税务登记、申报、入库等情况的比对，从而掌握税源的申报入库情况，为后续税收征管提供依据。

（五）地方税税源监控管理平台的运行，可以掌握真实税源情况，为建立纳税评估体系，全面实行纳税评估制度提供数据基础和依据，是税收管理员制度的重要补充。

二、地方税税源监控管理平台运行的指导思想和总体目标

按照“十一五”时期地方税发展与改革的工作

目标与总体要求："完善税制，改善环境，加强征管，改进手段，提高质量，保持地方各税税收收入持续稳定增长，为国民经济的健康发展、社会的和谐进步作出新贡献"，结合地方税的征管现状，利用户籍管理、纳税评估、税控装置、计算机税源监控系统等方法，通过计算机网络技术，准确掌握纳税人的各种涉税信息和地方税税源变化等情况，从而提高地方税税源监控的工作效率和统计、分析、预测水平，并通过与其他职能部门的联网，达到信息资源共享的目的，最终形成一个严密、科学的监控体系和全方位、高效率的地方税税源监控网络。从而实现地方税工作的管理方式由粗放型向精细化的转变，管理内容由税政管理向税源管理的转变，管理手段由人工管理向人机结合管理的转变，达到地方税管理手段信息化、管理措施精细化、管理方式多样化和管理力量社会化的"四化"管理。

三、地方税税源监控管理平台的功能构成

地方税税源监控平台功能构成包括：地方税税源采集子系统、地方税税源监控子系统和地方税税源分析子系统。

（一）税源采集子系统主要通过地税征管系统、第三方信息渠道等实现多通道收集数据，建立动态地方税税源数据库。

（二）监控子系统则主要实现对各通道取得数据进行比对，按照税源登记信息与申报入库信息、相关税种之间和第三方信息进行比对等模式建立相应勾稽关系进行比对，查找征管漏洞，实现源泉控管，提高地方税管理精细化水平。

（三）分析子系统主要实现地方税税源信息的日常统计、分析和决策功能。日常统计和分析功能主要实现日常统计和分析材料素材的自动提取和报表自动生成；决策功能主要通过与相关经济指标的勾稽分析，实现政策调整预警和政策制定的预测，并自动生成参考数据指标体系，以进一步提高税收政策调整与制定的科学化水平。

目前我区试运行的是房产税、土地使用税和车船税税源采集子系统和税源监控子系统。

四、地方税税源监控管理平台试运行工作目标

在北京市海淀区地税局、朝阳区地税局等试点地区的研发工作取得了阶段性成果的基础上，通过我区试点单位的推广工作，进一步检验税源采集和监控子系统的兼容性、可拓展性和可移植性，为地方税税源监控工作上台阶打下坚实的基础。

本次试运行工作的具体目标是：

（一）在我区试点单位完成税源采集和监控子系统的本地化、部署、压力测试和发布工作。

（二）通过运行税源采集和监控子系统，发现系统设计和研发中的不足，进一步完善系统功能。

（三）根据试运行情况及时调整和完善地方税税源监控管理平台系统的架构和实施方案。

（四）通过试运行工作，了解我区试点单位地方税信息化建设现状，学习我区试点单位税源分析工作的经验，为分析子系统业务需求的研发作好技术和人才储备。

五、地方税税源监控平台实施步骤

基于我区地方税征管和信息化建设现状，建立监控管理平台将按照"逐步试点，同步实施"的原则，整个平台建设分三个阶段进行，逐步建立起涵盖全区的监控管理平台。同时，由于各方面因素影响，原《广西壮族自治区地方税务局房产税、城镇土地使用税和车船税税源监控管理平台试运行方案》实施情况不够理想，因此，目前我区的平台试运行工作按照本方案进行，原方案不再执行。

（一）典型试点单位建设阶段：从2007年8月起至2008年12月，在南宁市高新技术开发区地税局基本完成试点工作。从2007年8月起，我局陆续做了一些前期准备工作，今后要按照"先易后难"、"从固定税源到分散税源"的原则分步实施。即先建立房产税、土地使用税、车船税的税源采集和监控子系统，再辐射到相关联系紧密的税种，最终建立完整的地方税税源监控管理平台。

1. 成立领导小组。为切实加强领导，我局成立由蒙启华副局长为组长，由财产行为税、计算机信息管理中心、财务处、办公室等负责人为成员的领导小组，负责推广工作的指导、组织、协调等事宜。财产行为税处负责组织、部署试运行工作，制定实施方案，培训相关业务人员，提供政策支撑以及总结反馈工作；计算机信息管理中心负责并协调全区软硬件的配备、安装、调试，提供技术支撑以及相关技术人员的培训工作；财务处负责试运行工作的资金拨付，提出经费需求，保证工作所需经费；办公室负责各项宣传和汇报工作。试点单位要相应成立领导小组，明确职责，密切合作，确保试运行工作顺利进行。此项工作要求在10月15日前完成。

2. 制定具体方案。试点单位要结合实际，因地制宜制定实施方案，统筹兼顾，有重点、有步骤地推进试运行工作，使试运行工作扎实有序开展。此项工作要求在10月18日前完成。

3. 做好平台本地化、平台系统部署和平台系

统测试工作。在充分调研的基础上，在北京德润兴业科技开发有限公司的协助下，技术人员负责研究制定平台的数据结构、数据字典、监控模型、用户权限结构、数据导入方式等系统本地化工作，搭建硬件环境，准备好用于平台的服务器、数据库、应用服务器软件，确定服务器的地址和端口。同时，对平台基础数据、监控模型、用户权限及数据导入进行测试，导入有关数据。此项工作要求在10月20日前完成。

4. 做好培训工作。区局负责对试点单位业务师资人员和技术师资人员开展有针对性的培训。此项工作要求在10月23日前完成。

5. 做好平台试运行工作。区局组织试点单位操作使用平台，重点解决试运行中出现的业务问题和技术问题，为正式运行做准备。此项工作要求在10月31日前完成。

6. 做好试点单位平台正式运行工作。从2008年11月1日起，在试点单位正式运行平台，通过数据比对，及时发现和解决房产税、土地使用税等税种存在的征管问题，提高地方税管理水平。

7. 完成验收和总结工作。这一阶段主要是结合平台运行情况对平台的成效和存在问题进行验收和总结，为下一步的推广工作奠定基础。此项工作要求在2008年12月份进行。

（二）全区局部范围推广阶段：按照要求，2009年1月至2009年6月，在我区的南宁市地税局、柳州市地税局、北海市地税局、钦州市地税局、贵港市地税局、河池市地税局等6个单位试运行平台，运行税源监控管理平台的房产税、土地使用税和车船税的采集、监控子系统。

（三）全区全面推广阶段：从2009年7月起，在我区局部范围试运行后，在我区其他单位运行税源监控管理平台的房产税、土地使用税和车船税的采集、监控子系统。

（四）系统提升阶段：按照总局部署，对房产税、土地使用税和车船税以外的地方税税种的税源采集和监控子系统开展试运行。同时对总局在合适的时机启动的分析子系统的研发和实施予以全力支持和配合。

六、工作要求

（一）要进一步统一思想，提高认识。各级地税机关必须深刻地认识到税源采集和监控子系统试运行工作的意义、目的以及重要性，要提供组织保证、人员保证和必要的资源保证。要成立试运行领导小组，落实各级领导的责任，切实参与到试运行的工作中。只有通过各级领导的参与和正确引导，才能形成对地方税税源监控管理平台建设的推动力，才能确保系统试运行目标的实现。

（二）要妥善遵循好三个“服务于”原则。一是平台服务于地方税税制改革，平台要为完善税收政策和税制改革提供依据。二是平台服务于提高地方税科学化、精细化管理水平的原则，要掌握真实税源情况，为全面推行纳税评估制度提供依据，有针对性的加强和改进地方税征管。三是平台服务于国家宏观决策的原则，要全面摸清地方税税源底数，掌握税源的分布状况及构成，为宏观决策提供依据。

（三）要认真把握好“两个关系”。一是要把握好地方税税源监控管理平台与金税三期的关系。地方税税源监控管理平台是金税三期工程的重要组成部分，作为金税三期工程中的高层运用，三期工程中的征管系统主要解决数据基本来源问题，而税源监控管理平台主要需要解决好数据利用的问题，是征管系统的补充和完善。二是要把握好税源监控管理平台与现有地税征管系统的关系。税源监控管理平台是征管系统的高层运用，不仅不会影响征管系统，而且是征管系统有益的补充和完善。在试运行时，开发方也会注意到系统负担，避开征管高峰期进行。从北京压力测试的情况来看，数据采集和监控子系统对征管大系统没有任何影响。

（四）各业务部门要各负其责，加强协作，形成合力共同开展好试运行工作。试运行工作要求税政管理部门与征管、财务等部门密切配合。由于试运行工作量大、涉及面广，税务系统内部门之间必须统一思想，加强协同配合。同时，要建立联络员制度，为确保试运行推广应用工作扎实有效推进，各级地税机关要建立联络员制度，负责信息上传下达工作。自治区地税局联络员分别为财产行为税处黎奕（联系电话：0771—5538111），计算机信息管理中心何思阳（联系电话：0771—5536161）。

（五）建立报告制度。月度终了10日内试点单位要向自治区地税局报告试运行的具体情况，报告内容包括成效、存在问题及建议。

自治区地方税务局 自治区财政厅 自治区国土资源厅关于做好耕地占用税征收管理工作的通知

2008 年 10 月 28 日　　桂地税发〔2008〕165 号

各市、县（市、区）地方税务局，自治区地方税务局直属税务分局，各市、县（市、区）财政局、国土资源局：

为进一步理顺关系，强化我区耕地占用税征收管理工作，确保依法治税，现将耕地占用税征收管理工作中的有关事项通知如下：

一、各市、县（市、区）要严格执行《自治区地方税务局　自治区财政厅转发广西壮族自治区人民政府办公厅关于我区耕地占用税征管问题的通知》（桂地税发〔2008〕16 号，简称《通知》）规定，凡在 2008 年 1 月 1 日后批准占用耕地的必须实行预征，待广西壮族自治区《实施〈中华人民共和国耕地占用税暂行条例〉办法》正式发布后，根据税款缴纳情况，多退少补。

二、抓紧做好耕地占用税征管职能的移交工作。目前尚未按《通知》要求做好耕地占用税征管职能移交的地方，财政、地税部门要抓紧协商，必要时可成立工作小组。此项工作务必于 2008 年 12 月 31 日前完成，确保征管工作平稳过渡。

三、认真做好相关资料的移交工作。各地财政局要及时移交相关政策文件和已受理的耕地占用税减免申请但未审批的征管资料。对耕地占用税征收票据及册籍等资料要进行清理归档；对历年耕地占用税欠税要逐笔清理并登记造册，与原始资料一并移送地税机关。对未使用的耕地占用税完税证要按规定程序销毁。

四、各市县财政、国土管理部门要积极配合地税部门，共同做好耕地占用税的征管工作，国土资源部门要认真落实耕地占用税条例及实施细则，对不能提供耕地占用税完税凭证或免税凭证的，一律不得发放建设用地批准书。

五、各级地税部门要严格依法治税，加强税收征管，加大对耕地占用税的征收稽查力度，确保税款及时足额入库。

自治区地方税务局关于进一步推行建筑房地产业税收项目管理系统促进收入稳定增长的通知

2008 年 11 月 5 日　　桂地税发〔2008〕157 号

各市地方税务局，自治区地方税务局直属税务分局：

根据《国家税务总局关于切实加强税种征管做好四季度组织收入工作的紧急通知》（国税发

〔2008〕97号）要求，为了加强对建筑安装、房地产、货物运输等行业的营业税管理和评估，落实不动产、建筑业营业税项目管理办法和相关政策措施，以科学发展观指导和深化行业税收征管，切实推进河池市不动产建筑业项目管理系统（以下简称项目管理系统）试点工作，以及项目管理系统在全区的推广工作，强化税收征管，促进税收收入增收。现结合我区实际，对进一步推进项目管理系统的有关事项通知如下：

一、以应用信息化项目管理系统为核心，强化建筑房地产业税收管理

推行项目管理，是针对当前建筑房地产行业中存在的工程立项不透明、各项目混合结算、混乱开票、外出施工不申报等问题，加强建筑房地产行业税收管理，促进收入稳定增长的基本方法。为此，国家税务总局先后下发了《关于印发〈不动产、建筑业营业税项目管理及发票使用管理暂行办法〉的通知》和《关于使用新版不动产销售统一发票和新版建筑业统一发票有关问题的通知》等一系列文件，以促进两行业的税收管理从以纳税人为主、粗放的、手工管理模式向以项目为主、精细的、电子化管理模式的转变。

从目前的情况看，各单位结合自治区地税局重点税源监控工作，对建筑房地产业税收加强了管理，并取得了一定成效。但总体看，由于受计算机网络技术应用水平的制约，大部分地区仍停留在对纳税人层面的管理上，使用传统的综合申报表，对国家税务总局设计的建筑业和房地产业电子发票采取了由企业手工开具的方式，项目管理的要求没有能够有效实施，效果不够显著。

根据国家税务总局通知精神，实施项目管理主要包括三方面的改进。一是建立项目库，从总体上把握税源；二是企业按项目进行网上申报，掌握具体税源；三是实行电子开票，及时控制税源。这些要求在手工模式下无法有效实施。因此，对建筑房地产行业实行电子化管理是实施项目管理的基础，项目管理系统是实现这种转变的重要依托。项目信息的采集登记、税务发票的实时管理、税收数据的统计分析等项目管理的核心工作，都要通过电子化的手段来实现。因此，做好项目管理系统的应用推广是强化税源管理、增加税收收入的基础和保障；是优化征管流程，减轻基层负担的有效途径；也是防止利用发票进行违法犯罪活动的重要手段。从已经推行项目管理系统的省份情况看，其效果是明显的。

二、推行建筑房地产业税收项目管理系统工作的整体安排

按照总局要求，我区实行统一采集建筑不动产项目税源信息和发票信息。建筑房地产企业统一实行网上项目申报（包括零项目申报），包括按项目进行项目基本情况申报和纳税申报。同时取消手工发票，包括取消企业自开手工发票和地税机关代开手工发票，将建筑房地产业发票纳入项目信息管理系统。

我区应用的是国家税务总局指定的技术开发单位（深圳市中润基业科技发展有限公司）开发的《不动产、建筑业营业税项目管理软件》（税务端）和《税易通建筑业和房地产业企业开票、申报管理软件系统》（企业端）。税务端与后台系统通过内部局域网进行连接，企业端与管理软件的后台系统通过互联网进行连接。税务受理端、税务管理端软件和企业项目申报软件由总局指定技术开发单位免费提供。鼓励纳税人自愿安装购置企业端自开票系统和数据安全加密硬件，在税务机关项目管理系统的实时监控授权下自行开票。各级地税机关依据《国家税务总局关于落实"两个减负"优化纳税服务工作的意见》（国税发〔2007〕106号）和发改价证〔2005〕295号文件要求，协助企业与总局技术开发单位在购置时签署销售服务合同，保障整体系统的正常运营和维护质量。临商户和不愿购置自开票系统和数据安全加密硬件的纳税人，可以在办税大厅进行自助开票，在取得完税凭证后开具发票。办税大厅版自助开票系统供纳税人免费使用。

推行项目管理后，各级地税机关要强化建筑房地产行业纳税人的项目税源信息申报（包括零项目申报）管理，加强申报项目信息的比对和对零项目申报纳税企业的监督检查。根据目前我区地税信息化建设现状，项目管理数据暂以市为单位进行数据集中。

为保证此项工作的顺利开展，自治区地税局按照统一部署、分步实施的原则，在河池试点取得成效的基础上全区推广。为确保今年税收任务的完成，做到应收尽收，鼓励有条件的地区加快部署实施总局项目管理系统，力争完成总局项目管理系统的推广工作，完成以信息化方式统一采集我区建筑工程、房地产项目和发票信息的工作。

三、加强领导，切实做好项目管理系统的推广工作

（一）加强领导，提高认识。

推行项目管理软件是一项综合性强的工作。各级地税机关要充分认识项目管理对加强行业税收管理、促进税收收入的重要性，切实加强领导，税

政、计算机信息管理中心、征管等部门通力协作，保证各项工作任务的顺利完成。

（二）认真组织，精心实施。

各单位要结合本地实际，合理评估推广试点的工作量，制定具体工作方案。有关部门各司其职，各尽其责，确保按时间要求开展各项工作。技术部门要做好环境部署和技术保障工作；业务部门要尽快完成对本地全部在建工程和房地产开发和销售项目的清理，做好电子开票和项目申报工作。

（三）加强宣传，正确引导。

推广项目管理软件要取得纳税人的理解和支持。要充分利用电视、广播、报纸、网络等媒体，广泛宣传项目管理的意义、法律规定、适用范围和相关政策，为项目管理推广营造良好的社会氛围。

（四）跟踪问题，总结经验。

各单位要注意研究推广过程中出现的情况和问题，积极探索解决问题的办法，重要情况要及时向自治区地税局报告。要切实加强对推广工作的指导，及时总结经验，不断完善工作方法，强化重点行业税源监控，促进我区地税收入稳定增长。

自治区地方税务局关于改进房地产业税收管理的通知

2008 年 11 月 24 日　　桂地税发〔2008〕164 号

各市、县（市、区）地方税务局，各市地方税务局直属机构，局内各单位：

为了贯彻落实中央拉动内需政策措施，应对当前国际、国内严峻的经济形势，进一步促进我区房地产市场平稳健康发展，根据国务院实施中央政策措施总体要求，现结合我区房地产税收征管存在的突出问题提出如下改进意见：

一、关于房地产开发的税收管理意见

（一）对房地产开发企业开发的经济适用住房，暂不预征土地增值税。

（二）对房地产开发企业开发的普通住宅，按 0.5%的预征率预征土地增值税。

（三）对房地产开发企业开发的非普通住宅，按 1%～1.5%的预征率预征土地增值税。

（四）对房地产开发企业开发的商铺和其他房产，按 1.5%～3%的预征率预征土地增值税。

二、关于二手房交易的税收管理意见

对个人转让应税房产应征收的各项税费，纳税人可根据所转让房产的情况选择以下方式计算缴纳：

（一）分税种计征方式：按照税收法律法规和政策规定，分税种计算缴纳各种税费。

（二）综合征收率计征方式。

1. 个人转让住宅房屋统一按 6.5%的综合征收率征税，其中营业税 5%、城市维护建设税 0.35%、教育费附加 0.15%、个人所得税 1%。

2. 对个人转让商铺和非住宅房屋统一按 7.5%的综合征收率征税，其中营业税 5%、城市维护建设税 0.35%、教育费附加 0.15%、个人所得税 2%。

三、关于房屋出租的税收管理意见

对个人出租房屋应征收的各项税费，纳税人可选择以下方式计算缴纳，一经确定的计算缴纳税款方式，在一个纳税年度内不得改变。

（一）分税种计征方式：按照税收法律法规和政策规定，分税种计算缴纳各种税费。

（二）综合征收率计征方式。

1. 个人出租住宅房屋的，综合征收率为 6.65%。其中营业税 1.5%、城市维护建设税 0.105%、教育费附加 0.045%、房产税 4%、个人所得税 1%。

2. 个人出租商铺和非住宅房屋的综合征收率为 11.51%，其中营业税 5%、城市维护建设税 0.35%、教育费附加 0.15%、房产税 4%、印花税 0.01%、个人所得税 2%。

四、以上规定从 2009 年 1 月 1 日起执行。

对城市维护建设税税率适用 5%或 1%的综合征收率相应降低。2008 年底以前涉及的应税事项按原规定执行。执行中遇到什么问题及时报告区局。

所得税类

自治区地方税务局关于印发全区地税系统贯彻实施新企业所得税法工作方案的通知

2008年1月6日　桂地税发〔2008〕3号

各市、县（市、区）地方税务局，各市地方税务局直属机构，自治区地方税务局直属税务分局：

现将《全区地税系统贯彻实施新企业所得税法工作方案》印发给你们，请认真组织实施。

全区地税系统贯彻实施新企业所得税法工作方案

2007年3月16日，第十届全国人民代表大会第五次会议通过了新的《中华人民共和国企业所得税法》，2007年12月11日国务院公布了《中华人民共和国企业所得税法实施条例》，自2008年1月1日起正式同步实施。这标志着在党中央、国务院正确领导下，社会各方十分关心、广大税务干部期盼已久的新的企业所得税法立法工作顺利完成。确保新的企业所得税法顺利实施，是各级税务机关的一项重要的政治任务，是以实际行动贯彻落实党的十七大和中央经济工作会议精神的重要体现。为保证新企业所得税法及其实施条例顺利贯彻实施，根据全国税务系统贯彻实施新企业所得税法工作会议以及全区地税工作会议精神，结合我区地税工作实际，特制定此方案。

一、切实加强领导，确保新税法实施工作落到实处

全区各级地税机关要从贯彻落实党的十七大精神，深入贯彻落实科学发展观、努力构建和谐社会、全面建设小康社会的高度，充分认识实行新企业所得税制度的重要意义，把贯彻落实新税法及其实施条例，作为2008年的一项重要工作，认真抓实抓好。

（一）成立领导小组。实施新企业所得税法涉及面广，时间紧，任务重，必须切实加强领导。要建立健全领导小组指挥协调，各单位、各部门各负其责的齐抓共管领导体制和工作机制。自治区地税局成立贯彻落实新企业所得税法工作领导小组，为新企业所得税法的顺利贯彻实施提供组织保障。领导小组由蒙启华副局长任组长，所得税处、法规处、办公室、征管处、基层教育处、计统处、财务管理处、稽查局负责人为小组成员，明确各成员单位工作职责和任务，保证各项工作落实到位。县以上地税机关也要成立贯彻落实新企业所得税法工作领导小组，抽调精干力量组建办事机构，一级抓一级，层层抓落实。

（二）召开贯彻实施新企业所得税法专门会议，部署有关工作。自治区地税局已于2007年12月24日召开了全区地税系统学习贯彻实施新企业所得税法工作视频会议，并传达了全国会议精神，蒙启华副局长在大会上就学习贯彻实施新企业所得税法进行了辅导和部署，要求各市地税局认真贯彻好此次会议精神，结合实际研究部署实施新企业所得

税法的各项工作。

（三）各级地税机关要高度重视新企业所得税法的贯彻落实工作，一把手要负总责，分管局领导要亲自抓，具体组织协调，企业所得税管理部门要发挥好牵头作用，有关部门要紧密配合，尽快制定切实可行的工作方案，确保推行新税法及实施条例的各项工作落到实处。要按照科学化、精细化管理要求，认真分解实施工作中的单项目标任务，细化目标责任，指定专人负责，建立目标责任考核和问责机制。

二、认真抓好宣传工作，为实施新企业所得税法创造良好环境

为保证新企业所得税法及其实施条例的顺利实施，做好宣传工作，特别是做好对纳税人的宣传工作至关重要。各级地税机关要抓紧制定宣传工作方案，广泛开展形式多样的宣传工作，以政府支持、社会理解和纳税人遵从为目标，为实施新企业所得税法及其实施条例营造良好的舆论环境及氛围。

（一）为了统一宣传口径，自治区地税局将组织编写《企业所得税纳税人须知》，印制50000册，作为宣传、学习材料无偿提供给纳税人，让纳税人充分了解应该如何适用新企业所得税法，提高纳税人的税法遵从度。

（二）各级地税机关要充分利用电视、广播、报刊、杂志、网络等外部媒体介质和办税服务厅、税务机关网站、纳税服务热线等宣传新企业所得税法，同时充分发挥基层税务分局、税务所和税收管理员的能动作用，加强对广大纳税人尤其是所辖管户有针对性的、个性化的宣传。

（三）从现在开始，各级地税机关要集中力量开展宣传，让纳税人充分了解新企业所得税法及实施条例的基本精神和主要内容，明确从2008年起的月度或季度所得税的预缴申报，要认真按照新企业所得税法的规定执行。同时还要在日常的辅导工作中，陆续宣传与新税法和实施条例相关配套的各种管理制度和办法，认真遵守新企业所得税法和实施条例及相关管理办法的各项规定。

（四）明确宣传职责的分工与协作。宣传资料由自治区地税局所得税处等业务部门负责撰写和提供；对外宣传由自治区地税局办公室负责，业务部门协助与参与。

三、认真组织做好培训工作，为实施新税法创造良好条件

新企业所得税法及实施条例在内容上与原税法相比发生了很大的变化，增加了很多新的概念和规定，各级地税机关要下大力气做好新税法的培训工作，按照“内外并举，重在训内”的原则，抓紧落实新税法的培训工作。

（一）重点加强对税务干部的培训。作为税法的执行者、管理者和监督者，广大税务干部特别是从事所得税管理工作的干部必须尽快熟悉掌握新企业所得税法的各项规定，成为宣传讲解税法的宣传员、纳税人税法咨询的辅导员。

1. 自治区地税局拟在2008年春节过后举办两期税务干部新企业所得税法培训班，采取集中脱产培训，主要培训从事所得税管理和重点税源管理工作的干部。

2. 总局将编写的培训教材和根据培训内容制作的光盘发至基层税务机关，作为对广大税务干部和纳税人进行学习培训的教材。各地可以在总局和自治区地税局培训的基础上，开展多层次的、形式多样的新企业所得税法培训和学习，要重点抓好所得税管理人员，基层征管人员包括“12366”服务热线坐席人员的培训。

（二）广泛开展对纳税人的培训工作。要重点培训企业的财务会计人员，特别是税源大户企业，要让他们了解和掌握新税法，尤其是对收入总额、税前扣除项目、资产税务处理的各项规定，了解和掌握应纳税所得额的计算过程，了解和掌握新税法与财务会计制度的差异，准确填报纳税申报表并熟悉操作程序，缩短纳税人在新旧税制之间转换的磨合期。各级地税机关要通过举办培训班、热线电话、发放宣传材料等多种形式落实培训工作，使培训工作切实取得实效。

自治区地税局拟在2008年3月至6月举办若干期的纳税人新企业所得税法培训班，主要培训企业负责人、财务会计人员和中介机构税务代理人员。

四、切实贯彻依法治税原则，保证贯彻落实新税法不走样

新的企业所得税法是全国人大通过的法律，新企业所得税法实施条例是国务院制定的行政法规，法律级次都很高，对新企业所得税法的执法提出了很高的要求。各级地税机关要以严肃的态度、严格的标准、严谨的措施，将依法治税的原则贯穿于新企业所得税法的实施过程当中。

（一）牢固树立依法治税是税收工作灵魂的理念，学法懂法守法，在实施新企业所得税法的过程中，自觉遵守新税法，严格规范执法。

（二）全面清理现行内外资企业所得税政策，

坚决停止执行与新法不符的政策，确实需要保留的政策，必须按法定程序经过批准后才能继续执行。

（三）坚决抵制擅自越权制定企业所得税优惠政策的做法，对个别地方政府作出的违规越权的决定，各级地税机关不得执行，要向政府解释清楚税法的有关规定，并及时向上级税务机关报告，切实维护税法的权威性和严肃性。

（四）严格执行工作目标责任制和税收执法责任制，将依法执行新的企业所得税法列入各级地税机关工作目标责任制考核的内容，作为税收执法检查和执法监察工作的重点，加强督促检查，对违反新税法的行为，发现一起纠正一起，情节和后果严重的，要进行通报，并对直接责任人按规定严肃处理。

五、开展调查研究，完善相关制度，保证新企业所得税法顺利实施

统一企业所得税制度，是适应中国社会主义市场经济发展新阶段的一项制度创新。新企业所得税法实施条例的出台，为贯彻落实新企业所得税法提供了一个较为详细、具体的操作指南。但新企业所得税法的实施是一项系统工程，实施条例仅对各项政策和征管问题作出了原则规定。

我区各级地税机关，要深入开展调查研究，及时了解新企业所得税法的落实和执行情况。认真剖析实施税法过程中出现的新情况、新问题及新老企业所得税法如何衔接等，为完善企业所得税政策、征收管理办法提供依据。待总局制定出台落实新税法的各项征收管理办法后，自治区地税局根据我区的实际情况制定具体的管理实施办法。

六、清理现行企业所得税政策，明确实施新企业所得税法实施后有关政策的过渡衔接

（一）对旧的企业所得税政策进行全面清理。为确保新企业所得税法的实施，必须对旧的所得税政策进行全面清理，要按照继续执行、部分废止或失效和全部废止或失效进行分类，提出处理意见。原文件以财政部、税务总局联合行文的，则以财、税联合行文的形式，公布废止的文件，发布继续执行的内容；原文件是总局单独行文的，则以总局行文的形式，公布废止的文件，发布继续执行的内容；原文件是自治区财政厅、国税局、地税局联合行文的，则以财、税联合行文的形式，公布废止的文件，发布继续执行的内容；原文件是自治区地税局单独行文的，则以自治区地税局行文的形式，公布废止的文件，发布继续执行的内容。

（二）出台优惠政策过渡方案，强化对享受过渡期优惠政策企业的管理。新企业所得税法规定了对老企业和部分特定区域的优惠政策实行过渡办法，总局已经会同财政部和国务院法制办，在对旧的税收优惠政策进行全面清理的基础上，按照税法设置的过渡条款确定拟过渡的优惠政策，制定相应的过渡办法。过渡方案将在上报国务院批准后公布。

自治区地税局将会同区财政厅、国税局根据过渡方案和实行民族区域自治的自治区权限制定我区过渡期优惠政策，报自治区人民政府批准后执行。

基层地税机关应该对执行过渡优惠政策的老企业采取制定台账等方法进行专门管理，过渡政策执行期满后，要及时对其恢复征税，在确保政策落实到位的同时，保证税收收入不流失。

七、认真执行各项优惠政策，确保新税法落实到位

企业所得税优惠政策，是新企业所得税法的有机组成部分，是国家宏观调控的重要手段。在引导企业投资流向、促进国家产业结构升级等方面都发挥着重要的作用。新企业所得税法将税收优惠由目前的区域优惠为主转变为以产业优惠为主、区域优惠为辅，体现了对国家重点扶持的高新技术企业，对农、林、牧、渔业和国家重点扶持的基础设施项目、环境保护、节能节水项目，以及安置残疾人员及国家鼓励安置的其他就业人员等地税收政策上的优惠与支持。税收优惠政策能否执行到位，不仅关系到新企业所得税法的顺利贯彻落实，也关系到国家宏观调控措施和产业政策的落实。各级地税机关要按照新企业所得税法及其实施条例和有关管理办法的规定，保证优惠政策不折不扣地落实到位，体现新企业所得税法对鼓励产业和项目的政策优惠；同时要切实加强管理工作，防止骗取税收优惠的现象发生，确保新企业所得税法的各项优惠政策得到顺利实施。

自治区地方税务局关于做好2007年度年所得12万元以上个人自行纳税申报工作的通知

2008年1月8日　　桂地税发〔2008〕1号

各市地方税务局，自治区地方税务局直属税务分局：

根据《国家税务总局关于做好2007年度年所得12万元以上个人自行纳税申报工作的通知》（国税发〔2007〕111号）的要求，为更好贯彻落实《中华人民共和国个人所得税法》及其实施条例和《个人所得税自行纳税申报办法（试行）》，现就做好2007年度年所得12万元以上个人自行纳税申报工作（以下简称自行纳税申报工作）有关问题通知如下：

一、做好基础工作，切实推进自行纳税工作的开展

首次自行纳税申报工作实践表明，实行全员全额管理是做好自行纳税申报工作的关键，而做好全员全额管理离不开信息化的支持。全区各级地方税务机关要按照《国家税务总局关于进一步推进个人所得税全员全额扣缴申报管理工作的通知》（国税发〔2007〕97号）的要求，以信息化为手段，扩大全员全额管理范围。我区按照总局要求已在部分扣缴义务人中推广应用了个人所得税管理系统，取得了良好的成效，但仍存在一些问题，各级地税机关要总结经验，切实抓好落实，为2008年进一步扩大推广范围打好基础。目前，个人所得税管理系统已升级至v1.1.00版本，其中，代扣代缴系统的升级补丁已挂在自治区地税局所得税处ftp“下载\个人所得税管理系统升级”文件夹中，请各单位及时将升级软件通过各级主管税务机关发给已应用代扣代缴系统的扣缴义务人，并要求务必在2008年1月5日、6日完成升级工作（因基础信息管理系统同时升级，为不影响正常申报工作，故安排在周末进行，请谅解）。切记提醒扣缴义务人在升级前按照升级说明做好“data”文件夹的备份工作。

二、完善各项工作制度和措施，努力完成自行纳税申报工作任务

各级地方税务机关要在认真总结首次自行纳税申报工作的基础上，不断完善原有的工作制度和工作方案，形成一套完整的自行纳税申报工作规程和制度，保障自行纳税申报工作稳步有序地进行。同时，要从以下三个方面确定自行纳税申报工作任务和目标：一是2006年度办理自行纳税申报的纳税人；二是税务机关个人收入档案中锁定的当地高收入人群集中的重点地区、高收入行业和单位；三是根据本地区今年宏观经济形势、居民可支配收入、职工年度平均工资水平、证券市场和房地产市场情况、个人所得税收入增幅等情况进行分析和评估。要求把工作任务和目标要层层分解落实到基层税务机关和工作人员，实行目标管理，纳入绩效考核，落实工作责任，确保2007年度自行纳税申报工作迈上新的台阶。

三、深入宣传，广泛提醒纳税人自觉依法纳税申报

各级地税机关要在总结2007年开展个人所得税自行纳税申报工作经验的基础上，根据自行纳税申报工作的特点和要求，上下结合、内外结合，普遍和重点结合，通过各种渠道，采取多种形式，广泛、深入、持久地开展个人所得税法的宣传和发动。同时，要做好内部人员的培训，保证宣传内容准确。各级地税机关应继续加强“12366”纳税服务热线工作人员、办税服务厅窗口人员和税收管理员的个人所得税业务知识培训和职业道德教育，提高业务水平和能力，提高服务意识和服务水平，保证对外宣传和解答问题的准确性。

四、进一步完善措施，优化纳税服务

各级地税机关要发扬首次自行纳税申报的优良作风，继续坚特“以微笑换成效，以工作换合作，以诚意换满意，以主动换互动，以耐心换真心”，不断完善措施，进一步优化纳税服务，提供绿色申报通道、登门集中办理申报、提供网上申报、邮寄申报、委托申报等服务方式要继续坚持并加以完

善。此外，考虑到纳税人自我信息保密的要求，可能不愿在专设窗口申报，因此，各个办税大厅在其他窗口也应提供自行纳税申报的服务，切实保护好个人自行纳税申报中与其商业秘密和个人隐私有关的信息，打消纳税人的顾虑，维护社会和谐和稳定。

五、建立自行纳税申报定期反馈工作制度

各市地税局和区局直属税务分局所得税管理部门要加强自行纳税申报工作的汇报工作。在2008年1月份上报收入分析材料中，要专题报告本地区、本单位自行纳税申报相关准备工作开展情况。2008年申报期期间，每周四下午下班前报送《自行纳税申报情况统计表》；发生紧急情况要随时报告；向媒体公布自行纳税申报人数之前，要与自治区地税局所得税处进行联系，把握宣传时机和策略；申报期结束后，2008年4月2日下午下班前报送最终申报数据；4月7日前上报工作总结。在申报期内，自治区地税局将继续实行定期或不定期的自行纳税申报情况通报制度。各级地税机关可根据有关要求和实际情况，建立本地区报送数据和情况通报制度。

自治区地方税务局转发国家税务总局关于印发《中华人民共和国企业所得税月（季）度预缴纳税申报表》等报表的通知

2008年1月28日　桂地税发〔2008〕15号

各市、县（市、区）地方税务局，各市地方税务局直属机构，自治区地方税务局直属税务分局：

现将《国家税务总局关于印发〈中华人民共和国企业所得税月（季）度预缴纳税申报表〉等报表的通知》（国税函〔2008〕44号）转发给你们，并结合我区实际情况提出以下要求，请一并贯彻执行。

一、新的企业所得税预缴纳税申报表等报表提供纸质和电子文档两种方式给纳税人选择。纸质报表统一由自治区地税局印制下发；报表的电子文档则挂在自治区地税局外网供纳税人下载使用。

二、纳税人在办理2008年月（季）度企业所得税预缴纳税申报时，应按照所附报表的填报要求，办理企业所得税的预缴纳税申报。

三、各级地税机关要认真组织学习，及时掌握新的企业所得税预缴纳税申报表等报表的填报要求和方法。

四、各级地税机关要及时将新的企业所得税预缴纳税申报表等报表发到纳税人手中，并做好有关辅导培训工作，以确保纳税人填报的准确性，保证纳税申报工作的质量。

五、各市地税局、自治区地税局直属税务分局所得税管理部门应对新的预缴纳税申报表等报表进行模拟试填，并将有关填报样式张贴在各办税大厅，以指导纳税人正确填报。

六、新的企业所得税预缴纳税申报表等报表在执行过程中有何问题，请及时向自治区地税局报告。

国家税务总局关于印发《中华人民共和国企业所得税月（季）度预缴纳税申报表》等报表的通知

2008年1月9日　　国税函〔2008〕44号

各省、自治区、直辖市和计划单列市国家税务局、地方税务局：

为贯彻落实《中华人民共和国企业所得税法》及其实施条例，按照企业所得税科学化、精细化管理的要求，国家税务总局制定了与新的企业所得税法配套的企业所得税月（季）度预缴纳税申报表（A类和B类）、扣缴企业所得税报告表、汇总纳税分支机构企业所得税分配表及填报说明，现印发给你们，报表与新的企业所得税法同步实行。请各地税务机关及时做好上述报表的印制、发放、学习、培训等工作。

附件1：中华人民共和国企业所得税月（季）度预缴纳税申报表（A类）

附件2：中华人民共和国企业所得税月（季）度预缴纳税申报表（B类）

附件3：中华人民共和国企业所得税扣缴报告表

附件4：中华人民共和国企业所得税汇总纳税分支机构分配表

附件1

中华人民共和国企业所得税月（季）度预缴纳税申报表（A类）

税款所属期间：　　年　　月　　日至　　年　　月　　日

纳税人识别号：□□□□□□□□□□□□□□□□□□

纳税人名称：　　　　　　　　　　　　　　金额单位：人民币元（列至角分）

行次	项　目	本期金额	累计金额
1	一、据实预缴		
2	营业收入		
3	营业成本		
4	利润总额		
5	税率（25%）		
6	应纳所得税额（4行×5行）		
7	减免所得税额		
8	实际已缴所得税额	—	
9	应补（退）的所得税额（6行－7行－8行）	—	
10	二、按照上一纳税年度应纳税所得额的平均额预缴		
11	上一纳税年度应纳税所得额	—	
12	本月（季）应纳税所得额（11行÷12或11行÷4）		
13	税率（25%）	—	—
14	本月（季）应纳所得税额（12行×13行）		
15	三、按照税务机关确定的其他方法预缴		
16	本月（季）确定预缴的所得税额		

续表

行次	项目		本期金额	累计金额
17	总分机构纳税人			
18	总机构	总机构应分摊的所得税额（9行或14行或16行×25%）		
19		中央财政集中分配的所得税额（9行或14行或16行×25%）		
20		分支机构分摊的所得税额（9行或14行或16行×50%）		
21	分支机构	分配比例		
22		分配的所得税额（20行×21行）		

谨声明：此纳税申报表是根据《中华人民共和国企业所得税法》、《中华人民共和国企业所得税法实施条例》和国家有关税收规定填报的，是真实的、可靠的、完整的。

法定代表人（签字）：　　　年　　月　　日

纳税人公章： 会计主管： 填表日期：　　　年　　月　　日	代理申报中介机构公章： 经办人： 经办人执业证件号码： 代理申报日期：　　　年　　月　　日	主管税务机关受理专用章： 受理人： 受理日期：　　　年　　月　　日

国家税务总局监制

中华人民共和国企业所得税月（季）度预缴纳税申报表（A类）填报说明

一、本表适用于实行查账征收方式申报企业所得税的居民纳税人及在中国境内设立机构的非居民纳税人在月（季）度预缴企业所得税时使用。

二、本表表头项目。

1.“税款所属期间”：纳税人填报的“税款所属期间”为公历1月1日至所属月（季）度最后一日。

企业年度中间开业的纳税人填报的“税款所属期间”为当月（季）开始经营之日至所属月（季）度的最后一日，自次月（季）度起按正常情况填报。

2.“纳税人识别号”：填报税务机关核发的税务登记证号码（15位）。

3.“纳税人名称”：填报税务登记证中的纳税人全称。

三、各列的填报。

1.“据实预缴”的纳税人第2行至第9行：填报“本期金额”列，数据为所属月（季）度第一日至最后一日；填报“累计金额”列，数据为纳税人所属年度1月1日至所属季度（或月份）最后一日的累计数。纳税人当期应补（退）所得税额为“累计金额”列第9行“应补（退）所得税额”的数据。

2.“按照上一纳税年度应纳税所得额平均额预缴”的纳税人第11行至14行及“按照税务机关确定的其他方法预缴”的纳税人第16行：填报表内第11行至第14行、第16行“本期金额”列，数据为所属月（季）度第一日至最后一日。

四、各行的填报。

本表结构分为两部分：

1.第一部分为第1行至第16行，纳税人根据自身的预缴申报方式分别填报，包括非居民企业设立的分支机构：实行据实预缴的纳税人填报第2至9行；实行按上一年度应纳税所得额的月度或季度平均额预缴的纳税人填报第11至14行；实行经税务机关认可的其他方法预缴的纳税人填报第16行。

2.第二部分为第17行至第22行，由实行汇总纳税的总机构在填报第一部分的基础上填报第18至20行；分支机构填报第20至22行。

五、具体项目填报说明。

1.第2行“营业收入”：填报会计制度核算的营业收入，事业单位、社会团体、民办非企业单位按其会计制度核算的收入填报。

2.第3行“营业成本”：填报会计制度核算的营业成本，事业单位、社会团体、民办非企业单位按其会计制度核算的成本（费用）填报。

3. 第4行“利润总额”：填报会计制度核算的利润总额，其中包括从事房地产开发企业可以在本行填写按本期取得预售收入计算出的预计利润等。事业单位、社会团体、民办非企业单位比照填报。

4. 第5行“税率（25%）”：按照《企业所得税法》第四条规定的25%税率计算应纳所得税额。

5. 第6行“应纳所得税额”：填报计算出的当期应纳所得税额。第6行=第4行×第5行，且第6行≥0。

6. 第7行“减免所得税额”：填报当期实际享受的减免所得税额，包括享受减免税优惠过渡期的税收优惠、小型微利企业优惠、高新技术企业优惠及经税务机关审批或备案的其他减免税优惠。第7行≤第6行。

7. 第8行“实际已缴所得税额”：填报累计已预缴的企业所得税税额，“本期金额”列不填。

8. 第9行“应补（退）的所得税额”：填报按照税法规定计算的本次应补（退）预缴所得税额。第9行=第6行-第7行-第8行，且第9行<0时，填0，“本期金额”列不填。

9. 第11行“上一纳税年度应纳税所得额”：填报上一纳税年度申报的应纳税所得额。本行不包括纳税人的境外所得。

10. 第12行“本月（季）应纳所得税所得额”：填报纳税人依据上一纳税年度申报的应纳税所得额计算的当期应纳税所得额。

按季预缴企业：第12行=第11行÷4

按月预缴企业：第12行=第11行÷12

11. 第13行“税率（25%）”：按照《企业所得税法》第四条规定的25%税率计算应纳所得税额。

12. 第14行“本月（季）应纳所得税额”：填报计算的本月（季）应纳所得税额。第14行=第12行×第13行

13. 第16行“本月（季）确定预缴的所得税额”：填报依据税务机关认定的应纳税所得额计算出的本月（季）应缴纳所得税额。

14. 第18行“总机构应分摊的所得税额”：填报汇总纳税总机构以本表第一部分（第1～16行）本月或本季预缴所得税额为基数，按总机构应分摊的预缴比例计算出的本期预缴所得税额。

（1）据实预缴的汇总纳税企业总机构：

第9行×总机构应分摊的预缴比例25%

（2）按上一纳税年度应纳税所得额的月度或季度平均额预缴的汇总纳税企业总机构：

第14行×总机构应分摊的预缴比例25%

（3）经税务机关认可的其他方法预缴的汇总纳税企业总机构：

第16行×总机构应分摊的预缴比例25%

15. 第19行“中央财政集中分配的所得税额”：填报汇总纳税总机构以本表第一部分（第1～16行）本月或本季预缴所得税额为基数，按中央财政集中分配税款的预缴比例计算出的本期预缴所得税额。

（1）据实预缴的汇总纳税企业总机构：

第9行×中央财政集中分配税款的预缴比例25%

（2）按上一纳税年度应纳税所得额的月度或季度平均额预缴的汇总纳税企业总机构：

第14行×中央财政集中分配税款的预缴比例25%

（3）经税务机关认可的其他方法预缴的汇总纳税企业总机构：

第16行×中央财政集中分配税款的预缴比例25%

16. 第20行“分支机构分摊的所得税额”：填报汇总纳税总机构以本表第一部分（第1～16行）本月或本季预缴所得税额为基数，按分支机构分摊的预缴比例计算出的本期预缴所得税额。

（1）据实预缴的汇总纳税企业总机构：

第9行×分支机构分摊的预缴比例50%

（2）按上一纳税年度应纳税所得额的月度或季度平均额预缴的汇总纳税企业总机构：

第14行×分支机构分摊的预缴比例50%

（3）经税务机关认可的其他方法预缴的汇总纳税企业总机构：

第16行×分支机构分摊的预缴比例50%

（分支机构本行填报总机构申报的第20行“分支机构分摊的所得税额”）

17. 第21行“分配比例”：填报汇总纳税分支机构依据《汇总纳税企业所得税分配表》中确定的分配比例。

18. 第22行“分配的所得税额”：填报汇总纳税分支机构依据当期总机构申报表中第20行“分支机构分摊的所得税额”×本表第21行“分配比例”的数额。

附件2

中华人民共和国企业所得税月（季）度预缴纳税申报表（B类）

税款所属期间：　　年　月　日至　　年　月　日

纳税人识别号：□□□□□□□□□□□□□□□

纳税人名称：　　　　　　　　　　　　　　　　　　　　金额单位：人民币元（列至角分）

<table>
<tr><th colspan="3">项　目</th><th>行次</th><th>累计金额</th></tr>
<tr><td rowspan="10">应纳税所得额的计算</td><td rowspan="3">按收入总额核定应纳税所得额</td><td>收入总额</td><td>1</td><td></td></tr>
<tr><td>税务机关核定的应税所得率（%）</td><td>2</td><td></td></tr>
<tr><td>应纳税所得额（1行×2行）</td><td>3</td><td></td></tr>
<tr><td rowspan="3">按成本费用核定应纳税所得额</td><td>成本费用总额</td><td>4</td><td></td></tr>
<tr><td>税务机关核定的应税所得率（%）</td><td>5</td><td></td></tr>
<tr><td>应纳税所得额［4行÷（1－5行）×5行］</td><td>6</td><td></td></tr>
<tr><td rowspan="4">按经费支出换算应纳税所得额</td><td>经费支出总额</td><td>7</td><td></td></tr>
<tr><td>税务机关核定的应税所得率（%）</td><td>8</td><td></td></tr>
<tr><td>换算的收入额［7行÷（1－8行）］</td><td>9</td><td></td></tr>
<tr><td>应纳税所得额（8行×9行）</td><td>10</td><td></td></tr>
<tr><td colspan="2" rowspan="3">应纳所得税额的计算</td><td>税率（25%）</td><td>11</td><td></td></tr>
<tr><td>应纳所得税额（3行×11行或6行×11行或10行×11行）</td><td>12</td><td></td></tr>
<tr><td>减免所得税额</td><td>13</td><td></td></tr>
<tr><td colspan="2" rowspan="2">应补（退）所得税额的计算</td><td>已预缴所得税额</td><td>14</td><td></td></tr>
<tr><td>应补（退）所得税额（12行－13行－14行）</td><td>15</td><td></td></tr>
<tr><td colspan="5">谨声明：此纳税申报表是根据《中华人民共和国企业所得税法》、《中华人民共和国企业所得税法实施条例》和国家有关税收规定填报的，是真实的、可靠的、完整的。
法定代表人（签字）：　　　年　月　日</td></tr>
<tr><td colspan="2">纳税人公章：
会计主管：
填表日期：　　年　月　日</td><td>代理申报中介机构公章：
经办人：
经办人执业证件号码：
代理申报日期：　　年　月　日</td><td colspan="2">主管税务机关受理专用章：
受理人：
受理日期：　　年　月　日</td></tr>
</table>

国家税务总局监制

中华人民共和国企业所得税月（季）度预缴纳税申报表（B类）填报说明

一、本表为按照核定征收管理办法（包括核定应税所得率和核定税额征收方式）缴纳企业所得税的纳税人在月（季）度申报缴纳企业所得税时使用，包括依法被税务机关指定的扣缴义务人。其中，核定应税所得率的纳税人按收入总额核定、按成本费用核定、按经费支出换算分别填写。

二、本表表头项目。

1.“税款所属期间”：纳税人填报的“税款所属期间”为公历1月1日至所属月（季）度最后一日。

企业年度中间开业的纳税人填报的“税款所属期间”为当月（季）度第一日至所属月（季）度的最后一日，自次月（季）度起按正常情况填报。

2.“纳税人识别号”：填报税务机关核发的税务登记证号码（15位）。

3.“纳税人名称”：填报税务登记证中的纳税人全称。

三、具体项目填报说明。

1. 第1行“收入总额”：按照收入总额核定应税所得率的纳税人填报此行。填写本年度累计取得的各项收入金额。

2. 第2行“税务机关核定的应税所得率”：填报主管税务机关核定的应税所得率。

3. 第3行“应纳税所得额”：填报计算结果。计算公式：应纳税所得额＝第1行“收入总额”×第2行“税务机关核定的应税所得率”。

4. 第4行“成本费用总额”：按照成本费用核定应税所得率的纳税人填报此行。填写本年度累计发生的各项成本费用金额。

5. 第5行“税务机关核定的应税所得率”：填报主管税务机关核定的应税所得率。

6. 第6行“应纳税所得额”：填报计算结果。计算公式：应纳税所得额＝第4行“成本费用总额”÷（1－第5行“税务机关核定的应税所得率”）×第5行“税务机关核定的应税所得率”。

7. 第7行“经费支出总额”：按照经费支出换算收入方式缴纳所得税的纳税人填报此行。填报累计发生的各项经费支出金额。

8. 第8行“税务机关核定的应税所得率”：填报主管税务机关核定的应税所得率。

9. 第9行“换算的收入额”：填报计算结果。计算公式：换算的收入额＝第7行“经费支出总额”÷（1－第8行“税务机关核定的应税所得率”）。

10. 第10行“应纳税所得额”：填报计算结果。计算公式：应纳税所得额＝第8行“税务机关核定的应税所得率”×第9行“换算的收入额”。

11. 第11行“税率”：填写《企业所得税法》第四条规定的25％税率。

12. 第12行“应纳所得税额”。

（1）核定应税所得率的纳税人填报计算结果：

按照收入总额核定应税所得率的纳税人，应纳所得税额＝第3行“应纳税所得额”×第11行“税率”。

按照成本费用核定应税所得率的纳税人，应纳所得税额＝第6行“应纳税所得额”×第11行“税率”。

按照经费支出换算应纳税所得额的纳税人，应纳所得税额＝第10行“应纳税所得额”×第11行“税率”。

（2）实行核定税额征收的纳税人，填报税务机关核定的应纳所得税额。

13. 第13行“减免所得税额”：填报当期实际享受的减免所得税额，第13行≤第12行。包括享受减免税优惠过渡期的税收优惠、小型微利企业优惠、高新技术企业优惠及经税务机关审批或备案的其他减免税优惠。

14. 第14行“已预缴的所得税额”：填报当年累计已预缴的企业所得税额。

15. 第15行“应补（退）所得税额”：填报计算结果。计算公式：应补（退）所得税额＝第12行“应纳所得税额”－第13行“减免所得税额”－第14行“已预缴的所得税额”；当第15行≤0时，本行填0。

附件3

中华人民共和国企业所得税扣缴报告表

税款所属期间：　　年　月　日至　　年　月　日

扣缴义务人识别号：□□□□□□□□□□□□□□□　　金额单位：人民币元（列至角分）

扣缴义务人名称															
纳税人识别号	纳税人名称	国家（地区）	所得项目	合同号	合同名称	取得所得日期	收入额					扣除额	应纳税所得额	税率	扣缴所得税额
							人民币金额	外币额			人民币金额合计				
								外币名称金额	汇率	折人民币					

谨声明：此扣缴所得税报告表是根据《中华人民共和国企业所得税法》、《中华人民共和国企业所得税法实施条例》和国家有关税收规定填报的，是真实的、可靠的、完整的。

法定代表人（签字）：　　年　月　日

扣缴义务人公章： 会计主管： 填表日期：　年　月　日	代理申报中介机构公章： 经办人： 经办人执业证件号码： 代理申报日期：　年　月　日	主管税务机关受理专用章： 受理人： 受理日期：　年　月　日

国家税务总局监制

中华人民共和国企业所得税扣缴报告表填表说明

一、本表适用于扣缴义务人按照《中华人民共和国企业所得税法》及其实施条例的规定，对下列所得，按次或按期扣缴所得税税款的报告。

1. 非居民企业在中国境内未设立机构、场所的，应当就其来源于中国境内的所得缴纳企业所得税。

2. 非居民企业虽设立机构、场所但取得的所得与其所设机构、场所没有实际联系的，应当就其来源于中国境内的所得缴纳企业所得税。

二、扣缴义务人应当于签订合同或协议后二十日内将合同或协议副本，报送主管税务机关备案，并办理有关扣缴手续。

三、签订合同或协议后，合同或协议规定的支付款额如有变动，应于变动后十日内，将变动情况书面报告税务机构。

四、扣缴义务人不能按规定期限报送本表时，应当在规定的报送期限内提出申请，经当地税务机构批准，可以适当延长期限。

五、扣缴人义务人不按规定期限将已扣税款缴入国库以及不履行税法规定的扣缴义务，将分别按《中华人民共和国税收征收管理法》第六十八条、第六十九条的规定，予以处罚。

六、本表填写要用中、外两种文字填写。

七、本表各栏填写如下：

1. "扣缴义务人识别号"：填写办理税务登记时，由主管税务机构所确定的扣缴义务人的税务编码。

2. "扣缴义务人名称"：填写实际支付外国企业款项的单位和个人名称。

3. "纳税人识别号"：填写非居民企业在其居民国的纳税识别代码。

4. "所得项目"：填写转让财产所得、股息红利等权益性投资所得、利息所得、租金所得、特许权使用费所得、其他所得。

附件 4

中华人民共和国企业所得税汇总纳税分支机构分配表

税款所属期间：　　年　　月　　日至　　年　　月　　日

分配比例有效期：　　年　　月　　日至　　年　　月　　日　　　　金额单位：人民币元（列至角分）

总机构情况	纳税人识别号	总机构名称	三项因素				分支机构分摊的所得税额	
			收入总额	工资总额	资产总额	合计		
分支机构情况	纳税人识别号	分支机构名称	三项因素				分配比例	分配税额
			收入总额	工资总额	资产总额	合计		

纳税人公章： 会计主管： 填表日期：　　年　　月　　日	主管税务机关受理专用章： 受理人： 受理日期：　　年　　月　　日

国家税务总局监制

中华人民共和国企业所得税汇总纳税分支机构分配表填报说明

一、使用对象及报送时间

1. 使用对象。

本表适用于在中国境内跨省、自治区、直辖市设立不具有法人资格的营业机构，并实行“统一计算、分级管理、就地预缴、汇总清算、财政调节”汇总纳税办法的居民企业填报。

2. 报送要求。

季度终了之日起十日内，由实行汇总纳税的总机构随同《中华人民共和国企业所得税月（季）度纳税申报表（A类）》报送。

季度终了之日起十五日内，由实行汇总纳税，具有主体生产经营职能的分支机构随同《中华人民共和国企业所得税月（季）度纳税申报表（A类）》报送总机构申报后加盖有主管税务机关受理专用章的《中华人民共和国汇总纳税分支机构企业所得税分配表》（复印件）。

年度终了之日起五个月内，由实行汇总纳税的总机构随同《中华人民共和国企业所得税年度纳税申报表（A类）》报送。

二、分配表项目填报说明

1. “税款所属时期”：季度申报填写季度起始日期至所属季度的最后一日。年度申报填写公历1月1日至12月31日。

2. “分配比例有效期”：填写经企业总机构所在地主管税务机关审批确认的分配比例有效期起及有效期止。

3. “纳税人识别号”：填写税务机关统一核发的税务登记证号码。

4. “纳税人名称”：填写税务登记证所载纳税人的全称。

5. “收入总额”：填写基期年度总机构、各分支机构的经营收入总额。

6. “工资总额”：填写基期年度总机构、各分支机构的工资总额。

7. “资产总额”：填写基期年度总机构、各分支机构的资产总额，不包括无形资产。

8. “合计”：填写基期年度总机构、各分支机构的经营收入总额、工资总额和资产总额三项因素的合计数。

9. “分支机构分摊的所得税额”：填写本所属时期总机构根据税务机关确定的分摊方法计算，由各分支机构进行分摊的所得税额。

10. “分配比例”：填写经企业总机构所在地主管税务机关审批确认的各分支机构分配比例。

各分支机构分配比例＝（基期年各分支机构的经营收入总额、工资总额和资产总额三项因素合计数÷总机构的经营收入总额、工资总额和资产总额三项因素合计数）×100%。

11. “分配税额”：填写本所属时期根据税务机关确定的分摊方法计算，分配给各分支机构缴纳的所得税额。

中华人民共和国国务院令

第519号

现公布《国务院关于修改〈中华人民共和国个人所得税法实施条例〉的决定》，自2008年3月1日起施行。

总理　温家宝

二〇〇八年二月十八日

国务院关于修改《中华人民共和国个人所得税法实施条例》的决定

国务院决定对《中华人民共和国个人所得税法实施条例》做如下修改：

一、第十条修改为："个人所得的形式，包括现金、实物、有价证券和其他形式的经济利益。所得为实物的，应当按照取得的凭证上所注明的价格计算应纳税所得额；无凭证的实物或者凭证上所注明的价格明显偏低的，参照市场价格核定应纳税所得额。所得为有价证券的，根据票面价格和市场价格核定应纳税所得额。所得为其他形式的经济利益的，参照市场价格核定应纳税所得额。"

二、第十八条修改为："税法第六条第一款第三项所说的每一纳税年度的收入总额，是指纳税义务人按照承包经营、承租经营合同规定分得的经营利润和工资、薪金性质的所得；所说的减除必要费用，是指按月减除2000元。"

三、第二十七条修改为："税法第六条第三款所说的附加减除费用，是指每月在减除2000元费用的基础上，再减除本条例第二十九条规定数额的费用。"

四、第二十八条第四项修改为："国务院财政、税务主管部门确定的其他人员。"

五、第二十九条修改为："税法第六条第三款所说的附加减除费用标准为2800元。"

六、第四十条修改为："税法第九条第二款所说的特定行业，是指采掘业、远洋运输业、远洋捕捞业以及国务院财政、税务主管部门确定的其他行业。"

七、删除第四十八条。

此外，对条文的顺序做了相应调整，对个别文字做了修改。

本决定自2008年3月1日起施行。

《中华人民共和国个人所得税法实施条例》根据本决定做相应的修改，重新公布。

中华人民共和国个人所得税法实施条例

（1994年1月28日中华人民共和国国务院令第142号发布　根据2005年12月19日《国务院关于修改〈中华人民共和国个人所得税法实施条例〉的决定》第一次修订　根据2008年2月18日《国务院关于修改〈中华人民共和国个人所得税法实施条例〉的决定》第二次修订）

第一条　根据《中华人民共和国个人所得税法》（以下简称税法）的规定，制定本条例。

第二条　税法第一条第一款所说的在中国境内有住所的个人，是指因户籍、家庭、经济利益关系而在中国境内习惯性居住的个人。

第三条　税法第一条第一款所说的在境内居住满一年，是指在一个纳税年度中在中国境内居住365日。临时离境的，不扣减日数。

前款所说的临时离境，是指在一个纳税年度中一次不超过30日或者多次累计不超过90日的离境。

第四条　税法第一条第一款、第二款所说的从中国境内取得的所得，是指来源于中国境内的所得；所说的从中国境外取得的所得，是指来源于中国境外的所得。

第五条　下列所得，不论支付地点是否在中国境内，均为来源于中国境内的所得：

（一）因任职、受雇、履约等而在中国境内提供劳务取得的所得；

（二）将财产出租给承租人在中国境内使用而取得的所得；

（三）转让中国境内的建筑物、土地使用权等财产或者在中国境内转让其他财产取得的所得；

（四）许可各种特许权在中国境内使用而取得的所得；

（五）从中国境内的公司、企业以及其他经济组织或者个人取得的利息、股息、红利所得。

第六条　在中国境内无住所，但是居住一年以上五年以下的个人，其来源于中国境外的所得，经主管税务机关批准，可以只就由中国境内公司、企

业以及其他经济组织或者个人支付的部分缴纳个人所得税；居住超过五年的个人，从第六年起，应当就其来源于中国境外的全部所得缴纳个人所得税。

第七条　在中国境内无住所，但是在一个纳税年度中在中国境内连续或者累计居住不超过90日的个人，其来源于中国境内的所得，由境外雇主支付并且不由该雇主在中国境内的机构、场所负担的部分，免予缴纳个人所得税。

第八条　税法第二条所说的各项个人所得的范围：

（一）工资、薪金所得，是指个人因任职或者受雇而取得的工资、薪金、奖金、年终加薪、劳动分红、津贴、补贴以及与任职或者受雇有关的其他所得。

（二）个体工商户的生产、经营所得，是指：

1.个体工商户从事工业、手工业、建筑业、交通运输业、商业、饮食业、服务业、修理业以及其他行业生产、经营取得的所得；

2.个人经政府有关部门批准，取得执照，从事办学、医疗、咨询以及其他有偿服务活动取得的所得；

3.其他个人从事个体工商业生产、经营取得的所得；

4.上述个体工商户和个人取得的与生产、经营有关的各项应纳税所得。

（三）对企事业单位的承包经营、承租经营所得，是指个人承包经营、承租经营以及转包、转租取得的所得，包括个人按月或者按次取得的工资、薪金性质的所得。

（四）劳务报酬所得，是指个人从事设计、装潢、安装、制图、化验、测试、医疗、法律、会计、咨询、讲学、新闻、广播、翻译、审稿、书画、雕刻、影视、录音、录像、演出、表演、广告、展览、技术服务、介绍服务、经纪服务、代办服务以及其他劳务取得的所得。

（五）稿酬所得，是指个人因其作品以图书、报刊形式出版、发表而取得的所得。

（六）特许权使用费所得，是指个人提供专利权、商标权、著作权、非专利技术以及其他特许权的使用权取得的所得；提供著作权的使用权取得的所得，不包括稿酬所得。

（七）利息、股息、红利所得，是指个人拥有债权、股权而取得的利息、股息、红利所得。

（八）财产租赁所得，是指个人出租建筑物、土地使用权、机器设备、车船以及其他财产取得的所得。

（九）财产转让所得，是指个人转让有价证券、股权、建筑物、土地使用权、机器设备、车船以及其他财产取得的所得。

（十）偶然所得，是指个人得奖、中奖、中彩以及其他偶然性质的所得。

个人取得的所得，难以界定应纳税所得项目的，由主管税务机关确定。

第九条　对股票转让所得征收个人所得税的办法，由国务院财政部门另行制定，报国务院批准施行。

第十条　个人所得的形式，包括现金、实物、有价证券和其他形式的经济利益。所得为实物的，应当按照取得的凭证上所注明的价格计算应纳税所得额；无凭证的实物或者凭证上所注明的价格明显偏低的，参照市场价格核定应纳税所得额。所得为有价证券的，根据票面价格和市场价格核定应纳税所得额。所得为其他形式的经济利益的，参照市场价格核定应纳税所得额。

第十一条　税法第三条第四项所说的劳务报酬所得一次收入畸高，是指个人一次取得劳务报酬，其应纳税所得额超过2万元。

对前款应纳税所得额超过2万元至5万元的部分，依照税法规定计算应纳税额后再按照应纳税额加征五成；超过5万元的部分，加征十成。

第十二条　税法第四条第二项所说的国债利息，是指个人持有中华人民共和国财政部发行的债券而取得的利息；所说的国家发行的金融债券利息，是指个人持有经国务院批准发行的金融债券而取得的利息。

第十三条　税法第四条第三项所说的按照国家统一规定发给的补贴、津贴，是指按照国务院规定发给的政府特殊津贴、院士津贴、资深院士津贴，以及国务院规定免纳个人所得税的其他补贴、津贴。

第十四条　税法第四条第四项所说的福利费，是指根据国家有关规定，从企业、事业单位、国家机关、社会团体提留的福利费或者工会经费中支付给个人的生活补助费；所说的救济金，是指各级人民政府民政部门支付给个人的生活困难补助费。

第十五条　税法第四条第八项所说的依照我国法律规定应予免税的各国驻华使馆、领事馆的外交代表、领事官员和其他人员的所得，是指依照《中华人民共和国外交特权与豁免条例》和《中华人民共和国领事特权与豁免条例》规定免税的所得。

第十六条 税法第五条所说的减征个人所得税，其减征的幅度和期限由省、自治区、直辖市人民政府规定。

第十七条 税法第六条第一款第二项所说的成本、费用，是指纳税义务人从事生产、经营所发生的各项直接支出和分配计入成本的间接费用以及销售费用、管理费用、财务费用；所说的损失，是指纳税义务人在生产、经营过程中发生的各项营业外支出。

从事生产、经营的纳税义务人未提供完整、准确的纳税资料，不能正确计算应纳税所得额的，由主管税务机关核定其应纳税所得额。

第十八条 税法第六条第一款第三项所说的每一纳税年度的收入总额，是指纳税义务人按照承包经营、承租经营合同规定分得的经营利润和工资、薪金性质的所得；所说的减除必要费用，是指按月减除2000元。

第十九条 税法第六条第一款第五项所说的财产原值，是指：

（一）有价证券，为买入价以及买入时按照规定交纳的有关费用；

（二）建筑物，为建造费或者购进价格以及其他有关费用；

（三）土地使用权，为取得土地使用权所支付的金额、开发土地的费用以及其他有关费用；

（四）机器设备、车船，为购进价格、运输费、安装费以及其他有关费用；

（五）其他财产，参照以上方法确定。

纳税义务人未提供完整、准确的财产原值凭证，不能正确计算财产原值的，由主管税务机关核定其财产原值。

第二十条 税法第六条第一款第五项所说的合理费用，是指卖出财产时按照规定支付的有关费用。

第二十一条 税法第六条第一款第四项、第六项所说的每次，按照以下方法确定：

（一）劳务报酬所得，属于一次性收入的，以取得该项收入为一次；属于同一项目连续性收入的，以一个月内取得的收入为一次。

（二）稿酬所得，以每次出版、发表取得的收入为一次。

（三）特许权使用费所得，以一项特许权的一次许可使用所取得的收入为一次。

（四）财产租赁所得，以一个月内取得的收入为一次。

（五）利息、股息、红利所得，以支付利息、股息、红利时取得的收入为一次。

（六）偶然所得，以每次取得该项收入为一次。

第二十二条 财产转让所得，按照一次转让财产的收入额减除财产原值和合理费用后的余额，计算纳税。

第二十三条 两个或者两个以上的个人共同取得同一项目收入的，应当对每个人取得的收入分别按照税法规定减除费用后计算纳税。

第二十四条 税法第六条第二款所说的个人将其所得对教育事业和其他公益事业的捐赠，是指个人将其所得通过中国境内的社会团体、国家机关向教育和其他社会公益事业以及遭受严重自然灾害地区、贫困地区的捐赠。

捐赠额未超过纳税义务人申报的应纳税所得额30%的部分，可以从其应纳税所得额中扣除。

第二十五条 按照国家规定，单位为个人缴付和个人缴付的基本养老保险费、基本医疗保险费、失业保险费、住房公积金，从纳税义务人的应纳税所得额中扣除。

第二十六条 税法第六条第三款所说的在中国境外取得工资、薪金所得，是指在中国境外任职或者受雇而取得的工资、薪金所得。

第二十七条 税法第六条第三款所说的附加减除费用，是指每月在减除2000元费用的基础上，再减除本条例第二十九条规定数额的费用。

第二十八条 税法第六条第三款所说的附加减除费用适用的范围，是指：

（一）在中国境内的外商投资企业和外国企业中工作的外籍人员；

（二）应聘在中国境内的企业、事业单位、社会团体、国家机关中工作的外籍专家；

（三）在中国境内有住所而在中国境外任职或者受雇取得工资、薪金所得的个人；

（四）国务院财政、税务主管部门确定的其他人员。

第二十九条 税法第六条第三款所说的附加减除费用标准为2800元。

第三十条 华侨和香港、澳门、台湾同胞，参照本条例第二十七条、第二十八条、第二十九条的规定执行。

第三十一条 在中国境内有住所，或者无住所而在境内居住满一年的个人，从中国境内和境外取得的所得，应当分别计算应纳税额。

第三十二条 税法第七条所说的已在境外缴纳

的个人所得税税额，是指纳税义务人从中国境外取得的所得，依照该所得来源国家或者地区的法律应当缴纳并且实际已经缴纳的税额。

第三十三条　税法第七条所说的依照税法规定计算的应纳税额，是指纳税义务人从中国境外取得的所得，区别不同国家或者地区和不同所得项目，依照税法规定的费用减除标准和适用税率计算的应纳税额；同一国家或者地区内不同所得项目的应纳税额之和，为该国家或者地区的扣除限额。

纳税义务人在中国境外一个国家或者地区实际已经缴纳的个人所得税税额，低于依照前款规定计算出的该国家或者地区扣除限额的，应当在中国缴纳差额部分的税款；超过该国家或者地区扣除限额的，其超过部分不得在本纳税年度的应纳税额中扣除，但是可以在以后纳税年度的该国家或者地区扣除限额的余额中补扣。补扣期限最长不得超过五年。

第三十四条　纳税义务人依照税法第七条的规定申请扣除已在境外缴纳的个人所得税税额时，应当提供境外税务机关填发的完税凭证原件。

第三十五条　扣缴义务人在向个人支付应税款项时，应当依照税法规定代扣税款，按时缴库，并专项记载备查。

前款所说的支付，包括现金支付、汇拨支付、转账支付和以有价证券、实物以及其他形式的支付。

第三十六条　纳税义务人有下列情形之一的，应当按照规定到主管税务机关办理纳税申报：

（一）年所得12万元以上的；

（二）从中国境内两处或者两处以上取得工资、薪金所得的；

（三）从中国境外取得所得的；

（四）取得应纳税所得，没有扣缴义务人的；

（五）国务院规定的其他情形。

年所得12万元以上的纳税义务人，在年度终了后3个月内到主管税务机关办理纳税申报。

纳税义务人办理纳税申报的地点以及其他有关事项的管理办法，由国务院税务主管部门制定。

第三十七条　税法第八条所说的全员全额扣缴申报，是指扣缴义务人在代扣税款的次月内，向主管税务机关报送其支付所得个人的基本信息、支付所得数额、扣缴税款的具体数额和总额以及其他相关涉税信息。

全员全额扣缴申报的管理办法，由国务院税务主管部门制定。

第三十八条　自行申报的纳税义务人，在申报纳税时，其在中国境内已扣缴的税款，准予按照规定从应纳税额中扣除。

第三十九条　纳税义务人兼有税法第二条所列的两项或者两项以上的所得的，按项分别计算纳税。在中国境内两处或者两处以上取得税法第二条第一项、第二项、第三项所得的，同项所得合并计算纳税。

第四十条　税法第九条第二款所说的特定行业，是指采掘业、远洋运输业、远洋捕捞业以及国务院财政、税务主管部门确定的其他行业。

第四十一条　税法第九条第二款所说的按年计算、分月预缴的计征方式，是指本条例第四十条所列的特定行业职工的工资、薪金所得应纳的税款，按月预缴，自年度终了之日起30日内，合计其全年工资、薪金所得，再按12个月平均并计算实际应纳的税款，多退少补。

第四十二条　税法第九条第四款所说的由纳税义务人在年度终了后30日内将应纳的税款缴入国库，是指在年终一次性取得承包经营、承租经营所得的纳税义务人，自取得收入之日起30日内将应纳的税款缴入国库。

第四十三条　依照税法第十条的规定，所得为外国货币的，应当按照填开完税凭证的上一月最后一日人民币汇率中间价，折合成人民币计算应纳税所得额。依照税法规定，在年度终了后汇算清缴的，对已经按月或者按次预缴税款的外国货币所得，不再重新折算；对应当补缴税款的所得部分，按照上一纳税年度最后一日人民币汇率中间价，折合成人民币计算应纳税所得额。

第四十四条　税务机关按照税法第十一条的规定付给扣缴义务人手续费时，应当按月填开收入退还书发给扣缴义务人。扣缴义务人持收入退还书向指定的银行办理退库手续。

第四十五条　个人所得税纳税申报表、扣缴个人所得税报告表和个人所得税完税凭证式样，由国务院税务主管部门统一制定。

第四十六条　税法和本条例所说的纳税年度，自公历1月1日起至12月31日止。

第四十七条　1994纳税年度起，个人所得税依照税法以及本条例的规定计算征收。

第四十八条　本条例自发布之日起施行。1987年8月8日国务院发布的《中华人民共和国国务院关于对来华工作的外籍人员工资、薪金所得减征个人所得税的暂行规定》同时废止。

自治区地方税务局　自治区国家税务局转发国家税务总局关于印发《企业所得税核定征收办法》(试行)的通知

2008年5月5日　　桂地税发〔2008〕72号

各市、县(市、区)地方税务局、国家税务局，各市地方税务局直属机构，自治区地方税务局直属税务分局、稽查局：

现将《国家税务总局关于印发〈企业所得税核定征收办法〉(试行)的通知》(国税发〔2008〕30号，以下简称《通知》)转发给你们，并结合我区实际补充规定如下，请一并贯彻执行。

一、从2008年1月1日起，我区核定征收企业所得税应税所得率按以下标准执行：

应税所得率表

行业	应税所得率	行业	应税所得率
农林牧渔业	3%	制造业	5%
批发和零售贸易业	4%	交通运输业	7%
建筑业	8%	饮食业	8%
娱乐业	15%	其他行业	10%

二、各级主管税务机关应按照《通知》第三条规定的条件，合理确定本地企业所得税的核定征收范围，并根据企业的经营规模和获利能力的大小，按户核定征收企业所得税。不得采取全行业统一的按照销售(营业)收入一定额度实行定额或者随征率附征企业所得税的做法。对一刀切搞企业所得税核定征收，以及扩大企业所得税核定征收范围的，一律追究有关领导的责任。

三、各级主管税务机关对符合《通知》第四条规定情形的纳税人应采用应税所得率方式核定征收企业所得税。应税所得率应严格按照我区规定的标准执行，并在每一纳税年度终了后5个月内进行汇算清缴企业所得税。

四、各级国、地税部门应加强联系和沟通，对本地生产经营地点、经营规模、经营范围基本相同的纳税人，核定的应税所得率和应纳所得税额要做到基本一致。

五、《通知》所附《企业所得税核定征收鉴定表》由各市税务机关自行印制。

六、《自治区地方税务局　国家税务局转发国家税务总局关于调整核定征收企业所得税应税所得率的通知》(桂地税发〔2007〕301号)停止执行。

关于印发《企业所得税核定征收办法》(试行)的通知

2008年3月6日　　国税发〔2008〕30号

各省、自治区、直辖市和计划单列市国家税务局、地方税务局：

为加强和规范企业所得税核定征收工作，税务总局制定了《企业所得税核定征收办法》(试行)，现印发给你们，请遵照执行。

一、严格按照规定的范围和标准确定企业所得税的征收方式。不得违规扩大核定征收企业所得税范围。严禁按照行业或者企业规模大小，“一刀切”地搞企业所得税核定征收。

二、按公平、公正、公开原则核定征收企业所得税。应根据纳税人的生产经营行业特点，综合考虑企业的地理位置、经营规模、收入水平、利润水

平等因素，分类逐户核定应纳所得税额或者应税所得率，保证同一区域内规模相当的同类或者类似企业的所得税税负基本相当。

三、做好核定征收企业所得税的服务工作。核定征收企业所得税的工作部署与安排要考虑方便纳税人，符合纳税人的实际情况，并在规定的时限内及时办结鉴定和认定工作。

四、推进纳税人建账建制工作。税务机关应积极督促核定征收企业所得税的纳税人建账建制，改善经营管理，引导纳税人向查账征收方式过渡。对符合查账征收条件的纳税人，要及时调整征收方式，实行查账征收。

五、加强对核定征收方式纳税人的检查工作。对实行核定征收企业所得税方式的纳税人，要加大检查力度，将汇算清缴的审核检查和日常征管检查结合起来，合理确定年度稽查面，防止纳税人有意通过核定征收方式降低税负。

六、国家税务局和地方税务局密切配合。要联合开展核定征收企业所得税工作，共同确定分行业的应税所得率，共同协商确定分户的应纳所得税额，做到分属国家税务局和地方税务局管辖，生产经营地点、经营规模、经营范围基本相同的纳税人，核定的应纳所得税额和应税所得率基本一致。

附件：企业所得税核定征收鉴定表

企业所得税核定征收办法（试行）

第一条 为了加强企业所得税征收管理，规范核定征收企业所得税工作，保障国家税款及时足额入库，维护纳税人合法权益，根据《中华人民共和国企业所得税法》及其实施条例、《中华人民共和国税收征收管理法》及其实施细则的有关规定，制定本办法。

第二条 本办法适用于居民企业纳税人。

第三条 纳税人具有下列情形之一的，核定征收企业所得税：

（一）依照法律、行政法规的规定可以不设置账簿的；

（二）依照法律、行政法规的规定应当设置但未设置账簿的；

（三）擅自销毁账簿或者拒不提供纳税资料的；

（四）虽设置账簿，但账目混乱或者成本资料、收入凭证、费用凭证残缺不全，难以查账的；

（五）发生纳税义务，未按照规定的期限办理纳税申报，经税务机关责令限期申报，逾期仍不申报的；

（六）申报的计税依据明显偏低，又无正当理由的。

特殊行业、特殊类型的纳税人和一定规模以上的纳税人不适用本办法。上述特定纳税人由国家税务总局另行明确。

第四条 税务机关应根据纳税人具体情况，对核定征收企业所得税的纳税人，核定应税所得率或者核定应纳所得税额。

具有下列情形之一的，核定其应税所得率：

（一）能正确核算（查实）收入总额，但不能正确核算（查实）成本费用总额的；

（二）能正确核算（查实）成本费用总额，但不能正确核算（查实）收入总额的；

（三）通过合理方法，能计算和推定纳税人收入总额或成本费用总额的。

纳税人不属于以上情形的，核定其应纳所得税额。

第五条 税务机关采用下列方法核定征收企业所得税：

（一）参照当地同类行业或者类似行业中经营规模和收入水平相近的纳税人的税负水平核定；

（二）按照应税收入额或成本费用支出额定率核定；

（三）按照耗用的原材料、燃料、动力等推算或测算核定；

（四）按照其他合理方法核定。

采用前款所列一种方法不足以正确核定应纳税所得额或应纳税额的，可以同时采用两种以上的方法核定。采用两种以上方法测算的应纳税额不一致时，可按测算的应纳税额从高核定。

第六条 采用应税所得率方式核定征收企业所得税的，应纳所得税额计算公式如下：

应纳所得税额＝应纳税所得额×适用税率

应纳税所得额＝应税收入额×应税所得率

或：应纳税所得额＝成本（费用）支出额/（1－应税所得率）×应税所得率

第七条 实行应税所得率方式核定征收企业所

得税的纳税人，经营多业的，无论其经营项目是否单独核算，均由税务机关根据其主营项目确定适用的应税所得率。

主营项目应为纳税人所有经营项目中，收入总额或者成本（费用）支出额或者耗用原材料、燃料、动力数量所占比重最大的项目。

第八条 应税所得率按下表规定的幅度标准确定：

行业	应税所得率（%）
农、林、牧、渔业	3～10
制造业	5～15
批发和零售贸易业	4～15
交通运输业	7～15
建筑业	8～20
饮食业	8～25
娱乐业	15～30
其他行业	10～30

第九条 纳税人的生产经营范围、主营业务发生重大变化，或者应纳税所得额或应纳税额增减变化达到20%的，应及时向税务机关申报调整已确定的应纳税额或应税所得率。

第十条 主管税务机关应及时向纳税人送达《企业所得税核定征收鉴定表》（表样附后），及时完成对其核定征收企业所得税的鉴定工作。具体程序如下：

（一）纳税人应在收到《企业所得税核定征收鉴定表》后10个工作日内，填好该表并报送主管税务机关。《企业所得税核定征收鉴定表》一式三联，主管税务机关和县税务机关各执一联，另一联送达纳税人执行。主管税务机关还可根据实际工作需要，适当增加联次备用。

（二）主管税务机关应在受理《企业所得税核定征收鉴定表》后20个工作日内，分类逐户审查核实，提出鉴定意见，并报县税务机关复核、认定。

（三）县税务机关应在收到《企业所得税核定征收鉴定表》后30个工作日内，完成复核、认定工作。

纳税人收到《企业所得税核定征收鉴定表》后，未在规定期限内填列、报送的，税务机关视同纳税人已经报送，按上述程序进行复核认定。

第十一条 税务机关应在每年6月底前对上年度实行核定征收企业所得税的纳税人进行重新鉴定。重新鉴定工作完成前，纳税人可暂按上年度的核定征收方式预缴企业所得税；重新鉴定工作完成后，按重新鉴定的结果进行调整。

第十二条 主管税务机关应当分类逐户公示核定的应纳所得税额或应税所得率。主管税务机关应当按照便于纳税人及社会各界了解、监督的原则确定公示地点、方式。

纳税人对税务机关确定的企业所得税征收方式、核定的应纳所得税额或应税所得率有异议的，应当提供合法、有效的相关证据，税务机关经核实认定后调整有异议的事项。

第十三条 纳税人实行核定应税所得率方式的，按下列规定申报纳税：

（一）主管税务机关根据纳税人应纳税额的大小确定纳税人按月或者按季预缴，年终汇算清缴。预缴方法一经确定，一个纳税年度内不得改变。

（二）纳税人应依照确定的应税所得率计算纳税期间实际应缴纳的税额，进行预缴。按实际数额预缴有困难的，经主管税务机关同意，可按上一年度应纳税额的1/12或1/4预缴，或者按经主管税务机关认可的其他方法预缴。

（三）纳税人预缴税款或年终进行汇算清缴时，应按规定填写《中华人民共和国企业所得税月（季）度预缴纳税申报表（B类）》，在规定的纳税申报时限内报送主管税务机关。

第十四条 纳税人实行核定应纳所得税额方式的，按下列规定申报纳税：

（一）纳税人在应纳所得税额尚未确定之前，可暂按上年度应纳所得税额的1/12或1/4预缴，或者按经主管税务机关认可的其他方法，按月或按季分期预缴。

（二）在应纳所得税额确定以后，减除当年已预缴的所得税额，余额按剩余月份或季度均分，以此确定以后各月或各季的应纳税额，由纳税人按月或按季填写《中华人民共和国企业所得税月（季）度预缴纳税申报表（B类）》，在规定的纳税申报期限内进行纳税申报。

（三）纳税人年度终了后，在规定的时限内按照实际经营额或实际应纳税额向税务机关申报纳税。申报额超过核定经营额或应纳税额的，按申报额缴纳税款；申报额低于核定经营额或应纳税额的，按核定经营额或应纳税额缴纳税款。

第十五条 对违反本办法规定的行为，按照《中华人民共和国税收征收管理法》及其实施细则的有关规定处理。

第十六条 各省、自治区、直辖市和计划单列

市国家税务局、地方税务局，根据本办法的规定联合制定具体实施办法，并报国家税务总局备案。

第十七条　本办法自2008年1月1日起执行。《国家税务总局关于印发〈核定征收企业所得税暂行办法〉的通知》（国税发〔2000〕38号）同时废止。

附件

企业所得税核定征收鉴定表

纳税人编码：　　　　　　　鉴定期：　　　年度　　　　　　　　　　　金额单位：元

<table>
<tr><td colspan="2">申报单位</td><td colspan="4"></td></tr>
<tr><td colspan="2">地　址</td><td colspan="4"></td></tr>
<tr><td colspan="2">经济性质</td><td></td><td colspan="2">行业类别</td><td></td></tr>
<tr><td colspan="2">开户银行</td><td></td><td colspan="2">账号</td><td></td></tr>
<tr><td colspan="2">邮政编码</td><td></td><td colspan="2">联系电话</td><td></td></tr>
<tr><td colspan="2">上年收入总额</td><td></td><td colspan="2">上年成本费用额</td><td></td></tr>
<tr><td colspan="2">上年注册资本</td><td></td><td colspan="2">上年原材料耗费量（额）</td><td></td></tr>
<tr><td colspan="2">上年职工人数</td><td></td><td colspan="2">上年燃料、动力耗费量（额）</td><td></td></tr>
<tr><td colspan="2">上年固定资产原值</td><td></td><td colspan="2">上年商品销售量（额）</td><td></td></tr>
<tr><td colspan="2">上年所得税额</td><td></td><td colspan="2">上年征收方式</td><td></td></tr>
<tr><td>行次</td><td colspan="2">项　　目</td><td colspan="2">纳税人自报情况</td><td>主管税务机关审核意见</td></tr>
<tr><td>1</td><td colspan="2">账簿设置情况</td><td colspan="2"></td><td></td></tr>
<tr><td>2</td><td colspan="2">收入核算情况</td><td colspan="2"></td><td></td></tr>
<tr><td>3</td><td colspan="2">成本费用核算情况</td><td colspan="2"></td><td></td></tr>
<tr><td>4</td><td colspan="2">纳税申报情况</td><td colspan="2"></td><td></td></tr>
<tr><td>5</td><td colspan="2">履行纳税义务情况</td><td colspan="2"></td><td></td></tr>
<tr><td>6</td><td colspan="2">其他情况</td><td colspan="2"></td><td></td></tr>
<tr><td colspan="3">纳税人对征收方式的意见：

经办人签章：　　　　　　（公章）
年　月　日</td><td colspan="3">主管税务机关意见：

经办人签章：　　　　　　（公章）
年　月　日</td></tr>
<tr><td colspan="6">县级税务机关审核意见：

经办人签章：　　　　　　（公章）
年　月　日</td></tr>
</table>

自治区地方税务局关于向第四届中国—东盟博览会提供捐赠资助的企业减征企业所得税的通知

2008年6月16日　　桂地税发〔2008〕101号

各市地方税务局，自治区地方税务局直属税务分局：

现将广西国际博览事务局函送我局的《向第四届中国—东盟博览会提供捐赠、资助的企业、社会组织和团体名单》通知你们，请主管税务机关按照《广西壮族自治区人民政府关于中国—东盟博览会有关税收问题协调工作会议的会议纪要》（桂政阅〔2005〕89号）的规定，对所列企业、社会组织和团体向第四届中国—东盟博览会的捐赠、资助金额给予办理减征相应企业所得税的相关手续。

附件：关于请给予第四届中国—东盟博览会捐赠及资助的企业减征相应所得税的函（桂博览函〔2008〕111号）

附件

关于请给予第四届中国—东盟博览会捐赠及资助的企业减征相应所得税的函

2008年6月6日　　桂博览函〔2008〕111号

自治区地方税务局：

中国—东盟博览会从2004年起已成功举办四届，中国—东盟博览会是政府主导型的国家级、国际性展会，主办方不以赢利为目的，每年均需给东盟国家参展参会的企业及有关人员大量补贴。办展办会的经费来源除国家对外援助资金及财政拨款外，不足部分主要由企业、社会组织和团体捐赠、资助解决。因此，每届中国—东盟博览会都有一批企业给予捐赠和资助。

根据《广西壮族自治区人民政府关于中国—东盟博览会有关税收问题协调工作会议的会议纪要》（桂政阅〔2005〕89号）精神，为继续鼓励社会各界支持博览会，恳请贵局对给予第四届中国—东盟博览会捐赠、资助的企业、社会组织和团体减征相应企业所得税。

特此致函。

附件1：向第四届中国—东盟博览会提供捐赠、资助的企业、社会组织和团体名单

附件2：广西壮族自治区人民政府关于中国—东盟博览会有关税收问题协调工作会议的会议纪要（桂政阅〔2005〕89号）

附件 1

向第四届中国—东盟博览会提供捐赠、资助的企业、社会组织和团体名单

单位名称	金额	开具票据
南宁市建业房地产开发有限公司	60 万	专用票据
广西南宁大惠丰投资有限公司	30 万	专用票据
广西洁宝纸业投资股份有限公司	35 万	专用票据
广西区农村信用社联合社	60 万	专用票据
广西柳州钢铁集团公司	800 万	专用票据
柳州华锡集团有限公司	300 万	专用票据
广西弘通汽车销售服务有限责任公司	30 万	专用票据
深圳航空有限责任公司南宁分公司	50 万	专用票据
燕京啤酒（桂林）漓泉股份有限公司	140 万	专用票据
广西中烟工业公司	100 万	专用票据
广西广缘汽车销售服务有限公司	50 万	专用票据
中国国电集团公司广西分公司	300 万	专用票据
广西壮族自治区电信有限公司	150 万	专用票据
中国移动通信集团广西有限公司	1000 万	专用票据
广西投资集团有限公司	300 万	专用票据
广西农垦集团有限公司	200 万	专用票据

注：1. “专用票据”指“中国—东盟博览会秘书处广西国际博览捐赠、赞助专用票据”。

2. 所有捐赠、资助的对象均是“中国—东盟博览会秘书处”（广西国际博览事务局）。

附件 2

广西壮族自治区人民政府关于中国—东盟博览会有关税收问题协调工作会议的会议纪要

2005 年 9 月 12 日　桂政阅〔2005〕89 号

6 月 22 日下午，自治区人民政府副秘书长陈庆勇根据陈武秘书长的批示精神主持召开会议，研究中国—东盟博览会有关税收问题。自治区财政厅、国家税务局、地方税务局、广西国际博览事务局（以下简称博览局）等有关部门负责同志出席了会议。现纪要如下：

会议认为，广西要承办好中国—东盟博览会，必须坚持政府主导、社会参与、市场化运作的办展模式。要进一步为博览会的市场化运作创造良好的条件，鼓励社会各界对博览会的可持续发展。

会议就博览会的有关税收政策问题达成以下意见：

一、关于博览会展览组办业务，如属于代理服务业的，可参照有关省（市）的做法，以收取的全部收入，扣除实际支付的场租费、展台搭建费和参展客商差旅费后的余额缴纳营业税。

二、关于免征博览局企业所得税问题，可根据《财政部　国家税务总局关于企业所得税若干优惠政策的通知》（财税字〔1994〕001 号）第一条第（四）项规定的政策执行，从 2004 年起到 2006 年

止免征企业所得税3年。规定期满后是否继续给予照顾，将根据博览局实际情况和国家有关的税收政策研究决定。

三、关于向博览会提供捐赠、资助的企业、社会组织和团体涉及的所得税问题，为鼓励社会各界支持博览会，同时切实减轻捐赠、资助人的负担，可运用《中华人民共和国企业所得税暂行条例》第八条第（一）款赋予民族自治地方的减免税权力，由自治区人民政府授权省级税务机关，给予捐赠、资助人税收照顾。

会议认为，应降低捐赠、资助人享受减征所得税政策的门槛，同意凡捐赠、资助博览会的区内企业，企业提出申请并提交相关材料，经博览局审核并报税务部门审批，可按照实际捐赠、资助金额减征相应的所得税。

出席人员：自治区财政厅韦锡佐，自治区国税局赖联邦，自治区地税局蒙启华，广西国际博览事务局杨京凯、庞志军、莫轻思。

自治区地方税务局关于加强所得税管理有关问题的通知

2008年10月17日　　桂地税发〔2008〕150号

各市、县（市、区）地方税务局，各市地方税务局直属机构，自治区地方税务局直属税务分局、稽查局：

为认真贯彻落实全区财税工作座谈会精神和自治区地税局对旺征工作的要求，进一步推进依法治税，强化所得税管理，全面落实科学化、专业化和精细化管理的工作要求，提高所得税征管质量和效率，努力确保今年全区地方税收收入任务的完成，切实解决一些地方对所得税管理工作重视不够、措施不力、新企业所得税法贯彻执行不好、跨地区经营的总分支机构企业所得税税款征收不到位等问题，确保税收收入任务的完成，现就如何加强所得税管理提出如下要求，请认真贯彻执行。

一、坚持组织收入原则，确保完成全年所得税收入任务

2008年1～9月，全区地税系统共组织企业所得税收入256612万元，比上年同期增长11.4%，完成最新调整企业所得税收入任务340000万元的75.47%；个人所得税收入332967万元，比上年同期增长19.1%，仅完成最新调整个人所得税收入任务515000万元的64.65%。第四季度组织所得税收入任务形势相当严峻。为此，各级地税机关要努力克服政策性减收、企业经济效益下滑等不利因素，坚持“依法治税，应收尽收，坚决不收过头税，坚决防止和制止越权减免税”的组织收入原则，努力挖掘税收政策潜在的税源，采取切实可行的组织收入措施，力争确保完成2008年度所得税收入任务。

二、进一步加强企业所得税预缴的管理

新企业所得税法于2008年1月1日正式实施后，国家税务总局已陆续下发了《国家税务总局关于企业所得税预缴问题的通知》（国税发〔2008〕17号）、《国家税务总局关于小型微利企业所得税预缴问题的通知》（国税函〔2008〕251号）、《国家税务总局关于房地产开发企业所得税预缴问题的通知》（国税函〔2008〕299号），明确企业所得税的有关预缴工作。各级地税机关应采取积极有力措施，督促所管企业所得税纳税户根据《中华人民共和国企业所得税法》第五十四条和《中华人民共和国企业所得税法实施条例》第一百二十八条的规定，按时向税务机关办理企业所得税纳税申报和报送企业所得税月（季）度预缴纳税申报表，预缴企业所得税税款。纳税人未按照税法规定的期限办理企业所得税纳税申报的，应严格按照《中华人民共和国税收征收管理法》的有关规定进行处罚。

（一）为了确保企业所得税收入的均衡入库，对纳税人2007年度应纳税所得额超过30万元（含30万元）的，原则上采取按月预缴企业所得税的办法。

（二）原已被认定为高新技术企业，减按15％税率缴纳企业所得税的纳税人，应根据《国家税务总局关于企业所得税预缴问题的通知》（国税发〔2008〕17号）的规定，对按照新企业所得税法有关规定没有被重新认定为高新技术企业的，一律暂按25％的税率预缴2008年度企业所得税。

（三）房地产开发企业在开发产品未完工前，采取预售方式销售取得的预售收入，应根据《国家税务总局关于房地产开发企业所得税预缴问题的通知》（国税函〔2008〕299号）规定的预计利润率，按月（或季）计算出预计利润额，并入企业利润总额一并申报缴纳企业所得税。为此，各级地税机关应注重对房地产开发企业预售收入的审核工作，以确保房地产开发企业的企业所得税预征税款征收到位。

三、强化管理，加大税收稽查力度

全区地税系统2007年度企业所得税汇算清缴工作已结束，经与最近开展的企业所得税纳税户户籍调查结果对比，2007年度企业所得税汇算清缴户与正常管理户相差较大，说明有相当部分的纳税人未按要求进行2007年度企业所得税汇算清缴工作，具体的比对数据情况详见下表：

企业所得税汇算情况调查表

单位：户

单位	企业所得税正常管理户数	定额征收户数	2007年汇算清缴总户数	未汇算清缴户数	未汇算清缴情况小计	已汇算未编入企业所得税汇算清缴汇总表户数	未汇算清缴户数	其他
栏次	1	2	3	4	5	6	7	8
区局直属局	1022	0	985	37				
南宁市	6448	90	4636	1722				
柳州市	3392	30	3165	197				
桂林市	3051	453	2412	186				
北海市	1625	175	975	475				
河池市	926	53	787	86				
百色市	960	43	732	185				
梧州市	1712	112	1192	408				
玉林市	1046	198	935	－87				
钦州市	1201	89	1174	－62				
贵港市	1111	95	696	320				
防城港市	562	68	463	31				
贺州市	299	7	312	－20				
崇左市	794	41	442	311				
来宾市	366	8	264	94				
合　计	24515	1462	19170	3883				

企业所得税汇算清缴是全面贯彻落实企业所得税法律、法规及各项规章制度的一项重要工作，是完成企业所得税收入任务的重要保证。为了确保完成2008年度企业所得税收入任务，请各市地税局、自治区地税局直属税务分局所得税管理部门认真核对上述表格内有关数据，对未汇算清缴情况的原因以书面形式专题报告，有关具体数据填列上表空白处，于2008年10月26日前务必将书面报告和《企业所得税汇算情况调查表》通过FTP上报自治区地税局所得税处。上报途径：上传/企业所得税/企业所得税汇算清缴调查。对确实未开展2007年度企业所得税汇算清缴工作的纳税人，于2008年10月26日前将有关未开展2007年度企业所得税汇算清缴工作纳税人的名单送当地稽查部门，列入2008年度旺征工作期间需重点检查企业对象。通过强化管理，加大税收稽查和处罚力度，以提高全

区企业所得税征管水平和质量。

四、做好总分支机构企业所得税征管工作

为了加强跨地区经营的总分支机构企业所得税征管工作，国家税务总局印发了《〈跨地区经营汇总纳税企业所得税征收管理暂行办法〉的通知》（国税发〔2008〕28号），对分支机构实行“统一计算、分级管理、就地预缴、汇总清算”的处理办法。同时自治区国税局、自治区地税局也联合下发了我区《〈跨市经营汇总纳税企业所得税征收管理暂行办法〉的通知》（桂国税发〔2008〕143号）。但从目前各地对跨地区经营的总分支机构企业所得税征收管理的情况分析，存在着管理不到位的现象，因此，要求各级地税机关要全面掌握总分支机构的情况，对应征收企业所得税的税款要及时征缴入库。对总机构在外省其分支机构在广西的，如果总机构不向分支机构提供企业所得税分配表，导致分支机构无法正常就地申报预缴企业所得税，主管税务机关要责成分支机构督促总机构限期提供税款分配表，同时函请总机构主管税务机关责成总机构限期提供税款分配表。若总机构仍未能在规定的期限内提供有关税款分配表，主管税务机关可按照分支机构2008年实现的利润数或是按上年实际数预征企业所得税。

最近自治区地税对跨地区经营总分支机构的分布情况，开展了一次较为全面的清理和检查，具体情况详见下表：

跨省、跨市分支机构调查情况统计表

单位 区域	合计	直属局	南宁市	柳州市	桂林市	北海市	河池市	百色市	梧州市	玉林市	钦州市	贵港市	防城港市	贺州市	崇左市	来宾市
跨省分支机构	340	12	180	59	16	39	0	0	17	0	2	3	9	2	1	0
跨市分支机构	321	17	67	30	23	36	8	2	31	0	19	23	12	13	32	8
合　计	661	29	247	89	39	75	8	2	48	0	21	26	21	15	33	8

为了更全面掌握跨地区经营的总机构和分支机构缴纳企业所得税的具体情况，请各市地税局、自治区地税局直属税务分局所得税管理部门按照附件1～3的具体要求，按户开展总分支机构2008年度企业所得税情况调查工作，于2008年10月31日前务必将附件通过FTP上报自治区地税局所得税处。上报途径：上传/企业所得税/总分支机构2008年度企业所得税情况调查。

五、加强个人所得税的检查工作

（一）加强对重点税源户和重点行业企业的个人所得税检查工作。为了掌握全区重点税源的分布情况，自治区地税局对缴纳地方税的前十户重点企业进行了跟踪定量分析。从1～8月的情况看，企业的工资薪金支出比去年同期有较大幅度的增长，但工资薪金个人所得税的增幅并不很大。一些行业的个人收入隐蔽性较强，个人所得税的代扣代缴工作不到位，因此，要求各级地税机关采取日常检查和专项检查相结合的方式，对重点税源户和重点行业（如房地产、建筑安装及医疗机构、高等院校、营利性的中介机构）进行认真的检查。

（二）加强对年所得12万元以上个人自行纳税申报专项检查工作。近年来，年所得12万元以上个人所得税自行纳税申报工作取得了一定的成效，但仍有相当部分的纳税人未能依法进行自行纳税申报。为了进一步加强对自行纳税申报工作的后续管理，公平税负，强化征管，堵塞漏洞，要求各级地税机关对年所得12万元以上个人的个人所得税开展有重点的检查，对未按规定履行自行申报义务的个人应严格依法进行处罚。

六、加强部门之间的协调配合，提高工作实效

由于所得税政策较为复杂、涉及面广、征管难度大，为此，各级地税机关一是要加强内部各部门的协调配合，形成强有力的工作合力；二是要加强与工商部门的协调配合，及时掌握企业的登记信息资料，积极跟进税收管理；三是要加强与国税部门的协调配合，建立工作联系制度，在征管范围划分上，要注重沟通协商，以防纳税人通过改头换面，重新注册登记等手段逃避国家税收。在所得税政策上，应保持政策执行的一致性，统一执法标准，平衡税收负担。

附件：总分支机构2008年度企业所得税情况调查表（略）

自治区地方税务局转发国家税务总局关于加强企业所得税管理的意见

2008 年 12 月 12 日　　桂地税发〔2008〕180 号

各市、县（市、区）地方税务局，各市地方税务局直属机构，自治区地方税务局直属税务分局：

现将《国家税务总局关于加强企业所得税管理的意见》（国税发〔2008〕88 号）转发给你们，请结合本地实际，创造性地开展企业所得税管理工作。自治区地税局将根据国家税务总局加强企业所得税管理的有关要求，结合我区实际，制定全区地税系统企业所得税管理的实施意见。

国家税务总局关于加强企业所得税管理的意见

2008 年 8 月 18 日　　国税发〔2008〕88 号

各省、自治区、直辖市和计划单列市国家税务局、地方税务局：

为深入贯彻科学发展观，全面落实《中华人民共和国企业所得税法》及其实施条例，进一步加强新形势下企业所得税管理，特提出以下意见。

一、指导思想和主要目标

加强企业所得税管理的指导思想是：以科学发展观为统领，坚持依法治税，全面推进企业所得税科学化、专业化和精细化管理，不断提升企业所得税管理和反避税水平，充分发挥企业所得税组织收入、调节经济、调节收入分配和保障国家税收权益的职能作用。

加强企业所得税管理的主要目标是：全面贯彻《中华人民共和国企业所得税法》及其实施条例，认真落实企业所得税各项政策，进一步完善企业所得税管理和反避税制度及手段，逐步提高企业所得税征收率和税法遵从度。

二、总体要求

根据加强企业所得税管理的指导思想和主要目标，加强企业所得税管理的总体要求是：分类管理，优化服务，核实税基，完善汇缴，强化评估，防范避税。

（一）分类管理。

分类管理是企业所得税管理的基本方法。各地要结合当地情况，对企业按行业和规模科学分类，并针对特殊企业和事项以及非居民企业，合理配置征管力量，采取不同管理方法，突出管理重点，加强薄弱环节监控，实施专业化管理。

1. 分行业管理。

针对企业所处行业的特点实施有效管理。全面掌握行业生产经营和财务核算特点、税源变化情况等相关信息，分析可能出现漏洞的环节，确定行业企业所得税管理重点，制定分行业的企业所得税管理制度办法、纳税评估指标体系。

税务总局负责编制企业所得税管理规范，并在整合各地分行业管理经验基础上，编制主要行业的企业所得税管理操作指南。对税务总局没有编制管理操作指南的当地较大行业，由省局负责组织编制企业所得税管理操作指南。

2. 分规模管理。

按照企业生产经营规模和税源规模进行分类，全面了解不同规模企业生产经营特点和工艺流程，深入掌握企业生产经营、财务会计核算、税源变化及税款缴纳等基本情况，实行分层级管理。

对生产经营收入、年应纳税所得额或者年应纳所得税额较大的企业，要积极探索属地管理与专业化管理相结合的征管模式，试行在属地管理基础上集中、统一管理，充分发挥专业化管理优势。科学划分企业所在地主管税务机关和上级税务机关管理职责，企业所在地主管税务机关负责企业税务登记、纳税申报、税款征收、发票核发等日常管理工作，县市以上税务机关负责对企业的税收分析、纳税评估、税务检查和反避税等工作事项实施分级管理，形成齐抓共管的工作格局。

对生产经营收入、年应纳税所得额或者年应纳所得税额中等或较小的企业，主要由当地税务机关负责加强税源、税基、汇算清缴和纳税评估等管理工作。根据税务总局制定的《企业所得税核定征收办法》规定的核定征收条件，对达不到查账征收条件的企业核定征收企业所得税，促使其完善会计核算和财务管理；达到查账征收条件后要及时转为查账征收。

3. 特殊企业和事项管理。

汇总纳税企业管理。建立健全跨地区汇总纳税企业信息管理系统，实现总分机构所在地税务机关信息传递和共享。总机构主管税务机关督促总机构按规定计算传递分支机构企业所得税预缴分配表，切实做好汇算清缴工作。分支机构主管税务机关监管分支机构企业所得税有关事项，查验核对分支机构经营收入、职工工资和资产总额等指标以及企业所得税分配额，核实分支机构财产损失。建立对总分机构联评联查工作机制，税务总局和省局分别组织跨省、跨市总分机构所在地主管税务机关共同开展汇总纳税企业所得税纳税评估和检查。

事业单位、社会团体和民办非企业单位管理。通过税务登记信息掌握其设立、经营范围等情况，并按照税法规定要求其正常纳税申报。加强非营利性组织资格认定和年审。严格界定应税收入、不征税收入和免税收入。分别核算应税收入和不征税收入所对应的成本费用。

减免税企业管理。加强企业优惠资格认定工作，与相关部门定期沟通、通报优惠资格认定情况。定期核查减免税企业的资格和条件，发现不符合优惠资格或者条件的企业，及时取消其减免税待遇。落实优惠政策适用范围、具体标准和条件、审批层次、审批环节、审批程序等规定，并实行集体审批制度。对享受优惠政策需要审批的企业实行台账管理，对不需要审批的企业实行跟踪管理。

异常申报企业管理。对存在连续三年以上亏损、长期微利微亏、跳跃性盈亏、减免税期满后由盈转亏或应纳税所得额异常变动等情况的企业，作为纳税评估、税务检查和跟踪分析监控的重点。

企业特殊事项管理。对企业合并、分立、改组改制、清算、股权转让、债务重组、资产评估增值以及接受非货币性资产捐赠等涉及企业所得税的特殊事项，制定并实施企业事先报告制度和税务机关跟踪管理制度。要专门研究企业特殊事项的特点和相关企业所得税政策，不断提高企业特殊事项的所得税管理水平。

4. 非居民企业管理。

强化非居民企业税务登记管理，及时掌握其在中国境内投资经营等活动，规范所得税申报和相关资料报送制度，建立分户档案、管理台账和基础数据库。

加强外国企业在中国境内设立常驻代表机构等分支机构的管理、非居民企业预提所得税的管理、非居民企业承包工程和提供劳务的管理、中国居民企业对外支付以及国际运输涉及企业所得税的管理，规范非居民企业适用税收协定的管理。

（二）优化服务。

优化服务是企业所得税管理的基本要求。通过创新服务理念，突出服务重点，降低纳税成本，不断提高企业税法遵从度。

1. 创新服务理念。

按照建设服务型政府的要求，牢固树立征纳双方法律地位平等的理念，做到依法、公平、文明服务，促使企业自觉依法纳税，不断提高税法遵从度。结合企业所得税政策复杂、涉及面广和申报要求高等特点，探索创新服务方式。根据企业纳税信用等级和不同特点，分别提供有针对性内容的贴近式、全过程服务，不断丰富服务方式和手段。

2. 突出服务重点。

坚持依法行政，公平公正执法。在出台新税收政策、企业设立、预缴申报、汇算清缴、境外投资、改组改制和合并分立等重点环节，及时做好企业所得税政策宣传和辅导工作。提高“12366”纳税服务热线工作人员素质，及时更新企业所得税知识库，通过在线答疑、建立咨询库等形式，为企业提供高质量咨询解答服务。加强税务部门网站建设，全面实施企业所得税政务公开。通过各种途径和方式，及时听取企业对有关政策和管理的意见建议。加强国际税收合作与交流，制定发布企业境外投资税收服务指南，为“走出去”企业提供优质服务。严格执行保密管理规定，依法为企业保守商业秘密。

3. 降低纳税成本。

针对各类纳税人、各类涉税事项，健全和完善各项工作流程、操作指南，方便纳税人办理涉税事宜。提高税收综合征管信息在企业所得税征管中的应用效率，避免重复采集涉税信息。减少企业所得税审批事项，简化审批手续，提高审批效率。逐步实现企业财务数据采集信息化。对纳税信用 A 级的企业，在企业所得税征管中给予更多便利。

（三）核实税基。

核实税基是企业所得税管理的核心工作。要加强税源基础管理，综合运用审批、备案、综合比对等方法，夯实企业所得税税前扣除、关联交易和企业清算管理工作，确保税基完整和准确。

1. 税源基础管理。

通过企业办理设立、变更、注销、外出经营等事项的税务登记，及时掌握企业总机构、境内外分支机构、境内外投资、关联关系等相关信息。加强纳税人认定工作，正确判定法人企业和非法人企业、居民企业和非居民企业、独立纳税企业和汇总（合并）纳税企业、正常纳税企业和减免税企业。加强国税和地税部门之间、与相关部门之间的协调配合，全面掌握户籍信息。充分发挥税收管理员职能作用，实行税源静态信息采集与动态情况调查相结合。强化企业所得税收入分析工作，及时掌握税源和收入变化动态。引导企业建立健全财务会计核算制度，实行会计核算制度和方法备案管理。

加强跨国税源管理，建立健全国际税源信息汇集和日常监控机制，对企业跨境交易、投资、承包工程、提供劳务和跨境支付等业务活动的应税所得加强管理，防范侵蚀我国税基和延迟纳税。建立健全企业所得税法与税收协定衔接机制，防范跨国企业滥用税收协定偷逃税。

2. 收入管理。

完善不同收入项目的确认原则和标准。依据企业有关凭证、文件和财务核算软件的电子数据，全面掌握企业经济合同、账款、资金结算、货物库存和销售等情况，核实企业应税收入。加强与相关部门的信息交换，及时掌握企业股权变动情况，保证股权转让所得税及时征缴入库。依据财政拨款、行政事业性收费、政府性基金专用票据，核实不征税收入。依据对外投资协议、合同、资金往来凭据和被投资企业股东大会、董事会关于税后利润分配决议，核实股息、红利等免税收入。对分年度确认的非货币性捐赠收入和债务重组收入、境外所得等特殊收入事项，实行分户分项目台账管理。

充分利用税控收款机等税控设备，逐步减少手工开具发票。利用税收综合征管系统，比对分析企业所得税收入与流转税及其他税种收入数据、上游企业大额收入与下游企业对应扣除数据等信息，准确核实企业收入。

3. 税前扣除管理。

分行业规范成本归集内容、扣除范围和标准。利用跨地区汇总纳税企业信息交换平台审核比对总分机构有关信息。严格查验原材料购进、流转、库存等环节的凭证。依据行业投入产出水平，重点核查与同行业投入产出水平偏离较大而又无合理解释的成本项目。

加强费用扣除项目管理，防止个人和家庭费用混同生产经营费用扣除。利用个人所得税和社会保险费征管、劳动用工合同等信息，比对分析工资支出扣除数额。加大大额业务招待费和大额会议费支出核实力度。对广告费和业务宣传费、长期股权投资损失、亏损弥补等跨年度扣除项目，实行台账管理。加强发票核实工作，不符合规定的发票不得作为税前扣除凭据。认真落实不征税收入所对应成本、费用不得税前扣除的规定。

规范财产损失税前扣除，明确税前扣除的条件、标准、需报送的证据材料和办理程序，并严格按规定审批。对企业自行申报扣除的财产转让损失、合理损耗、清理报废等损失，要严格审核证据材料，实行事后跟踪管理。要对大额财产损失实地核查。

4. 关联交易管理。

对企业所得税实际税负有差别或有盈有亏的关联企业，建立关联企业管理台账，对关联业务往来价格、费用标准等实行备案管理。拓宽关联交易管理信息来源渠道，充分利用国家宏观经济数据、行业协会价格和盈利等分析数据、国内外大型商业数据库数据等信息开展关联交易管理。加强关联交易行为调查，审核关联交易是否符合独立交易原则，防止企业利用关联方之间适用不同所得税政策以及不同盈亏情况而转移定价和不合理分摊费用。加强对跨省市大企业和企业集团关联交易管理，实行由税务总局牵头、上下联动、国税和地税互动的联合纳税评估和检查。

5. 清算管理。

加强与工商、国有资产管理等部门的相互配合，及时掌握企业清算信息。制定企业清算的所得税管理办法，规范企业清算所得纳税申报制度。加强企业清算后续管理，跟踪清算结束时尚未处置资产的变现情况。对清算企业按户建立注销档案，强化注销检查，到企业生产经营场所实地核查注销的真实性和清算所得计算的准确性。

（四）完善汇缴。

汇算清缴是企业所得税管理的关键环节。要规范预缴申报，加强汇算清缴全程管理，发挥中介机构积极作用，不断提高企业所得税汇算清缴质量。

1. 规范预缴申报。

根据企业财务会计核算质量以及上一年度企业所得税预缴和汇算清缴实际情况，依法确定企业本年度企业所得税预缴期限和方法。对按照当年实际利润额预缴的企业，重点加强预缴申报情况的上下期比对；对按照上一年度应纳税所得额的平均额计算预缴的企业，重点提高申报率和入库率；对按照税务机关认可的其他方法预缴的企业，及时了解和掌握其生产经营情况，确保预缴申报正常进行。认真做好预缴税款催报催缴工作，依法处理逾期申报和逾期未申报行为。

2. 加强汇算清缴全程管理。

做好汇算清缴事前审批和宣传辅导工作。按照减免税和财产损失等税前扣除项目的审批管理要求，在规定时限内及时办结审批事项。审批事项不符合政策规定不予批准的，在规定时限内及时告知企业原因。分行业、分类型、分层次、有针对性地开展政策宣传、业务培训、申报辅导等工作，帮助企业理解政策、了解汇算清缴程序和准备报送的有关资料。引导企业使用电子介质、网络等手段，有序、及时、准确进行年度纳税申报。

着力加强受理年度纳税申报后审核控制工作。认真审核申报资料是否完备、数据是否完整、逻辑关系是否准确。重点审核收入和支出明细表、纳税调整明细表，特别注意审核比对会计制度规定与税法规定存在差异的项目。发现申报错误和疑点后，要及时要求企业重新申报或者补充申报。提高按时申报率和补税入库率，及时办理退税。

认真做好汇算清缴统计分析和总结工作。及时汇总和认真分析汇算清缴数据，充分运用汇算清缴数据分析日常管理、税源管理、预缴管理等方式，及时发现管理漏洞，研究改进措施，巩固汇算清缴成果。

3. 发挥中介机构作用。

引导中介机构在提高汇算清缴质量方面发挥积极作用，按照有关规定做好相关事项审计鉴证工作。对法律法规规定财务会计年报须经中介机构审计鉴证的上市公司等企业，可要求其申报时附报中介机构出具的年度财务会计审计鉴证报告，并认真审核。企业可以自愿委托具备资格的中介机构出具年度财务会计审计鉴证报告和年度纳税申报鉴证报告。加大对中介机构从事企业所得税鉴证业务的监管力度。

（五）强化评估。

纳税评估是企业所得税管理的重要手段。要夯实纳税评估基础，完善纳税评估机制，建立联合评估工作制度，创新纳税评估方法，不断提高企业所得税征管质量和效率。

1. 夯实纳税评估基础。

要全面、及时、准确地采集企业年度纳税申报表、财务会计报表和来自第三方的涉税信息。以省为单位建立企业所得税纳税评估数据库，逐步积累分行业、分企业的历年税负率、利润率、成本费用率等历史基础数据。研究按行业设立全国或省级企业所得税纳税评估指标体系。根据行业生产经营、财务会计核算和企业所得税征管特点，建立行业评估模型。

2. 完善纳税评估机制。

通过比对各种数据信息，科学选择评估对象。根据行业生产经营、财务管理和会计核算特点，分行业确定企业所得税纳税评估的重点环节，确定风险点，有针对性地进行风险检测、预警。运用企业所得税纳税评估模型比对分析年度纳税申报数据和以往历史数据以及同行业利润率、税负率等行业数据，查找疑点，从中确定偏离峰值较多、税负异常、疑点较多的企业作为纳税评估重点对象。

充分运用各种科学、合理的方法进行评估。综合采用预警值分析、同行业数据横向比较、历史数据纵向比较、与其他税种关联性分析、主要产品能耗物耗指标比较分析等方法，对疑点和异常情况进行深入分析并初步作出定性和定量判断。

按程序对评估结果进行处理。经评估初步认定企业存在问题的，进行税务约谈，要求企业陈述说明、补充举证资料。通过约谈认为需到生产经营现场了解情况、审核账目凭证的，应实地调查核实。疑点问题经以上程序认定没有偷税等违法嫌疑的，提请企业自行改正；发现有偷税等违法嫌疑的，移交稽查部门处理，处理结果要及时向税源管理部门反馈。

3. 完善评估工作制度。

构建重点评估、专项评估、日常评估相结合的企业所得税纳税评估工作体系。实行企业所得税与流转税及其他税种的联合评估、跨地区联合评估和国税与地税联合评估。总结企业所得税纳税评估经验和做法，建立纳税评估案例库，交流纳税评估工作经验。

（六）防范避税。

防范避税是企业所得税管理的重要内容。要贯彻执行税收法律、法规和反避税操作规程，深入开展反避税调查，完善集中统一管理的反避税工作机制，加强反避税与企业所得税日常管理工作的协调配合，拓宽反避税信息渠道，强化跟踪管理，有效维护国家税收权益。

1. 加强反避税调查。

严格按照规定程序和方法，加大对转让定价、资本弱化、受控外国公司等不同形式避税行为的管理力度，全面提升反避税工作深度和广度。规范调查分析工作，实行统一管理，不断提高反避税工作质量。要针对避税风险大的领域和企业开展反避税调查，形成重点突破，起到对其他避税企业的震慑作用。选择被调查企业时，要根据当地经济发展状况、行业重点、可能存在的避税风险以及对国家税收影响大的行业和企业等具体情况，进行综合分析评估，确定反避税工作的重点。继续推进行业联查、企业集团联查等方法，统一行动，以点带面，充分形成辐射效应。

2. 建立协调配合机制。

要重视税收日常管理工作与反避税工作的衔接和协调。通过加强关联交易申报管理，全面获取企业关联交易的各项信息，建立健全信息传递机制和信息共享平台，使反避税人员能够充分掌握企业纳税申报、汇算清缴、日常检查、纳税评估、税务稽查等信息和资料，及时发现避税疑点。反避税部门要积极向其他税收管理部门提出信息需求，协助其他部门做好信息传递工作。

3. 拓宽信息渠道。

要充分发挥数据库在反避税工作中的重要作用。拓宽信息资料来源，积极利用所得税汇算清缴数据、出口退税数据、国际情报交换信息、互联网信息以及其他专项数据库信息，加强分析比对，深入有效地开展好反避税选案、调查和调整工作。增强反避税调查调整的可比性。

4. 强化跟踪管理。

建立结案企业跟踪管理机制，监控已结案企业的投资、经营、关联交易、纳税申报额等指标及其变化情况。通过对企业年度财务会计报表的分析，评价企业的经营成果，对于仍存在转让定价避税问题的企业，在跟踪期内继续进行税务调整，巩固反避税成果。

三、保障措施

企业所得税管理是一项复杂的系统工程。必须进一步统一思想，提高认识，统筹协调，狠抓落实，从组织领导、信息化建设和人才队伍培养等方面采取有力措施，促进企业所得税管理水平不断提高。

（一）组织保障。

1. 强化组织领导。

各级税务机关要把加强企业所得税管理作为当前和今后一个时期税收征管的主要任务来抓，以此带动税收整体管理水平的提升。主要领导要高度重视企业所得税管理，定期研究分析企业所得税管理工作情况，协调解决有关问题。分管领导要认真履行职责，认真组织开展各项工作。企业所得税和国际税务管理部门牵头，法规、征管、计统、信息中心、人事、教育等部门相互配合，各负其责，确保加强企业所得税管理的各项措施落到实处。

各级税务机关要加强调查研究，对新税法贯彻落实情况、税法与财务会计制度的差异、企业税法遵从度和纳税信用等重点问题进行分析研究，对发现的新情况、新问题要及时向上级税务机关反馈。要不断完善企业所得税制度建设，建立健全企业所得税管理制度体系。正确处理企业所得税管理与其他税种管理的关系，加强对各税种管理的工作整合，统筹安排，协调征管，实现各税种征管互相促进。

2. 明确工作职责。

各级税务机关要认真落实分层级管理要求，各负其责。税务总局负责领导组织全国企业所得税管理工作，制定相关管理制度办法，组织实施全国性、跨省份联评联查和反避税，着力培养高素质专门人才。省局要强化指导作用，细化和落实全国企业所得税管理制度、办法和要求，组织实施加强管理的具体措施，建立纳税评估指标体系，开展省内跨区域联评联查和反避税等工作，组织高层次专门人才培训。市局做好承上启下的各项工作，贯彻落实税务总局和省局有关企业所得税管理的制度、办法、措施和要求，指导基层税务机关加强管理。县局要负责落实上级税务机关的管理工作要求，着重提供优质服务，深入开展税源、税基管理，切实做好定期预缴、汇算清缴、核定征收、纳税评估等日常管理工作。完善企业所得税管理岗责考核体系，加强工作绩效考核和责任追究。结合《税收管理员制度》的修订，进一步完善企业所得税管理的内控机制，深化企业所得税征管质量预警机制建设，降低基层执法风险。

3. 加强协同管理。

建立各税种联动、国税和地税协同、部门间配合、国际性合作的协同配合机制。利用企业所得税与各税费之间的内在关联和相互对应关系，加强企业所得税与流转税、个人所得税、社会保险费的管理联动。加强税务机关内部各部门之间、国税和地税之间、不同地区税务机关之间的工作协同与合作，形成管理合力。基层税务机关要注意整合企业所得税管理与其他税种的管理要求，统一落实到具体管理工作中。加强企业所得税稽查，各地每年选择1至2个行业进行重点稽查，加大打击偷逃企业所得税力度。配合加强和规范发票管理工作，严格审核发票真实性和合法性。国税和地税要在纳税人户籍管理、税务稽查、反避税工作等方面相互沟通，加强与外部相关部门的协调配合，逐步实现有关涉税信息共享。注意加强与外国税务当局和有关国际组织合作，积极开展税收情报交换，促进税收征管互助。

（二）信息化保障。

1. 加快专项应用功能建设。

完善涵盖企业所得税管理所有环节的专项应用功能，全面实现企业所得税管理信息化。增强现有税收综合征管系统中企业所得税税源监控、台账管理、纳税评估、收入预测分析、统计查询等模块功能。加强对地税部门企业所得税管理信息系统建设的指导和支持。统一全国企业所得税管理数据接口标准。

2. 开发应用汇总纳税信息管理系统。

建设并不断完善总分机构汇总纳税信息管理系统。明确总分机构主管税务机关之间信息交换职责，规范信息交换内容、格式、路径和时限。各省局要按规定将所辖总分机构的所有信息上传税务总局，由税务总局清分到有关税务机关，实现总分机构主管税务机关之间信息互通共享。

3. 推进电子申报。

加快企业所得税年度纳税申报表及其附表和企业财务会计报表等基础信息的标准规范制定，加强信息采集工作。统一税收综合征管系统电子申报接口标准，规范税务端接受电子信息功能。升级开发企业端纳税申报软件，鼓励纳税人电子申报。加强申报数据采集应用管理，确保采集数据信息及时、准确。

（三）人才队伍保障。

1. 合理配置人力资源。

各级税务机关应配备足够数量的高素质企业所得税专职管理人员和反避税管理人员。东部及中部跨国企业数量较多的市局应配备足够数量的反避税人员；跨国企业较少的中西部省份，反避税人员可集中配置于省局国际税务管理部门。国际税务管理部门应配备足够的非居民企业管理专业人员。

2. 分层级多途径培养人才。

建立健全统一管理、分级负责的企业所得税管理专业人才培养机制。按照职责分工和干部管理权限承担相应的管理人才培养职责。税务总局和省局重点抓好高层次专家队伍和领导干部队伍的培养，市局和县局主要负责抓好基层一线干部队伍和业务骨干队伍的培养，重点是提高税收管理员的企业所得税管理能力。

通过内外结合的方式强化企业所得税管理人员业务知识培训。立足国内培训，试行将管理人员送到企业实习锻炼；尝试走出国门，将管理人员送到发达国家（地区）和国际机构学习培养。

3. 培养实用型的专业化人才。

在培训与实践的结合中培养实用型人才，着力培养精通企业所得税业务、财务会计知识和其他相关知识，又具有一定征管经验的企业所得税管理人才。

坚持中长期培养与短期培训相结合，将企业所得税管理人才培养列入各级各类人才培养规划。针对新出台的企业所得税政策和管理制度，及时开展专题培训，不断更新管理人员的专业知识。

4. 保持人才队伍活力和稳定。

按照人事制度改革方向和要求，逐步完善企业所得税管理人员评价激励机制，激发企业所得税人才队伍活力。分层级建立企业所得税管理和反避税专家人才库，发挥企业所得税管理业务骨干作用，保持企业所得税干部队伍基本稳定。

国家税务总局关于调整新增企业所得税征管范围问题的通知

2008年12月16日　　国税发〔2008〕120号

各省、自治区、直辖市和计划单列市国家税务局、地方税务局：

为深入贯彻落实科学发展观，进一步提高企业所得税征管质量和效率，经国务院同意，现对2009年以后新增企业的所得税征管范围调整事项通知如下：

一、基本规定。

以2008年为基年，2008年底之前国家税务局、地方税务局各自管理的企业所得税纳税人不作调整。2009年起新增企业所得税纳税人中，应缴纳增值税的企业，其企业所得税由国家税务局管理；应缴纳营业税的企业，其企业所得税由地方税务局管理。

同时，2009年起下列新增企业的所得税征管范围实行以下规定：

（一）企业所得税全额为中央收入的企业和在国家税务局缴纳营业税的企业，其企业所得税由国家税务局管理。

（二）银行（信用社）、保险公司的企业所得税由国家税务局管理，除上述规定外的其他各类金融企业的企业所得税由地方税务局管理。

（三）外商投资企业和外国企业常驻代表机构的企业所得税仍由国家税务局管理。

二、对若干具体问题的规定。

（一）境内单位和个人向非居民企业支付《中华人民共和国企业所得税法》第三条第三款规定的所得的，该项所得应扣缴的企业所得税的征管，分别由支付该项所得的境内单位和个人的所得税主管国家税务局或地方税务局负责。

（二）2008年底之前已成立跨区经营汇总纳税企业，2009年起新设立的分支机构，其企业所得税的征管部门应与总机构企业所得税征管部门相一致；2009年起新增跨区经营汇总纳税企业，总机构按基本规定确定的原则划分征管归属，其分支机构企业所得税的管理部门也应与总机构企业所得税管理部门相一致。

（三）按税法规定免缴流转税的企业，按其免缴的流转税税种确定企业所得税征管归属；既不缴纳增值税也不缴纳营业税的企业，其企业所得税暂由地方税务局管理。

（四）既缴纳增值税又缴纳营业税的企业，原则上按照其税务登记时自行申报的主营业务应缴纳的流转税税种确定征管归属；企业税务登记时无法确定主营业务的，一般以工商登记注明的第一项业务为准；一经确定，原则上不再调整。

（五）2009年起新增企业，是指按照《财政部 国家税务总局关于享受企业所得税优惠政策的新办企业认定标准的通知》（财税〔2006〕1号）及有关规定的新办企业认定标准成立的企业。

三、各地国家税务局、地方税务局要加强沟通协调，及时研究和解决实施过程中出现的新问题，本着保证税收收入不流失和不给纳税人增加额外负担的原则，确保征管范围调整方案落实到位。

本通知自2009年1月1日起执行。

征管类

自治区地方税务局关于保险业专用发票使用有关问题的通知

2008年1月11日　　桂地税发〔2008〕8号

各市地方税务局、自治区地方税务局直属税务分局：

近接基层反映，要求进一步明确2008年1月1日起新、旧版《保险业专用发票》能否作为财务报销凭证和完税凭证使用以及旧版《保险业专用发票》的使用问题，经请示国家税务总局，现答复如下：

一、2008年1月1日起，开展代收代缴车船税业务的单位开具的新、旧版《保险业专用发票》均可作为财务报销凭证和纳税人缴纳车船税的证明，不必另外开具完税凭证，但不可作为完税凭证使用。纳税人需要另外开具完税凭证的，可凭含有完税信息的交强险保单到扣缴义务人所在地的主管地方税务机关开具完税凭证，但不可重复入账。代收代缴单位在开具旧版手工《保险业专用发票》时，必须在“附注”栏中注明代收车船税税额并加盖单位财务印章。

二、若发生退税业务，纳税人应凭完税凭证办理退税。

三、我区旧版《保险业专用发票》继续使用，用完为止。

自治区地方税务局转发国家税务总局关于税库银横向联网电子缴税有关问题的通知

2008年2月21日　　桂地税发〔2008〕26号

各市、县（市、区）地方税务局，各市地方税务局直属机构，自治区地方税务局直属税务分局：

现将国家税务总局《关于税库银横向联网电子缴税有关问题的通知》（国税函〔2008〕143号）转发给你们，请各级地税机关从方便纳税人缴税、降低税收成本出发，认真做好宣传解释工作，积极推行税库银横向联网电子缴税系统，但必须遵循纳税人自愿原则，不得强制推行。

国家税务总局关于税库银横向联网电子缴税有关问题的通知

2008年2月3日 国税函〔2008〕143号

各省、自治区、直辖市和计划单列市国家税务局、地方税务局：

近日，有纳税人反映部分地区税务机关在推行税库银横向联网电子缴税系统中，禁止纳税人采取其他方式缴纳税款，强制要求纳税人与银行、税务签订委托电子划款协议，加入联网电子缴税系统。现就有关问题明确如下：

根据《中华人民共和国税收征收管理法》的规定，纳税人可以选择现金缴税、缴款书转账缴税、信用卡缴税、联网电子缴税等各种方式缴纳税款，税务机关不得强制纳税人采用某种方式缴纳税款。税务机关可以从方便纳税人缴税、降低税收成本出发，积极推行税库银横向联网电子缴税系统，但必须遵循纳税人自愿原则，不得强制推行。

自治区地方税务局转发国家税务总局关于普通发票行政审批取消和调整后有关税收管理问题的通知

2008年3月31日 桂地税发〔2008〕49号

各市、县（市、区）地方税务局，各市地方税务局直属机构，自治区地方税务局直属税务分局、稽查局：

现将《国家税务总局关于普通发票行政审批取消和调整后有关税收管理问题的通知》（国税发〔2008〕15号）转发给你们，同时结合我区地税系统实际，提出以下要求，请一并执行。

一、纳税人首次申请领购发票，必须填写《普通发票领购申请审核表》（详见附表），同时提供以下资料：

（一）购票员身份证明原件及复印件；

（二）《税务登记证》副本原件；

（三）财务专用章或发票专用章；

（四）外出经营纳税人同时提供《外出经营活动税收管理证明》。

经主管地税机关查验后，购票员身份证明原件、《税务登记证》副本原件、财务专用章或发票专用章在《普通发票领购申请审核表》留下印模后退还给纳税人。

原申请发票领购资格的《普通发票领购资格申请表》、《税务行政许可申请表》停止使用。

二、对纳税人申请领购发票的发票种类、发票用量、购票方式的审核由税源管理岗负责，经审核后，由发票管理岗发给纳税人《发票领购薄》。

三、各级主管地税机关要加强对纳税人申请领购发票的管理，严格控制首次领购发票的种类和数量；发票专用章或者财务专用章的形状和内容必须符合规定要求，并由公安部门指定的刻章机构刻制；对纳税人提交的资料与实际不相符的不得发售发票。

附件：普通发票领购申请审核表

国家税务总局关于普通发票行政审批取消和调整后有关税收管理问题的通知

2008年1月29日　国税发〔2008〕15号

各省、自治区、直辖市和计划单列市国家税务局、地方税务局：

根据《国务院关于第四批取消和调整行政审批项目的决定》(国发〔2007〕33号)规定，普通发票的5类行政审批项目将予以取消，即取消“发票领购资格审核”、“建立收支粘贴簿、进销货登记簿或者使用税控装置审批”、“拆本使用发票审批”、“使用计算机开具发票审批”和“跨规定的使用区域携带、邮寄、运输空白发票的审批”。现就行政审批项目取消后有关普通发票管理问题明确如下：

一、普通发票领购审核问题

普通发票领购行政审批事项取消后，纳税人领购普通发票的审核将作为税务机关一项日常发票管理工作。纳税人办理了税务登记后，即具有领购普通发票的资格，不需办理行政审批事项。纳税人可根据经营需要向主管税务机关提出领购普通发票申请。主管税务机关接到申请后，应根据纳税人生产经营等情况，确认纳税人使用发票的种类、联次、版面金额，以及购票数量。确认期限为5个工作日，确认完毕，通知纳税人办理领购发票事宜。

二、建立收支粘贴簿、进销货登记簿或者使用税控装置问题

建立收支粘贴簿、进销货登记簿或者使用税控装置行政审批事项取消后，对生产、经营规模小又确无建账能力的纳税人，建立收支粘贴簿、进销货登记簿或者使用税控装置的确认按下列规定实施：

(一)按照《个体工商户税收定期定额征收管理办法》(国家税务总局令第16号)和《个体工商户建账管理暂行办法》(国家税务总局令第17号)的规定，所有达到建账标准的个体工商户，均应按照规定建立账簿。达不到建账标准而实行定期定额征收方式征收税款的个体工商户，均应建立收支凭证粘贴簿、进销货登记簿。

(二)税控装置的安装使用属于行政强制行为，凡在推广使用范围内的纳税人必须按照规定安装和使用税控装置。纳税人安装使用税控装置的确认程序按照《国家税务总局关于印发〈税控收款机管理系统业务操作规程〉的通知》(国税发〔2005〕126号)的规定执行。

三、拆本使用发票问题

拆本使用发票行政审批事项取消后，拆本使用发票按禁止行为进行管理。

四、使用计算机开具发票问题

使用计算机开具发票行政审批事项取消后，纳税人使用计算机发票，按一般普通发票领购手续办理。税务机关有统一开票软件的，按统一软件开具发票；没有统一软件的，由纳税人自行开发，其相关开票软件需报主管税务机关备案。

五、跨规定的使用区域携带、邮寄、运输空白发票的问题

跨规定的使用区域携带、邮寄、运输空白发票的行政审批事项取消后，跨规定的使用区域携带、邮寄、运输发票按禁止行为实施管理。

(一)在本省、自治区、直辖市和计划单列市印制和使用的发票，需要携带、邮寄、运输发票的，不得跨越本辖区范围。按规定需要到外省印制发票的，在携带、邮寄、运输发票时，应持有本省税务机关商印制地税务机关信函，以备检查。

(二)需要跨省、自治区、直辖市和计划单列市开具、携带、邮寄、运输发票的范围，由国家税务总局确定。

附件

普通发票领购申请审核表

纳税人识别号：　　　　　　　　　　　　　　纳税人微机编号：

纳税人名称			
法定代表人		身份证号码	
登记注册类型		联系电话	
申请理由： 单位（章） 法人代表　　经办人 签章：　　签名：　年　月　日		申请人财务专用章或发票专用章印模	（印模与公章的全称必须一致）

发票名称	联次	持票最高数量	每月最高购票数量	每次购票最高数量

发票经办人	身份证件名称	证件号码	联系电话

以下由税务机关填写

发票名称	联次	持票最高数量	每月最高购票数量	每次购票最高数量	购票方式

管理股审核意见 （盖章） 股长签名：　　管理岗审核人签名：　　年　月　日	
经审核合格后资料录入人员签字：	录入日期：　年　月　日

注：1. 本表一式三份，一份管理岗归档，一份送发票发售岗，一份由纳税人留存备查；

2. 经审核同意后，将有关发票内容录入系统并打印在《发票领购薄》中；

3. 此表不作为日常领购发票的依据。

自治区地方税务局关于进一步加强车船税代收代缴工作的通知

2008年4月18日　　桂地税发〔2008〕60号

各市、县（市、区）地方税务局，各市地方税务局直属机构，自治区地方税务局直属税务分局、稽查局：

自2007年8月20日我区依照规定执行以保险机构代收代缴车船税的征收办法以来，各级地税机关相互配合，加强与保险、车管等部门的政务协作，积极认真地抓好车船税的征收管理工作，取得了明显的成效。今年一季度，全区征收车船税5523万元，同比增长139.9%。但是，在征收管理上还存在亟待解决的问题。为了维护国家税法的严肃性，督促代收代缴义务人履行职责，进一步强化车船税代收代缴管理工作，现就有关问题明确如下：

一、各级地税机关要加大车船税税收政策的宣传力度，特别要向负有代收代缴车船税义务的保险机构重申代收代缴车船税是《中华人民共和国车船税暂行条例》赋予保险机构的法定义务，切实督促保险机构在销售机动车交通事故责任强制保险的同时，严格履行车船税的代收代缴义务，不得以任何理由推诿代收代缴车船税的责任，更不能擅自做出违反车船税税收政策的行为。

二、各级地税机关要加强对已开出的机动车交通事故责任强制保险单据的检查，对保险机构应履行代收代缴车船税义务而未履行法定义务，从而导致未代收代缴的车船税，税务机关应依照《中华人民共和国税收征收管理法》第六十九条“扣缴义务人应扣未扣、应收而不收税款的，由税务机关向纳税人追缴税款，对扣缴义务人处应扣未扣、应收未收税款百分之五十以上三倍以下的罚款”进行处理。

三、各级地税机关对车船税的纳税人在2007年度应缴未缴和拒缴的税款，税务机关应采取各种措施，加强与公安车管、交通稽查等部门的沟通和协作，争取他们的支持，通过他们把关，组织税务人员进行检查、追缴税款，并按照《中华人民共和国税收征收管理法》的相关规定对纳税人进行处罚。

四、各级地税机关要加强与当地保险机构的沟通与协作，积极研究和解决发现的问题，对无法解决的疑难问题，应及时向自治区地税局反映。

自治区地方税务局关于明确建筑行业分包工程业务代开发票问题的通知

2008年4月21日　　桂地税发〔2008〕63号

各市、县（市、区）地方税务局，各市地方税务局直属机构，自治区地方税务局直属税务分局、稽查局：

为了进一步加强和规范建筑行业分包工程业务营业税的管理，根据《中华人民共和国营业税暂行条例》、《中华人民共和国发票管理办法》和《国家税务总局关于印发〈不动产、建筑业营业税项目管理及发票使用管理暂行办法〉的通知》（国税发〔2006〕128号）的有关规定，结合我区实际情况，对分包工程业务代开发票的有关问题明确如下：

一、分包人工程款已经被扣缴营业税的情况下，代开发票的处理：

（一）根据《中华人民共和国营业税暂行条例》

第十一条，关于“营业税扣缴义务人”第二款“建筑安装业务实行分包或者转包的，以总承包人为扣缴义务人”的规定，总承包人已经履行扣缴义务的，分包人在向税务机关申请代开发票时不应再重复缴纳营业税。

（二）代开票纳税人须提供以下资料：

1. 代扣代收税款凭证原件和加盖纳税人公章原章的复印件；

2. 建筑劳务合同或其他有效证明；

3. 总承包人支付分包工程项目款项的付款凭证（包括收据和银行转账凭证等，复印件须加盖纳税人公章原章）。

（三）主管地税机关工作人员审核相关材料内容一致，并且其代扣代收税款凭证确属本单位开具，内容无误，在代扣代收税款凭证原件上注明“已开票”字样退还纳税人，将其复印件和第2、第3项资料一并留档，给予开具相应的建筑业发票。

二、分包人不能提供代扣代收税款凭证，无法证明其工程款已经被扣缴营业税的，代开发票的处理：

（一）分包人不能提供扣缴营业税的代扣代收税款凭证，无法证明应纳营业税及其附加税费已经由总包人扣缴的，在向主管地税机关申请代开发票时，应按规定缴纳营业税等相关税费，主管税务机关给予开具相应的发票，并在完税凭证和发票上同时进行“已开票”的“双注”，在完税凭证的“备注栏”注明“项目名称”。

（二）分包人已经自行缴纳税款的，应将加盖印章的完税凭证复印件送交总承包人备案。总承包人在申报纳税时应将该完税凭证复印件提交工程项目所在地主管地税机关，总包人在履行扣缴义务时不再代扣代缴该部分营业税及其附加税费。

（三）代开票纳税人须提供以下资料：

1. 完税凭证原件（开票员审核、“双注”完毕后交回纳税人）；

2. 建筑劳务合同或其他有效证明；

3. 总承包人同意付款的书面证明，证明的内容应包括总承包人名称、工程项目名称、工程施工地点、同意支付分包工程价款的时间和金额等。

三、总承包人应向工程项目所在地主管税务机关缴纳（含扣缴）该工程项目营业税；分包人需要代开发票的，由工程项目所在地同一主管地税机关为其代开发票，其他地税机关不得为纳税人开具本辖区之外工程项目建筑业发票。

四、各主管地税机关必须对本辖区建筑工程建立工程项目台账（见附件），进行登记信息、申报信息、入库信息的采集、录入、汇总、分析、传递、比对，对工程项目的税收征收实行全程监控管理。

本通知从2008年4月20日起执行。执行中有什么问题，请及时向自治区地税局反馈。

附件：建筑业工程项目情况登记台账

附件

建筑业工程项目情况登记台账

工程项目名称			工程项目编号			
工程项目地址						
开工时间		竣工时间		项目用途		
项目预算（万元）		工程量（平方米、立方米等）		承包方式		
建设单位名称		建设单位纳税人识别号				
总承包人名称		总承包人纳税人识别号				
总承包人注册地址		外出经营管理证发放单位		外出经营管理证编号		
施工许可证发证机关		施工许可证编号				
总承包人缴纳、扣缴营业税情况						
应缴纳税款（元）	已缴纳税款（元）	应扣缴税款（元）	已扣缴税款（元）	完税凭证号码或代扣代收税款凭证	完税日期	备注

续表

分包人分包情况							
分包人名称	分包人税务登记证号	分包工程价款（万元）	代扣代缴税款金额（元）	自行申报缴纳税款金额（元）	完税凭证号码或代扣代收税款凭证	完税日期	代开发票号码

自治区地方税务局关于修订地方税（费）综合申报表等税务文书样式的通知

2008年6月5日　　桂地税发〔2008〕97号

各市、县（市、区）地方税务局，各市地方税务局直属机构，自治区地方税务局直属税务分局、稽查局：

为进一步规范税收执法文书，提高税收执法文书的质量和使用效率，经研究，自治区地税局决定对《地方税（费）综合申报表》、《税务行政许可申请表》和《核定定额通知书》等3种税务文书样式进行修订，并于2008年8月1日起开始使用，各单位在使用中遇到问题请及时报告自治区地税局。现对上述3种税务文书的修订说明如下：

一、关于《地方税（费）综合申报表》的修订

该文书样式修订之处及其主要考虑是：

（一）将“税种”、“税款所属期”栏目标题分别改为“税（费）种”、“税（费）款所属期”。

（二）由于地方教育费附加、工会经费实行按月申报，因而在税（费）种栏目中增加了“地方教育费附加”、“工会经费”2个固定栏目。

（三）在原有4个税（费）种空白栏目的基础上，增加了5个空白栏目，总共9个税（费）种空白栏目的安排，应能基本满足纳税人办理除企业所得税、个人所得税、土地增值税清算外的各项地方税收申报的需要。首先，可以适应实际工作中营业税区分税目多栏填写申报数据的要求；其次，纳税人办理申报城镇土地使用税、房产税、城市房地产税、土地增值税预缴、资源税、车船税、耕地占用税、印花税、烟叶税等9个税种的应纳税款时，可以在空白栏目中填写；第三，残疾人就业保障基金一年申报一次，可以在空白栏目中填写；第四，少数应税项目较多的纳税人，或在申报税种、税目较为集中的个别月份，申报数据不能在1张综合申报表中填写完毕的，可以同时填写2张以上综合申报表办理申报。

（四）删除了原综合申报表告知事项中的第2、第3、第4项内容，以便在一张16开纸的有限空间里，进一步挤出空间，满足增加“地方教育费附加”、“工会经费”2个固定栏目和5个空白栏目的要求。

二、关于《税务行政许可申请表》的修订

根据《国家税务总局关于普通发票行政审批取消和调整后有关税收管理问题的通知》（国税发〔2008〕15号）的规定，“拆本使用发票的审批”、“使用计算机开具发票的审批”、“携带、邮寄、运输空白发票的审批”、“建立收支粘贴簿、进销货登记簿或者使用税控装置审批”等5类税务行政许可事项已经取消，因此，在新的“税务行政许可申请表”中删除了上述5类行政许可项目的内容。

三、关于《核定定额通知书》的修订

该文书样式作了2处修改：一是在“应纳税额明细表”中增加了多个空白栏目；二是对该文书的第5项告知内容进行了修改，进一步明确告知了纳税人行使行政复议权利的前提条件。

附件1：修订后的三种税务文书样式

附件2：修订前的三种税务文书样式

附件 1

地方税（费）综合申报表

正常申报□ 自查申报□ 被查申报□

单位：人民币 元（列至角、分）、吨、m^2、辆、件、本

纳税人微机代码				
纳税人税务登记证件号				
纳税人名称【盖章】	经济类型		纳税人注册地址	
开户银行名称	银行账号		联系电话	

税（费）种	税（费）款所属期（年月日）	应纳税（费）项目	计税（费）依据（数量或金额）	税（费）率或单位税额	当期应纳税（费）额	批准减免税（费）		已预缴税（费）额	应纳税（费）额	批准延期缴纳税（费）额	累计欠税（费）余额	备注
						项目	金额					
栏次	1	2	3	4	5=3×4	6	7	8	9=5−7−8	10	11	12
城市建设维护税												
教育费附加												
地方教育费附加												
防洪保安费												
文化事业建设费												
工会经费												
合计	（大写） 仟 佰 拾 万 仟 佰 拾 元 角 分									¥		

纳税人声明	授权人声明	代理人声明
我单位（个人）所申报的各种税（费）款真实、准确、完整。如有虚假内容愿承担法律责任。 办税员： （公章） 法定代表人（负责人）： 年 月 日	现委托________为我单位纳税申报代理人。 委托合同号码： 授权人（法定代表人）： 年 月 日	本纳税申报是按照国家税法和税务机关规定填报的，我确信其真实、合法。 代理人： 代理机构（公章） 年 月 日

告知：1. 本表适用于纳税人申报除查账征收纳税人的企业所得税、个人所得税、土地增值税（清算）和个体“双定”户以外的各种地方税的纳税申报。

2. 本表一式三份，经税务机关审核后退回纳税人一份，税务机关留存两份。

以下由税务机关填写：

税务机关受理申报日期： 年 月 日	受理人（签章）：	稽核人员：	稽核日期： 年 月 日	滞纳金天数	应加收滞纳金
开票日期： 年 月 日	征收员（签章）：	完税凭证字号：			

税务行政许可申请表

申请日期：　　年　　月　　日　　　　　　　　　　　　　　　　　　　　编号：

<table>
<tr><td rowspan="8">申请人</td><td>姓名</td><td></td><td>身份证件</td><td></td></tr>
<tr><td>电话</td><td></td><td>邮政编码</td><td></td></tr>
<tr><td>住址</td><td colspan="3"></td></tr>
<tr><td>单位</td><td></td><td>法定代表人</td><td></td></tr>
<tr><td>邮政编码</td><td></td><td>电话</td><td></td></tr>
<tr><td>地址</td><td colspan="3"></td></tr>
<tr><td>委托代理人</td><td></td><td>身份证件</td><td></td></tr>
<tr><td>住址</td><td></td><td>电话</td><td></td></tr>
<tr><td>申请事项</td><td colspan="4">（在申请事项后画“√”）
1. 指定企业印制发票；（　　）
2. 对发票使用和管理的审批：
（1）申请使用经营地发票（　　）
（2）印制有本单位名称的发票（游览参观点门票）（　　）
3. 印花税票代售许可。（　　）</td></tr>
</table>

受理人（审核人）：　　　　　　　　　　　　　　　　　　收到日期：　　年　　月　　日

核定定额通知书

____税核〔　　〕号

________（纳税人）：

根据《中华人民共和国税收征收管理法》、《中华人民共和国税收征收管理法实施细则》以及相关规定，经审核你户月应纳税额为________元（分税种税额见下表）。请按规定的期限申报缴纳应纳税款。本通知自________年____月____日起至________年____月____日止执行，请你户于______按时申报缴纳税款。

应纳税额明细表

税　种	应纳税经营额	税率（征收率）	税额（元）
税额合计（大写）：			

税务机关（签章）

年　　月　　日

告知事项：

1. 根据《广西壮族自治区地方税务局个体工商户税收定期定额征收管理实施办法》第九条的规定，如你户对地税机关核定的定额有异议，可在接到《核定定额通知书》之日起30日内向主管地税机关提出重新核定定额申请，并提供足以说明生产、经营真实情况的证据；在未接到重新核定定额的通知之前，仍按原定额缴纳税款。

2. 定额执行期间内，如你户月应纳税经营额超过税务机关的核定定额______%的，应当在法律、行政法规规定的申报期限内，向主管税务机关进行申报并缴纳税款。

3. 定期定额户应当在定额执行期满后______日内，以该期每月实际发生的经营额、所得额向主管税务机关进行汇总申报。

4. 不按规定的期限进行申报或缴纳应纳税款的，税务机关将依法予以处罚。

5. 如你对本通知不服，必须先依照本通知规定的期限缴纳税款及滞纳金或者提供相应的担保，然后可自上述款项缴清或者提供相应担保被税务机关确认之日起六十日内依法向______________申请行政复议。

附件 2

地方税(费)综合申报表

申报日期：　　年　　月　　日　　　　税款所属期：　　年　　月　　日

正常申报□　　自查申报□　　被查申报□

单位：人民币　元(列至角、分)、吨、m²、辆、件、本

纳税人微机代码			
纳税人税务登记证件号			
纳税人名称【盖章】	经济类型	纳税人注册地址	
开户银行名称	银行账号		联系电话

税种	税款所属期(年月日)	应纳税项目	计税依据(数量或金额)	税(费)率或单位税额	当期应纳税(费)额	批准减免税		已预缴税额	应纳税额	批准延期缴纳税额	累计欠税余额	备注
						项目	金额					
栏次	1	2		3	5=3×4	6	7	8	9=5−7−8	10	11	12
城市建设维护税												
教育费附加												
防洪保安费												
文化事业建设费												
合计	(大写)　仟　佰　拾　万　仟　佰　拾　元　角　分									¥		

纳税人声明	我单位(个人)所申报的各种税(费)款真实、准确、完整。如有虚假内容愿承担法律责任。 办税员： 法定代表人(负责人)：　　(公章) 年　月　日	授权人声明	现委托________为我单位纳税申报代理人。 委托合同号码： 授权人(法定代表人)： 年　月　日	代理人声明	本纳税申报是按照国家税法和税务机关规定填报的，我确信其真实、合法。 代理人：　　代理机构(公章) 年　月　日
告知事项	1. 本表适用于纳税人申报除查账征收纳税人的企业所得税、个人所得税、土地增值税和个体“双定”户以外的各种地方税的纳税申报。2. 税人未按规定的期限办理纳税申报和报送纳税资料的，税务机关将按《中华人民共和国税收征收管理法》第六十二条规定，由税务机关责令限期改正，可以处二千元以下的罚款；情节严重的，可以处二千元以上一万元以下的罚款。3. 税务代理人违反税收法律、行政法规、造成纳税人未缴或少缴税款的，税务机关将按《中华人民共和国税收征收管理法实施细则》第九十八条规定，除由纳税人缴纳或者补缴应纳税款、滞纳金外，对税务代理人处纳人未缴或少缴税款 50%以上 3 倍以下的罚款。4. 纳税人未按照规定期限缴纳税款的，扣缴义务人未按照规定期限解缴税款的，税务机关将按《中华人民共和国征收管理法》第三十二条规定：税务机关除责令限期缴纳外，从滞纳税款之日起，按日加收滞纳税款万分之五的滞纳金。5. 本表一式三份，呈报税务机关，经审核后退回纳税人一份，税务机关留存两份。				

以下由税务机关填写：

税务机关受理申报日期：　年　月　日	受理人(签章)：	稽核人员：	稽核日期：　年　月　日	滞纳金天数	应加收滞纳金
开票日期：　年　月　日	征收员(签章)：	完税凭证字号：			

税务行政许可申请表

申请日期：　　　年　　月　　日　　　　　　　　　　　　　　　　　　编号：

<table>
<tr><td rowspan="8">申请人</td><td>姓名</td><td></td><td>身份证件</td><td></td></tr>
<tr><td>电话</td><td></td><td>邮政编码</td><td></td></tr>
<tr><td>住址</td><td colspan="3"></td></tr>
<tr><td>单位</td><td></td><td>法定代表人</td><td></td></tr>
<tr><td>邮政编码</td><td></td><td>电话</td><td></td></tr>
<tr><td>地址</td><td colspan="3"></td></tr>
<tr><td>委托代理人</td><td></td><td>身份证件</td><td></td></tr>
<tr><td>住址</td><td></td><td>电话</td><td></td></tr>
<tr><td>申请事项</td><td colspan="4">（在申请事项后划“√”）
1. 指定企业印制发票；（　　）
2. 对发票领购资格的审核；（　　）
3. 对发票使用和管理的审批：
（1）申请使用经营地发票（　　）　　（2）拆本使用发票（　　）
（3）使用计算机开票（　　）　　（4）批准携带、运输空白发票（　　）
（5）印制有本单位名称的发票（游览参观点门票）（　　）
4. 建立收支凭证粘贴簿、进销货登记簿（　　）；使用税控装置的审批（　　）；
5. 印花税票代售许可。（　　）</td></tr>
</table>

受理人（审核人）：　　　　　　　　　　　　　　　　　　收到日期：　　年　　月　　日

核定定额通知书

____税核〔　　　〕号

________（纳税人）：

根据《中华人民共和国税收征收管理法》、《中华人民共和国税收征收管理法实施细则》以及相关规定，经审核你户月应纳税额为________元（分税种税额见下表）。请按规定的期限申报缴纳应纳税款。本通知自________年____月____日起至________年____月____日止执行，请你户于______按时申报缴纳税款。

应纳税额明细表

税　种	应纳税经营额	税率（征收率）	税额（元）
税额合计（大写）：			

税务机关（签章）

年　　月　　日

告知事项：

1. 根据《广西壮族自治区地方税务局个体工商户税收定期定额征收管理实施办法》第九条的规定，如你户对地税机关核定的定额有异议，可在接到《核定定额通知书》之日起30日内向主管地税机关提出重新核定定额申请，并提供足以说明生产、经营真实情况的证据；在未接到重新核定定额的通知之前，仍按原定额缴纳税款。

2. 定额执行期间内，如你户月应纳税经营额超过税务机关的核定定额______%的，应当在法律、行政法规规定的申报期限内，向主管税务机关进行申报并缴纳税款。

3. 定期定额户应当在定额执行期满后______日内，以该期每月实际发生的经营额、所得额向主管税务机关进行汇总申报。

4. 不按规定的期限进行申报或缴纳应纳税款的，税务机关将依法予以处罚。

5. 如对本通知不服，可自按规定缴清税款和滞纳金或者提供相应担保被税务机关确认之日起六十日内依法向______________申请行政复议。

自治区地方税务局
关于统筹代收工会经费手续费的通知

2008 年 6 月 16 日　　桂地税发〔2008〕103 号

各市、县（市、区）地方税务局：

根据自治区总工会、自治区地方税务局联合下发的《关于由地税部门代收工会经费进一步加强我区工会经费收缴工作的通知》（桂工发〔2005〕66 号）第四条第（八）项的规定："各级地方总工会按实际代收工会经费总额的 5%提取代收手续费，按月支付给同级地方税务机关。"2007 年 8 月 30 日前，代收工会经费手续费是由各级总工会按上述规定直接支付给同级市、县地税局。

自治区地税局以省级数据集中模式组织开发的全区地税代收工会经费管理软件于 2007 年 9 月 1 日起在全区地税系统投入使用后，考虑到自治区地税局需要承担该管理软件的修改完善和运行维护、全区性代收工作会议和代收工作宣传等费用，为解决上述经费的来源问题，自治区地税局已经在代收工会经费管理软件中设定，从各级总工会支付给地税机关的 5%手续费的总额中，统筹其中的 10%，归自治区地税局统一安排使用。即在各级总工会办理手续费结算时，按 4.5%和 0.5%的比例进行分配，其中的 4.5%拨付给对应的市、县地税局，0.5%汇缴到自治区总工会，再由自治区总工会转汇给自治区地税局。上述自治区地税局统筹代收工会经费比例规定已从 2007 年 9 月 1 日起执行。

特此通知。

自治区地方税务局转发国家税务总局关于统一报关代理业专用发票有关问题的通知

2008 年 6 月 25 日　桂地税发〔2008〕110 号

各市、县（市、区）地方税务局，各市地方税务局直属机构，自治区地方税务局直属税务分局、稽查局：

现将《国家税务总局关于统一报关代理业专用发票有关问题的通知》（国税函〔2008〕417 号）转发给你们，并结合我区实际，提出以下要求，请一并贯彻执行。

一、领用《报关代理业专用发票》的企业必须具备海关认证的报关代理企业资质条件。报关代理企业需领购国家税务总局统一格式的《报关代理业专用发票》的，应向主管税务机关提交本企业的报关代理企业资质证件原件及复印件，主管税务机关审核确认后，退回原件，留存复印件备查，并在《发票领购簿》内页的适当位置加注"具备报关代理企业资质"字样。

二、各报关代理企业必须使用计算机开具《报关代理业专用发票》。在自治区地税局开发和推广使用税控收款机开具《报关代理业专用发票》的开票软件之前，报关代理企业应当统一使用中国报关协会开发的计算机开票软件开具《报关代理业专用发票》，并确保开票信息保存 5 年。

三、请各市地税局、自治区地方税务局直属税务分局及时统计辖区内或征管范围内报关代理企业《报

关代理业专用发票》半年的用量，于2008年7月10日前通过“广西地税信息系统”的发票批印系统上报自治区地方税务局（征管处）（《报关代理业专用发票》的发票统码为009），以便及时安排印制，确保我区地税系统在2008年8月1日前统一使用国家税务总局统一格式的《报关代理业专用发票》。

国家税务总局关于统一报关代理业专用发票有关问题的通知

2008年5月14日　国税函〔2008〕417号

各省、自治区、直辖市和计划单列市国家税务局、地方税务局：

为加强报关行业税收征管，规范报关代理企业的发票使用，减轻企业负担，促进公平竞争，决定统一《报关代理业专用发票》式样。现就有关问题通知如下：

一、《报关代理业专用发票》启用时间

凡从事报关代理业务的企业，从2008年8月1日起，在办理报关代理业务收取款项时，应开具地方税务机关统一印制的《报关代理业专用发票》，并在发票联加盖发票专用章。

二、《报关代理业专用发票》联次、规格

《报关代理业专用发票》为电脑四联式发票。即第一联为发票联（委托报关单位付款凭证），第二联为业务联（报关代理单位业务结算），第三联为记账联（报关代理单位记账凭证），第四联为存根联（报关代理业专用单位留存）。第一联印色为棕色，第二联印色为蓝色，第三联印色为红色，第四联印色为黑色。《报关代理业专用发票》规格为241mm×177mm（票样附后）。

三、《报关代理业专用发票》内容

《报关代理业专用发票》的有关内容及含义：发票代码、发票号码、机打代码、机打号码、机器编号、税控码、付款单位（名称、纳税人识别号、委托书号、联系人及电话）、业务摘要、通关服务费用项目及金额、代垫费用项目及金额、通关费用小计、代垫费用小计、合计、收款单位（名称、纳税人识别号、地址、电话、开户银行及账号、收款人、复核人、开票人、收款单位盖章）、备注。

其中，“机打代码”应与“发票代码”一致，“机打号码”应与“发票号码”一致；“机器编号”指税控器具的编号；“税控码”指由税控器具根据票面相关参数生成打印的密码；“付款单位名称、纳税人识别号、委托书号、联系人及电话”指委托报关代理单位所属信息；“委托书号”是指代理报关委托书编号；“业务摘要、通关服务费用项目及金额”指代理报关单位代理报关业务收取费用项目及金额；“代垫收费项目及金额”指代理报关单位代理报关业务时代垫费用项目及金额；“收款单位名称、纳税人识别号、地址、电话、开户银行及账号、收款人、复核人、开票人”指代理报关单位所属信息。

合计＝通关费用小计＋代垫费用小计

四、《报关代理业专用发票》开具要求

（一）《报关代理业专用发票》应使用税控收款机或计算机开具。已使用税控收款机开具的代理报关单位，“机打代码”、“机打号码”、“机器编号”、“税控码”在纳税人输入发票代码和发票号码后由开票软件自动生成；尚未使用税控收款机的单位，可暂时用计算机开具，填开时，暂不填写机打代码、机打号码、机器编号和税控码内容。

（二）《报关代理业专用发票》计算机开票软件由中国报关协会开发，下发代理企业使用；使用税控收款机开票的，开票软件由省税务机关或税务机关委托的单位开发，无偿提供纳税人使用。

（三）付款单位名称、收款单位名称必须填开全称，不得简称，否则视为无效。

五、《报关代理业专用发票》印制

《报关代理业专用发票》采用压感纸，并由各省、自治区、直辖市和计划单列市地方税务局统一印制；发票代码、发票号码应严格按照全国统一的编码规则编印。

附件：报关代理业专用发票票样（略）

自治区地方税务局关于加强货物运输发票发售管理的通知

2008年8月28日　　桂地税发〔2008〕130号

各市、县（市、区）地方税务局，各市地方税务局直属机构，自治区地方税务局直属税务分局：

近期，陆续有基层地税机关向自治区地税局反映：本单位尚未使用的部分货运业发票被其他地税机关占用并出售给货运自开票纳税人的问题时有发生。经查，之所以出现此问题，皆因办税服务厅发票管理员在发售货运发票时未认真核对纸质货运发票的发票代码和发票号码，便在货运发票税控系统中选择、录入错误的购票信息并写入货运自开票纳税人的税控盘（传输盘）所致。因货运发票管理涉及增值税抵扣问题，管理要求十分严格，为切实加强我区货运发票管理工作，杜绝屡屡出现工作不负责任、疏忽大意的情况，现提出如下要求，请各单位认真遵照执行。

一、加强审核，确保信息准确录入

各单位要采取切实有效措施，要求和落实办税服务厅发票管理员在领用、发售货运发票（含代开、自开，下同）时，一定要认真核对纸质货运发票的发票代码和发票号码，只有确认属于本单位的发票后，方能将有关发票信息录入到货运发票税控系统中，确保做到准确选择、录入。

二、建立纠错工作流程，落实相关处理办法

（一）各单位凡发现本单位的货运发票被其他单位占用时，应及时报告本市地税局征管科；市地税局征管科应以通用用户（用户名：24500000006；密码：00006）及时登录货运发票税控系统，在“通用查询”模块中查询相关发票用户与发票领购、是否使用等信息，并及时通报占用货运发票的单位和报告自治区地税局征管处。

（二）凡各单位确认本单位货运发票被其他单位占用或本单位占用其他单位的货运发票时，应区分不同的情况作如下相应的处理：

1．占用货运发票的单位，已将错误的购票信息写入税控盘（传输盘）。被占用的纸质货运发票未曾使用的，在货运发票税控系统“购票信息管理”模块中进行“发票退换”处理；被占用的纸质货运发票已经使用的，按国家税务总局《关于新版公路　内河货物运输业统一发票有关使用问题的通知》（国税发〔2007〕101号）关于作废和开具红字货运发票的相关规定在货运发票税控系统中处理。同时，这部分纸质货运发票由占用单位按地税机关普通发票管理关于发票领用、调拨、作废等有关规定处理。

相关货运发票在货运发票税控系统作退换处理完毕后，占用货运发票的单位须在2个工作日内（节假日不顺延）将有关情况向本市地税局征管科和被占用货运发票的单位反馈。相关货运发票在货运发票税控系统进行作废、开具红字等处理后，占用货运发票的单位须及时将有关情况向本市地税局征管科和被占用货运发票的单位反馈。

2．被占用货运发票的单位，如果被占用的货运发票未曾使用、占用单位已在货运发票税控系统已作退回处理的，则这部分货运发票由被占用单位继续使用；如果被占用的货运发票已经使用，则这部分纸质货运发票由被占用单位按地税机关关于普通发票领用、调拨、作废等有关管理规定处理。

3．占用和被占用货运发票的单位因发票作废、开具红字发票造成的发票工本费损失由各单位自行承担。

三、建立通报制度，促进工作责任落实

今后，对属于人为疏忽原因导致占用其他单位货运发票的，自治区地税局将在全区范围内对占用单位和占用单位的发票管理员进行通报。

自治区地方税务局 自治区国家税务局转发国家税务总局办公厅关于启用综合征管软件代征城市维护建设税和教育费附加功能模块的通知

2008年12月8日 桂地税发〔2008〕167号

各市、县（市、区）地方税务局、国家税务局，各市地方税务局直属机构，自治区地方税务局直属税务分局：

现将《国家税务总局办公厅关于启用综合征管软件代征城市维护建设税和教育费附加功能模块的通知》（国税办发〔2008〕33号）转发给你们，并提出如下意见，请一并遵照执行。

一、关于委托代征手续办理问题

我区地方税务机关委托国家税务机关在为小规模纳税人代开发票时代征城市维护建设税和教育费附加的，应参照本文所附的《委托代征税（费）款协议书（基本条款）》（附件2）的内容，签订《委托代征税（费）款协议书》。《委托代征税（费）款协议书》在市、县（市）地方税务局、国家税务局之间签订，具体处理方案由市地方税务局与市国家税务局相互协商确定。各市地方税务局所属的城区、开发区地方税务局和各直属机构不再与国家税务局系统的各基层征管机构签订《委托代征税（费）款协议书》。各地可以根据当地实际情况，对《委托代征税（费）款协议书（基本条款）》的内容进行必要的补充和完善。

各市、县（市）级地方税务局不向受托的国家税务局发放《委托代征税（费）款证书》，也不向受托的国家税务局具体负责代征工作的人员发放代征证书。

二、代征范围

根据我区实际情况，目前，代征范围暂定为国家税务机关在为小规模纳税人代开普通发票征收增值税、消费税税款时，应征收的城市维护建设税和教育费附加。待时机成熟，再由双方协商扩大代征的范围。

三、关于征收票据使用问题

主管国家税务机关在为地方税务机关代征城市维护建设税和教育费附加时，使用国税系统的征收票据。

在税收会计核算方面，由自治区国家税务局使用综合征管软件进行省级会计记账统一核算，各市、县（区）国家税务局负责有关会计核算、收入对账和汇总上报等工作。在每月上报的税收会计统计月报表中，将代征的城市维护建设税和教育费附加相关数据编入当期报表，汇总上报。

四、关于代征税款信息传递问题

各级国家税务局（计统部门）于月终后5日内（节假日顺延），将代征税费入库相关信息传送同级地方税务局（计统部门），各市、县（市）地方税务局按月在《税收月快报》报表中反映。

代征税费信息传递具体办法由自治区国家税务局、地方税务局（计统部门）另行规定。

五、关于代征城市维护建设税适用税率问题

在严格依法治税、依率计征的基础上，为尽可能方便基层主管国家税务机关进行高效操作，主管国家税务机关应当区分以下两种情况确定代征城市维护建设税的适用税率：

（一）纳税人已办理税务登记的，按照该纳税人税务登记证件上注明的纳税人注册地的规定税率执行。

（二）纳税人未办理税务登记，临时到国家税务机关申请代开发票的，根据《财政部关于城市维护建设税几个具体业务问题的补充规定》〔（85）财税字第143号〕关于流动经营等无固定纳税地点

的单位和个人按照缴纳“三税”所在地的规定税率缴纳城市维护建设税的规定精神，一律统一按照负责代征的主管国家税务机关办公所在地的规定税率执行。主管国家税务机关办公所在地在市区的，税率为7%；主管国家税务机关办公所在地在县城、镇的，税率为5%；主管国家税务机关办公所在地不在市区、县城或镇的，税率为1%。市区、县城、镇的区域范围的划分，按相关行政区划的规定执行。

六、关于代征税费预算级次问题

为适应在自治区国家税务局统一和简化办理代征管理软件初始化的需要，并简化各基层主管国家税务机关开展代征工作的具体操作，代征城市维护建设税和教育费附加的预算级次分为市、县（市）两级。

七、关于统一规范代征具体业务操作问题

为确保各地主管国家税务机关代征城市维护建设税和教育费附加的规范操作，自治区国家税务局统一制定了《综合征管软件代征城市维护建设税和教育费附加操作业务指南》，请各地主管国家税务机关认真做好相关人员的上岗培训工作，切实做到统一规范操作。

八、关于代征工作时间安排问题

各地国家税务机关应按照国家税务总局和自治区国家税务局、地方税务局的要求，尽快组织实施委托代征工作。自治区国家税务局、地方税务局将于近期组织开展委托代征试点工作，自2009年1月1日起执行。

九、有关工作要求

（一）提高认识。国家税务局系统在小规模纳税人申请代开发票环节代征城市维护建设税和教育费附加，是确保国家税收足额征收、不致流失的有效途径，全区各市、县（市、区）地方税务局和国家税务局应统一思想，提高认识，扎实工作，确保国家税务总局的决策部署落到实处。

（二）加强领导。各地国家税务局、地方税务局应切实加强对委托代征工作的领导，指定和落实有关内设机构及其基层税务人员具体负责委托代征的相关具体工作，并明确工作责任，确保此项工作的有序高效开展。

（三）加强协作。各地各级国家、地方税务机关要切实加强组织实施工作的沟通、协调，认真研究解决本地开展此项工作中的各种具体问题，确保代征城市维护建设税和教育费附加工作的顺利进行。

（四）加强培训。代征城市维护建设税和教育费附加是一项新的工作，各地国家税务机关应在自治区国家税务局组织骨干培训的基础上，在开展此项工作的过程中，切实做好基层操作人员的业务培训工作，努力减少不规范做法和误操作。

（五）加强宣传。委托代征工作伊始，难免有纳税人不理解，各地国家、地方税务机关，特别是基层税务人员，都要做好宣传解释工作，各地国家、地方税务机关要在各自办税服务厅张贴公告，告知纳税人“地方税务机关委托国家税务机关在为小规模纳税人代开发票时代征城市维护建设税和教育费附加”事宜，尽力减少和化解征纳矛盾。

（六）及时反馈。各地在开展代征工作中的问题，请及时向自治区地方税务局和自治区国家税务局有关部门汇报。

联系人：农基伟　自治区地税局计划统计处
0771－5538122

黄瑞贵　自治区地税局流转税处
0771－5538119

梁树建　自治区地税局征收管理处
0771－5735682

陈玮琰　自治区国税局征收管理处
0771－5710284

陆　铭　自治区国税局计划统计处
0771－5706190

附件1：委托代征税（费）款协议书（基本条款）

附件2：国家税务总局关于国家税务局为小规模纳税人代开发票及税款征收有关问题的通知（国税发〔2005〕18号）

国家税务总局办公厅关于启用综合征管软件代征城市维护建设税和教育费附加功能模块的通知

2008 年 4 月 14 日　国税办发〔2008〕33 号

各省、自治区、直辖市和计划单列市国家税务局、地方税务局：

按照《国家税务总局关于加强国家税务局　地方税务局协作的意见》（国税发〔2004〕4 号）和《国家税务总局关于国家税务局为小规模纳税人代开发票及税款征收有关问题的通知》（国税发〔2005〕18 号）要求，税务总局组织开发了国税系统征管软件为小规模纳税人代开发票时代征城市维护建设税和教育费附加的功能模块，经过试点单位试运行，决定在全国正式启用。现将有关事项通知如下：

一、功能模块的启用

自 2008 年 4 月起，国税局受地税局委托代征小规模纳税人代开发票的城市维护建设税和教育费附加时，启用代征城市维护建设税和教育费附加的功能模块（以下简称“代征功能模块”）。

二、征收票据使用问题

国税局代地税局征收城市维护建设税和教育费附加使用征收票据，应按照《国家税务总局关于国家税务局代地方税务局征收城市维护建设税和教育费附加票据使用问题的通知》（国税函〔2006〕815 号）执行。

三、工作要求

从近年来的实践看，小规模纳税人代开发票的城市维护建设税和教育费附加，由于税源零星分散、流动性强，难征难管，流失严重，由地税局委托国税局代征是切实有效的办法，对于强化依法治税，加强税收征管，降低征纳成本，优化纳税服务，增强国税局、地税局协作，都具有十分重要的意义。

目前，税务总局已解决委托国税局代征城市维护建设税和教育费附加的票据使用和综合征管软件的代征功能模块等问题，为国税局、地税局协作创造了良好的条件。各级国税局和地税局应积极协作，切实推进城市维护建设税和教育费附加的委托代征工作，保证地方税费的应收尽收。

各地应在 2008 年底前，将小规模纳税人代开发票的城市维护建设税和教育费附加的代征工作落实到位。各级地税局应积极主动联系国税局，建立委托代征的协调和联系工作机制。国地税应明确指定各自的一个职能部门负责承办各项协作事务，责任到人。

请各地抓紧落实本通知的要求，各省、自治区、直辖市和计划单列市地方税务局要将贯彻落实的情况和取得的效果于 2008 年 6 月 30 日前以书面形式报送税务总局（地方税务司）。

附件 1

委托代征税（费）款协议书（基本条款）

______地税委〔2008〕号

甲方（委托单位）：

地址：

乙方（受托单位）：

地址：

为加强税收征收管理，保障国家税收收入，做好代征税（费）款工作，甲、乙双方经协商于签订

如下委托代征税（费）款协议。

一、甲方依据《中华人民共和国税收征收管理法》、《中华人民共和国税收征收管理法实施细则》的有关规定，委托乙方代征税（费）款。乙方应当根据甲方委托授权代征税款。

二、本协议规定，由乙方代征以下税（费）款：

（一）代征税（费）种：城市维护建设税和教育费附加。

（二）代征范围：在________行政辖区范围内，国家税务系统为小规模纳税人代开普通发票，征收增值税和消费税的。

（三）征收对象：在国税系统代开普通发票缴纳增值税和消费税的小规模纳税人。

（四）计税（费）依据：纳税人缴纳增值税、消费税的税额。

（五）适用税（费）率：

1. 城市维护建设税适用税率：纳税人已办理税务登记的，按照纳税人机构所在地规定税率执行。纳税人未办理税务登记的，按照纳税人缴纳增值税和消费税所在地确定。纳税人所在地在市区的，税率为7%；纳税人所在地在县城、镇的，税率为5%；纳税人所在地不在市区、县城或镇的，税率为1%。市区、县城、镇的范围，按行政区划作为划分标准。

2. 教育费附加适用费率为3%。

（六）代征环节：主管国家税务局征收增值税和消费税同时。

（七）纳税（费）地点：缴纳增值税和消费税所在地。

（八）预算级次：市、县（市）两级。各市城区主管国家税务局代征的城市维护建设税和教育费附加缴入市级金库，各县（市）主管国家税务局代征的城市维护建设税和教育费附加缴入县（市）金库。

8. 代征期限：长期。

三、乙方的权利和义务：

1. 乙方应当遵守国家法律、行政法规、规章关于委托代征税款的规定，按照本协议规定的税种、范围、标准、期限代征税（费）款。

2. 乙方应按税（费）款解缴规定将已代征的税（费）款缴入国库。

3. 乙方在代征过程中遇纳税人拒绝纳税时，应在24小时内报告甲方，由甲方依法处理。乙方不得对纳税人采取税收保全措施、税收强制执行措施，不得对纳税人进行处罚或加收滞纳金。

4. 代征税（费）款时，应向纳税人开具完税（费）凭证。

四、甲方的权利和义务：

1. 甲方应当遵守国家法律、行政法规、规章关于委托代征税（费）款的规定。有责任协助乙方开展代征工作。

2. 因国家税收法律、法规、规章的废止或修订致使本协议失效或部分失效时，甲方负有及时通知乙方并要求终止或修改协议的责任。

3. 甲方可以根据工作的需要向乙方了解代征工作情况。

五、违约责任：

1. 甲方违反本协议，乙方有权按照本协议或者有关法律规定要求甲方履行义务。

2. 乙方违反本协议，甲方有权按照本协议或者有关法律规定要求乙方履行义务。

3. 因甲方责任，造成税款损失或造成纳税人合法权益受到损害的，甲方应承担相应责任。

4. 因乙方责任，造成税款损失或造成纳税人合法权益受到损害的，乙方应承担相应责任。

六、出现下列情况，协议终止：

1. 国家税收法律、行政法规发生重大变化，需要终止协议的；

2. 乙方依法被撤销主体资格的；

3. 甲方依法被撤销主体资格的。

终止协议的，甲乙双方应办理终止委托代征税（费）款手续。

七、本协议未尽事宜，由双方协商确定。

八、本协议自签订之日起即具有法律效力。

九、本协议书一式四份，甲方二份，乙方二份。

甲方（签章）
协议签订日期：　　年　　月　　日
法定代表人：（签字）

乙方（签章）
协议签订日期：　　年　　月　　日
法定代表人：（签字）

附件2

国家税务总局关于国家税务局为小规模纳税人代开发票及税款征收有关问题的通知

2005年2月28日　国税发〔2005〕18号

各省、自治区、直辖市和计划单列市国家税务局、地方税务局：

为加强税收征管，优化纳税服务，针对一些地方反映的问题，现对国家税务局为增值税小规模纳税人（以下简称“纳税人”）代开发票征收增值税时，如何与地税局协作加强有关地方税费征收问题通知如下：

一、经国、地税局协商，可由国税局为地税局代征有关税费。纳税人销售货物或应税劳务，按现行规定需由主管国税局为其代开普通发票或增值税专用发票（以下简称“发票”）的，主管国税局应当在代开发票并征收增值税（除销售免税货物外）的同时，代地税局征收城市维护建设税和教育费附加。

二、经协商，不实行代征方式的，则国、地税要加强信息沟通。国税局应定期将小规模纳税人缴纳增值税情况，包括国税为其代开发票情况通报给地税局，地税局用于加强对有关地方税费的征收管理。

三、实行国税代征方式的，为保证此项工作顺利进行，国税系统应在其征管软件上加列征收城市维护建设税和教育费附加的功能，总局综合征管软件总局负责修改，各地开发的征管软件由各地自行修改。在软件修改前，暂用人工方式进行操作。

四、主管国税局为纳税人代开的发票作废或销货退回按现行规定开具红字发票时，由主管国税局退还或在下期抵缴已征收的增值税，由主管地税局退还已征收的城市维护建设税和教育费附加或者委托主管国税局在下期抵缴已征收的城市维护建设税和教育费附加，具体退税办法按《国家税务总局中国人民银行财政部关于现金退税问题的紧急通知》（国税发〔2004〕47号）执行。

五、主管国税局应当将代征的地方预算收入按照国家规定的预算科目和预算级次及时缴入国库。

六、国税局代地税局征收城市维护建设税和教育费附加，使用国税系统征收票据，并由主管国税局负责有关收入对账、核算和汇总上拨工作。各级国税局应在“应征类”和“入库类”科目下增设“城市维护建设税”和“教育费附加”明细科目。

七、主管国税局应按月将代征地方税款入库信息，及时传送主管地税局。具体信息交换方式由各省级国税局和地税局协商确定。

八、各省级国税局和地税局应按照《中华人民共和国税收征收管理法》的有关规定签订代征协议，并分别通知所属税务机关执行。

自治区地方税务局关于进一步明确代开普通发票有关手续问题的通知

2008年12月8日　桂地税发〔2008〕174号

各市、县（市、区）地方税务局，各市地方税务局直属机构，自治区地方税务局直属税务分局、稽查局：

近接一些基层地方税务机关请示，要求明确纳税人委托代理人代其向主管地税机关申请代开发票，应当如何办理相关手续，以及《自治区地方税务局关于改进房地产业税收管理的通知》（桂地税发〔2008〕164号）下发后，主管地税机关代开发票时如何正确区分纳税人出租、转让房屋的性质和用途（住宅或商铺等），以适用不同税率或综合征收率等问题。经研究，现就主管地税机关代开普通发票有关手续问题进一步明确如下：

1. 纳税人申请代开发票确有困难，需委托代

理人或付款方（以下统称代理人）代其办理申请代开发票并缴纳税款的，代理人需提供以下证明材料经主管地税机关审核确认一致，并按规定纳税后予以代开（原件经核对后退回）。

（1）代理人（代理人是单位的为经办人）的合法身份证件原件和复印件。

（2）纳税人签名并押手印的委托授权书、合法身份证件的复印件。

（3）付款方出具的包含提供劳务人员姓名、身份证件名称及号码、提供劳务的内容、报酬金额等内容的书面证明（原件或传真件）或相关合同、协议原件及复印件；个人纳税人出租、转让房屋申请代开发票的，按照本通知第二条第（3）、（4）项规定提供相关证明材料。

（4）填写《代开普通统一发票申请表》或《代开货物运输发票申请表》（代开公路、内河货物运输业统一发票适用）。

（5）纳税人的税务登记证副本原件（代开公路、内河货物运输业统一发票适用）。

2. 为正确区分个人纳税人出租、转让房屋的性质和用途，如住房、商铺等，准确适用税率或综合征收率，出租、转让房屋的个人向主管地税机关申请代开发票时，需提供以下证明材料经主管地税机关审核确认一致，并按规定纳税后予以代开（原件经核对后退回）。

（1）申请代开发票人的合法身份证件原件。

（2）填写《代开普通统一发票申请表》。

（3）房屋租赁、转让合同、协议或付款方出具的确认付款对象（即收款人）、付款事由（如租赁、转让）、付款金额等内容的书面证明原件（或传真件）及复印件；付款对象不清、付款事由不明的，从高适用税率或综合征收率。

（4）《房产证》原件及复印件，或其他能证明房产性质、用途的合法有效证明（如房产抵押合同等）原件及复印件；如不能按照要求提供的，从高适用税率或综合征收率。

3. 纳税人申请代开发票涉及办理减免税优惠的，应按主管地税机关的规定提供能证明其符合减免税条件的合法、有效材料，包括相关的证件、合同、证明、文件等，未能提供相关证明材料的，不得给予减免税优惠。

自治区地方税务局　自治区总工会 关于调整代收工会经费手续费问题的通知

2008 年 12 月 9 日　　桂地税发〔2008〕175 号

各市、县（市、区）地方税务局、总工会，自治区地方税务局直属税务分局，自治区直属企业事业工会：

根据中华全国总工会关于经费收缴奖励的相关规定，为进一步落实和规范自治区总工会、自治区地方税务局《关于由地税部门代收工会经费进一步加强我区工会经费收缴工作的通知》（桂工发〔2005〕66 号）关于“手续费主要用于代收业务的宣传、票证设备的购置及维护费、代收人员的经费、奖励以及其他费用”的规定，经自治区地方税务局、自治区总工会研究决定，自 2009 年 1 月 1 日起，原按已收工会经费总额提取 5%的手续费中的 2%支付给代收的地税机关，3%统筹在自治区总工会，作为自治区级的地税代收工会经费工作专项业务支出，主要包括自治区总工会、自治区地方税务局组织的代收工会经费工作年度竞赛专项业务支出和代收业务宣传、票证设备购置及维护支出，以进一步调动我区地税机关开展代收工会经费工作的积极性，提高代收工会经费工作的质量和效率，促进我区代收工会经费工作的科学化、规范化和精细化管理。

特此通知。

自治区地方税务局关于加强应取得未取得工商营业执照的纳税人发票管理有关问题的通知

2008年12月12日 桂地税发〔2008〕178号

各市、县（市、区）地方税务局，各市地方税务局直属机构，自治区地方税务局直属税务分局：

近接基层地方税务机关反映，个别具备一定经营规模的纳税人，虽未取得工商营业执照或未获有关部门批准设立，但持续稳定经营，并且发票使用量较大，如按照《国家税务总局关于完善税务登记管理若干问题的通知》（国税发〔2006〕37号）第六条关于“对应领取而未领取工商营业执照临时经营的，不得办理临时税务登记，但必须照章纳税，也不得向其出售发票；确需开具发票的，可以向税务机关申请，先缴税再由税务机关为其代开发票”的规定，税务机关不仅不能对其核发临时税务登记证，也不能允许其领购发票。对此，基层地方税务机关认为，如果按照国家税务总局上述规定执行，不允许纳税人领购发票，将影响其正常开展经营活动，较多地增加基层地方税务机关代开发票的工作量，对基层地方税务机关优化纳税服务和提高征管工作效率将造成不利影响。

自治区地方税务局经认真研究后认为，《国家税务总局关于完善税务登记管理若干问题的通知》（国税发〔2006〕37号）关于“对应取得而未取得工商营业执照的纳税人，税务机关不得发放临时税务登记证和不得向其出售发票”的规定，作为适应一般情况的管理措施，无疑是适宜、必需的，实际工作中的绝大多数情况，都应严格按照国家税务总局的上述规定执行。

自治区地方税务局意见：对我区个别应取得而未取得工商营业执照也未获有关部门批准设立，但具备一定经营规模，已持续稳定经营一段时间（原则上按照半年以上掌握），并且发票使用量较大的纳税人，其办理税务登记和使用发票的管理，可作为特殊情况，暂按以下办法处理：

一、经负责征收管理的县级地方税务局的主管局领导召集有关中层领导、基层调查人员审议确认全部符合以上条件，并向经办审核发放税务登记证件的机构出具书面意见后，可以向其核发临时税务登记证。但各地要从严掌握发放此类临时税务登记证的条件和范围，对经营规模偏小、经营不够稳定、发票使用量不大的纳税人，仍应严格按照只登记不发证并由其向主管地方税务机关申请代开发票的方式进行管理。

二、向其核发临时税务登记证后，主管地方税务机关可以依照发票管理办法有关规定，向其核发《发票领购簿》，并依照有关规定向其发售发票。

（一）在向其发售发票前，主管地方税务机关要严格按照有关规定监督其刻制发票专用章，并严格监督其在办理领购发票时当场加盖发票专用章。

（二）凡向其发售填开式发票的，主管地方税务机关要从严审核和控制发售发票的金额版、每次发售的数量（不得超过一个月的正常用量），严格执行发票“验旧购新”制度，并采取切实有效措施加强日常管理，严防其携带发票走逃现象的发生。

（三）凡向其发售定额发票的，主管地方税务机关要从严审核和控制发售发票的金额版、每次发售的数量（不得超过一个月的正常用量），并在发票发售环节，按照发售定额发票全额和规定税率计算征收税款后，再行发放定额发票。

各地在执行上述特殊规定过程中，遇到问题或有建议的，请及时向自治区地方税务局报告。

自治区地方税务局 自治区国家税务局转发国家税务总局办公厅关于启用综合征管软件代征地方教育费附加功能的通知

2008 年 12 月 24 日 桂地税发〔2008〕186 号

各市、县（市、区）地方税务局、国家税务局，各市地方税务局直属机构，自治区地方税务局直属税务分局：

现将《国家税务总局办公厅关于启用综合征管软件代征地方教育费附加功能的通知》（国税办发〔2008〕127 号）转发给你们，并提出如下处理意见，请一并遵照执行。

一、各级地方税务局应当将地方教育费附加一并委托国家税务局代征，并将相关委托代征内容纳入《委托代征税款协议》中，已经与国家税务局签订《委托代征税款协议》的地方税务局，应当以适当方式增补委托国家税务局代征地方教育费附加的内容。

二、地方教育费附加的征收率为实际征收增值税或消费税金额的 1%。地方教育费附加的相关政策依照《自治区地方税务局转发自治区财政厅关于地方教育费附加征收管理有关问题的通知》（桂地税发〔2007〕145 号）和《自治区地方税务局转发自治区人民政府关于修改〈广西壮族自治区地方教育费附加征收使用管理办法〉的通知》（桂地税发〔2006〕123 号）执行。

三、委托代征地方教育费附加的其他事项依照《自治区地方税务局 自治区国家税务局转发国家税务总局办公厅关于启用综合征管软件代征城市维护建设税和教育费附加功能模块的通知》（桂地税发〔2008〕167 号）执行。

附件 1：自治区地方税务局关于代征地方教育费附加有关问题的通知（桂地税发〔2004〕79 号）

附件 2：自治区地方税务局转发自治区财政厅关于地方教育费附加征收管理有关问题的通知（桂地税发〔2007〕145 号）

附件 3：自治区地方税务局转发自治区人民政府关于修改《广西壮族自治区地方教育费附加征收使用管理办法》的通知（桂地税发〔2006〕123 号）

国家税务总局办公厅关于启用综合征管软件代征地方教育费附加功能的通知

2008 年 12 月 5 日 国税办发〔2008〕127 号

各省、自治区、直辖市和计划单列市国家税务局、地方税务局：

为了便于各地地方税务局委托国家税务局代征小规模纳税人代开发票的城市维护建设税和教育费附加的征收管理，2008 年 4 月，税务总局下发了《国家税务总局办公厅关于启用综合征管软件代征

城市维护建设税和教育费附加功能模块的通知》（国税办发〔2008〕33号），并在综合征管软件中增加了代征城市维护建设税和教育费附加的功能。

为进一步满足部分省市税务机关征收地方教育费附加的需要，税务总局在上述已有功能的基础上增加了征收地方教育费附加的功能，该功能已包含在综合征管软件1.1和2.0版的34和24号补丁中，请各地结合本地情况启用。

附件1

自治区地方税务局关于代征地方教育费附加有关问题的通知

2004年4月2日　　桂地税发〔2004〕79号

各市、县（市）地方税务局，各市地方税务局下辖各分局、稽查局，区局直属征收分局、稽查局：

广西壮族自治区人民政府关于印发《广西壮族自治区地方教育费附加征收使用管理办法》（桂政发〔2004〕1号，以下简称“办法”）下发后，我局陆续接到各地的请示，要求明确地税部门代征地方教育费附加的问题。根据办法第三条规定的“地方教育费附加由市、县人民政府负责征收，也可由市、县人民政府委托其他单位代征。其中，随增值税、营业税、消费税（以下简称“三税”）计征的部分，委托地方税务部门负责征收。地方教育费附加的使用及管理由各级财政和教育行政部门负责”。经研究，各市、县地方税务部门是否代征地方教育费附加，由当地市、县人民政府决定，区局不作统一的规定代征。

附件：广西壮族自治区人民政府关于印发《广西壮族自治区地方教育费附加征收使用管理办法的通知》（桂政发〔2004〕1号）

附件

广西壮族自治区人民政府关于印发《广西壮族自治区地方教育费附加征收使用管理办法的通知》

2004年1月2日　　桂政发〔2004〕1号

各市、县人民政府，区直各委、办、厅、局：

现将《广西壮族自治区地方教育费附加征收使用管理办法》印发给你们，请认真贯彻执行。

广西壮族自治区地方教育费附加征收使用管理办法

第一条　为规范我区地方教育费附加的征收管理，根据财政部《关于广西壮族自治区地方教育费附加等政府性基金有关问题的复函》（财综函〔2003〕13号）的精神，制定本办法。

第二条　地方教育费附加属于政府性基金，收入全额缴入地方国库，纳入地方财政预算，实行“收支两条线”管理。

第三条　地方教育费附加由市、县人民政府负责征收，也可由市、县人民政府委托其他单位代征。其中，随增值税、营业税、消费税（以下简称“三税”）计征的部分，委托地方税务部门负责征收。地方教育费附加的使用及管理由各级财政和教育行政部门负责。

第四条　地方教育费附加的征收、使用和管理接受同级财政、审计部门和上级教育部门的监督检查。

第五条　地方教育费附加的征收对象和标准。

（一）凡缴纳“三税”的单位和个人，在国家规定征收3%的城市教育费附加的基础上，按实际缴纳“三税”的1%征收，分别与增值税、营业税、消费税同时缴纳。对从事生产卷烟的单位减半征收地方教育费附加；对“三资企业”暂不征收；

对领取《再就业优惠证》从事个体经营的下岗职工予以免征。

（二）国家机关、事业单位、社会团体和各类企业在职职工按每人每年工资性收入的1%征收。对工资性收入低于最低生活保障线的职工予以免征。

第六条 征收地方教育费附加，使用自治区财政厅统一印制的政府性基金专用票据。

第七条 各市、县收取的地方教育费附加，全额缴入同级财政国库。

地方教育费附加缴入国库，填列“基金预算收入”科目第82类“文教部门基金收入”第8203款“地方教育费附加收入”。

第八条 地方教育费附加代征手续费按不高于实际代征缴入国库的1%～3%比例，由同级财政部门计提和拨付，纳入地方预算管理。具体比例由市、县人民政府决定。

第九条 地方教育费附加的使用，由教育行政部门商财政部门提出方案，报当地人民政府批准执行，专项用于义务教育阶段校舍建设、危房改造及改善中小学办学条件。

第十条 地方教育费附加支出时，填列“基金预算支出科目”第82类“文教部门基金支出”第8203款“地方教育费附加支出”。

第十一条 市、县人民政府委托的征收单位违反本规定，多收、减收、免收、缓收，或者隐瞒、截留、挪用、坐收坐支地方教育费附加的，由上级或当地人民政府责令改正，并按照《国务院关于违反财政法规处罚的暂行规定》（国发〔1987〕58号）等有关法律、法规的规定进行处罚。

第十二条 对违反第十一条规定行为中涉及有关部门或单位直接负责的主管人员和其他直接责任人员，按照《违反行政事业性收费和罚没收入收支两条线管理规定行政处分暂行规定》（国务院令第281号），给予行政处分；构成犯罪的，移交司法机关追究其刑事责任。

第十三条 本办法自下发之日起执行。原规定与本办法抵触的，以本办法规定为准。

第十四条 各市人民政府可依据本办法制定实施细则，报自治区财政厅、教育厅备案。

第十五条 本办法由自治区财政厅、教育厅负责解释。

附件2

自治区地方税务局转发自治区财政厅关于地方教育费附加征收管理有关问题的复函的通知

2007年4月24日 桂地税发〔2007〕145号

各市、县（市、区）地方税务局，各市地方税务局直属机构，自治区地税局直属税务分局、稽查局：

现将自治区财政厅《关于地方教育费附加征收管理有关问题的复函》（桂财综函〔2007〕35号）转发给你们，请依照执行。

关于地方教育费附加征收管理有关问题的复函

2007年4月5日 桂财综函〔2007〕35号

自治区地方税务局：

《自治区地方税务局关于要求明确地方教育费附加征收管理有关问题的函》（桂地税函〔2007〕104）收悉。根据《广西壮族自治区人民政府关于印发广西壮族自治区地方教育费附加征收使用管理办法的通知》（桂政发〔2004〕1号）的有关规定，经研究，现函复如下：

一、由于现行的地方教育费附加是按单位和个人实际缴纳的增值税、消费税、营业税（下称“三税”）进行征收的，因此，对享受税收优惠政策，减免了“三税”的单位和个人，应相应减免地方教育费附加。

二、对执行“先征后退”税收政策的企业，其已随“三税”征收的地方教育费附加应随“三税”一起办理退库手续。

三、本规定自2007年1月1日起执行，以前年度已经征收不再退库，未征收的不再征收。

此复

附件3

自治区地方税务局转发自治区人民政府关于修改《广西壮族自治区地方教育费附加征收使用管理办法》的通知

2006年5月10日　桂地税发〔2006〕123号

各市、县（市、区）地方税务局，各市地方税务局直属机构，自治区地方税务局直属税务分局、稽查局：

现将《广西壮族自治区人民政府关于修改〈广西壮族自治区地方教育费附加征收使用管理办法〉的通知》（桂政发〔2006〕19号）转发给你们，请遵照执行。

广西壮族自治区人民政府关于修改《广西壮族自治区地方教育费附加征收使用管理办法》的通知

2006年4月9日　桂政发〔2006〕19号

各市、县人民政府，区直各委、办、厅、局：

根据《国务院关于修改〈征收教育费附加的暂行规定〉的决定》（国务院令第448号）精神，自治区人民政府决定对《广西壮族自治区地方教育费附加征收使用管理办法》作如下修改：

一、将第五条第一款修改为：凡缴纳的“三税”的单位和个人，在国家规定征收3%的城市教育费附加的基础上，按实际缴纳“三税”的1%征收，分别与增值税、营业税、消费税同时缴纳。对“三资企业”暂不征收；对领取《再就业优惠证》从事个体经营的下岗职工予以免征。

二、本通知自2006年5月1日起施行。

税务稽查类

自治区地方税务局关于开展2008年税收专项检查工作的通知

2008年2月26日　桂地税发〔2008〕28号

各市地方税务局，自治区地方税务局直属税务分局：

为深入开展整顿和规范税收秩序工作，依法查处重点行业、重点地区存在的税收违法行为，构建公平和谐的税收环境，加强征管，堵塞漏洞，根据《国家税务总局关于开展2008年税收专项检查工作的通知》（国税发〔2008〕9号）精神，现将2008年全区地方税收专项检查工作有关事项通知如下：

一、税收专项检查项目

（一）行业税收专项检查。

自治区地税局确定2008年地方税收专项检查分为指令性项目和指导性项目（具体检查方案见附件1）。

1. 指令性检查项目。

（1）房地产及建筑安装业；

（2）烟草行业；

（3）金融保险业（中国平安保险集团及其控股子公司）。

2. 指导性检查项目。

（1）餐饮业及娱乐业；

（2）证券业；

（3）中介服务业。

各级地税机关要在完成指令性检查项目的基础上，结合本地实际，从自治区地税局确定的指导性检查项目或本地区其他重点行业中选择若干行业，开展税收专项检查。

（二）区域税收专项整治。

2008年，我区将把利用“四小票”进行偷骗税以及制售假发票、非法代开发票等税收违法行为比较突出的地区作为区域税收专项整治的重点。具体整治工作由自治区地税局稽查局牵头组织实施，原则上市、县两级税务局不再另行布置。

二、税收专项检查工作目标

依法严厉查处相关行业和地区存在的税收违法问题，提高纳税人依法纳税的自觉性；发现征管薄弱环节和税收政策缺陷，提出强化征管和堵塞漏洞的有效措施；创建公平和谐的税收环境，保障和促进税收收入稳定增长。

三、税收专项检查组织机构

自治区地税局组成2008年税收专项检查领导小组，设立办公室（办公室设在自治区地税局稽查局）。

组　长：李早春　自治区地税局副局长

副组长：唐敢壮　自治区地税局稽查局局长

成　员：陈仁英　自治区地税局法规处处长

韦兴文　自治区地税局征收管理处处长

黄德成　自治区地税局流转税处处长

刘贵平　自治区地税局所得税处处长

曾纪芬　自治区地税局财产行为税处处长

专项检查领导小组办公室：

主　任：孔祥春　自治区地税局稽查局副局长

成　员：马　宁　自治区地税局稽查局干部

龙　泉　自治区地税局稽查局干部

四、税收专项检查工作时间安排

2008年税收专项检查工作总体时间安排为：2008年2月初开始，10月底结束。其中，2月为组织部署阶段；3～9月为检查实施阶段；10月为总结整改阶段。

五、税收专项检查工作要求

各级地税机关要高度重视税收专项检查工作，将其作为整顿和规范税收秩序的主要内容来抓，高标准，严要求，确保税收专项检查工作取得实效。

（一）加强领导，周密部署。

一是要建立税收专项检查工作领导机构。各市地税局要及时成立以主要领导任组长，稽查、法规、征管、税政等部门参加的税收专项检查领导小组，统一组织领导税收专项检查工作。各级地税稽查局要切实发挥牵头作用，做好组织协调和具体检查工作。二是要认真开展查前分析和查前培训。各地要充分利用税收分析、纳税评估、税收检查的成果以及各种税收征管资料开展查前分析，有针对性地选择检查项目，确定所查行业，对重点企业进行解剖式检查，积累经验后展开全行业检查；同时，结合选定行业的生产经营特点、财务会计制度和以往检查经验，采取集中培训、视频培训和编发检查指南等形式，使检查工作做到有的放矢，提高检查质量和效率。三是要加大宣传发动和案件曝光力度。要通过广播、电视、报刊、网络等新闻媒体广泛开展税收专项检查的宣传发动工作，形成强大的舆论声势，扩大社会影响，提高纳税人对专项检查的认知度和税收遵从度，减少检查的困难和阻力。

（二）精心组织，科学实施。

一是要持续深化分级分类检查。各市要注重建立分级分类检查工作制度，明确企业分类标准，统筹调整稽查局力量，进一步加大自治区及市两级稽查局的工作强度。二是要认真研究制定税收专项检查工作计划和检查实施方案，统筹安排检查时间，合理调配检查力量，科学筛选检查对象，明确检查重点和检查要求。三是要按照专项检查与大要案检查相结合的原则，灵活运用交叉检查、集中检查、下查一级等方式方法，提高工作效率。

（三）注重协调，增强合力。

各级地税机关在税收专项检查工作中要注重系统内外的部门协作，有效形成执法合力。税务机关内各部门要明确职责分工，稽查部门负责具体检查工作，征管、法规、税政等部门负责政策把关、解释疑难和落实整改等工作。国、地税部门在检查中，应尽可能联合进户，做到资源共享、各税统查、分别入库，避免多头重复检查和税款流失。要高度重视案件协查工作，树立“协查地也是发案地”的意识，在保证协查回复及时准确的基础上，充分发掘协查线索开展延伸检查。要加强税警协作，必要时可提请公安机关提前介入，增强执法手段，减轻取证阻力。要积极向当地党委、政府汇报税收专项检查工作进展情况，及时请示，争取支持，为税收专项检查工作创造良好的外部环境。

（四）以查促管，标本兼治。

各级地税机关要本着依法治税、标本兼治的原则，建立健全“以查促管、以查促查”的长效机制。在依法查处税收违法案件的同时，要及时总结发案规律、特点和新的动向、趋势，分析税收征管薄弱环节和税收政策缺陷，提出切实有效的整改措施和完善建议。要从宏观税负分析、行业检查分析、案例分析、稽查建议等方面入手，探索建立相关工作制度，使“以查促管、以查促查”走上规范化制度化轨道，真正实现整顿和规范行业、地区税收秩序的目的。

（五）加强督导，严格考核。

各市地税局要采取有效措施进一步强化税收专项检查工作的督导考核力度。要在各级地税机关之间建立顺畅的沟通渠道和组织指挥体系，确保上级的工作部署落到实处。上级要及时组织督导组、复查组，定期对税收专项检查工作进展情况、查补税款入库情况、税务行政处罚情况以及稽查建议工作、征管整改工作进行督导检查，发现问题及时纠正，遇到困难及时协调解决。自治区地税局稽查局将对各市开展税收专项检查工作情况以及要求上报的各种文字材料和报表进行考核，并对考核结果在系统内进行通报。各市地税局要对查处的大要案件和工作中遇到的问题、困难及时请示上报，便于上级机关分析发案规律和特点、及时调整工作思路和方法，进行有针对性的督促指导。

（六）及时统计，认真总结。

各市地税局要指定专人负责有关数据的汇总统计和材料报送工作。有关数据的采集、汇总要及时准确；上报的经验材料和典型案例要客观、真实地反映实际情况，具有借鉴价值；工作总结要具体翔实、客观全面，所提出的建议和措施要有针对性、实效性和可操作性。各市地方税收专项检查领导小组要对上报数据和材料严格把关，杜绝敷衍应付的现象发生。

六、材料报送

请各市地税局于 2008 年 3 月 1 日前向自治区地税局报送各市局部署税收专项检查工作的正式文件；2008 年 7 月 1 日前报送税收专项检查工作半年总结；2008 年 10 月 17 日前报送全年工作总结；平安保险行业专项检查要求每月 20 日前报工作进展情况；随时报送专项检查的工作动态、经验做法、典型案例及行业检查指南。

税收专项检查半年和全年工作总结要有详细的统计数字，相关报表要严格按照国家税务总局文件规定的格式和内容填报（有关数据统计的汇总表格见附件 2，请各市认真阅读填写说明，严格按照说明填报报表），2008 年 7 月 1 日前上报上半年报表，10 月 17 前上报年度报表。对专项检查中发现的普遍性、规律性的税收违法问题、征管漏洞和政策缺陷要有实例、有定量分析。行业检查指南应以"以查促管、以查促查"为目标，分析相关行业经营管理现状和行业征管现状，列举行业涉及的相关税种，结合典型案例归纳普遍存在的涉税违法问题，总结检查方法和技巧等。

联系人：自治区地税局稽查局　马宁　龙泉
联系电话：0771－5538021　5538005
传真电话：0771－5538011

附件1：2008年税收专项检查工作方案
附件2：2008年税收专项检查工作统计表

附件1

2008年税收专项检查工作方案

一、房地产业及建筑安装业税收专项检查

（一）检查对象。

房地产业的检查对象包括各类房地产开发企业及其关联企业。关联企业包括建材产销企业、建筑安装企业和个人、房地产销售公司、中介公司（物业管理、二手房交易、房屋置换、房屋租赁）等。建筑安装业的检查对象包括从事各类建筑、安装、修缮、装饰装潢及其他工程作业的单位和个人，具体范围详见国家税务总局印发的《营业税税目注释（试行稿）》。

（二）检查年度。

一般检查2006年至2007年两个年度税款缴纳情况，有涉及税收违法行为的，应追溯到以前年度。

（三）检查内容。

1. 房地产业。

（1）营业税。

①检查应税营业额的合理性、完整性。一是有无直接坐支售楼收入不入账的情况。二是营业收入是否包括了各种价外费用，各类手续费、管理费、奖励返还收入是否按规定计入应税收入。三是是否存在低价销售的行为、有无价格明显偏低而无正当理由的情况，关联企业之间销售价格是否合理。四是动迁、拆迁补偿等售房行为是否按规定足额申报纳税。五是各种换购房地产、以房地产抵债、无偿赠与房地产、集资建房、委托建房、中途转让开发项目、提供土地或资金共同建造不动产、拆迁补偿（安置）等行为是否按规定足额纳税。六是以房换地、参建联建、合作建房过程中，是否按规定申报缴纳营业税。七是以投资名义转让土地使用权或不动产所有权，未与投资方共同承担风险，并且收取固定利润或按销售收入一定比例提成的行为是否按规定申报纳税。八是房地产企业大额往来、长期挂账的款项是否存在漏计销售问题。九是纳税人自建住房销售给本单位职工，是否按照销售不动产照章申报纳税。十是各种房产出租收入（如开发商将未售出的房屋、商铺、车位等出租）是否按规定申报纳税。

②检查应税营业额的及时性。一是销售房产预收款（预收定金）是否及时申报纳税。二是按分期收款合同约定的时间应收取而未收到的销售款是否及时申报纳税。

③其他营业税涉税问题。

（2）企业所得税。

①检查应税收入的真实性、完整性。一是确定收入的完整性，重点是各种主营收入、副营收入、营业外收入（包括各种形式的财政返还在内）、投资收益等是否全部按规定入账。有无故意压低售价转移收入的行为；有无将已实现的收入长期挂往来账或干脆置于账外而不确认收入的情况；对于跨年度房地产开发项目的已完工出售部分，有无不按权责发生制原则确认收入或故意推迟实现工程结算收入的现象。二是确定收入确认的合法性，检查其开发产品（包括完工产品、未完工产品）的销售收入、预售收入、视同销售收入、预租收入、代建工程和提供劳务的收入确认以及成本和费用的扣除，是否符合《国家税务总局关于房地产开发业务征收企业所得税问题的通知》（国税发〔2006〕31号）等有关规定。三是确定应税收入与非应税收入的划分，检查其有无将应税收入作为非应税收入申报等情况。

②检查税前扣除项目的真实性、合法性。一是要重点检查构成房地产成本的各类费用的支付凭证是否合法、真实、有效，有无收受虚开、代开、伪造的假发票等不合法的发票入账支付费用，尤其是建安企业和个人所提供的安装工程成本是否真实；重点查看是否存在虚开办公费、虚开服务业发票、虚增人员工资、虚增广告支出、以有关联关系的销

售公司或办事处的名义虚增经费、销售费用等虚增成本套取现金的情况。二是要通过检查总成本、已完工成本、总面积、已完工（可售）面积来检查成本与收入的配比性、合法性，是否将未完工程项目的成本转移到已完工程成本项目中。三是要结合房地产行业的特点，针对会计处理与现行税法规定不一致的项目在纳税申报时是否予以调整，重点检查各项准备金、风险金、业务招待费、广告费、租赁费、工资及相关费用、财产损失、捐赠支出、改扩建及装修工程支出、管理费等项目，以及支付的土地出让金是否按规定合理分摊成本。

③检查减免税政策执行问题。检查房地产开发企业和以销售（包括代理销售）开发产品为主的企业，是否按《国家税务总局关于房地产开发业务征收企业所得税问题的通知》（国税发〔2006〕31号）第10条“不得享受新办企业的税收优惠”的规定执行。

④重点检查项目。一是检查应付未付、应收未收款项的处理情况，是否存在预售款长期挂“预收账款”、“其他应付款”等科目，不按照规定缴纳所得税问题；二是检查预提费用、应付账款等科目，对年末留有余额的预提费用和超过3年（外企2年）因债权人原因无法支付的应付账款应调整成本和收入；三是检查无形资产和长期待摊费用的摊销是否符合税法规定；四是检查企业与其关联企业之间的关联交易情况，是否利用关联关系承包或分包工程，如建筑、装饰、建材、绿化和物业等，通过加大建安成本造价、虚加工作量等非法手段减少或转移利润，或委托关联企业代理销售开发产品，支付高额佣金转移利润等；五是检查房地产项目中建造的各类营业性的“会所”是否按规定作为固定资产管理；六是检查企业按重估价计提折旧的固定资产，看其重估收益是否申报缴纳企业所得税等。

（3）土地增值税。

①是否按规定申报预缴土地增值税，其会计处理是否正确

②增值额的计算是否正确。

③对普通标准住宅的界定是否符合要求。

（4）房产税。

①房地产企业开发的商品房在出售前已使用或出租、出借的商品房是否按规定申报缴纳房产税。

②对自用房产是否缴纳房产税及土地使用税。

③外资房地产开发企业开发的商品房在出售前用于出租的，共会计核算是否正确，房产税的计税依据是否正确，是否足额申报缴纳房产税。

（5）印花税。

①各类应税凭证是否按规定粘贴印花税票或缴纳印花税。

②房地产企业房屋销售（预售）合同、建筑安装合同、银行借款合同等是否按规定粘贴印花税。

（6）其他各税。

2.建筑安装业。

（1）营业税。

①检查应税营业额的合理性、完整性。在对常规性项目检查的同时，还应重点检查以下项目：一是以各种名义从甲方取得的与建筑安装工程作业相关的收入是否进行纳税申报。二是甲方提供材料、动力等的价款是否并入应税营业额。三是有自建行为的纳税人，在转让自建不动产时，是否申报缴纳自建环节的营业税。四是是否存在因抵顶“三角债”间接导致少缴营业税的问题，是否存在以工程劳务收入直接抵顶各项费用少缴营业税的问题。五是计税营业额中的设备价值扣除是否符合规定。六是是否存在分包工程未代扣代缴营业税的问题，纳税人和扣缴分包人的营业税是否及时申报并缴纳入库。七是检查其与关联企业业务往来的财务核算和涉税事宜。看承建企业与开发商（或业主）之间有无“多个牌子、一套人马”，随意变更建筑合同，钻税法空子，少申报收入。

②检查应税营业额的及时性。一是对已开工建设的建筑安装工程，是否存在长期零申报的异常情况；二是是否按工程完工进度申报缴纳营业税，有无以未实际收到款项为由，拖延申报缴纳税款。（具体检查时可参考《关于建筑业营业税若干政策问题的通知》（财税〔2006〕177号）第二条相关规定）。

③重点检查项目。一是对纳税人提供建筑业劳务，应检查其是否按月就其本地和异地提供建筑业应税劳务取得的全部收入向其机构所在地主管税务机关进行纳税申报，并就其本地提供建筑业应税劳务取得的收入缴纳营业税；是否自应申报之月（含当月）起6个月内向机构所在地主管税务机关提供其异地建筑业应税劳务收入的完税凭证（若否，应就其异地提供建筑业应税劳务取得的收入向其机构所在地主管税务机关缴纳营业税）。二是对外来建筑业户，应重点检查其纳税是否正常，是否有漏征漏管户。三是重点核实建筑工程总包与分包的纳税情况。具体方法是，从大型建筑总包企业及长期承揽分包业务的业户入手，对照其近年来签订的分包合同和收款单位，就其取得的发票和对应的款项逐笔进行交叉稽核，对票款来源不一致或未按规定取得发票的情况开展重点检查。

④其他营业税涉税问题。

（2）企业所得税。

①检查应税收入的真实性、完整性。重点检查：一是是否按实际完成工程量结转工程收入。二是是否将工程结算收入或工程结算差价收入、合同外工程变更收入挂往来账，少计应税所得额。三是对于跨年度工程的已完工部分，有无不按权责发生制原则确认收入或故意推迟实现工程结算收入的现象。四是检查各类学校（包括培训学校）、科研院所等单位已结算和在建的建筑安装工程是否取得合法有效的发票。

②检查税前扣除项目的真实性、合法性。一是要重点检查各类成本费用的支付凭证是否合法、真实、有效，有无收受虚开、代开、伪造的假发票等不合法的发票入账支付费用。重点查看是否存在虚开办公费、虚开劳务费发票、虚增人员工资、虚增广告支出、以关联的销售公司或办事处的名义虚增经费、销售费用等虚增成本套取现金的情况。二是要检查施工工程进度（或称“工程计价报量”，即通过检查施工总成本、已完工成本、建筑总面积、已完工面积来检查成本与收入的配比性、合法性，是否将未完工程项目的成本转移到已完工程成本项目中。三是重点检查纳税申报的调整项目，重点检查各项管理费、计税工资、业务招待费、广告费、租赁费、劳务费、代付费用、财产损失、捐赠支出、改扩建及装修工程支出等项目。

③重点检查项目。专项检查中，对于大型建筑企业的检查，应重点核实有无小型建筑企业挂靠，如有则应进一步核实其财务核算方式等相关事宜是否存在税款流失；对于小型建筑企业，应重点核实其是否通过交纳管理费等方式挂靠资质较高的建安企业来承揽工程，如有则应重点核实其工程施工收入、成本是否通过挂靠企业核算，是否存在税款流失。

（3）个人所得税。

①重点检查扣缴义务人是否按规定全员全额地履行了代扣代缴义务。企业发放的各种名目的奖金、补贴、实物以及其他应税收入，特别是各类回扣、提成收入部分是否按规定足额扣缴个人所得税。

②将其经营者、项目经理等该行业的高收入者作为重点检查对象。企业资质升级时，留存收益和资本公积转增个人股本是否缴纳个人所得税。

③企业大额往来、长期挂账的款项是否存在套取现金未计个人所得税问题。

④扣缴义务人和纳税人签订假合同、假协议，少报应税收入，或者扣缴义务人故意为纳税人隐瞒收入，进行虚假的纳税申报，从而不缴少缴个人所得税的行为。

（4）其他地方各税。

二、烟草行业税收专项检查

（一）检查对象。

本项税收专项检查工作的检查对象包括烟草生产企业（即中烟工业公司及其下属卷烟厂，含兼并外省的卷烟厂）、烟草销售企业（即烟草公司等）及其投资兴办的复烤厂、投资控股企业，以及烟叶、卷烟销售、烟机、物资、烟草进出口公司等全国性专业公司和其他企事业单位。

（二）检查年度。

一般检查 2006 年至 2007 年两个年度的税款缴纳情况，有涉及税收违法行为的，应追溯到以前年度。

（三）检查内容。

烟草生产企业及烟草销售企业的个人所得税及其他地方各税。

三、餐饮业及娱乐业税收专项检查

（一）检查对象。

餐饮业的检查对象，包括通过同时提供饮食和饮食场所的方式为顾客提供饮食消费服务业务的单位和个人。

娱乐业的检查对象，包括经营歌厅、舞厅、卡拉 OK 歌舞厅、音乐茶座、台球、高尔夫球、保龄球、游艺场等娱乐场所（包括附设的堂吧、商品部等）的单位和个人。

（二）检查年度。

一般检查 2006 年至 2007 年两个年度税款缴纳情况，有涉及税收违法行为的，应追溯到以前年度。

（三）检查内容。

1. 营业税。

（1）检查应税营业额的真实性、完整性。对被查对象应税营业额的确认是否正确合理，各项应税收入是否完整，有无少报、漏报、瞒报现象。一是有无两套账、账外账。二是有无兼营或混合销售行为，有无混淆申报增值税、营业税的情况。三是收取的各种价外费用（如娱乐场所为顾客进行娱乐活动提供的饮食服务及其他各种服务）是否一并申报纳税。四是有无将成本费用直接冲抵收入的现象。五是现金收入是否全额入账。六是未开发票的收入是否申报纳税。七是采取电子收款机的纳税人，是否全额申报纳税。八是是否存在签订虚假合同或拆分合同少报收入。

（2）检查立税营业额的及时性。一是预收账款（包括一次性收款分次消费）、分期收款业务是否按规定时间及时结转收入。二是有无长期挂往来而不确认收入的情况。

（3）检查适用税率的正确性。一是税目的确定是否准确。二是兼营其他应税项目的，是否分税目（税率）核算并申报纳税，否则从高适用税率。

2. 企业所得税。

（1）检查应税收入的真实性、完整性。一是重点是各种经营收入、副营业务收入是否全部按规定入账。二是企业对外投资收益、营业外净收入（包括各种形式的财政返还收入）等是否足额申报纳税。

（2）检查税前扣除项目的真实性、合法性。一是要结合行业特点，针对会计处理与现行税法规定不一致的项目在纳税申报时是否予以调整，重点检查各项准备金、风险金、管理费、业务招待费、广告费、租赁费、工资及相关费用、财产损失、捐赠支出、改扩建及装修工程支出等项目。二是有无列支与其经营无关的支出。三是是否列支税款滞纳金、行政性罚款等不允许税前扣除的项目。四是固定资产折旧、是否符合相关规定，有无擅自缩短固定资产折旧年限、无形资产（如接受投资土地）使用年限加大当期折旧额、摊销额的情况。五是有无将以前年度亏损的期间费用以递延资产的形式在纳税年度内列支。六是有无负担关联企业的融资利息支出。

（3）发票的使用是否符合规定。一是针对部分行业（如餐饮业）进货难以取得合法列支凭据的特点，重点落实成本列支中的大额发票是否属实（包括业务真实性、发票真实性、填开单位的真实性）。二是有无使用假发票或借用低税率发票偷逃税款的情况。

3. 其他各税。

四、证券业税收专项检查

（一）检查对象。

本项税收专项检查工作的检查对象包括各级各类证券公司、基金公司，包括上海证券交易所、深圳证券交易所。

前述证券公司，是指依照《中华人民共和国公司法》规定设立并经国务院证券监督管理机构审查批准成立的专门经营证券业务、具有独立法人资格的金融机构，具体包括证券经营公司、证券登记公司两大类型，其中证券经营公司又包括证券经纪商、证券自营商、证券承销商三类。

前述基金公司，是指依照《中华人民共和国证券投资基金法》的规定设立并经国务院证券监督管理机构核准的基金管理人。

（二）检查年度。

一般检查2006年至2007年两个年度的税款缴纳情况，有涉及税收违法行为的，应追溯到以前年度。

（三）检查内容。

1. 营业税。

（1）是否变相降低交易手续费隐瞒营业收入，有无以降低或返还一定比例的交易手续费作为大、中客户的回扣；支付给介绍客户的经纪人的回扣或返还一定比例的手续费是否存在直接冲减营业收入的情况。

（2）公司代理客户买卖证券收到的代买卖证券款与客户进行相关的结算后，其代理客户买卖证券的手续费收入，是否在与客户办理买卖证券款项清算时确认收入或转入其他往来科目等。

（3）代理兑付证券的手续费收入，应于代兑付证券业务基本完成，是否及时与委托方结算时确认收入。

（4）代保管证券业务的手续费收入，是否在代保管服务完成时确认收入；一次性收取的手续费，作为预收账款处理，是否在代保管服务完成时及时确认收入。

（5）代理证券手续费是否全额申报纳税，其向客户收取的手续费有否冲减其支付上交所、深交所结算的手续费（如，为上交所、深交所代理结算配股、代收印花税、中签新股、分配股利等应向“两所”收取手续费）。

（6）是否未计或少计柜台零星现金收入，如办理交易卡收取的工本费、刷卡费、代理客户自动申购新股的手续费收入、内部资料费等。

（7）客户资金的存贷利息差收入是否一并申报纳税（存贷利息差，是指证券公司从金融机构取得的同业存款利息高于付给客户银行同期活期存款利息差，如申购新股的冻结资金利息差）。

（8）有无以他人名义入市炒股，隐瞒自营股票差价收入。

（9）基金公司有无超范围享受营业税优惠政策。

2. 企业所得税。

（1）检查应税收入的真实性、完整性。重点是各种主营业务收入、附营业务收入是否全部按规定入账。另外还应重点关注以下几个方面：

第一，证券公司承销业务的检查。①以全额包销方式进行承销业务的，是否按承购价格确认代发行证券成本；转售给投资者时，是否先按发行价格确认代发行证券收入，再按已发行证券的承购价格结转代发行证券成本。发行期结束后的未售出证券，是否及时按承购价格转入自营证券或长期投资。②以余额包销方式进行承销业务的，在收到代发行人发售的证券时，是否按委托方约定的发行价格确认为一项资产和一项负债；发行期结束后的未售出证券，是否按约定的发行价格转入自营证券或长期投资；发行期结束后，是否及时与发行人结算并确认代发行证券手续费收入。③以代销方式进行承销业务的，在收到代发行人发售的证券时，是否按委托方约定的发行价格确认为一项资产和一项负债；发行期结束后，是否及时与发行人结算并确认代发行证券的手续费收入。

第二，证券公司返售证券业务的检查。买入返售证券业务，是否以获取的买卖差价确认收入。业务简介：证券公司买入某种证券时，应按实际发生的成本确认为一项资产；证券到期返售时，应按返售价格与买入成本价格的差额确认为收入。

第三，证券公司自营证券收益的检查。首先，自营买入证券，是否按取得时的实际成本计价（包括买入时成交的价款和交纳的各项税费）入账。其次，自营卖出证券，是否按与证券交易所清算净额（是指成交价扣除相关税费后的余额）确认收入。卖出证券的实际成本，可以采用先进先出法、加权平均法、移动平均法等方法确定。

第四，证券公司托管业务的检查。受托资产管理业务合同到期，应接合同约定比例计算的应由证券公司享有的收益或承担的损失。检查中，应关注其是否及时与委托方结算收益或损失，是否及时确认当期损益。

第五，对证券公司的各项收入和支出是否分别核算，有无将手续费收入与其支出直接抵消的现象。

第六，要检查证券公司超过国家规定多扣除客户的印花税部分是否并入应税所得额。

第七，证券投资基金（封闭式证券投资基金，开放式证券投资基金）管理人是否存在运用其他款项或借用基金名义买卖股票、债券的差价收入而骗取企业所得税的免税优惠。

（2）检查税前扣除项目的真实性、合法性。一是要结合行业特点，针对会计处理与现行税法规定不一致的项目在纳税申报时是否予以调整，重点检查各项准备金、风险金、管理费、手续费或佣金、业务招待费、广告费、租赁费、工资及相关费用、财产损失、捐赠支出、营业网点改扩建及装修支出等项目。二是有无列支与其经营无关的支出。三是固定资产计提折旧是否符合规定，按重估价值计提折旧的固定资产的重估收益是否申报纳税。四是住房周转金是否仍旧计入损益，一次性发放的住房补贴是否一次性全额列支。

（3）重点检查项目。

第一，对“变相降低交易手续费”的检查。首先，检查“手续费收入科目”，看该科目贷方是否存在冲减收入的情况，然后，可通过证券营业部的电脑系统查看“年度二级清算单”的股票成交金额。按中国证监会的规定，券商收取的证券交易手续费应为股票交易额的3‰～5‰，据此可换算出该营业部实际取得的手续费收入。再看该换算出的手续费收入与证券营业部实际申报纳税的手续费是否一致，如不一致，其差额就是该证券公司变相降低交易手续费隐瞒的营业收入。

第二，对“代理证券手续费收入未全额申报”的检查。重点检查原始凭证中的“一级清算单”记载的数据与证券公司实际发生的账面数据是否一致。一级清算单是由上交所、深交所或总公司在清算后传送给证券营业部的，证券公司内电脑系统中的数据无法汇总，且每笔收入金额较小，稽查人员在检查时必须掌握证交所的数据才能查清其真实情况。

第三，对“未计或少计柜台零星现金收入”的检查。按照发票管理办法，对金融行业的专业收据不纳入发票管理范围。这种发票管理不完善的一面，往往致使税务部门很难“以票管税”。并且，证券业是一个新的产业，涵盖多方面的先进技术，随着网络经济的发展和“证券网上交易”的实现，无形中加大了检查难度。这对税务检查人员的政策水平、查账技能及对证券行业的专业知识要求比较高。因此，检查时要从外围着手，尽可能掌握第一手资料，并以此类推，才能解决这一检查的难点

第四，对代扣代缴个人所得税的检查。证券营业部平时通过“预提费用”核算“利息支出”，在客户销户时和每年的6月21日时才实际支付客户的账户利息，所以，其检查重点应针对“利息支出”和“预提费用”两个账户，检查支付客户利息少代扣代缴个人所得税的情况，及证券公司在向股民支付回扣收入或交易手续费返还收入时代扣代缴税款的情况。因此，重视和规范证券业的税收征管，不仅是当前规范和整顿经济秩序的需要，也是促进证券业健康发展、完善和规范证券业经营行为、保护广大投资者利益、建立正常经济秩序的一个重要内容。

第五，对假名入市炒股、隐瞒收入的检查。证券公司往往采取两本账的手段，少报一部分自营股

票收入。对此，检查人员应重点检查自营股票收入的原始凭证，查股民原始档案，特别是要检查交易额大的股民档案，这样就会发现假名入市真情。

（4）汇总缴纳成员企业的汇总纳税申报检查。重点检查其执行国家税务总局《加强汇总纳税企业所得税征收管理暂行办法》、《加强汇总纳税企业所得税征收管理暂行办法的补充规定》、《关于汇总（合并）纳税企业所得税管理的通知》等有关规定的执行情况。

3. 个人所得税。

（1）对从业人员的检查：一是各项报酬，尤其是业务提成收入、各类补贴（如伙食、交通、住房、加班等）是否一并申报纳税。重点检查扣缴义务人是否按规定全员全额地履行了代扣代缴义务。二是有无将应属个人的劳务报酬等收入通过发票报销部分费用的方式偷逃个税。三是是否对实行年薪制的人员进行了年终清算，企业发放的各种名目的奖金、补贴、实物以及其他应税收入是否按规定足额扣缴个人所得税。

（2）对扣缴义务人的检查：一是是否与纳税人签订假合同、假协议少报应税收入，或者扣缴义务人故意为纳税人隐瞒收入，进行虚假的纳税申报，从而不缴少缴个人所得税的行为。二是是否存在支付给介绍客户的经纪人一定的回扣，是否代扣代缴个人所得税。三是公司开展的各类促销活动、商务活动中赠送给客户的赠品、礼品是否代扣代缴个人所得税等。四是是否外聘专家讲座或当业务顾问等，是否足额代扣代缴个人所得税；是否聘请非本公司人员进行开展相关的证券业务，如按照开户的数量奖励或抽成等，是否代扣代缴个人所得税。五是否及时足额地扣缴税款，是否及时将扣缴税款缴纳入库。

4. 房产税。

（1）自营房产、重新装修后与房产不可分割部分是否一并列入原值申报缴纳房产税。

（2）租赁的房产是否按规定取得房屋出租专用发票。

5. 其他各税。

五、中介服务业税收专项检查

（一）检查对象。

会计（审计、税务、律师）师事务所、资产与资信评估机构、公证仲裁机构等提供具有鉴定、公证性质服务的市场中介组织（机构）。

（二）检查年度。

一般检查2006年至2007年两个年度的税款缴纳情况，有涉及税收违法行为的，应追溯到以前年度。

（三）检查内容。

1. 营业税。

（1）是否按合同约定的金额和收款时间确认收入。

（2）是否以差旅费、复印费等冲减代理收入、咨询收入。

（3）向个人、核定征收税款的企业提供服务时，是否收取现金不入账，隐匿收入。

（4）向境外企业和个人提供服务，是否不开具发票，将收入款项直接汇入投资者个人账户。

2. 个人所得税。

（1）检查重点。第一、在计算投资者个人所得税时，收入总额确认是否正确，是否包含了企业从事生产经营以及与生产经营有关的活动所取得的各项收入；2000年以后各年度，是否比照个人所得税法的“个体工商户的生产经营所得”应税项目，适用5%～35%的五级超额累进税率，计算征收个人所得税。第二、实行查账征收的律师事务所、会计师事务所，在计算投资者个人所得税时，其费用扣除是否正确。特别要查看其是否在税前扣除了投资者的工资；以企业资金为本人、家庭及其相关人员支付与企业生产经营无关的消费性支出及购买汽车、住房等财产性支出，是否并入投资者个人的生产经营所得，企业的上述支出是否在所得税前扣除；企业生产经营和投资者及其家庭生活共用的固定资产，是否按税务机关核定的数额扣除折旧费用；企业从业人员的工资支出、发生的“三费”（工会经费、职工福利费、职工教育经费）、广告和业务宣传费用、业务招待费等税前扣除是否超过规定标准；是否将计提的各种准备金在税前扣除；是否人为将收入均摊到不同月份，或按季（或月）计算投资者个人所得税，不进行全年汇算，致使适用税率降低，少缴税款；是否虚列装修费、办公费等费用，偷逃个人所得税。第三、对核定征收个人所得税的律师事务所、会计师事务所，经营多业的，取得的各项收入是否全部根据其主营项目确定其适用的应税所得率；是否享受了个人所得税优惠政策。第四、是否分解投资者个人收入，分别按“工资薪金”及“个体工商户”税目交税。第五、投资者投资两个以上合伙企业时是否汇总缴纳个人所得税。第六、对投资者以外的从业人员的个人所得税是否按规定代扣代缴。第七、会计师事务所、税务师事务所以实物报销方式支付雇员的业务提成，是否并入当月工资薪金代扣代缴个人所得税。第八、律师事务所雇员律师，其办案费用或其他个人费用在律师事务所报销的，在计算其收入时是否扣除了30%以内的办理案件支出费用。第九、兼职律师从律师事务所取得工资、薪金性质的所得，律师事务所在代扣代缴其个人所得税时，是否减除了个人所得税法规定的费用扣除标准。第十、会计事务所聘请非雇员、律师以个人名义再聘请其他人员为其工作而支付的报酬，是否按“劳务报酬所得”应税项目负责代扣代缴个人所得税。

（2）政策提示。为确保本项检查工作的政策把握准确到位，除了了解一般性政策文件外，还应熟练掌握以下几个文件：《关于个人独资企业和合伙企业投资者征收个人所得税的规定》（财税〔2000〕91号）；《国家税务总局关于律师事务所从业人员取得收入征收个人所得税有关业务问题的通知》（国税发〔2000〕149号）；《关于强化律师事务所等中介机构投资者个人所得税查账征收的通知》（国税发〔2002〕123号）；《财政部　国家税务总局关于规范个人投资者个人所得税征收管理的通知》（财税〔2003〕158号）；《国家税务总局关于企业为股东个人购买汽车征收个人所得税的批复》（国税函〔2005〕364号）。

3. 其他各税。

附件2

2008年税收专项检查工作统计表（检查基本情况表）

填报单位：（加盖公章）　　　　载至2008年　　月底累计　　　　单位：户、元

2008年开展的税收专项检查项目	检查级次	检查户数统计				
		检查户数	查结户数	问题户数	有问题户检查期内申报税款总额	其中移送司法机关户数
1	2	3	4	5	6	7
房地产及建筑安装业	省级检查					
	地市级检查					
	区县级检查					
	本项小计					
烟草行业	省级检查					
	地市级检查					
	区县级检查					
	本项小计					
金融保险业（中国平安保险集团及其控股子公司）	省级检查					
	地市级检查					
	区县级检查					
	本项小计					
餐饮业及娱乐业	省级检查					
	地市级检查					
	区县级检查					
	本项小计					
证券业	省级检查					
	地市级检查					
	区县级检查					
	本项小计					
中介服务业	省级检查					
	地市级检查					
	区县级检查					
	本项小计					
各地自行开展项目	省级检查					
	地市级检查					
	区县级检查					
	本项小计					
区域税收专项整治	省级检查					
所有项目合计	省级检查					
	地市级检查					
	区县级检查					
	本项小计					

主管局长：　　　　稽查局长：　　　　复核人：　　　　填表人：　　　　填表日期：

2008 年税收专项检查工作统计表（查补情况表）

填报单位：（加盖公章）　　截至 2008 年　　月底累计　　单位：元

2008 年开展的税收专项检查项目	检查级次	查补收入统计													其他		备注
		查补收入合计	查补税款小计	增值税	消费税	营业税	企业所得税	外商投资企业所得税	个人所得税	其中个人利息所得税	资源税	其他各税	加收的滞纳金	罚款	冲减增值税留低税金	调减亏损企业申报亏损额	
1	2	3	4	5	6	7	8	9	10	11	12	13	14	15	16	17	18
房地产及建筑安装业	省级检查																
	地市级检查																
	区县级检查																
	本项小计																
烟草行业	省级检查																
	地市级检查																
	区县级检查																
	本项小计																
金融保险业（中国平安保险集团及其控股子公司）	省级检查																
	地市级检查																
	区县级检查																
	本项小计																
餐饮业及娱乐业	省级检查																
	地市级检查																
	区县级检查																
	本项小计																
证券业	省级检查																
	地市级检查																
	区县级检查																
	本项小计																
中介服务业	省级检查																
	地市级检查																
	区县级检查																
	本项小计																
各地自行开展项目	省级检查																
	地市级检查																
	区县级检查																
	本项小计																
区域税收专项整治	省级检查																
所有项目合计	省级检查																
	地市级检查																
	区县级检查																
	合　计																

主管局长：　　稽查局长：　　复核人：　　填表人：　　填表日期：

2008年税收专项检查工作统计表（入库情况表）

填报单位：（加盖公章）　　　　截至2008年　　月底累计　　　　单位：户、元

2008年开展的税收专项检查项目	检查级次	查补收入库统计													备注
		入库查补收入合计	入库税款小计	增值税	消费税	营业税	企业所得税	外商投资企业所得税	个人所得税	其中个人利息所得税	资源税	其他各税	入库滞纳金	入库罚款	
1	2	3	4	5	6	7	8	9	10	11	12	13	14	15	16
房地产及建筑安装业	省级检查														
	地市级检查														
	区县级检查														
	本项小计														
烟草行业	省级检查														
	地市级检查														
	区县级检查														
	本项小计														
金融保险业（中国平安保险集团及其控股子公司）	省级检查														
	地市级检查														
	区县级检查														
	本项小计														
餐饮业及娱乐业	省级检查														
	地市级检查														
	区县级检查														
	本项小计														
证券业	省级检查														
	地市级检查														
	区县级检查														
	本项小计														
中介服务业	省级检查														
	地市级检查														
	区县级检查														
	本项小计														
各地自行开展项目	省级检查														
	地市级检查														
	区县级检查														
	本项小计														
区域税收专项整治	省级检查														
所有项目合计	省级检查														
	地市级检查														
	区县级检查														
	合　计														

主管局长：　　　　稽查局长：　　　　复核人：　　　　填表人：　　　　填表日期：

填表说明：

1. 各地填报该报表时，利用《广西地税报表管理系统》上报，不得擅自改动本报表的格式。对不涉及本单位的相关数据栏目，不填即可；对于当地有而相关栏目没有考虑到的，请填入备注栏，必要时再另附材料。

2. 本套报表除附表1的第6列“有问题户检查期内申报税款总额”外，均填列累计数，即填列“截至2008年____月底累计”的数据，涉及税款的保留两位有效数字。

3. 本套报表的各附表的第1列“2008年开展的税收专项检查项目”，依次填写本地选择的总局部署的专项检查项目名称、重点地区税收专项整治项目以及本地自行开展的其他各类专项检查项目的名称。其中，本地自行开展的其他检查项目为两项以上（含两项）的，各地要对相关数据先行汇总，在报送总局的报表中统一体现为“各地自行开展项目”，各级填报单位要在“备注”栏对“各地自行开展项目”包括的检查项目进行说明，汇总单位因无法对“备注”栏进行修改，请利用报表系统的“报表分析”功能对汇总报表中“各地自行开展项目”涉及的检查项目进行说明。

4. 本套报表的各附表的第2列“检查级次”，将当地开展的各项检查依次分为“省级检查”、“地市级检查”、“区县级检查”、“本项小计”等栏目，其中：

“省级检查”一行应填列各省、自治区、直辖市、计划单列市级税务机关直接组织检查的相关数据。

“地市级检查”一行应填列各省、自治区下辖的地市级税务机关和直辖市、计划单列市下辖的各区县税务机关开展检查的相关数据。

“区县级检查”一行应填列各省、自治区下辖的区县级税务机关开展检查的相关数据。

“本项小计”一行应填列上述各栏的合计数。

5. 由于总局要求2008年区域税收专项整治工作必须由省级税务机关直接组织实施，因此本套报表的各附表中“区域税收专项整治”相关数据仅为一行，“检查级次”为“省级检查”，其相关数据汇入“所有项目合计”的“省级检查”对应栏目。

自治区地方税务局转发国家税务总局关于开展税款过渡账户清理工作的通知

2008年5月5日　桂地税发〔2008〕70号

各市、县（市、区）地方税务局，各市地方税务局直属机构，自治区地方税务局直属税务分局、稽查局：

现将《国家税务总局关于开展税款过渡账户清理工作的通知》（国税函〔2008〕363号）转发给你们，并结合我区实际情况，就有关问题通知如下，请一并贯彻执行。

一、周密组织，加强领导

为加强税款过渡账户清理工作的组织领导，自治区地税局决定成立税款过渡账户清理工作领导小组，领导小组由蒙启华副局长担任组长，裴朝伟、唐啟壮、蒋楠担任副组长，成员为朱青山、韦肯、唐吉力。各级地税机关也要成立由局领导担任组长的清理工作领导小组，落实清理工作责任单位和责任人员，制订清理工作组织实施方案，逐一排查，不留死角，确保无遗漏。

二、制订方案，严格清理

各市地税局对县（市、区）地税局要进行彻底的清理，自治区地税局将根据各地上报情况，组织工作组对市、县（市、区）地税局进行检查。

三、时间安排及上报要求

各市、县（市、区）地税局自查时间为2008年5月6～8日，各市地税局抽查时间为2008年5月9～14日。自治区地税局将于2008年5月15～31日组织检查组到各地进行抽查。

各市地税局要认真总结税款过渡账户清理清查工作，提出整改意见，于2008年5月31日前形成正式报告上报自治区地税局，并根据清查出的违规开立税款过渡账户情况，填报《税款过渡账户清查情况表》、《税款过渡账户违法违纪情况表》。有关报告和附表的电子文档同时上传至计统处 ftp：//151.16.16.9/税款过渡账户清查，登录用户名及密码同为：jt _ usre。

国家税务总局关于开展税款过渡账户清理工作的通知

2008 年 4 月 23 日　　国税涵〔2008〕363 号

各省、自治区、直辖市和计划单列市国家税务局、地方税务局：

为确保国家预算收入及时、准确地缴入国家金库，维护国家预算收入的安全、完整，根据《中华人民共和国国家金库条例》及其实施细则、《中华人民共和国预算法实施条例》、《中华人民共和国税收征收管理法实施细则》有关规定，国家税务总局决定对税款过渡账户进行清查清理。现将有关事项通知如下：

一、清查内容

列入清查的税款过渡账户是指各地税务机关在国库以外的金融机构开立的样放税款的各种在用账户（财政部批准开立的车辆购置税账户、税务代保管资金账户除外）以及税务机关要求纳税人在指定商业银行开立的专门用于缴税的“税款预储账户”。各单位要对照《中华人民共和国国家金库条例》及其实施细则、《中华人民共和国预算法实施条例》、《中华人民共和国税收征收管理法实施细则》、《国家税务总局关于撤销“税务稽查收入”等账户问题的通知》（国税函〔2003〕928 号）等有关规定，清查是否存在违规将税款存入在国库外设立的专用账户、个人储蓄账户和其他过渡性账户的情况，是否存在要求纳税人在指定商业银行专门开立“税款预储账户”缴税的情况。清查的过渡账户税款范围不包括地方政府委托税务机关征收的各种地方基金、费。

二、清查方式

清查采取自查和抽查相结合的方式，主要由各省税务机关组织对本单位及所属单位的税款过渡账户进行一次全面彻底的清查。各地税务机关要组织全面自查，省税务机关对地市税务机关的抽查面不得低于 30%，省和地市税务机关对县市税务机关的抽查面合计不得低于 50%。各省自查和抽查方案由省税务机关确定。

税务总局将根据各地上报情况和从审计、财政等其他部门掌握的情况，对部分省市进行抽查。

三、清查时间

清查时间为 2008 年 4 月下旬到 5 月底，各地税务机关于 5 月 15 日前完成自查，省税务机关于 5 月底前完成抽查。

四、情况上报

各省税务机关要认真总结税款过渡账户清查工作，提出整改意见，于 2008 年 6 月 10 日前形成正式清查报告上报税务总局（计划统计司），并根据清查出的税务机关违规开立税款过渡账户情况，附报本省《税款过渡账户清查情况表》（见附件 1），详细填写清查出的违规过渡账户的开户单位、开户银行、账号、账户用途、批准机关、是否发生违规问题等情况（纳税人“税款预储账户”情况不需在附表中填写）。具体违规问题需填写《税款过渡账户违法违纪情况表》（见附件 2）。有关报告和附表的电子文档同时上报至 ftp：//centre/计统司/会计处/税款过渡账户清查。

五、工作要求

（一）统一思想，明确目标。

严格规范账户管理、禁止违规开立税款过渡账户，是确保国家预算收入及时、准确缴入国家金库，维护国家预算收入安全、完整的基本要求，也是从源头上预防和治理腐败的重要措施。各地税务机关要高度重视清查工作，统一思想认识，明确清查目标，严肃财经纪律。经过清查，务必达到《中华人民共和国国家金库条例实施细则》、《中华人民共和国预算法实施条例》、《中华人民共和国税收征收管理法实施细则》、《国家税务总局关于撤销“税务稽查收入”等账户问题的通知》（国税函〔2003〕928 号）的有关要求，不再发生违规开设税款过渡账户问题。

（二）加强领导，周密组织。

各地税务机关要成立清查工作领导小组，局领导担任组长，落实清查工作责任单位和责任人员，制定清查工作组织实施方案，逐一排查，不留死角，确保无遗漏。

（三）发现问题，严肃整改。

对清查出的违规过渡账户，要及时纠正，立即撤销。账户清理期间，开立违规过渡账户的税务机关应将账户中存储的各项税款、结存利息全部清理入库；在账户撤销前，要做好与开户银行的对账工作，务必保证税务与银行、账与证、账与账、账与表数字一致、准确无误；账户清空后，要做好结账、封账和销户工作，必须于2008年7月底前办结销户手续。清理过程中，要注意检查账户有无发生占压、挪用、贪污税款等违法违纪问题，一旦发现问题，要认真核实，依法依纪严肃处理，决不姑息。对税务机关要求纳税人在指定商业银行开立的专门用于缴税的“税款预储账户”，要立即予以撤销。

（四）如实上报，认真总结。

各单位对清查情况要如实上报，不得隐瞒。对不如实上报、不及时整改的，将严肃追究相关单位和责任人的责任。要通过清查和整改，举一反三，认真总结，进一步健全和落实相关管理制度，进一步规范税款缴库工作秩序，切实保证国家税款及时、安全地缴入国库。

附件1：税款过渡账户清查情况表（略）

附件2：税款过渡账户违法违纪情况表（略）

自治区地方税务局转发国家税务总局关于开展城镇土地使用税税源清查工作的通知

2008年5月6日　桂地税发〔2008〕71号

各市、县（市、区）地方税务局，各市地方税务局直属机构，自治区地方税务局直属税务分局、稽查局：

现将《国家税务总局关于开展城镇土地使用税税源清查工作的通知》（国税函〔2008〕321号）发给你们，同时结合广西实际，提出以下补充要求，请一并贯彻执行。

一、国家税务总局关于开展城镇土地使用税税源清查工作的部署，是贯彻落实党中央、国务院加强土地宏观调控、促进土地集约利用的重大举措之一。各级地税机关要加强领导，提高认识，精心组织，周密安排，要采取有针对性的措施，进一步加强部门配合，确保清查工作圆满完成。

二、各级地税机关要充分利用税源清查的成果，结合2007年城镇土地使用税单位税额的调整，开展好税源分析比对和纳税评估工作，及时堵塞征管漏洞，努力提高征管水平。特别是已试运行地方税税源监控管理系统的6个试点单位，要以此次清查为契机，做好税源数据的更新和维护工作，认真开展税源分析和比对。

三、请各市地税局于2008年5月20日前，将本局城镇土地使用税税源清查工作实施方案通过公文处理系统上报自治区地税局。

国家税务总局关于开展城镇土地使用税税源清查工作的通知

2008年4月11日　国税函〔2008〕321号

各省、自治区、直辖市和计划单列市地方税务局，宁夏、青海省（自治区）国家税务局：

为了贯彻国务院关于促进土地节约和集约利用的要求，落实《国家税务总局　财政部　国土资源部关于进一步加强土地税收管理工作的通知》（国税发〔2008〕14号），税务总局决定2008年在全国范围内开展城镇土地使用税税源清查工作，现将有关事项通知如下：

一、清查工作的必要性

我国人多地少，土地资源非常宝贵。近年来，随着城镇化和工业化步伐的加快，建设用地供需矛盾十分突出。党中央、国务院对此高度重视，采取多项措施加强土地管理和宏观调控，促进土地的集约和节约利用。在税收方面，一是通过修订《中华人民共和国城镇土地使用税暂行条例》，提高税额幅度并将外商投资企业和外国企业纳入征税范围，加大税收的调节力度；二是要求税务机关要加强建设用地的税收征管，以引导合理使用土地，提高土地利用效率。

城镇土地使用税税源管理是城镇土地使用税征管的基础性工作。近年来，各地围绕加强城镇土地使用税税源管理做了大量工作，取得了一定成效。但总体看来，城镇土地使用税的税源管理工作还存在不少问题，亟待加强。不少地区不同程度地存在着税源信息不完整，没有根据用地变化的情况实行动态管理，对城乡结合部、新兴工业园区和部分企业的税源底数掌握不清，纳税人申报的土地面积与实际占用的面积不一致等情况。部分地区的税源数据共享与综合利用水平不高，税源管理与科学化、精细化的要求还有一定差距。此外，外商投资企业和外国企业纳入征税范围以后，税务机关对相关的税源信息还没有全面掌握。为此，有必要以贯彻落实修订后的《城镇土地使用税暂行条例》为契机，在全国范围内开展城镇土地使用税的税源清查工作，全面摸清纳税人的税源信息，建立统一规范的税源数据库，在此基础上开展税源分析和纳税评估工作，有针对性地采取措施，堵塞征管漏洞，切实提高征管水平，更好地发挥城镇土地使用税在组织收入和土地宏观调控方面的作用。

二、清查工作的范围和重点

本次税源清查的范围是所有城镇土地使用税纳税人占用的土地。

由于本次税源清查范围广、工作量大，为了保证清查工作的效果，各地要认真分析本地区税源管理的现状，找出管理的薄弱环节，在全面清查的基础上，有针对性地确定本地区的重点清查区域和重点清查单位，集中力量对城镇土地使用税税源管理存在较大问题的区域和单位进行重点清查。对于城乡结合部、大型工矿区、新兴工业园等区域，大型厂矿、大型仓储、房地产开发等占地面积大的企业，新纳入城镇土地使用税征税范围的外商投资企业和外国企业，以及使用集体土地进行生产经营的纳税人，要加大清查工作的力度，准确掌握各项税源数据。

三、清查工作的内容及方式

城镇土地使用税税源清查工作的内容包括：纳税人名称、纳税人识别号、经济类型、所属行业、占地总面积、应税面积、免税面积、土地等级、税额标准、应纳税额、免税税额等信息。各地可以根据本地征管工作的需要适当增加清查内容。

各地要根据本地区的实际情况和现有条件，因地制宜地选择清查工作的方式。为了提高清查工作效率，降低清查工作成本，保证清查工作的质量，可以采取“全面比对、重点实测”的方式完成税源清查和税源数据库的更新、完善工作。要充分利用有关部门地籍调查、土地详查和测绘的成果，以及房地产税收一体化管理和税收日常检查与税务稽查中获取的数据，与纳税人申报或换发税务登记证时填报的占地面积等数据进行全面比对，核实纳税人实际占地面积与应税土地面积，查找漏征漏管土地。在此基础之上，对本地区确定的重点清查区域和企业以及通过比对发现申报有问题的纳税人的土地进行实地测量，采用全球卫星定位系统（GPS）等先进测量技术或其他测量手段，查实纳税人实际占地面积与应税土地面积，并相应地更新和完善税源数据库。

四、清查工作的时间安排

城镇土地使用税税源清查工作分为三个阶段，具体安排如下：

第一阶段，准备阶段（2008年4～5月）。

成立城镇土地使用税税源清查工作领导小组，制定本地区税源清查工作实施方案。按照国税发〔2008〕14号文和本通知的有关要求，与国土资源部门和测绘部门取得联系，确定数据交换的工作机制，做好数据接收和数据比对的各项技术准备工作。对参与清查的相关工作人员要进行培训，并通过各种形式做好税源清查的宣传工作。各地制定的税源清查工作实施方案在2008年5月15日前上报税务总局地方税务司。

第二阶段，税源清查实施阶段（2008年6～12月）。

各地根据清查工作实施方案的要求，组织各基层单位开展数据收集、比对、实地测量等清查工作，并根据清查结果对本地的税源数据库进行更新维护。基层单位的清查工作结束后，上级部门要组织开展验收工作，对基层单位税源清查工作的质量特别是清查结果的准确性、完整性、逻辑性等情况进行检查验收。检查验收后的税源数据信息要逐级汇总上报。

第三阶段，上报、总结阶段（2009年1～3月）。

各省、自治区、直辖市和计划单列市地方税务局要汇总各地区报送的税源数据，并通过报送软盘或网络传输的方式将税源信息于2009年3月31日前上报国家税务总局地方税务司。汇总方式详见本通知所附的《城镇土地使用税税源信息汇总表》、《分经济类型城镇土地使用税税源信息表》和《分行业城镇土地使用税税源信息表》。同时，各地要对清查工作进行全面系统的总结并撰写城镇土地使用税税源清查工作报告，随同汇总表格一并上报总局。报告的主要内容包括：税源清查的组织和实施情况；进行数据比对的总户数和实地测量的总户数；税源总体状况，包括城镇土地使用税纳税人总户数、应税土地总面积、应纳税款等；清查工作的成效，通过清查发现的漏征漏管户、漏征漏管面积和应补征的税款、税源数据库的建设与完善情况、强化税源管理的措施；清查工作遇到的问题和工作建议等内容。

五、清查工作的要求

（一）加强清查工作的领导。

各级地税机关要充分认识开展税源清查工作的重要性，研究并制定本地区税源清查工作的具体实施方案。要加强对税源清查工作的领导，成立专门的清查工作领导小组，分管的局领导要亲自负责，认真做好税源清查的部署和安排工作。

（二）积极争取地方政府的支持。

各地要积极主动地向当地政府汇报本次清查工作的目的、作用以及清查工作的方式和要求等，争取地方政府在经费和部门协调等方面给予支持，确保清查工作能够顺利开展。

（三）加强清查工作的组织。

本次清查工作时间长、范围广，各地要加强清查工作的组织。一是要明确各部门、各单位在清查工作中的职责和分工，制定完善的工作考核办法，对清查工作的部署、宣传辅导、人员培训、数据比对、实地测量、数据更新和汇总上报以及清查工作总结等各项工作提出具体要求，并严格进行考核；二是要在经费、人员和设备等方面为清查工作提供必要的保障；三是要定期听取基层单位工作开展情况的报告或进行实地调研，及时发现并解决清查工作中遇到的困难和问题；四是要充分做好税源清查的宣传、解释工作，争取广大纳税人对清查工作的理解和配合。

（四）加强与相关部门的配合。

各地要根据国税发〔2008〕14号文件的要求，主动与国土资源管理等有关部门取得联系，确定部门配合的具体负责单位和联系人，研究开展数据交换的具体方式方法。在实地测量工作中，要充分依托有关专业部门的技术力量和设备，也可以通过协商确定适当的合作方式，聘请当地有资质的测绘部门开展实地测量。

（五）加强后续管理工作。

清查工作结束后，各地要将所掌握的城镇土地使用税税源数据导入地方税税源监控管理系统（另发）。要继续通过各种方式做好税源数据的更新和维护工作，实现税源数据的动态管理。要做好税源数据库的综合利用工作，把税源管理与收入分析、征收管理等工作有机结合起来，及时发现征管中存在的漏洞，并提出加强征管的具体措施。各省地税机关要通过分析本地区城镇土地使用税税源的规模、结构和分布等情况，为及时调整完善相关税收政策和确定征收管理工作的重点环节提供依据。

附件1：城镇土地使用税税源信息汇总表

附件2：分行业城镇土地使用税税源信息表

附件3：分经济类型城镇土地使用税税源信息表

附件1

城镇土地使用税税源信息汇总表

报送单位：　　　　　　　　　　　　　　　　　　单位：平方米、元

地市代码	县市区代码	土地等级	单位面积税额标准	占地面积	应税面积	免税面积	应纳税额	免税税额
合计	—	—	—					

填表日期：

附件2

分行业城镇土地使用税税源信息表

报送单位：　　　　　　　　　　　　　　　　　　单位：平方米、元

行业门类	占地面积	应税面积	免税面积	应纳税额	免税税额
农、林、牧、渔业					
采矿业					
制造业					
电力、燃气及水的生产和供应业					
建筑业					
交通运输、仓储和邮政业					
信息传输、计算机服务和软件业					
批发和零售业					
住宿和餐饮业					
金融业					
房地产业					
租赁和商务服务业					
科学研究、技术服务和地质勘查业					
水利、环境和公共设施管理业					
居民服务和其他服务业					
教育					
卫生、社会保障和社会福利业					
文化、体育和娱乐业					
公共管理与社会组织					
国际组织					
合计					

填表日期：

附件3

分经济类型城镇土地使用税税源信息表

报送单位：　　　　　　　　　　　　　　　　　　　　单位：平方米、元

经济类型	占地面积	应税面积	免税面积	应纳税额	免税税额
国有企业					
集体企业					
股份合作企业					
联营企业					
国有独资公司					
其他有限责任公司					
股份有限公司					
私营企业					
港澳台企业					
外商投资企业					
外国企业					
其他企业					
非企业单位					
合　计					

填表日期：

填表说明：1. 联营企业包括：国有联营企业、集体联营企业、国有与集体联营企业和其他联营企业。

2. 私营企业包括：私营独资企业、私营合伙企业、私营有限责任公司、私营股份有限公司和个体业户。

3. 港澳台企业包括：港澳台商独资经营企业、港澳台商独资股份有限公司、港澳台商企业常驻代表机构、合资经营企业（港或澳、台资）、合作经营企业（港或澳、台资）。

4. 外商投资企业包括：中外合资经营企业、中外合作经营企业、外资企业和外商投资股份有限公司。

5. 非企业单位包括：国家机关、人民团体、军队和事业单位。

自治区地方税务局关于印发自治区地方税务局城镇土地使用税税源清查工作实施方案的通知

2008年5月20日　　桂地税发〔2008〕84号

各市、县（市、区）地方税务局，各市地方税务局直属机构，自治区地方税务局直属税务分局、稽查局：

现将《自治区地方税务局城镇土地使用税税源清查工作实施方案》印发给你们，请认真执行。

自治区地方税务局城镇土地使用税税源清查工作实施方案

根据《国家税务总局关于开展城镇土地使用税税源清查工作的通知》（国税函〔2008〕321 号）的要求，自治区地税局决定在全区范围内开展城镇土地使用税税源清查工作。为确保清查工作有条不紊地开展，特制定此实施方案。

一、清查工作的目的

在全区范围内开展城镇土地使用税税源清查工作，目的是进一步完善城镇土地使用税税源信息，掌握城乡结合部、新兴工业园区和部分企业的税源底数、纳税人申报的土地面积与实际占用的土地面积等情况，提高税源数据共享和综合利用水平；掌握新纳入征税范围的外商投资企业和外国企业的城镇土地使用税税源信息；全面提升城镇土地使用税征管水平，堵塞征管漏洞，增强依法治税能力，更好地发挥城镇土地使用税在组织收入和土地宏观调控方面的作用。

二、清查工作的组织领导

按照《国家税务总局关于开展城镇土地使用税税源清查工作的通知》（国税函〔2008〕321 号）的要求，为切实加强城镇土地使用税税源清查工作的领导，成立自治区地税局城镇土地使用税税源清查工作领导小组，领导小组下设办公室，办公室设在财产行为税处，负责城镇土地使用税税源清查工作的日常工作。

领导小组名单如下：

组　长：蒙启华　自治区地税局副局长

成　员：曾纪芬　自治区地税局财产行为税处处长

黄德成　自治区地税局流转税处处长

刘贵平　自治区地税局所得税处处长

陈仁英　自治区地税局法规处处长

蒋　楠　自治区地税局征管处副处长

裴朝伟　自治区地税局计统处处长

唐运球　自治区地税局计算机信息管理中心主任

办公室主任：曾纪芬　自治区地税局财产行为税处处长（兼）

办公室成员：许东红　自治区地税局财产行为税处副处长

周丽琼　自治区地税局财产行为税处调研员

李飞跃　自治区地税局财产行为税处主任科员

黄小红　自治区地税局财产行为税处主任科员

廖江鸣　自治区地税局财产行为税处主任科员

黎　奕　自治区地税局财产行为税处科员

各级地税机关也要高度重视清查工作，成立专门的清查工作领导小组，形成一把手负总责，分管领导具体抓，业务部门抓具体的多管齐下的领导组织格局。

三、清查工作的范围和重点

本次城镇土地使用税税源清查的范围是所有城镇土地使用税纳税人占用的土地。

本次税源清查范围广、时间跨度长、工作任务重，为了保证清查工作的效果，各地要认真分析各自税源管理的现状，找准管理的薄弱环节，在全面清查的基础上，有针对性地确定本地区的重点清查区域和重点清查单位，集中力量对城镇土地使用税税源管理存在较大问题的区域和单位进行重点清查。对于城乡结合部、大型工矿区、新兴工业园等区域，大型厂矿、大型仓储、房地产开发等占地面积大的企业，新纳入城镇土地使用税征税范围的外商投资企业和外国企业，以及使用集体土地进行生产经营的纳税人，更要加大清查工作的力度，准确掌握各项税源数据。

四、清查工作的内容及方式

（一）城镇土地使用税税源清查工作的内容包括：纳税人名称、纳税人识别号、经济类型、所属行业、占地总面积、应税面积、免税面积、土地等级、税额标准、应纳税额、免税税额等信息。

（二）比对数据的主要来源。各级地税机关要根据本地区的实际情况和现有条件，因地制宜地选择清查工作的方式。为了提高清查工作效率，可以采取“全面比对、重点实测”的方式开展税源清查工作。比对的数据主要来源于以下几个方面：

1. 有关部门地籍调查、土地详查和测绘的数据。

2. 房地产税收一体化管理和税收日常检查与税务稽查中获取的数据。

3. 纳税人申报或换发税务登记证时填报的有关土地数据。

4. 其他渠道获取的数据。对本地区确定的重点清查区域和企业以及通过比对发现申报有问题的纳税人的土地进行实地测量，查实纳税人实际占地面积与应税土地面积，并相应地更新和完善税源数据库。

五、清查工作的步骤

城镇土地使用税税源清查工作分为三个阶段，具体如下：

第一阶段，准备阶段（2008年5月前）。

各地要因地制宜制定本地区税源清查工作实施方案。按照《国家税务总局 财政部 国土资源部关于进一步加强土地税收管理工作的通知》（国税发〔2008〕14号）和《国家税务总局关于开展城镇土地使用税税源清查工作的通知》（国税函〔2008〕321号）的有关要求，与国土资源部门和测绘部门取得联系，确定数据交换的工作机制，做好数据接收和数据比对的各项技术准备工作。对参与清查的相关工作人员要进行培训，并通过各种形式做好税源清查的宣传工作。

第二阶段，实施阶段（2008年6～12月）。

各地根据清查工作实施方案的要求，组织各基层单位开展数据收集、比对、实地测量等清查工作，并根据清查结果对本地的税源数据库以及“广西地税信息系统”进行更新维护。基层单位的清查工作结束后，上级部门要组织开展验收工作，对基层单位税源清查工作的质量特别是清查结果的准确性、完整性、逻辑性等情况进行检查验收。检查验收后的税源数据信息要逐级汇总上报。

第三阶段，总结阶段（2009年1～3月）。

各市（设区的市）地税局要汇总各基层单位报送的税源数据，并通过内网FTP将税源信息于2009年3月10日前上报自治区地税局财产行为税处。汇总方式详见国税函〔2008〕321号文所附的《城镇土地使用税税源信息汇总表》、《分经济类型城镇土地使用税税源信息表》和《分行业城镇土地使用税税源信息表》。同时，各地要对清查工作进行全面系统的总结并撰写城镇土地使用税税源清查工作报告，随同汇总表格一并上报。报告的主要内容包括：税源清查的组织和实施情况；进行数据比对的总户数和实地测量的总户数；税源总体状况，包括城镇土地使用税纳税人总户数、应税土地总面积、应纳税款等；清查工作的成效，通过清查发现的漏征漏管户、漏征漏管面积和应补征的税款、税源数据库的建设与完善情况、强化税源管理的措施；清查工作遇到的问题和工作建议等内容。

六、清查工作的要求

（一）提高对清查工作重要性的认识。开展城镇土地使用税税源清查是配合国家加强土地宏观调控、促进土地集约利用的重大举措，是全面加强地方税管理、提高征管效能的重要途径，各级地税机关特别是各级领导要高度重视，统一认识，充分认识清查工作的重要性和紧迫性，将清查工作列为今年的重要工作议事日程，集中部署，狠抓落实，确保成效。

（二）积极争取地方政府的支持。各地要积极主动地向当地政府汇报本次清查工作的目的、作用以及清查工作的方式和要求等，争取地方政府在经费和部门协调等方面给予支持，确保清查工作能够顺利开展。

（三）明确分工，落实责任。本次清查工作要求高、时间长、任务重，各地要明确各部门在清查工作中的职责和分工，对清查工作的部署、宣传辅导、人员培训、数据比对、实地测量、数据更新和汇总上报以及清查工作总结等各项工作提出具体要求，制定考核办法。同时，要讲究方法，注重效果，做好税源清查的宣传、解释工作，争取广大纳税人对清查工作的理解和配合。

（四）加强与国土资源管理等有关部门的政务协作。各级地税机关要主动与国土资源管理等有关部门取得联系，确定部门配合的具体负责单位和联系人，研究开展数据交换的具体方式方法。在实地测量工作中，要充分依托有关专业部门的技术力量和设备，也可以通过协商确定适当的合作方式，聘请当地有资质的测绘部门开展实地测量。

（五）提高清查税源数据的综合利用。清查工作结束后，要继续通过各种方式做好税源数据的更新和维护工作，实现税源数据的动态管理。要做好税源数据库的综合利用工作，把税源管理与收入分析、征收管理等工作有机结合起来，及时发现征管中存在的漏洞，并提出加强征管的具体措施。已试点试运行地方税税源监控管理平台的市，要将所掌握的城镇土地使用税税源数据导入地方税税源监控管理系统，最大限度发挥清查成果的效能。

自治区地方税务局转发关于对行政执法机关移送涉嫌犯罪案件工作进行专项检查的通知

2008 年 9 月 10 日　　桂地税发〔2008〕132 号

各市、县（市、区）地方税务局，各市地方税务局直属机构：

现将自治区人民检察院、自治区整顿和规范市场经济秩序领导小组办公室、公安厅、监察厅《关于对行政执法机关移送涉嫌犯罪案件工作进行专项检查的通知》（桂检会〔2008〕9 号）转发给你们，请认真贯彻执行。

请各单位按要求填写好行政执法机关查处案件汇总表（表 2），并以市局为单位于 2008 年 9 月 17 日前将汇总表和自查情况报告通过公文处理系统上报自治区地税局稽查局，同时报送本级专项检查办公室。

联系人：韦海滨 0771－5538003　13977182188

关于对行政执法机关移送涉嫌犯罪案件工作进行专项检查的通知

2008 年 8 月 26 日　　桂检会〔2008〕9 号

全区各级人民检察院、整规办、公安（分）局、监察局：

为了深入贯彻落实国务院关于《行政执法机关移送涉嫌犯罪案件的规定》（国务院令第 310 号）和最高人民检察院、全国整顿和规范市场经济秩序领导小组办公室、公安部、监察部《关于在行政执法中及时移送涉嫌犯罪案件的意见》（高检会〔2006〕2 号），进一步规范我区行政执法中对涉嫌犯罪案件的移送工作，依法及时、有效惩治破坏社会主义市场经济秩序的犯罪活动，自治区人民检察院、自治区整规办、自治区公安厅、自治区监察厅决定对我区有关行政执法机关移送涉嫌犯罪案件工作进行专项检查。现将有关事项通知如下：

一、检查范围

主要检查 2006 年 1 月至 2007 年 12 月底期间，我区行政执法与刑事司法相衔接工作机制成员单位中具有行政执法、行政处罚职能的单位对《关于在行政执法中及时移送涉嫌犯罪案件的意见》的贯彻落实情况，重点抽查食品药品监督管理、工商行政管理、地方税务三个行政执法部门移送涉嫌犯罪案件工作情况。

二、检查内容

1. 行政执法的基本情况（包括 2006 年 1 月至 2007 年 12 月底行政处罚的种类、人次、货值、金额，移送案件件数、人数、涉案金额、涉嫌罪名，开展专项行动的次数、名称等）；

2. 主要做法和基本经验；

3. 主要问题及原因分析；

4. 下步工作措施及建议。

三、检查方式

以行政执法各部门自查为主，分级负责。各级由检察、整规办、公安、监察联合成立专项检查办公室，负责检查本级和抽查下级食品药品监督管理、工商行政管理、地方税务部门行政执法的移送涉嫌犯罪案件情况，并综合本行政区域内的专项检查情况报送本级政府和上级专项检查办公室。

四、时间安排

1. 8月下旬到9月上旬，行政执法部门进行自查，并将自查情况形成文字材料，报本级专项检查办公室；

2. 9月中下旬，各级专项检查办公室对本级三个行政执法部门进行检查，重点抽查下级有关行政执法部门；

3. 10月，各级专项检查办公室综合情况报本级政府与上级专项检查办公室。县（市）级于上旬完成，市级于中旬完成，省级于下旬完成。

五、工作要求

1. 提高认识，加强领导。各地各有关部门要从实践“三个代表”重要思想和落实科学发展观、构建社会主义和谐社会的高度，充分认识这次专项检查活动的重要意义，把此次专项检查活动作为下半年工作重点，切实加强领导，认真部署、狠抓落实。

自治区专项检查办公室设在自治区检察院，办公室主任由自治区检察院陈普生副检察长、自治区商务厅熊家军副厅长担任，办公室副主任由自治区检察院侦查监督处处长李桂华、自治区整规办主任肖利前担任，成员由自治区检察院、整规办、公安厅、监察厅各抽调1人组成。各市、县（市）要迅速成立专项检查办公室，将办公室主任姓名及联系电话于9月5日前报上级专项检查办公室。

被抽查的三个行政执法部门要有一名领导同志负责，组织开展自查，同时确定一名工作联络员。请将负责人和联络员姓名及联系电话于9月5日前报本级专项检查办公室。

2. 精心组织，务求实效。各级专项检查办公室要认真组织安排本行政区域内的专项检查工作，要深入行政执法机关，查阅行政执法案件台账和案卷，全面了解执法处理情况，要防止走形式不求实效。有关行政执法部门要客观真实反映工作情况，坚决杜绝弄虚作假。

3. 总结经验，推进工作。各地各有关部门要通过此次检查，认真总结工作经验，深刻查找突出问题，及时提出工作建议，以促进行政执法机关在行政执法活动中最大限度保全案件证据，及时移送涉嫌犯罪案件，促进行政执法与刑事司法的有效衔接。

自治区专项检查办公室联系人：邓忠杨（电话：0771－5506132），卿钟明（电话：0771－5506659）。传真：0771－5506136。

附件1：专项检查统计表1　检察机关侦查监督部门工作情况统计表（由各级检察机关填写）

附件2：专项检查统计表2　行政执法机关查处案件汇总表（由各级相关行政执法机关填写）

附件3：专项检查统计表3　行政处罚案件抽查登记表（由参加检查的工作人员填写）

附件1

专项检查统计表1　检察机关侦查监督部门工作情况统计表

填报单位：（盖章）　　填报人：　　填报时间：　　年　月　日

	走访	查询案件	查阅案件卷宗	联席会议	审查备案材料	行政执法机关已移送涉罪案件		初查涉嫌职务犯罪		职务犯罪立案	
	次	件	卷	次		件	人	件	人	件	人
工商											
质检											
食品药检											
文化											
新闻出版											
烟草专卖											
税务											
海关											
其他机关											
合计											
说明	此表由各级检察机关填写										

附件 2

专项检查统计表 2　行政执法机关查处案件汇总表

填报单位：（盖章）　　　　　　　　　　　　　　　　　　　　　　填报时间：　　年　　月　　日

		行政处罚情况				已向司法机关移送涉罪案件					未移送的涉罪案件					备注
		查处案件			向检察机关抄送《行政处罚决定书》副本（份）	件	人	涉案金额（元）	已立案		件	人	涉案金额（元）	公安检察机关已向行政机关提出移送意见		
		件（起）	人	涉案金额（元）					件	人				件	人	
重点抽查单位	工商															
	食品药检															
	地税															
自查自检单位	质检															
	文化															
	新闻出版															
	烟草专卖															
	国税															
	海关															
	其他单位															
合　计																
说明	此表由各级相关行政执法机关填写															

填报人：　　　　　　　　　　　　　　　　　　　　单位主管领导：

附件 3

专项检查统计表 3　行政处罚案件抽查登记表

时间：　　年　　月　　日

查处机关	被处罚的单位名称（被处罚个人姓名）	违法情况			被处罚情况			向检察机关抄送有关文书时间		涉嫌犯罪案件的处理							备注
		违法性质	涉案金额（元）	追缴查扣款物	处罚种类	处罚金额（元）	时间	抄送《行政处罚决定书》副本	抄送《涉嫌犯罪案件移送书》副本	涉嫌罪名	已移送公安机关				未移送公安机关		
											移送时间	公安机关立案时间	公安答复不立案时间	是否进行立案监督	未移送主要原因	检察机关已建议移送	

说明：1. 本表由参加检查的工作人员根据案情填写；2. 一案多人的案件填写主要人员并标明人数，金额填写总金额。

自治区地方税务局关于开展全区重点稽查检查工作的通知

2008年10月9日　　桂地税发〔2008〕148号

各市、县（市）地方税务局：

根据自治区地税局进一步加强税收征管工作，努力完成全年税收收入任务的工作要求，决定第四季度在全区范围内开展重点稽查检查工作。现将有关事项通知如下：

一、重点检查工作目标

要继续以整顿和规范税收秩序为目标，加大打击各项税收违法行为力度，增强税务稽查威慑力，提高纳税人对税法的遵从度。挖掘税收征管薄弱环节，堵塞税收漏洞，更好地做到“以查促管、以查促收”。各级地税局稽查部门要做到及时查处、及时处理、及时入库，为确保完成我区全年地方税收任务保驾护航。

二、重点稽查组织机构

自治区地税局成立2008年税收稽查重点检查工作领导小组，负责对全区地税重点检查工作进行督导。

组　长：李早春　自治区地税局副局长

副组长：唐敢壮　自治区地税局稽查局局长

成　员：陈仁英　自治区地税局法规处处长

韦兴文　自治区地税局征收管理处处长

黄德成　自治区地税局流转税处处长

刘贵平　自治区地税局所得税处处长

曾纪芬　自治区地税局财产行为税处处长

三、重点检查工作要求

各级地税稽查局要高度重视此次重点检查工作，将其作为第四季度全区地税稽查部门的主要工作来抓，高标准，严要求，确保重点检查工作取得实效。

（一）加强组织领导，明确稽查检查工作重点。

各市地税局要及时成立税收稽查重点检查工作领导小组，统一组织领导此次重点检查工作。各级地税稽查部门在按照国家税务总局和自治区地税局有关税收专项检查工作部署的要求，在按质按量完成各项税收专项检查任务的基础上，今年最后3个月，要把主要精力和力量转移到对房地产行业和重点税源企业的检查上来，力争查出成效。各市地税局稽查局（科）领导亲自挂帅，从本级收入排名前10名的房地产、建筑安装企业中，选择3～5户进行检查，并将检查计划报自治区地税局稽查局督办。与此同时，自治区地税局稽查局也将抽调各市稽查骨干人员（具体抽调人员名单见附件，抽调人员集中时间另行通知）组成重点检查小组，对全区重点税源企业进行重点抽查。

（二）注重协调，增强稽查工作合力。

各级地税稽查部门要按照统一部署，加强系统内外的部门协作。一是对已发现的问题或疑点尽快完成取证和核实工作，加强与企业的沟通，提高检查效率，对检查中发现法律法规政策不明确、争议较大且带有共性特点的问题，应及时与相关政策管理部门协商沟通，或及时向上级主管部门请示，将问题予以明确，在保证检查质量的前提下加快结案速度，确保按时保质完成检查任务。二是要加强与公安、国税和财政部门的密切配合，形成打击合力。各级地税稽查部门要借在全区开展重点税收稽查检查工作契机，加大打击制售假发票和非法代开发票专项整治工作力度，充分认识发票违法犯罪的复杂性和危害性，以及与发票违法犯罪作斗争的长期性和艰巨性，切实把整治工作抓紧抓好，抓出更大的成效，要在现有的基础上深挖、透查，争取扩大战果。三是要积极主动向党政领导汇报，取得党政领导的理解和支持。

（三）以查促管，确保及时入库。

严格执行税收法律法规，做到依法治税，依率计征，堵塞税收漏洞，努力做到应收尽收。一是继续抓好涉税案件的查处工作，对于“钉子户”要查深、查透，该移送公安机关要坚决依法移送，决不

心慈手软，也不能以罚代刑。各级稽查部门要加大追缴欠税的力度，确保今年税收任务的完成。二是做好重点税源户的调查分析工作，摸清底数，提高税务稽查检查工作的针对性和有效性。三是要把稽查检查重点放在日常征管工作中容易忽略的企事业单位和经济效益较好、查处后税款能及时入库的企业。同时，切实做到“两手抓”，既抓重点税源，也要抓零散税源，加强组织税收收入薄弱环节的工作，确保税收收入及时足额入库。

三、重点检查时间安排

此次重点稽查检查工作分三个步骤进行，第一步，10 月 10 日至 12 月 10 日为检查实施阶段；第二步，12 月 11 日至 20 日为审理和处理阶段；第三步，12 月 21 日至 31 日为总结阶段。

附件：自治区地税局抽调人员名单（略）

自治区地方税务局关于开展组织税收收入专项督查工作的通知

2008 年 10 月 30 日　　桂地税发〔2008〕153 号

各市地方税务局，局内各单位：

为全面扎实推进第四季度的旺征工作，努力完成好今年的组织税收收入任务，自治区地税局决定在 11 月份开展组织税收收入专项督查工作。现将有关事项通知如下：

一、督查时间安排

2008 年 11 月 1～20 日，具体时间安排由各督查组与被督查单位商定。

二、督查人员组成

（一）第一督查组。

组长：关礼

督查单位：百色市地税局、河池市地税局

成员：监察室、计算机信息管理中心负责人及相关工作人员

（二）第二督查组。

组长：吴殿禄

督查单位：南宁市地税局、钦州市地税局

成员：流转税处、所得税处负责人及相关工作人员

（三）第三督查组。

组长：蒙启华

督查单位：自治区地税局直属税务分局、柳州市地税局、桂林市地税局

成员：法规处、计统处、巡视督查办公室负责人及相关工作人员

（四）第四督查组。

组长：李早春

督查单位：防城港市地税局、北海市地税局

成员：财产行为税处、机关党委（基层教育处）负责人及相关工作人员

（五）第五督查组。

组长：郑文临

督查单位：梧州市地税局、贺州市地税局

成员：征管处、税科所负责人及相关工作人员

（六）第六督查组。

组长：李伟

督查单位：贵港市地税局、玉林市地税局

成员：办公室、财务管理处负责人及相关工作人员

（七）第七督查组。

组长：肖西安

督查单位：来宾市地税局、崇左市地税局

成员：人事处、机关后勤服务中心负责人及相关工作人员

三、督查主要内容

（一）贯彻落实全区财税工作会议和全区地税工作座谈会情况。

（二）税收收入任务的分解、落实情况，目标管理责任制的建立情况。

（三）重点税源的监控及收入征管情况。

（四）代征代扣落实情况及协税护税责任制建立情况。

（五）发票管理及打假措施。

（六）开展“六清理”情况。即清理不规范税

收优惠政策情况，清理追收欠税情况，清理漏征漏管户情况，清理各小税种和零散税源情况，清理各类园区和在建重大工程项目缴税情况，清理催缴总分机构所得税情况。

（七）旺征稽查工作开展情况。

（八）旺征工作纪律执行情况。

四、督查方式方法

主要采取走访、座谈、听取汇报、查阅文件资料、深入纳税户实地调查、反馈交换意见等方式方法进行督查。

五、督查工作要求

请各市地税局根据督查内容写出工作总结报督查组。各督查组要将开展督查工作的情况和税源分析预测表书面向自治区地税局党组报告，并于2008年11月25日前以电子公文的形式抄送自治区地税局办公室。

自治区地方税务局转发广西壮族自治区人民政府办公厅关于开展2008年全区财政收入征缴情况专项检查的通知

2008年11月5日　　桂地税发〔2008〕155号

各市、县（市）地方税务局，各市地方税务局直属机构：

现将《广西壮族自治区人民政府办公厅关于开展2008年全区财政收入征缴情况专项检查的通知》（桂政办电〔2008〕199号）转发给你们，请认真贯彻执行。

为了确保专项检查工作顺利开展，自治区地税局决定抽调部分人员（具体名单见附件2）参与专项检查工作，请各有关单位积极配合。

附件1：关于2008年全区财政收入征缴情况专项检查领导小组组成及职责的通知（桂财管〔2008〕62号）

附件2：2008年财政收入征缴情况专项检查抽调人员名单（略）

广西壮族自治区人民政府办公厅关于开展2008年全区财政收入征缴情况专项检查的通知

2008年10月25日　　桂政办电〔2008〕199号

各市、县人民政府，自治区农垦局，自治区人民政府各组成部门、各直属机构：

为进一步加强税收和政府非税收入的收缴管理，堵塞征管漏洞，挖掘增收潜力，促进依法征收、应收尽收、应缴尽缴，确保今年财政收入任务的圆满完成，根据有关法律法规和我区实际，自治区人民政府决定，在全区范围内开展2008年财政收入征缴情况专项检查。现将有关事项通知如下：

一、指导思想和工作目标

以党的十七大“强化预算管理和监督”以及

"加强税收征管"等重要精神为指导，以深入学习实践科学发展观为契机，紧紧围绕自治区党委、自治区人民政府中心工作和科学发展三年计划目标任务，强化税收征管和政府非税收入收缴，促进应收尽收、应缴尽缴，在保证收入质量的基础上，促进我区财政收入的稳定增长，努力实现我区今年财政收入增长26%的目标，为科学发展三年计划的顺利实施提供可靠的财力保障。

二、检查的范围、主要内容和重点对象

（一）检查范围。

主要检查全区各级党政机关、企事业单位、社会团体、个体工商户和社会中介机构2006～2008年税收和政府非税收入征缴情况，必要时延伸检查到以前年度。

（二）检查对象。

1. 税收收入检查方面。着重检查重点税源企业（行业）和征管薄弱行业中的重点企业或较大规模企业。具体检查名单由自治区国税局、地税局、财政厅商定。

2. 政府非税收入检查方面。重点检查收费项目较多或收费金额较大、以往检查中发现问题较多或人民群众举报问题较多、有较大增收潜力或收入非正常原因大幅下降的部门和单位。具体检查名单由自治区财政厅确定。

（三）重点检查内容。

1. 税收收入。重点检查增值税、消费税、营业税、企业所得税、个人所得税、房产税、契税等税种的缴纳情况，督促相关单位及时足额将各项应缴未缴税款上缴国库。

2. 政府非税收入。重点检查行政事业性收费、罚没收入、国有资源（资产）有偿使用收入、国有资本经营收益、以政府名义接受的捐赠收入、政府财政性资金产生的利息收入及其他应纳入"收支两条线"管理的政府非税收入的收缴情况，督促有关部门和单位及时足额将各项应缴未缴收入上缴国库。

三、检查的处理依据、原则和程序

（一）检查处理依据。

对检查中发现的各种税收和政府非税收入征缴违法违规违纪问题，依照《中华人民共和国预算法》、《中华人民共和国审计法》、《中华人民共和国税收征管法》、《中华人民共和国会计法》、《财政违法行为处罚处分条例》、《广西壮族自治区政府非税收入管理条例》、《广西壮族自治区财政监督条例》等法律法规进行处理。

（二）检查处理原则和程序。

对重点检查查出的偷、逃、骗、抗、欠税款以及各项应缴未缴政府非税收入，由自治区财政厅、国税局、地税局根据各自职责，按税法及政府非税收入管理等有关规定予以处理，并就地按预算级次全部上交国库（财政专户）。对检查过程中积极配合的单位或违规违纪情节轻微的，可按简易程序处理。对重大违法违规违纪问题，经专项检查领导小组集体研究后处理，有严重违法违规违纪问题单位的主要领导人和直接责任人，依法依规移送纪检监察或司法机关处理。各级政府及司法机关要积极支持和配合。

四、检查的实施方式、步骤和时间安排

（一）实施方式。

由自治区财政厅、审计厅、国税局、地税局组成联合检查组，采取实地检查与就地督查相结合的方式，在对重点检查对象开展实地检查的同时，就地对当地财税部门收入组织及完成进度情况进行督查。

（二）实施步骤和时间安排。

此次专项检查从2008年10月25日开始，2009年1月15日结束。其中，11月1日至12月31日为重点检查和督查阶段，由各检查组根据专项检查实施方案确定的重点检查内容和对象，在全区范围内开展重点检查，并就地对当地财政收入组织和完成进度情况进行督查。重点检查开始前，安排一定时间由检查对象自查自纠。重点检查期间，各市县、各有关单位同时组织开展自查自纠。

五、组织领导和人员安排

自治区成立专项检查工作领导小组。领导小组组长由自治区财政厅负责人担任，其他成员单位负责人任副组长，负责统一组织、协调和指导专项检查工作，领导小组下设办公室，负责专项检查日常和业务指导工作。

本次专项检查由自治区财政厅、审计厅、国税局、地税局抽调人员组成21个检查组，对全区14个市（含所属县、市、区）和区直重点部门进行检查和督查。

六、工作要求

开展税收和政府非税收入征缴专项检查是整顿和规范税收征管和政府非税收入收缴的重要手段，是深入学习实践科学发展观的具体体现，是确保我区科学发展三年计划顺利实施的重要措施，是确保完成我区全年财政收入任务、促进我区财政收入稳定较快增长的客观要求。各市、县人民政府、各有关部门和单位要以高度的责任感主动积极支持和配合开展好专项检查工作，为专项检查工作顺利开展创造条件，并采取有力措施做好本级收入组织工作，确保完成年度收入任务目标。各被检查单位必须依照有关法律、行政法规，接受检查组依法实施的监督检查，如实提供会计凭证、会计账簿、财务会计报告和其他会计资料以及有关情况，不得拒绝、拖延、隐匿、谎报，应配合和支持检查组工作。对拒绝、拖延、不配合检查的单位或个人，将依法依纪进行处理。

附件 1

关于 2008 年全区财政收入征缴情况专项检查领导小组组成及职责的通知

2008 年 10 月 30 日　　桂财管〔2008〕62 号

各市、县人民政府，自治区农垦局，区直各委、办、厅、局：

为了加强对 2008 年全区财政收入征缴情况专项检查工作的领导，确保专项检查工作的顺利进行，根据自治区人民政府办公厅《关于开展 2008 年全区财政收入征缴情况专项检查的通知》（桂政办电〔2008〕199 号）精神，现就 2008 年全区财政收入征缴情况专项检查工作领导小组（以下简称“领导小组”）及其办公室组成及工作职责明确如下：

一、领导小组组成及主要职责

（一）领导小组的组成。

组　长：自治区财政厅党组书记、厅长苏道俨

副组长：自治区财政厅纪检组长兰丽萍
自治区审计厅副厅长何小聪
自治区国税局总经济师杨辉
自治区地税局副局长李早春

成　员：自治区财政厅预算处处长王代玉
自治区财政厅国库处处长黄典伟
自治区财政厅综合处处长梁智
自治区财政厅企业处处长蒋素荣
自治区财政厅非税收入征管处处长韦彦
自治区审计厅派出卫生计划生育处处长黄军宁
自治区国税局稽查局局长庞荣胜
自治区地税局稽查局局长唐敞壮

（二）领导小组的主要职责。

专项检查工作领导小组的主要职责是，统一负责组织、协调、指导专项检查工作；研究处理专项检查中的重大问题；对检查组的工作开展情况进行督导。

领导小组下设办公室，负责专项检查的各项日常工作和检查过程中的政策业务指导。

二、领导小组办公室组成及主要职责

（一）领导小组办公室的组成。

主　任：自治区财政厅纪检组长兰丽萍（兼）

副主任：自治区财政厅预算处处长王代玉（兼）
自治区财政厅国库处处长黄典伟（兼）
自治区财政厅监督检查局局长江庆深
自治区审计厅派出卫生计划生育处处长黄军宁
自治区国税局稽查局副局长唐颖昭
自治区地税局稽查局局长唐敞壮（兼）

成　员：自治区财政厅预算处副处长廖志华
自治区财政厅国库处副处长郑雪菊
自治区财政厅综合处副处长蒙永雄
自治区财政厅企业处副处长陈湘荣
自治区财政厅非税收入征管处副处长罗克统
自治区财政厅法规税政处副处长曾向平
自治区财政厅监督检查局副局长全能
自治区财政厅稽查大队副队长罗长石
自治区财政厅财务总监办公室财务总监曾卫清
自治区审计厅财政处主任科员冯林德
自治区国税局审理科科长韦冬青
自治区地税局稽查局副局长孔祥春

领导小组办公室设在自治区财政厅（监督检查局），所需工作人员从各成员单位抽调并集中办公。

（二）领导小组办公室的主要职责。

领导小组办公室的主要职责是：在领导小组的

统一领导和指导下，负责专项检查各项日常工作和检查过程中的政策业务指导工作，办公室内设综合组和政策业务指导组。各组的职责及人员组成明确如下：

1. 综合组。负责专项检查的组织协调、统计汇报和后勤保障等各项日常工作。具体职责包括：

（1）制定专项检查工作实施方案，确定重点检查范围、内容、对象、方式和要求；

（2）落实检查人员，组成检查组并组织查前培训；

（3）专项检查动员大会的筹备及相关会务工作；

（4）编印专项检查指南，明确检查要点和工作要求；

（5）对专项检查工作进行动态跟踪，定期编印专项检查工作简报，及时收集、反馈专项检查动态及成效；

（6）及时协调、处理专项检查工作中出现的困难和问题，并对各检查组工作进度及执行检查工作实施方案情况进行督查；

（7）及时统计、汇总检查数据，撰写专项检查总结报告；

（8）代领导小组拟定对检查组的考评办法并组织考评表彰；

（9）领导小组办公室交办的其他工作。

综合组工作人员由自治区财政厅、国税局、地税局抽调专人组成。具体人员名单如下：

组　长：自治区财政厅监督检查局江庆深

副组长：自治区审计厅吴旭辉

自治区国税局稽查局梁德成

自治区地税局稽查局韦海滨

成　员：自治区财政厅办公室副调研员严雪梅

自治区财政厅监督局（稽查大队）曾玉洁、陈耀军、黄仕锋、黄丹华、李航、朱觉凤

自治区地税局龙泉

联系人和联系电话：李航（0771－5331546）

黄丹华（0771－5331739）

2. 政策业务指导组。负责专项检查实施过程中的政策解答、业务指导和检查结果处理。为便于对检查人员和检查对象提出的政策和业务方面问题进行有针对性的解答，加强对各检查组的工作指导，及时准确对各检查组提交的问题进行研究处理，业务指导组按非税收入、国税收入和地税收入分别成立三个小组，由自治区财政厅、审计厅、国税局和地税局根据各自职能和处理程序进行处理。

（1）非税征缴政策业务指导组。负责重点检查中涉及政府非税收入方面的政策、业务咨询；对非税收入检查工作进行政策和业务指导；对各检查组提交的政府非税收入征缴方面的问题提出处理意见。

组　长：自治区财政厅监督检查局全能

副组长：自治区财政厅国库处郑雪菊

自治区财政厅非税收入征管处陈万祥

自治区审计厅冯林德

成　员：自治区财政厅法规税政处曾向平

自治区财政厅监督检查局李画、黄仕锋

联系人和联系电话：黄仕锋（0771－5331549）

（2）国税征缴业务指导组。负责重点检查中涉及国税收入方面的政策、业务咨询；对国税收入检查工作进行政策和业务指导；对各检查组提交的国税收入征缴方面的问题提出处理意见。

组　长：自治区国税局稽查局庞荣胜

成　员：自治区国税局凌蔚、赖联邦、甘志民、盛国华、唐颖昭、韦冬青

联系人和联系电话：韦冬青（0771－5867792，13207810325）

（3）地税征缴业务指导组。负责重点检查中涉及地税收入方面的政策、业务咨询；对地税收入检查工作进行政策和业务指导；对各检查组提交的地税收入征缴方面的问题提出处理意见。

组长：唐啟壮

成员：陈仁英、刘贵平、曾纪芬、黄德成、韦海滨

联系人和联系电话：韦海滨（0771—5538003，13977182188）

执法监督类

自治区地方税务局关于2008年继续推进重点环节监督管理工作的意见

2008年4月22日　　桂地税发〔2008〕65号

各市、县（市、区）地方税务局，各市地方税务局直属机构，局内各单位：

为了规范税收执法和内部行政管理行为，强化对易出现问题的重点环节的监督管理，根据中共中央关于《建立健全教育、制度、监督并重的惩治和预防腐败体系实施纲要》以及税收法律、法规、规章等有关规定，2007年全区地税系统对税务行政管理和税收执法管理重点环节加强监督管理，为了巩固2007年的工作成果，建立健全严密的监督制约机制，自治区地税局党组决定2008年继续推进加强对重点环节监督管理工作。为此，在扼要总结工作取得的基本经验和存在问题的基础上，提出具体实施意见，请认真贯彻执行。

一、2007年度开展重点环节监督管理工作的情况

2007年，自治区地税局部署开展加强重点环节监督管理工作，各级地税机关高度重视，结合本地实际相继制订了工作方案，将责任具体分解落实，采取了岗位监督、职能部门监督、党内监督、纪检监察部门监督、社会监督等全方位监督管理方式，认真组织实施，在年内较好地完成了加强重点环节监督管理工作任务，取得了显著成效。

（一）开展工作取得的基本经验。

2007年，各单位、各部门紧密结合地税工作特点，勤于思考，勇于探索，大胆创新，开展工作，积累了宝贵的经验。

1. 加强领导，整合力量，是落实好重点环节监督的根本保障。对监管难度较大的11个重点环节的监督工作，必须保证坚强的组织领导，形成党政齐抓共管，部门各负其责，纪检监察组织协调，干部职工积极参与的工作机制和监督管理的整体合力。

2. 强化各职能部门的监管职责，是防范重点环节出问题的治本关键。地税机关各业务职能部门对本部门工作人员和下级机关相应业务工作的人员具有指导教育、管理检查、考核监督的责任，加强对本职业务工作的监管，既是自身职责之所在，也是防范重点环节出现不廉行为的第一道关口，是治本的关键。

3. 抓好分权，是强化制衡机制，规范重点环节监督的基础工作。把税收执法和行政管理活动中的对象、环节、岗位作为一个有机的整体，制定切实可行的制度和措施，以制度化的形式分解各岗位的权力、各环节的职能，细化岗位工作责任，量化岗位考核指标，做到有权必有责，岗责统一，增强监督的针对性，形成执法有据、操作有序、监督有力的管理体系。

4. 抓好内外部示权，是强化“阳光作业”，疏导重点环节监督的重要手段。推行税务公开，实行“阳光作业”，让税务人员和纳税人对执法依据、规程、活动和结果一目了然，可以有效防范“两权”运行中的暗箱操作，增强对各重点环节监管的透明度和实效性。

5. 抓好制权，强化责任追究，是对重点环节监督的最后关口。明确权力监督责任，将监督工作渗透到重点环节权力运行中去，做到权力行使到哪

里，监督就延伸到哪里，责任也就跟踪覆盖到哪里。通过法律、工作、制度、管理和社会等多方位、多层次制权措施，严格责任追究，逐步建立"事前防范、事中跟踪、事后检查"的权力运行监督体系，有效地保证重点环节权力的规范运行。

6. 充分利用计算机信息技术，是提高对重点环节监督管理效率的技术保障。各级地税机关充分强化信息系统在重点环节监督中的技术保障作用，重点通过加强对各类业务软件数据信息的分析，及时发现违法违纪线索，增强监督工作的针对性和有效性。

（二）开展工作发现的一些问题。

1. 对管理制度执行力的弱化，在一定层面和程度上削弱了监督力度，人为造成了监管漏洞。目前，从国家税务总局、自治区地税局到各市、县地税局，所制定出台的制度体系已经比较严密，实践证明：若制度规定未能在实际工作中得到很好执行的话，将无法起到加强管理、防范风险的作用。

2. 制度缺陷导致的"自由裁量"幅度大的问题依然未得到实质性改善。制度规定若存在不够明确的统一标准，会使得各地在实际执行时存在尺度把握不一致的现象，给监督造成困难，甚至难以监督。必须在今后工作实践中进一步加强调查研究，不断健全、明确相关规章制度的规定。

3. 部分税务人员的业务素质有待提高，人员配置结构不尽合理。因部分一线税收工作人员自身综合业务素质不高，因此在部分管理工作方面容易出现薄弱环节。

2007 年全区地税系统加强重点环节监督工作取得了阶段性成果，积累了有益的经验，也暴露出了当前地税系统"两权"行使中存在的突出问题。自治区地税局党组认为，在总结去年工作的基础上继续推进加强对重点环节监督管理，是十分必要的。

二、2008 年继续推进重点环节监督管理的目标任务

（一）工作目标。

1. 巩固 2007 年加强对重点环节监督管理的工作成果，促使各级地税机关进一步提高对"两权"监督和制约能力，使重点环节的监督管理成为常规化工作，防范重点环节发生为政不廉的违法违纪问题。

2. 各级地税机关通过不断实践和调查研究，将加强对各项重点环节监督管理的有效措施、办法、经验，提炼、上升成为各重点环节的监督管理基本做法。

3. 自治区地税局集思广益，综合研究出台《广西地税系统重点环节监督管理办法》，作为指导各级地税部门加强重点环节监督管理的规范性文件，为全面强化重点环节监督提供制度保障。

（二）工作任务。

2008 年要继续加强对以下 10 项重点环节的监督管理：

1. 对税款征收、入库环节的监督管理。重点防范、杜绝截留、积压、贪污、挪用、转引税款等严重违纪违法行为的发生，以及防止和制止违规设置税款过渡户。

2. 对税收票证和地税普通发票的使用及缴销的监督管理。重点监督税收票证、普通发票以及货物运输发票的使用、管理制度的完善与落实，防止因制度不严密或制度落实不到位而出现各种造成税款损失的不廉行为。

3. 对税务登记、"双定"征收户停歇业、个体工商户和单位纳税人税款核定的管理。重点监督程序是否合法、规范，结果是否公开、透明，防止利用核定税款的权力谋取私利。

4. 执行税收优惠政策的监督管理。重点规范减免税办理和审批的程序。

5. 对税务稽查的监督管理。重点落实复查制度和有关措施，提高检查质量，防止在检查时隐瞒问题；加强对审理环节的管理，防止因人为因素在案件处理时不收或少收税款、滞纳金，不予罚款或少罚款，防止涉嫌犯罪的涉税案件不移送司法机关。加强对查补税款入库的跟踪管理，防止查补税款不及时或不足额入库行为。

6. 对使用代征手续费的监督管理。重点监控虚列、挪用手续费行为以及规范支付手续。

7. 对基建工程、大宗物品采购及国有资产的监督管理。重点监督决策和实施程序是否符合政府采购的规定，以及强化固定资产的登记入账和规范处置管理，强化对固定资产盘点制度的监督，确保账实相符。

8. 对政府补充经费和规范津补贴工作的监督管理。重点监管资金使用是否合法合规，资金使用审批程序和权限是否符合规定，以及是否有取得经费不入账、私设小金库的行为。

9. 对机关接待、车辆使用及维修的监督管理。重点监督公务接待是否符合相关规定，是否存在公车私用问题。

10. 对干部选拔和调动的监督管理。重点监督选拔任用干部是否经过民主推荐、干部提拔和调动是否经领导集体讨论决定以及重要岗位是否按规定

交流换岗。

三、着力推进重点环节监督管理工作机制和监督体系的完善

2008年在开展重点环节监督管理工作时，各级地税机关要继续坚持党组统一领导、党政齐抓共管、部门各负其责、纪检监察组织协调、群众积极参与的工作机制，建立起层次清晰的领导、岗位、职能部门和纪检监察部门“四位一体”的监督体系。

（一）领导干部承担“一岗两责”，负职责范围内监督管理的直接领导责任。

各级主要领导作为本单位、本部门监督工作的第一责任人，既要负总责，亲自抓重要工作和重大问题，又要落实班子一班人“一岗两责”的责任。领导班子全体成员都必须认真抓好所分管工作的监督管理，主动负起职责范围内加强监督管理的直接领导责任，督促所分管职能部门加强业务工作的日常管理、监督，防止因疏于管理造成所分管业务范围内出问题。

（二）职能部门根据所管业务工作，要认真履行“一岗两责”，强化部门监管责任。

职能部门要以制度形式明确管理责任，根据业务工作管理需要，对本部门职责范围内各重点环节现行管理制度进行梳理，理出制度适用、制度不适、制度缺位、制度失效，分别提出保留、修订、完善、废弃等意见，通过制度形式明确各岗位的责任、权限及不履行职责的后果，提高制度管理的有效性，使重点环节业务的日常管理做到有章可循、职责清晰。

业务职能部门必须认真履行“一岗两责”，着力抓源头治理，健全监督防范机制，对所管业务范围内相关重点环节的各项工作事务加强日常管理，重点监督工作人员是否按规章制度和程序办事，及时纠正违章违规行为，预防以权、以税谋私。业务职能部门定期将履行本职业务日常管理情况及有关问题的整改情况反馈给纪检监察部门。

（三）要落实岗位人员履行本职岗位职责，加强自我约束和相互监督。

重点环节各重点岗位工作人员，要切实履行岗位职责，业务操作规范、行为遵守标准、执法负责任，实行自我约束。各个重点岗位之间按规定的流程运作，工作人员各司其职、各尽其责，岗位之间相互制约、相互监督、相互制衡。

（四）纪检监察部门要发挥组织协调和专门督促作用，落实各项监督管理工作。

纪检监察部门在职责范围内加大执法监察的力度，督促业务职能部门认真履行对本职业务的管理职责，不定期对各业务职能部门履行职责、执行制度、加强管理的情况进行检查，提出整改意见反馈给业务职能部门，促其纠正不足、完善管理。对重点环节监督工作不重视、措施不力、履行职责和制度落实不到位、监督制约机制不健全，以至于在职责范围内发生管理漏洞或违纪违法案件，并造成严重后果和恶劣影响的单位和责任人，纪检监察部门要按照法律法规的规定进行责任追究。

按“四位一体”分层次实施监督工作，使税收工作的管理和监督形成常规化，使税收“两权”运行始终处于受监督、制约的状态，确保权力的正确行使。

四、2008年开展对重点环节监督管理工作要求和安排

（一）自治区地税局把推进重点环节监督管理工作情况作为2008年度党风廉政建设责任制考核的一项重要内容。自治区地税局各责任单位要认真按照《党风廉政建设责任状》的具体要求落实责任，加强对下一级地税机关的指导，并对其工作进行督查。

（二）各市地税局要高度重视继续推进重点环节监督管理工作，重点抓好自治区地税局指定的重点环节监督管理工作。除自治区地税局已确定分配的重点环节监管工作任务（见附件）外，各市地税局也可根据实际情况另行选择若干项重点环节作为各自的监督管理工作任务，制订工作方案并具体实施。

（三）时间安排。2008年一季度为准备阶段，二、三季度为实施阶段，四季度为总结阶段。其中，第二季度自治区地税局将组成工作组对2007年以来的工作进行考评。

（四）每个重点环节所形成的监督管理基本做法，由自治区地税局牵头责任单位（有两个以上责任单位的，由排在第一的为牵头责任单位）会同各责任单位，对接市地税局研究制定，于2008年6月底前报送给自治区地税局监察室。

（五）其他材料上报。各市地税局的工作方案于2008年4月30日前上报自治区地税局对应的责任单位，并经认可后送自治区地税局监察室。自治区地税局各责任单位、各市地税局两年来开展重点环节监督管理工作总结材料于2008年10月底前报送自治区地税局监察室。

附件：2008年推进重点环节监督管理工作任务表

附件

2008年推进重点环节监督管理工作任务表

序号	重点环节	责任单位	对接市局
1	对税款征收、入库环节的监督管理	计统处、征管处	百色市、钦州市
2	对税收票证和地税普通发票的使用及缴销的监督管理	计统处、征管处	桂林市、贵港市
3	对税务登记、"双定"征收户停歇业、个体工商户和单位纳税人税款核定的监督管理	征管处	柳州市、玉林市
4	执行税收优惠政策的监督管理	所得税处、流转税处、财产行为税处	柳州市、来宾市
5	对税务稽查的监督管理	稽查局	河池市、北海市
6	对基建工程、大宗物品采购及国有资产的监督管理	财务处、后勤服务中心	南宁市、崇左市
7	对政府补充经费和规范津补贴工作的监督管理	财务处	梧州市、贺州市
8	对机关接待、车辆使用及维修的监督管理	后勤服务中心	桂林市、贵港市
9	对使用代征手续费的监督管理	财务处	玉林市、河池市
10	对干部提拔和调动的监督管理	人事处	南宁市、防城港市

注：有两个以上责任单位共同负责的项目，排第一位的为牵头单位。

自治区地方税务局关于印发《2008年全区地税系统税收执法质量考核实施方案》的通知

2008年6月10日　桂地税发〔2008〕98号

各市地方税务局：

为规范税收执法行为，强化税收执法监督，进一步提高我区地税系统税收执法水平，自治区地税局决定对2008年全区地税系统税收执法质量进行全面考核。现将《2008年全区地税系统税收执法质量考核实施方案》印发给你们，请结合实际认真实施。实施中有什么问题，请及时报告自治区地税局（法规处）。

二〇〇八年六月十日

2008年全区地税系统税收执法质量考核实施方案

为规范税收执法行为，强化税收执法监督，全面推进依法治税，根据国家有关法律法规及《国家税务总局关于全面加强税收执法监督工作的决定》、《国家税务总局关于全面推行税收执法责任制的意见》，制定本方案。

一、指导思想及任务

按照全面贯彻落实科学发展观的要求，坚持"聚财为国、执法为民"的税务工作宗旨，抓住税收执法的关键部位和重点环节，强化对税收执法权的监督制约，落实组织收入原则，进一步推进依法治税。

通过考核，进一步提高我区地方税收执法水平和质量，规范执法行为，强化执法监督，减少执法过错，降低执法风险。

二、基本原则

税收执法质量考核坚持实事求是、合法、公开、公正、公平的原则。

三、组织领导

为加强领导，自治区地税局成立由吴殿禄副局长任组长，法规、税政、征管、计统、人事、监察、稽查等部门负责人为成员的税收执法质量考核工作领导小组，负责全区地税系统税收执法质量考核工作的组织领导和监督检查。领导小组下设办公室，与法规处合署办公，负责税收执法质量考核的日常工作，办公室主任由法规处陈仁英处长兼任。

各级地税机关要层层成立机构，切实加强组织领导，确保税收执法质量考核工作顺利开展。

四、考核范围及内容

重点对各级地税机关2008年1月1日至6月30日的税收执法情况进行考核，具体包括税务登记、发票管理、纳税申报、税款征收、减免税审批、税务检查、重大税务案件审理和税收规范性文件的制定管理等内容（税收执法质量考核评分表附后）。

五、工作要求

税收执法质量考核采取自评与重点考核相结合的方式。各市地税局要按照本方案的要求，于9月底前完成自评考核工作，并将自评结果书面上报自治区地税局税收执法质量考核工作领导小组办公室。自治区地税局将于10月份组织对各市进行重点考核。

六、考核结果处理

税收执法质量考核按照《税收执法质量考核评分表》进行评分，满分为100分。考核结果分为优秀、良好、一般、较差四个等次：90分以上的为优秀，80～89分的为良好，70～79分的为一般，69分及其以下的为较差。

考核结束后，各级地税机关应及时通报考核结果。对考核发现的税收执法过错，依照国家税务总局《税收执法过错责任追究办法》（国税发〔2005〕42号）进行处理。

税收执法质量考核评分表

考核项目	考核内容	考核路径及分值	标准分	自评分	考核分
税务登记	1. 采集户籍管理关键数据指标是否完整。 2. 是否按规定办理注销税务登记。 3. 是否按规定管理非正常户。	1. 查询“广西地税信息系统”户籍管理模块中的税务登记管理、税务户籍管理中的关键数据指标内容是否完整（具体指标参见《广西地税信息管理系统文库之四：数据指标规范说明》）。（3分） 2. 在“广西地税信息系统”“税务户籍管理模块→户籍资料查询→注销查询”中查询注销户名单，从中抽查××户的《注销税务登记申请审批表》，看有关岗位是否按规定办理税款清缴、发票及证件缴销等手续。（3分） 3. 从“广西地税信息系统”“税务户籍管理模块→户籍资料查询→非正常户认定查询”中查询非正常户名单，根据名单查阅非正常户认定的材料是否完整，认定程序是否符合规定。（3分）	9		
发票管理	1. 是否按规定发售发票。 2. 是否按规定停供发票。 3. 是否按规定缴销发票。 4. 是否按规定代开发票。	1. 将《普通发票领购申请审核表》与发票发售记录进行比对，看发售的发票是否符合核定的种类、数量；根据发售发票记录，查看对旧票进行查验的记录是否符合规定（冠名发票除外）。（4分） 2. 将《停（歇）业申请表》与发票发售台账等进行核对，看在停供发票期间是否有发售发票行为。（2分） 3. 查阅《注销税务登记申请审批表》、《税务登记变更表》与《用票户分户领用存表》进行核对，看纳税人在办理税务登记注销及变更时是否按规定缴销发票。（2分） 4. 查阅代开发票记录，将已开具发票的内容与相应完税凭证核对，看发票是否符合开具范围、是否符合规定、是否按规定征收税款；看纳税人提供的申请代开发票的资料以及相关的代开发票存根联是否齐全，并合并归档。（4分）	12		

续表

<table>
<tr><th colspan="2">考核项目</th><th>考核内容</th><th>考核路径及分值</th><th>标准分</th><th>自评分</th><th>考核分</th></tr>
<tr><td rowspan="2">纳税申报</td><td>逾期申报</td><td>是否对逾期未申报的纳税人进行违法违章处理。</td><td>将逾期未申报纳税人的记录与《限期改正通知书》、《税务行政处罚决定书》进行比对，看对逾期未申报的纳税人是否按《行政处罚法》规定的简易程序或一般程序进行处理。(3 分)</td><td>3</td><td></td><td></td></tr>
<tr><td>延期申报</td><td>是否按规定审批延期申报并要求纳税人按规定核定预缴税款。</td><td>1. 查阅《延期申报申请审批表》和纳税人报送的附报资料是否齐全完整，内容是否明确具体，审批程序是否合法。(2 分)
2. 在“广西地税信息系统”中，检查已审批的延期申报纳税户是否已按上期已缴税额预缴税款。(2 分)</td><td>4</td><td></td><td></td></tr>
<tr><td rowspan="4">税款征收</td><td>税款征收</td><td>1. 是否违规多征、少征税款、提前征收、延缓征收。
2. 是否混淆税款入库级次，是否积压税款。</td><td>1. 查阅填开的各类完税凭证，与相应的各类纳税申报资料、核定资料等应征凭证进行比对，看是否存在多征、少征税款、提前征收、延缓征收的现象。(3 分)
2. 查阅填开的各类税款入库凭证，与税种、税目核定情况比对，看是否存在混淆税款入库级次的现象，是否存在积压税款现象。(3 分)</td><td>6</td><td></td><td></td></tr>
<tr><td>税款催缴</td><td>是否对逾期未缴纳税款的纳税人进行违法违章处理。</td><td>将逾期未纳税的纳税人记录与《限期缴纳税款通知书》、《税务处罚决定书》等进行比对，查看对逾期未缴纳税款的纳税人是否已经催报催缴并按《行政处罚法》规定的简易程序或一般程序进行违法违章处理。(3 分)</td><td>3</td><td></td><td></td></tr>
<tr><td>欠税管理</td><td>1. 是否对欠税进行了公告。
2. 是否对欠税进行准确核算。</td><td>1. 将欠税纳税人的记录与欠税公告记录进行核对，看是否依法进行公告或按规定提请上级机关进行公告。(2 分)
2. 将欠税纳税人的记录与纳税申报表、税源管理欠税台账等进行核对，看数据是否一致，是否准确进行核算。(2 分)</td><td>4</td><td></td><td></td></tr>
<tr><td>延期缴纳税款</td><td>是否擅自批准延期缴纳税款。</td><td>1. 在“广西地税信息系统”中查阅延期缴纳税款情况，并与《延期缴纳税款申请审批表》比对，看是否按规定报批。(2 分)
2. 查阅申请延期缴纳税款纳税人到期完税情况，看是否存在到期未完税的情况。(2 分)</td><td>4</td><td></td><td></td></tr>
<tr><td colspan="2">减免税、财产损失税前扣除审批</td><td>1. 是否按规定受理。
2. 是否按规定程序审批。
3. 是否按规定权限审批。
4. 是否按规定期限办理。</td><td>1. 查阅行政审批受理通知书及不予受理通知书，对照纳税人的申请资料，看做出的受理决定或不予受理决定及其依据是否合法。(3 分)
2. 查阅减免税审批案卷，看减免税、财产损失税前扣除审批是否经过法定程序。(3 分)
3. 查阅减免税审批案卷，看减免税、财产损失税前扣除金额是否符合审批权限要求。(3 分)
4. 查阅减免税、财产损失税前扣除审批文件，对照税务机关正式受理纳税人申请减免税的时间，看是否按规定审批时限办结。(3 分)</td><td>12</td><td></td><td></td></tr>
<tr><td>税务稽查</td><td>选案</td><td>1. 是否按规定查办、上报举报案件。
2. 是否及时将案源进行检查分配。</td><td>1. 查阅《税务违法案件举报登记表》、《转办单》或举报案件登记管理台账，与举报信息进行核对，看接收举报的涉税案件是否有上报、反馈查处结果记录。(2 分)
2. 将已审批、拟定的日常检查计划或专项检查计划与其他相关岗位、部门转来的举报、纳税评估、协查、日常、专项检查、上级交办、转办等案源线索进行核对，看转来的偷、逃、抗、骗税等有违法嫌疑的案件线索是否有接收、分配稽查任务记录。(2 分)</td><td>4</td><td></td><td></td></tr>
</table>

续表

考核项目		考核内容	考核路径及分值	标准分	自评分	考核分
税务稽查	检查	1. 是否按规定对稽查案件进行立案。 2. 是否按规定调取、退还纳税人账簿、资料。 3. 是否按规定查证纳税人的违法行为。 4. 是否按规定回复协查案件。	1. 查阅《稽查立案案件清册》中未立案的稽查案件户数，核对税务稽查案卷材料，看是否按规定立案。(2分) 2. 查阅《调取账簿资料通知书》、《调取账簿资料清单》等案卷资料，看是否按规定的权限和时间调取和归还纳税人的账簿资料。(2分) 3. 查阅税务稽查案卷资料，将《税务稽查报告》与调查取证材料进行核对分析，必要时实地进行核查，实地核查材料的比例不得低于当年税务稽查户数的5%，看税务稽查调查取证资料是否符合要求，纳税人、扣缴义务人是否有明显的税务违法行为或偷税、骗税违法行为而未如实反映、报告。(2分) 4. 看是否按规定回复协查结果。(2分)	8		
	审理	1. 是否按规定的时限审结案件。 2. 审理所确认的事实是否清楚，证据是否确凿，定性是否准确。 3. 是否按规定处理(罚)涉税违法行为。 4. 税务行政处罚是否按规定履行告知程序。 5. 是否按规定移送税务稽查案件。	1. 查阅分配的案件审理任务记录、审理台账和接收检查环节移交案卷清单上的交接日期，与《税务稽查审理报告》中审结案件报告结束日期进行核对，看是否在规定的期限审结。(2分) 2. 将《税务稽查审理台账》、《税务稽查审理报告》与《税务稽查报告》以及案卷中的有关证据材料进行核对，看审理后对《税务稽查报告》作出"同意"、"退回"或对其中某部分内容予以修正等呈报局领导审批的意见是否依据充分，是否依法、合理、恰当。(2分) 3. 查阅制发的《税务处理决定书》、《税务行政处罚决定书》，与《税务稽查审理报告》、《税务稽查报告》的有关证据材料进行核对，看对查出的涉税违法行为是否按规定进行处理(罚)。(2分) 4. 查阅《税务稽查审理台账》或《税务稽查审理报告》，与已制发的《税务行政处罚事项告知书》、《税务行政处罚决定书》、《税务文书送达回证》进行核对，看实施行政处罚案件是否履行告知程序(告知当事人依法享有的陈述、申辩、听证等权利)，外发的法律文书是否符合法律、法规及技术规范要求。(2分) 5. 查阅《稽查审理台账》或《税务稽查审理报告》，与《重大税务案件审理提请书》、《重大税务案件审理资料交接单》、《涉税案件移送书》进行核对，看达到重大案件审理、涉税犯罪案件移送标准的案件是否有移送记录。(2分)	10		
	执行	1. 是否按规定执行处理(罚)决定。 2. 是否按规定实施税收保全和强制执行措施。	1. 查看审理、执行台账或税务稽查案卷的《执行报告》，将已经入库的税款、罚款、滞纳金复印件与《税务处理决定书》、《税务行政处罚决定书》进行比对，看二者是否一致。对未及时入库的以及有逃避纳税嫌疑的，是否依法采取相应的措施。(2分) 2. 查阅实施的税收保全、强制执行措施案卷材料，核对相关执法文书，看实施和解除税收保全、强制执行措施是否符合法律、法规规定的范围、权限、程序等。(2分)	4		
重大税务案件审理		1. 审理标准是否符合要求。 2. 审理程序是否合法。 3. 审理结果是否合法。 4. 审结率是否达到10%。	1. 查阅《重大税务案件审理报告》，看审理的案件涉案金额是否符合国家税务总局《重大税务案件审理办法(试行)》的规定。(2分) 2. 查阅重大税务案件审理案卷，看审理的程序是否符合国家税务总局《重大税务案件审理办法(试行)》的规定。(2分) 3. 查阅《重大税务案件审理意见书》，看审理的依据、作出的审理意见是否合法。(2分) 4. 查阅重大税务案件审理案卷，看审理结束的案件是否达到审理案件总数的10%。(2分)	8		

续表

考核项目	考核内容	考核路径及分值	标准分	自评分	考核分
税收规范性文件制定管理	1. 制定程序是否合法。 2. 制定依据是否合法。 3. 是否符合法定格式。 4. 是否上报备查备案。	1. 查阅已印发的税收规范性文件，看其起草、讨论、合法性审查、公布是否符合国家税务总局《税收规范性文件制定管理办法（试行）》的规定。（2分） 2. 查阅已印发的税收规范性文件，看其制定的依据是否符合有关税收法律法规的要求。（2分） 3. 查阅已印发的税收规范性文件，看其标题、内容、结构是否符合国家税务总局《税收规范性文件制定管理办法（试行）》的制定规则。（3分） 4. 查阅已印发的税收规范性文件，看其是否已按国家税务总局《税收规范性文件制定管理办法（试行）》要求进行备查备案。（2分）	9		

评分说明：

1. 从考核路径中选出若干户进行评分，用其差错百分比乘考核“标准分”，得出“自评分”和“考核分”。

2. 某一考核项目或其子项目当期没有发生的，该项目或其子项目评为0分，同时把其考核标准分从总标准分100分中扣除得出“总参考分”，然后将其他项目总“自评分”和“考核分”除以“总参考分”，乘100，得出最后总的“自评分”和“考核分”。

3. 每一个考核项目及其子项目的分值最高可评为其标准分，没有加分；最低可评为零分，不能出现负分值。

自治区地方税务局转发国家税务总局关于开展2008年税收执法检查和执法监察工作的通知

2008年7月21日　桂地税发〔2008〕109号

各市、县（市、区）地方税务局，各市地方税务局直属机构，局内各单位：

现将《国家税务总局关于开展2008年税收执法检查和执法监察工作的通知》（国税发〔2008〕66号，以下简称《通知》）转发给你们，并结合我区地税工作实际，提出如下补充意见，请一并贯彻执行。

一、加强领导，精心组织

为了确保税收执法检查和执法监察工作的顺利进行，自治区地税局成立由吴殿禄副局长任组长，法规、税政、征管、监察、稽查等部门负责人为成员的税收执法检查和执法监察工作领导小组，负责全区税收执法检查和执法监察工作的组织领导和监督检查。领导小组下设办公室，与法规处合署办公，负责税收执法检查和执法监察日常工作，办公室主任由法规处陈仁英处长兼任。

各级地税机关要高度重视税收执法检查和执法监察工作，要成立领导小组及其办公室，切实加强组织领导，积极采取有效措施，认真按照《通知》的要求开展自查和重点检查，确保按时按质完成各项检查任务。

二、检查内容

今年的税收执法检查和执法监察工作与税收执法质量考核同时进行，检查内容为《通知》和自治区地税局《2008年全区地税系统税收执法质量考核实施方案》（以下简称《方案》）确定的内容。

三、检查对象及时间

自治区地税局将于2008年10月份组织工作组，对14个市地税局开展税收执法检查和执法监察工作进行检查，具体时间另行通知。此前，请各市地税局认真做好自查工作，并于9月底前将自查情况书面上报自治区地税局（法规处）。检查所属时期为《通知》和《方案》确定的时间。

四、总结评比

检查工作结束后，自治区地税局将对各单位开展税收执法检查和执法监察工作情况进行总结、评比和通报，对工作认真、成绩突出的单位给予表扬，对工作不力、检查流于形式的单位予以批评。

国家税务总局关于开展2008年税收执法检查和执法监察工作的通知

国税发〔2008〕66号

各省、自治区、直辖市和计划单列市国家税务局、地方税务局：

2008年是贯彻落实党的十七大精神的第一年，各级税务机关要按照全国税务工作会议、党风廉政建设工作会议和全国税收政策法规工作会议的要求，围绕税收工作中心任务，认真开展执法检查和执法监察，积极推进依法治税，充分发挥税收职能作用，保证政令畅通，促进十七大做出的战略部署在税务系统的贯彻落实。要紧紧围绕自由裁量权比较集中的重点环节，强化对税收执法权和行政管理权的监督制约。通过检查，进一步规范税收执法行为，最大限度地减少执法随意性，切实降低税收执法风险，促进税务系统廉政建设。现就开展2008年全国税收执法检查和执法监察工作有关问题通知如下：

一、检查的重点内容

根据税务总局有关工作要求，结合当前工作实际，2008年税收执法检查和执法监察的重点内容是：

（一）税收执法权方面。

1. 地方党政、税务机关及其他部门有无越权（违规）制定涉税文件；

2. 税务机关在减免税审批、缓税审批等行政许可、审批方面的权限划分与相关制度规定，制度的具体落实情况以及存在的问题；

3. 行政审批项目情况是否符合税务总局关于行政审批制度改革的相关规定；

4. 实施减免税、缓税审批是否符合税法关于实体与程序的各项规定；

5. 税务稽查案件的程序和处理是否符合税法规定。

6. 是否依法办理税务行政复议工作；

7. 涉农税收优惠政策是否按规定予以落实。

各地税务机关在保证对上述内容实施检查的基础上，可根据本地区税收执法的实际情况和工作需要，安排其他税收执法检查内容。

（二）税务行政管理权方面。

1. 基建工程是否按照规定进行项目管理、审批、建设；

2. 大宗物品采购是否符合招投标和采购法的规定和程序；

3. 固定资产管理和处置是否符合国家和税务总局的有关规定；

4. 干部选拔任用是否严格执行领导干部选拔任用条例的规定。

（三）税收执法管理信息系统运行方面。

1. 1.1版和2.0版执法管理信息系统的运行情况是否符合税务总局要求。重点是运行的覆盖范围，以及执法过错申辩调整、执法考核结果责任落实和疑点数据抽取后的复核检查处理情况。

2. 运行维护工作长效机制建设是否符合要求，重点是建章立制方面的情况。

二、检查方式

各级税务机关要按照《中华人民共和国行政监察法》、《税收执法检查规则》（国税发〔2004〕126号）、《税务系统领导班子和领导干部监督管理办法（试行）》（国税党字〔2006〕33号）的要求开展税收执法检查（监察）工作，检查要在本级机关全面自查（税务稽查案件可选择部分案件抽查）的基础上，采取下查一级的方式进行，省税务机关（包括计划单列市）对下检查面不得少于50%，地市税务机关对下检查面应达到100%。税务总局将在各地检查结束后，对省税务机关进行重点检查。

三、时间安排

2008年税收执法检查（监察）工作总体时间安排为：6月份开始，12月底结束。其中，6、7

月为本级自查阶段；8～11月为重点检查阶段；12月为总结整改阶段。

四、问题的处理

（一）凡与国家统一税法抵触的涉税文件，必须立即停止执行并进行纠正。对于地方党委、各级人大、政府以及其他部门制定的涉税文件、会议纪要、办公纪要等，如有与税法相抵触的内容，同级税务机关不得执行，并要建议或要求其予以纠正，同时向上级税务机关报告。对税务机关制定或者与其他部门联合制定的与国家税法相抵触的涉税文件，应由本级税务机关发文废止，并将废止该文的文件抄报上一级税务机关。

（二）凡与国家税法相抵触的具体行政行为，各级税务机关必须立即整改。因违背国家税法而少征的税款，税务机关必须全额补征入库。

（三）针对检查所发现的问题，各级税务机关要按照税收执法责任制的规定对过错责任人员进行责任追究，发现违法、违纪问题的，要移交司法机关或纪检监察部门进一步查处。

五、工作要求

（一）税收执法检查（监察）是税务系统落实十七大精神、构建和谐征纳关系、规范税收执法、推进依法行政的重要内容，各级税务机关要高度重视，加强领导，认真组织，把检查工作列入重要工作日程，按时完成检查任务。

（二）各级税务机关要成立由主要领导负责，法规、监察、税政、征管、稽查等部门参加的税收执法检查（监察）领导小组，统一组织领导税收执法检查（监察）工作。政策法规和监察部门要切实发挥牵头职责，做好组织协调和具体检查工作，各有关部门要加强沟通，相互配合，共同开展检查工作。

（三）各地要认真研究、制定税收执法检查（监察）工作计划和检查实施方案，检查工作要深入、细致，要充分利用信息化手段，创新检查方法，增强检查的科学性、实效性。对检查中发现的问题，要举一反三，进一步研究整改措施，切实提高工作水平。

（四）检查工作结束后，各地要认真总结，如实向税务总局上报情况。上报情况的时间要求是：执法检查及执法监察工作报告、报表应于2009年1月底以前分别向税务总局（政策法规司和监察局）报送。报告形式应包括纸质正式公文和上传电子公文两种，不具备电子公文条件的单位除了上报纸制公文外，请将工作报告和报表的电子版分别上传到总局FTP的“政策法规司/执法监督处/2008执法检查”文件夹和“监察局/监督检查室/2008执法监察”文件夹中。各地上报情况务必根据工作要求，对所报内容认真校对、如实核对、严格比对，避免出现错字、错数、前后矛盾、违反逻辑常识等问题。税务总局将对各地上报文件的质量、时间、差误等情况进行通报。

六、考核评比

税务总局将制定税收执法检查（监察）考核办法，根据各地检查情况进行考核评比，对检查得力、成绩突出的地方给予通报表扬，同时，对工作不积极、上报不实、整改不力的地方要进行通报批评。考核项目主要包括：检查工作组织情况、问题整改落实情况、检查结果上报情况等。

附件1：2008年税收执法检查情况统计表
附件2：2008年税收执法检查违规文件情况表
附件3：2008年税务执法监察情况统计表
附件4：税务行政复议人员情况调查表
附件5：税务行政复议诉讼检查情况统计表

附件1

2008年税收执法检查情况统计表

（金额：万元）

项目	减免税审批				缓税审批		其他
级别	省级自查		对下一级检查		省级税务机关		
类别	违规金额	已整改金额	违规金额	已整改金额	违规金额	已整改金额	
金额							
备注							

填表单位：　　　　填表时间：

填表说明：
1. 本表未列明的事项，请在总结报告中分项说明。
2. 请各地妥善整理、保存数据的原始来源，以备进一步查阅。

2008年税收执法检查情况统计表（分项情况）

填表单位：　　　　填表时间：　　　　（金额：万元）

项目／类别	重点检查单位数	重点检查面百分比	违反税收制度金额																											混淆入库级次		税务处罚不当件数	税务处罚决定不规范件数	涉嫌犯罪应移送未移送税务案件数
			违规减免税			违规退、抵税			违规提前征收			违规批准汇总纳税			违规税前列支、补亏少征税款			违规少计滞纳金			违规批准缓税			违规执行税收优惠政策			其他问题			中央混地方				
			户数	减少税额	补缴税额	户数	税额	追缴税额	户数	涉及税额	纠正税额	户数	减少税额	补缴税额	户数	减少税额	补缴税额	户数	少收滞纳金	补滞纳金	户数	涉及税额	清缴税额	户数	涉及税额	补征税额	户数	减少税额	补缴税额	混淆入库数	已调库数			
序号	1	2	3	4	5	6	7	8	9	10	11	12	13	14	15	16	17	18	19	20	21	22	23	24	25	26	27	28	29	30	31	32	33	34
数据																																		
备注																																		

填表说明：

1. 本表所填数据包括执行违规文件所产生的相应情况。
2. 本表未列明的事项，请在总结报告中说明。
3. 其他问题需要列表分项说明的，各地可自制简易表格。
4. 请各地填制此表的目的是保持表格的年度连续性，便于总局对多年数据进行统计分析，非总局重点检查项目也未纳入今年本地补充检查项目的，不填。

附件 2

2008 年税收执法检查违规文件情况表

发文机关	文件名称及文号	违规内容	施行日期	处理意见	处理结果
违规文件统计数：违规文件合计____份，其中税务机关制定或者与其他部门制定的____份，已纠正____份，纠正率____%；当地人大、政府或者其他部门制定的____份，已纠正____份，纠正率____%。					

填表说明：

填报违规内容一栏，可以从简，但应讲清关键内容问题的性质，必要时可附另页，或附原文副本、复印件。

附件 3

2008 年税务执法监察情况统计表

填报单位（盖章）：　　　　　　　　　　　　　　　　日期：　　年　　月　　日

内容	项目							工作效果														
地区和部门	项目总数	省级立项	地级立项	县级立项	主办项目	协办项目	办结项目	查出违法违纪金额	挽回经济损失	纠正退还违法违纪金额	避免经济损失	提出建议	被采纳建议	协助建章立制	推广先进典型	责任人总数	发现案件线索	立案查处	党纪处分	政纪处分	移送司法机关	其他
	项	项	项	项	项	项	项	万元	万元	万元	万元	条	条	项	个	人	个	件	人	人	人	
上年 11 月至 4 月																						
5 月至 10 月																						
全年合计																						

填表人：　　　　　　　　　　　　　　　　审核人：

附件 4

税务行政复议人员情况调查表

填表单位：　　　　　　　　　　　　　　　　　　　　　　　　　　　　　　　填表日期：

人数／单位	总人数	全日制本科以上人员		从事复议工作 8 年以上人员
		法律专业	非法律专业	
省（自治区、直辖市）税务局				
地市税务局				
区县税务局				
合计				

局领导：　　　　　　　　　　　　　复核：　　　　　　　　　　　　　填表人：

填表说明：1. 总人数为各级单位从事行政复议工作人员数量，其他各栏按从事复议工作人员实际情况填写。

2. 从事复议工作 8 年以上人员请列出姓名、单位、工作简历，另行附报。

附件 5

税务行政复议诉讼检查情况统计表

填表单位：　　　　　　　　　　　　　　　　　　　　　　　　　　填表日期：　　年　　月　　日

项目／年度	行政复议						行政诉讼													行政赔偿				文件审查			信访案件			
		处理结果						经过复议后诉讼案件						未经复议诉讼案件							处理结果									
									处理结果						处理结果															
	件数	不予受理	撤回申请	撤销或变更	维持	其他方式结案（调解或和解等）	合计件数	件数	不予受理	撤回起诉	撤销或变更	维持	其他方式结案	件数	不予受理	撤回起诉	撤销或变更	维持	其他方式结案	件数	赔偿	赔偿金额	不予赔偿	件数	修订	确认合法	件数	撤销或变更	维持	其他方式结案
2005																														
2006																														
2007																														
2008																														
合计																														

局领导：　　　　　　　　　　　　　复核：　　　　　　　　　　　　　制表人：

填表说明：1. 本表以省（自治区、直辖市）税务局为单位上报税务总局。

2. 本表统计数据为当年结案数据，如案件处理跨年度的，记入结案年度，不重复计算；2008 年度计算至 6 月 30 日止。

3. 信访案件中包括由税务行政复议机构处理的各类信访申诉案件。

4. 对于是否存在应受理复议而未受理，受理后是否合法合理作出复议决定，依法不应受理、但执法的确存在问题的案件是否通过其他方式进行了纠正，地税系统复议管辖中政府受理案件及存在的问题等情况，请在税收执法检查总结报告中另行报告。

自治区地方税务局关于印发《税务行政处罚简易程序规则》的通知

2008年8月4日　桂地税发〔2008〕121号

各市、县（市、区）地方税务局，各市地方税务局直属机构，局内各单位：

现将《税务行政处罚简易程序规则》印发给你们，请认真贯彻执行。执行中有什么问题，请及时报告自治区地税局法规处。

附件：税务行政处罚简易程序登记表

税务行政处罚简易程序规则

第一条　为规范税务行政处罚简易程序（以下简称“简易程序”）的实施，维护公民、法人或其他组织的合法权益，根据《中华人民共和国行政处罚法》、《中华人民共和国税收征收管理法》及其实施细则等有关规定，制定本规则。

第二条　广西各级地方税务机关对税收违法当事人实施简易程序的，适用本规则。

第三条　本规则所称简易程序，是指违法事实清楚、证据确凿并有法定依据，对公民处以九十元以下、对法人或者其他组织处以一千元以下罚款的行政处罚，税务机关当场作出行政处罚决定的程序。

第四条　当事人有下列情形之一的，税务机关可以适用简易程序：

（一）未按照规定的期限申报办理税务登记、变更或者注销登记的；

（二）未按照规定设置、保管账簿或者保管记账凭证和有关资料的，未按照规定设置、保管代扣代缴、代收代缴税款账簿或者保管代扣代缴、代收代缴税款记账凭证及有关资料的；

（三）未按照规定将财务、会计制度或者财务、会计处理办法和会计核算软件报送主管地方税务机关备查的；

（四）未按照规定将全部银行账号向主管地方税务机关报告的；

（五）未按照规定安装、使用税控装置，或者损毁或者擅自改动税控装置的；

（六）未按照规定的期限办理纳税申报和报送纳税资料的，或者未按照规定的期限向主管地方税务机关报送代扣代缴、代收代缴税款报告表和有关资料的；

（七）未按照规定领购、开具、取得、保管、印制发票或者生产发票防伪专用品的，或者未按照规定接受主管地方税务机关发票检查的；

（八）非法携带、邮寄、运输或者存放空白发票的；

（九）编造虚假计税依据的；

（十）未按照规定办理税务登记证件验证或者换证手续的；

（十一）逃避、拒绝或者以其他方式阻挠税务机关检查的；

（十二）法律、行政法规和规章规定可以适用简易程序的其他情形。

第五条　简易程序应当由税务机关具有税收执法资格的在职国家公务员实施。

税务执法人员在实施简易程序时，应当按规定穿着税务制服。

第六条　税务执法人员实施简易程序，按照下列程序进行：

（一）出示证件，表明身份。在作出当场处罚

决定之前，税务执法人员应当向当事人出示税务检查证或者其他能够证明本人执法身份的证件。不出示执法身份证件的，当事人有权拒绝接受处罚。

（二）审查确认当事人的税收违法事实。违法事实不清的，不得给予行政处罚。

（三）告知当事人作出行政处罚决定的事实、理由和依据，并告知当事人依法享有的陈述、申辩等权利。

（四）听取当事人的陈述和申辩，制作现场笔录。税务执法人员必须充分听取当事人的意见，对当事人提出的事实、理由和证据，应当进行复核；当事人提出的事实、理由和证据成立的，应当予以采纳。税务执法人员不得因当事人陈述和申辩而加重处罚。

（五）制作处罚决定书。依法应当给予行政处罚的，税务执法人员应当场填写《税务行政处罚决定书（简易）》。

（六）送达。《税务行政处罚决定书（简易）》应当场交付当事人，并由当事人在送达回证上记明日期，签名或者盖章。当事人拒绝签收的，税务执法人员可依法采取其他送达方式送达。

（七）备案。在当场处罚决定做出后2日内，税务执法人员应将当事人违法行为证据、《税务行政处罚决定书（简易）》等相关材料，报所属税务机关备案，并填写《税务行政处罚简易程序登记表》备查。

第七条 当场处罚决定做出后，当事人应自收到税务行政处罚决定书之日起15日内，到指定的银行缴纳罚款。

有下列情形之一的，税务执法人员可以当场收缴罚款：

（一）依法给予二十元以下罚款的；

（二）不当场收缴事后难以执行的；

（三）在边远、水上、交通不便地区，当事人向指定银行缴纳罚款确有困难，经当事人提出当场缴纳的。

第八条 税务执法人员当场收缴的罚款，应当自收缴罚款之日起2日内，交至所属税务机关；在水上当场收缴的罚款，应当自抵岸之日起2日内交至所属税务机关；税务机关应当于2日内将罚款解缴入库。

第九条 税务执法人员收缴罚款，必须依法向当事人出具符合规定的罚款票据；不按规定出具的，当事人有权拒绝缴纳罚款。

第十条 当事人对当场处罚决定不服的，可以依法申请行政复议，也可以依法向人民法院起诉。

当事人对当场处罚决定逾期不申请复议也不向人民法院起诉、又不履行的，作出处罚决定的税务机关可以采取以下措施：

（一）到期不缴纳罚欺的，每日按罚款数额的百分之三加处罚款；

（二）依法采取《中华人民共和国税收征收管理法》第四十条规定的强制执行措施，或者申请人民法院强制执行。

第十一条 适用简易程序的案件，税务执法人员应当按照一案一档的原则，做好有关案件材料的整理归档工作。案卷材料包括违法行为证据、税务行政处罚决定书等材料。

第十二条 简易程序法律文书按照国家税务总局和自治区地方税务局规定的统一格式，由各单位自行印制使用。

第十三条 本规则所称“2日”是指工作日，不含节假日。

第十四条 本规则自2008年9月1日起施行。

附件

税务行政处罚简易程序登记表

序号	当事人名称	处罚地点	处罚时间	处罚事由	处罚依据	罚款金额	是否当场收缴	是否陈述申辩

自治区地方税务局转发关于开展贯彻落实“两办规定”制止党政干部公款出国(境)旅游专项工作的通知

2008年8月8日　　桂地税发〔2008〕126号

各市地方税务局，局内各单位：

现将自治区纪委等八部门《转发关于开展贯彻落实“两办规定”制止党政干部公款出国(境)旅游专项工作的通知》(桂纪发〔2008〕11号)转发你们，请认真贯彻执行。各市地税局要按规定要求，对贯彻落实制止党政干部公款出国(境)旅游专项工作进行全面总结，并于2009年5月10日前将总结材料报自治区地税局监察室，以便汇总上报上级有关部门。

转发关于开展贯彻落实“两办规定”制止党政干部公款出国(境)旅游专项工作的通知

2008年6月30日　　桂纪发〔2008〕11号

各市、县纪委、组织部、监察局、财政局、审计局、人事局，各市外事办公室、引进国外智力办公室，自治区党委和政府各部委办厅局纪检监察机构、组织人事部门，各人民团体组织人事部门：

现将中央纪委、中央组织部、中央对外联络部、中央外事工作领导小组办公室、外交部、监察部、财政部、审计署、国家预防腐败局、国家外国专家局《关于开展贯彻落实“两办规定”制止党政干部公款出国(境)旅游专项工作的通知》(中纪发〔2008〕10号)转发给你们，请结合实际认真贯彻落实。

一、要把制止党政干部公款出国(境)旅游作为全面贯彻落实党中央、国务院关于抗灾救灾决策部署的重要内容，切实抓紧抓好。四川汶川大地震后，党中央、国务院主要领导多次作出重要指示，要求各地各部门厉行节约，大力支持灾区的抗灾救灾工作。自治区党委、自治区人民政府近日也下发了《关于厉行节约全力支援灾区抗灾救灾的通知》(桂发〔2008〕13号)，明确要“大力压缩出国组团。严格公务出国(境)报批程序，控制出访人数、时间和经费”。各地各部门要认真贯彻落实中央和自治区的决策部署，从加强党的执政能力建设、建设节约型政府、推进党风廉政建设的高度，充分认识执行中纪发〔2008〕10号文件的重要性、必要性和紧迫性，切实加强领导，扎实开展工作，务求取得实效。

二、成立工作机构，加大宣传力度。具有因公出国(境)任务审批权的自治区商务厅、科技厅和南宁、柳州、桂林、梧州、北海、玉林、钦州、防城港8市人民政府，以及东兴、凭祥2市人民政

府，要及时成立贯彻落实“两办规定”和中纪委通知精神专项工作机构，制定工作方案，并于2008年7月10日前报自治区贯彻落实“两办规定”制止党政干部公款出国（境）旅游专项工作联席会议办公室（以下简称“专项办”）。其他地方和部门也要指定一名领导和相关工作人员专门负责此项工作，切实抓好贯彻落实。各地各部门要组织广大干部（包括离退休干部）认真学习中纪发〔2008〕10号文件精神，通过各种有效形式大力宣传相关政策规定，为开展专项工作营造良好氛围。

三、加强监督检查，搞好汇报总结。各级领导干部要带头遵守有关规定，不得以任何方式干扰因公出国（境）审核审批和经费审核等工作。各级组织部门要将党政干部遵守和执行因公出国（境）有关规定情况，纳入干部考核内容。各级审计机关要加强对因公出国（境）预算资金使用情况的审计监督，促进因公出国（境）预算管理和预算执行的规范化。各级纪检监察机关要加大对党政干部出国（境）任务审批、经费来源等情况的监督检查力度，鼓励知情人检举揭发公款出国（境）旅游行为，坚决查处违纪违法案件，对典型案例予以曝光。各地各部门要注意总结开展专项工作的好经验好做法，并及时报告自治区“专项办”。2009年5月底前，各地各部门对专项工作进行全面总结，并将总结材料报自治区“专项办”。

附件1：自治区贯彻落实“两办规定”和中央纪委通知精神制止党政干部公款出国（境）旅游专项工作联席会议成员名单

附件2：自治区贯彻落实“两办规定”和中央纪委通知精神制止党政干部公款出国（境）旅游专项工作联席会议办公室成员名单

关于开展贯彻落实“两办规定”制止党政干部公款出国（境）旅游专项工作的通知

2008年6月30日　　中纪发〔2008〕10号

各省、自治区、直辖市纪委、党委组织部、监察厅（局）、财政厅（局）、审计厅（局）、外事办公室、外国专家局（引智办），中央和国家机关各部委纪检监察机构、组织人事部门、外事（国际合作、引智工作）部门，各人民团体组织人事部门、外事部门：

为贯彻落实中共中央办公厅、国务院办公厅《关于进一步加强因公出国（境）管理的若干规定》（中办发〔2008〕9号，以下简称“两办规定”），按照中央纪委《关于中央和国家机关贯彻落实2008年反腐倡廉工作任务的分工意见》要求，中央纪委、中央组织部、中央对外联络部、中央外事工作领导小组办公室、外交部、监察部、财政部、审计署、国家预防腐败局、国家外国专家局研究决定，在全国开展为期一年的贯彻落实“两办规定”制止党政干部公款出国（境）旅游专项工作。现将有关事项通知如下。

一、开展贯彻落实“两办规定”制止党政干部公款出国（境）旅游专项工作的重大意义

近年来，随着改革开放的深入发展，对外交流日益增多，因公出国（境）工作在配合国家总体外交和促进经济社会发展方面发挥了重要作用，总体情况是好的，但也出现了一些不容忽视的问题。一些党政干部把因公出国（境）当做福利待遇，巧立名目变相公款出国（境）旅游；因公出国（境）团组和人员数量增长过快，且集中于少数热点国家和地区；部分出国（境）考察和培训名不副实，或缺乏实质内容；一些党政机关因公出国（境）团组由企事业单位出资或补助，有的向下属机构、企事业单位和地方摊派，有的挤占、挪用其他公共资金。公款出国（境）旅游严重浪费国家资财，损害党和政府形象，国内外对此反映强烈。

党中央、国务院对制止公款出国（境）旅游问题高度重视。胡锦涛总书记、温家宝总理先后作出重要批示，要求有关部门采取措施坚决制止。第十七届中央纪委第二次全会已将制止公款出国（境）旅游列入2008年重点工作。各地区各部门要充分认识坚决制止党政干部公款出国（境）旅游对于规范行政行为，建设节约型政府，推进党风廉政建设的重要意义，扎实开展专项工作，务求取得明显成效。

二、工作重点及任务分工

各地区各部门要按照“两办规定”和本通知的要求，突出工作重点，狠抓任务落实，坚决制止公

款出国（境）旅游行为。

（一）规范因公出国（境）计划和任务审批，加强对团组国（境）外活动情况的监管。有外事审批权的部门要严格执行“两办规定”中明确的审批原则。对于在“两办规定”施行前已审批的因公出国（境）计划，要按照“两办规定”重新审核。从严控制计划外团组的审批，对计划外出国（境）任务申请，要严格审查其出访事由、内容、必要性和日程安排。加强对跨地区跨部门（双跨）团组的管理，严禁批准无实质内容的一般性考察和营利性双跨团组。各地区各部门要依据“两办规定”精神，抓紧建立健全厅局级及以下干部因公出国（境）任务审批管理制度。

各地区各部门要按照“两办规定”上报2008年度省部级干部因公出国（境）计划，报备厅局级及以下干部因公出国（境）计划总量。对因公出国（境）计划要实施量化管理，切实压缩因公出国（境）规模和前往热点国家（地区）团组数量。各地区各部门要根据“两办规定”精神，在制定的厅局级及以下干部因公出国（境）审批管理制度中明确量化标准。

外专、外事等有关部门要严格审批因公出国（境）培训计划和项目，完善因公出国（境）培训团组管理的有关规定，坚决杜绝以培训为名的公款出国（境）旅游行为。

要按照“两办规定”，建立因公出国（境）团组在外活动情况的核查机制。建立健全党政干部因公出国（境）团组向我驻外使领馆报到制度；建立我驻外使领馆向外交部报告出国（境）团组在外活动情况的机制。

（二）强化因公出国（境）经费约束，推行经费先行审核制度。各级财政部门要将因公出国（境）经费全部纳入预算管理，严格控制预算规模。经费审核部门对外事部门汇总的因公出国（境）年度计划和计划外出国（境）任务经费作先行审核，之后再由出国（境）任务审批部门对出国（境）任务逐案进行审核批准；出国（境）任务审批部门与经费审核部门间要建立任务审批和经费审核联动机制，及时沟通情况，堵塞漏洞。对于使用未被财政部门纳入专项预算经费的因公出国（境）申请，经费审核部门一律不得同意；凡未经经费审核部门审核并同意的因公出国（境）计划及计划外申请，任务审批部门一律不得批准。对于全部经费由外方资助的因公出国（境）申请，由业务主管部门和任务审批部门直接审核审批，严格把关。

（三）强化责任追究，严肃查办违纪违法案件。各级领导干部要以身作则、严格自律，带头遵守“两办规定”，不得以任何方式干扰因公出国（境）审核审批和经费审核工作。各级组织部门要将党政干部遵守和执行因公出国（境）有关规定情况纳入干部考核内容。各级审计机关要加强对因公出国（境）预算资金使用情况的审计监督，促进因公出国（境）经费预算管理和预算执行的规范化。各级纪检监察机关要加大对党政干部出国（境）任务审批、经费来源等情况的监督检查力度，鼓励知情人检举揭发公款出国（境）旅游行为，坚决查处违纪违法案件，对典型案例予以曝光。

要重点查处弄虚作假、不按规定报批，擅自延长在国（境）外停留时间，改变行程路线、变更日程安排的变相公款出国（境）旅游案件。严肃查处党政干部挪用其他公共资金出国（境），由企事业单位出资或补助，向下属机构、企事业单位和地方摊派出国（境）费用的案件。对违反规定的出国（境）团组负责人、任务审批和经费审核部门责任人，要依纪依法严肃处理。对公款出国（境）旅游问题严重的单位，要追究其负责人的领导责任。

三、开展专项工作的保障措施

贯彻落实“两办规定”制止党政干部公款出国（境）旅游专项工作政策性强，涉及面广。各地区各部门要精心组织，确保这项工作扎实有效地进行。

（一）加强领导，搞好组织协调。在专项工作期间，由中央纪委，外交部牵头，中央组织部，中央对外联络部、中央外办、监察部、财政部，审计署、国家预防腐败局和国家外国专家局为成员单位，建立贯彻落实“两办规定”制止党政干部公款出国（境）旅游专项工作部际联席会议机制。部际联席会议的职责，一是领导和协调制止党政干部公款出国（境）旅游专项工作；二是审议专项工作的相关文件和政策规定，对有关重大事项作出决定。部际联席会议办公室设在中央纪委监察部预防腐败室（国家预防腐败局办公室），其主要职责，一是根据联席会议决定对专项工作进行联系协调；二是开展调查研究，为联席会议决策提供参考信息；三是起草联席会议有关文件；四是围绕联席会议工作部署开展督促检查；五是收集、综合专项工作信息。各地区要结合实际，成立由纪检监察和外事部门牵头，组织、财政、审计和外专等部门参加的专项工作联席会议及其办事机构。各部门要明确专人负责这项工作。

（二）制订方案，抓好动员部署。各地区各部门要把专项工作作为近期领导干部廉洁自律的一项重要任务，在准确掌握本地区本部门因公出国（境）情况的基础上，有针对性地制订工作方案，明确工作重点和方法步骤，做好专项工作的动员部署。

（三）深入调研，做好信息综合。专项工作部际联席会议办公室和各地区各部门要积极开展调查研究，认真汇总因公出国（境）计划、审批，执行和经费使用等情况，对苗头性、倾向性问题进行认真研究，提出解决办法。全面收集综合专项工作信息，做好统计分析，及时向部际联席会议报告。

（四）开展督查，推动工作深入。要把监督检查贯穿于专项工作全过程，严肃查处督查中发现的违纪违法案件，确保取得实实在在的效果。各地区各部门要认真落实本通知要求，加强对本地区本部门出国（境）任务审批、经费先行审核和查办违纪违法案件情况的监督检查。专项工作部际联席会议及其办公室将适时组织“两办规定”执行情况的专项检查。

四、时间安排

2008年5月至6月，各地区各部门制定专项工作方案，进行动员部署。工作方案要于5月30日前报部际联席会议办公室，6月30日前，各地区各部门将厅局级及以下干部因公出国（境）管理规定上报中央外办、外交部，同时抄报中央纪委。

7月至11月，专项工作部际联席会议办公室和各地区各部门开展调查研究和督促检查，全面推动专项工作。

12月，各地区各部门进行阶段性总结，针对发现的问题提出解决的建议。专项工作部际联席会议分别召开部分地区和部门座谈会，听取专项工作阶段性情况汇报，研究部署下一步工作。

2009年1月至3月，各地区各部门根据专项工作取得的经验、成效，对现行因公出国（境）管理规章制度进行评估，研究制定从源头上解决公款出国（境）旅游问题的综合防治措施，进一步建立健全因公出国（境）管理的规章制度。

4月至6月，各地区各部门对专项工作进行全面总结。专项工作部际联席会议办公室对全国开展专项工作的情况，特别是案件查处和调研检查情况进行汇总分析；专项工作部际联席会议召开总结汇报会，形成专项工作总结报告。

专项工作结束后，相关任务由“两办规定”明确的治理公款出国（境）旅游工作小组负责。

附件1

自治区贯彻落实“两办规定”和中央纪委通知精神制止党政干部公款出国（境）旅游专项工作联席会议成员名单

召集人：邓金玉　自治区纪委常委

朱树华　自治区外办党组成员、纪检组组长

成　员：莫达流　自治区党委组织部部务委员

席鸿康　自治区财政厅副厅长

何小聪　自治区审计厅副厅长

韦刚强　自治区人事厅副厅长、自治区外国专家局局长

附件2

自治区贯彻落实“两办规定”和中央纪委通知精神制止党政干部公款出国（境）旅游专项工作联席会议办公室成员名单

主　任：刘元展　自治区纪委党风室副主任

副主任：黄　涛　自治区外办外事管理处副处长

成　员：韦可飞　自治区党委组织部干部一处处长
　　　　霍子林　自治区财政厅行政政法处副处长
　　　　刘一原　自治区审计厅行政事业审计处处长
　　　　孙泽红　自治区外国专家局常务副局长
联系人及电话：黄　涛　0771－5641831
　　　　　　　王里平　0771－5568527
传　真：0771－5568527
电子邮箱：gxqjwdfs@163.com

自治区地方税务局关于印发《税务行政处罚听证规则》的通知

2008年8月19日　　桂地税发〔2008〕128号

各市、县（市、区）地方税务局，各市地方税务局直属机构，局内各单位：

现将《税务行政处罚听证规则》印发给你们，请认真贯彻执行。执行中有什么问题，请及时报告自治区地税局法规处。

附件：税务行政处罚听证文书样式（略）

税务行政处罚听证规则

第一章　总　则

第一条　为规范税务行政处罚听证程序的实施，保护公民、法人和其他组织的合法权益，根据《中华人民共和国行政处罚法》、《中华人民共和国税收征收管理法》及其实施细则和国家税务总局《税务行政处罚听证程序实施办法（试行）》等有关规定，制定本规则。

第二条　广西各级地方税务机关（以下简称税务机关）组织实施的税务行政处罚听证，适用本规则。

第三条　本规则所称听证，是指税务机关拟对公民处以二千元以上（含本数）罚款，或者对法人或其他组织处以一万元以上（含本数）罚款的税务行政处罚决定之前，依法听取当事人的陈述、申辩和质证的程序。

第四条　税务机关举行听证，应当遵循合法、公正、公开、及时、便民和回避的原则。

第二章　听证参与人

第五条　听证参与人包括听证机关、听证主持人、记录员以及本案调查人员、当事人及其代理人、第三人、证人、鉴定人等。

第六条　拟作出适用听证程序的税务行政处罚的税务机关为听证机关，负责组织听证。

税务机关不得委托其他机关或者组织举行听证。

第七条　听证主持人由税务机关负责人指定，原则上由本机关法制、税政、征管、审理等部门的非本案调查人员担任。

听证主持人一般由1人担任。重大复杂的案件，税务机关负责人可指定2～3名主持人共同主

持听证，并确定其中1人为主要主持人。

听证主持人依法行使职权，不受任何组织和个人的干涉。

第八条 听证主持人具体办理听证事项，履行下列职责：

（一）决定举行听证的时间和地点；

（二）通知当事人及其代理人、本案调查人员等听证参与人参加听证；

（三）主持听证，并就案件的事实、证据、依据进行询问、发问；要求听证双方当事人举证和质证；

（四）维护听证秩序，对违反听证秩序的人员进行警告或处理；

（五）决定延期、中止、终止听证；

（六）审阅听证笔录，并就案件的处理提出意见和建议。

第九条 听证主持人与本案调查人员或当事人有下列情形之一的，应当自行回避：

（一）夫妻关系；

（二）直系血亲关系；

（三）三代以内旁系血亲关系；

（四）近姻亲关系；

（五）可能影响公正听证的其他利害关系。

第十条 当事人认为听证主持人有本规则第九条情形之一的，有权申请回避。回避申请，应当在举行听证的3日前向税务机关提出，并说明理由。

听证主持人的回避，由税务机关负责人决定。对驳回申请回避的决定，当事人可以申请复核一次。税务机关应当在3日内作出复核决定，并送达当事人。

第十一条 听证会设记录员1名，由税务机关负责人指定非本案调查人员担任，负责听证的准备、听证笔录的制作和相关事务。

第十二条 当事人可以亲自参加听证，也可以委托1至2人代为听证。

律师、社会团体、当事人的近亲属或者所在单位推荐的人，以及经税务机关许可的其他公民，可以受委托为听证代理人。

听证代理人代为听证，必须向组织听证的税务机关提交委托人签名或者盖章的授权委托书。授权委托书应当载明委托事项、委托权限和期限。

当事人及其代理律师有权查阅税务机关查处违法案件的证据材料。其他听证代理人经税务机关批准，可以查阅案件证据材料。

第十三条 当事人及其代理人应当按照税务机关的通知要求参加听证，无正当理由不参加的，视为放弃听证权利。

本案调查人员有前款规定情形的，不影响听证的进行。

第十四条 与听证案件有利害关系的其他公民、法人或其他组织，可以作为第三人参加听证。

第十五条 根据案情需要，税务机关可以通知与听证案件有关的证人、鉴定人等到场参加听证。

第三章 听证的告知、申请与受理

第十六条 税务机关对适用听证程序的税务行政处罚案件在作出行政处罚决定之前，应当向当事人送达《税务行政处罚事项告知书》，告知当事人已经查明的违法事实、证据、行政处罚的法律依据和拟给予的行政处罚，并告知当事人有要求举行听证的权利。

第十七条 当事人要求听证的，应当在《税务行政处罚事项告知书》送达后3日内向税务机关书面提出听证申请。逾期不提出的，视为放弃听证权利。

当事人由于不可抗力或者其他特殊情况而耽误提出听证期限的，在障碍消除后5日内，可以申请延长期限。经审查属实的，税务机关应当准许。

第十八条 当事人的听证申请书中应当载明下列事项：

（一）当事人的基本情况，包括自然人的姓名、性别、年龄、身份证号码、工作单位、住所、邮政编码，法人或者其他组织的名称、住所、邮政编码和法定代表人或者主要负责人的姓名、职务；

（二）听证请求、申请听证的主要事实和理由；

（三）当事人的签名或者盖章；

（四）申请听证的日期。

第十九条 税务机关收到当事人的听证申请后，应当在5日内进行审查，决定是否受理。对不符合规定的听证申请，决定不予受理，并书面告知当事人。

税务机关收到听证申请书后未按前款规定期限审查并作出不予受理决定的，视为受理。

第二十条 对符合规定的听证申请，税务机关应自收到之日起15日内举行听证，并于举行听证的7日前确定听证主持人、记录员以及举行听证的时间、地点和方式，制作听证通知书并送达当事人。

第二十一条 听证应当公开举行。但涉及国家秘密、商业秘密、个人隐私的除外。

对公开举行的听证，税务机关应当在举行听证的3日前在税务网站，或者在税务机关的公告栏、办税服务厅以及其他公共场所允许张贴的地方，张贴听证公告。

第二十二条　当事人提出听证申请后，税务机关在未正式举行听证之前，发现自己拟作的行政处罚决定对事实认定有错误或者偏差，应当予以撤销或者变更，并告知当事人。

第二十三条　听证举行前，案件调查人员要认真查阅案件材料，收集和整理证据，拟好听证发言、质证和辩论提纲，做好听证的各项准备工作。

第四章　听证的举行

第二十四条　听证按下列程序进行：

（一）听证主持人出示并宣读《授权主持听证决定书》；核对当事人及其代理人、本案调查人员、证人及其他有关人员的身份，宣布案由；宣布听证会组成人员、记录员名单；说明不公开听证的理由；告知当事人有关听证的权利义务；征询当事人或者其代理人是否申请回避。

（二）记录员宣读以下听证纪律。

1. 听证参与人应当服从听证主持人的指挥，未经听证主持人允许不得发言、提问和辩论；

2. 未经听证主持人允许不得录音、录像和摄影；

3. 听证参与人未经主持人允许不得提前退席；

4. 旁听人员不得大声喧哗、鼓掌、哄闹或者进行其他妨碍听证秩序的活动；

5. 对违反听证纪律的，听证主持人有权予以制止，情节严重的，可以责令其退场。

（三）案件调查人员就当事人的违法行为予以指控，并出示证据材料、处罚依据，提出行政处罚建议。

（四）当事人及其代理人进行陈述和申辩。当事人及其代理人针对调查人员所指控的事实及相关问题进行陈述和反驳，提出自己未实施税务违法行为或者有情节轻微的事实意见；当事人当场提出证明自己主张的证据，听证主持人应当接收。

（五）第三人及其委托代理人进行陈述。

（六）质证。当事人、调查人员应当围绕证据的关联性、合法性和真实性，针对证据有无证明效力以及证明效力的大小，进行质证。经听证主持人准许，当事人及其代理人、调查人员可以就证据问题相互发问，也可以向证人、鉴定人或者勘验人发问。

（七）辩论。听证主持人对本案所及事实进行询问，保障控辩双方充分陈述事实、发表意见，并就各自出示的证据的合法性、真实性意见相关法律问题进行辩论。辩论先由本案调查人员发言，再由当事人及其代理人答辩，然后双方相互辩论。

（八）当事人最后陈述。辩论结束，听证主持人可以再就本案的事实、证据及有关问题向当事人及其代理人、本案调查人员征求意见。当事人及其代理人有最后陈述的权利。

（九）校对笔录。

第二十五条　听证的证据包括书证、物证、视听资料、证人证言、当事人陈述、鉴定结论、勘验笔录、现场笔录等。

证据应当在听证会上出示和质证。未经听证质证的证据，不能作为定案的依据。

涉及国家秘密、商业秘密和个人隐私的证据，提供人应当作出明确标注，并向听证主持人说明，经审查予以确认。

第二十六条　听证过程中，当事人及其代理人、本案调查人员、证人及其他人员违反听证秩序，听证主持人应当警告制止。对不听制止的，可以责令其退出听证会场。

第二十七条　听证过程中，有下列情形之一的，听证可以延期举行：

（一）当事人、调查人员有正当理由无法到场的；

（二）当事人及其代理人临时提出回避申请的；

（三）当事人及其代理人申请对有关证据进行重新核实，听证主持人准许的；

（四）其他需要延期听证的情形。

第二十八条　听证过程中，有下列情形之一的，可以中止听证：

（一）作为当事人的自然人死亡，其近亲属尚未确定是否参加听证的；

（二）作为当事人的法人或者其他组织终止，尚未确定权利义务承受人的；

（三）当事人因不可抗力或者其他特殊原因，不能参加听证的；

（四）听证主持人认为证据有疑问无法听证辩明，可能影响行政处罚的准确公正，需要调查人员对证据进行调查核实的；

（五）其他需要中止听证的情形。

第二十九条　延期、中止听证的情形消除后，应当及时恢复听证。

税务机关决定延期、中止、恢复听证的，应当告知当事人和案件调查人员。

第三十条 听证应当制作笔录。笔录应当交当事人及其代理人、调查人员等听证参与人审核无误后签名或者盖章。当事人拒绝签名或者盖章的，由记录员记明情况附卷。

听证参与人认为听证笔录有遗漏或者差错，要求补充或者改正的，应当准许。

第三十一条 听证结束后，听证主持人应当将听证情况和处理意见进行整理，连同有本人和记录员签名的听证笔录一并上报税务机关负责人审阅并依法作出决定。

第三十二条 听证过程中，有下列情形之一的，应当终止听证：

（一）当事人要求撤回听证申请，税务机关准予撤回的；

（二）作为当事人的自然人死亡，没有近亲属或者其近亲属放弃听证权利的；

（三）作为当事人的法人或者其他组织终止，其权利义务承受人放弃听证权利的；

（四）当事人及其代理人无正当理由，不按照税务机关的通知要求参加听证的；

（五）当事人及其代理人放弃申辩和质证权利，声明退出听证会，或者不经主持人许可擅自退出听证会的；

（六）当事人及其代理人严重违反听证秩序且不听制止，致使听证无法进行的；

（七）拟作出的税务行政处罚决定的内容发生变化，已经不属于听证程序适用范围的；

（八）其他需要终止听证的情形。

第三十三条 对应当进行听证的案件，税务机关不组织听证，或者违反听证程序的，行政处罚决定不能成立。当事人放弃听证权利或者被依法取消听证权利的除外。

第五章　附　则

第三十四条 税务机关应当保障听证经费，提供组织听证所必需的场地、设备以及其他便利条件，并不得向当事人收取费用。当事人因参加听证所发生的费用由其自行承担。

第三十五条 本规则所称“3日”、“5日”、“7日”的规定是指工作日，不含节假日。

第三十六条 听证文书按照国家税务总局和自治区地方税务局规定的统一格式，由各地自行印制使用。

第三十七条 本规则自2008年10月1日起施行。

计统类

自治区地方税务局转发国家税务总局关于下发2008年重点税源监控报表制度的通知

2008年1月9日　　桂地税发〔2008〕4号

各市、县（市、区）地方税务局，各市地方税务局直属机构，自治区地方税务局直属税务分局：

现将《国家税务总局关于下发2008年重点税源监控报表制度的通知》（国税函〔2007〕1273号）转发给你们。

2008年重点税源监控报表制度新增了重点企业集团报表内容，制度分为独立纳税重点税源报表制度和企业集团报表制度。结合我区重点税源监控工作实际，提出以下工作要求，请一并遵照执行。

一、2008年独立纳税重点税源企业报表制度

（一）监控标准。

2008年自治区地税局独立纳税重点税源企业的监控标准为：

1. 2007年实际缴纳地税收入（指自治区人民政府考核口径，地税总收入不含防洪保安费、文化事业建设费、地方教育费附加、工会经费、残疾人就业保障基金）30万元以上（含30万元）的企业（从事生产经营的非个体私营、非一次性税源企业）。

2. 预计2008年缴纳的营业税达到100万元以上，或者缴纳企业所得税达到500万元以上的企业。

3. 房地产开发企业除按上述标准监控外，对项目投资额超过5000万元的，各地方税务局均要及时纳入重点税源监控范围，实行从立项至清算的全过程监控，并自缴纳税款的月份开始，按规定表式和要求向自治区地税局上报。

凡符合上述条件之一的，有关资料要逐月完整上报。

（二）报表体系及指标设置。

2008年独立纳税重点税源企业报表共包括1张基本表、2张月报表和3张季报表，分别是《基本信息表》、《税收月报表》、《工业产品月报表》、《财务季报表》、《房地产企业季报表》和《调查问卷季报表》。各报表的指标设置和填报说明详见国家税务总局文件及附件。

（三）具体监控要求。

1. 2008年重点税源监控工作延续2007年的工作制度，继续按照自治区地税局“扁平化”管理的要求，由各重点税源税收管理员上报重点税源监控报表，按月上报月度和季度报表。

2. 各市地税局按照2008年自治区地税局3项监控标准，确定2008年自治区地税局重点税源监控企业名单，于2008年1月31日前按照名单表样确定2008年重点税源监控企业和管理员名单（名单表样见附件1），上报至“计统处FTP：//重点税源/重点税源任务参数/2008年任务”目录。

3. 2008年独立纳税重点税源监控报表软件任务在“计统处FTP：//重点税源/重点税源任务参数/2008年任务”目录下载。

4. 为保证采集信息的完整性，达到国家税务总局监控标准的企业，上报的各项税收信息均应包含国税局和地税局征收的所有税种情况。

5. 各地可以根据当地实际扩大监控范围。所有监控企业均要在《基本信息表》的“监控级次”中将不同监控级次标注清楚。

（四）数据采集。

独立纳税重点税源监控数据来源于企业在纳税

申报、财务核算以及生产经营过程中产生的原始信息，一般由企业通过电子方式或纸质载体向税务机关报送。为了减轻企业和基层税务机关负担，提高工作效率和数据质量，各级税务机关应积极采用电子方式采集数据。对广西地税信息系统中已有的数据，在确保数据口径、时期一致的前提下，税收管理员可以从系统中导出，不再要求企业填报。对上年同期数据也可以从相关系统中导出，但要通过适当方式请企业核对确认，对缺失的上年同期数据要予以补齐，确保数据的准确性和可比性。

（五）上报时间和地址。

2008 年独立纳税重点税源企业报表上报时间：报表所属期为 1、2、4、5、7、8、10、11 月份的，上报自治区地税局截止时间为次月 16 日前，只上报《税收月报表》和《工业产品月报表》；报表所属期为 3、6、9、12 月份的，上报截止时间为季后 20 日前，月报表和季报表同时报送。由于需要报送和审核各地 30 万元以上重点税源企业名单，1、2 月份自治区级重点税源企业数据于 3 月 16 日统一报送，但是在 1 月份属国家税务总局监控的重点税源企业数据要于 2 月 16 日前按时按质上报区局。《基本信息表》年初一次性填报，对部分年初没有数据的项目，可于数据取得的月份随同当期报表进行补报。以上报送截止时间逢节假日顺延。

2008 年独立纳税重点税源企业报表通过广西地税局内网报送，地址为“计统处 FTP：//重点税源/各地上报重点税源数据”目录，按地区按月份放入。

（六）关于 2008 年度独立纳税重点税源企业年报。

国家税务总局将对 2008 年 12 月独立纳税重点税源企业监控报表进行特别设置，企业在填报 12 月份报表时，仅需填当年和上年同期各项指标的年度累计数（或期末数），不需要再填报 12 月份当月数。各重点税源管理员在年初对企业布置重点税源监控报表时，要对填报 12 月份重点税源报表作出特别说明，并在报送 12 月份报表时对照地税信息系统进行认真核实。

二、2008 年重点企业集团报表制度

为详细了解企业集团生产经营及税源、税收情况，自 2008 年起由国家税务总局直接对部分重点企业集团开展监控。

（一）监控范围。

2008 年广西企业集团具体监控对象由国家税务总局确定如下：

详细名称	企业地址	联系电话（包括区号）	登记注册类型	营业收入（万元）	行业
广西建工集团有限责任公司	广西南宁兴宁区朝阳路 49 号	0771－2810325	国有独资公司	906382	房屋工程建筑
广西水利电力建设集团有限公司	广西南宁市高新区科园大道西二路 1 号	0771－5796500	国有独资公司	424654	水利和港口工程建筑
广西运德汽车运输集团有限公司	广西南宁市兴宁区友爱路 4 号	0771－2102228	其他有限责任公司	80557	公路旅客运输
广西恒大企业集团有限公司	广西南宁市秀厢大道 53 号北湖安居小区综合楼	0771－3931353	其他有限责任公司	13752	房地产开发经营
广西瑞通运输集团有限公司	广西柳州柳南区文笔路 3 号	0772－3831068	其他有限责任公司	67213	公路旅客运输
防城港务集团有限公司	广西防城港市港口区友谊大道 22 号	0770－2892141	国有独资公司	70671	货运港口

（二）报表体系及统计范围。

2008 年企业集团报表体系分 2 张报表，分别是《企业集团财务税收季报表》和《企业集团及成员企业（单位）税收年报表》。其中《企业集团财务税收季报表》主要反映企业集团整体的财务状况及主要税种的应缴、已缴情况，由企业集团汇总后按季填报；《企业集团及成员企业（单位）税收年报表》主要反映企业集团及各成员企业（单位）2007 年、2006 年各项税收的详细缴纳情况。

《企业集团及成员企业（单位）税收年报表》中，企业集团的统计范围要包括所有在境内开展生产经营的成员企业（单位）。成员企业（单位）中缴纳增值税低于 500 万元、缴纳营业税低于 100 万元的企业（单位）要并入集团统计范围计算报表，但不必单独上报。

（三）数据采集及上报方式。

企业集团监控数据将采用网上直报方式，由企业通过互联网直接将有关数据报送至国家税务总局。各级税务机关可登录税务总局网站下载本地企业集团有关数据进行审核和应用。网上直报具体事项将另行通知。

企业集团主管税务机关负责对企业集团进行相关的布置、辅导、协调工作，并负责数据的审核、催报、通知纠错等工作。企业集团负责对成员企业（单位）数据的审核、汇总以及辅导、催报等工作。

（四）上报时间。

《企业集团财务税收季报表》上报时间为季后30日内，《企业集团及成员企业（单位）税收年报表》的上报时间为2008年5月31日前。

三、其他要求

（一）加强培训。

各地要加强对重点税源管理员的业务知识，包括企业财务、重点税源数据应用、税收分析等方面的业务培训，千方百计采用各种方式，提高重点税源管理员整体综合素质。

（二）加强数据应用。

数据应用是监控工作的最终目的，在保证数据及时性、准确性的基础上，各级税务机关要切实加大重点税源监控数据的利用，对税源发生变动的重点户，结合今年税收计划管理工作，各级计会部门要加强与税种管理部门和征管部门的合作，强化对各税种的分析和预测，做好各税种税收计划工作。为促进重点税源监控数据的分析利用，重点税源监控工作执行分析材料定期上报制度：各市地税局按季度上报各地重点税源综合分析报告或应用重点税源数据开展分析的专题材料；各税收管理员按季报送重点税源分析报告，对于自己管理的重点税源户截至本季度税收收入增长超过30%和出现下降的，要结合企业的生产经营情况和市场变化情况，分析写出具体变动的原因。报送地址："计统处FTP：//重点税源/季度分析"目录。

附件1：2008年广西地税重点税源监控名单表样（略）

附件2：2008年独立纳税重点税源企业报表表式（略）

附件3：2008年独立纳税重点税源企业报表说明（略）

附件4：2008年重点企业集团报表表式（略）

附件5：2008年重点企业集团报表说明（略）

自治区地方税务局关于进一步加强税收计划管理工作的通知

2008年1月31日　　桂地税发〔2008〕17号

各市地方税务局、自治区地方税务局直属税务分局：

根据全区地方税务工作会议的要求，为了进一步提高税收计划的管理水平，充分发挥税收计划的职能作用，经研究，自治区地税局决定进一步加强税收计划管理工作，以促进组织收入工作的顺利开展。为此，自治区地税局提出如下具体工作要求，请各单位结合实际，认真贯彻落实。

一、提高思想认识，建立健全考核机制

税收计划管理作为税收管理的重要组成部分，对调动各级地税机关组织收入的积极性，促进征管水平的提高，确保完成财政收入任务发挥了非常重要的作用。各级地税机关要提高对税收计划管理工作重要性的认识，特别是计统部门和税种管理部门要形成税收计划考核工作的合力，负责做好本地区税收计划管理的各项工作，努力完成组织收入任务，并指导下级地税机关的计划管理工作。具体做法是，计统部门牵头做好税收计划的编制、分配落实、计划执行情况的分析检查和考核等工作；各税种管理部门要对本部门管理的税种开展税收分析预测工作，并将税种收入预测及执行情况的分析及时向计统部门反馈。

二、完善税收计划考核方式，注重征管质量的考核

历年来，我区税收计划考核指标主要从分地区

税收计划指标和分税种收入计划指标两项内容进行考核。分地区税收计划指标主要是对各征收单位的税收计划总量进行考核，自2003年以来，各征收单位税收计划采取由地方政府下达任务为主“自下而上”的分配方式，解决了多年以来税收任务“条块”不相衔接的问题。分税种收入计划主要是对各税种收入按照“两条线管理”的要求，在地税机关内部把各税种收入计划进行分配落实。从今年起，将进一步加强对各税种收入计划的管理，具体由各税种管理部门协助做好所管理税种收入的分析预测工作，并将税收分析预测的结果及时反馈计统部门作为税种计划考核依据。

要重视税收计划完成情况的考核，更要重视税收征管工作质量的考核。要通过努力把加强税收征管、严密税源监控作为税收工作的努力方向。当计划与实际税源有较大差距时，要及时掌握税源变化的主要原因，并向当地党委、政府和上级税务机关报告，争取理解支持。

三、做好经济税源调查，为科学编制税收计划工作服务

经济税源调查是税务机关对税源、税收变化情况所作的专业性调查，是税收计划管理的一项基础性工作。各级地税机关计统部门和各税种管理部门要做好经济税源的调查分析工作，采用科学的调查方法，搜集、整理社会经济税源情况，了解经济税源的现状及其发展趋势，包括宏观税源情况和运用我区重点税源扁平化管理和报表集中编报等系统的微观税源情况，并对调查结果进行综合分析，为编制分配税收计划、检查计划执行情况、开展税收预测提供可靠的依据。

四、检查分析税收计划的执行情况

税收计划的检查分析是对税收计划执行状况和结果，结合国民经济运行情况，运用各种科学的分析手段和方法，进行比对、归纳和综合检查分析。为了保证计划的贯彻执行，首先要检查下达计划的落实情况，看是否全额下达、层层落实；其次是通过检查分析，及时了解计划的完成情况，及时发现薄弱环节，总结经验，以便采取措施、挖掘潜力，保证计划的实现。检查分析要形成制度，要按旬掌握进度，按月开展分析报告，重点是按季度开展税源、税种收入分析，不定期开展重点行业、重点企业的税收专题分析。要实现定量分析与定性分析相结合，既要分析客观原因，更要分析主观原因。要把税收分析的着眼点放在提高税收征管工作质量，同时加强内部各部门以及有关外单位的横向联系，实现税收分析资源共享，采集有利于税务部门编制税收计划所用的资料，为分析报告、编制税收计划提供数据来源，成为领导决策的依据。

五、坚持以年度计划管理为主、季度计划管理为辅的原则

税收计划管理以年度计划管理为主，各级地税机关以组织收入工作为中心，为完成全年地税收入任务采取各项积极有效的组织收入措施。季度计划管理的内容仍包括各征收单位税收计划和各税种税收计划两部分，提高税收均衡入库质量。自治区地税局按照积极、稳妥的原则，分配和下达2008年第一季度税收收入计划，请各单位尽快分配落实到基层征收单位，明确责任，采取措施，应收尽收，确保实现全区地方税收收入首季“开门红”。税收计划口径说明：一是“各项收入”包括税收收入、教育费附加、其他收入，不含防洪保安费、文化事业建设费、地方教育费附加、工会经费、残疾人就业保障基金。二是“税收收入”包括营业税、企业所得税、个人所得税、资源税、土地使用税、城市维护建设税、印花税、土地增值税、房产税、车船税、烟叶税、耕地占用税等。

自治区地方税务局关于耕地占用税有关会计统计核算问题的通知

2008年2月21日　桂地税发〔2008〕25号

各市、县（市、区）地方税务局，各市地方税务局直属机构，自治区地方税务局直属税务分局：

根据《自治区地税局　自治区财政厅转发自治区人民政府办公厅关于我区耕地占用税征管问题的通知》（桂地税发〔2008〕16号）有关规定，耕地占用税从2008年1月1日起由地税部门征收。为了做好征收耕地占用税的税收会计、税收统计核算工作，现将有关事项明确如下：

（一）耕地占用税在“广西地税信息系统”中的税种代码为“73”，预算科目为01180100；耕地占用税滞纳金、罚款收入预算科目为01182000；级次为县市级。税目代码由四位数组成，其中以“1”开头的表示“水田”类，以“2”开头的表示“旱地”类，如“1000”表示“水田（人均≤1亩）35元/平方米”，各地在实际工作中如需要增加税目，应按上述要求增加。

基本税目如下：

序号	税目代码	类　型	税额（元/平方米预征）
1	1000	水田（人均≤1亩）	35
2	1100	水田（1亩<人均≤2亩）	25
3	1200	水田（人均>2亩）	20
4	2000	旱地（人均≤1亩）	25
5	2100	旱地（1亩<人均≤2亩）	15
6	2200	旱地（人均>2亩）	10

（二）各级地税机关征收耕地占用税时，统一使用自治区地税局印制的税收票证。

自治区地方税务局转发关于2008年自治区层面统筹推进重大项目新开工实施方案的通知

2008年3月27日　　桂地税发〔2008〕42号

各市、县（市、区）地方税务局，各市地方税务局直属机构，自治区地方税务局直属税务分局、稽查局：

为继续加强对自治区层面统筹推进重大项目的税源监控，现将《广西壮族自治区人民政府办公厅关于转发自治区发展和改革委员会自治区重大项目建设推进领导小组办公室2008年自治区层面统筹推进重大项目新开工实施方案的通知》（桂政办发〔2008〕6号）转发给你们，并提出以下要求，请一并认真贯彻执行。

一、各征收单位要对照2008年自治区层面统筹推进的新开工重大项目进度目标责任表，结合2008年税源监控工作的要求，积极实施科学化、规范化和精细化管理，落实103个新开工项目的税源监控责任，对项目开工情况和工程进度进行跟踪，掌握各项目缴纳税收情况。

二、对2004年以来自治区层面统筹推进的重大项目，要按《自治区地方税务局转发关于2007年自治区层面统筹推进重大项目新开工实施方案的通知》（桂地税发〔2007〕124号）、《自治区地方税务局转发关于2006年自治区层面统筹推进重大项目新开工实施方案的通知》（桂地税发〔2006〕82号）、《自治区地方税务局转发关于2005年自治区层面统筹推进重大项目新开工实施方案的通知》（桂地税发〔2005〕160号）、《自治区地方税务局转发关于2004年自治区层面统筹推进重大项目新开工实施方案的通知》（桂地税发〔2004〕93号）的要求，继续做好税源监控管理工作。

三、各市地税局、自治区地税局直属税务分局要加强对此项工作的领导，把在辖区内的重大项目管理责任落实到具体的管理人员，通过《广西地税报表管理系统》收集上报2004～2008年度《广西重大投资项目税源监控表》。在《广西重大投资项目税源监控表》中，如果同一项目涉及两个税务部门管理的，涉及的税务管理部门要同时上报该项目情况，上报时间为每个季度季后20日内。

广西壮族自治区人民政府办公厅关于转发自治区发展和改革委员会自治区重大项目建设推进领导小组办公室2008年自治区层面统筹推进重大项目新开工实施方案的通知

2008年2月20日　　桂政办发〔2008〕6号

各市、县人民政府，自治区农垦局，区直各委、办、厅、局：

自治区发展和改革委员会、自治区重大项目建设推进领导小组办公室《2008年自治区层面统筹推进重大项目新开工实施方案》已经自治区人民政府同意，现转发给你们，请认真贯彻执行。各相关单位要增强紧迫感、责任感，尽快组织实施，确保完成全年项目开工任务。

2008年自治区层面统筹推进重大项目新开工实施方案

自治区发展和改革委员会

自治区重大项目建设推进领导小组办公室

（2008年2月10日）

2008年是全面贯彻党的十七大精神的第一年，是实施“十一五”规划承上启下的关键一年。为巩固近年来我区重大项目建设的良好态势，确保完成今年经济社会发展目标任务，2008年自治区将继续统筹推进一批重大项目新开工。自治区发改委、自治区重大项目建设推进领导小组办公室根据自治区十一届人大一次会议和全区经济工作会议精神，按照自治区重大项目选择机制的要求，从今年产业发展、基础设施、社会公益、节能减排生态环保等四类项目中筛选出一批符合国家产业政策和发展规划，符合国家规定的开工项目在项目审核、土地、环保、节能、技术、安全等方面的准入标准，有利于加快工业化和城镇化进程，关系发展全局，对经济社会发展有重大影响的项目，列为今年自治区层面统筹推进的开工重大项目，通过自治区统一部署，资源配置相对倾斜，落实责任，明确各方面工作，加强对项目的协调和服务，确保实现开工目标。

一、项目基本情况

2008年自治区层面统筹推进的重大项目分新开工项目和预备开工项目两类。已基本具备开工条件的作为新开工项目，确保年内实现开工；前期工作已达到一定深度，但尚未完全具备开工条件的作为预备开工项目，力争年内实现开工。

（一）新开工项目。

共103项，总投资1998亿元，年度投资178亿元。

按行业分：基础设施项目28项，总投资1169亿元，年度投资52.2亿元；产业项目54项，总投资719亿元，年度投资96.7亿元；社会公益项目7项，总投资15.8亿元，年度投资5.9亿元；节能减排生态环保项目14项，总投资93.4亿元，年度投资23.6亿元。火电项目待国家明确具体项目后，再按重大项目滚动机制适时补列。沿海基础设施项目列入沿海基础会战计划组织推进，本方案一般不再列入。

按市划分：区直项目27项，总投资1160亿元，年度投资58.3亿元；南宁市项目11项，总投资217亿元，年度投资21.7亿元；柳州市项目9项，总投资66亿元，年度投资8.2亿元；桂林市项目10项，总投资39.3亿元，年度投资9.6亿元；梧州市项目8项，总投资39.4亿元，年度投资4.7亿元；北海市项目5项，总投资222.4亿元，年度投资15.1亿元；钦州市项目3项，总投资20.4亿元，年度投资4.8亿元；防城港市项目1项，总投资3.7亿元，年度投资0.5亿元；玉林市项目5项，总投资16.6亿元，年度投资5.3亿元；贵港市项目5项，总投资23.4亿元，年度投资6.2亿元；贺州市项目1项，总投资5亿元，年度投资0.8亿元；百色市项目4项，总投资94.5亿元，年度投资24.1亿元；河池市项目3项，总投资4.2亿元，年度投资1.4亿元；来宾市项目4项，总投资65.4亿元，年度投资12.9亿元；崇左市项目3项，总投资9.4亿元，年度投资3.2亿元；广西农垦集团4项，总投资10.4亿元，年度投资1.6亿元。

（二）预备开工项目。

共40项，总投资701亿元，年度投资49.7亿元，年内工作重点是加快推进前期工作，争取年内开工。其中，基础设施项目9项，总投资350亿元，年度投资29.2亿元；产业项目20项，总投资315.7亿元，年度投资13.1亿元；社会公益项目6项，总投资18.8亿元，年度投资3.6亿元；节能减排生态环保项目5项，总投资16.8亿元，年度投资3.9亿元。

按市划分：区直项目13项，总投资285亿元，年度投资33.1亿元；南宁市项目7项，总投资131亿元，年度投资3.3亿元；柳州市项目3项，总投资24.4亿元，年度投资2.5亿元；桂林市项目4项，总投资45亿元，年度投资2.4亿元；梧州市项目3项，总投资120.8亿元，年度投资2.5亿元；钦州市项目2项，总投资17.4亿元，年度投资1.5亿元；防城港市项目1项，总投资0.48亿元，年度投资0.16亿元；贵港市项目1项，总投资3亿元，年度投资0.5亿元；河池市项目1项，总投资6亿元，年度投资1亿元；来宾市项目2项，总投资52亿元，年度投资1亿元；崇左市项目1项，总投资3.5亿元，年度投资0.8亿元；区农垦局项目2项，总投资12.7亿元，年度投资1亿元。

新开工项目和预备开工项目同属自治区重大项目，项目的开工组织形式、推进工作要求以及项目核准审批、土地指标安排等激励政策均一致。

二、项目开工的组织形式

区直项目由区直主管部门或项目所在地人民政府负责，市属项目由各市人民政府负责。事关全局的特别重大项目由自治区重大项目建设推进领导小组负责。

三、工作要求

（一）组织实施。

各地各部门要遵循自治区统筹推进新开工重大项目的工作机制，科学、有序、规范地组织好项目开工。要通过进一步加强组织领导，落实项目目标责任，加强项目推进的协调配合，做好项目开工前的各项行政许可和服务工作，帮助和督促项目业主落实建设资金，确保新开工项目年内全部实现开工，努力争取预备开工项目年内开工。涉及重大项目的特别重要事项，由自治区重大项目建设推进领导小组通过加强协调推动。

（二）加强宣传。

自治区各主要新闻媒体要设立专栏对项目开工建设进行宣传报道。各市级新闻媒体也要加强宣传。

（三）月报制度。

各市发改委、区直各相关部门要继续做好项目的报表工作，在每月结束后5个工作日内将新开工、预备开工项目的相关情况以报表形式报送自治区重大项目建设推进领导小组办公室（设在自治区发改委）。联系电话及传真：0771－2328851。电子邮件地址：mqf0729@sina.com。

附件1：自治区层面统筹推进重大项目新开工工作机制（略）

附件2：2008年自治区层面统筹推进新开工重大项目进度目标责任表（略）

附件3：2008年自治区层面统筹推进预备开工重大项目表（略）

自治区地方税务局关于做好2008年全区税收资料调查工作的通知

2008年4月8日　　桂地税发〔2008〕52号

各市地方税务局，自治区地方税务局直属税务分局：

根据《财政部　国家税务总局关于做好2008年全国税收调查工作的通知》（财税〔2008〕32号）和2008年全国税收资料调查工作会议精神，结合我区地税工作的实际情况，现将2008年全区地税系统税收资料调查工作部署如下：

一、总体要求

（一）调整业务职能，加强部门配合。

今年的税收资料调查工作统一由计统部门牵头，税种管理和征管部门配合。税收管理员完成调查企业的数据采集后，计统部门负责资料数据汇总，税种管理部门负责开展数据分析，由计统部门综合上报。各级计统部门要与税种管理部门合作，做好往年税收资料调查有关资料交接工作。

（二）确保数据质量，提高工作效率。

数据质量是税收调查的生命和关键所在，对此应有高度认识，并采取各种科学、有效的措施加以保证。基层税务机关要辅导纳税人按照有关要求完成调查表的填报工作，并采取切实有效的措施保证和提高调查数据质量。税收资料调查工作是一项综合性的工作，各业务部门要各司其职，采取各种有效措施提高调查数据的质量。为避免重复调查，各级地税机关注意接收同级国税机关列入调查范围的营业税纳税人的企业代码库，地税机关对国税机关列入调查企业代码库的企业不再调查。同时采取有效措施提高调查数据在税务系统内部的共享程度，使税收调查能够更好地服务于各项税收工作。

二、税收调查软件的使用

为保持调查数据的连续性，增强样本的代表性，并提高调查软件的数据收集和应用性能，更好地满足税务机关内部数据共享的要求，财政部和国家税务总局继续采用抽样调查和重点调查相结合的调查方式，并对调查表指标体系作了微调。同时，进一步修改完善了调查软件“全国税收调查系统”（NTSS）及“全国税收调查管理系统（企业录入版）”。修改后的调查软件“全国税收调查系统”（财政部下发2007-3-12）、2007年度税收调查任务参数和“全国税收调查管理系统（企业录入版）”请登录武汉新连线公司，网址www. sanlink. com. cn，在“下载中心”直接下载使用。

三、调查范围的确定

2007年度税收调查范围仍分重点调查与抽样调查两部分，其中抽样调查企业由财政部和国家税务总局根据税收综合征管系统中相关数据随机抽取确定，各单位要将列入名单的所有企业（包括个体工商户）进行调查（抽样调查企业名单请上自治区地税局ftp下载，路径为FTP：//151. 16. 16. 9/2007年度税收资料调查抽样企业名单，登录用户名及密码：jt _ user）。

重点调查企业由各单位按以下要求确定：

1. 重点调查范围应分别符合以下要求：

（1）调查企业户数不少于所辖营业税纳税人（不含个体工商户）总户数的5%；（2）调查企业2007年度营业税入库数占本地区营业税入库数的40%以上，计算时将本地国税机关调查的兼营营业税业务的增值税纳税人缴纳的营业税额包括在内；（3）所有以营业税业务为主的上市股份有限公司及其分公司和控股子公司及其他汇总会计报表的下属单位；（4）调查的金融保险企业、邮电通信企业实际缴纳营业税额占所辖这2个行业营业税入库数的60%以上；（5）调查的交通运输企业、建筑安装企业实际缴纳的营业税额占所辖这2个行业营业税入库数的30%以上；（6）调查的外商投资企业不少于50户，本地外商投资企业不足50户的，全部列入调查；（7）上一年实际调查的企业（可以不包括抽样调查企业）及各级地税机关确定的重点税源监控企业（关、停、并、转企业除外）；（8）主要的享受营业税优惠政策（包括减税、免税、先征后退）的企业；（9）2007年度新开业的营业纳税人，新企业超过50户的可以适当减少；（10）在本地注册登记的由地税机关监管的汇总计算缴纳企业所得税的企业。

2. 各单位在确定重点调查企业时，可以将本地具有代表性的重点营业税行业的全部企业纳入调查范围。在确定调查企业时应符合“填表说明”的有关要求，注意以独立缴纳增值税或营业税的企业为调查对象，避免重报和漏报。

四、调查指标体系的基本情况

全国税收调查指标体系包括反映调查企业属性的企业信息表、反映调查企业税收财务等数据的企业表和反映调查企业提供增值税应税货物、加工修理修配劳务或营业税应税劳务的货物劳务表。其中信息表有24项指标、企业表有258项指标、货物劳务表有34项指标。

为方便纳税人填报，减轻纳税人的负担，减少基层税务机关工作量，增强调查数据的分析和运用，对2007年度税收调查指标体系作适当调整。在信息表中，增设“加工贸易企业的分类代码”和“营业税优惠政策代码”；按照增值税免税、减税、先征后退、即征即退等优惠政策的内容细化了“增值税优惠政策代码”。在企业表中，增加重点税源监控企业、加工贸易企业的相关调查指标。

五、会审时间安排

各单位应于2008年5月31日以前完成税收调查数据的会审工作，做好参加2008年6月上旬召开的全区税收调查会审工作会议的准备。会审工作会议的时间、地点等事宜另行通知。

六、具体工作要求

（一）积极推广企业录入版。

有条件的地区应尽量推广使用“全国税收调查管理系统”（企业录入版），该软件与当前我区重点税源监控软件（TRAS）为同一家开发公司开发，功能大体一致，因此当前企业财务人员比较容易掌握使用。企业使用“企业录入版”录入数据，有利于数据审核，减少税务机关数据重复录入工作。

（二）严格按照填表说明的要求填报。

各级税务机关要以数据的真实、准确、完整为最高原则，要求企业和下级税务机关严格按照“填表说明”规定的填报口径、取数来源进行。填报的数据应最大限度地保持企业填报的原状，各级税务机关对于审核时发现的不符合填表说明的问题，只能通知企业进行修改，并加盖企业修正章，企业认为有特殊情况而不需要修改，应将有关情况进行说明，不得自行对数据进行修改，要保证录入的数据与企业填报的数据完全一致；对于审核发现的计算错误等情况，可以送交稽查部门进行稽核审计。

（三）正确认识审核公式的作用。

调查软件中审核公式的设置只能是一般情况下的判定标准。作为一种提示工具，判断其正误，主要是看它是否是企业的实际情况并按填表说明规定的口径和取数来源填写，对于满足上述要求而出现的审核提示信息，要尊重实际情况，不能擅自修改，必须以书面说明形式层层上报。纳入调查范围后被确认为无数据的企业，按照信息表填报要求，以EXCEL形式汇总上报，这类企业不再调查数据库中保留。

（四）明确税务机关的工作任务。

税务机关在调查工作中的任务主要是确定调查范围、宣传调查的必要性和合法性、解释填报口径、保证企业填报数据符合填报说明的要求、通知企业修改错误、力求录入数据与企业填报数据一致、安全按时上报数据及其说明，以及努力提高调查数据的应用水平。

（五）努力减少差错。

为了提高工作效率，减少录入误差，今年与任务一并下发的参数包括重点用于审核数据质量的测算表。各单位应采取积极措施，认真组织培训，保证基层熟练操作，确保录入、审核工作的质量，使差错消灭在调查企业和基层税务机关。各市单位要尽快将调查任务层层向下布置，给基层税务机关和调查企业多留时间，尽量将问题解决在基层，保证数据的真实、准确、完整。基层税务机关在安排税收调查时，应尽量将其与所得税汇算清缴等相关工作结合起来，采取各种行之有效的方式，以方便纳税人的填报，减轻纳税人的负担，提高工作效率和数据质量。

（六）各单位应重视汇总缴纳企业所得税纳税人资料的填报工作，加强对汇总缴纳企业所得税的企业集团与所属分支机构相关联的各项指标的审核。为避免数据重复统计，由企业集团统一核算的指标，其所属分支机构不必填列。

（七）认真完成工作总结和分析报告。

1. 各单位要对2008年的调查工作进行全面总结，总结中要对调查范围的落实情况进行说明，对其中抽样调查企业情况作专题说明（具体要求见附件），报告调查工作的开展情况，总结调查工作的经验和教训，提出改进税收调查工作的意见和建议。各单位应在2008年7月31日以前将工作总结以正式文件形式上报自治区地税局。

2. 在对2007年度税收调查进行总结的基础上，各单位还应结合全区数据进行分析，并完成分析报告。分析报告的题目及基本思路和分析提纲由各单位根据实际工作需要自行确定，2008年7月31日以前将分析报告通过FTP上报。（FTP：//151.16.16.9/2008年税收资料调查分析，登录用户名及密码：jt _ user）

调查工作结束后，自治区地税局将依据《自治区地方税务局税收资料调查工作考评办法》（桂地税发〔2001〕41号）、《财政部关于印发〈全国税收调查专项补助经费管理办法〉的通知》（财税〔2007〕106号）的有关规定，对各单位的调查工作进行考评通报，对调查工作中的先进单位和个人予以表彰及奖励。

附件：抽样调查企业情况说明提纲

附件

抽样调查企业情况说明提纲

一、抽样企业调查基本情况

（一）要求调查的户数，分行业结构。

（二）调查结果。

1. 实际调查的户数，其中，企业法人码和企业名称正确的户数；企业法人码或企业名称不正确的户数。

2. 没能调查的户数，其中，因关停并转等正常注销的户数，查无此户的户数。

二、抽样调查企业样本情况分析

（一）抽样调查企业样本库分地区、分行业重点纳税指标和财务指标在全市总量中的比重、代表性分析，找出特点。

（二）抽样调查样本库分析误差情况、存在的原因。

三、对抽样调查工作的具体建议

四、查无此户的抽样调查企业名单（企业代码和名称）

自治区地方税务局关于修订2008年税收会计统计报表制度的通知

2008年4月18日　　桂地税发〔2008〕62号

各市地方税务局，自治区地方税务局直属税务分局：

根据国家税务总局《关于修订2008年税收会计统计报表制度的通知》（国税函〔2008〕221号）及《自治区财政厅 国家税务局 地方税务局 人民银行南宁中心支行〈关于跨省（市）总分机构企业所得税分配及预算管理问题的补充通知〉（桂财预〔2008〕46号）》的要求，结合广西地税系统的实际情况，自治区地税局对2008年《入库税金明细月报表》的报表项目及口径进行了修订。现将有关事项通知如下：

一、报表项目及口径

（一）在《入库税金明细月报表》“4. 企业所得税”项目的“其中：中央固定收入”项目下，依次增设“（1）一般企业所得税”、“（2）跨省分支机构预缴所得税”、“（3）跨省总机构预缴所得税”、“（4）跨省总机构汇算清缴所得税”、“（5）企业所得税待分配收入”五个项目（详见附件）。

1. 一般企业所得税：反映除中央和地方共享收入范围的跨省市总分机构企业外，其他所有企业缴纳的企业所得税以及全部企业所得税滞纳金、罚

款收入（含跨省市总分机构企业缴纳的企业所得税滞纳金、罚款收入），“中央 60%、自治区 10%、地方 30%”。

2. 跨省分支机构预缴所得税：反映按《跨省市总分机构企业所得税分配及预算管理暂行办法》（以下简称《暂行办法》）规定，由国有、股份制、港澳台和外商投资企业分支机构，以及其他企业分支机构预缴的企业所得税，即“中央 60%、自治区 10%、地方 30%”。

3. 跨省总机构预缴所得税：反映按《暂行办法》规定，由国有、股份制、港澳台和外商投资企业以及其他企业总机构预缴的企业所得税。根据跨省市总分机构企业所得税预缴办法的规定，本项目“中央”栏，只反映总机构就地预缴、国库收到税款后列入《政府收支分类科目》“1010441”项的中央 60%企业所得税收入；“地方”栏，反映总机构就地预缴、国库收到税款后列入《政府收支分类科目》“1010441”项的地方 20%企业所得税收入。总机构预缴的中央 20%（待分配）收入反映在“企业所得税待分配收入”项目，即“中央 60%，中央 20%（待分配）、自治区 5%、地方 15%”。

4. 跨省总机构汇算清缴所得税：反映按《暂行办法》规定，汇算清缴时由国有、股份制、港澳台和外商投资企业以及其他企业总机构补缴的企业所得税和按规定办理的多缴税款退税。根据跨省市总分机构企业所得税汇算清缴办法的规定，本项目“中央”栏，反映总机构汇算清缴时补缴、国库收到税款后列入《政府收支分类科目》“1010442”项的中央 60%企业所得税收入，以及国库按多缴退库税款的 60%列入《政府收支分类科目》“1010442”项的中央企业所得税收入。补缴或多缴退库的中央 40%（待分配）企业所得税收入反映在“企业所得税待分配收入”项目，即“中央 60%，中央 40%（待分配）”。

5. 企业所得税待分配收入：反映按《暂行办法》规定，由国有、股份制、港澳台和外商投资企业以及其他企业缴纳的列入“企业所得税待分配收入”科目的企业所得税。根据跨省市总分机构企业预缴和汇算清缴办法的规定，本项目“中央”栏，反映国库收到税款后列入《政府收支分类科目》“1010443”项的总机构预缴中央 20%收入、汇算清缴补缴税款中央 40%收入和汇算清缴多缴退库中央 40%收入。

（二）在《入库税金明细月报表》上述新增设的“（1）一般企业所得税”、“（2）跨省分支机构预缴所得税”、“（3）跨省总机构预缴所得税”、“（4）跨省总机构汇算清缴所得税”、“（5）企业所得税待分配收入”项目下，分别增设“内资企业”、“外资企业”两项目（详见附件）。

内资企业：反映对国有企业、集体企业、股份合作企业、联营企业、股份公司、私营企业等内资企业征收的企业所得税。外资企业：反映对港澳台商投资企业（含港澳台投资股份有限公司）、外商投资企业（含外商投资股份有限公司）征收的企业所得税。

（三）删除原报表“4. 企业所得税”项目下单独设置的“内资企业”和“外资企业”两项目。

二、编报时间

修订后的 2008 年《入库税金明细月报表》，从 2008 年 5 月编报 4 月份税收会统报表起执行。具体编报时间仍为后 5 日。

三、计算机报表任务和上报方式

修订后的计算机报表任务通过自治区地税局 FTP 方式下发各单位，《入库税金明细月报表》报表格式、取数定义、修改说明、审核公式等材料存放在“会统目录”，请各单位及时下载安装，确保各类报表能及时、准确编报。新报表任务生成的数据各单位继续使用 FTP 方式上报自治区地税局。

附件：入库税金明细月报表（略）

自治区地方税务局关于开展重点税源监控管理考核和评估工作的通知

2008年5月16日　　桂地税发〔2008〕80号

各市、县（市、区）地方税务局，各市地方税务局直属机构，自治区地方税务局直属税务分局：

2007年，我区地税系统将年缴纳地税收入30万元以上的4655户企业纳入重点税源监控范围。为全面反映重点税源监控管理的现状，查找存在的问题，为开展下一阶段的工作夯实基础，推进重点税源监控管理工作的全面提升，自治区地税局决定在全区地税系统开展重点税源监控管理考核和评估工作。现将有关事项通知如下：

一、考核和评估的对象

各市、县（市、区）地税局（含市地税局直属局，下同）。

二、考核和评估的内容

根据2007年全区重点税源监控管理工作要求和《广西壮族自治区重点税源监控管理办法（试行）》，决定从以下几方面对2008年5月底前全区地税系统重点税源监控管理工作开展情况进行考核和评估：

（一）考核内容。

1. 重点税源企业的监控范围；

2. 采集信息的完整性和真实性；

3. 上报的及时性；

4. 资料的保管。

（二）评估内容。

1. 组织领导工作；

2. 人员管理；

3. 市局地税机关工作职责；

4. 县（市、区）地税局工作职责；

5. 重点税源税收管理员工作职责；

6. 各业务部门工作职责；

7. 创新之处。

三、考核和评估的方法

（一）组织工作。

考核和评估工作由自治区地税局组织实施，自治区地税局计统处牵头具体负责此项工作。自治区地税局将在2008年6月中旬从局内各业务部门抽调相关人员组成考核和评估小组开展考核评估工作。

（二）考核和评估方法。

主要采取召开座谈会、听取工作汇报，实地抽查和稽核重点税源数据，调阅相关文件资料，发放调查问卷等方式进行。

（三）考核和评估程序。

考核和评估分为三个程序：（1）由各市、县（市、区）地税局根据考核和评估标准于2008年5月31日前进行自评，以市局为单位就开展重点税源监控管理工作以来遇到的难点、不足之处、采取的有关措施和建议提交书面报告，于2008年5月31日前上交自治区地税局计统处；（2）由考核和评估小组到各市、县（市、区）地税局进行考核和评估，按照考核内容和标准逐项计分，根据评估内容进行评估工作；（3）由考核和评估小组将考核和评估情况进行综合，主要就各市、县（市、区）地税局在开展重点税源监控管理工作的现状、存在问题、薄弱环节及创新之处进行综合后，再向自治区地税局提交考核和评估报告。

四、考核和评估的时间

2008年6月15～25日。

五、年度考核和评估工作结束后，自治区地税局将向全区地税系统通报考核和评估的结果

附件1：重点税源监控管理工作考核标准

附件2：重点税源监控管理工作评估标准

附件3：重点税源税收管理员管户情况调查表

附件 1

重点税源监控管理工作考核标准

单位：　　　　　　　　　　　　　　　　　　　　　　　　　时间：

序号	项目	分值	考核内容	考核方式及扣分标准	考核得分
1	监控范围	20	1. 重点税源企业的确认于每年年初进行，市局计统部门要将上年实现地税收入达到监控标准的企业下发给各征收单位的税收管理员调查核实，经市局计统部门审定后上报区局确定。	1. 实地考察，调阅有关文件资料，未按要求的扣 5 分。	
			2. 监控标准：（1）除非生产经营单位、一次性税源、个体工商户外，2007 年缴纳地税收入 30 万元以上（包含 30 万元）的企业；（2）预计 2008 年缴纳营业税达到 100 万元以上，或者缴纳企业所得税达到 500 万元以上的企业；（3）房地产开发企业除按上述标准监控外，对项目投资额超过 5000 万元的企业，要及时纳入重点税源监控范围。	2. 实地稽核。应纳入区局 2008 年重点税源监控而未纳入的，每户扣 0.3 分。本项分值为 15 分，扣完为止，不设负分。属特殊情况，要能说明原因。	
			3. 属于区局监控重点税源企业户数及所占比重、税收及所占比重。	调研项目	
			4. 当地市局扩大重点税源监控范围的标准、户数及税收所占比重。		
2	采集信息的完整性和真实性	60	1.《企业基本信息表》：年初一次性报送。其中，重要必填信息包括：国民经济行业类别代码、企业工商登记注册类型、财务核算方式和报表期、营业税缴纳方式、企业所得税缴纳方式（行政事业单位、缴纳个人所得税的单位不用选填外）、企业所得税国、地税征收隶属关系、地税信息代码、监控级次。重点税源税收管理员要对企业报送的信息与征管信息系统已有信息进行比对。	1. 随机抽查 20 户重点税源企业，每漏填一项重要必填信息扣 0.2 分。本项分值为 10 分，扣完为止，不设负分。	
			2.《税收信息月报表》：各项数据均应按报表期企业实际发生的数额填列。特别注意的是。表中本期“已缴税款”反映的是企业在本期实际缴纳入库的各项税款，税款所属期主要为上期的应缴税款；本期“应纳税款”反映的是企业在本期生产经营活动中所产生的应缴税款，该税款主要在下期申报入库。重点税源税收管理员要对企业报送的数据与征管信息系统已有数据进行稽核比对，特别要注意数量级错误。	2. 随机抽查 20 户重点税源企业，每填错一项指标扣 0.2 分。本项分值为 20 分，扣完为止，不设负分。	
			3.《工业产品月报表》：工业企业按月填报。	3. 随机抽查 10 户属于总局监控的重点税源企业，每漏填、填错一项指标扣 0.1 分。本项分值为 7.5 分，扣完为止，不设负分。	
			4.《财务信息表》：季报。所有监控企业严格如实按季度填报截至报告期累计数据。TRAS 中的财务指标必须采集完整，财务表和资产负债表本期和上年同期数都要填列。重点税源税收管理员要将 TARAS 中的财务数据与财务报表进行稽核比对，并刷新分析表检查数据是否异常，特别要注意数量级错误。	4. 随机抽查 10 户独立核算重点税源企业的财务报表，与 TARAS 中的财务数据进行比对，每漏填、填错一项指标扣 0.2 分。本项分值为 15 分，扣完为止，不设负分。	
			5.《房地产企业季报表》：季报。	5. 随机抽查 10 户重点税源房地产企业，每漏填、填错一项指标扣 0.1 分。本项分值为 7.5 分，扣完为止，不设负分。	

续表

序号	项目	分值	考核内容	考核方式及扣分标准	考核得分
3	上报的及时性	10	1. TRAS报表所属期为1、2、4、5、7、8、10、11月份时，上报总局监控企业数据时间为次月16日前；上报区局监控企业数据时间为次月20日前。	1. 区局计统处提供相关资料，未按规定时间上报重点税源数据的，每个管理员每迟报1天扣0.1分。本项分值为5分，扣完为止，不设负分。	
			2. TRAS报表所属期为3、6、9、12月份时，上报总局监控企业数据时间为次月20日前；上报区局监控企业数据时间为次月25日前。	2. 区局计统处提供相关资料，未按规定时间上报重点税源数据的，每个管理员每迟报1天扣0.1分。本项分值为5分，扣完为止，不设负分。	
4	资料的保管	10	1. 税收管理员要做好重点税源企业的档案管理，采集的电子信息资料要按月备份，纳入计统档案管理。	1. 随机抽查10个重点税源税收管理员的档案保管情况，未按照要求的每人扣1分。本项分值10分，扣完为止，不设负分。	
	合计	100			

附件2

重点税源监控管理工作评估标准

单位：　　　　　　　　　　　　　　　　　　　　　　　　时间：

序号	项目	评估内容	评估方式
1	组织领导工作	1. 各级地税机关应成立重点税源监控管理领导小组，负责对当地重点税源企业的监控管理工作进行指导和各职能部门之间的协调。	1. 实地考察，调阅有关文件资料。
		2. 各单位应明确一名局领导担任组长，计统部门牵头，税种管理部门、征管部门、稽查部门等业务部门负责人和相关工作人员作为小组成员。	2. 实地考察，调阅有关文件资料。
		3. 领导小组下设办公室，办公室设在计统部门，具体负责重点税源监控管理的日常工作。	3. 实地考察，调阅有关文件资料。
2	人员管理	1. 重点税源税收管理员每人管户不超过30户，并且原则上不再兼顾其他工作（除工青妇工作外）。	1. 召开座谈会，发放调查问卷。
		2. 当地税务机关要将税收管理员的重点税源监控管理工作纳入当地岗位责任制考核。	2. 实地考察，调阅有关文件资料。
		3. 重点税源税收管理员因工作需要调整，所在单位要做好重点税源企业的资料和软件使用的移交工作，并且由市局计统部门上报区局审核后确定。	3. 实地考察，调阅有关文件资料。
		4. 重点税源税收管理员要保持相对稳定，不能频繁变动。	4. 实地考察，区局计统处提供相关资料。

续表

序号	项目	评估内容	评估方式
3	市局地税机关工作职责	1. 根据全区重点税源管理办法制定本市重点税源管理实施办法。	1. 调阅有关文件资料。
		2. 负责税收管理员所在单位的目标考核工作。	2. 调阅有关文件资料。
		3. 对本市重点税源工作进行指导。	3. 实地考察，调阅有关文件资料。
		4. 负责本市税收管理员 TRAS 系统操作、应用指导、培训工作。	4. 实地考察，调阅有关文件资料。统计 2007 年 1 月至 2008 年 5 月，培训重点税源税收管理员 TRAS 操作知识的人次。
		5. 根据区局反馈的重点税源数据定期进行税源分析，掌握税收收入的发展趋势，为组织收入决策服务。	5. 调阅有关文件资料。
		6. 根据上级下发的行业税负标准和预警区间，及时对当地的重点税源户进行筛选，查寻税负异常企业，并将有关情况及时转交稽查部门。	6. 实地考察，调阅有关文件资料。区局计统处提供相关资料。
4	县（市、区）地税机关工作职责	1. 落实上级税务机关重点税源管理工作任务。	1. 实地考察，调阅有关文件资料。
		2. 对重点税源监控工作情况进行目标考核。	2. 实地考察，调阅有关文件资料。
		3. 定期做好当地重点税源监控企业税收收入、税源变化情况的分析，掌握税收收入的发展趋势，为组织收入决策服务。	3. 调阅有关文件资料。
		4. 负责对所管重点税源企业进行企业版 TRAS 的培训工作。	4. 实地考察，调阅有关资料。统计 2007 年 1 月至 2008 年 5 月，培训重点税源企业财务人员 TRAS 操作知识的人次。
		5. 督促税收管理员了解重点税源企业的情况，及时采取措施，加强征管。	5. 实地考察，调阅有关文件资料。
5	重点税源税收管理员工作职责	1. 负责重点税源企业信息的采集、整理、审核、汇总和上报工作。	1. 区局计统处提供相关资料。
		2. 对所管重点税源企业进行企业版 TRAS 的辅导、咨询工作。	2. 召开座谈会，发放调查问卷。
		3. 监控重点税源企业应交税金的核算和缴纳情况。	3. 召开座谈会。
		4. 企业报送的重点税源数据信息与征管系统中的数据不一致的，重点税源税收管理员要及时查找原因，并对错误的数据进行修正。	4. 召开座谈会。
		5. 定期深入重点税源企业进行实地调研，及时了解和掌握企业的生产经营和税源变化情况，对所属行业基本情况清楚。	5. 实地调研，召开座谈会。
		6. 对纳税人生产经营财务状况和资金运用情况清楚。	6. 实地调研，召开座谈会。
		7. 对纳税人的申报纳税、缓缴及欠税情况清楚。	7. 实地调研，召开座谈会。
		8. 对纳税人发票购买使用情况清楚。	8. 实地调研，召开座谈会。
		9. 对纳税人适用税收政策情况清楚。	9. 实地调研，召开座谈会。
		10. 定期测算监控重点税源企业的税负情况，并根据上级税务机关下发的行业税负标准和预警区间，及时对纳入本级监管的重点税源户进行筛选，查寻税负异常企业的有关情况。	10. 随机抽查 10 户重点税源房地产企业营业税税负情况。
		11. 重点税源税收管理员对本季税收收入增长超过 30% 和出现下降的重点税源企业，要求分析变动的具体原因，并将分析报告填写在 TRAS 系统相应企业的情况说明表中，随当期的重点税源企业数据一同上报；同时将分析情况报告所在单位的领导。	11. 随机抽查 20 户重点税源企业税收分析情况，区局计统处提供相关资料。

续表

序号	项目	评估内容	评估方式
6	各业务部门工作职责	1. 基层计统部门工作职责：（1）负责审核、整理、上报达到监控标准的重点税源企业名单；（2）负责分析和反馈区局下发的重点税源数据；（3）对照上级发布的行业税负标准和预警区间，对本级的重点税源户进行筛选，将税负异常企业转交稽查部门，对本级重点税源监控管理工作进行业务指导。	1. 实地考察，调阅有关文件资料。
		2. 各级税种管理部门工作职责：（1）负责提供相关税种政策法规的咨询和指导；（2）根据计统部门反馈的重点税源数据，开展税源分析，并将分析结果传递计统部门，同时上报上级税种管理部门。	2. 实地考察，调阅有关文件资料。
		3. 各级稽查部门工作职责：负责根据计统部门提供的重点税源分析，对税负异常企业进行稽查，将稽查结果及时反馈计统及有关税源管理部门。	3. 实地考察，调阅有关文件资料。
		4. 各级征管部门工作职责：（1）负责对税收管理员进行业务管理，规范工作行为；（2）对税收管理员进行业务指导和培训；（3）根据计统部门反馈的重点税源数据，开展税源征管质量的分析，针对薄弱环节，采取措施，强化征管。	4. 实地考察，调阅有关文件资料。
		5. 计算机管理部门工作职责：负责对采集重点税源数据的信息系统进行维护，提供技术支持和保障。	5. 实地考察。
7	创新之处	各市、县（市、区）地税机关开展重点税源监控管理工作中的创新思路、举措。	调研项目

附件3

重点税源税收管理员管户情况调查表

单位： 时间：

序号	管理员姓名	所属单位	所管理重点税源企业户数	兼管其他企业户数	监管的其他工作	对重点税源企业进行TRAS（企业版）培训、辅导、咨询的户数	目前本人的工作量是否太大，请简要说明原因

对重点税源监控管理工作的意见和建议：

自治区地方税务局关于印发广西地税系统重点税源数据审核工作程序管理办法（试行）的通知

2008年6月25日　　桂地税发〔2008〕111号

各市、县（市、区）地方税务局，各市地方税务局直属机构，自治区地方税务直属税务分局：

为了加强重点税源监控管理，进一步规范重点税收管理员和审核人员的数据审核工作，自治区地税局制定《广西地税系统重点税源数据审核工作程序管理办法（试行）》，现印发给你们，请贯彻执行。各地在培训和执行过程中遇到什么问题，请及时向自治区地税局报告。

广西地税系统重点税源数据审核工作程序管理办法（试行）

第一章　总则

第一条　为了规范各级重点税源税收管理员和数据汇总审核人员工作行为，提高重点税源数据质量，进一步加强重点税源监控工作，根据《广西重点税源监控管理办法（试行）》，特制定本办法。

第二条　本办法适用于重点税源税收管理员及各级税务机关汇总审核人员［汇总审核人员包括各市、县（市、区）地方税务局审核人员］。

第三条　重点税源税收管理员要对管理的重点税源企业数据负责，严格按照本办法进行数据审核后才能上报，确保数据信息的真实完整。

第四条　各级税务机关汇总审核人员可以参照本办法对重点税源企业数据信息进行审核检查。

第二章　重点税源税收管理员数据审核程序

第五条　控制同户检查。

重点税源税收管理员在进行数据审核前，首先要保证每月监控户数一致。要求每个重点税源税收管理员每个月报送的数据包中包含的企业户数和企业代码一定要相同，当月没有数据的企业，重点税源税收管理员也要向区局报送该户企业的空表（信息表要有资料）。检查同户率的方法：进入【收发/变更清单】功能，在“比较对象”下拉条选择需要进行比对的报表期，显示方式可以选择“全部”，也可以让系统只选出本期比上期增加或减少的报表户，点击“刷新”，便可出现增加或减少的户数、企业名称。操作页面还提供了将减少户插入到本期和删除本期增加户的功能，重点税源税收管理员核对清楚企业户数的前提下，可根据实际情况选择“将减少户插入到本期”、“删除本期减少户”这2个功能。

如果企业不同户是因为企业代码不同造成，重点税源税收管理员可以修改企业代码，保证同户。修改错误的企业代码方法：进入【工具/修改报表户代码】，若上级代码错误，在“上级代码”后面的框中修改；若企业代码错误，则在“单位代码”后面的框中修改正确，点击“确定”退出后，点击“计算”钮。

第六条　逻辑性审核。

保证企业同户后，重点税源税收管理员开展一般逻辑性审核。重点税源税收管理员在树型结构中选中所要审核的企业，点击工具栏上“审核”旁的倒三角按钮，选择“审核所有表”或“详细审核”，系统就会自动审核，并有未通过审核的提示和红色显示数据的表元。如果管理员汇总结点审核不通过，可以忽略。

第七条　基本信息表审核。

重点税源税收管理员要对重点税源监控月报表中每一张表进行详细审核，首先对基本信息表进行审核。

审核企业基本信息表是否填报完全。重点税源税收管理员每月要着重检查重点税源企业国民经济行业类别代码、企业工商登记注册类型代码、企业财务核算方式及报表期、营业税缴纳方式、企业所得税缴纳方式（行政事业单位、非营利性质社会团体、缴纳个人所得税的单位不用选填外）、企业所得税国、地税征收隶属关系、法定代表人、财务负责人、广西地税信息系统企业代码、监控级次等是否填报齐全。

审核方法一：可用示例查询进行全面检查。如查询广西地税信息系统企业代码是否有漏填的企业，重点税源税收管理员可以点击【分析】下的示例查询功能，进入示例查询界面，在广西地税信息系统企业代码栏中输入“”，然后回车，若查询出有漏填的情况，系统将在列表显示中以灰色字体显示漏填企业，若没有漏填的企业系统将提示“没有符合条件的报表户”。如果重点税源税收管理员在审核时发现企业在当年以前月份填报信息表时已填报完全信息，但在当前月份有漏填项目，可以在已填报齐全月份信息表中用鼠标左键将所有项目拖黑，击右键，选择“应用到其他报表期”，相关信息就会复制到其他报表期信息表中。此方法适用于审核信息表资料是否填完全的查询。

审核方法二：管理企业户数少的，可以逐户检查信息表每个必填表是否填全。

审核年报信息表，检查上一年年度实际缴纳的企业所得税与税收表中上年年度企业所得税不一致情况。以2007重点税源监控年报审核为例，如果想审核年报信息表中2006年度实际缴纳的企业所得税额与税收表中2006年年度企业所得税不一致情况，可以先用示例查询将所管的企业所得税国税、地税隶属关系中为地税的企业筛选出来，做成数据集，在数据集中新增过滤条件，进行查询。具体操作为：进入示例查询→单击[?]→单击[图标]，进入过滤条件管理器，点新增，在名称中输入2006年年度实际缴纳的企业所得税额等于税收表中企业所得税实际已缴的税额，在公式栏中输入“XXB→D28＝ROUND（B1→E68＋B1→E69＋B1→E71，0）”，点确定，公式自动保存在默认分组中，回到过滤条件管理器界面，在“2006年度实际缴纳的企业所得税额等于税收表中企业所得税实际缴纳”的方框打钩，并点确定，执行查询，便可查出2006年度实际缴纳的企业所得税额与税收表中2006年年度企业所得税不一致情况。以后年度审核也可参照此方法。

审核信息表中注意的问题：

1.“国民经济行业类别”。银行业的“国民经济行业类别”除中国人民银行是中央银行外，其余银行（包括信用社）都是商业银行。另外，国家开发银行、农业发展银行等国家政策性银行可以选其他银行。

2.企业名称必须填全称。如：工行、农行、邮政局、中国银行、中国建设银行等，都属于错误。

中国银行、中国建设银行、中国工商银行、中国交通银行已经成功上市，中国银行名称变更为“中国银行股份有限公司”，中国建设银行名称变更为“中国建设银行股份有限公司”，中国工商银行更名为“中国工商银行股份有限公司”，中国交通银行更名为“中国交通银行股份有限公司”。

3.企业主代码填报要求。企业主代码由企业所在地行政区划代码（前6位）加企业法人代码（后9至12位）组成。相同企业在不同地区成为重点税源的，可以依靠其在TRAS系统信息表中前6位行政区划代码的不同来区分。

4.填报企业所得税缴纳方式时一定要根据纳税人实际情况选填。属于“非独立核算不编制报表”的企业，财务表不用填报。

第八条 税收表审核。

审核前，重点税源税收管理员需注意税收表中口径问题：《税收月报表》的各项数据均应按报表期企业实际发生的数额填报。特别注意的是，表中“已缴税款”与“应缴税款”均为企业财务口径而不是税务征收口径，即本期已缴税款反映的是企业在本期实际上缴的各项税款，税款所属期主要是为上期的应缴税款；本期应缴税款主要反映企业本期生产经营活动所产生的应缴税款，该税款主要在下期申报缴库。

审核税收表中是否存在数量级错误。

重点税源税收管理员对数据质量进行审核完毕后，要仔细对各税种的数据填报进行审核，查找是否有数量级错误的情况。例如企业的已缴营业税是5600元，企业或重点税源税收管理员是否在填报时直接填报5600而不是填报0.56元．特别是针对小税种的检查，务必请重点税源税收管理员在审核数据时，一定要每行每项的对照企业申报表和广西地税信息系统中入库数据进行核实，杜绝出现数量级错误。

数量级错误审核方法如下。

审核方法一：管理员在汇总节点观察税收表、财务表各项汇总数据，是否有异常大的情况，或者与前期比较异常的数据。

审核方法二：使用“指标异常查询”功能。在需要查询的指标“表元属性”中预先设置该指标取值范围，在“分析”菜单下点击“指标异常查询”，选择需要查询的指标，就可查到超出设定的取值范围的企业。例如，将“本期已缴城市维护建设税”指标值设置在1000万元以下，即点击税收表D81表元“本期已缴城市维护建设税”，点击鼠标右键选择“表元属性”，在“取值范围”一栏编写“@<1000”。查询时，在【分析】菜单下，点击“指标异常查询”，选择“其他税收已缴城市维护建设税本期”指标，就在该栏可以查出大于1000万元的企业。编写多个表元后，指标异常查询功能下会自动保存多个表元的取值范围，以供日常使用，税收表、财务表、房地产表均可以定义取值范围。该功能用于检查数量级错误，适用熟悉了解被监控企业纳税规模的税收管理员和基层税务部门，操作人员可以根据对所管辖企业的了解，预先设定已缴税收指标的取数范围，每个月数据报齐全后，使用该功能一次性检查企业有否数量级错误。

数量级错误的修改方法：如果数据出现数量级错误，重点税源税收管理员可用鼠标左键将需要调整的行次拖红，点击右键，在弹出的菜单中选择“数量级调整”，系统默认“10000”，点击“确定”即可。若企业以千元为单位填报，将数量级调整为“1000”，依次类推。

审核税收表中的营业税指标。

1. 按月编制财务报表的企业按月填报，按季编制财务报表的企业应缴税收按季度发生数填入本月栏，已缴税收按实际上缴月份填入本月栏（此项适用于2008年重点税源监控月报表）。

2. 营业税已缴查补税额不能填报负数（以2008年重点税源监控月报表为例）。

审核方法一：可以用清单列表完成审核，按住CTRL用鼠标多选营业税E59行和G59行，点击鼠标右键，在弹出的菜单中选择“清单列表”，或者在【分析】菜单下选择“清单列表”。在“自动加上代码”、“自动加上名称”前打钩，再进入“高级设置”页面，选择排序指标栏，点击“省略号”选择排序指标，先按本年数排序，排序指标为升序，然后点“确定”回车，系统便列出营业税已缴查补税额按本年E59行排序的情况，从表中可检查出是否有填报负数的企业。

如果需要对上年指标也进行排序，在形成的清单列表中点击鼠标右键，选择“编辑清单列表”，再进入高级设置中删除原排序指标，选择以上年营业税已缴查补G59行为排序指标进行升序列表。

类似这样的清单列表可以更改标题后保存下来，作为以后每个月检查数据之用。点击报表管理，切换到任何基本表，系统会提示“是否保存清单列表”，选择“是”即可保留。

审核方法二：在税收表界面下进入【分析】下示例查询，在营业税指标中“已缴查补税额”本期栏中输入“<0”，然后回车，回车后，点击确定，在列表显示中灰色显示营业税已缴查补税额为负数的企业名单。

以后不同年度，如果已缴查补税额显示的行数与上述方法中的行数不符，审核时选择当年已缴查补税额显示的行数即可执行操作。

审核税收表中的企业所得税指标。

1. 重点税源税收管理员要注意检查企业在信息表中选填的“企业所得税缴纳方式”，如有选填“据实预缴的纳税人（10）”、“按上一纳税年度应纳税所得额的平均数预缴的纳税人（20）”和“按照税务机关确定的其他方法预缴的纳税人（40）”。根据企业所得税申报期情况选择按月或按季填报报告期发生的当期数据。按季申报的企业应缴税收按季度发生数填入本月栏，已缴税收按实际发生月份及金额填入本月栏。如有选填“适用于核定征收管理办法缴纳企业所得税的纳税人（30）”，根据企业所得税申报期情况选择按月或按季填报累计数，软件将本期数设置为不可填写状态（此项适用于2008年重点税源监控月报表，以后年度口径问题根据总局下发文件更新）。

2. 企业所得税指标中的利润总额（季度累计）要与财务季报表中的“利润总额”数据相等（房地产企业除外）（此项适用于2008年重点税源监控月报表，以后年度口径问题根据总局下发文件更新）。

3. 企业所得税已缴查补税额栏中的数字不能为负数，审核方式与审核营业税已缴查补税额相同。

审核税收表，查看企业已填报营业税时，是否填报城市维护建设税和教育费附加（外资企业除外）可以在过滤条件管理中设置公式进行筛选，操作方法：进入示例查询→单击“问号”→单击“执行图标”，进入过滤条件管理器，点新增，在名称中输入“有已缴营业税必有城建税、教育费附加”的标题，在公式中输入“AND（XXB→E4＜“200”，B1→E54＞0.01，OR（B1→E81＝0，B1→E106＝0））”，然后点确定，此公式会自动保存在默认分组中，审核人员如需查询，可点击此条件查询。

审核税收表中的代扣代缴证券交易印花税。

全部企业的代扣代缴证券交易印花税均应为0。

第九条　工业产品表审核。

重点税源税收管理员要查看符合填报工业产品表的企业是否按月填报相关数据，同时重点税源税收管理员每月要下企业核实工业企业产品的产、销、存和相关税收情况，查看企业上报的数据是否真实准确。在审核工业产品表时，要选中每一行点击右键选择“审核当前行”和“合理性审核当前行”进行两次审核，通过数据质量审核后，重点税源税收管理员还要重点检查数据信息是否存在数量级错误，如存在数量级错误要及时进行数量级调整。

第十条　财务表审核。

财务表是季报表，所有企业按季度填报截至报告期累计数据，财务表中所涉及年度的数据必须填报齐全。非独立核算不编制报表的企业不用填报财务表。重点税源税收管理员对财务表进行计算审核后，要认真比对企业财务报表，查看填报的数据是否存在数量级错误。

第十一条　房地产表审核。

房地产表是季度报表，重点税源税收管理员要在审核此表时要按每个项目每行进行审核，审核方法：选中每一行项目名称点击右键选择“审核当前行”和“合理性审核当前行”进行两次审核。

通过数据质量审核后，重点税源税收管理员还要重点检查数据信息是否存在数量级、逻辑性错误，例如房地产项目土地面积、建筑面积、销售收入、土地成本销售面积、本年累计已缴营业税、汇算清缴的土地增值税等指标和实际数据不符，杜绝出现土地面积大于建筑面积等不合逻辑的情况。

重点税源税收管理员要按季到企业按照企业填报数据进行相关数据核实，以保证数据的真实准确性。

第十二条　编制分析报告。

重点税源税收管理员每季要核实是否对本季税收收入增长超过30％和出现下降的重点税源企业进行相关税收分析，是否将分析报告填写在TRAS系统相应企业的情况说明表中，随当期的重点税源企业数据一同上报。

第十三条　运用过滤条件管理器进行审核。

重点税源税收管理员按上述要求对每张表进行审核后，还可以通过过滤条件管理器进行详细审核。通过过滤条件，可以对数据进行筛选，得到满足条件的结果。

过滤条件管理器通过示例查询功能实现。它是软件的一个新增功能，在2008年任务中已含有此项功能。进入“示例查询”页面，点击“?”标签，出现图所示条件表达式窗口，点击当中的⊠符号即可以打开过滤条件管理器。在需要使用的过滤条件前打钩，如果只需要对某单个项目进行过滤查询，点击“＋”号，在具体条件前打钩，点击确定执行查询。此功能将所有需要做“示例查询”的条件进行分组，并随时根据需要增加、修改、删除、保存各类查询条件，减轻每次查询都要编辑查询公式的负担。详细步骤为：“示例查询”→单击“?”→单击⊠→在需要查询的指标前打钩→确定→点击▶执行查询→显示满足查询条件的企业。

第三章　各级汇总审核人员数据审核程序

第十四条　控制同户检查。

各级汇总审核人员在读入重点税源税收管理员的数据包，形成汇总节点后，首先要检查重点税源税收管理员上报的企业户数是否与前一期户数相同。

检查同户率的方法：以2008年重点税源监控月报表为例。进入【收发/变更清单】功能，在“比较对象”下拉条选择需要进行比对的报表期，例如，若报表期为2008年2月，可以把1月份作为参照，比较对象选择2008年1月。显示方式可以选择“全部”，也可以让系统只选出本期比上期增加或减少的报表户，点击“刷新”，便可出现增加或减少的户数、企业名称。该操作页面也提供了将减少户插入到本期和删除本期增加户的功能，重点税源税收管理员核对清楚企业户数的前提下可根据实际情况选择“将减少户插入到本期”、“删除本期减少户”这2个功能。

第十五条　数量级错误审核。

数量级审核是各级汇总审核人员整理数据的重点，各表中的数量级错误经常发生，重点税源所有报表金额单位都是万元，房地产表的土地面积、建筑面积为平方米，在审核时注意对每张表检查是否存在数量级错误。数量级错误检查步骤：

一、可在汇总结点处观察，看是否存在营业

税、企业所得税、各小税种等相应指标数据偏大，或者查看财务表，看企业应税收入、利润等指标是否与税收数据相匹配。如不匹配请及时与重点税源税收管理员核对企业数据。

二、将本月数与上个月当月数进行比对，检查企业每个月纳税额是否正常，如果某个月数据异常，就可能存在数量级错误。各级汇总审核人员可利用过滤条件管理器核实各项税收指标、财务指标增长、下降异常的情况，操作具体步骤为："示例查询"→单击 ? →单击 ⊠ →在需要查询的指标前打钩→确定→点击 ▶ 执行查询→显示满足查询条件的企业。各级汇总审核人员可根据查询结果及时与重点税源税收管理员联系，修改错误的数据。

三、利用清单列表功能将企业数据排序，看有无数据异常的情况。具体步骤为：进入分析菜单→清单列表功能→编辑指标→拾取指标表元→根据所需要指标进行点击拾取→确定→选择"自动加上代码"、"自动加上名称"→高级设置→选择排序指标→选择升序或降序→确定→出现清单列表。审核人员可用此功能查看各表中数据的异常情况。

数量级错误调整方法：若将元填成万元，重点税源税收管理员可用鼠标左键将需要调整的行次拖红，点击右键，在弹出的菜单中选择"数量级调整"，系统默认"10000"，点击"确定"即可。若企业以千元为单位填报，将数量级调整为"1000"，依次类推。

第十六条 基本信息表审核。

汇总审核人员检查重点税源税收管理员是否将基本信息表内所要填报的内容填报完全。着重检查重点税源企业国民经济行业类别代码、企业工商登记注册类型代码、企业财务核算方式及报表期、营业税缴纳方式、企业所得税缴纳方式（除行政事业单位、非营利性质社会团体、缴纳个人所得税的单位不用选填外）、企业所得税国、地税征收隶属关系、法定代表人、财务负责人、纳税人 8 位数代码、监控级次等是否填报齐全。

审核方法：可用示例查询进行全面检查。如查询重点税源税收管理员是否填报广西地税信息系统企业代码，市局审核人员可点击分析下的示例查询功能，进入示例查询界面，在广西地税信息系统企业代码栏中输入""，回车后系统在列表显示中灰色显示没有填报广西地税信息系统企业代码企业名称。检查信息表是否有主要信息为空，可以使用过滤条件管理器中的信息表"主要信息空白"过滤条件，发现有空白表的信息表可以在以前的完整的信息表中使用"应用到其他报表期"功能。

各级汇总审核人员如果想将有错误信息的管理员、企业导出，便于查找，可以制作相关的数据集，应用报表户清单，将有错误的企业信息导出。操作方法：例如要将没有填报"企业所得税国、地税征收隶属关系"的企业、管理员代码、管理员姓名的信息列出，各级汇总审核人员可以在信息表界面下进入【分析】中示例查询，在"企业所得税国、地税征收隶属关系"栏中输入""，回车确定，在列表灰色显示中没有填写"企业所得税国、地税征收隶属关系"的企业，各级汇总审核人员可点任意一户企业击右键，点"选择全部纳税人"，列表显示变蓝色，再点右键，选择"复制数据集到"→"新建数据集"，在"目的数据集"中输入数据集名称，点确定，确定后进入该数据集，在列表显示中点任意一户企业然后汇总，出现上级汇总节点，选中上级汇总节点再点击一次汇总，汇总后可在树型显示中看到"没有填报企业所得税国、地税征收隶属关系"的所属管理员列表，然后进入【收发】报表户管理，在空白处击右键，选择"清空报表户"，清空后，再选择"从报表数据中提取报表户"，提取后在选择"导出到文本文件"，便可将没有填报企业所得税国、地税征收隶属关系的企业、管理员等资料信息以文本文件导出，方便各级汇总审核人员审核。

审核年报信息表，检查上一年年度实际缴纳的企业所得税额与税收表中上年年度企业所得税不一致情况。以 2007 重点税源监控年报审核为例，如果想审核年报信息表中 2006 年度实际缴纳的企业所得税与税收表中 2006 年年度企业所得税不一致情况，可以先用示例查询将所管的企业所得税国税、地税隶属为地税的企业筛选出来，做成数据集，在数据集中新增过滤条件，进行查询。具体操作为：进入示例查询→单击 ? →单击 ⊠，进入过滤条件管理器，点"新增"，在名称中输入 2006 年年度实际缴纳的企业所得税额等于税收表中企业所得税实际已缴的税额，在公式栏中输入"XXB→D28＝ROUND（B1→E68＋B1→E69＋B1→E71，0）"，点确定，公式自动保存在默认分组中，回到过滤条件管理器界面，在"2006 年度实际缴纳的企业所得税额等于税收表中企业所得税实际缴纳"的方框打钩，并点确定，执行查询，便可查出 2006 年度实际缴纳的企业所得税额与税收表中 2006 年年度企业所得税不一致情况。以后年度审核也可参照此方法。

审核信息表中注意的问题。

1.“国民经济行业类别”。银行业的“国民经济行业类别”除中国人民银行是中央银行外，其余银行（包括信用社）都是商业银行。另外，国家开发银行、农业发展银行等国家政策性银行可以选其他银行。

2.企业名称必须填全称。如：工行、农行、邮政局、中国银行、中国建设银行等，都属于错误。

中国银行、中国建设银行、中国工商银行、中国交通银行已经成功上市，中国银行名称变更为“中国银行股份有限公司”，中国建设银行名称变更为“中国建设银行股份有限公司”，中国工商银行更名为“中国工商银行股份有限公司”，中国交通银行更名为“中国交通银行股份有限公司”。

3.企业主代码填报要求。企业主代码由企业所在地行政区划代码（前6位）加企业法人代码（后9至12位）组成。相同企业在不同地区成为重点税源的，可以依靠其在TRAS系统信息表中前6位行政区划代码的不同来区分。

4.填报企业所得税缴纳方式时一定要根据纳税人实际情况选填。属于“非独立核算不编制报表”的企业，财务表不用填报。

第十七条 税收表审核。

审核前，各级汇总审核人员需注意税收表中口径问题：2008年《税收月报表》中，1～11月各类税收指标和附列的指标均应按月填报当期实际发生数，累计数由系统自动计算生成。2008年12月报表仅填报全年累计栏数据，不再填报当月数（此项适用于2008年重点税源监控月报表，以后年度口径问题根据总局下发文件更新）。

审核税收表中的营业税指标。

1.按月编制财务报表的企业按月填报，按季编制财务报表的企业应缴税收按季度发生数填入本月栏，已缴税收按实际上缴月份填入本月栏（此项适用于2008年重点税源监控月报表，以后年度口径问题根据总局下发文件更新）。

2.营业税已缴查补税额不能填报负数（以2008年重点税源监控月报表为例）。

审核方法一：可以用清单列表完成审核，按住CTRL用鼠标多选营业税E59行和G59行，点击鼠标右键，在弹出的菜单中选择“清单列表”，或者在【分析】菜单下选择“清单列表”。在“自动加上代码”、“自动加上名称”前打钩，再进入“高级设置”页面，选择排序指标栏，点击“省略号”选择排序指标，先按本年数排序，排序指标为升序，然后点“确定”回车，系统便列出营业税已缴查补税额按本年E59行排序的情况，从表中可检查出是否有填报负数的企业。

如果需要对上年指标也进行排序，在形成的清单列表中点击鼠标右键，选择“编辑清单列表”，再进入高级设置中删除原排序指标，选择以上年营业税已缴查补G59行为排序指标进行升序列表。

类似这样的清单列表可以更改标题后保存下来，作为以后每个月检查数据之用。点击报表管理，切换到任何基本表，系统会提示“是否保存清单列表”，选择“是”即可保留。

审核方法二：在税收表界面下进入【分析】下示例查询，在营业税指标中“已缴查补税额”本期栏中输入“＜0”，然后回车，回车后，点击确定，在列表显示中灰色显示营业税已缴查补税额为负数企业名单。

以后不同年度，如果已缴查补税额显示的行数与上述方法中的行数不符，审核时选择当年已缴查补税额显示的行数即可执行操作。

审核税收表中的企业所得税指标。

1.注意检查企业在信息表中选填的“企业所得税缴纳方式”，如有选填“据实预缴的纳税人（10）”、“按上一纳税年度应纳税所得额的平均数预缴的纳税人（20）”和“按照税务机关确定的其他方法预缴的纳税人（40）”。根据企业所得税申报期情况选择按月或按季填报报告期发生的当期数据。按季申报的企业应缴税收按季度发生数填入本月栏，已缴税收按实际发生月份及金额填入本月栏。如有选填“适用于核定征收管理办法缴纳企业所得税的纳税人（30）”，根据企业所得税申报期情况选择按月或按季填报累计数，软件将本期数设置为不可填写状态。（此项适用于2008年重点税源监控月报表）。

2.企业所得税指标中的利润总额（季度累计）要与财务季报表中的“利润总额”数据相等（房地产企业除外）。

3.企业所得税已缴查补税额栏中的数字不能为负数。此项审核方法与营业税已缴查补税额相同。

审核税收表，对企业已填报营业税的，检查是否填报城市维护建设税和教育费附加（外资企业除外）。

可以在过滤条件管理中设置公式进行筛选，操作方法：进入示例查询→单击“问号”→单击“执行图标”，进入过滤条件管理器，点新增，在名称中输入“有已缴营业税必有城建税、教育费附加”标题，在公式中输入“AND［XXB→E4＜“200”，B1→E54＞0.01，OR（B1→E81＝0，B1→E106＝0）］”，然后点确定，此公式会自动保存在默认分组中，审核人员如需查询，可点击此条件查询。

审核税收表中的审核代扣代缴证券交易印花税。

全部企业的代扣代缴证券交易印花税均应为0。

第十八条　工业产品表、财务表、房地产表审核。

各级汇总审核人员按照重点税源税收管理员审核程序对工业产品表、财务表、房地产表进行逻辑性审核。

第十九条　运用过滤条件管理器审核。

各级汇总审核人员可以运用过滤条件管理器自带的条件审核全市的重点税源数据，操作方法与重点税源税收管理员操作过滤条件管理器程序一致，各级汇总审核人员还可以根据需要新增设定过滤条件，以便于更详细的审核。但是也不能过分依赖过滤条件进行查询，要结合多种方法进行全面查询。

第四章　附则

第二十条　根据国家税务总局每年下发的任务不同，每年都会更新重点税源审核程序部分指标，自治区地税局计统处及时根据国家税务总局下发的任务对重点税源审核程序不断更新，更新后及时下发并通知重点税源税收管理员及各级汇总审核人员。

第二十一条　自治区地税局将会定期对重点税源税收管理员及所在单位的审核工作进行通报。通报内容：对不认真开展审核工作，导致数据上报失实的税收管理员，自治区地税局将追究相关的单位、税收管理员的责任；对工作表现好的单位、税收管理员，自治区地税局将给予表扬。

第二十二条　各级地税机关要把重点税源审核程序的考核纳入对责任单位和责任人的年度目标考核内容。

第二十三条　本程序由自治区地税局负责解释。

第二十四条　本程序自下发之日起执行。

自治区地方税务局转发国家税务总局关于严禁预征2009年税款的紧急通知

2008年12月24日　　桂地税发〔2008〕189号

各市、县（市、区）地方税务局，各市地方税务局直属机构，自治区地方税务局直属税务分局、稽查局：

现将《国家税务总局关于严禁预征2009年税款的紧急通知》（国税函〔2008〕1049号）转发给你们，并结合我区实际情况，就有关问题通知如下，请一并贯彻执行。

一、切实严格执行组织收入原则，确保应收尽收。收入形势好、税源充足的地区必须做到应收尽收，坚决制止有税不收和人为调节收入进度的行为发生；税源不足、完成税收任务有困难的地区，要及时向当地政府汇报，坚持依法征税，坚决杜绝寅吃卯粮、搞“空转虚收”。

二、做好2009年税源分析和预测工作。各地要遵循从经济到税收的原则，按照积极稳妥的指导思想，参照本地区国民经济发展计划，综合考虑影响2009年税收收入的政策和征管等因素，进行深入细致的预测分析，实事求是地做好2009年税收计划编制工作。各市地税局及自治区地税局直属税务分局要在2009年1月20日前将2009年税源分析和预测报告以文件形式报当地党委政府及上报自治区地税局。

国家税务总局关于严禁预征2009年税款的紧急通知

2008年12月23日　　国税函〔2008〕1049号

各省、自治区、直辖市和计划单列市国家税务局、地方税务局：

2008年以来，国际国内经济环境复杂多变，党中央、国务院及时果断地调整宏观政策，国家税务总局也采取相应措施部署各地税务机关迅速贯彻中央决策，确保各项税收政策落实到位。但是据反映，近来一些地方税务机关为完成财政预算，在有的企业十分困难的情况下要求预征明年税款，加重了企业经营困难。现就有关要求通知如下：

一、必须严格执行组织收入原则，严禁跨年度预征税款。各地税务机关要坚决贯彻落实"依法征税，应收尽收，坚决不收过头税，坚决防止和制止越权减免税"的组织收入原则，正确处理组织收入与规范执法的关系，坚决杜绝跨年度预征税款等收过头税行为。已经预征的必须立即纠正。

二、切实落实好各项税收政策。为了促进经济发展，帮助企业渡过难关，中央出台了一系列扶持政策。各地税务机关要不折不扣地落实好各项税收政策，对政策落实情况要进行督促检查，务必落实到位。

三、大力加强和改进纳税服务。各地税务机关要大力开展纳税服务工作，千方百计方便纳税人办税。国税局、地税局要加强协作，联合开展税务登记、纳税信用等级评定、税务检查；要大力推进财税库银横向联网电子缴税，运用多种方式为纳税人提供个性化纳税服务，切实减轻纳税人负担。

财务管理类

自治区地方税务局关于全区地税系统2008～2009年度印刷服务定点采购的通知

2008年1月18日　　桂地税发〔2008〕12号

各市、县（市、区）地方税务局，各市地方税务局直属机构，局内各单位：

根据《中华人民共和国政府采购法》及《广西壮族自治区人民政府关于公布2008～2009年广西壮族自治区政府集中采购目录及采购限额标准的通知》（桂政发〔2007〕22号）的有关规定，为了规范政府采购行为，提高政府采购效率，减少采购环节，节约采购成本，经自治区财政厅审批，决定对全区地税系统印刷服务实行定点采购制度，现就全区地税系统印刷服务定点采购有关事项通知如下：

一、印刷服务定点采购的适用范围和有效期

（一）印刷服务实行定点采购的具体品目。

1. 手写发票、定额发票和电脑发票定点印制。

2. 税收票证定点印制。

3. 普通印刷品定点印刷。具体包括：（1）信封；（2）纸质印刷品（包括文头纸、文件、报表）、内部刊物、凭证票证（不包括发票、税收票证、无碳复写票据以及其他资料）；（3）非纸质印刷品（包括证书、证卡、证件、包装类制品以及其他非纸质材料印刷品），不包括税务登记证。

（二）印刷服务实行定点采购限额及要求。

1. 手写发票、定额发票和电脑发票印制，税收票证印制。不论数量、金额多少，均须在定点供应商范围内按照中标优惠率（价格）直接选择确定承印厂。

2. 普通印刷品定点印刷。

（1）单次印刷预算金额在1万元以下并且年度计划单项目（品目）印刷预算总额在5万元以下印刷服务的，由采购单位自行决定是否在定点供应商范围内选定承印厂。

（2）单次印刷预算金额在1万元至50万元之内的印刷服务，或者单次印刷预算金额在1万元以下但年度计划单项目（品目）印刷预算总额在5万元至50万元以内的印刷服务，必须实行定点采购。采购单位在定点供应商及其服务范围内，由单位采购工作组在中标优惠率的基础上与各个定点供应商直接进行价格谈判，以更高优惠率或更低价格确定定点供应商并签订政府采购合同。定点供应商不能承印或确因情况特殊需要到定点供应商以外厂家印刷的，采购人需报自治区地税局审核同意。

（3）单次或者年度计划单项目（品目）印刷预算总额超过50万元的，按政府采购有关规定程序报批另行组织公开招标采购。

（三）印刷服务实行定点采购有效期限。

印刷服务定点采购有效期为自发文之日起至2009年12月31日止。

（四）印刷服务实行定点采购的中标供应商及其优惠率。

经自治区财政厅审批，自治区地税局委托政府采购代理机构广西科文招标有限公司按政府采购程序公开招标确定了2008～2009年全区地税系统印刷服务定点采购供应商及其中标优惠率（价格）。具体中标供应商及其优惠率（价格）如下：

1. 手写发票、定额发票和电脑发票定点印刷。

<table>
<tr><th>项目</th><th>品名</th><th>规格</th><th>联次</th><th>基准价格</th><th>中标优惠率</th><th>中标供应商</th><th>说明</th></tr>
<tr><td rowspan="2">手写发票和定额发票</td><td>服务、娱乐业手写发票（25份/本）</td><td>175×85mm</td><td>三联手写</td><td>2.275元/本</td><td>6.06%</td><td rowspan="2">1. 广西瑞熙特种票种印务有限公司。联系人：倪孔熙　电话：13607870881
2. 广西飞翔特种印务股份有限公司。联系人：姚芳飞　电话：13807805436
3. 柳州市瑞务印刷厂。联系人：彭义举　电话：13877262307
4. 桂林鑫源票证印刷有限公司。联系人：阳小平　电话：13507732993
5. 桂林市翠青印刷有限公司。联系人：李中庆　电话：13768335665
6. 北海市地方税务印刷厂。联系人：陈建统　电话：13807798963
7. 百色市报社印刷厂。联系人：唐海林　电话：13517761439
8. 河池市税务票证印刷厂。联系人：罗向勇　电话：13517789798</td><td rowspan="5">1. 以《自治区物价局、自治区财政厅关于规范我区普通发票工本费有关问题的复函》（桂从费字〔2003〕91号）核定的工本费价格的65%为基准价格。实际印刷价格＝基准价格×（1－中标优惠率）
2. 对本次招标未列报价的票种实际印制价格＝物价局核定的发票工本费的65%×（1－中标优惠率）。</td></tr>
<tr><td>服务、娱乐业定额发票（100份/本）</td><td>175×60mm</td><td>单联定额</td><td>2.60元/本</td><td>6.06%</td></tr>
<tr><td rowspan="3">电脑发票</td><td>邮电、通信业发票（份）</td><td>190×93mm</td><td>二联</td><td>0.1625元/份</td><td>5.30%</td><td rowspan="3">1. 广西瑞熙特种票种印务有限公司
2. 广西飞翔特种印务股份有限公司
3. 柳州市瑞务印刷厂
4. 桂林鑫源票证印刷有限公司
5. 北海市地方税务印刷厂</td></tr>
<tr><td>邮电、通信业发票（份）</td><td>190×110mm</td><td>三联</td><td>0.2275元/份</td><td>5.30%</td></tr>
<tr><td>税控机卷筒发票（100份/卷）</td><td>75×127mm</td><td>单联</td><td>3.7375元/卷</td><td>5.30%</td></tr>
</table>

2. 税收票证定点印刷。

<table>
<tr><th>票证名称</th><th>规格</th><th>中标单价（元/份）</th><th>中标供应商</th><th>备注</th></tr>
<tr><td>税收缴款书（六联）</td><td>21cm×15.2cm</td><td>0.185</td><td rowspan="9">1. 柳州市瑞务印刷厂
2. 北海市地方税务印刷厂
3. 广西飞翔特种印务股份有限公司</td><td rowspan="9">对本次招标未列入报价的税收票证，以本次招标相同规格税收票证中标价格确定实际承印价格。</td></tr>
<tr><td>税收完税证（三联）</td><td>21cm×15.2cm</td><td>0.078</td></tr>
<tr><td>税收转账专用完税证（三联）</td><td>21cm×15.2cm</td><td>0.078</td></tr>
<tr><td>税收罚款收据（三联）</td><td>19cm×13cm</td><td>0.079</td></tr>
<tr><td>一元定额完税证（一联）</td><td>20cm×9cm</td><td>0.016</td></tr>
<tr><td>二元定额完税证（一联）</td><td>20cm×9cm</td><td>0.016</td></tr>
<tr><td>伍元定额完税证（一联）</td><td>20cm×9cm</td><td>0.016</td></tr>
<tr><td>十元定额完税证（一联）</td><td>20cm×9cm</td><td>0.016</td></tr>
<tr><td>税收票证领据（三联）</td><td>19cm×10cm</td><td>0.075</td></tr>
</table>

3. 普通印刷品定点印刷。

项目	品目	中标供应商	中标优惠率	说明
普通印刷品	1. 信封；2. 纸质印刷品，包括文头纸、文件、报表、内部刊物、凭证票证（不包括发票、税收票证）、无碳复写票据以及其他资料；3. 非纸质印刷品，包括证书、证卡、证件、包装类制品以及其他非纸质材料印刷品，不包括税务登记证。	1. 广西飞翔特种印务股份有限公司	25%	实际印刷价格＝定点印刷厂市场报价×（1－中标优惠率）
		2. 桂林鑫源票证印刷有限公司	33%	
		3. 柳州市瑞务印刷厂	27.50%	
		4. 广西瑞熙特种票种印务有限公司	10%	
		5. 河池市税务票证印刷厂	22.50%	
		6. 北海市地方税务印刷厂	10%	

二、定点印刷采购程序和采购资金支付

（一）定点印刷采购程序。

1. 指定企业印刷发票属依申请的行政许可项目，中标企业需向自治区地税局提出行政许可申请，自治区地税局根据招标结果依法作出行政许可决定，发放新的《发票准印证》，有效期为自发证之日起二年（如出现准印证到期而下一期准印资格招标尚未进行的情况，则本准印证的有效期自动延期至下一期准印资格招标结束为止）。在自治区地税局做出行政许可决定后，撤销原普通发票定点印制企业资格，由各市地税局收回原《发票准印证》及发票监制章，监督印刷企业做好防伪用品、发票成品和半成品的移交及清理等工作。

2. 采购人依据定点印刷采购中标价格（或优惠率）和采购需求（应明确数量、材质、规格等，可要求定点印刷厂免费提供技术咨询），确定定点印刷厂，签订政府采购合同。

（1）印制发票企业必须取得有批印权地税局下达的《普通发票印制批准书》后，方可印制发票。《普通发票印制批准书》具有合同性质，一旦下达，双方应认真实施。

各市地税局征管部门每次印制统一发票时，印量原则上应控制在一个季度的用量，以避免库存过大。如确需较大印量，应事先征求财务部门意见，考虑资金支付能力，以避免因资金支付困难拖欠印刷厂印刷费。

（2）普通印刷品采购根据定点印刷厂市场公开报价和中标优惠率，由采购人与各个定点印刷厂进行价格谈判，商定采购价格。定点印刷厂要将普通印刷品市场公开报价定期向各级地税局公布，并报广西科文招标有限公司备案。

3. 定点印刷厂根据采购合同提供印刷服务。

4. 采购人根据采购合同组织履约验收。

（二）采购资金的支付。

采购人按照部门预算以及国库集中支付有关规定申请支付印刷费。

普通发票货款由各市地税局与承印普通发票的定点印刷企业结算。各市地税局征管部门组织验收入库后应及时将应结算的发票名称、数量及金额信息传递给财务部门，财务部门按经费开支程序办理发票货款支付手续。各级地税局在得到上个季度发票工本费经费返还后，必须及时结清上个季度应支付的印刷费，不得拖欠印刷厂印刷费。

三、印刷服务定点采购的监督管理和违约处理

（一）自治区地税局对印刷服务定点供应商履行协议情况进行监督检查。监督检查结果将作为定点供应商今后年度参加广西地税系统定点印刷投标时的评标要素之一。

（二）在协议有效期内，如定点供应商有下列违约行为的，自治区地税局将按照《中华人民共和国政府采购法》和政府采购管理有关规定向政府采购代理机构和自治区财政厅政府采购监督管理部门

反映并提请按规定进行处理。

1. 交付印刷品返工两次以上的；

2. 无正当理由，拒绝承接采购人印刷业务的；

3. 向采购人提供的印刷品，明显高于市场同类产品价格的；

4. 达不到合同规定的质量标准，以次充好，提供假冒伪劣纸张的；

5. 未按规定给予优惠或擅自提高印刷品价格的；

6. 拒绝接受监督、检查的；

7. 不如实反映情况，提供虚假材料的；

8. 出现重大责任事故的；

9. 定点有效期内，被行业行政主管部门取消印刷行业经营资格的；

10. 定点有效期内，擅自变更、转让、租借印刷厂定点资格的；

11. 不按要求报送合同或验收单等有关资料的；

12. 因印刷质量问题给采购人造成损失的，及定点供应商因管理不善，导致印刷品丢失、泄密等事故的；

13. 不履行《中标后的工作计划》中的售后服务方案承诺的；

14. 其他违反法律、法规和采购合同的行为。

（三）在协议有效期内，发票印制定点供应商有违反《广西壮族自治区地方税务系统印制发票企业管理办法（试行）》有关规定的，自治区地税局将按照有关规定进行处理。

自治区地方税务局关于 2008 年度公务车辆保险服务定点保险的通知

2008 年 2 月 3 日　桂地税发〔2008〕19 号

各市、县（市、区）地方税务局，各市地方税务局直属机构，局内各单位：

根据自治区财政厅《关于 2008 年度自治区本级预算单位公务车辆保险服务定点保险的通知》（桂财采〔2007〕98 号）以及政府采购有关规定，自治区地税局决定对全区地税系统公务车辆保险实行统一规范管理。现就全区地税系统 2008 年度公务车辆保险服务定点保险事项通知如下：

一、实施定点保险的适用范围

（一）全区各级地税局各类公务车辆的保险服务均实行统一定点保险。

（二）定点保险的险种包括机动车交通事故责任强制保险、第三者责任险、车辆损失险、全车盗抢险、车上人员责任险、玻璃单独破碎险、不计免赔特约险。其中机动车交通事故责任强制保险、第三者责任险、车辆损失险是必须投保险种，其余的险种，各单位可以根据需要自行选择投保。除上述险种外，其他险种不属于定点保险服务的范围。

二、定点保险公司的选择及其保费优惠率

根据自治区财政厅政府采购招标入围 2008 年度自治区本级预算单位公务车辆定点保险服务的三家定点保险公司（中国人民财产保险股份有限公司广西分公司、华安财产保险股份有限公司广西分公司、中国平安财产保险股份有限公司广西分公司）针对广西地税系统公务车辆定点保险所做的服务承诺方案以及广西保险行业协会对各个保险公司诚信建设考评情况，自治区地税局按照服务最优、诚信最好的原则，决定选择华安财产保险股份有限公司广西分公司（以下简称华安保险公司）作为全区地税系统 2008 年度公务车辆定点保险公司，保费优惠率为 30%。

保费优惠率是定点保险公司给予投保人购买车辆商业保险时优惠比例，即实缴保费＝机动车交通事故责任强制保险费用＋商业保险标准保费×（1—优惠率）。定点保险公司广西地区车险标准保费如在有效期内发生变动，凡在标准保费变动后投保的车辆，按新的标准保费计算实缴保费，但保费优惠率不变。机动车交通事故责任强制保险费用的收取按国家规定执行，若投保车辆在上一投保年度无出险记录，该险种保费下浮 10%。

三、定点保险服务的有效期限

从2008年2月1日起至2008年12月31日，各新购、未上保险或保险已到期需要投保的公务车辆，在购买车辆保险时，必须到华安保险公司进行投保。

各级地税局与华安保险公司签订机动车辆保险合同，除报废等特殊原因外，以合同生效之日起满一周年作为定点保险履行的期限。

四、办理定点保险服务的程序及要求

（一）各级地税局按规定与华安保险公司签订车辆保险合同。公务车辆购买保险服务时不用另行报送政府集中采购计划表。

（二）保险费用的结算。

保险费用由投保人按车辆保险合同与华安保险公司以非现金方式自行结算。

（三）保险车辆定损、维修等理赔服务。

如保险车辆出险，投保人直接与华安保险公司联系报案，由华安保险公司通知其分支机构或项目理赔服务小组专员按照华安保险公司承诺的服务条款，提供查勘、救援、定损、维修、索赔、结案等理赔服务。

驻邕单位保险车辆出险后需要维修的，按照自治区财政厅《关于自治区本级预算单位第一期公务车辆维修服务实行定点采购的通知》（桂财采〔2007〕91号）规定到自治区财政厅确定的第一期自治区本级预算单位公务车辆维修服务定点修理厂维修。

非驻邕单位保险车辆出险后需要维修的，按照华安保险公司服务承诺方案选择维修点。

华安保险公司针对广西地税系统公务车辆保险服务承诺方案具体见附件。

五、定点保险其他事项按照自治区财政厅《关于2008年度自治区本级预算单位公务车辆保险服务定点保险的通知》（桂财采〔2007〕98号）规定办理

附件1：自治区财政厅《关于2008年度自治区本级预算单位公务车辆保险服务定点保险的通知》（桂财采〔2007〕98号）（略）

附件2：华安保险公司对广西地税系统公务车辆保险服务承诺方案（略）

自治区地方税务局转发关于开展全国政府采购执行情况专项检查的通知

2008年5月14日　　桂地税发〔2008〕79号

各市、县（市、区）地方税务局，各市地方税务局直属机构，局内各单位：

现将自治区财政厅、自治区监察厅、自治区审计厅《转发财政部　监察部　审计署　国家预防腐败局关于开展全国政府采购执行情况专项检查的通知》（桂财采〔2008〕15号）转发给你们，并结合我系统实际情况提出如下要求，请一并贯彻执行。

一、各级地税机关领导要高度重视政府采购专项检查工作，组织人员认真学习政府采购相关法规制度，积极开展政府采购执行情况自查自纠工作。

二、各县（市、区）地税局，各市地税局直属机构在2008年5月26日前将自查自纠报告和报表数据报送市地税局。各市地税局在2008年5月31日前将本级及下属单位自查自纠报告和报表汇总，并通过公文处理系统上报自治区地税局，同时将电子版汇总材料通过FTP传到自治区地税局财务管理处“2008政府采购执行情况专项检查”目录下。自查自纠报表录入格式光盘文件待自治区财政厅下发后，再另行通知各单位领取或下载。

自治区地方税务局转发自治区财政厅关于编制2009年自治区本级部门预算的通知

2008年8月5日　　桂地税发〔2008〕122号

各市、县（市、区）地方税务局，局内各单位：

现将自治区财政厅《关于编制2009年自治区本级部门预算的通知》（桂财预〔2008〕85号）转发给你们，同时提出如下要求，请一并贯彻执行。

一、2009年是自治区本级全面推行部门综合预算改革的第一年，部门预算编制任务非常艰巨，各级地税机关一定要加强领导，充实人员，做好预算编制的各项工作。分管财务工作的局领导要亲自主持预算编制工作，并对编制质量负责。

二、各单位要加强对预算编制基础性工作的落实，及早谋划，不断提高预算编制质量。各市地税局要负责审核所属单位的部门预算数据。

三、各市地税局要根据国家及自治区有关行政事业性收费政策，结合本单位本年度的工作任务和事业发展计划，编制非税收支预算。

四、各单位要根据自治区人民政府公布的2008～2009年政府采购限额标准，将商品和服务支出预算、项目支出预算中属于政府采购目录和采购限额标准应实行政府采购的支出，按货物、工程、服务进行分类排序编制政府采购预算。

五、各单位务必于2008年8月16日前完成小汽车定编证的年审工作。

六、为了指导各单位编制2009年部门预算，自治区财政厅印发了《广西壮族自治区本级2009年部门预算编制指南》（以下简称“《指南》”），各单位要认真组织学习，必须严格按照《指南》的各项规定和要求，准确、完整、真实地编制2009年部门预算。

七、2009年自治区本级部门预算继续实行“二上二下”的编报办法。具体时间安排如下：

“一上”：2008年7月22日至9月10日。8月13日前，自治区地税局财务管理处组织各市地税局及局内有关单位财务人员审核基础信息数据，各单位必须将基础信息数据库电子文件、最新的单位工资变动审核表、基础信息输出总表、新增人员的批复文件、年审后小汽车定编证原件、新增单位人员编制和车辆编制的批复文件报送自治区地税局财务管理处。自治区地税局在8月16日前将基础信息数据库电子文件以及相关资料报送自治区财政厅预算编审中心；9月5日前，自治区地税局财务管理处组织各市地税局及局内各有关单位财务人员填报项目库材料和编制部门预算建议数。自治区地税局在9月10日前将项目库材料及数据库电子文件、部门预算建议数分别报送自治区财政厅对口部门预算管理处和预算编审中心。

“一下”：2008年9月11日至10月31日。自治区财政厅审核各部门收支建议数，并于10月31日以前下达部门控制数。

“二上”：2008年11月1日至11月30日。自治区地税局根据自治区财政厅下达的部门控制数，组织各市地税局及局内有关单位财务人员编制2009年部门预算草案，并于11月30日以前，将部门预算草案分别报送自治区财政厅对口部门预算管理处、预算编审中心、政府采购监督管理处。

“二下”：自治区本级部门预算经自治区人民代表大会批准后，自治区财政厅根据《中华人民共和国预算法》的要求，在30日之内批复部门预算。自治区地税局在自治区财政厅批复部门预算15日之内批复所属单位预算，并分别报自治区财政厅对口部门预算管理处、预算编审中心、政府采购监督管理处备案。

自治区地方税务局关于调整2008年部门预算的通知

2008年8月7日　　桂地税发〔2008〕124号

各市地方税务局，自治区地方税务局直属税务分局：

根据自治区财政厅《关于调整自治区地税局2008年部门预算的函》（桂财行函〔2008〕244号）的要求，自治区地税局决定调整各单位2008年部门预算如下：按照《广西壮族自治区政府非税收入管理条例》及2008年自治区本级部门收支两条线管理的总体要求，2008年自治区本级纳入预算管理的政府非税收入将实行彻底的"收支脱钩"管理。为此，自治区财政厅对我局2008年部门预算进行调整，调增我局2008年税务登记证和发票管理费经费拨款收入及经费拨款支出8045万元，同时相应调减纳入预算管理的非税收入及支出8671.75万元。调整后，我局2008年部门预算经费拨款收入及经费拨款支出总数为83486.41万元，纳入预算管理的非税收入及支出为0万元。

为严格部门预算的管理，现将税务登记证和发票管理经费的核定及相关问题明确如下：

一、税务登记证和发票管理经费的核定

经费核定依据：一是各市地方税务局2007年税务登记证和发票工本费实际入库数；二是自治区财政厅调增我局2008年税务登记证和发票管理经费拨款预算数。自治区地税局调增各单位发票管理经费拨款项目支出均按自治区财政厅下达的预算调增数核定。调增的税务登记证管理经费按自治区财政厅规定留在区局本级，用于支付全区统一换发的税务登记证印制费用（具体调增项目见附件）。

二、税务登记证和发票管理经费开支范围

根据自治区财政厅《关于税务登记证和发票工本费经费支出有关问题的复函》（桂财行函〔2006〕128号）规定，税务登记证和发票管理经费开支范围为：税务登记证、发票、发票领购簿印刷费（印制成本）；税务登记证、发票运输及仓储保管费；税务登记证、发票公告及宣传培训费；税务登记证、发票损耗费；税务登记证变更及清理漏征漏管户费用；免收办理税务登记证的费用；设备购置、软件开发及维护费用；发票打假费用；其他相关管理费用。各单位要严格按照规定的开支范围做好经费的核算工作。

三、税务登记证和发票管理经费的支付

根据自治区财政厅国库集中支付的有关规定，税务登记证和发票管理经费先由各单位通过财政国库集中支付系统申请，报自治区地税局审核后，由自治区财政厅授权支付或自治区财政厅直接支付。

附件1：自治区地方税务局2008年部门预算经费拨款项目支出调增表

附件2：自治区财政厅关于税务登记证和发票工本费经费支出有关问题的复函（桂财行函〔2006〕28号）（略）

附件 1

自治区地方税务局 2008 年部门预算经费拨款项目支出调增表

编制单位：自治区地方税务局　　　　金额单位：万元

科目编码			功能分类科目名称	单位代码	项目单位	项目名称	是否政府采购	项目支出										
								合计	商品服务支出								其他资本性支出	
类	款	项							小计	办公费	印刷费	交通费	差旅费	会议费	培训费	其他商品和服务支出	小计	信息网络构建
201	07	05	税务登记证及发票管理	130001	区地方税务局本级	税务登记管理费	是	235.00	235.00	35.00						200.00		
201	07	05	税务登记证及发票管理	130003	区地税局直属税务分局	发票管理费	是	346.00	332.00		265.00	10.00	12.00	5.00	10.00	30.00	14.00	14.00
201	07	05	税务登记证及发票管理	130004001	南宁市地方税务局本级	发票管理费	是	1556.00	1556.00		1200.00		20.00		20.00	316.00		
201	07	05	税务登记证及发票管理	130005001	柳州市地方税务局本级	发票管理费	是	680.00	680.00		660.00					20.00		
201	07	05	税务登记证及发票管理	130006001	桂林市地方税务局本级	发票管理费	是	887.00	885.00		726.35		4.10		10.20	144.35	2.00	2.00
201	07	05	税务登记证及发票管理	130007001	梧州市地方税务局本级	发票管理费	是	464.00	464.00		436.00	5.00	12.50			10.50		
201	07	05	税务登记证及发票管理	130008001	北海市地方税务局本级	发票管理费	是	356.00	356.00	8.00	310.00		10.00		12.00	16.00		
201	07	05	税务登记证及发票管理	130009001	崇左市地方税务局本级	发票管理费	是	374.00	341.06		300.00	6.00	2.00		30.00	3.06	32.94	32.94
201	07	05	税务登记证及发票管理	130010001	来宾市地方税务局本级	发票管理费	是	336.00	336.00		336.00							
201	07	05	税务登记证及发票管理	130011001	贺州市地方税务局本级	发票管理费	是	322.00	314.00		300.00	5.00	3.00			6.00	8.00	8.00
201	07	05	税务登记证及发票管理	130012001	玉林市地方税务局本级	发票管理费	是	593.00	581.00		574.00	3.00	1.00		3.00		12.00	12.00
201	07	05	税务登记证及发票管理	130013001	百色市地方税务局本级	发票管理费	是	478.00	475.00		465.00	3.00	3.00		1.00	3.00	3.00	3.00
201	07	05	税务登记证及发票管理	130014001	河池市地方税务局本级	发票管理费	是	547.00	547.00		530.00					17.00		
201	07	05	税务登记证及发票管理	130015001	钦州市地方税务局本级	发票管理费	是	337.00	316.00		291.00	10.00	15.00		10.00		21.00	21.00
201	07	05	税务登记证及发票管理	130016001	防城港市地方税务局本级	发票管理费	是	190.00	190.00		160.00	10.00						
201	07	05	税务登记证及发票管理	130017001	贵港市地方税务局本级	发票管理费	是	344.00	344.00		344.00					10.00		

自治区地方税务局关于贯彻执行《广西壮族自治区政府非税收入管理条例》的通知

2008年9月19日　桂地税发〔2008〕136号

各市、县（市、区）地方税务局，各市地方税务局直属机构，局内各单位：

《广西壮族自治区政府非税收入管理条例》（以下简称《条例》）已于2007年9月29日经广西壮族自治区第十届人民代表大会常务委员会第二十八次会议通过，自2007年12月1日起施行。为做好《条例》的贯彻实施工作，现将有关事项通知如下：

一、认真学习《条例》精神。各级地税机关要加强对政府非税收入工作的领导，组织财务及相关人员认真学习和深刻领会《条例》的各项内容和精神实质，严格实行收支两条线管理。

二、切实做好政府非税收入的征收管理工作。各执收单位要严格按照《条例》的有关规定，依法履行政府非税收入管理的相关职责，依法执收，开具政府非税收入票据。要按照规定将所收款项及时、全额地缴入政府非税收入财政专户，各级地税机关要确保所收款项的安全。

三、根据《条例》规定，政府非税收入票据由自治区财政部门统一管理和统一印（监）制。因此各执收单位用于政府非税收入的票据一律由各市地方税务局向自治区财政厅票据管理中心申请领用。各市地方税务局要严格按照票据管理的有关规定，建立健全政府非税收入票据的各项制度，财务部门做好本局及所属单位票据领、用、存、缴、销的管理工作，同时接受自治区财政厅票据管理中心的监督。

附件：《广西壮族自治区政府非税收入管理条例》

附件

广西壮族自治区政府非税收入管理条例

（2007年9月29日广西壮族自治区第十届人民代表大会常务委员会第二十八次会议通过）

第一章　总则

第一条　为加强政府非税收入管理，规范政府收入分配秩序，根据《中华人民共和国预算法》等有关法律、行政法规，结合本自治区实际，制定本条例。

第二条　本条例适用于本自治区政府非税收入的征收管理、资金管理、票据管理及监督检查。

第三条　本条例所称政府非税收入，是指各级国家机关、事业单位、代行政府职能的社会团体和其他组织依法履行公共事务管理职能，利用国有资源或者国有资产，提供公共服务征收或者收取的税收以外的财政资金。

第四条　政府非税收入的项目和标准，根据法律、法规、规章以及国家和自治区的有关规定予以确定。政府非税收入包括：

（一）政府性基金收入；

（二）专项收入；

（三）彩票资金收入；

（四）行政事业性收费收入；

（五）罚没收入；

（六）国有资本经营收入；

（七）国有资源（资产）有偿使用收入；

（八）其他政府非税收入。

前款规定的收入属于应当纳税范围的，依法纳税后缴纳政府非税收入。

第五条 各级人民政府应当加强政府非税收入管理，将政府非税收入纳入综合财政预算，统筹安排，严格实行收支两条线管理。

第六条 县级以上人民政府财政部门主管政府非税收入。

政府有关部门依法履行政府非税收入管理的相关职责。

第二章 征收管理

第七条 法律、法规、规章确定的征收、收取政府非税收入的国家机关、事业单位、社会团体和其他组织为政府非税收入执收单位。执收单位根据法律、法规、规章的规定委托其他单位收取的，应当将委托事项报同级财政部门备案。

委托其他单位征收、收取政府非税收入的，委托单位应当对受委托单位的征收、收取行为实施监督，并对该征收、收取行为的后果承担法律责任；受委托单位在委托范围内，以委托单位的名义征收、收取政府非税收入，不得再委托其他单位征收、收取。

县级以上人民政府根据需要可以在财政部门设立政府非税收入征收管理机构。

第八条 政府非税收入执收单位应当履行下列职责：

（一）公示政府非税收入项目、范围、标准、对象、期限和依据；

（二）依法执收，不得多收、不收或者擅自减收、免收、缓收；

（三）开具政府非税收入票据；

（四）按规定将所收款项全额缴入国库或者财政部门开设的政府非税收入财政专户；

（五）编制政府非税收入年度计划并报送财政部门；

（六）按规定向财政部门编报政府非税收入情况；

（七）其他职责。

第九条 政府非税收入实行收缴分离制度。

政府非税收入采用直接缴库或者集中汇缴的方式缴纳。具体收缴方式由各级财政部门按照国家和自治区的规定确定。

第十条 政府非税收入缴入国库或者财政部门开设的政府非税收入财政专户。

第十一条 缴款义务人应当按照规定向执收单位及时、足额缴纳政府非税收入。

第十二条 按照国家和自治区的有关规定可以减缴、免缴、缓缴政府非税收入的，缴款义务人应当向执收单位提出书面申请，经财政部门审核后，按照法定批准权限办理。

对因调整政府非税收入征收标准需要退还已收款项的，以及经依法确认属于误缴误征、多缴多征的政府非税收入，财政部门应当及时退还缴款义务人。

第三章 资金管理

第十三条 政府非税收入资金按其性质实行分类管理：

（一）政府性基金收入、专项收入、国有资源有偿使用收入、国有资产有偿使用收入、国有资本经营收入、罚没收入，纳入预算管理；

（二）行政事业性收费收入、彩票资金收入以及其他政府非税收入，依照国务院及其财政部门有关规定纳入预算管理或者财政专户管理。

第十四条 自治区与设区的市和县级人民政府分成的政府非税收入，分成比例按照分级财政管理体制由自治区财政部门提出意见报自治区人民政府批准。

第四章 票据管理

第十五条 政府非税收入票据由自治区财政部门统一管理。

第十六条 政府非税收入票据由自治区财政部门统一印（监）制，其他任何单位和个人不得擅自印制政府非税收入票据。

第十七条 执收单位收取政府非税收入，应当向缴款义务人出具政府非税收入票据；不出具政府非税收入票据的，缴款义务人有权拒绝缴款。

第十八条 财政部门应当建立政府非税收入票据申领、使用、保管、缴销、审核等制度，保证政府非税收入票据安全和合法使用。

遗失政府非税收入票据的，应当自遗失之日起15日内书面报告原发放政府非税收入票据的财政部门，并登报公告作废。

第十九条 执收单位不得有下列行为：

（一）转借、串用、代开、买卖或者擅自销毁政府非税收入票据；

（二）伪造或者使用伪造的政府非税收入票据；

（三）伪造或者使用伪造的政府非税收入票据印（监）制章。

第五章　监督管理

第二十条　县级以上人民政府应当向本级人民代表大会及其常务委员会报告政府非税收入征收、管理、审计情况，接受本级人民代表大会及其常务委员会的监督。

第二十一条　县级以上人民政府依法对政府非税收入实施监督，协调处理政府非税收入管理中的重大问题。

财政部门具体负责监督检查工作，对政府非税收入实行年度稽查制度。

第二十二条　县级以上人民政府审计、物价、监察等部门应当按照各自的职责，依法做好政府非税收入的有关监督工作。

第二十三条　被检查单位应当配合有关机关的监督检查，如实提供有关资料和反映情况，不得拒绝、阻碍检查。

第二十四条　鼓励单位和个人举报政府非税收入管理中的违法行为。举报属实的，财政部门应当给予奖励。

第六章　法律责任

第二十五条　违反本条例，有以下行为之一的，由县级以上人民政府财政部门或者有关部门责令改正，补收应当收取的政府非税收入；对单位给予警告或者通报批评，对直接负责的主管人员和其他直接责任人员依法给予行政处分；构成犯罪的，依法追究刑事责任：

（一）违反规定设立政府非税收入项目；

（二）违反规定改变政府非税收入项目的范围、标准、对象和期限；

（三）对已明令取消、暂停执行或者调整的政府非税收入项目，仍然依照原定项目、标准征收或者变换名称征收；

（四）多收、不收或者擅自减收、免收、缓收政府非税收入；

（五）隐瞒、截留、挤占、坐支和挪用政府非税收入款项，或者将政府非税收入款项存入政府非税收入财政专户、汇缴专户以外的其他账户；

（六）违反政府非税收入收缴分离规定；

（七）违反规定发放、使用、核销政府非税收入票据，或者保管不善造成政府非税收入票据毁损、灭失；

（八）其他违反政府非税收入管理的行为。

前款第（一）、（二）、（三）项行为所取得的款项，应当依法退还缴款义务人。

第二十六条　违反本条例第十六条、第十九条规定的，由县级以上人民政府财政部门没收违法所得和作案工具，销毁非法票据和票据印（监）制章，对单位处五千元以上十万元以下的罚款；对直接负责的主管人员和其他责任人员处三千元以上五万元以下的罚款；属于国家公务员的，还应当依法给予行政处分；构成犯罪的，依法追究刑事责任。

第二十七条　财政部门和其他有关监督部门工作人员在政府非税收入管理中玩忽职守、徇私舞弊、滥用职权以及有其他违法违纪行为的，依法给予行政处分；构成犯罪的，依法追究刑事责任。

第二十八条　违反本条例规定，法律、法规已规定处罚、处分的，从其规定。

第七章　附则

第二十九条　本条例下列用语的含意：

（一）“政府性基金收入”是指政府及其所属部门根据法律、法规和国家规定，为支持公共事业发展，向公民、法人和其他组织无偿征收的具有专项用途的财政资金。

（二）“专项收入”是指依据法律、法规、规章以及国家和自治区的规定收取的专项财政资金。

（三）“彩票资金收入”是指按照国家规定的彩票资金构成比例所收取的财政资金。

（四）“行政事业性收费”是指国家机关、事业单位、代行政府职能的社会团体和其他组织依法收取的财政资金。

（五）“罚没收入”是指行政机关、司法机关以及法律、法规授权实施行政处罚的组织依法收取的罚款和没收款以及依法处置没收的非法财物所形成的财政资金。

（六）“国有资本经营收入”是指通过经营、使用国有财产等取得的收入，包括国有资本投资收益、国有企业计划亏损补贴、产权转让收入。“国有资本投资收益”是指企业上缴的利润、股息、红利以及国有资产出租收入等。“国有企业计划亏损补贴”是指按规定由预算收入退库安排的国有企业计划亏损补贴。“产权转让收入”是指国有资产（含国有股权）转让或者出售收入。

（七）“国有资产有偿使用收入”是指国家机关、事业单位、社会团体和其他组织的国有资产（包括流动资产、长期投资、固定资产、无形资产和其他资产），通过出租、转让或者其他方式取得的财政资金。

（八）“国有资源有偿使用收入”是指国有的土地、海域、矿区、场地和其他公共资源的开发权、使用权、冠名权、广告权、特许经营权等，通过招标、拍卖或者其他方式取得的财政资金。

（九）“其他政府非税收入”主要是指以政府名义接受的各种捐赠资金（已指定具体捐赠对象和项目的定向捐赠资金除外），主管部门通过提取管理费、收入分成、下级上解资金或者其他方式集中的所属事业单位的收入，纳入政府非税收入账户体系的各类账户所产生的利息收入（含税收收入产生的利息收入）。

第三十条 本条例自2007年12月1日起施行。《广西壮族自治区预算外资金管理条例》同时废止。

自治区地方税务局转发关于自治区本级党政机关和参公管理事业单位不得自行处置经营性国有资产等有关问题的通知

2008年11月21日　桂地税发〔2008〕161号

各市、县（市、区）地方税务局，各市地方税务局直属机构，局内各单位：

现将《自治区党委办公厅　自治区人民政府办公厅关于自治区本级党政机关和参公管理事业单位不得自行处置经营性国有资产等有关问题的通知》（桂办发〔2008〕68号，以下简称《通知》）转发给你们，并提出以下要求，请认真贯彻执行。

一、要认真贯彻《通知》精神，严格按照《行政单位国有资产管理办法》（财政部令第35号）的规定，进一步加强国有资产的规范管理，维护国有资产的安全和完整，提高国有资产的使用效益。

二、要按照《广西壮族自治区非税收入管理条例》的有关规定，对因占用、使用经营性国有资产形成的收入，严格执行“收支两条线”管理，不得坐收坐支。

三、各单位要根据《通知》要求，对2007年7月1日以来本单位所属的经营性国有资产管理情况进行自查自纠。

自治区党委办公厅　自治区人民政府办公厅
关于自治区本级党政机关和参公管理事业单位
不得自行处置经营性国有资产等有关问题的通知

2008 年 11 月 7 日　　桂办发〔2008〕68 号

自治区农垦局，自治区党委和自治区级国家机关各部委办厅局，各人民团体：

自 2006 年 6 月 7 日财政部颁发《行政单位国有资产管理暂行办法》（财政部令第 35 号）、《事业单位国有资产管理暂行办法》（财政部令第 36 号）和 2007 年 6 月 23 日自治区党委办公厅、自治区人民政府办公厅印发《广西壮族自治区公务员津贴补贴发放工作纪律规定》（桂办发〔2007〕30 号）以来，我区各级行政事业单位严格贯彻执行国家和自治区政策规定，总体情况良好，但也有少数部门或单位对加强和规范行政事业单位国有资产管理认识不足，仍然存在未经批准就出租、出借等处置国有资产的行为。特别是自治区组建广西宏桂资产经营（集团）有限责任公司以来，个别单位为规避经营性国有资产划转，自行将部分经营性国有资产进行分割、撤并、转移或注销，对区直部门统一津贴补贴发放工作产生了不良影响，甚至导致国有资产流失。为进一步规范自治区本级行政事业单位经营性国有资产管理，维护国有资产的安全和完整，确保行政事业单位资产保值增值，提高国有资产的使用效益，经自治区党委、自治区人民政府同意，现就有关问题通知如下：

一、自治区本级党政机关和参公管理事业单位未经批准，不得自行处置经营性国有资产。在自治区出台新的管理办法之前，各部门各单位要暂停处置本部门本单位经营性国有资产，包括各类经营性国有资产的出租、出借、出售、置换、报损、报废等。各部门各单位的经营性国有资产原则上要保持 2007 年 6 月 30 日前确定的属性，未经自治区财政部门批准，不得擅自改变资产形态，不得将经营性资产转为非经营性资产。

二、自治区本级党政机关和参公管理事业单位于 2007 年 6 月 30 日前已签订的出租、出借、承包等合同，从 2007 年 7 月 1 日起，如经营管理需要变更或续签的，可以签订临时合同，期限一般不得超过 2 年，超过 2 年的，一般不得提前收取 2009 年及以后年度的租金或承包费；已提前收取租金或承包费的，要按照非税收入管理有关规定进行处理。

三、从 2007 年 7 月 1 日起，自治区本级党政机关和参公管理事业单位占有、使用经营性国有资产所形成的收入（独立核算、自负盈亏、实行企业化管理的除外），要严格按照政府非税收入管理的规定，实行“收支两条线”管理，不得坐收坐支，否则按违反财经纪律有关规定予以处罚。

四、各部门各单位要按照财政部令第 35、36 号文件精神，对 2007 年 7 月 1 日以来本部门本单位所属的经营性国有资产管理情况进行一次自查清理，如有违反本通知规定，情节较轻的，自行纠正；情节严重的，要及时向自治区财政部门报告相关情况，并采取有效措施妥善处理。

五、自本通知下发之日起，对违反本通知规定导致国有资产损失的部门、单位主要负责人、分管负责人和直接责任人，按照组织程序先予免职，再视情节轻重，依据党纪政纪分别给予处分。

人事教育监察类

自治区地方税务局转发关于做好“无党派人士”政治面貌规范使用工作的通知

2008年2月20日　　桂地税发〔2008〕24号

各市地方税务局：

现将自治区党委统战部《关于做好“无党派人士”政治面貌规范使用工作的通知》（桂统发〔2008〕4号）转发你们，请按通知要求，于2008年3月10日前将无党派人士名单及《无党派人士登记表》（含电子版）报送自治区地税局人事处（电子版通过电子邮件发送，邮箱：gxdsrsc@163.com）。

关于做好“无党派人士”政治面貌规范使用工作的通知

2008年1月24日　　桂统发〔2008〕4号

区直各有关单位：

无党派人士是我国政治生活中的一支重要力量。做好无党派人士工作，是坚持和完善中国共产党领导的多党合作和政治协商制度的重要内容，为贯彻落实中央统战部《关于“无党派人士”政治面貌规范使用的意见（试行）》（统发〔2007〕14号）精神，进一步做好我区无党派人士工作，现就做好“无党派人士”政治面貌规范使用工作的有关事项通知如下：

一、请区直各有关单位支持配合做好本单位（包括二层机构）“无党派人士”政治面貌规范使用工作。

二、“无党派人士”政治面貌规范使用的范围：

1. 担任各级人大代表、政协委员中的无党派人士；

2. 政治素质较好，担任处级以上职务或者具有高级职称、有一定参政议政能力和热情的在职无党派人士。

三、“无党派人士”政治面貌规范使用的程序：

各单位根据上述条件遴选、确定无党派人士名单后，请本单位组织、人事部门通知本人，由本人填写《无党派人士登记表》（见附件2，可复制），并于2008年3月20日前将本单位无党派人士名单及《无党派人士登记表》（含电子版）报送自治区党委统战部。

四、“无党派人士”政治面貌的变更：

按照中央统战部有关“保持无党派人士队伍相对稳定”的要求精神，凡经规范使用“无党派人

士”政治面貌的人员，如申请加入中共或其他党派，请事先与自治区党委统战部联系沟通，征求自治区党委统战部的意见。

联 系 人：自治区党委统战部六处　冯秀琴、李向群

电　　话：5568633、5568631

电子邮箱：lixq@gxtzb.com

附件1：中央统战部《关于“无党派人士”政治面貌规范使用的意见（试行）》

附件2：《无党派人士登记表》

附件1

关于“无党派人士”政治面貌规范使用的意见（试行）

做好无党派人士工作，是坚持和完善中国共产党领导的多党合作和政治协商制度的重要内容，根据中发〔2005〕5号、中发〔2006〕5号文件精神，为了进一步加强和规范无党派人士工作，经商中组部、人事部，现就“无党派人士”政治面貌的规范使用提出如下意见。

一、“无党派人士”政治面貌规范使用的必要性

1.“无党派人士”政治面貌的规范使用是落实中央文件精神的一项重要措施. 中发〔2005〕5号、中发〔2006〕5号文件阐述了新世纪新阶段无党派人士工作的重要意义，明确了无党派人士的内涵和职能，肯定了无党派人士在我国多党合作和政治协商制度中的重要地位和作用，对于发挥无党派人士的作用提出了明确要求。为贯彻中央文件精神、进一步做好无党派人士工作，有必要对“无党派人士”政治面貌的使用进行规范。

2.“无党派人士”政治面貌的规范使用是做好无党派人士工作的需要，无党派人士是我国政治生活中的一支重要力量，在多党合作和政治协商中发挥了重要作用，其地位、作用和身份明显不同于“群众”。但在实际工作中，“无党派人士”作为一类政治面貌，还存在认识不统一、使用不规范的状况，这种状况影响到无党派人士工作的开展，影响到无党派人士作用的发挥，亟须加以规范。

3.“无党派人士”政治面貌的规范使用具有多方面的作用，一是从我国社会主义民主政治的发展来看，“无党派人士”政治面貌的规范使用，进一步明确了无党派人士的地位作用，有利于扩大中国共产党领导的多党合作和政治协商政治制度的社会影响。二是从统战部门开展工作来看，有利于对无党派人士队伍实施动态管理，有利于无党派人士的培养、选拔和使用。三是从无党派人士自身来看，可以增强政治上的归属感和荣誉感，进一步强化责任意识和参与意识，有利于调动无党派人士参政议政的积极性。

二、“无党派人士”政治面貌规范使用的范围

4. 无党派人士的内涵。依据中发〔2005〕5号文件精神，无党派人士“是没有参加任何党派、对社会有积极贡献和一定影响的人士，其主体是知识分子”。

5.“无党派人士”政治面貌规范使用的范围。一是已经作过各类政治安排、实职安排和社会安排的无党派人士。主要包括各级人大代表、各级政协委员中的无党派人士，担任县级（相当于县级的区）以上人民政府部门领导职务的无党派人士，担任县级以上司法部门领导职务的无党派人士，在人民团体中担任领导职务的无党派人士。各级人大代表和政协委员中的少数民族、宗教、港澳台侨代表和委员不包括在其中。二是各级统战部门联系和培养的无党派人士。主要包括经有关部门推荐并列入各级统战部门无党派人士名单和人物库内的无党派人士。

三、“无党派人士”政治面貌规范使用的要求和程序

6.“无党派人士”政治面貌规范使用的要求。根据中发〔2005〕5号文件关于“发挥统战部门在无党派人士工作中的牵头协调作用”的要求，各级统战部门要主抓“无党派人士”政治面貌的规范使用工作，并争取各有关部门的支持配合。企业、高校和科研院所等单位党委统战部门，也要承担并做好本单位“无党派人士”政治面貌的有关规范使用工作。

7.“无党派人士”政治面貌规范使用的程序。第一，统战部门以适当方式通知本人，填写无党派人士登记表。第二，统战部通报所在单位组织和人

事部门。第三，报上一级统战部门备案。

8.“无党派人士”政治面貌的变更。无党派人士申请加入其他政党，应事先征求本地或本单位统战部门同意，必要时还要征求上级统战部门的意见，并按照有关规定办理。因其他原因不适合继续作为无党派人士，统战部门应及时加以调整。

附件 2

无党派人士登记表

单位________________

职务________________

姓名________________

中 共 中 央 统 战 部

2007 年制

<table>
<tr><td>姓 名</td><td>××</td><td>性别</td><td></td><td>民族</td><td></td><td rowspan="4">正面免冠彩色照片
（2寸）</td></tr>
<tr><td>曾用名</td><td></td><td>出生日期</td><td colspan="3"></td></tr>
<tr><td>籍 贯</td><td></td><td>学 历</td><td colspan="3"></td></tr>
<tr><td>出生地</td><td></td><td>学 位</td><td colspan="3"></td></tr>
<tr><td rowspan="2">单位及职务</td><td rowspan="2" colspan="4"></td><td>健康状况</td><td></td></tr>
<tr><td>何时何处
参加工作</td><td></td></tr>
<tr><td>通讯地址及邮编</td><td colspan="4"></td><td>手机</td><td></td></tr>
<tr><td>电 话</td><td colspan="4"></td><td>Email</td><td></td></tr>
<tr><td>身份证号码</td><td colspan="6"></td></tr>
<tr><td colspan="2">何时经何机关审批何种专业
技术职务或任职资格</td><td colspan="5"></td></tr>
<tr><td colspan="2">掌握何种外语或少数民族
语言及其他技能情况</td><td colspan="5"></td></tr>
<tr><td>何时何处参加
社会团体及任
职情况</td><td colspan="6"></td></tr>
</table>

当选人民代表大会代表、政治协商会议委员情况	
主要业务成就及获奖情况	
参加政治理论培训或学习情况	

<table>
<tr><td>个人简历</td><td colspan="6"></td></tr>
<tr><td rowspan="9">家庭主要成员情况</td><td rowspan="4">配偶</td><td>姓名</td><td></td><td>出生日期</td><td></td><td>民族</td><td></td></tr>
<tr><td>籍贯</td><td></td><td>参加工作时间</td><td></td><td>政治面貌</td><td></td></tr>
<tr><td>学历</td><td></td><td>毕业院校及专业</td><td colspan="3"></td></tr>
<tr><td>工作单位及职务</td><td colspan="5"></td></tr>
<tr><td rowspan="5">家庭其他成员</td><td>关系</td><td>姓名</td><td>出生日期</td><td>政治面貌</td><td colspan="2">工作单位及职务</td></tr>
<tr><td></td><td></td><td></td><td></td><td></td><td></td></tr>
<tr><td></td><td></td><td></td><td></td><td></td><td></td></tr>
<tr><td></td><td></td><td></td><td></td><td></td><td></td></tr>
<tr><td></td><td></td><td></td><td></td><td></td><td></td></tr>
<tr><td colspan="2" rowspan="3">国内外主要社会关系情况</td><td></td><td></td><td></td><td></td><td></td><td></td></tr>
<tr><td></td><td></td><td></td><td></td><td></td><td></td></tr>
<tr><td></td><td></td><td></td><td></td><td></td><td></td></tr>
<tr><td>填表人签名或盖章</td><td colspan="7">年　月　日</td></tr>
<tr><td>统战部门意见</td><td colspan="7">__________（章）
年　月　日</td></tr>
</table>

自治区地方税务局关于全面开展建立健全惩防体系预警机制工作的通知

2008年3月24日　　桂地税发〔2008〕40号

各市地方税务局：

为贯彻落实中共中央关于"标本兼治、综合治理、惩防并举、注重预防"的反腐败工作方针，增强反腐败工作的预见性，防范和减少违法、违纪和违规行为的发生，促进地税系统领导干部以及工作人员廉洁从政，根据《自治区地税局党组关于印发〈建立健全广西地税系统惩治和预防腐败体系的实施意见〉的通知》（桂地税党组字〔2006〕44号）精神，自治区地税局于2006年确定南宁市地税局为建立健全科学预警机制的试点单位，经过2年的探索总结，试点工作取得了较好效果。为了全面构建广西地税系统惩防体系，现要求各市地税局在借鉴南宁市地税局试点工作经验的基础上，结合当地的工作实际，2008年全面开展建立健全科学的预警机制工作。

一、指导思想

各市地税局开展建立健全科学的预警机制工作，要以邓小平理论和"三个代表"重要思想、科学发展观为指导，深入贯彻落实中共中央关于《建立健全教育、制度、监督并重的惩治和预防腐败体系实施纲要》精神，强化科学管理，加强队伍建设；坚持标本兼治、综合治理、惩防并举、注重预防，自觉将党风廉政建设贯穿于税收工作大局之中，贯穿于政策执行和制度建立工作中，贯穿于税收执法权和行政管理权运行全过程之中。统筹兼顾、整体推进、求真务实、开拓创新，增强反腐败工作预见性，把握反腐败工作规律，制定具有前瞻性的反腐败措施，充分发挥广西地税系统惩防体系预警机制的整体功能作用，不断推进全区地税系统反腐倡廉建设。

二、组织领导

各市地税局要高度重视支持建立健全预警机制工作，加强组织领导，建立党组统一领导、一把手负总责、纪检监察组织协调、部门齐抓共管、干部职工广泛参与的预警机制，为建立健全预警机制工作的深入开展提供良好条件。

三、主要内容

构建科学的地税预警机制，要从预警信息采集、预警信息评估和建立预警机制工作制度三个方面开展工作。预警信息采集要拓宽内部、外部信息来源渠道，及时、全面获取预防腐败的预警信息。预警信息评估，要通过建立完善反腐倡廉动态综合评价指标体系，对获取的信息归纳整理，进行定量定性分析，从中发现存在的漏洞和薄弱环节，科学预测腐败行为的苗头和动向，及时报告和反馈，为领导科学决策和开展反腐败工作提供依据。建立预警机制工作制度，要建立以市地税局为预警中心，完善预警信息采集评估、发布、反馈、追踪等环节，制定相应的预警机制工作制度和措施，把腐败现象遏制在萌芽状态，逐步建成全区地税预警机制运行的网络。各市地税局可视自身情况定期或不定期发布预警信息，同时报告自治区地税局。

四、工作要求

各市地税局在建立健全科学预警机制工作中，要深入学习领会《自治区地税局党组关于印发〈建立健全广西地税系统惩治和预防腐败体系的实施意见〉的通知》（桂地税党组字〔2006〕44号）的精神，明确目标任务，制订切实可行的具体实施方案，积极探索，大胆创新。要制定完善相关的制度并组织实施，根据预警机制信息评估运用的结果，研究解决实际问题，充分发挥预警机制的作用。

各市地税局在上半年要开展相关的探索，搭建起预警机制的运行架构；下半年要开始试运行，有预警信息发布；年底前要认真总结建立健全预警机制工作的情况，于2008年12月15日前报告自治区地税局。

自治区地方税务局关于进一步规范干部档案查借阅工作的通知

2008年4月11日　　桂地税发〔2008〕56号

各市地方税务局：

为了充分发挥干部档案的信息资源库作用，使干部档案更好地服务于干部人事工作、人才工作，根据自治区党委组织部《关于进一步规范自治区党委管理干部档案查借阅工作的通知》（桂组通字〔2008〕14号）精神，结合地税系统实际，本着“严格管理、安全保密、规范程序、方便利用”的原则，现就进一步规范自治区地税局管理干部档案查借阅工作通知如下：

一、查借阅单位范围

（一）下列单位因工作需要，可直接向自治区地税局人事处提出查借阅自治区地税局管理干部档案申请。

1. 各市地税局人事教育科；

2. 区直各单位组织人事部门。

（二）其他单位和个人不得查借阅自治区地税局管理干部档案。因工作确需查阅的，按照隶属关系或人事关系由上述单位代为查借阅。

二、查借阅事由

有下列用途之一的，经我局批准后可以查借阅自治区地税局管理干部档案：

（一）干部考察、任免、调动、政治审查、组织处理、入党、出国（境）、退（离）休、工资待遇、治丧、制作档案副本等组织人事工作。

（二）办理案件。

（三）办理社会保险、公证。

（四）经自治区地税局领导批准进行的编史修志、撰写大事记或人物传记、举办展览或纪念活动。

三、查借阅手续

查借阅自治区地税局管理干部档案，必须按要求如实填写《自治区地税局干部档案查借阅审批表》（由各单位依照所附式样翻印）。《自治区地税局管理干部档案查借阅审批表》按以下要求签报：

（一）各市地税局查借阅自治区地税局管理干部的档案，由各市地税局分管人事工作领导签字，盖市局印章；区直各单位查借阅自治区地税局管理干部的档案，由查借阅单位分管组织人事工作的领导签字，盖党委（党组）印章。

（二）执纪、执法机关因办理案件查借阅自治区地税局管理干部档案，由查借阅单位分管领导签字，盖单位印章。

根据《干部档案工作条例》规定，自治区地税局管理干部死亡5年后，其干部档案移交自治区档案馆永久保存。需要查阅有关干部档案的由查阅单位按照自治区档案馆的相关规定办理。

四、查借阅人员要求

各市地税局在签批《自治区地税局管理干部档案查借阅审批表》时，应当对查借阅人员进行审查把关，选派符合以下条件的人员前来查档。

（一）查借阅人员必须政治意识强，了解干部档案查借阅制度。

（二）查借阅人员必须2人以上，且系中共党员和查借阅单位的正式干部。

（三）查阅自治区地税局管理干部档案，查借阅人员中必须有科级以上干部。

（四）因办理案件查借阅自治区地税局管理干部档案，查借阅人员必须是案件主办单位的干部。

五、查借阅注意事项

（一）除办理案件外，查借阅单位只能查借阅人事关系在本地区本部门的自治区地税局管理干部的档案。特殊情况需要跨地区跨部门查借阅自治区地税局管理干部档案的，由本通知所列的查借阅单位事先来函报我局审批，查借阅时须携带我局批复的原件或复印件。

（二）查借阅单位须在《自治区地税局管理干部档案查借阅审批表》签批之日起5个工作日内到我局查借阅，并事先与人事处联系。

（三）查借阅人员须持《自治区地税局管理干部档案查借阅审批表》和本人有效工作证件。

（四）人事处对《自治区地税局管理干部档案查借阅审批表》和有关材料进行审核，按程序报领导批准后提供相应的查借阅服务。

（五）自治区地税局管理干部档案材料一般只能摘抄。特殊情况需要复制的，须事先在《自治区地税局管理干部档案查借阅审批表》中列出需要复制的材料明细，并经我局批准方可复制。摘抄、复制的档案材料，须经人事处审核并办理登记手续，用后由查阅单位存档或登记销毁。

（六）自治区地税局管理干部档案一般不予外借。因治丧等特殊情况确需借出使用的，必须履行严格的审批程序，驻邕单位必须在借出之日起5个工作日内归还，非驻邕单位必须在借出之日起10个工作日内归还。

六、查借阅纪律

（一）任何人不得查借阅本人及与其有夫妻关系、直系血亲关系、三代以内旁系血亲关系以及近姻亲关系的自治区地税局管理干部的档案。

（二）查借阅人员必须严格遵守保密制度，不得泄露或擅自对外公布自治区地税局管理干部档案内容。

（三）查借阅人员必须严格遵守阅档规定，严禁涂改、圈划、污损、撤换、抽取、增添档案材料，未经我局批准不得复制档案材料。

（四）借出使用的档案和摘抄、复制的档案材料，要妥善保管，不得转借，不准无关人员和干部本人翻阅。

（五）对违反本通知要求的，按照《中华人民共和国档案法》、《中国共产党纪律处分条例》等法律法规给予相应的党纪政纪处分，直至追究法律责任。

七、各市地税局管理干部档案的查借阅工作，参照本通知规定执行。

本通知自下发之日起施行。

附件：《自治区地税局管理干部档案查借阅审批表》（式样）（略）

自治区地方税务局转发驻国家税务总局纪检组监察局关于开展廉政文化建设系列活动的通知

2008年4月21日　　桂地税发〔2008〕64号

各市、县（市、区）地方税务局，各市地方税务局直属机构，局内各单位：

现将《驻国家税务总局纪检组监察局关于开展廉政文化建设系列活动的通知》（国税党纪发〔2008〕4号）转发给你们，请结合《自治区地方税务局关于加强全区地税系统廉政文化建设的意见》（桂地税发〔2007〕248号）精神认真贯彻执行，整体推进廉政文化建设活动，做好全国税务系统廉政文化成果集中展示活动的准备工作。

驻国家税务总局纪检组监察局关于开展廉政文化建设系列活动的通知

2008年3月11日　　国税党纪发〔2008〕4号

各省、自治区、直辖市和计划单列市国家税务局、地方税务局，局内各单位：

为深入贯彻落实总局党组《关于建立健全税务系统惩治和预防腐败体系的实施意见》，进一步建立和完善反腐倡廉“大宣教”格局，经研究决定，今年在全国税务系统开展旨在“展示成果、促进交流、整体推进”的廉政文化建设系列活动，现将有关事项通知如下：

一、指导思想

按照党的十七大提出的“加强廉政文化建设，形成拒腐防变教育长效机制”的要求，以邓小平理论、“三个代表”重要思想和科学发展观为指导，以“聚财为国、执法为民”为核心，以“艰苦奋斗、廉洁奉公”为主题，以廉政文化进机关、进基层、进家庭等为抓手，以培育优良党风政风和促进系统风气好转为目标，突出廉洁从政教育和思想道德教育，培育立党为公，执政为民的理想信念，建设社会主义核心价值体系，树立社会主义道德观和“八荣八耻”的社会主义荣辱观，倡导廉洁奉公，弘扬清风正气，增强广大税务人员廉洁从政的自觉性，筑牢拒腐防变的思想道德防线。

二、总体目标

（一）通过开展廉政文化建设系列活动，促进“领导重视，部门密切配合、广大税务人员积极参与”局面的进一步形成，使广大税务人员的精神文化生活日益丰富，党员领导干部拒腐防变能力不断增强，形成尊廉、崇廉、践廉的良好风尚。

（二）通过开展廉政文化建设系列活动，在坚持已经取得的成功经验和做法的基础上，进一步培育和树立廉政文化建设的先进典型，并充分发挥典型示范作用，以点带面，推动全局，进一步增强廉政文化的影响力、吸引力和渗透力。

（三）通过开展廉政文化建设系列活动，促进廉政文化资源的有效整合利用，努力拓展廉政文化建设阵地，以更高的起点、更高的品位挖掘廉政文化内涵，加强理论研究与创新，用发展的廉政文化理论指导廉政文化建设的新实践，把廉政文化建设推向更高的平台和更广阔的舞台。

三、系列活动的形式和作品要求

（一）组织现场观摩和经验交流。

各地可根据本地区本部门实际，开展各种形式的展示交流活动，并及时报告总局。总局将结合纪检监察干部培训、纪检组长集中述职述廉和专题调研等工作，选择廉政文化建设成效明显的单位，组织现场观摩和交流活动。

（二）组织集中展示。

拟于今年第四季度在北京组织一次税务系统廉政文化成果集中展示活动。

集中展示的作品要求：

1. 要能体现税务系统的特点。充分体现总局党组和各级领导班子对廉政文化建设的高度重视，充分体现反腐倡廉“大宣教”格局与广大税务干部职工多元化的文化需求相结合的特点，充分体现鲜明的时代性和广泛的群众性，全面反映全国税务系统廉政文化建设的面貌。

2. 要坚持以广大税务人员为创作主体。各地要充分发挥全体税务干部的积极性、主动性、创造性，调动各方面力量共同参与。各地要本着实事求是、勤俭节约的原则，报送税务人员创作和参与的作品。

3. 要体现作品类型的多样化。参加展示廉政文化建设成果展示的作品，要体现内容上的广泛性，形式上的多样性，同时要确立重点，突出地方特色，增强品牌意识。

4. 廉政文化作品的报送，以省、自治区、直辖市和计划单列市局为单位组织，报送数量另定。

（三）本次廉政文化成果展示不进行组织评比，不设奖项。

展示结束后将其中的优秀成果汇编成册下发全系统，并以一定形式通报展示情况。各单位要积极参加展示交流，认真选送展示作品。指定承担和参加现场观摩和经验交流的单位，要做好相关准备工作。

四、关于组织廉政文化建设系列活动的几点要求

（一）切实提高思想认识，加强组织领导。

各级税务机关要以交流展示活动为契机，切实把廉政文化建设作为一项重要工作列入工作议程，在勤俭节约的基础上，在人力、经费等方面提供支持，努力为廉政文化建设搭建平台，确保廉政文化建设稳步、健康、有序发展。各级领导干部要高度重视，增强责任感，亲自参与，明确责任。要充分发挥“大宣教”格局的优势，调动各部门和广大税务人员的积极性。

（二）坚持以人为本，不断提高廉政文化建设的工作水平。

要注重人文关怀和心理疏导，增强个体教育的针对性，倾情培育健康向上的个性心理，增强廉政文化的渗透力、感染力和影响力，努力实现税务机关从个体到集体的全方位和谐。

（三）巩固工作成果，全面推进廉政文化建设。

各级税务机关要紧密结合实际，针对不同类别、不同层次、不同岗位税务人员，确定主题，系统安排，逐步深化。要立足当前，着眼长远，合理规划，有序推进。要坚持以点带面，分类指导，在抓好普及的基础上，注重提高，争创特色，推出精品。各地可结合实际制定指导性意见，有计划、有步骤地全面推进全系统廉政文化建设。

自治区地方税务局关于印发加强基层税收重点岗位监督管理试点工作方案的通知

2008年4月22日　桂地税发〔2008〕66号

各市、县（市、区）地方税务局，各市地方税务局直属机构，局内各单位：

现将《广西壮族自治区地方税务局加强基层税收重点岗位监督管理试点工作方案》印发给你们，请认真执行。

广西壮族自治区地方税务局加强基层税收重点岗位监督管理试点工作方案

根据《中华人民共和国税收征收管理法》等税收法律、法规、规章，中共中央《建立健全教育、制度、监督并重的惩治和预防腐败体系实施纲要》和国家税务总局《建立健全税务系统惩治和预防腐败体系的实施意见》，为了进一步规范地税系统税收执法行为，强化对基层容易发生违纪违法行为的税收重点岗位的监督管理，结合构建全区地税系统惩防体系，按照环环相扣、层层推进的工作方式，开展加强基层税收重点岗位监督管理试点工作，特制定本方案。

一、总体目标和基本原则

通过试点工作的实施，巩固和深化全区地税系统加强对重点环节监督管理的成果，使全区地税系统对基层税收重点岗位的监督管理能力显著增强，对税收执法权的监督制约能力明显提高，进一步促进地税系统干部职工廉洁从政意识和遵纪守法的自觉性。

监督管理工作遵循依法监督，公开透明；全面监督，突出重点；逐级监督，条块结合；内外监督，共同制约的原则。

二、监督管理工作的领导

监督管理工作坚持党组统一领导，党政齐抓共管、部门各负其责，纪检监察组织协调，干部职工积极参与的工作机制，形成共同监管的整体合力。

三、监督管理的方式

（一）岗位监督。

通过科学设置税收岗位，合理界定岗位职责，每个岗位自我查找容易出现问题的廉政风险点，形成自我警戒、自我约束、相互制衡的工作格局。

（二）职能部门的监督。

基层地税机关业务职能部门，认真履行“一岗两责”职责，加强日常管理，定期对税收重点岗位人员履职情况进行监督检查。

（三）纪检监察部门的监督。

纪检监察部门对业务职能部门履行监管职责情况实施监督。

（四）社会监督。

健全接受社会监督的平台和网络，通过多种形式，主动接受社会监督。

四、监督管理工作的要求

（一）岗位之间要紧密配合，相互监督制约。

要在分工合理、职责明确的基础上，互相配合，互相监督，互相促进。

（二）重点强化各业务职能部门的监督管理。

1.各业务职能部门之间要上下协调，加强交流沟通。善于发现问题、分析问题，善于抓住关键、把握要害，善于完善制度、强化措施，形成良性互动的机制。

2.各业务职能部门要定期开展对基层税收重点岗位人员的监督管理，监督管理工作必须形成检查工作底稿和检查工作报告，并按档案管理的要求由本部门将检查工作底稿和检查工作报告立卷、归档。

3.各业务职能部门要将对税收重点岗位人员的监督管理情况及整改情况报告对口上级业务职能部门，同时报送同级纪检监察部门。

（三）各级纪检监察部门定期对各业务职能部门履行监督管理的情况进行检查监督，形成检查监督工作报告和提出整改意见，并反馈给相关业务职能部门。

（四）监督检查人员在实施监督检查工作过程中必须严肃认真、坚持原则、实事求是，对检查结果负责任。

（五）各级地税机关必须依法接受社会各界及群众的监督。每年可以邀请有关政务协作部门及纳税人代表、社会团体、特邀监察员和义务监察员等，对基层地税机关税收重点岗位工作人员行使税收执法权情况进行监督。

五、需要加强监督管理的基层税收重点岗位

（一）税款征收岗位的监督管理。

主要监督执行税收政策是否到位，税款征收过程是否严格落实票款分离制度，对代开普通发票应征税款是否严格依法足额征收，是否按规定税基、税率征收税款，对以现金方式征收的税款以及代征代扣代收的税款，是否严格执行“限期限额”结报的规定；重点防范、杜绝截留、积压、贪污、挪用、转引税款等严重违纪违法行为的发生，以及税款私存现象。

（二）税款缴库岗位的监督管理。

重点监督税款缴库人员对已结报的税款是否及时解缴入库，是否存在截留、积压、贪污、挪用税款现象，以及是否存在违规设置税款过渡户和税款私存现象。

（三）税收管理员岗位的监督管理。

加强对该岗位执行税收政策情况的监督管理，重点对税务登记、“双定”征收户停歇业、个体工商户和单位纳税人税款核定等工作情况的监督管理，检查是否严格履行调查和审批程序，并按照“政务公开”有关规定进行公开，防止以税谋私；检查重点税源的税收管理员是否认真贯彻落实《广西壮族自治区地方税务局重点税源监控管理办法（试行）》等相关制度；加强对纳税申报的检查监督；对税款缓缴条件、资格和审批手续严格把关，杜绝违规操作；检查税收减免的调查、审核、报批过程是否符合相关规定。

（四）税收票证和普通发票管理岗位的监督管理。

加强对税收票证和普通发票的保管、领用及缴销的监督管理，是否做到账实相符，对作废的税收票证是否按规定缴销；重点监督税收票证和普通发票以及货物运输发票的使用、管理，防止因制度落实不到位而出现各种造成税款损失的不廉行为。

（五）税务稽查岗位的监督管理。

重点对选案、检查、审理和执行等岗位人员的监督管理，检查是否按《税务稽查操作规程》办理案件，防止因人为因素在案件处理时不收或少收税款、滞纳金，不予罚款或少罚款；防止查补税款不及时入库或不足额入库；防止涉嫌犯罪的涉税案件该移送而不移送司法机关。

（六）对税款征收、税款解库、税收管理员、税收票证和普通发票、税务稽查等岗位负有直接监管领导责任的负责人岗位的监督管理。重点对其履行岗位监管职责情况进行监督，主要监督其对所分管的税收重点岗位是否进行定期检查，发现问题是否及时采取措施予以纠正并报告上级机关。

六、监督管理工作的安排

（一）时间安排。

2008年一季度为准备阶段，二、三季度为实施阶段，四季度为总结阶段。

（二）各市地税局要选择一个县局和一个城区局作为试点单位，每个试点单位要分别明确3个税收重点岗位（同一个市局最好将上述6个岗位分别放在县局、城区局）进行监督管理试点。

（三）材料上报。

各市地税局的具体实施方案于2008年4月底前上报自治区地税局，总结材料于2008年11月15日前上报。

自治区地方税务局转发自治区党委组织部关于做好新一轮广西在职干部全员培训登记工作有关事项的通知

2008年5月22日　桂地税发〔2008〕85号

各市、县（市、区）地方税务局，各市地方税务局直属机构，局内各单位：

现将《自治区党委组织部关于做好新一轮广西在职干部全员培训登记工作有关事项的通知》（桂组通字〔2008〕40号）转发给你们，请按文件要求做好培训登记工作和督促工作，自治区地税局将在适当时候对干部的培训登记证书进行抽查。

关于做好新一轮广西在职干部全员培训登记工作有关事项的通知

2008年4月17日　桂组通字〔2008〕40号

各市党委组织部，自治区农垦工委、自治区党委各部委、自治区国家机关各委办厅局、各人民团体、各高等院校组织人事部门，自治区有关企业人力资源管理部门：

在职干部全员培训登记是确保在职干部全员培训计划落到实处，保障在职干部接受培训权利和义务的重要措施。为完成中央提出的新一轮大规模培训干部的战略任务，加强干部接受培训情况的登记管理，推进在职干部全员培训工作的科学化、规范化、制度化，现就我区新一轮在职干部全员培训登记工作有关事项通知如下：

一、在职干部全员培训统一采用自治区党委干部教育工作领导小组办公室印制的《广西在职干部全员培训登记证书》进行登记。组织（人事）部门在干部年度考核、任用考察时，要将干部接受教育培训情况作为干部考核的重要内容和选拔任用、职级晋升、评先表彰的重要依据之一。

二、在职干部参加连续三天（包括三天）以上脱产培训，由负责实施培训的机构进行培训登记，登记内容包括培训班次、培训主要内容、主办单位、培训起止时间（天数）、培训考核情况等。参加半天以上、三天以内的短期专题培训由干部所在单位培训管理员负责登记。在职干部年度培训情况由所在单位干部培训管理部门登记汇总后，按照干部管理权限送交当地党委干教办审核，并加盖公章，一年一审。

三、上级干部教育主管部门在对下级单位干部培训进展情况进行督查时，要对所督查单位的干部培训登记证书进行抽查。对没有按要求进行培训登记或培训登记不实的，可视情况进行通报；对干部年度脱产培训没有达到规定时间要求的，要督促及时落实补训。

四、各单位干部教育管理部门按单位在职干部人数（包括职工）到当地党委干教办登记购领《广西在职干部全员培训登记证书》，并登记、注册、编号后发给干部使用。

五、请各市、区直各单位于2008年4月25日前将培训证书订数报我部干部教育处，并于6月15日前到自治区党校行政大楼305房购领。为了节约资源，减少浪费，原则上只更换证书的内芯，原证书封面继续使用。培训登记证书内芯印制工本费每本0.45元，对个别需要新购领证书的，证书封面及内芯工本费每本1.5元。购证书金额超过1000元的，请转账。户名：中国共产党广西壮族自治区委员会党校，账号：45001604254050503711，开户行：建行南宁市东葛路分理处。凭银行汇款单复印件领取培训登记证书。

联系人：覃善强，联系电话：0771－5576178，5576663，13977137048。

自治区地方税务局关于印发《广西地税系统〈行政机关公务员处分条例〉学习考试方案》的通知

2008年6月25日　桂地税发〔2008〕108号

各市地方税务局，局内各单位：

为贯彻落实自治区人事厅、监察厅《关于认真做好〈行政机关公务员处分条例〉培训工作的通知》（桂人函〔2008〕293号）精神和工作要求，自治区地税局制定了《广西地税系统〈行政机关公务员处分条例〉学习考试方案》，现印发给你们，请结合实际，认真贯彻执行。

广西地税系统《行政机关公务员处分条例》学习考试方案

为深入学习、贯彻落实好《行政机关公务员处分条例》（以下简称《条例》），建设行为规范、公正透明、勤政高效、清正廉洁的地税干部队伍，根据人事厅、监察厅《关于认真做好〈行政机关公务员处分条例〉培训工作的通知》（桂人函〔2008〕293号）精神，制定本学习考试方案。

一、指导思想和目的

坚持以邓小平理论和“三个代表”重要思想为指导，贯彻落实党的十七大精神和科学发展观，从实际出发，按照学用结合的原则，通过组织开展《条例》的学习和考试，使全区地税系统公务员准确理解《条例》规定，切实把握精神实质，不断提高依法行政能力，为顺利推进《条例》在全区地税系统的贯彻实施打下坚实的基础。

二、组织领导

为加强对《条例》学习考试的领导，保证工作顺利进行，自治区地税局成立学习考试工作领导小组及其办公室，成员如下：

（一）领导小组成员。

组　长：吴殿禄（自治区地税局副局长）

副组长：郑文临（自治区地税局纪检组组长）

成　员：李国英（监察室主任）

赵　跃（基层教育处副处长）

边　远（人事处副处长）

（二）领导小组办公室设在基层教育处，主任由赵跃副处长兼任。办公室工作人员：赖长能、蒋钢、李丽华、赵敏。

三、责任分工

学习考试工作领导小组主要负责考试重大事项的决策和有关部门之间工作的协调。教育部门负责学习考试的具体组织和协调，考场安排，试卷的领取、发放回收、评卷统分以及考试成绩的登记和上报工作；监察部门负责学习内容的具体指导和考试纪律、考务监督工作；人事部门负责考试的报名和考生资格审查。

四、学习考试对象

学习考试对象为全区地税系统行政机关公务员以及参照公务员管理的事业单位工作人员。

五、学习考试内容

主要内容为《条例》颁布实施的重要意义、出台背景、立法依据和指导思想，行政机关公务员处分的原则、种类、权限、程序、申诉等。

六、学习的组织与方式

学习采取自学与集中学习相结合，以自学为主的形式。集中学习时间要求不低于6个学时。自治区地税局将于2008年7月聘请专家学者举办《条例》专题讲座，并将讲座录制成学习光盘，发放给基层单位学习。各市、县（市、城区）地税局以及各市地税局直属单位，也要按照分级分类的原则，采取集中办班、专题辅导、专家讲座、学习经验交流会、知识竞赛等多种形式组织所在单位公务员进行学习。

七、考试的组织

（一）考试时间。

初定在2008年9月中旬，具体时间另行通知。

（二）考试形式。

考试采用开卷考试的形式，要求考生独自完成。

（三）考试报名。

各市地税局、局内各单位于2008年8月31日前将参考人员名单报自治区地税局人事处。（挂职、借调和借用人员，可就近报名参加考试）

（四）考场设置。

各市以市地税局机关，县（市、区）地税局、市地税局直属单位为单位设置考点和考场；自治区地税局机关设置1个考点，下设4个考场。

（五）试卷的领送。

全系统的考试试卷由自治区地税局统一向自治区人事厅领取。各市地税局考试前派2名政治过硬、责任心强的同志到自治区地税局领取试卷，并负责将试卷发放到基层考点。考试结束后，各考点收回密封试卷，交各市地税局集中送回自治区地税局。

（六）考试监督。

监考工作由各级地税机关的人事教育和监察部门负责。

（七）试卷评阅、统分和上报。

试卷采取集中评阅的方式，由自治区地税局统一组织评卷和统分，在2008年9月30日前将考试情况分别报自治区人事厅、自治区监察厅。

八、学习考试的评估应用

此次《条例》的学习培训情况和考试成绩将记入《广西壮族自治区公务员培训证书》，作为年度考核、任职和晋升的依据之一。无故不参加考试或考试成绩不合格的，年度考核不能确定为称职以上等次。

自治区地方税务局关于成立行政执法移送涉嫌犯罪案件专项工作组的通知

2008年9月19日　　桂地税发〔2008〕134号

各市、县（市、区）地方税务局，各市地方税务局直属机构：

为了深入贯彻落实自治区人民检察院、监察厅、整规办、公安厅《关于对行政执法机关移送涉嫌犯罪案件工作进行专项检查的通知》（桂检会〔2008〕9号）精神，切实加强行政执法与刑事司法衔接机制的建设，经研究，自治区地税局决定成立自治区地方税务局行政执法移送涉嫌犯罪案件专项工作组。工作组人员组成如下：

组　长：李早春（自治区地税局副局长）
副组长：唐启壮（自治区地税局稽查局局长）
　　　　韦兴文（自治区地税局征管处处长）
　　　　陈仁英（自治区地税局法规处处长）
　　　　李国英（自治区地税局监察室主任）
成　员：韦海滨（自治区地税局稽查局干部）
　　　　韦　肯（自治区地税局征管处干部）
　　　　韦延彦（自治区地税局法规处干部）

工作组主要职责是负责协调、督导各市地税局开展行政处罚案件自查工作，工作组办公电话0771－5538003。各市地税局要及时成立行政执法移送涉嫌犯罪案件专项工作组，确定一名市局领导负责，配备工作人员，及时开展行政处罚案件的自查清理工作，并按要求上报本级专项检查组。

自治区地方税务局关于做好2008年度处级干部年度考核工作的通知

2008年12月19日　桂地税发〔2008〕182号

各市地方税务局：

为了做好我系统处级干部2008年度考核工作，根据中共中央组织部《关于印发〈公务员考核规定〉（试行）的通知》（中组发〔2007〕2号）的规定和《自治区地方税务局关于组织开展2008年度绩效考评工作的通知》（桂地税发〔2008〕172号）要求，现将处级干部年度考核有关事项通知如下：

一、各市地税局处级干部年度考核工作，以市地税局为单位，结合2008年度绩效考评工作一并组织进行。

二、考核工作程序。

（一）个人撰写工作总结，填写《公务员年度考核登记表》。

（二）召开干部职工大会，单位领导班子成员个人进行述职；印发《民主测评表》，由干部职工对处级干部进行民主测评（与绩效考评一并进行）。

（三）各市地税局主要领导根据被考核人的工作表现、个人总结和民主测评情况，在《公务员年度考核登记表》中“主管领导评语和考核等次建议”栏内填写考核等次意见。

各市地税局正职领导及相当级别干部的考核等次意见，由自治区地税局主要领导填写。

（四）将处级干部年度考核的情况及处级干部《公务员年度考核登记表》交自治区地税局绩效考评工作组带回，送自治区地税局公务员年度考核委员会评审。

（五）自治区地税局领导班子主要负责人在《公务员年度考核登记表》中的“机关负责人或考核委员会意见”栏内填写考核结论，确定考核等次。

（六）将考核结果通知被考核人。

三、请各市地税局于2009年1月20日前完成相关材料上报工作。

附件：公务员年度考核登记表

附件

公务员年度考核登记表

（　　　年度）

<table>
<tr><td>姓名</td><td></td><td>性别</td><td></td><td>出生年月</td><td></td></tr>
<tr><td>政治面貌</td><td></td><td>任现职时间</td><td colspan="3"></td></tr>
<tr><td>单位及职务</td><td colspan="5"></td></tr>
<tr><td>从事或分管工作</td><td colspan="5"></td></tr>
<tr><td>个人总结</td><td colspan="5">签名：　　　　年　　月　　日</td></tr>
</table>

主管领导评语和考核等次建议	签名：　　　　年　　月　　日
机关负责人或考核委员会意见	签名：　　　　年　　月　　日
本人意见	签名：　　　　年　　月　　日
未确定等次或不参加考核情况说明	盖章或签名：　　　　年　　月　　日

第五编
机构与人员

2008年广西壮族自治区地方税务局厅级干部（在职）名单

党组书记：苏道俨（2008年1～6月在职）
党组副书记、局　长：卢献匾（2008年1～6月在职）
党组书记、局　长：关礼（2008年6月到职）
巡视员：吴殿禄（2008年11月前任党组成员、副局长）
副局长：蒙启华、李早春
纪检组长：郑文临
总会计师：李伟
副巡视员：肖西安

2008年广西壮族自治区地方税务局机关及直属单位处级干部名单

单　位	正　职		副　职		调研员	副调研员
	职　务	姓　名	职　务	姓　名		
办公室			副主任	吴献君	欧炳新	阮官珍
法规处	处长	陈仁英	副处长	黄荣国		
流转税处	处长	黄德成	副处长	黄京利	莫树荣、赖少芳	
所得税处	处长	刘贵平	副处长	韦春灵、李伟健	谢植德	
财产行为税收	处长	曾纪芬	副处长	许东红	周丽琼	
征收管理处	处长	韦兴文	副处长	蒋楠		黄敬东
计划统计处	处长	裴朝伟	副处长	沈东革、农基伟		
财务管理处	处长	王生勇	副处长	廖风良		郑海燕
人事处	处长	苏忠怀	副处长	边远、陆敏	陆夫民	
机关党委	副书记	梁玉涛				
基层教育处	处长	黄冠平	副处长	赵跃、韩英	何湘	杨其敏
监察室	主任	李国英	副主任	冯传授		李丽华、赵庆华
巡视督查办					林力平	张永红
计算机信息管理中心	主任	唐运球	副主任	陈志军		
税科所	所长	汪星明	副所长	江燕、高丽峰	洪训昌	
机关后勤服务中心	主任	刘正奇	副主任	洪效		邓秀乾、杨双春、林寿争
工会	副主席	王庆华				肖仁新
团工委	副书记	陆敏				
妇委会	主任	唐小明				
注税中心	副主任	谢定耿				
直属税务分局	局长	蒋敦廉	副局长	周丹、陈钜胜、谭英年、王辉	李瑞、何振邦	苏泰乎
稽查局	局长	唐敌壮	副局长	孙祥春、兰野	王怡菲	潘七昌

2008年广西壮族自治区各市地方税务局处级干部名单

单位＼职务	党组书记、局长	副局长	纪检组长	总会计师	调研员	副调研员
南宁市	赵汉臣	黄芸、伍志强	魏光银	王强		潘仁兴、卢振亮、王汝卫
柳州市	蔡超群	周秋容、赵庆华、韩红宇	叶少华	李玉鸿	罗树生	黄汉纯
桂林市	李秋有	钟春年、宁小林、袁理兵、梁喜书	韦润高	母治康	李玲清、黄荣汉	黄正东、胡得强
梧州市	陆远万	邵永良、韦艺、高杰	程延雄	郑超延	陈锋	易义军
北海市	包基智	黎海君、李临福、刘辉	郑卫红	龙光泓		徐东兴、黄丽锋、余先璠
防城港市	吴润元	梁光、陈焯华、蒋伟春	唐必能	费兴东	阮振凤	梁岖军、祁同芬
钦州市	王晓华	韦学源、杨国林、刘松生	吴义东	廖学良	韦群恩、冯咸业	谭妙庆
贵港市	朱伟明	杨军、马吉体、黄永诚	腾泽良	罗毅敏		陈天全、陈锦华
玉林市	陶成春	赖增煜、俞中强、梁仲通	欧毅森	蒙木荣	黎植宏、黄明春	黄向阳、覃美云
崇左市	蔡伟	韦治德、玉国兴、凌才农	覃毅忠	蒋宁		农英建
来宾市	奚羡华	黄志辉、覃丽芳、陶伟	周祖军	林春	韦新业	
贺州市	徐燕鸣	唐发江、陆浩平、吴建波	张颖苓	李健	黄群芳	吕红盛
百色市	农华	罗彩娥、胡凌峰、张彩胜	范日昭	唐少华	罗顺玮	徐捐珂、毛沛萌
河池市	黎刚敏	张远利、罗向平、韦海成	兰海东	覃东汉		李月姣、牙祖浩

2008年南宁市地方税务局内设机构、直属机构负责人名单

单位＼项目	正职		副职	
	职务	姓名	职务	姓名
办公室	主任	林映炎	副主任	李玉露
法规宣传科	科长	覃少荣		
税收政策科	科长	梁超荣	副科长	华筠
所得税科	科长	刘建宇	副科长	李敏睿
征收管理科	科长	李国建	副科长	彭伟
稽查科	科长	苏际中	副科长	周锋
计划财务科	科长	李丽玲	副科长	唐青敏
人事教育科	科长	林碧波	副科长	李玉洁
监察室	主任	马翔	副主任	周洁
计算机信息管理中心	主任	莫宁	副主任	周继亮
机关后勤服务中心	主任	何坚	副主任	黄章明、欧锋
党办	主任	叶树奇		
工会	主席	卢振亮	副主席	刘丽华
团委	书记	何明栩		
税务服务中心	主任	赵志忠	副主任	卢碧绿
第一稽查局	局长	陈广卫	副局长	岑胜洋
第二稽查局	局长	唐汀（暂停职务）	副局长	王惠颖、冯刚
第三稽查局	局长	方标	副局长	吕健

2008年柳州市地方税务局内设机构、直属机构负责人名单

单位 \ 项目	正职		副职	
	职务	姓名	职务	姓名
办公室	主任	陈信生	副主任	简红
法规宣传科	科长	谢小聪	副科长	韦学权
税收政策科	科长	兰祖宽	副科长	闵志国
所得税科	科长	何毅	副科长	文旭琦
征收管理科	科长	张建武	副科长	陈卫星
稽查科	科长	白国利	副科长	韦江海
计划财务科	科长	赵雪梅	副科长	陈钧钧
人事教育科	科长	雷海杰	副科长	黄海
监察室	主任	黄启提	副主任	李志军
计算机信息管理中心	主任	陈兴强	副主任	杨湛宾
机关后勤服务中心	主任	陈晓筠	副主任	李民、邓艳
直属税务分局	局长	杨军	副局长	许亚明、谭晓娟、陈辉爱
第一稽查局	局长	蔡天容	副局长	何丽芬、谭韦伍
第二稽查局	局长	杨斌	副局长	许丽、蔡汉群

2008年桂林市地方税务局内设机构、直属机构负责人名单

单位 \ 项目	正职		副职	
	职务	姓名	职务	姓名
办公室	主任	谭苏义	副主任	罗剑飞、胡尚华
法规宣传科	科长	洪建平	副科长	李隆旺（至2008年10月）、凌小丽
税收政策科	科长	祁诗湘（至2008年10月）、石桂华	副科长	黄永东
所得税科	科长	王荣（至2008年10月）、李慧萍	副科长	李慧萍（2008年10～12月）、邓淑屏
征收管理科	科长	石桂华（至2008年10月）、祁诗湘	副科长	邓茹斌、殷武
稽查科	科长	杨冉	副科长	唐钧峰
计划财务科	科长	傅宏（至2008年10月）、王荣	副科长	王光波（至2008年10月）、马玉媛
人事教育科	科长	颜祥举	副科长	罗晓阳
监察室	主任	鲁致高	副主任	赵年林
计算机信息管理中心	主任	汪跃	副主任	曾文琳
机关后勤服务中心	主任	傅宏（2008年10月至今）	副主任	李慧萍（至2008年10月）、秦洪
直属税务分局	局长	黄健华	副局长	姚一新、张云、谭冰梅
第一稽查局	局长	徐艳安	副局长	苏涛、黄文涛
第二稽查局	局长	徐晓强	副局长	唐本虔、王林

2008年梧州市地方税务局内设机构、直属机构负责人名单

项目 单位	正职		副职	
	职务	姓名	职务	姓名
办公室	主任	梁庆洲	副主任	莫观华、苏云天
法规宣传科	科长	罗瑜		
税收政策科	科长	倪建国		
征收管理科	科长	黄素华	副科长	蒙新荣
计划财务科	科长	杨明明	副科长	李坚明、李宁
人事教育科	科长	麦锦荣	副科长	杨祚任
监察室	主任	邓运海		

2008年北海市地方税务局内设机构、直属机构负责人名单

项目 单位	正职		副职	
	职务	姓名	职务	姓名
办公室	主任	熊东茂	副主任	杨楚荣
法规宣传科	科长	梁恩广		
税收政策科	科长	蒙绍彬		
所得税科	科长	黎淑霞	副科长	曾克富
征收管理科	科长	王松涛	副科长	李小红
计划财务科	科长	陈强	副科长	陈敏华
人事教育科	科长	满盈红		
监察室	主任	韦韩克		
计算机信息管理中心	主任	吴爱娟		
机关后勤服务中心	主任	傅积彪	副主任	李连勇
直属税务分局	局长	林受海	副局长	朱春庆、苏柳
稽查局	局长	吴健强	副局长	林燕、梁文

2008 年防城港市地方税务局内设机构、直属机构负责人名单

项目 单位	正职		副职	
	职务	姓名	职务	姓名
办公室	主任	陈慈祝	副主任	谭一峰
法规宣传科	科长	李德裕		
税收政策科	科长	黎华		
所得税科	科长	凌国龙		
征收管理科	科长	张增华	副科长	赵忠平
计划财务科			副科长	刘才峰
人事教育科			副科长	杨怀芳、林立
监察室	主任	左雪光		
计算机信息管理中心	主任	钟小武	副主任	谢静
机关后勤服务中心	主任	黎忠敢	副主任	谭华振
税务服务中心	主任	刘庆东	副主任	蔡娟
稽查局	局长	许其启	副局长	陈卫国、刘舒萍

2008 年钦州市地方税务局内设机构、直属机构负责人名单

项目 单位	正职		副职	
	职务	姓名	职务	姓名
办公室	主任	张星强	副主任	苏相日
法规宣传科			副科长	黄兴信
税收政策科	科长	李经群		
所得税科			副科长	李鸿军
征收管理科	科长	吴华纯	副科长	崔立权
计划财务科	科长	陈同蓉	副科长	施显艺
人事教育科	科长	蒋钦勇	副科长	叶李卫
监察室	主任	唐跃权		
计算机信息管理中心	主任	冯志伟		
机关后勤服务中心	主任	陈振军	副主任	裴旋
直属第一税务分局	局长	苏维杰	副局长	黄伟航、张永道
直属第二税务分局	局长	陆巨胜	副局长	许家翔、李舒平
稽查局	局长	梁振光	副局长	王大婕

2008年贵港市地方税务局内设机构、直属机构负责人名单

单位 \ 项目	正职		副职	
	职务	姓名	职务	姓名
办公室	主任	杨冬梅	副主任	黄雄
法规宣传科	科长	覃严		
税收政策科	科长	龚敬能		
所得税科	科长	覃建苗		
征收管理科	科长	周李雄	副科长	磨乙荫
计划财务科	科长	吴慧萍	副科长	牟崇才
人事教育科	科长	李标	副科长	刘华永
监察室	主任	谭夏		
计算机信息管理中心			副科长	戴碧海
机关后勤服务中心			副主任	潘伟军
直属税务分局	局长	贺永忠	副局长	李宏、杨国良
稽查局	局长	张超群	副局长	罗云崇、谭建宏

2008年玉林市地方税务局内设机构、直属机构负责人名单

单位 \ 项目	正职		副职	
	职务	姓名	职务	姓名
办公室	主任	卜永佳	副主任	庞克、杨世龙
法规宣传科	科长	顾海滨		
税收政策科	科长	唐开荣		
所得税科	科长	陈彪		
征收管理科	科长	黄家栋	副科长	杨然
计划财务科	科长	钟小山	副科长	梁芳
人事教育科	科长	陆轴	副科长	邱爱莲
监察室	主任	何伟槐		
计算机信息管理中心	主任	吴坚		
机关后勤服务中心	主任	陆际郁	副主任	陈家春
直属税务分局	局长	龚福文	副局长	陈国强、汪洋
稽查局	局长	文玉	副局长	黄文豪、黎军

2008年贺州市地方税务局内设机构、直属机构负责人名单

项目 单位	正职		副职	
	职务	姓名	职务	姓名
办公室	主任	邱辉	副主任	潘泽强
法规宣传科	科长	岑渊		
税收政策科	科长	黄鸣跃		
所得税科	科长	黄炜明	副科长	唐力平
征收管理科	科长	何应继		
计划财务科	科长	陆兴喜		
人事教育科	科长	李小江		
监察室	主任	贝洋		
计算机信息管理中心	主任	杨铁钢	副主任	李彬林
机关后勤服务中心	主任	楼定泽	副主任	黄贤琴
直属税务分局	局长	钟华	副局长	苏志农、邱贵文
稽查局	局长	胡贵楼	副局长	肖荐

2008年来宾市地方税务局内设机构、直属机构负责人名单

项目 单位	正职		副职	
	职务	姓名	职务	姓名
办公室	主任	陈文军	副主任	唐培洪、谢明炎
法规宣传科	科长	何桂勋		
税收政策科	科长	陈燕玲		
所得税科	科长	蔡树珍		
征收管理科	科长	覃贵平	副科长	梁税
计划财务科	科长	万春先	副科长	何玉行
人事教育科	科长	杨纯广		
监察室	主任	韦军航		
计算机信息管理中心	主任	覃新杰	副主任	韦建成
机关后勤服务中心	主任	梁正机	副主任	刘文新
直属税务分局	局长	覃澎	副局长	曾团祥、林艳丽
稽查局	局长	陈文军	副局长	巫戈、陈海连

2008年河池市地方税务局内设机构、直属机构负责人名单

项目 单位	正职		副职	
	职务	姓名	职务	姓名
办公室	主任	施宏	副主任	覃康薛、梁宁
法规宣传科	科长	李有福		
税收政策科	科长	李炳华		
所得税科	科长	徐广军		
征收管理科	科长	韦凯	副科长	高德忠
计划财务科	科长	梁志航	副科长	张崇敏
人事教育科	科长	黎小平	副科长	韦灵生、崖英娜
监察室	主任	吴通阳		
计算机信息管理中心	主任	张民庆	副主任	曾骥
机关后勤服务中心	主任	韦覃毅	副主任	黄柳青、陈翔林
机关党委	书记	张远利（兼）	专职 副书记	黄群英
工会	主任	李月姣	副主任	韦俊猛
团委	书记	崖英娜（兼）		
妇委会	主任	玉碧珍		
税务服务中心	主任	牙述勇		
直属税务分局	局长	刘学建	副局长	韦郁、刘煜
稽查局	局长	刘国庆	副局长	杨明远、陈袖武

2008年百色市地方税务局内设机构、直属机构负责人名单

项目 单位	正职		副职	
	职务	姓名	职务	姓名
办公室	主任	农正权	副主任	陈丽萍、农海明
法规宣传科	科长	谭朝贵	副科长	林玉囊
税收政策科	科长	农明海	副科长	黄杰
所得税科	科长	许敏建	副科长	韦洛然
征收管理科	科长	李强	副科长	黄晓霞
计划财务科	科长	辛莲蕊	副科长	黄武成
人事教育科	科长	黄少波	副科长	莫丽月、岳如友
监察室	主任	罗庆武	副主任	罗树猛
计算机信息管理中心	主任	黎承志	副主任	梁海智
机关后勤服务中心	主任	覃伟	副主任	农文鲁、甘贻勇
直属税务分局	局长	黄梦州	副局长	黄成文、鄂梅芳
稽查局	局长	韦军	副局长	苏卫、谢秀清

2008年崇左市地方税务局内设机构、直属机构负责人名单

项目 单位	正职		副职	
	职务	姓名	职务	姓名
办公室	主任	施勇民	副主任	莫仕庆
法规宣传科	科长	陈光		
税收政策科	科长	黄志坚		
所得税科	科长	黄福道		
征收管理科	科长	宋靖文	副科长	谭春群
计划财务科	科长	林图强	副科长	陆筱艳
人事教育科	科长	黄明华	副科长	杨林志
监察室	主任	邓日海		
计算机信息管理中心	主任	韦志高	副主任	何思阳
机关后勤服务中心	主任	黎诚	副主任	罗志敏
直属税务分局	局长	黄建卫	副局长	雷恒、何小驰
稽查局	局长	张荣进	副局长	梁树建、农彩霞

2008年南宁市各县（市、区）地方税务局领导班子成员名单

单位＼项目	党组书记、局长	副局长	纪检组长
南宁市兴宁区地方税务局	黄永政	唐兰（暂停职务）、杨毅	
南宁市青秀区地方税务局	刘东风	陈华、李向恒、卢雨	
南宁市西乡塘区地方税务局	覃波	刘小宁、钟纲	
南宁市江南区地方税务局	苏泽恩（暂停职务）	何廉明、张焕	
南宁市良庆区地方税务局	彭鹰	陆建才、陆建雄	
南宁市邕宁区地方税务局	杜军	陆毅、蓝文才	
南宁市高新技术产业开发区地方税务局	朱丽斯	杜家骅、李永宁	
南宁市经济技术开发区地方税务局	唐友发	杨小彪	
南宁市青秀山风景区地方税务局	夏海平	黄绍宣	
南宁市相思湖新区地方税务局	马军红	李国色	
南宁市华侨投资区地方税务局	雷以明		
宾阳县地方税务局	朱敬军	卢树忠、蒋一清、陈玉善	刘启祯
横县地方税务局	莫乃岳	李超、黎健、韦斯敬	谢启勇
隆安县地方税务局	姚宏	卢朝明、巫彦德	潘世昌
马山县地方税务局	黄学军		
武鸣县地方税务局	苏军彦	苏华、李秉川、梁庆霞	潘伟才
上林县地方税务局	覃继荣	黄宏进、卢康	黄文芳

2008年柳州市各县（市、区）地方税务局领导班子成员名单

单位　项目	党组书记、局长	副局长	纪检组长
直属税务分局	杨军	许亚明、谭晓娟、陈辉爱	
第一稽查局	蔡天容	何丽芬、谭为伍	
第二稽查局	杨斌	许丽、蔡汉群	
城中区地方税务局	姚展蓓	王晓放、陈连生、蔡朝阳	
鱼峰区地方税务局	刘坚	蒋励佳、杨伟年	
柳南区地方税务局	黄卓禄	傅桂云、何绍鸿、覃思	
柳北区地方税务局	叶振辉	张香健、张强、谢鹃	
柳州市高新技术开发区地方税务局	谭筱玲	唐景琨、雷洪斌	
柳州市阳和工业新区地方税务局	蔡文	冯立宏、林格	
柳江县地方税务局	黄欢雪	刘康民、周松	黎规友
柳城县地方税务局	罗宏	胡波、蓝巧云	蒙秋明
鹿寨县地方税务局	陈雁	刘绍武、谭少龙	范林俊
融安县地方税务局	叶尚冬	韦炳和、覃汉生	周雄文
融水县地方税务局	李业军	罗蒙平	计承奇
三江县地方税务局	阳辉	梁仁培、杨立新	梁志美

2008年桂林市各县（市、区）地方税务局领导班子成员名单

单位 \ 项目	党组书记、局长	副局长	纪检组长
象山区地方税务局	朱建农	秦桂英（至2008年7月）、 夏静风、 李隆旺（2008年10月至今）	
秀峰区地方税务局	李亚玉	阳绍清（至2008年11月） 黄安清、陈冠桦	
叠彩区地方税务局	卢国华	陶华、覃朝晖	
高新（七星）区地方税务局	吕保全	骆元卿（至2008年7月） 程莉莉（至2008年7月） 李玉德、 王光波（2008年10月至今）	
雁山区地方税务局	杨沙沙	陈祖强、杨辉	
临桂县地方税务局	唐亚林	莫新民、李绍强、蒙维艳	林志辉
阳朔县地方税务局	梁佩斌	秦洪（至2008年10月） 沈洁、陈彦旭	韩立平
灵川县地方税务局	彭书远	苏贤峰（至2008年7月）、 秦菘桂、罗传球、徐健	苏贤峰（至2008年7月）
兴安县地方税务局	文加全	赵枝尧、康平勇、董广武	潘克诚
全州县地方税务局	赵卫东	唐荣华、刘春林	成利勇
灌阳县地方税务局	曾维辉	陆增云（至2008年7月）、 刘训忠	李荣辉
恭城瑶族自治县地方税务局	费忠	全昌映、蒋小瑶	李年观
平乐县地方税务局	秦木健	翟天球、黄耀庆	莫子杰
荔浦县地方税务局	王桂生	莫建云、叶龙、蒙赐万	吕明
永福县地方税务局	郭昌民	韦祝功、梁大平、秦爱平	刘为民
龙胜各族自治县地方税务局	陈远华（党组书记） 全毅清（局长）	梁成杰、唐丰宽	马文聪
资源县地方税务局	向明光	谭运宏、李启仁	文才息

2008年梧州市各县（市、区）地方税务局领导班子成员名单

单位＼项目	党组书记、局长	副局长	纪检组长
万秀区地方税务局	韦玉深	覃予军、陈懿	
蝶山区地方税务局	郭文耀	李春、曾国蓉	
长洲区地方税务局	潘常青	许展鹏、陆昌文	
岑溪市地方税务局	石敬东	黄展棠、陈聪、钟伟铭	
藤县地方税务局	李伟	胡斌、黄彩胜	李琦挺
苍梧县地方税务局	李民生	卢永忠、高瞻	莫小明
蒙山县地方税务局	梁庆	韦慧、周智富	陈定林

2008年北海市各县（市、区）地方税务局领导班子成员名单

单位＼项目	党组书记、局长	副局长	纪检组长
海城区地方税务局	苏华荣	伍国荣、宋小宁	
工业园区地方税务局	彭悦	杨日香、金继平	
银海区地方税务局	李荣锦	农涌涛	
铁山港区地方税务局	苏焕强	蒋滨、陈均东	
合浦县地方税务局		陈华、蔡义章	叶启满

2008年防城港市各县（市、区）地方税务局领导班子成员名单

项目 单位	党组书记、局长	副局长	纪检组长
港口区地方税务局	吴宾思	曾绍恒、陈启凤	
防城区地方税务局	王其铭	陈群、邓泽安、廖树伟	卢永奇
东兴市地方税务局	唐振辉	苏凡、范平纲	包佩文
上思县地方税务局	黄天宁	苏提、庞少军	唐上海

2008年钦州市各县（市、区）地方税务局领导班子成员名单

项目 单位	党组书记、局长	副局长	纪检组长
钦南区地方税务局	李强	吴再伟、施尔哈	
钦北区地方税务局	杨海	宋坚、黄中庆	
钦州港经济开发区地方税务局	潘大喜	李前、李金玲	
灵山县地方税务局	谢从伟	曹明志、陈枝惠、何日亮	黄新昌
浦北县地方税务局	欧志	李建文、罗毅、罗绚	李渊

2008年贵港市各县（市、区）地方税务局领导班子成员名单

项目 单位	党组书记、局长	副局长	纪检组长
港北区地方税务局	陆光天	陶广真、莫以廷、黄冬梅	
港南区地方税务局	江百川	陈燕凤、谭富山	
覃塘区地方税务局	刘艺林	覃柳川、韦伟波	
桂平市地方税务局	廖科	高瑞贤、满振桥、何展升	霍速平
平南县地方税务局	梁宽伦	张国平、刘绍贵、黄贵生	陆奋周

2008年玉林市各县（市、区）地方税务局领导班子成员名单

项目 单位	党组书记、局长	副局长	纪检组长
玉州区地方税务局	陈忠球	范小龙、陈雄林、陈政	
福绵管理区地方税务局	莫伟庆	阮小川	
兴业县地方税务局	朱伟忠	何立新、黄海春、李海华	张良
北流市地方税务局	黎汉强	刘敏菊、张军、苏庆国	王敏强
容县地方税务局	粟强	谢东明、江建东、封德飞	卢江涛
陆川县地方税务局	黄义泽	谢理军、卢兴文、林琳	陈正
博白县地方税务局	覃志军	朱茂、庞锋、钟小文	黄大卫

2008年贺州市各县（市、区）地方税务局领导班子成员名单

项目 单位	党组书记、局长	副局长	纪检组长
八步区地方税务局	冯广华	黎超泉、李文威、杨青山	
平桂管理区地方税务局	王家伟	邱树宗、周敏、邹钧	
钟山县地方税务局	彭卫	黄达伟、盛荣	黄敞文
富川瑶族自治县地方税务局	陈剑波	胡艳、何熙华	柳泽俊
昭平县地方税务局	刘恒智	吴庚记、周钊、曾东萍	叶凤球

2008年来宾市各县（市、区）地方税务局领导班子成员名单

项目 单位	党组书记、局长	副局长	纪检组长
兴宾区地方税务局	梁卫国	梁云飞、陆艳娇、胡红云	
合山市地方税务局	黄良华	韦仲兰、莫崇安	韦丽清
象州县地方税务局	巫日强	尹凤全、黄汝汉	覃军谋
武宣县地方税务局	梁永忠	卓武、卓启伟、张军	黄胤
金秀县地方税务局	陆君成	石才伟、韦韬	沈峰元
忻城县地方税务局	王小敏	莫仲会、陆逵	杨志忠

2008年河池市各县（市、区）地方税务局领导班子成员名单

单位 \ 项目	党组书记、局长	副局长	纪检组长
金城江区地方税务局	吴承辉	黄卫旗、张桂琳、韦勇	
宜州市地方税务局	黄庆忠	吴新军、黄仕鸿、李富民	韦立周
环江县地方税务局	赵小冰	梁宇环、黄善阳、骆永安（2008年7月任职）	蒋庭举
罗城县地方税务局	吴剑锋	廖启芳、魏子喻、李寒洁（2008年7月任职）	蓝远祥
南丹县地方税务局	张剑中	冉文忠、王诗会、蓝师军（2008年7月任职）	唐思江
天峨县地方税务局	覃明英	韦竞明、张宏志	何世群
东兰县地方税务局	廖克俭	韩玉红、黄仲城	韦礼军
巴马县地方税务局	段春华	牙韩忠、莫剑林（2008年9月至2009年2月在市局监察室挂职）	黄忠富
凤山县地方税务局	韦述钧	罗著生、罗荣耀	黄甫林
都安县地方税务局	王汉全	唐波、黄克、磨丹平（2008年7月任职）	黄世敏
大化县地方税务局	卢伟	石海宝、唐奇生、覃孟轩	吕强

2008 年百色市各县（市、区）地方税务局领导班子成员名单

单位 \ 项目	党组书记、局长	副局长	纪检组长
右江区地方税务局	陆绍康	杨顺欢、钟姣萍、程家合	
田阳县地方税务局	陆文忠	范元龙、梁晖世、赵卫勤	刘承和
田东县地方税务局	姜云松	黄卫、陆班、虞章华	李汉青
平果县地方税务局	黄尚书	黄汉逵、刘世斌、黄瑞刚	谭敏忠
德保县地方税务局	黄佳	钟华山、黄权、李荣设	许杉
靖西县地方税务局	李俊红	黄元秋、邓明剑、陈小华	廖栩新
那坡县地方税务局	罗朝康	梁锐年、黄振良	翟焕章（2008 年 8 月免职）
凌云县地方税务局	黄华水	陆启琼、何廷兴	黄培容
乐业县地方税务局	黄少波	黄名仕、黄绍谦	刘立文
田林县地方税务局	吴盛刚	黄智、潘祖守、杨嘉程	黄伟桐
隆林各族自治县地方税务局	黄维	吴幸云、班绍享、黄桂斌	王周德
西林县地方税务局	鲍元安	文焱、阮显国	陆志伟

2008 年崇左市各县（市、区）地方税务局领导班子成员名单

单位 \ 项目	党组书记、局长	副局长	纪检组长
江州区地方税务局	黄喆	钟志彬、周大安、梁丽娇	
扶绥县地方税务局	黄炳恩	罗嘉民、陈小兵、梁威	林祥生
天等县地方税务局	黄日升	文济标、李国建	农勤锋
大新县地方税务局	农仁辉	张世奎、陶志鹏、张伟平	赵奇宏
宁明县地方税务局	黄雄文	颜奋芳、黎冲、莫芳	刘颖春
龙州县地方税务局	梁建雄	黄宝峰、郭永飞、赵志英	赖涛
凭祥市地方税务局	李恩平	周明、伦云、李航	陈庆新

2008年广西壮族自治区地税系统在职干部职工基本情况统计表

单位				学历						学位		政治情况				年龄										人员分布			
	总计	女	少数民族	研究生	大学本科	大学专科	中专	高中技校职高	初中以下	博士	硕士	共产党员	共青团员	民主党派	无党派或群众	30岁以下	31至35岁	36至40岁	41至45岁	46岁至50岁	51至54岁	女	55至59岁	女	60岁以上	局机关	直属机构	派出机构	事业单位
统计汇总	9204	2862	3266	112	4559	3703	317	428	85		39	6181	363	23	2637	1000	1401	1900	2811	1401	489	107	202	4		3710	1678	3708	108
自治区地方税务局	155	44	46	14	97	37	1	2	4		10	126	2		27	5	18	24	43	27	22	5	16	3		77	63		15
南宁市地方税务局	1233	449	576	37	755	366	34	35	6		9	681	87	13	452	152	191	278	348	186	58	18	20			249	198	773	13
柳州市地方税务局	845	310	280	5	565	239	14	17	5		5	584	39		222	78	127	190	268	130	38	11	14			469	165	204	7
桂林市地方税务局	1216	391	197	44	574	513	49	31	5		9	864	25		327	105	195	237	367	188	92	22	32			513	159	531	13
梧州市地方税务局	564	152	32		342	169	19	31	3			383	19	1	161	53	65	131	204	73	28	8	10			278	74	210	2
北海市地方税务局	401	136	20	1	185	165	7	35	8		1	220	19	2	160	42	65	79	109	70	25	6	11			197	113	86	5
钦州市地方税务局	402	113	57	1	148	182	21	46	4		1	293	24		85	53	55	85	103	72	21	1	13			156	115	126	5
防城港市地方税务局	247	77	100	3	123	92	7	19	3		3	167	12		68	37	49	47	56	32	18	5	8			116	32	99	
崇左市地方税务局	464	113	334	2	192	219	13	32	6			319	24	1	120	66	69	93	140	72	19	1	5			195	60	204	5
河池市地方税务局	776	226	559	5	272	409	34	46	10			495	22	2	257	92	104	157	258	107	46	8	12			329	129	305	13
贵港市地方税务局	500	136	67		235	222	9	30	4			362	30		108	58	81	99	157	77	22	3	6			146	69	280	5
百色市地方税务局	791	227	593		295	412	55	26	3		1	603	31		157	68	122	171	260	127	31	5	12			344	130	314	3
贺州市地方税务局	389	115	92		165	199	10	11	4			290	8		91	54	48	85	133	45	19	1	5	1		174	65	150	
来宾市地方税务局	440	132	295		184	221	22	10	3			278	19		143	55	59	75	166	57	14	5	14			216	110	106	8
玉林市地方税务局	781	241	18		427	258	22	57	17			516	2	4	259	82	153	149	199	138	36	9	24			251	196	320	14

2008年广西壮族自治区地税系统机构设置情况统计表

序号	单位	自治区局机构设置					地（市）局机构设置						城区（开发区）局机构设置						县（市）局机构设置					
		局机关	机关内设处室	稽查局	直属税务分局	直属事业单位	局机关	机关内设科室	稽查局	直属税务分局	税务服务中心	后勤服务中心	局机关	机关内设股室	稽查局	直属税务分局	税务所	税务分局	局机关	机关内设股室	稽查局	直属税务分局	税务所	税务分局
1	广西区地方税务局	1	11	1	1	3																		
2	南宁市地方税务局						1	9	3		1	1	11	67				11	6	36	6	6	5	25
3	柳州市地方税务局						1	9	2	1		1	6	52			1		6	36	6		5	21
4	桂林市地方税务局						1	9	2	1		1	6	40			7		12	72	12		50	52
5	梧州市地方税务局						1	8	1	1		1	3	21			3		4	24	4		3	14
6	钦州市地方税务局						1	8	1	2		1	3	21			19		2	12	2	2	7	11
7	北海市地方税务局						1	8	1	1		1	4	26			8		1	6	1	1	13	1
8	防城港市地方税务局						1	8	1		1	1	2	13	1		8	3	2	12	2		1	4
9	贵港市地方税务局						1	8	1	1		1	3	18			11	7	2	12	2		26	8
10	玉林市地方税务局						1	8	1	1		1	2	12		1	2	8	5	30	5	5	3	36
11	贺州市地方税务局						1	8	1	1		1	2	10			6	12	3	18	3		10	7
12	来宾市地方税务局						1	8	1	1		1	1	7			2	5	5	30	5	3	13	9
13	崇左市地方税务局						1	8	1	1		1	1	7			2	2	6	36	6		9	18
14	河池市地方税务局						1	8	1	1		1	1	7				6	10	60	10		31	27
15	百色市地方税务局						1	8	1	1		1	1	6			4	2	11	66	11		24	31
	总计	1	11	1	1	3	14	115	18	13	2	14	46	307	1	1	73	56	75	450	75	17	200	264

说明：

1. 区局机关11个内设处室为：办公室、法规宣传处、流转税处、财产行为税处、所得税处、征收管理处、计划统计处、财务管理处、人事处、机关党委（挂基层教育处牌子）、监察室（自治区纪委、自治区监察厅派驻机构）。另设工会（老干办）、团工委（青工办）、妇委会、注册税务师管理中心。3个直属事业单位为：机关后勤服务中心、地方税收科学研究所、计算机信息管理中心。

2. 各市地方税务局的内设处室为：办公室、法规宣传科、税政科、所得税科、征收管理科（计算机信息管理中心）、计划财务科、人事教育科、监察室、稽查科（仅南宁、柳州、桂林3市地方税务局设置有）。

3. 城区地方税务局7个内设股室为：办公室、人事教育监察股、政策法规股、税源管理一股、税源管理二股、税源管理三股、计划征收服务股（办税服务厅）。开发区地方税务局5个内设股室为：办公室、政策法规股、税源管理一股、税源管理二股、计划征收服务股（办税服务厅）。

4. 县（市）地方税务局6个内设股室为：办公室、税政股、征收管理股、计划财务股、人事教育股、监察室。

第六编
税收统计

2008年广西壮族自治区地方税收各项收入情况表

单位：万元

项　目	2008年收入	比上年增加额	比上年增长（%）
地税总收入	3048759	627585	25.9
一、地税一般预算收入（自治区政府考核口径）	2930581	608888	26.2
（一）税收收入合计	2819983	593048	26.6
1. 营业税	1219453	188274	18.3
2. 企业所得税	354770	47522	15.5
3. 个人所得税	440424	42239	10.6
4. 资源税	41411	9678	30.5
5. 土地使用税	85305	46205	118.2
6. 固定资产投资方向调节税			
7. 城市维护建设税	218181	32784	17.7
8. 印花税	43804	17120	64.2
9. 土地增值税	157721	52531	49.9
10. 房产税	102755	16539	19.2
11. 车船税	19433	10697	122.4
12. 烟叶税	7573	867	12.9
13. 耕地占用税	129153	129153	
（二）其他收入合计	110598	15840	16.7
1. 教育费附加	109731	16177	17.3
2. 其他收入	867	−337	−28.0
二、随征代征收入	118178	18697	18.8
（一）工会经费	32112	3470	12.1
（二）残疾人就业保障基金	11762	4514	62.3
（三）地方教育费附加	40647	5803	16.7
（四）文化事业建设费	7200	713	11.0
（五）防洪保安费	26457	4197	18.9

备注：地税一般预算收入（按自治区人民政府任务考核口径）是指地税总收入不含防洪保安费、文化事业建设费、地方教育费附加、工会经费、残疾人就业保障基金。

2008 年南宁市地方税收分县（市、区）统计情况表

（按自治区政府任务考核口径，单位：万元）

项目 单位	2008 年税收收入	比上年增加额	比上年增长（%）
合　计	680210	147741	27.8
兴宁区地方税务局	80025	12633	18.8
青秀区地方税务局	204248	38998	23.6
高新区地方税务局	66457	8795	15.3
江南区地方税务局	49122	12342	33.6
西乡塘区地方税务局	95316	15281	19.1
经济技术开发区地方税务局	36043	11296	45.7
青秀山风景区地方税务局	28388	16265	134.2
良庆区地方税务局	20097	4646	30.1
相思湖区地方税务局	4635	1918	70.6
华侨投资区地方税务局	6848	1906	38.6
邕宁区地方税务局	9674	2226	29.9
其　他	3984	3984	
武鸣县地方税务局	15502	3610	30.4
横县地方税务局	24156	7478	44.8
宾阳县地方税务局	16763	3585	27.2
上林县地方税务局	5275	435	9.0
马山县地方税务局	5148	1052	25.7
隆安县地方税务局	8529	1291	17.8

2008 年柳州市地方税收分县（市、区）统计情况表

（按自治区政府任务考核口径，单位：万元）

项目 单位	2008 年税收收入	比上年增加额	比上年增长（%）
合　计	427586	90118	26.7
直属税务分局	181051	38684	27.2
第一稽查局	4224	1967	87.2
第二稽查局	3876	－204	－5.0
城中区地方税务局	36117	11197	44.9
阳和区地方税务局	5009	301	6.4
柳北区地方税务局	38976	10990	39.3
柳南区地方税务局	43592	9189	26.7
鱼峰区地方税务局	28038	4997	21.7
高新区地方税务局	14801	2901	24.4
柳江县地方税务局	25545	3592	16.4
柳城县地方税务局	11742	2217	23.3
鹿寨县地方税务局	16978	1782	11.7
融安县地方税务局	6267	513	8.9
融水县地方税务局	7482	881	13.3
三江县地方税务局	3888	1111	40.0

2008年桂林市地方税收分县（市、区）统计情况表

（按自治区政府任务考核口径，单位：万元）

单位＼项目	2008年税收收入	比上年增加额	比上年增长（%）
合　计	**365682**	**51195**	**16.3**
市　区	219310	29017	15.3
直属税务分局	59147	8353	16.5
第一稽查局	1746	－625	－26.4
第二稽查局	1514	－309	－17.0
象山区地方税务局	32867	5337	19.4
秀峰区地方税务局	24186	72	0.3
叠彩区地方税务局	20749	1146	5.9
七星区地方税务局	55371	9064	19.6
雁山区地方税务局	20735	2983	16.8
其　他	2995		
县局合计	**146372**	**22178**	**17.9**
临桂县地方税务局	25671	3123	13.9
阳朔县地方税务局	17349	2761	18.9
全州县地方税务局	12287	2134	21.0
灵川县地方税务局	22638	3389	17.6
兴安县地方税务局	15389	3254	26.8
荔浦县地方税务局	13258	1970	17.5
平乐县地方税务局	6123	147	2.5
永福县地方税务局	7069	281	4.1
恭城县地方税务局	9802	2200	28.9
灌阳县地方税务局	5518	1014	22.5
龙胜各族自治县地方税务局	7357	1299	21.4
资源县地方税务局	3911	606	18.3

2008年梧州市地方税收分县（市、区）统计情况表

（按自治区政府任务考核口径，单位：万元）

单位 \ 项目	2008年税收收入	比上年增加额	比上年增长（%）
合计	123786	29886	31.8
直属税务分局	28804	4806	20.0
万秀区地方税务局	10188	1478	17.0
蝶山区地方税务局	12288	2164	21.4
长洲区地方税务局	18659	5447	41.2
苍梧县地方税务局	13191	3293	33.3
岑溪市地方税务局	17765	3707	26.4
藤县地方税务局	18106	7892	77.3
蒙山县地方税务局	4785	1099	29.8

2008年北海市地方税收分县（市、区）统计情况表

（按自治区政府任务考核口径，单位：万元）

单位 \ 项目	2008年税收收入	比上年增加额	比上年增长（%）
合计	115101	29359	34.2
北海市地方税务局	98083	25773	35.6
直属税务分局	36541	9107	33.2
海城区地方税务局	33459	7459	28.7
银海区地方税务局	12347	2556	26.1
铁山港区地方税务局	4563	2539	125.4
工业园区地方税务局	11173	5033	82.0
合浦县地方税务局	17018	3586	26.7

2008年防城港市地方税收分县（市、区）统计情况表

（按自治区政府任务考核口径，单位：万元）

单位 \ 项目	2008年税收收入	比上年增加额	比上年增长（%）
合计	83769	26051	45.1
港口区地方税务局	44427	13999	46.0
防城区地方税务局	13737	5051	58.2
东兴市地方税务局	17938	6477	56.5
上思县地方税务局	7667	524	7.3

2008年钦州市地方税收分县（市、区）统计情况表

（按自治区政府任务考核口径，单位：万元）

项目 单位	2008年税收收入	比上年增加额	比上年增长（%）
合计	114773	44708	63.8
直属第一税务分局	35205	11097	46.0
直属第二税务分局	2858	428	17.6
钦南区地方税务局	6893	2199	46.9
钦北区地方税务局	5269	2061	64.3
钦州港经济开发区地方税务局	31980	17901	127.2
灵山县地方税务局	18778	5397	40.3
浦北县地方税务局	13790	5625	68.9

2008年贵港市地方税收分县（市、区）统计情况表

（按自治区政府任务考核口径，单位：万元）

项目 单位	2008年税收收入	比上年增加额	比上年增长（%）
合计	97143.3	19651.1	25.4
直属税务分局	22243.8	4222.7	23.4
港北区地方税务局	26610.3	4703.6	21.5
港南区地方税务局	7052.4	2973.7	72.9
覃塘区地方税务局	7952.3	2345.3	41.8
桂平市地方税务局	18462.6	3452	23.0
平南县地方税务局	14821.9	1953.8	15.2

2008年玉林市地方税收分县（市、区）统计情况表

（按自治区政府任务考核口径，单位：万元）

项目 单位	2008年税收收入	比上年增加额	比上年增长（%）
合计	140292	22360	19.0
直属税务分局	48131	9744	25.4
玉州区地方税务局	26759	4392	19.6
福绵区地方税务局	4413	786	21.7
兴业县地方税务局	7198	233	3.4
容县地方税务局	11153	2617	30.7
北流市地方税务局	18947	2514	15.3
陆川县地方税务局	10470	1051	11.2
博白县地方税务局	13221	1023	8.4

2008 年贺州市地方税收分县（市、区）统计情况表

（按自治区政府任务考核口径，单位：万元）

单位＼项目	2008 年税收收入	比上年增加额	比上年增长（%）
合　计	**50784**	**8909**	**21.3**
直属税务分局	18164	2556	16.4
八步区地方税务局	9679	1882	24.1
平桂管理区地方税务局	5317	1845	53.1
昭平县地方税务局	6340	546	9.4
钟山县地方税务局	6223	803	14.8
富川县地方税务局	5061	1277	33.7

2008 年来宾市地方税收分县（市、区）统计情况表

（按自治区政府任务考核口径，单位：万元）

单位＼项目	2008 年税收收入	比上年增加额	比上年增长（%）
合　计	**85261**	**16274**	**23.6**
直属税务分局	26403	6107	30.1
兴宾区地方税务局	21317	1530	7.7
武宣县地方税务局	8700	2642	43.6
象州县地方税务局	8641	2016	30.4
忻城县地方税务局	7535	1211	19.2
金秀县地方税务局	3615	1105	44.0
合山市地方税务局	9050	1663	22.5

2008 年河池市地方税收分县（市、区）统计情况表

（按自治区政府任务考核口径，单位：万元）

单位＼项目	2008 年税收收入	比上年增加额	比上年增长（%）
合　计	**134920**	**18498**	**15.9**
直属税务分局	24476	4735	24.0
金城江区地方税务局	11064	－940	－7.8
宜州市地方税务局	17859	2546	16.6
环江县地方税务局	11046	669	6.5
罗城县地方税务局	5933	1043	21.3
南丹县地方税务局	28554	2887	11.3
天峨县地方税务局	12277	1821	17.4
东兰县地方税务局	2288	428	23.0
巴马县地方税务局	3804	450	13.4
凤山县地方税务局	2857	933	48.5
都安县地方税务局	6250	1659	36.1
大化县地方税务局	8512	2267	36.3

2008年百色市地方税收分县（市、区）统计情况表

（按自治区政府任务考核口径，单位：万元）

单位 \ 项目	2008年税收收入	比上年增加额	比上年增长（%）
合 计	172058	33106	23.8
直属税务分局	25479	103	0.4
右江区地方税务局	12680	-1639	-11.4
田阳县地方税务局	11131	1556	16.3
田东县地方税务局	16763	1001	6.4
平果县地方税务局	44269	11477	35.0
德保县地方税务局	16730	5708	51.8
靖西县地方税务局	17791	8402	89.5
那坡县地方税务局	2809	673	31.5
凌云县地方税务局	2681	714	36.3
乐业县地方税务局	2236	32	1.5
田林县地方税务局	6111	1571	34.6
隆林县地方税务局	10273	2739	36.4
西林县地方税务局	3105	769	32.9

2008年崇左市地方税收分县（市、区）统计情况表

（按自治区政府任务考核口径，单位：万元）

单位 \ 项目	2008年税收收入	比上年增加额	比上年增长（%）
合 计	89506	22002	32.6
直属税务分局	10208	4155	68.6
江州区地方税务局	7209	767	11.9
天等县地方税务局	5665	827	17.1
大新县地方税务局	13307	2799	26.6
龙州县地方税务局	10050	2309	29.8
宁明县地方税务局	6994	2560	57.7
扶绥县地方税务局	18950	3556	23.1
凭祥市地方税务局	17123	5029	41.6

2008 年广西壮族自治区地方税收总收入分市、分税种统计表（1）

（单位：万元）

项目	地税总收入			一、地税一般预算收入			（一）税收收入			1. 营业税			2. 企业所得税			3. 个人所得税		
	2008 年	比上年＋－额	比上年＋－%	2008 年	比上年＋－额	比上年＋－%	2008 年	比上年＋－额	比上年＋－%	2008 年	比上年＋－额	比上年＋－%	2008 年	比上年＋－额	比上年＋－%	2008 年	比上年＋－额	比上年＋－%
合计	3048759	627585	25.9	2930581	608888	26.2	2819983	593048	26.6	1219453	188274	18.3	354770	47522	15.5	440424	42239	10.6
南宁市	705667	154380	28.0	680208	147740	27.7	657603	144017	28.0	299323	49837	20.0	66304	17924	37.0	97021	－4501	－4.4
柳州市	448868	92486	26.0	427470	90002	26.7	403706	85079	26.7	147396	21711	17.3	74152	12043	19.4	62986	11870	23.2
桂林市	380329	52546	16.0	365682	51195	16.3	355310	50533	16.6	137060	2329	1.7	55640	3834	7.4	60359	257	0.4
梧州市	128328	30254	30.8	123784	29808	31.7	119746	29135	32.2	57129	9012	18.7	13249	2176	19.7	17419	2015	13.1
北海市	123730	31216	33.7	119166	29791	33.3	115101	29359	34.2	58215	14775	34.0	14638	4980	51.6	10218	463	4.7
防城港市	86220	26786	45.1	83764	26088	45.2	81024	25802	46.7	37377	8879	31.2	8992	56	0.6	9358	2454	35.5
钦州市	122930	47676	63.4	118817	46239	63.7	114773	44706	63.8	56509	19654	53.3	10711	1883	21.3	11326	1638	16.9
贵港市	100788	20382	25.3	97143	19635	25.3	93487	19268	26.0	45627	7356	19.2	11313	3164	38.8	13311	2078	18.5
玉林市	178837	32388	22.1	172253	31957	22.8	166991	31357	23.1	70414	6433	10.1	10703	1829	20.6	34873	5721	19.6
崇左市	93000	21526	30.1	89506	22002	32.6	86077	21640	33.6	32959	8156	32.9	14914	－2627	－15.0	12301	2681	27.9
来宾市	89446	17253	23.9	85261	16274	23.6	81105	16523	25.6	32259	6904	27.2	17693	4797	37.2	11749	1380	13.3
贺州市	52792	9346	21.5	50784	8914	21.3	48615	8673	21.7	22981	4444	24.0	4999	1178	30.8	6691	170	2.6
百色市	178314	33285	23.0	171921	33014	23.8	163530	32174	24.5	64416	8007	14.2	12170	－4477	－26.9	22628	4088	22.0
河池市	141506	19406	15.9	134920	18498	15.9	128295	17857	16.2	48556	4585	10.4	16850	2079	14.1	29353	1213	4.3
区直属分局	218004	38655	21.6	209902	37731	21.9	204620	36925	22.0	109232	16192	17.4	22442	－1317	－5.5	40831	10712	35.6

2008年广西壮族自治区地方税收总收入分市、分税种统计表（2）

（单位：万元）

项目	4. 资源税			5. 土地使用税			6. 固定资产投资方向调节税			7. 城市维护建设税			8. 印花税			9. 土地增值税		
	2008年	比上年+－额	比上年+－%	2008年	比上年+－额	比上年+－%	2008年	比上年+－额	比上年+－%	2008年	比上年+－额	比上年+－%	2008年	比上年+－额	比上年+－%	2008年	比上年+－额	比上年+－%
合计	41411	9678	30.5	85305	46205	118.2		－561	－100.0	218181	32784	17.7	43804	17120	64.2	157721	52531	49.9
南宁市	2507	738	41.7	16714	10837	184.4		－1	－100.0	47944	7340	18.1	10816	5425	100.6	58035	17555	43.4
柳州市	1093	－236	－17.8	15059	7706	104.8				51541	11282	28.0	9440	2747	41.0	17214	6272	57.3
桂林市	2944	－331	－10.1	13023	8105	164.8				20552	1926	10.3	3379	729	27.5	28087	13278	89.7
梧州市	1660	375	29.2	4753	3447	263.9				7541	1154	18.1	1413	572	68.0	2449	2	0.1
北海市	588	98	20.0	2666	507	23.5				8685	1411	19.4	1525	618	68.1	11608	4222	57.2
防城港市	195	91	87.5	1717	871	103.0		－533	－100.0	4596	－152	－3.2	1746	550	46.0	5487	3689	205.2
钦州市	1449	343	31.0	3328	2325	231.8				7160	2451	52.0	2019	1386	219.0	4081	936	29.8
贵港市	3975	834	26.6	2043	1026	100.9				7156	991	16.1	1279	461	56.4	3272	1047	47.1
玉林市	2567	484	23.2	6160	444	7.8				9863	1164	13.4	1960	777	65.7	9727	3262	50.5
崇左市	2770	559	25.3	2954	2201	292.3				5362	827	18.2	1051	287	37.6	5927	3677	163.4
来宾市	1779	－156	－8.1	1847	407	28.3				7648	－373	－4.7	1340	364	37.3	2134	706	49.4
贺州市	1503	501	50.0	1632	772	89.8				3659	177	5.1	800	267	50.1	2056	333	19.3
百色市	13872	5925	74.6	5571	3096	125.1		－27	－100.0	13110	438	3.5	2806	1661	145.1	4028	－2509	－38.4
河池市	4505	453	11.2	4677	2481	113.0				11222	1412	14.4	1527	590	63.0	1757	－294	－14.3
区直属分局	4	0	0.0	3161	1980	167.7				12142	2736	29.1	2703	686	34.0	1859	355	23.6

2008年广西壮族自治区地方税收总收入分市、分税种统计表（3）

（单位：万元）

项目	10. 房产税			11. 车船税			12. 烟叶税			13. 耕地占用税			（二）其他收入合计			1. 教育费附加		
	2008年	比上年+－额	比上年+－%	2008年	比上年+－额	比上年+－%	2008年	比上年+－额	比上年+－%	2008年	比上年+－额	比上年+－%	2008年	比上年+－额	比上年+－%	2008年	比上年+－额	比上年+－%
合计	102755	16539	19.2	19433	10697	122.4	7573	867	12.9	129153			110598	15840	16.7	109731	16177	17.3
南宁市	27507	8403	44.0	972	77	8.6		－77	－100.0	30460			22605	3723	19.7	22402	3691	19.7
柳州市	14890	2902	24.2	2073	920	79.8				7862			23764	4923	26.1	23513	4926	26.5
桂林市	14184	1861	15.1	3176	1689	113.6	71	21	42.0	16835			10372	662	6.8	10347	748	7.8
梧州市	4072	697	20.7	955	579	154.0				9106			4038	673	20.0	4028	738	22.4
北海市	4573	267	6.2	716	349	95.1				1669			4065	432	11.9	4047	427	11.8
防城港市	1725	226	15.1	271	111	69.4				9560			2740	286	11.7	2725	379	16.2
钦州市	3632	－83	－2.2	697	313	81.5		－1	－100.0	13861			4044	1533	61.1	3992	1535	62.5
贵港市	2955	445	17.7	679	189	38.6	59	－141	－70.5	1818			3656	367	11.2	3631	415	12.9
玉林市	7897	－505	－6.0	1441	392	37.4		－30	－100.0	11386			5262	600	12.9	5259	601	12.9
崇左市	2061	472	29.7	589	277	88.8		－59	－100.0	5189			3429	362	11.8	3369	515	18.0
来宾市	2277	258	12.8	438	295	206.3				1941			4156	－249	－5.7	4155	－246	－5.6
贺州市	1294	15	1.2	363	126	53.2	1962	15	0.8	675			2169	241	12.5	2111	194	10.1
百色市	5224	290	5.9	612	237	63.2	4797	1149	31.5	14296			8391	840	11.1	8291	764	10.2
河池市	3544	295	9.1	1353	786	138.6	684	－10	－1.4	4267			6625	641	10.7	6583	686	11.6
区直属分局	6920	996	16.8	5098	4357	588.0				228			5282	806	18.0	5278	804	18.0

2008年广西壮族自治区地方税收总收入分市、分税种统计表（4）

（单位：万元）

项目	2. 其他收入			二、随征代征收入			（一）工会经费			（二）残疾人就业保障基金			（三）地方教育费附加			（四）文化事业建设费			（五）防洪保安费		
	2008年	比上年+－额	比上年+－%	2008年	比上年+－额	比上年+－%	2008年	比上年+－额	比上年+－%	2008年	比上年+－额	比上年+－%	2008年	比上年+－额	比上年+－%	2008年	比上年+－额	比上年+－%	2008年	比上年+－额	比上年+－%
合计	867	－337	－28.0	118178	18697	18.8	32112	3470	12.1	11762	4514	62.3	40647	5803	16.7	7200	713	11.0	26457	4197	18.9
南宁市	203	32	18.7	25459	6640	35.3	3714	260	7.5	4837	3893	412.4	7246	1037	16.7	1835	323	21.4	7827	1127	16.8
柳州市	251	－3	－1.2	21398	2484	13.1	6020	504	9.1	1462	－515	－26.0	10127	1887	22.9	575	136	31.0	3214	472	17.2
桂林市	25	－86	－77.5	14647	1351	10.2	4674	184	4.1	856	26	3.1	5675	862	17.9	730	57	8.5	2712	222	8.9
梧州市	10	－65	－86.7	4544	446	10.9	1625	81	5.2	368	34	10.2	1266	185	17.1	198	18	10.0	1087	128	13.3
北海市	18	5	38.5	4564	1425	45.4	1149	250	27.8	612	48	8.5	1384	693	100.3	147	7	5.0	1272	427	50.5
防城港市	15	－93	－86.1	2456	698	39.7	305	184	152.1	172	114	196.6	938	110	13.3	134	34	34.0	907	256	39.3
钦州市	52	－2	－3.7	4113	1437	53.7	1052	145	16.0	350	194	124.4	1219	524	75.4	170	36	26.9	1322	538	68.6
贵港市	25	－48	－65.8	3645	747	25.8	1155	306	36.0	198	89	81.7	1231	183	17.5	118	19	19.2	943	150	18.9
玉林市	3	－1	－25.0	6584	431	7.0	2852	－66	－2.3	292	106	57.0	1846	230	14.2	213	26	13.9	1381	135	10.8
崇左市	60	－153	－71.8	3494	－476	－12.0	1333	113	9.3	303	－7	－2.3	1050	－788	－42.9	70	17	32.1	738	189	34.4
来宾市	1	－3	－75.0	4185	979	30.5	1465	559	61.7	508	206	68.2	1460	55	3.9	68	10	17.2	684	149	27.9
贺州市	58	47	427.3	2008	432	27.4	679	121	21.7	158	16	11.3	710	250	54.3	53	－2	－3.6	408	47	13.0
百色市	100	76	316.7	6393	271	4.4	2381	347	17.1	482	3	0.6	1967	－350	－15.1	216	117	118.2	1347	154	12.9
河池市	42	－45	－51.7	6586	908	16.0	2056	103	5.3	498	108	27.7	2789	559	25.1	112	24	27.3	1131	114	11.2
区直属分局	4	2	100.0	8102	924	12.9	1652	379	29.8	666	199	42.6	1739	366	26.7	2561	－109	－4.1	1484	89	6.4

2008年广西壮族自治区地方税收收入分税种、分企业类型统计表

（单位：万元）

项　目	合　计	国有企业	集体企业	股份合作企业	联营企业	股份公司	私营企业	其他企业	港澳台投资企业	外商投资企业	个体经营	附列资料：乡（镇）企业
税收收入合计	2691099	462526	113467	24558	2197	1401268	127694	150174	62012	110910	236293	23388
1. 营业税	1219702	189972	58025	14360	1489	643967	64646	48990	32541	54000	111712	9013
2. 企业所得税	354839	56318	25664	2305	167	245872	12501	12012				3473
3. 个人所得税	440495	64938	9811	3431	255	157184	14586	60700	7692	28204	93694	6836
4. 资源税	41411	2617	2359	137	127	23656	1839	1303	953	2978	5442	835
5. 土地使用税	85330	20830	2795	661	8	45075	3100	2252	3622	5463	1524	312
6. 固定资产投资方向调节税												
7. 城市维护建设税	217926	61762	5567	1284	86	123077	11505	4163			10482	1441
8. 印花税	43833	7131	668	273	7	23886	2164	1806	1529	5284	1085	178
9. 土地增值税	157757	26059	2470	560	36	81626	14397	7595	12002	8007	5005	539
10. 房产和城市房地产税	102780	23108	5503	1449	22	44133	2547	9144	3645	6953	6276	584
11. 车船使用和牌照税	19452	2217	605	98		12792	409	2209	28	21	1073	177
12. 烟叶税	7574	7574										

注：本表来自于会统报表

第七编
大事记

2008年广西壮族自治区地方税务局大事记

1月

1月1日起，自治区人民政府决定广西区耕地占用税由地方税务部门征收。

1日，自治区地方税务局郑文临纪检组长到桂林市地方税务局调研并指导该局召开家庭助廉警示教育座谈会。

2日，自治区地方税务局李早春副局长到自治区人民政府参加自治区十届人民政府第85次常务会议。

4日，自治区地方税务局吴殿禄副局长到自治区党委礼堂参加自治区党委、自治区人民政府组织召开的2008年广西科技活动周暨科技表彰奖励大会。

5日，自治区地方税务局卢献匾局长、郑文临纪检组长、李伟总会计师、肖西安副巡视员到自治区党委礼堂参加由自治区直属机关工委举办的广西厅（局）级以上领导干部“时代前沿知识系列讲座”第52讲。

8～10日，全区地方税务系统2007年度党风廉政建设责任制考核工作会议在百色市召开，自治区地方税务局郑文临纪检组长、肖西安副巡视员及各市地方税务局纪检组长、监察室主任和人教科科长参加了会议。

8～31日，自治区地方税务局苏道俨党组书记、卢献匾局长、吴殿禄副局长、蒙启华副局长、郑文临纪检组长、李伟总会计师、肖西安副巡视员分别带领7个慰问组，深入各市、县地税基层单位开展献爱心送温暖春节慰问活动。

11日，自治区地方税务局蒙启华副局长带领有关业务处室领导到广西人民广播电台参加“政风行风热线”现场直播活动，现场接听并解答群众提出的有关地方税收业务问题。

11～12日，自治区地方税务局李伟总会计师到南宁西园饭店参加全区财政工作暨全区财政系统“双先”表彰会议。

12日，自治区地方税务局卢献匾局长到广西重点工程项目广西华银铝业有限公司开展调研。

14日，自治区地方税务局李伟总会计师到南宁饭店参加全区发展和改革工作会议。

16日，自治区地方税务局吴殿禄副局长到荔园山庄参加2008年全区农垦工作会议。

17日，自治区地方税务局郑文临纪检组长、监察室李国英主任到自治区党委礼堂参加传达中国共产党第十七届中央纪律检查委员会第二次全体会议精神大会。

18日，自治区地方税务局李伟总会计师到南宁市人大会堂参加南宁市地税局2008年地方税务工作会议。

22～23日，自治区地方税务局李伟总会计师到福建厦门市参加全国税务稽查工作会议。

23～27日，自治区地方税务局在南宁市召开《广西壮族自治区实施〈中华人民共和国耕地占用税暂行条例〉办法》初稿研讨会，来自自治区人民政府办公厅、自治区法制办、自治区财政厅、自治区国土资源厅等单位的代表对初稿进行了深入探讨。

29日，自治区地方税务局蒙启华副局长到荔园山庄参加广西北部湾经济区发展规划新闻发布会。

29～30日，自治区地方税务局郑文临纪检组长到北京参加全国税务系统党风廉政建设工作会议。

31日，自治区地方税务局机关召开2008春节团拜会。

2月

13～17日，自治区地方税务局卢献匾局长，吴殿禄、蒙启华、李早春副局长，郑文临纪检组长，肖西安副巡视员分别带队到受雨雪冰冻灾害影响严重的桂林、柳州、百色、河池、贺州等5市进行灾后慰问和工作调研。

18日，自治区地方税务局李伟总会计师到广西首府地方税务服务中心参加2008年度工作会议。

25日，自治区地方税务局卢献匾局长、李伟总会计师到防城港、钦州市地方税务局检查指导工作，并实地考察了一些大型企业的投资建设情况。

2月25日至3月9日，自治区地方税务局稽查局在广西税务学校举办全区地方税务系统稽查税务基础知识更新培训班，自治区地方税务局李早春副局长参加了开班仪式并作重要讲话。

26日，自治区地方税务局吴殿禄副局长在南宁市参加2008年区直机关党的工作暨继续解放思想大讨论活动动员大会。

26～27日，自治区地方税务局在百色市召开税收会统年报会审会议。

27日，自治区地方税务局在南宁市召开2008年全区地方税务系统党风廉政建设工作会议。会议深入学习贯彻中央纪委十七届二次全会精神、全国税务系统党风廉政建设工作会议精神、自治区纪委九届四次全会精神，总结、部署全区地方税务系统党风廉政建设和反腐败工作。会上自治区地方税务局党组书记苏道俨同志与各市地方税务局党组书记、局内各单位主要负责人签订了2008年度党风廉政建设责任状。会议由自治区地方税务局卢献匾局长主持，苏道俨党组书记作重要讲话，自治区纪委尹彤副书记到会指导。

27～29日，自治区地方税务局在防城港东兴市组织召开全区土地增值税清算工作政策研究座谈会，自治区地方税务局吴殿禄、蒙启华副局长到会指导并作重要讲话。

3月

4～6日，自治区地方税务局在北海市召开全区地方税务系统征管工作座谈会。

5日，自治区地方税务局选送的节目获区直机关庆“三八”文艺晚会优秀节目奖和优秀组织奖。

6日，自治区地方税务局举行“广西壮族自治区公安厅、广西壮族自治区地方税务局联合打击涉税违法犯罪联络处”揭牌仪式。自治区地方税务局李早春副局长和自治区公安厅经济犯罪侦查总队梁宏伟总队长为联络处揭牌。

6日，自治区地方税务局组织60多名妇女干部参加“广西各界妇女节能减排迎奥运，八桂巾帼健身走”活动。

7日，自治区地方税务局李伟总会计师到南宁市广西新闻中心参加全区继续解放思想大讨论活动领导小组办公室主任会议。

7日，自治区地方税务局组织80名女干部到自治区党委礼堂参加广西各界妇女纪念“三八”国际劳动妇女节98周年暨“巾帼群星耀八桂”表彰报告会。

7～8日，自治区地方税务局在南宁市召开全区地方税务系统学习贯彻新企业所得税法工作会议。

12日，自治区地方税务局郑文临纪检组长到北海市地税局检查指导工作。

15～16日，自治区地方税务局卢献匾局长到河池市地方税务局进行工作调研。

21日，自治区财政厅、自治区地方税务局联合召开传达学习十一届全国人大会议精神会议。全国人大代表、自治区财政厅厅长、自治区地方税务局党组书记苏道俨传达了十一届全国人大会议精神以及介绍广西代表团的有关活动。

21日，自治区地方税务局在南宁饭店召开继续解放思想推进北部湾经济区开放开发税收对策研讨会。

25日，自治区地方税务局卢献匾局长到自治区人民政府会议楼参加十一届自治区人民政府第一次廉政工作会议。

25日，自治区地方税务局蒙启华副局长到自治区人民政府会议楼参加实施《北部湾经济区发展规划》有关工作会议。

25日，自治区地方税务局召开全区地方税务系统稽查工作视频会议。自治区地方税务局李早春副局长对2007年全区地税稽查工作做了全面总结，并对2008年的稽查工作提出了要求。

26日，广西壮族自治区政府主席马飚同志对广西税务系统第十七个税收宣传月活动作重要批示。

26日，自治区地方税务局召开全区年所得12万元以上个人所得税自行纳税申报工作视频会议。

29日，自治区地方税务局吴殿禄、蒙启华、李早春副局长，郑文临纪检组长，李伟总会计师，肖西安副巡视员到自治区党委礼堂参加自治区直属机关工委举办的广西厅（局）级以上领导干部“时代前沿知识系列讲座”第53讲。

4月

1日，自治区地方税务局组织100名干部职工到南宁民族广场参加广西壮族自治区成立50周年大庆活动全面启动仪式。

1～3日，自治区地方税务局在柳州市召开反腐倡廉书籍和画册编辑会议。

3日，自治区地方税务局召开继续解放思想大讨论活动推进会，吴殿禄副局长作重要讲话。

5～17日，自治区地方税务局郑文临纪检组长带队到北京、天津市地方税务局考察反腐倡廉建设工作。

8日，自治区地方税务局李早春副局长到贺州市地方税务局调研。

9日，广西壮族自治区政府主席马飚同志到南宁市地方税务局和广西首府地方税务服务中心“12366”纳税服务热线视察，围绕“创新”主题，进行继续解放思想大讨论工作调研。自治区地方税务局局长卢献匾，副局长吴殿禄、蒙启华和总会计师李伟陪同马飚主席视察。

10～11日，自治区地方税务局吴殿禄副局长就地方税务系统继续解放思想大讨论和助推北部湾经济区发展问题，深入崇左市江州区、宁明县地方税务局进行调研。

11～15日，全区税收专项检查和专项整治工作专题汇报会分别在百色市、桂林市召开，自治区地方税务局李早春副局长到会指导并作重要讲话。

21～23日，自治区地方税务局蒙启华副局长深入北海市、玉林市地方税务局，就地方税务系统继续解放思想大讨论、助推北部湾经济区发展及重点税源监控工作等问题进行调研。

21～24日，自治区地方税务局李伟总会计师先后深入河池市、融水县和横县地方税务局开展工作调研。

28日，自治区地方税务局、自治区物价局联合召开贯彻应税物价格鉴证管理办法视频会议。

28日，自治区地方税务局邀请清华大学博士生导师李虹教授作《公务员压力管理与心态调适》知识讲座。

29日，广西地方税务“12366”纳税服务热线走进北部湾系列活动启动仪式在防城港举行，自治区地方税务局吴殿禄副局长、蒙启华副局长、李早春副局长等领导出席了会议。

5月

4日，自治区地方税务局蒙启华副局长到自治区人民政府会议楼参加研究广西北部湾经济区支持政策有关问题会议。

7～8日，自治区地方税务局蒙启华副局长到柳州市地方税务局调研土地增值税清算工作。

8～10日，自治区地方税务局团工委在钦州市开展“青春奉献北部湾”暨纪念“五四”运动89周年主题活动，自治区地方税务局肖西安副巡视员到场指导。

12～13日，自治区地方税务局李伟总会计师到自治区党委礼堂参加全区维护稳定暨社会治安综合治理工作会议。

12～15日，自治区地方税务局蒙启华副局长先后深入百色市那坡县、德保县、乐业县地方税务局等基层单位，就如何深入开展继续解放思想大讨论活动、重点税源监控、行业税种管理、组织收入等情况进行广泛调研。

13日，四川省汶川地区发生8级地震后的次日，自治区地方税务局立即向四川省地方税务部门发去慰问信，向灾区的税务干部职工及其家属表示深切的同情和亲切的慰问。

13日，自治区地方税务局李早春副局长到自治区交通厅参加全区联合开展车辆大吨小标和非法改装专项治理活动研究布置会议。

14日，自治区地方税务局举行向四川汶川地震灾区人民捐款仪式，广大干部职工踊跃为灾区人民捐款，现场捐款50000多元。

14日，自治区地方税务局邀请自治区人民检察院反渎职侵权局局长、高级检察官叶建辉讲授涉税渎职侵权犯罪法制知识讲座。

20日，自治区地方税务局团工委广泛开展“抗震救灾爱心捐款”、“缴纳赈灾特殊团费”等捐助活动，全系统青年文明号和广大团员青年再次向四川灾区人民捐献救灾善款12万元。

20日，全区地方税务系统共向四川地震灾区捐款1743484元，其中单位捐款587741元，个人捐款1155743元。

23日，自治区地方税务局召开全系统转变干部作风加强机关行政效能建设总结视频会议，吴殿禄副局长作总结讲话，蒙启华副局长主持会议，李伟总会计师通报作风效能建设考核情况。

23日，自治区地方税务局机关党委举行党员缴纳抗震救灾“特殊党费”仪式，全局140多名党员共缴纳“特殊党费”67221.10元。

23日，自治区地方税务局蒙启华副局长到自治区政务中心参加集中办理行政审批事项专题调研座谈会。

24日，自治区地方税务局组织26名干部在南宁市参加2008年全国税务人员执法资格统一考试。

25日，自治区地方税务局蒙启华副局长、李早春副局长、郑文临纪检组长、李伟总会计师、肖西安副巡视员到自治区党委礼堂参加广西厅（局）级以上领导干部“时代前沿知识系列讲座”第54讲。

27日，柳州市国际税收研究会成立，自治区地方税务局李早春副局长出席会议。

28～29日，全区地方税务系统税收政策法规工作会议在百色市召开，自治区地方税务局吴殿禄副局长到会指导并作重要讲话。

31日，自治区地方税务局吴殿禄副局长出席河池市代收工会经费工作总结暨表彰大会，对2008年代收工会经费工作提出新的要求。

6月

4日，自治区地方税务局苏道俨党组书记先后深入河池市地方税务局机关、办税服务中心、直属税务分局等单位开展调研工作。

4～5日，自治区地方税务局吴殿禄副局长到广州市参加全国税务系统党建和思想政治工作会议。

7日，2008年北京奥运会火炬传递活动在南宁市热烈举行。广西地方税务系统的两名火炬手——“全国税务系统精神文明建设先进工作者”、防城港市地方税务局团支部书记钟小武和“广西青年文明号百佳号长”、“广西优秀共青团员”、南宁市地方税务局人教科副科长苏华顺利完成奥运火炬传递。

11日，自治区地方税务局郑文临纪检组长到自治区纪委参加广西“政风行风热线”工作座谈会。

15日，广西壮族自治区党委书记郭声琨同志亲切看望、慰问宜州市地方税务局党员抗洪救灾工作队。

17～19日，自治区地方税务局吴殿禄副局长先后深入到平乐县、恭城县、灌阳县、灵川县地方税务局受灾现场实地考察，了解灾情，慰问地税干部职工，研究和部署抗洪救灾工作。

6月17日至7月1日，自治区地方税务局蒙启华副局长、肖西安副巡视员到自治区党校参加自治区组织部举办的广西厅级领导干部自选培训北部湾经济区建设与推进开放合作专题研讨班。

24日，自治区地方税务局召开传达学习共青团第十六次全国代表大会精神视频会议，吴殿禄副局长在会上作重要讲话。

25日，自治区地方税务局李早春副局长到人大会堂百色厅向自治区人大财经委汇报我局上半年各项工作开展情况。

7月

1日，自治区地方税务局蒙启华副局长到自治区人民政府会议楼参加规划建设广西钦州保税港区媒体通报会。

1～10日，自治区地方税务局郑文临纪检组长先后到玉林市、梧州市、贵港市和南宁市地方税务局检查指导党风廉政建设、反腐败工作。

2日，南宁市青秀区地方税务局、宜州市地方税务局庆远税务分局、来宾市兴宾区地方税务局计划征收股、北海市地方税务局直属税务分局计划征收股、鹿寨县地方税务局雒容税务分局、灵山县地方税务局直属税务分局荣获“全国青年文明号”荣誉称号。

3 日，自治区地方税务局召开干部职工大会。自治区党委组织部王小东副部长宣布了自治区党委、政府对自治区地方税务局主要领导的任免决定，关礼同志任自治区地方税务局党组书记、局长。

9～10 日，自治区地方税务局蒙启华副局长到江苏南京市参加全国税务系统企业所得税管理与反避税工作会议。

11 日，自治区地方税务局在南宁市举办广西地方税务局互联网站管理系统应用培训班（第一期）。

7 月 16 日至 8 月 8 日，自治区地方税务局吴殿禄、蒙启华、李早春副局长，郑文临纪检组长，李伟总会计师先后带队深入北海市、桂林市、梧州市、柳州市、河池市开展下访活动，听取基层干部职工反映工作、生活方面的问题，以及纳税人对地税工作的意见和建议，切实为民排忧解难。

17 日，自治区地方税务局关礼局长、李伟总会计师代表自治区地方税务局班子到北京向国家税务总局领导汇报近年来广西地税工作的基本情况以及需要国家税务总局帮助解决的困难、问题。

18 日，自治区地方税务局召开全区地方税务系统所得税管理工作视频会议。

22 日，自治区地方税务局李早春副局长到自治区人民政府会议楼参加自治区第二次经济普查领导小组第一次全体会议。

24 日，全区地方税务系统报刊图书工作会议在南宁市召开，自治区地方税务局李伟总会计师到会指导并作重要讲话。会议传达了在青岛市召开的国家税务总局报刊图书工作会议精神，表彰了 2007 年度全区报刊发行先进单位和个人。

25 日，自治区地方税务局召开全区地方税务系统安全工作视频紧急会议，李早春副局长传达全区维护稳定工作会议和安全生产紧急会议主要精神，部署全区地方税务系统安全维护稳定工作。

7 月 28 日至 8 月 1 日，自治区地方税务局关礼局长先后到柳州市、桂林市、钦州市、防城港市、南宁市地方税务局进行工作调研，调查了解基层组织收入、税源管理、纳税服务、队伍建设等工作情况。

8 月

5～6 日，全区地方税务工作座谈会在南宁市召开。自治区地方税务局关礼局长在会上作了《认清新形势 明确新目标 努力完成 2008 年各项工作任务》的重要讲话，蒙启华副局长就贯彻全国税务系统企业所得税管理与反避税工作会议精神作了讲话，李早春副局长对征管工作作了总结与部署。

7 日，自治区地方税务局、自治区残疾人联合会在南宁市联合召开了全区地方税务代收残疾人就业保障基金工作会议。自治区政府曾东副秘书长，自治区地方税务局吴殿禄副局长、李早春副局长，自治区残联党组书记兼理事长谭和平、副理事长冯理，以及自治区地方税务局、自治区残联各处室、各市、县（市、区）地方税务、残联负责同志共 300 多人参加了会议。

7 日，自治区地方税务局成立广西地方税务局互联网站工作领导小组，李伟总会计师担任组长。

12～15 日，全区地方税务系统上半年纪检监察工作暨反腐倡廉宣传教育培训会在梧州市召开，自治区地方税务局郑文临纪检组长到会作重要讲话。会议对荣获“2007 年度全区地方税务系统反腐倡廉宣传教育工作优等奖”的南宁等 7 个市地方税务局纪检组、监察室进行了表彰。

13～26 日，自治区地方税务局在广西经济管理干部学院举办了第一期广西地方税务系统处、科级领导干部更新知识培训班，培训处、科级干部 123 人，其中处级 36 人，科级 87 人。

20 日，自治区地方税务局建立起新的工作联系制度，明确局领导联系的基层单位及工作职责要求，改进和完善领导工作机制，切实转变工作作风，推进各项工作的落实。

22 日，《广西地税志》和《广西地税年鉴》编纂委员会和编辑部的成立，标志着全区地方税务系统地方志编纂工作的全面启动，这是广西第二届三级地方志编纂计划《广西通志》的一个部分。

29 日，广西税务学会第四届会员代表大会在南宁西园饭店召开，自治区地方税务局关礼局长、吴殿禄副局长参加了会议。

9 月

2 日，全区财税工作座谈会在桂林市召开，自治区党委常委、自治区政府常务副主席李金早出席座谈会并讲话，自治区地方税务局关礼局长在座谈会上作了发言讲话，吴殿禄、蒙启华副局长，李伟总会计师

以及各市地方税务局的局长和计财科科长参加了座谈会。

3日，自治区地方税务局关礼局长到来宾市地方税务局开展调研，并就如何贯彻落实好全区财税工作座谈会精神，全力以赴确保干部队伍稳定和确保完成全年税收任务提出了要求。

3日，自治区地方税务局吴殿禄、蒙启华副局长到柳州市地方税务局调研土地增值税清算试点工作。

3日，自治区地方税务局李伟总会计师到玉柴机器集团公司开展税收调研工作。

3～26日，自治区地方税务局在广西经济管理干部学院举办第二、第三期广西地方税务系统处、科级领导干部更新知识培训班。

4日，自治区地方税务局蒙启华副局长到南宁市地方税务局进行工作调研。

4日，自治区地方税务局郑文临纪检组长到贵港市地方税务局调研，并就下一步继续做好党风廉政建设工作提出要求。

10日，广西壮族自治区政府主席马飚同志在自治区政府常务副主席李金早，政府秘书长王跃飞、副秘书长周异决，政府办公厅副主任黄胜杰的陪同下，到自治区地方税务局视察调研。

10日，自治区地方税务局郑文临纪检组长到桂林市地方税务局就信访维稳工作和党风廉政工作进行专题调研，并对该局当前组织税收收入工作进行了督导。

9～11日，自治区地方税务局肖西安副巡视员深入来宾市地方税务局及象州县、武宣县地方税务局等基层征收单位开展工作调研。

11日，自治区地方税务局蒙启华副局长到自治区人民政府参加《广西实施〈耕地占用税〉办法》立法协调会。

17日，全国部分省市企业所得税征管范围调整座谈会在桂林市召开。国家税务总局王力副局长、所得税司孙瑞标司长、所得税司缪慧频副司长、自治区地方税务局蒙启华副局长以及来自深圳、广东、新疆、云南等8省市的国家税务局、地方税务局分管领导和相关处室负责人参加了会议。

17～18日，自治区地方税务局郑文临纪检组长到河池市地方税务局调研，并出席该局科级以上领导干部岗位风险廉政集中教育活动和税收旺征工作座谈会。

18日，自治区地方税务局在南宁市召开全区地方税务机关移送税务案件专项检查工作会议，李早春副局长在会上对此次专项检查工作提出了具体要求。

19日，广东省地方税务局吴晟文局长一行到广西桂林进行考察交流，自治区地方税务局吴殿禄副局长向广东地方税务的同志介绍了广西北部湾经济区建设、中国—东盟自由贸易区建设的有关情况，双方还在组织收入、加强征管、税源监控、提高干部活力和凝聚力等方面的经验和做法进行了交流。

22日，自治区地方税务局肖西安副巡视员到凭祥市地方税务局开展税收收入工作调研。

26日上午，自治区地方税务局吴殿禄副局长、李伟总会计师到自治区党委礼堂参加全区开展深入学习实践科学发展观动员大会。

26日，自治区地方税务局在南宁市召开了《广西地税年鉴》编纂工作会议，这也标志着全区地方税务系统第二届三级地方志编纂工作的全面启动。李早春副局长在会上对年鉴编纂工作进行了部署。

26～27日，自治区地方税务局吴殿禄副局长到自治区党校参加深入学习实践科学发展观活动研讨班学习。

10月

4～5日，自治区地方税务局关礼局长、李伟总会计师深入崇左市地方税务局察看受灾情况和开展工作调研。

7日，自治区地方税务局召开开展深入学习实践科学发展观活动动员大会，对局机关开展学习实践活动进行部署和安排。党组书记、局长关礼在会上作了题为《以科学发展观为统领，努力开创地税工作新局面》的动员报告，自治区第一批深入学习实践科学发展观活动第五指导检查组组长周卓新到会指导并讲话。

14日，全区财税工作会议在南宁市召开。自治区党委常委、自治区政府常务副主席李金早出席会议并对我区经济形势作了全面分析。自治区地方税务局局长关礼出席会议并作重要发言。

14～15 日，国家税务总局货物和劳务税司在南宁市召开营业税暂行条例及细则修订研讨会。自治区地方税务局副局长蒙启华出席会议。

16 日，自治区地方税务局和中国保险监督管理委员会广西监管局召开联席会议。

17 日，自治区地方税务局召开局机关全体干部会议，传达学习中国共产党十七届三中全会精神，部署贯彻落实全会精神的有关工作。

17 日，自治区地方税务局召开全区地税系统开展重点税务稽查工作动员大会，李早春副局长、各市地方税务局主管领导及全体稽查人员参加了会议。

20～22 日，自治区地方税务局郑文临纪检组长到防城港市地方税务局检查指导工作。

22 日，全国税收收入规划核算工作会议在桂林市召开，国家税务总局党组副书记、副局长钱冠林到会讲话。会议由国家税务总局收入规划核算司司长舒启明主持。自治区地方税务局关礼局长、蒙启华副局长出席会议。

23～25 日，自治区地方税务局关礼局长先后深入贺州市、梧州市地方税务局调研，检查指导当前税收旺征工作。

23～24 日，自治区地方税务局肖西安副巡视员到扶绥县地方税务局督查税收旺征工作。

24 日，自治区地方税务局吴殿禄副局长到钦州市地方税务局指导旺征工作和学习实践科学发展观活动。

27 日，自治区地方税务局蒙启华副局长到南宁市地方税务局开展土地增值税清算专题调研。

28 日，自治区地方税务局关礼局长到自治区地方税务局直属税务分局开展工作调研，指导税收旺征工作的开展。

28 日，自治区地方税务局蒙启华副局长到柳州市地方税务局指导该局召开奋战 60 天努力完成全年任务动员大会，并对该局最后 60 天的组织收入工作提出具体要求。

28～29 日，自治区地方税务局李早春副局长到梧州市地方税务局指导税收旺征工作和学习实践科学发展观活动。

28～29 日，自治区地方税务局郑文临纪检组长到河池市地方税务局、上林县地方税务局进行工作调研。

31 日，自治区地方税务局党组书记、局长关礼在局党组中心组学习会议上，就贯彻落实全国党风廉政建设责任制电视电话会议精神提出要求。

31 日，自治区人民政府办公厅在南宁市组织召开全区财政收入征缴情况专项检查动员暨检查人员培训会议。自治区地方税务局关礼局长结合地方税务的实际情况就如何开展好这次专项检查作了重要发言。

31 日，国家税务总局办公厅工作调研座谈会在桂林市召开。国家税务总局办公厅综合调研处李春荣处长、杨德才副调研员，来自南宁市、柳州市、桂林市、河池市地方税务局的负责人，以及部分基层单位的负责人共 14 人参加了会议，会议由自治区地方税务局办公室吴献君副主任主持。

11 月

3～5 日，国家税务总局冯惠敏纪检组长到广西就税务部门的党风廉政建设工作情况进行调研。

4～6 日，自治区地方税务局李伟总会计师到贵港市、玉林市地方税务局督查指导开展税收旺征工作，并对后 2 个月的组织收入工作提出了要求。

4～7 日，自治区地方税务局肖西安副巡视员到来宾市地方税务局指导检查税收旺征工作。

5 日，自治区地方税务局郑文临纪检组长到柳州市城中区地方税务局开展调研。

5 日，自治区地方税务局蒙启华副局长到自治区地方税务局直属税务分局指导督查税收旺征工作。

5～6 日，自治区地方税务局李早春副局长到防城港市地方税务局开展督查和调研工作。

6～7 日，自治区地方税务局李早春副局长深入北海市地方税务局指导税收旺征工作，就“优化纳税服务，构建服务型地税机关”专题内容进行调研。

7 日，自治区地方税务局召开税收收入分析会，蒙启华副局长对后 2 个月的税收旺征工作进行了部署。

7日，自治区地方税务局郑文临纪检组长到来宾市地方税务局开展调研，并为该局举行了《反腐倡廉面临的形势和任务》的专题讲座，对当前和今后一段时期的党风廉政建设提出要求。

9～14日，自治区地方税务局关礼局长率有关人员到百色市、河池市地方税务局调研，督查组织税收收入工作。

10～12日，自治区地方税务局吴殿禄巡视员先后到横县、隆安县、南宁市高新区和良庆区地方税务局开展工作调研，督查指导税收旺征工作。

10～13日，自治区地方税务局蒙启华副局长到防城港市、钦州市就“落实税收政策助推广西北部湾经济区建设”课题开展调研。

11～14日，自治区地方税务局肖西安副巡视员带领调研组，就学习实践科学发展观、落实税收旺征工作任务到崇左市地方税务局调研。

17～20日，自治区地方税务局郑文临纪检组长就“强化内部管理、构建和谐地税”课题到梧州市、贺州市、平乐县和荔浦县地方税务局开展调研。

24日，全国税务系统节能减排培训班在桂林市举办。国家税务总局宋兰副局长、纳税服务司张树学副司长，自治区地方税务局关礼局长、李早春副局长以及来自全国各省市的国家税务局、地方税务局分管领导和相关处室负责人参加了培训班。

24日，自治区地方税务局关礼局长到桂林市叠彩区和七星（高新）区地方税务局看望慰问征管一线干部职工，听取工作汇报，指导和督查税收旺征工作。

24～25日，国家税务总局党组成员、副局长宋兰，纳税服务司副司长张树学等一行，在桂林考察调研地税纳税服务工作。

26～27日，自治区地方税务局吴殿禄巡视员带领组织收入专项督察组，到钦州市地方税务局督查指导税收旺征工作。

27日，自治区地方税务局郑文临纪检组长带领调研组，到钦州市地方税务局开展党风廉政建设工作调研。

27日，自治区地方税务局李伟总会计师在南宁参加自治区第六次民族团结进步表彰大会会务筹备工作会议。

27～29日，自治区地方税务局在南宁市召开各市地方税务局人事教育科科长会议。

28日，自治区地方税务局巡视员、学习实践活动领导小组副组长兼办公室主任吴殿禄参加全区深入学习实践科学发展观活动解放思想讨论工作交流暨第二阶段工作动员会。

12月

2日，自治区地方税务局成立地方税务系统绩效考评领导小组，党组书记、局长关礼担任组长。

2日，自治区地方税务局在南宁市举办“两税”比对软件业务培训班，蒙启华副局长在培训班上作重要讲话。

3日，自治区地方税务局在南宁市召开组织税收收入攻坚工作会议，关礼局长在会上对组织收入工作进行全面部署。

5日，自治区地方税务局召开学习实践科学发展观活动第二阶段工作动员会，党组书记、局长关礼在会上作重要讲话。

8日，自治区地方税务局印发实施广西地方税收科学发展三年计划。

8～9日，自治区地方税务局郑文临纪检组长到防城港市地方税务局指导税收旺征工作。

9日，自治区地方税务局关礼局长到北海市地方税务局开展调研并指导工作。

9日，自治区地方税务局李早春副局长带领组织收入专项督查组，到贵港市地方税务局督查指导税收旺征工作，并对最后冲刺阶段的税收旺征工作提出要求。

10日，自治区地方税务局召开税收分析工作领导小组会议，蒙启华副局长对最后20天的组织收入工作提出要求。

12日，国家税务总局王力副局长到南宁市地方税务局视察工作，自治区地方税务局关礼局长、吴殿

禄巡视员、蒙启华副局长、李伟总会计师等领导陪同。

15 日，自治区地方税务局李伟总会计师到崇左市地方税务局指导该局召开领导干部民主生活会。

15～16 日，自治区地方税务局关礼局长先后到玉林市、贵港市地方税务局开展工作调研。

15～19 日，自治区地方税务局吴殿禄巡视员到百色市地方税务局督查税收旺征工作。

17 日，自治区地方税务局肖西安副巡视员到来宾市地方税务局指导税收旺征工作。

17～19 日，自治区地方税务局郑文临纪检组长到河池市地方税务局检查指导税收旺征工作，并深入自治区地方税务局扶贫联系点——金城江区东江镇木友村开展工作调研。

19 日，自治区地方税务局李早春副局长到凌云县地方税务局督查指导组织收入工作。

23 日，自治区地方税务局在南宁市召开 2008 年部门决算工作会议。

23～24 日，自治区地方税务局关礼局长到荔园山庄参加全区经济工作会议。

25 日，广西地方税务重点税源监控分析系统在桂林市成功开发完成。

25 日，自治区地方税务局组织有关人员收看全国税务工作会议开幕式。

25～26 日，自治区地方税务局关礼局长、办公室吴献君副主任到北京参加全国税务工作会议。

26 日，自治区地方税务局与自治区国家税务局联合参加由自治区纠风办和广西人民广播电台举办的“政风行风热线”直播节目。蒙启华副局长代表自治区地方税务局上线，现场接听并解答群众政风行风热点的投诉、咨询和建议。

31 日，自治区人民政府第 25 次常务会议通过关于实行社会综合治税加强地方税源控管的若干意见和耕地占用税实施办法。

第八编

附录

2008年荣获国家级荣誉称号

一、全国青年文明号（6个）
南宁市青秀区地方税务局
宜州市地方税务局庆远税务分局
来宾市兴宾区地方税务局计划征收服务股
北海市地方税务局直属税务分局计划征收服务股
鹿寨县地方税务局雒容税务分局
灵山县地方税务局直属税务分局
二、全国“巾帼文明岗”（3个）
龙胜各族自治县地方税务局泗水分局
平南县地方税务局城区税务分局办税大厅
富川瑶族自治县地方税务局富阳税务分局办税服务厅
三、全国三八红旗集体
宾阳县地方税务局芦圩税务分局办税服务厅（2个）
柳州市城中区地方税务局

2008年荣获自治区级荣誉称号

一、广西五四红旗团委（1个）
北海市地方税务局团委
二、广西五四红旗团支部（2个）
来宾市地方税务局团支部
南宁市地方税务局税务服务中心团支部
三、2008年全区希望工程先进集体（1个）
自治区地税系统团工委
四、第二届广西青年文明号艺术节优秀组织奖先进集体（1个）
自治区地方税务局
五、广西三八红旗集体（3个）
龙胜各族自治县地方税务局泗水分局
钟山县地方税务局钟山税务分局办税服务厅
宜州市地方税务局庆远税务分局办税服务厅
六、第四届广西杰出（优秀）青年卫士（5人）
赵志忠（壮族）　南宁市地方税务局税务服务中心主任
陆龙月（女，壮族）　大新县地方税务局桃城税务分局局长
廖　科　桂平市地方税务局局长
梁云飞（壮族）　来宾市兴宾区地方税务局副局长
黄　强　凭祥市地方税务局凭祥税务分局局长
七、广西五四奖章标兵（1人）
龙　嫚（女）　百色市地方税务局后勤服务中心
八、第二届广西青年文明号艺术节优秀组织奖先进个人（2人）
陆　敏　自治区地方税务局团工委副书记

张　健　自治区地方税务局共青团工委委员

九、广西优秀共青团员（5 人）

李　良　贵港市地方税务局

曾　骥　河池市地方税务局

黄杰华　南宁市地方税务局

杜健军、蒋炜麒　北海市地方税务局

十、广西三八红旗手（4 人）

黄冬梅　贵港市港北区地方税务局

龙　嫚　百色市地方税务局后勤服务中心

封若丹　南丹县地方税务局车河分局

唐小明　自治区地方税务局

图书在版编目(CIP)数据

广西地税年鉴·2009/《广西地税年鉴》编委会编写.—南宁：广西教育出版社，2010.9
ISBN 978-7-5435-6001-7

Ⅰ.①广… Ⅱ.①广… Ⅲ.①地方税收—广西—2009—年鉴
Ⅳ.①F812.767.042.3-54

中国版本图书馆CIP数据核字(2010)第154152号

策划编辑：廖民锂
责任编辑：黄敏娴 满莎莎
责任印制：蒋 媛

出 版 人：李小勇
出版发行：广西教育出版社
地 址：广西南宁市鲤湾路8号 邮政编码：530022
电 话：0771-5865797
本社网址：http://www.gxeph.com
电子信箱：book@gxeph.com
印 刷：广西民族印刷厂
开 本：889mm×1194mm 1/16
印 张：31.25 彩插：5印张
字 数：1140千字
版 次：2010年10月第1版
印 次：2010年10月第1次印刷
书 号：ISBN 978-7-5435-6001-7
定 价：290.00元

宜州市地方税务局

宜州市地税局始终坚持以邓小平理论和“三个代表”重要思想为指导，以“创业、敬业、精业”的地税精神为动力，努力建设“五型机关”，全力做好“依法治税、从严治队、科技加管理”三篇文章，促进了地税事业的全面协调发展。

强征管，抓好组织收入。坚持“四位一体”管理，创新征管理念，全面推行专业化管理模式，突出抓好重点税源及重大项目管理。积极开展征管基础“三个一”活动，即一个分局一个季度至少规范一个类型管户管理，一个管理员一个月至少规范一批管户管理，进一步巩固征管基础，以科学规范的管理手段促进地方税收收入持续稳定增长。组织收入从1994年的4092万元到2008年的17859万元，实现了税收收入的逐年稳步攀升。

宜州市地税局荣获全国税务系统“文明单位”称号

重创新，提升征管质量。充分运用“科技加管理”手段，勇于创新，提高征管效能，在全市率先推行税收执法责任制，率先推行房地产行业“先税后证”管理模式，率先推行“委托划税”、“网上报税”、“财税库行批扣”等多元化申报纳税方式等。

展地税英姿　树地税形象

严治队，提高队伍素质。结合本局特点，突出地方特色，找准工作切入点，不断创新教育方法和实现途径，打造“山歌唱廉、文化宣廉”等廉政教育品牌，制定“三级”岗位风险防范措施，启动素质教育工程，即“抓思想，展风貌；抓业务，强素质；抓规范，促廉洁”，实现管理形式和内容的统一，形成特色地税文化，促进队伍素质提高，树立奋发向上宜州地税形象。

团结奋进的领导班子

抓创建，优化纳税服务。依托窗口、网络、管理“三个平台”，积极开展创新、创先、创优“三创”活动，全面推行“一窗式”办税和网络办税服务，实现管理前移，服务提升，效率提高。

多年来，宜州市地税局工作亮点纷呈，得到了宜州市委、市政府、上级局和社会各界的充分肯定。先后荣获全国税务系统“信息化先进单位”、“纪检监察先进集体”、“文明单位”等省部级荣誉称号；下属5个派出机构、1个单位获得“全国青年文明号”，3个单位获得“自治区青年文明号”，1个单位获得“河池市青年文明号”称号，办税服务厅还荣获“全国巾帼文明岗”称号。

加大清欠力度，税收管理员到各大超市做现场调查

百人签名倡廉洁

北流市地方税务局

2008年，北流市地税局坚持以科学发展观统领地税工作，认真贯彻落实上级局和北流市委、市政府的各项工作部署，以创新的精神谋求事业发展，以务实的作风夯实管理基础，以坚定的信念充分履行职责，

北流市地方税务局党组书记、局长黎汉强

以必胜的勇气加强队伍建设，各项地税工作取得了长足的进展，规范化建设扎实推进，征管基础大为加强，服务水平显著提高，干部素质全面增强，地税收入稳步攀升，为促进地方经济发展和构建和谐社会作出了积极的贡献。

北流市地税局定期组织人员深入企业开展送政策送服务活动，及时了解企业需求，解决企业实际困难。图为北流市地税局局长黎汉强（中）带队深入北流海螺水泥有限责任公司了解其生产销售情况

组织地税收入方面。全市地税部门按照市政府提出的任务目标要求，进一步勤征细管，应收尽收，强化税源分析，及时分解任务，狠抓计划落实，组织收入连年稳步攀升。2008年，共组织地方各项收入22940万元，比上年增收3275万元，增长16.66%。完成市政府任务口径收入21162 万元，比上年增收3123万元，增长17.31%，为北流经济社会发展提供了较大的财力支持。

夯实征管基础方面。不断优化岗责体系与业务流程，积极推行纳税评估工作，大力加强税源监控管理，全面开展税收专项检查，多次举办规范化建设暨征管基础工作流动现场会；不断完善健全房产税、土地使用税以及工业园区税收征管办法，大力加强交通运输业、矿产资源业、餐饮娱乐服务业等行业税收征管办法，加强税收管理员考核，征管基础明显加固，以信息化为依托的征管应用平台全面运行。

履行税收职能方面。北流市地税局主动融入经济社会发展大局，把落实税收政策作为服务发展、促进崛起的最佳着力点，努力发挥税收在改善投资环境、构建和谐社会、推进可持续发展方面的促进作用，牢固树立以纳税人为中心的服务理念，办税环境不断优化。同时，坚持税收规范执法，严格过错责任追究，认真落实税收优惠政策，大力加强税收宣传，税收职能作用得到进一步强化。

优化服务环境方面。全市地税部门以纳税人满意、当地党委政府满意和上级部门满意等“三个满意”为目标，大力加强政风行风建设，不断优化服务地方经济、社会发展环境，积极探索税收服务的新举措、新途径，地税社会形象不断得到提升，荣获全市民主评议政风行风先进单位、全市基层党的建设先进单位、全市执法责任制先进单位。

提升队伍素质方面。北流市地税局始终把干部队伍建设摆在突出位置，坚持以人为本的治队理念，以班子建设为龙头，以教育培训为重点，以党风廉政建设为保证，努力营造快乐工作、自觉奉献、健康生活的和谐文明氛围，干部队伍素质得到明显提高，爱岗敬业、团结互助、乐于奉献的良好氛围愈加浓厚。全系统干部职工大专以上学历115人，占总人数的90.55%，其中本科以上学历62人。

北流市地税局税务人员到东方纸品厂进行税源调研

北流市地税局围绕“践行科学发展，我为党旗添光彩”主题，组织机关全体党员干部到颖川山庄文化园开展党员革命传统教育活动

平果县地方税务局

2008年，平果县地方税务局在上级主管局和县党委、政府的正确领导下，全面贯彻党的十七大精神，深入学习实践科学发展观，坚持以组织收入为中心，强化税收科学化、精细化管理，提高税源监控能力，坚持依法治税，严格贯彻落实各项税收政策。加强税务稽查，深入开展“六清理”工作，堵塞征管漏洞。进一步优化办税服务，加强部门沟通协作，提高社会综合治税水平。围绕宣传月主题，积极开展内容丰富、形式新颖、影响广泛的税收宣传活动。通过开展业务培训、综合知识培训、考试竞赛等，打造学习型机关，提高队伍素质。加强信息化建设，规范内部管理，提高行政效能。深入开展精神文明创建活动，开展税企联谊、职工家属联欢等活动，取得了物质文明和精神文明双丰收。3月，马头税务分局办税服务厅被区总工会评为“广西五一巾帼标兵岗”；5月，团支部在参加全县“迎奥运、讲文明、树新风”礼仪知识竞赛活动中取得总分第一名。在2008年度市局绩效考评中，平果县地方税务局荣获三个建设考评先进单位一等奖、绩效考评先进单位二等奖、收入目标管理考评先进单位二等奖。2008年，税务信息宣传报道工作位列全区县局第一名。积极做好扶贫开发挂钩联系点的帮扶工作。广泛开展扶贫帮困献爱心活动，组织干部职工踊跃向地震灾区、低温雨雪冰冻灾区捐款捐物。配合做好6月8日北京奥运火炬平果段传递活动的相关工作。认真落实党风廉政建设责任制，全面建立和完善廉政预警机制，推进重点环节监督管理，有重点、全方位、多层次地开展廉政文化建设活动。2008年，平果县地税局的重点岗位监督工作经验被自治区地税局作为先进典型。

通过全体干部职工的共同努力，地方税收收入实现了跨越式增长，2006年突破2个亿，2007年突破3个亿，2008年实现组织税收收入4.43亿元，为平果县的经济发展和社会进步作出了积极贡献。

领导班子全体成员

通过开展中层领导职位竞争上岗工作选拔优秀人才（图为面试现场）

黄瑞刚副局长（后排右二）带领团支部青年团员开展“春雷行动”，为贫困家庭学生捐款

2008年税收宣传月“嘹歌唱税”活动启动仪式

贺州八步区地方税务局

2008年，八步区地方税务局在上级局和当地党委、政府的正确领导下，以十七大精神为指导，认真贯彻落实自治区地方税务局和市地税局的工作布署，以继续解放思想大讨论活动为契机，深入学习实践科学发展观，坚持以组织收入为中心，地税收入创历史新高，首次按时按质完成各项税收工作任务，开创自成立以来的工作新局面。主要体现在：一是税收收入实现新突破。2008年组织各项税收收入12891万元，比上年同期增收3590万元，增长38.6%。二是征管手段取得新进展。实行局领导走访重点纳税大户活动，局领导不定时与企业负责人进行座谈，提供纳税服务，征求企业的意见和建议。同时健全税收管理员制度，实行税源动态监控，运用信息化手段进行综合分析。针对不同税种的特点和管理现状，完善具体管理办法，分税种、分行业落实到各部门的每个人，做到“户户有人管、人人有管户”。三是政务协作得到进一步加强。做好交警代征交通运输行业税收；与公安局经侦支队配合，对城区服务、娱乐行业进行发票专项大检查；通过委托公安代征，实现资源税源控管；委托消防部门代征建筑安装方面各项税收；加强与金融部门的协作，做好财税库行横向联网电子缴税系统的推广使用工作，实现税务部门与金融部门之间的共赢。四是纳税服务得到进一步优化。凡属纳税人需要到税务机关办理的各项业务，由办税服务厅实行“一站式”服务，提高服务水平。五是税收执法进一步规范。认真贯彻落实各项税收优惠政策，全年共依法减免税收628.7万元。六是干部队伍素质得到进一步提高。以机关倡廉、家庭助廉、读书思廉、网络宣廉、示范带廉五项活动为主要形式，有重点地开展廉政文化建设活动，组织党员干部进一步加强学习，广泛开展艰苦奋斗、廉洁从政的廉政教育，充分调动干部职工的工作积极性、主动性、创造性，干部队伍蓬勃发展。七是精神文明建设结硕果。广泛开展创优争先活动，树先进典型，发挥示范带动作用，用先进思想和典型事迹教育、激励干部职工积极开展“我为纳税人服务，我为地税争光”的教育活动，有效地激发了全局职工爱岗敬业的精神。5月份，办税服务厅荣获“广西五一巾帼标兵岗”称号。

八步区地税局局长冯广华（左一）走访重点企业

2008年3月，八步区地税局召开党风廉政工作会议

荣获“广西五一巾帼标兵岗”称号

崇左江州区地方税务局

积极开展廉政教育

崇左市江州区地方税务局下设4个派出机构和7个内设机构,担负崇左市江州区城区和9个乡镇共8000多纳税户地方税收征收管理工作。目前，在编干部职工共59人，助征员17人，中共党员40人，大专文凭以上（含大专）46人，占在职干部职工总数的77.97%。

2008年，崇左市江州区地税局大力组织税收收入，严厉打击各种偷、逃、骗、抗税行为，整治税收执法环境；积极开展继续解放思想大讨论活动和深入学习实践科学发展观活动，进一步推进依法治税能力建设，加强税源监控，提高队伍素质，细化科学管理，充分发挥税收职能作用；以服务纳税人为中心，造就一支政治思想好、业务素质高、工作作风硬的税务干部队伍，塑造“开拓创新、廉洁务实、规范高效”的地税部门形象。2008年，共组织各项收入7209万元，同比增收766万元，增长11.89%，为构建社会主义和谐社会，建设富裕文明和谐新崇左作出了积极的贡献。此外，积极开展精神文明创建活动，通过积极开展党建工作、社会帮扶、抗冻救灾、抗震救灾、“奉献爱心 圆梦大学” 捐款、抗洪救灾等精神文明创建活动，共捐款捐物3万多元。2008年，荣获广西壮族自治区精神文明建设委员会办公室、广西壮族自治区爱国卫生运动委员会办公室授予的“自治区文明卫生单位”荣誉称号；2008年3月市政务服务中心地税窗口被崇左市委、市政府评为“先进窗口单位”。

对娱乐场所进行发票大检查，黄喆局长（右一）在检查现场

扶绥县地方税务局

2008年，扶绥县地方税务局以邓小平理论和“三个代表”重要思想为指导，全面贯彻落实科学发展观，坚持“聚财为国，执法为民”的宗旨，以组织收入为中心，加强队伍建设，强化征收管理，优化纳税服务，全年各项工作取得了可喜的成绩。

组织收入大幅增长。2008年扶绥县地方税务局共组织各项税收收入1.89亿元，完成年度任务1.8亿元的105%，比上年同期增收3555万元，增长23.09%。

征收管理上新台阶。2008年，扶绥县地方税务局按照“科技加管理”的理念，积极推行税收管理员制度、税收执法与行政效能责任制、所得税分类管理制度，不断完善财税库行网和“银税一体化”，切实加强了重点税源监控和重大项目管理，有力地促进了征管质量和效率的提高。

自治区地税局纪检组长郑文临（右一）到扶绥县地税局检查指导工作

政务服务中心地税窗口认真做好纳税服务工作。图为工作人员辅导纳税人填写纳税申报材料

纳税服务得到优化。2008年，扶绥县地方税务局荣获崇左市广西中国—东盟青年产业园“2008年度优秀服务单位”称号，荣获“崇左市政务服务工作先进窗口单位”称号。

队伍素质不断提高。2008年，扶绥县地方税务局有1人荣获全区地税系统一般性调研文章三等奖，1个部门被评为“全市地税系统先进单位”，10人被评为“全市地税系统先进工作者”，2人被评为“全市地税系统信息工作先进个人”。

富川县地方税务局

富川县地方税务局建于1994年9月。1950年1月富川县人民政府税务局成立，此后与财政合并划归财政局管理，1979年3月从财政分离出来；1983年改为富川瑶族自治县税务局；1994年9月29日，为适应新税制改革的需要，分设为国家税务局和地方税务局，隶属上级地方税务局和县人民政府的双重领导。富川瑶族自治县地方税务局在上级局和当地县委、县政府的领导下，主要负责在富川县范围内组织税收收入，税收征收管理，税收政策法规的贯彻执行，偷、漏、抗税的查处和其他税务工作。现任班子成员为：局长陈剑波（党组书记），领导县地方税务局党组、行政班子工作，主持本系统干部队伍建设、廉政建设、税收征管工作等重大问题的研究和决策，主持本系统管理权限内的干部任免工作；副局长胡艳（党组成员），协助局长分管办分室、稽查局、人事教育股、工会、妇女组织工作；副局长何熙华（党组成员），协助局长分管计划财务股、税政股、征收管理股、青年组织工作；纪检组长柳泽俊（党组成员），协助局长分管纪检工作和监察室工作。

团结奋进的领导班子

积极开展税法宣传活动

开展“我为地税作奉献”演讲比赛

昭平县地方税务局

2008年以来，昭平县地方税务局以开展“作风建设年”、“纳税服务年”、“党组织服务年”活动为契机，大力开展送政策送服务进企业活动，为企业营造一个良好的生产经营环境，同时加大税务征收管理和稽查力度，促进了全县税收的稳步增长。2008年，昭平县地税局共组织各项地方税收收入6399.9万元，比上年同期增收546.3万元，增长15.8%。组织县级收入3797万元，比上年同期增收516万元，增长59.4%。图为昭平县地方税务局的税务人员在昭平恒通木业有限公司生产车间现场解答企业在纳税过程中遇到的疑难问题。

凭祥市地方税务局

为应对全球金融危机，凭祥市地税局与企业风雨同舟，共度难关。图为自治区地税局组长郑文临（右三）在崇左市地税局局长蔡伟（右一）、凭祥市地税局局长李恩平（右四）陪同下深入企业开展调研

广西凭祥市地方税务局坐落在雄伟的友谊关下，位于祖国西南边陲，与越南山水相连。2008年，凭祥市地税局本着“聚财为国，执法为民”的工作宗旨，坚持以组织收入为中心，不断推进依法治税，狠抓队伍建设，落实税收优惠政策，强化纳税服务等，各项工作都取得了显著的成绩。

组织税收创历史新高。全年共组织收入17465万元，其中税收收入16730万元，比2007年增收5015万元，增长42.81%，组织收入及增长率均取得历史最好成绩，为凭祥市地方经济社会发展提供了强大的财力支撑。

科学发展、与时俱进，开创凭祥地税事业新篇章。图为开展学习实践科学发展观活动动员大会

实施科学化、精细化管理，全面推进依法治税。2008年，凭祥市地方税务局通过完善税收管理员制度，强化税源监控，加强税收分析，强化户籍管理，堵塞漏洞。

坚持以人为本，抓好干部队伍建设。全年组织税收管理员，征管、税政、稽查人员和办税服务人员分别进行了新企业所得税法和纳税服务业务培训和考试。同时加强领导班子建设，坚持民主集中制，充分发挥领导班子的创造力、凝聚力和战斗力。共组织培训8次，全局累计300余人次参加。

落实税收优惠政策，规范税收执法行为。全年共受理审批下岗失业人员再就业税收减免15户，残疾人就业1户，共减免税款2.4万元；减免凭祥市供电局及凭祥市才源实业有限公司企业所得税共计218.38万元。

强化纳税服务，提高服务水平和树立地税形象。以“三项制度”为核心，全面推行“一窗式”受理、“一站式”服务，开展引导服务、即时服务、延时服务、上门服务、跟踪服务等优质服务活动。对重点税源户、新办企业户采取“手把手”、“面对面”方式进行辅导和跟踪服务。2008年地税服务窗口获得崇左市政府、凭祥市政府授予的“先进服务窗口单位”称号。

宁明县地方税务局

宁明县地方税务局党组成员集体照。中：党组书记、局长黄雄文。右二：党组成员、副局长颜奋芳。左二：党组成员、副局长黎冲。右一：党组成员、副局长莫芳。左一：党组成员、纪检组长刘颖春

2008年，宁明县地税局在县委、县政府的正确领导下，认真贯彻落实科学发展观，克难进取，扎实工作，取得了优异成绩，被县委评为“文明单位”，获党风廉政建设目标管理先进单位达标奖，被崇左市评为“巾帼文明岗”、“先进集体”等。

坚持依法治税，以重点拉动增收，以重点辐射全局，按照“扁平化”管理要求，对重点税源进行精细化、科学化管理，向内挖潜，认真组织税收收入，依法征缴入库7274.03万元，比上年增长73.74%，占年度目标任务的100.19%，收入总量和增幅双创历史新高，税收增幅在崇左市地税系统七个县级局中名列第一。

坚持优质纳税服务意识，推行了文明办税“八公开”和承诺制服务、限时服务、首问责任制、文明礼貌准则等，不断改进和优化办税方式，实现了“税银一体化”，营造了良好的发展环境。

坚持政策落实，积极为基层群众办实事好事，先后落实西部大开发、下岗再就业、涉农等税收优惠政策200多户（次），减免地方税费61.83万余元，扶持了产业发展和弱势群体。

坚持管理、制度和工作创新，向创新要质量、要效益，以征管档案管理、地税廉政文化、纳税服务等方面的创新成果，塑造了良好的部门形象。

2008年10月4日，自治区地税局局长关礼（左二）在崇左市地税局副局长韦治德（左一）、宁明县县长蓝锋杰（右一）的陪同下到宁明调研。右二为宁明县地税局局长黄雄文